"十四五"卫生高等职业教育专科校院合作"双元"规划教材

供临床医学类及相关专业用

诊 断 学

第 6 版

主 编

张　颖　陈方军

副主编

朱　琳　蒲永莉　陈喜苹　李　玲　陶　涛

编　者（按姓名汉语拼音排序）

陈方军（肇庆医学院）	彭琼辉（湖南环境生物职业技术学院）
陈喜苹（南阳医学高等专科学校）	蒲永莉（重庆三峡医药高等专科学校）
戴振火（漳州卫生职业学院）	邵　岑（江西医学高等专科学校）
胡晓娟（毕节医学高等专科学校）	陶　涛（宁波卫生职业技术学院）
贾晋松（北京大学人民医院）	王　芳（福建卫生职业技术学院）
金建文（福建卫生职业技术学院）	王　苗（天津医学高等专科学校）
李　洁（娄底职业技术学院）	王晓丽（临汾职业技术学院）
李　玲（遵义医药高等专科学校）	吴樱樱（广东江门中医药职业学院）
李　晟（乐山职业技术学院）	张　静（南阳医学高等专科学校）
李学军（唐山职业技术学院）	张　颖（江西医学高等专科学校）
梁海斯（肇庆医学院）	朱　琳（江西医学高等专科学校）
潘礼寿（宜春职业技术学院）	俎　明（北京大学第三医院）

北京大学医学出版社

ZHENDUANXUE

图书在版编目（CIP）数据

诊断学 / 张颖，陈方军主编. --6 版. -- 北京：北京大学医学出版社，2025. 8. --ISBN 978-7-5659-3406-3

Ⅰ．R44

中国国家版本馆 CIP 数据核字第 2025GY2406 号

诊断学（第6版）

主　　编：张　颖　陈方军
出版发行：北京大学医学出版社
地　　址：（100191）北京市海淀区学院路 38 号　北京大学医学部院内
电　　话：发行部 010-82802230；图书邮购 010-82802495
网　　址：http://www.pumpress.com.cn
E-mail：booksale@bjmu.edu.cn
印　　刷：北京瑞达方舟印务有限公司
经　　销：新华书店
责任编辑：崔玲和　　　责任校对：靳新强　　　责任印制：李　啸
开　　本：850 mm×1168 mm　1/16　印张：46.5　插页：10　字数：1440 千字
版　　次：1995 年 8 月第 1 版　2025 年 8 月第 6 版　2025 年 8 月第 1 次印刷
书　　号：ISBN 978-7-5659-3406-3
定　　价：95.00 元

版权所有，违者必究
（凡属质量问题请与本社发行部联系退换）

第 6 轮修订说明

党和国家高度重视职业教育发展，《国家职业教育改革实施方案》《职业院校教材管理办法》《高等学校课程思政建设指导纲要》《习近平新时代中国特色社会主义思想进课程教材指南》《关于推动现代职业教育高质量发展的意见》等重要文件陆续发布，对卫生健康职业教育、高职专科临床医学人才培养及教材建设提出了更高的要求。

高职专科临床医学专业教材历经5轮建设，不断更新完善、与时俱进，为全国高职临床医学类人才培养做出了贡献。第3轮教材入选教育部普通高等教育"十一五"国家级规划教材15种，第4轮教材入选"十二五"职业教育国家规划教材17种。第5轮教材全套入选教育部职业教育教材信息库，入选首批"十四五"职业教育国家规划教材8种。

高质量的教材是实施教育改革、提升人才培养质量的重要支撑。为全面贯彻党的教育方针，深入贯彻党的二十大精神，落实立德树人的根本任务，更好地支持新时代卫生健康职业教育事业发展，服务于我国高职专科临床医学专业人才培养，北京大学医学出版社启动高职专科临床医学专业教材第6轮修订编写工作。本轮教材共25种，均为北京大学医学出版社"十四五"规划教材。

第6轮教材的修订编写坚持"以学生为中心"的原则，对标教育部高职专科临床医学专业教学标准、临床执业助理医师资格考试大纲，参考助理全科医师培训标准，以技能教育为根本，满足3个需要（学科需要、教学需要、行业需要），注重基本理论、基本知识和基本技能。内容以"必需、够用"为度，遵循学生认知规律，注重教学适用性，优化编写体例，深化产教融合，优化数字融合，强化思政融合，围绕"岗课赛证"综合育人机制建设，力争成为一套既满足多数院校教学实际，又适度引领教学，培根铸魂、启智增慧，适应新时代要求的精品高职专科临床医学专业教材。

本轮教材的修订编写得到了多方面的大力支持。参编院校教学管理部门提出了宝贵建议，职教专家精心指导、把关，临床专家认真编写、审稿，他们为锤炼精品教材、服务教学改革、提高人才培养质量做出了贡献，在此一并表示感谢！

希望广大师生多提宝贵意见，反馈使用信息，以使本套教材内容日臻完善，为新时代高职专科临床医学教育发展和人才培养做出贡献！

前 言

诊断学是我国高等医学院校临床医学类专业专科生的必修课之一，是由基础医学过渡到临床医学的桥梁课，是学习临床基本技能最重要的一门课程。

为深入贯彻党的二十大提出的"促进优质医疗资源扩容和区域均衡布局，坚持预防为主，加强重大慢性病健康管理，提高基层防病治病和健康管理能力"精神，按照《新时代爱国主义教育实施纲要》提出的"着力培养爱国之情、砥砺强国之志、实践报国之行"要求，我们紧紧围绕为农村和社区培养"下得去、留得住、用得上"的从事临床医疗工作的实用型人才这一目标来编写教材，并对标教育部高职专科临床医学专业教学标准，对第5版《诊断学》进行了修订。

在本教材修订之前，出版社向使用教材的学校、专家、教师和学生了解并收集了使用过程中存在的问题和建议，教师、专家和学生对第5版《诊断学》给予了充分肯定并提出了许多建设性的意见。

本教材第6版的修订遵循全国医学院校高职专科规划教材的编写指导思想，以培养医药卫生类高职教育的人才为目标，基于高职专科学生的认知特点，以学生为中心、以就业为导向、以职业技能和岗位胜任力培养为根本，去繁就简、图文并茂，尽量与课程、临床岗位需求对接，促进产教融合，重点进行了以下几个方面的修订：

1. 按照国家执业助理医师培养要求，以临床医学及相关专业人才培养要求为大纲，贯彻教育改革的精神，以培养合格的适应城乡社区卫生服务工作的医学专业人才为目标，着眼于基层社区卫生服务临床诊疗技能的教学与指导，使医学生掌握临床诊断的基本理论和基本技能。

2. 对教材中的难点、重点设置相应的提示，在相关的篇章后，参照国家执业助理医师资格考试进行过程性测试。

3. 将课程思政融入在教材中，在相关的篇章后设计临床诊断思维训练。

本教材的修订得到了全体编写成员及全国医学专科兄弟学校同仁们的热情关心和帮助，他们提出了许多宝贵的意见和建议，全体编写成员和北京大学医学出版社的编辑同志认真、负责地参与修订工作，在此表示衷心的感谢！

主编 张 颖 陈方军

目 录

绪论 ··· 1

第一篇　问诊及常见症状 ·· 5

第一章　问诊 ··· 6

第一节　问诊的重要性 ·· 6
第二节　问诊的方法与技巧 ·· 6
第三节　问诊内容 ·· 8
第四节　临床病例问诊思维 ··· 11

第二章　常见症状 ·· 15

第一节　发热 ·· 15
第二节　皮肤黏膜出血 ··· 20
第三节　水肿 ·· 22
第四节　咳嗽与咳痰 ·· 25
第五节　咯血 ·· 28
第六节　发绀 ·· 30
第七节　呼吸困难 ·· 32
第八节　胸痛 ·· 36
第九节　心悸 ·· 38
第十节　恶心与呕吐 ·· 40
第十一节　吞咽困难 ·· 42
第十二节　呕血 ·· 44
第十三节　便血 ·· 46
第十四节　腹痛 ·· 49
第十五节　腹泻 ·· 52
第十六节　便秘 ·· 54
第十七节　黄疸 ·· 56
第十八节　腰背痛 ·· 60
第十九节　关节痛 ·· 62

目录

- 第二十节 血尿 ... 64
- 第二十一节 尿频、尿急、尿痛 ... 67
- 第二十二节 少尿、无尿与多尿 ... 68
- 第二十三节 肥胖 ... 71
- 第二十四节 消瘦 ... 74
- 第二十五节 头痛 ... 76
- 第二十六节 眩晕 ... 78
- 第二十七节 晕厥 ... 80
- 第二十八节 抽搐与惊厥 ... 83
- 第二十九节 意识障碍 ... 85
- 第三十节 睡眠障碍 ... 87
- 第三十一节 常见症状的临床诊断思维 ... 89

第二篇 检体诊断 ... 97

第三章 基本方法 ... 99
- 第一节 视诊 ... 99
- 第二节 触诊 ... 99
- 第三节 叩诊 ... 101
- 第四节 听诊 ... 103
- 第五节 嗅诊 ... 104

第四章 一般检查 ... 106
- 第一节 全身状态检查 ... 106
- 第二节 皮肤检查 ... 115
- 第三节 淋巴结检查 ... 119
- 第四节 临床病例查体思维 ... 123

第五章 头部及其器官检查 ... 127
- 第一节 头部检查 ... 127
- 第二节 头部器官检查 ... 129
- 第三节 临床病例查体思维 ... 137

第六章 颈部检查 ... 142
- 第一节 颈部的体表标志 ... 142
- 第二节 颈部检查 ... 143
- 第三节 临床病例查体思维 ... 146

第七章 胸部及肺部检查 ... 149
- 第一节 胸部的体表标志 ... 149
- 第二节 胸壁、胸廓及乳房检查 ... 152
- 第三节 肺和胸膜检查 ... 155

第四节　临床病例查体思维 ……………………………………………………………… 163

第八章　心脏及血管检查 …………………………………………………………………… **168**

　　第一节　心脏检查 ………………………………………………………………………… 168
　　第二节　血管检查 ………………………………………………………………………… 185
　　第三节　临床病例查体思维 ……………………………………………………………… 187

第九章　腹部检查 ……………………………………………………………………………… **192**

　　第一节　腹部体表标志及分区 …………………………………………………………… 192
　　第二节　腹部视诊 ………………………………………………………………………… 195
　　第三节　腹部触诊 ………………………………………………………………………… 199
　　第四节　腹部叩诊 ………………………………………………………………………… 206
　　第五节　腹部听诊 ………………………………………………………………………… 209
　　第六节　临床病例查体思维 ……………………………………………………………… 211

第十章　生殖器、肛门及直肠检查 …………………………………………………………… **219**

　　第一节　男性生殖器检查 ………………………………………………………………… 219
　　第二节　女性生殖器检查 ………………………………………………………………… 223
　　第三节　肛门与直肠检查 ………………………………………………………………… 224
　　第四节　临床病例查体思维 ……………………………………………………………… 226

第十一章　脊柱及四肢与关节检查 …………………………………………………………… **230**

　　第一节　脊柱检查 ………………………………………………………………………… 230
　　第二节　四肢与关节检查 ………………………………………………………………… 234
　　第三节　临床病例查体思维 ……………………………………………………………… 239

第十二章　神经系统检查 ……………………………………………………………………… **242**

　　第一节　脑神经检查 ……………………………………………………………………… 242
　　第二节　运动功能检查 …………………………………………………………………… 246
　　第三节　感觉功能检查 …………………………………………………………………… 248
　　第四节　神经反射检查 …………………………………………………………………… 249
　　第五节　自主神经功能检查 ……………………………………………………………… 255
　　第六节　临床病例查体思维 ……………………………………………………………… 255

第三篇　器械检查 ……………………………………………………………………………… **263**

第十三章　心电图检查 ………………………………………………………………………… **264**

　　第一节　心电图基本知识 ………………………………………………………………… 264
　　第二节　正常心电图 ……………………………………………………………………… 269
　　第三节　心房、心室肥大 ………………………………………………………………… 277
　　第四节　心肌缺血与 ST-T 改变 ………………………………………………………… 280
　　第五节　心肌梗死 ………………………………………………………………………… 282

目录

  第六节 心律失常 ··· 286
  第七节 电解质代谢紊乱和药物对心电图的影响 ··· 301
  第八节 心电图的分析方法及临床应用 ··· 303
  第九节 动态心电图 ··· 306
  第十节 心电图运动试验 ··· 307
  第十一节 心电监护 ··· 309

第十四章 肺功能检查 ··· **314**

  第一节 通气功能检查 ··· 314
  第二节 换气功能检查 ··· 321
  第三节 血气分析 ··· 322

第十五章 内镜检查 ··· **326**

  第一节 概述 ··· 326
  第二节 上消化道内镜检查 ··· 327
  第三节 结肠镜检查 ··· 329
  第四节 纤维支气管镜检查 ··· 331

第四篇 实验诊断 ··· **335**

第十六章 血液检查 ··· **336**

  第一节 血液标本的采集与处理 ··· 336
  第二节 血液一般检查 ··· 337
  第三节 溶血性贫血的实验室检查 ··· 346
  第四节 出血与血栓性疾病的检查 ··· 348
  第五节 血型与输血的检查 ··· 352
  第六节 红细胞沉降率检查 ··· 354

第十七章 骨髓细胞学检查 ··· **357**

  第一节 概述 ··· 357
  第二节 骨髓检验步骤及正常骨髓象 ··· 358
  第三节 常用骨髓细胞染色 ··· 363
  第四节 常见血液病的血象与骨髓象 ··· 365

第十八章 排泄物、分泌物及体液的检查 ··· **369**

  第一节 尿液检测 ··· 369
  第二节 粪便检查 ··· 377
  第三节 痰液检查 ··· 381
  第四节 脑脊液检查 ··· 383
  第五节 浆膜腔积液检查 ··· 386
  第六节 生殖系统体液检查 ··· 388

第十九章　肝病的实验室检查 ······ 395

- 第一节　蛋白质代谢检查 ······ 396
- 第二节　胆红素代谢检查 ······ 398
- 第三节　血清酶学检查 ······ 399
- 第四节　肝病相关检验项目的选择 ······ 402

第二十章　肾病的实验室检查 ······ 405

- 第一节　肾小球功能检查 ······ 406
- 第二节　肾小管功能检查 ······ 408
- 第三节　肾功能检查的选择及应用 ······ 410

第二十一章　临床常用生物化学检查 ······ 412

- 第一节　血清电解质测定 ······ 412
- 第二节　血清铁及有关成分的测定 ······ 416
- 第三节　心肌酶和肌钙蛋白测定 ······ 419
- 第四节　脑利尿钠肽测定 ······ 421
- 第五节　血脂测定 ······ 421
- 第六节　甲状腺功能检查 ······ 424
- 第七节　糖尿病相关检查 ······ 426
- 第八节　其他血清酶学检查 ······ 429
- 第九节　性激素及早孕检测 ······ 432

第二十二章　临床常用免疫学检查 ······ 438

- 第一节　免疫球蛋白测定 ······ 438
- 第二节　血清补体测定 ······ 440
- 第三节　感染免疫检查 ······ 442
- 第四节　病毒性肝炎血清标志物检测 ······ 446
- 第五节　性传播疾病相关检查 ······ 450
- 第六节　自身抗体检测 ······ 451

第二十三章　临床微生物学检查 ······ 456

- 第一节　标本采集及运送 ······ 456
- 第二节　检查方法 ······ 458
- 第三节　抗菌药物敏感试验和细菌耐药性检测 ······ 459

第二十四章　肿瘤标志物检测 ······ 462

- 第一节　AFP 检测 ······ 463
- 第二节　CEA 检测 ······ 463
- 第三节　其他肿瘤标志物检测 ······ 464

第五篇　影像诊断 …… 469

第二十五章　概论 …… 470
- 第一节　X线成像 …… 471
- 第二节　X线数字影像技术 …… 475
- 第三节　计算机体层成像 …… 477
- 第四节　磁共振成像 …… 480

第二十六章　骨、关节与软组织影像诊断 …… 486
- 第一节　检查方法与正常影像学表现 …… 487
- 第二节　骨、关节与软组织基本病变的影像学表现 …… 492
- 第三节　骨与关节常见疾病的影像诊断 …… 496

第二十七章　呼吸系统影像诊断 …… 510
- 第一节　检查方法与正常影像学表现 …… 510
- 第二节　呼吸系统基本病变的影像学表现 …… 514
- 第三节　呼吸系统常见疾病的影像诊断 …… 518

第二十八章　循环系统影像诊断 …… 525
- 第一节　检查方法与心脏、大血管的正常X线表现 …… 526
- 第二节　心脏与大血管基本病变的X线表现 …… 530
- 第三节　心脏与大血管常见疾病的影像诊断 …… 533

第二十九章　消化系统影像诊断 …… 538
- 第一节　消化道疾病的影像诊断 …… 538
- 第二节　急腹症的影像诊断 …… 545
- 第三节　肝、胆、胰疾病的影像诊断 …… 547

第三十章　泌尿与女性生殖系统影像诊断 …… 555
- 第一节　泌尿系统影像诊断 …… 555
- 第二节　女性生殖系统影像诊断 …… 559

第三十一章　中枢神经系统及头颈部影像诊断 …… 563
- 第一节　中枢神经系统影像诊断 …… 563
- 第二节　头颈部影像诊断 …… 571

第三十二章　介入放射学 …… 576
- 第一节　经导管栓塞术 …… 576
- 第二节　经皮腔内血管成形术与心脏瓣膜成形术 …… 577
- 第三节　经导管灌注药物治疗 …… 578
- 第四节　经皮穿刺针吸活检与置管引流术 …… 579

第三十三章　超声诊断 …… 582

- 第一节　超声诊断的基础知识 …… 582
- 第二节　心脏疾病超声诊断 …… 586
- 第三节　消化系统疾病超声诊断 …… 592
- 第四节　泌尿系统及前列腺疾病超声诊断 …… 601

第三十四章　妇科、产科疾病超声诊断 …… 614

- 第一节　妇科疾病超声诊断 …… 614
- 第二节　正常产科与产科疾病超声诊断 …… 617

第三十五章　放射性核素诊断 …… 624

- 第一节　概述 …… 624
- 第二节　放射性核素脏器功能检查 …… 627
- 第三节　放射性核素脏器显像 …… 634
- 第四节　放射性核素体外分析技术 …… 643

第六篇　临床诊断方法与病历书写 …… 647

第三十六章　临床诊断方法 …… 648

- 第一节　诊断步骤 …… 648
- 第二节　临床诊断思维方法 …… 650
- 第三节　临床诊断的内容和格式 …… 651
- 第四节　临床病例诊断思维 …… 652

第三十七章　病历书写 …… 655

- 第一节　病历书写的重要意义与基本要求 …… 655
- 第二节　病历书写的格式与基本内容 …… 656
- 第三节　电子病历 …… 668

第七篇　临床常用诊疗技术 …… 673

第三十八章　导尿术 …… 674

第三十九章　中心静脉压测定 …… 677

第四十章　胸腔穿刺术 …… 680

第四十一章　腹腔穿刺术 …… 683

第四十二章　腰椎穿刺 …… 685

第四十三章　骨髓穿刺术 …… 687

第四十四章 心包穿刺术 ... 689
第四十五章 肝活体组织检查 ... 691
第四十六章 肾活体组织检查 ... 693
第四十七章 眼底检查 ... 695
第四十八章 三腔二囊管压迫术 ... 697
第四十九章 吸痰术 ... 700
第五十章 吸氧 ... 702
第五十一章 胃管置入术 ... 704
第五十二章 心肺复苏 ... 706
第五十三章 简易呼吸器的使用 ... 708
第五十四章 穿、脱隔离衣 ... 710

主要参考文献 ... 719

中英文专业词汇索引 ... 720

彩图 ... 731

绪 论

诊断学（diagnostics）是学习运用医学基本理论、基本知识、基本技能和临床思维对患者提出疾病诊断的一门临床学科，是连接基础医学与临床医学的桥梁，是临床医学专业的核心课程及必修课，是学习掌握临床医学各学科的基础。学习诊断学是进一步学习临床医学各门课程的基础和关键。

通过系统学习诊断学，使学生树立以患者为中心的理念，正确地采集病史，构建良好的医患关系，进行系统、规范的体格检查，实施必要的实验室及器械检查，用科学的逻辑思维和循证方法去识别、判断疾病，提出正确的临床诊断，并不断验证诊断。

一、诊断学的主要内容

（一）问诊

问诊（inquiry）即病史采集（history taking），是医师通过与患者之间的交流来了解疾病的病因或诱因、疾病发生及发展的全过程。病史是最基本、最重要的诊断资料，许多疾病经过详细的问诊可以初步确定其诊断方向和范畴，是临床医师医疗工作中最基本技能，在与患者的交谈过程中应关心、爱护患者，体现人文关怀。

（二）常见症状和体征

症状（symptom）是指在患病状态下，患者对机体生理功能异常的自身体验和感受，如疼痛、恶心、头晕、瘙痒及胸闷。症状是病史的重要组成部分，了解常见症状的发生、发展及演变对疾病的初步诊断具有重要的支持作用。

体征（sign）是指在体格检查过程中医师发现的患者体表或内部结构发生可察觉的异常表现，如皮肤和巩膜黄染、口唇发绀、肺部干啰音及湿啰音、心脏杂音、肝大、脾大、下肢凹陷性水肿。症状和体征可同时出现，也可单独发生，在同一疾病的不同阶段，症状和体征有其自身的变化规律。

（三）体格检查

体格检查（physical examination）即医师通过自己的感官或用传统的辅助器具（如体温计、血压计、听诊器、叩诊锤）为患者进行系统的观察和检查，是用最简便易行、最经济的方法揭示机体正常和异常征象的临床诊断方法，是最基本的临床诊断方法。体格检查应全面、系统、准确，检查过程中动作轻柔，体现对患者的关心和爱护，并注意保护患者的隐私。

（四）实验诊断

实验诊断（laboratory diagnosis）是医师在了解患者的病情后，有选择性地利用化学、物理学和生物学等实验室方法，对患者的排泄物、分泌物、血液、体液、细胞取样和组织标本进行检查，获得疾病的病原体、组织的病理形态或器官功能状态等相关资料，对病史、体格检查及实验室检查结果进行全面、系统的分析。医师应客观、辩证地看待实验室检查结果，因为实验检测受许多条件影响,必要时进行重复实验。实验室检查结果仅作为诊断疾病的参考依据,不能作为唯一依据。

(五)心电图检查

心电图检查是将心脏心电活动过程中产生的电流用心电图机描记下来予以解释的检查方法。心电图检查主要为心律失常、心房肥大、心室肥大、冠状动脉粥样硬化性心脏病(简称冠心病)等的诊断提供参考依据。

(六)影像诊断

X线诊断是利用X线的物理特性通过透视或摄影使人体内部结构或器官在荧光屏或胶片上形成影像,从而判断器官及组织的轮廓、密度及其运动情况,进一步分析其病变性质或程度,可对体格检查或其他检查进行验证或补充,对某些疾病具有重要的诊断价值。计算机体层成像(computed tomography,CT)、磁共振成像(magnetic resonance imaging,MRI)和介入放射学(interventional radiology,IVR)等应用于临床,提高了病变的检出率和诊断的准确性。超声诊断是运用超声波的波束通过各组织结构的界面时产生回声反射波,用光点连续扫描显示在示波屏上,使器官和组织的形态结构和物理特征以及功能状态显示出来,用以诊断疾病的一种无创性检查方法。超声诊断具有非创伤性、灵敏度高、分辨率好、成本低、操作简便、可重复等优点,是某些疾病临床诊断不可缺少的检查方法之一。

(七)其他诊疗技术

临床上各种内镜、肺功能、脑电图、放射性核素扫描和组织穿刺诊断法对诊断疾病具有很大的帮助。临床执业医师应掌握的各类穿刺技术、吸痰术、吸氧、导尿术、胃管置入术、心肺复苏、简易呼吸器的使用、穿及脱隔离衣等对临床工作具有重要意义。

(八)临床诊断方法与病历书写

临床诊断思维是与医师的各种操作技能同等重要的一种思维技能,通过科学的逻辑思维,结合掌握的临床知识,对所获取的各种资料进行分析、评价、总结,以达到提出诊断的目的。病历是医务工作者在工作过程中程序化、格式化、专业化的文本形式的各种资料,其书写有相关的学术要求、格式要求、内容要求。病历是具有法律效力的医疗文件,病历的书写必须遵守相关的规章制度和法律法规要求。

二、诊断学的学习方法与目标

(一)诊断学的学习方法

1. "树立以患者为中心"的理念,秉承实事求是、严谨认真的学习态度,全心全意为患者服务 诊断的第一步是资料搜集,所以学习诊断学必须学会与患者进行交流与沟通,从生物、心理、社会的角度给患者以充分的人文关怀和良好的诊疗服务,构建良好的医患关系。

2. 学好诊断学必须掌握诊断学的基本理论、基本知识和基本技能 临床症状与体征的出现与患者机体的生理功能和病理形态的改变密切相关,扎实学好医学基本理论和基本知识是学好诊断学的较为有效的方法之一。

3. 诊断学学习的基本方法 诊断学学习的基本方法有课堂讲授、案例讨论、小组探究式学习、影像资料的视听教学、实训课、各种模型的模拟教学、临床见习、网络学习等,这些都是常用的教与学的方法。学好诊断学必须掌握诊断检查方法。必须反复练习体格检查方法,才能熟而生巧。同时利用现代教育技术资源,才能练就娴熟、规范的体格检查技能。

(二)诊断学的学习目标

(1)能充分运用医学基本理论,独立地进行系统而有针对性的问诊,理解患者的主诉和病史的临床意义。

(2)能对患者进行系统、全面、重点突出的规范化体格检查。

（3）熟悉心电图机操作程序，能进行正常心电图及异常心电图的图形分析。

（4）能判读血液、尿液、粪便及临床常规检验项目的实验结果与临床意义。

（5）能判读常见疾病X线、超声诊断等影像形态改变的结果与临床意义。

（6）能根据病史资料、体格检查、实验室检查和辅助检查资料进行分析，对常见病提出初步诊断。

（7）能综合归纳、分析临床资料，书写规范的病历。

（张　颖）

第一篇

问诊及常见症状

第一章 问诊

第一章数字资源

学习目标

1. 知识：描述问诊的内容。
2. 能力：完成对患者的病史采集。
3. 素养：建立医者仁心的价值观，树立敬佑生命、救死扶伤、甘于奉献的医者精神。培养良好的医德医风，构建和谐医患关系，在问诊中能对患者及其家属进行健康教育和指导。

案例 1-1-1

患者，男性，35 岁，反酸、嗳气、上腹部隐痛，反复发作 1 年。
问题与思考：围绕以上简要病史，医师如何询问患者现病史及相关内容？

第一节 问诊的重要性

问诊（inquiry）是通过询问患者或知情人（患者的亲友等），以了解疾病的病因与诱因、发生、发展、诊治经过以及患者既往健康状况等的诊断方法。病史是否完整和准确对疾病的诊断和治疗有很大的影响，因此问诊是每一位临床医师必须掌握的基本技能。

问诊是临床医师诊断疾病的第一步。一个具有深厚医学知识和丰富临床经验的医师，常常通过问诊就可能对某些疾病提出准确的诊断。例如通过询问得知患者起病前有受凉、淋雨和疲劳，数日后出现高热、寒战、胸痛、咳嗽、咳铁锈色痰，可初步得出肺炎链球菌肺炎的诊断。有些疾病，如上呼吸道感染、消化性溃疡、支气管哮喘、心绞痛、癫痫及疟疾，通过问诊就可以做出诊断。

问诊是医患沟通、建立良好医患关系的最重要时机，正确的方法和良好的问诊技巧，使患者感到医师的亲切和可靠，有信心与医师合作，这对疾病诊治也十分重要。问诊的同时还可以进行健康宣传教育。医学生从接触患者开始，就必须认真学习和领会与患者交流的内容和技巧。具有良好的交流与沟通技能以及对患者宣教的能力是临床医师的基本技能。对危重症患者，扼要的询问及重点体格检查之后需迅速进行抢救。

第二节 问诊的方法与技巧

问诊的方法或技巧直接影响到采集病史的真实性、系统性和完整性，临床医师在采集病史时应注意以下几个方面。

（一）问诊时注意仪表和礼节

问诊一般从礼节性的交谈开始。医师要先向患者做简单的自我介绍，外表整洁是对患者的尊重，谦虚、礼貌有助于和谐医患关系的建立，问诊时医师的态度要诚恳，要有耐心。严肃认真才能给患者以信心，才能保证患者合作，听患者讲述病情时，必须集中注意力，耐心倾听，显示出认真的态度和行为。尽可能让患者充分地陈述和强调他认为重要的情况和感受，只有在患者的陈述离病情过远时，才需要根据陈述的主要线索灵活地将话题转回，切不可生硬地打断患者的叙述。

（二）尊重患者

患者就医时可能因为环境生疏、不适应而产生紧张情绪，接诊医师应主动创造宽松、和谐的环境，以解除患者的不安，使患者能有条理地陈述患病的感受与经过。医师应了解患者的需求，并表示愿意尽自己所能为其提供诊疗服务。这样有助于患者更主动地提供有关信息，甚至是敏感的信息。问诊时，要遵循对患者无心理损害的原则，避免对患者有不良刺激的语言和表情，如医师说"难治""麻烦"或皱眉头。尊重隐私是一个非常严肃的医疗行为，对于患者本人或其他人的任何隐私，医师不能将其传播给无关的任何人，绝不能嘲弄和讥笑患者。对任何患者一视同仁，在病史采集过程中不评价过往医师，适时对患者及其家属进行健康教育及指导。

（三）问诊的组织安排

问诊开始之前，医师应该做好组织安排，组织安排是指问诊结构与语言组织。问诊的主要内容是询问患者的主诉、现病史、既往史、系统回顾、个人史、婚姻史、月经生育史及家族史等。

1. 提问的方式　①一般性提问（或称开放式提问）：常用于问诊开始，可获得某一方面的大量资料，让患者像讲故事一样叙述他的病情。这种提问应该在现病史、过去史、个人史等每一部分开始时使用，例如"你有哪里不舒服？"待获得一些信息后，再着重追问一些重点问题。②直接提问：用于收集一些特定的有关细节，例如"阑尾炎手术是哪年做的？""您什么时候开始腹痛的？"获得的信息更有针对性。③直接选择提问：要求患者回答"是"或"不是"，或者对提供的选择做出回答，例如"你曾有过严重的腹痛吗？""疼痛是锐痛还是钝痛？"为了系统、有效地获得准确的资料，医师应遵循从一般提问到直接提问的原则。不正确的提问可能得到错误的信息或遗漏相关资料。

以下各种提问应予避免。①诱导性提问或暗示性提问：在措辞上暗示了期望的答案，使患者易于默认或附和医师的诱问，例如"你的胸痛放射至左肩对吗？""用这种药物后病情好多了吧？"②责难性提问：常使患者产生防御心理，例如"你怎么吃那样油腻的食物呢？"③不恰当的连续提问：即连续提出一系列问题，可能造成患者对要回答的问题混淆不清，例如"饭后痛得怎么样？和饭前不同吗？是锐痛还是钝痛？"

2. 按时间顺序问诊　医师应该问清症状开始的确切时间，询问疾病的演变过程。要注意环境变化或使用药物后病情的变化。按时间顺序问诊可避免病史资料的遗漏。当几个症状并存时，有必要确定其出现的顺序。

3. 问诊时运用过渡性语言　在转换问诊项目时，应向患者说明即将讨论的新话题及其理由。过渡性语言对促进交流也很重要，不用或使用不当都会妨碍医患之间和谐关系的发展，甚至使患者产生敌意或不合作。如过渡到系统回顾时，可用"我已经问了你许多问题，你非常合作，现在我想问问全身各个系统的情况（新话题），这对我了解你的整体健康状况非常重要（理由）。"

4. 掌握好问诊进度　接诊医师应耐心听取患者的陈述，不要轻易打断患者的讲话，让患者有足够的时间回答问题。有时允许必要的停顿，特别是涉及一些敏感问题时。如果患者不停地谈论过多与病史无关的问题，可客气地将话题引导至病史线索上来。

（四）提问时要注意系统性和目的性

问诊时要掌握好重复提问。患者首次提供的信息不够肯定和清晰时，可以适当重复询问以便确认，但不恰当的或过多的重复提问会使患者怀疑医师是否注意聆听，从而降低对医师的信任度。

（五）问诊时可运用归纳小结

每一部分问诊内容结束时，可做一个小结，这样既可以加强医师的记忆，又能让患者知道医师是否已经理解自己的陈述，双方印证病史资料。

（六）问诊时要避免使用医学术语

多数患者不具备医学专业知识，不要使用医学术语，如夜间阵发性呼吸困难、端坐呼吸、紫癜、里急后重，以免患者理解错误。患者使用医学术语时，要把具体意思问清，以便评估其使用是否正确，交流时应该使用通俗易懂的语言。

（七）问诊时要注意资料的引证核实

引证核实是为了一些重要资料的准确性，如既往的诊断、用药情况和疗效、药物过敏史。

（八）结束问诊

问诊结束时，应感谢患者的合作，告知患者医患合作的重要性，说明下一步对患者的要求，接下来做什么、下次就诊时间或随访计划等。

只有理论结合实际反复训练，才能较好地掌握问诊的方法与技巧。不可能有一成不变的问诊模式和方法，应机敏地关注具体情况，灵活把握，不断总结经验，吸取教训。提高患者对医师的信任度，努力发现影响问诊的原因，予以解决，才能不断提高问诊水平。

 正确的问诊方法。

第三节　问诊内容

（一）一般项目

一般项目（general data）包括姓名、性别、年龄、出生地、民族、婚姻、职业、工作单位、通信地址、电话号码、入院日期、记录日期、病史陈述者及可靠程度等。若病史陈述者非患者本人，则应注明其与患者的关系。记录年龄时，应填写实际年龄，不可用"儿童"或"成人"代替。

（二）主诉

主诉（chief complaint）为患者感受最明显的症状和体征及持续时间，也就是患者本次就诊最主要的原因。

主诉应用最简洁的文字高度概括疾病表现特征及时间的长短，如"畏寒、高热、咳嗽伴左侧胸痛4天"。主诉书写时出现的几个症状，首先应按其发生的时间先后顺序排列，如"反复咳嗽、咳痰10年，胸闷、气促2年，下肢水肿10天"。其次，多个症状出现时按系统排列，如"发热、咳嗽、呕吐、腹泻2天""鼻塞、流清涕、咽喉痛、干咳2天"，主诉应简明，将患者诉说的主要疾苦用医学术语加以记录，但不是医师对患者的诊断用语。对于病程长、病情比较复杂的病例，由于症状、体征变化较多，还需要结合病史分析，以选择出更确切的主诉。确切的主诉常可初步反映病情轻重与急缓，并提供对某系统疾患的诊断线索。

提示：主诉包括最明显症状和体征以及症状和体征持续的时间。

（三）现病史

现病史（history of present illness）是病史的主体部分，记述患者患病后疾病发生、发展、演变和治疗的全过程。在询问现病史时，应以主诉为中心进行详细询问。现病史包括以下6个方面的内容。

1. 起病情况与发病时间　包括起病时的具体时间、地点、环境、发病缓急、发病原因和诱因。详细询问起病情况与发病时间，对疾病诊断具有重要的鉴别作用。有的疾病起病急，如脑栓塞、心绞痛和急性胃肠穿孔；有的疾病起病缓慢，如肺结核、慢性阻塞性肺疾病、肿瘤、肝硬化；脑血栓形成常发生于睡眠时；脑出血、高血压危象常发生于激动或紧张兴奋状态时。

问诊时，应尽可能地了解与本次发病有关的病因（感染、中毒、外伤、过敏等）和诱因（劳动或情绪、气候变化、环境改变、饮食不当等）。如先后出现几个症状，则需追溯首发症状的时间，并按时间顺序询问整个病史后分别记录，如嗳气、反酸、上腹部隐痛反复发作 5 年，呕血 2 h。病因和诱因并不是每个患者都能觉察出来，问诊时医师应注意仔细询问和分析鉴别。

2. 主要症状特点　包括主要症状出现的部位、性质、持续时间和程度、缓解或加剧的因素等。了解这些特点对探索疾病所在的系统或器官、病变部位、范围及性质等很有帮助。例如，年轻男性患者有慢性上腹部疼痛（部位），烧灼样痛（性质），反复发作 10 余年（持续时间），秋、冬季节易于发病（季节性因素），气候变化或饮食不当时易犯病（诱因），饭前疼痛出现或加剧（规律），进食或服碱性药物以后疼痛能缓解（缓解因素），根据这些临床特点，提示为十二指肠溃疡。

3. 病情发展与演变　疾病在发展过程中主要症状的变化（进行性加重还是好转）或新症状的出现，都可视为病情的发展与演变。如十二指肠溃疡患者突然出现呕血或腹痛，应考虑发生上消化道出血或穿孔的并发症；如有心绞痛史的患者本次发作疼痛加重且持续时间较长，则应考虑心肌梗死的可能；甲状腺功能亢进症（简称甲亢）患者出现高热、意识混浊，应考虑出现甲状腺危象；肝硬化患者出现情绪和行为异常等新症状时，要考虑为肝性脑病。

4. 伴随症状　伴随症状指伴随主要症状出现的其他症状。这些伴随症状常为鉴别诊断提供依据。如患者急性腹泻伴里急后重，结合季节、不洁饮食史，可考虑为细菌性痢疾。患者上腹部胀痛伴呕吐宿食、振水音，提示幽门梗阻或胃扩张。患者出现急性腹痛伴呕吐、腹胀、肛门停止排便及排气，提示肠梗阻。问诊时，应详细询问有意义的阴性症状和体征，按一般规律某病应出现的伴随症状实际上没有出现时，也应记录于现病史中，以备进一步观察，这些阴性表现往往具有重要的鉴别诊断意义。

5. 诊治经过　患者本次就诊前曾接受过其他医院诊治时，应询问诊断名称、治疗措施及结果，但不可不加鉴别地用既往诊断代替自己的诊断。若已进行治疗，则应注明使用过的药物名称、用法、剂量和疗效等，供本次制定治疗方案时参考。

6. 一般情况　包括患病后的精神状态、食欲与食量改变、睡眠、大小便的情况和体重改变等。

提示：①起病情况、患病时间、病因与诱因要细问；②主要症状的系统描述是重点；③病情的发展及演变要有条理；④详细询问伴随症状；⑤不要遗漏诊疗经过；⑥与本次疾病有关的、有意义的阴性病史要有选择；⑦患病后一般情况一定要记录。

现病史。

（四）既往史

既往史（past history）包括以下内容：

（1）既往的健康状况和曾经患过的疾病　特别是与现病有密切关系的疾病。

（2）急性、慢性传染病史　居住或生活地区的主要传染病和地方病史。

（3）其他　预防接种史、外伤史、手术史、输血史，对药物、食物和其他接触物的过敏史等，也均应按时间顺序记录于既往史中。

提示：记录顺序一般按时间的先后排列。①既往的一般健康状况；②所患疾病（包括急性、慢性传染病史）；③预防接种史，儿童患者预防接种史应在个人史中查询；④外伤史、手术史；⑤输血史;⑥药物过敏史。

系统回顾是在既往史问诊过程中为避免患者或医师忽略或遗漏其他系统的疾病而设立的问诊内容。在现病史中已叙述过的疾病无须在既往史中重复。实际运用时,可在每个系统询问2~4个症状,如有阳性结果,再深入询问该系统的症状。

系统回顾问诊要点:

1. 头颅五官 有无视力障碍、耳聋、耳鸣、眩晕、鼻出血、牙痛、牙龈出血、咽喉痛及声音嘶哑等。

2. 呼吸系统 有无咳嗽、咳痰、咯血、胸痛、呼吸困难等症状。咳嗽程度、性质、发生和加剧的时间、与体位改变及气候变化的关系,痰的颜色、黏稠度和气味,咯血颜色和量,胸痛的部位和性质以及与咳嗽、呼吸、体位的关系,呼吸困难的性质、程度和出现时间,有无畏寒、发热、盗汗等。

3. 循环系统 有无胸痛、心悸、胸闷、呼吸困难及水肿等。胸痛尤其心前区疼痛的性质、程度、出现和持续的时间,有无放射痛、放射部位、发作的诱因和缓解方法;心悸发生时间与诱因;呼吸困难的诱因和程度、与体位和体力活动的关系,有无咳嗽、咯血等;水肿出现的部位和时间;尿量,昼夜间的改变;有无肝区疼痛、腹水等。既往是否有过类似的症状,有无原发性高血压、动脉硬化、风湿热、心脏病等病史。

4. 消化系统 有无吞咽困难、食欲改变、反酸、嗳气、恶心、呕吐、呕血、腹胀、腹痛及腹泻等。吞咽困难呈间歇性或进行性、进展情况、与食物状态(干食、半流质、流质)的关系;呕吐发生的时间、诱因、次数;呕吐物的内容物、量、颜色与气味;呕血的量及颜色;腹痛部位、程度、性质和持续时间,有无规律性及放射部位,与饮食、气候等因素的关系,按压后疼痛减轻抑或加重;排便次数,粪便的颜色、性状、量和气味,排便时有无腹痛或里急后重;是否伴有发热与皮肤黏膜黄染等。

5. 泌尿与生殖系统 有无排尿困难、尿频、尿急、尿痛;尿量、颜色;有无尿潴留及尿失禁;有无尿道或阴道异常分泌物,性器官的发育情况等。

6. 造血系统 有无乏力、头晕、视物模糊、耳鸣等。皮肤黏膜有无苍白、出血点、瘀斑、血肿、淋巴结肿大、肝大、脾大及骨骼痛等。

7. 内分泌系统与代谢 有无怕热、多汗、乏力、畏寒、视力障碍、食欲异常、烦渴、多尿及水肿等,有无肌肉震颤及痉挛,有无体重、皮肤、毛发、甲状腺、骨骼改变,有无手术、外伤、产后大出血等。

8. 神经系统 有无头痛、失眠、记忆力减退、意识障碍(嗜睡、昏迷)、晕厥、痉挛、瘫痪、性格改变,有无感觉和运动异常等。

9. 运动系统 骨骼发育情况,有无骨折、畸形、关节肿痛、关节强直或变形,有无肢体肌肉疼痛、痉挛、萎缩、瘫痪等。

10. 精神状态 有无幻觉、妄想、定向力障碍、情绪异常等。

(五)个人史

个人史(personal history)包括以下内容。

1. 社会经历 包括出生地、居住与旅居地区和居留时间(尤其是传染病和地方病流行区及疫水接触史)等。

2. 习惯与嗜好 个人起居、卫生习惯、饮食质量,烟酒嗜好及其量和时间以及其他特殊嗜好和麻醉药品、毒物使用等情况。

3. 职业及工作条件 包括劳动环境、工种,与工业毒物、化学药品、放射性物质的接触情况及时间等。

4. 精神创伤史 在生活、工作、情感、家庭等方面有无重大精神创伤。

5. 冶游史　有无不洁性交，是否患过下疳及淋病、尖锐湿疣等。

提示：①出生地、所到地方、居留时间；②生活习惯、嗜好（有烟酒嗜好者应注明时间和量）；③有无毒物及疫水接触史；④个人职业；⑤有无重大精神创伤史；⑥冶游性病史；⑦对儿童患者，除需了解出生前母亲妊娠及分泌过程（顺产、难产）外，还要了解喂养史、生长发育情况。

（六）月经史

月经史（menstrual history）包括月经初潮年龄、月经周期和经期天数、经血的量和颜色、有无痛经、白带情况、末次月经日期、闭经日期及绝经年龄等。记录如下：

$$月经初潮年龄\frac{经期天数}{月经周期}末次月经日期或绝经年龄$$

（七）婚姻史

婚姻史（marital history）应记述未婚、已婚或再婚，结（再）婚年龄、配偶健康状况、性生活情况等。如丧偶，应询问其死亡的时间和原因。

（八）生育史

生育史（childbearing history）应询问初孕年龄，妊娠与生育次数，人工流产或自然流产次数，有无早产、死产、难产、手术产、产褥热及计划生育状况等。对男性患者，应询问是否患过影响生育的疾病。

（九）家族史

家族史（family history）应询问父母与同胞兄弟、姐妹及其子女的健康情况，特别应询问有无与患者类似的疾病、与遗传有关的疾病，如糖尿病、原发性高血压、白化病、精神障碍。对已死亡的直系亲属，要问明死因与时间，必要时询问其祖父母、外祖父母、舅父母、表兄弟等的健康情况。

第四节　临床病例问诊思维

【病例一】

患者，男性，38岁，发热、咳嗽、咳铁锈色痰4天。围绕以上简要病史，医师将如何询问患者现病史及相关的内容？

临床思维

1. 症状特点　发热、咳嗽、咳铁锈色痰。
2. 可能出现的疾病　肺炎链球菌肺炎。
3. 需鉴别的疾病　其他细菌性肺炎、急性肺脓肿等。
4. 现病史及问诊的重要内容

（1）根据现病史询问

1）发病时间及诱因：发热、咳嗽、咳铁锈色痰出现的时间，有无受凉、劳累等。

2）发热：发热的程度、热型、临床经过与特点、病程长短等。

3）咳嗽、咳铁锈色痰：发病年龄，咳嗽的程度、性质、音色、时间与节律，痰的颜色、性状、量和气味。

4）伴随症状：有无低热、盗汗、消瘦、鼻塞、流涕、咯血、大量恶臭脓性痰、白色或粉红色泡沫样痰，有无胸痛、呼吸困难等。

5）诊疗经过：①是否到医院就诊？做过哪些检查？②治疗及用药情况如何？

6）一般情况：起病后饮食、睡眠、大小便及体重变化情况。

（2）其他有关病史

1）是否有药物过敏史。

2）与该病有关的其他病史：有无慢性肺部疾病史、心血管疾病史、吸烟史。

5. 问诊技巧

（1）条理性强，能抓住发热、咳嗽、咳铁锈色痰等重点。

（2）能够围绕发热、咳嗽、咳铁锈色痰及相关鉴别诊断询问。

【病例二】

患者，女性，65岁，突发口角歪斜、右侧肢体瘫痪、昏迷3 h。有高血压病史25年。围绕以上简要病史，医师将如何询问患者现病史及相关的内容？

临床思维

1. 症状特点 突发口角歪斜、右侧肢体瘫痪、昏迷。

2. 可能出现的疾病 原发性高血压、脑血管意外（脑血栓形成、脑出血）。

3. 需鉴别的疾病 中毒、中暑、癫痫、脑外伤及其他原因引起的昏迷。

4. 现病史及问诊的重要内容

（1）根据主诉及相关鉴别诊断询问

1）发病诱因：起病时间，加重时间，有无激动、劳累、外伤、高温环境、中毒等，在活动中还是安静时起病。

2）口角歪斜、右侧肢体瘫痪：程度、范围、肌力、肌张力、时间长短及瘫痪类型等。

3）昏迷：发生的缓急、程度（浅、中、深昏迷）、进展等。

4）伴随症状：有无发热、头痛、呼吸困难、胸痛、恶心、呕吐、尿失禁、排便失禁和舌咬伤，有无抽搐、四肢肌张力改变。

5）诊疗经过：①是否到医院就诊？做过哪些检查？②治疗及用药情况？

6）一般情况：尿量、食欲、睡眠及体重变化情况。

（2）其他有关病史

1）是否有药物过敏史。

2）与该病有关的其他病史：既往有无类似发作，高血压、动脉硬化、肝病、肾病、糖尿病、神经精神性疾病、全身出血性疾病及烟酒嗜好。

5. 问诊技巧

（1）条理性强，能抓住昏迷重点。

（2）能够围绕昏迷病情及相关鉴别诊断询问。

（张 颖）

自 测 题

一、填空题

1. 主诉是最痛苦的_____、_____及持续时间。

2. 现病史包括 _____、_____、_____、_____、_____、_____、_____。

3. 对危重患者，扼要地询问及重点体格检查之后需迅速进行_____。

4. 疾病演变的情况是指疾病在_____过程中主要症状的变化。
5. 职业的问诊是指询问劳动环境，与_____物质接触情况及时间等。

二、选择题

A1 型题

1. 下列问诊方法，正确的是
   A. 你有里急后重吗
   B. 你腹部疼痛时向右肩放射吗
   C. 你胸痛时还有其他不舒服吗
   D. 你是不是下午发热
   E. 你头痛发作时伴有恶心、呕吐吗

2. 医师诊治患者的第一步，可获得初步诊断依据的是
   A. 问诊
   B. 视诊
   C. 叩诊
   D. 触诊
   E. 听诊

3. 下列不属于问诊的一般项目的是
   A. 姓名、性别、年龄
   B. 出生地、民族、婚姻
   C. 职业、工作单位、现住址
   D. 入院日期、记录日期
   E. 起病情况

4. 对主诉的表述，不正确的是
   A. 畏寒、发热、咳嗽伴右侧胸痛 3 天
   B. 畏寒、发热、黄疸、右上腹绞痛 3 天
   C. 呼吸困难 1 天，咳嗽、咯血 1 年
   D. 多食、多饮、多尿 1 年，消瘦 3 个月
   E. 反复发作上腹痛 2 年，排柏油样便 2 天

5. 现病史应包括疾病的发生、发展、演变全过程，下列不属于现病史的是
   A. 病因与诱因、患病时间
   B. 症状的部位、性质、持续时间和程度
   C. 患病过程中主要症状的变化
   D. 患病过程中新症状的出现
   E. 曾经患过的疾病

6. 询问呼吸系统既往史时，应询问的一组症状是
   A. 咳嗽、咳痰、一侧肢体肌肉萎缩
   B. 咳嗽、咳痰、咯血、胸痛、发热、盗汗等
   C. 咳嗽、呼吸困难、腹泻
   D. 头晕、头痛、多尿、多饮
   E. 咳嗽、咯血、尿急

7. 询问循环系统既往史时，应询问的一组症状是
   A. 心悸、腰痛、多食、多饮
   B. 呼吸困难、咳嗽、咳痰、一侧肢体无力
   C. 肌肉疼痛、肌肉萎缩、头痛、多尿、心悸
   D. 心悸、心前区疼痛、呼吸困难、咳嗽、咳痰、咯血、水肿等
   E. 食欲缺乏、腹泻、咳嗽、咳痰

8. 询问消化系统既往史时，应询问的一组症状是
   A. 咳嗽、咯血、便血、腹胀、多食、多饮
   B. 心悸、水肿、便秘、多尿、尿频
   C. 食欲缺乏、反酸、胃灼热、恶心、呕吐、腹痛、呕血、便血
   D. 头晕、肢体麻木、关节痛

E. 食欲缺乏、恶心、呕吐、心悸、水肿

9. 以下问诊中，不属于个人史内容的是
   A. 出生地、居住与旅居地区和居留时间
   B. 既往健康状况和曾经患过的疾病
   C. 劳动环境、毒物及放射性物质的接触情况及时间
   D. 有无重大精神创伤，有无药物成瘾等
   E. 个人生活习惯、烟酒嗜好及其量和时间

10. 以下问诊中，不属于社会经历内容的是
    A. 出生地　　　　　　B. 居住与旅居地区　　　　C. 居住地居留时间
    D. 劳动环境、工种　　E. 曾旅居传染病和地方病流行区

A2 型题

11. 患者，男性，26 岁，畏寒、发热、咳嗽，伴右侧胸痛 3 天，咳铁锈色痰 1 天，X 线诊断为肺炎链球菌肺炎，应记入既往史的是
    A. 既往患过肺炎　　　　　　　　B. 发热、咳嗽的病因与诱因
    C. 右侧胸痛的变化　　　　　　　D. 患病过程中咳铁锈色痰
    E. 咳嗽的性质、持续时间和程度

B1 型题

（12～15 题共用题干）
   A. 咳嗽、咳痰、咯血、胸痛　　　　B. 腹痛、腹泻、恶心、呕吐
   C. 头晕、视物模糊　　　　　　　　D. 肌肉疼痛、麻木、关节肿痛
   E. 排尿困难，尿频、尿急、尿痛

12. 贫血常见的症状是
13. 呼吸系统常见的症状是
14. 消化系统常见的症状是
15. 肌肉骨骼系统常见的症状是

（张　颖）

第二章 常见症状

第二章数字资源

学习目标

1. 知识：描述临床常见症状的病因，列举临床常见症状的临床表现，解释常见症状的产生机制，分析常见症状的临床意义。
2. 能力：完成简单病例分析，运用所学知识对常见病例进行综合分析，完成初步诊断及鉴别诊断。
3. 素养：通过学习和讨论，具备症状导向的临床推理能力，能构建初步诊断假设。建立医者仁心的价值观，树立敬佑生命、救死扶伤、甘于奉献的医者精神，培养良好的医德医风，构建和谐医患关系。

症状学（symptomatology）主要研究症状的病因、发病机制、临床表现及其在诊断中的作用。症状是指患者主观感受到的异常感觉和不适，如呼吸困难、咳嗽、心悸。体征（sign）是指医师或其他人能客观检查到的病态改变，如啰音、心脏杂音、肝大。有的表现既可以是症状，也可以是体征，如呼吸困难、黄疸。

症状是疾病诊断的主要依据与线索之一，不同的疾病可以出现相同的症状，同一疾病也可有不同的症状表现。全面掌握临床资料，对症状与体征进行综合分析是诊断疾病的基本思维方法，切忌单凭某一个或几个症状就草率地做出诊断。

第一节 发 热

案例 1-2-1

患者，男性，27岁，淋雨受凉后出现寒战、高热、咳嗽、咳铁锈色痰3天。体格检查：T 39.1 ℃，神志清楚，急性病容，面色潮红，左下肺部闻及湿啰音。

问题与思考：
1. 该患者的主要症状有哪些？
2. 该患者可能的热型是什么？

正常人的体温受体温调节中枢所调控，通过神经、体液因素调节使产热和散热过程呈动态平衡，保持体温的相对恒定。任何原因使体温超过正常范围，称为发热（fever）。

体温是指在生理状态下机体的温度。人的体温可因测量方法不同而略有差异。正常成人的体温维持在36.3~37.2 ℃（口测法），腋下温度比口腔温度低0.5 ℃左右，直肠温度比口腔温度高0.5 ℃左右，受机体内、外因素影响，并存在个体差异。每天下午体温比早晨稍高，激烈活动与进餐后体温也可稍有升高，波动幅度不超过1℃。老年人体温相对青壮年人低一些，妇女在月经前及妊娠期体温略高于正常。

提示：正常成人的体温并不是恒定在37℃，波动幅度不超过1℃。

【病因】

引起发热的病因很多，临床上可以将发热的病因分为感染性和非感染性两大类。

（一）感染性发热

感染性发热（infective fever）指由各种病原体引发感染引起的发热。病毒、细菌、支原体、立克次体、真菌、螺旋体、寄生虫、衣原体等导致急性、亚急性、慢性、局限性或全身性感染，都可引起发热。

（二）非感染性发热

非感染性发热（noninfective fever）通常指由非病原体物质引起的发热，归纳有以下方面。

1. 无菌性组织损伤或坏死　由于组织无菌性损伤或坏死，分解的蛋白及坏死物质吸收，可引发无菌性炎症，导致发热，又称吸收热。

（1）化学、物理或机械性损伤：如大面积烧伤、大手术后的组织损伤、创伤、内出血。

（2）细胞破坏或组织坏死：如心肌梗死、肺梗死、脾梗死、溶血或癌组织坏死、肢体坏死。

2. 抗原抗体反应　超敏反应时形成免疫复合物引起发热，如药物热、血清病、风湿病。

3. 内分泌及代谢性疾病　如甲状腺功能亢进症时产热增多，大量失水和失血时散热减少。

4. 体温调节中枢功能失常　通常见于中枢神经系统受到损害而引发的疾病，如中暑、重度催眠药中毒、脑出血、脑外伤。

5. 皮肤散热减少　如广泛性皮炎、鱼鳞病及严重水肿时，皮肤散热减少，引起低热。

6. 自主神经功能紊乱　影响正常的体温调节，属功能性发热，多为低热，常见有原发性低热、感染后低热、夏季低热、生理性低热等。

提示：临床上以感染性发热多见。

发热的病因。

【发病机制】

正常情况下，人体的产热和散热保持动态平衡。各种原因导致产热增加或散热减少，即出现发热。绝大多数发热是由于致热原（pyrogen）的作用。

（一）致热原的分类

临床上将致热原分为外源性和内源性两大类。

1. 外源性致热原（exogenous pyrogen）　即各种病原体及其产物、炎性渗出物、无菌性坏死组织、免疫复合物、某些类固醇物质、多糖体成分、多核苷酸及淋巴细胞激活因子等，多为大分子物质，不能通过血脑屏障直接作用于体温调节中枢引起发热，却能激活血液中的中性粒细胞、嗜酸性粒细胞和单核吞噬细胞系统，产生并释放内源性致热原。

2. 内源性致热原（endogenous pyrogen）　又称白细胞致热原，如白介素（IL-1）、肿瘤坏死因子（TNF）和干扰素，其分子量小，能通过血脑屏障直接作用于体温调节中枢，导致体温调定点上移，体温调节中枢重新加以调节，一是通过垂体内分泌因素使代谢增加或通过运动神经使骨骼肌阵缩，产热增多；二是通过交感神经使皮肤血管及竖毛肌收缩，排汗停止，散热减少，这样产热大于散热，体温升高而出现发热。

（二）非致热原性发热

1. 体温调节中枢直接受损　见于颅脑外伤、出血、炎症等。

2. 产热和散热不平衡引起产热过多的疾病　如癫痫持续状态、甲状腺功能亢进症；散热减少的疾病，如广泛性皮肤病、心力衰竭。

提示：外源性致热原不能直接作用于体温调节中枢引起发热，内源性致热原可通过血脑屏障直接作用于体温调节中枢，导致体温调定点上移。内源性致热原是主要的致热物质。

【临床表现】

(一) 发热的分度

以口腔温度为准，按体温的高低分为低热（37.3~38 ℃）、中等度热（38.1~39 ℃）、高热（39.1~41 ℃）、超高热（41 ℃以上）。

(二) 发热的临床经过与特点

1. 体温上升期　临床表现有皮肤苍白、干燥无汗、疲乏无力、肌肉酸痛、四肢末端发冷、寒战或畏寒等临床症状。体温上升的方式通常有以下两种。

(1) 骤升型：体温在数小时内骤然上升到39~40 ℃或更高，常伴有寒战，小儿易出现惊厥，见于肺炎链球菌肺炎、败血症、急性肾盂肾炎、疟疾、流行性感冒等。

(2) 缓升型：体温缓慢上升，数日内达高峰，多不伴寒战，如伤寒、结核病、布鲁氏菌病。

2. 高热期　临床表现有头痛、皮肤潮红、灼热、呼吸加深及加快、脉搏及心率加快，可有食欲减退、腹胀等，严重者常伴有不同程度的意识障碍或谵妄、惊厥等中枢神经系统表现。体温上升到高峰后持续一段时间，高热持续的时间因引起发热的原因不同有临床差异，例如疟疾高热持续数小时，肺炎链球菌肺炎、化脓性扁桃体炎、流行性感冒高热可持续数日，伤寒、肝脓肿高热可持续数周。

3. 体温下降期　表现为出汗增多等，一般有以下两种方式。

(1) 骤降型：体温在短时间内迅速下降到正常水平，并伴有大汗淋漓，年老体弱者可出现血压下降，多见于疟疾、肺炎链球菌肺炎、输液反应等。

(2) 缓降型：体温逐渐、缓慢降至正常，多见于伤寒、结核病、风湿热等。

提示：急性发热：起病急，病程<2周，常见于各种感染性疾病或为某些长期发热病的初始表现。长期发热：体温>38 ℃，病程>2周，常见于慢性感染性疾病、肿瘤、风湿病和结缔组织病。慢性低热：体温<38 ℃，病程>1个月，见于器质性低热和功能性低热。

(三) 热型与临床意义

将发热患者的体温标记在体温单上，形成不同形状的体温曲线即热型（fever type）。不同的发热性疾病有不同特征的热型，特征性热型对疾病的诊断与鉴别诊断有参考价值。临床上常见的热型有以下几种。

1. 稽留热（continued fever）　体温持续在39~40 ℃达数日或数周，24 h内体温波动范围不超过1 ℃。稽留热见于伤寒、副伤寒、肺炎链球菌肺炎等疾病（图1-2-1）。

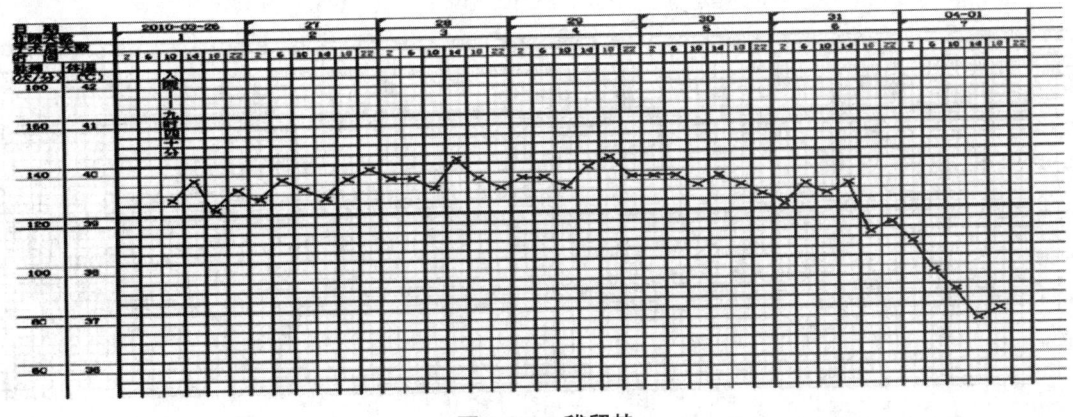

图1-2-1　稽留热

2. 弛张热（remittent fever） 又称败血症热型。体温常在39 ℃以上，24 h 内体温波动范围超过2 ℃，但体温最低时仍高于正常。弛张热见于风湿热、败血症、脓毒血症、重症肺结核、感染性心内膜炎等疾病（图1-2-2）。

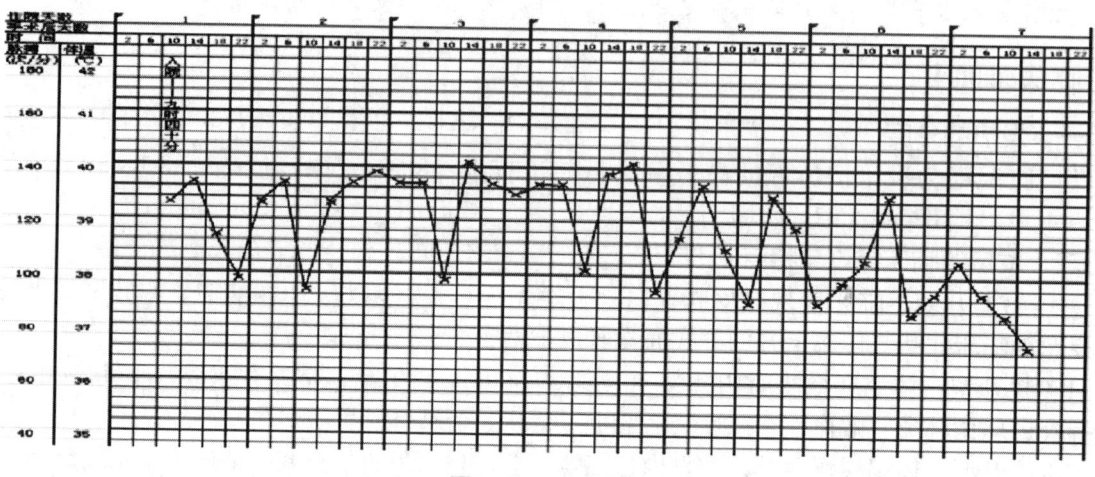

图1-2-2 弛张热

3. 间歇热（intermittent fever） 体温骤然升高至39 ℃或39 ℃以上，持续数小时又降至正常范围，经过数小时或数日间歇后，体温又骤然升高，如此反复交替出现。间歇热常见于疟疾、急性肾盂肾炎等疾病（图1-2-3）。

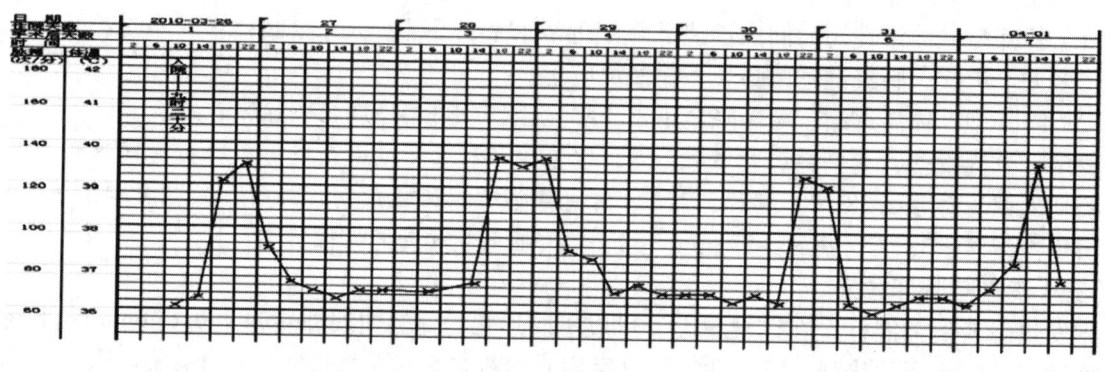

图1-2-3 间歇热

4. 波状热（undulant fever） 体温逐渐上升至39 ℃或39 ℃以上，经数日又逐渐下降至正常，持续数日后体温又上升，如此反复多次。波状热见于布鲁氏菌病（图1-2-4）。

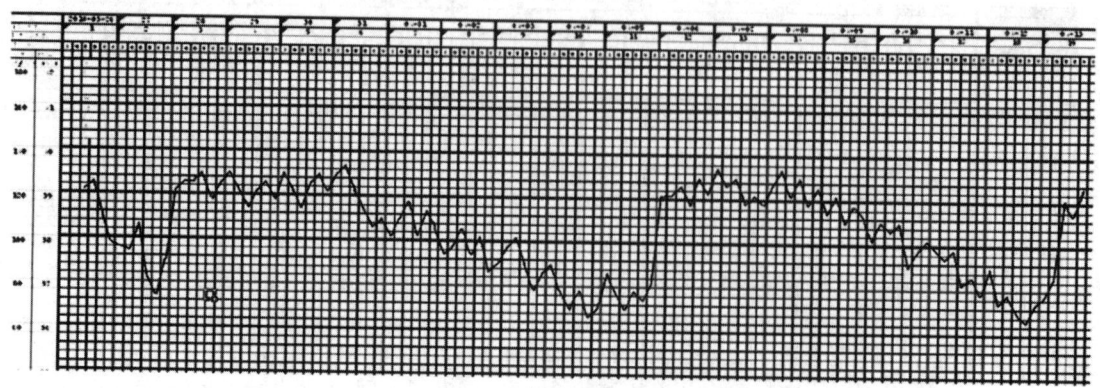

图1-2-4 波状热

5. 回归热（relapsing fever） 体温急骤上升到39℃以上，持续数日后又骤降至正常，高热期与无热期各持续若干天后规律性交替出现。回归热见于回归热、霍奇金病（Hodgkin disease）（图1-2-5）。

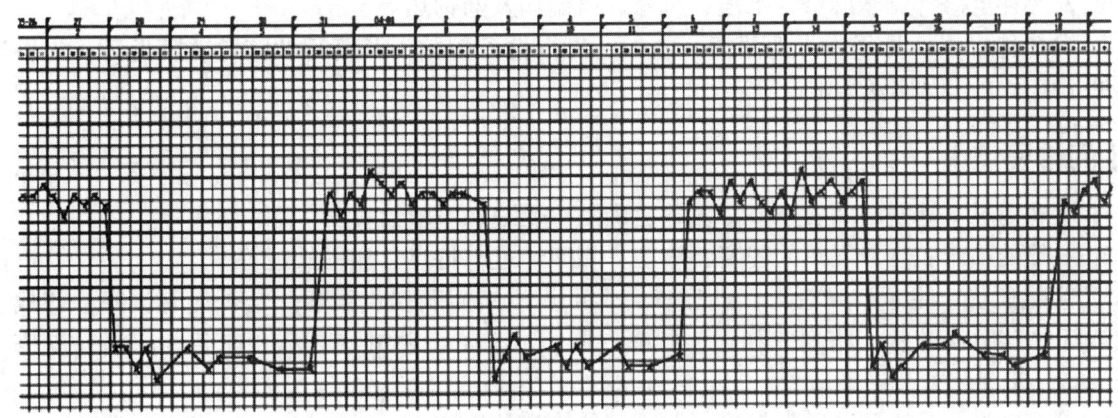

图1-2-5　回归热

6. 不规则热（irregular fever） 发热的体温曲线没有任何规律。此种热型见于较多疾病，如结核病、风湿热、支气管肺炎、渗出性胸膜炎及癌性发热（图1-2-6）。

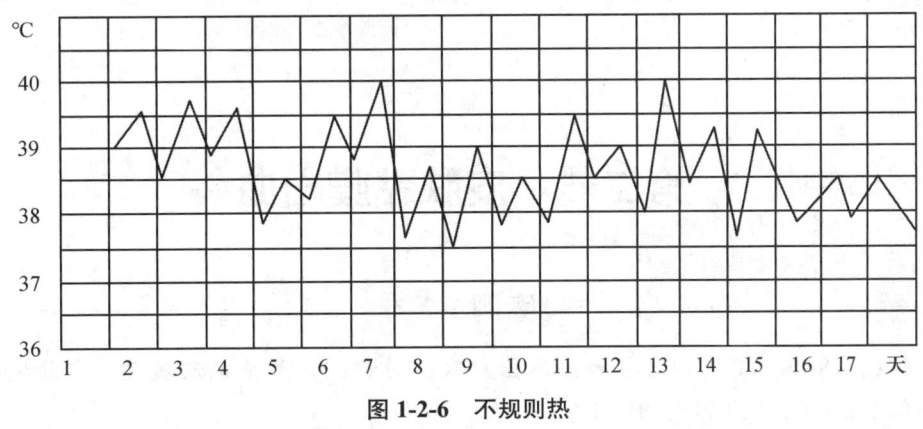

图1-2-6　不规则热

提示：不同的热型有助于对发热病因的诊断和鉴别诊断。由于临床上抗生素、解热镇痛药与肾上腺皮质激素的应用以及年龄和个体反应的差异等因素，部分患者可能呈现不典型的热型表现。

【伴随症状】

发热的伴随症状有助于发热病因的诊断和鉴别诊断。

1. **发热伴寒战**　常见于某些病原体感染，如肺炎链球菌肺炎、急性胆囊炎、急性肾盂肾炎、流行性脑脊髓膜炎及钩端螺旋体病，也见于急性溶血、药物热、输液反应等。

2. **发热伴结膜充血**　常见于流行性出血热、麻疹、咽结膜热及钩端螺旋体病等。

3. **发热伴淋巴结肿大**　见于淋巴结结核、淋巴结瘤、白血病、布鲁氏菌病及传染性单核细胞增多症等。

4. **发热伴肝大及脾大**　见于肝脏及胆道感染、病毒性肝炎、疟疾、急性血吸虫病、风湿病、白血病、淋巴瘤及布鲁氏菌病等。

 发热的程度、过程与热型。

5. **发热伴皮肤及结膜出血** 可见于败血症、感染性心内膜炎、流行性出血热、病毒性肝炎、钩端螺旋体病等，也可见于急性白血病、急性再生障碍性贫血、恶性组织细胞病等。

6. **发热伴皮疹** 见于麻疹、水痘、风疹、风湿病及药物热等。

7. **发热伴昏迷** 见于中毒性菌痢、中暑、流行性乙型脑炎及流行性脑脊髓膜炎等。先昏迷后发热见于脑出血、巴比妥类中毒等。

【问诊要点】

1. **发病情况** 起病时间、季节、缓急、诱因（受凉、不洁饮食史）等。
2. **发热的临床表现** 发热的程度、热型、临床经过与特点、病程长短等。
3. **伴随症状** 注意询问有无伴随症状，常可为诊断疾病提供线索。是否伴有畏寒、寒战、大汗或盗汗、咳嗽、咳痰、咯血、胸痛、腹痛、腹泻、恶心、呕吐、尿频、尿急、尿痛、皮疹、出血、头痛、肌肉及关节痛等。
4. **诊疗经过** 是否到过医院就诊，做过何种检查及治疗。
5. **一般情况** 起病后饮食、睡眠、排便、精神状态及体重变化等。
6. **相关病史** 注意询问传染病接触史、疫水接触史、手术史、外伤史、流产史或分娩史及职业特点等。

（朱 琳）

第二节 皮肤黏膜出血

案例 1-2-2

患者，男性，18岁，突发四肢紫癜，高出皮肤，对称，伴关节痛及腹痛。实验室检查：WBC 10×10^9/L，Hb 112 g/L，PLT 200×10^9/L。

问题与思考：
1. 该患者的主要症状有哪些？
2. 该患者可能的出血原因是什么？

皮肤黏膜出血（mucocutaneous hemorrhage）是由于机体止血或凝血功能障碍所引起的，临床上以全身性或局限性皮肤黏膜自发性出血或损伤后难以止血为主要特征。

【病因与发病机制】

皮肤黏膜出血的基本病因包括血管壁功能异常、血小板数量或功能异常及凝血功能障碍。

1. **血管壁功能异常** 正常情况下，当血管破损时，局部小血管即会出现反射性收缩，使血流变慢，有利于初期止血。随后在血小板释放的血管收缩素等血清素的作用下，毛细血管较持久收缩，发挥止血作用。若毛细血管壁存在先天性缺陷或受损伤时，则无法正常收缩发挥止血作用，导致皮肤黏膜出血。常见于以下情况。

（1）遗传性出血性毛细血管扩张症、血管性假性血友病等。

（2）过敏性紫癜、单纯性紫癜、老年性紫癜及机械性紫癜等。

(3）严重感染、化学物质或药物中毒及代谢障碍、维生素 C 或维生素 B_3（烟酸）缺乏、尿毒症及动脉硬化等。

2. 血小板异常　血小板在止血过程中发挥着重要作用，血小板在血管损伤处相互黏附、聚集成白色血栓阻塞伤口。血小板膜磷脂在磷脂酶的作用下释放花生四烯酸，而后转化为血栓烷（TXA_2），进一步促进血小板聚集，且强烈收缩血管，促进局部止血。当血小板数量或功能异常时，则会引起皮肤黏膜出血。

（1）血小板减少

1）血小板生成减少：如再生障碍性贫血、白血病、感染、药物性抑制。

2）血小板破坏过多：如原发免疫性血小板减少症、药物免疫性血小板减少性紫癜。

3）血小板消耗过多：见于血栓性血小板减少性紫癜、弥散性血管内凝血等。

（2）血小板增多

1）原发性：见于原发性血小板增多症。

2）继发性：继发于慢性粒细胞白血病、脾切除后、感染、创伤等。此类疾病血小板数量虽然增多，但由于活动性凝血活酶生成迟缓或伴有血小板功能异常，所以仍可引起出血现象。

（3）血小板功能异常

1）遗传性：见于血小板无力症（thrombasthenia）（血小板聚集功能异常）、血小板病（thrombocytopathy）（血小板第三因子异常）等。

2）继发性：继发于药物、尿毒症、肝病、异常球蛋白血症等。

3. 凝血功能障碍　凝血过程较复杂，有许多凝血因子参与，任何一个凝血因子缺乏或功能不足都可引起凝血功能障碍，导致皮肤黏膜出血。

（1）遗传性：见于血友病、低纤维蛋白原血症、凝血酶原缺乏症、低凝血酶原血症、凝血因子缺乏症等。

（2）继发性：见于重症肝病、尿毒症、维生素 K 缺乏等。

（3）循环血液中抗凝物质增多或纤溶亢进：见于异常蛋白血症类肝素抗凝物质增多、抗凝血药使用过量、原发性纤溶或弥散性血管内凝血所致的继发性纤溶等。

【临床表现】

皮肤黏膜出血表现为血液淤积于皮肤或黏膜下，形成红色或暗红色斑，压之不退色。根据出血直径，可分为瘀点（又称出血点，直径<2 mm）、紫癜（直径 2~5 mm）和瘀斑（直径>5 mm）。血小板减少出血的特点为同时有瘀点、紫癜和瘀斑、鼻出血、牙龈出血、月经过多、血尿及黑便等，严重者可导致脑出血。血小板病患者血小板计数正常，出血轻微，以皮下出血、鼻出血及月经过多为主，但手术时可出现出血不止。

血管壁功能异常引起的出血特点为皮肤黏膜的瘀点、瘀斑，如过敏性紫癜表现为四肢或臂部对称性、高出皮肤（荨麻疹或丘疹样）紫癜，可伴有痒感、关节痛及腹痛，累及肾时可有血尿。老年性紫癜常为手、足的伸侧瘀斑；单纯性紫癜为四肢慢性偶发瘀斑，常见于女性患者月经期等。因凝血功能障碍引起的出血常表现有内脏、肌肉出血或软组织血肿，也常有关节腔出血，且常有家族史或肝病史。

考点提示　皮肤黏膜出血的直径大小。

【伴随症状】

1. 四肢对称性紫癜伴有关节痛及腹痛、血尿　见于过敏性紫癜。
2. 紫癜伴有广泛性出血　如鼻出血、牙龈出血、血尿、黑便等，见于血小板减少性紫癜、弥散性血管内凝血等。
3. 紫癜伴有黄疸　见于肝病。
4. 皮肤黏膜出血伴贫血和（或）发热　常见于白血病、再生障碍性贫血等。
5. 自幼有轻伤后出血不止，且有关节肿痛或畸形　见于血友病。

【问诊要点】

1. 发病情况　起病时间、季节、缓急等。
2. 病因与诱因　有无与皮肤黏膜出血相关的疾病史（如过敏紫癜病史）或出血性疾病家族史，有无药物过敏史、外伤史、感染及中毒史、肝病史、肾病史，有无放射性物质接触史等。
3. 皮肤黏膜出血的特点　包括出血时间、发生缓急、诱因、部位、出血范围及特点（自发性或损伤后）、持续天数、消退情况及出血的频度，以及出血的伴随症状。
4. 伴随症状　注意询问有无伴随症状，如鼻出血、牙龈出血、血尿、便血及关节畸形。
5. 诊疗经过　是否到过医院就诊，做过何种检查及治疗。
6. 一般情况　起病后饮食、睡眠、排便、精神状态及体重变化等。
7. 相关病史　注意询问传染病接触史、毒物与化学物品接触史等。

（朱　琳）

第三节　水　肿

案例 1-2-3

患者，男性，60岁，持续性腹泻1年，每日排黄色稀水便或糊状便5~6次，食欲明显下降，1个月来出现腹胀及下肢水肿。体格检查：全身消瘦，皮肤干燥，腹部轻度膨隆，移动性浊音阳性，肝、脾未触及，双下肢凹陷性水肿。

问题与思考：
1. 该患者的主要症状有哪些？
2. 该患者发生水肿可能的原因是什么？

水肿（edema）是指人体组织间隙有过多的液体积聚使组织肿胀。水肿可分为全身性与局部性。全身性水肿多为凹陷性，是液体在体内组织间隙呈弥漫性分布；局部性水肿是液体在局部组织间隙积聚；发生于体腔内者称为积液，如胸腔积液、腹水、心包积液。一般情况下，水肿这一术语不包括内脏器官的局部性水肿，如脑水肿、肺水肿。

【发生机制】

保持人体体液平衡的主要因素有：①毛细血管静水压；②血浆胶体渗透压；③组织间隙机械压力；④组织间液的胶体渗透压。当维持体液平衡的因素发生障碍时，出现组织液的生成大于吸收，则可产生水肿。

产生水肿的主要因素有：①水钠潴留，如继发性醛固酮增多症；②毛细血管滤过压升高，如右侧心力衰竭；③毛细血管通透性增高，如急性肾炎；④血浆胶体渗透压降低，如肾病综合征；⑤淋巴液或静脉回流受阻，如丝虫病或血栓性静脉炎。

【病因与临床表现】

1. 全身性水肿

（1）心源性水肿（cardiac edema）：主要是右侧心力衰竭。其机制主要是有效循环血量减少，肾血流量减少，继发性醛固酮增多导致水钠潴留及静脉淤血，毛细血管静水压增高，组织液回吸收减少。水肿程度可由于心力衰竭程度而有所不同，可自轻度的踝部水肿直至严重的全身性水肿。水肿的特点是身体低垂部位（该部位流体静水压较高）首先出现水肿，能起床活动者，最早出现于踝内侧，活动后明显，休息后减轻或消失；卧床者以腰骶部明显；颜面一般不出现水肿。水肿为对称性、凹陷性。此外，常伴有颈静脉怒张、肝大、静脉压升高，严重时还会出现胸腔积液、腹水等右侧心力衰竭的其他表现。

心源性水肿还可见于缩窄性心包炎、心包积液或积血、心肌或心内膜纤维组织增生及心肌硬化等缩窄性心脏疾病。这些疾病主要是因为心包、心肌或心内膜的广泛病变，导致心肌顺应性下降、心脏舒张受限、静脉回流受阻、静脉淤血、静脉压增高，从而出现腹水、胸腔积液及肢体水肿。

（2）肾性水肿（renal edema）：可见于各型肾炎和肾病。发病机制主要是由多种因素引起肾排钠、排水减少，引起水钠潴留，细胞外液增多，产生水肿，水钠潴留是肾性水肿的基本机制。产生肾性水肿的因素有：①肾小球滤过功能降低；②肾小管对钠、水重吸收增加；③血浆胶体渗透压降低（蛋白尿所致）。水肿的特点是早期晨起时有眼睑与颜面部水肿，而后很快发展为全身水肿。常伴尿常规改变、高血压及肾功能损害的表现。肾性水肿与心源性水肿的鉴别要点列于表 1-2-1。

表 1-2-1　肾性水肿与心源性水肿的鉴别要点

鉴别项目	肾性水肿	心源性水肿
开始部位	从眼睑、颜面开始而延及全身	从足部开始，向上延及全身
发展快慢	迅速	缓慢
水肿性质	软，移动性大	比较坚实，移动性较小
伴随改变	高血压、尿液改变、肾功能异常	心脏增大、心脏杂音、肝大、静脉压升高

（3）肝源性水肿（hepatic edema）：肝硬化是肝源性水肿的最常见原因，主要表现为腹水，也可首先出现踝部水肿，逐渐向上蔓延，而头面部及上肢常无水肿。门静脉高压症、低蛋白血症、肝淋巴液回流障碍、继发醛固酮增多等因素是水肿与腹水形成的主要机制。肝硬化在临床上主要有肝功能减退和门静脉高压两方面的表现。

（4）内分泌代谢性疾病所致水肿

1）甲状腺功能减退症：是组织间隙亲水物质增加引起的一种特殊类型水肿，称为黏液性水肿。其特点是非凹陷性，水肿不受体位影响，水肿部位皮肤增厚、粗糙、苍白、温度减低。

2）甲状腺功能亢进症：部分患者可出现凹陷性水肿及局限性黏液性水肿，可能与蛋白质分解加速而导致低蛋白血症及组织间隙黏多糖、黏蛋白等胶体物质沉积有关。

3）原发性醛固酮增多症：可出现下肢及面部轻度水肿，其主要原因是醛固酮及去氧皮质酮分泌过多导致水钠潴留。

4）库欣综合征：出现面部及下肢轻度水肿，其原因是肾上腺皮质激素分泌过多，引起水钠潴留。

5）腺垂体功能减退症：多出现面部黏液性水肿伴上肢水肿。

6）糖尿病：部分患者在发生心肾并发症之前即可出现水肿。

（5）营养不良性水肿（nutritional edema）：由于慢性消耗性疾病长期营养缺乏、蛋白丢失性胃肠病、重度烧伤等所致低蛋白血症或维生素 B_1 缺乏症，可产生水肿。其特点是水肿发生前常有体重减轻的表现，水肿常从足部开始逐渐蔓延至全身，皮下脂肪减少导致组织松弛，组织压降低，加重了液体的潴留。

（6）妊娠水肿：大多数妇女在妊娠后期可出现不同程度的水肿，多数属于生理性水肿，待分娩后水肿可自行消退，部分妊娠妇女的水肿为病理性的。妊娠水肿的主要原因为水钠潴留，血浆胶体渗透压降低，静脉和淋巴回流障碍。

（7）结缔组织疾病所致水肿：可见于系统性红斑狼疮、硬皮病、皮肌炎等。

（8）变态反应性水肿：常见致敏原有致病微生物、异种血清、动植物毒素、某些食物及动物皮毛等。

（9）药物所致水肿：①药物过敏反应：常见于某些抗生素、解热镇痛药及磺胺类等药物；②药物性肾损害：见于某些抗生素、别嘌醇、磺胺类、木通、雷公藤等；③药物导致内分泌紊乱：见于肾上腺皮质激素、胰岛素、性激素、萝芙木制剂、甘草制剂和钙拮抗药等。

（10）经前期紧张综合征：育龄妇女在月经来潮前 7~14 天出现眼睑、下肢水肿，其原因可能与内分泌激素改变有关。

（11）特发性水肿：水肿原因不明，绝大多数见于女性，水肿多发生在身体低垂部位，可能与内分泌功能失调有关。

（12）功能性水肿：患者无引起水肿的器质性疾病，而是在环境、体质、体位等因素的影响下，因体液循环功能发生改变而产生的水肿，称为功能性水肿。功能性水肿包括：①高温环境引起的水肿；②肥胖性水肿；③老年性水肿；④旅行者水肿；⑤久坐椅者水肿。

2. 局部性水肿　①炎症性水肿：见于蜂窝织炎、疖、肿、痈、丹毒、高温及化学灼伤等；②淋巴回流障碍性水肿：见于非特异性淋巴管炎、淋巴结切除后、丝虫病等；③静脉回流障碍性水肿：见于静脉曲张、静脉血栓和血栓性静脉炎、上腔静脉阻塞综合征、下腔静脉阻塞综合征等；④血管神经性水肿；⑤神经源性水肿；⑥局部黏液性水肿。

 各种水肿的特点。

【伴随症状】

1. 水肿伴肝大、蜘蛛痣、腹壁静脉曲张、腹水　见于肝源性水肿。

2. 水肿伴蛋白尿　水肿伴轻度蛋白尿可见于肾源性和心源性疾病；水肿伴重度蛋白尿多见于肾源性疾病。

3. 水肿伴呼吸困难和发绀　常提示为心脏病、上腔静脉阻塞综合征等。

4. 水肿伴颈静脉怒张、肝大、肝颈静脉回流征阳性　见于心源性水肿。

5. 水肿伴心脏搏动缓慢、血压偏低　可见于甲状腺功能减退症。

6. 水肿伴消瘦、体重减轻　可见于营养不良。

7. 水肿与月经周期有明显的关系　可见于经前期紧张综合征。

【问诊要点】

1. 发病情况　水肿发生的时间，有无营养不良、偏食、厌食、节食，有无服药、感染、过敏等情况。
2. 水肿的临床表现　病程长短，首发部位及发展顺序，是否受体位的影响，水肿发展的速度，水肿的性质是凹陷性还是非凹陷性，水肿的程度，水肿的部位是局部还是全身。
3. 伴随症状　是否伴有肝大、脾大、颈静脉怒张、胸腔积液、腹水、腹壁静脉曲张、黄疸、蜘蛛痣；有无蛋白尿、高血压；有无呼吸困难、发绀、咳嗽、咳痰、心悸；有无营养不良、消瘦；水肿与月经的关系；有无失眠、焦虑、烦躁等。
4. 诊疗经过　是否到过医院就诊，做过何种检查及治疗。
5. 一般情况　起病后饮食、睡眠、排便情况，精神状态，体重变化等。
6. 相关病史　有无高血压、心脏病史；有无肾炎、肾病史；有无肝炎、肝硬化史；有无营养不良；有无内分泌及代谢性疾病史。

（朱　琳）

第四节　咳嗽与咳痰

案例 1-2-4

患者，男性，60岁，因反复咳嗽、咳痰4年余，加重伴发热2天入院。患者4年前开始出现反复咳嗽，咳白色黏液痰，每年秋、冬季加剧，约持续3个月，无盗汗、胸痛、咯血等。2天前患者因受凉后咳嗽、咳痰症状加剧，伴发热（体温最高38.6 ℃），为进一步诊治收入院。

问题与思考：
1. 该患者咳嗽、咳痰最可能是由什么疾病引起的？
2. 该患者病史采集应注意哪些方面？

咳嗽（cough）是机体的一种防御性反射动作。呼吸道内分泌物或进入气管的异物可借咳嗽排出体外。但长期、频繁的刺激性咳嗽可使胸膜腔内压增高，影响静脉血液回流，增加心肺负荷，影响工作与休息，则失去其保护性意义。

咳痰（expectoration）是借助咳嗽动作将呼吸道内病理性分泌物排出口腔外的现象。正常呼吸道黏膜的黏液腺分泌少量黏液，使呼吸道保持湿润。

【病因】

1. 呼吸道疾病　从鼻咽部到小支气管呼吸道黏膜受到刺激时，均可引起咳嗽。肺泡受刺激所致咳嗽是由于肺泡内分泌物进入小支气管刺激气道黏膜所引起。呼吸道各部位，如咽、喉、气管、支气管和肺吸入刺激性气体（冷空气、热空气、氯气、溴气、酸性气体、氨气）、异物、炎症、出血、肿瘤等的刺激，均可引起咳嗽。

当各种原因（微生物、物理性、化学性、过敏性）使咽、喉、支气管及肺发生炎症时，黏膜充血、水肿，黏液分泌增多，毛细血管通透性增加，浆液大量渗出，渗出物与黏液和吸入的尘埃及某些组织破坏产物混合成痰。在呼吸道感染和肺寄生虫病时，痰中可检出致病原，如病毒、支原体、致病性细菌、溶组织阿米巴及肺吸虫卵。

2. 胸膜疾病　各种胸膜炎或胸膜受到刺激（气胸、胸腔穿刺）时均可出现咳嗽。

3. 心血管疾病　二尖瓣狭窄或其他各种原因所致左心功能不全引起肺淤血、肺水肿，或来自右心及体循环静脉栓子引起肺栓塞时，肺泡及支气管内漏出物或渗出物刺激支气管黏膜，均可引起咳嗽。

4. 中枢神经因素　从大脑皮质发出冲动传至延髓咳嗽中枢，可引发咳嗽或抑制咳嗽。如皮肤受冷刺激或三叉神经支配的鼻黏膜及舌咽神经支配的咽峡部黏膜受到刺激时，可引起反射性咳嗽。另外，脑炎、脑膜炎也可以出现咳嗽。

5. 其他因素所致慢性咳嗽　如服用血管紧张素转换酶抑制药、胃食管反流病、习惯性及心因性咳嗽等。

考点提示：咳嗽及咳痰的病因。

【发病机制】

咳嗽是由于来自耳、鼻、咽、喉、呼吸道黏膜、肺泡与胸膜等感受区的刺激传入延髓咳嗽中枢引起的。延髓咳嗽中枢受到刺激后，将冲动传向喉下神经、膈神经与脊神经等运动神经，分别引起咽肌、声门、膈与其他呼吸肌运动，引起咳嗽动作。咳嗽动作首先是快速、短促吸气，膈下降，声门迅速关闭；随即呼气肌、膈肌与腹肌快速收缩，使肺内压迅速升高；然后声门突然开放，肺内高压气流喷射而出，冲击声门裂隙而发生咳嗽动作与特别音响，呼吸道内分泌物或异物也随之被排出。

【临床表现】

1. 咳嗽的性质

（1）干性咳嗽：咳嗽无痰或痰量很少，称为干性咳嗽。干性咳嗽常见于急性咽喉炎、急性支气管炎初期、各种原因引起的胸膜炎及肺结核初期等。

（2）湿性咳嗽：咳嗽伴有痰液，称为湿性咳嗽。湿性咳嗽常见于慢性支气管炎、支气管扩张、肺炎、肺脓肿及慢性纤维空洞型肺结核。

2. 咳嗽发作与时间规律

（1）急性发作的咳嗽：突然急骤发生的咳嗽多见于刺激性气体或者异物吸入、淋巴结或肿瘤压迫气管或支气管分叉处。发作性咳嗽常见于百日咳、咳嗽变异性哮喘等。

（2）长期慢性的咳嗽：长期反复发作的慢性咳嗽多见于慢性呼吸系统疾病，如慢性支气管炎、支气管扩张、慢性纤维空洞型肺结核、慢性肺脓肿及肺尘埃沉着病等。

（3）周期性咳嗽：慢性支气管炎、支气管扩张、慢性肺脓肿的咳嗽于清晨或夜间睡眠时加剧是由于体位改变，痰液流动刺激支气管黏膜所致。左心功能不全夜间咳嗽明显，与夜间肺淤血加重及迷走神经兴奋性增高有关。

提示：咳嗽发作的时间及规律是区分急性、慢性疾病的重要依据之一。

3. 咳嗽的音色　指咳嗽声音的特点。

（1）短促轻微咳嗽：见于早期肺结核、干性胸膜炎、喉炎等。

（2）声音嘶哑：见于声带炎、喉炎或肿瘤压迫喉返神经。

（3）鸡鸣样咳嗽：见于百日咳、会厌及喉部疾患或气管受压，表现为连续性阵发性剧咳伴有高调吸气回声。

（4）金属音咳嗽：见于纵隔肿瘤、原发性支气管肺癌、主动脉瘤等压迫气管时。

（5）咳嗽声音低微或无力：见于极度衰竭、声带麻痹者。

4. 痰的性状和量

（1）性状：痰的性状可分为黏液性、浆液性、脓性、黏液脓性及血性等。黏液性痰多见于急性支气管炎、支气管哮喘及大叶性肺炎的初期，也可见于慢性支气管炎、肺结核等。浆液性痰见于肺水肿、肺泡细胞癌等。脓性痰常见于化脓性细菌性下呼吸道感染，如肺炎、支气管扩张、肺脓肿。黏液脓性痰见于支气管扩张、肺脓肿。血性痰是由于呼吸道黏膜受侵害、损害毛细血管或血液渗入肺泡所致。上述各种痰液均可呈血性。

（2）量与气味：大量脓性痰见于支气管扩张、肺脓肿、支气管胸膜瘘时，痰量多且呈脓性，静置后可出现分层现象，上层为泡沫，中层为黏液或浆液脓性，下层为坏死组织。脓性痰有恶臭气味，提示有厌氧菌感染。痰量每日达数百至上千毫升，呈浆液泡沫样痰，应考虑肺泡细胞癌的可能。

（3）颜色：黄色脓性痰表示呼吸道化脓性感染；黄绿色或草绿色痰见于铜绿假单胞菌感染；金黄色痰提示金黄色葡萄球菌感染；铁锈色痰见于肺炎链球菌肺炎；砖红色胶冻样痰见于肺炎克雷伯菌肺炎；大量稀薄浆液性痰中含粉皮样物提示棘球蚴病（包虫病）；痰白、黏稠且呈拉丝状，难以咳出，提示有真菌感染；烂桃样痰见于肺吸虫病；棕褐色痰见于阿米巴肺脓肿；粉红色泡沫样痰是肺水肿的特征。

提示：咳嗽的音色、痰的性质和量是确诊疾病的重要依据之一。

 咳嗽及咳痰的临床表现。

【伴随症状】

1. 咳嗽伴发热　常见于呼吸道感染、肺炎、支气管扩张并发感染、胸膜炎、肺结核及麻疹等。
2. 咳嗽伴胸痛　常见于胸膜炎、自发性气胸、肺炎及原发性支气管肺癌等。
3. 咳嗽伴咯血　常见于支气管扩张、肺结核、原发性支气管肺癌、二尖瓣狭窄、支气管结石、肺含铁血黄素沉着症及肺出血肾炎综合征等。
4. 咳嗽伴呼吸困难　见于喉头水肿、喉肿瘤、慢性支气管炎、肺气肿、重症肺炎和重症肺结核、大量胸腔积液、气胸、肺淤血及肺水肿等。
5. 咳嗽伴大量脓性痰　见于肺脓肿、支气管扩张、脓胸合并支气管胸膜瘘等。
6. 咳嗽伴哮鸣音　常见于支气管哮喘、喘息性慢性支气管炎、心源性哮喘、气管及支气管异物等。
7. 咳嗽伴杵状指（趾）　常见于慢性阻塞性肺疾病、支气管扩张、肺脓肿、原发性支气管肺癌等。

【问诊要点】

1. 发病情况　起病缓急、病程、环境、病因与诱因（受凉、劳累、上呼吸道感染）。
2. 咳嗽的临床表现　发病年龄，咳嗽的程度、性质、音色、时间与节律，痰的颜色、性状、量和气味。
3. 伴随症状　是否伴有畏寒、寒战、发热、大汗或盗汗；有无咯血、胸痛、呼吸困难、哮喘；有无大量脓性痰、杵状指（趾）等。
4. 诊疗经过　是否到过医院就诊，做过何种检查及治疗。
5. 一般情况　起病后饮食、睡眠、排便及精神状态等。
6. 相关病史　有无结核病、支气管扩张、支气管哮喘、慢性支气管炎等病史；有无传染病、疫区及疫水接触史；有无异物吸入史；有无外伤、手术、感染史；有无心血管疾病、中枢神经系统疾病史；职业特点及吸烟情况等。

（朱　琳）

第五节　咯　血

案例 1-2-5

患者，女性，56 岁，幼年曾患麻疹，反复咳嗽、咳痰、咯血 10 年，近 2 日受凉后痰量增多。体格检查：T 36.6 ℃，HR 78 次 / 分，左下肺侧胸部可闻及散在的湿啰音。

问题与思考：
1. 该患者最可能的疾病诊断是什么？
2. 该患者还可能出现什么临床表现？

咯血（hemoptysis）是指喉及喉以下的呼吸道及肺任何部位的出血经咳嗽由口腔排出。咯血量多少不一，一般呈鲜红色。小量咯血可表现为痰中带血，大量咯血时大量血液可堵塞呼吸道，引起窒息死亡。24 h 咯血量在 100 ml 以内为小量咯血；100～500 ml 为中等量咯血；500 ml 以上或一次咯血量 100～500 ml 者，或无论咯血量多少引起窒息者均为大量咯血。

咯血量。

【病因】

引起咯血的原因很多，以呼吸系统疾病和心血管疾病最常见。

1. **支气管疾病**　常见的有支气管扩张、原发性支气管肺癌、慢性支气管炎、支气管内膜结核，也可偶见支气管非特异性溃疡、支气管良性肿瘤、支气管结石等。

2. **肺部疾病**　常见的有肺结核、肺炎、肺脓肿、肺癌等，较少见的有肺淤血、肺梗死、肺吸虫病、肺真菌病及肺血管畸形等。肺结核是较常见的咯血原因之一。

提示：大量咯血容易引起窒息或休克而导致死亡，应积极抢救和处理。

3. **心血管疾病**　常见的是风湿性心脏病（二尖瓣狭窄）所致的咯血。某些先天性心脏病（如房间隔缺损、室间隔缺损及动脉导管未闭）也可引起咯血。

提示：急性肺水肿或任何心脏病引起急性左侧心力衰竭时，患者咳浆液性粉红色泡沫样痰。

4. **其他**　某些急性传染病（钩端螺旋体病肺出血型、流行性出血热）、血液病（血小板减少性紫癜、白血病）、风湿病（结节性多动脉炎、白塞病）、肺出血肾炎综合征或气管、支气管子宫内膜异位症等均可引起咯血。

咯血的常见病因。

【发病机制】

支气管疾病咯血是由于炎症或肿瘤侵犯支气管黏膜或病灶毛细血管，使其通透性增高，血液渗出或黏膜下血管破裂出血。

肺部疾病咯血是由于炎症或结核性病变使毛细血管通透性增高、小血管破裂、小动脉瘤破裂和动静脉瘘破裂；心血管疾病咯血是由于肺淤血导致肺泡壁或支气管内膜毛细血管破裂，支气管黏膜下层支气管静脉曲张破裂，常引起较大量咯血。

【临床表现】

1. 年龄与生活习惯

（1）青少年患者：①长期反复咳嗽、咳脓性痰、咯鲜血常见于支气管扩张；②咳嗽，无痰或少痰，持续数周或数月，痰中带血伴低热，提示肺结核；③反复出现游走性关节红、肿、热、痛，心悸，咳暗红色血痰，提示风湿性心脏病（二尖瓣狭窄）；④慢性咳嗽伴小量咯血与小细胞低色素性贫血，须注意特发性含铁血黄素沉着症的可能。

（2）40岁以上患者有长期吸烟史（每日20支，20年以上）者，应高度怀疑支气管肺癌的可能。

（3）有生吃溪蟹、蝲蛄者，咯血应考虑肺吸虫病。

2. 颜色和性状　肺部炎症或结核性病变使毛细血管通透性增高，血液渗出，可表现为痰中带血丝、血点或小血块；如果病变侵蚀小血管，管壁破溃时，则引起中等量咯血；如果结核空洞壁肺动脉分支形成的动脉瘤破裂，则可引起大量咯血，甚至危及生命。咳鲜血痰常见于肺结核、支气管扩张、支气管结核、肺脓肿；咳铁锈色痰主要见于肺炎链球菌肺炎；咳砖红色胶冻样血痰见于肺炎克雷伯菌肺炎；咳暗红色血痰见于二尖瓣狭窄、肺淤血、肺栓塞；急性左侧心力衰竭时，咳浆液性粉红色泡沫样血痰。

3. 全身情况　长期反复咯血患者可出现头晕、面色苍白、乏力等贫血表现，见于肺结核、支气管扩张、肺囊肿等。大量咯血患者可出现窒息及周围循环衰竭。

【伴随症状】

1. 咯血伴发热　见于肺结核、肺炎、肺脓肿、钩端螺旋体病肺出血型及流行性出血热等。
2. 咯血伴胸痛　见于肺炎链球菌肺炎、肺结核、原发性支气管肺癌及肺梗死等。
3. 咯血伴脓性痰　见于肺脓肿、支气管扩张、慢性纤维空洞型肺结核合并感染等。
4. 咯血伴黄疸　见于肺梗死、肺炎链球菌肺炎、钩端螺旋体病等。
5. 咯血伴皮肤黏膜出血　见于钩端螺旋体病、流行性出血热、血液病等。
6. 咯血伴杵状指（趾）　见于支气管扩张、肺脓肿、原发性支气管肺癌等。

【问诊要点】

1. 首先确定是咯血还是呕血　咯血首先应与口腔、鼻腔及咽部出血相鉴别，询问有无喉部痒、胸闷、咳嗽、上腹不适、恶心及呕吐等症状，出血的颜色、有无混合物等。大量咯血还须与呕血相鉴别（表1-2-2）。

表 1-2-2　大量咯血与呕血的鉴别要点

鉴别项目	大量咯血	呕血
病史	肺结核、支气管扩张、肺癌、心脏病等	消化性溃疡、肝硬化、急性胃黏膜病变、胆道出血、胃癌等
出血前症状	喉部痒、胸闷、咳嗽等	上腹部不适、恶心、呕吐

续表

鉴别项目	大量咯血	呕血
出血方式	咯出	呕出
血的颜色	鲜红色	棕黑色、暗红色，有时为鲜红色
血液中混有物	痰、泡沫	食物残渣、胃液
酸碱反应	碱性	酸性
黑便	无（咽下时可有）	有，可呈柏油样便，持续数日
出血后痰的性状	常有痰中带血	无痰

提示：在诊断过程中，一定要明确咯血的来源。

2. 发病情况　发病年龄、病程长短、有无受凉、劳累及吸烟史。

3. 咯血的临床表现　咯血量、血的颜色和性状，有无发绀、呼吸困难、意识障碍、头晕、乏力及面色苍白等。

4. 伴随症状　是否伴有发热、畏寒、寒战、大汗或盗汗；是否伴有胸痛、呼吸困难、呛咳、脓性痰、杵状指；是否伴有黄疸、皮肤黏膜出血等。

5. 诊疗经过　是否到过医院就诊，做过何种检查及治疗。

6. 一般情况　起病后饮食、睡眠、排便情况及精神状态等。

7. 相关病史　有无结核病、支气管扩张、慢性支气管炎、肿瘤、心血管疾病、血液病等病史；有无传染病、疫区及疫水接触史、生食海鲜史；吸烟情况及职业特点等；对于女性患者，应注意询问月经情况。

（朱　琳）

第六节　发　绀

案例 1-2-6

患者，男性，63 岁，反复咳嗽、咳痰 20 余年，伴气喘 10 余年。1 周前患者气喘加剧，咳白色泡沫样痰，不能平卧，食欲差。近 2 日痰液黏稠，呈黄色，不易咳出，夜间烦躁不眠，白天嗜睡。体格检查：T 37.1 ℃，P 104 次/分，R 27 次/分，BP 160/90 mmHg，口唇及甲床发绀，皮肤温暖，球结膜水肿，颈静脉怒张。

问题与思考：

1. 该患者最可能的疾病诊断是什么？
2. 该患者发绀的可能原因是什么？

发绀（cyanosis）又称紫绀，是指血液中还原血红蛋白增多，使皮肤黏膜呈青紫色的现象。广义的发绀包括血液中异常血红蛋白衍生物（高铁血红蛋白、硫化血红蛋白）增多引起的皮肤黏膜青紫状态。发绀在皮肤较薄、色素较少及毛细血管丰富的部位，如口唇、鼻尖、颊部、甲床及耳郭等处较明显。

【发病机制】

1. 血液中还原血红蛋白绝对含量增多　发绀是由于血液中还原血红蛋白绝对含量增多所致。正常人每升血液中含血红蛋白约 150 g，能携带 20 vol/dl 的氧，此种情况称为 100% 氧饱和度。正常情况下，体循环动脉血血氧饱和度达 96% 以上（携带 19 vol/dl 的氧），而静脉血血氧饱和度为 72%~75%（携带 14~15 vol/dl 的氧），氧未饱和度为 5~6 vol/dl，在周围循环毛细血管血液中，氧的未饱和度平均为 3.5 vol/dl。

当某种原因使毛细血管内的还原血红蛋白浓度超过 50 g/L（5 g/dl）时（氧未饱和度超过 6.5 vol/dl），皮肤黏膜可出现发绀。但临床实践资料证实并非完全如此，因为以正常血红蛋白浓度 150 g/L 计，50 g/L 为还原血红蛋白时，已有 1/3 血红蛋白不饱和。当动脉血氧饱和度（SaO_2）为 66% 时，相应动脉血氧分压（PaO_2）已降至 34 mmHg（4.5 kPa）的危险水平。而血红蛋白浓度正常的患者，当 $SaO_2<85\%$ 时，发绀已明确可见。但有些临床观察资料显示，轻度发绀患者中，$SaO_2>85\%$ 占 60% 左右。此外，若患者吸入氧能满足 120 g/L 血红蛋白氧合时，病理生理上并不缺氧。而若患者血红蛋白增多达 180 g/L 时，虽然 $SaO_2>85\%$，也可出现发绀。而严重贫血（Hb<60 g/L）时，虽然 SaO_2 明显降低，但常不能显示发绀。故临床上所见发绀，并不能全部确切地反映动脉血氧下降的情况。

2. 血液中异常血红蛋白衍生物增多　如高铁血红蛋白浓度达 30 g/L 及硫化血红蛋白浓度达 5 g/L，可使皮肤黏膜呈类似发绀颜色，也列入发绀范畴。

【临床表现】

1. 血液中还原血红蛋白增多

（1）中心性发绀：由于心脏、肺疾病引起呼吸功能衰竭、通气与换气功能障碍、肺氧合作用不足所致 SaO_2 不足，可分为肺性发绀和心性混合性发绀。①肺性发绀：由呼吸功能不全、肺氧合作用不足所致，常见于各种严重呼吸系统疾病，如呼吸道梗阻、重症肺炎、阻塞性肺气肿、肺淤血、肺水肿、间质性肺病、大量胸腔积液、气胸、严重胸膜肥厚及粘连和肺血管疾病（肺栓塞、原发性肺动脉高压、肺静脉瘘）等；②心性混合性发绀：由于心脏或大血管之间存在异常通道，部分静脉血未经肺进行氧合作用，直接进入体循环动脉血中，分流量超过心排血量的 1/3 时，即可引起发绀，见于发绀型先天性心脏病，如法洛四联症、艾森门格综合征。

提示：中心性发绀的特点为全身性发绀，可见于四肢、颜面（口唇、鼻尖、颊部、耳垂）、躯干、皮肤黏膜（如口腔黏膜、舌的腹面黏膜），发绀部位皮肤温暖，局部加温或按摩发绀不消失。

（2）周围性发绀：是由于周围血液循环障碍，血液流经末梢血管时速度变慢、淤滞，氧被组织过多摄取，还原血红蛋白增加所致。周围性发绀常见于右侧心力衰竭、缩窄性心包炎、局部静脉病变（血栓性静脉炎、上腔静脉阻塞综合征、下肢静脉曲张）等所致的体循环静脉淤血，又称淤血性周围性发绀。严重休克、肢体动脉闭塞或小动脉强烈收缩所致的周围组织血流灌注不足、缺氧导致皮肤黏膜呈青紫和苍白也称为缺血性周围性发绀，如严重休克、暴露于寒冷环境中和血栓闭塞性脉管炎、雷诺病（Raynaud disease）、肢端发绀症及冷球蛋白血症。

提示：周围性发绀的特点是发绀常出现于四肢的末梢及下垂部分，如肢端、耳垂及鼻尖，发绀部位皮肤发凉，经加温或按摩使之温暖后发绀可消退。

（3）混合性发绀：中心性发绀和周围性发绀并存时称为混合性发绀，见于全心功能不全。

2. 血液中异常血红蛋白衍生物增多

（1）高铁血红蛋白血症：分为先天性和后天获得性。后天获得性高铁血红蛋白血症是由于各种化学物质或药物中毒引起血红蛋白分子中的二价铁被氧化成三价铁，形成高铁血红蛋白，失去与氧结合的能力，当血液中高铁血红蛋白量达 30 g/L 时，即可出现发绀。高铁血红蛋白血症常见于伯氨喹、亚硝酸盐、氯酸钾、碱式硝酸铋、磺胺类、苯丙砜、硝基苯及苯胺等中毒。先天性高铁血红蛋白血症患者自幼即有发绀，有家族史而无心脏及肺疾病，无引起异常血红蛋白的其他原因，身体一般健康状况较好。

提示：后天获得性高铁血红蛋白血症发绀的特点是急骤起病，病情严重，氧疗无效。抽出的静脉血呈深棕色，暴露于空气中不能变成鲜红色。静脉注射亚甲蓝、硫代硫酸钠、大量维生素C可使发绀消退。大量进食含有亚硝酸盐的食物而引起的发绀称为肠源性发绀。

（2）硫化血红蛋白血症：正常红细胞中无硫化血红蛋白。凡能引起高铁血红蛋白的药物或化学物质均可能引起硫化血红蛋白血症，但须患者同时有便秘或服用硫化物，在肠道内形成大量硫化氢为先决条件。硫化氢作用于血红蛋白，产生硫化血红蛋白，当其在血液中浓度达到5 g/L时，即可出现发绀。

提示：硫化血红蛋白一旦形成，始终存在于体内，直至红细胞被破坏为止，故这种发绀持续时间长，可达几个月或更长时间。

 发绀的临床表现。

【伴随症状】

1. 发绀伴呼吸困难　常见于严重的心脏及肺疾病和急性呼吸道阻塞、气胸等。
2. 发绀伴杵状指　主要见于发绀型先天性心脏病及某些慢性肺部疾病（如慢性阻塞性肺疾病、支气管扩张）。
3. 发绀伴意识障碍　见于某些药物或化学物质急性中毒、休克、呼吸衰竭、严重心功能不全等。

【问诊要点】

1. 发病情况　发绀的年龄，是否出生或幼年即发病，发病的缓急、病程，性别，如特发性阵发性高铁血红蛋白血症可见于育龄妇女，且发绀多与月经周期有关。
2. 发绀的临床表现　发绀的部位、中心性或是周围性、严重程度、持续时间及缓解因素。
3. 伴随症状　是否伴有呼吸困难、杵状指（趾）、意识障碍等。
4. 诊疗经过　是否到过医院就诊，做过何种检查及治疗。
5. 一般情况　起病后饮食、睡眠、排便情况及精神状态等。
6. 相关病史　注意询问有无呼吸系统疾病、心血管疾病病史；有无摄入相关药物、化学物质、变质蔬菜等情况；有无异物吸入史及职业特点等。

（朱　琳）

第七节　呼吸困难

案例 1-2-7

患者，女性，65岁。因呼吸困难反复发作3年，加重1个月入院。患者于3年前上楼时出现呼吸困难，此后症状逐渐加重，伴踝部水肿，间断服用氢氯噻嗪治疗。近1个月患者呼吸困难加重，不能平卧。水肿加重，体重增加 5 kg。既往高血压史 10 年。体格检查：颈静脉怒张，两肺底闻及湿啰音，腹部膨隆，四肢凹陷性水肿。

问题与思考：
1. 该患者最可能的疾病诊断是什么？
2. 该患者呼吸困难的特点是什么？

呼吸困难（dyspnea）是指患者主观上感觉空气不足、呼吸费力，客观表现为呼吸运动用力。严重者出现张口抬肩、鼻翼扇动、端坐呼吸、发绀，辅助呼吸肌也参与呼吸运动，并有呼吸频率、深度及节律的异常。

【病因】

呼吸困难的主要病因是呼吸系统疾病和循环系统疾病，少数由于中毒、神经精神性疾病、血液病引起。

1. 呼吸系统疾病
（1）气道阻塞：常见于喉、气管、支气管的病变（炎症、水肿、异物、肿瘤），支气管哮喘，慢性阻塞性肺气肿等。
（2）肺疾病：如肺炎、肺不张、肺淤血、肺水肿、肺梗死、间质性肺病及细支气管肺泡癌。
（3）胸廓与胸膜疾病：如严重胸廓畸形、胸廓外伤、气胸、大量胸腔积液、严重胸膜肥厚及粘连。
（4）神经肌肉疾病：如吉兰-巴雷综合征（急性炎症性脱髓鞘性多发性神经病）、脊髓灰质炎、重症肌无力。
（5）膈肌运动障碍：如高度胀气、大量腹水、腹腔巨大肿瘤、胃扩张及妊娠末期。
2. 循环系统疾病　如各种原因所致心功能不全、心脏压塞、原发性肺动脉高压、肺栓塞。
3. 中毒　如糖尿病酮症酸中毒、尿毒症、吗啡及巴比妥类药物中毒、有机磷农药中毒、一氧化碳中毒、氰化物中毒及亚硝酸盐中毒。
4. 血液病　如重度贫血、高铁血红蛋白血症及硫化血红蛋白血症。
5. 神经精神性疾病　如颅脑外伤、脑出血、脑肿瘤、脑炎及脑膜炎等所致呼吸中枢功能衰竭；精神因素所致呼吸困难，如癔症、焦虑症。

 呼吸困难的病因。

【发病机制】

肺源性呼吸困难是由于呼吸系统疾病引起的肺通气和（或）换气功能障碍，导致缺氧和二氧化碳潴留。

心源性呼吸困难见于各种原因引起的左、右心功能不全。左心功能不全出现呼吸困难的机制主要是肺淤血，使气体弥散功能降低；肺组织弹性减低，使肺泡弹性减退，肺活量减少；肺循环压力升高对呼吸中枢的反射性刺激；肺活量减少，肺泡张力增高，刺激牵张感受器，通过迷走神经反射兴奋呼吸中枢。右心功能不全出现呼吸困难的机制是体循环淤血，因为右心房与上腔静脉压升高，刺激压力感受器，反射性地兴奋呼吸中枢；血氧含量减少，乳酸、丙酮酸等酸性代谢产物增多，刺激呼吸中枢；淤血性肝大，腹水和胸腔积液，使呼吸运动受限，气体交换面积减少。

中毒性呼吸困难的发病机制是：某些药物、化学物质及机体内代谢产物刺激呼吸中枢引起呼吸困难；某些药物、化学物质及红细胞变形，血红蛋白量减少，使红细胞携氧能力和血氧含量降低引起呼吸困难。

【临床表现】

1. 肺源性呼吸困难　临床上分为以下 3 种类型。

（1）吸气性呼吸困难：由喉、气管及大支气管的狭窄或梗阻引起，多见于喉、气管、大支气管的病变（炎症、水肿、痉挛、异物、肿瘤），喉上神经、喉返神经麻痹等。其特点是吸气显著困难，吸气时间明显延长，可伴有干咳及高调吸气性喉鸣音，严重者呼吸肌极度紧张，胸膜腔负压增大，吸气时胸骨上窝、锁骨上窝和肋间隙明显下陷，称为三凹征。

提示： 三凹征是吸气性呼吸困难的重要体征，可伴有干咳及高调吸气性喉鸣音。

（2）呼气性呼吸困难：由肺组织弹性减弱，小支气管痉挛或狭窄所致，多见于支气管哮喘、喘息型慢性支气管炎、慢性阻塞性肺气肿等。其特点是呼气费力，呼气时间延长，常伴干啰音。

提示： 呼气性呼吸困难的特点是呼气费力，呼气时间延长，常伴有哮鸣音。

（3）混合性呼吸困难：多由广泛肺部病变或肺组织受压影响换气功能所致，常见于重症肺炎、大量胸腔积液或气胸、大片肺不张、大面积肺梗死及间质性肺病等。其特点是吸气与呼气均费力，呼吸较浅快。

2. 心源性呼吸困难　左心、右心或全心功能不全时均可出现呼吸困难。

呼吸困难是左心功能不全最早出现的症状，临床特点是劳力性呼吸困难，活动时出现或加重，休息后可减轻或缓解；仰卧位加重，坐位减轻。因坐位时回心血量减少，肺淤血程度减轻，同时坐位时膈位置降低，活动增强，肺活量可增加 10%~30%，故较严重的患者常被迫采取半坐卧位或端坐位。

提示： 心功能不全呼吸困难的特点是活动时出现或加重，休息后可减轻或缓解；仰卧位加重，坐位减轻。

急性左心功能不全常表现为阵发性呼吸困难，多在夜间睡眠中发生。患者常于睡眠中突然感到胸闷、气短而憋醒，被迫坐起，惊恐不安，用力呼吸，经数分钟或数十分钟后症状逐渐消失，称为夜间阵发性呼吸困难。

提示： 夜间阵发性呼吸困难提示左心功能不全。

严重左心功能不全时，出现极度呼吸困难、气喘、面色灰白、出汗、发绀、咳白色或粉红色泡沫样痰、两肺闻及湿啰音和哮鸣音、心率加快，称为心源性哮喘（cardiac asthma）。

提示： 心源性哮喘常见于高血压心脏病、冠心病。

3. 中毒性呼吸困难　代谢性酸中毒时，血液中酸性代谢产物强烈刺激呼吸中枢，患者出现深长而规则的呼吸，常伴有鼾声，称为酸中毒大呼吸［库斯莫尔呼吸（Kussmaul respiration）］。急性感染时，因体温升高及毒性代谢产物的影响，刺激呼吸中枢，使呼吸频率加快；某些药物及化学物质中毒，如吗啡、巴比妥类药物、有机磷农药中毒时，呼吸中枢受抑制，导致呼吸缓慢，严重者出现潮式呼吸［陈-施呼吸（Cheyne-Stokes respiration）］或间停呼吸［比奥呼吸（Biot respiration）］；一氧化碳中毒、亚硝酸盐和苯胺类中毒、氰化物中毒，使机体缺氧引起呼吸困难。其发生机制为：一氧化碳中毒时吸入的一氧化碳与血红蛋白结合形成碳氧血红蛋白，失去携带氧的能力，导致缺氧而产生呼吸困难；亚硝酸盐和苯胺类中毒时，使血红蛋白变为高铁血红蛋白，失去携带氧的能力导致缺氧；氰化物中毒时，氰离子抑制细胞色素氧化酶的活性，影响细胞呼吸作用，导致组织缺氧引起呼吸困难，严重时引起脑水肿抑制呼吸中枢。

提示： 呼吸中枢受抑制可出现呼吸节律改变，严重者出现潮式呼吸、间停呼吸。

4. 血源性呼吸困难　重度贫血、高铁血红蛋白血症、硫化血红蛋白血症及一氧化碳中毒等，使红细胞携氧量减少，血氧含量降低，导致呼吸频率加快，常伴有心率增快。

5. 神经精神性呼吸困难　各种重症颅脑疾患时，如脑出血、脑炎、脑膜炎、脑脓肿、脑外伤及脑肿瘤，呼吸中枢受增高的颅内压和供血减少的刺激，使呼吸变深、变慢，常伴有呼吸节律的异常。

癔症患者由于精神或心理因素的影响可出现呼吸困难，表现为呼吸浅快，呼吸频率可达60~100次/分，常因过度通气发生呼吸性碱中毒，出现口周、四肢麻木和手足搐搦。神经症患者可表现为叹息样呼吸并自述呼吸困难，但无呼吸困难的客观表现，正常呼吸中偶尔出现一次深大呼吸，类似叹气样，之后自觉症状减轻或消失。

 呼吸困难的临床表现。

【伴随症状】

1. 呼吸困难伴发热　见于急性扁桃体周围脓肿、肺炎、胸膜炎、急性心包炎、肺脓肿及败血症等。

2. 呼吸困难伴咳嗽、咳痰　见于慢性阻塞性肺疾病、肺炎、支气管扩张、肺脓肿等；呼吸困难伴咳粉红色泡沫样痰见于急性左侧心力衰竭；呼吸困难伴咳大量泡沫样痰见于有机磷农药中毒。

3. 呼吸困难伴一侧胸痛　见于肺炎链球菌肺炎、急性渗出性胸膜炎、肺梗死、自发性气胸、急性心肌梗死及原发性支气管肺癌等。

4. 呼吸困难伴昏迷　见于脑出血、脑膜炎、休克型肺炎、肺性脑病、糖尿病酮症酸中毒、尿毒症、吗啡及巴比妥类药物中毒、有机磷农药中毒及一氧化碳中毒等。

5. 发作性呼吸困难伴哮鸣音　多见于支气管哮喘、心源性哮喘；突发重度呼吸困难见于急性喉水肿、气管异物、大面积肺栓塞、自发性气胸等。

【问诊要点】

1. 发病情况　注意发病的年龄、缓急，是突发性还是渐进性，起病时环境，有无接触过敏原、上呼吸道感染、服用药物情况等。

2. 呼吸困难的表现　呼吸困难程度、类型、发作的频率、与活动与体位的关系、缓解与加重因素等。

3. 伴随症状　是否伴有发热、胸痛、发绀、咳嗽（性质）、咳痰（性状）、咯血（量及性状）、哮喘，有无头痛、意识障碍等。

4. 诊疗经过　是否到过医院就诊，做过何种检查及治疗。

5. 一般情况　起病后饮食、睡眠、排便情况及精神状态等。

6. 相关病史　注意询问有无呼吸系统疾病、心血管疾病、中枢神经系统疾病、肾病、代谢性疾病、精神疾病等病史，有无药物、毒物摄入，异物吸入、食物异常史及职业特点等。

（朱　琳）

第八节 胸 痛

案例 1-2-8

患者，女性，67岁。因心前区疼痛3h入院。患者2年前开始出现运动后心前区疼痛，休息后可以缓解。今日18时患者饱餐后突感左胸压榨样剧烈疼痛，并向左肩、左上肢内侧放射，休息后疼痛无缓解，持续约3h，伴大汗淋漓、头晕。

问题与思考：
1. 该患者最可能的疾病诊断是什么？
2. 该患者胸痛的机制可能是什么？

胸痛（chest pain）常由胸部疾病引起，也可由其他部位的疾病引起。由于个体痛阈差异性大，所以胸痛的程度与原发病的病情轻重并不完全一致。

【病因】

1. **胸壁疾病** 急性皮炎、肌炎、皮下蜂窝织炎、带状疱疹、流行性胸痛、肋间神经炎、肋软骨炎、肋骨骨折、创伤、颈椎或胸椎结核、多发性骨髓瘤及白血病等。
2. **呼吸系统疾病** 肺炎、胸膜炎、气胸、胸膜肿瘤、原发性支气管肺癌及肺梗死等。
3. **心血管疾病** 心绞痛、急性心肌梗死、心肌病、急性心包炎、二尖瓣或主动脉瓣病变、胸主动脉瘤、夹层动脉瘤及心脏神经官能症等。
4. **纵隔疾病** 纵隔炎、纵隔脓肿、纵隔肿瘤等。
5. **食管疾病** 食管炎、食管癌、食管裂孔疝等。
6. **其他** 膈下脓肿、肝脓肿、脾梗死、脾破裂、通气过度综合征及痛风等。

【发病机制】

胸痛的发病机制是胸部的感觉神经受到物理性、化学性、生物性因素刺激后，产生痛觉冲动，并传入大脑皮质的痛觉中枢引起痛觉。

胸部的感觉神经包括：①支配心脏及主动脉胸段的交感神经感觉纤维；②支配气管、支气管与食管的迷走神经感觉纤维；③肋间神经感觉纤维；④膈神经感觉纤维。

放射痛是指内脏疾病引起的除局部疼痛外，在远离该器官的体表或深部组织同时发生疼痛或存在痛觉过敏区。其机制是内脏与分布于体表的传入神经进入脊髓同一节段并在后角发生联系，来自内脏的痛觉冲动直接激发脊髓体表感觉神经元，引起相应体表区域的痛觉，具有体神经传导特点，疼痛部位明确，程度剧烈。例如心绞痛的疼痛除心前区及胸骨后疼痛外，可出现左肩及左臂内侧疼痛。

提示： 放射痛出现的部位与患病部位有一定的解剖关系，它们都受同一脊髓节段的后根神经支配。

【临床表现】

1. **发病年龄** 青壮年患者胸痛多见于胸膜炎、气胸、心肌病、风湿性心脏病，40岁以上患者胸痛应警惕心绞痛、急性心肌梗死、原发性支气管肺癌等。
2. **胸痛部位** 大部分疾病引起的胸痛常有一定的部位。①胸壁疾病引起的胸痛部位固定，局部有压痛,胸壁的炎症可有红、肿、热、痛表现。带状疱疹表现为群集性伴红晕的水疱沿一侧肋间神经分布,伴剧烈神经痛,疱疹一般不超过体表中线。肋软骨炎多侵犯第1、2肋软骨,对称或非对称性,呈单个或多个肿胀隆起,疼痛明显,但皮肤无红、肿。肋骨骨折部位有明显的挤压痛。②心绞痛及急性心肌梗死的胸痛部位多为胸骨后或心前区。③食管及纵隔疾病引起的胸痛部位也多在胸骨后。④自发性气胸、胸膜炎及肺梗死引起的胸痛部位多为患侧腋下,干性胸膜炎呈尖锐刺痛或撕裂痛,肺梗死则表现为突发性剧烈刺痛,伴有呼吸困难和发绀。

3. 胸痛性质　食管炎多呈烧灼感;肋间神经痛呈阵发性灼痛或刺痛;带状疱疹呈刀割样痛或灼痛;心绞痛呈压榨性伴窒息感;急性心肌梗死时疼痛则更剧烈且持久,伴濒死感;干性胸膜炎常呈尖锐刺痛或撕裂痛;原发性支气管肺癌及纵隔肿瘤常表现为闷痛;肺梗死则表现为突发剧烈刺痛,伴有呼吸困难和发绀。

4. 胸痛持续时间　持续性胸痛见于炎症、肿瘤、栓塞或梗死所致疼痛,阵发性胸痛见于平滑肌痉挛或血管狭窄、缺血所致疼痛;短暂胸痛见于心绞痛,发作时间短暂,约几分钟,最长不超过15 min;心肌梗死疼痛持续时间长且不易缓解。

5. 影响胸痛的因素　劳累、精神紧张可诱发心绞痛,休息或含服硝酸甘油可使其很快缓解;急性心肌梗死呈持续性剧痛,休息或含服硝酸甘油不易缓解;与咳嗽、深呼吸有关的胸痛见于胸膜炎、心包炎,自发性气胸可因咳嗽、深呼吸使胸痛加剧;吞咽食物可使反流性食管炎胸痛加剧,使用制酸药则可使疼痛减轻。

提示:胸痛的发病年龄,疼痛的部位、性质、持续时间和影响因素是胸痛病因诊断与鉴别诊断的重要依据。

 胸痛的临床表现。

【伴随症状】

1. 胸痛伴咳嗽、咯血　提示肺部疾病,如肺炎、肺结核、原发性支气管肺癌。
2. 胸痛伴呼吸困难　提示肺部大面积病变或受压,如肺梗死、气胸、渗出性胸膜炎。
3. 胸痛伴咽下困难　提示食管疾病,如反流性食管炎。

【问诊要点】

1. 发病情况　发病年龄、缓急、环境、病程长短、具体病因与诱因(劳累、运动、情绪激动)等。
2. 胸痛的临床表现　胸痛出现的部位、性质、程度、持续时间、有无放射痛及部位、加重与缓解因素。
3. 伴随症状　是否伴有畏寒、寒战、发热、大汗或盗汗,咳嗽、咳痰、咯血、呼吸困难,吞咽困难、咽下痛与反酸等。
4. 诊疗经过　是否到过医院就诊,做过何种检查及治疗。
5. 一般情况　起病后饮食、睡眠、排便及精神状态等。
6. 相关病史　有无呼吸系统、心血管系统、消化系统疾病史,有无胸壁感染、外伤、手术史,患者的职业特点等。

(朱　琳)

第九节 心 悸

案例 1-2-9

患者，女性，27岁，因间断黑便3个月，乏力、活动后心悸1个月入院。体格检查：皮肤黏膜、口唇苍白，心率128次/分，心尖区可闻及Ⅱ级收缩期杂音。实验室检查：Hb 60 g/L。

问题与思考：

1. 该患者最可能的疾病诊断是什么？
2. 该患者心率增快的可能原因是什么？

心悸（palpitation）是指患者自觉心脏搏动的不适感或心慌感，可伴心前区不适。体格检查可发现心率增快、减慢或心律失常，心率也可正常或心脏搏动增强等。

【病因】

1. **生理性心悸** 剧烈运动、精神过度紧张或情绪激动时；饮用酒、浓茶或咖啡后；妊娠或应用某些药物，如肾上腺素、麻黄碱、咖啡因、氨茶碱、阿托品及甲状腺素。

2. **各种器质性心脏病** 如高血压心脏病、主动脉瓣或二尖瓣关闭不全、某些先天性心脏病（动脉导管未闭、室间隔缺损）、原发性心肌病、克山病及维生素 B_1 缺乏症（脚气病）。

3. **心律失常**

（1）心动过速：如窦性心动过速、阵发性心动过速、心房扑动及心房颤动。

（2）心动过缓：高度房室传导阻滞（二度、三度房室传导阻滞）、病态窦房结综合征、房室交界性心律、心室自主心律及迷走神经兴奋性过高等。

（3）心律不齐：如期前收缩、心房颤动。

4. **全身性疾病** 如高热、甲状腺功能亢进症、贫血、低血糖症、嗜铬细胞瘤及心脏神经官能症。

【发病机制】

一般认为，心脏活动过度是心悸发生的基础，常与心率及心脏每搏输出量改变有关，也与心动过速、每搏输出量大及心律失常有关。交感神经兴奋性增强、自主神经功能紊乱也可引起心悸。

提示：心悸的发生常与精神因素及注意力有关，如焦虑、紧张及注意力集中，可因个体感受不同而有差异。

【临床表现】

1. **心脏搏动增强** 心肌收缩力增强和每搏输出量增加时可引起心悸，包括生理性心悸和病理性心悸两种情况。

（1）生理性心悸：①健康人在剧烈体力活动、精神过度紧张或情绪激动时。②大量饮酒、浓茶或咖啡后或应用某些药物，如肾上腺素、麻黄碱、咖啡因、氨茶碱、阿托品及甲状腺素时。

（2）病理性心悸：①各种器质性心脏病可存在不同程度的心室肥大，当心功能处于代偿期时，心肌收缩力增强，心脏搏动增强，出现心悸。②引起心脏每搏输出量增加的病变，如高热、甲状腺功能亢进症、贫血。高热及甲状腺功能亢进症时，基础代谢率（basal metabolic rate，BMR）增高，心率加快，引起心悸；贫血时血液携氧量减少，器官和组织缺氧，机体通过增加心率来代偿，引起心悸；低血糖症、嗜铬细胞瘤引起肾上腺素分泌增多，心率增快，也可出现心悸。

2. 心律失常　任何原因所致心率与节律的改变（尤其是突然改变时）均可引起心悸。

（1）心动过速：快速的心律失常可引起明显的心悸。

（2）心动过缓：由于心率缓慢，舒张期延长，心室充盈度增加，引起心脏搏动强而有力出现心悸，心率突然减慢时明显。

（3）心律不齐：患者可因心脏突然搏动而感到心悸，也可因代偿间歇感到的突然心脏停搏而出现心悸。

3. 心脏神经官能症　由自主神经功能紊乱及β肾上腺素能受体反应亢进综合征所致。本病青壮年女性多发。除心悸外，尚有心前区或心尖部刺痛或隐痛、叹息样呼吸、疲乏、头痛、头晕、耳鸣、失眠等表现，心悸发作常与精神因素有关，焦虑及情绪激动时易发。β肾上腺素能受体反应亢进综合征除有上述表现外，尚可有心电图的改变，如窦性心动过速、轻度ST段下移及T波低平或倒置，普萘洛尔试验可使其恢复正常，提示其改变为功能性。

提示：神经症患者心率稍增快或偶发期前收缩时即感到心悸、焦虑、紧张，但有些心脏病（慢性心房颤动）患者可因逐渐适应而无明显心悸。

 心悸的临床表现。

【伴随症状】

1. 心悸伴心前区疼痛　见于冠心病、心包炎、心肌炎、心脏神经官能症、主动脉瓣狭窄或关闭不全及梗阻性肥厚型心肌病等疾病。
2. 心悸伴发热　见于急性传染病、风湿热、心肌炎、心包炎及感染性心内膜炎等疾病。
3. 心悸伴晕厥和抽搐　见于高度及完全性房室传导阻滞、阵发性室性心动过速、病态窦房结综合征、心室颤动等所引起的心源性脑缺血综合征。
4. 心悸伴呼吸困难　见于急性心肌梗死、心包炎、心肌炎、心力衰竭及重症贫血等疾病。
5. 心悸伴食欲亢进、消瘦、出汗　见于甲状腺功能亢进症。
6. 心悸伴贫血　见于各种原因引起的急性失血，患者常有面色苍白、出冷汗、脉搏微弱、血压下降或休克。慢性贫血所致心悸多在劳累后较明显。
7. 心悸伴发绀　见于先天性心脏病、右心功能不全、休克等。

【问诊要点】

1. 发病情况　发作诱因、时间，有无感染、胸痛、剧烈运动、劳累与紧张等。
2. 心悸的临床表现　频率、病程长短、持续时间及缓解因素等。
3. 伴随症状　是否伴有心前区疼痛、发热、头晕、头痛、晕厥、抽搐、呼吸困难、消瘦、多汗、失眠及焦虑等。
4. 诊疗经过　是否到过医院就诊，做过何种检查及治疗。
5. 一般情况　起病后饮食、睡眠、排便情况及精神状态等。
6. 相关病史　有无心脏病、内分泌疾病、贫血性疾病、神经症等病史；有无嗜好浓茶、咖啡、烟、酒等情况；有无精神刺激史。

（朱　琳）

第十节 恶心与呕吐

案例 1-2-10

患者,女性,47岁,因上腹部胀痛不适,伴恶心、呕吐1个月入院。1个月前患者出现上腹部胀痛不适,伴恶心、呕吐,呕吐量每次可达1000~2000ml,呕吐物含大量宿食,有腐败酸臭味,不含胆汁。体格检查:上腹部明显膨隆,有轻压痛。

问题与思考:
1. 该患者最可能的疾病诊断是什么?
2. 引起患者呕吐的可能机制是什么?

恶心(nausea)是上腹部不适、紧迫欲呕的感觉,常伴有头晕、流涎、脉缓、血压降低等迷走神经兴奋症状,为呕吐的前期表现。呕吐(vomiting)是胃的反射性强力收缩,迫使胃或者部分小肠内容物经口急速排至体外的现象。

提示: 频繁和剧烈的呕吐可引起失水、电解质代谢紊乱,食管贲门黏膜撕裂综合征和营养缺乏等。

【病因】

引起恶心与呕吐的病因几乎涉及全身各个系统,按发病机制可归纳为下列几类。

1. **反射性呕吐** 当体内某个器官或组织有病理改变或受到刺激时,经神经反射而引起恶心、呕吐。常见的病因有如下几种。

(1)消化系统疾病:①口咽部受到炎症、物理或化学刺激。②胃肠疾病:如急性胃肠炎、慢性胃炎、消化性溃疡活动期、胃癌、消化道梗阻及急性阑尾炎等。③肝、胆、胰疾病:如急性肝炎、肝硬化、急性胆囊炎、胆石症、胆道蛔虫症及急性胰腺炎等。④腹膜与肠系膜疾病:如急性腹膜炎、急性肠系膜淋巴结炎等。⑤药物局部刺激:如口服磺胺类、水杨酸盐类、氨茶碱及奎宁。

(2)循环系统疾病:如急性心肌梗死、休克、心力衰竭。

(3)泌尿与生殖系统疾病:如尿路结石、急性肾盂肾炎、盆腔炎及异位妊娠破裂。

(4)眼部疾病:如青光眼、屈光不正。

(5)急性传染病:如急性病毒性肝炎。

(6)嗅觉、视觉及味觉受刺激所引起的呕吐。

提示: 反射性呕吐的特点是有恶心的先兆,吐后不感到轻松,胃已排空仍干呕。

2. **中枢性呕吐** 由于颅内病变直接压迫或者颅内压增高以及药物等刺激延髓内的呕吐中枢,增加其兴奋性而引起呕吐。常见的病因有如下几种。

(1)中枢神经系统疾病:①中枢神经系统感染,如各种病原体引起的脑膜炎、脑炎。②颅内血管疾病,如脑出血、脑梗死。③颅脑损伤,如颅内血肿、脑挫伤、脑震荡。④颅内占位性病变。⑤癫痫,特别是癫痫持续状态。

(2)药物或化学毒物的作用:如洋地黄类、某些抗菌药物、抗癌药物以及有机磷农药,药物或毒物经血液循环作用于延髓呕吐中枢引起呕吐。

(3)内分泌与代谢障碍:如糖尿病酮症酸中毒、尿毒症、甲状腺危象。

(4)妊娠反应。

(5)中毒:乙醇、重金属、一氧化碳中毒均可引起呕吐。

提示：中枢性呕吐的特点是呕吐呈喷射状，胃内容物常急剧而有力地喷出，呈顽固性，吐后不感到轻松，常无恶心的先兆。

3. 前庭功能障碍　呕吐伴有听力障碍、眩晕等症状应考虑前庭障碍性呕吐。常见病因有以下几种。

（1）迷路炎：是化脓性中耳炎的常见并发症。

（2）梅尼埃病：突发性的旋转性眩晕，伴恶心、呕吐。

（3）晕动病：一般在乘飞机、乘船和乘车时发生。

提示：前庭障碍性呕吐的特点是呕吐与头部位置改变有密切关系，常伴有头晕、视物旋转、眼球震颤、恶心、血压下降、皮色苍白、出汗及心悸等自主神经功能紊乱症状。

4. 精神性呕吐　如神经性厌食、癔症。

提示：精神性呕吐的特点是呕吐与精神因素有关，无恶心，进食后立即发生。

呕吐的常见病因。

【发病机制】

各种引起呕吐的刺激因素经传入神经（迷走神经、交感神经的感觉纤维、舌咽神经等）或血液循环到达延髓呕吐中枢，再通过传出神经（迷走神经、膈神经、脊神经等）将呕吐信号传至各有关效应器官（胃、小肠、膈肌和腹壁肌等），引起相应的呕吐反应。

呕吐是一个复杂的反射过程，可分为3个阶段，即恶心、干呕（retching）与呕吐。恶心时，胃张力和蠕动减弱，十二指肠张力增强，可伴或不伴有十二指肠液反流；干呕时，胃上部放松而胃窦部短暂收缩；呕吐时，胃窦部持续收缩，贲门开放，腹肌收缩，腹内压增加，迫使胃内容物急速而猛烈地向上反流，经食管、口腔而排出体外。由于胃舒张而十二指肠收缩，平时的压力差倒转，使十二指肠内容物倒流入胃。因此，呕吐物中常混有胆汁和小肠液。

提示：呕吐与反食不同，反食是指无恶心与呕吐的协调动作，而胃内容物经食管、口腔溢出体外。

【临床表现】

1. 呕吐的时间　育龄妇女晨起呕吐见于早期妊娠，尿毒症、慢性酒精中毒或功能性消化不良患者也可出现晨起呕吐；鼻窦炎患者晨起后脓液可经鼻后孔流出刺激咽部，也可出现晨起恶心、干呕。晚上或夜间呕吐见于幽门梗阻。

2. 呕吐的特点　进食后即呕吐，恶心轻或缺如，吐后又可进食，长期反复发作多为精神性呕吐；喷射状呕吐多为颅内高压性疾病。

3. 呕吐与进食的关系　进食中或进食后即刻呕吐见于幽门管梗阻或精神性呕吐；餐后1 h以上呕吐见于胃张力下降或胃排空延迟；餐后比较久或数餐后呕吐见于幽门梗阻；餐后很快出现呕吐且集体发病见于食物中毒。

4. 呕吐物性质　呕吐物有腐败发酵味提示胃潴留；呕吐物无胆汁提示梗阻平面在十二指肠乳头以上，呕吐物含多量胆汁提示梗阻平面在十二指肠乳头以下；呕吐物无酸味可能为贲门狭窄或贲门失弛缓症；咖啡渣样呕吐物常见于上消化道出血；呕吐物带粪臭味提示低位小肠梗阻。

呕吐的临床表现。

【伴随症状】

1. **呕吐伴腹泻**　多见于细菌性食物中毒和各种原因引起的急性中毒、急性细菌性痢疾等。
2. **呕吐伴腹痛**　如患者右上腹痛伴发热、寒战、黄疸，应考虑胆囊炎或胆石症、胆道蛔虫症伴感染、霍乱、副霍乱等。
3. **呕吐大量隔夜宿食且常在晚间发生**　提示幽门梗阻、胃潴留或十二指肠淤滞；呕吐物多且有粪臭者，可见于低位肠梗阻。
4. **已婚育龄妇女停经后呕吐且多在早晨发生**　多为妊娠反应。
5. **喷射性呕吐伴头痛**　常见于颅内高压症或青光眼。
6. **呕吐伴眩晕、眼球震颤**　见于前庭器官疾病。

【问诊要点】

1. **发病情况**　有无饮食不节或不洁饮食史、饮酒、服用药物、劳累及精神因素等。
2. **恶心与呕吐的临床表现**　呕吐出现的时间、病程、缓急、与饮食及活动等有无关系，呕吐的特点，呕吐物的性状、气味、量，是否为喷射性呕吐。
3. **伴随症状**　是否伴有发热、寒战、黄疸、腹痛、腹泻、头痛、眩晕、眼球震颤及停经等。
4. **诊疗经过**　是否到过医院就诊，做过何种检查及治疗。
5. **一般情况**　起病后饮食、睡眠、排便情况及精神状态等。
6. **相关病史**　有无消化系统疾病、中枢神经系统疾病、内分泌及代谢性疾病、心血管疾病、内耳迷路病变、青光眼、屈光不正及神经官能症等病史；呕吐与体位、进食、咽部刺激、药物有无关系；对于女性患者，应注意询问月经情况。

（俎　明）

第十一节　吞咽困难

案例 1-2-11

患者，女性，27岁，因面色苍白半年，吞咽困难1个月入院。半年前患者发现面色苍白，未予重视，近1个月出现吞咽困难。既往喜素食。实验室检查：血常规示小细胞低色素性贫血。

问题与思考：

1. 该患者最可能的疾病诊断是什么？
2. 引起该患者吞咽困难的可能机制是什么？

吞咽困难（dysphagia）是指食物从口腔运送至胃、贲门的过程受阻，咽部、胸骨后或剑突部位有食物梗阻停滞的感觉，部分患者可伴有胸骨后疼痛。吞咽困难多由中枢神经系统疾病、食管及咽部疾病所致，也可以是吞咽肌肉运动障碍引起。假性吞咽困难无食管梗阻的病理基础，仅仅是一种咽喉部阻塞、不适感，不影响进食。

【病因】

1. 机械性吞咽困难

（1）食管腔内因素：食团过大或食管异物等。

（2）食管腔狭窄：①口咽部炎症：咽炎、扁桃体炎、咽后壁脓肿、咽白喉、咽喉结核、各种口咽损伤等。②食管良性狭窄：食管平滑肌瘤、食管脂肪瘤、食管血管瘤、食管息肉；反流性、腐蚀性、反射性食管炎；食管结核及真菌性感染等。③恶性狭窄：舌癌、咽部肿瘤、食管癌等。④其他狭窄：食管蹼（缺铁性吞咽困难）、黏膜环（食管下端黏膜环）。

（3）食管外压性狭窄：咽后壁肿块或脓肿；甲状腺极度肿大；纵隔占位病变。

2. 动力性吞咽困难

（1）吞咽启动困难：口咽肌麻痹；口咽部炎症和脓肿；干燥综合征所致的唾液缺乏。

（2）咽、食管横纹肌功能障碍：延髓麻痹、重症肌无力、运动神经元疾病、多发性肌炎、皮肌炎、甲亢性肌病、肉毒杆菌食物中毒或有机磷农药中毒等。

（3）食管平滑肌功能障碍：食管痉挛、贲门失弛缓症、系统性硬化症、糖尿病或酒精中毒性肌病等。

（4）精神心理疾病：如癔症、抑郁症、焦虑症，可有吞咽困难。

（5）其他：狂犬病、破伤风、肉毒杆菌食物中毒、缺铁性吞咽困难等。

【发病机制】

1. 机械性吞咽困难　指管腔狭窄引起的吞咽困难。正常食管壁具有弹性，管腔直径扩张可超过 4 cm，各种原因导致的管腔扩张受限（直径小于 1.3 cm），一定会出现吞咽困难。主要是食管壁病变引起整个管腔狭窄及外压性病变导致的偏心性狭窄。

2. 运动性吞咽困难　指随意吞咽动作发生困难，伴随吞咽反射性运动障碍，使食物无法从口腔顺利运至胃。各种延髓麻痹是最常见的原因，也可由肌痉挛（如狂犬病）、肠肌丛内神经节细胞减弱（如贲门失弛缓症）引起。系统性硬化症等全身疾病可引起食管平滑肌收缩无力，弥漫性食管痉挛可导致食管异常收缩，均属于运动性吞咽困难。

以上两种吞咽困难有时可存在于同一疾病当中，但以其中某一机制为突出。如食管癌，主要是管腔狭窄所致机械性吞咽困难，但癌肿浸润管壁可使该处食管蠕动减弱或消失。反流性食管炎主要是动力性吞咽困难，但长期的食管下段炎症可导致弥漫性食管痉挛和狭窄，加重吞咽困难的表现。

【临床表现】

脑血管病变、帕金森病、脑干肿瘤、脊髓灰质炎等疾病是由于吞咽中枢至控制口咽部横纹肌的运动神经节病变，所以吞咽困难表现为食物由口腔进入食管过程受阻，阻滞于口腔及咽喉部；食管肿瘤、狭窄或痉挛等引起的吞咽困难，主要表现为吞咽时食物阻滞于食管的某一段，进食过程受阻。食管癌的吞咽困难呈进行性，一般在半年内从进干食发噎到半流质、流质也难以下咽；食管良性肿瘤的吞咽困难症状较轻，或仅为一种阻挡感；反流性食管炎的吞咽困难多伴有反食、胃灼热、胸痛等反流症状；贲门失弛缓症的吞咽困难呈反复发作，病程偏长，与精神因素有关，进食时需大量饮水，后期有反食症状。动力性吞咽困难无液体、固体之分；吞咽反射性动力障碍者吞咽液体比吞咽固体困难；延髓麻痹者饮水由鼻孔反流，伴呛咳、呼吸困难等症状。患者陈述的梗阻部位一般与食管病变的解剖部位基本吻合，有定位诊断的意义。

食管上段吞咽困难除癌肿外，可见于胸骨后甲状腺肿、食管结核或恶性肉芽肿、缺铁性吞咽困难、颈段食管蹼（先天性异常）等疾病；食管中段吞咽困难常为食管癌、纵隔占位性病变压迫食管、食管良性狭窄、食管息肉、食管黏膜下肿瘤等疾病引起；食管下段吞咽困难主要由癌肿、贲门失弛缓症等疾病所致。

【伴随症状】

1. 吞咽困难伴声嘶　多见于食管癌纵隔浸润、主动脉瘤、淋巴结肿大及肿瘤压迫喉返神经。
2. 吞咽困难伴呛咳　常见于脑神经疾病、食管憩室和贲门失弛缓症导致潴留食物反流。食管癌导致食管支气管瘘，以及重症肌无力致使咀嚼肌、咽喉肌和舌肌无力，可出现咀嚼、吞咽困难及饮水呛咳。
3. 吞咽困难伴呃逆　多见于贲门失弛缓症、膈疝等食管下端病变。
4. 吞咽困难伴吞咽疼痛　见于口咽炎或溃疡，如急性扁桃体炎、咽后壁脓肿、急性咽炎、白喉及口腔溃疡等。
5. 吞咽困难伴胸骨后疼痛　见于食管炎、食管溃疡、食管异物、晚期食管癌、纵隔炎等。若是进食过冷、过热食物后诱发的疼痛，则常为弥漫性食管痉挛。
6. 吞咽困难伴反酸、胃灼热　多为胃食管反流病。
7. 吞咽困难伴哮喘和呼吸困难　见于纵隔肿物、大量心包积液压迫食管及大气管。

进食时自觉咽部有阻塞感，不进食时也感到有上下移动的物体堵塞在咽部或胸骨上凹位置，常提示癔球症，多见于年轻女性。

【问诊要点】

1. 发病情况　发作诱因、时间，有无吞服强酸、强碱及相关药物。
2. 吞咽困难的主要特点　是进行性、持续性还是间歇性，病程长短，吞咽固体食物还是液体困难。
3. 伴随症状　是否伴有声音嘶哑、呛咳、呃逆、反酸、反食、胃灼热及胸痛等。
4. 诊疗经过　是否到过医院就诊，做过何种检查及治疗。
5. 一般情况　起病后饮食、睡眠、排便情况及精神状态等。
6. 相关病史　有无心脏病、内分泌疾病、消化系统疾病、脑血管病、神经症及犬咬伤等病史；有无嗜好浓茶、咖啡、烟、酒等情况；有无精神刺激史；有无肿瘤家族史。

（俎　明）

第十二节　呕　血

案例 1-2-12

患者，男性，57岁，因黄疸、腹胀、乏力、食欲减退半年，呕血半天入院。体格检查：巩膜轻度黄染，中上腹轻压痛。患者既往有乙型肝炎病史20余年。

问题与思考：
1. 该患者最可能的疾病诊断是什么？
2. 引起患者呕血的可能机制是什么？

呕血（hematemesis）是上消化道（屈氏韧带以上的消化器官，包括食管、胃、十二指肠、肝、胆、胰及胃空肠吻合术后的空肠上段）疾病或全身性疾病所致的上消化道出血，血液经口腔呕出。

【病因】

1. **食管疾病** 食管静脉曲张破裂、食管炎、食管外伤、食管憩室、食管癌、食管异物、食管贲门黏膜撕裂综合征及食管裂孔疝等,大量呕血常由门静脉高压所致的食管静脉曲张破裂所致。
2. **胃与十二指肠疾病** 消化性溃疡最常见,由药物(阿司匹林、吲哚美辛等)和应激所引起的急性糜烂性出血性胃炎、慢性胃炎、胃泌素瘤、胃癌及胃黏膜脱垂等。
3. **肝、胆疾病** 肝硬化门静脉高压、肝癌、肝脓肿、胆囊与胆道结石等。
4. **胰腺疾病** 胰腺癌、急性胰腺炎合并脓肿破溃等。
5. **急性传染病** 流行性出血热、钩端螺旋体病、暴发型肝炎、败血症及登革热等。
6. **血液病** 白血病、血小板减少性紫癜、过敏性紫癜及血友病等。
7. **结缔组织病** 系统性红斑狼疮、皮肌炎、结节性多动脉炎累及上消化道。
8. **其他** 尿毒症、肺源性心脏病、血管瘤及抗凝血药使用过量等。

提示: 临床上呕血的病因以消化性溃疡引起者最常见,其次为食管和(或)胃底静脉曲张破裂,再次为急性糜烂性出血性胃炎和胃癌。

 呕血的常见病因。

【发病机制】

上消化道疾病或全身性疾病所致动脉、静脉及毛细血管破裂或通透性增高,各种原因引起的凝血及止血机制障碍,均可发生消化道出血而出现呕血。

【临床表现】

1. **呕血与黑便** 呕血前患者多有上腹部不适或恶心等先兆,随之呕出血性胃内容物。出血量多且在胃内停留时间短,则呕出物呈鲜红色、暗红色或混有凝血块;出血量较少或在胃内停留时间长,因血红蛋白与胃酸作用而形成酸化正铁血红素,呕吐物多呈棕褐色咖啡渣样。胃内积血量在250 ml 以上可出现呕血,呕血的同时血液可经肠道排出体外,形成黑便。

提示: 出现呕血,提示出血量在 250 ml 以上。呕出血液的颜色因其在胃内停留时间的长短而异。

2. **发热** 大量出血后,多数患者在 24 h 内出现低热。发热的原因可能为血容量减少、贫血、周围循环衰竭、大量出血的吸收等因素,导致体温调节中枢功能障碍。体温不超过 38 ℃,持续 3~5 天。

3. **出血量的估计** ①上消化道出血量达到 5 ml 时,粪便隐血试验可呈现阳性反应。②上消化道出血量达 50~70 ml 或以上,可表现为黑便。③上消化道出血量不超过循环血容量的 10% 时,因为轻度的血容量减少可很快被组织间液代偿,患者可无明显临床症状。④上消化道出血占循环血容量的 10%~20% 时,可有头晕、无力等症状,多无血压、脉搏等变化。⑤成人上消化道出血量达循环血容量的 20% 以上时,则有冷汗、四肢厥冷、心悸、脉搏增快等急性失血症状。⑥上消化道出血量大于循环血容量的 30%,除上述症状之外,还出现神志不清、脉搏细弱、呼吸急促、血压下降等急性周围循环功能不全症状。

4. **血液学改变** 急性出血早期血常规检查无改变,以后由于组织间液渗入,血液被稀释,才出现红细胞与血红蛋白减少。因此,大出血早期不能根据红细胞数与血红蛋白量来判断有无出血及出血量。

5. **氮质血症** 呕血的同时，因部分血液进入肠道，血红蛋白分解产物在肠内被吸收，故在出血数小时后血液中尿素氮开始上升，24～48 h可达高峰。如无继续出血，3～4天即可降至正常。

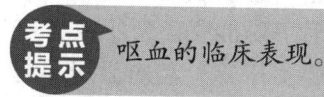呕血的临床表现。

【伴随症状】

1. **呕血伴上腹痛** 呕血伴慢性反复发作的上腹痛，并呈周期性、节律性，多为消化性溃疡；中老年人呕血伴慢性上腹痛，无明显规律性，并有厌食及消瘦者，应警惕胃癌。
2. **呕血伴肝大和脾大** 大量呕血伴脾大，有蜘蛛痣、肝掌、腹壁静脉曲张或腹水，提示肝硬化门静脉高压所致食管胃底静脉曲张破裂出血。呕血伴明显肝大、质硬、表面凹凸不平或有结节，多为肝癌。
3. **呕血伴皮肤黏膜出血** 见于血液病、败血症、重症肝炎等。
4. **呕血伴左锁骨上淋巴结肿大** 见于胃癌和胰腺癌等。
5. **呕血伴黄疸** 寒战、发热、黄疸，伴右上腹绞痛并呕血者，可能由胆道疾病引起；发热、黄疸、全身皮肤黏膜出血者，见于某些感染性疾病，如败血症及钩端螺旋体病。
6. **在休克、脑血管意外、大面积烧伤等之后出现呕血** 见于应激性溃疡。
7. **其他** 近期有服用非甾体抗炎药史、酗酒史、大面积烧伤、颅脑手术、脑血管疾病和严重外伤伴呕血者，应考虑急性胃黏膜病变；剧烈呕吐后继而呕血，应考虑食管贲门黏膜撕裂综合征。

【问诊要点】

1. **发病情况** 起病年龄、病程长短，有无饮酒、异物、毒物、用药史等。
2. **呕血的临床表现** 呕血的颜色（鲜红色、暗红色或咖啡色）、量及次数，是否有胃内容物，有无口渴、头晕、心悸、晕厥等全身症状。
3. **伴随症状** 是否伴有上腹痛，有无肝大、脾大、蜘蛛痣、肝掌，有无黄疸、发热、寒战、皮肤黏膜出血等。
4. **诊疗经过** 是否到过医院就诊，做过何种检查及治疗。
5. **一般情况** 起病后饮食、睡眠、排便情况及精神状态等。
6. **相关病史** 首先应鉴别是呕血还是咯血，有无上消化道疾病、肝病、胆道疾病、血液病、急性传染病等病史，有无大面积烧伤、颅脑手术、严重外伤等。

（贾晋松）

第十三节 便 血

案例 1-2-13

患者，男性，37岁，因解柏油样黑便1周入院。1周前患者无明显诱因开始解柏油样黑便，无发热、畏寒、呕血、头晕及心悸。体格检查：生命体征平稳，腹膨隆，无压痛及反跳痛，移动性浊音阳性，肠鸣音活跃。患者有乙型肝炎病史10年。

问题与思考：
1. 该患者最可能的疾病诊断是什么？
2. 引起患者解黑便的可能机制是什么？

消化道出血时，血液经肛门排出体外，称为便血（hematochezia）。便血颜色可为鲜红色、暗红色或黑色。少量消化道出血时粪便颜色无改变，需要经实验室隐血试验检查才能确定者，称为隐血（occult blood）。

【病因】

1. 呕血的病因　所有引起呕血的病因均可引起便血。
2. 下消化道疾病
（1）肛管疾病：痔、肛裂、肛瘘及直肠肛管损伤等。
（2）直肠疾病：直肠癌、直肠息肉、直肠炎等。
（3）结肠疾病：结肠癌、结肠息肉、急性细菌性痢疾、阿米巴痢疾、溃疡性结肠炎、结肠憩室炎及血吸虫病等。
（4）小肠疾病：肠结核、伤寒、急性出血性坏死性肠炎、小肠肿瘤、肠套叠及克罗恩病。
（5）肠道血管畸形：如先天性血管畸形、遗传性毛细血管扩张症等。
3. 全身性疾病　白血病、血友病、血小板减少性紫癜、遗传性毛细血管扩张症、维生素C缺乏症、严重肝病、尿毒症、流行性出血热及弥散性血管性凝血（DIC）等。

便血的常见病因。

【发病机制】

上消化道及下消化道疾病或全身性疾病所致动脉、静脉及毛细血管破裂或通透性增高，各种原因引起的凝血及止血机制障碍均可发生消化道出血而出现便血。

【临床表现】

1. 血便的颜色　血便的颜色可呈鲜红色、暗红色或黑色（柏油样）。血便的颜色主要与下列因素有关：①出血部位；②出血量；③血液在肠腔内停留时间。出血部位越低，出血量越大，排出越快，则血便颜色越鲜红；若出血量小、出血速度慢，血液在肠道内停留时间较长，血便颜色可为暗红色。

提示： 上消化道出血多为柏油样便或黑便，但上消化道大出血可排出暗红色或鲜血便；下消化道出血往往表现为鲜血便。黑色柏油样便提示出血量在 60 ml 以上。

2. 血便的性状　便血时，粪便可为全血、血与粪便混合或血附着于粪便表面。黑色柏油样便提示为上消化道出血；血色鲜红，不与粪便混合，仅黏附于粪便表面或于排便前后有鲜血滴出或喷出者，常见于直肠或肛管疾病出血，如痔、肛裂或直肠肿瘤出血；血附着于粪便表面，有时粪便变细，呈细条状，或一侧有凹陷性压迹见于直肠息肉或直肠癌；暗红色果酱样脓血便见于阿米巴痢疾；黏液脓性鲜血便见于急性细菌性痢疾；洗肉水样粪便并有腥臭味见于急性出血性坏死性肠炎。

提示： 观察血便的颜色、性状及排便次数等对诊断及判断出血是否停止有很大的帮助，排便次数减少、大便由不成形变成形提示出血停止。

3. 少量便血的诊断　少量的消化道出血，每日出血量 5～10 ml 者，无肉眼可见的粪便颜色改变，须经隐血试验才能确定者，称为隐血便。消化性溃疡活动期隐血试验可为阳性，钩虫病、消化道肿瘤可有持续性隐血便。

提示：便血者若出血量不多，全身症状不显著；若出血量大，可出现贫血或周围循环衰竭的症状和体征。

4. 非消化道疾病引起的黑便　黑便和隐血试验阳性，须排除口腔、鼻、咽、支气管、肺等部位的出血，血被咽下后也可出现黑便或隐血试验阳性。还需要与食用动物血、肝等出现的黑便或隐血试验阳性进行鉴别，素食后即转为正常。使用人血红蛋白单克隆抗体的免疫检查可避免隐血试验的假阳性。口服某些中草药、铁剂、铋剂、炭粉等时，粪便可呈黑色，一般为灰黑色无光泽，但粪便隐血试验阴性。

 便血的临床表现。

【伴随症状】

1. 便血伴腹痛　便血若伴随慢性反复上腹痛，呈周期性与节律性，便血后疼痛减轻者，见于消化性溃疡；腹痛时排血便或脓血便，便后腹痛减轻，见于细菌性痢疾、阿米巴痢疾或溃疡性结肠炎；伴上腹绞痛、黄疸者，多见于胆囊或胆管出血。另外，急性出血性坏死性肠炎、肠套叠、肠系膜血栓形成或栓塞、膈疝等也会出现腹痛伴便血。
2. 便血伴里急后重　即肛门有坠胀感，排便次数较频繁，但每次排血便量较少，且排便后未感轻松，似排便未净，提示肛门、直肠疾病，见于细菌性痢疾、直肠炎、直肠癌等。
3. 便血伴腹部肿块　应考虑结肠癌、肠结核、肠套叠、克罗恩病及小肠恶性淋巴瘤等。
4. 便血伴发热　常见于传染病（流行性出血热、钩端螺旋体病）、恶性肿瘤、急性出血性坏死性肠炎等。
5. 便血伴皮肤黏膜出血　可见于血液病、急性感染性疾病等。

【问诊要点】

1. 发病情况　起病年龄、病程长短，有无饮酒、异物、毒物、用药史等。
2. 便血的临床表现　便血出现的时间、粪便的颜色及性状（鲜红色、暗红色、果酱样、洗肉水样或柏油样大便）、量及气味；血液有无与粪便混合、有无黏液及脓血；有无头晕、心悸、晕厥；有无集体发病等。
3. 伴随症状　是否伴有腹痛、腹泻及其特点；有无里急后重、发热、寒战、皮肤黏膜出血；有无腹部肿块等。
4. 诊疗经过　是否到过医院就诊，做过何种检查及治疗。
5. 一般情况　起病后饮食、睡眠、排便情况及精神状态等。
6. 相关病史　有无上消化道、小肠、结肠、直肠及肛管疾病史；有无肝病、胆道疾病、血液病、急性传染病等病史；有无胃肠手术史等。

（贾晋松）

第十四节 腹痛

案例 1-2-14

患者，男性，33岁，因转移性右下腹疼痛8h入院。8h前患者无明显诱因出现脐周疼痛，2h后逐渐转移至右下腹，伴恶心、呕吐。体格检查：表情痛苦，右下腹轻度压痛、反跳痛，无明显肌紧张。

问题与思考：
1. 该患者最可能的疾病诊断是什么？
2. 引起患者腹痛的可能机制是什么？

腹痛（abdominal pain）多由腹腔内脏器的器质性病变或功能性障碍所致，也可因腹壁或腹腔外器官病变及全身性疾病引起。临床上一般将腹痛按起病缓急、病程长短分为急性腹痛和慢性腹痛。

【病因】

1. **急性腹痛** 起病急、病情重、转变快。

（1）急性炎症：腹腔内脏器急性炎症，如急性胃炎、急性肠炎、急性胆囊炎、急性胰腺炎、急性阑尾炎、急性出血性坏死性肠炎。腹膜急性炎症，如胃肠穿孔引起的急性弥漫性腹膜炎及自发性腹膜炎。

（2）腹腔内空腔脏器阻塞或扩张：如肠梗阻、胆道结石、胆道蛔虫症、尿路结石及急性胃扩张。

（3）腹腔内脏器扭转或破裂：如胃肠穿孔、肠扭转、肠套叠、大网膜或肠系膜扭转、卵巢囊肿蒂扭转、肝破裂、脾破裂及异位妊娠破裂。

（4）腹腔内血管病变：如肠系膜动脉栓塞、缺血性肠炎、门静脉栓塞及脾栓塞。

（5）腹壁病变：如腹壁挫伤、腹壁脓肿、腹壁带状疱疹。

（6）胸部疾病所致的腹部牵涉痛：如肺炎、肺梗死、急性心肌梗死及急性心包炎。

（7）其他：如铅中毒、糖尿病酮症酸中毒、尿毒症、腹型过敏性紫癜及腹型风湿热。

须做外科紧急处理的急性腹痛称为急腹症（acute abdomen）。

2. **慢性腹痛** 起病缓慢，病程长，或为急性起病后腹痛迁延不愈或间歇性发作。

（1）慢性炎症及消化性溃疡：如胃及十二指肠溃疡、反流性食管炎、慢性胃炎、慢性胆囊炎及胆道感染、慢性胰腺炎、炎性肠病、结核性腹膜炎、溃疡性结肠炎及克罗恩病（Crohn's disease）。

（2）腹内脏器慢性扭转：如慢性胃扭转、慢性肠扭转。

（3）腹内实质性脏器病变：实质性脏器因病变而肿胀，使其包膜张力增加而发生疼痛，如肝淤血、肝炎、肝脓肿。

（4）腹内肿瘤：如胃癌、大肠癌、肝癌、胰腺癌、淋巴瘤及卵巢肿瘤。

（5）肠寄生虫病：蛔虫病、钩虫病、绦虫病等。

（6）中毒与代谢障碍：如铅中毒、尿毒症、卟啉病。

（7）神经精神因素：如胃神经症、肠易激综合征、胆道运动功能障碍。

腹痛的常见病因。

【发病机制】

腹痛的发病机制分为以下3种。

1. 内脏性腹痛　腹内某一内脏疾病引起的疼痛由交感神经传入脊髓引起，表现为该节段支配的体表部位疼痛。疼痛的特点为疼痛部位不明确，接近腹中线；疼痛感觉模糊，多为钝痛、痉挛、不适和烧灼痛；常伴恶心、呕吐、出汗等其他自主神经兴奋症状。

2. 躯体性腹痛　由腹腔的壁层及腹壁受到刺激后产生痛觉，经体神经传入脊神经根，导致相应脊髓节段所支配的皮肤出现疼痛。疼痛的特点为部位明确，可在腹部一侧；程度剧烈而持久，局部腹肌强直；腹痛因咳嗽、体位变化而加重。

3. 牵涉痛　指内脏疾病引起的疼痛牵涉到身体体表部位，该部位同时发生痛觉或痛觉过敏区，是内脏痛觉信号传至相应脊髓节段，引起该节段支配的体表部位疼痛。疼痛的特点为部位明确；疼痛程度剧烈；局部有压痛、肌紧张及痛觉过敏区。

临床上很多疾病的腹痛涉及多种机制，如急性阑尾炎早期疼痛在上腹部或脐周，为内脏性疼痛。随着疾病的发展，疼痛转移至右下腹麦氏点，是因为炎症刺激影响脊髓节段的躯体传入纤维，出现了牵涉痛。当炎症进一步发展波及腹膜壁层时，临床表现为压痛、肌紧张及反跳痛，属于剧烈的躯体性疼痛。

【临床表现】

1. 腹痛的诱发因素　①暴饮暴食诱发胰腺炎，劳累或情绪激动时诱发心绞痛、心肌梗死可引起腹痛。②腹部受外部暴力作用而突然出现的腹痛伴休克者可能是肝、脾、肾破裂。③高脂饮食可诱发胆囊炎、胆石症。

2. 腹痛部位　常反映病变所在部位。①上腹部疼痛：多见于胃、十二指肠疾病。②右上腹部疼痛：多见于肝、胆疾病。③脐部或脐周疼痛：多见于小肠疾病。④右下腹疼痛：见于回盲部病变。⑤右下腹麦氏点（McBurney point）疼痛：常为阑尾炎。⑥下腹部疼痛：见于结肠病变与盆腔疾病。

3. 腹痛发作时间与疾病的关系　①餐后痛：可能是由于胆、胰疾病，胃溃疡，胃部肿瘤或消化不良所致。②饥饿痛：发作呈周期性、节律性，见于胃窦、十二指肠溃疡。③子宫内膜异位症腹痛：与月经来潮相关，卵泡破裂者发作在月经间期。

4. 腹痛性质与程度　①起病急，全腹部呈持续性剧痛，伴腹肌紧张或板状腹，两腿屈曲，提示急性弥漫性腹膜炎。②起病急，全身情况恶化者，常见于腹腔内出血、空腔器官及管道梗阻或穿孔、急性胰腺炎、肠炎、肠系膜动脉栓塞、异位妊娠破裂及卵巢囊肿蒂扭转等。③阵发性绞痛常见于胃肠痉挛、胆石症或尿路结石，阵发性剑突下钻顶样疼痛是胆道蛔虫症的典型症状（表1-2-3）。④慢性周期性、节律性上腹部烧灼痛或钝痛常见于消化性溃疡，慢性右下腹疼痛常为慢性阑尾炎、肠结核、克罗恩病等。⑤小肠及结肠病变的腹痛常为痉挛性、间歇性痛，结肠病变引起的腹痛常在排便后减轻。

表 1-2-3　3种绞痛的鉴别

疼痛类别	疼痛部位	其他特点
肠绞痛	多位于脐周、下腹部	常伴有恶心、呕吐、腹泻、便秘、肠鸣音亢进等
胆绞痛	位于右上腹，放射至右背与右肩胛区	常有黄疸、发热，肝可触及或墨菲征（Murphy sign）阳性
肾绞痛	位于腰部，并向下放射至腹股沟、外生殖器及大腿内侧	常有尿频、尿急，尿含蛋白质、红细胞等

5. 腹痛与体位的关系　体位改变也可影响腹痛：反流性食管炎在躯体前屈时剑突下烧灼痛明显，直立位时可减轻；胃黏膜脱垂者左侧卧位可使腹痛减轻；胃下垂可因长时间站立出现上腹痛；胰体癌在仰卧位时疼痛明显，前倾位或俯卧位时疼痛减轻。

 腹痛的临床表现。

【伴随症状】

1. 急性腹痛伴寒战及发热　急性腹痛伴发热者常提示腹腔内脏器或组织急性感染，如急性胆道感染、肝脓肿、腹腔脓肿；急性腹痛伴慢性不规则发热多见于结核病、恶性肿瘤、结缔组织病；慢性腹痛伴发热提示腹腔内慢性炎症、脓肿或恶性肿瘤等。

2. 腹痛伴黄疸　提示胆道疾病、胰腺疾病、急性溶血性疾病，也可见于肺炎链球菌肺炎。

3. 腹痛伴休克　急性腹腔内出血可能是腹腔内脏器破裂（肝、脾破裂，异位妊娠破裂）、胃肠穿孔、急性梗阻性化脓性胆管炎、绞窄性肠梗阻、肠扭转、急性出血性坏死性胰腺炎及急性心肌梗死。老年人重症肺炎时也可出现腹痛与休克。

4. 腹痛伴呕吐　主要见于腹腔脏器炎症（急性胃炎、慢性胃炎、急性胆囊炎）、胃肠道梗阻（幽门梗阻、肠梗阻）。

5. 腹痛伴腹泻　见于各种原因引起的食物中毒、肠道疾病、胰腺疾病及慢性肝病等。

6. 腹痛伴呕血或柏油样便　见于消化性溃疡、胃癌等。

7. 腹痛伴便血　见于急性细菌性痢疾、肠套叠、急性出血性坏死性肠炎、溃疡性结肠炎、肠结核及结肠癌等。

8. 腹痛伴血尿　可能为泌尿系统疾病，如尿路结石、泌尿系统感染。

【问诊要点】

1. 发病情况　发病年龄、缓急，有无劳累、不洁饮食史或服用药物等。

2. 腹痛的临床表现　腹痛的病程、部位、性质、程度、发作的规律、有无牵涉痛、加重与缓解方式。

3. 伴随症状　是否伴有发热、畏寒、寒战、大汗或盗汗，恶心、呕吐、反酸、腹胀、腹泻，呕血、便血、晕厥、黄疸、血尿等。

4. 诊疗经过　是否到过医院就诊，做过何种检查及治疗。

5. 一般情况　起病后饮食、睡眠、排便情况及精神状态等。

6. 相关病史　注意询问腹痛与饮食、活动、体位的关系；有无消化系统疾病、心血管疾病史；有无外伤、手术、感染史，职业特点等；对于女性患者，应注意询问月经情况。

（朱　琳）

第十五节 腹 泻

> **案例 1-2-15**
>
> 患者，男性，18岁，1天前在路边摊点进餐后出现脐周阵发性疼痛，伴腹泻，排水样便，每日10次。体格检查：生命体征正常，脐周轻度压痛。
>
> 问题与思考：
> 1. 该患者腹泻的分类和原因是什么？
> 2. 引起患者腹泻的可能机制是什么？

腹泻（diarrhea）是由于各种原因导致的排便次数增多，粪质稀薄呈水样或有脓血、黏液和未消化的食物。若是液状便，达每日3次以上，或每日粪便总量超过200 g，其中粪便含水量大于80%，则可看作腹泻。腹泻病程超过2个月者属于慢性腹泻。

【病因】

1. 急性腹泻

（1）肠道疾病：急性肠道感染，包括病毒、细菌、真菌、原虫、蠕虫等感染；细菌性食物中毒，如肉毒杆菌、嗜盐杆菌、变形杆菌、金黄色葡萄球菌；急性出血性坏死性肠炎、克罗恩病或溃疡性结肠炎急性发作等。因抗生素使用不当导致的抗生素相关小肠结肠炎引起的腹泻。

（2）急性中毒：食用毒蕈、鱼胆、河豚及化学毒物（如有机磷、砷）中毒。

（3）全身性感染：如伤寒、副伤寒、钩端螺旋体病。

（4）其他：如过敏性紫癜、甲状腺危象、肾上腺危象、服用某些药物（如拟胆碱能药、抗生素、抗癌药、利血平及新斯的明）引起腹泻。

2. 慢性腹泻

（1）消化系统疾病

1）胃部疾病：慢性萎缩性胃炎、胃大部切除术后胃酸缺乏、胃癌。

2）肠道感染：肠结核、慢性细菌性痢疾、慢性阿米巴痢疾、血吸虫病、肠鞭毛原虫病、钩虫病、肠道念珠菌病及绦虫病等。

3）肠道非感染性疾病：克罗恩病、溃疡性结肠炎、结肠多发性息肉、吸收不良综合征、放射性肠炎及缺血性肠炎等。

4）肠道肿瘤：结肠绒毛状腺瘤、肠道恶性肿瘤。

5）肝、胆疾病：肝硬化、胆汁淤积性黄疸、慢性胆囊炎与胆石症。

6）胰腺疾病：慢性胰腺炎、胰腺癌、胰切除术后。

7）寄生虫病：肠道蛔虫病、钩虫病、血吸虫病等。

（2）全身性疾病

1）内分泌及代谢性疾病：糖尿病性肠病、甲状腺功能亢进症、肾上腺皮质功能减退症、胃泌素瘤、血管活性肠肽瘤（vasoactive intestinal peptide polypeptidoma）及类癌综合征等。

2）其他系统疾病：系统性红斑狼疮、硬皮病、尿毒症等。

3）药源性腹泻：利血平、甲状腺素、洋地黄类、某些抗肿瘤药物和抗生素等。

4）神经功能紊乱：如肠易激综合征。

考点提示：腹泻的病因。

【发病机制】

1. 分泌性腹泻　由胃肠黏膜分泌过多的液体超过肠黏膜吸收能力引起，包括肠道感染性或非感染性炎症，如阿米巴痢疾、细菌性痢疾、溃疡性结肠炎、克罗恩病、肠结核、放射性肠炎以及肿瘤溃烂等；另外，一些胃肠道内分泌肿瘤如胃泌素瘤、血管活性肠肽瘤所致的腹泻也属于分泌性腹泻。霍乱是典型的分泌性腹泻，是霍乱弧菌外毒素引起的大量水样腹泻。

提示：分泌性腹泻的特点如下：①肠黏膜组织学基本正常。②粪便成水样，量多，>1000 ml/d，无脓血，腹痛不明显。③禁食对腹泻无影响。

2. 渗出性腹泻　肠黏膜炎症时渗出大量黏液、脓、血，可导致腹泻，见于各种肠道炎症疾病，如阿米巴痢疾、细菌性痢疾、溃疡性结肠炎。

提示：渗出性腹泻的特点如下：①粪便量少，<800 ml/d。②粪便含有脓血，镜检有白细胞、脓细胞和吞噬细胞。③多有腹痛，常因直肠受累而有里急后重。④腹泻和全身症状、体征的严重程度取决于肠受损程度。

3. 渗透性腹泻　因摄入大量不吸收的高渗溶质，使肠腔内渗透压增高，阻碍肠内水分与电解质的吸收而引起，如乳糖酶缺乏，乳糖不能水解而形成肠内高渗；服用盐类泻剂或甘露醇等引起的腹泻。

提示：渗透性腹泻的特点如下：①禁食或停药后48 h腹泻显著减少或停止。②粪便中含有大量未经消化或吸收的食物或药物。③粪便高渗，粪便量一般不超过1000 ml/d。

4. 吸收不良性腹泻　由肠黏膜的吸收面积减少或吸收障碍引起，见于小肠大部分切除、吸收不良综合征等。

提示：吸收不良性腹泻的特点如下：①禁食可减轻腹泻。②肠内容物由未吸收的电解质和食物成分组成。

5. 动力性腹泻　由肠运动亢进致使肠内食糜停留时间短，未被充分吸收所致，见于肠炎、胃肠功能紊乱及甲状腺功能亢进症等。

提示：动力性腹泻的特点如下：①粪便呈糊状或水样，无渗出物。②腹泻伴有肠鸣音亢进和腹痛。

【临床表现】

1. 起病与病程　急性腹泻表现为起病急骤，伴有发热、腹泻次数频繁，达每日10次以上，多见于肠道感染或食物中毒；慢性腹泻表现为起病缓慢，病程可长达数月、数年至数十年之久，且常间歇性发作，多见于慢性感染、溃疡性结肠炎、肠易激综合征、吸收不良综合征及肠道肿瘤等。

提示：大量腹泻时，可引起水、电解质代谢紊乱，代谢性酸中毒，甚至危及生命；慢性腹泻起病缓慢，反复发作，长期腹泻可导致营养缺乏、贫血、低蛋白血症。

2. 不同年龄、职业患者腹泻与疾病的关系　肠结核多见于青壮年人；结肠癌多见于中老年人；肠易激综合征、甲状腺功能亢进症多见于女性；血吸虫病多见于血吸虫病流行区农民和渔民等。

3. 粪便性状　粪便稀薄如水样，伴有未消化的食物残渣，多见于食物中毒、小肠炎症等；细菌性痢疾患者排便次数多、量少，多为黏液脓血便；阿米巴痢疾患者粪便呈果酱样；急性坏死性肠炎患者粪便呈血水或洗肉水样；胰腺疾病或肠吸收不良综合征患者粪便内含有大量脂肪及泡沫，气多而臭；霍乱或副霍乱患者粪便呈米泔水样。

4. 腹泻与腹痛的关系　小肠疾病所致的腹泻，疼痛常在脐周，便后腹痛多不缓解；结肠疾病患者疼痛多在下腹部,且便后疼痛常可缓解或减轻。急性感染性腹泻患者常有腹痛,分泌性腹泻患者往往无明显腹痛。

 腹泻的临床表现。

【伴随症状】

1. 腹泻伴发热　多见于传染病(细菌性或阿米巴痢疾、肠结核、伤寒或副伤寒)、急性血吸虫病或小肠恶性淋巴瘤等。
2. 腹泻伴里急后重　提示病变以直肠、乙状结肠为主,见于急性细菌性痢疾、直肠炎、直肠癌等。
3. 腹泻伴显著消瘦和(或)营养不良　考虑引起小肠吸收不良的各种疾病、消化系统癌症和甲状腺功能亢进症等。
4. 腹泻与便秘交替　提示肠结核、结肠过敏、结肠癌等。
5. 腹泻伴腹部包块　提示肿瘤或炎症性病变,见于消化系统癌症、肠结核、克罗恩病等。

【问诊要点】

1. 发病情况　起病时间,有无不洁饮食史及服食毒蕈、海鲜、药物、农药史,有无疫区、疫水及传染病接触史,有无精神紧张,有无集体发病等。
2. 腹泻的临床表现　起病的缓急、病程长短,腹泻的次数,粪便的性状、量及气味,腹泻与腹痛的关系,有无乏力、抽搐、晕厥等。
3. 伴随症状　是否伴有腹痛及其特点、与腹泻的关系,有无便血及其特点,有无里急后重、发热、寒战、消瘦和(或)营养不良,有无腹部肿块等。
4. 诊疗经过　是否到过医院就诊,做过何种检查及治疗。
5. 一般情况　起病后饮食、睡眠、体重变化及精神状态等。
6. 相关病史　有无消化系统疾病、内分泌及代谢性疾病、神经功能紊乱等病史,有无胃肠手术史等。

(朱　琳)

第十六节　便　秘

案例 1-2-16

患者,男性,88岁,因"反复排便异常5年余,加重10天"入院。患者5年来排大便较困难、费力,排便时间延长,大便秘结,未规范治疗。近10天,患者上述症状逐渐加重,排便困难,服药后解出干结、半球形大便。

问题与思考:
1. 该患者可能的疾病诊断是什么?
2. 引起该患者便秘的可能机制是什么?

便秘（constipation）是指排便次数减少，每周<3次，伴排便困难、大便干结，多为肠道疾病所致。

【病因】

1. 功能性便秘　主要由胃肠道蠕动减弱及肠道不协调运动引起，胃肠道结构无异常。
（1）进食量少、食物缺乏纤维素或水分，对结肠运动的刺激减少。
（2）生活或工作因素、精神因素等干扰了正常的排便习惯。
（3）肠易激综合征等结肠运动功能紊乱，可表现为便秘与腹泻交替。
（4）腹肌及盆腔肌肉张力弱，将粪便排出体外的推动力不足。
（5）滥用泻药，形成药物依赖，造成便秘；老年体弱，活动过少，肠痉挛致使排便困难；结肠冗长。

2. 器质性便秘
（1）直肠与肛门病变：如痔、肛裂、肛周脓肿和溃疡、直肠炎等疾病，引起肛门括约肌痉挛、排便疼痛，造成患者惧怕排便。
（2）局部病变导致排便无力：如大量腹水、膈肌麻痹、系统性硬化症、肌营养不良。
（3）结肠完全或不完全性梗阻：如结肠良性和恶性肿瘤、克罗恩病、先天性巨结肠，各种原因引起的肠粘连、肠扭转、肠套叠等。
（4）腹腔或盆腔内肿瘤压迫：如子宫肌瘤。
（5）全身性疾病：如尿毒症、糖尿病、甲状腺功能减退症、脑血管意外、截瘫、多发性硬化、皮肌炎，可使肠肌松弛、排便无力。血卟啉病及铅中毒可引起肠肌痉挛，也可导致便秘。
（6）药物副作用：使用吗啡类药、钙通道阻滞药、抗胆碱能药、神经阻滞药、镇静药、抗抑郁药，以及含钙、铝的制酸药等，可使肠肌松弛引起便秘。

【发病机制】

食物从消化吸收到形成粪团，再到产生便意和排便动作的各个环节，均可因神经系统活动异常、肠平滑肌病变及肛门括约肌功能异常或病变而发生便秘。排便过程的生理活动包括：①粪团在直肠内膨胀引起的机械性刺激，引起便意及排便反射和随后的肌肉活动。②直肠平滑肌的推动性收缩。③肛门内、外括约肌的松弛。④腹肌与膈肌收缩使腹内压增高，最后将粪便排出体外。

上述任何一个环节存在问题即可导致便秘。引起便秘的常见因素有：①摄入食物过少，尤其是纤维素和水分摄入不足，致使肠内食糜和粪团的量不足以刺激肠道的正常蠕动。②各种原因引起的肠肌张力减低和蠕动减弱。③肠蠕动受阻，如肠梗阻。④排便过程的神经及肌肉活动障碍，如排便反射减弱或消失、肛门括约肌痉挛、腹肌及膈肌收缩力减弱。

便秘的发病机制。

【临床表现】

急性便秘者多有腹痛、腹胀，甚至恶心、呕吐，常见于各种原因所致的肠梗阻；慢性便秘多无特殊表现，部分患者可有口苦、食欲减退、腹胀、下腹不适等表现，还有患者会出现头晕、头痛、疲乏等神经紊乱症状，但一般不严重。

严重便秘者排出粪便坚硬如羊粪，排便时可有左侧腹部或下腹部痉挛性疼痛及下坠感，可在左下腹触及痉挛的乙状结肠。长期便秘者可因痔加重及肛裂而有大便带血或便血，因此可有紧张、焦虑情绪。慢性习惯性便秘多发生于中老年人，尤其是经产妇女，可能与肠肌、腹肌与盆底肌的张力降低有关。

【伴随症状】

1. 便秘伴呕吐、腹胀、肠绞痛　可能为各种原因引起的肠梗阻。
2. 便秘伴腹部包块　应注意结肠肿瘤（勿将左下腹痉挛的乙状结肠或粪块误认为肿瘤）、肠结核及克罗恩病。
3. 便秘与腹泻交替　应注意肠结核、溃疡性结肠炎、肠易激综合征。
4. 随生活环境改变、精神紧张出现的便秘　多为功能性便秘。

【问诊要点】

1. 起病及病程　起病时间。
2. 病因或诱因　如是否有精神紧张，工作压力大，饮食及生活习惯改变等。是否服用引起便秘的药物，如吗啡、可待因、肠道吸收剂。
3. 大便的形状　为持续性抑或间歇发作，是否与腹泻交替出现。排便的频度、排便量、排便是否费力。
4. 伴随症状　是否伴有腹痛、腹胀、恶心、呕吐，是否有腹部肿块、便血、贫血等。
5. 诊疗经过　是否到过医院就诊，做过何种检查及治疗。
6. 一般情况　起病后饮食、睡眠、体重变化及精神状态等。
7. 相关病史　有无消化系统疾病、内分泌及代谢性疾病、神经功能紊乱等病史，有无腹部以及盆腔手术史等。

（朱　琳）

第十七节　黄　疸

案例 1-2-17

患者，男性，25岁。因食欲减退、恶心、乏力2周，皮肤及黏膜黄染2天入院。患者2周前出现食欲减退，伴恶心、全身乏力，未经治疗。2天前患者发现皮肤黄染，尿色深黄。体格检查：皮肤、巩膜黄染，肝肋下2 cm，质软，轻度压痛。

问题与思考：

1. 该患者最可能是哪种类型的黄疸？
2. 病史采集应包括哪些内容？

黄疸（jaundice）是指血清中总胆红素（STB）升高（>34.2 μmol/L），引起皮肤、黏膜、巩膜以及其他组织和体液发生黄染的症状和体征。正常总胆红素最高为17.1 μmol/L，其中结合胆红素为3.42 μmol/L，非结合胆红素为13.68 μmol/L。若血液中总胆红素浓度升高，在17.1～34.2 μmol/L时，临床上不易觉察出肉眼可见的黄疸，称为隐性黄疸。

【胆红素的代谢】

血液循环中衰老的红细胞经单核巨噬细胞破坏，降解为血红蛋白，血红蛋白在组织蛋白酶的作用下形成血红素和珠蛋白，血红素在催化酶的作用下转变为胆绿素，胆绿素再经还原酶还原为胆红素，占总胆红素来源的80%～85%。还有少量胆红素来源于骨髓幼稚红细胞的血红蛋白和肝内含有亚铁血红素的蛋白质，占总胆红素的15%～20%。

上述胆红素称为游离胆红素或非结合胆红素（unconjugated bilirubin，UCB），与血清白蛋白结合而输送至肝，不溶于水而溶于脂质，不能从肾小球滤出。非结合胆红素运输至肝，与白蛋白分离后被肝细胞摄取，在肝细胞内与Y、Z两种载体蛋白结合，并被运输至肝细胞光面内质网的微粒体部分，经葡萄糖醛酸转移酶的催化作用与葡萄糖醛酸结合，形成胆红素葡萄糖醛酸酯或称结合胆红素（conjugated bilirubin，CB）。结合胆红素为水溶性，可通过肾小球滤过，从尿中排出。

结合胆红素从肝细胞经胆管排入肠道后，在回肠末端及结肠经细菌酶的分解与还原作用，形成尿胆素原（urobilinogen）。尿胆素原大部分从粪便排出，称为粪胆素原，小部分（10%～20%）经肠道吸收，通过门静脉血回到肝内，其中大部分再转变为结合胆红素，又随胆汁排入肠内，形成所谓的胆红素的肠肝循环。吸收回肝的小部分尿胆素原经体循环由肾排出体外（图1-2-7）。

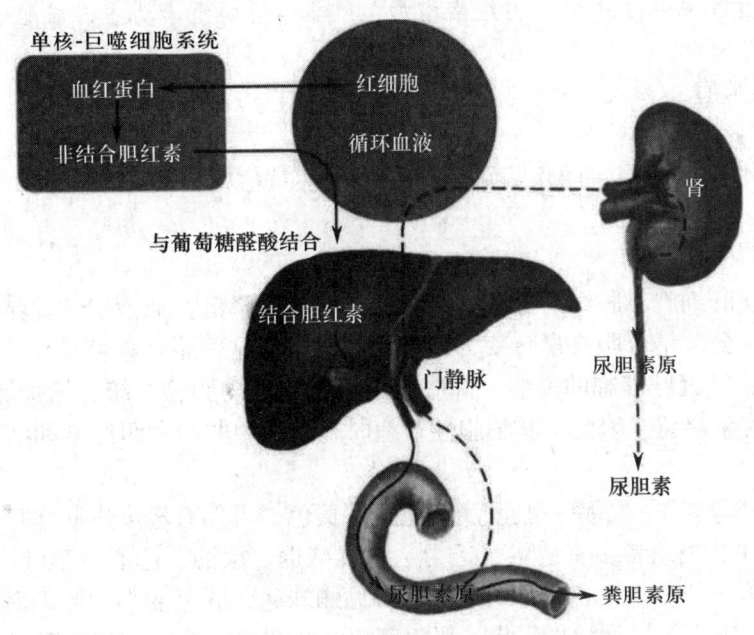

图1-2-7 正常胆红素代谢过程图

【黄疸的分类】

黄疸的分类方法很多，临床上广泛采用的分类方法是按黄疸的发病机制分为：①溶血性黄疸；②肝细胞性黄疸；③胆汁淤积性黄疸；④先天性非溶血性黄疸。上述黄疸分类中，以前三型较多见。

（一）溶血性黄疸

[病因]

溶血性黄疸常由各种溶血性疾病引起，常见病因如下。

1. **先天性溶血性贫血** 如海洋性贫血、遗传性球形红细胞增多症。

2. **后天性获得性溶血性贫血** 如自身免疫性溶血性贫血、新生儿溶血、不同血型输血后的溶血、蚕豆病、伯氨喹、蛇毒、毒蕈、阵发性睡眠性血红蛋白尿症等引起的溶血。

[发病机制]

溶血时,红细胞破坏增多,形成大量非结合胆红素,超过肝细胞的摄取、结合与排泄能力。由于大量红细胞破坏造成的贫血、缺氧和红细胞破坏产物的毒性反应,使肝细胞对胆红素的代谢功能减弱,导致非结合胆红素在血液中潴留,超过正常水平而出现黄疸。

[临床表现]

黄疸一般为轻度。急性溶血时常出现重度溶血反应,表现为突发寒战、高热、头痛、呕吐、四肢酸痛,并有不同程度的贫血和血红蛋白尿(尿似酱油色或浓茶色)。严重者可有急性肾衰竭。慢性溶血时患者症状多轻微,可有轻度或间歇性黄疸,常伴有贫血及脾大,多为遗传性或家族性。

[实验室检查]

(1)血清总胆红素增加,以非结合胆红素为主,结合胆红素基本正常或代偿性增加。

(2)肠内尿胆素原增加,重吸收至肝内者也增加,加之缺氧及毒素作用,肝功能减退,处理大量尿胆素原的能力减弱,故尿中尿胆素原增加,但尿中无胆红素,从胆道排至肠道的尿胆素原增加,粪胆素增加,粪便颜色加深。

(3)急性溶血时,尿中有血红蛋白排出,尿隐血试验呈阳性反应。

(4)血液检查除贫血外,尚有网织红细胞增加、骨髓红细胞系增生旺盛等表现。

提示:溶血性黄疸患者血清中总胆红素增加,以非结合胆红素为主,尿胆素原、尿胆素增加,皮肤黏膜表现为轻度黄染。

(二)肝细胞性黄疸

[病因]

各种原因使肝细胞广泛损害的疾病可引起肝细胞性黄疸,如病毒性肝炎、中毒性肝炎、肝硬化、肝癌及败血症。

[发病机制]

肝细胞损伤致使肝细胞对胆红素摄取、结合与排泄能力降低,血液中的非结合胆红素增加;未受损的肝细胞能将部分非结合胆红素转变为结合胆红素,但这些胆红素可经坏死的肝细胞周围与血窦间隙反流入血液;或因肝细胞的炎症、肿胀等因素压迫肝内胆管系统,增加胆红素的排泄困难,导致血液中结合胆红素潴留。因此,肝细胞性黄疸时,血液中非结合胆红素和结合胆红素均增加。

[临床表现]

肝细胞性黄疸患者皮肤、黏膜一般呈浅黄色至深黄色,可伴有轻度皮肤瘙痒。其他为原发肝病表现,如急性病毒性肝炎患者多有疲倦、乏力、食欲减退、厌油、恶心、呕吐、腹胀、肝区疼痛、肝大伴有明显压痛等;肝硬化患者多有消瘦,常可见蜘蛛痣,肝可变小、质硬而无明显压痛,有腹壁静脉曲张、脾大、腹水等门静脉高压症。严重肝病时尚有出血倾向,甚至昏迷。

[实验室检查]

(1)血液检查有不同程度的肝功能损害。

(2)血液中结合胆红素和非结合胆红素均增加。

(3)尿中结合胆红素定性试验阳性,尿胆素原可因肝功能障碍而增加。但在疾病高峰期因肝内胆汁淤积,尿胆素原反而可减少。

提示:肝细胞性黄疸血液中非结合胆红素与结合胆红素均增加,尿胆素原、尿胆素也增加。

(三)胆汁淤积性黄疸

[病因]

胆汁淤积性黄疸可分为肝内胆汁淤积性黄疸或肝外胆汁淤积性黄疸。

1. 肝内胆汁淤积性黄疸　由胆汁排泄障碍、胆管阻塞所致。胆汁排泄障碍见于毛细胆管型病毒性肝炎、药物性胆汁淤积(氯丙嗪、甲睾酮等)、原发胆汁性肝硬化;胆管阻塞见于肝内泥沙样结石、癌栓、寄生虫(华支睾吸虫病)等。

2. 肝外胆汁淤积性黄疸　常因急性胆囊炎，胆总管的结石、蛔虫、炎症水肿及肿瘤等阻塞所引起。

［发病机制］

凡肝内或肝外胆管系统发生阻塞，阻塞上方的压力升高，胆管扩张，导致小胆管与毛细胆管破裂，胆汁中的胆红素反流入血液。药物引起的胆汁淤积是由于胆汁分泌功能障碍，毛细胆管的通透性增加，胆汁浓缩而流量减少，导致胆管内胆盐沉淀与胆栓形成。

［临床表现］

胆汁淤积性黄疸时，患者皮肤呈暗黄色，完全阻塞时皮肤颜色更深，严重者皮肤呈黄绿色，并有皮肤瘙痒及心动过缓，尿色深，粪便颜色呈浅灰色或白陶土色。由于肠道缺乏胆汁，患者可出现腹泻、腹胀、脂溶性维生素 K 吸收障碍、夜盲症及出血倾向。

胆汁淤积性黄疸起病急者，伴有发热、右上腹或上腹部疼痛、恶心、呕吐、胆囊区明显压痛、白细胞计数增多等，见于急性胆囊炎、胆石症。胆汁淤积性黄疸起病缓慢者，黄疸呈进行性加重，晚期出现腹痛、消瘦、乏力等表现，见于胰头癌。

［实验室检查］

（1）血清结合胆红素增加。

（2）尿胆红素试验阳性，尿胆素原及尿胆素减少或缺如。

（3）血清碱性磷酸酶及总胆固醇均增高。

提示：胆汁淤积性黄疸血清总胆红素增高，结合胆红素增多，尿胆素原、粪胆素原减少或消失，黄疸较严重。

（四）先天性非溶血性黄疸

先天性非溶血性黄疸大多为家族遗传性，临床上少见。由于肝细胞对胆红素的摄取、结合和排泄功能有缺陷，或由于肝细胞内酶的缺陷，导致血液中非结合胆红素增高（或同时兼有结合胆红素增高），而出现黄疸。如慢性波动性黄疸患者，临床症状较轻，肝功能试验除胆红素代谢障碍外无其他明显异常，病程经过不符合病毒性肝炎的一般转归规律，特别是有家族史者，应注意此类少见的黄疸。

3 种常见不同类型黄疸的鉴别诊断列于表 1-2-4。

表 1-2-4　3 种常见不同类型黄疸的鉴别诊断

鉴别项目	血清胆红素			尿胆色素	
	CB	UCB	CB/STB	尿胆红素	尿胆素原
正常人	0～6.8 μmol/L	1.7～10.2 μmol/L	0.2～0.4	阴性	0.84～4.2 μmol/L
溶血性黄疸	轻度增加	明显增加	<0.2	阴性	明显增加
肝细胞性黄疸	中度增加	中度增加	0.2～0.5	阳性	正常或轻度增加
胆汁淤积性黄疸	明显增加	轻度增加	>0.5	强阳性	减少或缺如

注：CB. 结合胆红素；UCB. 非结合胆红素；STB. 总胆红素。

 黄疸的鉴别诊断。

【伴随症状】

1. 黄疸伴发热　见于急性胆管炎、肝脓肿、钩端螺旋体病、肺炎链球菌肺炎、疟疾、败血症及各种原因的急性溶血等。

2. 黄疸伴腹痛　黄疸伴上腹阵发性绞痛可见于胆管结石、胆道蛔虫症；黄疸伴持续右上腹钝痛或胀痛可见于病毒性肝炎、原发性肝癌、肝脓肿等。

3. 黄疸伴肝大　肝轻至中度肿大，质地软或中等硬度见于病毒性肝炎和急性胆道感染等；肝明显肿大、质地坚硬、表面凹凸不平、有结节见于原发性或继发性肝癌。

4. 黄疸伴腹水　见于重症肝炎、肝硬化失代偿期、原发性肝癌等。

5. 黄疸伴胆囊肿大　常见于胰头癌、壶腹癌、胆总管癌等。

6. 黄疸伴脾大　可见于病毒性肝炎、肝硬化、钩端螺旋体病、疟疾、败血症、溶血性贫血及淋巴瘤等。

【问诊要点】

1. 发病情况　发病年龄；有无输血及服食蚕豆、毒蕈、药物史；有无蛇咬伤史；有无长期酗酒等。

2. 黄疸的临床表现　黄疸的病程、程度、缓急，皮肤黏膜的颜色（浅黄色、深黄色、黄绿色等）、分布，粪便、尿的颜色等。

3. 伴随症状　是否伴有右上腹痛、发热、寒战；有无肝大、脾大、胆囊肿大、腹水；有无食欲缺乏、厌油腻、乏力、恶心、呕吐；有无头痛、腰痛、血红蛋白尿，贫血程度；有无皮肤瘙痒、视力障碍、脑神经功能障碍等。

4. 诊疗经过　是否到过医院就诊，做过何种检查及治疗。

5. 一般情况　起病后饮食、睡眠、排便情况及精神状态等。

6. 相关病史　有无肝炎、胆道疾病史；有无疫区、疫水及传染病接触史；有无肝硬化、肿瘤病史等。

（王　芳）

第十八节　腰背痛

案例 1-2-18

患者，男性，45岁。患者长期从事重体力劳动，近期出现腰背部酸痛，劳累后加重。疼痛部位主要在腰部和下背部，休息时有所缓解，但活动后疼痛加剧。患者无明显外伤史。

问题与思考：

1. 该患者腰背痛可能的原因是什么？
2. 如何进行初步诊断？

腰背痛是指腰部和背部的疼痛，是临床常见的症状之一。腰背痛的病因多样，可能涉及骨骼、肌肉、神经等多个系统。

【病因】

腰背痛的病因复杂多样，常见的病因包括如下几种。

1. 外伤性
(1) 急性损伤：腰椎骨折、脱位或腰肌软组织损伤。
(2) 慢性损伤：长期不良体位、劳动姿势不当引起的慢性积累性损伤。
2. 炎症性
(1) 感染性炎症：结核分枝杆菌、化脓菌等引起的腰背部感染。
(2) 非感染性炎症：寒冷、潮湿、变态反应等引起的骨及软组织炎症。
3. 退行性变　如椎间盘突出症、增生性脊柱炎。
4. 先天性疾病　如隐性脊柱裂、腰椎骶化。
5. 肿瘤性疾病　如原发性或转移性肿瘤。

【分类】

按病因，腰背痛可分为以下几类。
1. 脊椎疾病　如脊椎骨折、椎间盘突出症、增生性脊柱炎、感染性脊柱炎、脊椎肿瘤及先天性畸形。
2. 脊柱旁软组织疾病　如腰肌劳损、腰肌纤维组织炎、风湿性多肌炎。
3. 脊神经根病变　如脊髓压迫症、急性脊髓炎、腰椎间盘突出症。
4. 内脏疾病　如泌尿系统疾病（肾及输尿管结石、炎症）、盆腔器官疾病（前列腺炎、子宫及附件炎症）。

【临床表现】

1. 脊椎病变引起的腰背痛　如脊椎骨折、椎间盘突出症、增生性脊柱炎，表现为腰痛、活动受限等。
2. 脊柱旁组织病变引起的腰背痛　如腰肌劳损、腰肌纤维炎，表现为腰背部酸痛、钝痛，休息时缓解，劳累后加重。
3. 脊神经根病变引起的腰背痛　如脊髓压迫症、腰椎间盘突出症，表现为神经根激惹征，疼痛剧烈，呈烧灼样或绞窄样痛。
4. 内脏疾病引起的腰背痛　如泌尿系统疾病、盆腔器官疾病，疼痛特点与病变部位有关。肾炎、肾盂肾炎所引起的腰痛多在腰肋三角区，为深部胀痛，肾盂肾炎腰痛尤为明显，可出现肾区叩击痛，肾结石多为绞痛。前列腺炎、前列腺癌常引起下腰骶部疼痛，伴有尿频、尿急、排尿困难。女性附件炎可引起腰骶部疼痛，伴有下腹坠胀感、盆腔压痛等。

【伴随症状】

1. 腰背痛伴脊柱畸形　外伤后畸形多因脊柱骨折、错位所致；自幼畸形多为先天性脊柱疾病所致；缓慢起病者见于脊柱结核和强直性脊柱炎。
2. 腰背痛伴活动受限　见于脊柱外伤、强直性脊柱炎、腰背部软组织急性扭挫伤。
3. 腰背痛伴发热　伴长期低热者见于脊柱结核和类风湿关节炎；伴高热者见于化脓性脊柱炎和椎旁脓肿。
4. 腰背痛伴尿频、尿急及排尿不尽　见于尿路感染、前列腺炎或前列腺肥大；腰背剧痛伴血尿，见于肾结石或输尿管结石。
5. 腰背痛伴嗳气、反酸和上腹胀痛　见于胃、十二指肠溃疡或胰腺病变。
6. 腰背痛伴腹泻或便秘　见于溃疡性结肠炎或克罗恩病。
7. 下腰痛伴月经异常、痛经、白带过多　见于宫颈炎、盆腔炎、卵巢及附件炎症或肿瘤。

【问诊要点】

1. 发病情况　起病时间、缓急、诱因（外伤、劳累、剧烈运动或感染）。
2. 疼痛特点　具体部位、疼痛性质（钝痛、刺痛、烧灼感、电击样痛）、程度、有无放射痛、呈持续性或阵发性、加重或缓解因素（与体位及活动的关系）、是否影响日常活动等。
3. 伴随症状　有无发热、盗汗、乏力、食欲下降等全身症状，有无活动受限、血尿、尿频、尿急、尿痛、腹痛。有无下肢麻木、无力、感觉异常。
4. 诊疗经过　是否到过医院就诊，做过何种检查（特别是影像学检查）及治疗（抗感染治疗、物理治疗等）。治疗效果及用药情况。
5. 一般情况　起病后饮食、睡眠、大小便、精神状态及体重变化等。
6. 相关病史　询问有无药物过敏史，有无尿路感染反复发作史，有无与该病有关的其他病史，有无手术史（特别是腰部或背部手术），有无肾病、尿路结石、腰椎疾病、肿瘤病史。职业特点及生活习惯。月经与婚育史。

（王　芳）

第十九节　关　节　痛

案例 1-2-19

患者，女性，45 岁。近期出现关节疼痛，以双手关节为主，伴有晨僵。体格检查：双手关节肿胀，活动受限。

问题与思考：
1. 该患者的主要症状有哪些？
2. 该患者可能的关节痛类型是什么？

关节痛（arthralgia）是关节疾病最常见的症状，可因单纯的关节病变或全身性疾病所致。关节痛分为急性和慢性两类。急性关节痛以关节及其周围组织的炎性反应为主，慢性关节痛则以关节囊肥厚及骨质增生为主。

【病因与发病机制】

引起关节痛的疾病种类繁多，病因复杂，常见的有如下几类。

1. 外伤性　关节痛可由急性损伤或慢性损伤所致。如外力作用导致关节损伤，如扭伤、拉伤或骨折，引发疼痛。或由慢性机械损伤、长期负重等造成关节慢性损害。
2. 感染性　常见的病原菌有葡萄球菌、肺炎链球菌、脑膜炎球菌、结核分枝杆菌和梅毒螺旋体等。细菌或病毒可通过直接侵入关节、血液传播、邻近组织蔓延等引起炎症反应，导致疼痛。感染性关节炎常伴有全身症状，如发热、乏力。
3. 变态反应和自身免疫性

（1）变态反应性关节炎：因病原微生物及其产物、药物、异种血清与血液中的抗体形成免疫复合物，流经关节沉积在关节腔，引起组织损伤和关节病变。如类风湿关节炎、细菌性痢疾、过敏性紫癜和结核分枝杆菌感染所致的反应性关节炎。

（2）自身免疫性关节炎：外来抗原或理化因素使宿主组织成分改变，形成自身抗原刺激机体产生自身抗体，引起器官和非器官特异性自身免疫病，如类风湿关节炎、系统性红斑狼疮引起的关节病变。

4. 退行性关节病　又称增生性关节炎或肥大性关节炎，多见于中老年人，受累关节常有骨质增生和关节间隙狭窄。如骨关节炎，关节软骨磨损，导致疼痛和功能受限。

5. 代谢性骨病

（1）维生素D代谢障碍所致的骨质软化性骨关节病。

（2）各种病因所致的骨质疏松性关节病，脂质代谢障碍所致的高脂血症性关节病。

（3）骨膜和关节腔组织脂蛋白转运代谢障碍性关节炎。

（4）嘌呤代谢障碍所致的痛风，由于尿酸盐在关节处沉积，引发剧烈疼痛。

（5）某些内分泌代谢性疾病如糖尿病性骨病、皮质醇增多症性骨病、甲状腺或甲状旁腺疾病引起的骨关节病等均可出现关节疼痛。

6. 骨关节肿瘤　良性或恶性肿瘤在关节附近生长，压迫或侵犯关节，引发疼痛。骨肿瘤或软组织肿瘤可能引起关节疼痛和肿胀。良性肿瘤有骨样骨瘤、骨软骨瘤等。恶性肿瘤有骨肉瘤、软骨肉瘤、骨纤维肉瘤等。

【临床表现】

1. 外伤性关节痛

（1）急性外伤性关节痛：通常在外伤后立即出现，受损关节伴随明显疼痛、肿胀及功能受限。

（2）慢性外伤性关节痛：有明确外伤史，表现为反复发作的关节疼痛，尤其在过度活动、负重及寒冷天气时症状加重。通过药物及物理治疗后，症状可得到缓解。

2. 化脓性关节炎　起病急骤，伴有显著的全身中毒症状，如畏寒、寒战及高热（体温常超过39℃）。病变关节出现红、肿、热、痛的典型表现，但肩关节和髋关节等位置较深的关节红、肿可能不明显。患者常诉病变关节持续性疼痛，功能严重受限，任何方向的被动活动均会引发剧烈疼痛，导致患肢活动减少。

3. 结核性关节炎　好发于儿童和青壮年，常见于负重大、活动多且肌肉不发达的关节，如脊柱、髋关节和膝关节。早期症状隐匿，疾病活动期可出现乏力、低热、盗汗及食欲下降等全身表现。病变关节肿胀、疼痛，但疼痛程度轻于化脓性关节炎，活动后疼痛加剧。晚期可有关节畸形及功能障碍，关节旁窦道形成时可见干酪样物质流出。

4. 风湿性关节炎　起病迅速，多继发于链球菌感染后，好发于膝关节、踝关节、肩关节和髋关节。病变关节出现红、肿、热、痛，具有游走性特点，肿胀短暂且消退快，通常不遗留关节僵直和畸形。

5. 类风湿关节炎　多从单个关节起病，常见首发部位为手中指指间关节，随后波及其他指间关节和腕关节，也可累及踝关节、膝关节和髋关节，且常呈对称性。病变关节活动受限，伴有晨僵现象，部分患者可出现全身发热。晚期因关节周围肌肉萎缩、关节软骨增生而导致关节畸形。

6. 退行性关节炎　早期表现为步行、久站或天气变化时病变关节疼痛，休息后可缓解。若病变累及掌指及指间关节，患者常感手指僵硬、肿胀，活动不便。膝关节受累时，常伴有关节腔积液、皮温升高及关节边缘压痛。晚期病变关节疼痛加剧，呈持续性，并向周围放射，关节活动时有摩擦感和响声。关节周围肌肉痉挛导致屈曲畸形，患者行走时出现跛行。

7. 痛风性关节炎　常在饮酒、劳累或高嘌呤饮食后急性发作，关节剧痛，局部皮肤红、肿、灼热。多见于第一跖趾关节和踇指关节，踝关节、手关节、膝关节、腕关节和肘关节也可受累。病变具有自限性，有时在1~2周内自行消退，但易反复发作。晚期可出现关节畸形、皮肤破溃不愈，伴有白色乳酪状分泌物流出。

考点提示：关节痛的病因、临床表现。

【伴随症状】

1. 关节痛伴高热、寒战，局部红、肿、灼热　见于化脓性关节炎。
2. 关节痛伴低热、乏力、盗汗、消瘦、食欲下降　见于结核性关节炎。
3. 全身小关节对称性疼痛伴晨僵性关节畸形　见于类风湿关节炎。
4. 关节疼痛呈游走性伴心肌炎、舞蹈病　见于风湿热。
5. 关节痛伴血尿酸升高，局部红、肿、灼热　见于痛风。
6. 关节痛伴皮肤红斑、光过敏、低热和多器官损害　见于系统性红斑狼疮。
7. 关节痛伴皮肤紫癜、腹痛、腹泻　见于关节受累型过敏性紫癜。

【问诊要点】

1. 发病情况　起始时间、季节、起病缓急、病程、疼痛的程度及可能的诱发因素（外伤、过度劳累或感染等）。
2. 疼痛特点　明确疼痛发生的具体关节、疼痛的性质（如钝痛、刺痛）、疼痛的严重程度及其对日常活动的影响。
3. 伴随症状　询问有无活动受限、晨僵、关节畸形，关节肿胀、红、热等局部症状，以及有无发热、皮疹、肌肉疼痛、肌无力、肌萎缩、淋巴结肿大、肝大及脾大。
4. 诊疗经过　询问患者是否曾因关节痛就医，曾做过哪些检查（影像学检查）和治疗（如抗感染治疗），用药和治疗情况，是否有效。
5. 一般情况　询问患者饮食、睡眠、精神状态、大小便和体重情况。
6. 相关病史　询问患者的既往病史、外伤史、手术史、结核病史、风湿病史及职业特点，评估其与关节痛的关联。询问药物及食物过敏史。

（王　芳）

第二十节　血　尿

案例 1-2-20

患者，男性，30岁。患者因突发全腹阵发性绞痛、呕吐、血尿1h入院。尿常规：RBC（+++）。

问题与思考：
1. 血尿最可能由什么病因引起？
2. 病史采集应包括哪些内容？

血尿（hematuria）包括镜下血尿和肉眼血尿。镜下血尿是指尿色正常，新鲜尿离心沉淀后尿镜检红细胞>3/HP，或1h尿红细胞计数超过10万，或12h尿红细胞计数超过50万。一般每升尿内含有1ml血时即可肉眼看到血色或呈洗肉水样，称为肉眼血尿。

【病因】

1. **泌尿系统疾病** 是引起血尿最常见的原因，常见于尿路结石、泌尿系统感染、肾小球肾炎、间质性肾炎、泌尿系统肿瘤、泌尿系统畸形（如先天性多囊肾）、泌尿系统损伤（如外伤、手术、器械检查等损伤）及肾血管病变（如肾动脉硬化）等。
2. **尿路邻近器官疾病** 如急性阑尾炎、盆腔炎、输卵管炎及大肠癌等侵及或刺激尿路时，可产生血尿。
3. **血液病** 如血小板减少性紫癜、过敏性紫癜、白血病、血友病及再生障碍性贫血。
4. **全身感染性疾病** 如败血症、钩端螺旋体病、流行性出血热。
5. **循环系统疾病** 如高血压肾病、肾动脉硬化症、慢性心力衰竭及亚急性感染性心内膜炎并发肾梗死。
6. **内分泌及代谢性疾病** 如糖尿病、痛风。
7. **其他** 如磺胺类、抗凝血药、抗癌药、汞剂等的副作用或毒性反应引起的血尿、运动后血尿、紫癜性肾炎。
8. **功能性血尿** 平时运动量小的人，突然加大运动量可出现血尿（运动性血尿）。

血尿的常见病因。

【发病机制】

泌尿系统疾病及全身性疾病引起肾间质、肾小球、肾小管、尿路的病变和损伤以及出、凝血机制障碍引起血尿。

提示：引起血尿的原因很多，约98%由泌尿系统本身疾病引起，仅2%由全身或泌尿系统邻近器官病变所致。

【临床表现】

血尿的颜色因尿中含血量和尿酸碱度的不同而异。当尿呈酸性时，颜色深，呈棕色或暗黑色；尿呈碱性时，颜色呈红色。血尿时要注意确定以下几点。

1. 确定是真性血尿或假性血尿
（1）女性月经期：子宫、阴道出血或痔出血等污染尿所致血尿。
（2）血红蛋白尿：常由溶血引起，尿呈均匀暗红色或酱油色，无沉淀，显微镜检查无红细胞或偶有红细胞。
（3）某些药物色素所致的红色尿：镜检无红细胞，隐血试验阴性。

2. 判定出血部位 尿三杯试验可大致了解血尿的来源。方法：取3个清洁的玻璃杯，嘱患者一次排尿，将前段尿、中段尿、后段尿分别排入3个玻璃杯中。如第1杯（即前段尿）含血液，称为起始段血尿；如第3杯（即后段尿）含血液，称为终末血尿；如3杯尿中均有血液，称为全程血尿。

提示：尿三杯试验如发现第1杯尿含血液，提示病变位于尿道；如第3杯尿含血液，提示病变部位在膀胱颈部、三角区或后尿道等部位；如3杯尿中均有血液，提示病变在上尿路。

3. 分析血尿的原因
（1）肾病引起血尿的特点：①血尿为全程性，均匀，颜色常为暗棕色。②常伴肾区钝痛或肾绞痛。③血块呈条状（输尿管管型），有时可发现红细胞管型或其他管型。④一般无明显排尿不适症状，如伴有膀胱病变时，可出现膀胱刺激征（尿频、尿急、尿痛）。当血块堵塞尿道时，可发生排尿困难。

（2）膀胱和膀胱颈部病变引起血尿的特点：①常伴有排尿不适的症状，但肿瘤出血也可无排尿不适。②血尿颜色较鲜红，可能为终末血尿，血块也不规则。③用导尿管冲洗膀胱的方法判断血尿来源。如为膀胱出血，经连续冲洗膀胱，还可见血性液体回流；如为肾出血，当膀胱内的血尿被冲洗净后，再注入生理盐水随即抽出，回流液体可澄清，如将生理盐水停留于膀胱内片刻然后才抽出，则可因血尿间歇自输尿管排入膀胱，混入生理盐水而显血色。

（3）前列腺、尿道病变引起血尿的特点：①血尿呈鲜红色，前列腺及后尿道出血为终末血尿，前尿道出血可呈尿道滴血或起始段血尿。②多伴有尿频、尿急、尿痛及排尿困难等表现。

利用相差显微镜观察红细胞形态，可鉴别肾小球源性血尿（畸形红细胞）与非肾小球源性血尿（正常形态红细胞）。

 根据尿三杯试验及红细胞形态判断血尿的病因。

【伴随症状】

1. 血尿伴肾绞痛　是肾、输尿管结石的特征，如排尿时疼痛、尿流突然中断或排尿困难，是膀胱或尿道结石的症状。
2. 血尿伴膀胱刺激征　提示病变位于膀胱或后尿道（常见于尿道炎、尿道结核等）。
3. 血尿伴水肿、高血压　见于肾炎、高血压肾病。
4. 血尿伴肾肿块　可见于肿瘤、先天性多囊肾等。
5. 血尿合并乳糜尿　见于丝虫病。
6. 血尿伴皮肤黏膜出血　见于血液病、感染性疾病及其他全身性疾病等。
7. 血尿伴高热、寒战、腰痛　考虑为肾盂肾炎。

【问诊要点】

1. 发病情况　发病年龄、缓急；有无进食或服用可引起尿色改变的药物；有无外伤及手术史；有无化学物质、重金属、动植物毒素中毒情况等；是否为月经期。
2. 血尿的临床表现　病程长短，尿的颜色（尿色正常、鲜红色、洗肉水样、浓茶色或酱油色等），血尿的性质是排尿初始、中段、终末时，是否为全程血尿、是否有血凝块等。
3. 伴随症状　是否伴有发热、寒战、腰痛、膀胱刺激征；有无肾绞痛、高血压、水肿；有无腹部肿块等。
4. 诊疗经过　是否到过医院就诊，做过何种检查及治疗。
5. 一般情况　起病后饮食、睡眠、排便情况及精神状态等。
6. 相关病史　有无泌尿系统疾病、血液病、感染性疾病、心血管疾病、内分泌及代谢性疾病等病史。

（王　芳）

第二十一节 尿频、尿急、尿痛

案例 1-2-21

患者,女性,34岁。近1个月患者反复出现尿频、尿急、尿痛的症状,尤其在晚上更为明显,影响睡眠。患者自述每次尿量不多,但尿意迫切,难以控制。排尿时伴有明显的疼痛感,有时尿液混浊。患者无明显发热,但有轻微的腰痛。体格检查:膀胱区有轻度压痛,无明显肿块。尿常规检查显示有大量白细胞和红细胞。

问题与思考:
1. 根据患者的临床表现,可能的疾病诊断是什么?
2. 针对该患者,需要进一步做哪些检查?

尿频(frequent micturition)是指单位时间内排尿次数增多。正常成人白天排尿 4~6 次,夜间排尿 0~2 次。尿急(urgent micturition)是指患者一有尿意即迫不及待需要排尿,难以控制。尿痛(dysuria)是指患者排尿时感觉耻骨上区、会阴部和尿道内疼痛或烧灼感。尿频、尿急和尿痛合称膀胱刺激征。

【病因与临床表现】

1. 尿频

(1)生理性尿频:因饮水过多、精神紧张或气候寒冷时排尿次数增多,属于正常现象。特点是每次尿量不少,也不伴尿痛、尿急等其他症状。

(2)病理性尿频:常见于以下几种情况。

1)多尿性尿频:排尿次数增多而每次尿量不少,全日总尿量增多。多尿性尿频见于糖尿病、尿崩症、精神性多饮和急性肾衰竭的多尿期。

2)炎症性尿频:尿频而每次尿量少,多伴有尿急和尿痛,尿液镜检可见炎症细胞。炎症性尿频见于膀胱炎、尿道炎、前列腺炎和尿道旁腺炎等。

3)神经性尿频:尿频而每次尿量少,不伴尿急、尿痛,尿液镜检无炎症细胞。神经性尿频见于中枢及周围神经病变,如糖尿病、神经源性膀胱。

4)膀胱容量减少性尿频:表现为持续尿频,药物治疗难以缓解,每次尿量少。膀胱容量减少性尿频见于膀胱占位性病变;妊娠子宫增大或卵巢囊肿等压迫膀胱;膀胱结核引起膀胱纤维性缩窄。

5)尿道口周围病变:尿道口息肉、处女膜伞和尿道旁腺囊肿等刺激尿道口引起尿频。

2. 尿急

(1)炎症:急性膀胱炎、尿道炎,特别是膀胱三角区和后尿道炎症,尿急症状特别明显;急性前列腺炎常有尿急,慢性前列腺炎因伴有腺体增生肥大,故有排尿困难、尿线细和尿流中断。

(2)结石和异物:膀胱和尿道结石或异物刺激膀胱黏膜产生尿频。

(3)肿瘤:膀胱癌和前列腺癌。

(4)神经源性:精神因素和神经源性膀胱。

(5)高温环境下尿液高度浓缩,酸性高的尿可刺激膀胱或尿道黏膜产生尿急。

3. 尿痛 引起尿急的病因几乎都可以引起尿痛。疼痛部位多在耻骨上区、会阴部和尿道内,尿痛性质可为灼痛或刺痛。尿道炎多在排尿开始时出现疼痛;后尿道炎、膀胱炎和前列腺炎常出现终末性尿痛。

【伴随症状】

1. 尿频伴尿急和尿痛　见于膀胱炎和尿道炎，膀胱刺激征存在但不剧烈而伴有双侧腰痛见于肾盂肾炎。
2. 尿频、尿急伴午后低热、乏力、盗汗、血尿　见于泌尿系统结核。
3. 尿频伴多饮、多尿和口渴　见于精神性多饮、糖尿病和尿崩症。
4. 尿频、尿急、尿痛伴无痛性血尿　见于膀胱癌。
5. 老年男性尿频伴尿线细、进行性排尿困难　见于前列腺增生。
6. 尿频、尿急、尿痛伴高尿流突然中断　见于膀胱结石堵住出口或后尿道结石嵌顿。

【问诊要点】

1. 发病情况　起病时间、季节、缓急、诱因（如饮水习惯、性生活史）等。
2. 症状特点　尿频、尿急、尿痛的程度，持续时间，发作频率等。
3. 伴随症状　注意询问有无发热、腹痛、腰痛、血尿、性功能改变等。
4. 诊疗经过　是否到过医院就诊，做过何种检查及治疗，用药情况。
5. 一般情况　起病后饮食、睡眠、排便、精神状态及体重变化等。
6. 相关病史　询问泌尿系统疾病史、性传播疾病史、手术史等。询问药物及食物过敏史。

尿频、尿急、尿痛的病因及临床表现。

（王　芳）

第二十二节　少尿、无尿与多尿

---案例 1-2-22---

患者，男性，17 岁。因尿量减少 3 天入院。尿量 300～350 ml/d，伴颜面部及双下肢水肿，全身乏力。辅助检查：血肌酐（Scr）160 μmol/L，尿素氮（BUN）9.81 mmol/L。

问题与思考：

1. 该患者少尿的原因是什么？
2. 病史采集应重点关注哪些内容？

正常成人 24 h 尿量为 1000～2000 ml。如 24 h 尿量少于 400 ml，或每小时尿量少于 17 ml，称为少尿（oliguria）；如 24 h 尿量少于 100 ml 或 12 h 完全无尿，称为无尿；如 24 h 尿量超过 2500 ml，称为多尿（polyuria）。少尿与无尿是临床上常见的急症，常合并血尿素氮及肌酐升高和水、电解质代谢紊乱等，需要及时发现并迅速处理。

【病因】

（一）少尿和无尿的病因

1. 肾前性 各种原因引起有效血容量不足、心排血量下降或肾内血流异常，导致肾有效灌注量减少，从而发生少尿。

（1）有效血容量减少：见于多种原因引起的休克、重度失水、大出血等，导致明显的血压下降、肾血管收缩。当肾血流量明显下降时，尿量相应减少。肾病综合征和肝肾综合征患者由于血浆白蛋白浓度显著偏低，血浆胶体渗透压降低，大量水分渗入组织间隙和浆膜腔，导致有效血容量减少，从而导致尿量减少。

（2）心脏排血功能下降：各种原因所致心功能不全、恶性心律失常、心脏压塞、心肺复苏后等病理生理情况下，体循环功能不稳定，心排血量下降导致肾血流量减少。

（3）肾血管病变：肾血管狭窄或炎症、肾病综合征、狼疮肾炎、长期卧床所致的肾动脉栓塞或血栓形成；高血压危象、妊娠高血压综合征等引起肾动脉持续痉挛、肾缺血导致急性肾衰竭。

2. 肾性 各种肾实质疾病或由于肾前性病因无法及时去除导致肾实质损伤，包括肾小球、肾小管、肾间质的病变。

（1）肾小球病变：急性肾小球肾炎、急进性肾炎、狼疮肾炎、慢性肾炎严重感染等，血压持续增高引起肾功能急剧恶化。

（2）肾小管病变：①缺血性，肾前性肾衰竭可导致其缺血坏死；②肾毒性物质，应用药物、造影剂、重金属或有机溶剂等；③色素尿，如肌红蛋白尿、血红蛋白尿。由肾缺血或中毒因素导致的急性肾小管坏死是急性肾衰竭最常见的原因。

（3）肾间质病变：主要由以下4类病因导致。①药物：如某些具有肾毒性的抗生素、非甾体抗炎药、免疫抑制药及某些中草药。②感染：如慢性肾盂肾炎、肾结核。③自身免疫病。④肿瘤细胞浸润：如淋巴瘤、肉瘤、白血病及结节病。

（4）肾移植后急性排斥反应：主要由于免疫排斥反应导致少尿。

3. 肾后性 肾盂及其以下尿路的阻塞或受压导致尿排出不畅，引起少尿或无尿。

（1）各种原因引起的机械性尿路梗阻：如尿路结石、血凝块、坏死组织阻塞输尿管和膀胱出入口或后尿道。

（2）尿路外压迫：如肿瘤、腹膜后淋巴瘤、特发性腹膜后纤维化及前列腺肥大。

（3）其他：输尿管手术后，泌尿系统结核或溃疡愈合后瘢痕挛缩，肾严重下垂或游走肾所致的肾扭转，神经源性膀胱等。

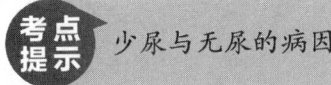
少尿与无尿的病因。

（二）多尿的病因

1. 暂时性多尿 短时间内摄入过多水、饮料和含水分多的食物；使用利尿药后可出现短时间多尿。

2. 持续性多尿

（1）内分泌代谢障碍：①垂体性尿崩症，因下丘脑、垂体病变使抗利尿激素（antidiuretic hormone，ADH）分泌减少或缺乏，肾远曲小管重吸收水分下降，排出低比重尿，量可达到5000 ml/d以上。②糖尿病，尿内含糖多引起溶质性利尿，尿量增多。③原发性甲状旁腺功能亢进症，血液中过多的钙和尿中高浓度磷，需要大量水分将其排出而形成多尿。④原发性醛固酮增多症，引起血液中钠浓度升高，刺激渗透压感受器，摄入水分增多，排尿增多。

（2）肾病：①肾性尿崩症，肾远曲小管和集合管存在先天性或获得性缺陷，对抗利尿激素反应性降低，水分重吸收减少而出现多尿。②肾小管浓缩功能不全，见于慢性肾炎、慢性肾盂肾炎、肾小球硬化、肾小管性酸中毒，以及药物、化学物品或重金属对肾小管的损害，也可见于急性肾衰竭多尿期等。

（3）精神因素：精神性多饮患者常因自觉烦渴而大量饮水引起多尿。

【发病机制】

（一）少尿与无尿的发生机制

1. 肾前性少尿　是由于肾血流量减少所致，而肾本身没有器质性病变。因有效循环血量减少、心排血量降低和肾血流动力学自身调节紊乱等原因，导致肾血流量减少、肾小球滤过率下降，进而发生少尿或无尿。

2. 肾性少尿或无尿　多见于急性肾衰竭，目前尚无一种学说能圆满地解释急性肾衰竭的发病机制，其可能的学说主要有：①肾缺血和肾中毒学说。②肾小管上皮细胞代谢障碍学说。③血管活性物质的释放增加引起血流动力学变化，如内皮素、一氧化氮、心房钠尿肽、生长因子及反应氧代谢产物损伤等。急性肾衰竭常是多种因素综合作用的结果。慢性肾衰竭导致的少尿或无尿主要是由于各种原因引起肾小球硬化、肾间质纤维化及肾小管萎缩等病变，使肾失去泌尿功能。

3. 肾后性少尿　尿正常生成并自输尿管排入膀胱，因尿道梗阻或神经因素等使尿不能从膀胱自行排出而导致少尿或无尿。

（二）多尿的发生机制

正常情况下，血液流经肾，在肾小球进行超滤，血浆中大量的水和小分子溶质被滤除形成原尿，大部分原尿在流经肾小管和集合管时被重吸收。

大量饮水后，血浆渗透压下降，机体ADH分泌受到抑制，肾远曲小管和集合管对水的重吸收能力下降，出现多尿。利尿药作用于肾小管的不同部位，直接或间接减少肾小管对水的重吸收，增加尿量。某些内分泌疾病（如糖尿病）患者血浆内含有大量小分子溶质（如葡萄糖），经过肾小球超滤后进入原尿，使原尿渗透压增高，对抗肾小管对水的重吸收，形成所谓的渗透性利尿。

慢性肾功能不全时，由于大部分肾单位被破坏，丧失了功能，残存的健康肾单位代偿性肥大，滤过率增加，肾小管液流速加快，使肾小管难以及时重吸收，导致尿量增多。大多数慢性肾功能不全患者的集合管对抗利尿激素的反应性降低，使水不易透过管壁被重吸收而经尿排出，形成多尿。另外，肾功能不全时，发挥滤尿功能的肾单位数目减少，因而代谢产物清除减少，造成氮质血症等代谢产物在体内积聚，使原尿中溶质增多，产生渗透性利尿效应。

【临床表现】

（一）少尿与无尿

1. 少尿与无尿的诱因　①肾前性少尿患者多有恶心、呕吐、摄入减少、休克、大出血及心功能不全等病史。②肾性少尿患者应关注有无使用过肾毒性药物、化学药品或生食鱼胆等。③肾后性少尿可有尿路结石或手术史等诱发泌尿系统梗阻的因素。

2. 尿的颜色　①乳白色尿：严重泌尿道感染、化脓，如肾盂肾炎、尿道炎、膀胱炎、肾结核，可使尿呈乳白色。②深黄色尿：见于急性脱水或肝病。③酱油色尿：严重烧伤、输错血型的血液、溶血性贫血、急性肾炎、急性黄疸型肝炎等患者会排出如同酱油般颜色的尿。④血尿：提示泌尿系统疾病或其他全身性疾病（具体见本章第二十节）。

（二）多尿

1. 多尿的诱因　①暂时性多尿多有短期内大量饮水或使用利尿药史。②持续性多尿可有相关内分泌疾病、肾病或精神疾病病史。

2. **多尿的程度** 准确收集每日尿量，连续3天，无论排尿次数多少，每日总尿量均超过2500 ml可诊断为多尿。尿频致使排尿次数增多，但全日总量不超过2500 ml。垂体性尿崩症患者尿量较多，一般在8~10 L/d，饮水量常与尿量相等。急性肾衰竭多尿期尿量可达3000~5000 ml/d，通常持续1~3周。

【伴随症状】

（一）少尿常见的伴随症状

1. 少尿伴肾绞痛　见于肾动脉血栓形成或栓塞、肾结石。
2. 少尿伴心悸、气促、胸闷、不能平卧　见于心功能不全。
3. 少尿伴大量蛋白尿、水肿、高脂血症和低蛋白血症　见于肾病综合征。
4. 少尿伴乏力、食欲减退、腹水和皮肤黄染　见于肝肾综合征。
5. 少尿伴血尿、蛋白尿、高血压和水肿　见于急性肾炎、急进性肾炎。
6. 少尿伴发热、腰痛、尿频、尿急、尿痛　见于急性肾盂肾炎。
7. 少尿伴排尿困难　见于前列腺肥大。

（二）多尿常见的伴随症状

1. 多尿伴烦渴、多饮、低比重尿　见于尿崩症。
2. 多尿伴多饮、多食和消瘦　见于糖尿病。
3. 多尿伴高血压、低血钾和周期性瘫痪　见于原发性醛固酮增多症。
4. 多尿伴酸中毒、骨痛和肌麻痹　见于肾小管性酸中毒。
5. 少尿数日后出现多尿　可见于急性肾小管坏死恢复期。
6. 多尿伴神经症状　可能为精神性多饮。

【问诊要点】

1. **发病情况**　发病年龄、缓急、病程、有无诱因等。
2. **临床症状**　具体的尿量、尿的颜色。
3. **伴随症状**　有无心悸、苍白、脉搏加快、低血压；有无高血压、水肿、血尿等；有无尿急、尿频、排尿困难等。
4. **诊疗经过**　是否检查尿常规、尿隐血、24 h尿量、肾功能及腹部B超等。用药情况，治疗是否有效。
5. **一般情况**　精神、饮食、睡眠、排便情况、体力及体重变化等。
6. **其他病史**　食物及药物过敏史。既往有无肝病、肾病、心血管疾病、泌尿系统疾病、高血压及手术史。

（王　芳）

第二十三节　肥　胖

案例1-2-23

患者，男性，42岁。近5年患者体重逐渐增加，目前体重105 kg，身高175 cm，体重指数（BMI）34.29 kg/m^2。患者自述平时饮食习惯偏好高热量食物，运动量少。近期体检发现血糖偏高，血压也有所升高。体格检查：腹部脂肪明显堆积，腰围98 cm，无明显水肿。患者无明显不适，但近期活动后易感疲劳。

问题与思考：
1. 根据患者的临床表现，可能的肥胖类型是什么？
2. 针对该患者，需要进一步做哪些检查？

肥胖（obesity）是指体内脂肪积聚过多，体重超过标准体重的20%或体重指数（BMI）超过28 kg/m²。肥胖不仅影响身体形态，更重要的是它与多种疾病的发生密切相关，如心血管疾病、糖尿病、某些癌症。

【病因与发病机制】

1. 遗传因素　肥胖者往往有较明确的家族史，遗传因素通过增加机体对肥胖的易感性起作用。
2. 内分泌因素　包括下丘脑-垂体疾病、库欣综合征、甲状腺功能减退症、性腺功能减退症及多囊卵巢综合征等。
3. 生活方式　不良生活方式可引起肥胖，包括饮食过量、进食行为异常、运动过少、饮酒等。
4. 药物因素　长期使用糖皮质激素、氯丙嗪、胰岛素等可引起肥胖，为医源性肥胖。
5. 脂肪细胞因子　近年来研究发现，脂肪细胞因子如脂联素、抵抗素、瘦素及肿瘤坏死因子α等均参与了胰岛素抵抗、脂代谢紊乱、糖代谢异常的发生机制，同时也是肥胖的发病机制。

【临床表现】

1. 单纯性肥胖　是最常见的一种肥胖，其特点包括可有家族史或营养过度史，多为均匀性肥胖，无内分泌及代谢性疾病。
2. 继发性肥胖　较为少见，常继发于下丘脑性肥胖、垂体性肥胖、库欣综合征、甲状腺功能减退症、肥胖型生殖无能症及双侧多囊卵巢综合征等。

（1）下丘脑性肥胖：存在下丘脑功能障碍（饮水、进食、体温、睡眠及智力和精神异常），同时出现不同程度的肥胖，多为均匀性中度肥胖。

（2）垂体性肥胖：垂体病变导致皮质醇分泌增多而引起肥胖，多为向心性肥胖。垂体瘤所致溢乳-闭经综合征也可出现肥胖，但以泌乳、闭经、不孕为主要表现。

（3）库欣综合征：肾上腺皮质功能亢进，分泌皮质醇过多，产生向心性肥胖，且伴有满月脸、多血质外貌、皮肤紫纹、痤疮、高血压和骨质疏松等表现。

（4）甲状腺功能减退症：甲状腺功能减退症患者实际上并不完全由体脂过多引起肥胖，而常因皮下蛋白质和水的潴留而产生黏液性水肿和体重增加，出现非凹陷性水肿。患者常有表情呆滞、动作缓慢、畏寒、少汗、便秘等表现。

（5）肥胖型生殖无能症：也称弗勒赫利希综合征（Frohlich syndrome）。此病发生于少年阶段，脂肪多积聚于躯干，常有肘外翻及膝内翻畸形，生殖器官不发育。成年后发病，除肥胖外，有性功能丧失、闭经和不孕不育等。

（6）双侧多囊卵巢综合征：也称Stein-Leventhal综合征，双侧卵巢对称性增大，长期渐进性月经稀少、闭经，长期无排卵，多年不孕，可出现肥胖。

肥胖的病因、临床表现。

【伴随症状】

1. 肥胖伴有家族史或营养过度　可见于单纯性肥胖。
2. 肥胖伴有饮水、进食、睡眠及智力和精神异常　可见于下丘脑性肥胖。
3. 肥胖伴有食欲波动、血压易变、性功能减退及尿崩症　可见于间脑性肥胖。
4. 肥胖伴有溢乳、闭经　可见于垂体性肥胖。
5. 肥胖伴有满月脸、多血质外貌的向心性肥胖　可见于库欣综合征。
6. 肥胖伴有颜面、下肢黏液性水肿　可见于甲状腺功能减退症。
7. 肥胖伴有性功能丧失、闭经不孕　可见于肥胖型生殖无能症、双侧多囊卵巢综合征。

【问诊要点】

1. 起病情况　起病年龄、时间、急缓、病因及诱因（饮食情况、用药情况、情绪等）。
2. 主要症状特点　体重增加的具体情况、体重增加的速度。
3. 伴随症状　如呼吸困难、打鼾、多汗、心悸及乏力。
4. 诊疗经过　是否尝试减轻体重，具体方法（如饮食控制、运动锻炼、药物治疗）及效果。
5. 一般情况　精神、饮食、睡眠、大小便有无改变。
6. 其他病史　既往有无高血压、糖尿病、高血脂等代谢性疾病。饮食习惯（主食、肉类、蔬菜、水果、零食等摄入情况）、运动习惯（运动类型、频率、持续时间）、有无吸烟及饮酒等不良习惯。既往有无药物过敏史或特殊用药史。有无内分泌疾病及家族史。

知识链接

肥胖的测量方法

肥胖的测量是评估个体体重状况和健康状况的重要手段。以下是几种常用的肥胖测量方法。

（一）体重指数

体重指数（BMI）是通过体重（公斤）除以身高（米）的平方来计算的。根据BMI值，可以分类为正常体重、超重和肥胖。

世界卫生组织BMI分类标准：正常：$18.5 \sim 24.9 \ kg/m^2$；超重：$25 \sim 29.9 \ kg/m^2$；肥胖：$\geq 30 \ kg/m^2$；我国BMI分类标准：正常 $18.5 \sim 23.9 \ kg/m^2$，超重 $24 \sim 27.9 \ kg/m^2$，肥胖 $\geq 28 \ kg/m^2$。

（二）腰围测量

腰围是评估中心性肥胖（腹部肥胖）的指标，与心血管疾病和代谢综合征的风险相关。腰围的测量方法是在腹部最窄处，通常在脐周水平测量一圈的长度。

（三）腰臀比

腰臀比（WHR）是通过腰围除以臀围来计算的，用于评估身体脂肪分布情况。

腰臀比的临界值：男性 ≥ 0.90，女性 ≥ 0.85。

（四）体脂百分比

体脂百分比是指身体脂肪占总体重的百分比，可以通过多种方法测量，包括生物电阻抗分析（BIA）、皮褶厚度测量、双能X线吸收法等。

1. 皮褶厚度测量　通过测量皮肤褶皱的厚度（通常在上臂、腹部、大腿等部位），可以估算体脂百分比。
2. 生物电阻抗分析　生物电阻抗分析（BIA）是通过测量身体对电流的阻力来估算体脂和总体水分的方法。

3. 双能 X 线吸收法　双能 X 线吸收法（DEXA）是一种使用 X 线来测量骨密度、体脂和肌肉量的方法，可以提供体脂百分比的准确测量。

（五）CT 和 MRI

CT 和 MRI 可以提供身体内部结构的详细图像，用于评估体脂和内脏脂肪分布情况。

（六）水下称重

水下称重是一种传统的体脂测量方法，通过测量个体在水中的体重和陆地上的体重来估算体脂百分比。

（七）空气置换法

空气置换法（Bod Pod）通过测量身体在空气中的体积和密度来估算体脂百分比。

（王　芳）

第二十四节　消　瘦

案例 1-2-24

患者，女性，45 岁，中学教师。近 6 个月体重下降约 15 kg，BMI 降至 16 kg/m^2。患者自述食欲逐渐减退，伴有间歇性上腹部疼痛和早饱感。近期还出现了恶心、呕吐，但无呕血或黑便。体格检查：皮肤及黏膜苍白，腹部柔软，无明显压痛或肿块，未触及肿大的肝或脾，无明显淋巴结肿大。

问题与思考：
1. 根据患者的临床表现，其消瘦原因考虑哪些情况？
2. 如何进一步诊断和治疗？

消瘦（emaciation）是指由于各种原因导致体重低于正常值低限的一种状态。一般认为体重低于标准体重的 10% 就可判断为消瘦。目前国内外多采用体重指数（BMI）判定消瘦，BMI<18.5 kg/m^2 为消瘦。

【病因与发病机制】

1. 营养物质摄入不足　各种原因使营养物质摄入不足均可导致消瘦，包括口腔疾病、食管疾病、神经精神疾病、消化系统疾病等。

2. 营养物质消化及吸收障碍　虽然营养物质摄入体内，但由于消化、吸收功能障碍，同样可引起消瘦，包括胃源性、肠源性、肝源性、胰源性及胆源性疾病。

3. 营养物质利用障碍　如糖尿病患者，糖被机体吸收后，因胰岛素缺乏，不能被体内细胞利用，糖从尿中排出而引起消瘦。

4. 营养物质消耗增加　包括内分泌代谢性疾病（如甲状腺功能亢进症、1 型糖尿病）、慢性消耗性疾病（如重症结核病、肿瘤）、大面积烧伤、高热等。

5. 减肥　主动限制饮食，加大运动量，服用减肥药物抑制食欲、减少吸收、促进排泄，使体重减轻而消瘦。

6. 体质性消瘦　有个别人生来即消瘦，无任何疾病征象，可有家族史。

【临床表现】

消瘦以体重减轻为最主要的临床表现。根据病因的不同而出现不同的临床表现。按系统分类可有下列几个方面的表现。

1. 消化系统疾病　包括口腔、食管、胃肠、肝、胆、胰等各种疾病，患者一般均有食欲缺乏、恶心、呕吐、腹胀、腹痛及腹泻等症状。
2. 神经系统疾病　包括神经性厌食、延髓麻痹和重症肌无力等，可表现为厌食、吞咽困难、恶心、呕吐等症状。
3. 内分泌及代谢性疾病　如甲状腺功能亢进症可伴有畏热、多汗、性情急躁、震颤、多动、心悸、突眼和甲状腺肿大；肾上腺皮质功能减退症（艾迪生病）可伴皮肤黏膜色素沉着、乏力、低血压、食欲减退及腹泻等。
4. 慢性消耗性疾病　结核病可伴有低热、盗汗、乏力、咯血等；肿瘤可有各种肿瘤特有的症状和体征；慢性感染可因不同的感染性疾病而出现相应的症状和体征。
5. 神经精神疾病　如抑郁症患者可有情绪低落、自卑、无自信心、思维缓慢、睡眠障碍及食欲缺乏等表现。

 消瘦的病因、临床表现。

【伴随症状】

1. 消瘦伴吞咽困难　见于口、咽及食管疾病。
2. 消瘦伴腹部不适、疼痛　见于慢性胃肠炎、慢性胰腺炎、胃溃疡、胃癌、胆囊或胰腺肿瘤等。
3. 消瘦伴黄疸　见于肝、胆、胰等疾病。
4. 消瘦伴腹泻　见于慢性肠炎、慢性胰腺炎、肠结核、短肠综合征、倾倒综合征及乳糖酶缺乏症等。
5. 消瘦伴便血　见于炎症性肠病、肝硬化、胃癌等。
6. 消瘦伴咯血　见于肺结核、肺癌等。
7. 消瘦伴发热　见于慢性感染、肺结核及肿瘤等。
8. 消瘦伴多尿、多饮、多食　见于糖尿病。
9. 消瘦伴畏热、多汗、心悸、震颤、多动　见于甲状腺功能亢进症。
10. 消瘦伴皮肤黏膜色素沉着、低血压　见于肾上腺皮质功能减退症。
11. 消瘦伴情绪低落、自卑、食欲缺乏　见于抑郁症。

【问诊要点】

1. 病因及诱因　有无劳累、紧张、服用药物，进食情况。
2. 主要症状特点　体重减轻的程度和速度。是否有短期内体重急剧下降的情况。
3. 伴随症状　有无易饥、多食，有无易激怒、心悸、手颤、怕热多汗、便次增多、腹泻，有无吞咽困难、腹痛、腹胀、腹泻，有无发热、畏寒、皮肤色素沉着、情绪低落及食欲减退。
4. 诊疗经过　发病以来是否到医院就诊，曾做过哪些检查（甲状腺功能、血糖），用药情况及其他治疗情况。治疗是否有效。
5. 一般情况　发病以来精神、饮食、睡眠、大小便及体重变化。

6. 相关病史　食物及药物过敏史。有无慢性胃肠炎、肝胆胰等消化系统疾病，有无结核病、糖尿病、肿瘤等慢性消耗性疾病。有无服用减肥药、节食。有无消瘦、糖尿病、肿瘤家族史。

（王　芳）

第二十五节　头　痛

案例 1-2-25

患者，男性，46岁，有高血压病史。于上午10时突发头痛、左侧肢体瘫痪、意识障碍入院。
问题与思考：
1. 患者头痛最可能由什么疾病引起？
2. 病史采集应包括哪些内容？

头痛（headache）是指额、顶、颞及枕部的疼痛，见于多种疾病，大多无特异性。但反复发作、持续或逐渐加重的头痛可能是某些器质性疾病的信号，应认真检查。

【病因】

1. 颅脑病变
（1）感染：如脑炎、脑膜炎、脑脓肿。
（2）血管病变：如脑出血、蛛网膜下腔出血、脑血栓形成、脑梗死、高血压脑病、脑供血不足、脑血管畸形及血栓性脉管炎。
（3）占位性病变：如脑肿瘤、颅内转移瘤、颅内囊虫病或棘球蚴病。
（4）颅脑外伤：如脑震荡、脑挫伤、硬膜下血肿、颅内血肿及脑外伤后遗症。
（5）其他：如偏头痛、头痛型癫痫。
2. 颅外病变
（1）颅骨疾病：如颅底凹入症、颅骨肿瘤。
（2）三叉神经、舌神经及枕大神经痛等。
（3）颈椎病及颈部其他疾病。
（4）眼、耳、鼻和口腔疾病所致的头痛：如青光眼、中耳炎、鼻窦炎和牙髓炎。
3. 全身性疾病
（1）急性感染：如流行性感冒、肺炎、细菌性痢疾、伤寒等发热性疾病。
（2）心血管疾病：如原发性高血压。
（3）中毒：如一氧化碳、有机磷农药、铅、酒精中毒。
（4）其他：如低血糖、肺性脑病、肝性脑病、尿毒症、贫血、系统性红斑狼疮、中暑、月经期与绝经期头痛。
4. 神经官能症　如神经衰弱及癔症。

【发病机制】

头痛的发病机制：①颅内及颅外血管收缩、扩张以及血管受牵引或伸展。②脑膜受刺激或牵拉。③具有痛觉的脑神经（三叉神经、舌咽神经、迷走神经和颈神经）受刺激、挤压或牵拉。④头颈部肌肉的收缩。⑤内分泌紊乱。⑥五官和颈椎病变。⑦神经功能紊乱。

【临床表现】

1. 发病情况

（1）急性头痛：急性起病并有发热者常为感染性疾病所致。急性剧烈的头痛，持续不减，伴有不同程度意识障碍，无发热，提示颅内血管性病变（蛛网膜下腔出血）。

（2）慢性头痛：长期反复发作的头痛或搏动性头痛，多为血管性头痛或神经官能症。慢性进行性头痛伴有颅内高压表现，应考虑颅内占位性病变。慢性头痛突然加剧并伴有意识障碍，提示可能有脑疝发生。

（3）间断性头痛：见于偏头痛、紧张性头痛、原发性高血压。

（4）进展性头痛：见于颅内肿瘤、结核性脑膜炎。

2. 头痛部位　头痛的部位因原发病变不同而异。①全身性或颅内感染性疾病的头痛多为全头痛。②高血压引起的头痛部位多在额部或整个头部。③蛛网膜下腔出血或脑脊髓膜炎除有头痛外，尚有颈痛。④偏头痛及丛集性头痛往往在一侧。⑤颅外病变所致的头痛多较局限及表浅，常在刺激点近处或神经分布区内，如眼源性头痛为浅在性且局限在眼眶、前额或颞部，鼻源性或牙源性头痛也多为浅表性疼痛。⑥枕大神经痛局限在枕部，颅内病变所致头痛较深而弥散。

3. 头痛程度与性质　头痛的轻重程度与病情的严重程度没有正比关系。①血管性头痛多为胀痛、搏动性痛。②神经性头痛常为电击痛、烧灼样痛或刺痛。③三叉神经痛、偏头痛及脑膜刺激征的疼痛最剧烈。④脑肿瘤的疼痛往往较轻。⑤肌收缩性头痛常为重压感、钳夹感或紧箍感。⑥神经症性头痛的性质一般不定。

4. 头痛发生与持续的时间　①清晨头痛多见于鼻窦炎，清晨或上午发生，逐渐加重，于午后减轻。颅内占位性病变引起的头痛常为持续性，通常清晨加剧。②偏头痛下午明显。③丛集性头痛多为晚间发生。④阅读后头痛多见于屈光不正。⑤女性偏头痛多与月经周期有关。⑥神经性头痛常较短暂。

5. 影响头痛的因素　血管性头痛与颅内高压性头痛及脑肿瘤性头痛可在用力、转体、摇头、咳嗽等活动后加剧；通过按摩颈肌可减轻颈肌收缩性头痛；丛集性头痛在直立时可减轻；应用麦角胺后通常可缓解偏头痛。

提示：反复发作的、固定的、持续的或逐渐加重的头痛可能是某些器质性疾病的信号，应引起重视，尽快明确诊断，及时治疗。

 头痛的临床表现。

【伴随症状】

1. 头痛伴发热　见于颅内感染或全身感染性疾病。
2. 头痛伴剧烈喷射状呕吐　说明颅内压增高，头痛在呕吐后减轻可见于偏头痛。
3. 头痛伴眩晕　多于小脑肿瘤、椎基底动脉供血不足的情况下出现。
4. 头痛伴视力障碍　见于青光眼、脑肿瘤。
5. 头痛伴脑膜刺激征阳性　提示脑膜炎、蛛网膜下腔出血等。
6. 头痛伴癫痫发作　提示可能为脑血管畸形、脑肿瘤、脑内寄生虫病等疾病。
7. 头痛伴神经功能紊乱症状　可考虑为神经症性头痛。

【问诊要点】

1. 发病情况 起病时间、缓急，有无剧烈运动、过度疲劳、情绪波动、脑外伤等。
2. 临床表现 头痛出现的时间、病程长短、程度、部位与范围、性质、持续时间与规律、诱发或缓解因素等。
3. 伴随症状 有无发热、脑膜刺激征；是否伴有失眠、焦虑、剧烈呕吐（是否喷射性）；有无头晕、眩晕、晕厥、出汗、抽搐、视力障碍、感觉或运动异常、精神异常、嗜睡及意识障碍等相关症状。
4. 诊疗经过 是否到过医院就诊，做过何种检查及治疗。用药情况和治疗效果。
5. 一般情况 病程中精神、饮食、睡眠、大小便情况及体重变化等。
6. 相关病史 药物及食物过敏史，有无高血压、动脉硬化、颅脑外伤、肿瘤、精神疾病、癫痫及神经症；有无眼、耳、鼻、牙齿等部位病变；职业特点及毒物接触史。

（王　芳）

第二十六节　眩　晕

案例 1-2-26

患者，女性，45岁。发作性眩晕3年，发作时患者感到自身或周围环境及物体旋转或摇动，伴恶心、呕吐，神志清楚，听力逐渐下降。

问题与思考：
1. 患者眩晕最可能由什么疾病引起？
2. 病史采集应包括哪些内容？

眩晕（vertigo）是人体的内在体验，是机体对位向（空间定向感觉）的主观体会错误，是一种运动幻觉或错觉。患者感觉自身或周围环境及物体旋转或摇动，常伴有客观的平衡障碍。一般无意识障碍。眩晕主要由迷路、前庭神经、脑干及小脑病变引起，也可由其他系统或全身性疾病而引起。

提示：典型的眩晕多由前庭功能障碍引起，也称真性眩晕。患者只有头晕，没有明确的旋转感，称为假性眩晕。

【病因与发病机制】

人体通过视觉、本体觉和前庭器官分别将躯体位置的信息经感觉神经传至中枢神经系统，做出位置的判断后通过运动神经传出，调整位置，维持平衡。其中任何传入环节功能异常都会导致出现判断错误，产生眩晕。根据病因，眩晕可分为周围性眩晕（耳性眩晕）、中枢性眩晕（脑性眩晕）和其他原因所致的眩晕。

1. 周围性眩晕（耳性眩晕） 是指内耳前庭至前庭神经颅外段之间的病变所引起的眩晕。

（1）梅尼埃病（Ménière's disease）：是由于内耳的淋巴代谢失调、淋巴分泌过多或吸收障碍，引起内耳膜迷路积水所致。也有人认为梅尼埃病是超敏反应、维生素B族缺乏等因素所致。

（2）迷路炎：常由于中耳病变（胆脂瘤、炎症性肉芽组织等）直接破坏迷路的骨壁引起，少数是炎症经血行或淋巴扩散所致。

（3）前庭神经元炎：因前庭神经元发生炎症性病变所致。

（4）药物中毒：由于对药物敏感，内耳前庭或耳蜗受损所致。

（5）位置性眩晕：由于头部所处某一位置所致。

（6）晕动病：是由于乘坐车、船或飞机时，内耳迷路受到机械性刺激，引起前庭功能紊乱所致。

2. 中枢性眩晕（脑性眩晕） 是指前庭神经颅内段、前庭神经核及其纤维联系、小脑、大脑等病变所引起的眩晕。

（1）颅内血管性疾病：见于脑动脉粥样硬化、椎基底动脉供血不足、锁骨下动脉盗血综合征、延髓外侧综合征、高血压脑病和小脑或脑干出血等。

（2）颅内占位性病变：见于听神经瘤、小脑肿瘤、第四脑室肿瘤和其他部位肿瘤。

（3）颅内感染性疾病：见于颅后窝蛛网膜炎、小脑脓肿、脑寄生虫病等。

（4）颅内脱髓鞘疾病及变性疾病：见于多发性硬化和延髓空洞症。

（5）癫痫。

（6）其他：如脑震荡、脑挫伤。

3. 全身疾病性眩晕 见于高血压、低血压、心律失常、病态窦房结综合征、心肌缺血及颈动脉窦综合征等。

（1）血液病：见于各种原因所致贫血等。

（2）中毒性疾病：见于急性发热性感染、尿毒症、重症肝炎及重症糖尿病等。

4. 眼源性眩晕

（1）眼病：见于先天性视力减退、屈光不正、眼肌麻痹、青光眼及视网膜色素变性等。

（2）屏幕性眩晕：看电影、电视，用电脑时间过长，与屏幕距离过近均可引起眩晕。

5. 神经精神性眩晕 见于神经官能症、更年期综合征、抑郁症等。

【临床表现】

1. 周围性眩晕（耳性眩晕）

（1）突然发作性眩晕，常伴有耳鸣、听力减退及眼球震颤，持续数小时至2天，发作时间多短暂，很少超过2周，容易反复发作，见于梅尼埃病。

（2）出现眩晕、耳鸣、听力减退和眼球震颤等表现，检查发现有鼓膜穿孔，多为中耳炎并发迷路炎。

（3）氨基糖苷类药物可以引起内耳中毒，表现为眩晕、眼球震颤、听力减退、共济失调，常有口周及四肢发麻等。水杨酸制剂、奎宁、某些镇静催眠药（氯丙嗪、哌替啶等）也可引起眩晕。

（4）急性起病，常有上呼吸道感染，突然出现眩晕，伴恶心、呕吐，持续时间较长，数周至数月内自行缓解，见于前庭神经元炎，很少复发，一般无耳鸣及听力减退。

（5）患者在改变体位使头部处在某一位置时出现眩晕和眼球震颤，见于位置性眩晕，多数不伴耳鸣及听力减退，容易复发，通过位置训练可以防止眩晕出现。

（6）乘船、乘车、乘飞机、乘电梯等时，出现一过性眩晕、恶心、呕吐、面色苍白、出冷汗等症状，休息后可缓解，见于晕动病。

提示：前庭周围性眩晕运动幻觉程度较重，闭目不能减轻，持续时间短暂，眼球震颤与眩晕程度相同，常伴听力改变。

2. 中枢性眩晕（脑性眩晕）

（1）颅内感染性疾病：除神经系统临床表现外，尚有全身感染中毒症状、脑膜刺激征等。

（2）颅内血管性疾病：多有眩晕、头痛、耳鸣等症状，高血压脑病可有恶心、呕吐，严重者有抽搐或昏迷。小脑或脑干出血常以眩晕、头痛、呕吐起病，严重者很快昏迷。

（3）颅内占位性病变：听神经瘤、小脑肿瘤除有眩晕外，常有进行性耳鸣和听力下降，还有头痛、复视、构音不清等。其他肿瘤因部位不同，表现也各不相同。

（4）颅内脱髓鞘疾病及变性疾病：多发性硬化是以中枢神经系统多发病变为特点的脱髓鞘疾病，常以肢体疼痛、感觉异常及无力为首发症状，可有眩晕、视力障碍及相关的神经系统症状和体征。延髓空洞症是进行性变性疾病，可出现软腭瘫痪、吞咽困难、发音障碍等表现，部分患者伴有眩晕。

（5）癫痫：有些患者出现眩晕发作，多见于颞叶癫痫和前庭癫痫。

3. 其他原因所致的眩晕　心血管疾病、急性感染性疾病、尿毒症、严重肝病、糖尿病、眼肌麻痹、屈光不正、头部或颈椎损伤后等，可引起不同程度的眩晕，但常无真正的旋转感，一般不伴听力减退、眼球震颤，少有耳鸣，有原发病的其他表现。

 眩晕的临床表现。

【伴随症状】

1. 眩晕伴恶心、呕吐　可见于梅尼埃病、晕动病。
2. 眩晕伴眼球震颤　可见于脑干病变、梅尼埃病等。
3. 眩晕伴耳鸣、听力下降　可见于前庭器官疾病、第Ⅷ对脑神经病变及肿瘤。
4. 眩晕伴共济失调　可见于小脑、颅后窝或脑干病变。

【问诊要点】

1. 发病情况　眩晕发生的时间；有无感染、劳累、服用药物；与乘车及乘船有无关系等。
2. 眩晕的特点　眩晕发作的时间、频率、持续时间，眩晕的特征、与体位变换有无关系，加重和缓解因素等。
3. 伴随症状　是否伴有恶心、呕吐、面色苍白、血压下降、出汗等；有无耳鸣（一侧或双侧）、听力下降；有无复视、眼震；有无共济失调等。
4. 诊疗经过　是否到过医院就诊，做过何种检查及治疗。
5. 一般情况　起病后饮食、睡眠、排便情况，精神状态，体重变化等。
6. 相关病史　药物及食物过敏史，有无中耳炎、迷路炎、梅尼埃病、颅脑外伤、炎症、肿瘤等病史，有无癫痫、低血压、高血压、心脏及脑血管疾病病史等。

（王　芳）

第二十七节　晕　厥

案例 1-2-27

患者，女性，68 岁。站立时患者突感头晕、恶心，随后意识丧失，倒地，持续约 30 s 后自行苏醒，无明显外伤。醒后感到全身乏力，无明显后遗症。

问题与思考：
1. 该患者的主要症状有哪些？
2. 该患者晕厥可能的原因是什么？

晕厥是一种突发性、短暂的意识丧失状态，通常由大脑一过性的血流灌注不足引起。晕厥的识别和处理对预防意外伤害和评估潜在的心脑血管疾病具有重要意义。

【病因与发病机制】

1. **血管舒缩障碍** 包括单纯性晕厥、直立性低血压、颈动脉窦综合征等。由于血管床的突然扩张或收缩，导致血压下降，脑血流量减少。
2. **心源性晕厥** 如心律失常、心脏排血受阻、心肌缺血，心排血量突然减少，引起脑血流量不足。
3. **脑源性晕厥** 由于脑部血管或主要供应脑部血液的血管发生循环障碍，如脑动脉硬化、短暂性脑缺血发作。
4. **血液成分异常** 如低血糖、通气过度综合征、重症贫血，影响大脑的能量供应或氧气输送。

【临床表现】

晕厥的临床表现常包含前驱症状，晕厥前患者可有头晕、眩晕、恶心、上腹不适、面色苍白等，随之意识丧失，患者不能保持正常姿势而倒地，同时可出现生理反射消失，如肌张力下降、瞳孔对光反射减弱或消失，一般意识在数十秒至数分钟内恢复，部分患者可能有短暂的混乱或遗忘。

1. **血管舒缩障碍**
（1）血管迷走性晕厥（vasovagal syncope）：常见于情绪波动或疼痛刺激后，患者可能先出现头晕、恶心、出汗，随后意识丧失。
（2）直立性低血压（orthostatic hypotension）：在快速站立后出现，可能伴有眩晕、视物模糊。
2. **心源性晕厥** 心律失常、心脏结构性疾病，当心动过速或心动过缓时，可能无明显前驱症状，晕厥突然发生。有瓣膜疾病或心肌病时，可在运动或情绪激动时出现晕厥。
3. **脑源性晕厥**
（1）短暂性脑缺血发作（transient ischemic attack，TIA）：可能表现为肢体无力、言语障碍，随后出现晕厥。
（2）偏头痛：特别是伴有先兆的偏头痛，可能在头痛发作前后出现晕厥。
4. **血液成分异常**
（1）低血糖：常见于糖尿病患者，晕厥前可能有出汗、颤抖、心悸等症状。
（2）重症贫血：患者在体力劳动后可能感到头晕、气短，甚至出现晕厥。
5. **内分泌及代谢异常**
（1）甲状腺功能减退症：患者可能感到疲劳、冷感、皮肤干燥，严重时出现晕厥。
（2）通气过度综合征：患者在紧张或恐慌时呼吸急促，导致呼吸性碱中毒，可能出现头晕、手指麻木，甚至晕厥。
6. **药物诱发性晕厥** 某些药物如抗高血压药、抗心律失常药可能导致血压过低或心率过慢，引起晕厥。
7. **神经精神性晕厥** 患者在极度恐惧、焦虑或应激状态下出现晕厥，前驱症状包括心悸、气短、出汗。

8. 环境因素及其他病因

（1）高原晕厥：在高海拔地区，由于氧气稀薄，患者可能出现呼吸困难、头晕，严重时发生晕厥。

（2）排尿性晕厥：在排尿时或排尿后立即发生晕厥，可能与迷走神经反射有关。

（3）咳嗽性晕厥：剧烈咳嗽后发生晕厥，可能与胸腔内压力急剧变化有关。

 晕厥的病因、临床表现。

【伴随症状】

1. 晕厥伴恶心、呕吐　见于梅尼埃病、晕动病等。
2. 晕厥伴共济失调　见于小脑、颅后窝或脑干病变等。
3. 晕厥伴眼球震颤　见于脑干病变、梅尼埃病等。
4. 晕厥伴心悸、乏力　见于心源性晕厥。
5. 晕厥伴面色苍白、出冷汗　多见于血管迷走性晕厥。

【问诊要点】

1. 起病情况　起病的急缓、与体位变化的关系、有无明显诱因（饥饿、服用药物）等。
2. 晕厥的临床表现　晕厥前驱症状、意识丧失的持续时间、有无伴随的生理反射变化等。
3. 伴随症状　注意询问有无伴随症状，如心悸、胸痛、呼吸困难。
4. 诊疗经过　是否到过医院就诊，做过何种检查及治疗，用药情况及治疗效果。
5. 一般情况　晕厥后的饮食、睡眠、精神状态、大小便及体重变化等。
6. 相关病史　询问药物及食物过敏史。询问心脏病史、神经系统疾病史、用药史等。

知识链接

起 搏 器

起搏器（pacemaker）是一种植入人体内的小型医疗设备，用于治疗某些类型的心律失常，特别是心动过缓（心率过慢）。

1. 起搏器的类型

（1）单腔起搏器：具有一个电极，通常植入右心房或右心室。

（2）双腔起搏器：具有两个电极，分别植入右心房和右心室，以协调心房和心室的收缩。

2. 起搏器的工作原理　通过电极感知心脏的自然电活动。当检测到心脏停搏或异常缓慢的心律时，起搏器发出电信号刺激心脏，以维持正常的心脏搏动。

3. 起搏器的适应证

（1）病态窦房结综合征：当心脏的自然起搏点（窦房结）不能有效工作时。

（2）高度房室传导阻滞：电信号无法从心房传到心室，导致心室停搏或严重心动过缓。

（3）神经介导性晕厥：与迷走神经过度活跃有关的晕厥。

（4）某些心肌病：影响心脏传导系统的疾病。

4. 起搏器的植入过程　在局部麻醉下，通过胸部小切口植入起搏器和电极。电极通过静脉血管引导至心脏，固定于心内膜。起搏器本身埋于皮下组织，通常位于锁骨下方。

（王　芳）

第二十八节 抽搐与惊厥

案例 1-2-28

患者,男性,29岁。因"脑外伤"急诊入院。住院过程中患者突发四肢抽搐,伴意识丧失,两眼球上翻,口吐白沫,口唇发绀。体格检查:意识障碍,双侧瞳孔散大,双侧病理征阳性,其余不配合。

问题与思考:
1. 该患者考虑为何种发作?
2. 病史采集应包括哪些内容?

抽搐(tic)与惊厥(convulsion)均属于不随意运动,是神经系统疾病中的两种重要症状,它们均涉及不自主的肌肉收缩,但具有不同的临床表现和潜在病因。抽搐是指全身或局部成群骨骼肌非自主的抽动或强烈收缩,常可引起关节运动和强直。当肌群收缩表现为强直性和阵挛性时,称为惊厥。临床上癫痫大发作与惊厥的概念相同,而其他发作类型则不应称为惊厥。

【病因】

抽搐与惊厥的病因可分为特发性与症状性,特发性常由于先天性脑部不稳定状态所致。症状性病因有如下几种。

1. 脑部疾病
（1）感染:如脑炎、脑膜炎、脑脓肿、脑结核瘤及脑灰质炎。
（2）外伤:如产伤、颅脑外伤。
（3）肿瘤:如原发性肿瘤、脑转移瘤。
（4）血管疾病:如缺血性或出血性脑卒中、海绵状血管瘤、蛛网膜下腔出血和硬膜外出血。
（5）寄生虫病:如脑型疟疾、脑血吸虫病、脑棘球蚴病及脑囊虫病。
（6）其他:①先天性脑发育障碍;②原因未明的大脑变性,如结节性硬化、播散性硬化;③神经变性病,如阿尔茨海默病。

2. 全身性疾病
（1）感染:如急性胃肠炎、中毒性菌痢、链球菌败血症、中耳炎、百日咳、狂犬病及破伤风。小儿高热惊厥主要由急性感染所致。
（2）中毒:①内源性,如尿毒症、肝性脑病;②外源性,如酒精、苯、铅、砷、汞、氯喹、阿托品、樟脑、白果及有机磷农药等中毒。
（3）心血管疾病:高血压脑病或阿-斯综合征(Adams-Stokes syndrome)等。
（4）代谢障碍:如低血糖、低钙及低镁血症、急性间歇性血卟啉病、子痫、维生素 B_6 缺乏。其中低血钙可表现为典型的手足搐搦症。
（5）自身免疫性:如系统性红斑狼疮、脑血管炎、神经白塞病、桥本脑病、副肿瘤性边缘性脑炎。
（6）其他:如突然撤停催眠药、抗癫痫药,还可见于热射病、溺水、窒息、电击等。

此外,尚有一个重要类型,即小儿惊厥(部分为特发性,部分由于脑损害引起),高热惊厥多见于小儿。

【发病机制】

抽搐与惊厥的发病机制非常复杂,目前尚不明确,认为可能是神经元异常放电所致,考虑与膜电位的不稳定有关。

根据引起肌肉异常收缩的兴奋信号的来源不同，基本上可分为两种情况。①大脑功能障碍：如癫痫大发作；②非大脑功能障碍：如破伤风中毒、低钙血症性抽搐。

【临床表现】

由于病因不同，抽搐和惊厥的临床表现也不一样，通常可分为全面性发作和局限性发作两种。

1. 全面性发作　常以全身骨骼肌痉挛为主要表现，通常无先兆，多伴有意识丧失。

（1）癫痫大发作（全身强直阵挛发作）：包括以下几期。①强直期：意识丧失伴肢体肌肉强直性收缩，持续 10～30 s，肢体先屈曲、后伸直，背部和颈部明显。可伴有呼吸肌强直性收缩，产生喊叫或呻吟以及发绀。咀嚼肌收缩可能导致舌咬伤。②阵挛期：出现在强直期之后，表现为对称性肢体抽动，持续 30～60 s 或更长时间。强直期终止后通气功能可立即恢复，发绀消失。口腔可能有唾液呈泡沫样吐出。随着时间推移，抽动频率减慢，直至最后所有动作停止，肌肉变得松弛，括约肌或逼尿肌收缩，可能引起尿失禁。③恢复期：发作停止后不久意识逐渐恢复，常伴有头痛，定向力完全恢复通常需要 10～30 min 甚至更久。

发作时可有瞳孔散大，对光反射消失或迟钝、病理反射阳性等体征。上述症状可反复发作，发作间期意识恢复不完全或持续发作 30 min 以上而不自行停止，称为癫痫持续状态（status epilepticus，SE）。

（2）癔症性发作：发作前常有生气、情绪激动或各种不良刺激等诱因，发作时间较长，发作样式不固定，没有舌咬伤和大小便失禁。

2. 局限性发作　肌肉收缩局限于身体的某一部位，如面部或四肢。而手足搐搦则表现为间歇性双侧强直性肌痉挛，以上肢手部最典型，呈"助产士手"表现。

【伴随症状】

1. 伴发热　多见于小儿急性感染，也可见于胃肠功能紊乱、重度失水等。但须注意，惊厥也可引起发热。
2. 伴血压升高　见于高血压、肾炎、子痫及铅中毒等。
3. 伴脑膜刺激征　见于脑膜炎、脑膜脑炎、假性脑膜炎及蛛网膜下腔出血等。
4. 伴瞳孔扩大与舌咬伤　见于癫痫大发作。
5. 伴剧烈头痛　见于高血压、急性感染、蛛网膜下腔出血、颅脑外伤及颅内占位性病变等。
6. 伴意识丧失　见于癫痫大发作、重症颅脑疾病等。

【问诊要点】

1. 发病情况　发病年龄、缓急、病程及有无诱因等。
2. 临床症状　有无先兆，发作时有无意识障碍、尿失禁、排便失禁、口吐白沫，发作持续时间等。
3. 伴随症状　有无头痛、发热、血压升高及肢体瘫痪等。
4. 诊疗经过　是否就诊，是否检查血糖、血钙、脑电图、脑 CT 等。
5. 一般情况　起病后精神、饮食、睡眠、大小便、体力和体重变化情况等。
6. 相关病史　出生史、喂养史、生长发育情况；药物及食物过敏史、预防接种史，有无类似发作病史，有无传染病接触史，有无惊厥家族史。

（王　芳）

第二十九节 意识障碍

案例 1-2-29

患者，男性，70岁。因"脑出血"急诊入院。患者意识不清，呼之不应，对声、光刺激无反应，压眶时无痛苦表情，瞳孔对光反射、角膜反射消失，深反射消失。

问题与思考：
1. 该患者处于何种意识障碍？
2. 病史采集应包括哪些内容？

意识是大脑高级功能活动的综合表现，包括觉醒状态与精神活动两个方面。前者指对外界及自身的认知状态，后者指思维、情感、记忆、意志等心理过程。正常人意识清晰，思维活动正常，语言准确，对周围刺激反应敏锐。

意识障碍（disturbance of consciousness）是指人对周围环境及自身状态的识别和觉察能力出现障碍。意识障碍可表现为嗜睡、意识混浊、昏睡、谵妄，严重的意识障碍表现为昏迷。

【病因】

意识障碍可由脑的原发性损害引起，也可由全身性疾病引起。临床常见病因有以下几种。

1. 全身性疾病

（1）重度急性感染性疾病：如伤寒、中毒性菌痢、中毒性肺炎、脑型疟疾及败血症。

（2）内分泌代谢障碍：如肝性脑病、肺性脑病、尿毒症、甲状腺危象、糖尿病高渗性昏迷、糖尿病酮症酸中毒、低血糖昏迷、严重水及电解质代谢紊乱。

（3）循环障碍：如急性心肌梗死、心律失常引起的阿-斯综合征（Adams-Stokes syndrome）、严重休克。

（4）药物与化学毒物中毒：如催眠药、麻醉药、有机磷农药及氰化物等中毒。

（5）物理因素：如中暑、电击、溺水及高山病。

2. 颅脑疾病

（1）感染性疾病：如各种脑膜炎、脑炎、脑脓肿。

（2）非感染性疾病：①颅内占位性疾病（脑肿瘤）。②脑血管疾病（脑缺血、脑出血、蛛网膜下腔出血及脑梗死等）。③颅脑外伤（脑震荡、外伤性颅内血肿、脑挫裂伤及颅骨骨折等）。④癫痫大发作或癫痫持续状态。

 意识障碍的病因。

【发病机制】

脑缺血、缺氧、葡萄糖供给不足、酶代谢异常等因素可引起脑细胞代谢紊乱，从而导致网状结构功能损害和脑活动功能减退，均可产生意识障碍。

提示：大脑皮质、皮质下网状结构功能受到抑制，发生意识障碍。

【临床表现】

意识障碍可有下列不同程度的表现，这些表现常可互相转变。

1. 嗜睡（somnolence） 是最轻的意识障碍。患者表现为一种病理性思睡，处于持续睡眠状态，可被轻刺激（包括语言刺激）所唤醒，醒后能正确回答问题，配合检查，但反应迟钝，停止刺激后即很快再入睡。

2. 意识混浊（clouding of consciousness） 是较嗜睡程度深的意识障碍。患者能保持简单的精神活动，对时间、地点、人物的定向能力发生障碍，可有幻觉、错觉、思维紊乱、记忆模糊等。

3. 昏睡（lethargy） 是较严重的意识障碍。患者处于接近昏迷的状态，处于熟睡状态，经强烈刺激（压迫眶上神经等）可被唤醒，醒时答话含糊或答非所问，但很快又入睡。

4. 谵妄（delirium） 是以兴奋性增高为特征的高级神经中枢活动急性失调状态，是在意识清晰度明显下降的情况下，出现精神异常、定向力丧失、错觉、幻觉、躁动不安、言语杂乱等，常见于急性感染发热期、急性酒精中毒、某些药物（颠茄类）中毒等。

5. 昏迷（coma） 是最严重的意识障碍，预示病情危重。患者表现为意识持续中断或完全丧失，任何刺激不能唤醒，无自主运动。按其程度可分为以下3个阶段。

（1）轻度昏迷：意识大部分丧失，无自主运动，对声、光刺激无反应，对疼痛刺激（压迫眶上神经或针刺等）有躲避反应或痛苦表情。吞咽反射、咳嗽反射、角膜反射、瞳孔对光反射及深反射等均存在。

（2）中度昏迷：意识完全丧失，对周围事物及各种刺激均无反应，对剧烈刺激尚可出现防御反射。角膜反射减弱，瞳孔对光反射迟钝，眼球无转动，深反射存在。

（3）深度昏迷：对任何外界刺激均无反应，四肢肌肉松弛，深、浅生理反射（角膜反射、瞳孔对光反射、吞咽反射）及眼球运动等均消失。生命体征常有改变。

 意识障碍的临床表现。

【伴随症状】

1. 意识障碍伴发热 先发热，然后出现意识障碍，见于重症急性感染性疾病；意识障碍在先，发热在后，见于脑出血、蛛网膜下腔出血、巴比妥类药物中毒等。

2. 意识障碍伴呼吸缓慢 是呼吸中枢受抑制的表现，可见于吗啡、巴比妥类、有机磷农药等中毒。

3. 意识障碍伴高血压 多见于高血压脑病、脑血管病、尿毒症等。

4. 意识障碍伴心动过缓 可见于颅内压增高、高度房室传导阻滞和吗啡中毒等。

5. 意识障碍伴瞳孔改变 意识障碍伴瞳孔缩小可见于有机磷农药、吗啡类、巴比妥类等中毒；意识障碍伴瞳孔扩大见于颠茄类、酒精中毒及低血糖状态等。

6. 意识障碍伴脑膜刺激征 见于各种脑膜炎、蛛网膜下腔出血等。

7. 意识障碍伴瘫痪 见于脑出血、脑梗死等。

8. 意识障碍伴低血压 见于各种原因的休克。

9. 意识障碍伴皮肤黏膜改变 意识障碍伴出血点、瘀斑和紫癜等见于严重感染和出血性疾病；口唇呈樱红色提示一氧化碳中毒。

【问诊要点】

1. 发病情况　起病的急缓、时间，有无感染、疲劳、外伤、饮酒、服用药物及有毒物质接触史。
2. 意识障碍的特点　意识障碍的进程及意识障碍的类型。
3. 伴随症状　是否伴有发热、呼吸缓慢、瞳孔散大、瞳孔缩小、心动过缓、高血压、低血压、脑膜刺激征、瘫痪及皮肤黏膜改变等。
4. 诊疗经过　是否到过医院就诊，做过何种检查及治疗。
5. 一般情况　起病后饮食、睡眠、排便情况，精神状态，体重变化等。
6. 相关病史　有无类似病史，有无高血压、糖尿病、甲状腺疾病、心脏病、肝病、肾病、癫痫、脑外伤及脑肿瘤等疾病。

（王　芳）

第三十节　睡眠障碍

案例 1-2-30

患者，男性，35 岁。主诉近 3 个月难以入睡，夜间多次觉醒，早晨早醒，白天感到疲劳、注意力不集中。无明显焦虑、抑郁等精神问题。

问题与思考：
1. 该患者的临床表现有哪些？
2. 该患者可能的睡眠障碍类型是什么？

睡眠障碍是一组影响睡眠质量和（或）数量的疾病，涉及生理、心理、行为和环境因素。这些障碍可能导致日间功能受损，增加慢性疾病风险，并影响患者的生活质量。

【分类】

根据国际睡眠障碍分类，睡眠障碍被分为多种不同的类型，主要包括以下几大类。

1. 失眠（insomnia）　包括慢性失眠障碍、短期失眠障碍以及其他特定的失眠障碍等。
2. 睡眠相关呼吸障碍（sleep-related breathing disorder）　包括阻塞性睡眠呼吸暂停、中枢性睡眠呼吸暂停、睡眠相关的低通气等。
3. 中枢性嗜睡障碍（central disorder of hypersomnolence）　包括特发性嗜睡症、发作性睡病（如纳尔科勒普西）以及其他原因引起的嗜睡障碍等。
4. 昼夜节律相关睡眠-觉醒障碍（circadian rhythm sleep-wake disorder）　包括睡眠时相延迟综合征、时相提前综合征、非 24 h 睡眠-觉醒障碍以及倒班工作睡眠障碍等。
5. 异态睡眠（parasomnias）　包括梦游症、夜惊、睡眠相关进食障碍以及快速眼动（REM）睡眠行为障碍等。
6. 睡眠相关运动障碍（sleep-related movement disorder）　包括周期性肢体运动障碍、不宁腿综合征等。
7. 其他睡眠障碍　包括孤立的症状或体征，如打鼾、睡眠抑制。

【临床表现】

1. 失眠（insomnia） 失眠是一种常见的睡眠障碍，特征为个体在合适的睡眠机会和环境下，仍表现出频繁的入睡困难（难以启动睡眠）或睡眠维持困难（夜间频繁觉醒或早醒），导致总睡眠时间减少，睡眠质量下降，以及次日功能受损。患者常主诉有疲劳、注意力下降、情绪波动、工作或学习效率降低等。失眠可能与心理因素（如焦虑、抑郁）、生理因素（如疼痛、药物副作用）、环境因素（如噪声、光线）或生活习惯（如咖啡因摄入、不规律作息）有关。

2. 睡眠相关呼吸障碍（sleep-related breathing disorder） 睡眠呼吸暂停综合征（sleep apnea syndrome，SAS）是睡眠相关呼吸障碍的一种，表现为睡眠期间反复出现呼吸暂停或低通气事件，导致夜间睡眠片段化和白天嗜睡。根据呼吸暂停的性质，可分为中枢性、阻塞性和混合性睡眠呼吸暂停。患者可能伴有打鼾、夜间窒息感、夜尿增多和性功能减退等症状。长期未治疗的睡眠呼吸暂停综合征可增加心血管疾病的风险。

3. 过度日间嗜睡症（excessive daytime sleepiness，EDS） 是指在日间出现难以抑制的睡意，严重影响日常活动和生活质量。这种症状可能与夜间睡眠不足、睡眠质量差或睡眠结构紊乱有关。患者可能在不适当的时间和场合（如工作、驾驶、进食）出现嗜睡发作，增加事故发生风险。

4. 异态睡眠（parasomnias） 是一组在入睡、睡眠期间或觉醒过程中出现的异常行为或生理事件。

（1）梦游症（somnambulism）：在非快速眼动（NREM）睡眠的第3期或第4期出现，患者起床行走，但对周围环境缺乏意识。

（2）夜惊（night terrors）：通常发生在儿童中，表现为突然从睡眠中惊醒，伴有尖叫、恐慌和强烈的自主神经系统激活。

5. 昼夜节律相关睡眠-觉醒障碍（circadian rhythm sleep-wake disorder，CRSWD） 这类障碍是由于内源性睡眠-觉醒周期与外部环境时间不同步所致。

（1）睡眠时相延迟综合征（delayed sleep-wake phase syndrome）：患者晚上入睡和早晨觉醒的时间比期望的或社会接受的时间晚。

（2）时相提前综合征（advanced sleep-wake phase disorder）：患者晚上早睡、早晨早醒，与常规的作息时间不同步。

 睡眠障碍的分类、临床表现。

【伴随症状】

1. 睡眠障碍伴夜间出汗　可能提示睡眠呼吸暂停综合征、夜惊或激素失衡。
2. 睡眠障碍伴夜间头痛　可能与睡眠呼吸暂停、夜间高血压或其他神经系统疾病有关。
3. 睡眠障碍伴夜间心悸或胸痛　可能提示心脏疾病、夜间心律失常或焦虑发作。
4. 睡眠障碍伴夜间尿频　可能与前列腺疾病、糖尿病或泌尿系统疾病有关。
5. 睡眠障碍伴夜间咳嗽或呼吸困难　可能与心力衰竭、哮喘或胃食管反流病有关。
6. 睡眠障碍伴夜间行为异常（如梦游、夜惊）　可能提示睡眠相关运动障碍或精神障碍。
7. 睡眠障碍伴情绪变化（如焦虑、抑郁或易怒）　可能与睡眠质量差或精神健康问题有关。

【问诊要点】

1. 发病情况　询问有无诱因和病因（感染、外伤、情绪等）。
2. 症状特点　询问患者的睡眠习惯，包括睡眠时间、睡眠环境、睡前活动等。询问患者的睡眠模式，包括入睡时间、夜间觉醒次数、早醒情况等。询问患者对睡眠质量的主观感受，是否有睡眠浅、多梦等症状。
3. 伴随症状　询问是否有疲劳、疲劳程度、注意力、记忆力及情绪状态等。
4. 诊疗情况　是否到医院就诊和检查，用药情况和治疗效果。
5. 一般情况　精神、饮食、大小便和体重的变化。
6. 相关病史　询问患者的生活习惯，包括饮食、运动、咖啡因和酒精摄入情况等。询问患者的既往病史，包括精神障碍、慢性疾病、用药史等。询问患者的家族史，是否有家族成员睡眠障碍或其他相关疾病。询问患者的生活环境中有无噪声、光线、温度等可能影响睡眠的因素。询问药物过敏史和食物过敏史。

> **知识链接**
>
> **睡眠问卷与量表**
>
> 1. 匹兹堡睡眠质量指数（PSQI）　用于评估过去1个月的睡眠质量，包含多个维度，如睡眠效率、睡眠障碍。
> 2. 失眠严重度指数（ISI）　专门用于评估失眠的严重程度。
> 3. 艾普沃斯（Epworth）嗜睡量表（ESS）　评估日间嗜睡程度，对诊断嗜睡症有帮助。
> 4. 睡眠习惯问卷（SHQ）　评估个体的睡眠习惯和可能影响睡眠的行为。
> 5. 睡眠信念和态度量表（DBAS）　评估个体对睡眠的信念和态度，可能影响睡眠的行为。
> 6. 多导睡眠图（PSG）量表　用于分析通过PSG记录的睡眠数据，评估睡眠结构和呼吸模式。
> 7. 国际睡眠障碍分类（ICSD）问卷　用于评估和分类各种睡眠障碍。
> 8. 睡眠日记　个体记录自己的睡眠和觉醒模式，持续一段时间，用于分析睡眠模式。

（王　芳）

第三十一节　常见症状的临床诊断思维

【病例一】

患者，男性，22岁。发热、咳嗽、咳铁锈色痰、胸痛3天。

(一) 症状诊断临床思维

1. 症状特点一　急性发热、咳嗽、咳铁锈色痰3天。

（1）引起急性发热、咳嗽的常见疾病有急性呼吸道感染，如上呼吸道感染、急性支气管炎、肺炎及急性肺脓肿。

（2）暂排除引起慢性咳嗽的疾病，如COPD、肺结核、支气管扩张及原发性支气管肺癌。

（3）引起咳嗽、咳铁锈色痰的疾病有肺炎链球菌肺炎。

2. 症状特点二　胸痛3天。

引起急性胸痛的疾病有肺炎链球菌肺炎、急性胸膜炎、自发性气胸及肺梗死等。

3. 症状特点三　患者无绿色痰、大量恶臭脓性痰、砖红色痰、粉红色泡沫样痰等症状。

诊断：目前可能性最大的诊断为肺炎链球菌肺炎。

（二）问诊技能要点

1. 根据主诉及相关鉴别诊断询问

（1）起病情况，有无疲劳及受凉。

（2）发热、咳嗽、咳铁锈色痰、胸痛的特点和临床表现及影响因素。

（3）伴随症状：有无低热、乏力、盗汗、消瘦，有无咯血、大量恶臭脓性痰等症状。

（4）起病后饮食、睡眠、排便情况，精神状态，体重变化等。

2. 诊疗经过

（1）是否到医院就诊，做过哪些检查（胸部X线片、痰液检查）。

（2）治疗及用药情况。

3. 其他有关病史

（1）是否有药物过敏史。

（2）与该病有关的其他病史：如支气管扩张、肺脓肿、肺癌、心脏病、肾病及血液病。

（三）问诊技巧要点

条理性强，抓住发热、咳嗽、咳铁锈色痰、胸痛的重点，围绕发热、咳嗽、咳铁锈色痰、胸痛的主诉及相关鉴别诊断询问。

【病例二】

患者，女性，44岁。右上腹阵发性疼痛3天。

（一）症状诊断临床思维

1. 症状特点一　急性腹部疼痛。

（1）引起急性腹部疼痛的疾病有腹腔内脏器急性炎症、腹腔内空腔脏器阻塞或扩张、腹腔内脏器扭转或破裂、腹腔内血管病变、腹壁病变、胸部疾病所致的腹部牵涉痛及中毒。

（2）暂时排除引起慢性腹痛的疾病，如慢性炎症及消化性溃疡、腹内脏器慢性扭转、腹内实质性脏器病变、腹内肿瘤、肠寄生虫病、神经精神因素及慢性中毒与代谢障碍。

2. 症状特点二　腹部阵发性疼痛。

（1）引起腹部阵发性疼痛的疾病有急性肠炎、急性胆囊炎、急性胰腺炎、急性阑尾炎、急性出血性坏死性肠炎、胃肠穿孔引起的急性弥漫性腹膜炎、肠梗阻、胆道结石、胆道蛔虫症、尿路结石、肠扭转、肠套叠、大网膜或肠系膜扭转、卵巢囊肿蒂扭转及腹型过敏性紫癜等。

（2）暂时排除非右上腹阵发性疼痛的疾病，如急性胃炎、腹壁挫伤、腹壁脓肿、腹壁带状疱疹、胸部疾病所致的腹部牵涉痛（如肺炎、肺梗死、急性心肌梗死、急性心包炎）等。

3. 症状特点三　右上腹阵发性疼痛。

（1）引起右上腹阵发性疼痛的疾病有急性胆囊炎、胆道结石、胆道蛔虫症。

（2）暂时排除无右上腹阵发性疼痛的疾病，如急性肠炎、急性胰腺炎、急性阑尾炎、急性出血性坏死性肠炎、胃肠穿孔引起的急性弥漫性腹膜炎、肠梗阻、尿路结石、肠扭转、肠套叠、大网膜或肠系膜扭转、卵巢囊肿蒂扭转、肝破裂、脾破裂、异位妊娠破裂、肠系膜动脉栓塞、缺血性肠炎、门静脉栓塞、脾栓塞、铅中毒、糖尿病酮症酸中毒、尿毒症及腹型过敏性紫癜等。

诊断：目前可能性最大的诊断是急性胆囊炎、胆道结石。

（二）问诊技能要点

1. 根据主诉及相关鉴别诊断询问
（1）发病诱因，发病与饮食的关系。
（2）疼痛的性质、特点，有无放射痛，与呼吸、体位的关系。
（3）有无发热，发热的规律和程度，发热与疼痛的关系，有无寒战。
（4）伴随症状：发作时有无呕吐、腹泻、黄疸等症状。
（5）起病后饮食、睡眠、排便情况，精神状态，体重变化等。
2. 诊疗经过
（1）是否到医院就诊，做过哪些检查（血、尿、便常规，血生化，B超）。
（2）治疗及用药情况及疗效。
3. 其他有关病史
（1）是否有药物过敏史。
（2）相关病史：溃疡病、慢性胃炎史，腹部手术史，心血管疾病史。

（三）问诊技巧要点

问诊条理性强，能抓住右上腹、阵发性、疼痛重点。能够围绕阵发性疼痛病情及相关鉴别诊断询问。

（王 芳）

自 测 题

一、名词解释

1. 稽留热
2. 隐血便
3. 躯体性腹痛
4. 呕血
5. 吞咽困难
6. 发绀
7. 心悸
8. 心源性哮喘
9. 水肿
10. 皮肤黏膜出血

二、填空题

1. 多数患者的发热是由致热原所致，致热原包括_____和_____两大类。
2. 发热的分度是：低热_____、中等度热_____、高热_____、超高热_____。
3. 非致热原性发热见于_____、_____、_____。
4. 头痛同时伴有剧烈呕吐者提示为_____，头痛伴发热者常见于_____，头痛伴视力障碍者可见于_____或_____；头痛伴脑膜刺激征提示_____或_____。
5. 发绀是由于血液中还原血红蛋白的_____所致，当毛细血管血液中还原血红蛋白浓度超过_____时，即可出现发绀。

6. 出现黑便提示上消化道出血量达_____以上，出现呕血说明胃内积血量达_____。

7. 呕吐中枢在_____，颅内压增高引起的呕吐前常无恶心先兆，呈_____呕吐，晨起呕吐出隔夜宿食提示有_____。

8. 疼痛按发生的部位及传导途径不同可以分为_____、_____、_____。

9. 周围性发绀见于_____性发绀及_____性发绀。

10. 咳砖红色胶冻样血痰见于_____肺炎。

11. 慢性腹泻伴脓血便应考虑慢性痢疾和_____等。

12. 腹泻伴有里急后重，说明病变在_____及_____。

13. 阿米巴痢疾粪便呈_____，细菌性痢疾粪便呈_____，霍乱粪便呈_____。

14. 腹泻的发生机制，按病理生理分为_____、_____、_____、_____和_____。

15. 胆汁淤积性黄疸患者血液中_____和_____胆红素增高。

16. 溶血性黄疸以_____胆红素升高为主；胆汁淤积性黄疸以_____胆红素升高为主。

17. 判断咯血量，每日_____为小量咯血，_____为中等量咯血，_____为大量咯血。

三、选择题

A1 型题

1. 慢性腹泻是指病程超过
   A. 2 周　　　　　　　B. 3 周　　　　　　　C. 1 个月
   D. 2 个月　　　　　　E. 3 个月

2. 黏液脓血便、里急后重可见于
   A. 肠结核　　　　　　B. 直肠息肉　　　　　C. 急性细菌性痢疾
   D. 阿米巴痢疾　　　　E. 伤寒

3. 所致腹泻可伴重度脱水的疾病是
   A. 霍乱　　　　　　　B. 溃疡性结肠炎　　　C. 肠结核
   D. 慢性细菌性痢疾　　E. 吸收不良综合征

4. 消化性溃疡腹痛特点是
   A. 上腹痛　　　　　　　　　　　　　　　　B. 剑突下痛
   C. 脐周痛　　　　　　　　　　　　　　　　D. 上腹部节律性、周期性痛
   E. 下腹痛

5. 黑便伴蜘蛛痣和肝掌可见于
   A. 直肠癌　　　　　　B. 胃癌　　　　　　　C. 溃疡性结肠炎
   D. 肝硬化门静脉高压　E. 胆管癌

6. 患者出现腹痛、发热、腹泻，伴里急后重可见于
   A. 消化性溃疡　　　　B. 急性细菌性痢疾　　C. 肠结核
   D. 小肠血管畸形　　　E. 结肠癌

7. 呕血最常见的疾病是
   A. 消化性溃疡　　　　B. 食管静脉曲张破裂出血　　C. 胃癌
   D. 急性胃黏膜病变　　E. 急性出血性胃炎

8. 呕吐大量隔夜宿食可见于
   A. 急性胃炎　　　　　B. 慢性胃炎　　　　　C. 消化性溃疡
   D. 急性肝炎　　　　　E. 幽门梗阻

9. 出现持续压榨性或窒息性胸部闷痛，最可能的诊断是
   A. 急性心肌梗死　　　　B. 肋间神经痛　　　　C. 食管炎
   D. 自发性气胸　　　　　E. 心包炎
10. 胸痛向左肩、左前臂放射，最可能的诊断是
   A. 急性心包炎　　　　　B. 纵隔疾病　　　　　C. 急性胸膜炎
   D. 心绞痛　　　　　　　E. 食管炎
11. 腹痛位于右上腹部，并向右肩部放射，提示的疾病是
   A. 肠炎　　　　　　　　B. 阿米巴痢疾　　　　C. 胃炎
   D. 胆囊炎　　　　　　　E. 胰腺炎
12. 女性患者停经后突发剧烈腹痛应首先想到
   A. 急性肾盂肾炎　　　　B. 肝破裂　　　　　　C. 脾破裂
   D. 异位妊娠破裂　　　　E. 急性膀胱炎
13. 头面部阵发性电击样或撕裂样疼痛多见于
   A. 脑供血不足　　　　　B. 三叉神经痛　　　　C. 偏头痛
   D. 肌紧张性头痛　　　　E. 高血压
14. 惊厥伴高血压、脑膜刺激征阳性的疾病是
   A. 蛛网膜下腔出血　　　B. 高血压脑病　　　　C. 肺性脑病
   D. 癔症　　　　　　　　E. 丘脑出血
15. 增生性脊柱炎的腰背痛特点，不正确的是
   A. 多见于50岁以上的患者　　　　　B. 晨起感腰痛、酸胀、僵直
   C. 过多活动后腰痛减轻　　　　　　D. 疼痛以傍晚明显
   E. 腰椎无明显压痛
16. 鉴别肝细胞性黄疸与梗阻性黄疸时，下列检查错误的是
   A. 尿胆红素　　　　　　B. 丙氨酸转氨酶　　　C. 血清非结合胆红素
   D. 尿胆素原　　　　　　E. 谷草转氨酶
17. 关于慢性肾盂肾炎，不正确的是
   A. 可反复急性发作　　　B. 可有高血压　　　　C. 可出现肾衰竭
   D. 尿路刺激症状可不明显　E. 肾小管功能正常
18. 少尿可见于以下情况，须除外的是
   A. 大出血　　　　　　　B. 休克　　　　　　　C. 肾小管性酸中毒
   D. 前列腺增生　　　　　E. 肝硬化
19. 基本不会引起消瘦的疾病是
   A. 糖尿病　　　　　　　B. 甲状腺功能低下　　C. 慢性胆囊炎
   D. 胃溃疡　　　　　　　E. 先天性乳糖酶缺乏
20. 尿频多见于以下哪种情况
   A. 尿路感染　　　　　　B. 急性肾小球肾炎　　C. IgA肾病
   D. 紫癜性肾炎　　　　　E. 慢性肾炎
21. 高热伴惊厥最常见于
   A. 脑转移瘤　　　　　　B. 脑外伤　　　　　　C. 小儿急性感染
   D. 高血压脑病　　　　　E. 低钙血症
22. 显性黄疸指的是胆红素浓度为
   A. 1.7 μmol/L　　　　　B. >17.1 μmol/L　　　C. >34.2 μmol/L
   D. >68 μmol/L　　　　　E. >136 μmol/L

23. 以结合胆红素增高为主的黄疸产生的机制主要是
   A. 胆红素排泄障碍　　　　B. 胆红素结合障碍　　　　C. 胆红素摄取障碍
   D. 胆红素来源过多　　　　E. 胆红素肾排泄障碍
24. 关于消瘦的定义，正确的是
   A. 体重减轻到低于正常的 5%　　　　B. 体重减轻到低于正常的 10%
   C. 体重减轻到低于正常的 15%　　　　D. 体重减轻到低于正常的 20%
   E. 体重减轻到低于正常的 25%
25. 鉴别中度昏迷与深昏迷最有价值的是
   A. 对各种刺激无反应　　　B. 不能唤醒　　　　　　C. 无自主运动
   D. 深、浅反射均消失　　　E. 大小便失禁
26. 无症状性血尿最常见于
   A. 肾盂肾炎　　　　　　　B. 薄基底膜肾病　　　　C. 输尿管结石
   D. 丝虫病　　　　　　　　E. 多囊肾

A2 型题

27. 患者，男性，30 岁，淋雨后出现寒战、高热、呼吸困难、右侧胸痛、咳铁锈色痰，口唇处可见疱疹，最可能的诊断是
   A. 伤寒　　　　　　　　　B. 急性肾盂肾炎　　　　C. 急性胆囊炎
   D. 急性支气管炎　　　　　E. 肺炎链球菌肺炎
28. 患者，男性，19 岁，突发脐周疼痛，呈进行性加重并逐渐转移至右下腹，伴恶心、呕吐，右下腹局部压痛。最可能的诊断是
   A. 急性阑尾炎　　　　　　B. 急性胆囊炎　　　　　C. 急性胃穿孔
   D. 胆道蛔虫症　　　　　　E. 胆结石
29. 患者，女性，65 岁，近 3 年常于餐后平躺时出现胸骨后烧灼样疼痛，口服多潘立酮（吗叮啉）有效，最可能的疾病诊断是
   A. 心绞痛　　　　　　　　B. 胸膜炎　　　　　　　C. 胃溃疡
   D. 十二指肠溃疡　　　　　E. 反流性食管炎
30. 患者，男性，50 岁，大量饮酒后突发左上腹痛，疼痛呈持续性，伴阵发性加重，向左腰背部放射，伴恶心、呕吐，提示的疾病是
   A. 急性阑尾炎　　　　　　B. 急性胆囊炎　　　　　C. 急性胰腺炎
   D. 急性胃炎　　　　　　　E. 胃癌
31. 患者，女性，无发热和腰痛，有膀胱刺激征和血尿，可能的诊断是
   A. 急性膀胱炎　　　　　　B. 急性肾盂肾炎　　　　C. 泌尿系统结核
   D. 膀胱结石　　　　　　　E. 膀胱肿瘤
32. 患者，男性，25 岁。突发头痛 3 h，呈持续性，程度剧烈。查体：T 36 ℃，意识混浊、烦躁，脑膜刺激征阳性。该患者最可能的疾病诊断是
   A. 蛛网膜下腔出血　　　　B. 脑炎　　　　　　　　C. 脑膜脑炎
   D. 脑肿瘤　　　　　　　　E. 脑梗死
33. 患者，女性，60 岁。晕厥 10 min。体格检查：昏迷状态，双侧瞳孔散大，对光反射迟钝。该患者最可能的疾病诊断是
   A. 颠茄类中毒　　　　　　B. 吗啡类中毒　　　　　C. 毒蕈类中毒
   D. 有机磷农药中毒　　　　E. 巴比妥类中毒

34. 患者，男性，70岁。2天前，患者受凉后出现发热，伴意识混浊、定向力丧失、言语杂乱、幻听及幻视。有吸烟史20年，每日20～30支，既往有慢性阻塞性肺疾病病史。该意识障碍属于
    A. 昏睡　　　　　　　　B. 嗜睡　　　　　　　　C. 谵妄
    D. 轻度昏迷　　　　　　E. 意识混浊

35. 患者，男性，35岁。突发抽搐8h。体格检查：四肢肌肉呈持续性强直性痉挛，肌肉压痛剧烈。该患者最可能的疾病诊断是
    A. 癫痫　　　　　　　　B. 高血压脑病　　　　　C. 蛛网膜下腔出血
    D. 破伤风　　　　　　　E. 颅内占位

36. 患者，男性，22岁。腰背疼痛1年，放射至下肢，活动后加重，伴潮热、盗汗、消瘦。最可能的疾病诊断是
    A. 强直性脊柱炎　　　　B. 脊椎肿瘤　　　　　　C. 脊椎结核
    D. 腰椎间盘突出症　　　E. 泌尿系统结核

37. 患者，女性，45岁。近4年经常腰痛，劳累及气候变化时加剧。3天前搬重物后腰痛加剧，疼痛放射至左下肢。最可能的疾病诊断是
    A. 脊椎结核　　　　　　B. 类风湿关节炎　　　　C. 强直性脊柱炎
    D. 腰椎间盘突出症　　　E. 腰肌劳损

38. 患者，男性，28岁，因尿频、尿急、尿痛4个月，加重伴尿失禁1周就诊。尿常规检查提示白细胞（++），尿潜血（+++），使用多种抗生素治疗无明显缓解。该患者的疾病诊断最有可能的是
    A. 急性膀胱炎　　　　　B. 泌尿系统结核　　　　C. 间质性膀胱炎
    D. 慢性膀胱炎　　　　　E. 慢性肾盂肾炎

39. 患者，男性，23岁，低热、盗汗、乏力、食欲缺乏、消瘦3个月余。最可能的疾病诊断是
    A. 肺结核　　　　　　　B. 胃癌　　　　　　　　C. 糖尿病
    D. 甲状腺功能亢进症　　E. 慢性胃炎

40. 患者，男性，57岁。剧烈头痛1h，头痛呈持续性，伴有意识障碍。体格检查：T 36.2 ℃，颈强直（+）。患者最可能的疾病诊断是
    A. 病毒性脑膜炎　　　　B. 血管神经性头痛　　　C. 蛛网膜下腔出血
    D. 肌紧张性头痛　　　　E. 脑肿瘤

A3/A4 型题

（41～43题共用题干）

患者，男性，56岁，心悸、胸闷2个月，突发胸痛4h，呈持续性疼痛，伴呼吸困难，休息不能缓解。体格检查：HR 85次/分，心音低，心律不齐，未闻及期前收缩。

41. 该患者最有可能的疾病诊断是
    A. 心肌梗死　　　　　　B. 心肌病　　　　　　　C. 气胸
    D. 心包积液　　　　　　E. 心房颤动

42. 首选的检查为
    A. 心电图　　　　　　　　　　　　　　　　　B. 心脏数字X射线摄影检查
    C. 心肌酶谱　　　　　　　　　　　　　　　　D. 胸部X线片
    E. 超声

43. 主要应该鉴别的疾病是
    A. 支气管哮喘　　　　　B. 病毒性心肌炎　　　　C. 气胸
    D. 心包炎　　　　　　　E. 心力衰竭

（44~46题共用题干）

患者，男性，25岁。淋雨后出现寒战、高热、胸痛、咳嗽、咳脓性铁锈色痰3天，呼吸困难1天。体格检查：T 39.5 ℃，R 30次/分，BP 100/70 mmHg，口周疱疹，口唇轻度发绀。

44. 对于该患者，首先考虑的诊断是
    A. 肺脓肿　　　　　　　B. 支气管肺炎　　　　　C. 肺结核
    D. 肺炎链球菌肺炎　　　E. 间质性肺炎

45. 体检时不常见的体征是
    A. 叩诊浊音　　　　　　B. 语音震颤增强　　　　C. 闻及支气管呼吸音
    D. 急性热病容　　　　　E. 胸膜摩擦音

46. 该患者呼吸困难的特点是
    A. 吸气性呼吸困难　　　B. 呼气性呼吸困难　　　C. 混合性呼吸困难
    D. 心源性呼吸困难　　　E. 中毒性呼吸困难

B1型题

（47~48题共用备选答案）
   A. 溶血性黄疸　　　　　　　　　　B. 肝细胞性黄疸
   C. 胆汁淤积性黄疸　　　　　　　　D. 克-纳（Crigler-Najjar）综合征
   E. Rotor综合征

47. 血清中未结合胆红素显著增加，见于
48. 血清中结合胆红素与非结合胆红素均增加，见于

（49~51题共用备选答案）
   A. 脊椎结核　　　　　　　　　　　B. 椎间盘突出症
   C. 脊柱压缩性骨折　　　　　　　　D. 脊柱肿瘤
   E. 强直性脊柱炎

49. 腰背痛，X线片显示腰椎增生、椎体呈楔形改变的疾病是
50. 腰背痛，伴左下肢麻木、乏力的疾病是
51. 腰背痛，X线片显示腰椎增生、椎间盘变窄的疾病是

四、简答题

1. 简述如何通过症状判断失血占循环血容量的比重。
2. 简述左侧心力衰竭发生呼吸困难的主要原因及其机制。
3. 简述中心性发绀与周围性发绀有何区别。
4. 简述咯血与呕血的鉴别要点。

第二篇

检体诊断

2

体格检查（physical examination）是指医师运用自己的感官和借助于简便的检查工具，客观地了解和评估患者身体状况的一系列最基本的检查方法。医师通过全面体格检查后，对患者健康状况或疾病状态提出的临床判断称为检体诊断（physical diagnosis）。

体格检查的方法包括视诊、触诊、叩诊、听诊和嗅诊。要想熟练地进行全面和规范的体格检查，既要掌握扎实的医学知识，更需要反复的临床实践，积累丰富的临床经验。体格检查过程既是诊断疾病的必要步骤，又是与患者交流、沟通、建立良好医患关系的过程。

体格检查时应注意：

（1）环境安静、整洁、光线充足、温度适宜。

（2）医师应以患者为中心，要关心、体贴患者，要有高度的责任心和良好的医德修养，应仪表端庄，举止大方，指甲修短，态度诚恳、和蔼。

（3）医师在检查前应向患者说明体格检查的目的、要求，取得患者配合。检查结束后应对患者的配合与协作表示感谢。

（4）医师应站在患者的右侧，检查手法应规范、轻柔，检查部位应依次充分暴露，需要注意保护患者的隐私，该部位检查完毕后即行遮盖。

（5）医师应注意避免交叉感染，检查前医师洗手或用消毒液擦手，必要时可穿隔离衣，戴口罩和手套，并做好隔离消毒工作。

（6）全身体格检查时应全面、有序、重点、规范和正确。体格检查要按一定的顺序进行，避免重复和遗漏，避免反复翻动患者。通常首先进行生命体征和一般检查，然后按头、颈、胸、腹、脊柱、四肢、神经系统的顺序进行检查，必要时进行生殖器、肛门及直肠检查。

（7）对于需急救的危重症患者，可调整检查顺序，对病变部位重点检查，及时掌握基本病情，尽快投入抢救，待病情稳定后再做详细的体格检查。

（8）检查过程中医师应根据病情变化及时复查，及时发现阳性体征，以利于补充和修正诊断。

体格检查常用的器具和物品列于表 2-0-1，图 2-0-1。

表 2-0-1 体格检查常用的器具和物品

必要的		备选的	
体温计	叩诊锤	检耳镜	胶布
听诊器	检眼镜	检鼻镜	纱布垫
血压计	大头针或别针	鹅颈灯	手套
压舌板	卷尺、直尺	音叉（128 Hz、512 Hz）	润滑油
手电筒	棉签	近视力表	便携血氧脉搏仪

图 2-0-1 体格检查常用的器具和物品

第三章 基本方法

第三章数字资源

学习目标

1. 知识：复述基本检查方法的分类及动作要领，总结基本检查方法的应用范围。
2. 能力：能正确操作基本检查方法，并运用基本检查方法对患者进行体格检查。
3. 素养：通过理论学习及实践操作，能根据检查部位不同，选择不同的检查方法，保持患者体位舒适度管理。树立敬佑生命、救死扶伤的职业精神，检查过程中能积极与患者沟通，构建和谐医患关系。

案例 2-3-1

患者，男性，19 岁。腹痛 1 天，起初为脐周疼痛，后转移至右下腹部，伴发热，体温 37.8 ℃。
问题与思考：
1. 该患者需进行哪些体格检查项目？
2. 该患者可能出现哪些阳性体征？

第一节 视 诊

视诊（inspection）是医师用眼睛观察患者全身或局部情况的检查方法。视诊可用于全身一般状态和许多体征的检查，如性别、年龄、发育、营养、意识状态、面容、表情、体位、姿势与步态。局部视诊可了解患者身体各部分的改变，如皮肤、黏膜、眼、耳、鼻、舌、口、头颈、胸廓、腹部、四肢、脊柱及关节外形。必要时可借助某些器械（如检眼镜、检耳镜及内镜）进行检查。

视诊时应充分暴露被检查部位，并在自然光线下进行，这样有利于观察黄疸、发绀、皮疹、出血点等，侧面光线有利于观察心尖冲动或肿物轮廓。只有在具备丰富医学知识和临床经验的基础上，才能减少和避免视而不见的现象；只有将视诊与其他检查方法紧密结合起来，将局部征象与全身表现结合起来，才能发现并确定具有重要诊断意义的临床征象。

第二节 触 诊

触诊（palpation）是医师通过手接触被检查部位时的感觉来对患者的病情进行判断的方法。触诊可以进一步检查视诊发现的异常征象，也可以明确视诊所不能确定的体征，如体温、湿度、震颤、波动、压痛、摩擦感，明确包块的位置、大小、轮廓、表面性质、硬度、移动度等。触诊适用范围很广,尤以腹部检查更为重要。由于手指指腹对触觉较为敏感,掌指关节部掌面皮肤对震动较为敏感,手背皮肤对温度较为敏感,因此触诊时应有针对性地选用相应部位。

一、触诊方法

触诊时,由于目的不同,施加的压力有轻有重,因而可分为浅部触诊法和深部触诊法。

(一)浅部触诊法

浅部触诊法(light palpation)适用于体表浅表病变(关节、软组织、浅部动脉、静脉、神经、精索、阴囊等)的检查和评估。腹部浅部触诊法触及的深度约为1 cm。触诊时,医师将一手放在被检查的部位,用掌指关节和腕关节的协同动作以旋转或滑动方式轻压触摸。浅部触诊法一般不引起患者的痛苦或痛苦较轻,也多不引起肌肉紧张,因此有利于检查腹部有无压痛、抵抗感、搏动、包块和某些肿大的脏器等。浅部触诊法也常在深部触诊法前进行,有利于患者做好接受深部触诊法检查的心理准备。

(二)深部触诊法

深部触诊法(deep palpation)是医师用单手或双手重叠由浅入深,逐渐加压,以达到深层触诊的目的。腹部深部触诊法触及的深度为2 cm以上,有时可达4~5 cm。深部触诊法主要用于检查腹部病变部位和脏器状况。按检查目的和手法不同,可分为以下几种。

1. 深部滑行触诊法(deep slipping palpation) 患者平卧,下肢屈曲略分开立起,张口平静呼吸,放松腹肌。医师右手掌平置于患者腹壁,腕关节伸直,通过掌指关节的屈伸运动,第2~4指向腹部深部触诊,对被检查的脏器或肿块做上、下、左、右滑动触摸,了解其形态、大小及硬度等。

2. 双手触诊(bimanual palpation) 医师用左手托于被检查部位(或器官)的后腹壁,右手置于前腹壁触诊,使被检查器官或包块位于双手之间。双手触诊可用于肝、脾、肾、子宫等脏器的检查(图2-3-1)。

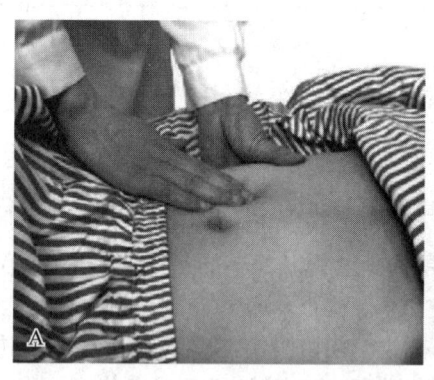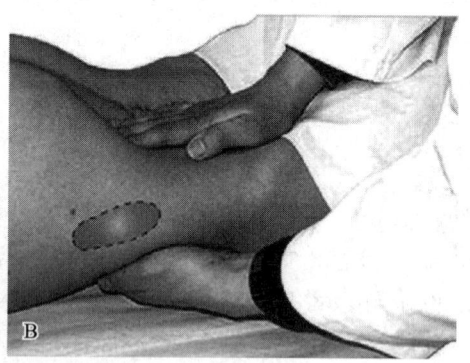

图2-3-1 双手触诊
A. 双手触诊肝;B. 双手触诊肾

3. 深压触诊法(deep press palpation) 用于腹部检查。以1个或2个并拢的手指逐渐用力深压被检查部位,以了解有无局限压痛点及反跳痛,如阑尾压痛点、胆囊压痛点、输尿管压痛点。检查反跳痛时,在手指深压的基础上迅速将手抬起,并询问患者是否感觉疼痛加重或观察患者面部是否出现痛苦表情(图2-3-2)。

4. 冲击触诊法(ballottement) 又称浮沉触诊法,用于大量腹水时肝、脾及腹部包块难以触及者。检查时,医师右手将2~5指并拢、伸直,与腹壁成70°~90°,适当用力,急促而有节律地从腹壁体表向腹深部冲击数次,指端可触到肿块或实体脏器表面状况、质地,并有浮沉感。使用此法检查患者有不适感,用力不能过猛(图2-3-3)。

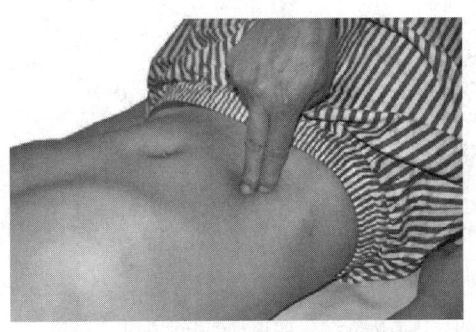
图 2-3-2　深压触诊法（阑尾压痛点）

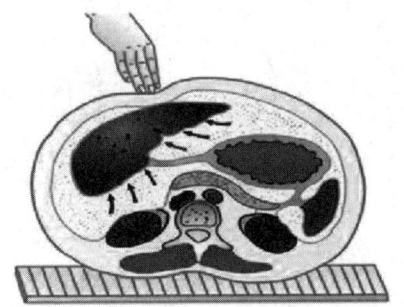
图 2-3-3（彩图1）　冲击触诊法示意图

二、触诊的注意事项

（1）向患者讲清检查目的，取得配合。

（2）腹部检查时，嘱患者先排尿。一般取仰卧位，屈膝、屈髋、下肢略分开立起。必要时可采用半坐位、立位和侧卧位。

（3）医师的手要温暖，站于仰卧位患者右侧，手法要轻柔，由浅到深、由轻到重。发现异常时，边检查边分析，并注意患者的表情。

第三节　叩　诊

叩诊（percussion）是医师用手指叩击患者某部位体表使之震动产生声响，根据震动和声响的特点，判断被检查部位脏器状况有无异常的方法。叩诊多用于确定肺尖宽度、肺下缘位置、胸膜病变、胸膜腔中液体量或气体量、肺部病变大小与性质、纵隔宽度、心界大小与形状、肝及脾的边界、有无腹水及其量，以及子宫、卵巢、膀胱有无胀大等情况。另外，用手或叩诊锤直接叩击被检查部位，检查反射情况和有无疼痛反应也属于叩诊。

一、叩诊方法

（一）直接叩诊法

直接叩诊法（direct percussion）是医师右手掌平伸，手指并拢，用掌面直接轻轻叩打（或拍打）被检查部位体表，借助拍击后的声音及指下的震动感来判断病变情况的方法，适用于胸、腹部范围较广泛的病变，如大量胸腔积液及积气、大片肺实变、腹水（图 2-3-4）。

（二）间接叩诊法

间接叩诊法（indirect percussion）又称指指叩诊法，是临床最常用的叩诊方法。医师将左手中指第二指节紧贴于叩诊部位，其余手指稍微抬起，勿与体表接触；右手各指自然弯曲，用中指指端垂直叩击左手中指第二节指骨的远端（或末端指关节处）。叩击要灵活而富有弹性，用力要均匀，以掌指关节及腕关节运动为主，不要将叩诊指停留在板指指背上（图 2-3-5）。对每一叩诊部位连续叩击 2~3 下，稍停片刻，辨别叩诊音。因叩击力度不同，间接叩诊法可分为轻叩诊法和重叩诊法。

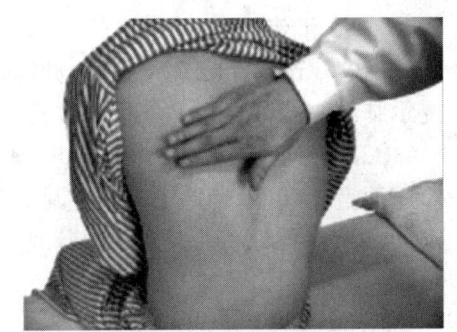
图 2-3-4　直接叩诊法

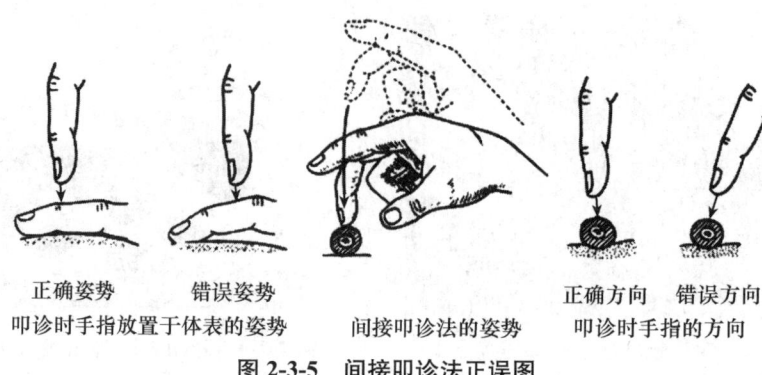

| 正确姿势 | 错误姿势 | | 正确方向 | 错误方向 |
| 叩诊时手指放置于体表的姿势 | | 间接叩诊法的姿势 | 叩诊时手指的方向 | |

图 2-3-5　间接叩诊法正误图

1. 轻叩诊法　适用于胸壁薄者、为发现含气组织遮盖的范围小而表浅的病变，或检查心界、肝界。上述情况下，用力叩诊易造成病灶或器官周围组织的振动，影响叩诊音的性质，不利于判断。

2. 重叩诊法　适用于发现深部病变或较大面积的病变以及肥胖者、肌肉发达者。

二、叩诊音

被叩诊的部位产生的反响称为叩诊音（percussion sound）。被叩诊部位的组织或器官的致密度、弹性、含气量以及与体表的距离不同，可产生不同的叩诊音。临床上根据音调高低（频率高低）、音响强弱（振幅大小）、持续时间长短、是否乐音等，叩诊音分为清音、鼓音、浊音、实音和过清音 5 种（表 2-3-1）。

表 2-3-1　叩诊音及特点

叩诊音	相对强度	相对音调	相对时限	性质	出现部位	病理情况
鼓音	最响亮	最低	较长	鼓响样	胃泡区和腹部	大量气胸、肺空洞、气腹
过清音	更响亮	更低	更长	回响	正常不出现	肺气肿、肺含气量增加
清音	响亮	低	长	空响	正常肺	支气管炎
浊音	中等	中等	中等	重击声样	心脏、肝被肺覆盖的部分	肺炎链球菌肺炎
实音	弱	高	短	极钝	实质脏器部分	大量胸腔积液、肺实变

（一）清音

清音（resonance）是正常的肺部叩诊音，是一种音调低、音响较强、音时较长的叩诊音。清音提示肺组织的弹性、含气量、致密度正常。

（二）浊音

浊音（dullness）是一种音调中等、音响中等、音时中等的叩诊音。当叩击被少量含气组织覆盖的实质器官时产生，如叩击肝或心脏被肺段边缘所覆盖的部分，或在病理状态下如肺炎（肺含气量减少）的叩诊音。

（三）实音

实音（flatness）是音调比浊音更高、音响更弱、音时更短的叩诊音。实音在叩击不含气的实质性脏器（心脏、肝无肺遮盖区）时产生，大量胸腔积液和肺实变、实质性肿块也叩出实音。

（四）鼓音

鼓音（tympany）如同击鼓声，是一种比清音音响强、音时长而和谐的乐音。鼓音在叩击含有大量气体的空腔脏器时出现，正常人见于胃泡区及腹部。病理状态见于气胸、气腹或有较大肺空洞等。

（五）过清音

过清音（hyperresonance）是音调、音响介于清音与鼓音之间的叩诊音，见于肺组织弹性减弱而含气量增多的肺气肿部位。

> **考点提示** 叩诊音的特点及病理情况。

三、叩诊的注意事项

（1）检查环境应安静，以免影响对叩诊音的判断。
（2）患者体位要舒适，叩诊部位肌肉要松弛，否则会影响叩诊音的音调与音响。
（3）叩诊时用力要均匀，按叩诊目的采用轻叩诊法或重叩诊法。
（4）叩诊动作要规范，避免肘关节和肩关节参与叩诊动作。
（5）叩诊时应注意叩诊音的变化，结合板指所感受的局部组织振动综合判断。

第四节　听　诊

听诊（auscultation）是医师根据患者身体各部分活动时发出的声音判断正常与否的一种诊断方法。广义的听诊包括听身体各部位所发出的任何声音，如心脏、肺、胃、肠等脏器发出的音响，说话、咳嗽、呻吟、呃逆、呼叫发出的声音，关节活动音、骨擦音等，对诊断可提供有用的线索。

一、听诊方法

听诊方法可分为直接听诊法和间接听诊法。

1. 直接听诊法（direct auscultation）　医师用耳直接贴于（或接近）患者体表某部位，听取相关的声音，目前只有在某些特殊情况和紧急情况下才会采用。

2. 间接听诊法（indirect auscultation）　指使用听诊器听诊，为临床常用方法，可用于身体任何部位。听诊器对器官活动的声音有一定的放大作用，且能阻断环境中的噪声。间接听诊法听诊效果好，应用范围广。

二、听诊器的选择与使用

听诊器（stethoscope）通常由耳件、体件和软管3个部分组成（图2-3-6），其长度应与医师手臂长度相适应。听诊时应注意检查耳件方向是否正确，硬管和软管管腔是否通畅。体件有钟形和膜形两种：钟形适用于肋间隙狭窄者和听取低调音响（二尖瓣狭窄的隆隆样杂音）；膜形适用于听取较深部位脏器发出的音响（肺部呼吸音）和高调的声音，但低音调声音容易被滤掉，影响听诊结果。临床使用时应根据检查目的加以选择。

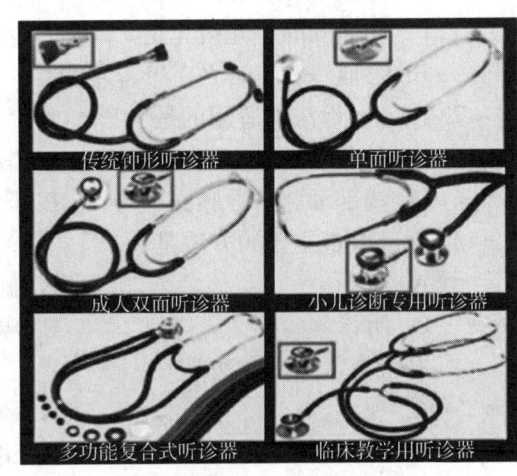

图 2-3-6　听诊器

三、听诊的注意事项

（1）检查环境要温暖、安静，避免外界噪声及寒冷引起肌肉震颤而影响听诊效果。

（2）患者应根据需要采取坐位、卧位、变换体位，但病情严重者应尽量减少体位的变动。

（3）听诊器各部分连接要紧密、无松动，胶管无阻塞或破裂。听诊过程中，医师要集中注意力，排除其他音响的干扰，如听心音时应摒除呼吸音的干扰，听呼吸音时又要摒除心音的干扰。

（4）听诊器管不能与衣服或皮肤摩擦，以免干扰听诊的准确性。

第五节 嗅 诊

嗅诊（olfactory examination）是通过嗅觉来判断发自患者的异常气味与疾病之间关系的一种诊断方法。来自患者皮肤、黏膜、呼吸道、胃肠道、呕吐物、排泄物、分泌物、脓液和血液等的气味，因疾病的不同，其特点与性质各不相同。

有的特殊气味对某种疾病具有提示性的诊断意义：狐臭味见于腋臭；大量脓臭痰见于肺脓肿、支气管扩张；恶臭的脓液可见于气性坏疽；呕吐物或呼出气有刺激性蒜味见于有机磷农药中毒；呼出气烂苹果味见于糖尿病酮症酸中毒；呼出气氨味见于尿毒症；肝腥味见于肝性脑病；新鲜尿即有氨味提示泌尿系统感染（膀胱炎）。风湿热、布鲁氏菌病、长期服用解热镇痛药等患者因大量出汗皮肤有酸汗味。口臭为口腔发出的难闻气味，一般见于口腔炎症、胃炎等消化道疾病。在临床工作中，嗅诊有时可迅速提供具有重要意义的诊断线索，同时要结合其他检查才能做出正确的诊断。

（陶 涛）

自 测 题

A1 型选择题

1. 医师在体格检查时，不正确的是
    A. 举止端庄、态度和蔼
    B. 操作轻柔、细致
    C. 环境安静、光线充足
    D. 被检查部位应充分暴露
    E. 医师一般应站在患者左侧

2. 浅部触诊法不适用的是
    A. 关节
    B. 软组织
    C. 腹腔包块
    D. 浅部动脉、静脉
    E. 阴囊和精索

3. 腹部检查主要的方法是
    A. 视诊
    B. 触诊
    C. 叩诊
    D. 听诊
    E. 嗅诊

4. 肝检查常用的方法是
    A. 视诊
    B. 深压触诊法
    C. 双手触诊
    D. 冲击触诊法
    E. 浅部触诊法

5. 正常肺部叩诊音是
   A. 清音　　　　　　　　B. 浊音　　　　　　　　C. 实音
   D. 鼓音　　　　　　　　E. 过清音
6. 有机磷农药中毒时呼出气味可呈
   A. 酒味　　　　　　　　B. 肝腥味　　　　　　　C. 恶臭味
   D. 尿臭味　　　　　　　E. 大蒜味
7. 关于深压触诊法，不正确的是
   A. 又称冲击触诊法　　　　　　　　　B. 用于探测腹腔病变的部位
   C. 用于确定腹腔压痛点　　　　　　　D. 检查方法是用手掌逐渐深压
   E. 属于深部触诊法的一种
8. 叩诊呈过清音的疾病是
   A. 肺结核　　　　　　　B. 肺炎　　　　　　　　C. 肺气肿
   D. 胸腔积液　　　　　　E. 心包积液
9. 宜采用直接叩诊法的是
   A. 心浊音界　　　　　　B. 肝浊音界　　　　　　C. 肺部叩诊
   D. 大量胸腔积液　　　　E. 肺部大面积病变
10. 关于听诊，不正确的是
    A. 常用于胸部检查　　　　　　　　　B. 直接听诊法在临床上已基本被淘汰
    C. 间接听诊法在临床上广泛应用　　　D. 听诊应在安静状态下进行
    E. 不宜听取肠鸣音

第四章 一般检查

第四章数字资源

学习目标

1. 知识：能描述一般检查的内容，解释常见体征的产生机制，能分析常见体征的临床意义。
2. 能力：能规范地对患者进行检查，在检查过程中注重人文关怀，保护患者隐私。
3. 素养：通过学习，能规范完成基础项目检查，初步分析状态异常的病理机制。培养良好的医疗道德和严谨的工作作风，有高度的责任心，关心、体贴患者，树立敬佑生命、救死扶伤、甘于奉献的医者精神。培养良好的医德医风，构建和谐医患关系。

一般检查是体格检查过程的第一步，是对患者全身健康状况的概括性观察，以视诊为主，结合触诊、听诊和嗅诊完成。一般检查的内容包括性别、年龄、体温、呼吸、脉搏、血压、发育与体型、营养状态、意识、语调和语态、面容与表情、体位、姿势及步态，以及皮肤和淋巴结检查等。

第一节 全身状态检查

案例 2-4-1

患者，男性，45岁。呕血、便血2天，昏迷2 h，考虑为上消化道出血、失血性休克。

问题与思考：
1. 如何进行一般检查？
2. 该患者可能会出现哪些重要体征？

一、性别

（1）性别（sex）一般不难判断，因为正常人的性征明显。根据体貌、性征、生殖器官检查容易辨清性别。

（2）某些疾病的发生率与性别有关，如甲型血友病多见于男性；甲状腺疾病、系统性红斑狼疮、泌尿系统感染女性发病率远高于男性。

（3）某些疾病对性征有影响，如肾上腺皮质肿瘤或长期使用肾上腺皮质激素、雄激素可导致女性患者出现男性化；肝硬化、某些肾上腺皮质肿瘤或某些肺癌可引起男性患者乳房发育，以及其他第二性征的变化。

（4）性染色体数目或结构异常可引起两性畸形，即外生殖器和其他性征兼有两性特征。

二、年龄

（1）年龄（age）一般通过问诊即可得知，但在某些情况下，如昏迷、死亡或隐瞒年龄时，则需通过观察进行判断，其方法是通过观察患者皮肤的弹性与光泽、肌肉的状态、毛发的颜色和分布、面部与颈部皮肤的皱纹和牙齿的状态等进行大致判断。

（2）年龄与某些疾病的发生有一定的关系，如佝偻病、麻疹、白喉多见于儿童；风湿热、结核病等多发生于青少年；动脉粥样硬化性疾病和某些癌症等多见于老年人。

（3）年龄与疾病的预后相关，如儿童白血病预后明显优于老年人，老年人骨折愈合迟慢。

三、生命体征

生命体征（vital sign）包括体温、呼吸、脉搏和血压，是评估生命活动是否存在及其质量的重要指标，是体格检查时必须检查的项目之一。

（一）体温

生理情况下，体温会有一定的波动。清晨体温略低，下午略高，24 h 内体温波动幅度一般不超过 1 ℃；运动或进食后体温略高；老年人体温略低；月经期前或妊娠期妇女体温略高。体温高于正常称为发热。体温低于正常称为体温过低，见于休克、严重营养不良、甲状腺功能减退症、低血糖昏迷等情况。

1. 体温测量方法及正常范围　测量体温的方法要规范，以保证结果的准确性。国内一般按摄氏法进行记录。测量体温的常规方法有腋测法、口测法和肛测法，近年来还出现了耳测法和额测法。所用体温计有水银温度计、电子体温计和红外线体温计。

（1）腋测法：将腋窝擦干，将水银计头端放于腋窝深处，嘱患者用上臂将体温计夹紧，测量 10 min，取出，读数并记录，正常值为 36～37 ℃。此法操作简便、安全、不易交叉感染，是最常用的体温测量方法。

（2）口测法：将消毒后的体温计头端放于患者舌下，嘱患者紧闭口唇，5 min 后取出，读数并记录，正常值为 36.3～37.2 ℃。该法测量结果较为准确，但不能用于婴幼儿、抽搐、惊厥、昏迷者。

（3）肛测法：嘱患者取侧卧位，将肛门体温计头端涂液状石蜡润滑后，徐徐插入肛门，深度为体温计长度的 1/2，医务人员扶持体温计，使其勿脱出，测量 5 min，取出，读数并记录，正常值为 36.5～37.7 ℃。该法测量值稳定，多用于婴幼儿及神志不清者。

> **考点提示**　体温测量方法及正常范围。

2. 体温的记录方法　体温测定的结果，应按时记录于体温记录单上，将各点以直线相连，描绘出体温曲线。多数发热性疾病体温曲线的变化具有一定的规律性，称为热型，详见第一篇第二章第一节。

3. 体温测量的注意事项

（1）测量体温前一定要将体温计的汞柱甩到 35 ℃ 以下。

（2）在测量口腔温度前 15 min 内不能饮用过热、过冷的饮料，也不能用热水和冷水漱口。

(3）采用腋测法时，先用干毛巾擦净腋窝汗液。腋窝使用致冷、致热物品者，去除致冷、致热物品后，待局部恢复到实际温度后方可测量体温。

（4）消瘦、病情危重或神志不清的患者，使用腋测法时因不能将体温计夹紧，致使测量结果低于实际体温，可改用其他方法测量。

（二）脉搏

脉搏是指动脉搏动。根据检查目的不同选择浅表动脉，如桡动脉、颞动脉、股动脉、足背动脉，通常选择桡动脉。检查脉搏主要用触诊，医师用示指、中指和环指的末节指腹平放在桡动脉近腕横纹处施加一定的压力进行触诊。检查时应注意两侧脉搏情况对比，正常人两侧脉搏差异很小，某些疾病时，可出现明显差异，如头臂型多发性大动脉炎，两侧桡动脉脉搏强弱不等，或一侧无脉搏。检查时要注意脉率、节律、紧张度、强弱、动脉壁弹性、波形变化、脉搏与呼吸的关系等（详见第二篇第八章第二节）。

（三）呼吸

呼吸受意识支配，通常在患者静息状态下进行观察。观察胸式呼吸和腹式呼吸，观察呼吸的节律和深度，计数呼吸的频率，注意有无异常的呼吸变化。对呼吸运动微弱的昏迷患者，医师持少许棉絮置其口鼻前方，观察每分钟棉絮随呼吸移动的次数。呼吸深度、节律异常详见第二篇第七章第三节。

体温、呼吸、脉搏三者之间有一定的关系。正常成人在安静状态下呼吸为12~20次/分，脉搏为60~100次/分。呼吸与脉搏之比约为1:4。体温每升高1℃，脉搏增快10~20次/分。

（四）血压

血压（blood pressure，BP）通常指体循环动脉血压，是重要的生命体征。测量血压的方法有直接测量法和间接测量法。直接测量法即经皮穿刺将导管送至周围动脉（如桡动脉）内，导管末端接监护测压系统，自动显示血压值，本法虽然精准、实时，但为有创方式，仅适用于危重、疑难病例。间接测量法即袖带加压法，以血压计测量。血压计有水银血压计、弹簧式血压计和电子血压计，医院常用水银血压计或经过验证合格的电子血压计测量血压。间接测量法的优点为简便、易操作，但易受多种因素影响，尤其是受周围动脉舒缩变化的影响。

> **考点提示** 测量血压的方法。

1. 袖带加压法血压测量操作规程

（1）被检者半小时内禁烟、禁咖啡、排空膀胱，安静休息5~10 min，取坐位或仰卧位，被检者右上肢裸露伸直并轻度外展，使肘部与心脏（坐位平第4肋软骨，仰卧位平腋中线）在同一水平。

（2）打开血压计汞槽开关。

（3）将袖带气囊部分中央对准肱动脉，将袖带紧贴皮肤缠于患者右上臂，松紧适度（可插入1指），袖带下缘距肘横纹2~3 cm。

（4）医师触及肱动脉搏动后，将听诊器体件置于搏动处准备听诊。

（5）向袖带内充气，边充气边听诊，待肱动脉搏动音消失后，再充气将汞柱升高20~30 mmHg。

（6）缓慢放气（2~6 mmHg/s），双眼随汞柱下降，平视汞柱表面，同时听诊肱动脉搏动音，根据声音读取血压值。根据Korotkoff分期法，听到的第一次声响（第1期）时的汞柱数值为收缩压，随后拍击音有所减弱和带有柔和吹风样杂音称为第2期，第3期当压力进一步降低而肱动脉血流量增加后，拍击音增强和杂音消失，然后声音突然变小而低沉为第4期，最终声音消失即达第5期，此时的汞柱数值为舒张压，正确读出测量结果。

(7) 血压至少应测量 2 次，间隔 1~2 min，取其平均值。

(8) 如收缩压或舒张压 2 次读数相差 5 mmHg 以上，应再次测量，以 3 次读数的平均值作为测量结果。收缩压与舒张压的差值为脉压，舒张压加 1/3 脉压为平均动脉压。

(9) 按收缩压 / 舒张压（mmHg）的格式记录。

(10) 整理好血压计（图 2-4-1）。

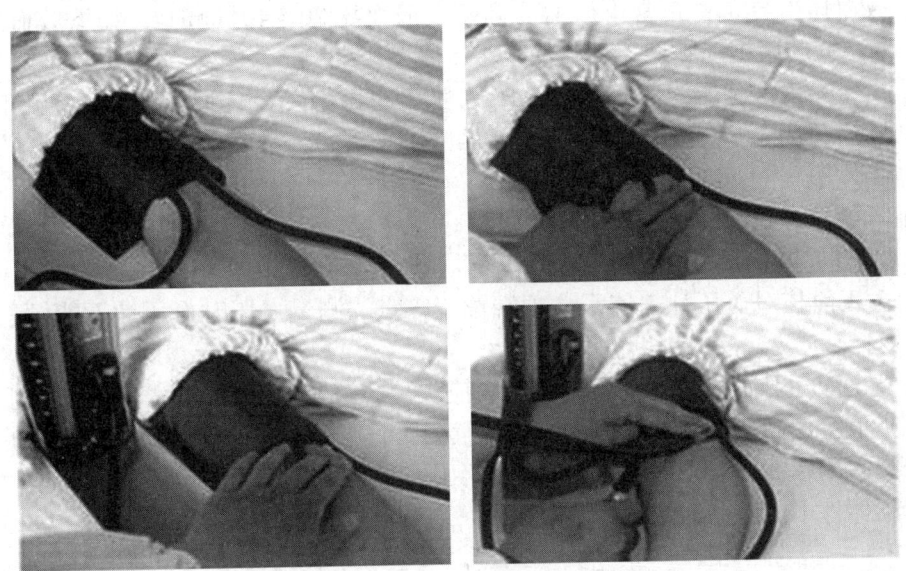

图 2-4-1　血压间接测量法

2. 血压水平的定义和分类　正常成人血压标准的制定经历了多次改变，主要根据大规模流行病学资料分析获得。根据《中国高血压防治指南（2024 年修订版）》的标准，18 岁及以上成人血压标准及高血压分类见表 2-4-1。

表 2-4-1　血压水平的定义和分类

类别	收缩压（mmHg）	舒张压（mmHg）
正常血压	< 120	< 80
正常高值	120~139	80~89
高血压	≥ 140 和/或	≥ 90
1 级高血压（轻度）	140~159	90~99
2 级高血压（中度）	160~179	100~109
3 级高血压（重度）	≥ 180	≥ 110
单纯收缩期高血压	≥ 140	< 90
单纯舒张期高血压	< 140	≥ 90

注：若患者的收缩压与舒张压分属不同级别，则以较高的分级为准；单纯收缩期高血压也可按照收缩压水平分为 1、2、3 级。

3. 血压变动的临床意义

(1) 高血压：血压测量值受多种因素的影响，如情绪激动、紧张、运动。若在安静、清醒和未使用抗高血压药的条件下采用规范的测量方法，至少 3 次非同日血压值达到或超过收缩压 140 mmHg 和（或）舒张压 90 mmHg，即可诊断为高血压。如果仅收缩压达到标准，称为单纯收缩期高血压。高血压绝大多数是原发性高血压，约 5% 继发于其他疾病，称为继发性高血压，如慢性肾炎、库欣综合征（Cushing syndrome）、嗜铬细胞瘤、甲状腺功能亢进症。高血压是动脉粥样硬化和冠心病的重要危险因素，是心力衰竭的重要原因。

（2）低血压：凡血压低于 90/60 mmHg 称为低血压。低血压常见于休克、心肌梗死、急性心脏压塞等。但也有体质因素，患者自述一贯血压偏低，一般无症状。

（3）双上肢血压差别显著：正常双上肢血压差别 5～10 mmHg，若超过此范围则属异常，见于多发性大动脉炎或先天性动脉畸形等。

（4）上下肢血压差异常：正常下肢血压高于上肢血压 20～40 mmHg，如下肢血压低于上肢，应考虑主动脉缩窄或胸腹主动脉型大动脉炎等。

（5）脉压改变：正常脉压为 30～40 mmHg。脉压明显增大（≥60 mmHg）可见于甲状腺功能亢进症、主动脉瓣关闭不全、动脉硬化等。脉压减小（<30 mmHg）可见于主动脉狭窄、心脏压塞、严重心力衰竭等。

4. 测量血压的注意事项

（1）测量血压前 30 min 之内患者不吸烟、不饮咖啡。

（2）测量血压前核对血压计，使汞柱顶端位于零点。测量血压时血压计不能倾斜，汞柱保持水平。

（3）袖带宽度应适合被检者上臂臂围，至少应包裹 80% 上臂。手臂过于粗大或测大腿血压时，用标准袖带测量值会偏高；反之，手臂过细或儿童测压时用标准袖带则结果会偏低。

（4）充分暴露测量的上肢，袖带与皮肤之间不隔衣物，衣袖不能紧勒上肢。

（5）听诊器体件不能塞在袖带下面。

四、发育与体型

（一）发育

发育（development）情况应通过患者的年龄、智力、体格成长状态（包括身高、体重和第二性征）之间的关系进行综合评价。发育正常者，其年龄、智力与体格的生长状态处于均衡一致。成年以前，随年龄的增长，体格不断成长，在青春期还可出现一段生长速度加快的青春期急速成长期，属于正常发育状态。成人发育正常的指标包括：①头部的长度为身高的 1/8～1/7；②胸围为身高的 1/2；③双上肢展开后，左、右指端的距离与身高基本一致；④坐高等于下肢的长度。正常人各年龄组的身高与体重之间存在一定的对应关系。

发育受种族、遗传、内分泌、营养代谢、生活条件、劳动、体育运动等因素影响。

发育异常与内分泌密切相关。在青春期之前，如出现腺垂体功能亢进，则生长激素分泌过多，体格会变得异常高大，称为巨人症。如发生垂体功能减退，生长激素分泌减少，可导致体格异常矮小，称为垂体性侏儒症。甲状腺对体格发育也有很大的影响，在婴幼儿期，如发生甲状腺功能减退症，则甲状腺分泌减少，可导致体格矮小和智力低下，称为呆小病。

性激素决定第二性征的发育。当性激素分泌受损时，可导致第二性征的改变。男性患者出现"阉人"征，表现为骨盆宽大、无胡须、毛发稀少、外生殖器发育不良、皮下脂肪丰满、发音女声；女性患者则表现为闭经、乳房发育不良、多毛、体格男性化、发音男声。性激素对体格也有一定的影响，性早熟儿童患病初期可较同龄孩子发育快，但由于骨骼干骺部分过早闭合限制其后期的体格发育，往往成年后体格较同龄人小。

（二）体型

体型（habitus）是身体各部分发育的外观表现，包括骨骼、肌肉生长、脂肪分布状态等。成人体型分为以下 3 种。

1. 无力型（瘦长型） 表现为体高肌瘦、颈细长、肩窄下垂、胸廓扁平、腹上角为锐角。

2. 正力型（匀称型） 表现为身体各部分匀称适中、腹上角约为 90°，见于多数正常成年人。

3. 超力型（矮胖型） 表现为体型粗壮、颈粗短、肩宽平、胸围大、腹上角为钝角。

五、营养状态

营养状态（state of nutrition）与食物的摄入、消化、吸收和代谢等因素有关，可作为评估健康状况和疾病严重程度的参考指标之一，通常根据皮肤、皮下脂肪、肌肉发育情况、毛发等情况综合判断。最简便的方法是观测皮下脂肪充实程度，尽管脂肪的分布存在性别与个体差异，但前臂屈侧或上臂背侧下 1/3 处脂肪分布的个体差异最小，是判断皮下脂肪充实程度最方便、适宜的部位，捏提上述部位的皮下脂肪，观察其厚度。此外，在一定时间内监测体重的变化也可反映机体的营养状态。

（一）营养状态分级

临床上通常用良好、中等、不良 3 个等级来描述营养状态。

1. 良好　皮肤润泽、弹性好，黏膜红润，皮下脂肪丰满，肌肉结实，指甲、毛发润泽。
2. 不良　皮肤及黏膜干燥、弹性差，皮下脂肪菲薄，肌肉松弛无力，指甲粗糙、松脆，毛发干燥、易折断，脱发，胸骨上窝、锁骨上窝、肋间隙明显凹陷，浅表骨骼突出。极度营养不良称为恶病质（图 2-4-2）。
3. 中等　介于上述两者之间。

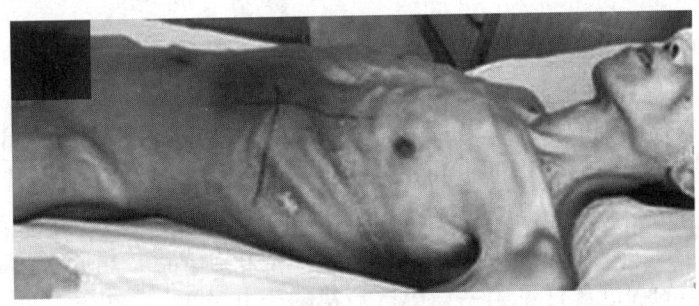

图 2-4-2　恶病质

（二）异常营养状态

临床上常见的异常营养状态包括营养过剩和营养不良两种。一般采用肥胖和消瘦进行描述，常通过标准体重、皮褶厚度或体重指数（body mass index，BMI）进行判定，其中体重指数较为准确。体重指数（BMI）= 体重（kg）/［身高（m）］^{2}。中国人 BMI 正常值为 18.5～23.9 kg/m^2，超过正常值高限为超重，低于正常值低限为消瘦（表 2-4-2）。

表 2-4-2　BMI 的体型评价标准（kg/m^2）

体型评价	BMI（中国成人标准）	BMI（WHO 成人推荐标准）	BMI（亚洲成人标准）
体重过低	<18.5	<18.5	<18.5
正常范围	18.5～23.9	18.5～24.9	18.5～22.9
超重	24.0～27.9	≥25.0	≥23.0
肥胖前期		25.0～29.9	23.0～24.9
Ⅰ度肥胖	≥28.0	30.0～34.9	25.0～29.9
Ⅱ度肥胖		35.0～39.9	≥30.0
Ⅲ度肥胖		≥40.0	

1. **营养不良** 由于摄食不足和（或）消耗增多引起。一般轻微或短期的疾病不易导致营养状态的异常，故营养不良多见于长期或严重的疾病。引起营养不良的常见原因有以下几个方面。

（1）摄食障碍：多见于食管、胃肠道疾病，神经系统及肝、肾等疾病引起的严重恶心和呕吐等。

（2）消化和吸收障碍：见于胃、肠、胰、肝及胆道疾病引起消化液或酶的合成和分泌减少，影响消化和吸收。

（3）消耗增多：见于慢性消耗性疾病，如活动性肺结核、恶性肿瘤、代谢性疾病、内分泌疾病等，出现糖、脂肪和蛋白质的消耗过多。

2. **营养过剩** 是体内脂肪积聚过多，主要表现为体重增加，超过标准体重的20%为肥胖，根据体重指数（BMI）判定，世界卫生组织标准，BMI≥30.0 kg/m^2 为肥胖，我国标准 BMI≥28.0 kg/m^2 为肥胖。按其病因，可将肥胖分为原发性和继发性两种。

（1）原发性肥胖：也称单纯性肥胖，为摄入热量过多所致，表现为全身脂肪分布均匀，身体各个部位无异常改变，常有一定的遗传倾向。

（2）继发性肥胖：多由某些内分泌疾病引起，如下丘脑和垂体疾病、库欣综合征、甲状腺功能减退症、性腺功能减退症。

六、意识

意识（consciousness）是人对环境和自身状态的认知与觉察能力，是大脑高级神经中枢功能活动的综合表现。正常人意识清楚，定向力正常，反应精准、敏锐，思维和情感活动合理，语言流畅，表达清晰，对刺激有正确的反应。凡能影响大脑功能活动的疾病，均会出现不同程度的意识改变，称为意识障碍。根据意识障碍程度不同，分为嗜睡、意识混浊、昏睡、谵妄及昏迷等。

意识状态的检查方法，可通过与患者谈话来了解其思维、情感、计算能力和定向力（对时间、场所、人物的分析能力）等方面的情况，必要时还需行痛觉试验、角膜反射、瞳孔对光反射等检查，综合评估意识障碍的程度（详见第一篇第二章第二十九节）。

七、语调和语态

语调（tone）指语言过程中的语音和声调，发音器官及神经病变可引起语调异常，如喉返神经损伤出现声音嘶哑、语音共鸣消失，舌咽神经、迷走神经损伤出现构音障碍。

语态（voice）指言语过程中的节奏。语态异常指语言节奏紊乱，表达不畅，快慢不均，常见于震颤麻痹、舞蹈病、肝豆状核变性等。

八、面容与表情

面容（facial features）是指面部呈现的状态。表情（expression）是在面部或姿态上思想感情的表现。健康者表情自然，神态自若。当受到疾病困扰或疾病发展到一定程度时，视诊可见到相关的特征性面容和表情，对诊断有一定的价值。临床上常见的典型面容改变有以下几种。

1. **急性病容** 面色潮红、兴奋不安、鼻翼扇动、口唇疱疹、表情痛苦。急性病容多见于急性感染性疾病，如肺炎链球菌肺炎、疟疾、流行性脑脊髓膜炎。

2. **慢性病容** 面容憔悴，面色晦暗或苍白无华，目光暗淡，表情忧虑。慢性病容多见于慢性消耗性疾病，如恶性肿瘤、结核病、肝硬化。

3. **贫血面容** 面色苍白，唇舌色淡，表情疲惫。贫血面容见于各种原因所致的贫血。

4. 肝病面容　面色晦暗，额部、鼻部、双颊有褐色色素沉着，巩膜可见黄染。肝病面容常见于慢性肝病。

5. 肾病面容　面色苍白，眼睑、颜面水肿，唇色淡，舌体大、有齿痕。肾病面容见于慢性肾病。

6. 二尖瓣面容　面色晦暗，双颊紫红，口唇发绀。二尖瓣面容见于风湿性心脏病（二尖瓣狭窄）（图2-4-3）。

7. 甲状腺功能亢进症面容　眼裂增大，眼球突出，瞬目减少，兴奋不安，烦躁易怒，呈惊愕貌。甲状腺功能亢进症面容见于甲状腺功能亢进症（图2-4-4）。

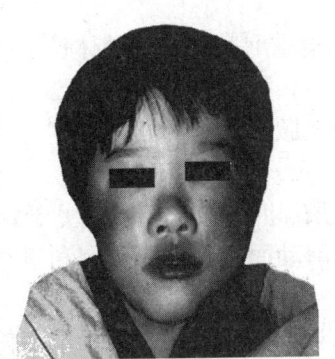
图2-4-3　二尖瓣面容

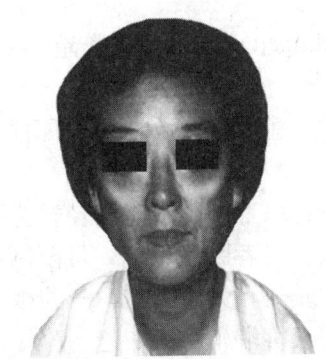
图2-4-4　甲状腺功能亢进症面容

8. 黏液性水肿面容　颜面水肿、苍白，睑厚面宽，目光呆滞，反应迟钝，表情淡漠，眉毛、头发稀疏。黏液性水肿面容见于甲状腺功能减退症。

9. 肢端肥大症面容　头颅增大，面部变长，下颌增大并向前突出，眉弓及两颧隆起，耳鼻增大，唇舌肥厚。肢端肥大症面容见于肢端肥大症（图2-4-5）。

10. 满月面容　面如满月，皮肤发红，常有痤疮和胡须生长。满月面容见于肾上腺皮质功能亢进及长期应用糖皮质激素的患者（图2-4-6）。

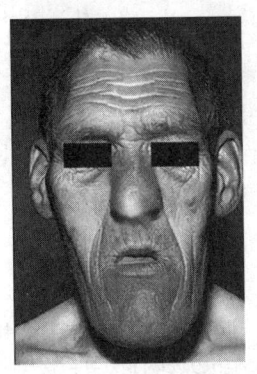
图2-4-5　肢端肥大症面容

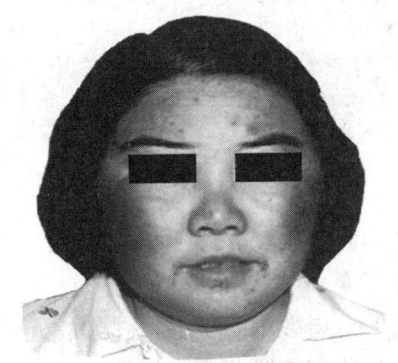
图2-4-6　满月面容

11. 伤寒面容　表情淡漠，反应迟钝，呈无欲状。伤寒面容常见于伤寒的高热期。

12. 苦笑面容　破伤风患者神经肌肉兴奋性增高，咬肌痉挛，牙关紧闭，面部肌肉痉挛，面容呈苦笑状。

13. 面具面容　面部呆板，无表情，似面具样。面具面容见于震颤麻痹。

九、体位

体位（position）是指患者身体所处的状态，体位的改变对某些疾病的诊断具有一定的意义。常见体位如下。

1. 自主体位（active position）　身体活动自如，行动不受限制，见于正常人、病情较轻者或疾病早期患者。

2. 被动体位（passive position）　患者不能自行调整或变换身体的位置，见于昏迷、瘫痪、极度衰弱患者。

3. 被迫体位（obliged position）　患者为减轻痛苦被迫采取某种特殊的体位。临床上常见的被迫体位有下列几种。

（1）被迫仰卧位：患者仰卧，双下肢屈曲，借以减轻腹部肌肉的紧张程度。被迫仰卧位见于急性腹膜炎等。

（2）被迫俯卧位：患者俯卧，以减轻脊背肌肉的紧张程度。被迫俯卧位见于脊柱疾病。

（3）被迫侧卧位：患者卧向患侧，可限制患侧胸廓活动而减轻疼痛和有利于健侧代偿呼吸。被迫侧卧位见于一侧胸膜炎和大量胸腔积液的患者。

（4）被迫坐位：又称端坐呼吸，患者坐于床沿上，双下肢下垂，两手置于膝盖或扶持床边。该体位便于辅助呼吸肌参与呼吸运动，加大膈肌活动度，增加肺通气量并减少下肢回心血量，减轻心脏负担。被迫坐位见于心脏、肺功能不全的患者。

（5）被迫蹲位：患者在活动过程中因呼吸困难和心悸而停止活动并采取蹲踞位或膝胸位以缓解症状。被迫蹲位见于先天性发绀型心脏病患者。

（6）被迫停立位：患者在行走或活动时心前区疼痛突然发作，被迫停止活动、站立不动，用手按抚心前部位，待症状稍缓解后才能继续行走。被迫停立位见于心绞痛发作时。

（7）辗转体位：患者辗转反侧，坐卧不安。辗转体位见于胆石症、胆道蛔虫症、肾绞痛等。

（8）角弓反张位：患者颈及脊背肌肉强直，头向后仰，胸腹前凸，背过伸，躯干呈弓形。角弓反张位见于破伤风及小儿脑膜炎。

被迫体位的定义及类型。

十、姿势

姿势（posture）是指举止的状态。健康成人躯干端正，肢体动作灵活、适度。正常的姿势主要靠骨骼结构和各部分肌肉的紧张度来保持，年龄、健康状况和精神状态对姿势也有一定的影响。如疲劳和情绪低沉时可出现肩垂、弯背、拖拉蹒跚的步态。患者因疾病的影响可出现姿势的改变，如腹部疼痛患者可有躯干制动或弯曲；胃及十二指肠溃疡疼痛发作时，患者常捧腹而行；颈椎疾患时颈部活动受限；脑膜炎患者头后仰、颈强直。

十一、步态

步态（gait）即走路时所表现的姿态。健康人的步态因年龄、机体状态和所受训练的影响而有不同的表现，如小儿喜急行或小跑，青年人步态矫健、快速，老年人常为小步慢行。某些疾病出现典型的特征性步态对诊断有一定的价值。常见的异常步态有以下几种。

1. 蹒跚步态（staggering gait） 走路时身体左右摇摆似鸭步。蹒跚步态见于佝偻病、进行性肌营养不良或双侧先天性髋关节脱位等（图 2-4-7）。

2. 酒醉步态（drunken gait） 走路时躯干重心不稳，步态紊乱、不准确似醉酒状。酒醉步态见于酒精中毒、巴比妥中毒或小脑疾患。

3. 共济失调步态（ataxic gait） 起步时一足高抬，骤然垂落，且双目向下注视，两足间距很宽，以防身体倾斜，闭目时则不能保持平衡。共济失调步态见于脊髓病变患者。

4. 慌张步态（festinating gait） 起步后小步急速趋行，双足擦地，身体前倾，有难以止步之势。慌张步态见于震颤麻痹（图 2-4-8）。

5. 跨阈步态（steppage gait） 由于踝部肌腱、肌肉弛缓，患足下垂，行走时须高抬下肢才能起步。跨阈步态见于腓总神经麻痹（图 2-4-9）。

6. 剪刀步态（scissors gait） 由于两下肢肌张力增高，尤以伸肌及内收肌张力增高明显，移步时下肢内收过度，两腿交叉呈剪刀状。剪刀步态见于脑性瘫痪与截瘫患者（图 2-4-10）。

7. 间歇性跛行（intermittent claudication） 行走中常因下肢突发性酸痛、乏力，出现跛行，患者被迫停止行进，休息片刻后才能继续行走。间歇性跛行见于血栓闭塞性脉管炎和严重下肢动脉硬化者。

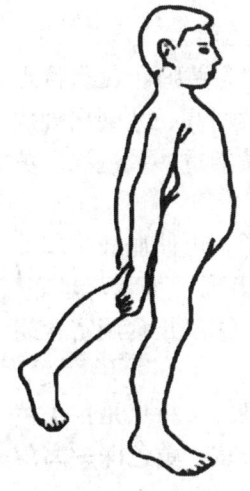
图 2-4-7 蹒跚步态

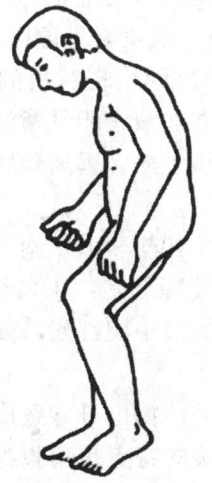
图 2-4-8 慌张步态

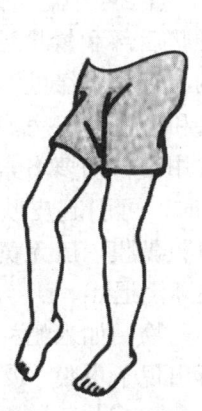
图 2-4-9 跨阈步态

图 2-4-10 剪刀步态

（王　苗）

第二节　皮肤检查

案例 2-4-2

患者，男性，42 岁。呕血、便血 2 天，有肝硬化病史 10 年。

问题与思考：

1. 如何进行皮肤检查？
2. 该患者可能会出现哪些重要体征？

皮肤检查包括对皮肤、汗腺、毛发以及可见黏膜的检查，主要通过视诊进行，必要时配合触诊，应在良好的自然光线下进行。

皮肤异常改变不仅可由皮肤本身的病变引起，许多疾病在病程发展过程中伴有皮肤的改变，皮肤的病变和反应有的是局部的，有的是全身的。

（一）颜色

皮肤颜色（skin color）除与种族、遗传有关外，还与毛细血管的分布、血管充盈扩张程度、色素量多少、皮下脂肪厚薄等因素有关，同一个人不同部位、不同生理及疾病状态、不同环境下皮肤颜色也不相同。临床常见的皮肤颜色改变如下。

1. 苍白（pallor） 皮肤和黏膜苍白可由贫血、末梢毛细血管痉挛或充盈不足引起，如寒冷、惊恐、休克、主动脉瓣关闭不全。若仅见肢端苍白，可能由局部动脉痉挛或阻塞引起，如雷诺病、血栓闭塞性脉管炎。

2. 发红（redness） 皮肤发红是由毛细血管扩张充血、血流加速、血量增多以及红细胞量增多所致。生理情况下皮肤发红见于运动、饮酒、日晒或情绪激动等；病理情况下皮肤发红见于发热性疾病（肺炎链球菌肺炎、猩红热等）、阿托品中毒以及一氧化碳中毒等。皮肤持久性发红可见于肾上腺皮质功能亢进（库欣综合征）及真性红细胞增多症。

3. 发绀（cyanosis） 皮肤呈青紫色，常出现于口唇、耳郭、鼻尖、面颊及肢端等。发绀见于由缺氧、血液淤滞等原因引起的还原血红蛋白增多或异常血红蛋白血症。

4. 黄染（stained yellow） 皮肤及黏膜发黄称为黄染，黄染常见原因有以下几种。

（1）黄疸：由于血清内胆红素浓度升高而使皮肤及黏膜出现黄染的现象称为黄疸。黄疸特点是：①黄疸首先出现于巩膜、硬腭后部和软腭黏膜，随着血液中胆红素浓度继续增高，才会出现皮肤黄染。②巩膜黄染是连续性的，近角膜缘处黄染轻、黄色淡，远离角膜缘处黄染重、黄色深。黄疸常见于肝细胞损害、胆道堵塞和溶血性疾病等。

（2）胡萝卜素增高：过多食用富含胡萝卜素的食物（如胡萝卜、南瓜、橘子）可使血液中胡萝卜素含量增高，当超过 2.5 g/L 时，可引起皮肤黄染。其特点是：①黄染首先出现于手掌、足底、前额及鼻部等部位。②巩膜和口腔黏膜一般无黄染。③血液中胆红素浓度不高。④停止食用富含胡萝卜素的食物后，皮肤黄染可逐渐消退。

（3）长期服用含有黄色素的药物：如米帕林、呋喃类药物也可导致皮肤黄染。其特点是：①黄染首先出现于皮肤，严重者也可出现于巩膜。②巩膜黄染的特点是角膜缘处黄染重、黄色深；离角膜缘越远，黄染越轻，黄色越淡，这一点是与黄疸的重要区别。

5. 色素沉着（pigmentation） 由于表皮基底层的黑色素增多，使得部分或全身皮肤色泽加深，称为色素沉着。正常人身体的外露部分以及乳头、腋窝、外生殖器、关节、肛门周围等处皮肤色素较深。如果这些部位的色素明显加深或其他部位出现色素沉着，则提示为病理征象。全身性色素沉着可见于慢性肾上腺皮质功能减退症［艾迪生病（Addison disease）］、肝硬化、肝癌晚期、长期使用某些药物（如砷剂）等。妊娠期妇女乳头、乳晕及腹白线的色素加深，在面部、额部可出现棕褐色对称性色素斑片，称为妊娠斑。老年人全身或面部也可出现散在的色素斑片，称为老年斑。

6. 色素脱失 正常皮肤含有一定量的色素，皮肤丧失原有的色素，形成脱色斑片，称为色素脱失。色素脱失是由于酪氨酸酶合成障碍，以致体内的酪氨酸不能转化为多巴，使黑色素合成减少。常见的色素脱失有白癜、白斑和白化病。

（1）白癜风：为形状不一、大小不等、进展缓慢、逐渐扩大的色素脱失斑片。患者没有自觉症状，也不引起生理功能改变，见于白癜风（vitiligo），偶见于甲状腺功能亢进症、肾上腺皮质功能减退及恶性贫血等。

（2）白斑（leukoplakia）：色素脱失斑片多为圆形或椭圆形，面积一般不大，常发生在口腔黏膜和女性外阴部，部分白斑有发生癌变的可能。

（3）白化病（albinism）：为全身皮肤和毛发色素脱失，头发可呈浅黄色或金黄色。白化病属于遗传性疾病，为先天性酪氨酸酶合成障碍所致。

（二）湿度

皮肤的湿度（humidity）与汗腺分泌功能有关。出汗多者皮肤比较湿润，出汗少者皮肤比较干燥。正常人在气温高、湿度大的环境里出汗增多是生理性调节。在病理情况下，可发生出汗增多、减少或无汗，对疾病诊断有一定的意义。如风湿病、结核病、甲状腺功能亢进症和布鲁氏菌病出汗增多；夜间睡眠中出汗称为盗汗，多见于结核病；四肢发凉而大汗淋漓，称为冷汗，见于休克和虚脱；皮肤少汗或无汗见于维生素A缺乏、干燥综合征、尿毒症、脱水及硬皮病等。

（三）弹性

皮肤弹性（skin elasticity）与年龄、营养状态、皮下脂肪及组织间隙所含液体量有关。儿童与青年人皮肤紧张，富有弹性；中年以后皮肤组织逐渐松弛，弹性减弱；老年人皮肤组织萎缩，皮下脂肪减少，弹性减退。皮肤弹性检查部位常为手背或上臂内侧。医师用拇指与示指将皮肤捏起，片刻后松手，正常人皱褶迅速平复，称为弹性良好；弹性减弱时皱褶平复缓慢，见于慢性消耗性疾病、营养不良或严重脱水的患者。发热时血液循环加速，周围血管充盈，可使皮肤弹性增加。

（四）皮疹

皮疹（skin eruption）是皮肤疾病和全身疾病的重要体征之一。皮疹种类很多，病因各异，皮疹的形态特点和出现规律有一定的特异性，对诊断有意义。检查时，应观察皮疹初现部位、出疹顺序、分布情况、形态、大小、颜色、平坦或隆起、压之是否褪色、持续及消退时间、有无痛痒和脱屑等。常见皮疹有以下几种。

1. 斑疹（macule）　表现为局部皮肤颜色发红，一般不隆起皮肤表面。斑疹见于斑疹伤寒、风湿性多形性红斑、丹毒等。

2. 丘疹（papule）　局部皮肤发红且凸出皮肤表面，触之较硬，表面可扁平、尖顶或有凹陷。丘疹见于药物疹、麻疹、湿疹等。

3. 斑丘疹（maculopapule）　在丘疹周围有皮肤发红的底盘称为斑丘疹。斑丘疹见于药物疹、风疹、猩红热等。

4. 玫瑰疹（roseola）　是一种鲜红色的圆形斑疹，直径为2~3 mm，是病灶周围的血管扩张所致，手指按压可退色，松开时又复出现，多出现于胸部及腹部，是伤寒或副伤寒的特征性皮疹。

5. 荨麻疹（urticaria）　又称风团，为隆起于皮肤表面的苍白色或红色的局限性水肿，大小不等，形态各异，有瘙痒和灼痛感，为速发型皮肤变态反应所致，常见于各种过敏反应。

6. 疱疹（herpes）　为局限性高出皮面的腔性皮损，颜色可因腔内所含液体不同而异。腔内液体可以是血清，也可以为淋巴液，直径小于1 cm者为小水疱，可见于单纯疱疹、水痘等；直径大于1 cm者为大水疱，见于烫伤、磨损等；腔内含脓者为脓疱，脓疱可以原发，也可以由水疱感染而来，可见于糖尿病足和烫伤患者。

（五）脱屑

皮肤脱屑（desquamation）常见于正常皮肤表层不断角化和更新，但由于数量少，一般不易察觉。大量皮肤脱屑具有诊断意义，如麻疹恢复期见米糠样脱屑；猩红热恢复期见片状脱屑；银白色鳞状脱屑见于银屑病。

（六）皮下出血

皮下出血（subcutaneous hemorrhage）有多种表现，根据其直径大小及伴随情况可分为以下几种：①直径<2 mm称为瘀点（petechia）；②直径2~5 mm称为紫癜（purpura）；③直径>5 mm称为瘀斑（ecchymosis）；④片状出血并伴有皮肤隆起称为血肿（hematoma）。检查时，较大面积的皮下出血易于诊断，对于较小的瘀点，应注意与充血性皮疹或小红痣相鉴别。充血性皮疹在加压时可褪色或消失，瘀点加压时不褪色，数日后逐渐变黄、消失。小红痣则表面光亮，触诊时可感到稍高出皮肤表面，压之不褪色，持久存在。皮肤黏膜出血常见于血液系统疾病、重症感染、某些血管损害性疾病以及毒物或药物中毒等。

> **考点提示** 皮下出血的类型。

（七）蜘蛛痣与肝掌

蜘蛛痣（spider angioma）是由皮肤小动脉末端分支性扩张所形成的血管痣，形似蜘蛛，故称蜘蛛痣（图 2-4-11）。蜘蛛痣的直径大小不等，出现部位主要在面、颈、手背、上臂、前臂、前胸和肩部等上腔静脉分布的区域。检查时用棉签等物品压迫蜘蛛痣的中心，其辐射状小血管网立即褪色，去除压力后又复出现。一般认为，蜘蛛痣的出现与肝对雌激素的灭活作用减弱有关，常见于急、慢性肝炎或肝硬化，健康妇女在妊娠期间也可出现。

慢性肝病患者手掌大、小鱼际处常充血发红，加压后褪色，称为肝掌（图 2-4-12）。肝掌的发生机制及临床意义与蜘蛛痣相同。

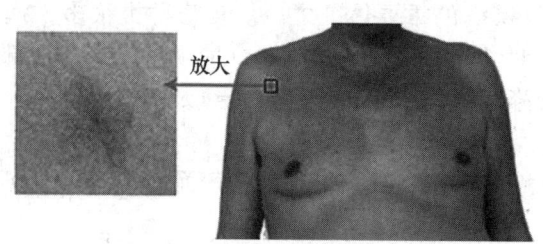

图 2-4-11（彩图 2） 蜘蛛痣

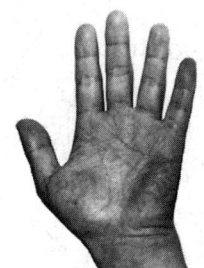

图 2-4-12（彩图 3） 肝掌

（八）水肿

水肿（edema）是皮下组织的细胞内及组织间隙液体潴留过多所致，在症状学中已有详述。检查时视诊和触诊相结合，视诊可以诊断明显的水肿，但不易发现轻度水肿，触诊可鉴别凹陷性水肿和非凹陷性水肿。凹陷性水肿局部受压后可出现凹陷，而黏液性水肿及象皮肿尽管组织肿胀明显，但受压后并无组织凹陷。根据水肿的范围和程度，临床上分为轻、中、重度。

1. 轻度水肿　水肿仅见于皮下组织疏松处与下垂部位，如眼睑、踝部、胫前以及卧位时的腰骶部，指压后凹痕较浅，平复较快。

2. 中度水肿　全身组织均见明显水肿，指压后凹痕明显，平复缓慢。

3. 重度水肿　全身组织严重水肿，身体低垂部位皮肤紧张光亮，甚至有液体渗出。此外，可伴有胸腔、腹腔等浆膜腔积液，外阴部也可出现严重水肿。

（九）溃疡与瘢痕

溃疡（ulcer）是皮肤或黏膜表面组织的局限性缺损、溃烂，其表面常覆盖有脓液、坏死组织或痂皮，愈后遗留瘢痕，常由炎症、局部血液循环障碍、外伤、恶性肿瘤引起。观察溃疡时，应注意其部位、大小、数目、形状、深浅和表面分泌物的情况。

瘢痕（scar）是皮肤外伤或病变愈合后结缔组织增生形成的斑块。表面低于周围正常皮肤者为萎缩性瘢痕；高于周围正常皮肤者为增生性瘢痕。外伤、感染及手术等均可在皮肤上遗留瘢痕，为曾患某些疾病的证据，如患过皮肤疖、疖者会在相应部位遗留瘢痕；患过天花的患者，在其面部或其他部位有多数大小类似的瘢痕；颈淋巴结结核破溃愈合后常会遗留颈部皮肤瘢痕。

（十）皮下结节

皮下结节（subcutaneous nodule）为一种较硬、圆形或椭圆形、无痛性小结，常出现于受摩擦较多的部位。较大者通过视诊即可发现，较小的结节必须通过触诊方能检查到。无论大小，结节均应触诊检查。正常人皮肤无结节。出现结节时应注意结节的大小、硬度、部位、活动度、有无压痛等。风湿小结多位于关节附近，圆形，较硬，无压痛；痛风结节也称痛风石，是血尿酸浓度升高、尿酸盐结晶在皮下结缔组织沉积所致，一般在外耳的耳郭、跖趾、指（趾）关节及掌指关节等部位多见；感染性心内膜炎患者在指尖、指腹、大鱼际、小鱼际、足趾等处可见痛性结节，其表皮呈蓝色或红色充血，称为奥斯勒结节（Osler node）；囊虫病患者可在肌肉、皮下等多处触及硬韧的结节，黄豆大小、无痛。

（十一）毛发

毛发（hair）的颜色、曲直与种族有关，其分布、多少、颜色可因年龄和性别不同，也受遗传、营养状况、内分泌功能等因素影响。正常人毛发的多少存在一定的差异，一般男性体毛较多，阴毛呈菱形；女性体毛较少，阴毛呈倒三角形。中年以后因毛发根部的血运和细胞代谢减退，头发可逐渐减少或色素脱失，形成秃顶或白发。

毛发的数量及分布变化对临床诊断具有辅助意义。毛发增多见于一些内分泌疾病，如库欣综合征和长期使用肾上腺皮质激素及性激素者，女性患者除一般体毛增多外，尚可生长胡须。病理性毛发脱落的病因常有以下几种。

1. 头部皮肤疾病　如脂溢性皮炎，可呈不规则脱发，以顶部为著。
2. 神经营养障碍　如斑秃，脱发多为圆形，范围及大小不等，发生突然，可以再生。
3. 发热性疾病　如伤寒。
4. 内分泌疾病　如甲状腺功能减退症、垂体功能减退症及性腺功能减退症。
5. 理化因素　如过量的放射线影响，使用某些抗癌药，如环磷酰胺、顺铂。

（王　苗）

第三节　淋巴结检查

案例 2-4-3

患者，男性，22 岁。咽痛、咳嗽 5 天。

问题与思考：

1. 如何进行淋巴结检查？
2. 该患者可能会出现哪些重要体征？

淋巴结分布于全身，体格检查时只能检查身体各部位表浅的淋巴结。正常淋巴结体积很小，直径多为 0.2~0.5 cm，质地柔软，表面光滑，单个散在，与毗邻组织无粘连，不易触及，无压痛。

表浅淋巴结呈组群分布，一个组群的淋巴结收集一定区域的淋巴液（图 2-4-13），如耳后、枕淋巴结群收集头皮范围内及颈部的淋巴液；颌下淋巴结群收集面部和口腔器官的淋巴液；颏下淋巴结群收集颏下三角区内组织、下唇中部、舌尖部的淋巴液；颈深部淋巴结上群收集鼻咽部淋巴液，颈深部淋巴结下群收集咽喉、气管、甲状腺等处的淋巴液（图 2-4-14）。左侧锁骨上淋巴结群收集食管、胃等器官的淋巴液，右侧锁骨上淋巴结群收集气管、胸膜、肺等处的淋巴液；腋窝部淋巴结群收集躯干上部、乳腺、胸壁等处的淋巴液（图 2-4-15）；腹股沟部淋巴结群收集下肢、会阴部回流的淋巴液。局部的炎症或肿瘤转移等因素可引起相应区域的淋巴结肿大。

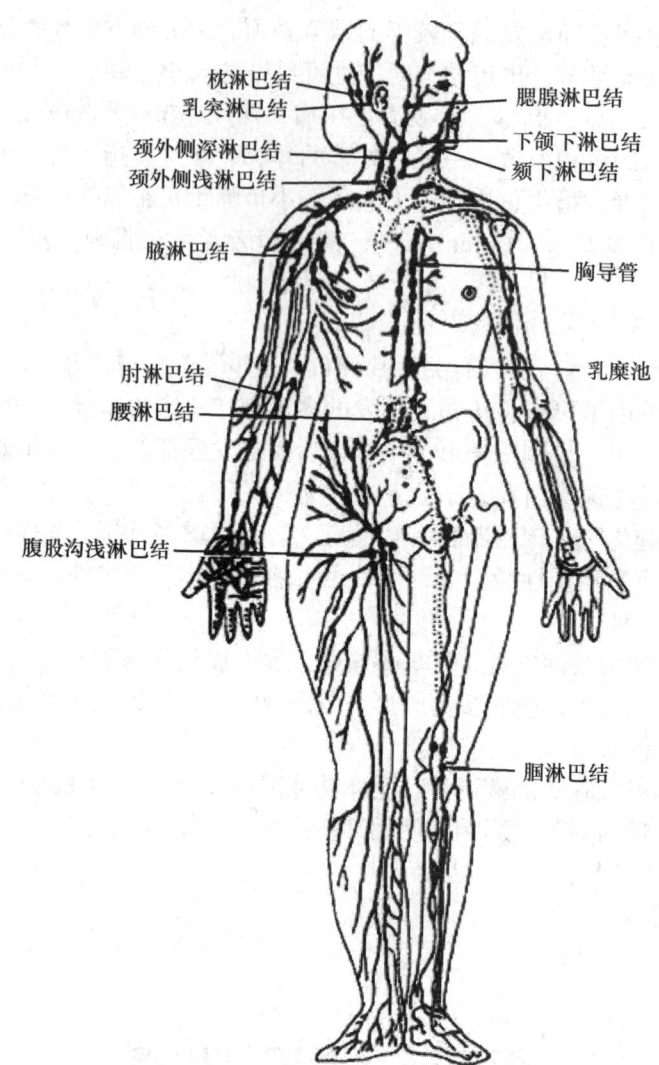

图 2-4-13　全身浅表淋巴结分布示意图

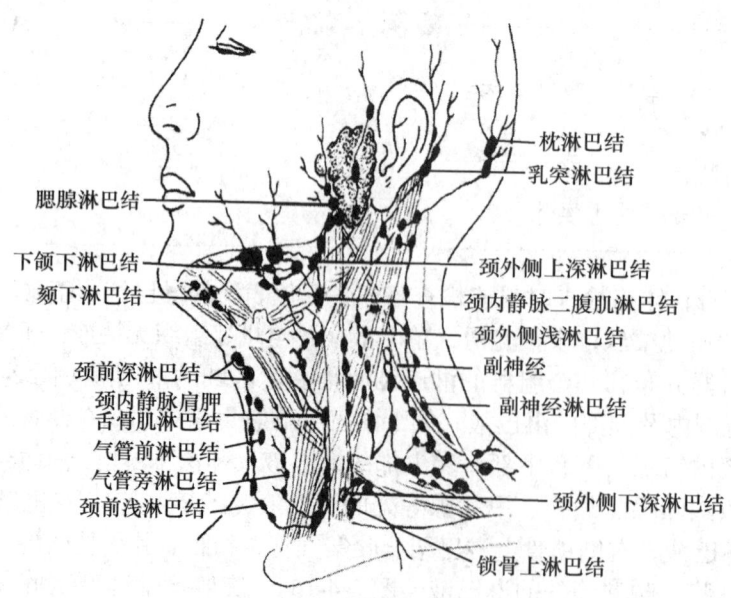

图 2-4-14　头颈部淋巴结分布示意图

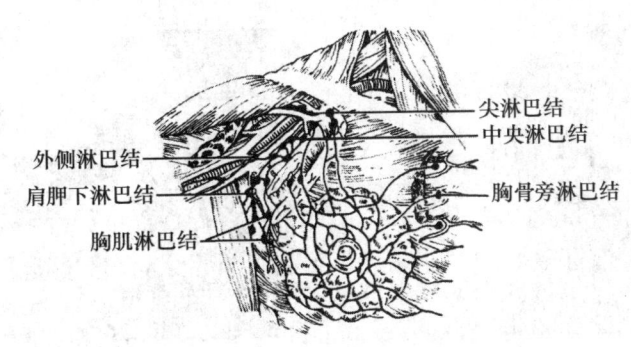

图 2-4-15 腋淋巴结分布示意图

一、检查顺序、方法及内容

（一）检查顺序

全身体格检查时，淋巴结的检查应在相应身体部位检查过程中进行。检查应按顺序进行，以免遗漏。头颈部顺序一般为：耳前、耳后、枕部、颏下、颌下、颈前、颈后、锁骨上窝淋巴结；上肢淋巴结的检查顺序是：腋窝、滑车上淋巴结；下肢淋巴结的检查顺序是：腹股沟（先查上群、后查下群）、腘窝淋巴结。其中，腋淋巴结应按腋尖群、中央群、胸肌群、肩胛下群和外侧群的顺序进行检查。

（二）检查方法

检查淋巴结的方法是视诊和触诊。视诊时，不仅要注意局部征象（包括皮肤是否隆起，颜色有无变化，有无皮疹、瘢痕、瘘管等），也要注意全身状态。

触诊是检查淋巴结的主要方法。医师将第2、3、4指并拢，其指腹平放于被检查部位的皮肤上，由浅入深进行滑动触诊。患者坐位受检，医师站位得当，方便操作。

1. **头颈部淋巴结检查** 医师站在患者前面或后面，用示指、中指和环指的指腹缓慢、仔细、滑行触诊，检查耳前、耳后、枕淋巴结；嘱患者头稍低，皮肤或肌肉松弛有利于触诊，屈曲手指于颏下中线处检查颏下淋巴结；检查颌下淋巴结时，嘱患者头稍低偏向检查侧，屈曲手指于颌下由浅入深滑行触诊，同法触诊对侧；患者头稍低并偏向检查侧，在颈前三角内，沿胸锁乳突肌前缘触诊颈前淋巴结，在颈后三角内，沿胸锁乳突肌后缘触诊颈后淋巴结；患者头前屈，用左手检查右侧，用右手检查左侧，分别检查两侧锁骨上淋巴结。

2. **腋淋巴结检查** 患者取坐位或仰卧位，前臂稍外展，医师右手检查左侧，左手检查右侧。医师左手扶托患者左手，充分暴露腋窝，右手触诊患者左侧腋窝的顶部，滑行触诊，依次触诊腋尖群、中央群、胸肌群、肩胛下群，再翻掌触诊腋窝外侧群。触诊时，由浅及深，至腋窝各部。以同样方法检查右侧（图2-4-16）。

3. **滑车上淋巴结检查** 患者充分暴露双侧上臂，医师左手扶托患者左手，以右手示指抵在肱骨内上髁，示指、中指、环指并拢在肱二头肌与肱三头肌之间的间沟中纵行、横行触诊。以同样方法检查右侧（图2-4-17）。

4. **腹股沟淋巴结检查** 患者充分暴露腹股沟区，医师以右手中间三指紧贴腹股沟皮肤，横行滑行触诊检查腹股沟水平组（上群）淋巴结，纵行滑行触诊检查腹股沟垂直组（下群）淋巴结，两侧均需检查。

5. **腘窝淋巴结检查** 患者充分暴露腘窝，医师以右手四指对腘窝的前壁、后壁、侧壁和穹窿部进行触诊，双侧腘窝均需进行检查。

（三）检查内容

当发现淋巴结肿大时，应注意其部位、大小、数目、硬度、有无压痛、活动度、有无粘连，局部皮肤有无红、肿、瘢痕、瘘管等，并注意寻找引起淋巴结肿大的原发病灶。

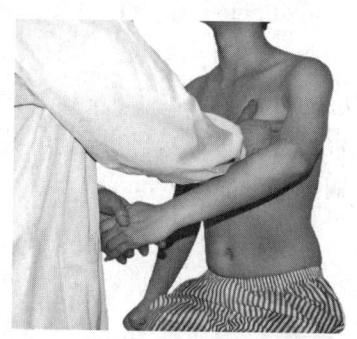 图 2-4-16 腋淋巴结检查 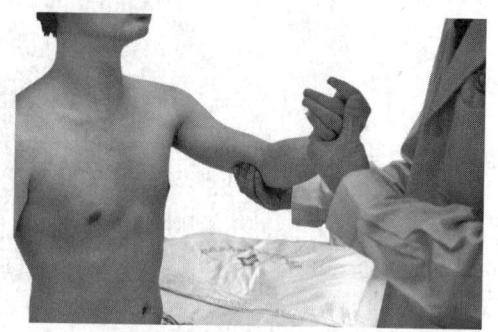 图 2-4-17 滑车上淋巴结检查

> 考点提示：淋巴结触诊方法。

二、淋巴结肿大的病因及表现

（一）局部淋巴结肿大

1. 非特异性淋巴结炎　由引流区域的急、慢性炎症引起，如急性化脓性扁桃体炎可引起颈部淋巴结肿大。急性炎症初期，肿大的淋巴结柔软、有压痛、表面光滑、无粘连，肿大到一定程度即停止。慢性炎症时，淋巴结较硬，最终可缩小或消退。

2. 单纯性淋巴结炎　为淋巴结本身的急性炎症。肿大的淋巴结有疼痛，呈中等硬度，有触痛，多发生在颈部淋巴结。

3. 淋巴结结核　肿大的淋巴结常发生在颈部血管周围，多发性，质地稍硬，大小不等，可与周围组织粘连，如发生干酪性坏死，则可触到波动，破溃后有干酪样脓液流出，形成瘘管，愈合后可形成瘢痕。

4. 恶性肿瘤淋巴结转移　淋巴结质地坚硬，或有橡皮样感，表面可光滑或凸起，与周围组织粘连，不易推动，一般无压痛。胸部肿瘤（如肺癌）可向右侧锁骨上淋巴结或腋淋巴结转移；肝癌、胃癌、食管癌（腹腔段）多向左侧锁骨上淋巴结转移，这种肿大的淋巴结称为菲尔绍淋巴结（Virchow lymph node）。

（二）全身性淋巴结肿大

1. 感染性疾病　病毒感染见于传染性单核细胞增多症、获得性免疫缺陷综合征等；细菌感染见于结核病、布鲁氏菌病、麻风等；螺旋体感染见于梅毒、钩端螺旋体病、鼠咬热等；原虫与寄生虫感染见于黑热病、丝虫病等。

2. 非感染性疾病　可见于血液系统疾病，如淋巴瘤、白血病；结缔组织病如系统性红斑狼疮、干燥综合征、结节病。

（王　苗）

第四节 临床病例查体思维

【病例一】

患者，女性，60岁。左乳房触及包块1周，考虑乳腺癌的可能。应如何进行浅表淋巴结检查？

临床思维

1. 症状特点　乳房包块。
2. 可能出现的疾病　乳腺癌。
3. 浅表淋巴结检查的目的　确定或排除淋巴结转移。
4. 浅表淋巴结检查

（1）检查重点：腋淋巴结。

（2）检查方法：患者取坐位或仰卧位，前臂稍外展。医师右手检查患者的左侧，左手检查患者的右侧。医师左手扶托患者左手，充分暴露腋窝，右手触诊患者左侧腋窝的顶部，滑行触诊，依次触诊腋窝尖群、中央群、胸肌群、肩胛下群，再翻掌触诊腋窝外侧群。触诊时，由浅及深，至腋窝各部。以同样方法检查右侧。特别注意腋淋巴结有无肿大、质地及与周围组织有无粘连，移动度，有无压痛。

5. 技能要点　视诊时，不仅要注意局部征象（包括皮肤是否隆起，颜色有无变化，有无红、肿、瘢痕、瘘管等），也要注意全身状态。

触诊时，医师将第2、3、4指并拢，其指腹平放于被检查部位的皮肤上，由浅入深进行滑行触诊。

【病例二】

患者，男性，35岁。呕血、便血2天，昏迷1h，考虑为上消化道出血，失血性休克的可能。如何进行一般检查？可能会发现哪些重要体征？

临床思维

1. 症状特点　呕血、便血、昏迷。
2. 可能出现的疾病　上消化道出血、失血性休克。
3. 一般检查的重点内容　生命体征、意识状态。

（1）一般检查方法。

（2）检查重点：体温、呼吸、血压、脉搏、意识状态、皮肤及面容。

4. 技能要点

（1）血压测量方法

1）测量血压前核对血压计，使汞柱顶端位于零点。测量血压时血压计不能倾斜，汞柱保持水平，并使肱动脉听诊点、血压计汞柱刻度管0点、心脏在同一水平。

2）上肢充分暴露，袖带松紧度合适，与皮肤之间不隔衣物，衣袖不能紧勒上肢，袖带宽度适宜。

3）听诊器体件不能塞在袖带与皮肤之间听诊。

4）放气时要缓慢、匀速、平稳，正确读出测量结果，计算2次或3次平均值。患者测量血压前30 min之内不吸烟、不饮咖啡。

（2）脉搏检查方法

1）正确选择浅表动脉，如小动脉不能触及时，可选择颈动脉或股动脉。

2）脉率计数时间不能过短，注意节律、紧张度、强弱、动脉壁弹性、波形变化及脉搏与呼吸的关系。

3）意识状态检查：意识障碍程度判断包括嗜睡、意识混浊、昏睡、谵妄及昏迷等。

（王　苗）

自测题

一、名词解释

1. 蜘蛛痣
2. 满月面容
3. 二尖瓣面容
4. 被迫体位

二、填空题

1. 发育应通过患者_____、_____、_____之间的关系综合判断。
2. 生命体征包括_____、_____、_____、_____。
3. 测量体温的常用方法有_____、_____、_____。
4. 皮肤及黏膜黄染常见的原因有_____、_____、_____。
5. 皮肤黏膜出血，直径小于_____为瘀点，直径_____为紫癜，直径大于_____为瘀斑，_____并伴有_____为血肿。
6. 意识障碍的程度可分为_____、_____、_____、_____及_____。

三、选择题

A1 型题

1. 关于腋测法测体温，下列正确的是

   A. 腋测法测体温的优点是安全、简便、不易产生交叉感染

   B. 腋测法为体腔外测量，欠可靠

   C. 正常值为 35～37 ℃

   D. 冬季老年危重患者为避免受凉，体温计可放在腋下隔一层内衣进行测量

   E. 高热患者，腋下测量体温只需 5 min

2. 被动体位见于下列哪种情况

   A. 疾病早期　　　　　　B. 意识丧失　　　　　　C. 心肺功能不全

   D. 心绞痛　　　　　　　E. 轻症

3. 提示急性病容的是

   A. 面色晦暗，憔悴，目光暗淡　　　　　B. 面色潮红，兴奋不安，表情痛苦

   C. 面色晦暗，紫红，口唇发绀　　　　　D. 兴奋，惊愕，目光闪烁

   E. 面色苍白，眼睑水肿，唇色淡

4. 严重左心功能不全的患者常采取的体位是
    A. 被动体位　　　　　　B. 被迫体位　　　　　　C. 自动体位
    D. 强迫仰卧位　　　　　E. 强迫坐位

5. 皮肤萎黄、干燥、弹性低，皮下脂肪菲薄，指甲粗糙、无光泽，毛发稀疏见于
    A. 营养不良　　　　　　B. 营养中等　　　　　　C. 营养良好
    D. 恶病质　　　　　　　E. 营养一般

6. 皮疹与出血点最主要的区别是
    A. 颜色不同　　　　　　B. 大小不等　　　　　　C. 持续时间
    D. 压之是否褪色　　　　E. 分布部位

7. 判断营养状态最简便、最迅速的方法是观察
    A. 皮肤弹性　　　　　　B. 毛发数量　　　　　　C. 皮下脂肪的充实程度
    D. 肌肉的发育情况　　　E. 指甲的情况

8. 胆石症、胆道蛔虫症、肾绞痛患者腹痛症状发作时，多采取的体位是
    A. 被迫蹲位　　　　　　B. 被迫仰卧位　　　　　C. 被迫坐位
    D. 辗转体位　　　　　　E. 被动体位

9. 检查皮肤弹性时，常选择的部位是
    A. 上腹部　　　　　　　B. 手背或上臂内侧　　　C. 前臂内侧或上臂内侧
    D. 手背或胫前　　　　　E. 上臂外侧

10. 皮肤及黏膜呈青紫色见于
    A. 毛细血管扩张　　　　　　　　　B. 血液中还原血红蛋白增多
    C. 血流加速　　　　　　　　　　　D. 血液中胆红素增加
    E. 血液中红细胞增多

11. 有关正常淋巴结的描述，正确的是
    A. 体积小，质地坚韧，表面光滑　　B. 与毗邻组织可有粘连
    C. 有明显压痛　　　　　　　　　　D. 质地柔软，表面光滑
    E. 容易触及

12. 乳腺炎时可出现肿大的一组淋巴结是
    A. 左锁骨上淋巴结　　　B. 右锁骨上淋巴结　　　C. 腋淋巴结
    D. 滑车上淋巴结　　　　E. 腹股沟淋巴结

A2 型题

13. 患者，女性，面色晦暗，双颊紫红，口唇轻度发绀。该患者的面容是
    A. 二尖瓣面容　　　　　B. 伤寒面容　　　　　　C. 肝病面容
    D. 肾病面容　　　　　　E. 贫血面容

14. 患者，女性，25岁。患者2年前患过急性肝炎，现妊娠7个月，颈部皮肤见一个直径为4 mm的红色斑块，呈辐射状，血管网中央有一个小红点，压此处血管网褪色。应诊断为
    A. 紫癜　　　　　　　　B. 蜘蛛痣　　　　　　　C. 斑丘疹
    D. 斑疹　　　　　　　　E. 小红痣

15. 患者，15岁。左侧颈部有3个肿大的淋巴结，中等硬度，其中一个坏死、破溃，形成瘘管。该患者所患疾病可能性最大的是
    A. 慢性淋巴结炎　　　　B. 恶性肿瘤淋巴结转移　C. 急性淋巴结炎
    D. 淋巴结结核　　　　　E. 传染性单核细胞增多症

16. 患者，男性，58岁，咳嗽4年，2个月来痰中带血，消瘦，X线片示上肺密度较高，呈圆形阴影。如果该患者淋巴结肿大，哪组区域的浅表淋巴结最先肿大的可能性大

    A. 左锁骨上淋巴结　　　B. 右锁骨上淋巴结　　　C. 腋淋巴结
    D. 滑车上淋巴结　　　　E. 腹股沟淋巴结

A3型题

（17~18题共用题干）

患者，男性，60岁。咳嗽3个月，痰中带血，右侧胸痛1个月，吸烟30年，胸部X线检查右上肺可见一个密度增高的圆形阴影，大小约为4 cm×4 cm，边缘有毛刺样改变。临床初步诊断为右上肺癌。

17. 如果此患者出现淋巴结肿大，可能性最大的是

    A. 右锁骨上淋巴结　　　B. 左锁骨上淋巴结　　　C. 右腋淋巴结
    D. 右颈后淋巴结　　　　E. 右腹股沟淋巴结

18. 肿大的淋巴结特点是

    A. 质软，无压痛　　　　　　　　　B. 质硬，无压痛，易与周围组织粘连
    C. 质稍硬，呈多发性　　　　　　　D. 表面光滑，无粘连
    E. 质硬，有压痛，不易与周围组织粘连

四、简答题

1. 简述蜘蛛痣和肝掌的临床意义。
2. 简述正常浅表淋巴结的特点。
3. 发现淋巴结肿大时，应如何描述？

第五章　头部及其器官检查

第五章数字资源

学习目标

1. 知识：说出正常的头部检查顺序及内容，列举颜面器官的检查内容及方法。分析异常表现的发病原因。
2. 能力：完成头部及其颜面器官的检查，运用检查所获得的结果做出初步诊断。
3. 素养：能通过头部检查定位病变，进行有效的信息整合和分析，形成初步的诊断；学会与患者有效沟通，理解患者的情感和需求；学习如何在团队中发挥作用，提高团队协作能力。

案例 2-5-1

患儿，1 岁 8 个月，前额左右突出、头顶平坦呈方形，出汗多。
问题与思考：
1. 该患儿症状和体征有哪些异于常人？
2. 考虑诊断为什么疾病？

第一节　头部检查

头部及其器官是人体重要的外形特征之一。头部的检查包括头发、头皮、头颅等。一般以视诊为主，辅以触诊检查。

一、头发和头皮

检查头发（hair）需注意颜色、疏密度、脱发的类型与特点。头发的颜色、曲直、疏密度可因种族及遗传因素和年龄而不同。脱发可由疾病引起，如腺垂体功能减退症、伤寒、甲状腺功能低下、系统性红斑狼疮、斑秃及抗癌药物治疗。检查时要注意其发生部位、形态与头发改变的特点。

头皮（scalp）的检查需拨开头发，观察头皮的颜色、头皮屑，有无头癣、炎症、外伤、血肿、疖、痈及瘢痕等。

二、头颅

头颅（skull）的检查应注意大小、外形和运动。触诊时，注意触摸头颅的每一个部位，了解其外形，有无压痛和异常隆起。头颅的大小以头围来衡量，测量时以软尺自眉间绕到颅后，经过枕骨粗隆绕头一周。头围在发育阶段的变化为：新生儿约 34 cm，出生后的前半年增加 8 cm，后半年增加 3 cm，第 2 年增加 2 cm，第 3、4 年约增加 1.5 cm，4~10 岁共增加约 1.5 cm，到 18 岁可达 53 cm 或以上，以后几乎不再变化。

提示： 小儿矢状缝和其他颅缝大多在出生后 6 个月内骨化，囟门多在 12~18 个月内闭合，颅缝骨化或囟门闭合过早或延迟都会影响颅脑的发育，造成头颅的大小异常或畸形。

（一）小颅

小儿囟门若过早闭合，可形成小头畸形，同时伴有智力发育障碍。

（二）巨颅

额、顶、颞及枕部突出膨大呈圆形，颈部静脉充盈，对比之下颜面很小。由于颅内压增高，压迫眼球，形成双目下视，巩膜上部外露的特殊表情，称为"落日"征。巨颅见于脑积水（图 2-5-1）。

（三）尖颅

尖颅也称塔颅（图 2-5-2），其特征为头顶部尖突高起，与颜面比例异常。尖颅是由于矢状缝与冠状缝过早闭合所致，见于先天性疾病尖颅并指（趾）畸形，即阿佩尔综合征（Apert syndrome）。

（四）方颅

前额左右突出，头顶平坦，呈方形。方颅见于小儿佝偻病或先天性梅毒（图 2-5-3）。

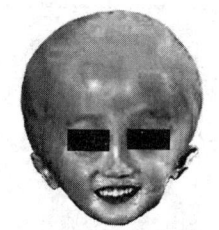
图 2-5-1 巨颅（脑积水）

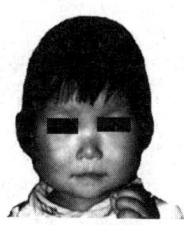
图 2-5-2 尖颅

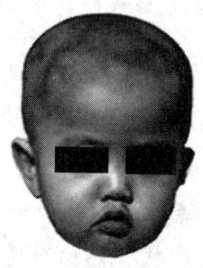
图 2-5-3 方颅

（五）长颅

自颅顶至下颌部的长度明显增大（测量长度后可与同龄人对比）。长颅见于马方综合征（Marfan syndrome）及肢端肥大症。

（六）变形颅

变形颅常发生于中年人，颅骨增大、变形，同时伴有长骨的骨质增厚与弯曲。变形颅见于佩吉特病（Paget disease）。

头部的运动异常在一般视诊时即可发现。头部活动受限，见于颈椎疾患；头部不随意的颤动，见于帕金森病（Parkinson disease）；与颈动脉搏动一致的点头运动称为点头征（Musset sign），见于严重主动脉瓣关闭不全。

（王晓丽）

第二节 头部器官检查

一、眼

眼部检查应从外向内按一定的顺序进行，即眉毛、眼睑、结膜、巩膜、角膜、虹膜、瞳孔、眼球及视力等。眼部的一些变化可以是某些全身性疾病的反应。

（一）眉毛

正常人眉毛的疏密不完全相同，一般内侧与中间部分比较浓密，外侧部分较稀疏。若外 1/3 的眉毛过于稀疏或脱落，见于黏液性水肿和腺垂体功能减退症；眉毛特别稀疏或脱落，应考虑麻风病。

（二）眼睑

1. 睑内翻　由于睑结膜瘢痕形成，使睑缘向内翻转，见于沙眼。
2. 上睑下垂　双侧上睑下垂见于先天性上睑下垂、重症肌无力；单侧上睑下垂多为动眼神经麻痹所致，见于脑脓肿、脑炎、蛛网膜下腔出血、脑外伤等。
3. 眼睑闭合障碍　双侧眼睑闭合障碍见于甲状腺功能亢进症；单侧眼睑闭合障碍见于面神经麻痹。
4. 眼睑水肿　因眼睑组织疏松，轻度或初发水肿皆可在眼睑表现出来。常见原因有肾炎、慢性肝病、营养不良、血管神经性水肿等。

此外，还应注意眼睑有无包块、压痛、外翻、倒睫等异常情况。

（三）结膜

结膜分为睑结膜、球结膜、结膜穹窿 3 个部分。检查睑结膜、结膜穹窿时须翻转眼睑才能进行。翻转要领：翻转下睑时，将拇指放在下睑中央部睑缘稍下方，轻轻向下牵拉下睑，同时嘱患者向上看，下睑结膜和下结膜穹窿即可显露。翻转上睑时，用示指和拇指捏住上睑中外 1/3 交界处的边缘，嘱患者向下看，此时轻轻向前下方牵拉，然后示指向下压迫睑板上缘，并与拇指配合将睑缘向上捻转即可将上睑翻开（图 2-5-4）。

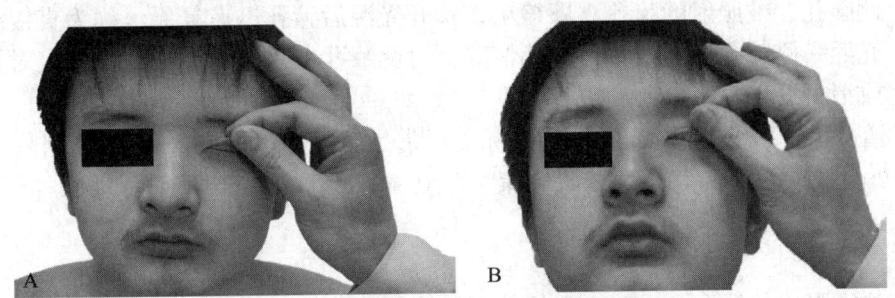

图 2-5-4　翻转眼睑检查上睑结膜示意图
A. 示指和拇指捏住上睑皮肤；B. 拇指配合将睑缘向上捻转

结膜常见的病变：结膜黏膜充血、发红，见于结膜炎、角膜炎；结膜黏膜充血伴分泌物增多，见于急性结膜炎；结膜颗粒与滤泡，见于沙眼；结膜苍白，见于贫血；结膜发黄，见于黄疸；若结膜有多少不等的散在出血点，可见于亚急性感染性心内膜炎；大片的结膜下出血，见于高血压、动脉硬化。

提示： 结膜检查应注意有无充血、苍白、出血、黄疸、颗粒及滤泡等。除沙眼、春季结膜炎外，几乎所有的结膜炎症在下睑结膜的表现都比上睑结膜更明显。

（四）巩膜

巩膜不透明，血管极少，呈瓷白色。黄疸时，巩膜最先出现黄染。中年以后在内眦部可出现黄色斑块，为脂肪沉着所致，这种斑块呈不均匀性分布，应与黄疸相鉴别。胡萝卜素、米帕林等造成的巩膜黄染一般只出现于角膜周围。

（五）角膜

角膜表面有丰富的感觉神经末梢，因此感觉十分灵敏。检查时应注意透明度，有无云翳、白斑、软化、溃疡、新生血管等。角膜软化见于婴幼儿营养不良、维生素 A 缺乏等；角膜边缘及周围出现灰白色混浊环，多见于老年人，故称为老年环，是类脂质沉着的征象，无自觉症状，不妨碍视力；角膜边缘若出现黄色或棕褐色的色素环，环的外缘较清晰，内缘较模糊，称为凯-弗环（Kayser-Fleischer ring），是铜代谢障碍的表现，见于肝豆状核变性［又称威尔逊病（Wilson disease）］。

（六）虹膜

虹膜为眼球葡萄膜的最前部分，中央有圆形孔洞（即瞳孔），虹膜内有瞳孔括约肌与瞳孔开大肌，能调节瞳孔的大小。正常虹膜纹理呈放射状排列。纹理模糊或消失见于炎症、水肿。虹膜形态异常或有裂孔见于虹膜后粘连、外伤、先天性虹膜缺损等。

（七）瞳孔

虹膜中央的孔洞为瞳孔，直径正常为 3~4 mm。瞳孔缩小（瞳孔括约肌收缩）由动眼神经的副交感神经纤维支配；瞳孔扩大（瞳孔开大肌收缩）由交感神经支配。检查瞳孔时，应注意其形状、大小，两侧是否等大、等圆，对光及调节反射等。

1. 瞳孔的形状及大小　正常瞳孔为圆形，双侧等大。引起瞳孔大小改变的因素很多，生理情况下，婴幼儿和老年人瞳孔较小，在光亮处瞳孔较小，青少年瞳孔较大，精神兴奋或在暗处瞳孔可扩大；病理情况下，瞳孔缩小见于虹膜炎症、中毒（如有机磷农药、毒蕈中毒）、药物（毛果芸香碱、吗啡、氯丙嗪）反应等，瞳孔扩大见于外伤、颈交感神经刺激、青光眼绝对期、视神经萎缩、药物（阿托品、可卡因）影响等。双侧瞳孔散大并伴有对光反射消失为濒死状态的表现。瞳孔呈椭圆形见于青光眼或眼内肿瘤。瞳孔大小不等常提示有颅内病变，如脑外伤、肿瘤、中枢神经梅毒、脑疝。双侧瞳孔不等大且变化不定，可能为中枢神经和虹膜的神经支配障碍。如瞳孔不等大且伴有对光反射减弱或消失，往往为中脑功能损害的表现。瞳孔形状可因虹膜粘连而不规则。

2. 对光反射　分为直接对光反射和间接对光反射。检查方法：嘱患者注视正前方，通常用手电筒光照射一侧瞳孔，被照射的瞳孔立即缩小，移开光源后瞳孔迅速复原，称为直接对光反射。用手隔开两眼，光照一侧瞳孔，观察对侧瞳孔情况，对侧瞳孔也立即缩小，称为间接对光反射。瞳孔对光反射迟钝或消失见于昏迷患者。

3. 集合反射　嘱患者注视 1 m 以外的目标（通常是医师的示指尖），然后将目标逐渐移近眼球（距眼球 5~10 cm 处），正常人此时双眼内聚、瞳孔缩小，称为集合反射。动眼神经功能损害时，集合反射消失。

（八）眼球

检查时应注意眼球的外形及运动。眼的外部结构如图 2-5-5 所示。

1. 眼球突出　双侧眼球突出见于甲状腺功能亢进症。患者除突眼外，还有以下眼征（图 2-5-6）。①冯·格雷费征（Von Graefe's sign）：眼球下转时上睑不能相应下垂；②施特尔瓦格征（Stellwag sign）：瞬目减少；③默比乌斯征（Mobius sign）：集合运动减弱；④若弗鲁瓦征（Joffroy sign）：上视时无额纹出现。

甲状腺功能亢进症的眼征。

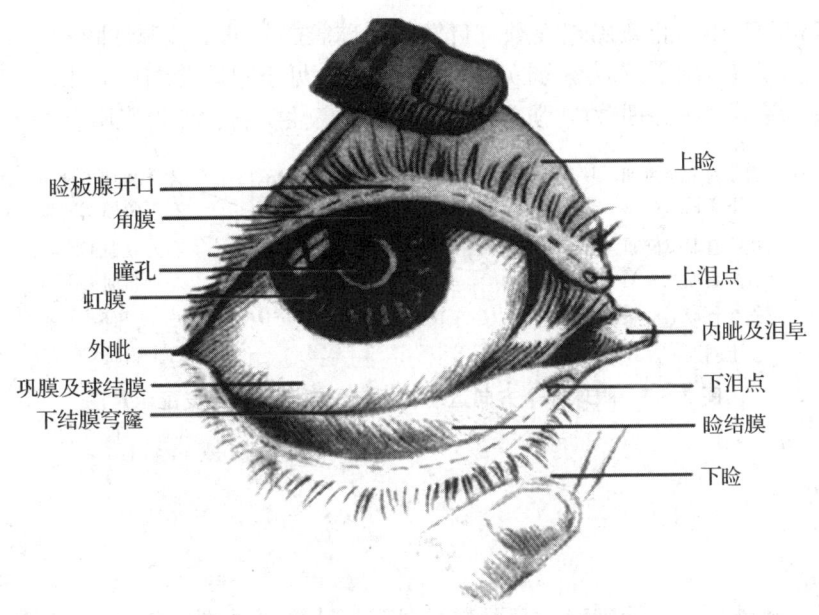

图 2-5-5　眼的外部结构

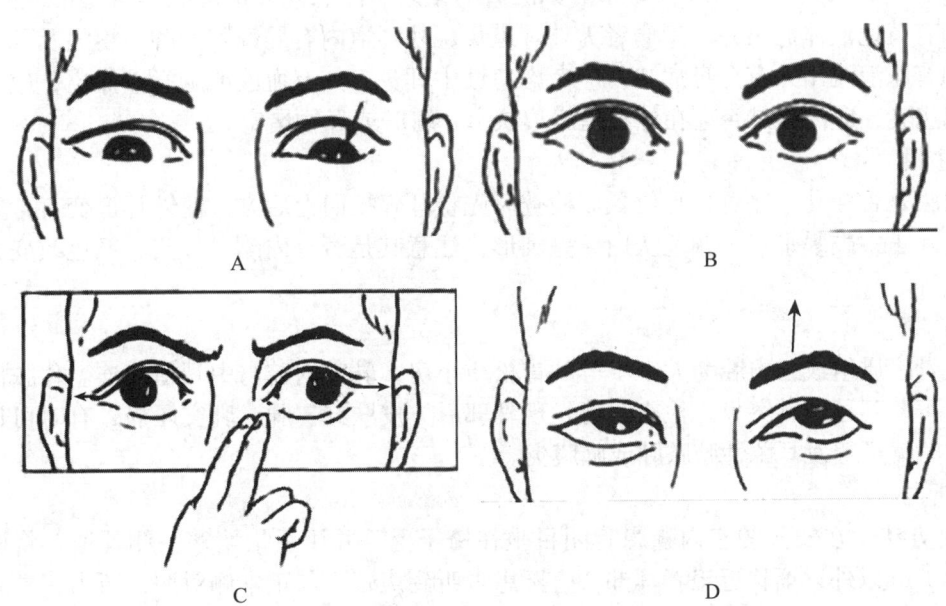

图 2-5-6　甲状腺功能亢进症眼部特征示意图
A. 冯·格雷费征；B. 施特尔瓦格征；C. 默比乌斯征；D. 若弗鲁瓦征

单侧眼球突出多由于局部炎症或眶内占位性病变所致，偶见于颅内病变。

2. 眼球下陷　双侧眼球下陷见于严重脱水或眼球萎缩。单侧眼球下陷见于霍纳综合征（Horner syndrome）和眶尖骨折。

3. 眼球运动　检查时，医师将目标物（棉签或手指）置于患者眼前30～40 cm处，嘱其固定头部，眼球随目标物移动，一般按左→左上→左下，右→右上→右下 6 个方向的顺序进行，每一个方向代表双眼的一对配偶肌的功能（图 2-5-7）。若有某一方向运动受限，提示相应肌肉或神经功能障碍。由于支配眼肌运动的神经或眼外肌本身器质性病变所产生的斜视，称为麻痹性斜视，多由脑炎、脑膜炎、脑脓肿、脑肿瘤及脑血管病所致。

双侧眼球发生一系列有规律的快速往返运动，称为眼球震颤。运动方向以水平方向常见，垂直和旋转方向较少见。检查方法：嘱患者眼球随医师手指所示方向（水平或垂直）运动数次，突然停下，观察其眼球运动是否停止或出现震颤。自发的眼球震颤常见于耳源性眩晕、小脑疾患等。

4. 眼球压力减低（指压法张力减弱） 双眼球凹陷，见于眼球萎缩或脱水。

5. 眼球压力增高（指压法张力增强） 见于眼压增高性疾病，如青光眼。

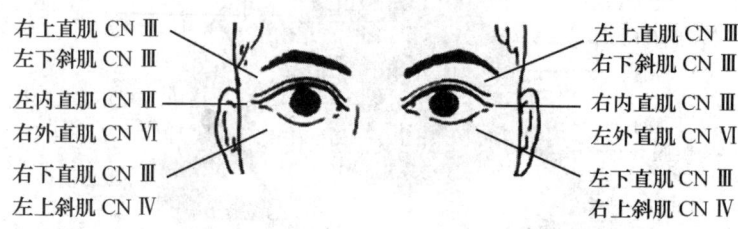

图 2-5-7　眼球6个方向运动、相应配偶肌和神经支配示意图

二、耳

（一）外耳

外耳包括耳郭及外耳道。检查时注意耳郭的外形、大小、位置和对称性，有无发育畸形。痛风患者可在耳郭上触及痛性小结节，为尿酸钠沉着的结果。注意外耳道皮肤是否正常，有无红、肿、溢液等。如有黄色液体流出并有痒痛者为外耳道炎，外耳道内有局部红、肿、疼痛及耳郭牵拉痛者为疖肿。如有脓液流出并有全身症状，应考虑急性中耳炎。如有血液或脑脊液流出，应考虑颅底骨折。对耳鸣患者，应注意是否存在外耳道瘢痕狭窄、耵聍或异物堵塞。

（二）中耳

观察鼓膜是否穿孔，注意穿孔位置。检查时先将耳郭拉向上后方，使外耳道变直，然后插入耳镜进行观察。正常鼓膜平坦，颜色灰白，呈圆形，注意其是否有内陷、外凸、颜色改变，是否有穿孔及其部位等。

（三）乳突

外壳由骨密质组成，内腔为大小不等的骨松质小房，乳突内腔与中耳道相连。化脓性中耳炎引流不畅时，可蔓延导致乳突炎，检查时可发现耳郭后方皮肤红、肿，乳突压痛，有时可见瘘管或瘢痕等。严重时，可继发耳源性脑脓肿或脑膜炎。

（四）听力

1. 粗测方法　在安静的室内嘱患者闭目坐在椅子上，并用手指堵塞一侧耳道，将机械表（或捻手指）自1m以外逐渐移近患者耳部，直至患者听到声音。与正常侧对照，听力正常时，一般约在1m处即可听到机械表与捻指声。

2. 精测方法　使用规定频率的音叉或电测听设备进行一系列较为精确的测试，对明确诊断更有价值。

提示：耳部检查应从外向内按顺序检查耳郭、外耳道、中耳、乳突、听力。听力减退见于耳道有耵聍或异物、听神经损害、局部或全身血管硬化、中耳炎等。经粗测发现患者有听力减退，则应进行专科检查。

三、鼻

检查鼻时，应注意外形、有无鼻翼扇动、鼻道是否通畅、有无脓血及分泌物、鼻中隔有无偏曲、鼻黏膜情况及鼻旁窦区有无压痛等。

（一）鼻的外形

检查时应注意鼻的形态和皮肤颜色。鼻腔完全堵塞、外鼻变形、鼻梁宽平如蛙状，称为蛙状鼻

（图 2-5-8），见于肥大的鼻息肉患者。鞍鼻（图 2-5-9）是由于鼻骨破坏、鼻梁塌陷所致，见于鼻骨骨折、鼻骨发育不良、先天性梅毒和麻风病。鼻梁皮肤出现红色斑块，并向两侧面颊部蔓延呈蝴蝶形，称为蝶形红斑（图 2-5-10），见于系统性红斑狼疮。如发红的皮肤损害主要在鼻尖和鼻翼，并有毛细血管扩张和组织肥厚，见于酒渣鼻（图 2-5-11）。

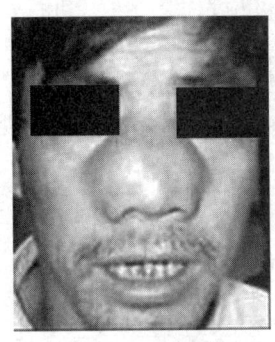 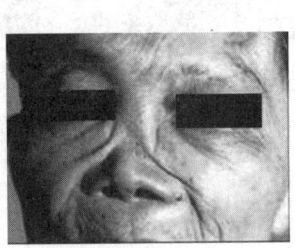 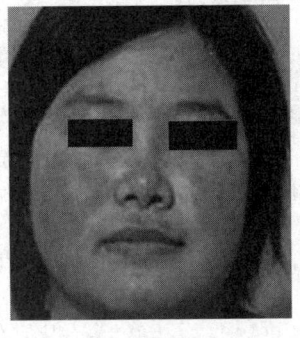 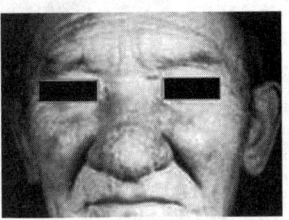

图 2-5-8　蛙状鼻　　　图 2-5-9　鞍鼻　　　图 2-5-10　蝶形红斑　　　图 2-5-11　酒渣鼻

（二）鼻翼扇动

吸气时鼻孔张大，呼气时鼻孔回缩，见于伴有呼吸困难的高热性疾病（肺炎链球菌肺炎）、支气管哮喘和心源性哮喘发作时。

（三）鼻中隔

正常成人的鼻中隔很少完全居于正中，多数稍有偏曲。如鼻中隔有明显的偏曲，并产生呼吸障碍，称为鼻中隔偏曲。严重的高位鼻中隔偏曲可压迫鼻甲，引起神经性头痛，也可因偏曲部骨质刺激黏膜而引起出血。鼻中隔穿孔多见于鼻腔慢性炎症、外伤等。

（四）鼻出血

鼻出血多为单侧，见于鼻腔感染、外伤、局部血管损伤、鼻咽癌及鼻中隔偏曲等。双侧鼻出血则多由全身性疾病引起，如某些发热性传染病（流行性出血热、伤寒等）、血液系统疾病（血小板减少性紫癜、再生障碍性贫血、白血病、血友病）、高血压、肝病、维生素 C 或维生素 K 缺乏等。妇女如发现周期性鼻出血，应考虑子宫内膜异位症。

（五）鼻腔黏膜

急性鼻黏膜肿胀多为炎症充血所致，伴有鼻塞和流涕，见于急性鼻炎。慢性鼻黏膜肿胀多为黏膜组织肥厚，见于各种因素引起的慢性鼻炎。鼻黏膜萎缩、鼻腔分泌物减少、鼻甲缩小、鼻腔宽大、嗅觉减退或丧失见于慢性萎缩性鼻炎。

（六）鼻腔分泌物

鼻腔黏膜受到各种刺激时会产生过多的分泌物。清稀无色的分泌物为卡他性炎症，发黄或发绿的分泌物为鼻或鼻旁窦的化脓性炎症所引起。

（七）鼻旁窦

鼻旁窦为鼻腔周围含气的骨质空腔，共 4 组，皆有窦口与鼻腔相通，当引流不畅时易发生炎症。鼻旁窦区压痛检查方法如图 2-5-12 所示。

1. 额窦　医师一手扶持患者枕部，用另一手拇指或示指置于眼眶上缘内侧，用力向后、向上按压。或以两手固定头部，双手拇指置于眼眶上缘内侧向后、向上按压，询问有无压痛，两侧有无差异。
2. 筛窦　双手固定于患者的两侧耳后，双手拇指分别置于鼻根部与眼内眦之间，向内、向后按压。
3. 上颌窦　医师双手固定于患者的两侧耳后，将拇指分别置于左、右颧部，向后按压。
4. 蝶窦　因解剖位置较深，不能在体表进行检查。

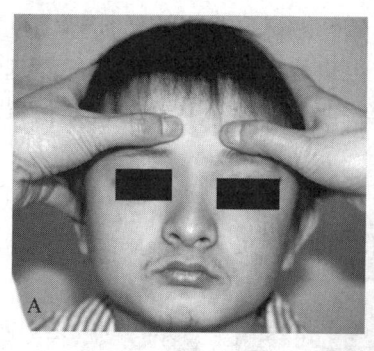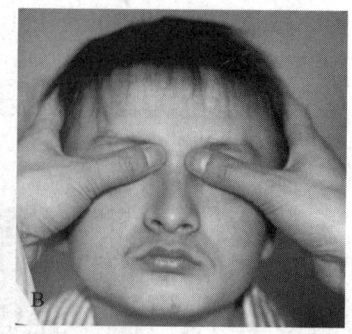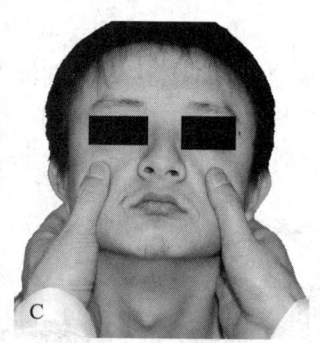

图 2-5-12　鼻旁窦压痛检查示意图
A. 额窦压痛点检查；B. 筛窦压痛点检查；C. 上颌窦压痛点检查

四、口

检查内容包括口唇、口腔内器官和组织以及口腔气味等。

（一）口唇

健康人口唇红润，有光泽。口唇发绀为血液中还原血红蛋白增多所致，见于心肺功能不全等。口唇疱疹为口唇黏膜与皮肤交界处发生的成簇的小水疱，半透明，多为单纯疱疹病毒感染所引起，常伴发于肺炎链球菌肺炎、普通感冒、流行性脑脊髓膜炎、疟疾等。口角糜烂见于核黄素缺乏症。

（二）口腔黏膜

正常口腔黏膜光滑，呈粉红色。如见大小不等的黏膜下出血点或瘀斑，可能为各种出血性疾病或维生素 C 缺乏所引起。若在相当于第二磨牙的颊黏膜处出现帽针头大小的白色斑点，称为科氏斑（Koplik spot），是麻疹早期诊断的重要体征。黏膜充血、肿胀并伴有小出血点，称为黏膜疹，多为对称性，见于猩红热、风疹和某些药物中毒。

（三）牙齿

应注意有无龋齿、残根、缺齿及义齿等。若有病变，可按下列格式表明所在部位：

$$右\frac{87654321\ |\ 12345678}{87654321\ |\ 12345678}左$$

1. 中切牙；2. 侧切牙；3. 尖牙；4. 第一前磨牙；5. 第二前磨牙；
6. 第一磨牙；7. 第二磨牙；8. 第三磨牙

（四）牙龈

正常牙龈呈粉红色，质坚韧且与牙颈部紧密贴合。检查时应注意有无水肿、牙周肿胀、出血、溢脓及瘘管等；牙周肿胀见于牙周炎、牙周脓肿；牙龈缘出血见于牙石、维生素 C 缺乏、血液病及出血性疾病；牙龈的游离缘出现蓝灰色点线称为铅线，见于铅中毒；在铋、汞、砷中毒时，可出现类似黑褐色点线状色素沉着，应结合病史予以鉴别。

（五）舌

检查时应注意舌质、舌苔及舌的活动状态。正常人舌质淡红、湿润、柔软，活动自如，伸舌居中，无震颤，舌苔薄白。许多局部或全身性疾病均可使舌的感觉、运动与形态发生变化，这些变化往往能为临床诊断提供重要依据。

1. **舌体增大**　暂时性舌体增大见于舌炎、口腔炎、蜂窝织炎、血肿、脓肿、血管神经性水肿等；长时间的舌体增大见于黏液性水肿、呆小病和唐氏综合征（Down syndrome）、舌肿瘤等。

2. 地图舌　舌面上出现黄色上皮细胞堆积而成的隆起部分，状如地图，称为地图舌（图2-5-13）。因病损可表现在舌面的不同部位，并可变换大小和形状，具有游走性的特点，又称游走性舌炎。其发生原因尚不明确，可由核黄素缺乏引起。

3. 裂纹舌　舌面上出现横向裂纹，称为裂纹舌（图2-5-14），见于唐氏综合征与核黄素缺乏，后者有舌痛。纵向裂纹可见于梅毒性舌炎。

4. 牛肉舌　舌面绛红如生牛肉状，见于糙皮病（烟酸缺乏症）。

5. 草莓舌　舌乳头肿胀、突出，呈鲜红色，形如草莓，称为草莓舌，见于猩红热或长期发热的患者。

6. 镜面舌　也称光滑舌。舌乳头萎缩，舌体较小，舌面光滑，呈粉红色或红色，见于缺铁性贫血、恶性贫血及慢性萎缩性胃炎。

7. 毛舌　也称黑舌，舌面敷有黑色或黄褐色毛，故称毛舌（图2-5-15）。此为丝状乳头缠绕了真菌丝及其上皮细胞角化所形成。毛舌见于久病衰弱或长期使用广谱抗生素（引起真菌生长）的患者。

8. 舌的运动异常　伸舌震颤可见于甲状腺功能亢进症。伸舌偏向一侧见于舌下神经麻痹。

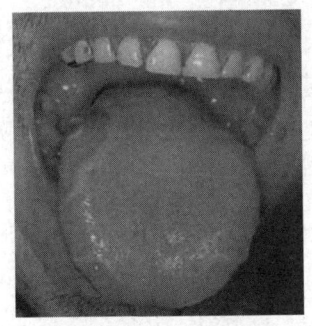
图 2-5-13　地图舌

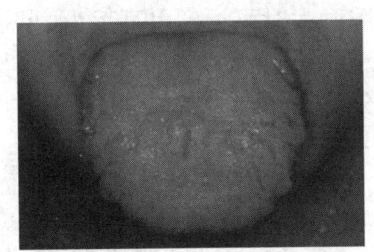
图 2-5-14　裂纹舌

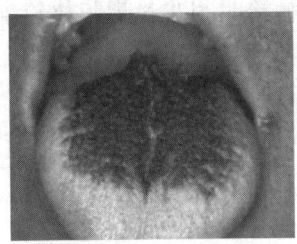
图 2-5-15　毛舌

（六）咽部及扁桃体

咽部可分为鼻咽、口咽及喉咽3个部分。咽部检查一般指口咽部。口咽位于软腭平面之下、会厌上缘的上方，前方直对口腔软腭向下延续，形成前后两层黏膜皱襞，前者称为腭舌弓，后者称为腭咽弓。扁桃体位于腭舌弓与腭咽弓之间的扁桃体窝中。腭咽弓的后方称为咽后壁。

检查方法：患者取坐位，头略后仰，口张大并发"啊"音，此时医师用压舌板在舌的前2/3与后1/3交界处迅速下压，此时软腭上抬，在照明的配合下即可见软腭、腭垂、软腭弓、扁桃体、咽后壁等。

常见病变：咽部黏膜充血、红肿、黏液腺分泌增多，见于急性咽炎；若咽部黏膜充血、表面粗糙，并可见淋巴滤泡呈簇状增殖，见于慢性咽炎。扁桃体发炎时，扁桃体红、肿、增大，在扁桃体隐窝内有黄白色分泌物或渗出物形成的苔片状假膜，很容易剥离，此须与白喉假膜相鉴别。扁桃体肿大一般分为三度（图2-5-16）：Ⅰ度不超过腭咽弓；Ⅱ度超过腭咽弓；Ⅲ度达到或超过咽后壁中线。

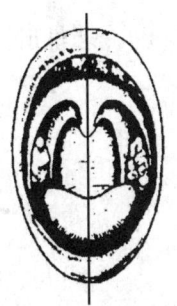
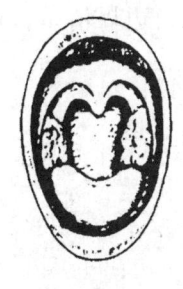

Ⅰ度扁桃体肿大　　Ⅱ度扁桃体肿大　　Ⅲ度扁桃体肿大

图 2-5-16　扁桃体位置及其肿大分度

（七）喉

喉位于喉咽之下，喉下连接气管。喉为软骨、肌肉、韧带、纤维组织及黏膜所组成的一个管腔结构。急性声音嘶哑或失声常见于急性炎症，慢性失音多考虑喉结核或喉癌。喉的神经支配有喉上神经与喉返神经。上述神经受到损害，如纵隔或喉肿瘤时，可引起声带麻痹，甚至失音。喉部检查内容详见五官科学。

（八）口腔的气味

健康人口腔无特殊气味。饮酒、吸烟的人可有烟味和酒味。如口腔有特殊气味，称为口臭，可由口腔局部或全身性疾病引起。

局部原因：如牙龈炎、龋齿、牙周炎可产生臭味，牙龈出血有血腥味。其他疾病引起的口臭：糖尿病酮症酸中毒患者口腔可出现烂苹果味；尿毒症患者口腔可出现氨臭味；肝坏死患者口腔有肝臭味；有机磷农药中毒患者口腔有大蒜味。

五、腮腺

腮腺（parotid gland）位于耳屏、下颌角、颧弓所构成的三角区内（图 2-5-17）。正常腮腺薄而软，触诊时很难触到腺体轮廓。腮腺肿大时可见到以耳垂为中心的隆起，并可触及边缘不明显的包块。腮腺导管位于颧骨下 1.5 cm 处，横过咀嚼肌表面，开口相当于上颌第二磨牙对应的颊黏膜处。检查时应注意导管口有无红、肿及分泌物。

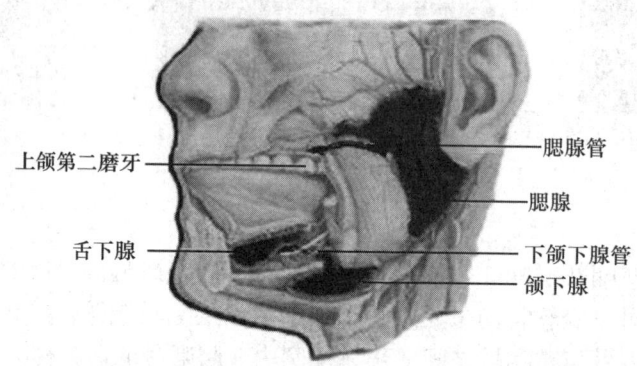

图 2-5-17　腮腺与腮腺导管位置图

腮腺肿大见于以下几种情况。

1. 急性流行性腮腺炎　腮腺迅速胀大，先为单侧，继而可累及对侧。检查时有压痛，腮腺导管可见红、肿，急性期能累及胰、睾丸和卵巢。

2. 急性化脓性腮腺炎　多见于抵抗力低下的重症患者及口腔卫生状况不良者。腮腺肿大多为单侧性，在导管口处加压可有脓性分泌物溢出。

3. 腮腺肿瘤　混合瘤质韧，呈结节状，边界清楚，可移动；恶性肿瘤质硬，有痛感，发展迅速，与周围组织有粘连，可伴有面瘫。

（王晓丽）

第三节 临床病例查体思维

【病例一】

某患儿，女性，2岁。因盗汗、烦躁、睡眠差来院就诊。体格检查：枕秃、囟门未闭合、O型腿。考虑维生素D缺乏性佝偻病的可能。可能会发现哪些重要体征？

临床思维

1. 症状及体征特点　盗汗、烦躁、睡眠差；枕秃、囟门未闭合、O型腿。
2. 考虑的疾病　维生素D缺乏性佝偻病（激期）。
3. 可能出现的其他系统问题　肌肉松软无力，免疫力下降。

【病例二】

某患儿，男性，9岁。发热2天，左侧耳下肿痛1天，微恶寒，轻咳。体温波动于37.8～38.5℃，自服退热药无好转来院就诊。考虑为流行性腮腺炎。可能会发现哪些重要体征？

临床思维

1. 症状特点　发热3天。左侧耳下肿痛1天。
2. 考虑的疾病　急性流行性腮腺炎。
3. 可能出现的重要体征　左侧以耳垂为中心的隆起，可触及包块，边缘不清，轻微压痛；张口及咀嚼时疼痛加重，左侧口腔第二磨牙所对应颊黏膜红、肿。

注意观察腮腺导管口有无脓性分泌物。

（王晓丽）

自 测 题

一、名词解释

1. 方颅
2. "落日"征
3. 瞳孔对光反射
4. 集合反射
5. 鼻翼扇动
6. 酒渣鼻
7. 镜面舌
8. 眼球震颤

二、填空题

1. 伸舌有震颤见于_____，伸舌偏斜见于_____。
2. 双侧眼球凹陷见于_____或_____。

3. 巩膜黄染最常见的原因是_____。
4. 外耳道有脓性分泌物流出见于_____，有脑脊液流出见于_____。
5. 鼻梁塌陷为_____鼻；鼻腔完全阻塞，鼻梁宽平为_____鼻。
6. 在体表可以检查到的鼻旁窦为_____、_____及_____。

三、选择题

A1 型题

1. 关于正常人头围大小的叙述，正确的是
   A. 新生儿的头围约 37 cm
   B. 出生后第 2 年头围增加 4 cm
   C. 15 岁以后头围基本无变化
   D. 18 岁头围可达 53 cm 或 53 cm 以上
   E. 出生后前半年增加 8 cm，后半年增加 5 cm

2. 正常小儿囟门闭合的时间多为
   A. 6 个月以内　　　　B. 6～12 个月　　　　C. 12～20 个月
   D. 12～18 个月　　　E. 18～24 个月

3. 小儿囟门过早闭合可形成的畸形是
   A. 尖颅　　　　　　B. 长颅　　　　　　C. 方颅
   D. 巨颅　　　　　　E. 小颅

4. 前额左右突出，头顶平坦，呈方形，见于
   A. 脑积水　　　　　B. 脑肿瘤　　　　　C. 佝偻病
   D. 肢端肥大症　　　E. 佩吉特病

5. 双侧上睑下垂见于
   A. 白喉　　　　　　B. 脑脓肿　　　　　C. 重症肌无力
   D. 脑炎　　　　　　E. 蛛网膜下腔出血

6. 正常人瞳孔的直径为
   A. 1～2 mm　　　　B. 2～3 mm　　　　C. 3～4 mm
   D. 4～5 mm　　　　E. 5～6 mm

7. 支配瞳孔缩小的神经为
   A. 动眼神经的交感神经　　B. 动眼神经的副交感神经　　C. 三叉神经
   D. 视神经　　　　　　　　E. 滑车神经

8. 单侧眼睑闭合障碍见于
   A. 甲状腺功能亢进症　　B. 重症肌无力　　C. 面神经麻痹
   D. 动眼神经麻痹　　　　E. 肾炎

9. 听力减退的原因不包括的是
   A. 中耳炎　　　　　　　B. 痛风石　　　　　C. 听神经受损
   D. 外耳道耵聍或异物　　E. 局部或全身动脉硬化

10. 外耳道有血液或脑脊液流出应考虑为
    A. 急性中耳炎　　　　B. 脑疝　　　　　　C. 颅底骨折
    D. 耳疖　　　　　　　E. 外耳道炎

11. 鼻出血的原因不包括的是
    A. 外伤　　　　　　　B. 鼻腔感染　　　　C. 鼻咽癌
    D. 缺铁性贫血　　　　E. 再生障碍性贫血

12. 在体表检查时按压不到的鼻旁窦是
    A. 额窦　　　　　　　　B. 筛窦　　　　　　　　C. 蝶窦
    D. 左上颌窦　　　　　　E. 右上颌窦
13. 口角糜烂常见于
    A. 血管神经性水肿　　　B. 核黄素缺乏　　　　　C. 心力衰竭
    D. 贫血　　　　　　　　E. 普通感冒
14. 关于口唇的病变，错误的是
    A. 口唇发绀的原因是呼吸衰竭　　　　B. 口唇干燥的原因是营养不良
    C. 口唇疱疹的原因是大叶性肺炎　　　D. 口唇苍白的原因是贫血
    E. 口唇深红的原因是细菌感染性疾病
15. 角膜边缘出现黄色或棕褐色的色素环称为凯-弗环（Kayser-Fleischer ring），其原因是
    A. 先天性因素　　　　　B. 类脂质沉着　　　　　C. 铜代谢障碍
    D. 维生素A缺乏　　　　E. 角膜血管增生
16. 扁桃体超过咽腭弓，但未达咽后壁中线为
    A. Ⅰ度肿大　　　　　　B. Ⅱ度肿大　　　　　　C. Ⅲ度肿大
    D. 正常大小　　　　　　E. 无法分度
17. 关于腮腺的概念，下列错误的是
    A. 腮腺位于耳屏、下颌角、颧弓所构成的三角区内
    B. 正常腮腺体薄而软，触诊时摸不到腺体的轮廓
    C. 腮腺肿大时可见到以耳垂为中心的隆起，并可触到边缘不明显的包块
    D. 腮腺导管位于颧骨下1.5 cm处，横过咀嚼肌表面
    E. 腮腺导管开口相当于上颌第一磨牙

A2型题

18. 患儿，男性，3岁。额、顶、颞及枕部突出膨大呈圆形，颈部静脉充盈，对比之下颜面很小，双目下视，巩膜外露。该患儿所患的疾病是
    A. 脑肿瘤　　　　　　　B. 佝偻病　　　　　　　C. 先天性梅毒
    D. 脑积水　　　　　　　E. 肢端肥大症
19. 患者，男性，65岁。全身多个关节疼痛。体格检查：左耳郭可见触痛性黄白色小结节。初步诊断为
    A. 耳郭软骨炎　　　　　B. 软骨增生　　　　　　C. 风湿性肉芽肿
    D. 碳酸盐沉着　　　　　E. 尿酸盐沉着
20. 患者，女性，41岁。消瘦，上腹部隐痛，厌食，慢性腹泻3年。体格检查：舌乳头萎缩，舌体较小，舌面光滑，略呈淡红色，应属于
    A. 地图舌　　　　　　　B. 干燥舌　　　　　　　C. 牛肉舌
    D. 镜面舌　　　　　　　E. 舌肿瘤
21. 患儿，男性，4岁。咽喉肿、痛伴干咳2天。体格检查：咽部黏膜充血、红肿，并有少量黏液，其余未见异常。最有可能的诊断是
    A. 急性咽炎　　　　　　B. 急性扁桃体炎　　　　C. 急性喉炎
    D. 白喉　　　　　　　　E. 百日咳

B型题

（22～24题共用备选答案）
    A. 小颅　　　　　　　　B. 方颅　　　　　　　　C. 巨颅
    D. 尖颅　　　　　　　　E. 变形颅

22. 佝偻病可见
23. 脑积水可见
24. 小头畸形可见

（25~29题共用备选答案）
    A. 结膜充血、发红　　B. 结膜见颗粒与滤泡　　C. 结膜苍白
    D. 结膜发黄　　E. 结膜有多少不等散在的出血点
25. 沙眼可见
26. 亚急性感染性心内膜炎可见
27. 贫血可见
28. 角膜炎可见
29. 黄疸可见

（30~33题共用备选答案）
    A. 瞳孔缩小　　B. 瞳孔扩大　　C. 两侧瞳孔大小不等
    D. 双侧瞳孔散大　　E. 瞳孔呈椭圆形
30. 阿托品化可见
31. 脑外伤可见
32. 濒死状态可见
33. 有机磷农药中毒可见

（34~36题共用备选答案）
    A. 鼻翼扇动　　B. 鼻黏膜充血、肿胀　　C. 鼻出血
    D. 鼻旁窦压痛　　E. 鼻中隔穿孔
34. 高热性疾病可见
35. 急性鼻炎可见
36. 鼻咽癌可见

（37~41题共用备选答案）
    A. 耳垂处压痛　　B. 两颧部压痛　　C. 乳突部压痛
    D. 眼眶上缘内侧压痛　　E. 鼻根部与眼内眦之间压痛
37. 筛窦炎可出现
38. 额窦炎可出现
39. 上颌窦炎可出现
40. 化脓性腮腺炎可出现
41. 化脓性中耳炎引流不畅可出现

（42~44题共用备选答案）
    A. 地图舌　　B. 牛肉舌　　C. 镜面舌
    D. 草莓舌　　E. 毛舌
42. 缺铁性贫血可见
43. 核黄素缺乏可见
44. 长期使用广谱抗生素可见

四、简答题

1. 简述瞳孔缩小与扩大的临床意义。
2. 简述扁桃体肿大的临床分度。
3. 眼球运动受哪些脑神经支配?

（王晓丽）

第六章 颈部检查

第六章数字资源

学习目标

1. 知识：说出颈部外形与分区、颈部检查的内容，列举甲状腺、血管和气管的检查内容、甲状腺肿大的分度情况。
2. 能力：完成颈部检查，运用检查所获得的结果提出初步诊断，并且研判下一步该做哪些检查来明确诊断。
3. 素养：通过学习，学会多模态整合，对颈部包块进行正确鉴别；学会与患者有效沟通，理解患者的情感和需求。培养以患者为中心的服务意识，关注患者在检查过程中的感受，缓解患者的紧张情绪，切实构建起和谐、信任的医患关系。

案例 2-6-1

患者，女性，38岁。颈部增粗、心悸、喜凉怕热、食欲亢进、乏力、消瘦1年余。
思考与问题：
1. 哪些体征有助于诊断疾病？
2. 考虑该患者的疾病诊断是什么？

颈部检查应在平静、自然的状态下进行，嘱患者取舒适坐位或卧位，充分暴露颈部和肩部。检查时医师手法应轻柔，疑有颈椎疾患时更应注意。

第一节 颈部的体表标志

一、颈部外形

正常人颈部直立、两侧对称、柔软、活动自如。矮胖体型者颈粗短，瘦长体型者颈细长。男性甲状软骨比较突出，形成喉结节，女性则不明显。转头时可见胸锁乳突肌突起。头稍后仰，更易观察颈部有无包块、瘢痕及两侧是否对称。正常人静坐时颈部血管不显露。

二、颈部分区

为明确标记颈部病变的部位，根据解剖结构，颈部每侧可分为两个大三角区域，即颈前三角和颈后三角。

1. 颈前三角　为胸锁乳突肌内缘、下颌骨下缘与前正中线之间的区域。
2. 颈后三角　为胸锁乳突肌后缘、锁骨上缘与斜方肌前缘之间的区域。

（王晓丽）

第二节　颈部检查

一、颈部姿势与运动

正常人坐位时颈部直立、伸屈及转动自如。如头不能抬起，见于严重消耗性疾病的晚期、重症肌无力、脊髓前角细胞炎、进行性肌萎缩等。头向一侧偏斜称为斜颈，见于颈肌外伤、瘢痕收缩、先天性斜颈或颈肌挛缩。先天性斜颈患者的患侧胸锁乳突肌粗短，如两侧胸锁乳突肌差别不明显时，可嘱患者将头位复正，此时患侧胸锁乳突肌的胸骨端会立即隆起，为本病的特征性表现。颈部运动受限并伴有疼痛，可见于软组织炎症、颈肌扭伤、肥大性脊椎炎、颈椎结核或肿瘤等。颈部强直为脑膜受刺激的特征性表现，见于各种脑膜炎、蛛网膜下腔出血等。

二、颈部皮肤

检查时应注意颈部皮肤颜色，有无蜘蛛痣、感染及其他局限性或广泛性病变，如瘢痕、瘘管、神经性皮炎、银屑病。

三、颈部包块

颈部包块的原因很多，应根据包块的部位、数目、大小、质地、活动性、有无压痛、与邻近器官的关系以及全身情况进行综合判断。如为淋巴结肿大、质地不硬、有轻度压痛，可能为非特异性淋巴结炎；如质地较硬且伴有纵隔、胸膜腔或腹膜腔病变的症状或体征，则应考虑恶性肿瘤淋巴结转移；如为全身性、无痛性淋巴结肿大，则多见于血液病；若包块有弹性，又无全身症状，则应考虑囊肿的可能。对于颈部包块，在体格检查时不能获得明确判断时，应结合其他检查，如X线检查、活体组织检查（简称活检）等帮助确诊。

四、颈部血管

（一）颈静脉

颈静脉充盈的高度反映静脉压水平。一般多取右侧颈静脉进行观察，因其通往上腔静脉的途径较短而直，较少受体内其他结构的影响。正常人立位或坐位时颈外静脉常不显露，平卧时可稍见充盈，充盈的水平仅限于锁骨上缘至下颌角距离的下2/3以内。若取30°~45°半卧位时，静脉充盈度超过正常水平，称为颈静脉怒张（图2-6-1），提示静脉压增高，见于右侧心

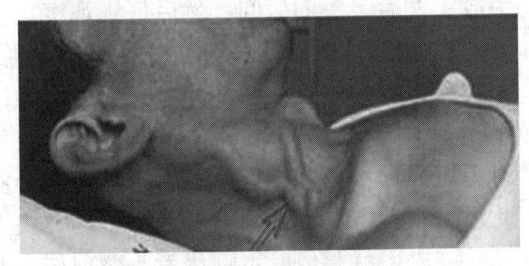

图 2-6-1　颈静脉怒张

力衰竭、缩窄性心包炎、心包积液或上腔静脉阻塞综合征。

正常情况下不出现颈静脉搏动，只在三尖瓣关闭不全伴有颈静脉怒张时才能看到。

> **考点提示**　颈静脉怒张。

（二）颈动脉

正常人在安静状态下不易看到颈动脉搏动，只在剧烈活动后可见，且很微弱。如见明显颈动脉搏动，提示心脏每搏输出量异常增加，多见于主动脉瓣关闭不全、高血压、甲状腺功能亢进症及严重贫血患者。

提示：颈动脉和颈静脉搏动时的部位相近，应注意鉴别。一般颈静脉搏动柔和、范围弥散、触不到搏动感，而颈动脉搏动比较有力、为膨胀性、搏动感明显。

（三）颈部血管听诊

在颈部大血管区听到血管性杂音，且在收缩期明显，应考虑由动脉硬化或大动脉炎所致的管腔狭窄，如颈动脉或椎动脉狭窄。若在锁骨上窝处听到杂音，可能为锁骨下动脉狭窄，见于结节性动脉炎或颈肋压迫。若在右锁骨上窝处听到连续性静脉"营营"样杂音，则可能为颈静脉血液流入上腔静脉口径较宽的球部所产生，这种杂音是生理性的，用手指压迫颈静脉后即可消失。

五、甲状腺

甲状腺位于甲状软骨下方和两侧（图2-6-2），呈蝶状紧贴在气管的两侧，部分被胸锁乳突肌覆盖，正常重 15～25 g，表面光滑，柔软，不易触及。

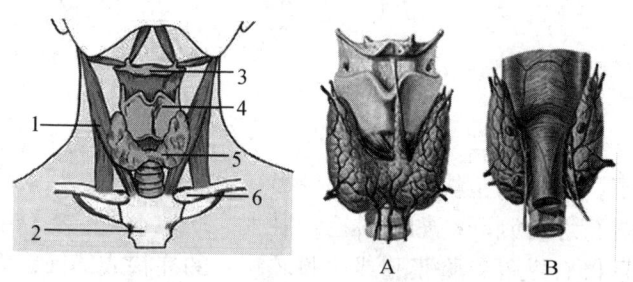

图 2-6-2（彩图 4）　甲状腺位置图
A. 前面观；B. 后面观
1. 胸锁乳突肌；2. 胸骨；3. 舌骨；4. 甲状软骨；5. 甲状腺；6. 锁骨

（一）甲状腺检查方法

1. **视诊**　直接观察甲状腺是否肿大。正常人甲状腺外观不明显，女性在青春发育期甲状腺可略增大。检查时嘱患者做吞咽动作，可见甲状腺随吞咽动作向上移动，如不易辨认，再嘱患者将两手放于枕后，头向后仰，然后仔细观察。

2. **触诊**　触诊比视诊更能明确甲状腺的大小及病变的性质，是甲状腺检查的基本方法。根据医师和患者的位置关系不同，分为后面触诊和前面触诊两种方法。

（1）甲状腺峡部：位于环状软骨下方第二到第四气管环前面。医师站于患者前面用拇指或站于患者后面用示指和中指从胸骨上切迹向上触摸，可感到气管前软组织，嘱患者做吞咽动作，可感到此组织在手下滑动，判断有无增厚、肿块等。

（2）甲状腺侧叶：嘱患者头微前屈，并偏向检查侧以松弛皮肤和肌肉。①前面触诊：一手拇指施压于一侧甲状软骨,将气管推向对侧,另一手示指、中指放在对侧胸锁乳突肌后缘,向前推挤甲状腺侧叶,拇指在胸锁乳突肌前缘触诊,配合吞咽动作,重复检查。用同样方法检查另一侧甲状腺。②后面触诊:类似前面触诊。一手示指、中指施压于一侧甲状软骨,将气管推向对侧,另一手拇指在对侧胸锁乳突肌后缘向前推挤甲状腺,示指、中指在其前缘触诊甲状腺(图2-6-3)。配合吞咽动作,重复检查。用同样方法检查另一侧甲状腺。

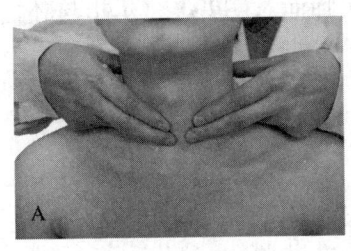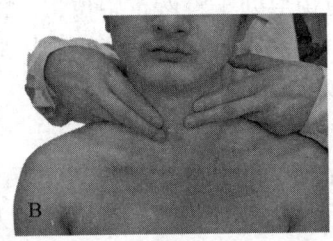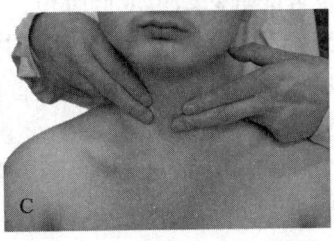

图 2-6-3　甲状腺触诊(后面触诊)
A. 峡部触诊　B. 左叶触诊　C. 右叶触诊

3. **听诊**　当触及甲状腺肿大时,将钟形听诊器直接放在肿大的甲状腺上听诊,如听到低调的连续性静脉"嗡鸣"音,对诊断甲状腺功能亢进症很有帮助。另外,在弥漫性甲状腺肿伴功能亢进者还可听到收缩期动脉杂音。

提示:甲状腺检查应按视诊、触诊、听诊的顺序进行,其中触诊尤为重要。检查时,应注意甲状腺大小、质地、是否对称,有无结节、压痛及震颤等。检查动作宜轻柔,避免由于重压引起疼痛、咳嗽、憋气。

(二)甲状腺肿大的分度

甲状腺肿大可分为以下3度。

Ⅰ度:不能看出肿大,但能触及者。

Ⅱ度:能看见肿大又能触及,但在胸锁乳突肌外缘以内者。

Ⅲ度:超过胸锁乳突肌外缘者。

 甲状腺肿大的分度。

(三)甲状腺肿大的原因

1. **甲状腺功能亢进症**　甲状腺多呈弥漫、对称性肿大,质地柔软,触诊可有震颤,听诊可有血管杂音。

2. **单纯性甲状腺肿**　腺体显著肿大,多为弥漫性,也可为结节性,不伴有甲状腺功能亢进症体征。

3. **甲状腺癌**　触诊时呈不规则结节,质硬,可与周围组织发生粘连而使甲状腺移动受限。

4. **慢性淋巴细胞性甲状腺炎(桥本甲状腺炎)**　甲状腺呈弥漫性或结节性肿大,易与甲状腺癌相混淆。由于肿大的炎性腺体可将颈总动脉向后方推移,因而在腺体后缘可以摸到颈总动脉搏动,而甲状腺癌则往往将颈总动脉包绕在癌组织内,触诊时摸不到颈总动脉搏动,可借此做鉴别。

5. **结节性甲状腺肿**　肿大的腺体不对称,有结节、不光滑、质硬、无震颤及血管杂音。

6. **甲状腺腺瘤**　多为单发的圆形或椭圆形实质性(部分为囊性)肿块,包膜完整,表面光滑,质韧,无压痛。

六、气管

正常人气管位于颈前部正中。

（一）检查方法

嘱患者取舒适坐位或仰卧位，使颈部处于自然正中位置。医师面对患者，将示指与环指指端分别置于两侧胸锁关节上，然后将中指置于胸骨上窝气管正中处，观察中指是否位于示指与环指中间。若两侧距离不等，提示有气管移位。

（二）气管移位的意义

根据气管的偏移方向，可以判断病变的性质。

1. 气管被推向健侧　一侧大量胸腔积液、积气、纵隔肿瘤及单侧甲状腺肿大。
2. 气管被拉向患侧　一侧肺不张、肺纤维化、胸膜高度肥厚及粘连。

（三）气管牵曳

正常主动脉弓跨越左主支气管上方。当主动脉弓发生动脉瘤时，由于心脏收缩时瘤体膨大，挤压其下方的左主支气管，每随心脏搏动可以触到气管向下拽动，称为气管牵曳征。

（王晓丽）

第三节　临床病例查体思维

【病例】

患者，女性，36岁，藏族，来自牧区。体格检查：颈部明显增粗、变大。心悸、怕热、乏力、消瘦3个月余。考虑为甲状腺功能亢进症。应如何进行甲状腺检查？患者可能会出现哪些重要体征？

临床思维

1. 症状特点　颈部明显增粗、变大，心悸、怕热、乏力、消瘦。
2. 考虑的疾病　甲状腺功能亢进症。
3. 可能出现的重要体征

（1）甲状腺

视诊：甲状腺肿大。

触诊：甲状腺弥漫性、对称性肿大，质地柔软，触诊可有震颤。

听诊：可听到低调的连续性静脉"嗡鸣"样血管杂音。

（2）其他：伴有甲状腺功能亢进症时可出现如下表现。

毛发：湿润。

眼：双侧眼球突出，瞬目减少，双目上视时无额纹出现，下视时上睑不能相应下垂，眼球集合运动减弱。

心脏：心率增快。

手：双手平伸，手指可出现细震颤。

（王晓丽）

自 测 题

一、名词解释

1. 颈前三角
2. 颈后三角
3. 颈静脉怒张

二、填空题

1. 在做吞咽动作时，甲状腺可_____，以此可与颈部其他肿块相鉴别。
2. 安静状态下出现颈动脉明显搏动见于_____、_____及_____。

三、选择题

A1 型题

1. 检查有无颈静脉怒张的最佳体位是
   A. 平卧位　　　　　　　　　　　　　B. 站立位
   C. 患者上半身与床面角度>45°　　　　D. 患者上半身与床面角度<30°
   E. 患者上半身与床面角度为 30°~45°

2. 甲状腺肿大分度，Ⅲ度肿大是指
   A. 不能看到，仅能触及
   B. 能看到又能触及，但不超过胸锁乳突肌外缘
   C. 甲状腺肿大超过胸锁乳突肌外缘
   D. 甲状腺上有结节
   E. 甲状腺肿大，有脓性分泌物

3. 可见气管移位，应除外的疾病是
   A. 肺不张　　　　　　B. 肺纤维化　　　　　　C. 胸腔积液
   D. 肺炎　　　　　　　E. 气胸

4. 颈部运动和姿势的特点，正确的是
   A. 斜颈常常是由于先天性因素导致的
   B. 颈部强直常见于肺炎
   C. 严重的消耗性疾病晚期头部运动变化不大
   D. 正常人坐位时颈部直立，伸屈、转动自如
   E. 先天性斜颈患者，患侧胸锁乳突肌粗短

A2 型题

5. 患者，女性，44 岁。心悸，消瘦，眼球突出 2 年。体格检查：双上睑下垂困难，瞬目减少，两眼球内聚延缓，上视时未见明显额纹，基础代谢率 65%。初步诊断为
   A. 甲状腺功能亢进症　　　B. 单纯性甲状腺肿　　　C. 神经官能症
   D. 重症肌无力　　　　　　E. 营养不良

6. 某支气管肺癌患者，近来出现头面部、颈部和上肢水肿。体格检查可见颈静脉怒张，其原因是
   A. 上腔静脉阻塞　　　　　B. 下腔静脉阻塞　　　　　C. 癌转移导致心包积液
   D. 癌转移导致胸腔大量积液　　E. 门静脉高压

四、简答题

1. 简述颈静脉怒张的临床意义。
2. 试述气管移位的临床意义。

(王晓丽)

第七章 胸部及肺部检查

第七章数字资源

> **学习目标**
> 1. 知识:说出胸部的体表标志;胸壁、胸廓、乳房检查的内容及常见异常;肺与胸膜检查的内容及常见异常的临床意义。
> 2. 能力:完成胸部及肺部的全面评估并与患者进行良好沟通。
> 3. 素养:通过学习,在胸部视、触、叩、听的操作过程中,建立人文安全素养,注重保护患者隐私,注意人文关怀,具备爱伤意识,建立良好的医患关系。

胸部(chest)是指颈部以下腹部以上的区域。胸廓是由胸骨、肋骨和脊柱共同组成的骨性支架,与皮肤、肌肉、胸膜共同构成。胸廓与膈共同围成胸腔,胸腔分为两侧部和中间部。两侧部容纳左、右胸膜腔和肺,中间部由纵隔占据,纵隔由心包、心脏、出入心脏的大血管、气管、食管、胸导管、胸腺、神经及淋巴管等组成。胸部检查的目的是判断胸腔脏器的生理和病理状态。主要检查内容包括胸壁、胸廓、乳房、肺、胸膜、心脏及血管等。胸壁、胸廓和乳房检查主要采用视诊和触诊来完成,肺部检查则按视诊、触诊、叩诊、听诊的顺序进行。胸部检查应在合适的温度和光线充足的环境中进行,尽可能暴露整个胸廓,患者视病情或检查需要取坐位或卧位。一般先检查前胸,再检查侧胸,后检查背部。检查过程中应尽量减少变动患者体位的次数,以减轻其痛苦和劳累。本章着重介绍胸壁、胸廓、乳房以及肺和胸膜的检查,心脏及血管检查详细内容见第八章。

第一节 胸部的体表标志

胸部分为左侧、右侧、前胸、侧胸、背部。为了能够准确地描述和记录胸壁和胸腔内脏器及病变所在的部位和范围,常结合胸廓上的骨骼标志、自然陷窝及一些人为画线来描述脏器及异常变化在体表上的投影。

一、骨骼标志

1. **锁骨(左、右)** 左右对称,位于胸廓上方,是颈部与胸部的分界,呈"~"形弯曲。锁骨可分为内侧端(胸骨端)、体、外侧端(肩峰端),两侧内段上下可触及锁骨上、下窝。

2. **胸骨和胸骨角** 胸骨位于前胸壁的正中,由胸骨柄、胸骨体及剑突组成。胸骨柄与胸骨体的连接处向前凸起为胸骨角,又称路易斯角(Louis angle)。胸骨角两侧分别与第2肋软骨相连,为计数前胸肋骨及肋间隙的重要标志。它相当于气管分叉部,心房上缘和第5胸椎水平。

3. **胸骨上切迹** 位于胸骨柄的上方。在正常情况下,气管位于切迹正中。

4. 肋骨和肋间隙（左、右） 肋骨共12对，左右对称。肋骨背部与相应的胸椎关节相连接，由后上方向前下方倾斜。前胸部第1~7肋借肋软骨与胸骨相连接，其中第8~10肋软骨与上一肋的软骨相连，形成肋弓；第11、12肋前端游离，又称浮肋。第1肋下面的间隙为第1肋间隙，其余以此类推。

5. 肩胛骨（左、右） 左右对称，位于背部两侧的上方，其下是第2~8肋，最下端称为肩胛下角。患者取直立位两上肢自然下垂时，肩胛下角为第7肋间隙或第8肋水平，或相当于第8胸椎的水平，为背部计数肋骨和肋间隙的重要标志。

6. 脊柱棘突 是后正中线的标志。第7颈椎棘突是自上而下最为向后凸起的一个棘突，其下即为胸椎的起点，是计数胸椎的标志。

7. 腹上角（胸骨下角） 由左、右两侧肋弓于胸骨下端会合成夹角，一般成人匀称体型者为直角，瘦长型者小于90°，矮胖型者大于90°。

8. 肋脊角（左、右） 为第12肋与脊柱构成的夹角。肋脊角前为肾和输尿管上端所在的区域。前胸部自然体表标志及后背部的体表标志，见图2-7-1。

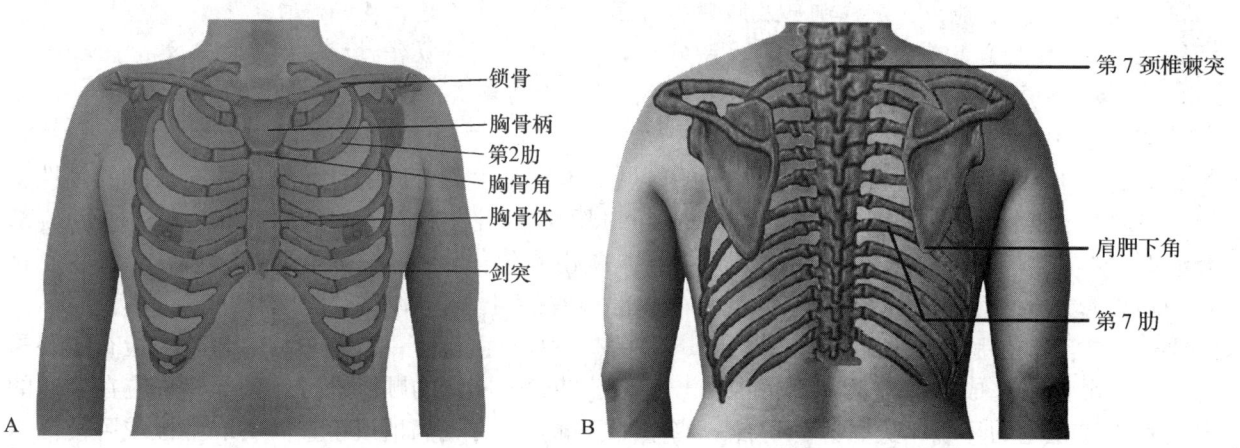

图2-7-1（彩图5） 前胸部自然体表标志（A）及后背部的体表标志（B）

二、自然陷窝和解剖区域

1. 胸骨上窝 为胸骨柄上方的凹陷部，气管位于其后正中。
2. 锁骨上窝（左、右） 为锁骨上方的凹陷部，相当于两肺尖的上部。
3. 锁骨下窝（左、右） 为锁骨下方的凹陷部，下界为第3肋下缘，相当于两肺尖的下部。
4. 腋窝（左、右） 为上肢内侧与胸壁相连的凹陷部。
5. 肩胛上区（左、右） 为肩胛冈以上的区域，其外界为斜方肌的上缘，相当于两肺尖的下部。
6. 肩胛下区（左、右） 为左、右肩胛下角的连线与第12胸椎水平线之间的区域。后正中线将此区分为左、右两部分。
7. 肩胛间区（左、右） 为左、右肩胛骨内缘之间，两肩胛下角连线水平以上的区域。后正中线将此区分为左、右两部分。

胸部常用体表垂直标志线及自然陷窝、解剖区域，见图2-7-2。

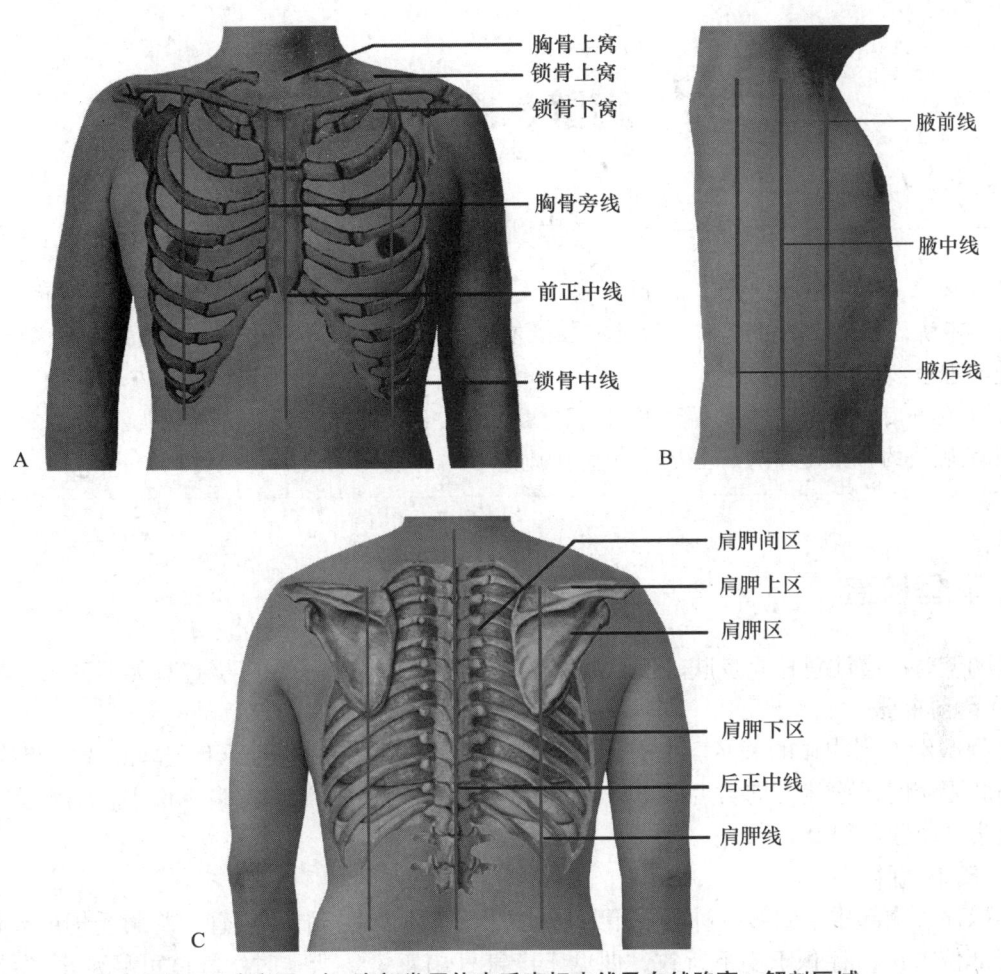

图 2-7-2（彩图 6） 胸部常用体表垂直标志线及自然陷窝、解剖区域
A. 正面；B. 侧面；C. 背面

三、垂直标志

1. 前正中线　即胸骨中线，为通过胸骨正中的垂直线。
2. 锁骨中线（左、右）　为通过锁骨两端（肩峰端、胸骨端）中点的垂直线。
3. 胸骨线（左、右）　为沿胸骨边缘与前正中线平行的垂直线。
4. 胸骨旁线（左、右）　为胸骨线与锁骨中线正中的垂直线。
5. 腋前线（左、右）　为通过腋窝前皱襞沿前侧胸壁向下的垂直线。
6. 腋后线（左、右）　为通过腋窝后皱襞沿后侧胸壁向下的垂直线。
7. 腋中线（左、右）　为通过腋窝顶部向下的垂直线，此线位于腋前线与腋后线的中间。
8. 肩胛线（左、右）　为双臂下垂时通过肩胛下角与后正中线平行的垂直线。
9. 后正中线　即脊柱中线，为通过椎骨棘突或沿正常脊柱正中下行的垂直线（图 2-7-2）。

（吴樱樱）

第二节 胸壁、胸廓及乳房检查

案例 2-7-1

患者，女性，35岁，近期在洗澡时无意中发现右侧乳房外上象限有一个蚕豆大小的肿块，质地较硬，边界不清，触之无明显疼痛，但时有轻微不适感。她非常担心，于是决定前往医院就诊。

问题与思考：
1. 乳房检查时，应如何准确描述肿块的位置？请结合胸部体表标志进行说明。
2. 乳房肿块的性质通常与哪些因素相关？此患者的肿块可能属于哪一类？

一、胸壁检查

检查胸壁时，应注意检查皮肤、皮下脂肪、淋巴结及肌肉等，还应检查有无下列各项异常。

（一）静脉曲张

正常胸壁看不到明显的静脉。如有明显的静脉充盈或曲张，多见于上腔静脉或下腔静脉阻塞。当上腔静脉阻塞时，血流方向自上而下；当下腔静脉阻塞时，血流方向自下而上。血流方向检查方法见本篇第九章腹部检查。

（二）皮下气肿

气体积存于胸部皮下组织，称为皮下气肿。皮下气肿多由于肺、气管、胸膜受损或外伤后，气体从病变部位逸出，存积于皮下所致，偶见于产气杆菌感染。严重时，气体可蔓延至颈部或全身。用手按压时，可有明显的捻发感或握雪感。用听诊器加压听诊时可听到类似捻发的声音。

（三）胸壁压痛

正常情况下轻压胸壁时无疼痛。肋间神经炎、肋软骨炎及肋骨骨折的患者胸壁局部有压痛；胸壁软组织炎，如肌炎、脓肿、流行性肌痛患者可有肌肉压痛；白血病患者可有胸骨压痛及叩击痛。

（四）肋间隙回缩或膨隆

大量胸腔积液、张力性气胸、严重慢性阻塞性肺疾病患者在用力呼气时，可见到肋间隙膨隆。胸壁肿瘤、主动脉瘤、婴儿或儿童时期心脏明显肿大者可见到相应局部肋间隙膨隆。大呼吸道阻塞导致吸气时气体不能自由地进入肺内则表现为吸气时肋间隙回缩，如三凹征。

三凹征的表现及临床意义。

二、胸廓检查

正常胸廓外形两侧大致对称，两肩及两肩胛下角均在同一水平。成人胸廓前后径短于左右径，二者之比约为1∶1.5；婴幼儿和老年人胸廓前后径与横径几乎相等，近似圆柱形。正常胸廓及常见的胸廓外形改变见图 2-7-3。

1. 扁平胸　胸廓呈扁平状，其前后径小于左右径的一半。扁平胸见于瘦长体型者，也可见于慢性消耗性疾病，如肺结核、甲状腺功能亢进症。

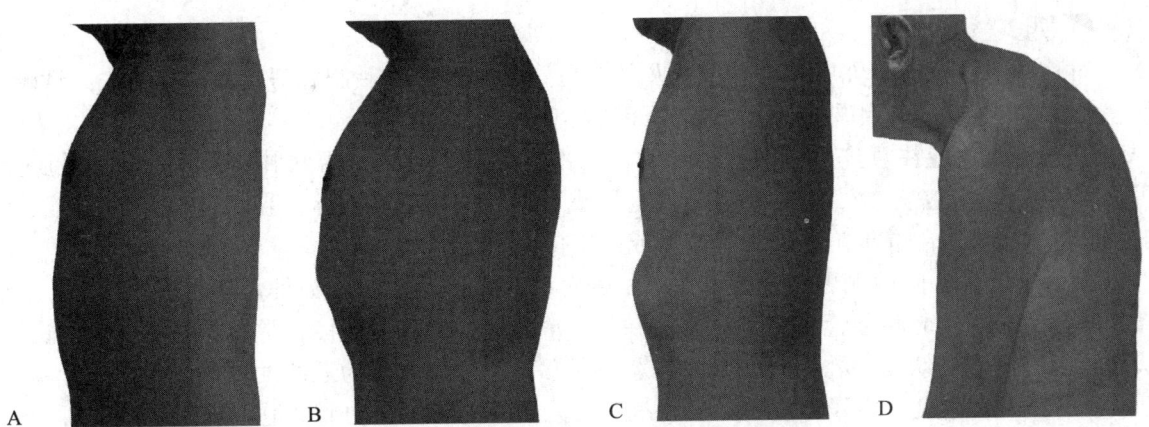

图 2-7-3 正常胸廓及常见的胸廓外形改变
A. 正常胸廓；B. 桶状胸；C. 佝偻病胸（漏斗胸）；D. 脊柱后凸

2. 桶状胸　胸廓前后径与左右径几乎相等，呈桶状。此时两侧肋骨斜度变小，肋间隙增宽、饱满，腹上角呈钝角。呼吸时胸廓大小无明显变化。桶状胸见于严重肺气肿患者，也可见于部分老年人或矮胖体型者。

3. 佝偻病胸　佝偻病胸为儿童佝偻病所致的胸廓疾病，其表现如下。

（1）鸡胸：胸廓的前后径略长于左右径，上下长度较短，胸骨下端前凸，前侧壁肋骨凹陷。

（2）漏斗胸：胸骨下部剑突处明显凹陷，形似漏斗。

（3）肋膈沟：又称哈里森沟（Harrison groove），是下胸部前面的肋骨向外翻，自胸骨剑突沿膈肌附着处向内凹陷形成的沟状带。

（4）佝偻病串珠：沿胸骨两侧各肋软骨与肋骨交界处突起，形成串珠状。

4. 胸廓一侧变形　一侧胸腔大量积液、气胸、胸腔巨大肿瘤或严重代偿性肺气肿可使该侧胸部膨隆。一侧阻塞性肺不张、肺纤维化和广泛性胸膜增厚和粘连可导致该侧胸部凹陷。

5. 胸廓局部隆起　心脏明显增大、心包大量积液、升主动脉瘤、胸内或胸壁肿瘤等可导致胸壁局部隆起。

6. 脊柱疾病引起的胸廓改变　各种脊柱疾病可使脊柱前凸、后凸或侧凸，均可导致胸廓严重畸形，使胸腔内器官与体表标志的关系发生变化。严重者可引起呼吸、循环功能障碍。

 常见胸廓外形改变的特点及临床意义。

三、乳房检查

正常儿童及男子乳房一般不明显，乳头大约位于锁骨中线第 4 肋间隙。女性青春期乳房逐渐长大，呈半球形，乳头呈圆柱形，一般两侧对称。女性乳房发育后，乳头位置不固定于锁骨中线第 4 肋间隙。

检查乳房时，嘱患者取坐位或仰卧位，充分暴露检查部位。坐位时先两臂下垂进行检查，然后双臂高举或双手用力叉腰再进一步检查。丰满或下垂乳房则以仰卧位检查更佳。先检查健侧，再检查患侧，按视诊、触诊顺序检查两侧乳房，并注意检查乳房淋巴引流区域的腋窝、锁骨上窝、锁骨下窝。检查应全面，并进行两侧对比，以免遗漏。

(一)视诊

1. **对称性** 注意两侧乳房大小、形状及乳头位置是否对称。一侧乳房增大常见于先天性畸形、囊肿、炎症或肿瘤等。一侧乳房缩小常因先天性发育不全引起。

2. **乳房皮肤** 应注意皮肤色泽有无异常,局部有无红、肿,是否水肿、回缩。急性乳腺炎时乳房表现为红、肿、热、痛,乳房瘘管及溃疡形成可为乳房结核或脓肿。乳腺癌时,癌细胞浸润阻塞皮肤淋巴管,乳房毛囊下陷、外观呈橘皮或猪皮样。

3. **乳头及乳晕** 除两侧乳头位置、大小是否对称外,还应检查乳头是否有内陷、肿胀、溢液、瘘管、溃疡及瘢痕。乳腺导管病变时可见乳头有异常分泌物。若为血性,常见于乳腺导管内良性乳突状瘤和乳腺癌。自幼发生乳头回缩,多为发育异常;若乳头回缩为近期发生者,需考虑乳腺癌或炎性病变等病理性改变。乳晕出现明显色素沉着可见于肾上腺皮质功能减退。

(二)触诊

以乳房为中心做一条水平线和垂直线,可将乳房分为4个象限,以便于记录病变部位。乳房各象限命名见图2-7-4。

在外上象限上部有一突出部分,为乳房尾部。检查顺序为:外上象限→外下象限→内下象限→内上象限→乳头。左侧乳房检查由外上象限开始,沿顺时针方向进行,右侧乳房检查由外上象限开始,沿逆时针方向进行。

触诊乳房时,医师将手指和手掌平放在乳房上,逐渐向胸壁按压,做浅部滑行触诊。正常乳房有柔韧感和颗粒感。月经期乳房可有紧张感;老年女性或哺乳期乳房可有结节感;妊娠期乳房增大并有柔韧感。检查过程中应注意乳房有无红、肿、热、痛,有无包块;乳头有无硬结、弹性消失及分泌物。

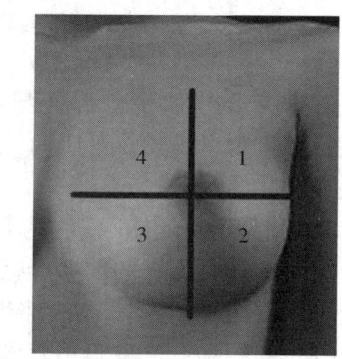

图 2-7-4 乳房的4个象限(左侧乳房)
1. 外上象限;2. 外下象限;
3. 内下象限;4. 内上象限

当发现包块时,应注意描述和详细记录其部位、大小、数目、外形、质地、活动度及压痛等。乳房包块特征如下:

1. **部位** 需指明包块的确切部位。部位用时钟几点方向距乳头多少厘米的方式记录。
2. **大小** 描写包块的长度、宽度和厚度。
3. **软硬度** 一般以柔软、质韧、中等硬度、坚硬等进行描述。坚硬伴表面不规则且固定的包块多提示恶性;部分炎性病变也可表现为坚硬,多有明显触痛;良性肿瘤包块多为中等硬度。
4. **外形** 从包块的外形是否规则、边界是否清楚、有无与周围组织粘连固定等方面进行描述。若包块光滑、规整、边界清楚,多为良性肿瘤;而恶性肿瘤的包块多表现为表面凹凸不平、边缘不清楚、与周围组织粘连固定。需注意部分炎性病变时也可有不规则外形的包块。
5. **触痛** 炎性病变触痛明显,大多数恶性肿瘤无明显触痛。

男子乳房增生常表现为一侧或两侧乳房增大,状如青春期女性乳房,见于内分泌功能障碍(如性腺功能减退症)、肝硬化肝功能失代偿期、睾丸及肾上腺皮质肿瘤以及应用某些药物,如雌激素、肾上腺皮质激素。

考点提示 乳房视诊、触诊的方法及注意事项;乳腺恶性肿瘤的典型体征。

(吴樱樱)

第三节　肺和胸膜检查

> **案例 2-7-2**
>
> 患者，男性，55岁，因"咳嗽、胸闷伴低热1周"就诊。患者自述近期无明显诱因出现阵发性咳嗽，夜间加剧，伴有胸闷，偶尔能咳出少量白色黏液痰。查体时患者取坐位，呼吸稍急促，可见胸廓两侧呼吸运动不对称，左侧胸廓扩张度明显受限，右侧正常。听诊左肺呼吸音减弱，可闻及少量湿啰音。
>
> **问题与思考：**
> 1. 根据该患者的症状和体征，初步考虑他可能患有哪种疾病？为什么？
> 2. 为了进一步明确诊断，除视诊和触诊外，还应进行哪些体格检查？

检查时嘱患者取坐位、仰卧位或侧卧位，使其胸部充分暴露。室内环境应温暖、舒适，并具有良好的自然光线，因寒冷诱发的肌颤会干扰肺部听诊。检查顺序一般为先上后下，先前胸，后侧胸，再背部，左右对比。肺和胸膜检查内容包括视诊、触诊、叩诊、听诊4个部分。检查时应注意呼吸频率、节律、深度是否有改变。

一、视诊

肺和胸膜视诊包括呼吸运动、频率、节律和深度等内容。

（一）呼吸运动

静息状态下，健康人自主且有节律地呼吸，此系通过中枢神经、神经反射和某些化学感受器的相互调节完成。另外，呼吸的频率、节律及深度可受意识的支配。呼吸运动是通过膈肌和肋间肌的收缩和松弛来完成的。正常情况下，吸气为主动运动，呼气为被动运动。成人平静呼吸时潮气量约为500 ml。

正常男性和儿童的呼吸以膈肌运动为主，胸廓下部及上腹部起伏较大，称为腹式呼吸；女性呼吸以肋间肌运动为主，整个胸部起伏比较大，称为胸式呼吸。正常人通常表现为两种呼吸运动的混合形式。检查呼吸运动时，视线应与胸壁表面在同一平面。呼吸运动的形式可因某些疾病而发生改变。胸壁、肺及胸腔疾病，如肺炎、肺结核、胸膜炎、肋骨骨折，胸式呼吸可减弱而腹式呼吸代偿增强；腹膜炎、大量腹水、腹腔巨大肿块及妊娠晚期等，膈肌向下运动受限，腹式呼吸减弱，胸式呼吸代偿增强。

呼吸运动增强多见于代谢性酸中毒、贫血等。呼吸运动减弱多见于慢性阻塞性肺疾病、大量胸腔积液、气胸、呼吸肌麻痹等。

当喉、气管和主支气管部分阻塞时，因吸入气流受阻，故吸气明显费力，吸气时间明显延长，称为吸气性呼吸困难。此时呼吸肌强烈收缩，胸膜腔负压急剧升高，出现胸骨上窝、锁骨上窝及肋间隙向内凹陷，称为三凹征，常见于气管异物、气管肿瘤等。当小气道不完全阻塞时，因气流呼出受阻，呼气费力，呼气时间延长，称为呼气性呼吸困难，常见于支气管哮喘、慢性支气管炎喘息型、慢性阻塞性肺疾病。当肺广泛性病变或胸膜严重病变时，由于肺通气减少，呼吸变得表浅而快，称为混合性呼吸困难，常见于肺炎链球菌肺炎、大量胸腔积液、气胸等。

（二）呼吸频率、节律和深度

正常成人平静呼吸时，呼吸频率为12~20次/分，呼吸与脉搏之比为1:4，且节律规整、深浅适度。新生儿呼吸频率约为44次/分,随着年龄的增长而逐渐减慢。

1. 呼吸频率变化

(1) 呼吸过速:指呼吸频率超过20次/分,见于发热、贫血、甲状腺功能亢进症、疼痛、心功能不全、胸腔积液、气胸及剧烈运动等。

(2) 呼吸过慢:指呼吸频率少于12次/分,主要见于麻醉药或镇静药使用过量及颅内压增高等。

2. 呼吸深度变化　当重度代谢性酸中毒时,出现深而慢的呼吸,有利于二氧化碳加速排出以调节血液的酸碱平衡,此种深大呼吸称为酸中毒大呼吸[库斯莫尔呼吸(Kussmaul respiration)]或深长呼吸,常见于尿毒症性酸中毒和糖尿病酮症酸中毒。

3. 呼吸节律变化

(1) 潮式呼吸:又称陈-施呼吸(Cheyne-Stokes respiration),是一种呼吸由浅慢逐渐变为深快,再由深快逐渐变为浅慢,随之呼吸暂停5~30 s,然后又出现上述变化的周期性呼吸。一般周期为30 s至2 min。

(2) 间停呼吸:又称比奥呼吸(Biot respiration),表现为几次有规律的呼吸后,呼吸停止,约几秒后又开始呼吸,周而复始。

以上两种周期性的呼吸节律变化提示呼吸中枢的兴奋性降低,自主呼吸的反馈系统失常。只有当严重缺氧,二氧化碳潴留到一定程度时,才能刺激呼吸中枢恢复或增强自主呼吸;当积聚的二氧化碳被呼出后,呼吸中枢又失去有效刺激,自主呼吸再次减弱至暂停。此周期性的呼吸节律变化多发生于中枢神经系统疾病,如脑炎、脑膜炎、颅内压增高、巴比妥中毒。间停呼吸较潮式呼吸更严重,常在患者临终前发生,提示预后不良。有些老年人熟睡时也可出现潮式呼吸,为脑动脉硬化、中枢神经供血不足的表现。呼吸频率与节律变化见图2-7-5。

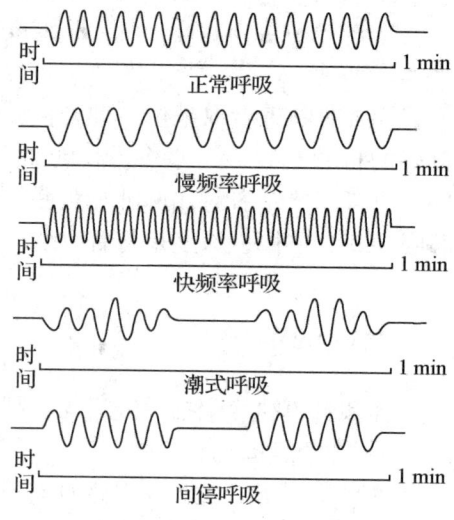

图 2-7-5　呼吸频率与节律变化

考点提示　常见呼吸频率与节律变化的类型和临床意义。

(3) 抑制性呼吸:又称断续呼吸。此为呼吸时胸部发生剧痛所致的吸气时相突然中断,呼吸运动被短暂抑制,患者表情痛苦,呼吸呈断续性,浅而快。抑制性呼吸常见于肋骨骨折、严重的胸壁外伤、急性胸膜炎及胸膜恶性肿瘤等。

(4) 叹气样呼吸:患者自觉胸部发闷,一段正常呼吸后可突然发生一次深大呼吸,并伴叹息声。叹气样呼吸常见于焦虑症、抑郁症等。

二、触诊

肺和胸膜的触诊包括胸廓扩张度、语音震颤和胸膜摩擦感3个方面。

(一) 胸廓扩张度

胸廓随吸气与呼气而产生扩大与回缩之间的动度即胸廓扩张度,一般前胸下部较为明显。检查方法:医师两手掌平置于患者胸廓下面的两侧对称部位,拇指尖轻置于前正中线或后正中线两侧附近对称部位,其余四指紧贴侧胸壁皮肤。嘱患者做深呼吸运动,观察两拇指尖移动的距离是否相等，如图 2-7-6。一侧胸廓扩张度受限常见于患侧大量胸腔积液、气胸、胸膜增厚与粘连及肺不张。双侧胸廓扩张度同时受限常见于慢性阻塞性肺疾病（肺气肿）、呼吸肌麻痹。

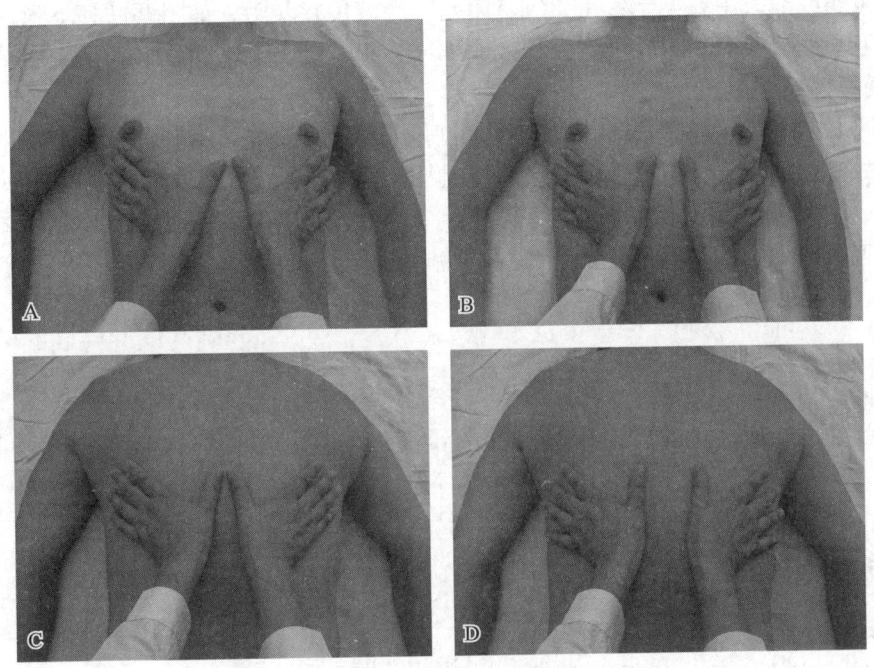

图 2-7-6　胸廓扩张度检查
A、B. 前胸部胸廓扩张度检查；C、D. 后胸部胸廓扩张度检查

（二）语音震颤

患者发出的语音声波沿其气管、支气管、肺泡传至胸壁产生共鸣的振动，医师可用手触及，称为语音震颤或触觉语颤。

医师将手掌或尺侧小鱼际放于患者胸壁两侧对称部位，嘱患者用拉长的低音调重复发"yi"，此时医师手掌感到有细微震动。检查顺序由上而下，先前胸部，后侧胸部，再背部，比较两侧相应部位震动感的异同。因两手掌敏感性不同，故应交叉进行，两侧对比，见图 2-7-7。

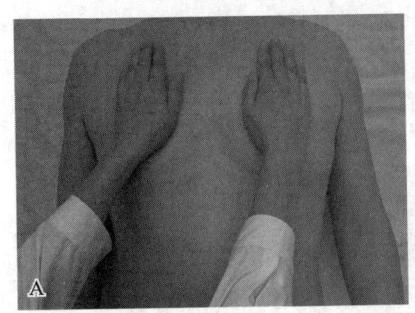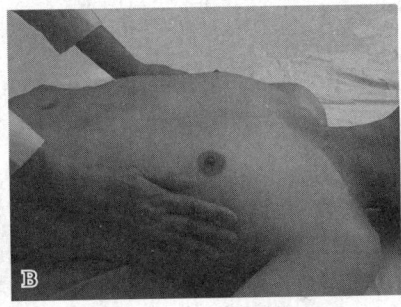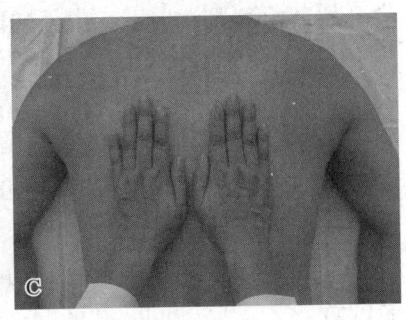

图 2-7-7　触诊语音震颤
A. 前胸部；B. 侧胸部；C. 背部

语音震颤的强度与发音强弱、音调高低、气管及支气管是否通畅、胸壁的厚薄、邻近脏器及组织密度有关。正常情况下，一般男性较女性强，成人较儿童强，体型瘦者较胖者强，前胸上部较下部强，后胸下部较上部强，右胸上部较左胸上部强。

语音震颤增强主要见于以下情况。①肺实变：肺组织有炎症浸润，肺泡含气量显著减少，肺组织密度增高，声波传导良好，常见于肺炎链球菌肺炎实变期、大片肺梗死等。②肺内大空腔：空洞靠近胸壁并与支气管相通，声波在洞内形成共鸣，且空洞周围组织常有炎症浸润，使其震动增强，常见于肺脓肿、空洞型肺结核等。③压迫性肺不张：肺组织受压变致密，肺泡含气量减少，故声音传导良好，此点与阻塞性肺不张恰恰相反。

语音震颤减弱或消失主要见于：①支气管阻塞，声波传导受阻，如阻塞性肺不张。②肺内含气量增多，如慢性阻塞性肺疾病。③大量胸腔积液或积气。④胸壁皮下水肿或气肿。⑤胸膜增厚粘连。

（三）胸膜摩擦感

医师两手平放在患者两侧胸廓，嘱患者做深呼吸运动。正常人胸膜光滑，胸膜腔有少量浆液，起润滑作用，故呼吸时不产生摩擦感。当急性胸膜炎时，纤维蛋白沉着于胸膜的表面，使其变得粗糙，深呼吸时壁胸膜和脏胸膜相互摩擦，医师两手有似两层皮革摩擦的感觉，称为胸膜摩擦感。胸膜摩擦感在深呼吸时明显，屏住呼吸则消失。两侧胸廓前下部呼吸运动幅度最大，感觉最明显，检查胸膜摩擦感时应重点检查此处。

> **考点提示**　胸廓扩张度、语音震颤、胸膜摩擦感的检查方法。

三、叩诊

（一）叩诊的注意事项、方法及顺序

1. **注意事项**　室内安静、舒适、温暖。嘱患者取坐位或仰卧位，姿势对称，呼吸均匀，两侧保持平衡，裸露被检查部位。检查前胸时，胸部稍向前挺；检查侧胸时，两手举起，置于头部；检查背部时，嘱患者两手交叉抱肘或抱肩，头向前低垂，身体稍向前弯。叩诊力量应均匀一致，叩诊的轻重应视被检查部位胸壁的厚薄而定。

2. **叩诊方法**　一般采用间接叩诊法，病变范围大者也可采用直接叩诊法。间接叩诊法叩诊前胸及两侧时，左手中指（板指）置于肋间隙并与肋间隙平行，叩诊背部肩胛间区时，板指与脊柱平行。

3. **叩诊顺序**　先前胸部，后侧胸部，再后背部。叩诊前胸部从锁骨上窝开始，分别沿锁骨中线及腋前线自第1肋间隙向下；叩诊侧胸部从腋窝开始，沿腋中线、腋后线向下；叩诊后背部自肺尖开始，沿肩胛线向下，由外向内，左右、上下进行对比。

（二）正常胸部叩诊音

1. **清音**　正常肺部叩诊呈清音，其音调高低及音响强弱与肺含气量、胸壁厚薄及邻近器官的影响有关。一般右肺尖较左侧稍浊，前胸上部较下部稍浊，左侧第3、4肋间隙因靠近心脏较浊，背部较前胸部稍浊，右腋下部近肝处稍浊。

2. **浊音**　正常肺与肝、肺与心脏交界处之重叠部分叩诊呈浊音。

3. **实音**　未被肺组织覆盖的心脏和肝叩诊呈实音，此区域又称绝对浊音区。

4. **鼓音**　叩击含有大量气体的空腔脏器呈鼓音。正常人可见于胃泡区和腹部。

正常前胸叩诊音见图2-7-8。

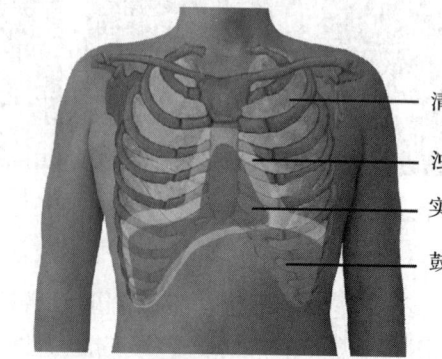

图2-7-8（彩图7）　正常前胸叩诊音

> **考点提示**　胸部间接叩诊法；正常胸部叩诊音。

（三）肺界叩诊

1. **肺上界**　即肺尖宽度。自斜方肌前缘中央部开始叩诊为清音，逐渐叩向外侧，当由清音变为浊音时，即为肺上界的外侧终点。然后再由中央部向内侧叩诊，直至清音变为浊音时，即为肺上界的内侧终点。内、外侧终点间的宽度即为肺尖宽度，称为克勒尼希峡（Kronig isthmus）。正常成人肺尖宽度为 4～6 cm。肺尖结核、炎症、肿瘤、纤维性变或萎缩时清音带变窄，肺气肿时则清音带变宽，呈过清音。

2. **肺下界**　平静呼吸时，沿两侧锁骨中线、腋中线、肩胛线自上而下叩诊，当音响由清变浊时即为肺下界，正常成人肺下界在上述三条垂直线上分别为第 6、8、10 肋间隙。肺下界的位置可因体型、发育而稍有差异。消瘦者可下降 1 个肋间隙；矮胖体型者、妊娠者肺下界可升高 1 个肋间隙。病理情况下，肺下界下降见于慢性阻塞性肺疾病、腹腔脏器下垂；肺下界上升见于肺不张、肺纤维化、肝大、脾大、腹腔巨大肿块、膈肌麻痹、大量腹水及气腹等。

3. **肺下界移动度**　是指肺下界的移动范围，相当于呼吸时膈肌的移动范围。叩诊时，先让患者平静呼吸，从肩胛下角处沿肩胛线自上而下叩诊，叩出肺下界，嘱患者深吸气后屏气，沿肩胛线迅速向下叩，当清音转为浊音时为肺下界最低点，用笔标记。然后嘱患者深呼气后屏气，沿肩胛线迅速向上叩出肺下界的最高点，再次用笔标记。测量深吸气和深呼气两标记点间的距离，即为肺下界移动度。两侧锁骨中线和腋中线均可叩出肺下界移动度。正常成人肺下界移动度为 6～8 cm。肺下界移动度减少见于肺组织弹性减弱或消失的情况，如慢性阻塞性肺疾病、肺不张、肺纤维化，也见于肺炎、肺水肿。大量胸腔积液和气胸、广泛胸膜增厚粘连及膈肌麻痹等患者，肺下界移动度不能被叩出。正常肺尖宽度与肺下界移动度见图 2-7-9。

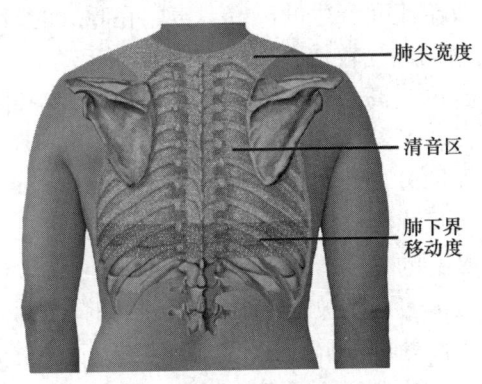

图 2-7-9（彩图 8）　正常肺尖宽度与肺下界移动度

> **考点提示**　肺下界移动度的叩诊方法。

（四）病理性叩诊音

当肺或胸膜发生病变时，若正常肺部清音区内出现浊音、实音、鼓音、过清音时则为病理性（异常）叩诊音。病理性叩诊音的类型取决于病变的大小、部位及性质。深部（距离胸壁表面 5 cm 以上）病灶、范围小于 3 cm 的病灶或少量胸腔积液常不能发现叩诊音的变化。

1. **鼓音**　见于气胸及肺内空腔性病变，如肺大疱、肺内较大空洞（空洞型肺结核、液化的肺脓肿、肺囊肿等）。空洞直径一般大于 3～4 cm，并且靠近胸壁方表现明显。

2. **过清音**　见于肺泡含气量增多及肺组织弹性减低的情况，如慢性阻塞性肺疾病。

3. **浊鼓音**　在肺泡壁松弛，肺泡含气量减少的情况下，如压迫性肺不张、肺水肿、肺炎的充血期和消散期，叩诊时某局部可呈现一种兼有浊音和鼓音特点的混合性叩诊音，称为浊鼓音。

4. **浊音和实音**　见于肺组织密度增高或含气量减少，如肺不张、肺炎、肺结核、肺梗死；也可见于胸腔积液、胸膜增厚、未破溃的肺脓肿及肺内不含气的占位性病变等。

> **考点提示**　异常肺部叩诊音的特点及临床意义。

159

四、听诊

听诊是肺部检查的重要方法之一。患者宜取坐位，病情严重不能久坐者取卧位，微张口均匀呼吸，必要时可在深呼吸或咳嗽数次后进行。听诊顺序与叩诊相同，从肺尖开始，自上而下，且左右、上下对称部位进行对比，每处听诊1~2次呼吸。按先前胸，后侧胸，再背部的顺序沿肋间隙进行检查。

（一）正常呼吸音

呼吸时气流出入呼吸道及肺泡可产生振动，发出声响，在体表可用听诊器听到，称为呼吸音。根据呼吸音的强度、音调、性质、时相及听诊部位，将其分为4种。

1. 气管呼吸音（tracheal breath sound） 是空气出入气管时发出的声音，于胸外气管上面可听及，无特殊临床意义。气管呼吸音性质粗糙、响亮且高调，吸气与呼气时相几乎相等。

2. 支气管呼吸音（bronchial breath sound） 是由吸入与呼出的气体在声门、气管或主支气管形成湍流而产生的声音。声门在呼气时较吸气时狭窄，涡流持续时间较长；吸气为主动运动，声门增宽，进气较快，而呼气为被动运动，声门狭窄，呼气较慢，音时较长。故呼气时相较吸气时相长，音调较高，音响较强。此音颇似舌中部抬高经口腔呼气时发"ha"的音响。正常人在喉部，胸骨上窝，背部第6、7颈椎及第1、2胸椎附近均可听到此种呼吸音。

3. 支气管肺泡呼吸音（bronchovesicular breath sound） 兼有支气管呼吸音和肺泡呼吸音的特点，故又称混合呼吸音。其特点是吸气音近似肺泡呼吸音，音响较强，音调较高；呼气音性质与支气管呼吸音的呼气音相似，音响较弱，音调较低，吸气时相与呼气时相大致相等。正常听诊部位在大气管接近体表而又被肺组织所覆盖的胸骨角两侧附近，肩胛间区第3、4胸椎水平，有时在右肺尖部锁骨上、下窝处也可听到支气管肺泡呼吸音，这是因为右支气管较短而宽直，接近体表，距离声门近。

4. 肺泡呼吸音（vesicular breath sound） 吸气时气流进入肺泡，冲击肺泡壁，使肺泡由松弛转为紧张；呼气时肺泡则由紧张转为松弛。由肺泡的弹性变化产生的肺泡壁震动声音即为肺泡呼吸音。此声音类似上牙咬住下唇，经口向内吸气时发出的"fu"音，声音柔和，似吹风样，吸气时相较呼气时相长，音响强，音调较高。正常人胸部除支气管呼吸音及支气管肺泡呼吸音分布的区域外，其余均为肺泡呼吸音分布的区域。

肺泡呼吸音的强弱与患者呼吸运动的深浅、肺组织的弹性大小、胸壁的厚薄、体型、性别和年龄等有关。肺尖及肺下缘肺泡呼吸音较弱。肺组织较多而胸壁较薄的部位肺泡呼吸音较强，如乳房下部、肩胛下区、腋窝下部。儿童因胸壁较薄而肺泡富有弹性，故肺泡呼吸音较成年或老年人强，男性较女性强，瘦弱的人较肥胖的人强。3种正常呼吸音听诊部位及特点见图2-7-10。

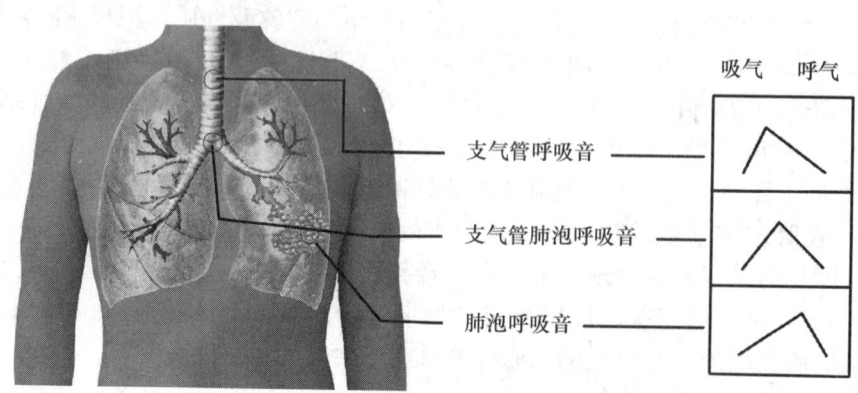

图2-7-10（彩图9） 3种正常呼吸音示意图
升支为吸气时相，降支为呼气时相，长短表示时相；
斜线与垂线的夹角表示音调高低，角度小为音调高，角度大为音调低

(二) 异常呼吸音

1. 异常肺泡呼吸音

（1）肺泡呼吸音减弱或消失：是由于出入肺泡的空气减少，气流速度减慢及呼吸音传导障碍所致。肺泡呼吸音减弱或消失可在局部、单侧或双侧发生。常见原因有：①全身极度衰竭导致无力呼吸。②呼吸肌疾病，如重症肌无力、膈肌麻痹、膈升高及膈痉挛。③胸廓活动受限性疾病，如多处肋骨骨折、肋软骨骨化、肋骨切除及剧烈胸痛。④支气管狭窄或阻塞性疾病，如慢性支气管炎、支气管哮喘、阻塞性肺不张。⑤肺部疾病，如肺部实变、肺纤维化及慢性阻塞性肺疾病。⑥胸膜及胸壁疾病，如胸腔积液、气胸、胸膜肥厚、胸壁水肿及皮下气肿。⑦腹部疾病，如大量腹水、腹内巨大肿瘤。

（2）肺泡呼吸音增强：双侧肺泡呼吸音增强是由于呼吸运动及通气功能增强，使出入肺泡的空气量增多或气流速度增快所致，常见于剧烈运动后、发热、代谢亢进、酸中毒和贫血等。一侧肺泡呼吸音增强多属于代偿性。当一侧肺或胸膜有病变或局部肺组织有病变，导致该处肺呼吸减弱或消失时，则健侧或无病变的肺组织发生代偿性肺泡呼吸音增强。

（3）呼气音延长：下呼吸道部分阻塞或狭窄，呼气阻力增强，或肺组织弹性减退，呼出气体排出时间延长，引起呼气音延长，见于慢性阻塞性肺疾病、慢性支气管炎、支气管哮喘等。

（4）粗糙性呼吸音：由于支气管黏膜轻度水肿或炎性浸润及黏稠分泌物黏着，造成管腔内壁粗糙、不光滑，使气流出入不畅，形成粗糙性呼吸音，见于支气管炎、支气管肺炎或肺炎早期。

（5）断续性呼吸音：肺局部性炎症或支气管狭窄，空气不能均匀地出入肺泡，可发出短促、间歇而不连续的呼吸音，称为断续性呼吸音或齿轮呼吸音，见于肺炎、肺结核等。因寒冷、疼痛、精神紧张等断续性肌肉收缩所产生的附加音，易与断续性呼吸音相混淆，应加以鉴别。

2. 异常支气管呼吸音

在正常肺泡呼吸音的区域内听到支气管呼吸音，即为异常支气管呼吸音或称管状呼吸音，可由下列原因引起。

（1）肺组织实变：支气管呼吸音通过对声波传导良好的较致密肺实变组织，故所在部位的胸壁体表易于听到。一般实变范围越大、越浅，其响度越强；反之，则响度较弱。此种异常支气管呼吸音常见于肺炎链球菌肺炎实变期、肺梗死等。

（2）压迫性肺不张：有胸腔积液、心包积液或肿瘤时，肺组织受压，体积缩小，含气量减少而致密度增加，对声波的传导良好，在肺膨胀不全区可听到支气管呼吸音，但强度较弱且遥远。

（3）肺内大空腔：当肺内较大空腔距离体表较近，与支气管相通，且其周围肺组织有实变时，支气管呼吸音在空洞中形成共鸣而增强，音响通过良好传导的实变组织，故可听到支气管呼吸音。此种异常支气管呼吸音常见于肺脓肿、肺结核所形成的空洞。

3. 异常支气管肺泡呼吸音

也称为异常混合呼吸音，是在正常肺泡呼吸音的区域内能听到的支气管肺泡呼吸音，为病理现象。其发生机制是实变组织较深被正常肺组织覆盖，或实变范围较小与正常肺组织混合存在。异常支气管肺泡呼吸音常见于支气管肺炎、肺结核、肺炎链球菌肺炎早期等，也可见于在胸腔积液上方肺膨胀不全的部位。

（三）啰音

啰音是呼吸音以外的附加音，正常情况下不存在。按其性质，可分为干啰音与湿啰音两种。

1. 干啰音 (rhonchi)

（1）干啰音的产生机制：气管、支气管及细小支气管痉挛，狭窄或部分阻塞，气流通过时发生湍流，产生音响。其病理学基础是支气管壁炎症引起黏膜充血、水肿和黏稠分泌物增多，支气管平滑肌痉挛，支气管腔内占位性病变（如异物或肿瘤），支气管壁被管外肿物或淋巴结压迫等（图 2-7-11）。

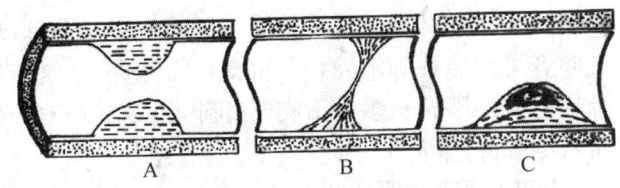

图 2-7-11 干啰音产生机制
A. 管腔狭窄；B. 管腔内有分泌物；
C. 管腔内有侵入物或管壁受压

（2）干啰音的特点：①干啰音的音调较高、持续时间较长、带乐音性。②其持续时间较长，吸气和呼气时均可听到，以呼气时更明显。③其强度、性质、部位、数量等易变性较大。④几种不同性质的啰音可同时存在。发生于主支气管以上大气道的干啰音，强度较大，有时无需听诊器即可闻及，称为喘鸣。

（3）干啰音的分类：根据其音调，可分为以下两种。①鼾音：又称低调干啰音，多发生于气管和主支气管，音调低而响亮，频率为 100~200 Hz，类似熟睡时的鼾音。②哨笛音：又称高调干啰音，发生在较小支气管或细支气管内。音调高，频率可达 500 Hz 以上，音质常呈上升性，带有音乐性，常被描述为哮鸣音。

（4）干啰音的临床意义：双侧肺部的干啰音见于支气管哮喘、支气管肺炎、慢性支气管炎、慢性阻塞性肺疾病及心源性哮喘等。局限性干啰音见于支气管内膜结核、支气管扩张、肿瘤等。

2. 湿啰音（moist crackles）

（1）湿啰音的产生机制：①气流通过呼吸道内的液体，如渗出液、血液、痰液及脓液等形成水泡，水泡破裂而产生音响，临床上又称为水泡音。②细小支气管壁和（或）肺泡因分泌物黏着而陷闭，当吸气时突然充气张开，产生爆裂音。

（2）湿啰音的特点：①一次可连续多个出现，断续而短暂，为呼吸音以外的附加音。②吸气与呼气时均能听到，多出现于吸气时，以吸气末最清晰，有时也出现在呼气早期。③部位较恒定，性质易变性小，咳嗽后可出现或消失。④大、中、小三种水泡音或其中两种可同时存在。

（3）湿啰音的分类

1）按音响强度分类：分为响亮性湿啰音和非响亮性湿啰音。①响亮性湿啰音：啰音响亮、清晰，是由于周围具有良好的传导介质，如肺实变，或空洞内产生共鸣的结果，见于空洞型肺结核、肺脓肿、肺炎。②非响亮性湿啰音：听诊时声响低而遥远，是因为病变周围有较多的正常组织，传导过程中声波逐渐减弱。

2）按呼吸道口径及腔内渗出物量分类：分为粗湿啰音（大水泡音）、中湿啰音（中水泡音）、细湿啰音（小水泡音）和捻发音。①粗湿啰音：多发生于吸气早期。在气管、主支气管及空洞的体表部位较易听到，常见于支气管扩张、肺水肿、肺结核及肺脓肿空洞。昏迷及濒死的患者因不能咳出呼吸道分泌物，故于气管处可听到粗湿啰音，有时不用听诊器也可闻及，称为痰鸣。②中湿啰音：多在吸气中期出现，发生在中等大小的支气管，见于支气管炎及支气管肺炎。③细湿啰音：多于吸气晚期出现，发生在细小支气管，见于细支气管炎、支气管肺炎、肺淤血及肺梗死等。④捻发音：多于吸气终末出现，是一种极细而均匀一致的湿啰音，似在耳边用手指捻搓一束头发时所发出的声响，常发生于两肺底部。此系细支气管和肺泡壁被分泌物黏合，吸气后被冲开重新充气所发出的音调高、频率高的细小爆裂音。捻发音常见于肺淤血、肺炎早期和肺泡炎等。老年人或长期卧床患者可在肺底听到捻发音，经数次呼吸或咳嗽后可消失，一般无临床意义。

各种干啰音、湿啰音的发生部位见图 2-7-12。

（4）湿啰音的临床意义：肺部局限性湿啰音提示局部病变，如肺炎、肺结核或支气管扩张。两肺满布湿啰音见于急性肺水肿和严重支气管肺炎。若仅在两肺底听到湿啰音，多见于支气管肺炎和左侧心力衰竭所致的肺淤血等。

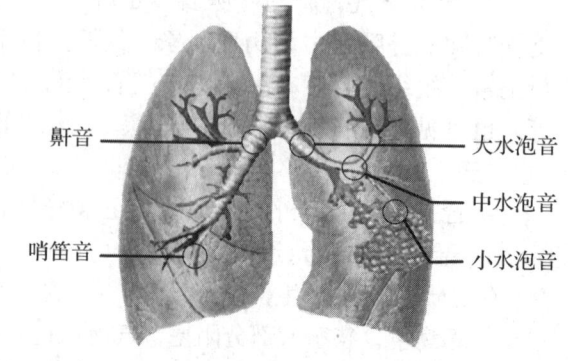

图 2-7-12（彩图 10） 各种干啰音、湿啰音发生部位

（四）语音共振

嘱患者用一般声音强度拉长声音重复发"yi"时，声波经气管、支气管、肺泡传至胸壁，用听诊器可以听到柔和、模糊的声音，称为语音共振（vocal resonance）。其产生机制和临床意义与语音

震颤基本相同。语音共振增强见于肺实变、与支气管相通的大空洞、压迫性肺不张。语音共振减弱见于支气管阻塞、慢性阻塞性肺疾病、胸腔积液、胸膜增厚、胸壁水肿或气肿时。

若听到的语音共振强且清晰时,称为支气管语音(bronchophony)。支气管语音常与异常支气管呼吸音及语音震颤增强、叩诊浊音同时存在,提示肺实变。

若语音更强、更响亮、语音更清晰,极易听及且言词清晰可辨,称为胸语音(pectoriloquy),见于大面积肺实变。

(五)胸膜摩擦音

正常胸膜表面光滑,脏、壁两层胸膜间有少量液体,起润滑作用,呼吸时脏胸膜和壁胸膜相互滑动而并无声响。当胸膜出现炎症、纤维素渗出而表面变得粗糙时,随着呼吸可听到两层胸膜摩擦而发出的声音,即胸膜摩擦音(pleural friction rub)。

1. 特点　①胸膜摩擦音的声音犹如两手背相互摩擦或听诊器体件与胸壁摩擦,粗糙、响亮、近在耳边。②吸气、呼气时均可以听到,但以吸气末及呼气初较清楚,屏气时消失。③深吸气及加压听诊器体件时可使其加强而更清楚。④胸腔积液较多时,由于两层胸膜被分开,胸膜摩擦音可消失,胸腔积液减少时再出现。⑤胸膜摩擦音在呼吸运动度大的部位最易听到,如前下侧胸壁、腋中线下部。⑥有粗糙的胸膜摩擦音时常可触到胸膜摩擦感。

2. 临床意义　胸膜摩擦音常见于:①急性纤维素性胸膜炎、肺炎链球菌肺炎、肺梗死等。②胸膜肿瘤。③尿毒症性胸膜炎。④严重脱水导致胸膜高度干燥。

胸膜摩擦音在屏气后消失,心包摩擦音则在呼气末屏住呼吸时更清晰,二者尤须鉴别。纵隔胸膜发炎时,在呼吸与心脏搏动时均可听到摩擦音。

肺部听诊方法;正常呼吸音的分类及特点;异常呼吸音的表现及临床意义;啰音的分类、特点及临床意义。

(吴樱樱)

第四节　临床病例查体思维

【病例一】

患者,男性,18岁。发热、咳嗽、右侧胸痛2天。

患者2天前在打篮球时淋雨受凉后,出现寒战、发热,体温39.5℃,右侧下胸部疼痛、咳嗽、咳铁锈色痰。自服退热药及镇咳药,体温仍波动于39~40℃,咳嗽无明显好转。患者既往身体健康,个人史、家族史无特殊。如何对该患者进行胸部体格检查?可能会发现哪些重要体征?

临床思维

1. 症状特点　受凉后出现寒战、发热、咳嗽,病程2天,热型为稽留热,右侧胸痛,咳铁锈色痰。

2. 可能的疾病　肺炎(大叶性肺炎)。

3. 可能出现的重要体征

视诊:急性病容,口周有疱疹;呼吸急促,鼻翼扇动;右侧下胸部呼吸运动减弱。

触诊:右侧胸廓扩张度减弱,右下肺语音震颤增强,可能触及胸膜摩擦感。

叩诊:右下肺叩诊呈实音或浊音。

听诊：右下肺闻及异常支气管呼吸音、湿啰音，可能闻及胸膜摩擦音。

【病例二】

患者，男性，66岁。反复咳嗽、咳痰、喘息15年，加重1周。

患者15年前开始出现咳嗽、咳痰，痰呈白色泡沫样。逐渐出现气喘，多在每年秋季和冬季发作，或因受凉诱发，每年持续3个月以上。近5年，患者逐渐出现活动后呼吸困难。1周前患者受凉后出现咳嗽、气喘加重，由白色黏液痰转为黄色脓性痰。患者有吸烟史30余年，每日20支，已戒烟12年。如何对该患者进行胸部体格检查？可能会发现哪些重要体征？

临床思维

1. 症状特点　反复咳、痰、喘15年，每年持续3个月以上。加重1周。
2. 可能的疾病　慢性阻塞性肺疾病急性发作期。
3. 可能出现的重要体征

视诊：口唇及面部发绀、呼气性呼吸困难，胸廓饱满、肋间隙变宽、桶状胸、呼吸运动减弱。

触诊：双侧胸廓扩张度减弱、双侧语音震颤减弱。

叩诊：两肺叩诊呈过清音、肺下界及肝浊音界下移、肺下界移动度减少、心脏浊音界缩小。

听诊：两肺呼吸音减弱、呼气相延长、肺内可有干啰音及湿啰音。肺动脉瓣第二音亢进，心尖区心音遥远。

【病例三】

患者，女性，30岁。右侧胸痛、呼吸困难1周。患者1周前无明显诱因出现右侧胸痛，深呼吸时明显。自服镇痛药，3天前胸痛减轻，但胸闷加重，伴气短。发病以来干咳，午后低热，体温37.8℃，夜间盗汗，食欲差，睡眠稍差，排便正常，体重无明显变化。既往身体健康，个人史、家族史无特殊。胸部X线检查结果见图2-7-13。

如何对该患者进行胸部检查？可能会发现哪些重要体征？

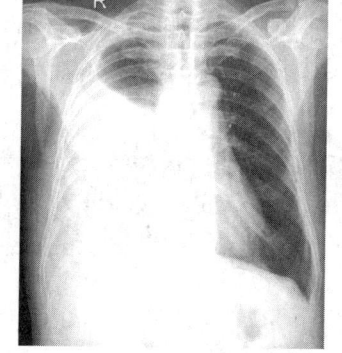

图 2-7-13　病例三的胸部 X 线图像

临床思维

1. 症状特点　右侧胸痛1周；干咳、午后低热、夜间盗汗；4天后胸痛减轻，但胸闷加重，伴气短（开始为干性胸膜炎胸痛明显，到有积液后胸痛减轻）。
2. 可能的疾病　右侧胸腔积液（结核性胸膜炎）。
3. 可能出现的重要体征

视诊：右侧胸廓稍饱满、肋间隙变宽、呼吸运动减弱或消失。

触诊：右侧中下肺语音震颤减弱或消失，余肺语音震颤稍增强。气管移向左侧。

叩诊：右侧中下肺叩诊呈浊音或实音，右侧上肺叩诊呈浊鼓音。心脏浊音界向左侧移位。

听诊：右侧中下肺呼吸音减弱甚至消失。右侧上肺可听到异常支气管呼吸音或支气管肺泡呼吸音。

【病例四】

患者，男性，28岁。右侧胸痛、呼吸困难2h。患者于2h前搬重物时突然感到右侧胸部撕裂样痛，刺激性干咳，逐渐出现胸闷、呼吸困难、心悸。既往身体健康，个人史、家族史无特殊。胸部X线检查结果见图2-7-14。如何对该患者进行胸部体格检

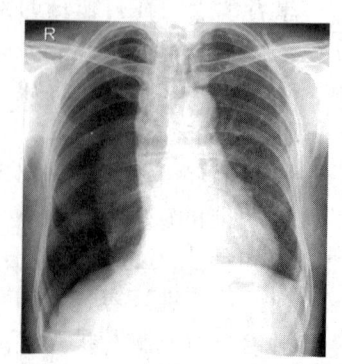

图 2-7-14　病例四的胸部 X 线图像

查？可能会发现哪些重要体征？

临床思维

1. 症状特点　搬重物时突然感到右侧胸痛，刺激性干咳，呼吸困难 2 h。
2. 可能的疾病　右侧气胸。
3. 可能出现的重要体征

视诊：混合性呼吸困难、发绀，右侧胸廓饱满、肋间隙变宽、呼吸运动减弱。

触诊：右侧肺语音震颤减弱或消失，气管移向左侧。

叩诊：右侧肺叩诊呈鼓音。

听诊：右侧肺泡呼吸音减弱或消失，左侧呼吸运动增强，呼吸音增强。心界向左移位。

【病例五】

患者，女性，26 岁。反复发作性呼气性呼吸困难 20 年，再发 2 h。患者于 20 年前开始出现反复发作性呼气性呼吸困难，多在冬季和春季发病，历时数小时或数日，可自行缓解或经治疗缓解。2 h 前患者到公园游玩时出现鼻咽发痒、打喷嚏、流涕或干咳，继之迅速出现胸闷、呼气性呼吸困难。其母亲有支气管哮喘病史。如何对该患者进行胸部体格检查？可能会发现哪些重要体征？

临床思维

1. 症状特点　反复发作性呼气性呼吸困难 20 年，2 h 前到公园游玩时再次发病。
2. 可能的疾病　支气管哮喘急性发作。
3. 可能出现的重要体征

视诊：呼气性呼吸困难，端坐呼吸、发绀、胸廓饱满、肋间隙变宽、两侧呼吸运动减弱。

触诊：两肺语音震颤减弱。

叩诊：两肺呈过清音。

听诊：两肺满布哮鸣音。

反复发作、病程较长的患者常并发慢性阻塞性肺疾病相应的症状和体征。

肺及胸膜常见病变的体征列于表 2-7-1。

表 2-7-1　肺及胸膜常见病变的体征

常见疾病	视诊	触诊	叩诊	听诊
大叶性肺炎（肺实变）	患侧呼吸运动减弱	气管居中，病变区语音震颤增强	病变区呈浊音或实音	病变区语音共振增强，闻及湿啰音和异常支气管呼吸音
慢性阻塞性肺疾病	呼气性呼吸困难，桶状胸，两侧呼吸运动减弱	气管居中，两侧呼吸运动度及语音震颤减弱	两肺呈过清音	两肺呼吸音及语音共振减弱，呼气延长，急性发作期闻及干啰音
支气管哮喘	发作持续时间长者胸廓饱满，两侧呼吸运动减弱	气管居中，两侧呼吸运动度及语音震颤减弱	发作持续时间长或并发慢性阻塞性肺疾病者两肺呈过清音	两肺呼吸音及语音共振减弱，呼气延长，急性发作期闻及呼气相哮鸣音
阻塞性肺不张	患侧胸廓平坦，呼吸运动减弱	气管移向患侧，病变区语音震颤减弱或消失	病变区呈浊音或实音	病变区呼吸音及语音共振减弱或消失
胸腔积液	患侧胸廓饱满，呼吸运动减弱或消失	气管移向健侧，积液区语音震颤减弱或消失	积液区呈浊音或实音	积液区呼吸音及语音共振减弱或消失
气胸	患侧胸廓饱满，呼吸运动减弱	气管移向健侧，患侧呼吸运动度及语音震颤减弱或消失	患侧呈鼓音	患侧呼吸音及语音共振减弱或消失

（吴樱樱）

自 测 题

一、选择题

A2 型题

1. 患者,男性,45 岁,因受凉后高热、咳嗽伴左侧胸痛就诊,听诊发现其左下肺部有湿啰音,最可能的诊断是
   A. 肺炎球菌性肺炎　　B. 支气管哮喘　　C. 慢性阻塞性肺疾病
   D. 肺栓塞　　E. 气胸

2. 患者,男性,30 岁,因右侧胸痛、进行性加重的呼吸困难 1 周就诊。体格检查见右侧胸廓饱满,叩诊呈浊音,呼吸音消失。考虑诊断为
   A. 肺炎　　B. 胸腔积液　　C. 肺不张
   D. 气胸　　E. 肺癌

3. 患者,女性,25 岁,因发热、咳嗽、右侧胸痛就诊。听诊发现其右侧胸部外下侧有胸膜摩擦音,最可能的诊断是
   A. 急性胸膜炎　　B. 急性心肌炎　　C. 急性心包炎
   D. 肺炎　　E. 肋软骨炎

4. 患者,男性,50 岁,因突发左侧胸痛就诊。心电图检查正常,胸部 X 线检查显示左侧气胸。作为主管医师,为患者进行体格检查,最有可能发现的是
   A. 左侧肺部叩诊呈清音　　B. 左侧肺部叩诊呈过清音　　C. 左侧肺部叩诊呈鼓音
   D. 左侧肺部叩诊呈浊音　　E. 左侧肺部叩诊呈实音

5. 患者,男性,70 岁,多年吸烟史,反复咳嗽、咳痰 20 余年。此次因呼吸困难就诊。体格检查发现其呼吸频率增快,伴有明显的呼气相哮鸣音,最可能的诊断是
   A. 支气管哮喘　　B. 慢性阻塞性肺疾病　　C. 肺炎
   D. 左侧心力衰竭　　E. 肺癌

6. 患者,女性,60 岁,反复咳嗽、咳痰。体格检查:胸廓前后径增大,肋间隙增宽。最可能的胸廓改变是
   A. 扁平胸　　B. 桶状胸　　C. 鸡胸
   D. 漏斗胸　　E. 正常胸廓

7. 患者,女性,45 岁,近期洗澡时无意中发现右侧乳房外上象限有一个肿块,经医院诊断为乳腺癌。最符合其体征的描述是
   A. 质地柔软,边界清楚,活动度好　　B. 质地中等,边界清楚,有触痛
   C. 质地较硬,边界不清,无触痛　　D. 质地柔软,边界不清,有触痛
   E. 质地较硬,边界清楚,有触痛

8. 患者,女性,30 岁,哺乳期,近日出现右侧乳房疼痛显著。体格检查:右侧乳房红、肿,局部皮温升高,触诊乳房质地韧,触痛显著。该患者的乳房病变最可能的是
   A. 乳腺纤维腺瘤　　B. 乳腺囊性增生病　　C. 乳管内乳头状瘤
   D. 急性乳腺炎　　E. 乳腺癌

A3/A4 型题

（9~10 题共用题干）

患者，女性，55 岁，因咳嗽、咳黄色痰伴发热 1 周就诊。体格检查发现其肺部有湿啰音，胸部 X 线检查显示肺部有浸润性阴影。患者否认肺结核患者接触史。

9. 根据该患者的临床表现，最可能的疾病诊断是
   A. 肺炎　　　　　　　　　B. 支气管哮喘　　　　　　　C. 慢性阻塞性肺疾病
   D. 肺栓塞　　　　　　　　E. 肺癌

10. 为进一步明确诊断，医师应该建议首先进行的检查是
    A. 心脏彩超　　　　　　　B. 肺功能检查　　　　　　　C. 纤维支气管镜检查
    D. 心电图　　　　　　　　E. 胸部数字 X 射线摄影（DR）

（11~13 题共用题干）

患者，男性，72 岁，因反复咳嗽、咳痰、喘息 20 余年，加重伴发热 1 周就诊。该患者有吸烟史 40 余年，每天 20~30 支。体格检查：T 38.3 ℃，P 92 次/分，R 28 次/分，BP 136/78 mmHg。口唇轻度发绀，呼吸急促，呼气延长。肺部闻及哮鸣音，右下肺有湿啰音。

11. 根据患者的临床表现，考虑最可能的诊断是
    A. 支气管哮喘　　　　　　　　　　　B. 支气管扩张
    C. 慢性阻塞性肺疾病急性发作　　　　D. 肺结核
    E. 肺癌

12. 为进一步明确发热的病因，以下最为关键的检查是
    A. 肺功能检查　　　　　　B. 胸部 DR　　　　　　　　C. 心电图
    D. 纤维支气管镜检查　　　E. 痰培养 + 药物敏感试验

13. 若患者入院后诉右侧胸痛，痰液细菌培养结果显示为肺炎链球菌，肺部叩诊时患侧最可能出现的病理性叩诊音是
    A. 清音　　　　　　　　　B. 过清音　　　　　　　　　C. 鼓音
    D. 浊鼓音　　　　　　　　E. 浊音或实音

二、简答题

1. 请简述胸膜摩擦音的临床意义及可能的疾病诊断。
2. 请简述乳房检查中，发现乳房肿块时应如何进行病史采集及查体，并列出可能的诊断及其包块特点。

三、案例分析题

患者，女性，60 岁，因咳嗽、咳痰伴胸痛 1 周就诊。体格检查：T38.5 ℃，呼吸急促，右侧胸廓饱满，呼吸运动减弱，语音震颤减弱，叩诊呈浊音，听诊呼吸音减弱，未闻及明显干啰音、湿啰音。

请回答：

1. 根据患者的症状和体征，初步考虑哪些可能的诊断？
2. 为进一步明确诊断，应做哪些辅助检查？

（吴樱樱）

第八章 心脏及血管检查

第八章数字资源

学习目标

1. 知识：说出心脏视诊、触诊、叩诊、听诊的具体内容和检查顺序；归纳心脏检查中常见异常体征的病因及临床意义。
2. 能力：能独立完成心脏检查并有效地与患者进行沟通和交流。
3. 素养：对不同人群采取不同的检查策略，在检查过程中耐心、细心，保护患者隐私，注意人文关怀，建立良好的医患关系。树立严谨的科学态度，培养救死扶伤、为人民服务的高尚情操。

第一节 心脏检查

案例 2-8-1

患者，男性，50岁，因"活动后胸闷、心悸2周"就诊。患者自述近期上楼梯或快步行走时，常感胸部憋闷，伴有心搏加速。体格检查：面色稍苍白，呼吸急促，心率108次/分，心律齐，心尖区可闻及3/6级收缩期吹风样杂音，向左腋下传导。胸部触诊时，心尖冲动位置向左下移位，且伴有轻度抬举性搏动。

问题与思考：
1. 根据该患者的症状和查体结果，初步考虑他最可能的疾病诊断是什么？
2. 心脏触诊中发现的"抬举性搏动"对诊断有何意义？如何进一步确认诊断？

心脏检查是诊断心血管疾病的重要手段。通过对患者详细地询问病史和仔细地进行心脏检查，部分心血管疾病常可得出初步诊断。心脏检查结果对进一步正确选择其他检查提供了有意义的参考。只有对病史、体格检查和其他检查进行综合考虑，才能对心血管疾病做出正确的诊断。另外，目前常规仪器检查不能发现心音的改变、奔马律、心脏杂音、交替脉等重要的体征。因此，每个医师必须熟练掌握心脏的视诊、触诊、叩诊、听诊的基本检查方法。

心脏检查的注意事项：①检查环境应安静，光线及温度适宜。②医师多位于患者右侧，患者一般采取仰卧位或坐位，必要时需采取多个体位反复检查，进行比较。③患者应充分暴露胸部，不宜隔衣物检查。④为了全面地了解心脏情况，通常采取视诊、触诊、叩诊、听诊的顺序依次检查，在确定某一异常体征时，也可同时交替应用以上几种检查方法。

一、视诊

患者尽可能取卧位,医师先观察其胸廓轮廓,再将视线与患者胸廓同高,逐渐抬高视线,使视线与胸廓呈切线方向观察;如患者为坐位,则先从其前方观察胸廓,再从侧方逐渐将视线前移观察。

(一)心前区外形

正常人心前区(相当于心脏在前胸壁上的投影)左、右两侧相应部位基本对称。某些疾病情况下,可使心前区外形发生改变。①心前区隆起:多见于儿童生长发育期患心脏疾病,当心脏增大时,可使心前区隆起。如胸骨下段及胸骨左缘第3、4、5肋间隙的局部隆起常见于法洛四联症(tetralogy of Fallot)和肺动脉瓣狭窄,胸骨右缘第2肋间隙及其附近隆起伴收缩期搏动多见于升主动脉扩张或主动脉弓部动脉瘤。②心前区饱满:大量心包积液时,心前区肋间隙外观饱满。

(二)心尖冲动

心尖冲动(apical impulse)是心脏收缩时心尖冲击前胸壁相应部位,使肋间隙软组织向外搏动。观察心尖冲动时,应注意其位置、频率、节律、强度及范围。

1. 正常心尖冲动　正常人心尖冲动一般位于胸骨左侧第5肋间隙锁骨中线内0.5~1 cm处,心尖冲动范围的直径为2.0~2.5 cm。部分正常人的心尖冲动不明显,如肥胖者。

2. 心尖冲动位置改变　一些生理性因素和病理性因素可影响心尖冲动位置。

(1)生理性改变:心尖冲动位置可因体位、体型及呼吸的影响而有所变化。仰卧时心尖冲动略上移;左侧卧位时心尖冲动可左移2.0~3.0 cm;右侧卧位时心尖冲动可右移1.0~2.5 cm;小儿、矮胖体型及妊娠者心脏常呈横位,心尖冲动向上外移,可达第4肋间隙左侧锁骨中线外;瘦长体型者心脏呈垂位,心尖冲动向内下移位,可达第6肋间隙。

(2)病理性改变:心脏本身病变(心脏增大)、纵隔与横膈位置变化都可引起心尖冲动位置发生改变。心尖冲动移位的常见疾病列于表2-8-1。

表2-8-1　心尖冲动移位的常见疾病

可能的因素		心尖冲动移位情况	临床常见疾病
心脏因素	左心室增大	向左下移位	主动脉瓣关闭不全、高血压心脏病等
	右心室增大	向左侧移位	二尖瓣狭窄、慢性肺源性心脏病等
	左、右心室增大	向左下移位,伴心脏浊音界向两侧扩大	扩张型心肌病等
	右位心	心尖冲动位于右侧胸壁	先天性右位心
非心脏因素	纵隔偏移	心尖冲动与气管向患侧移位	胸膜增厚或肺不张等
		心尖冲动与气管向健侧移位	胸腔积液或气胸等
	膈肌上移	心尖冲动向上移位,腹部膨隆	大量腹水、腹部巨大肿瘤等
	膈肌下移	心尖冲动移向内下,可达第6肋间隙,桶状胸	严重肺气肿等

心脏视诊方法;正常心尖冲动的位置。

3. 心尖冲动强度及范围的改变　心尖冲动强弱与心脏收缩力的强弱、胸壁的厚薄及血流速度的快慢有关。

(1)生理情况下的改变:剧烈运动或情绪激动时,由于外周所需血流加速、心肌收缩力增加,心尖冲动增强。胸壁薄或肋间隙宽者心尖冲动强,范围较大;胸壁厚或肋间隙窄者心尖冲动减弱,范围缩小。

（2）病理情况下的改变：①心尖冲动增强见于发热、严重贫血、左心室肥厚心功能代偿期、甲状腺功能亢进症。②心尖冲动减弱见于心肌病变（急性心肌梗死、心肌病、心肌炎等）伴收缩功能降低时。左侧胸腔大量积液或积气、肺气肿、心包积液、缩窄性心包炎时，心尖冲动减弱或消失。

4. 负性心尖冲动　心脏收缩时，心尖冲动内陷者，称为负性心尖冲动，见于粘连性心包炎，为心包与周围组织广泛粘连所致。右心室重度肥厚并占据心尖部，使左心室向后移位时，也可出现负性心尖冲动。

（三）心前区其他部位的异常搏动

1. 心底部搏动　胸骨左缘第2肋间隙（肺动脉瓣区）搏动，多见于肺动脉高压或肺动脉扩张，也可见于体型瘦长的正常青年人剧烈运动后或情绪激动时。胸骨右缘第2肋间隙（主动脉瓣区）搏动，见于升主动脉扩张或升主动脉瘤。

2. 胸骨左缘第3~4肋间隙搏动　见于右心室肥厚。

3. 剑突下搏动　可能是右心室收缩期搏动，也可由腹主动脉搏动产生。前者见于肺源性心脏病右心室肥大者，后者见于腹主动脉瘤、消瘦或腹壁薄而凹陷者。二者的鉴别方法：①嘱患者深吸气后，搏动增强为右心室搏动，搏动减弱为腹主动脉搏动。②将手指平放于剑突下，向上后方加压，若搏动冲击指尖且吸气时增强，为右心室搏动；若搏动冲击手指掌面且吸气时减弱，为腹主动脉搏动。

二、触诊

心脏触诊检查不仅可以确定视诊检查的结果，还可以发现视诊未能看到的心包摩擦感及震颤。

检查方法：通常先用右手掌尺侧适当加压，从心尖部相应位置开始，按心脏听诊的大致顺序进行整个心前区的触诊。如触及心尖冲动或发现心前区异常搏动，再用示指、中指并拢略弯曲进行触诊，以确定搏动的准确位置、强度和心尖有无抬举性，此方法简称心脏两步触诊法（图2-8-1）。用小鱼际触诊以确定有无震颤和心包摩擦感。如发现震颤，应确定具体部位和分辨出具体的时相。心包摩擦感一般重点触诊胸骨左缘第4、5肋间隙，因为此处心脏无肺覆盖，心包摩擦感最明显，以呼气末、收缩期和前倾位（使心脏接近胸壁）更易触及。

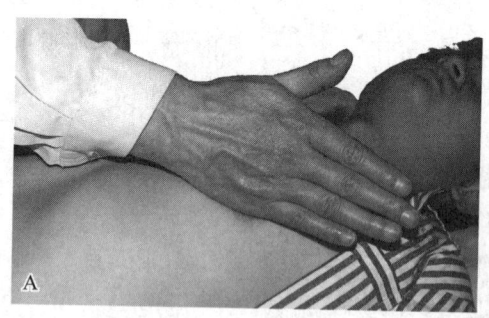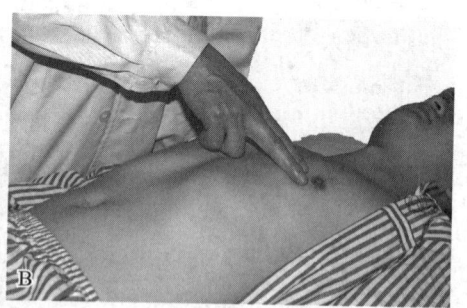

图2-8-1　心脏两步触诊法
A. 小鱼际触诊；B. 指腹触诊

（一）心尖冲动与心前区异常搏动

检查心尖冲动的位置、强弱和范围，触诊较视诊更准确，尤其是在视诊看不清心尖冲动的情况下，触诊一般能发现。心尖冲动冲击手掌或指腹时，标志心室收缩的开始。因此，可以此来帮助确定第一心音、第二心音，确定附加心音、震颤和杂音的时期。指腹触诊时，如手指被心尖区徐缓、有力的搏动抬起并持续至第二心音的开始，同时心尖冲动范围也增大，称为抬举性搏动，是左心室肥厚的可靠体征。胸骨左下缘收缩期抬举性搏动是右心室肥厚的指征。

（二）震颤

震颤是用手在心前区触到的一种细微振动感，类似猫呼吸时在其喉部摸到的振动，故又称猫喘，是器质性心血管疾病的特征性体征之一。其产生机制与心脏杂音相同，为血流经过狭窄口径或异常通道流至较宽广的部位时形成涡流引起瓣膜、心壁或血管壁的振动传至胸壁所致。临床上如能触及震颤，一般都能听到杂音，且在一定条件下震颤强度与杂音响度呈正相关；但听到杂音不一定都能触及震颤，因为触觉只对低频振动较敏感，而听觉的频率阈较触觉宽，尤其对高频振动较敏感，如果振动频率较高，超过触觉所能感知的上限，则仅能听到杂音而不能触及震颤。临床上也有些低音调的舒张期杂音（二尖瓣狭窄），可能因听觉不敏感，几乎不能听到，但触诊时可感觉到震颤，应引起注意。

如发现震颤，应确定其时期（收缩期、舒张期或连续性）、部位及来源（瓣膜、大血管或间隔缺损），分析其临床意义。心前区常见震颤的临床意义列于表2-8-2。

表2-8-2 心前区常见震颤的临床意义

部位	时期	常见病变
胸骨右缘第2肋间隙	收缩期	主动脉瓣狭窄
胸骨左缘第2肋间隙	收缩期	肺动脉瓣狭窄
胸骨左缘第3~4肋间隙	收缩期	室间隔缺损
心尖区	舒张期	二尖瓣狭窄
心尖区	收缩期	重度二尖瓣关闭不全
胸骨左缘第2肋间隙	连续性	动脉导管未闭

（三）心包摩擦感

心包炎症时，心包膜表面因纤维蛋白渗出而粗糙，心脏搏动时，心包的脏层和壁层相互摩擦，产生振动，传到胸壁被手掌感觉，称为心包摩擦感。心包摩擦感一般呈收缩期和舒张期双相的粗糙摩擦感，为心包炎症纤维蛋白渗出期的重要体征之一。若心包腔内渗液增多，心包摩擦感消失。检查心包摩擦感时，嘱患者取前倾体位，于呼气末时更为明显。

心脏触诊的方法及内容；心前区震颤的临床意义；心包摩擦感的触诊方法及临床意义。

三、叩诊

心脏叩诊的目的是确定心脏的大小、形态及其在胸腔内的位置。

（一）心脏浊音界

心脏浊音界包括相对浊音界及绝对浊音界。心脏为不含气器官，心脏不被肺遮盖的部分叩诊呈绝对浊音（实音），其左、右边缘称为心脏的绝对浊音界。而心脏被肺遮盖的部分则叩诊呈相对浊音，其左、右边缘称为相对浊音界，是心脏的实际大小和形状，相当于心脏在前胸壁的投影。

1. 叩诊方法　患者取仰卧位或端坐位，自然平静呼吸。医师站在患者右侧或面对患者，用间接叩诊法在肋间隙按一定顺序进行叩诊。平卧位时，板指应与肋间隙平行并紧贴其上；坐位时，板指应与心缘垂直并紧贴胸壁，必要时分别进行坐位、平卧位叩诊，并注意两种体位时心脏浊音界的不同改变（图2-8-2）。叩诊时，板指置于心前拟叩部位，右手中指弯曲，指端借腕关节活动叩击板指，由外向内逐渐移动板指，板指每次移动距离不宜过大，听到声音由清音转为相对浊音为心相对浊音界。发现由清音变为相对浊音时，需往返叩诊数次，力求准确。一般叩心脏左侧相对浊音界以较轻叩法为宜，叩心脏右侧相对浊音界以较重叩法为宜。叩诊时还应根据患者的胖瘦程度等调整叩诊力度，胖者稍重，瘦者稍轻。

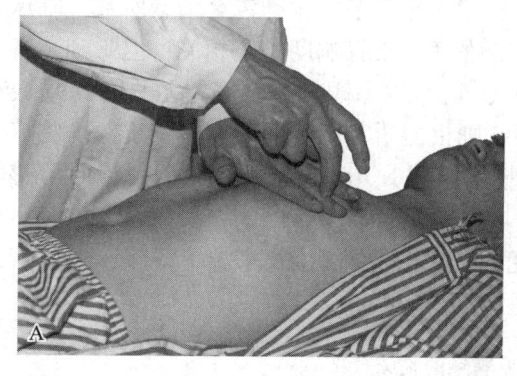
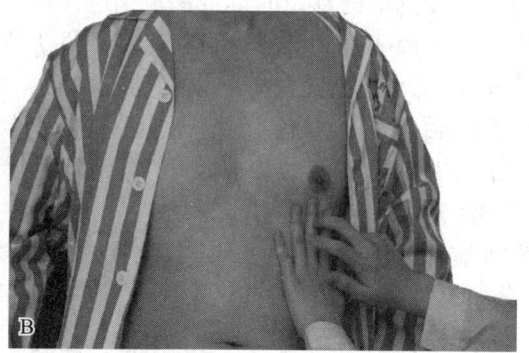

图 2-8-2　心脏叩诊（间接叩诊法）
A. 平卧位叩诊；B. 坐位叩诊

2. 叩诊顺序　先叩心脏左界，再叩心脏右界，从下至上进行。叩诊心脏左界从心尖冲动点外 2～3 cm 处开始，由外向内叩诊，依次逐个叩上一肋间隙，直至第 2 肋间隙；叩诊心脏右界时，先在右锁骨中线叩出肝上界，自肝上界的上一肋间隙开始，从右侧由外向内叩诊，依次逐个叩上一肋间隙，直至第 2 肋间隙。对各肋间隙叩得的浊音界逐一做出标记，并测量每一肋间隙所做标记点到前正中线的垂直距离。

（二）正常心界（相对浊音界）

正常成人心脏左界在第 2 肋间隙几乎与胸骨左缘一致，其下方则逐渐左移，形成一个向左下方凸起的弧形，直至第 5 肋间隙。心脏右界除第 4 肋间隙处位于胸骨右缘稍外方外，其余各肋间隙几乎与胸骨右缘一致。正常成人心脏相对浊音界及距前正中线的平均距离见图 2-8-3 及表 2-8-3。

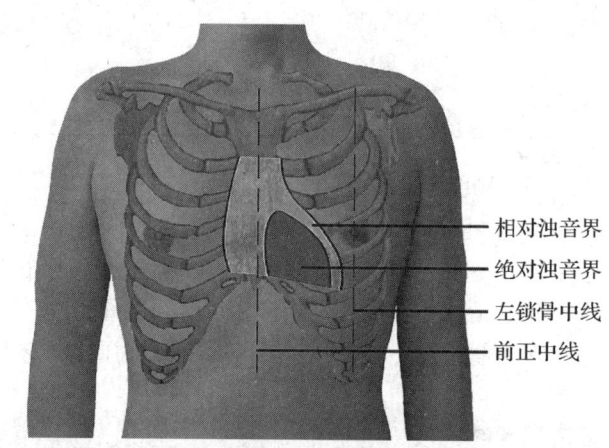

图 2-8-3（彩图 11）　心脏浊音界示意图

表 2-8-3　正常成人心脏相对浊音界及距前正中线的平均距离

心脏右界（cm）	肋间隙	心脏左界（cm）
2～3	第 2 肋间隙	2～3
2～3	第 3 肋间隙	3.5～4.5
3～4	第 4 肋间隙	5～6
	第 5 肋间隙	7～9

注：正常成人左侧锁骨中线至前正中线的距离为 8～10 cm。

（三）心界各部的组成

心脏左界第 2 肋间隙处相当于肺动脉段，第 3 肋间隙为左心房耳部，第 4、5 肋间隙为左心室，肺动脉和左心室交接处的凹陷部为心腰部；心脏右界第 2 肋间隙相当于上腔静脉和升主动脉升部，第 3、4 肋间隙为右心房。心脏下界由右心室及左心室心尖部组成。心脏各部在胸壁的投影见图 2-8-4。

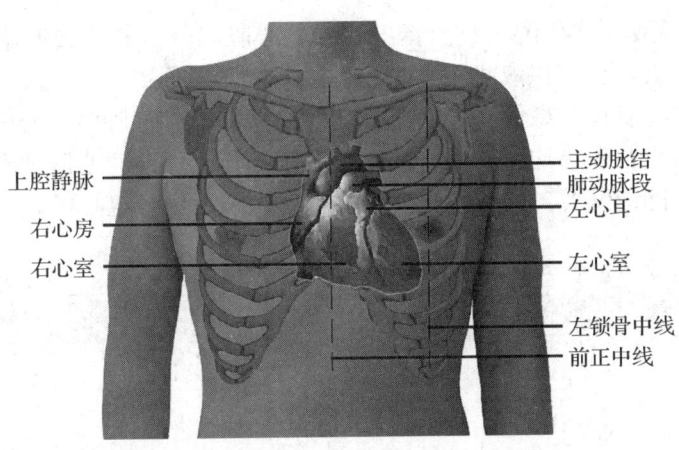

图 2-8-4（彩图 12） 心脏各部在胸壁的投影

（四）心脏浊音界改变及其临床意义

心脏浊音界的大小、形态和位置受心脏本身病变及心脏以外因素的影响。

1. 心脏因素　心房、心室扩大或心包积液等可使心脏浊音界发生变化。心脏浊音界变化的心脏因素与临床意义列于表 2-8-4。

表 2-8-4 心脏浊音界变化的心脏因素与临床意义

心脏改变	心脏浊音界	临床意义
左心室增大	向左下增大，心腰加深，心界似靴形（靴形心，图 2-8-5），称为主动脉型心	主动脉瓣关闭不全、高血压心脏病
右心室增大	轻度增大：绝对浊音界增大，相对浊音界无明显改变 显著增大：心界向左、右两侧增大	肺源性心脏病或房间隔缺损等
左、右心室增大	心脏浊音界向两侧增大，且左界向左下增大，称为普大型心	扩张型心肌病、全心衰竭等
左心房增大合并肺动脉段扩大	胸骨左缘第 3 肋间隙心界增大，心腰丰满或膨出，心界如梨形（梨形心见图 2-8-6），又称二尖瓣型心	二尖瓣狭窄等
主动脉扩张	胸骨右缘第 1、2 肋间隙浊音界增宽，常伴收缩期搏动	升主动脉瘤等
心包积液	心界向两侧增大，形状随体位而改变，卧位时呈类圆形，坐位时呈三角形烧瓶样，称为烧瓶形心	心包积液

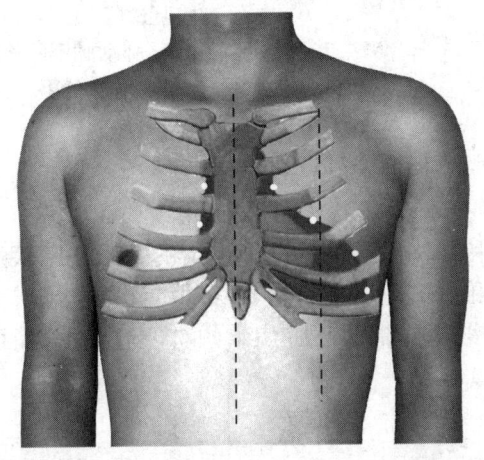

图 2-8-5（彩图 13） 靴形心（主动脉型心）

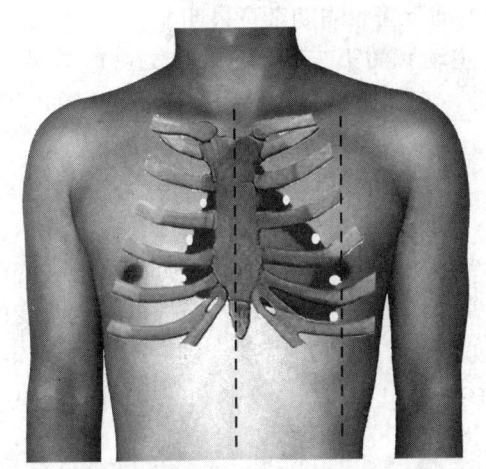

图 2-8-6（彩图 14） 梨形心（二尖瓣型心）

2. 心脏外因素　导致心脏移位、心浊音界改变的心脏以外因素主要有胸膜腔、胸腔内脏器病变以及腹腔内病变等。大量胸腔积液或气胸时，心界向健侧偏移；阻塞性肺不张、肺纤维化、广泛胸膜粘连等病变均可将心脏拉向患侧，而使心界向患侧偏移；肺气肿时，心脏浊音界缩小；腹腔大量积液、妊娠末期及巨大肿瘤等均可使膈升高，心脏呈横位，叩诊时心脏浊音界向左侧扩大；肺实变、肺部肿瘤或纵隔淋巴结肿大，如与心脏浊音界重叠，则无法确定心界。

> **考点提示**　心界触诊的方法；正常心脏相对浊音界；靴形心、梨形心的临床意义。

四、听诊

心脏听诊是心脏检查中最重要、最常用的方法，通过听取心脏的声响，对心脏的状态或病理生理状态做出判断。听诊是发现心脏瓣膜病变、房间隔或室间隔缺损、心律失常等的重要手段。

心脏听诊的注意事项：①环境应安静，听诊器体件与胸壁间不能隔有衣物。②患者一般采取仰卧位或坐位，有时为了更好地听清心音或杂音，需让患者改变体位，深吸气或深呼气，或做适当运动，如二尖瓣听诊区的舒张期杂音取左侧卧位深呼气时更明显；主动脉瓣关闭不全的杂音取坐位上半身前倾时更响亮；三尖瓣病变的杂音取右侧卧位深吸气时更明显。③钟形体件适合听低音调声音，如二尖瓣舒张期隆隆样杂音；膜形体件适合听高音调声音，如主动脉瓣舒张期叹气样杂音，需紧贴皮肤进行听诊。

（一）心脏瓣膜听诊区

心脏瓣膜运动产生的声音传导至体表听诊最清楚的区域称为该瓣膜听诊区。瓣膜产生的声音传导至胸壁受血流方向（沿血流方向传导）和其间传导介质的物理特性的影响，因此各瓣膜听诊区与瓣膜在胸壁上的投影位置不完全一致。常用的心脏瓣膜听诊区有5个，心脏瓣膜解剖部位及瓣膜听诊区见图2-8-7。

1. 二尖瓣听诊区　又称心尖区，是心尖冲动最强处，正常人在左侧第5肋间隙锁骨中线内侧。

2. 肺动脉瓣听诊区　在胸骨左缘第2肋间隙。

3. 主动脉瓣听诊区　在胸骨右缘第2肋间隙，在此听诊主动脉瓣收缩期杂音最明显。

4. 主动脉瓣第二听诊区（Erb区）　在胸骨左缘第3肋间隙，在此听诊主动脉瓣关闭不全时的舒张期杂音最响亮。

5. 三尖瓣听诊区　在胸骨体下端左缘，即胸骨左缘第4、5肋间隙。

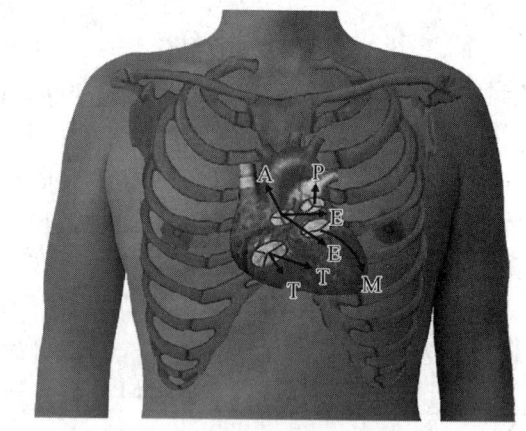

图2-8-7（彩图15）　心脏瓣膜解剖部位及瓣膜听诊区

M. 二尖瓣听诊区；P. 肺动脉瓣听诊区；
A. 主动脉瓣听诊区；E. 主动脉瓣第二听诊区；
T. 三尖瓣听诊区

应当指出的是，上述的心脏听诊区是在心脏位置和结构正常的情况下设定的，当心脏疾病引起心脏位置和结构发生改变时，需根据心脏改变的特点和血流的方向，适当移动听诊部位和扩大听诊范围，如腋下、颈部、背部、剑突下。对于某些心脏结构异常的心脏病（如右位心脏），尚可取特定的听诊区域。

> **考点提示**　心脏听诊的注意事项；5个心脏瓣膜听诊区的位置。

（二）听诊顺序

一般从心尖部开始，按逆时针方向，即二尖瓣听诊区、肺动脉瓣听诊区、主动脉瓣听诊区、主动脉瓣第二听诊区、三尖瓣听诊区的顺序听诊。

（三）听诊内容

心脏听诊内容为心率、心律、心音、额外心音、心脏杂音及心包摩擦音。

1. 心率（heart rate） 指每分钟心脏搏动的次数，一般以第一心音为准。正常成人心率为60～100次/分。3岁以下儿童心率多在100次/分以上，老年人心率多偏慢。成人心率超过100次/分，婴幼儿心率超过150次/分称为心动过速（tachycardia）。心率低于60次/分称为心动过缓（bradycardia）。心动过速与心动过缓可由生理性、病理性或药物性因素引起。

2. 心律（heart rhythm） 指心脏跳动的节律。正常人心律均匀、整齐。部分青年及儿童的心律可受呼吸影响而稍不均匀，表现为吸气时心率增快，呼气时心率减慢，称为窦性心律不齐（sinus arrhythmia），无临床意义。临床上听诊所能发现的最常见的心律失常有期前收缩（premature contraction）和心房颤动（atrial fibrillation）。

（1）期前收缩：是由于异位起搏点发出的过早搏动引起的心脏提前搏动。听诊的主要特点：①心音提前出现，其后有一较长间歇（代偿间歇）。②提前出现的心脏搏动的第一心音增强，第二心音减弱或难以听到。③期前收缩后的第一个正常心脏搏动的第一心音减弱，第二心音增强。④期前收缩可以联律的形式出现，每次正常心脏搏动之后出现一次期前收缩，称为二联律；每两次正常心脏搏动之后出现一次期前收缩，称为三联律，以此类推。

（2）心房颤动：是由于心房异位起搏点发出的冲动产生多部位折返或心房多处异位起搏点发出冲动所致。听诊特点：①心律绝对不规则；②第一心音强弱不等；③心率大于脉率，这种脉搏脱漏的现象称为脉搏短绌（pulse deficit）或短绌脉。心房颤动常见于冠心病、风湿性心脏病（二尖瓣狭窄）、高血压心脏病、甲状腺功能亢进症等。

3. 心音（heart sound） 心音有4个（图2-8-8），按其在心动周期中出现的先后顺序依次称为第一心音（first heart sound，S1）、第二心音（second heart sound，S2）、第三心音（third heart sound，S3）和第四心音（fourth heart sound，S4）。一般只能听到S1和S2；部分健康儿童和青少年活动后可听到S3；S4一般听不到，如能听到，则为病理性。

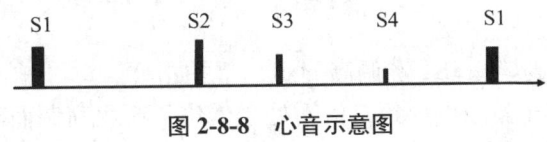

图2-8-8 心音示意图

（1）心音产生的机制和听诊特点

1）第一心音：主要是心室收缩开始时二尖瓣和三尖瓣快速关闭，瓣叶及其附属结构突然紧张引起振动所产生的。另外，心室壁的突然收缩、半月瓣的开放和大血管被血流突然冲击引起的振动发出的声音也参与S1的形成，但因声音小，通常上述声音不能被人耳分辨，听诊仅为一个声音，即S1。S1标志心室收缩期的开始。

2）第二心音：是由于心室舒张开始时主动脉瓣和肺动脉瓣突然关闭引起瓣膜及血管壁振动所产生的。房室瓣的开放等因素参与了S2的形成，但不能被人耳分辨。S2标志心室舒张期的开始。

正常情况下，心室收缩期在心动周期中较舒张期短。因此，S1至S2间隔较S2至下一心动周期的S1间隔短（图2-8-9）。正确区分第一心音和第二心音是心脏听诊最重要的环节，只有先将第一心音与第二心音区分开，才能准确地判断心室的收缩期和舒张期。第一心音和第二心音的区别列于表2-8-5。

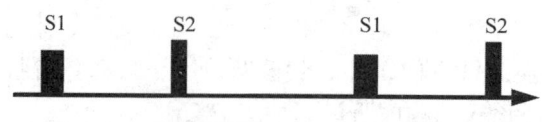

图 2-8-9 正常周期中 S1、S2 的关系示意图

表 2-8-5 第一心音与第二心音的区别

鉴别项目	第一心音特点	第二心音特点
出现时间	收缩期开始	舒张期开始
音调	较低、钝	较高、清脆
时间	较长（约0.10 s）	较短（约0.08 s）
最响部位	心尖部	心底部
距下一心音间隔	短	长
与心尖冲动或脉搏关系	同时出现	之后出现

3）第三心音：出现在心室舒张早期、快速充盈期之末，在S2之后0.12~0.20 s，是由于快速充盈的血流自心房冲击心室壁，使心室壁、腱索和乳头肌突然紧张和振动所致。此音低钝而短促（持续约0.04 s），在心尖部或其内上方较易听到，仰卧位抬高下肢及呼气末最清楚。

4）第四心音：出现在舒张晚期，第一心音开始前约0.1 s。一般认为S4与心房收缩导致的房室瓣、瓣环、腱索和乳头肌紧张及振动有关。此音很弱，一般听不到。如能听到，常为病理性。

 第一心音和第二心音产生的机制、特点、区分要点。

（2）心音改变：包括心音强度、心音性质的变化和心音分裂。

1）心音强度改变：受心脏本身或心外因素的影响，心音可增强或减弱。心音强度改变可两个心音同时发生或分别发生。一个心音强度的明显改变多为心血管疾病所致。

第一心音（S1）改变：第一心音强弱与心室收缩开始时房室瓣的位置、心室肌收缩力、瓣膜的完整性与活动性等因素有关。

S1增强见于：①二尖瓣狭窄，S1音调高而脆，呈拍击样，称"拍击性"第一心音，这主要是由于舒张期二尖瓣狭窄心室充盈减少导致二尖瓣处于低位，产生高调而清脆的第一心音。若瓣叶显著增厚、纤维化、钙化，瓣叶活动受限时，S1反而减弱。②完全性房室传导阻滞，心房和心室的搏动各不相关，形成房室分离现象，当心室收缩紧随心房收缩之后发生，心室内充盈的血液极少，二尖瓣位置极低，则S1非常响亮，称为"大炮音"。③其他，如发热、甲状腺功能亢进症、心室肥大尚未衰竭时、应用加强心肌收缩力的药物等，心室肌收缩力增强，S1增强。

S1减弱见于：①二尖瓣关闭不全，因左心室舒张期过度充盈，二尖瓣于心室收缩前位置较高，加之瓣膜闭合障碍，使S1减弱。②主动脉瓣关闭不全，舒张期左心室过度充盈及压力明显升高，心室收缩前二尖瓣已接近关闭位置，导致S1减弱。③心肌炎、心肌病和心肌梗死，心室肌收缩力减弱，S1低钝。

S1强弱不等见于心房颤动、期前收缩、三度房室传导阻滞等。

第二心音（S2）改变：主要与主动脉和肺动脉内压力、半月瓣的弹性和完整性有关。S2有两个主要成分，即主动脉瓣成分（主动脉瓣第二音，A_2）和肺动脉瓣成分（肺动脉瓣第二音，P_2），通常A_2在主动脉瓣听诊区最清晰，P_2在肺动脉瓣听诊区最清晰。正常情况下，儿童及青年期$P_2>A_2$，老年人$P_2<A_2$，成人$P_2=A_2$。

S2 增强见于：①主动脉瓣第二音（A_2）增强见于高血压、主动脉粥样硬化，系由于主动脉内压力增高所致。除声音增强外，A_2 常呈金属撞击音调。②肺动脉瓣第二音（P_2）增强见于二尖瓣狭窄、左至右分流的先天性心脏病、肺源性心脏病、肺梗死等，系由于肺动脉内压力增高所致。

S2 减弱见于：主动脉或肺动脉内压力降低或瓣叶病理损害引起狭窄或闭合功能障碍。主动脉瓣第二音（A_2）减弱主要见于主动脉瓣狭窄、主动脉瓣关闭不全等。肺动脉瓣第二音（P_2）减弱主要见于肺动脉瓣狭窄、肺动脉瓣关闭不全等。

S1 和 S2 同时改变主要取决于心室肌收缩力、心排血量、心脏至胸壁的距离及声音传导介质的改变。

S1、S2 同时增强见于心脏活动增强时，如体力活动、情绪激动、贫血、使用增强心肌收缩力的药物等，也见于胸壁薄者。

S1、S2 同时减弱见于心肌严重受损，心肌收缩力明显降低时，如心肌梗死、心肌炎、心功能衰竭、休克。肥胖、左侧胸腔大量积液、心包积液、慢性阻塞性肺疾病等使声音传导受阻，S1、S2 均减弱。

2）心音性质改变：心肌严重受损时，S1 失去原有的特征而与 S2 相似，如果同时伴有心率增快，舒张期与收缩期的时间几乎相等时，听到的心音极似钟摆声，称为钟摆律或胎心律。钟摆律提示心肌严重病变，见于大面积急性心肌梗死、重症心肌炎、重症扩张型心肌病等。

3）心音分裂：正常情况下，心室收缩时二尖瓣与三尖瓣关闭并非完全同步，二尖瓣关闭较三尖瓣关闭提早 0.02~0.03 s；心室舒张时主动脉瓣关闭较肺动脉瓣关闭提早约 0.03 s。这种时间差别很小，人耳不能分辨，听诊时 S1、S2 仍为单一心音。如果某种原因使二尖瓣与三尖瓣关闭或主动脉瓣与肺动脉瓣关闭的间距增大，听诊时一个心音分裂为两个声音，称为心音分裂。

S1 分裂是由于二尖瓣和三尖瓣的关闭时间明显不同步，其间距 >0.03 s 所致，在三尖瓣听诊区听诊较清楚。S1 分裂常见于完全性右束支传导阻滞（电活动延迟）和肺动脉高压（机械活动延迟），由于右心室收缩开始时间晚于左心室，三尖瓣关闭时间延迟所致，偶见于正常儿童与青年。

S2 分裂：是由于主动脉瓣和肺动脉瓣关闭明显不同步所致，在肺动脉瓣听诊区听诊较明显。S2 分裂较 S1 分裂常见，有以下几种情况。①生理分裂：部分正常人，尤其是青少年，在深吸气末可听到 S2 分裂。这是由于吸气时胸腔负压增加，右心回心血量增多，右心室排血时间延长，使肺动脉瓣关闭明显迟于主动脉瓣关闭所致。生理分裂见于正常人，特别是儿童和青年人。②持续分裂：又称通常分裂或 S2 宽分裂，S2 分裂持续整个呼吸周期，但深吸气时分裂时间更长，听诊更容易分辨。持续分裂是由于某些疾病使右心室排血时间延长，肺动脉瓣关闭时间明显延迟；或左心室排血时间缩短，主动脉瓣关闭时间提前所致。前者常见于完全性右束支传导阻滞、二尖瓣狭窄、肺动脉瓣狭窄等；后者常见于二尖瓣关闭不全、室间隔缺损等。③固定分裂：指 S2 分裂的程度几乎不受呼气、吸气的影响，保持相对固定，见于房间隔缺损。这是由于在呼吸周期中，右心的血流量可经心房间异常通道调节，使右心室的排血量和排血时间保持大致恒定所致。④反常分裂：又称逆分裂，听诊吸气时无分裂，呼气时能分辨出 S2 分裂，与一般的分裂顺序相反。这是由于主动脉瓣关闭显著迟于肺动脉瓣，使 P_2 在前，A_2 在后所形成的。反常分裂见于完全性左束支传导阻滞、主动脉瓣狭窄等。S2 的 4 种分裂示意图见图 2-8-10。

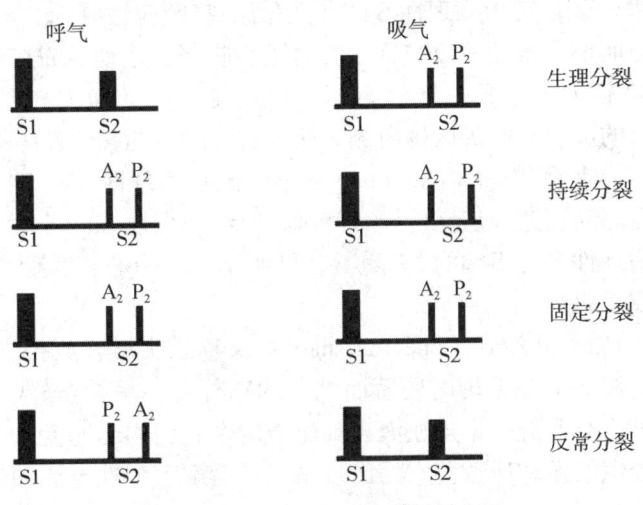

图 2-8-10　S2 的 4 种分裂示意图

4. 额外心音　指在 S1 和 S2 之外额外出现的附加音，多数为病理性。大多数额外心音为一个，与 S1、S2 共同构成三音律；少数额外心音为两个，与 S1、S2 共同构成四音律。按其出现的时期不同，可分为舒张期额外心音和收缩期额外心音。临床上常见的额外心音见图 2-8-11。

（1）舒张期额外心音：包括奔马律、二尖瓣开瓣音、心包叩击音及肿瘤扑落音。

1）奔马律（gallop）：是由病理性 S3 或 S4 与原有的 S1、S2 共同组成的韵律。由于常同时伴有心率增快，类似马奔跑时马蹄踏地的声音，称为奔马律。按其出现的时间，可分为 3 种。

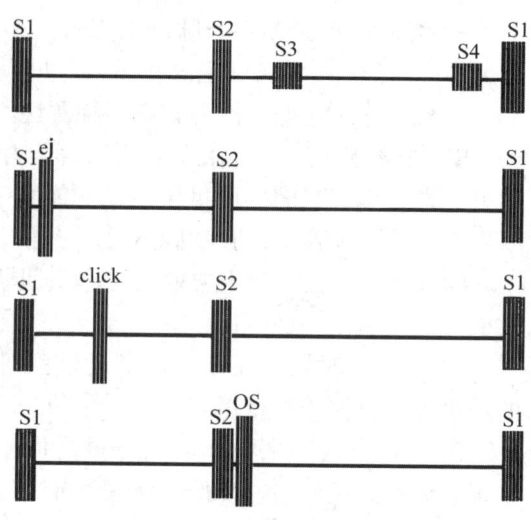

图 2-8-11　额外心音示意图
ej. 喷射音；click. 喀喇音；OS. 开瓣音

舒张早期奔马律（protodiastolic gallop）：又称室性奔马律，是最常见的奔马律。该额外音实为病理性 S3。其发病机制多认为是在病理情况下，心室舒张期负荷过重，心肌张力降低与顺应性减退，心室舒张血液充盈时，引起心室壁紧张性振动所致。它的出现提示严重的器质性心脏病，常见于心力衰竭、急性心肌梗死、重症心肌炎、重症扩张型心肌病等。

根据来源不同，舒张早期奔马律分为左心室奔马律与右心室奔马律，以左心室奔马律占多数。左心室奔马律在心尖区稍内侧、呼气时最响亮；右心室奔马律在剑突下或胸骨左缘第 5 肋间隙、吸气时最响亮。舒张早期奔马律的出现时间及声音性质与生理性 S3 相似，需进行鉴别，二者区别列于表 2-8-6。

表 2-8-6　生理性 S3 与舒张早期奔马律的区别

鉴别项目	生理性 S3	舒张早期奔马律
出现人群	健康人，尤其是儿童及青少年	严重器质性心脏病患者
心率	多正常	多较快，常在 100 次 / 分以上
体位影响	坐位或立位时可消失	不受体位影响
与 S2 的距离	较近	当心率较快时，三个心音间距大致相等

舒张晚期奔马律（presystolic gallop）：又称收缩期前奔马律（late diastolic gallop），或房性奔马律。该音实为病理性 S4。它是由心室顺应性降低，心室舒张末压增高，心房为克服心室的充盈阻力而加强收缩所致，见于高血压心脏病、主动脉瓣狭窄、肥厚型心肌病等。该音的听诊特点：①距 S2 较远，距下一个 S1 较近，出现在下一个 S1 之前约 0.1 s。②音调低钝，强度较弱。③听诊最清晰的部位在心尖区稍内侧（来自右心房者在胸骨左缘第 3、4 肋间隙）。

重叠奔马律（summation gallop）：病理性 S3、S4 如同时存在，可与 S1 和 S2 共同构成四音律。在心动过速或房室传导时间延长时，病理性 S3、S4 可相互重叠，形成重叠奔马律。在心率较慢时，病理性 S3、S4 可没有重叠，则听诊为 4 个心音，称为舒张期四音律。重叠奔马律常见于心力衰竭或心肌病。

2）开瓣音（opening snap）：又称二尖瓣开放拍击音，为紧随 S2 之后 0.05～0.06 s 出现的一个高调、清脆、历时较短而响亮的额外音，呈拍击样，在心尖内侧听诊较清楚。它是在二尖瓣狭窄时，心室舒张早期血液自高压力的左心房内迅速流入左心室，快速开放的二尖瓣叶活动突然终止而产生的振动所致。它的出现是二尖瓣瓣膜弹性与活动尚好的标志，是二尖瓣分离术适应证的参考条件之一。

3）心包叩击音（pericardial knock）：为出现在S2之后0.09~0.12 s，音调中频、较响而短促的额外音。它是由于缩窄的心包限制心室的舒张，心室在舒张早期快速充盈阶段的舒张活动受阻而被迫骤然停止，心室壁振动而产生。心包叩击音在胸骨左缘听诊最清楚，见于缩窄性心包炎。

4）肿瘤扑落音：见于心房黏液瘤患者，是在S2后0.08~0.12 s出现、可随体位变动而变化的类似开瓣音的声响，在心尖或其内侧胸骨左缘第3、4肋间隙听诊较清楚。肿瘤扑落音为黏液瘤在舒张期随血流进入心室，碰撞房室壁和瓣膜以及瘤柄突然紧张等产生振动所致。

舒张期额外心音听诊区别示意图见图2-8-12。

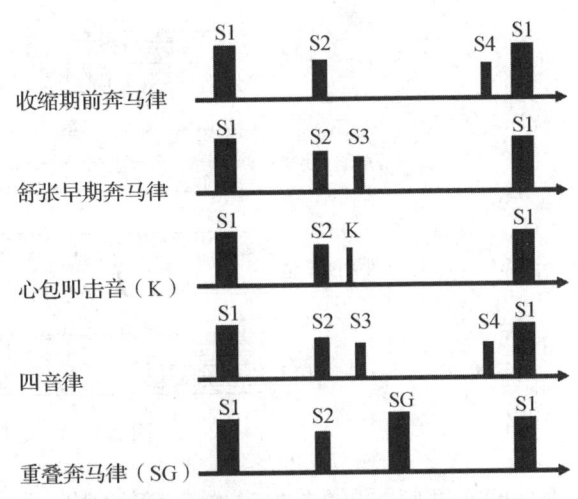

图2-8-12 舒张期额外心音听诊区别示意图

 舒张期奔马律的分类、特点及临床意义。

（2）收缩期额外心音：可发生于收缩早期、中期和晚期。

1）收缩早期喷射音（early systolic ejection sound）：又称收缩早期喀喇音（click），紧接S1之后0.05~0.07 s出现，音调高、清脆、短促，呈爆裂样音。临床上分为两种。①肺动脉收缩期喷射音：在肺动脉瓣区最响，呼气时增强，吸气时减弱。肺动脉收缩期喷射音常见于肺动脉高压、轻度及中度肺动脉瓣狭窄、原发性肺动脉扩张、房间隔缺损或室间隔缺损等。②主动脉收缩期喷射音：在主动脉瓣听诊区最响，可向心尖部传导，其响度不受呼吸影响。主动脉收缩期喷射音常见于主动脉瓣狭窄和（或）关闭不全、高血压、主动脉瘤等。其产生的机制为扩大的肺动脉或主动脉在心室射血时动脉壁振动，以及在主动脉、肺动脉阻力增高的情况下半月瓣瓣叶用力开启，或狭窄的瓣叶在开启时突然受限产生振动所致。

2）收缩中/晚期喀喇音（mid/late systolic click）：喀喇音出现于S1后0.08 s者称为收缩中期喀喇音，喀喇音出现于S1后0.08 s以上者称为收缩晚期喀喇音。其性质与收缩早期喷射音类似，高调、短促、清脆，如关门落锁的"Ka-Ta"样声音。在心尖部及其内侧听诊最清楚。该喀喇音的产生机制是房室瓣（多为二尖瓣前叶）在收缩中/晚期落入心房，瓣膜和腱索突然紧张产生振动，见于二尖瓣脱垂、缺血性心脏病（乳头肌功能不全）等。二尖瓣脱垂入左心房可导致瓣膜关闭不全，产生收缩晚期杂音。收缩中/晚期喀喇音合并收缩晚期杂音称为二尖瓣脱垂综合征。

3）医源性额外音：①人工起搏音是由置入心脏的人工起搏器电极引起，发生于S1前，呈喀喇音样，少数出现于S1后，类似收缩早期喀喇音。②人工瓣膜音是由于置入的人工机械瓣膜在开放或关闭时金属瓣膜与支架相撞击所致。两者均可根据病史予以确定。

5. 心脏杂音（cardiac murmur） 是指心脏除心音和额外心音之外出现的具有不同频率和不同强度的异常声音。它可与心音分开或相连续，甚至完全掩盖心音。杂音对某些心血管疾病的诊断具有重要的意义。

（1）杂音的产生机制：血液在正常血管内是分层流动的，其中央部流速最快，越远离中央部，流速越慢，边缘部最慢，称为层流。血液通过管径急骤变化的通道或异常的通道，使流速发生变化或方向异常，导致层流变为湍流或涡流，冲击心壁、瓣膜、腱索、血管壁产生振动，在相应的部位产生杂音。杂音产生机制见图2-8-13。

1）血流加速：血流速度越快，越容易产生旋涡，杂音就越响。正常人剧烈运动、发热、甲状

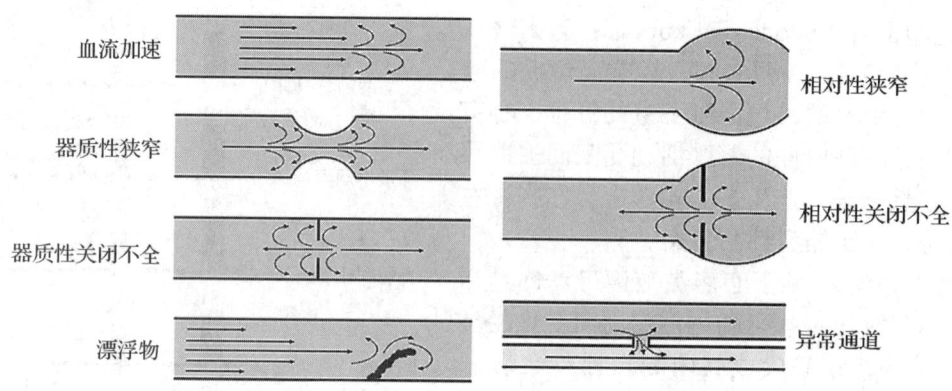

图 2-8-13 心脏杂音产生机制示意图

腺功能亢进症、严重贫血时血流速度加快，可出现杂音或使原有杂音增强。

2）瓣膜口狭窄：血流通过血管的狭窄处产生湍流，形成杂音，是杂音产生的最常见原因。瓣膜口器质性狭窄多见于二尖瓣狭窄、主动脉瓣狭窄、肺动脉瓣狭窄、先天性主动脉缩窄等；瓣膜口相对性狭窄可由于心室腔或大血管扩张导致的瓣口相对狭窄，血流通过扩张处时也可产生旋涡，形成湍流而出现杂音，如主、肺动脉根部扩大所致的瓣膜口相对狭窄。

3）瓣膜关闭不全：血液反流，经过关闭不全的心脏瓣膜或血液流经心腔扩大部位时产生湍流出现杂音，也是杂音形成的常见原因。瓣膜器质性关闭不全见于风湿性心脏瓣膜病、退行性心脏瓣膜病等病因所致的二尖瓣关闭不全、主动脉瓣关闭不全等；瓣膜相对性关闭不全见于高血压心脏病左心室扩大引起的二尖瓣关闭不全、右侧心力衰竭右心室扩大引起的三尖瓣关闭不全、主动脉瓣瓣环扩张引起的主动脉瓣关闭不全等。

4）异常通道：心腔内或大血管间存在的异常通道形成血液分流，血流经过这些异常通道时产生湍流而出现杂音。异常通道见于室间隔缺损、房间隔缺损、动脉导管未闭、动静脉瘘等。

5）心腔异常结构：心室内乳头肌或腱索断裂的残端在心腔内摆动，干扰血流，引起湍流而出现杂音。

6）血管腔扩大：血液从正常管径处流入血管瘤扩大部分时形成湍流而出现杂音，如动脉瘤。

（2）杂音的听诊要点：当听到杂音时，应注意其最响部位、传导方向、出现时期、强度、形态及性质，还要注意体位、呼吸、运动对杂音的影响等，并据此判断其临床意义。

1）最响部位与传导方向：杂音的最响部位与病变部位有关。根据杂音最响部位及其传导方向，可判断杂音的来源。一般来说，杂音在某瓣膜听诊区最响，提示病变在该区相应的瓣膜。例如，杂音在心尖部最响，提示二尖瓣病变；杂音在主动脉瓣区最响，提示主动脉瓣病变；杂音在肺动脉瓣区最响，提示肺动脉瓣病变；杂音在胸骨下端最响，提示三尖瓣病变。如在胸骨左缘第3、4肋间隙听到响亮而粗糙的收缩期杂音，则可能为室间隔缺损。杂音主要沿血流方向在一定范围内传导，也经周围组织扩散。二尖瓣关闭不全的收缩期杂音向左腋下、左肩胛下区传导；主动脉瓣狭窄的收缩期杂音可向右侧颈部、胸骨上窝传导；主动脉瓣关闭不全的舒张期杂音，自主动脉瓣第二听诊区沿胸骨左缘下传并可到达心尖。有的杂音较局限，如二尖瓣狭窄的舒张期杂音常局限于心尖部。杂音传导中性质不变，但传导越远，声音越弱。如果在两个瓣膜区听到时期和性质相同的杂音，为了判断杂音是来自一个瓣膜区抑或两个瓣膜区，可将听诊器从其中一个瓣膜区逐渐移向另一个瓣膜区来听诊。若杂音逐渐减弱，或逐渐增强，则可能杂音最响处的瓣膜有病变；若杂音先逐渐减弱，当移近另一个瓣膜区时，杂音又增强，则可能为两个瓣膜均有病变。

2）出现时期：发生在第一心音与第二心音之间的杂音，称为收缩期杂音（systolic murmur, SM）。发生在第二心音与下一心动周期的第一心音之间的杂音，称为舒张期杂音（diastolic murmur, DM）。杂音在收缩期和舒张期连续出现者，称为连续性杂音（continuous murmur）。按杂音在收缩期或舒张期出现的早晚和持续时间的长短,又可分为早期、中期、晚期和全期杂音。如主动脉瓣狭窄的杂音常为收缩中期杂音;二尖瓣关闭不全的杂音可占据整个收缩期,称为全收缩期杂音;主动脉瓣关闭不全的杂音多为舒张早期杂音;二尖瓣狭窄的杂音则出现在舒张中、晚期。临床上,舒张期杂音和连续性杂音均为病理性,收缩期杂音则有病理性(器质性)和功能性两种。

3) 杂音的性质:不同频率的杂音表现出不同的音调和音色,称为杂音的性质。杂音的频率与产生杂音的血流速度呈正相关。杂音的性质通常用自然界的声音进行比拟描述,如吹风样、隆隆样、喷射样、叹气样、机器声样及乐音样。柔和的吹风样杂音常为功能性杂音,器质性杂音多较粗糙、响亮。二尖瓣关闭不全于心尖区可听到粗糙的吹风样收缩期杂音,二尖瓣狭窄可于心尖部听到隆隆样舒张期杂音。主动脉瓣狭窄可于主动脉瓣听诊区听到喷射样收缩期杂音,主动脉瓣关闭不全可于主动脉瓣第二听诊区听到叹气样舒张期杂音。动脉导管未闭可听到机器声样连续性杂音,乐音样杂音见于感染性心内膜炎、梅毒性主动脉瓣疾病等。

4) 杂音强度与形态:杂音强度即杂音的响度,与血流速度和血流量呈正相关。临床上常见影响杂音强度的因素如下。①狭窄程度:一般情况下,狭窄越重,血流速度越快,杂音越强;但极度狭窄以致通过的血流极少时,杂音反而减弱或消失。②血流速度:血流速度越快,杂音越强。③压力差:病变部位两侧的压力差越大,血流速度越快,杂音越响。④心肌收缩力:心力衰竭时,心肌收缩力减弱,血流速度慢,杂音减弱;心力衰竭纠正后,心肌收缩力增强,血液流速加快,杂音增强。

收缩期杂音的强度一般按 Levine 6 级分级法分级,列于表 2-8-7。

表 2-8-7 收缩期杂音强度分级

分级	响度及特点	有无伴有震颤
1	杂音很弱,在安静环境下仔细听诊才能听到,易被忽略	无
2	杂音较弱,但易听到	无
3	杂音不太响亮,呈中等响度	无
4	杂音响亮	通常有
5	杂音很响亮,听诊器体件边缘接触胸壁即可听到	明显
6	杂音极响亮,听诊器体件距胸壁一定距离也能听到	明显

杂音强度的记录方法:以杂音的级别为分子,6 级分级法为分母。例如,强度为 3 级的收缩期杂音,记录为 3/6 级收缩期杂音。

舒张期杂音可参照上述 6 级分级法,但临床上一般不用 6 级分级法,只分为轻度、中度、重度 3 级。

一般认为,收缩期杂音 2/6 级以下多为功能性,常无病理意义;3/6 级及以上者多为器质性,具有病理意义。但杂音的强度有时不一定与病变的严重程度成正比。因此,除强度外,应结合杂音的部位、性质、粗糙程度、传导情况等来判定其临床意义。

杂音的形态是指在心动周期中杂音强度的变化规律,可用心音图记录。根据杂音强度变化特点,一般分为以下 5 种形态(图 2-8-14)。①一贯型:杂音强度始终基本保持一致,如二尖瓣关闭不全的收缩期杂音。②递减型:杂音开始较强,以后逐渐减弱,如主动脉瓣关闭不全的舒张期叹气样杂音。③递增型:杂音开始较弱,以后逐渐增强,如二尖瓣狭窄的舒张期隆隆样杂音。④递增递减型:又称菱形杂音,即杂音开始较弱,逐渐增强后又逐渐减弱,如主动脉瓣狭窄的收缩期喷射样杂音。⑤连续型:杂音起始于 S1,逐渐增强,至 S2 时达最高峰,然后逐渐减弱,持续至下一心动周期的 S1,形成一个跨越收缩期和舒张期的大菱形杂音,如动脉导管未闭时的杂音。

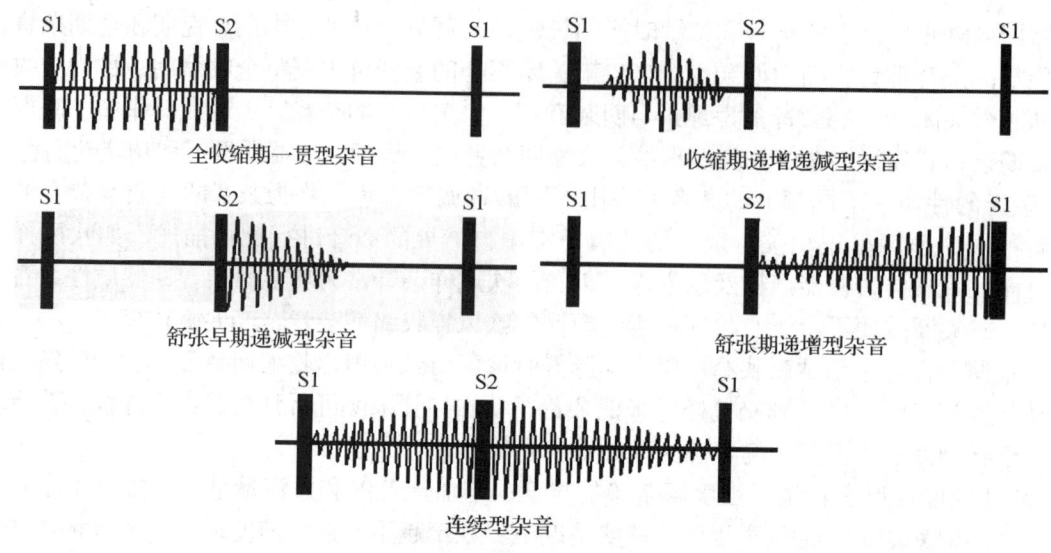

图 2-8-14 心脏杂音的 5 种形态

5）体位、呼吸和运动对杂音的影响：某些体位、呼吸和运动可使某些杂音增强或减弱，有助于杂音的判别。

体位对杂音的影响：二尖瓣狭窄的舒张期隆隆样杂音在左侧卧位更明显；前倾坐位时，主动脉瓣关闭不全的舒张期叹气样杂音更容易听到；仰卧位时，二尖瓣、三尖瓣和肺动脉瓣关闭不全的杂音更明显。迅速改变体位，使血流分布和回心血量发生改变，影响杂音的强度，如由蹲位或卧位迅速站立，使瞬间回心血量减少，大多数心脏杂音减弱，而梗阻性肥厚型心肌病的杂音增强。

呼吸对杂音的影响：呼吸可使左、右心室的排血量及心脏的位置发生改变而影响杂音的强度。深吸气时，胸腔内负压增大，回心血量增多，使右心排血量增加，从而使右心的杂音（如三尖瓣或肺动脉瓣关闭不全或狭窄的杂音）增强。深呼气时，胸腔内压升高，左心回心血量增多，使左心排血量增加，从而使左心的杂音（如二尖瓣或主动脉瓣关闭不全或狭窄的杂音）增强。深吸气后紧闭声门，用力做呼气动作（Valsalva 动作）时，胸腔内压增高，使回心血量减少，心排血量降低，经瓣膜产生的杂音一般都减弱，而梗阻性肥厚型心肌病的杂音增强。

运动对杂音的影响：运动时心率增快，心肌收缩力增强，心排血量和血流速度增加，可使杂音增强。

（3）杂音的临床意义：如听到杂音，对心血管疾病的诊断与鉴别诊断具有重要意义。但是有杂音不一定有心脏病，有心脏病也不一定有杂音。根据产生杂音的心脏部位有无器质性病变，分为器质性杂音与功能性杂音；根据杂音的临床意义，分为病理性杂音和生理性杂音（包括无害性杂音）。器质性杂音是指产生杂音的部位有器质性损害，属于病理性杂音。功能性杂音是指没有心脏器质性病变时出现杂音，多在收缩期。功能性杂音包括以下几种。①生理性杂音，必须符合以下条件：只限于出现在收缩期、心脏无增大、杂音柔和、吹风样、无震颤。②全身性疾病造成的血流动力学改变产生的杂音，如重度贫血、甲状腺功能亢进症等使血流速度明显增加引起的杂音。③有心脏病理意义的相对性关闭不全或狭窄引起的杂音，又称相对性杂音。心脏局部虽无器质性病变，但整个心脏存在有病理意义的改变，因此属于病理性杂音。收缩期生理性与器质性杂音的鉴别具有重要临床意义，其鉴别要点列于表 2-8-8。

表 2-8-8 收缩期生理性与器质性杂音的鉴别要点

鉴别项目	生理性杂音	器质性杂音
年龄	儿童、青少年多见	任何年龄
部位	肺动脉瓣区和（或）心尖部	任何瓣膜区

续表

鉴别项目	生理性杂音	器质性杂音
性质	柔和，吹风样	粗糙，吹风样或喷射样
持续时间	短	较长，常为全收缩期
强度	一般为2/6级或以下，无震颤	常在3/6级以上，可有震颤
传导	较局限	较广泛而远
心脏形态	正常	可有心房和（或）心室增大

（4）各瓣膜听诊区杂音的特点及临床意义

1）二尖瓣听诊区杂音

收缩期杂音：①功能性收缩期杂音可见于发热、贫血、甲状腺功能亢进症、妊娠、剧烈运动等，也可见于部分健康人。杂音呈吹风样，柔和，一般在2/6级以下，较局限，病因去除后，杂音消失。②相对性收缩期杂音是由于左心室扩张引起二尖瓣相对关闭不全所致，见于扩张型心肌病、高血压心脏病、冠心病、贫血性心脏病等。杂音呈吹风样，强度为2/6~3/6级，时限较长，可传导一定距离，经治疗心腔缩小后，杂音可减弱或消失。③器质性收缩期杂音主要见于风湿性心脏病（二尖瓣关闭不全）、冠心病乳头肌功能不全引起的二尖瓣脱垂等，杂音呈吹风样，粗糙，多在3/6级以上，持续时间长，可占据整个收缩期，有时可遮盖第一心音，常向左腋下传导，呼气时增强，仰卧位时更明显。

舒张期杂音：①相对性舒张期杂音主要见于主动脉瓣关闭不全引起的相对二尖瓣狭窄，杂音产生的原因是主动脉反流的血液直接冲击二尖瓣前叶，使之过早呈关闭状态，以及反流导致左心室舒张期容量负荷过重，使二尖瓣开放受限和左心室扩大。此杂音又称奥斯汀·弗林特杂音（Austin Flint murmur），其出现的时期及性质与器质性二尖瓣狭窄相似，一般出现在舒张中、晚期，柔和，呈递减型，但不伴有S1增强、开瓣音及震颤。②器质性舒张期杂音主要见于风湿性心脏病（二尖瓣狭窄）。杂音在心尖部最响，出现于舒张中、晚期，为隆隆样，呈递增型，较局限，不向远处传导，伴有S1增强、震颤，部分患者伴开瓣音。

心脏杂音听诊的主要内容；二尖瓣关闭不全、二尖瓣狭窄的杂音特点。

2）主动脉瓣听诊区杂音

收缩期杂音：①相对性收缩期杂音是由于升主动脉扩张引起主动脉瓣相对狭窄所致，主要见于主动脉硬化、高血压等。杂音呈喷射样，较柔和，无震颤，常伴A_2亢进。②器质性收缩期杂音主要见于主动脉瓣狭窄。杂音为喷射性，呈收缩中期递增递减型，粗糙、响亮，常伴有震颤，沿血流方向向颈部传导，伴A_2减弱。

舒张期杂音：由各种原因所致的主动脉瓣关闭不全产生，均为器质性。常见于风湿性心脏病、梅毒性心脏病、先天性心脏病所致的主动脉瓣关闭不全。杂音出现于舒张早期，呈递减型，为柔和叹息样，在主动脉瓣第二听诊区最清楚，向胸骨左缘及心尖部传导，坐位前倾呼气末屏住呼吸时更易听到。

主动脉瓣关闭不全、主动脉瓣狭窄的杂音特点。

3）肺动脉瓣听诊区杂音

收缩期杂音：①功能性收缩期杂音中，生理性杂音以健康儿童或青少年常见。杂音出现于收缩中期，呈喷射样，柔和，常在 2/6 级以下，较局限，卧位时明显，坐位或立位时减轻或消失。②相对性收缩期杂音是由于肺动脉高压，肺动脉扩张使肺动脉瓣相对狭窄所致，见于二尖瓣狭窄、房间隔缺损等。杂音的特点与生理性杂音相似，但杂音强度较响，P_2 亢进。③器质性收缩期杂音见于肺动脉瓣狭窄。杂音出现于收缩中期，为喷射样、粗糙，强度 ≥3/6 级，常伴有震颤，向左上胸及左颈部传导，P_2 多减弱。

舒张期杂音：多由于肺动脉高压导致肺动脉扩张引起的瓣膜相对关闭不全所致，常见于二尖瓣狭窄、肺源性心脏病等。杂音呈舒张期递减型，为叹息样，平卧吸气末增强，常伴 P_2 亢进。这种相对性肺动脉瓣关闭不全所致的舒张期杂音称为格雷厄姆·斯蒂尔杂音（Graham Steel murmur）。

4）三尖瓣听诊区杂音

收缩期杂音：①相对性收缩期杂音多数是由于右心室扩大引起相对性三尖瓣关闭不全所致，见于二尖瓣狭窄、肺源性心脏病。杂音特点与相对性二尖瓣关闭不全相似，但杂音强度一般小于 3/6 级，吸气时增强，可随病情好转及右心室缩小而减弱或消失。由于右心室增大，杂音部位可移向左侧近心尖处，需注意与二尖瓣关闭不全的杂音相鉴别。②器质性收缩期杂音极少见。杂音特点与器质性二尖瓣关闭不全相似，但不传至腋下，可伴有颈静脉和肝收缩期搏动。

舒张期杂音：三尖瓣狭窄时，在胸骨下段左缘处可出现舒张期隆隆样杂音，深吸气时增强，但临床上极少见。

5）其他部位杂音：①在胸骨左缘第 2、3、4 肋间隙，部分青少年可闻及生理性收缩期杂音，杂音强度 ≤2/6 级，柔和，不传导，平卧吸气时明显，坐位时杂音减轻或消失。可能是左心室或右心室的血流进入主动脉或肺动脉时产生的紊乱血流所致。②房间隔缺损时，胸骨左缘第 2、3 肋间隙闻及 2/6～3/6 级收缩期吹风样杂音，多伴有 S2 亢进和固定分裂。③室间隔缺损时，可在胸骨左缘第 3、4 肋间隙听到响亮而粗糙的全收缩期杂音，常伴有震颤。④连续性杂音：动脉导管未闭时，因血流持续地从主动脉经未闭的动脉导管分流入肺动脉而产生连续性杂音。杂音最响部位在胸骨左缘第 2 肋间隙稍外侧，杂音响亮而粗糙，类似机器转动时的噪声，故又称机器声样杂音。杂音贯穿整个心动周期，收缩期逐渐增强，进入舒张期后逐渐减弱，形成高峰在第二心音处的大菱形杂音，第二心音常被掩盖，常伴有震颤。此外，先天性心脏病主动脉及肺动脉间隔缺损、冠状动静脉瘘、冠状动脉窦瘤破裂也可在胸骨左缘第 2 肋间隙出现连续性杂音。

6. 心包摩擦音（pericardial friction rub） 当心包壁层和脏层由于生物或理化因素引起纤维蛋白渗出、沉积而变得粗糙，心包两层随心脏搏动互相摩擦而产生的声音称为心包摩擦音。心包摩擦音性质粗糙、高调，呈搔抓样，比较表浅，类似纸张摩擦发出的声响。此音与心脏活动一致，收缩期与舒张期均可听到，以收缩期明显；心包摩擦音可在整个心前区听到，但以胸骨左缘第 3、4 肋间隙最响，因此处为心脏裸区，无肺组织遮盖；坐位前倾或以听诊器体件向胸壁加压时以及呼气末更明显。心包摩擦音与胸膜摩擦音的主要区别是屏住呼吸时胸膜摩擦音消失，而心包摩擦音仍然存在。心包摩擦音最常见于心包炎（结核性、非特异性、风湿性、化脓性），也可见于心肌梗死、尿毒症、系统性红斑狼疮等非感染性心包炎。当心包积液量增多时，心包摩擦音可消失。

 心包摩擦音的检查方法及临床意义。

（吴樱樱）

第二节 血管检查

血管检查是体格检查的重要组成部分。许多疾病可使血管发生改变或经血管反映出来，血管检查可为某些疾病的诊断提供很有价值的资料。本节主要介绍周围血管检查，包括脉搏、血压、血管杂音和周围血管征的检查。

一、脉搏

脉搏检查主要是动脉脉搏的触诊。动脉血管因心脏的收缩和舒张活动而出现相应的扩张和回缩的搏动，称为动脉脉搏，简称脉搏（pulse）。脉搏检查主要用触诊，也可用脉搏计描记波形。脉搏检查在临床疾病的诊断中具有重要意义。

检查脉搏时，选择浅表易触及的动脉，一般触诊桡动脉。必要时，也可选择触诊肱动脉、颈动脉、股动脉及足背动脉等。

脉搏检查方法：医师以右手示指、中指和环指触压患者的动脉，先感觉其脉率、脉律、强弱与波形；由动脉近心端的手指逐渐施压，至动脉远心端的手指不能感觉到脉搏，感觉脉搏的紧张度与动脉壁状态。检查时需注意两侧对称部位脉搏和上、下肢脉搏的比较。正常人两侧脉搏差异很小，但某些疾病（如多发性大动脉炎）时可出现明显差异。

（一）脉率

脉率是指每分钟脉搏的次数。影响脉率的因素有年龄、性别、体力活动、精神和情绪状态。正常成人在安静状态下的脉率为60~100次/分。儿童脉率较快，小于3岁的儿童脉率一般在100次/分以上，婴幼儿可达130次/分；老年人脉率偏慢；女性脉率较男性稍快；日间脉率较快，夜间睡眠时脉率较慢；餐后、活动后或情绪激动时脉率增快。病理情况下，脉率可增快或减慢，如发热、贫血、心功能不全、休克、心肌炎及甲状腺功能亢进症等患者脉率增快；病态窦房结综合征、二度以上房室传导阻滞、颅内压增高、胆汁淤积性黄疸及甲状腺功能减退症等患者脉率减慢。药物也可影响脉率，如阿托品、肾上腺素、麻黄碱等可使脉率增快，β受体阻断药可使脉率减慢。正常人脉率与心率相等。某些心律失常，如心房颤动，由于部分心脏搏动的每搏输出量过少，不足以使周围动脉产生搏动，故脉率少于心率。

（二）脉律

脉律是指脉搏的节律，可反映心脏搏动的节律。正常人脉律规则，儿童、青少年和部分成人可出现吸气时脉率增快，呼气时脉率减慢，称为窦性心律不齐。各种心律失常都可影响脉律，如二度房室传导阻滞者可有脉搏脱漏，称为脱落脉；期前收缩时，脉律不整，可出现二联脉、三联脉；心房颤动时，脉律绝对不规则，脉搏强弱不等，脉率小于心率，后者称为脉搏短绌或短绌脉。

（三）强弱

脉搏的强弱与心脏每搏输出量、脉压和周围血管阻力相关。每搏输出量多、脉压增大、周围动脉阻力减低时，脉搏强而振幅大，称为洪脉，见于高热、甲状腺功能亢进症、主动脉瓣关闭不全等。脉搏弱而振幅低，称为细脉或丝脉，见于休克、心功能不全、主动脉瓣狭窄等。

（四）紧张度与动脉壁状态

脉搏的紧张度与动脉壁状态（硬化程度）和动脉压（主要是收缩压）的程度有关。检查时，以近心端手指按压动脉，逐渐施压至远心端手指触不到脉搏，此时，近心端手指完全阻断动脉搏动所施的压力即为脉搏的紧张度。正常人动脉管壁光滑、柔软，并具有一定的弹性。近心端手指完全阻断脉搏后，远心端手指感觉动脉壁状态，如能触及硬而缺乏弹性的动脉呈条索状、迂曲或结节状，提示动脉硬化。

(五)波形

脉搏搏动的形态可用脉波仪描记出具有一定形态的曲线,这一曲线称为脉搏的波形,简称脉波。临床上可用触诊来粗略地估计脉搏的波形。波形上升速度与左心室收缩时血液流入主动脉内的速度(每搏输出量)及动脉壁的弹性有关;波形下降速度与周围小血管扩张的程度、主动脉瓣的完整性及动脉壁的弹性有关。

1. 正常脉搏波形　脉搏波形由升支、波峰和降支(包括重搏波)构成。升支陡直,发生在收缩早期,其上升速度取决于左心室射血和动脉内压力上升速率;波峰圆钝,出现在收缩的中、晚期;降支平缓,出现在舒张期,其下降速度取决于动脉内压力下降速率。在降支的早期有一个切迹,继之以小的波峰,其发生分别与主动脉瓣关闭和大动脉壁弹性回缩有关。

2. 水冲脉(water-hammer pulse)　脉搏骤起骤落,似水浪冲过,故称水冲脉。检查方法:医师右手(或左手)紧握患者右手(或左手)手腕掌面,将患者手臂缓慢抬举过头顶,可感觉到桡动脉搏动犹如水冲的急促而有力地冲击。这是由于脉压增大所致。水冲脉主要见于主动脉瓣关闭不全,也可见于甲状腺功能亢进症、严重贫血、动静脉瘘等。

3. 交替脉(pulsus alternans)　指脉搏节律规则而强弱交替出现的脉搏。必要时嘱患者屏呼气以排除呼吸变化所影响的可能性。一般认为,交替脉是左心室收缩力强弱交替所致,是左心室衰竭的重要体征。交替脉常见于急性心肌梗死、高血压心脏病、重症心肌炎、主动脉瓣关闭不全等。

4. 奇脉(paradoxical pulse)　吸气时,脉搏明显减弱甚至消失的现象称为奇脉,又称吸停脉。不明显的奇脉可用血压计检查,收缩压在吸气时较呼气时降低 10 mmHg 以上。正常人平静呼吸时,脉搏的强弱无明显改变。奇脉的产生机制是吸气时左心室排血量减少。心脏压塞时,心室舒张受限,吸气时体循环静脉回流右心血量减少,右心室排入肺循环的血量减少,吸气时因胸腔负压增加,肺血管扩张导致肺循环容量增加,从而使肺静脉回左心血量减少,左心室排出量减少。奇脉常见于心包积液和缩窄性心包炎,是心脏压塞的重要体征之一。

5. 无脉(pulseless)　即脉搏消失,常见于严重休克及多发性大动脉炎。多发性大动脉炎是因为某一部位动脉闭塞而引起相应部位脉搏消失。

二、血压

血压(blood pressure, BP)是血液在体循环动脉内流动时对血管壁的侧压力,是重要的生命体征。

1. 测量方法及血压标准　见第二篇第四章第一节。
2. 血压变动的临床意义　见第二篇第四章第一节。
3. 动态血压监测(ambulatory blood pressure monitoring, ABPM)　近年来,凡是疑有单纯性诊所高血压(白大衣高血压)、隐蔽性高血压、顽固难治性高血压、发作性高血压或低血压以及降压治疗效果差的高血压,应用动态血压监测作为常规血压监测的补充手段。ABPM 使用符合国际标准(BHS 和 AAMI)的动态血压检测仪,按设定间隔 24 h 记录血压。一般白昼(6 时至 22 时)每 15~20 min 记录 1 次;夜间(22 时至 6 时)每 30 min 记录 1 次。国内动态血压的正常参考值为:24 h 平均血压值<130/80 mmHg,白昼血压平均值<135/85 mmHg,夜间血压平均值<120/70 mmHg。夜间血压值较白昼低 10%~20%。

三、血管杂音

(一)动脉杂音

正常人颈总动脉和锁骨下动脉处(特别是右侧)偶可听到相当于第一心音和第二心音的血管搏

动音，称为动脉音。在部分儿童和青少年中，于锁骨上可听到较为柔和、弱而短的呈递增递减型收缩早期杂音。病理情况下可产生异常血管搏动音，或在病变部位出现血管杂音。甲状腺功能亢进症时，在肿大的甲状腺上可听到连续性血管杂音，提示甲状腺血流丰富；多发性大动脉炎时，可在狭窄病变部位听到收缩期杂音；肾动脉狭窄时，可在上腹部及腰背部听到收缩期杂音；外周动静脉瘘时，可在病变部位听到连续性杂音；肺内动静脉瘘时，在胸部相应部位可听到连续性杂音。

（二）静脉杂音

由于静脉压力低，血流较慢，不易产生涡流，因此静脉杂音不多见。静脉杂音一般为连续性营营音或嗡嗡音。部分正常人坐位或站立位时颈静脉血液快速回流入上腔静脉，可在颈根部近锁骨处或锁骨下听到低调、柔和、连续性杂音，以右侧多见。以手指压迫颈静脉暂时中断血流，该杂音可消失。肝硬化门静脉高压引起的腹壁静脉曲张时，可在脐周或上腹部听到连续性静脉营营音。

四、周围血管征

（一）枪击音（pistol shot sound）和 Duroziez 双重杂音

将听诊器体件放在浅表大动脉（一般采用股动脉或肱动脉）处，可闻及与心脏搏动一致、短促如射枪的"Ta-Ta"声音，称为枪击音，是脉压增大时血流冲击血管壁所致。如将听诊器体件稍增加压力，则可听到收缩期与舒张期双期吹风样杂音，称为 Duroziez 双重杂音，这是由于脉压增大，血流往返于听诊器加压造成的动脉狭窄处所引起的。

（二）毛细血管搏动征

医师用手指轻压患者指甲末端，使淡红色甲床出现苍白区域，或以玻片轻压患者淡红色口唇黏膜使局部发白，如在发白的局部边缘见到有节律红、白交替的改变，称为毛细血管搏动（capillary pulsation）征阳性。毛细血管搏动征阳性见于脉压增大的疾病，如主动脉瓣重度关闭不全、甲状腺功能亢进症、严重贫血。

枪击音、Duroziez 双重杂音、水冲脉、毛细血管搏动征统称周围血管征，主要见于主动脉瓣关闭不全、严重贫血、甲状腺功能亢进症等脉压增大的疾病。

 周围血管征的概念、常见表现。

（吴樱樱）

第三节　临床病例查体思维

【病例一】

患者，女性，36岁。活动后心悸、呼吸困难4年，加重伴腹胀2周。患者近2周呼吸困难加重，不能平卧，端坐呼吸，今日咳粉红色泡沫样痰入院。该患者有风湿热、风湿性关节炎病史10年。经超声心动图检查诊断为二尖瓣重度狭窄。试分析该患者临床诊断与体格检查可能发现的阳性体征。

1. **症状特点**　年轻女性，劳累后心悸、呼吸困难进行性加重，咳粉红色泡沫样痰，腹胀。
2. **既往史**　患者有风湿热、风湿性关节炎病史10年。

3. 辅助检查　超声心动图检查证实为二尖瓣重度狭窄、肝大。

4. 可能的疾病　风湿性心脏病（二尖瓣狭窄）、全心衰竭、心功能Ⅳ级。

附：根据心脏病患者的临床表现（对体力活动的耐受程度），将心功能状态分为4级，一般以罗马数字表示。

心功能Ⅰ级：为心功能代偿期，体力活动不受限制。

心功能Ⅱ级：体力活动轻度受限制，日常生活和工作的一般活动可引起症状。

心功能Ⅲ级：体力活动明显受限制，轻度活动即可出现症状。

心功能Ⅳ级：体力活动完全受限制，不能从事任何体力活动，休息时也可出现症状。

5. 体格检查可能发现的阳性体征

视诊：两颧暗紫红色，呈二尖瓣面容，口唇发绀，心尖冲动位置正常或略向左移位。

触诊：心尖部可触及舒张期震颤，左侧卧位时更明显；右心室肥大时，可在胸骨左下缘或剑突下触及右心室收缩期抬举样搏动；可能有双下肢凹陷性水肿。

叩诊：心脏相对浊音界心腰部膨出，呈梨形。

听诊：①心尖区舒张中、晚期递增型隆隆样杂音，左侧卧位时更清晰。②第一心音增强。③可能听到开瓣音。④由于肺动脉高压，肺动脉瓣第二音增强和分裂。⑤可有格雷厄姆·斯蒂尔杂音，因肺动脉扩张，导致肺动脉瓣相对性关闭不全，在肺动脉瓣听诊区闻及舒张期递减型吹风样杂音，于吸气末增强。⑥右心室扩大引起相对性三尖瓣关闭不全，在三尖瓣听诊区可闻及收缩期吹风样杂音，于吸气时明显。⑦可能出现心房颤动，第一心音强弱不等，心律绝对不规则，脉搏短绌。

提示：二尖瓣狭窄的主要症状为进行性加重的呼吸困难，特征性体征为心尖区舒张期隆隆样杂音和第一心音增强。

【病例二】

患者，男性，66岁。活动后心悸、呼吸困难6年，加重伴腹胀1周。患者于入院前7天开始出现夜间阵发性呼吸困难，入院当日病情加重，不能平卧。患者20多年来有"高血压"病史，超声心动图检查发现左心室肥大。试分析该患者临床诊断与体格检查中可能发现的阳性体征。

1. 症状特点　老年男性，活动后心悸、呼吸困难进行性加重，夜间阵发性呼吸困难，腹胀。

2. 既往史　20多年"高血压"病史。

3. 辅助检查　超声心动图检查诊断为左心室肥大。

4. 可能的疾病　原发性高血压、高血压心脏病、左心功能衰竭、心功能Ⅳ级。

5. 体格检查可能发现的阳性体征

视诊：左心室增大，心尖冲动向左下移位，心尖冲动强，发生心力衰竭后心尖冲动减弱。

触诊：心尖冲动有力，可触及抬举性心尖冲动。

叩诊：心脏相对浊音界向左下扩大。

听诊：主动脉瓣第二音增强。

提示：高血压心脏病的主要症状为进行性加重的呼吸困难，特征性体征为左心室肥大。

【病例三】

患儿，男性，6岁。活动后乏力、呼吸困难进行性加重，反复晕厥5年，心悸、心前区疼痛2年。超声心动图检查诊断为主动脉瓣中度狭窄。试分析该患儿临床诊断与体格检查中可能发现的阳性体征。

1. 症状特点　男性儿童，自幼出现乏力、呼吸困难进行性加重，反复晕厥，伴心悸、心前区疼痛。

2. 辅助检查　超声心动图检查诊断为主动脉瓣中度狭窄。

3. 可能的疾病　先天性主动脉瓣狭窄。

4. 体格检查可能发现的阳性体征

视诊：心尖冲动位置稍向左下移动，心尖冲动增强。

触诊：心尖冲动呈抬举性，胸骨右缘第2肋间隙可触及收缩期震颤。

叩诊：心脏相对浊音界可正常或向左下扩大，改变显著者心界呈靴形。

听诊：①胸骨右缘第2肋间隙可听到收缩期递增递减型喷射性杂音，杂音粗糙、响亮（常在3/6级以上），向颈部传导。②主动脉瓣第二音减弱，可伴第二心音反常分裂。③心尖区有时可闻及第四心音。

提示：主动脉瓣狭窄的典型症状为呼吸困难、心绞痛和晕厥三联征，特征性体征为胸骨右缘2肋间隙（主动脉瓣听诊区）收缩期喷射性杂音。

【病例四】

患者，女性，37岁。患者2周前开始出现心前区持续性针刺样疼痛，活动或左侧卧位时加重。1天后疼痛消失，但出现呼吸困难、心悸，腹胀进行性加重，伴午后低热、盗汗、疲乏、食欲下降。超声心动图检查发现大量心包积液。试分析该患者临床诊断与体格检查中可能发现的阳性体征。

1. 症状特点　中年女性，心前区持续性针刺样疼痛后出现心悸、咳嗽、呼吸困难和腹胀进行性加重；伴午后低热、盗汗、疲乏、食欲下降。

2. 辅助检查　超声心动图检查示大量心包积液。

3. 可能的疾病　结核性心包炎、大量心包积液。

4. 体格检查可能发现的阳性体征

视诊：心前区饱满，心尖冲动减弱或消失。

触诊：心尖冲动减弱，不易触到，心尖冲动在心脏浊音界内侧。

叩诊：心脏浊音界向两侧扩大，且随体位改变而变化，坐位时心界呈烧瓶样，卧位时呈类圆形。

听诊：心率快，心音弱而遥远。

其他体征：奇脉、颈静脉怒张、肝大、肝颈静脉回流征阳性、移动性浊音阳性及双下肢凹陷性水肿等。由于左肺受扩大心包的挤压，可于左肩胛下区出现语音震颤增强，叩诊呈浊音，可闻及支气管呼吸音，称为尤尔特征（Ewart sign）。

提示：心包积液的主要症状为心前区闷胀、心悸、呼吸困难和腹胀；特征性体征为心脏浊音界向两侧扩大，且随体位改变而变化；尤尔特征；心尖冲动在心脏浊音界内侧，心率快、心音弱而遥远。

自　测　题

一、选择题

A2型题

1. 患者，男性，55岁，因活动后胸闷、心悸就诊。体格检查：心尖区可闻及3/6级收缩期吹风样杂音，向左腋下传导。根据该患者的症状和查体结果，最可能的疾病诊断是

A. 主动脉瓣关闭不全　　　B. 二尖瓣关闭不全　　　C. 三尖瓣关闭不全

D. 肺动脉瓣狭窄　　　　　E. 房间隔缺损

2. 患者,女性,40岁,因心悸、乏力就诊。体格检查:心率加快,心律绝对不规则,心音强弱不等,脉率小于心率。该患者的心律改变最可能的诊断是
   A. 期前收缩	B. 窦性心律不齐	C. 阵发性室上性心动过速
   D. 心房颤动	E. 完全性房室传导阻滞

3. 患者,男性,70岁,因心前区疼痛就诊。体格检查:心尖冲动向左下移位,呈抬举性,心浊音界向左下扩大。该患者的心脏体征提示可能存在的病变是
   A. 右心室肥大	B. 左心室肥大	C. 右心房肥大
   D. 左心房肥大	E. 主动脉瓣狭窄

4. 患者,男性,35岁,因活动后气短就诊。体格检查:心尖区可触及舒张期震颤。患者可能存在的疾病是
   A. 主动脉瓣关闭不全	B. 房间隔缺损	C. 肺动脉瓣狭窄
   D. 三尖瓣狭窄	E. 二尖瓣狭窄

5. 患者,女性,28岁,妊娠晚期,出现双下肢水肿,血压明显升高。体格检查:下肢凹陷性水肿,尿蛋白阳性。患者可能存在的疾病是
   A. 妊娠期高血压疾病	B. 原发性高血压	C. 肾病综合征
   D. 慢性肾小球肾炎	E. 慢性肾衰竭

6. 患者,男性,50岁,有长期吸烟史,近期出现间歇性跛行,行走一段距离后小腿疼痛,休息后可缓解。该患者间歇性跛行最可能的原因是
   A. 动脉夹层	B. 血栓闭塞性脉管炎	C. 深静脉血栓形成
   D. 静脉曲张	E. 动脉硬化闭塞症

7. 患者,男性,60岁,有多年高血压病史,近期出现头痛、视物模糊等症状。测量血压时发现双侧上肢血压差异明显,左侧明显高于右侧。该患者双侧上肢血压差异明显,最可能的血管病变部位是
   A. 主动脉弓	B. 颈总动脉	C. 锁骨下动脉
   D. 腋动脉	E. 肱动脉

A3/A4 型题

(8~9题共用题干)

患者,女性,50岁,因活动后胸闷、心悸半年就诊。患者自述近期爬楼梯或快步行走时,常感胸部憋闷,伴有心搏加速。体格检查:面色稍苍白,呼吸急促,心率98次/分,心律齐,心尖区可闻及2/6级收缩期吹风样杂音,向左腋下传导。心脏触诊时,心尖冲动位置向左下移位,且伴有轻度抬举性搏动。

8. 根据该患者的症状和体格检查结果,初步考虑她最可能的疾病诊断是
   A. 主动脉瓣关闭不全	B. 二尖瓣关闭不全	C. 主动脉瓣狭窄
   D. 三尖瓣狭窄	E. 扩张型心肌病

9. 心脏触诊中发现的抬举性搏动对诊断有何意义
   A. 反映左心室扩大	B. 反映右心室肥大	C. 提示主动脉瓣狭窄
   D. 常见于心包积液	E. 是心脏收缩功能增强的表现

(10~11题共用题干)

患者,男性,65岁,因反复活动后气促、夜间阵发性呼吸困难3年就诊。患者自述有多年高血压病史,未规律服药。体格检查:心界向左下扩大,心尖冲动增强且向左下移位,主动脉瓣第二音亢进,肺动脉瓣第二音增强。

10. 根据该患者的症状和体格检查结果，考虑其最可能的心脏病变是
    A. 左心室肥大伴高血压心脏病
    B. 右心室肥大伴肺源性心脏病
    C. 左心房肥大伴二尖瓣狭窄
    D. 右心房肥大伴三尖瓣关闭不全
    E. 全心扩大伴扩张型心肌病
11. 该患者主动脉瓣第二音亢进的可能原因是
    A. 主动脉瓣狭窄
    B. 主动脉瓣关闭不全
    C. 高血压引起的主动脉压力增高
    D. 主动脉硬化
    E. 甲状腺功能亢进症

二、简答题

1. 简述心脏听诊时，如何区分第一心音和第二心音。
2. 什么是周围血管征？请列举其中两种表现并简述其临床意义。

三、案例分析题

患者，男性，60岁，因活动后心悸、气短、乏力2个月就诊。体格检查：面色苍白，口唇轻度发绀，颈静脉轻度怒张，心界向两侧扩大，心尖冲动向左下移位，搏动有力，呈抬举性。心尖区可闻及3/6级粗糙的全收缩期吹风样杂音，向左腋下传导，伴有收缩期震颤。

请回答：
1. 根据患者的症状和体征，初步考虑最可能存在哪种瓣膜病变？诊断依据有哪些？
2. 为进一步明确诊断，应建议进行哪些检查？

（吴樱樱）

第九章 腹部检查

第九章数字资源

学习目标

1. 知识：说出腹部检查的内容与方法；分析腹部检查常见异常的临床意义。
2. 能力：完成腹部检查的规范操作，并正确书写操作记录。
3. 素养：通过学习，强化空间定位能力，建立常见腹部疾病体征库，早期识别微细体征及危重症体征。树立医者仁心的职业素养，培养救死扶伤、为人民服务的高尚情操，在检查中保护患者隐私，注意人文关怀，建立良好的医患关系。

案例 2-9-1

患者，男性，57岁。右上腹部疼痛3个月。3个月前患者无明显诱因出现右上腹部疼痛，呈持续性胀痛，逐渐加重且向右肩放射。伴乏力、食欲缺乏、腹胀、少尿。发病以来体重下降约8 kg。既往HBsAg（+）10年，嗜酒（白酒，每日2两至半斤）15年。

问题与思考：
1. 该患者的症状特点有哪些？
2. 该患者可能的疾病诊断是什么？
3. 该患者的腹部体格检查可能出现哪些阳性体征？

腹部主要由腹壁、腹腔和腹腔内脏器组成。腹部范围上起膈，下至骨盆，腹部上以两侧肋弓下缘和胸骨剑突与胸部为界，下至两侧腹股沟韧带和耻骨联合，前面和侧面由腹壁组成，后面为脊柱和腰肌。腹腔内有很多重要脏器，包括消化系统、泌尿系统、生殖系统、内分泌系统、循环系统脏器等。腹腔脏器很多，互相交错重叠。腹部检查是体格检查中的重要组成部分，是诊断疾病的方法之一。腹部检查应用视诊、触诊、叩诊及听诊4种方法，尤以触诊最重要。检查时，腹部触诊和叩诊可能影响肠鸣音的活跃程度，可根据专科情况，将腹部检查改为视诊、听诊、触诊、叩诊的顺序进行，但记录顺序仍然是视诊、触诊、叩诊、听诊。

第一节 腹部体表标志及分区

一、腹部体表标志

为了有助于描述病变部位，常用腹部体表标志如图2-9-1所示。

1. **肋弓下缘** 由第8~10肋软骨连接形成肋弓，肋弓下缘是腹部体表的上界。

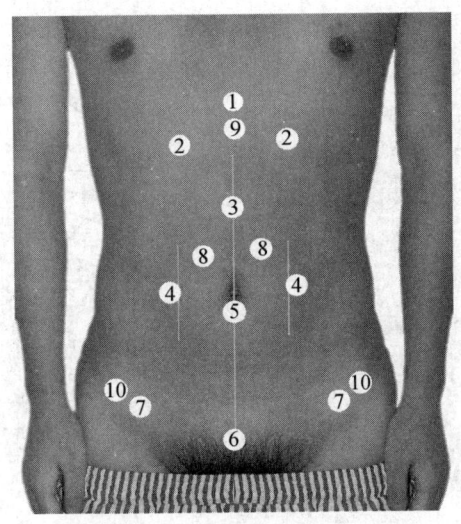

图 2-9-1　腹部体表标志
1. 腹上角；2. 肋弓下缘；3. 腹中线；4. 腹直肌外缘；5. 脐；6. 耻骨联合；
7. 腹股沟韧带；8. 腹直肌腱划；9. 胸骨剑突；10. 髂前上棘

2. 胸骨剑突　是腹部体表的上界。
3. 腹上角　两侧肋弓的交角。
4. 脐　位于腹部中心，向后投影相当于第 3~4 腰椎。
5. 髂前上棘　是髂嵴前方突出点，是腹部九区法的标志和骨髓穿刺术的部位。
6. 腹直肌外缘（上端）　相当于锁骨中线在腹部的延续。
7. 腹中线（腹白线）　为胸骨中线在腹部的延续。
8. 腹股沟韧带　是腹部体表的下界。
9. 耻骨联合　是两耻骨间的纤维软骨连接，共同组成腹部体表下界。
10. 肋脊角　是两侧背部第 12 肋与脊柱的交角。

二、腹部分区

目前常用的腹部分区方法有以下 3 种。

（一）四区法

通过脐画一条水平线与一条垂直线，两线相交将腹部分为四区，即左、右上腹部和左、右下腹部（图 2-9-2）。

四区法腹腔主要脏器部位：

1. 左上腹部　肝左叶、脾、胃、小肠、胰体、胰尾、左肾上腺、左肾、结肠脾曲、部分横结肠及腹主动脉。
2. 右上腹部　肝、胆囊、幽门、十二指肠、小肠、胰头、右肾上腺、右肾、结肠肝曲、部分横结肠及下腔静脉。
3. 左下腹部　乙状结肠、部分降结肠、小肠、膨胀的膀胱、增大的子宫、女性左侧卵巢和输卵管、男性左侧精索及左输尿管。
4. 右下腹部　盲肠、阑尾、部分升结肠、小肠、右输尿管、膨胀的膀胱、增大的子宫、女性右侧输卵管及男性右侧精索。

（二）九区法

由两侧肋弓下缘最低点连线和两侧髂前上棘连线为两条水平线，左、右髂前上棘至腹中线连线

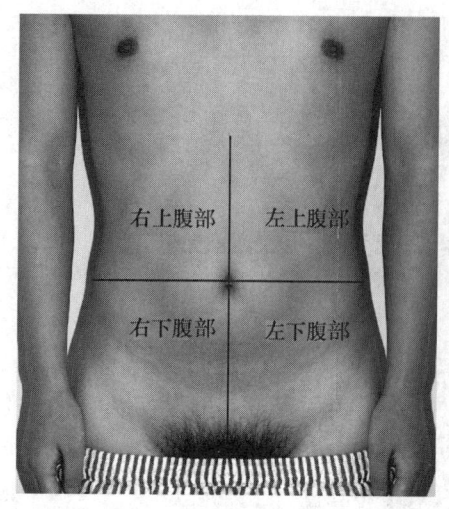 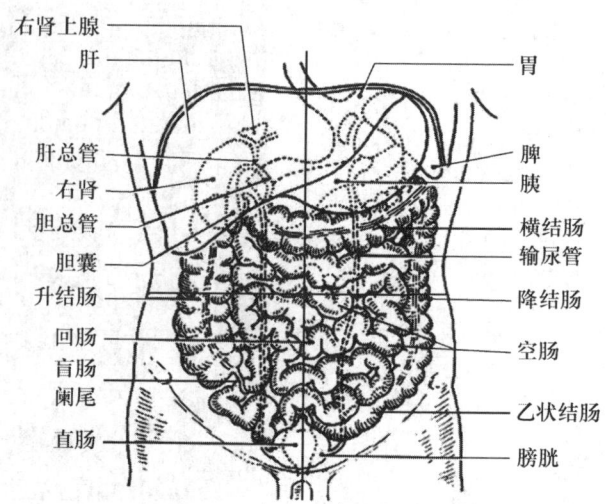

图 2-9-2 腹部四区法分区及所对应的脏器

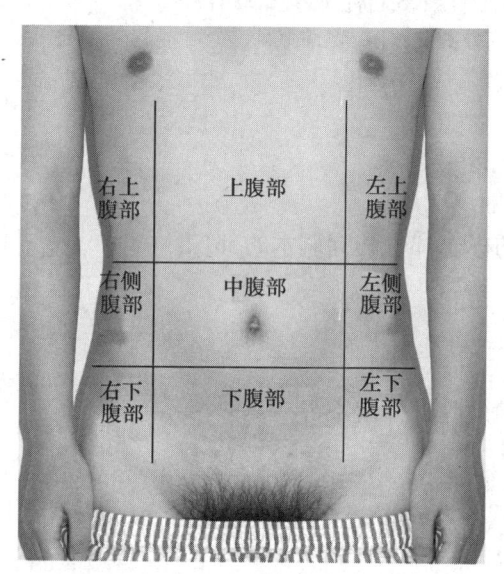 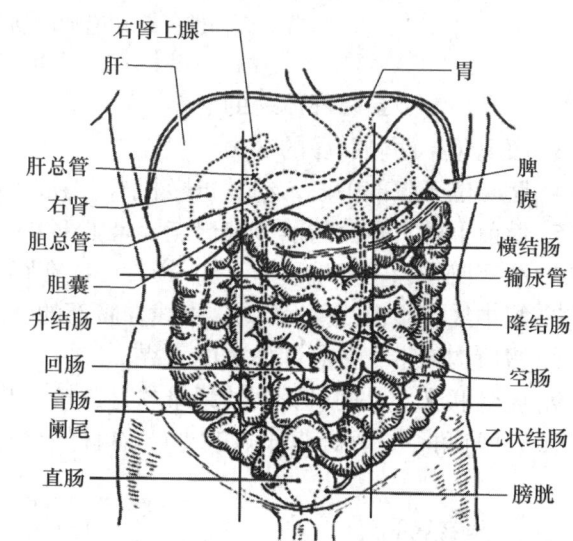

图 2-9-3 腹部九区法分区及所对应的脏器

的中垂线为两条垂直线,四线相交将腹部划分为"井"字形九区(图2-9-3),即左、右上腹部(季肋部),左、右侧腹部(腰部),左、右下腹部(髂窝部)及上腹部、中腹部(脐部)和下腹部(耻骨上部)。九区所包含的主要脏器有:

1. 左上腹部(左季肋部) 脾、胃、结肠脾曲、胰尾、左肾及左肾上腺。
2. 上腹部 胃、肝左叶、十二指肠、大网膜、横结肠、胰头、胰体及腹主动脉。
3. 右上腹部(右季肋部) 肝右叶、胆囊、结肠肝曲、右肾及右肾上腺。
4. 左侧腹部(左腰部) 降结肠、空肠、回肠及左肾。
5. 中腹部(脐部) 下垂的胃或横结肠、十二指肠、空肠、回肠、输尿管、腹主动脉、肠系膜及其淋巴结、大网膜。
6. 右侧腹部(右腰部) 升结肠、空肠、右肾。
7. 左下腹部(左髂窝) 乙状结肠、女性左侧卵巢及输卵管、男性左侧精索。
8. 下腹部(耻骨上部) 回肠、胀大的膀胱、增大的子宫、乙状结肠及输尿管。
9. 右下腹部(右髂窝) 盲肠、阑尾、回肠末段、淋巴结、女性右侧卵巢及输卵管、男性右侧精索。

（三）七区法

七区法（图2-9-4）与九区法相近，即在九区法的基础上，将两侧腹部的三区改为通过脐的水平线。

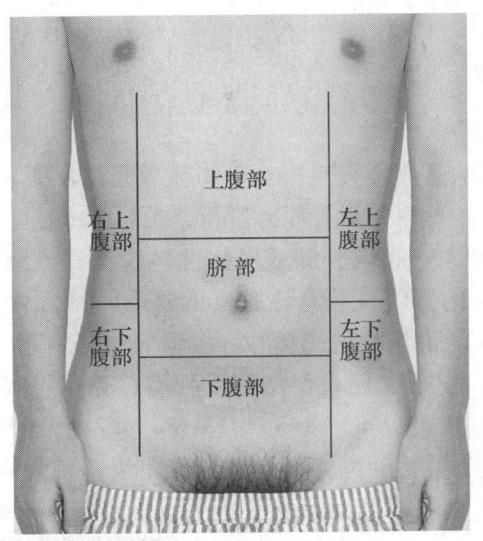

图 2-9-4　腹部七区法分区

第二节　腹部视诊

在进行腹部视诊之前，嘱患者排空膀胱，取低枕仰卧位，两手自然置于身体两侧，充分暴露腹部（从肋弓下缘、剑突至腹股沟韧带和耻骨联合）。室内温暖，光线充足，最好利用自然光线，因为在灯光下常不能辨别皮肤的某些变化，如皮肤黄染。光源应从头部或侧面射来，这样有利于观察腹部表面隆起、凹陷、蠕动和搏动。医师应站立于患者的右侧，自上而下进行全面观察，有时医师需要将视线降低至腹平面，从侧面呈切线方向观察腹部细小征象。

腹部视诊的主要内容有腹部外形、呼吸运动、腹壁静脉、胃型与肠型和蠕动波、腹壁皮肤等。

一、腹部外形

应注意腹部是否对称，有无隆起或凹陷。有腹水或腹部包块时，还应测量腹围的大小。健康成人平卧时，前腹壁大致处于肋缘至耻骨联合平面或略低凹，称为腹部平坦，坐起时脐以下部分稍前凸。肥胖者及小儿腹部外形稍凸，可高于肋缘及耻骨平面，呈饱满状；老年人腹肌松弛，但皮下脂肪较多，腹形略大；消瘦者皮下脂肪少，腹部下凹呈低平状，均属于正常范围。此外，若腹外形明显膨隆或凹陷，应视为异常。

（一）腹部膨隆

平卧时前腹壁明显高于肋缘至耻骨水平，称为腹部膨隆。生理性腹部膨隆见于妊娠、肥胖等；病理性腹部膨隆有以下两种情况。

1. 全腹膨隆　弥漫性膨隆的腹部呈球形或扁圆形，多因腹腔内容物增多所致，常见于下列情况。①腹水：腹腔内有积液称为腹水。平卧位，在大量积液的情况下，因液体沉积于腹腔两侧，使侧腹部明显膨出扁而宽，称为蛙腹。侧卧位或坐位则因液体移动，使得腹下部膨出，常见于肝硬化门静脉高压症、心力衰竭、缩窄性心包炎、肾病综合征及结核性腹膜炎等。腹水量多时可导致腹内压增高，使脐外凸。②腹内积气：多在胃肠道内，移动体位时其形态无明显改变，见于各种原因引起的肠梗阻或肠麻痹；腹腔内积气称为气腹，见于胃肠穿孔或治疗性人工气腹。③腹内巨大包块：如巨大卵巢囊肿、畸胎瘤。

 蛙腹的概念及临床意义。

提示：全腹膨隆时，常需测量腹围，观察全腹膨隆的程度和变化。测量方法：嘱患者排尿后取平卧位，用软尺经脐绕腹 1 周，所测得周长即为腹围，通常以 cm（厘米）为单位。

2. 局部膨隆　常由脏器肿大、腹内肿瘤或炎症性包块、胃或肠胀气以及腹壁上的肿物或疝等引起。脏器肿大一般都在相应的部位，并有该脏器的外形特征。常见有肝癌、各种原因引起的肝大、胆囊肿大、胃癌、胃扩张、胰腺肿瘤或囊肿、多囊肾、子宫增大（妊娠、肌瘤等）、卵巢癌或囊肿、胀大的膀胱（排尿后可消失）、回盲部结核或肿瘤、克罗恩病、阑尾周围脓肿、降结肠及乙状结肠肿瘤或干结粪块等。

提示：鉴别腹腔肿物和腹壁肿物的方法是嘱患者仰卧位做屈颈抬肩动作，使腹壁肌肉紧张，如肿块更加明显，说明肿块在腹壁上；若肿块变得不明显或消失，说明肿块在腹腔，被收缩变硬的腹肌所掩盖。

（二）腹部凹陷

仰卧位时前腹壁明显低于肋缘至耻骨的水平面，称为腹部凹陷。全腹凹陷主要见于显著消瘦和严重脱水者。严重时前腹壁明显凹陷，几乎贴近脊柱，肋弓、髂嵴和耻骨联合显露，腹外形如舟状，称为舟状腹（图 2-9-5），见于恶病质，如结核病、恶性肿瘤等慢性消耗性疾病。局部凹陷较少见，可见于腹壁疝（白线疝、脐疝、腹股沟疝或切口疝）和手术后腹壁瘢痕挛缩。

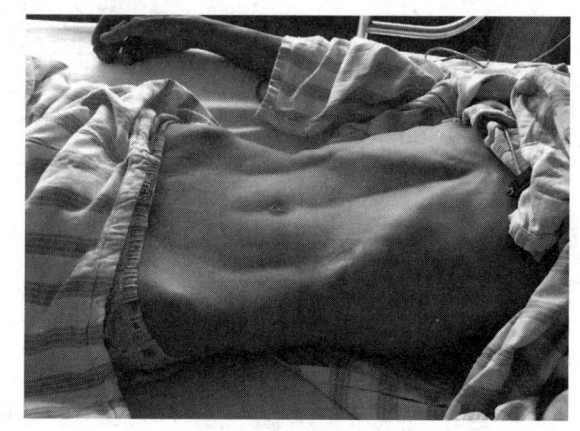

图 2-9-5　舟状腹

 舟状腹的概念及临床意义。

二、呼吸运动

正常人腹壁随呼吸上下起伏，即为腹式呼吸运动。正常成年男性及小儿以腹式呼吸为主，成年女性以胸式呼吸为主。腹式呼吸运动减弱见于急性腹痛、腹膜炎症、腹水、腹腔内巨大肿物或妊娠；腹式呼吸运动消失见于胃肠穿孔所致急性腹膜炎、膈肌麻痹等；腹式呼吸运动增强见于癔症性呼吸或胸腔疾病。

三、腹壁静脉

正常人腹壁皮下静脉一般不明显，皮肤较薄而松弛的老年人可见静脉暴露于皮肤，但无曲张征象。

腹壁静脉曲张最常见于门静脉循环障碍或上、下腔静脉回流受阻。由于静脉回流受阻时，侧支循环形成，腹壁静脉可显而易见，甚至曲张。检查腹壁曲张静脉的血流方向有助于判定静脉阻塞的部位。

检查血流方向时，可选择一段没有分支的腹壁静脉，医师将右手示指和中指并拢，压在静脉上，然后一手指紧压静脉向外滑动，排空该段静脉内的血液，至一定距离放松该手指，另一手指压紧不动，看静脉是否迅速充盈，用同法放松另一手指即可看出血流方向。如果被挤空的静脉迅速充盈，表示血流方向是从放松手指的一端流向紧压手指的一端（图2-9-6）。

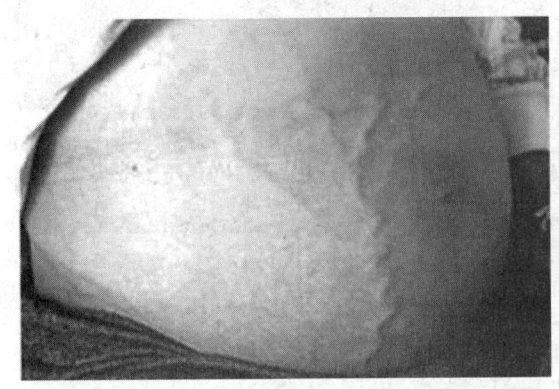
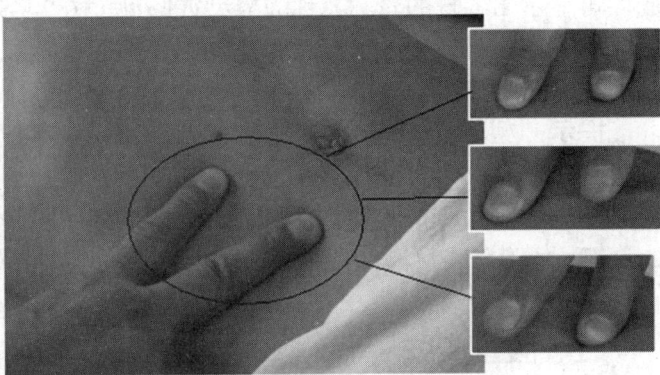

腹壁静脉曲张血流方向检查

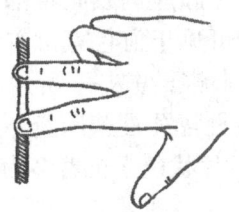
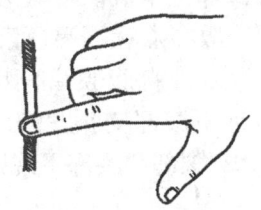
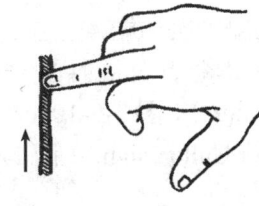

血流方向检查示意图

图2-9-6　腹壁静脉曲张及血流方向检查示意图

正常时，脐水平线以上的腹壁静脉血流方向自下而上经胸壁静脉和腋静脉流入上腔静脉，脐水平线以下的腹壁静脉血流方向自上而下经大隐静脉流入下腔静脉。

门静脉高压时，血流方向与正常相同（图2-9-7）。门静脉高压显著时，脐周曲张的静脉向四周放射，形如水母头。下腔静脉梗阻时，无论脐水平线以上或脐水平线以下，血流方向均为自下而上（图2-9-8）；上腔静脉梗阻时，无论脐水平线以上或脐水平线以下，血流方向均为自上而下。

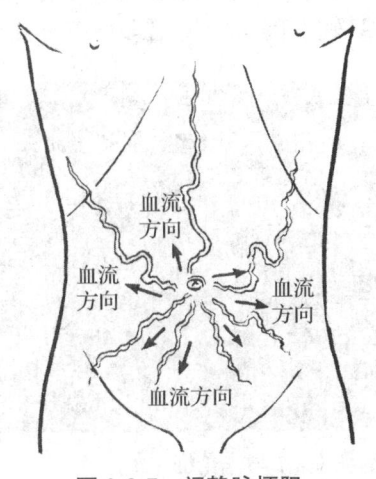
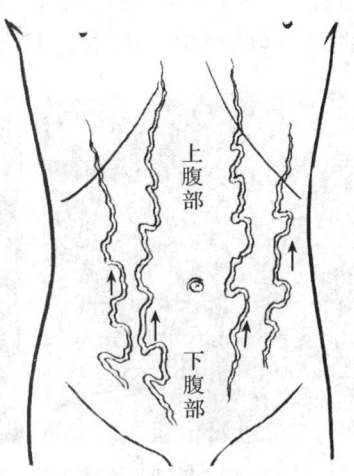

图2-9-7　门静脉梗阻　　　　**图2-9-8　下腔静脉梗阻**

四、胃型、肠型和蠕动波

正常人腹部一般看不到胃和肠的轮廓及蠕动波形，但在腹壁菲薄或松弛的老年人、经产妇或极度消瘦者可见到。

胃肠道发生梗阻时，由于胀气膨隆，梗阻上端的胃或肠段可显示出各自的轮廓，称为胃型或肠型（图 2-9-9）。为克服下端梗阻，梗阻上端增强蠕动，可在腹壁上见到蠕动波（peristaltic wave）。

提示：观察蠕动波时，嘱患者取仰卧位，双下肢伸直，从侧面水平方向进行观察，也可用手轻拍腹壁诱发蠕动波。疑有胃肠梗阻时，可嘱患者饮水或轻拍、按摩上腹部，可激发蠕动波出现。

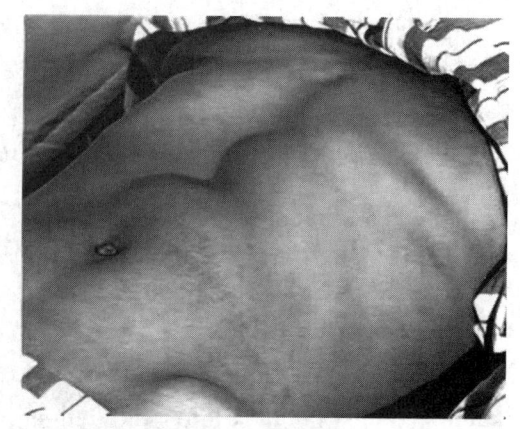

图 2-9-9　胃型及肠型

五、腹壁皮肤

1. **色素**　正常人腹部皮肤颜色较暴露部位稍淡。皮肤皱褶处（腹股沟及腰带部位）有褐色素沉着，是肾上腺皮质功能减退症的表现；散在点状深褐色素沉着可见于血色素沉着病；左腰部皮肤呈蓝色要考虑急性坏死性胰腺炎，为血液自腹膜后间隙渗到侧腹壁皮下所致格雷-特纳征（Grey Turner sign）（图 2-9-10A）；脐周或下腹部皮肤发蓝，为急性坏死性胰腺炎、异位妊娠破裂引起的卡伦征（Cullen sign）（图 2-9-10B）；腹部和腰部不规则的斑片状色素沉着多为多发性神经纤维瘤。

2. **皮疹**　充血性或出血性皮疹常见于高热性疾病或某些传染病（麻疹、猩红热、斑疹伤寒）及药物过敏等。

3. **腹纹**　白纹（银白色条纹）是腹壁真皮结缔组织因张力增高断裂引起的，多见于肥胖、妊娠；妊娠纹在初产妇呈淡蓝色或粉红色，产后为银白色；紫纹（紫红色条纹）是皮质醇增多症（如库欣病）的常见表现，可出现于下腹两侧、股外侧，是由于肥胖、皮肤薄、蛋白分解亢进、皮肤弹性纤维断裂所致。

4. **瘢痕**　是外伤、手术、皮肤感染的遗迹。注意观察瘢痕的部位及长度。

5. **脐部异常情况**　脐分泌物为浆液性、脓性、有臭味多考虑炎症；水样有尿味是脐尿管未闭所致；脐部长期溃烂不愈要考虑结核病；脐部溃疡、坚硬、固定、突出多由癌症所致。

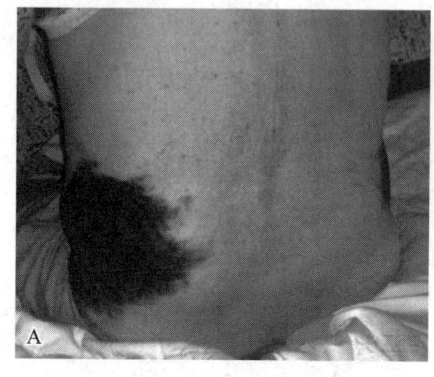 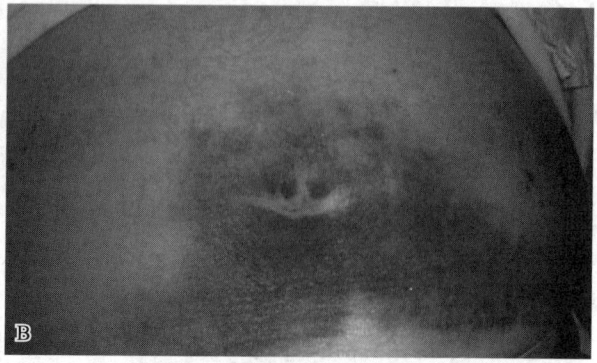

图 2-9-10（彩图 16）　格雷-特纳征（A）与卡伦征（B）

6. 疝　是由于腹内压增高，腹腔内容物经腹壁或骨盆壁的间隙或薄弱部分向体表突出而形成的。成人主要有腹股沟斜疝、股疝，婴儿可见脐疝。

7. 腹部体毛　男性阴毛分布呈正三角形、尖端向上，女性阴毛分布呈倒三角形、尖端向下。女性阴毛呈男性分布多为皮质醇增多症。

六、上腹部搏动

上腹部搏动大多数由腹主动脉搏动传导而来，可见于正常人体型较瘦者。腹主动脉瘤及二尖瓣或三尖瓣关闭不全引起右心室增大者均可见上腹部明显搏动，鉴别的方法可用拇指指腹贴于剑突下部，如于吸气时指尖部感到搏动为右心室增大，如于呼气时指腹感到搏动明显，为腹主动脉搏动。

第三节　腹部触诊

触诊是腹部检查的主要方法。嘱患者取仰卧位，头下垫低枕，两手自然放于躯干两侧，两腿屈曲，做缓慢深呼吸。医师站在患者右侧，前臂应与患者腹部表面在同一水平。检查时，医师应态度和蔼，手温暖，动作轻柔，由浅入深进行触诊。右手四指并拢，手掌平放于腹部，利用掌指关节和腕关节的活动柔和地进行滑动触摸。一般自左下腹开始逆时针方向检查，由下向上，先左后右。先触诊"正常"的部位，逐渐移向"病变"部位。边触诊边观察患者的反应与表情，同时与患者交谈，转移其注意力而减少腹肌紧张，以保证顺利完成检查。

腹部触诊内容主要有腹壁紧张度、压痛及反跳痛、腹部肿块、液波震颤，还需触诊肝、脾、胆囊、肾、膀胱等主要脏器。

一、腹壁紧张度

正常人腹壁有一定的张力，但触之柔软。若触诊时医师手过凉或患者怕痒而发笑，可使腹肌反射性痉挛，称为肌卫增强。在适当引导或转移注意力后可消失，不属于异常。

检查方法：先进行浅部触诊法（下压 1 cm 左右），然后进行深部触诊法（下压约 2 cm 或更多），当患者腹壁较厚或医师力气较小时，可用左手置于右手背部，两手重叠，以并拢的手指末端逐渐加压进行触诊。对大量腹水者，可采用浮沉触诊法（冲击触诊法）。

某些病理情况可使全腹或局部腹壁紧张度增加。全腹壁紧张见于以下几种情况：①腹腔内容物增加，如肠胀气、气腹、大量腹水时，腹部张力增高，但无肌痉挛和压痛。②急性胃肠穿孔或脏器破裂所致急性弥漫性腹膜炎，因腹膜受刺激而引起腹肌痉挛，腹壁常有明显紧张，甚至硬如木板，称为板状腹。③结核性腹膜炎时，炎症发展较慢，腹膜中度紧张，且有腹膜增厚和肠管、肠系膜粘连，触诊时有揉面感或柔韧感，也可见于癌性腹膜炎。局部腹壁紧张常因该处腹内脏器炎症波及腹膜而引起，如右下腹肌紧张常见于急性阑尾炎；右上腹肌紧张常见于急性胆囊炎。

腹壁紧张度减低或消失见于慢性消耗性疾病，经产妇、瘦弱的老年人或刚放过大量腹水者，检查时腹壁松软无力。

板状腹的概念及临床意义。

二、压痛及反跳痛

正常人腹部无压痛及反跳痛。如由浅入深触诊发生疼痛，称为压痛，一般表示该区域的脏器有病变。当腹部脏器有炎症、淤血、肿瘤、破裂、扭转、腹膜的病变和受刺激等，均可出现相应部位的压痛。如胃炎或溃疡病在剑突下有压痛；急性胆囊炎常在右上腹有压痛；阑尾炎右下腹有压痛；脐部压痛见于小肠、肠系膜、横结肠或输尿管病变；左、右下腹部压痛常见于膀胱和女性生殖器官及其周围组织病变（图2-9-11）。阑尾点压痛检查方法及Rapp压痛区示意图见图2-9-12。

此外，胸部病变（如下叶肺炎、胸膜炎、心肌梗死）也常在上腹部或季肋部出现压痛。

反跳痛检查方法：当触诊腹部出现压痛后，用并拢的示指、中指和环指于原处稍停片刻，然后迅速将手抬起，如此时患者感觉腹痛骤然加重，并有痛苦表情，称为反跳痛（rebound tenderness）。反跳痛是腹膜壁层已受炎症累及的征象，多见于腹膜炎。压痛、反跳痛、腹肌紧张是腹膜炎的重要体征，三者统称为腹膜刺激征（peritoneal irritation sign），或称腹膜炎三联征。

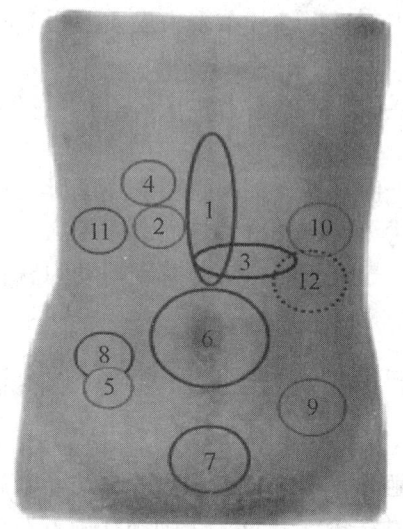

图2-9-11 腹部常见疾病压痛点

1. 胃炎或胃溃疡；2. 十二指肠溃疡；3. 胰腺炎或肿瘤；4. 胆囊；5. 阑尾炎；6. 小肠疾病；7. 膀胱或子宫病变；8. 回盲部炎症、结核；9. 乙状结肠炎症或肿瘤；10. 脾或结肠脾区病变；11. 肝或结肠肝区病变；12. 胰腺炎（腰部压痛点）

 考点提示 反跳痛的临床意义。

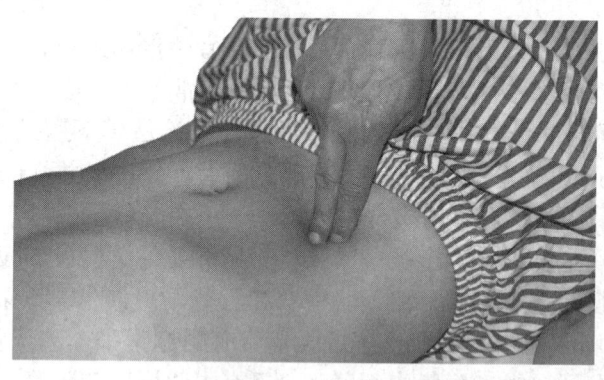 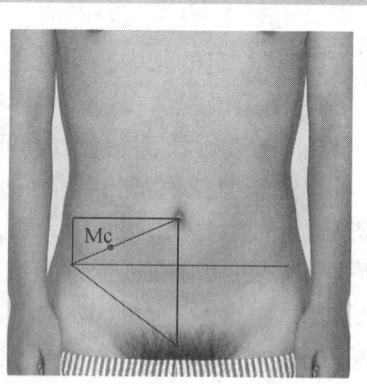

图2-9-12 阑尾点压痛检查方法及Rapp压痛区示意图
Mc. 麦氏点

知识链接

麦克伯尼点（麦氏点）的来源

查尔斯·麦克伯尼（Charles Mcburney）博士是美国纽约一家医院的外科医师。1889年他报道了阑尾炎早期手术的治疗经验，主张阑尾炎发病第2~3天是进行手术的最佳时机。1901年，他发现在阑尾炎患者右下腹部有一个压痛点，描述为从右髂前上棘至脐连线中、外1/3交界处，此处压痛对阑尾炎有诊断价值。此处被称为麦克伯尼点，简称麦氏点。

三、腹部肿块

腹部肿块多由肿大或异位的脏器、肿瘤、囊肿、炎性肿块或肿大的淋巴结等形成。为了鉴别包块的性质，触诊时应注意了解包块的位置、大小、形态、硬度、压痛、搏动、移动度及与邻近组织的关系。

用手捏起肿块处的皮肤和皮下组织，如捏不起或反而出现牵缩性凹窝，则表示该肿块与腹壁之间有粘连；如局部皮肤和肿块能单独捏起，表示该肿块与腹内脏器无关。腹膜前的肿块一般较易触及，并可推动；腹膜后的肿块由于部位较深，一般不易触及。如肿块与邻近组织粘连，压痛明显，活动度小，则炎症的可能性大；如肿块边界清楚，表面光滑，压痛不明显，活动度较大，多为良性肿瘤；如肿块边界不清楚，表面凹凸不平，质地坚硬，活动度差，应考虑恶性肿瘤的可能性。

正常腹部可以触到以下脏器，触诊时要注意鉴别（图 2-9-13）。

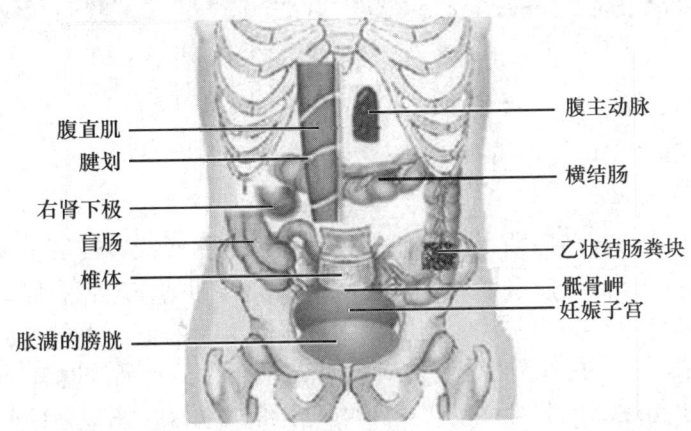

图 2-9-13（彩图 17） 腹部触诊时易误诊的正常脏器（女性）

1. **腹直肌肌腹及腱划**　在腹肌发达的人或运动员明显，隆起，呈圆形或方块，较硬，间有横行凹沟为腱划。可能误为腹壁肿物或肝缘。

2. **腰椎椎体及骶骨岬**　正常消瘦者和腹壁薄弱者在脐附近中线处可触及骨样硬度的肿块，自后壁向前突起，不能推动，有时左前方有搏动，此为第 4～5 腰椎体或骶骨岬向前突出所致，易误认为后腹壁肿物。

3. **乙状结肠粪块**　正常乙状结肠在左下腹部近腹股沟韧带处可被触及，尤以内有粪便时明显，呈光滑的条索状，无压痛，可被推动，必要时可在排便或灌肠后复查，粪便引起的肿块即消失或移位，可与其他肿块相鉴别。

4. **横结肠**　正常消瘦者可在上腹部触及横条状物，可活动，稍向下垂，腊肠样粗细，光滑，柔软，可推动。

5. **盲肠**　在右下腹近腹股沟韧带处可触到，呈圆柱状，表面光滑，可移动，无压痛。

6. **其他**　包括胀满的膀胱、妊娠子宫。

四、液波震颤

液波震颤（fluid thrill）也称波动感（fluctuation）。当腹腔内有大量游离液体时，用手叩击腹部一侧，在对侧可感到波动感。

检查方法：患者平卧，医师以一手掌面贴于患者一侧腹壁，另一手四指并拢屈曲，用指端叩击对侧腹壁。如有大量液体存在，则贴于腹壁的手掌有被液体冲击的感觉，即波动感。为防止腹壁本身的震动传至对侧，让助手以手掌尺侧缘压于脐部腹中线上，再按上法叩击时，即可阻止腹壁振动的传导（图 2-9-14）。此法用于检查大量腹水者，腹水量达 3000~4000 ml 时方可查出，不如移动性浊音敏感。

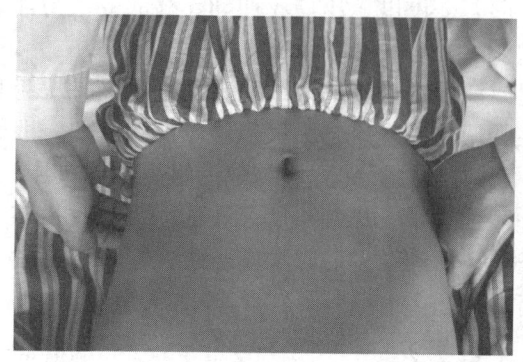
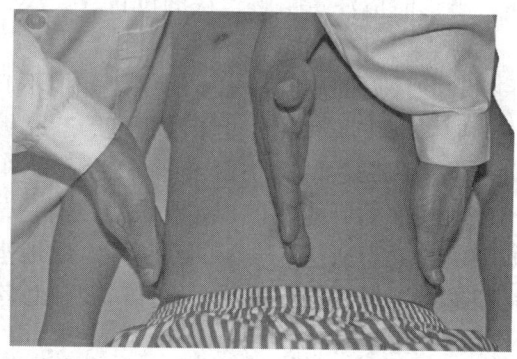

图 2-9-14　液波震颤检查方法

五、肝触诊

嘱患者取仰卧位，两膝关节屈曲，使腹肌放松，做均匀深呼吸以使肝上下移动。医师用单手触诊法、双手触诊或钩指触诊法进行触诊。①单手触诊法：医师站在患者右侧，右手掌平放在患者右侧腹壁，掌指关节自然伸直，四指并拢，与肋缘大致平行，自右髂前上棘平面开始，逐渐向上移动触诊。触诊应与呼吸配合，患者呼气时，手指压向腹深部，再次吸气时，手指向上迎触下移的肝缘；如此反复进行，手指逐渐向肋缘移动，直至触到肝缘或肋缘（图 2-9-15A）。②双手触诊：医师用左手托住患者的右腰部，拇指张开置于肋部，右手的触诊方法同前（图 2-9-15B）。③钩指触诊法：适用于儿童和腹壁薄软者。触诊时，医师位于患者右肩旁，面向其足部，将右手掌搭在其右前胸下部，右手第 2 至第 5 指屈曲呈钩状，嘱患者做深而慢的腹式呼吸运动，医师手指随吸气而更进一步屈曲指关节，这样手指指腹容易触到下移的肝下缘（图 2-9-15C）。

触诊应在右锁骨中线上及前正中线上进行。当触及肝时，应测量肝下缘与肋缘或剑突根部的距离，以厘米（cm）表示。

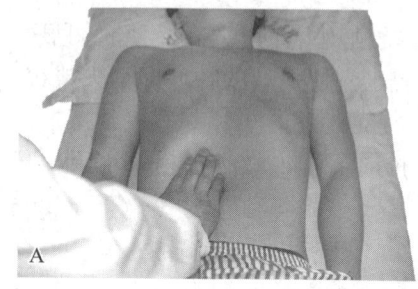
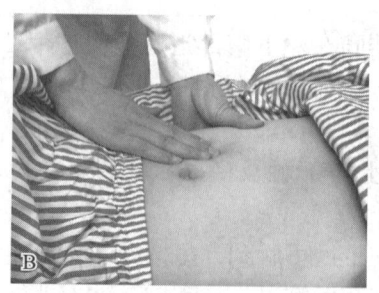
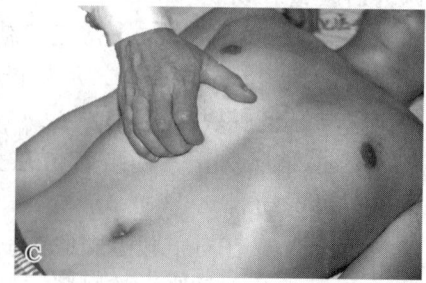

图 2-9-15　肝触诊方法
A. 单手触诊法；B. 双手触诊；C. 钩指触诊法

触诊肝时，应注意下列内容。

1. 大小　正常人的肝一般在肋缘下触不到。腹壁松软、体型较瘦的人在深吸气时可分别于肋弓下及剑突下触及肝下缘，但分别不超过 1 cm 和 3 cm。若超过上述标准，应考虑肝下移或肝大，此时可参照肝上界确定。内脏下垂、肺气肿、右侧胸腔大量积液等使肝下移，也可触及肝下缘，但同时肝浊音上界下移。弥漫性肝大见于肝炎、肝淤血、脂肪肝、肝硬化、白血病及血吸虫病等；局限性肝大见于肝脓肿、肝肿瘤、肝囊肿等；肝缩小见于急性和亚急性重型肝炎、晚期肝硬化。

肝大小记录方法：在自然、平静的呼吸状态下，在右锁骨中线及前正中线上分别记录肝下缘至右肋下和剑突下的距离，常以厘米（cm）表示。

2. 质地　一般将肝质地分为质软、质韧（中等硬度）及质硬3级。正常肝质地柔软，如触口唇；急性肝炎及脂肪肝时，肝质地稍韧；慢性肝炎及肝淤血时，肝质韧，如触鼻尖；肝硬化、肝癌时，肝质地坚硬，如触前额；肝脓肿或肝囊肿时，肝呈囊性感。

3. 表面形态和边缘　正常肝表面光滑，边缘整齐，薄厚一致。边缘钝见于脂肪肝或肝淤血；表面不光滑，呈结节状，见于肝癌、肝硬化和肝包虫病。

4. 压痛　正常肝无压痛，如肝包膜有炎性反应或因肝大受到牵拉，则肝有压痛。轻度弥漫性压痛见于肝炎、肝淤血等；局限性剧烈压痛见于较表浅的肝脓肿；叩击痛见于深部肝脓肿。

5. 搏动　正常肝及因炎症、肿瘤等原因引起的肝大并不伴有搏动。如果触到肝搏动，应注意其为传导性或扩张性。较大的腹主动脉瘤时，肝可有传导性搏动；严重三尖瓣关闭不全时，肝可有扩张性搏动。

提示：传导性搏动是因肝传导了其下面的腹主动脉的搏动，检查时放在肝表面的两手掌有被推向上的感觉；扩张性搏动是因为三尖瓣关闭不全时，右心室收缩，搏动通过右心房、下腔静脉而传导至肝，使肝本身呈扩张性，检查时两手掌置于肝左叶和肝右叶上，感到两手被推向两侧。

当右侧心力衰竭引起肝大时，做肝颈静脉回流征检查，即用手掌压迫右上腹，观察颈静脉，如出现颈静脉怒张更加明显，则为肝颈静脉回流征阳性。

提示：不同情况下肝触诊特征列于表2-9-1。

 肝颈静脉回流征阳性的临床意义、肝触诊内容及意义。

表2-9-1　不同情况下肝触诊特征

状态	肝界	表面	质地与边缘	疼痛	其他
正常、儿童及肝下移	正常	光滑，无结节	质软、边缘整齐、较薄	无触痛及叩击痛	无血管杂音及搏动
肝癌	增大	不光滑	质硬、边缘钝	多有	可有血管杂音及搏动
肝脓肿	稍大	光滑	正常或边缘稍钝	多有	—
肝炎	增大	光滑	正常或边缘稍钝	多有	—
急性重型肝炎	缩小	—	—	多有	
肝硬化	左界大	有结节	质硬，边缘钝	可有	右叶小，左叶大
肝淤血	增大	光滑	质稍硬，边缘钝	可有	肝颈静脉回流征
多囊肝	增大	可不光滑	质软或硬，边缘钝	多有	肝可巨大
气腹、胃肠穿孔	缩小消失				腹部鼓音区扩大
胃肠胀气	缩小	—	—		

注：正常肝大小约为25 cm×15 cm×6 cm。

六、脾触诊

正常情况下脾不能被触及。脾大明显而位置又较表浅时，用单手浅部触诊法即可查到。如果脾大且位置较深，应用双手触诊进行检查。

检查方法：患者取仰卧位，两腿稍屈曲。医师左手绕过患者前方，手掌置于其左腰部第7肋至第10肋处，试将其脾从后向前托起，右手掌平放于上腹部，与肋弓呈垂直方向，嘱患者深呼吸，以手指弯曲的力量下压腹壁，随腹部起伏自下而上触诊。在轻度脾大而仰卧位不易触到时，可嘱患者取右侧卧位，右下肢伸直，左下肢屈曲进行触诊，则较易触到（图2-9-16）。

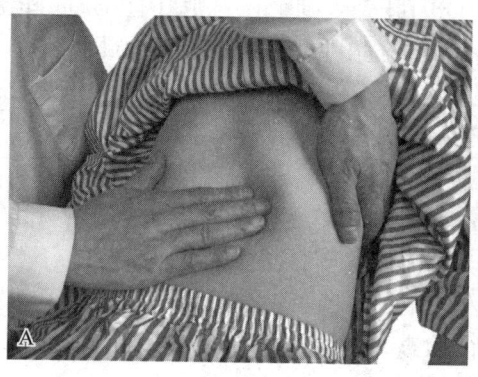 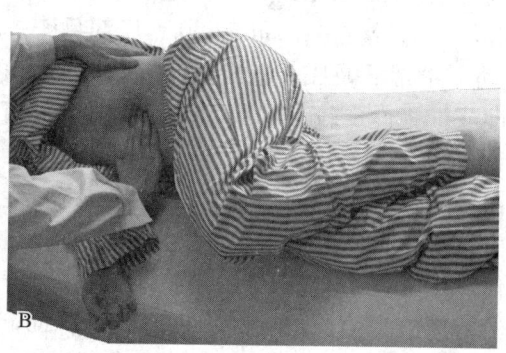

图 2-9-16 脾触诊法
A. 仰卧位；B. 右侧卧位

脾大的测量方法有以下几种，以厘米（cm）表示。

1. Ⅰ线（甲乙线） 指左侧锁骨中线与左肋缘交点至脾下缘的距离。
2. Ⅱ线（甲丙线） 指左侧锁骨中线与左肋缘交点至脾最远点的距离。
3. Ⅲ线（丁戊线） 指脾最右缘与前正中线的距离。如脾高度增大，向右越过正中线，则测量脾最右缘至正中线的最大距离，以"+"表示；如未超过正中线，则测量脾最右缘与正中线的最短距离，以"-"表示（图2-9-17）。

临床上将脾大分为轻、中、高三度。深吸气时，脾缘不超过肋下2 cm为轻度肿大；超过2 cm至脐水平线之间为中度肿大；超过脐水平线或前正中线则为高度肿大，即巨脾，此时应加测Ⅱ线、Ⅲ线，并以图表示。

触诊脾时，要注意其大小，还要注意其质地、表面情况、有无压痛及摩擦感等。脾切迹是其特有表现，有助于鉴别。

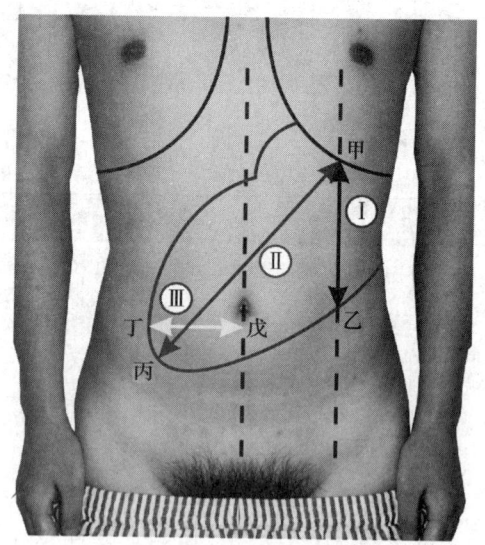

图 2-9-17 脾大的测量方法

脾轻度肿大常见于急性与慢性肝炎、伤寒、血行播散型肺结核、急性疟疾、感染性心内膜炎及败血症等；脾中度肿大常见于肝硬化、慢性淋巴细胞白血病、淋巴瘤及系统性红斑狼疮等；脾高度肿大，脾表面光滑者见于慢性粒细胞白血病、黑热病、慢性疟疾等，表面不平滑而有结节者见于淋巴肉瘤和恶性组织细胞病。脾压痛见于脾脓肿、脾梗死等。

 脾大分度的标准及临床意义。

七、胆囊触诊

胆囊触诊的方法同肝触诊，正常胆囊隐存于肝后，不能被触及。胆囊肿大时，在右肋缘下腹直肌外缘可触到一个梨形或卵圆形、张力较高的包块，随呼吸而上下移动，质地视病变性质而定。如胆囊肿大，有囊性感和明显压痛者，见于急性胆囊炎；胆囊进行性肿大且无压痛者，见于壶腹周围癌；如胆囊肿大，有实体感者，见于胆囊结石或胆囊癌。

胆囊触痛检查方法见图2-9-18。医师以左手掌平放于患者的右肋缘部，左手拇指钩压右侧腹直肌外缘与肋弓交界处（胆囊点），首先以拇指用力按压腹壁，然后嘱患者缓慢深吸气，如在吸气过程中因疼痛而突然屏气，则称墨菲征阳性，又称胆囊触痛征，见于急性胆囊炎。如仅有疼痛而无突然屏气，则为胆囊触痛。库瓦西耶征（Courvoisier sign）又称无痛性胆囊增大征，表现为进行性加重的梗阻性黄疸，无痛性胆囊显著增大，是由于胰头癌压迫胆总管导致胆道阻塞所致。

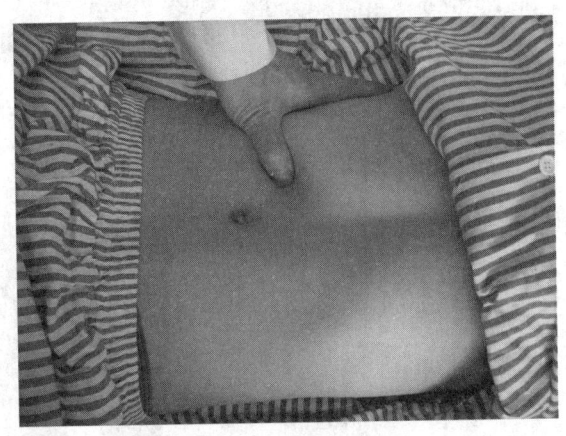

图2-9-18　胆囊触痛检查方法

墨菲征阳性的临床意义。

八、肾触诊

正常人肾一般不易被触及，有时可触到右肾下极。身材瘦长者，肾下垂、游走肾或肾代偿性增大时，肾较易被触及。在深吸气时能触到1/2以上的肾即为肾下垂。如肾下垂明显，并能在腹腔各个方向移动时称为游走肾。肾大见于肾盂积水或积脓、肾肿瘤、多囊肾等。当肾盂积水或积脓时，肾的质地柔软而富有弹性，有时有波动感。多囊肾时，肾不规则增大，有囊性感。肾肿瘤时，肾表面不平，质地坚硬。

检查方法：一般用双手触诊。嘱患者取仰卧位，两腿屈曲，做深呼吸。医师位于患者右侧，触诊右肾时，以左手掌托住其右腰部向上推起，右手掌平放在右上腹部，手指方向大致平行于右肋缘，于患者吸气时双手相对挤压。如触到光滑圆钝的脏器，且极易从触诊者手中滑脱，可能为肾下极。如能在双手间握住更大部分，则略能感知其蚕豆状外形，握住时患者常有酸痛或类似恶心的不适感。触诊左肾时，左手绕过患者前方而托住左腰部，右手掌横置于患者左上腹部，依前法进行触诊。

当肾和尿路有炎症或其他疾病时，可在一些部位出现压痛点。临床上常用的有以下几个。①季肋点：在第10肋前端；②上输尿管点：在脐水平线上腹直肌外缘；③中输尿管点：在髂前上棘水平腹直肌外缘，相当于输尿管第二狭窄处；④肋脊点：背部第12肋与脊柱夹角（肋脊角）的顶点；⑤肋腰点：背部第12肋与腰肌外缘的夹角（肋腰角）顶点（图2-9-19）。

检查方法：双手拇指依次深压两侧季肋点、上输尿管点、中输尿管点、肋脊点、肋腰点，同时询问患者有无疼痛。

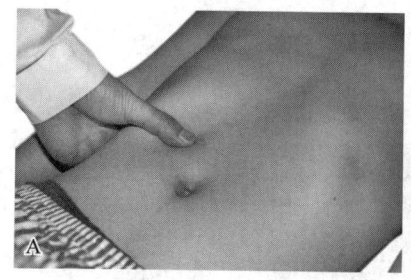
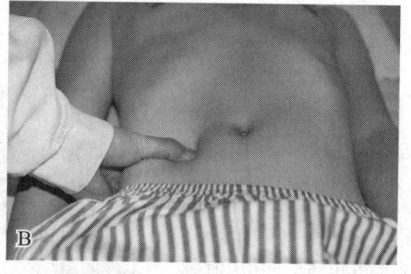
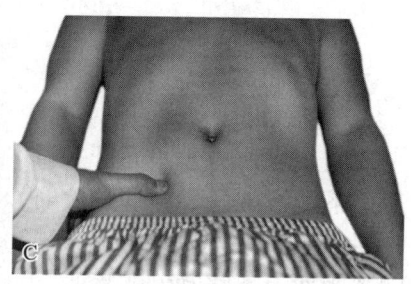
腹面

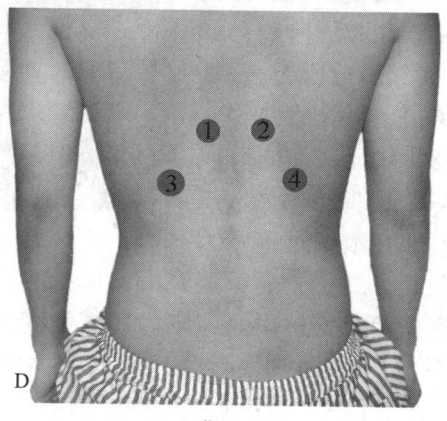
背面

图 2-9-19　肾病压痛点示意图
A. 季肋点；B. 上输尿管点；C. 中输尿管点；D. 肋脊点与肋腰点；
1. 左侧肋脊点；2. 右侧肋脊点；3. 左侧肋腰点；4. 右侧肋腰点

九、膀胱触诊

正常膀胱空虚时不易被触及，只有当积尿、充盈胀大时才可能被触及。

膀胱胀大可见于尿道梗阻（前列腺肥大或前列腺癌）、脊髓病（截瘫）所致的尿潴留，也可见于昏迷患者、腰椎或骶椎麻醉后、手术后局部疼痛的患者。

检查方法：一般采用单手滑行触诊法。嘱患者取仰卧屈膝位。医师用左手自脐开始向耻骨方向触摸。当触到肿块时，应注意其性质。膀胱增大多因积尿引起，为扁圆形或圆形，呈囊性感觉，手不能推移，按压时憋胀有尿意，可与增大的子宫、卵巢囊肿及直肠肿瘤相鉴别。

第四节　腹部叩诊

腹部叩诊的主要目的在于叩知某些脏器的大小、有无叩击痛、胃肠道充气情况、膀胱充盈的程度、腹腔内有无积气及积液和包块等。腹部叩诊一般多采用间接叩诊法。

一、腹部叩诊音

正常腹部叩诊除肝、脾所在部位及增大的膀胱和子宫占据的部位为浊音外，其余大多数部位均为鼓音。明显的鼓音可见于胃肠高度胀气、人工气腹和胃肠穿孔等。如果肝、脾或其他脏器极度肿大，腹腔内肿瘤或大量腹水时，鼓音范围缩小，病变部位可出现浊音或实音。

检查方法：腹部叩诊音检查从左下腹开始，以逆时针方向叩诊，以发现有无异常的浊音或实音。

二、肝和胆囊叩诊

用叩诊法可确定肝的大小。一般是沿右锁骨中线，由肺部向下叩诊。当由清音转为浊音时，即为肝上界。此处相当于被肺遮盖的肝上缘，故又称肝相对浊音界。再向下叩 1~2 个肋间隙，则浊音变为实音，此处的肝不再被肺遮盖而直接贴近胸壁，称为肝绝对浊音界（也为肺下界）。确定肝下界时，最好由腹部鼓音区沿右锁骨中线向上叩，由鼓音转为浊音处即为肝下界。由于肝下界与胃、结肠等重叠，很难叩准，一般叩得的肝下界比触得的肝下缘上移 2~3 cm，故多用触诊确定。匀称体型者的肝正常在右锁骨中线上，其上界在第 5 肋间隙，下界位于右季肋下缘，两者之间的距离正常为 9~11 cm；右腋中线肝上界为第 7 肋间隙，右肩胛线为第 10 肋间隙。体型矮胖者肝浊音界上移一个肋间隙，体型瘦长者肝浊音界可下移一个肋间隙。

肝浊音界扩大见于肝癌、肝脓肿、肝炎、肝淤血和多囊肝等；肝浊音界缩小见于急性重型肝炎、肝硬化、胃及肠胀气等；肝浊音界消失代之以鼓音者多由肝表面覆有气体所致，是急性胃肠穿孔的一个重要征象，也可见于间位结肠、全内脏翻转；肝浊音界上移见于右肺纤维化、右肺不张等；肝浊音界下移见于肺气肿、右侧气胸等疾病。

肝区叩击痛的检查方法：医师将左手掌平置于患者右胸下部，右手握拳，叩击在左手手背上，询问患者有无疼痛。

正常人肝区无叩击痛，而肝炎、肝脓肿患者肝区可有叩击痛。

胆囊位于深处，临床上不能用叩诊检查其大小，仅能检查胆囊区有无叩击痛，叩击痛是胆囊炎的重要体征。

三、胃泡鼓音区及脾叩诊

胃泡鼓音区又称特劳伯鼓音区（Traube's area），位于左前胸下部肋缘以上，约呈半圆形，为胃底穹窿含气所形成。其上界为膈及肺下缘，下界为肋弓，左界为脾，右界为肝左缘。其大小受胃泡含气量的多少和周围器官及组织病变的影响。此区明显缩小或消失可见于脾大、左侧胸腔积液、心包积液和肝大等。

提示：检查时，在左锁骨中线前胸下部自上而下做间接叩诊，由肺区清音变为鼓音，即为胃泡鼓音区的上界，再进行水平方向叩诊，确定鼓音区大小。

当脾触诊不满意或在肋下触到很少的脾缘时，宜用脾叩诊法进一步检查脾的大小。一般脾浊音区的确定宜采用轻叩法。患者取仰卧位或右侧卧位。医师使用间接叩诊法，在左腋中线上由肺区向下叩诊，由清音转为实音即为脾所在。正常脾浊音区在左腋中线第 9~11 肋间隙，长度为 4~7 cm，前界不超过腋前线。脾浊音区扩大见于各种原因所致的脾大；脾浊音区缩小见于左侧气胸、胃扩张、鼓肠等。

四、移动性浊音

腹腔内有较多的液体存留时，因重力关系，液体多积存于腹腔的低处，故在此处叩诊呈浊音。当体位不同时，可出现浊音区变动的现象，称为移动性浊音。当仰卧位时，腹中部由于肠管内有气体而在液面浮起，叩诊呈鼓音，两侧腹部因腹水积聚叩诊呈浊音。患者向一侧卧位时，位置低的一侧腹部因腹水积聚呈更大范围的浊音，而在上面的另一侧腹部转为鼓音。再向另一侧卧位时，浊音则转为鼓音，而浊音移至靠床的另一侧腹部。这是诊断腹水常用的重要检查方法之一。

当腹腔内游离腹水在 1000 ml 以上时，即可查出移动性浊音（shifting dullness）。

> **考点提示** 移动性浊音阳性的临床意义。

检查方法：患者取仰卧位，叩诊先从脐部开始，沿脐水平向左侧方向移动叩诊，当叩诊音由鼓音变为浊音时，叩诊板指固定位置，嘱患者右侧卧位，稍停片刻，重新叩诊该处，听取音调是否变为鼓音。然后继续向右侧移动叩诊，移动不便时可改变指尖方向，叩得浊音后，叩诊板指固定位置，嘱患者再向左侧翻身呈左侧卧位，停留片刻后再次叩诊，听取叩诊音的变化（图 2-9-20）。

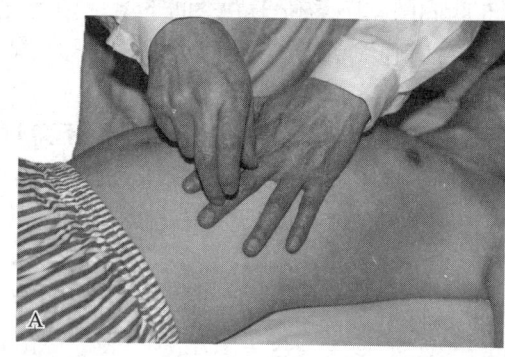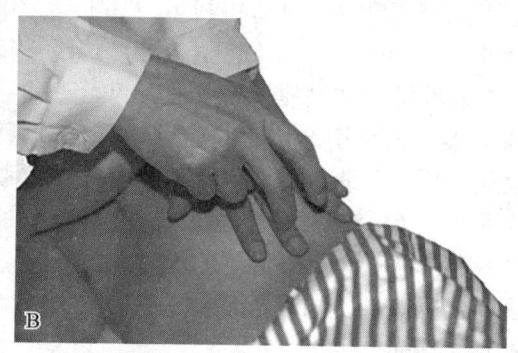

图 2-9-20 移动性浊音检查方法
A. 仰卧位叩诊；B. 侧卧位叩诊

大量腹水应与巨大卵巢囊肿相鉴别。方法为：①仰卧位时，卵巢囊肿浊音区在腹中部，鼓音区则在腹部两侧；腹水则相反（图 2-9-21）。②卵巢囊肿的浊音不呈移动性。③尺压试验，患者取仰卧位，用一硬尺横置于腹壁上，医师两手将尺下压，如为卵巢囊肿，则腹主动脉的搏动可经囊肿传到硬尺，使硬尺发生节奏性搏动；如为腹水，则硬尺无搏动。

腹部外形呈蛙腹状，或膨隆呈球状，脐部外突，有波动感，移动性浊音阳性，统称为腹水征。其中以移动性浊音较灵敏、可靠。

引起腹水的常见病因有肝硬化、结核性腹膜炎、肾病综合征、心功能不全、原发性或继发性腹膜癌等。

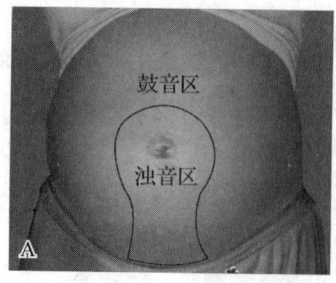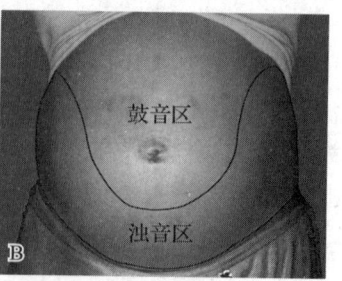

图 2-9-21 巨大卵巢囊肿与大量腹水叩诊音鉴别示意图
A. 巨大卵巢囊肿；B. 大量腹水

五、肾叩诊

肾叩诊主要用于检查肾病变。

检查方法：嘱患者取坐位或侧卧位；医师左手掌平放在其肋脊角处（肾区），右手握拳，用尺侧以轻到中等的力量叩击左手背（图 2-9-22）。

正常时肋脊角处无叩击痛，如有肾炎、肾盂肾炎、肾结石、肾结核及肾周围炎时，肾区有不同程度的叩击痛（图 2-9-23）。

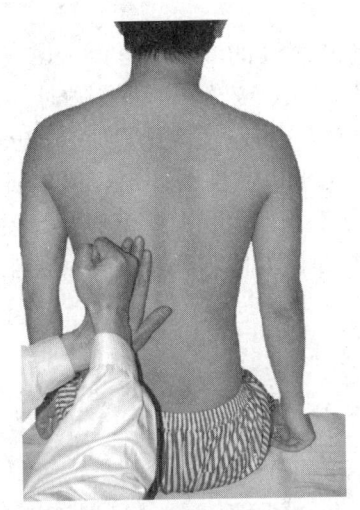

图 2-9-22　肾叩诊方法

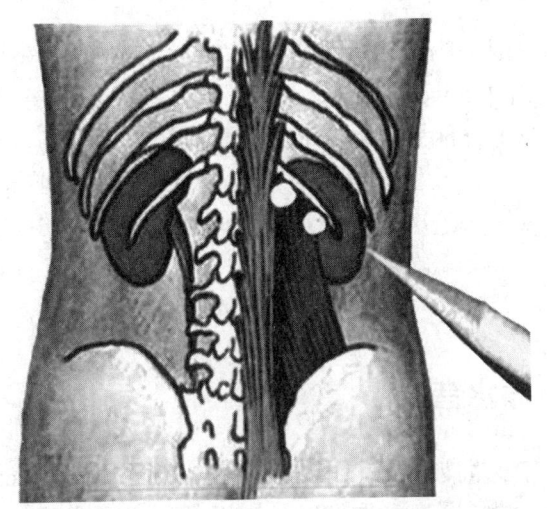

图 2-9-23（彩图 18）　肾区叩击痛部位示意图

六、膀胱叩诊

当膀胱触诊不满意时，可用叩诊来判断膀胱膨胀的程度。一般由脐水平线叩向耻骨联合（图 2-9-24）。如发现由鼓音转为浊音，且浊音区一直延续到耻骨联合上缘，并隐没于其后，呈圆形浊音区，则可能为胀大的膀胱。当尿排出后，浊音区叩诊则变为鼓音。而妊娠子宫、卵巢囊肿或子宫肌瘤时，在膀胱区均叩得浊音，应注意鉴别。

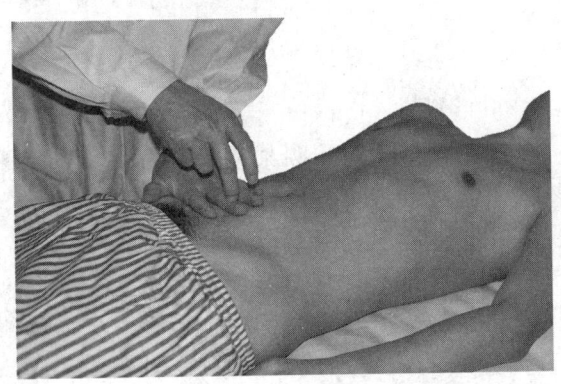

图 2-9-24　膀胱叩诊

第五节　腹部听诊

腹部听诊的内容主要有肠鸣音、振水音、血管杂音等。妊娠 5 个月以上的妇女还可在脐下方听到胎心音。听诊时应重点注意上腹部、脐部、侧腹部、肝及脾各区。

检查方法：嘱患者取平卧位。医师将温暖的听诊器体件置于患者腹壁上，有步骤地在腹部进行全面听诊。

一、肠鸣音

肠蠕动时，肠管内气体和液体随之而流动，产生一种断断续续的"咕噜"声（或气过水声），称为肠鸣音（bowel sound）。正常情况下，肠鸣音为 4~5 次/分。当肠蠕动增强时，肠鸣音达 10 次/分以上，称为肠鸣音活跃，常见于急性胃肠炎、服泻药后或胃肠道大出血时；如肠鸣音次数多且响亮、高亢甚至呈叮当声或金属音，称为肠鸣音亢进，见于机械性肠梗阻。偶尔听到或持续 3~5 min 才听到一次或听不到者，称为肠鸣音减弱或消失，见于急性腹膜炎或麻痹性肠梗阻等。

提示： 肠鸣音的听诊应在触诊、叩诊前进行，可以避免外加因素的刺激使肠蠕动发生变化。其声响和音调变异较大，只有靠医师的经验来判定是否正常。

二、振水音

胃内有多量液体及气体存留时可出现振水音（succussion splash）。

检查方法：嘱患者取仰卧位。医师用左耳凑近患者上腹部，或用听诊器体件置于患者上腹部，示指、中指、环指三指并拢置于上腹部，手指与腹壁呈 70°，做数次急速而有力的冲击动作，如能听到气、液撞击的声音，即为振水音。也可用双手扶着患者腰部，左右摇晃，此时即可听到液、气相互撞击的声音。

正常人饮大量水后可出现振水音。若在空腹或饭后 6 h 以上仍有振水音，表示胃液潴留，见于幽门梗阻、胃扩张等。

考点提示 振水音阳性的临床意义。

三、血管杂音

正常腹部无血管杂音。腹部血管杂音对诊断某些疾病有一定的作用，听诊中不应忽视。血管杂音有动脉性和静脉性杂音。动脉性杂音的听诊主要在腹主动脉、肾动脉、髂动脉及股动脉处进行（图 2-9-25）。若这些部位出现杂音，提示腹主动脉瘤或腹主动脉狭窄、肾动脉狭窄、左叶肝癌压迫肝动脉或腹主动脉。静脉性杂音为连续的嗡鸣声或"潺潺"声，无收缩期与舒张期性质，常出现于脐周或上腹部，尤其是腹壁静脉曲张严重处，此音提示门静脉高压时的侧支循环形成。

提示： 腹部检查是体格检查的重要组成部分，是诊断疾病的方法之一。腹部检查应用视诊、触诊、叩诊及听诊 4 种方法，以触诊最重要。检查时，腹部触诊和叩诊可能影响肠鸣音的活跃程度，可根据情况，按视诊、听诊、触诊、叩诊的顺序进行，但记录顺序仍然是视诊、触诊、叩诊、听诊。①视诊检查内容包括腹部外形、呼吸运动、腹壁静脉、胃型

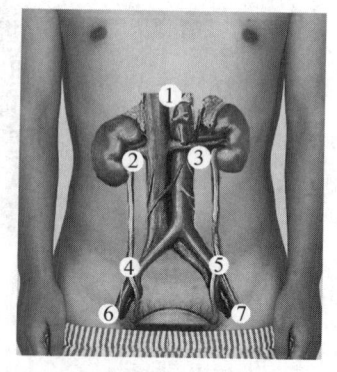

图 2-9-25（彩图 19） 腹部血管杂音听诊部位示意图

1. 腹主动脉听诊区；2. 右肾动脉听诊区；3. 左肾动脉听诊区；4. 右髂总动脉听诊区；5. 左髂总动脉听诊区；6. 右股动脉听诊区；7. 左股动脉听诊区

及肠型和蠕动波等。②触诊包括腹壁紧张度、压痛及反跳痛、腹部肿块、液波震颤、肝、脾、胆囊、肾及膀胱。③叩诊有腹部叩诊音、肝、胆囊、胃泡鼓音区、脾、移动性浊音、肾及膀胱叩诊。④听诊主要检查肠鸣音、振水音和血管杂音。在学习中，要求掌握腹部脏器（主要是肝、胆、脾）及腹部常见疾病的检查方法、注意事项及临床意义。

（蒲永莉）

第六节　临床病例查体思维

【病例一】

患者，男性，30 岁。因反复上腹痛 4 年，呕吐 5 天入院。4 年前患者出现上腹痛，呈灼痛，饥饿时加重，进食后可减轻，以冬季和春季发作频繁。5 天前患者无明显原因出现上腹饱胀，反复呕吐，呕吐物为酸臭的宿食，呕吐后感到舒适。如何对该患者进行腹部检查？可能会发现哪些重要体征？

1. 症状特点　反复上腹痛 4 年，呕吐 5 天，呕吐物为酸臭的宿食，呕吐后感到舒适。
2. 可能出现的疾病　消化性溃疡合并幽门梗阻。
3. 可能出现的重要体征

视诊：腹部平坦，可见胃型及蠕动波。
触诊：腹软，剑突下偏右手掌大区域压痛，无反跳痛。肝、脾肋下均未触及。
叩诊：无移动性浊音。
听诊：上腹部可听到振水音，肠鸣音 5 次 / 分。

【病例二】

患者，男性，40 岁。反复上腹痛 10 年，加重伴上腹部剧痛 4 h。近 10 年患者每到半夜出现上腹痛，昨夜 11 时突发持续性上腹部剧痛，继而延及全腹，伴恶心、呕吐、大汗淋漓。如何对该患者进行腹部检查？可能会发现哪些重要体征？

1. 症状特点　反复上腹痛，半夜突感上腹部剧痛，继而延及全腹，伴恶心、呕吐、大汗淋漓。
2. 可能出现的疾病　十二指肠溃疡穿孔、急性腹膜炎。
3. 可能出现的重要体征

（1）一般检查：急性重病容，被迫仰卧位，呼吸浅速，脉搏细弱、增快。
（2）腹部体征

视诊：腹膨隆、腹式呼吸减弱或消失。
触诊：板状腹、压痛、反跳痛。
叩诊：肝浊音界缩小或消失、移动性浊音阳性。
听诊：肠鸣音减弱或消失。

【病例三】

患者，男性，46 岁。8 年前患乙型肝炎，未系统治疗，迁延未愈。近 3 年，患者常感到全身乏力、食欲减退，有时有牙龈出血和鼻出血。半年来腹部明显鼓胀，下肢水肿，尿量减少。如何对该患者进行腹部检查？可能会发现哪些重要体征？

1. 症状特点　患者患乙型肝炎8年，未系统治疗；乏力、食欲减退；出血现象；腹胀明显、尿少、下肢水肿。

2. 可能诊断的疾病　肝硬化。

3. 可能出现的重要体征

（1）一般检查：面色灰暗、黝黑，巩膜黄染，皮肤蜘蛛痣，可见肝掌。

（2）腹部体征

视诊：蛙腹，腹壁静脉显露。

触诊：肝触不清，肝颈静脉回流征阴性，脾大。

叩诊：肝界可缩小，移动性浊音阳性。

（蒲永莉）

自 测 题

一、名词解释

1. 蛙腹
2. 舟状腹
3. 胃肠型
4. 反跳痛
5. 肝颈静脉回流征阳性
6. 墨菲征阳性
7. 移动性浊音
8. 振水音

二、填空题

1. 腹部视诊的主要内容有＿＿＿＿。
2. 正常肠鸣音大约为＿＿＿＿次/分，肠鸣音活跃时可达＿＿＿＿次/分。
3. 正常脾叩诊部位在＿＿＿＿。
4. 腹部触到异常包块时，需描述＿＿＿＿。
5. 轻度脾大是指＿＿＿＿；中度脾大是指＿＿＿＿。
6. 肝触诊的方法有＿＿＿＿。
7. 右下腹常见的病理性包块有＿＿＿＿。
8. 正常肝触诊在锁骨中线肋缘下不超过＿＿＿＿，剑突下不超过＿＿＿＿。
9. 腹壁静脉曲张见于＿＿＿＿。
10. 腹式呼吸消失见于＿＿＿＿。
11. 腹部深部触诊法包括＿＿＿＿。
12. 腹膜刺激征是指＿＿＿＿。

三、选择题

A1 型题

1. 区别腹部肿块来自腹腔或腹壁最简易的检查方法是
   A. 超声检查　　　　　　B. 钡餐检查　　　　　　C. 腹部体格检查
   D. 腹部 X 线检查　　　　E. 腹部 CT 检查

2. 关于腹部检查，错误的是
   A. 振水音见于幽门梗阻　　　　　　B. 肋下触及肝提示肝大
   C. 正常人不能触及脾　　　　　　　D. 肠鸣音消失可见于急性腹膜炎
   E. 正常人可触到腹主动脉搏动

3. 腹部触诊的内容不包括的是
   A. 压痛及反跳痛　　　　B. 肌紧张度　　　　C. 肿块
   D. 移动性浊音　　　　　E. 液波震颤

4. 下列关于肿块形状的描述，不正确的是
   A. 胆囊肿大，多如梨形　　　　　　B. 脾切迹的存在是脾大的特征
   C. 肾肿大的下极仍呈半圆形　　　　D. 香肠型肿块常见于肠套叠、输卵管积水
   E. 形状不规则的肿块一定属于恶性

5. 腹部检查方法最重要的是
   A. 视诊　　　　B. 触诊　　　　C. 听诊
   D. 叩诊　　　　E. 嗅诊

6. 关于腹部膨隆的叙述，正确的是
   A. 成人平卧时，前腹壁大致处于肋缘至耻骨联合平面
   B. 坐起时脐部以下部分稍前凸
   C. 小儿腹部高于肋缘及耻骨水平
   D. 肥胖者腹部高于肋缘及耻骨水平
   E. 仰卧时前腹壁明显高于肋缘及耻骨水平

7. 检查腹壁静脉曲张患者，脐以上血流方向由下至上，脐以下血流方向由上至下。该患者符合的是
   A. 上腔静脉阻塞　　　　B. 下腔静脉阻塞　　　　C. 门静脉高压或门静脉阻塞
   D. 髂内静脉阻塞　　　　E. 髂外静脉阻塞

8. 腹部揉面感最多见于
   A. 腹部肿瘤　　　　B. 急性弥漫性腹膜炎　　　　C. 结核性腹膜炎
   D. 胃肠胀气　　　　E. 门静脉高压症

9. 肝触诊中，质地最硬的疾病是
   A. 肝炎　　　　B. 肝脓肿　　　　C. 肝囊肿
   D. 肝癌　　　　E. 脂肪肝

10. 弥漫性肝大在临床上最常见的疾病是
    A. 肝淤血　　　　B. 脂肪肝　　　　C. 肝炎
    D. 白血病　　　　E. 早期肝硬化

11. 可使肝浊音界下移的病变是
    A. 肺不张　　　　B. 肺气肿　　　　C. 肺炎链球菌肺炎
    D. 肝硬化　　　　E. 肝脓肿

12. 感到液波震颤时，游离腹水量至少需达
    A. 1000 ml　　　　　　B. 2000 ml　　　　　　C. 1500 ml
    D. 2500 ml　　　　　　E. 3000~4000 ml
13. 关于肾下垂的概念，正确的是
    A. 在深吸气时能触到肾下极　　　　B. 在深吸气时能触到1/2以上的肾
    C. 在深呼气时能触到1/2以上的肾　　D. 在深吸气时能触到2/3以上的肾
    E. 在深吸气时能触到1/4以上的肾
14. 腹水征中较为敏感、可靠的是
    A. 蛙状腹　　　　　　B. 脐外突　　　　　　C. 波动感
    D. 移动性浊音　　　　E. 腹部膨隆
15. 肝逐渐肿大，质地坚硬如石，有结节，最常见于
    A. 肝淤血　　　　　　B. 慢性肝炎　　　　　C. 肝癌
    D. 脂肪肝　　　　　　E. 急性肝炎
16. 触诊正常脾，正确的叙述是
    A. 坐位前倾可触及　　B. 左侧卧位可触及　　C. 右侧卧位可触及
    D. 仰卧位可触及　　　E. 正常情况下脾不能被触及
17. 肝触诊最常用的触诊方法是
    A. 双手触诊　　　　　B. 钩指触诊法　　　　C. 单手触诊法
    D. 冲击触诊法　　　　E. 浅部触诊法
18. 墨菲征（Murphy sign）阳性见于何种疾病
    A. 消化性溃疡　　　　B. 急性胆囊炎　　　　C. 急性阑尾炎
    D. 肠梗阻　　　　　　E. 急性胰腺炎
19. 腹部移动性浊音阳性，游离腹水量至少达
    A. 300 ml　　　　　　B. 500 ml　　　　　　C. 800 ml
    D. 1000 ml　　　　　　E. 1500 ml
20. 关于腹部叩诊的叙述，正确的是
    A. 正常腹部叩诊均为鼓音
    B. 正常腹部叩诊除肝、脾所在部位外，其余为鼓音
    C. 胃肠穿孔时，肝绝对浊音界扩大
    D. 腹部叩诊音包括鼓音、浊音、过清音
    E. 肺气肿时肝浊音界上移
21. 出现肝浊音界消失的是
    A. 气胸　　　　　　　B. 急性重型肝炎　　　C. 急性胃肠穿孔
    D. 肝癌　　　　　　　E. 肺气肿
22. 肠鸣音消失常见于
    A. 大量腹水　　　　　B. 机械性肠梗阻　　　C. 巨大卵巢囊肿
    D. 肠麻痹　　　　　　E. 急性胆囊炎
23. 上腹部听到连续的嗡鸣声，常提示
    A. 腹主动脉瘤　　　　B. 肾动脉狭窄　　　　C. 肝癌
    D. 门静脉高压侧支循环形成　　E. 腹主动脉狭窄
24. 肝浊音界缩小应除外的是
    A. 急性重型肝炎　　　B. 肝坏死　　　　　　C. 急性胃肠穿孔
    D. 肝硬化　　　　　　E. 胃肠胀气

25. 腹水与腹腔积气的鉴别，最有价值的是
    A. 腹部外伤　　　　　　　　　　B. 腹壁张力
    C. 移动体位时其形态有无改变　　D. 肝浊音界改变
    E. 移动性浊音

26. 上腹中部膨隆，应除外的是
    A. 肝左叶肿大　　　B. 胃癌　　　C. 胃扩张
    D. 脾大　　　　　　E. 胰腺肿瘤

27. 关于全腹凹陷的叙述，错误的是
    A. 仰卧时前腹壁明显低于肋缘至耻骨的水平面
    B. 见于消瘦和脱水者
    C. 见于消耗性疾病晚期
    D. 膈疝时腹内脏器进入胸腔
    E. 呼气时出现腹部凹陷见于膈肌麻痹

28. 腹式呼吸减弱的原因，应除外的是
    A. 腹水
    B. 急性腹痛
    C. 胃肠穿孔所致急性腹膜炎或膈肌麻痹
    D. 腹内巨大肿物
    E. 足月妊娠

29. 腹部的浅部触诊法有利于检查下列各项，应除外的是
    A. 有无压痛　　　B. 抵抗感　　　C. 搏动
    D. 某些肿瘤　　　E. 阑尾压痛点

30. 关于脾大的测量方法，错误的是
    A. Ⅰ线测量左肋缘至脾下缘的距离
    B. Ⅱ线测量左锁骨中线与左肋缘交点至脾最远点的距离
    C. Ⅲ线测量脾右缘与前正中线的距离
    D. 脾轻度肿大只做Ⅰ线测量
    E. 脾明显肿大时，应加做Ⅱ线测量和Ⅲ线测量

31. 关于脾大分度及测量方法，错误的是
    A. 深吸气时，脾缘不超过肋下 3 cm 为轻度肿大
    B. 超过 2 cm 至脐水平线以上为中度肿大
    C. 超过脐水平线为高度肿大
    D. 超过前正中线也为高度肿大
    E. 如脾高度肿大，向右越过正中线，则测量脾右缘至正中线的最大距离，以"+"表示

32. 脾轻度肿大见于如下疾病，应除外的是
    A. 急、慢性肝炎　　B. 伤寒　　　C. 血行播散型肺结核
    D. 骨髓纤维化　　　E. 亚急性感染性心内膜炎

33. 关于腹部检查的叙述，错误的是
    A. 正常可触及腹主动脉搏动　B. 触及肝下缘说明肝大　C. 正常人脾不能被触及
    D. 振水音可见于幽门梗阻　　E. 肠鸣音消失可见于肠麻痹

34. 肝浊音界向上移位，应除外的是
    A. 右肺纤维化　　　B. 右下肺不张　　　C. 气腹
    D. 鼓肠　　　　　　E. 右侧张力性气胸

35. 关于胃泡鼓音区的叙述，错误的是
    A. 位于左前胸下部边缘以上   B. 呈半圆形   C. 上界为膈及肺下缘
    D. 下界为肋弓   E. 左界为脾，右界为胰

A2 型题

36. 患者，男性，12岁。持续高热3天。体格检查：左侧第3、4肋间隙可触及收缩期震颤，肝未触及，脾左肋下2cm，质软，无压痛。该患者脾大最可能的病因是
    A. 伤寒   B. 急性疟疾   C. 亚急性感染性心内膜炎
    D. 血行播散型肺结核   E. 败血症

37. 患者，男性，42岁。畏寒、发热7天，肝区疼痛1天。腹部体格检查：肝右肋下2cm，质软，触痛，边缘整齐，肝右侧肋间隙局限性压痛，并有叩击痛。该患者最有可能的诊断是
    A. 肝癌   B. 肝炎   C. 肝脓肿
    D. 多囊肝   E. 肝包虫病

38. 患者，男性，53岁。腹部体格检查：肝剑突下5cm，边缘不整，坚硬，有压痛，表面有结节感，可闻及血管杂音。该患者最可能拟诊为
    A. 肝左叶癌   B. 肝血管瘤   C. 肝血吸虫病
    D. 腹主动脉瘤   E. 胰腺囊肿

39. 患者，男性，37岁。上腹部反复发作性疼痛12年，近年来上腹疼痛缓解的规律消失，且出现持续的剧烈上腹痛及腰背痛，背部明显压痛。该患者最可能的诊断是
    A. 胃溃疡活动期   B. 胃黏膜脱垂   C. 十二指肠溃疡活动期
    D. 胃癌   E. 穿透性溃疡

40. 患者，男性，46岁。体格检查发现右肾肿大，表面不平，质地坚硬，最可能的诊断是
    A. 多囊肾   B. 肾盂积脓   C. 肾肿瘤
    D. 游走肾   E. 肾盂积水

41. 患者，女性，26岁。持续性右上腹痛2天，疼痛放射至右肩部，腹部体格检查发现右上腹肌紧张、压痛、反跳痛。该患者最可能的诊断是
    A. 急性胃炎   B. 急性胰腺炎   C. 急性胆囊炎
    D. 急性肝炎   E. 右肾结石

A3 型题

（42~44题共用题干）

患者，男性，33岁。腹部剧烈阵发性绞痛3h，伴呕吐，腹部检查发现肠鸣音8次/分，伴金属音。

42. 该患者最可能的诊断是
    A. 急性腹膜炎   B. 机械性肠梗阻   C. 急性肠炎
    D. 急性胃肠出血   E. 麻痹性肠梗阻

43. 未做处理，该患者现满腹剧痛1h。腹部检查发现腹式呼吸减弱，腹部稍隆起，触诊时全腹腹肌紧张、压痛和反跳痛。该患者最可能的诊断是
    A. 急性弥漫性腹膜炎   B. 急性阑尾炎   C. 急性胰腺炎
    D. 门脉性肝硬化   E. 结核性腹膜炎

44. 如考虑诊断为急性弥漫性腹膜炎，因咳嗽、呼吸、转动体位均可使疼痛加剧，患者被迫采取的体位是
    A. 侧卧位   B. 仰卧位，两下肢屈曲   C. 仰卧位，两下肢伸直
    D. 俯卧位   E. 半卧位

(45~47题共用题干)

患者，女性，32岁。转移性右下腹痛10 h。

45. 除急性阑尾炎外，还应考虑的是
  A. 十二指肠溃疡穿孔 B. 输卵管扭转 C. 异位妊娠破裂
  D. 输尿管结石 E. 肠系膜淋巴结炎

46. 诊断阑尾炎的重要依据是
  A. 早期上腹痛或脐周痛
  B. 右下腹压痛
  C. 右下腹包块
  D. 右下腹麦氏点有显著而固定的压痛与反跳痛
  E. 早期上腹痛，数小时后转为右下腹痛

47. 该患者术后1周腹部持续性胀痛，排气及排便消失，诊断为麻痹性肠梗阻，其临床表现应除外的是
  A. 肠鸣音亢进 B. 肠鸣音消失 C. 大肠、小肠均胀气
  D. 无肠型及蠕动波 E. 呕吐

(48~49题共用题干)

患者，男性，25岁。2年来经常有空腹时上腹部疼痛及夜间痛，以秋末冬初为重，伴腹胀。体格检查：腹软，剑突下轻压痛，无反跳痛。

48. 最可能的诊断为
  A. 肠癌 B. 胃溃疡 C. 十二指肠溃疡
  D. 胰腺炎 E. 肠梗阻

49. 近3个月患者呕吐频繁。体格检查：上腹部见蠕动波，振水音阳性，其呕吐物应是
  A. 黄绿色液体 B. 咖啡样液体 C. 鲜血
  D. 酸酵食物 E. 带粪臭味

(50~52题共用题干)

患者，女性，49岁。近1周患者饭后上腹胀痛不适，每晚或次晨发生呕吐，呕吐物为大量酸臭的宿食，吐后即感舒适，食欲正常，检查发现上腹部有振水音。

50. 该患者最可能的是
  A. 正常情况 B. 胃内有大量液体潴留 C. 腹腔内有大量液体
  D. 腹腔内有游离气体 E. 腹腔内有肿块

51. 下列情况不会出现振水音的是
  A. 正常人餐后1 h B. 幽门梗阻 C. 正常人清晨空腹
  D. 胃扩张 E. 正常人大量饮水后

52. 再次检查，发现该患者上腹部出现胃型及蠕动波。该患者最可能的诊断是
  A. 急性胃扩张 B. 肠梗阻 C. 急性胃炎
  D. 幽门梗阻 E. 急性胆囊炎

B1型题

(53~56题共用备选答案)
  A. 扁圆形膨隆 B. 蛙形膨隆 C. 球形膨隆
  D. 局部膨隆 E. 尖凸形膨隆

53. 肝硬化腹水

54. 胃肠穿孔
55. 腹内脏器肿大，腹内肿瘤
56. 肥胖，腹壁皮下脂肪过多

（57~60题共用备选答案）

    A. 肝轻度肿大，表面光滑，边缘钝，质稍韧，有压痛
    B. 肝明显肿大，表面光滑，边缘圆钝，质韧，有压痛，肝颈静脉回流征阳性
    C. 肝早期肿大，晚期缩小，质较硬，表面可触及小结节，无压痛
    D. 肝逐渐增大，质地坚硬，表面高低不平，有大小不等结节，边缘不整
    E. 肝大，表面光滑，质软或稍韧，无压痛

57. 肝淤血
58. 肝硬化
59. 肝癌
60. 急性肝炎

四、简答题

1. 简述正常腹部可触到的包块。
2. 简述鉴别大量腹水与巨大卵巢囊肿的方法。
3. 简述急性腹膜炎的体征。
4. 简述肝硬化的体征。
5. 简述脾大的测量方法及临床分度。
6. 简述腹部常用的触诊法及适应证。
7. 简述腹部触诊的内容。

第十章 生殖器、肛门及直肠检查

第十章数字资源

学习目标

1. 知识：说出生殖器、肛门及直肠检查的内容及方法；说出肛门、直肠检查常见异常及临床意义。
2. 能力：完成肛门、直肠检查并按规范记录结果，能与患者进行有效沟通。
3. 素养：整合医学伦理与临床操作规范，培养"技术-人文"双优的临床能力。培养救死扶伤、为人民服务的高尚情操，在检查中保护患者隐私，注意人文关怀，建立良好的医患关系。

生殖器、肛门及直肠检查是全身体格检查的一部分，要充分认识到生殖器、肛门及直肠检查对临床诊断及治疗具有重要意义，不能因为患者不愿意接受检查而轻易放弃，以致发生漏诊、误诊，甚至延误治疗，尤其是对有检查指征的患者，医师有责任说服患者配合检查。男性医师检查女性患者时，应有女性医务人员在场。

案例 2-10-1

患者，男性，55岁。下腹部不适，腹泻与便秘交替1个月余，伴里急后重，时有大便带血。考虑为肛门及直肠病变。

问题与思考：
1. 对患者进行肛门及直肠检查常用哪些体位？
2. 该患者可能有哪些重要体征？

第一节 男性生殖器检查

男性生殖器包括外生殖器（阴茎、阴囊）与内生殖器（睾丸、精索、附睾、前列腺及精囊）。

一、阴毛及阴茎

医师应先洗手。可单手或双手戴手套检查，以降低被感染或传播疾病的风险。患者取站位或仰卧位，以使患者处于舒适状态，裸露下腹部和大腿中段以上的区域，充分暴露外生殖器。

观察耻骨区皮肤、阴毛的分布，注意其与年龄、发育的关系。注意有无溃疡、瘢痕、损伤、水肿及结节，观察皮肤颜色的改变及感染等。

用手持提阴茎，翻起包皮，视诊尿道外口的位置，判断有无移位或狭窄、红肿、溃疡。注意尿道外口有无分泌物及其颜色、量、黏度和气味。观察冠状沟内面有无溃疡、新生物、红斑及肿胀，注意异常的部位、大小，有分泌物时记录其性状。检查完毕，应将龟头部分包皮复位，以免发生包皮嵌顿。

用拇指压迫阴茎下段及龟头两侧，触诊阴茎龟头，从根部到末端依次触诊阴茎体，包括阴茎和尿道海绵体，前、后及两侧。正常阴茎内不应扪及任何结节，无压痛。如有，则应描述其位置和大小。依次压迫阴茎根部到尿道外口，观察有无异常分泌物流出。若有异常分泌物，应做涂片，进行革兰氏染色检查。

男性阴毛较粗糙，呈菱形分布。老年人阴毛稀疏、灰白，某些内分泌疾病致使阴毛缺失或呈女性分布。阴茎（penis）为前端膨大的圆柱体，分为头（前端膨大部位）、体（中部圆柱形部位）、根（藏于阴囊和会阴皮肤的深面固定部位）三部分。正常成人阴茎长 7～10 cm，由 3 条海绵体构成。其检查顺序如下。

（一）包皮

阴茎的皮肤在阴茎颈（阴茎头后较细的部分）前向内翻转，包绕阴茎头的表面，称为包皮（prepuce）。成人包皮不应掩盖尿道口，翻起包皮后应露出尿道口。若包皮不能上翻或上翻包皮不能显露阴茎头时，称为包茎，见于先天性包皮口狭窄或炎症、外伤后粘连。若包皮长度超过并包覆阴茎头，但翻起后能露出尿道口或阴茎头，称为包皮过长。包皮过长及包茎容易引起尿道外口炎症，也可成为阴茎癌的重要致病因素之一。幼儿包皮较长，包着整个阴茎头。

提示：包皮过长与包茎临床表现不同，但因其均易于在包皮腔内存留污物而可能导致其他并发症，因此提倡早期手术治疗。

（二）阴茎头与阴茎颈

阴茎前端膨大部分称为阴茎头（glans penis）或龟头。阴茎头的底边凸起、游离，称为阴茎头冠（corona of glans），其后与阴茎体交界部较细部分呈一环形浅沟，称为阴茎颈（neck of penis）。正常阴茎头光滑、红润。如有硬结伴暗红色溃疡、易出血或融合成菜花样，应考虑为阴茎癌。阴茎颈处单发椭圆形质硬溃疡称为硬下疳（chancre），愈后留有瘢痕，常见于梅毒。阴茎颈及阴茎头部出现淡红色小丘疹，逐渐融合成覃样或菜花样、乳突状隆起，见于尖锐湿疣。

 阴茎头颈部异常表现及其临床意义。

（三）尿道口

尿道口出现红、肿、分泌物及溃疡伴触痛常见于感染所引起的尿道炎；尿道口出现于阴茎腹面常见于先天性尿道下裂；尿道口狭窄常见于先天性或炎症粘连。

（四）阴茎大小与形态

成人阴茎过小呈婴儿型阴茎见于垂体功能不全或性腺功能不全患者。儿童期阴茎过大呈成人型阴茎见于性早熟。

二、阴囊

阴囊（scrotum）囊壁由多层组织构成，内有两个囊腔，每个囊腔内含有精索、睾丸及附睾。检查时，患者取坐位或仰卧位，两腿稍分开。

观察阴囊外形是否对称、皮肤颜色及皱褶，观察有无皮疹、水肿、静脉扩张、瘘管等。

睾丸触诊：医师将双手的拇指置于阴囊前面，其余四指置于阴囊后面，双手同时触诊，应先将睾丸轻轻推至阴囊下部，此处血管组织少，易于扪清。正常睾丸为长 4～5 cm、坚韧的椭圆形结构。确定阴囊内是否有两个睾丸，轻轻触诊每个睾丸，注意其质地、形状、大小，触摸有无结节、触痛及肿块。

附睾触诊：用拇指、示指和中指触诊。附睾呈逗号状附着在睾丸的后外侧，两侧大小、部位相似。注意其质地、形状、大小，有无压痛、结节及其与睾丸的关系。

精索触诊：触摸精索有两种方法。一种方法是一手轻轻地向下牵拉睾丸，另一手从阴囊后方轻轻地用拇指和示指滑动触摸，直至触及一卷曲状结构；另一种方法是示指从阴茎根部外侧套入皮内，在耻骨下辗动，可能在某处辗滚至精索上，千万别挤压指下的精索。

检查精索静脉有无曲张：精索静脉曲张为一沿精索走行的蚯蚓状盘曲的柔软团块。将阴囊提起后，曲张的静脉会逐渐塌陷。当疑有静脉曲张时，应嘱患者站立位观察，因为一旦患者平卧，曲张静脉可消失。

阴囊内若有包块，首先应确定它是源于阴囊内容物，还是其他部位组织或包块下降所致。任何阴囊包块均应进行透光试验以区别包块是囊性还是实质性。透光试验方法：在两指间固定包块，以不透光的纸卷成筒状，一端置于阴囊肿大的部位，然后由对侧以手电筒照射。注意，此检查应在暗室进行。

（一）阴囊皮肤及外形

正常阴囊皮肤色暗而多皱褶，外有少量阴毛，富有汗腺和皮脂腺，双侧对称。其常见异常有如下几种。

1. 阴囊湿疹（scroti eczema） 早期皮肤出现小丘疹、疱疹和小水疱，有大量浆液渗出和糜烂，瘙痒明显。皮肤逐渐增厚呈苔藓样，并有小片鳞屑。

2. 阴囊水肿（图 2-10-1） 可为全身水肿的一部分，如右侧心力衰竭、肾病综合征；也可因局部因素所致，如局部炎症或超敏反应、静脉回流受阻或丝虫病。阴囊皮肤肿胀，紧绷光亮，指压有明显凹陷，无压痛。

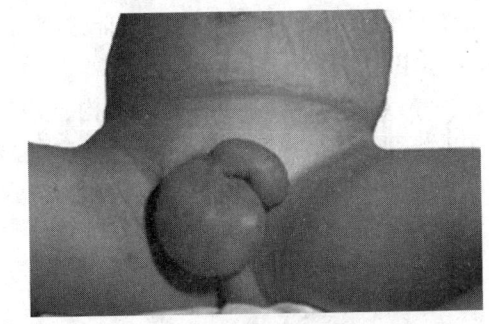

图 2-10-1　阴囊水肿

3. 阴囊象皮肿（scrotal elephantiasis） 阴囊皮肤增厚、粗糙，触之似大象的皮肤，故称阴囊象皮肿，见于丝虫病所致的淋巴管炎或淋巴管阻塞。

4. 阴囊疝 表现为一侧或双侧阴囊肿大，触之有囊样感，有时可推回腹腔，当患者咳嗽使腹内压增加时可再降入阴囊。阴囊疝（scrotal hernia）是由于肠管或肠系膜等腹腔脏器经腹股沟管下降至阴囊内所形成的。

疝的检查方法：患者取站立位，医师站于患者的同侧，用右手检查右侧、左手检查左侧。以一手置于患者的腰背部，另一手的手臂和示指大致与患者的腹股沟韧带平行，用示指向上外方向插入阴囊皮肤以检查外环。注意外环的大小和张力及黑氏三角区的腹壁肌张力，然后检查咳嗽冲击感。嘱患者头偏向对侧并咳嗽，如手指感到咳嗽冲击感为阳性，提示疝的存在。

斜疝与直疝鉴别方法：如患者站立时腹股沟区或阴囊区出现包块，应做包块还纳试验。以一手置于患者背部，另一手的手掌置于腹股沟区并与腹股沟韧带平行，对着包块轻柔而持续加压，如包块缩回，此时腹股沟斜疝可将手指轻轻地滑向内环方向（腹股沟韧带的中点），压住此点，如包块不再出现，或仅用力时感到冲动感，则为斜疝（图 2-10-2）；如不能控制包块或包块仍从腹前壁突出，则为直疝。

5. 鞘膜积液 当鞘膜或邻近器官出现病变时，鞘膜液体分泌增多，形成鞘膜积液，此时阴囊肿大，触之有水囊样感。透光试验显示阴囊为橙红色、均质、半透明状。阴囊疝、睾丸肿瘤、鞘膜积血等则不透光。

提示：阴囊肿大可以是阴囊局部病变所致，也可以是其他部位病变

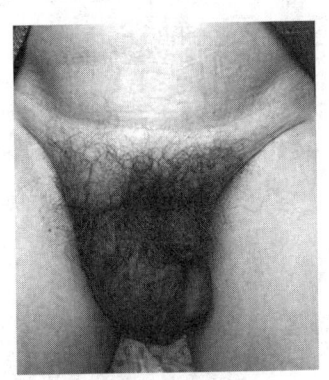

图 2-10-2　腹股沟斜疝

累及阴囊，应注意鉴别。

（二）睾丸

睾丸（testis）正常情况下左、右各一，呈椭圆形，表面光滑，柔韧。其常见异常如下。

1. 睾丸触痛　急性睾丸肿痛、压痛明显者，常见于急性睾丸炎，外伤或流行性腮腺炎、淋病等。慢性睾丸肿痛多由睾丸结核引起。

2. 睾丸肿大　一侧睾丸肿大、质硬并有结节，多无明显压痛，应考虑睾丸肿瘤或白血病细胞浸润。

3. 睾丸缩小　睾丸萎缩可由流行性腮腺炎、外伤后遗症及精索静脉曲张引起。睾丸过小常由先天性或内分泌异常引起，如肥胖性生殖无能症、垂体功能或性腺功能不全。

4. 睾丸未触及

（1）隐睾：睾丸隐藏于腹腔内、腹股沟阴茎根部或会阴部称为隐睾（cryptorchidism）。

（2）无睾症：常见于性染色体数目异常，可为单侧或双侧。双侧无睾症患者生殖器官及第二性征均发育不良。

（三）附睾

附睾位于睾丸后外侧，是贮存精子和促进精子成熟的器官。上端膨大为附睾头，下端细小如囊锥状为附睾尾。急性附睾炎症时肿痛明显，常可导致睾丸肿大，睾丸与附睾触诊时分辨不清。附睾结核常致使附睾呈结节硬块，伴输精管增粗呈串珠状，无明显压痛。

（四）精索

精索为柔软的圆条索状结构，由输精管、提睾肌、血管、淋巴管及神经等组成，精索在左、右阴囊腔内各一条。急性精索炎症表现为局部皮肤红、肿，常伴有挤压痛。输精管结核表现为串珠样肿胀。精索静脉曲张时，触诊精索如蚯蚓团样。靠近附睾的精索触及硬结多为丝虫病所致。

三、前列腺

前列腺位于膀胱下方，耻骨联合后约 2 cm 处，包绕在尿道根部，形状如前后稍扁的栗子，上宽下窄，正中有纵行浅沟将其分成两叶，尿道从中纵行穿过。

检查方法：嘱患者取膝胸卧位或左侧卧位做直肠指诊。医师戴手套，涂润滑油，手指徐徐插入肛门，向腹侧触诊。正常时前列腺质韧，有弹性，左、右两叶之间可触及正中沟。良性前列腺肿大时，正中浅沟消失，表面光滑，有韧感，无压痛及粘连，多见于老年人；前列腺肿大且有明显压痛多见于急性前列腺炎。前列腺肿大、质硬，无压痛，表面触及硬结节者应考虑前列腺癌。前列腺触诊时按摩前列腺可取前列腺液做实验室检查。

提示：前列腺无痛性肿大，质硬，表面不光滑伴坚硬结节者，应考虑前列腺癌。

四、精囊

精囊为菱锥形囊状附属性腺，位于前列腺上方。正常精囊柔软、光滑，肛门指检不易触及。精囊病变常继发于前列腺病变，如精囊可触及条索状肿胀并有压痛见于前列腺炎或积脓累及精囊时；精囊表面触及结节状多见于前列腺结核累及精囊；精囊表面触及肿大硬结应考虑前列腺癌。

（梁海斯）

第二节 女性生殖器检查

女性生殖器包括外生殖器（阴阜、大阴唇、小阴唇、阴蒂及阴道前庭）与内生殖器（阴道、子宫、输卵管及卵巢）。

一般情况下女性生殖器不做常规检查。如疑有妇产科疾病，应由妇产科医师检查，男性医师为患者进行妇科检查时应有女性医务人员陪同。

检查时，嘱患者先排空膀胱，暴露下身，仰卧于检查台上，小腿屈曲，两大腿外展。患者是否处于舒适、良好的体位并放松是检查的关键。垂危患者可在病床上检查。医师需戴消毒手套。

视诊：注意外阴的发育、阴毛的分布、外阴皮肤的颜色，观察有无炎症、瘢痕、静脉曲张、外伤、肿瘤等，检查阴蒂有无肥大。

触诊：用拇指与示指分开两侧阴唇，暴露前庭。观察尿道口和阴道口。未婚妇女阴道口处女膜仅有一个小孔，已婚妇女阴道口可插入两指，经产妇女可见处女膜破裂痕迹。应注意有无处女膜闭锁。用拇指和示指扪诊尿道旁腺和巴氏腺，正常时不能扪及。感染时可扪及巴氏腺囊肿或脓肿。尿道感染时，用示指从阴道内挤压可见尿道口有脓性分泌物。

一、外生殖器

通过视诊，主要观察阴阜、大阴唇、小阴唇、阴蒂、阴道前庭及阴道壁（使用阴道扩张器检查）。

1. 阴阜（mons pubis） 位于耻骨联合前面的外阴部，皮下脂肪丰富，为柔软的脂肪垫，性成熟后皮肤表面有阴毛，呈倒三角形分布，为女性第二性征。阴毛明显稀少或缺如见于性功能减退或希恩综合征；阴毛明显增多、呈男性分布多见于肾上腺皮质功能亢进。

2. 大阴唇（greater lip of pudendum） 在性成熟后大阴唇表面可有阴毛。未生育妇女两侧大阴唇自然合拢，遮盖外阴；经产妇两侧大阴唇常分开；老年人或绝经后大阴唇常萎缩。

3. 小阴唇（lesser lip of pudendum） 前端融合后再分开两叶包绕阴蒂，后端会合形成阴唇系带。小阴唇出现红、肿、疼痛见于小阴唇炎症；小阴唇出现白斑见于局部色素脱失的女阴白斑；若小阴唇有结节、溃疡，应考虑癌变；小阴唇有乳突状或蕈样突起见于尖锐湿疣。

4. 阴蒂（clitoris） 阴蒂过小见于性功能发育不全；阴蒂过大应考虑两性畸形；阴蒂红肿见于外阴炎症。

5. 阴道前庭（vaginal vestibule） 为两侧小阴唇之间的菱形区，前部有尿道开口，后部有阴道开口。前庭大腺位于大阴唇后部，开口于小阴唇与处女膜的沟内，如黄豆大。如局部出现红、肿、硬结、疼痛或有脓液溢出，见于前庭大腺脓肿。肿大明显而压痛轻见于前庭大腺囊肿。

二、内生殖器

内生殖器检查方法有：①阴道扩张器检查；②双合诊（戴手套的手的示指、中指进入阴道，另一手在腹部配合）；③三合诊（戴手套的手的示指、中指分别进入阴道及直肠，另一手在腹部配合）；④肛腹诊（戴手套的手的示指进入直肠，另一手在腹部配合）。

1. 阴道（vagina） 为生殖通道，内腔狭窄，富于弹性。未婚女性一般不做阴道检查。正常阴道黏膜呈淡红色，有许多横纹皱襞，柔软、光滑。阴道顶端为子宫颈。

2. 子宫（uterus） 位于盆腔中央，为呈倒置梨形的中空肌质器官。子宫的触诊以双合诊进行

（未婚者一般不行此项检查）。正常子宫颈表面光滑，质韧如鼻端；妊娠时子宫颈质软如唇，呈紫色。正常未孕子宫长 7~8 cm，宽 4~5 cm，厚 2~3 cm；触之较韧，光滑，无压痛。子宫体积均匀增大见于妊娠，非均匀增大见于各种肿瘤。如子宫颈有接触性出血和质硬不平，应考虑宫颈癌的可能。

3. 输卵管　正常输卵管（uterine tube）表面光滑，质韧，无压痛，长 8~14 cm。输卵管急性和慢性炎症或结核可触及输卵管肿胀、增粗、有结节、弯曲或僵直，且与周围组织粘连、固定、压痛明显。输卵管明显肿大应考虑输卵管积脓或积水。双侧输卵管病变导致管腔狭窄或梗阻者难以受孕。

4. 卵巢（ovary）　为一对扁椭圆形性腺，表面常不平，成年女子的卵巢大小约 4 cm×3 cm×1 cm；绝经后卵巢萎缩变小、变硬。卵巢增大常见于肿瘤或炎症等。

提示：女性内生殖器检查需触诊与视诊相结合，未婚女性一般不行阴道检查。

（梁海斯）

第三节　肛门与直肠检查

肛门与直肠检查方法简便，常可发现具有重要临床意义的体征，但临床常被忽略而导致漏诊。

根据病情需要，检查时可嘱患者采取不同的体位，以求取得最佳效果。常用的检查体位有如下几种。

1. 膝胸卧位　患者背向光线，双肘关节屈曲，弯曲上身，使前胸及一侧面紧贴检查台面，双膝跪在检查台上，臀部抬高。此种体位适用于前列腺、精囊及直肠前部和内镜检查（图 2-10-3）。

2. 前俯位　嘱患者背向光线站立，上身向前弯曲俯于床边，使髋部弯曲呈 90°。医师用双手拇指将臀部肌肉轻轻分开，露出肛门。此种体位适用于门诊或轻症患者。

3. 左侧卧位　患者背向光线取左侧卧位，右腿向腹部屈曲，左腿伸直，臀部靠近检查台边。医师站在患者背后进行检查。左侧卧位适用于危重、年老、体弱或女性患者（图 2-10-4）。

根据病情需要还可采取仰卧位或截石位、蹲位等。

肛门与直肠检查的常用体位。

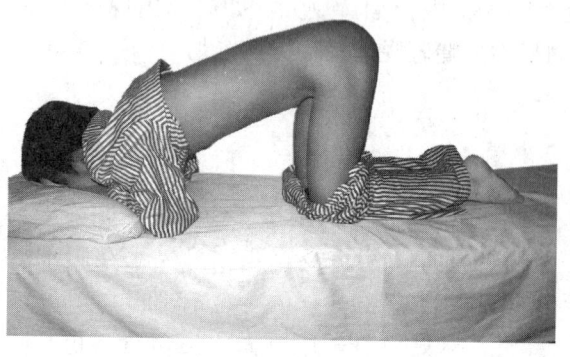

图 2-10-3　膝胸卧位

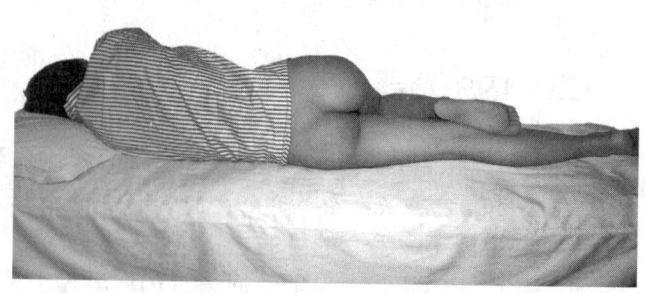

图 2-10-4　左侧卧位

一、视诊

医师用手分开患者臀部，观察肛门周围皮肤颜色及皱褶，同时注意有无红、肿、脓血、瘢痕、痔、肛裂及瘘管等。

1. **肛门瘢痕与红肿** 肛门周围瘢痕多见于感染、外伤、手术。肛门周围红肿及压痛多为肛门周围炎症或脓肿。

2. **肛门闭锁（anal atresia）与狭窄** 多见于新生儿先天性畸形，因感染、外伤、手术可导致肛门狭窄，常伴肛周瘢痕。

3. **肛裂（anal fissure）** 是指肛管齿状线以下深达皮肤全层的纵行及菱形裂口，常伴感染、溃疡、排便疼痛及便血（图2-10-5）。

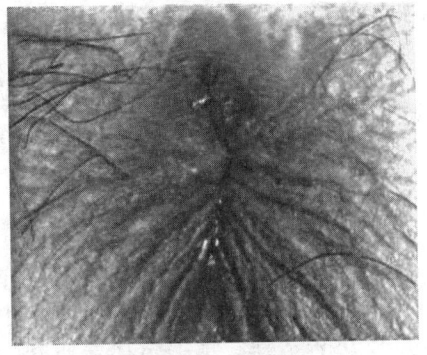

图2-10-5 肛裂

4. **痔（hemorrhoid）** 是直肠下端黏膜下或肛管边缘皮下的静脉丛扩大和曲张所致的静脉团，分为内痔、外痔、混合痔。内痔（internal hemorrhoid）位于齿状线以上，于肛门内口见柔软的紫红色包块，被覆黏膜，排便时可突出肛门口外，常表现为无痛性出血。外痔（external hemorrhoid）位于齿状线以下，在肛门口外可见柔软的紫红色包块，表面被覆肛管皮肤。患者常有大便带血、痔块脱出、疼痛或痒感。混合痔（mixed hemorrhoid）由齿状线上、下静脉扩张引起，上部被直肠黏膜覆盖，下部被肛管皮肤覆盖，兼具内痔、外痔的特点。三种痔示意图见图2-10-6。

5. **肛门直肠瘘（anorectal fistula）** 简称肛瘘（anal fistula），即直肠、肛管与周围皮肤相通的瘘管，患者常述有脓性分泌物自瘘管开口处流出，多由肛管或直肠周围脓肿（图2-10-7）、结核、克罗恩病所致，不易愈合。检查时肛门周围皮肤有瘘管开口（外口），有时瘘管内口位于直肠或肛管内，可伴有硬结（图2-10-8）。

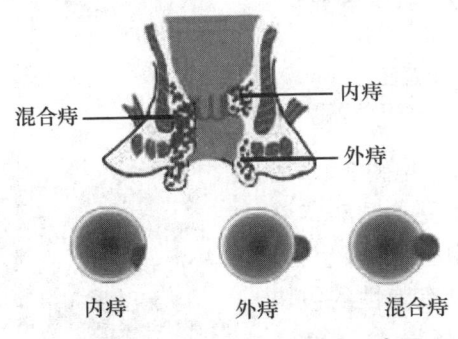

图2-10-6（彩图20） 三种痔示意图

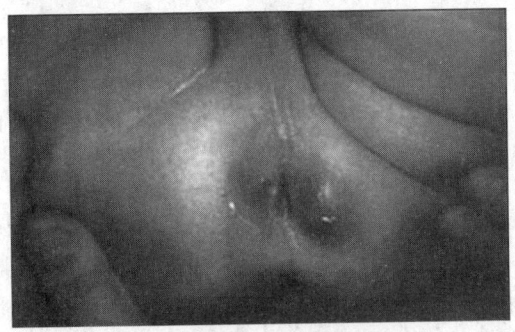

图2-10-7 肛周脓肿

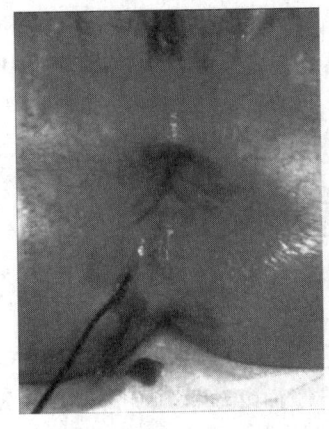
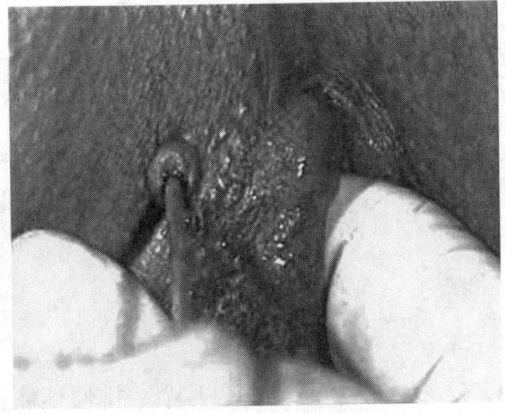

图2-10-8 肛瘘

6. 直肠脱垂（rectal prolapse） 又称脱肛，是指肛管、直肠或乙状结肠下端肠壁部分或全层外翻脱出肛门外。检查时嘱患者取蹲位，或同时用力屏气做排便动作，观察肛门外有无突出物。如在肛门外看到紫红色突出物，即为直肠部分脱垂（直肠黏膜脱垂），如在肛门外看到椭圆形、表面有环状突出物，即为直肠完全脱垂（直肠壁全层脱垂）。

提示：痔是直肠下端黏膜下或肛管边缘皮下的静脉丛的静脉扩大和曲张；肛裂是肛管下端皮肤纵行裂口；肛瘘是直肠、肛管与周围皮肤相通所形成的异常瘘管；脱肛是肠壁部分或全层外翻脱出肛门外。

二、触诊

触诊常称为肛门及直肠指诊。方法简便易行，除对肛门、直肠局部病变的诊断具有重要价值外，还用于检查盆腔疾病，如前列腺疾病、精囊疾病、子宫疾病、输卵管疾病、阑尾炎及髂窝脓肿。

检查方法：患者可任意取膝胸卧位、前俯位、左侧卧位等体位的一种，全身放松，避免肛门括约肌紧张。医师右手戴手套或指套，示指涂以润滑剂（如肥皂液、液状石蜡、凡士林），先以示指指腹于肛门外口轻轻按摩，待患者肛门括约肌松弛后，再徐徐插入肛门及直肠内进行检查（图2-10-9）。先检查肛门括约肌的紧张度，再有顺序地上、下、左、右全面检查肛管及直肠内壁，注意表面光滑度，有无压痛、肿块及搏动感。男性可触诊前列腺与精囊，女性可检查子宫、子宫颈、输卵管等。检查完毕后取出指套，观察其上有无脓血等分泌物，必要时送检。

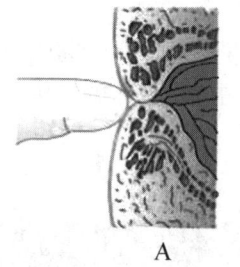
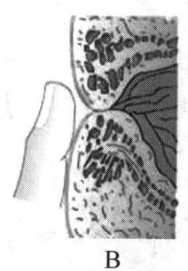
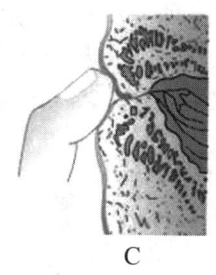
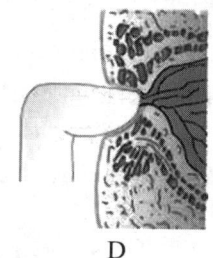

A   B   C   D

图2-10-9　直肠指诊示意图
A. 错误手法；B～D. 正确手法及步骤

肛门病变的记录方式一般按截石位钟面时针位表示，见图2-10-10。触诊检查应注意下列表现：①肛门触痛剧烈常见于肛裂或局部感染。②肛管内壁触及压痛伴波动感肿块，见于直肠、肛门周围脓肿或坐骨直肠窝脓肿。③直肠内触及柔软、光滑、活动、无压痛、有弹性的包块，多为直肠息肉。④触及硬而凹凸不平的肿块，应考虑直肠癌。⑤指诊后指套表面带有黏液或脓血，应取标本做镜检或细菌学检查。

提示：直肠指诊的方法简便、实用，可发现肛门及直肠多种疾病，如临床需要，应尽量说服患者配合检查。另外，还可根据检查目的不同采取不同的体位。

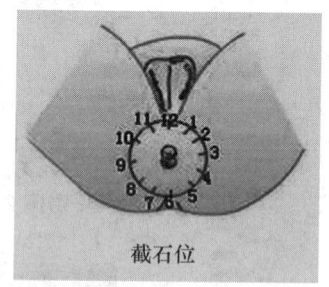

图2-10-10　肛门病变记录方式示意图

第四节　临床病例查体思维

【病例】

患者，男性，53岁。反复便秘3个月余，排便疼痛伴便血20天。考虑为肛门及直肠病变的可能，应如何进行肛门及直肠体格检查？可能会发现哪些重要体征？

1. 症状特点　反复解干结大便、排便时疼痛伴便血。
2. 可能出现的疾病　肛裂、痔（外痔或混合痔）。
3. 需鉴别的疾病　直肠癌、结肠癌、肠结核、肠套叠、克罗恩病、细菌性痢疾、直肠炎及小肠恶性淋巴瘤等。

肛门及直肠体格检查方法：患者取膝胸卧位或前俯位。医师用手分开患者臀部肌肉，先观察肛门周围皮肤颜色及皱褶，注意有无红、肿、脓血、瘢痕、痔、肛裂及瘘管等。再取蹲位，嘱患者用力屏气做排便动作，观察肛门外有无突出物。

如果未发现肛裂或痔，则进行直肠指诊。

直肠指诊时注意表面光滑度，有无包块及包块的性质。

4. 可能出现的重要体征

视诊：肛门某点位置（多在12点）单发的纵向、椭圆形裂口，基底较硬，肉芽灰白，齿状线上乳头肥大，或可见一突出肛门外的袋状皮垂（前哨痔），呈典型的肛裂三联征。

触诊：轻触裂口位置有剧烈疼痛。肛裂呈典型的三联征诊断明确，一般不必再做肛门直肠指检或肛镜检查。

5. 技能要点

（1）患者可任取膝胸卧位、前俯位、左侧卧位等体位的一种，全身放松，避免肛门括约肌紧张。

（2）直肠指检时，医师右手戴手套或右示指戴指套。示指涂以润滑剂，先以示指指腹于肛门外口轻轻按摩，待患者肛门括约肌松弛后，再徐徐插入肛门及直肠内进行检查。

（3）正确记录发现病变的位置。

（梁海斯）

自　测　题

选择题

1. 进行男性生殖器检查时，对性生活史中有溃疡或其他病损史者，错误的描述是
   A. 医师应当着患者的面洗手
   B. 应双手戴手套检查
   C. 降低被感染或传播疾病的机会
   D. 可单手戴手套
   E. 不必戴手套

2. 某患儿，男性，8岁。两侧腮腺肿大4天，睾丸肿痛1天。该患者的疾病诊断可能是
   A. 急性鞘膜积液
   B. 急性丝虫病
   C. 急性阴囊疝
   D. 急性睾丸结核
   E. 流行性腮腺炎

3. 下列关于生殖系统的说法，错误的是
   A. 男性和女性生殖器官均可分为内生殖器、外生殖器
   B. 睾丸和卵巢的功能是产生生殖细胞和性激素
   C. 男性、女性生殖管道均不与腹膜腔相通
   D. 内生殖器由生殖腺、生殖管道和附属腺组成
   E. 睾丸与卵巢分别为男性、女性生殖腺

4. 下列有关阴囊的描述，错误的是
   A. 阴囊壁由皮肤和肉膜组成

B. 肉膜内含少量平滑肌纤维
C. 肉膜为浅筋膜
D. 可调节阴囊内温度，利于精子发育与生存
E. 容纳左睾丸、右睾丸、附睾及精索等结构

5. 下列有关阴茎的描述，错误的是
   A. 由两块阴茎海绵体和一块尿道海绵体构成
   B. 分为头、颈、体和根 4 个部分
   C. 尿道海绵体前端膨大为阴茎头
   D. 尿道海绵体后端膨大为尿道球
   E. 阴茎头的尖端有较狭窄的尿道外口，呈矢状位

6. 妇科检查时，下列错误的是
   A. 医师态度要严肃认真，操作轻柔
   B. 检查前所有患者均需排尿
   C. 一般取膀胱截石位
   D. 月经期一般不做妇科检查
   E. 注意消毒隔离，防止医源性交叉感染

7. 患者，女性，28 岁。高处骑跨式摔落，外阴受伤，患者自述疼痛难忍。体格检查发现外阴血肿。最可能的损伤部位是
   A. 小阴唇   B. 大阴唇   C. 处女膜
   D. 阴蒂   E. 前庭大腺

8. 下列属于外生殖器的器官是
   A. 阴道   B. 宫颈   C. 子宫
   D. 阴道前庭   E. 输卵管

9. 关于阴道，下列说法正确的是
   A. 阴道壁有很多纵行皱襞   B. 其黏膜呈粉红色，有腺体
   C. 阴道后穹窿顶端邻接直肠子宫陷凹   D. 其黏膜不受性激素的影响
   E. 阴道黏膜上覆有单层扁平上皮细胞

10. 下列叙述正确的是
    A. 阴道壁损伤后易形成血肿
    B. 子宫内膜表面 1/2 受卵巢激素影响发生周期性改变
    C. 子宫颈管黏膜上皮为单层鳞状上皮
    D. 宫颈阴道部上皮为复层鳞状上皮
    E. 正常子宫呈后倾后屈位

11. 混合痔是指
    A. 痔与瘘同时存在   B. 两个以上内痔
    C. 直肠上下静脉丛彼此相通所形成的痔   D. 内痔与外痔分别在不同位置存在
    E. 内痔多发，遍置一周

12. 内痔的常见早期症状是
    A. 肛门疼痛   B. 大便时滴血   C. 痔核脱出
    D. 黏液血便   E. 肛门周围红肿

13. 患儿，5 岁，便血，新鲜，量不多，位于大便外面，考虑其可能性最大的疾病是
    A. 痢疾   B. 痔   C. 直肠癌
    D. 直肠息肉   E. 肛周脓肿

14. 患者，男性，36 岁，畏寒、发热 3 天，自觉肛管内胀痛，排尿困难，继之肛周发红，出现压痛区，切开后排出脓汁 60 ml，应诊断为哪种脓肿

A. 肛门旁皮下脓肿　　　B. 坐骨肛管间隙脓肿　　　C. 骨盆直肠间隙脓肿
D. 直肠后间隙脓肿　　　E. 肛周脓肿

15. 患者，40岁，排便后肛门外剧烈疼痛，并出现一个触痛明显的肿块，最可能的诊断是
    A. 内痔脱出嵌顿　　　B. 直肠息肉脱出　　　C. 肛周脓肿
    D. 血栓性外痔　　　E. 肛裂并前哨痔

16. 患者，女性，39岁，半年前因肛周脓肿切开引流，之后局部皮肤反复红、肿、破溃，局部痒，应考虑为
    A. 肛周疖肿　　　B. 肛瘘　　　C. 混合痔
    D. 血栓性外痔　　　E. 肛周慢性肉芽肿

17. 门诊疑为痔、慢性痢疾、结肠炎或直肠癌的患者，要提高诊断率，首先应进行的检查是
    A. 粪便常规检查　　　B. X线钡剂灌肠检查　　　C. 直肠指检
    D. X线钡餐检查　　　E. 直肠乙状结肠镜检查

18. 某患痔多年的患者突感肛门剧痛，排便、走路、咳嗽时疼痛加剧。检查：肛门部有一个圆形肿块突出，与周围组织分界清楚，触痛，应诊断为
    A. 内痔嵌顿　　　B. 直肠息肉脱出　　　C. 肛门旁皮下脓肿
    D. 外痔血栓形成　　　E. 外痔合并感染

19. 6岁儿童，大便时常有鲜血染于粪便表面，便后无不适感。最可能的诊断是
    A. 内痔　　　B. 肛裂　　　C. 慢性肠套叠
    D. 肛窦炎　　　E. 直肠息肉

20. 患者，男性，45岁，过去10年经常大便带血，无其他症状。近1年便血加重，便后不适，需立即进行的有效诊断方法是
    A. X线钡剂灌肠检查　　　B. 直肠指诊　　　C. 纤维结肠镜检查
    D. 乙状结肠镜检查　　　E. 常规体检及化验

21. 患者，男性，25岁，肛门胀痛，排尿困难5天。畏寒，高热，肛门外观无异常，直肠指检：肛管左侧局限性隆起，压痛明显，可诊断为
    A. 骨盆直肠间隙脓肿　　　B. 肠后间隙脓肿　　　C. 坐骨肛管间隙脓肿
    D. 前列腺脓肿　　　E. 直肠黏膜下脓肿

22. 患者，男性，60岁，患慢性支气管炎多年，经常便秘，近来大便带血，便后自觉有肿物自肛门脱出，可以还纳，考虑为
    A. 内痔脱出　　　B. 直肠部分脱出　　　C. 直肠完全脱出
    D. 直肠息肉脱出　　　E. 环痔

23. 患者，男性，25岁，近3个月经常排便后滴鲜血，量不多。肛门指检无异常发现，截石位肛镜检查见3点、7点各有一个突出肛管内的暗红色圆形软结节，诊断为
    A. 直肠息肉　　　B. 肛裂　　　C. 内痔
    D. 肛管癌　　　E. 慢性痢疾

24. 患儿，便后有出血症状，为鲜血，不与大便相混，大便次数及性质尚属正常，首先考虑做的检查是
    A. X线钡剂灌肠　　　B. 肛镜检查　　　C. 直肠指诊
    D. 乙状结肠镜检查　　　E. 粪便常规检查

25. 患者，男性，55岁，黏液稀便2个月，脐周及下腹部隐痛不适，腹平软，无压痛及肿块，粪便潜血试验（+）。应首先选择的检查是
    A. 纤维结肠镜检查　　　B. 乙状结肠镜检查　　　C. 粪便培养
    D. 直肠指诊　　　E. 肛镜检查

第十一章 脊柱及四肢与关节检查

第十一章数字资源

学习目标

1. 知识：说出脊柱及四肢检查的内容及方法；脊柱及四肢检查常见异常及临床意义。
2. 能力：完成脊柱及四肢检查，并与患者进行有效沟通。
3. 素养：通过学习，能够初步识别复杂损伤，做好危急征象响应。培养同理心，在检查中保护患者隐私，注意人文关怀，建立良好的医患关系。

案例 2-11-1

患儿，男性，6岁，发现身体倾斜半年，无严重外伤史。
问题与思考：
1. 该患儿体格检查应重点关注哪项检查？
2. 可能会发现哪些重要的异常体征？

第一节 脊柱检查

脊柱（vertebral column）是支持体重、维持躯体各种姿势的重要支柱，是躯体活动的枢纽。脊柱的椎管内容纳并保护脊髓。检查时，患者取站立位或坐位，按视诊、触诊、叩诊的顺序进行。

一、脊柱弯曲度

（一）生理性弯曲

正常人直立时从侧面观察脊柱有4个生理性弯曲：颈稍向前凸，胸椎稍向后凸，腰椎明显向前凸，骶椎明显向后凸。从后面观察脊柱无侧弯。

检查方法：患者取站立位或坐位，双眼平视，双上肢自然下垂。医师从前、侧、后面仔细查看脊柱有无畸形，医师用示指与中指沿患者的棘突从上向下快速压划，皮肤可见一条红线，以此判断有无脊柱侧弯。病理状态下，除颈椎变形外，脊柱通常可见3种基本畸形：①脊柱侧凸；②脊柱后凸（驼背）；③脊柱前凸。

（二）常见脊柱畸形

1. 颈椎变形　正常颈部无侧偏、前屈、过度后伸及僵硬感。颈部偏斜见于先天性斜颈。
2. 脊柱后凸（kyphosis）　脊柱过度后弯称为脊柱后凸，俗称驼背（gibbus），多发生于胸段脊柱。脊柱后凸表现为前胸凹陷，头颈向前（图 2-11-1），常见于佝偻病、结核病（脊柱结核因脊椎椎体破坏致使棘突明显向后突出，可呈现成角畸形）、强直性脊柱炎、脊柱退行性变及外伤等。

3. 脊柱前凸（lordosis） 脊柱过度向前凸出性弯曲称为脊柱前凸，多发生于腰椎段脊柱。脊柱前凸常见于妊娠晚期、大量腹水及腹腔巨大肿瘤、髋关节结核及先天性髋关节后脱位等。

4. 脊柱侧凸（scoliosis） 脊柱偏离正中线，向左或右偏曲，称为脊柱侧凸，包括以下几种。

（1）姿势性侧凸：无脊柱结构异常，早期脊柱弯曲度不固定，改变体位可使侧凸消失。姿势性侧凸见于：①儿童发育期坐、立姿势不良；②代偿性侧凸是一侧下肢明显短于另一侧下肢所致；③坐骨神经痛性侧凸，脊柱侧弯可减轻椎间盘对神经根的压迫，从而减轻疼痛；④脊髓灰质炎后遗症导致相应肌肉瘫痪萎缩致使脊柱侧凸。

图 2-11-1　脊柱后凸畸形

（2）器质性侧凸：特点是改变体位不能使侧凸得到纠正，见于先天性脊柱发育不良、肌肉麻痹、慢性胸膜肥厚及粘连、肩及胸廓畸形等（图 2-11-2）。

提示：姿势性侧凸的特点是无脊柱结构异常；器质性侧凸的特点是改变体位不能使侧凸得到纠正。

考点提示　脊柱弯曲度的检查方法与临床意义。

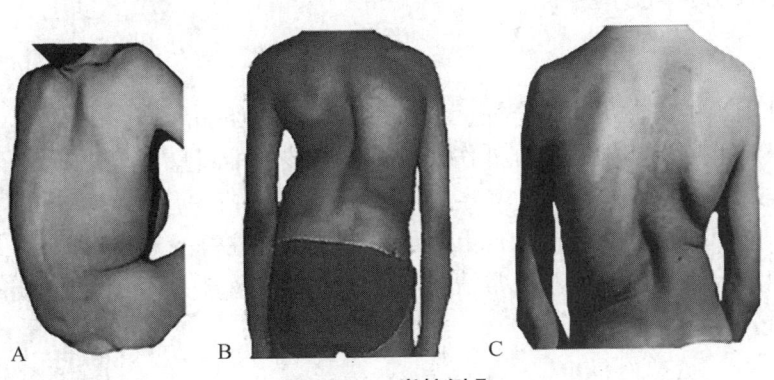

图 2-11-2　脊柱侧凸
A. 腰椎侧凸；B. 胸椎侧凸；C. 胸、腰椎联合侧凸

二、脊柱活动度

（一）检查方法

检查颈段脊柱活动度时，医师固定患者肩部，嘱患者做前屈、后伸、侧弯及左右旋转等动作。检查腰段时，先固定臀部，后做相关活动检查。

提示：对脊柱外伤、可疑骨折或关节脱位者，应尽量避免脊柱活动，防止损伤脊髓，如需搬动，则需注意保护和固定脊柱。

考点提示　脊柱活动度的检查方法与临床意义。

（二）正常脊柱活动度

正常脊柱具有一定的活动度，不同部位的脊柱活动范围不同，如颈、腰段脊柱活动度最大；胸段脊柱活动度最小；骶椎和尾椎几乎无活动性（成人两者已融合成骨块状）。

正常人在直立、骨盆固定的前提下，颈椎、胸椎、腰椎活动范围参考值列于表 2-11-1。

表 2-11-1　颈椎、胸椎、腰椎活动范围

脊柱	前屈	后伸	左、右侧弯	旋转度（一侧）
颈椎	35°~45°	35°~45°	45°	60°~80°
胸椎	30°	20°	20°	35°
腰椎	75°~90°	30°	20°~35°	30°
全脊柱	128°	125°	73.5°	115°

注：由于年龄、活动训练以及脊柱结构差异等因素，脊柱活动范围存在较大的个体差异。

（三）脊柱活动受限

1. 颈椎活动受限常见原因　①颈部肌纤维组织炎及韧带劳损。②颈椎病。③颈椎结核、肿瘤导致颈椎骨质破坏。④颈椎外伤、骨折、关节脱位等。

2. 腰椎活动受限常见原因　①腰部肌纤维组织炎及韧带劳损。②腰椎间盘突出症。③椎管狭窄。④腰椎骨折、脱位。⑤腰椎结核、肿瘤致使腰椎骨质破坏等。

三、脊柱压痛及叩击痛

（一）压痛

颈椎压痛可见于颈椎病、颈肋综合征、颈部肌纤维组织炎、落枕等。胸、腰椎压痛可见于胸椎及腰椎外伤或骨折、结核、椎间盘突出、腰背肌纤维组织炎及劳损。

检查方法：医师用拇指从枕部粗隆自上而下逐个按压脊柱每一个棘突及椎旁肌肉，检查有无压痛。正常情况下，每个棘突及椎旁肌肉均无压痛（图 2-11-3）。

（二）叩击痛

叩击痛阳性可见于脊柱骨折、结核、肿瘤、椎间盘突出等。叩击痛的部位多为病变部位。但若有颈椎病或颈椎间盘突出症，间接叩击时可出现上肢的放射痛。

检查方法：包括直接叩诊和间接叩诊。直接叩诊：医师用叩诊锤或手指叩击每个棘突。间接叩诊：患者取坐位，医师将左手置于患者头顶，右手半握拳，用小鱼际叩击左手。注意患者的疼痛表现，正常人应无叩击痛（图 2-11-4）。

提示：颈椎检查慎用直接叩诊。

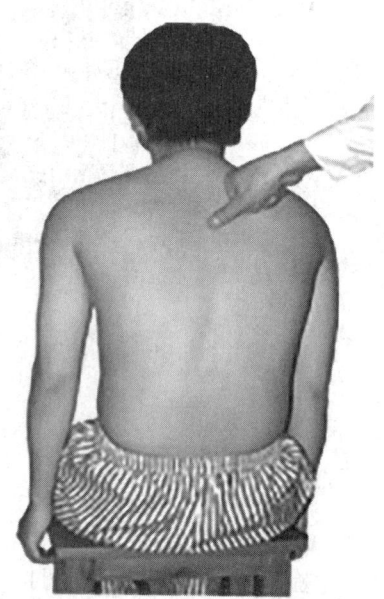

图 2-11-3　脊柱压痛检查

 脊柱压痛与叩击痛的检查方法与临床意义。

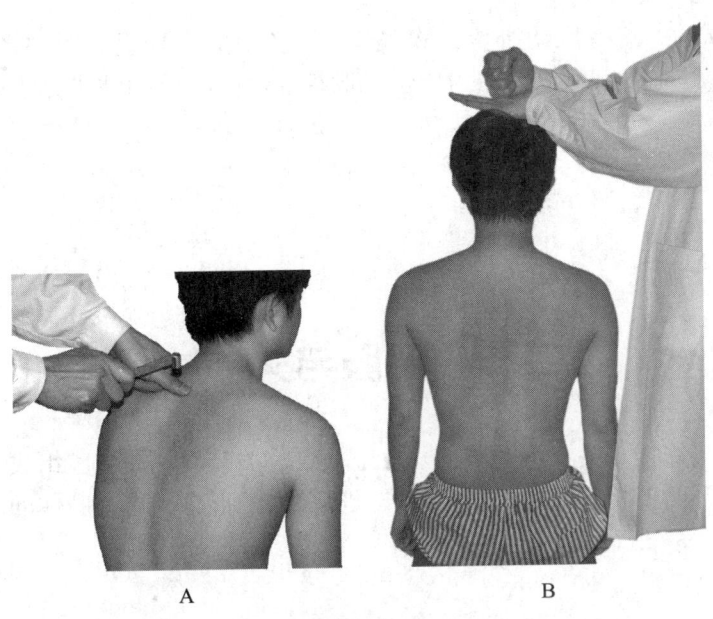

图 2-11-4 脊柱叩击
A. 直接叩诊；B. 间接叩诊

四、脊柱检查的几种特殊试验

（一）颈椎特殊试验

1. Jackson 压头试验　患者取端坐位，医师双手重叠放于其头顶部，向下加压，如患者出现颈痛或上肢放射痛即为阳性。Jackson 压头试验阳性多见于颈椎病及颈椎间盘突出症。

2. 前屈旋颈试验（Fenz 征）　嘱患者头颈部前屈，并左右旋转，如果颈椎处感觉疼痛，则属阳性，多提示颈椎小关节的退行性变。

3. 颈静脉加压试验［压颈试验（Naffziger 试验）］　患者取仰卧位。医师以双手指按压患者两侧颈静脉，如其颈部及上肢疼痛加重，为根性颈椎病，此因脑脊液回流不畅致使蛛网膜下腔压力增高所致。此试验也常用于下肢坐骨神经痛患者的检查，颈部加压时若下肢症状加重，则提示其坐骨神经痛症状源于腰椎管内病变，即根性疼痛。

4. 旋颈试验　患者取坐位，头略后仰，并自动向左右作旋颈动作。如患者出现头晕、头痛、视物模糊症状，提示椎动脉型颈椎病。

（二）腰骶椎的特殊试验

1. 摇摆试验　患者取平卧位，屈膝、屈髋，双手抱于膝前。医师手扶患者双膝，左右摇摆，如患者腰部疼痛为阳性。摇摆试验阳性多见于腰骶部病变。

2. 拾物试验　将一物品放在地上，嘱患者拾起。腰椎正常者可两膝伸直，腰部自然弯曲，俯身将物品拾起。如患者先以一手扶膝蹲下，腰部挺直地用手接近物品，即拾物试验阳性。拾物试验阳性见于腰椎间盘突出症、腰肌外伤及炎症。

3. 直腿抬高试验　又称拉塞格试验（Lasègue test）。患者取仰卧位，双下肢平伸。医师一手握患者踝部，另一手置于大腿伸侧，分别做双侧直腿抬高动作，腰与大腿正常可达 80°~90°。若抬高不足 70°，且伴有下肢后侧放射性疼痛，则为阳性。直腿抬高试验阳性见于腰椎间盘突出症、单纯性坐骨神经痛。

4. 屈颈试验（Lindner test）　患者取仰卧位，也可取端坐位或直立位。医师一手置于患者胸前，另一手置于枕后，缓慢、用力地上抬患者头部，使颈前屈，若出现下肢放射痛，则为阳性。屈颈试验阳性见于腰椎间盘突出症的"根肩型"患者。

5. **股神经牵拉试验** 患者取俯卧位，髋关节、膝关节完全伸直。医师将患者一侧下肢抬起，使髋关节过伸，如大腿前方出现放射痛为阳性。股神经牵拉试验阳性可见于高位腰椎间盘突出症（L2~3 或 L3~4）患者。

（梁海斯）

第二节 四肢与关节检查

关节是骨骼的间接连接。关节由关节面、关节软骨、关节囊、关节腔组成。四肢及关节的检查主要运用视诊与触诊，两者相互配合，观察四肢及其关节的形态，检查肢体的位置、活动度及运动情况等。

一、检查方法

进行上肢检查时，要求患者脱去上衣，暴露从指端到肩部的全部上肢。视诊主要观察双侧肢体的外形，长度是否等长及关节的对称性，有无损伤、瘢痕、红斑、瘀斑、肌肉萎缩及畸形，有无发绀和杵状指（趾），屈、伸、收、展等活动有无受限。

（一）指关节运动

嘱患者5个手指掌屈做握拳运动及拇指靠向手掌尺侧缘（小指侧）、其余四指平伸的拇指对掌运动。

（二）腕关节运动

嘱患者手腕做尽量主动背伸的背伸运动，正常者可背伸 30°~60°。嘱患者手腕尽量主动向下弯曲，观察屈曲程度，正常掌屈为 50°~60°。

（三）肘关节运动

1. **屈肘** 嘱患者尽量主动屈曲肘关节，使前臂紧靠上臂，然后将前臂返回到伸直状态，再重复一次。
2. **伸肘** 嘱患者尽量主动伸直双臂，当前臂伸直时，肘部则完全伸展（0°~15°）。不能完全伸展的为屈曲挛缩，应测量其挛缩程度（如伸肘差 5°或挛缩 5°）。
3. **旋前和旋后** 嘱患者屈肘呈 90°，双上臂紧靠胸侧，拇指向上，也可手握短棒作为标志。双前臂主动向内旋转（旋前）、向外旋转（旋后）。正常情况下分别为旋前 80°、旋后 100°。

（四）肩关节运动

医师可通过患者日常生活（梳头、穿衣）的能力来估计患者肩关节的功能，以下3个简单的动作可作为过筛检查：①嘱患者一手上举，越过头顶触及对侧耳。②嘱患者双手上举，置于枕后。③嘱患者一手沿后背尽量伸至最高点，正常能触及对侧肩胛骨。

（五）髋关节运动

1. **屈髋** 嘱患者尽可能向胸部屈膝，以检查髋关节屈曲运动。正常约为 120°。
2. **内旋和外旋运动** 嘱患者屈膝、屈髋（约各 90°）或医师将患者膝关节、髋关节各屈曲大约 90°，然后向内旋转，其足与小腿表现为髋关节外旋运动；向外旋转，其足与小腿表现为髋关节内旋运动。正常情况下，髋关节内旋为 40°、外旋为 60°。

（六）膝关节运动

嘱患者平卧，放松膝关节，医师用手触摸患者髌骨并上下推动，观察髌骨滑动情况，注意有无疼痛、触痛和擦响。

1. 屈膝　嘱患者主动屈膝关节。正常情况下，膝关节可屈130°。
2. 检查膝周肌力　患者屈膝后，医师双手分别置于患者胫前下方，并施加压力，请患者对抗阻力主动伸膝，检查伸肌肌力。

（七）足关节运动

1. 触诊踝关节（包括跟腱）　触摸踝关节前、后、两侧以及跟腱，注意有无触痛。
2. 背屈和跖屈　嘱患者做主动背屈和跖屈运动。正常时，背屈大约20°，跖屈大约45°。
3. 足内翻和足外翻　嘱患者做主动内翻和外翻运动。足内翻是足底翻向人体中线的运动；足外翻是足底离开人体中线的运动。

患者主动屈趾、伸趾，注意活动范围。

> **考点提示**　四肢、关节的检查方法与临床意义。

二、常见四肢与关节异常

正常人双侧上肢、下肢分别等长，形态对称，无畸形。

（一）长度异常

四肢长度异常见于先天性短肢畸形、骨折重叠和关节脱位等。如肩关节脱位时，患侧上臂长于健侧上臂。肱骨颈骨折时患侧短于健侧。

（二）形态异常

1. 肩部形态异常　肩关节脱位或三角肌萎缩时，肩关节弧形轮廓消失，肩峰突出，呈方肩。锁骨骨折、外伤性肩锁关节脱位使肩部突出畸形，如戴肩章状。
2. 腕部形态异常

（1）垂腕症：腕关节与掌指关节不能主动伸直，拇指不能外展，见于桡神经损伤（图2-11-5）。

（2）腕部局部肿胀：腕关节肿胀常见于外伤、关节炎、关节结核。

（3）腕部局部隆起：常见于以下疾病。①腱鞘囊肿：发生于腕关节背面或桡侧，出现圆形无痛性隆起，触之坚韧，推之可沿肌腱的垂直方向稍微移动。②腱鞘滑膜炎：发生于腕关节背面或掌面关节面，呈结节状隆起，影响关节活动。③腱鞘纤维瘤：发生于腕关节背面，触之柔软或较韧，推之可随肌腱的推动而来回移动）。

3. 手部形态异常

（1）反甲（koilonychia）：又称匙状甲，表现为指甲中央凹陷，边缘翘起，呈匙状。病变指甲变薄、表面粗糙、有条纹。反甲常见于缺铁性贫血、高原疾病，偶见于甲癣及风湿热（图2-11-6）。

（2）杵状指（趾）（acropachy）：又称槌状指（趾），表现为手指或足趾末端增生、肥厚，呈杵状膨大。其特点为末端指（趾）节从根部到末端呈弧形隆起（图2-11-7）。发病机制可能与肢体末端慢性缺氧、代谢障碍、中毒性损伤有关。缺氧可导致末端肢体毛细血管增生、扩张。临床常见于：①化脓性支气管肺疾病（支气管肺癌、支气管扩张、肺脓肿及脓胸等）；②肥大性骨关节病、原发性支气管肺癌；③某些心血管

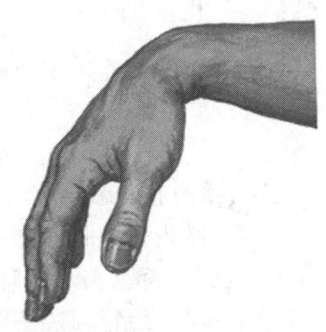

图2-11-5　垂腕症

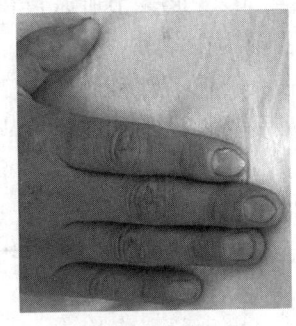

图2-11-6　反甲

疾病（先天性心脏病、亚急性感染性心内膜炎等）；④炎性肠病、克罗恩病、溃疡性结肠炎及肝硬化等；⑤锁骨下动脉瘤可引起同侧单侧杵状指。

（3）指关节梭形肿胀：常见于类风湿关节炎，多为双侧性，近端指间关节呈梭形肿胀（图2-11-8）。

（4）爪形手：手掌的骨间肌和小鱼际肌萎缩，手指关节呈鸟爪样变形（图2-11-9），常见于尺神经损伤、进行性肌萎缩、脊髓空洞征及麻风等。

（5）猿掌：见于正中神经损伤，大鱼际肌肉萎缩，拇指不能外展（图2-11-10）。

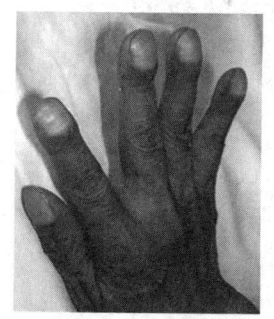
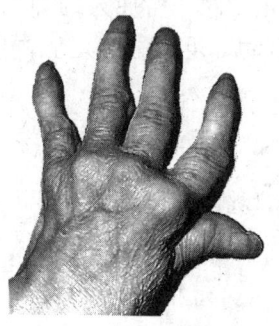
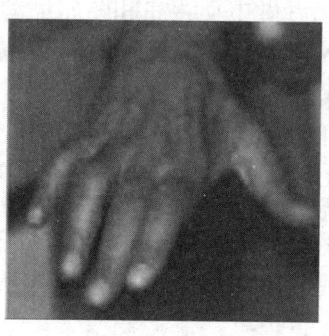
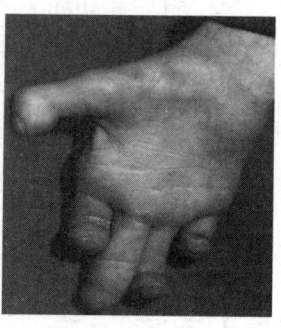

图2-11-7　杵状指　　　图2-11-8　指关节梭形肿胀　　　图2-11-9　爪形手　　　图2-11-10　猿掌

（6）餐叉样手：见于科利斯骨折（Colles fracture）引起的手呈"餐叉"样畸形（侧面观）和"枪刺刀样"畸形（正面观）（图2-11-11）。

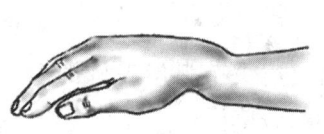
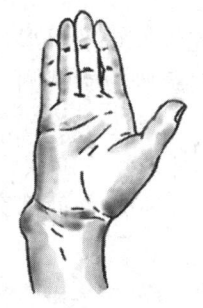

"餐叉"样畸形（侧面观）　　　　"枪刺刀"样畸形（正面观）

图2-11-11　科利斯（Colles）骨折

4. 膝关节形态异常

（1）膝内翻、膝外翻：正常人站立时双足并拢，双侧膝和内踝可以并拢。如双侧内踝靠拢时两膝部却向外分离，膝关节向内形成角度，双下肢呈O形，称为膝内翻（genu varum），又称O形腿（图2-11-12）。当双膝靠拢时，两内踝分离，小腿向外偏斜，双下肢呈X形，称为膝外翻（genu valgum），又称X形腿（图2-11-13）。膝内翻、膝外翻常见于佝偻病和大骨节病。

（2）膝关节肿胀及积液：①膝关节肿胀多见于风湿性关节炎、外伤性关节炎等；②膝关节积液表现为少量积液时，膝关节屈曲90°时，髌骨两侧的凹陷消失；大量积液时，膝关节周围明显肿胀，触诊有浮动感（图2-11-14），浮髌试验阳性，常伴膝关节疼痛、压痛及功能障碍。膝关节肿胀及积液常见于类风湿关节炎、骨性关节炎、外伤及结核等。

浮髌试验检查方法：患者取仰卧位，伸直膝关节并放松下肢肌肉。医师左手拇指与其余四指分开，分别置于髌骨近侧，向下压迫髌上囊，使囊内液体流入关节。右手示指垂直轻压髌骨后迅速抬起。如有膝关节积液，医师可感觉到髌骨与股骨接触并有浮动感，即为浮髌试验阳性（图2-11-15）。

提示： 正常膝关节腔内含有液体约5 ml。当关节积液超过50 ml时，浮髌试验方为阳性。

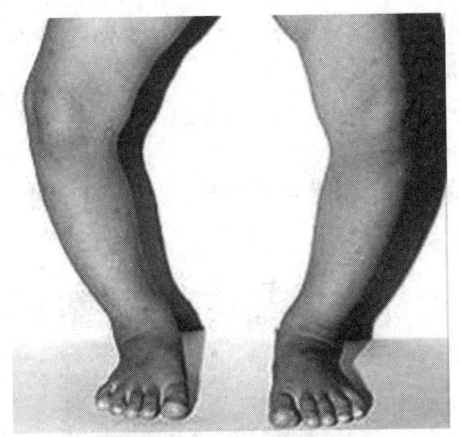

图 2-11-12 膝内翻

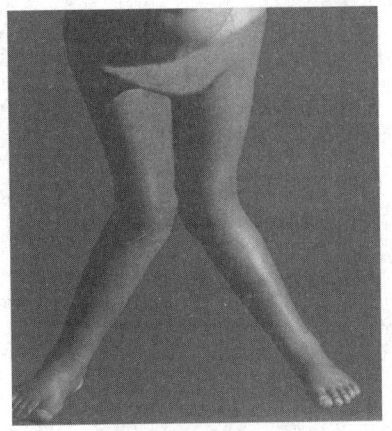

图 2-11-13 膝外翻

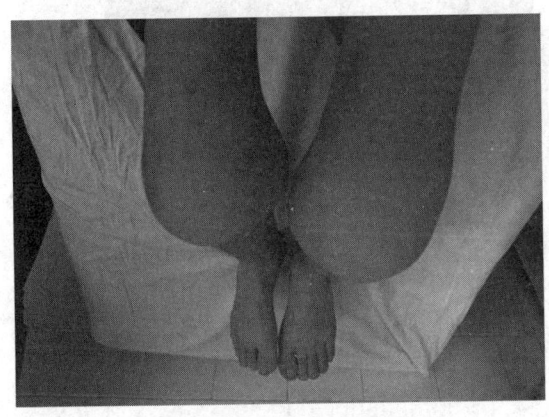

图 2-11-14 膝关节积液

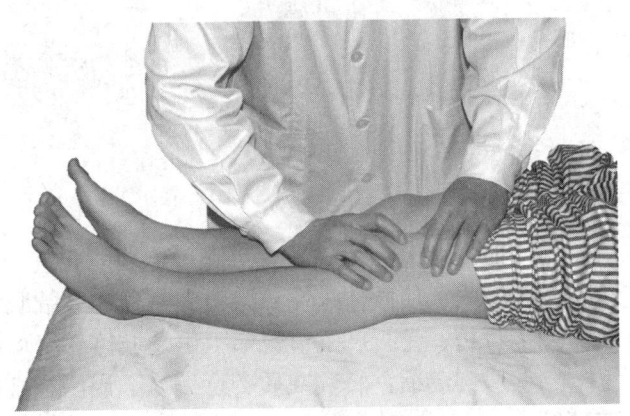

图 2-11-15 浮髌试验检查方法

5. 踝关节与足部形态异常

（1）肿胀：①单侧均匀性肿胀常见于踝关节扭伤、结核、化脓性关节炎等。②双侧均匀性肿胀常见于右侧心力衰竭早期，也可见于类风湿关节炎等。③局部性肿胀，足背或内踝、外踝局部肿胀见于腱鞘炎或腱鞘囊肿；跟骨结节处肿胀见于跟腱周围炎；踇趾和跖趾关节红、肿、疼痛见于痛风，可伴痛风石。其他尚可见于骨折、骨质增生等，常伴疼痛（即压痛）。

（2）局部隆起：见于外伤、骨折、痛风石及骨质增生等。

（3）足内翻及足外翻：正常人当膝关节固定时，足掌可向内翻、外翻达35°，复原时足掌可全面着地。若足掌部呈固定性内翻内收畸形，称为足内翻（图2-11-16）。足掌部呈固定性外翻、外展，称为足外翻（图2-11-17）。足外翻或足内翻畸形多见于先天性畸形及脊髓灰质炎后遗症。

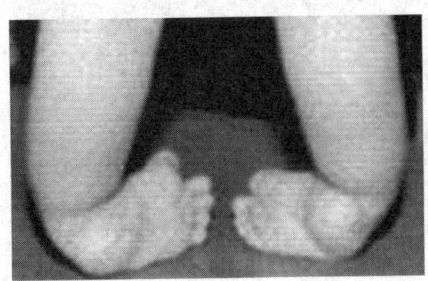

图 2-11-16 足内翻

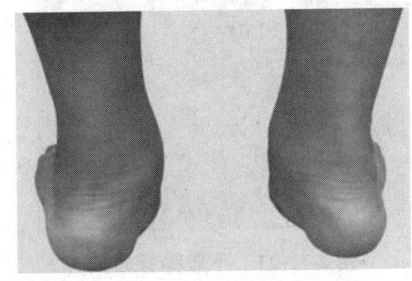

图 2-11-17 足外翻

（4）扁平足：足纵弓塌陷，足底部变平，直立时足底中部内侧也着地，又称平跖足、平板脚，患者不能持久直立并影响长途行走及行进速度（图2-11-18）。

（5）高弓足：足纵弓高起，足背隆起，足趾分开，站立时足底中部不能着地（图2-11-19）。高弓足常见于下肢神经麻痹、脊柱裂、先天性共济失调。

（6）马蹄足：踝关节跖屈，足跟悬空，前半足着地。马蹄足见于腓总神经损伤、跟腱挛缩、脑瘫等（图2-11-20）。

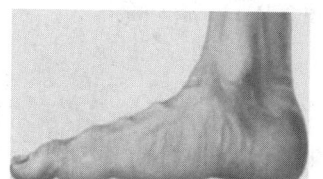

图2-11-18　扁平足

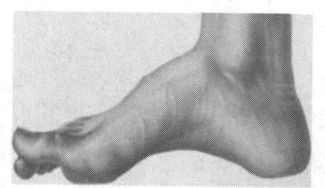

图2-11-19　高弓足

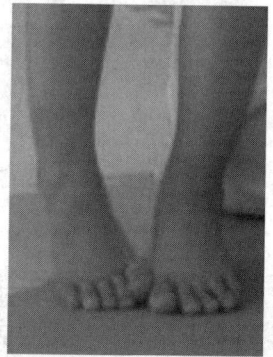

图2-11-20　马蹄足

6. 其他形态异常

（1）肢端肥大症：成人发生腺垂体功能亢进，生长激素分泌增多，引起骨末端及其韧带等软组织增生、肥大，使肢体末端异常粗大，称为肢端肥大症。

（2）骨折：骨折和关节脱臼可出现肢体的变形或缩短，骨折时可触到骨擦感或听到骨擦音。

（3）肌肉萎缩：脊髓灰质炎、偏瘫、周围神经损伤以及肢体失用可引起肢体部分萎缩或全身肌肉萎缩。

（4）下肢静脉曲张：下肢静脉回流受阻时，多见于小腿浅静脉（大隐静脉、小隐静脉）曲张，如蚯蚓状怒张、弯曲，站立位时更明显（图2-11-21）。严重者有小腿肿胀，局部皮肤暗紫、色素沉着，严重者出现溃疡且经久不愈。

（5）水肿：①全身性凹陷性水肿（图2-11-22）常见于右侧心力衰竭、低蛋白血症、肾功能不全等。②双下肢非凹陷性水肿常见于甲状腺功能减退症。③单侧肢体水肿多见于静脉回流受阻，如血栓性静脉炎。④单侧肢体非凹陷性水肿、皮肤增厚及变粗常见于淋巴液回流受阻，如丝虫病。

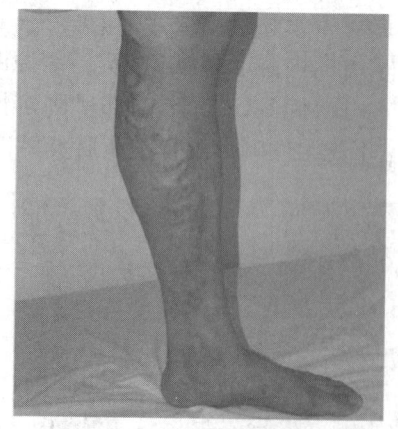

图2-11-21　下肢静脉曲张

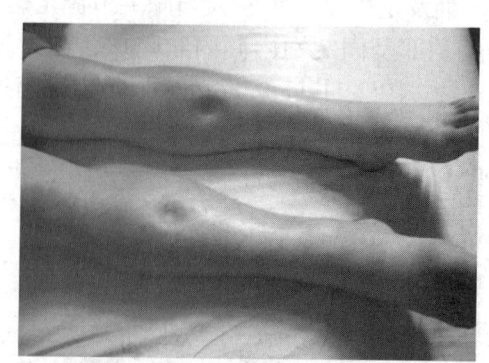

图2-11-22　下肢凹陷性水肿

（梁海斯）

第三节 临床病例查体思维

【病例】

患者，女性，73岁。右手疼痛、肿胀1天。患者因路滑跌倒，右手掌着地，当时疼痛剧烈，被人扶起后发现右手腕肿胀，经家人一般处理后肿胀、疼痛一直不缓解。门诊经X线检查诊断为伸直型桡骨下段骨折。应如何进行前臂骨折体格检查？可能会发现哪些重要体征？

1. 症状特点　右手疼痛、肿胀。
2. 可能出现的疾病　X线检查诊断为伸直型桡骨下段骨折。
3. 需鉴别的疾病　肱骨骨折、尺骨桡骨双骨折等。
4. 前臂体格检查方法　嘱咐或协助患者脱去上衣，暴露从指端到肩部全部上肢。注意重点观察双上肢是否等长，右腕部肿胀、压痛、畸形及右腕关节活动情况。
5. 可能出现的临床重要体征

视诊：右手腕关节明显肿胀，腕关节背伸、掌屈及前臂的旋前运动受限。右手掌正面观见"枪刺刀"样畸形；侧面观见"餐叉"样畸形。

触诊：右手腕关节肿胀处有明显压痛，轻轻移动桡骨下段有摩擦感。

听诊：轻轻移动桡骨下段有摩擦音。

检查摩擦感和摩擦音时手法要轻，不要反复检查，以免加重患者的痛苦。

（梁海斯）

自测题

一、选择题

A型题

1. 脊柱过度后弯称为脊柱后凸，也称为驼背，多发生于
   A. 颈段脊柱　　　　　B. 胸段脊柱　　　　　C. 腰段脊柱
   D. 骶椎　　　　　　　E. 腰、骶段

2. 脊柱过度向前凸出性弯曲，称为脊柱前凸，多发生于
   A. 颈段脊柱　　　　　B. 胸段脊柱　　　　　C. 颈胸段脊柱
   D. 腰段脊柱　　　　　E. 骶椎

3. 青少年时期出现脊柱后凸，多见于
   A. 佝偻病　　　　　　B. 胸椎结核　　　　　C. 类风湿性脊柱炎
   D. 骨质退行性变　　　E. 椎间盘突出

4. 老年人骨质退行性变时，常出现
   A. 脊柱前凸　　　　　B. 脊柱后凸　　　　　C. 脊柱侧凸
   D. 杵状指　　　　　　E. 匙状指

5. 脊柱颈椎段活动受限常见原因，应除外的是
   A. 颈部肌纤维炎及颈肌韧带劳损
   B. 颈椎增生性关节炎
   C. 结核或肿瘤浸润使颈椎骨质破坏
   D. 颈椎外伤、骨折或关节脱位
   E. 甲状腺结节
6. 匙状甲多见于
   A. 支气管扩张
   B. 支气管肺癌
   C. 缺铁性贫血
   D. 风湿热
   E. 甲癣
7. 支气管肺癌患者常出现
   A. 匙状甲
   B. 杵状指
   C. 肢端肥大症
   D. 膝内翻、膝外翻
   E. 足内翻、足外翻
8. 关于膝内翻、膝外翻的叙述，不正确的是
   A. 正常人双足并拢直立时，两膝及双踝均能靠拢
   B. 如双足内踝靠拢时两膝部因双侧胫骨向外侧弯曲而呈 O 形，称为膝内翻
   C. 当双膝关节靠拢时，两小腿斜向外方呈 X 形弯曲，使两足内踝分离，称为膝外翻
   D. 膝内翻、膝外翻多见于先天性畸形
   E. 膝内翻、膝外翻可见于佝偻病和大骨节病
9. 关于平跖足的叙述，不正确的是
   A. 足底变平
   B. 直立时足底中部内侧不能着地
   C. 多为先天性异常
   D. 患者不能持久站立
   E. 影响长途行走及行进速度
10. 检查髋关节运动功能时，下列叙述不正确的是
    A. 屈曲时股前部与腹壁相贴
    B. 后伸可达 30°
    C. 外展约 80°
    D. 内收约 24°
    E. 外旋与内旋各 45°
11. 尺神经损伤者手部改变为
    A. 爪形手
    B. 匙状甲
    C. 杵状指
    D. 梭形指
    E. 垂腕

X 型题

12. 下列疾病可引起脊柱病理性变形的是
    A. 脊椎退行性变
    B. 类风湿关节炎
    C. 结核病
    D. 外伤
    E. 肿瘤
13. 检查脊柱活动时，其内容应包括
    A. 脊柱前屈
    B. 脊柱侧弯
    C. 脊柱旋转
    D. 脊柱后伸
    E. 脊柱压痛
14. 强直性脊柱炎脊柱病变的特点是
    A. 脊柱胸段呈弧形后凸
    B. 常有脊柱强直性固定
    C. 仰卧位时也不能伸直
    D. 椎体常被破坏
    E. 腰椎前凸
15. 胸椎结核脊柱病变的特点是
    A. 病变常见于胸椎下段
    B. 病变椎体棘突后凸
    C. 成角畸形
    D. 病变椎体棘突有压痛
    E. 改变体位可使后凸纠正
16. 脊柱过度向前凸出性弯曲的常见原因是
    A. 晚期妊娠
    B. 大量腹水
    C. 腹腔巨大肿瘤
    D. 髋关节结核
    E. 先天性髋关节脱位

17. 脊柱姿势性侧凸的常见原因是
    A. 儿童期坐姿经常不正确
    B. 一侧下肢较另一侧短
    C. 坐骨神经痛
    D. 脊髓灰质炎后遗症
    E. 肩部或胸廓畸形
18. 脊柱器质性侧凸的常见病因是
    A. 慢性胸膜肥厚
    B. 胸膜粘连
    C. 胸廓畸形
    D. 佝偻病
    E. 椎间盘突出症
19. 颈椎活动度受限的常见疾病是
    A. 颈椎病
    B. 颈部肌纤维织炎
    C. 颈椎骨折
    D. 结核或肿瘤致使颈椎破坏
    E. 颈部韧带劳损
20. 腰椎活动度受限的常见疾病是
    A. 腰椎病
    B. 腰部肌纤维织炎
    C. 腰椎骨折
    D. 结核或肿瘤导致腰椎破坏
    E. 腰椎椎管狭窄症
21. 匙状甲的特点是
    A. 指甲中央凹陷
    B. 边缘翘起
    C. 指甲变薄
    D. 表面粗糙、有条纹
    E. 又称反甲
22. 杵状指的特点是
    A. 末端指增宽
    B. 末端指增厚
    C. 指甲呈拱形隆起
    D. 指端皮肤与指甲成角≥180°
    E. 指甲表面粗糙、有条纹
23. 引起匙状甲的常见疾病有
    A. 缺铁性贫血
    B. 高原病
    C. 甲癣
    D. 慢性支气管炎
    E. 营养不良
24. 引起杵状指的常见疾病有
    A. 支气管肺癌
    B. 支气管扩张
    C. 发绀型先天性心脏病
    D. 肝硬化
    E. 锁骨下动脉瘤

第十二章　神经系统检查

第十二章数字资源

学习目标

1. 知识：掌握神经系统检查的内容及顺序，理解和描述神经系统异常体征的临床意义。
2. 能力：完成神经系统检查并运用所学知识对常见的神经系统病例进行综合分析，完成初步定位、定性诊断及鉴别诊断。
3. 素养：通过学习，具备神经系统体征定位技术，通过模式识别训练，提高诊断效率。建立医者仁心的价值观，树立敬佑生命、救死扶伤、甘于奉献的医者精神。培养良好的医德医风，构建和谐医患关系。

神经系统检查的目的是了解神经系统有无损害及损害的部位和程度。通过准确的检查，可获得对疾病定位和定性的诊断信息。检查应按一定顺序进行，并注意与一般体格检查相结合，同时注意双侧对比。通常先检查脑神经，然后依次检查上肢、下肢的运动功能和反射，最后检查感觉功能和自主神经系统。

第一节　脑神经检查

案例 2-12-1

患者，女性，30岁，因寒冷的冬天迎风骑车时出现右侧耳后疼痛、口角歪斜1天入院。检查时发现右侧眼裂变大、闭眼不全。

问题与思考：
1. 还可能发现哪些重要的体征？
2. 该患者可能的疾病诊断是什么？

一、嗅神经

嗅神经检查方法：先询问患者有无幻嗅等主观嗅觉障碍，然后嘱患者闭目，先压住一侧鼻孔，以特殊气味（非挥发性、非刺激性气味）的物品，如牙膏、香烟、香皂、醋，分别置于另一侧鼻孔下，让患者辨别。用同样方法检查对侧，注意双侧比较。除鼻腔本身疾病外，嗅觉障碍常见于同侧嗅神经损害，如外伤、嗅沟病变压迫嗅球、嗅束等。嗅觉过敏多见于癔症。

二、视神经

主要检查视力、视野和眼底。

(一)视力

视力分为远视力和近视力,检查时一般使用国际标准视力表,分别检查左眼、右眼,未被检查的眼必须遮盖。当视力明显减退而不能看清视力表时,可嘱患者辨认眼前手指数目,即医师伸出若干手指,请患者背着光说出伸出的手指数,如在相距50 cm处能够正确数出,其视力为指数/50 cm。如果在眼前5 cm处仍不能正确数出手指数,医师将手在患者眼前摆动,让患者分辨手在摆动与否,若在相距20 cm处可正确分辨手的摆动,则其视力为手动/20 cm。如不能辨认距眼前5 cm处的手的摆动,应进行光感检查,即在暗室内用手电筒的灯光在某一距离照射患者的眼,检查感知光亮的存在与否,如在4 m处能辨出有亮光,其视力为4 m光感应。无光感则称完全失明。视力减退除眼局部病变(屈光不正、白内障)外,视神经病变也出现视力障碍。

(二)视野

正视前方,双眼保持不动时所能看到的最大范围称为视野。正常人视野鼻侧约为60°,颞侧约为90°,上方约为55°,下方约为70°,外下方视野最大。采用手试对比检查法可粗略地检查视野。检查方法:患者背光与医师相对而坐,相距约1 m,两眼分别检查。检查右眼时,让患者用眼罩遮盖左眼,医师遮盖右眼,两人相互注视,眼球不能转动。医师用示指或视标在两人之间等距离处,分别从上、下、内、外等不同方位,由周边向中心缓慢移动,嘱患者看到手指时告知,可与医师的正常视野进行比较。如对比检查法出现结果异常或疑有视野缺失,需进一步利用视野计做精确的视野测定。视野通路的某一部位受损,可引起视野缺损。视野的左或右一半缺失称为偏盲,见于一侧视束受损;双眼视野颞侧偏盲或象限偏盲,见于视交叉以后的中枢病变;单侧不规则的视野缺损见于视神经和视网膜病变。

(三)眼底

详见第七篇第四十七章。

三、动眼神经、滑车神经、展神经

动眼神经、滑车神经、展神经共同支配眼球运动,统称眼球运动神经,可同时检查。检查方法见第二篇第五章第二节。检查时应注意眼裂的大小、眼球运动、瞳孔及对光反射、调节反射等。

动眼神经麻痹常表现为眼球向内、向上及向下活动受限,常伴上睑下垂、调节反射消失。展神经受损表现为眼球向外转动障碍。滑车神经受损表现为眼球向下及向外运动减弱。此外,眼球运动神经麻痹可导致相应眼外肌运动障碍,从而引起麻痹性斜视,单眼运动神经麻痹可导致复视。

四、三叉神经

三叉神经为混合性神经,主要支配面部感觉、反射和咀嚼肌运动。感觉神经分为三支,包括眼支、上颌支、下颌支。

(一)面部感觉

用大头针、棉签及盛有冷水和热水的试管分别测试面部三叉神经分布区皮肤的痛觉、触觉和温度觉,两侧及上、中、下三支对比,确定有无异常及异常范围。各种感觉均缺失见于周围性病变;洋葱皮样分离性感觉障碍见于核性病变。

(二)反射

1. 角膜反射(corneal reflex) 嘱患者睁眼向内侧注视,以捻成细束的棉絮轻触外侧角膜,注意避免触及睫毛，正常反应为双侧眼睑迅速闭合。被触及的一侧眼睑闭合反应称为直接角膜反射，对侧眼睑闭合反应为间接角膜反射。直接角膜反射与间接角膜反射均消失见于三叉神经病变（传入障碍）；直接反射消失而间接反射存在见于患侧面神经麻痹（传出障碍）。

 角膜反射的检查方法与临床意义。

2. 下颌反射　嘱患者略张口，医师将拇指置于患者下颌中央，然后轻叩拇指，引起患者下颌快速上提，正常人一般不易引出。下颌反射活跃见于双侧皮质脑干束病变。

（三）运动功能

首先观察颞肌、咀嚼肌有无萎缩，然后检查肌力，医师双手触压患者双侧颞肌、咀嚼肌，嘱其做咀嚼动作，对比两侧肌力是否对称。咀嚼肌无力或萎缩见于三叉神经运动纤维受损。检查翼状肌时，嘱患者张口或露齿，以上、下门齿中缝为标准，判断下颌有无偏斜，如下颌偏斜，提示该侧翼状肌瘫痪；前伸下颌时，中枢性三叉神经损害下颌偏向健侧，周围性（核性及神经本身）三叉神经损害下颌偏向患侧。

五、面神经

面神经主要支配面部表情肌及舌前 2/3 味觉。

（一）运动功能

检查面部表情肌时，首先观察两侧额纹、眼裂、鼻唇沟和口角是否对称。然后嘱患者做皱额、皱眉、闭眼、露齿、微笑、鼓腮或吹口哨等动作。上述动作如有障碍，称为面神经麻痹。面神经麻痹可分为中枢性和周围性损害两种（表 2-12-1）。

表 2-12-1　中枢性面神经麻痹和周围性面神经麻痹的鉴别

鉴别项目	中枢性面神经麻痹	周围性面神经麻痹
病因	核上组织（包括皮质、皮质脑干纤维、内囊、脑桥等）受损引起	面神经核或面神经受损引起
临床表现	病灶对侧眼裂以下面肌麻痹：鼻唇沟变浅，口角下垂（露齿时口角偏向病侧），不能吹口哨和鼓腮，皱额、闭眼无明显影响	病灶同侧全部面肌麻痹：不能皱额、皱眉、闭目，角膜反射消失，鼻唇沟变浅，口角下垂（露齿时口角偏向健侧），不能吹口哨和鼓腮，舌前 2/3 味觉障碍
临床意义	多见于脑血管病变、脑肿瘤和脑炎等	多见于受寒、耳部或脑膜感染、神经纤维瘤引起的周围型面神经麻痹

 中枢性面神经麻痹和周围性面神经麻痹的鉴别。

（二）味觉检查

嘱患者伸舌，以棉签分别蘸取少许不同味感的物质（糖、盐、醋或奎宁溶液等）涂于舌面，测试味觉。每种食物测试完成后，需用水漱口，再测试下一种。面神经受损时，舌前 2/3 味觉减退或消失。

六、前庭蜗神经

前庭蜗神经分为蜗神经和前庭神经两部分。

（一）蜗神经检查

主要是听力检查，见本篇第五章第二节。

（二）前庭神经检查

前庭神经主要司平衡觉，检查时要注意询问患者有无眩晕、呕吐、站立不稳等症状。检查有无眼球震颤（眼球发生一系列有规律的快速往返运动）。检查方法：嘱患者头部固定，两眼注视上、下、左、右移动的医师手指（向外侧方向移动时，勿超过45°），观察有无自发性眼球震颤及其运动方向。运动的方向以水平方向最常见，垂直和旋转方向较少见；通过外耳道灌注冷、热水试验或旋转试验，观察有无前庭功能障碍所致的眼球震颤反应减弱或消失。平衡功能检查：先让患者睁眼站立，双足并拢，观察其有无摇晃；然后让患者闭目站立，观察其是否倾倒。前庭功能障碍可出现眼球震颤及平衡障碍。

七、舌咽神经、迷走神经

舌咽神经、迷走神经在解剖和功能上关系密切，常同时受损。

（一）运动

注意患者有无声音嘶哑、饮水呛咳、吞咽困难及鼻音。让患者发"啊"音，观察腭垂是否居中，两侧软腭上举是否一致。当一侧神经受损时，该侧软腭上举无力，腭垂偏向健侧；双侧麻痹时，腭垂虽居中，但双侧软腭抬举受限，甚至完全不能抬举。

（二）咽反射

嘱患者张口，用压舌板轻触两侧咽后壁，正常出现咽肌收缩和舌后缩，并引起恶心反应。舌咽神经、迷走神经损害时，患侧咽反射减弱或消失。

（三）感觉

用棉签触两侧软腭及咽后壁，观察感觉。另外，舌咽神经支配舌后1/3味觉，受损时此区味觉减退。检查方法同面神经检查。

八、副神经

副神经主要支配胸锁乳突肌和斜方肌。检查时，注意胸锁乳突肌与斜方肌有无萎缩，耸肩及转颈运动是否正常。副神经受损时，表现为患侧耸肩、转头无力、肩下垂、肌肉萎缩。

九、舌下神经

舌下神经主要支配舌肌运动。检查时，嘱患者伸舌，注意观察伸舌有无偏斜、舌肌有无萎缩及肌束震颤。单侧舌下神经麻痹伸舌时舌尖偏向患侧；双侧舌下神经麻痹则伸舌受限或不能伸舌。

提示：在临床工作中，脑神经检查对神经系统疾病的定位诊断具有重要的意义。对脑神经进行检查时，应确定有无异常、异常的范围及其关联情况。

 脑神经检查方法与临床意义。

（潘礼寿）

第二节 运动功能检查

运动功能检查包括随意运动、不随意运动（不自主运动）和共济运动检查。

一、随意运动

随意运动由锥体束司理，受大脑皮质运动区支配。随意运动检查包括观察肌容积、肌力、肌张力、姿势与步态。

（一）肌容积

比较对称部位的肌肉体积，观察有无肌萎缩、假性肥大，也可比较两侧肢体相同部位的周径，相差大于 1 cm 者为异常。肌萎缩常见于下运动神经元损害和肌肉疾病；假性肥大常见于进行性肌营养不良，多见于腓肠肌和三角肌。

（二）肌力

肌力（muscle strength）是指随意运动时肌肉的最大收缩力。检查方法：先令患者做肢体伸屈运动，医师从相反方向给予阻力，感受患者克服阻力的力量；对于有意识障碍的患者或婴幼儿检查不配合时，可给予疼痛刺激，观察肢体活动情况来进行判断。检查时要注意两侧对比，两侧不等则有意义。须排除因疼痛、关节强直或肌张力过高所致的活动受限。

1. 肌力的分级　肌力的记录采用 0～5 级的六级分级法。

0 级　完全瘫痪，测不到肌肉收缩。

1 级　仅有肌肉收缩，但不能产生运动。

2 级　肢体能在床面上水平移动，但不能抬离床面。

3 级　肢体可抬离床面，但不能抵抗阻力。

4 级　肢体能抵抗部分阻力，但较正常差。

5 级　正常肌力。

2. 临床意义　肌力减退即为瘫痪，表现为随意运动障碍。根据程度不同，可分为完全性瘫痪（0 级）和不完全性瘫痪（1～4 级，即轻瘫）。根据形式不同，可分为单瘫、偏瘫、交叉性偏瘫和截瘫。①单瘫：单一肢体瘫痪，多见于脊髓灰质炎。②偏瘫：一侧肢体瘫痪，常伴同侧脑神经损害，多见于颅内病变或脑卒中。③交叉性偏瘫：一侧肢体瘫痪及对侧脑神经损害，多见于脑干病变。④截瘫：双侧下肢或四肢瘫痪，是脊髓横贯性损伤的结果，多见于脊髓外伤、炎症等。根据病变部位不同，分为中枢性瘫痪（上运动神经元瘫痪）和周围性瘫痪（下运动神经元瘫痪）（表 2-12-2）。

提示： 瘫痪的类型与病变部位密切相关。

表 2-12-2　肢体中枢性瘫痪和周围性瘫痪的鉴别

鉴别项目	中枢性瘫痪	周围性瘫痪
瘫痪分布	范围较广，可为单瘫、偏瘫、截瘫	范围较局限，以肌群为主
肌张力	增高	降低
肌萎缩	不明显	明显
膝腱反射	亢进	减弱或消失
病理反射	有	无
肌束颤动	无	可有

考点提示：中枢性瘫痪和周围性瘫痪的鉴别。

（三）肌张力

肌张力（muscle tone）是指静息状态下肌肉的紧张度和被动运动时遇到的阻力。检查方法：嘱患者放松，医师通过触诊肌肉硬度及被动伸、屈患者肢体感知其肌肉阻力进行判断。

正常情况下触诊肌肉有一定的紧张度，被动活动肢体关节时会一直存在适当的阻力。肌张力改变表现为肌张力增高和肌张力降低。

1. 肌张力增高　触摸肌肉时其紧张度增加，有坚实感，被动活动肢体时阻力增加。

（1）痉挛状态：被动伸屈其肢体时，起始阻力较大，终末时突然阻力减小，故又称折刀现象，见于锥体束损害。

（2）铅管样强直：伸肌、屈肌的张力均增高，被动运动时其阻力增加是均匀一致的，多见于锥体外系病变。

2. 肌张力降低　触摸肌肉松软，被动活动肢体时阻力下降，关节活动范围增大，见于脊髓前角灰质炎、周围神经炎、小脑病变和肌源性病变等。

（四）姿势与步态

医师须从前面及后面和侧面分别观察患者的姿势、步态、起步情况、步幅及速度等。神经系统病变所致常见异常步态包括痉挛性偏瘫步态、慌张步态、醉酒步态、共济失调步态及跨阈步态等，详见本篇第四章第一节。

二、不随意运动

不随意运动（不自主运动）是指在意识清醒的情况下随意肌（骨骼肌）不自主收缩引起的无目的的异常运动，多为锥体外系病变所致。

（一）震颤

震颤（tremor）为两组拮抗肌收缩引起的不自主运动。

1. 静止性震颤　静止时震颤明显，运动时减轻，睡眠时消失，常伴肌张力增高，常见于帕金森病。

2. 意向性震颤　又称动作性震颤。患者于运动时（特别是做精细动作时）出现震颤，且越接近目标越明显，休息时消失，常见于小脑疾病。

（二）舞蹈样运动

舞蹈样运动（choreic movement）指面部及肢体出现快速、无目的、不对称、幅度不等、不能自控的运动，表现为突然做鬼脸（挤眉、眨眼、伸舌）、摆头、耸肩、扭颈、手指及手臂间断性类似舞蹈样动作（如屈、伸、摆手），睡眠时消失。舞蹈样运动多见于儿童期脑风湿性疾病。

（三）手足徐动症

手足徐动症（athetosis）为手指或足趾的一种缓慢、持续的伸展及扭曲动作，见于脑性瘫痪、肝豆状核变性及脑基底核变性。

提示：不自主运动以震颤最常见，应注意其类型及病因。

三、共济运动

机体任一动作的完成均依靠某组肌群协调一致的运动，称为共济运动（coordination）。共济运动除与小脑的协调、平衡、姿势控制功能有关外，尚需运动系统的正常肌力，前庭神经系统的平衡功能，眼、头部、身体动作的协调及深感觉等共同参与。上述任何部位的损伤均可引起共济失调（ataxia）。检查方法：先观察患者日常活动，如吃饭、穿衣、取物、书写、讲话、站立及步态等是否协调，有无意向性震颤或语言顿挫等，然后再做以下试验。

（一）指鼻试验

嘱患者先用示指指尖指向前方 0.5 m 医师的示指，再用示指触碰自己的鼻尖，先慢后快，先睁眼检查，后闭眼检查，重复进行，两侧比较，观察其是否准确。如睁眼时指鼻尚准确，闭眼时出现障碍，见于感觉性共济失调。小脑病变时同侧指鼻试验不准，睁眼、闭眼均不能完成。

（二）跟-膝-胫试验

患者取仰卧位，抬起一侧下肢，然后将足跟置于对侧膝盖上，再使足跟沿胫骨前缘向下移动，重复进行，左右对比，观察其能否准确完成。小脑病变时，动作笨拙不稳。如果只在闭目时出现上述障碍，常见于感觉性共济失调。

（三）轮替动作

嘱患者伸直手掌，以前臂做快速旋前及旋后动作，或一手用手掌、手背连续交替拍打对侧手掌。共济失调者动作缓慢、不协调。

（四）闭目难立征

嘱患者足跟靠拢站立，闭目，双手向前平伸，如出现身体摇摆或倾斜为闭目难立征阳性，提示小脑病变。如闭目时站立不稳而睁眼时能站稳，提示感觉性共济失调。

提示：共济运动检查常需患者睁眼、闭眼分别进行检查。睁眼、闭眼检查均出现共济失调，常提示小脑病变，睁眼能够纠正或改善常提示感觉性共济失调。但肌力减退或肌张力异常时，此项检查意义不大。

（潘礼寿）

第三节　感觉功能检查

感觉功能检查除特殊感觉（视觉、听觉、味觉、嗅觉）外，本节主要介绍躯体感觉（包括浅感觉、深感觉和复合感觉）的检查。感觉功能检查主观性强，患者需意识清醒且充分配合，同时注意左侧与右侧对比、近端与远端对比。为了避免主观或暗示作用，检查时嘱患者闭目。

一、浅感觉

（一）痛觉

用大头针针尖均匀轻刺患者皮肤，询问其是否感到疼痛。检查时注意两侧对称比较。若出现障碍，注意其程度（过敏、减退、消失）及范围。痛觉障碍常见于脊髓丘脑侧束病变。

（二）触觉

用棉签轻触患者皮肤或黏膜，询问其有无感觉。触觉障碍常见于脊髓丘脑前束和后索病变。

（三）温度觉

用两个分别盛有热水（40~50 ℃）或冷水（0~10 ℃）的玻璃试管交替接触患者皮肤，让其辨别冷热。温度觉障碍常见于脊髓丘脑侧束病变。

二、深感觉

（一）运动觉
嘱患者闭目，医师轻握其足趾或手指两侧并向上或向下移动，让患者说出移动的方向是"向上"或"向下"。运动觉障碍常见于后索病变。

（二）位置觉
医师将患者的肢体摆成某一姿势，嘱患者闭目并描述该姿势，或用对侧肢体模仿。位置觉障碍常见于后索病变。

（三）震动觉
将震动着的音叉（128 Hz 或 256 Hz）柄置于骨隆起处（内、外踝，桡、尺骨茎突等），嘱患者回答有无震动感，注意两侧对比。震动觉障碍常见于后索病变。

三、复合感觉

复合感觉是大脑对各种感觉刺激综合分析的结果，故又称皮质感觉。在疑有皮质病变且深感觉、浅感觉正常的基础上进行此项检查，复合感觉以实体觉为主。

（一）实体觉
嘱患者闭目，用单手触摸熟悉的物品，如钥匙、纽扣、钢笔、手表，说出物品的形状和名称。先测患侧，再测健侧。此功能障碍见于皮质病变。

（二）皮肤定位觉
医师用手指或棉签轻触患者皮肤某处，让患者说出被触部位。此功能障碍见于皮质病变。

（三）两点辨别觉
用钝脚分规轻轻刺激皮肤上两点，并逐渐缩小两脚间距，直至患者把两点感觉为一点，测此时两点的实际距离，注意双侧对比。正常情况下，舌尖、鼻尖、手指最敏感，躯干最不敏感。此障碍见于顶叶病变。

（四）体表图形觉
嘱患者闭目，医师在其皮肤上画简单图形（方形、圆形、三角形等）或写简单的字（1、2等数字），让患者辨认。此功能障碍常见于丘脑水平以上病变。

（潘礼寿）

第四节　神经反射检查

神经反射是通过反射弧完成的。反射弧由感受器、传入神经（感觉神经）、反射中枢（脑和脊髓）、传出神经（运动神经）和效应器（肌肉、腺体等）组成。反射弧中任一环节出现病变，均可影响反射，使其减弱或消失。反射弧同时受高级中枢控制，如锥体束病变时，可使反射活动失去控制而出现反射亢进。根据刺激的部位，可将反射分为浅反射和深反射。

一、浅反射

浅反射（superficial reflex）为刺激皮肤、黏膜所引起的反射。临床常用的浅反射检查有以下几种。

（一）角膜反射

见本章第一节。

（二）腹壁反射

1. 检查方法　患者取仰卧位，下肢稍屈曲。医师以竹签分别沿肋缘下、脐水平、腹股沟自外向内轻划上、中、下腹壁皮肤，正常可引起被刺激的局部腹壁肌肉收缩（图 2-12-1）。其反射弧中枢分别位于胸髓 7~8 节、胸髓 9~10 节和胸髓 11~12 节。

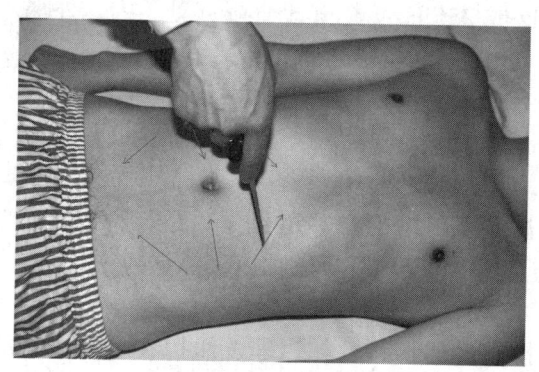

图 2-12-1　腹壁反射

2. 临床意义　节段性上、中或下腹壁反射消失常见于上述不同水平的胸髓节段病变；一侧上、中或下腹壁反射均消失常见于锥体束损害；双侧上、中、下腹壁反射均消失见于昏迷及急性腹膜炎。此外，深睡、麻醉、新生儿等腹壁反射也常消失；肥胖、老年人、经产妇等由于腹壁过于松弛，腹壁反射不易引出。

（三）提睾反射

1. 检查方法　用钝头竹签由下向上轻划大腿上部内侧皮肤，可引起同侧提睾肌收缩，睾丸上提。其反射弧中枢位于腰髓 1~2 节。

2. 临床意义　双侧提睾反射消失常见于腰髓 1~2 节病变、昏迷患者；一侧提睾反射减弱或消失见于锥体束病变。此外，老年人及局部病变（如腹股沟疝、阴囊水肿、睾丸炎）可影响提睾反射。

（四）跖反射

1. 检查方法　患者取仰卧位，下肢伸直。医师手持患者踝部，用钝头竹签划足底外侧，即由足跟沿外侧划向小趾跖趾关节处再转向踇趾侧。正常反应为五趾跖屈。其反射弧中枢位于骶髓 1~2 节。

2. 临床意义　跖反射消失常见于骶髓 1~2 节病变。

（五）肛门反射

1. 检查方法　用钝头竹签轻划肛门周围皮肤，可引起肛门外括约肌收缩，其反射弧中枢位于骶髓 4~5 节。

2. 临床意义　肛门反射障碍常见于骶髓 4~5 节病变或肛尾神经病变。

二、深反射

深反射指刺激肌腱、骨膜引起的肌肉收缩反应，又称腱反射。

(一)检查方法

1. **肱二头肌反射**(biceps tendon reflex) 患者前臂半屈,医师左手托住患者肘部,左拇指按住其肱二头肌腱,右手持叩诊锤叩击置于肱二头肌腱上的左手拇指。正常反应为出现肱二头肌收缩,前臂快速屈曲(图 2-12-2)。其反射弧中枢位于颈髓 5~6 节。

2. **肱三头肌反射**(triceps tendon reflex) 患者前臂半屈、旋前,上臂稍外展。医师左手托住其肘部,右手持叩诊锤直接叩击鹰嘴突上方肱三头肌腱。正常反应为出现肱三头肌收缩,引起前臂伸展(图 2-12-3)。其反射弧中枢位于颈髓 6~7 节。

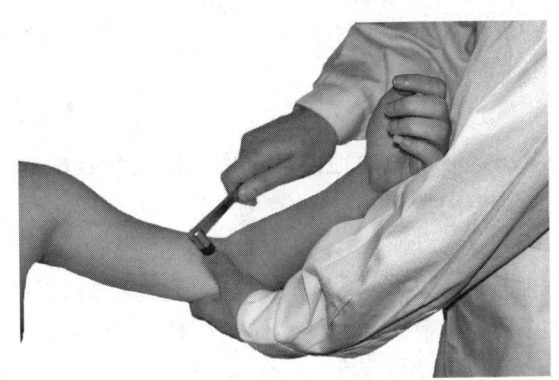

图 2-12-2 肱二头肌反射

3. **桡骨膜反射**(radial periosteal reflex) 患者前臂半屈。医师以左手托住其腕部,并使腕部自然下垂,右手持叩诊锤直接叩击桡骨茎突。正常表现为屈肘及前臂旋前(图 2-12-4),其反射弧中枢位于颈髓 5~6 节。

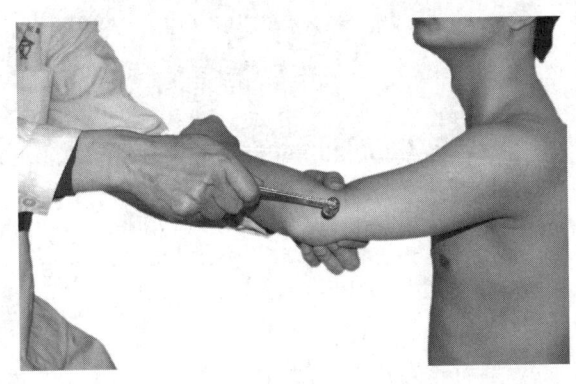

图 2-12-3 肱三头肌反射

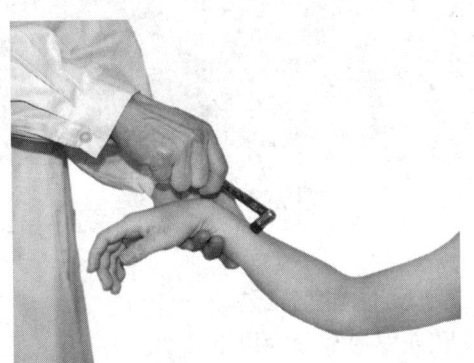

图 2-12-4 桡骨膜反射

4. **膝反射**(patellar tendon reflex) 患者取坐位或仰卧位。坐位时,两小腿自然悬垂或足着地;仰卧时,膝稍屈或一腿搭在另一腿上。医师以左手托腘窝下部,右手持叩诊锤叩击髌骨下缘股四头肌腱。正常反应为出现小腿伸展(图 2-12-5),其反射弧中枢位于腰髓 2~4 节。

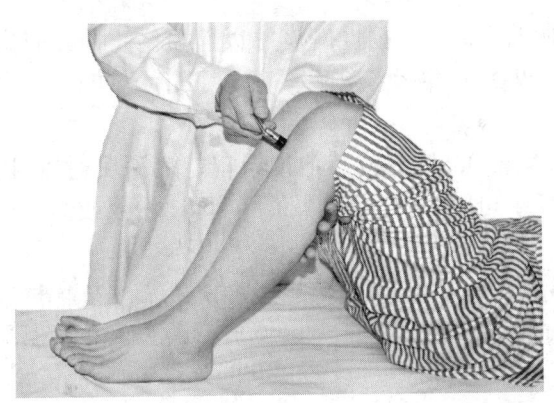

图 2-12-5 膝反射

5. **跟腱反射**(achilles tendon reflex) 又称踝反射。患者取仰卧位,屈髋、屈膝,下肢外旋、外展,两腿分开。医师左手轻扳其足,使其背屈成直角,右手持叩诊锤叩击其跟腱。正常反应为腓肠肌收缩,足跖屈(图 2-12-6),其反射弧中枢位于骶髓 1~2 节。

6. 阵挛（clonus） 当深反射亢进时，如突然牵拉相关肌腱，使之处于持续紧张状态，则出现该牵拉部位的肌肉持续性、节律性收缩，称为阵挛。阵挛是腱反射高度亢进的表现，见于锥体束及以上损害。

（1）髌阵挛（patellar clonus）：患者取仰卧位，下肢伸直。医师以拇指、示指置于患者髌骨上缘，突然而迅速地向下方用力推髌骨数次后维持推力，如出现股四头肌收缩，引起髌骨节律性上下颤动为阳性。

（2）踝阵挛（ankle clonus）：患者取仰卧位。医师用左手托其腘窝下部，使膝关节、髋关节半屈曲，右手握足掌前端，突然用力使足背屈，并用手持续，引起腓肠肌、比目鱼肌节律性收缩致使足部快速节律性屈伸动作为阳性（图 2-12-7）。

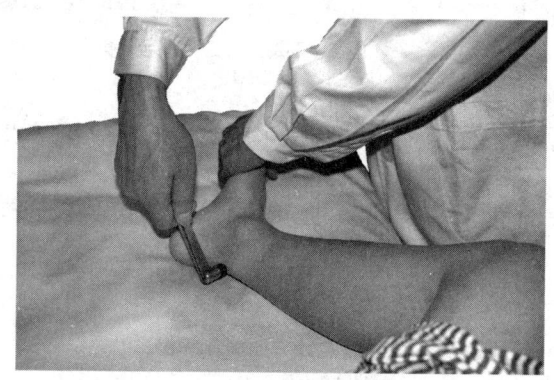

图 2-12-6 跟腱反射

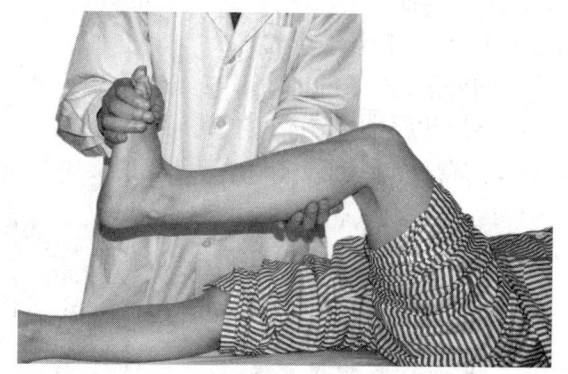

图 2-12-7 踝阵挛

（二）反射强度分级

反射强度通常分为以下几级。

0：反射消失。

+：肌肉收缩存在，但无相应关节活动，为反射减弱。

++：肌肉收缩并导致关节活动，为正常反射。

+++：反射增强，可为正常或病理状况。

++++：反射亢进并伴有阵挛，为病理状况。

（三）临床意义

1. 深反射减弱、消失 提示反射弧受损或中断，见于周围性瘫痪（脊髓损伤、神经肌肉接头或肌肉本身疾病），如重症肌无力、周期性瘫痪。麻醉、昏迷、熟睡、脊髓损伤休克期、颅内压增高，尤其后颅窝肿瘤，深反射也降低或消失。

2. 深反射亢进 多见于中枢性瘫痪（锥体束病变），癔症或其他神经官能症深反射也可亢进。正常人有时也可出现深反射亢进，而老年人跟腱反射可消失，故反射的不对称比增强或消失更有意义。因此应注意双侧对比。

提示：神经反射检查比较客观，较少受意识活动的影响，但检查时患者应保持安静和松弛状态。检查时应注意反射的改变程度（可分为亢进、活跃或增强、正常、减弱、消失）和两侧是否对称，后者尤为重要。

三、病理反射

锥体束受损时，大脑失去了对脑干和脊髓的抑制作用而出现的异常反射称为病理反射。1岁半以内的婴幼儿由于神经系统发育不完善，正常可出现此种反射，不属于病理性。

1. 巴宾斯基征（Babinski sign） 检查方法同跖反射（图2-12-8）。阳性反应为踇趾背屈，其余四趾呈扇形展开（图2-12-9）。

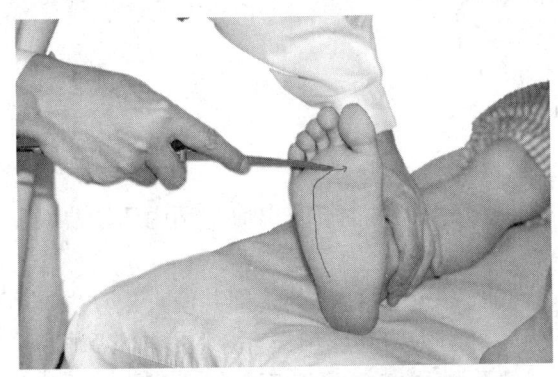

图 2-12-8 巴宾斯基征

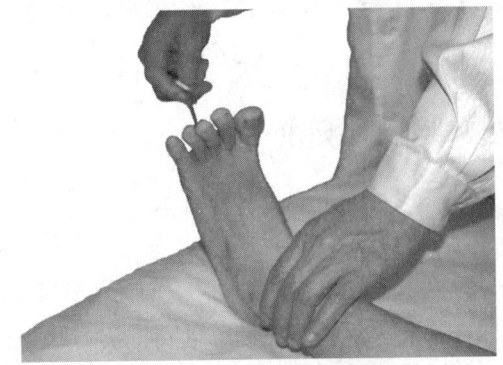

图 2-12-9 巴宾斯基征阳性

2. 奥本海姆征（Oppenheim sign） 医师以拇指和示指沿患者胫骨前缘自上向下用力滑压，阳性反应同巴宾斯基征（图2-12-10）。

3. 戈登征（Gordon sign） 医师以一定的力量捏压患者腓肠肌，阳性表现同巴宾斯基征（图2-12-11）。

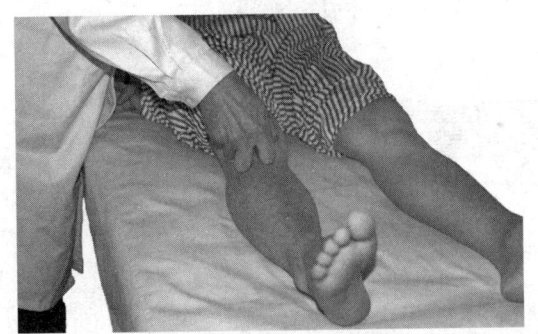

图 2-12-10 奥本海姆征

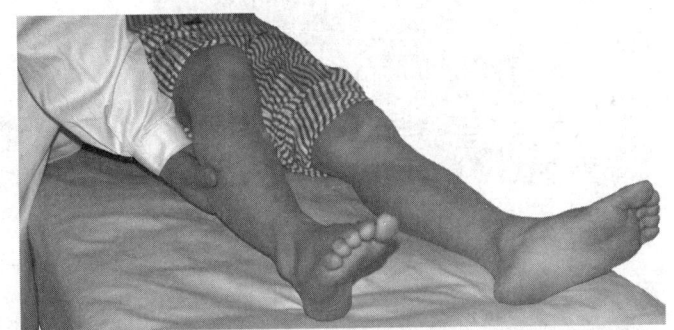

图 2-12-11 戈登征

4. 查多克征（Chaddock sign） 医师用钝头竹签划患者外踝下方及足背外缘，阳性反应同巴宾斯基征。

5. 霍夫曼征（Hoffmann sign） 通常认为是病理反射，但也有认为是深反射亢进的表现，反射中枢为颈髓7节至胸髓1节。医师左手持患者腕部，然后以右手中指与示指夹住患者中指并稍向上提，使腕部处于轻度过伸位。以拇指迅速弹刮患者的中指指甲，引起其余四指掌屈反应则为阳性（图2-12-12）。

提示：巴宾斯基等位征包括：①奥本海姆征；②戈登征；③查多克征；④Scheffer征：用手挤压跟腱；⑤贡达征（Gonda sign）：用力下压第4、5足趾，数分钟后突然放松；⑥普谢普征（Pussep sign）：轻划足背外侧缘。

这些等位征的阳性反应及病理意义均同巴宾斯基征，但巴宾斯基征是临床上最常用且最典型的病理反射。

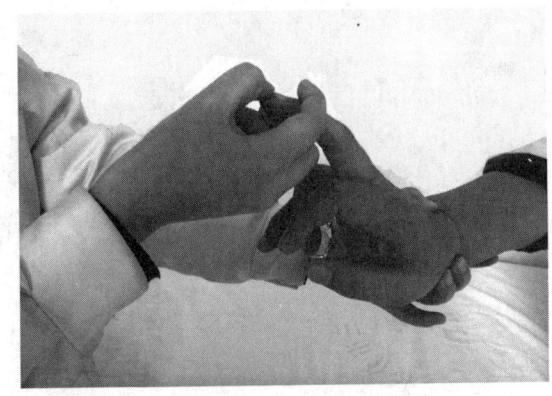

图 2-12-12 霍夫曼征

病理反射的检查方法与临床意义。

四、脑膜刺激征

脑膜刺激征是脑膜受激惹所出现的体征,见于脑膜炎、蛛网膜下腔出血、颅内压增高及脑膜转移瘤等。检查方法如下。

1. 颈强直　患者去枕平卧。医师一手置于患者胸前,另一手托住其枕部并使其被动做屈颈动作(图2-12-13),若屈颈受限且感觉到抵抗力增强,即为颈部阻力增高或颈强直,但需排除颈椎病。

2. 克尼格征(Kernig sign)　患者取仰卧位,一侧下肢屈髋、屈膝呈直角。医师左手按住其膝关节,将其小腿抬高伸膝(图2-12-14)。正常人膝关节可伸达135°以上。如膝关节伸小于135°并出现疼痛、伸膝受阻或对侧下肢屈曲者为阳性。

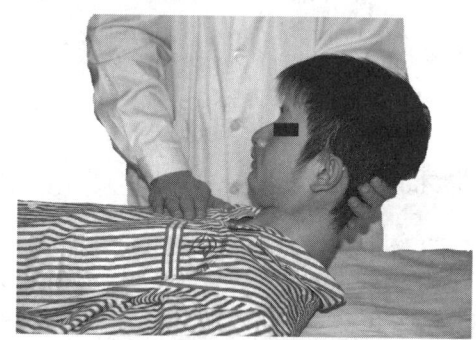

图 2-12-13　颈强直

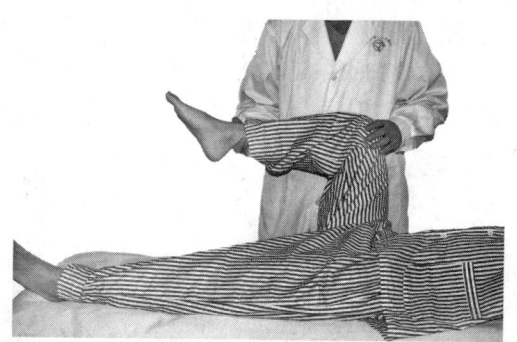

图 2-12-14　克尼格征

脑膜刺激征的检查方法与临床意义。

3. 布鲁津斯基征(Brudzinski sign)　患者取仰卧位,下肢伸直。医师一手托住其枕部,另一手置于其胸前,然后用力将患者头向胸部屈颈。阳性表现为患者出现双下肢髋关节、膝关节屈曲(图2-12-15)。

提示:如颈强直(+)而克尼格征(-),称为颈强-克尼格征分离,见于后颅窝占位性病变及小脑扁桃体疝等。

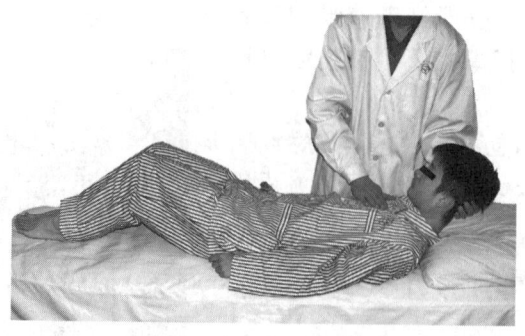

图 2-12-15　布鲁津斯基征

(潘礼寿)

第五节　自主神经功能检查

自主神经又称植物神经，包括交感神经和副交感神经，主要功能是调节内脏、血管和腺体等活动，同时在大脑皮质高级中枢的调节下，维持整个机体内、外环境的平衡。临床常用以下几种检查方法。

1. 眼心反射　患者安静平卧 10 min 后测脉率。然后嘱其双眼自然闭合，医师用示指和中指分别置于患者一侧眼球的两端，逐渐加压按压，以患者不感到疼痛为限。20～30 s 后测脉率。正常情况下压迫眼球后脉率可减慢 10～12 次/分。如压迫眼球后脉率减慢超过 12 次/分，提示副交感神经（迷走神经）功能增强。如压迫眼球后脉率并不减慢或反而增快，称为倒错反应，提示交感神经功能亢进。注意切忌同时按压两侧眼球，以免引起心搏骤停。

2. 卧立位试验　先测患者平卧位时的脉率，然后嘱其站立再测其脉率。由卧位到站立位脉搏增加大于 10～12 次/分，为交感神经功能增强。反之，由站立位到卧位测脉率，若脉搏减慢大于 10～12 次/分，则为副交感神经兴奋性增强。

3. 竖毛试验　将冰块置于患者颈后或腋窝，正常数秒后由于交感神经兴奋导致竖毛肌收缩，毛囊处隆起，从而出现"鸡皮疙瘩"。根据反应的部位，可协助交感神经功能障碍的定位诊断。

4. 皮肤划痕症　用钝头竹签在患者上臂外侧或背部皮肤上划压，以不出血为度，数分钟后皮肤上出现白色划痕（血管收缩），称为皮肤划痕症。正常此痕迹持续 1～5 min 即自行消失。如持续时间较长，提示交感神经兴奋性增高。如皮肤划压后很快出现红色痕迹，持续时间较长，且逐渐增宽或皮肤隆起，则提示副交感神经兴奋性增高或交感神经麻痹。

5. 发汗试验　常用碘淀粉法，先将碘 1.5 g、蓖麻油 10 ml 与 95% 乙醇 100 ml 混合液涂满全身，待干后均匀涂淀粉，皮下注射毛果芸香碱 10 mg 使全身出汗。出汗处皮肤变蓝，无汗处皮肤颜色不变。该试验可协助判断交感神经功能障碍的范围。

提示：交感神经系统受刺激时出现心动过速、支气管扩张、肾上腺素和去甲肾上腺素释放、胃肠道蠕动减弱、排尿抑制、排汗增加和瞳孔扩大。

副交感神经系统受刺激时出现心动过缓、支气管收缩、唾液和泪液分泌增加、胃肠蠕动增加、排尿增加和瞳孔缩小。

（潘礼寿）

第六节　临床病例查体思维

【病例一】

患者，男性，35 岁。左眼睑闭合不全伴口唇歪斜 3 h。患者于入院前 1 天有着凉史。入院当日晨起后感觉左耳后疼痛，左眼睑闭合不全，同时家属发现其口唇歪斜。当时无头痛、头晕、恶心、呕吐、肢体活动不利及麻木，无面部疼痛、复视、耳鸣、听力下降、发热及意识障碍，来院急诊。为明确诊断，该患者需要做哪些神经系统体格检查？可能会发现哪些重要体征？

临床思维

1. 症状特点　急性起病，起病前有着凉史，病变为单侧性，表现为左眼睑闭合不全，口唇歪斜，同时伴有耳后疼痛。无肢体瘫痪，无耳部症状。

2. 可能的疾病　左侧周围性面瘫。

3. 可能出现的重要体征　左侧额纹变浅，左侧皱额不能，左眼睑闭合不全，左侧鼻唇沟变浅，左侧鼓腮不能，吹哨时左侧漏气。

4. 诊断技能要点　掌握面神经检查的方法。

【病例二】

患者，女性，70岁。突发失语伴右侧肢体活动障碍2天入院。患者2天前晨起发现不能讲话，并感右半身乏力，不能活动。尿失禁一次，无呕吐。未到医院治疗。既往有高血压病史30年，未系统用药治疗。体格检查：BP 160/90 mmHg，神志清楚。如何对该患者进行神经系统检查？可能会发现哪些重要体征？

临床思维

1. 症状特点　老年患者，失语伴右侧肢体活动障碍2天。安静时突然发病。出现过尿失禁，无头痛及呕吐，意识清醒。

2. 可能的疾病　脑梗死。

3. 可能出现的重要体征　混合性失语，双眼球向左侧偏视（向病灶侧注视），口角向左偏斜，右侧上、下肢肌力下降，肌张力正常。右侧腱反射活跃、感觉障碍。右侧巴宾斯基征阳性。

4. 诊断技能要点　掌握生理反射和病理反射的检查方法，熟悉脑神经检查的方法。

【病例三】

患者，女性，43岁。入院前一日下午做家务时突然出现刀劈样剧烈头痛，于社区医院检查未发现异常即回家，回家后感觉头痛加剧，伴喷射样呕吐2次，送医院急诊，患者拒绝做腰椎穿刺检查，予甘露醇补液后稍好转，回家。次日又因头痛、呕吐再次入院。辅助检查：①脑脊液呈深粉红色，白细胞计数（WBC）5×10^6/L，其余均为红细胞（RBC），单核细胞34%，多形核细胞66%，糖2.4 mmol/L，蛋白质0.78 g/L，氯化物130 mmol/L。②头颅CT：各脑沟及双侧裂池见高密度影。如何对该患者进行神经系统检查？可能会发现哪些重要体征？

临床思维

1. 症状特点　劳动后突然起病，剧烈头痛，伴恶心、呕吐，呕吐为喷射性。

2. 可能的疾病　蛛网膜下腔出血。

3. 可能出现的重要体征　颈强直、克尼格征（+）、布鲁津斯基征（+）。

4. 诊断技能要点　掌握脑膜刺激征的检查方法。

（潘礼寿）

自　测　题

一、名词解释

1. 肌张力

2. 龙贝格征（Romberg sign）

3. 巴宾斯基征

4. 阵挛

5. 克尼格征

二、填空题

1. 肌张力增加可分为_____和_____两类，其中因锥体束受损表现为_____，锥体外系损害表现为_____。

2. 不同部位损伤，瘫痪的表现形式不同，如脊髓横贯性损伤时出现_____，脊髓灰质炎时出现_____，内囊损伤时出现_____，一侧脑干损伤时出现_____。

3. 锥体束受损时膝反射_____，病理反射_____，肌力_____，肌张力_____，腹壁反射_____。

4. 浅感觉包括_____、_____、_____。

5. 脑膜刺激征包括_____、_____、_____。

三、选择题

A1 型题

1. 一侧肢体随意运动丧失，伴同侧中枢性面瘫及舌瘫，称为
   A. 偏瘫　　B. 单瘫　　C. 截瘫　　D. 交叉瘫　　E. 轻瘫

2. 滑车神经受损时出现
   A. 眼球向内活动受限
   B. 眼球向上活动受限
   C. 眼球向上及外展活动减弱
   D. 眼球向下及外展活动减弱
   E. 眼球震颤

3. 脊髓横贯性损害不出现的是
   A. 受损平面以下双侧肢体瘫痪
   B. 受损平面以下完全性感觉障碍
   C. 括约肌功能障碍
   D. 偏瘫
   E. 皮肤干燥、无汗

4. 肢体能在床面上移动，但不能抬离床面，该肌力级别属于
   A. 1级　　B. 2级　　C. 3级　　D. 4级　　E. 0级

5. 急性脊髓炎最常累及的脊髓节段是
   A. 胸髓　　B. 颈髓　　C. 腰髓　　D. 骶髓　　E. 尾髓

6. 反映锥体束损害的神经反射为
   A. 克尼格征（Kernig sign）　　B. 角膜反射　　C. 下腹壁反射
   D. 颈强直　　E. 巴宾斯基征阳性

7. 关于舌下神经检查，下列叙述正确的是
   A. 嘱患者张口发"a"音，观察两侧软腭上抬是否有力
   B. 观察腭垂是否居中
   C. 嘱患者伸舌，观察有无偏斜
   D. 观察鼻唇沟及口角两侧是否对称
   E. 观察患者是否有吞咽困难

8. 关于角膜反射的叙述，错误的是
   A. 嘱向一侧注视，以捻成细束的棉絮从另一侧轻触该侧角膜外侧
   B. 正常反应是双侧眼睑敏捷闭合
   C. 被触及的一侧眼睑闭合称为直接角膜反射，对侧眼睑闭合为间接角膜反射
   D. 直接角膜反射与间接角膜反射均消失见于同侧三叉神经病变

E. 直接角膜反射消失、间接角膜反射存在见于患侧动眼神经瘫痪

9. 关于指鼻试验，错误的是
   A. 嘱患者先用示指指尖指向医师一手指，再用示指指尖触碰自己的鼻尖
   B. 先慢后快，先睁眼检查后闭眼检查，重复进行
   C. 如睁眼时指鼻尚准确，闭眼时出现障碍，见于感觉性共济失调
   D. 小脑病变时同侧指鼻试验不准，睁眼、闭眼均不能完成
   E. 锥体束病变时指鼻试验不准，睁眼、闭眼均不能完成

10. 动眼神经麻痹一般不包括的表现是
    A. 眼球向内活动受限　　B. 眼球向上活动受限　　C. 眼球向下活动受限
    D. 上睑下垂　　　　　　E. 眼球向外侧看障碍

11. 一侧三叉神经病变表现为
    A. 同侧直接与间接角膜反射均消失
    B. 同侧直接角膜反射消失，间接角膜反射存在
    C. 同侧间接角膜反射消失，直接角膜反射存在
    D. 同侧直接与间接角膜反射均存在
    E. 对侧直接与间接角膜反射均消失

12. 关于左侧周围性面神经损伤的叙述，错误的是
    A. 口角偏向右侧　　　　B. 左侧鼻唇沟变浅　　　C. 右侧鼻唇沟变浅
    D. 吹哨和鼓腮时左侧漏气　E. 左侧额纹减少或消失

13. 关于右侧中枢性面神经损伤的叙述，错误的是
    A. 口角偏向右侧　　　　B. 左侧鼻唇沟变浅　　　C. 鼓腮时左侧无力
    D. 吹哨时左侧漏气　　　E. 左侧额纹减少或消失

14. 关于桡骨膜反射检查，错误的是
    A. 患者前臂半屈，医师托住其腕部　　B. 患者腕部自然下垂
    C. 医师用叩诊锤直接叩击桡骨茎突　　D. 正常表现为屈肘及前臂旋后
    E. 其反射弧中枢位于颈髓5~8节

15. 垂腕症见于
    A. 科利斯骨折　　　　　B. 尺神经损伤　　　　　C. 类风湿关节炎
    D. 桡神经损伤　　　　　E. 正中神经损伤

16. 关于脑膜刺激征检查，正确的是
    A. 克尼格征、布鲁津斯基征、奥本海姆征
    B. 克尼格征、霍夫曼征、奥本海姆征
    C. 颈强直、布鲁津斯基征、巴宾斯基征
    D. 颈强直、克尼格征、布鲁津斯基征
    E. 克尼格征、霍夫曼征、巴宾斯基征

17. 静止性震颤的特点，不包括的是
    A. 震颤于静止时明显　　　　　　　B. 震颤于睡眠时消失
    C. 静止性震颤常伴肌张力增高　　　D. 帕金森病主要表现为静止性震颤
    E. 静止性震颤常伴肌张力下降

18. 支配舌前2/3味觉的神经是
    A. 三叉神经　　　　　　B. 面神经　　　　　　　C. 舌咽神经
    D. 迷走神经　　　　　　E. 舌下神经

19. 支配舌后 1/3 味觉的神经是
    A. 三叉神经　　　　　　　B. 面神经　　　　　　　C. 舌咽神经
    D. 副神经　　　　　　　　E. 舌下神经
20. 患者浅感觉障碍，可能出现异常的是
    A. 关节觉　　　　　　　　B. 痛觉、温度觉　　　　C. 震动觉
    D. 位置觉　　　　　　　　E. 两点辨别觉
21. 关于反射弧中枢的叙述，错误的是
    A. 膝腱反射在腰髓 2~4 节　　　　　　B. 跟腱反射在腰髓 4~5 节
    C. 肱二头肌反射在颈髓 5~6 节　　　　D. 肱三头肌反射在颈髓 6~7 节
    E. 桡骨膜反射在颈髓 5~6 节及 8 节
22. 不属于浅感觉检查的是
    A. 位置觉　　　　　　　　B. 粗触觉　　　　　　　C. 痛觉
    D. 温度觉　　　　　　　　E. 精细触觉
23. 不属于深反射的是
    A. 肱二头肌反射　　　　　B. 膝腱反射　　　　　　C. 跟腱反射
    D. 跖反射　　　　　　　　E. 桡骨膜反射
24. 不属于交感神经功能的是
    A. 心率加快　　　　　　　B. 瞳孔缩小　　　　　　C. 胃肠道蠕动减慢
    D. 排尿抑制　　　　　　　E. 支气管扩张
25. 提示小脑病变的体征不包括的是
    A. 动作性震颤　　　　　　B. 闭目难立征阳性　　　C. 指鼻不准
    D. 跟-膝-胫试验阳性　　　E. 静止性震颤
26. 坐骨神经受刺激时，直腿抬高试验阳性是指
    A. 下肢抬高床面不足 70°　B. 下肢抬高床面不足 90°　C. 下肢抬高床面不足 30°
    D. 下肢抬高床面不足 50°　E. 下肢抬高床面不足 80°
27. 一侧角膜直接反射消失，而间接反射存在，病变位于
    A. 同侧面神经　　　　　　B. 对侧面神经　　　　　C. 同侧三叉神经眼支
    D. 对侧三叉神经眼支　　　E. 同侧动眼神经
28. 关于中枢性面神经麻痹，错误的是
    A. 病变对侧鼻唇沟变浅　　B. 露齿时病变对侧口角下垂　C. 对侧不能闭目
    D. 不能吹口哨和鼓腮　　　E. 额纹无变化
29. 一侧瞳孔直接对光反射存在，间接对光反射消失，病变最可能位于
    A. 同侧动眼神经　　　　　B. 对侧动眼神经　　　　C. 同侧视神经
    D. 对侧视神经　　　　　　E. 对侧面神经
30. 前庭神经受损时不会出现
    A. 眼球震颤　　　　　　　B. 眩晕、呕吐　　　　　C. 平衡失调
    D. 深感觉障碍　　　　　　E. 振动幻视
31. 对周围性瘫痪最有诊断意义的是
    A. 肌张力减弱　　　　　　B. 腱反射减弱　　　　　C. 巴宾斯基征阳性
    D. 肌肉明显萎缩　　　　　E. 腱反射亢进
32. 对中枢性瘫痪最有诊断意义的是
    A. 腱反射减弱　　　　　　B. 肌张力增高　　　　　C. 巴宾斯基征阳性
    D. 肌肉萎缩　　　　　　　E. 肌张力减弱

33. 关于一侧三叉神经瘫痪，错误的是
    A. 张口时下颌偏向患侧
    B. 患侧咀嚼肌无力
    C. 患侧面部温度觉丧失
    D. 患侧直接角膜反射消失
    E. 患侧间接角膜反射消失

34. 眼球的运动神经检查，应除外的是
    A. 眼球位置
    B. 瞳孔大小
    C. 眼球运动情况
    D. 有无眼震
    E. 眼裂大小

35. 关于巴宾斯基征（Babinski sign）的叙述，错误的是
    A. 与锥体束受损有关
    B. 1岁以下婴儿是正常的原始保护反射
    C. 检查方法是用竹签经足背外缘自后向前轻划
    D. 阳性反应为拇趾背屈，其余四趾呈扇形展开
    E. 正常成人为阴性

A2 型题

36. 患者，男性，60岁。近期行走不灵活，转身困难，不能后退，面部表情少。步行时向前冲，生活尚能自理，对其诊断首先考虑
    A. 脑血栓形成
    B. 帕金森病
    C. 脑出血
    D. 重症肌无力
    E. 运动神经元病

37. 患者受冷风吹面后，次日晨起发现口角流涎。检查：一侧眼裂较大，不能皱额，鼻唇沟变浅，口角下垂。应首先考虑的诊断是
    A. 蛛网膜下腔出血
    B. 脑肿瘤
    C. 脑梗死
    D. 脑出血
    E. 周围性面神经麻痹

38. 患者，男性，65岁。昨日晨起时感左侧肢体活动不灵，无明显头痛、呕吐。既往有高血压病史。体格检查：P 72次/分，BP 170/100 mmHg，神志清楚，心、肺未及异常，左侧偏瘫。最可能的诊断是
    A. 脑出血
    B. 脑血栓形成
    C. 急性脊髓炎
    D. 多发性神经炎
    E. 小脑病变

A3 型题

（39~41题共用题干）

患者，男性，26岁。突然剧烈头痛，呕吐2 h入院。患者有偏头痛病史8年。颈强直、克尼格征阳性，四肢肌力正常。

39. 首先考虑的诊断是
    A. 脑出血
    B. 蛛网膜下腔出血
    C. 偏头痛
    D. 结核性脑膜炎
    E. 三叉神经痛

40. 为明确诊断，需要立即进行的检查是
    A. 脑电图检查
    B. 脑脊液检查
    C. 头部CT
    D. 头部MRI
    E. 脑血管造影

41. 该病最常见的原因是
    A. 动脉瘤
    B. 血液病
    C. 高血压动脉硬化
    D. 动脉炎
    E. 脑动静脉畸形

（42~44题共用题干）

患者，女性，67岁，农民。高血压病史12年，不规律服药。某日晨起患者突发头痛，意识不清，40 min后被送至医院。体格检查：昏迷，BP 220/120 mmHg，双眼右侧凝视，左足外旋位。

42. 最可能的诊断是
    A. 晕厥　　　　　　　　B. 脑出血　　　　　　　　C. 脑血栓形成
    D. 蛛网膜下腔出血　　　E. 心肌梗死
43. 最可能的病变部位是
    A. 右侧脑干　　　　　　B. 右侧半球表面　　　　　C. 右侧半球深部
    D. 左侧半球表面　　　　E. 左侧半球深部
44. 对明确诊断最有价值的检查是
    A. 腰椎穿刺　　　　　　B. 脑电图检查　　　　　　C. 脑血管多普勒检查
    D. 头颅 CT 检查　　　　E. 开颅检查

B 型题

（45~49 题共用备选答案）
    A. 坐骨神经痛　　　　　B. 脑膜炎　　　　　　　　C. 锥体束受损
    D. 深反射亢进　　　　　E. 膝腱反射减弱或消失
45. 巴宾斯基征阳性可见于
46. 拉塞格征（Lasègue sign）阳性可见于
47. 霍夫曼征阳性可见于
48. 布鲁津斯基征阳性可见于
49. 腰髓 2~4 节受损可见于

（50~53 题共用备选答案）
    A. 深反射　　　　　　　B. 浅反射　　　　　　　　C. 病理反射
    D. 脑膜刺激征　　　　　E. 自主神经功能检查
50. 克尼格征（Kernig sign）属于
51. 奥本海姆征（Oppenheim sign）属于
52. 膝反射属于
53. 提睾反射属于

（54~56 题共用备选答案）
    A. 静止性震颤　　　　　B. 意向性震颤　　　　　　C. 舞蹈样动作
    D. 手足徐动症　　　　　E. 闭目难立征阳性
54. 帕金森病可有
55. 小脑疾病可有
56. 深感觉障碍可有

四、简答题

1. 何为震颤？其表现形式有哪些？各有何临床意义？
2. 试述肌力的分级及各级的含义。
3. 如何检查膝反射？有何临床意义？
4. 患者右眼直接对光反射、间接对光反射均消失，左眼直接对光反射、间接对光反射存在，推测哪侧什么脑神经受损？可能还伴有哪些临床表现？

（潘礼寿）

第三篇

器械检查

第十三章 心电图检查

第十三章数字资源

学习目标

1. 知识：说出正常及常见心律失常、心肌梗死、房室肥大等心电图的特征。
2. 能力：能进行心电图机的基本操作，能够识别常见的心律失常及常见心脏疾病的心电图表现。
3. 素养：具备干扰识别能力，对心电图结果与症状关联进行分析，遵循医学伦理原则，尊重患者的隐私权和知情权，培养良好的医德医风，构建和谐医患关系。

在心脏发生机械收缩之前，首先发生电激动。心脏电激动所产生的微小电流可经人体组织传到体表。如果在体表不同部位放置两个电极，分别用导线连接至心电图机，即可将体表两点间的电位变化描记下来，形成一条连续的曲线，即为心电图（electrocardiogram，ECG）。

> **知识链接**
>
> **威廉·艾因特霍芬与心电图**
>
> 威廉·艾因特霍芬（Willem Einthoven，1860—1927 年），荷兰生理学家，被誉为"心电图之父"，诺贝尔生理学或医学奖获得者。1902 年，他用其发明的弦线型电流计自体表描记出心电活动，并对其描记出的心电波形进行命名，这种命名一直沿用至今。1903 年，他首次提出心电图（electrocardiogram）这个专用名词。

第一节 心电图基本知识

案例 3-13-1

患者，男性，56 岁。患者突发上腹痛，伴胸闷、气短，既往有高血压病史多年，常有劳累后胸骨后疼痛。体格检查：BP 180/100 mmHg，HR 90 次/分，心律齐，两肺呼吸音清。心电图（ECG）：Ⅱ、Ⅲ、aVF 导联 ST 段弓背向上抬高。

问题与思考：该患者最可能的疾病诊断是什么？

一、心电产生的基本原理

（一）心肌细胞的除极、复极和电偶

心肌细胞的电激动是由于细胞膜内、外离子的跨膜运动所致。在静息状态下，心肌细胞膜外主要分布带正电荷的阳离子，心肌细胞膜内分布着带等量负电荷的阴离子，膜内、外两侧保持动态平衡，无电位变化，无电流产生。这种状态称为极化状态。当心肌细胞膜的一端受到阈刺激时，引起细胞膜的通透性发生改变，导致膜内、外离子流动，使膜内、外电荷分布发生逆转，此过程称为细胞的除极（depolarization）。此时，细胞除极端表面带负电荷（称电穴），未除极端表面仍带正电荷（称电源），从而形成一对电偶（dipole），其电源在前，电穴在后，两端形成电位差，产生电流，自电源流入电穴，并沿此方向迅速扩展，直至整个心肌细胞除极完毕，这一过程称为除极。除极完毕后，心肌细胞膜内带正电荷，膜外带同等数量的负电荷。这种状态称为除极状态。心肌细胞除极完成后，由于细胞的代谢作用，使细胞膜内、外离子逐渐恢复到原来的极化状态，这一过程称为复极（repolarization）。复极与除极先后顺序一致，但复极电偶的方向与除极电偶相反，进行较缓慢，直至整个细胞全部复极（图 3-13-1）。

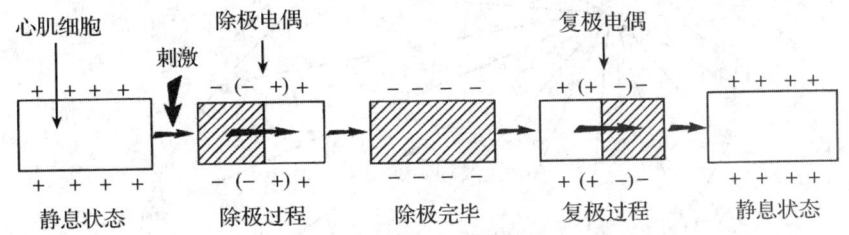

图 3-13-1　心肌细胞的除极和复极过程以及所产生的电偶变化

就单个心肌细胞而言，除极时，探查电极对着电源时，描记出向上的波，背向电源产生向下的波形，在细胞中部则记录出双向波形。复极过程与除极过程方向相同，但因复极过程的电偶是电穴在前，电源在后，因此记录的复极波方向与除极波相反。但是，就心室壁整体而言，除极从心内膜向心外膜，而复极则从心外膜向心内膜，两者电源均在心外膜侧，故正常人的心电图中记录到的复极波方向常与除极波主波方向一致，表现为除极产生的 R 波和复极产生的 T 波均向上，这与单个心肌细胞不同。单个心肌除极时，电源在前，电穴在后；复极时，则电穴在前，电源在后。正常心室整体除极、复极时，电源均在心外膜侧，故除极波、复极波方向一致。

（二）心电向量

在心脏的电激动过程中产生了许多电偶，这些电偶的方向不同，其两端的电位差大小不一。这种既有大小，又有方向的电位变化，称为心电向量（vector）。通常用箭头表示其方向，其长度表示电位大小。心肌由多个心肌细胞所组成，除极与复极时会产生很多个电偶向量，将它们叠加在一起成为一个电偶向量，这就是综合心电向量（resullatant vector）。心脏是由几部分心肌组成的，除极时，不同方向的电偶向量同时活动，各自产生不同方向的电动力，把几个不同方向的心电向量综合成一个向量，就代表整个心脏的综合心电向量。综合心电向量合成的法则：在同一轴上向量方向一致者其向量相加，向量方向相反者其向量相减，两个心电向量的方向构成一定角度者，则取平行四边形对角线求得（图 3-13-2）。

在心电活动周期中，各部心肌除极与复极有一定的顺序，每一瞬间均有不同部位的心肌的心电活动。例如：心室除极 0.01 s，0.02~0.08 s 的心电向量在某一瞬间又有众多的心肌细胞产生方向不尽相同的电偶向量，将这些电偶向量按平行四边形法依次加以综合，这个最后综合而成的向量称为瞬间综合心电向量。

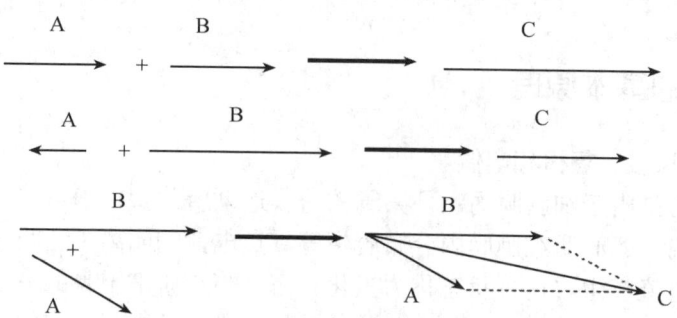

图 3-13-2　综合心电向量的合成原则

心脏是立体器官，它产生的瞬间向量在空间朝向四面八方，把一瞬间综合心电向量的尖端构成一点，则在整个心电活动周期中随着时间的推移，把移动的各点连接起来的环形轨迹就构成空间心电向量环，即空间向量心电图（图3-13-3）。

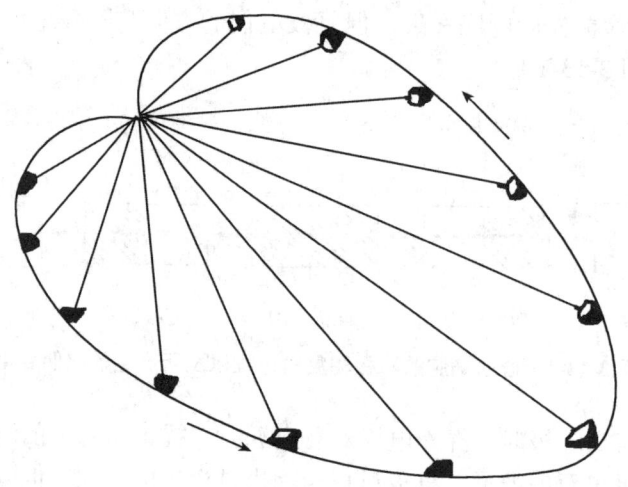

图 3-13-3　模拟空间心电向量环

空间心电向量环是一个立体图形，在平面纸上描绘立体图形是困难的，通常采用空间心电向量环在三个不同的互相垂直的平面的投影来观察（图3-13-4）。与某一平面垂直的平行光线照在心电向量环上，此向量环在这个平面上形成的影像称为投影（图3-13-5）。然后把投影在每一面的形态

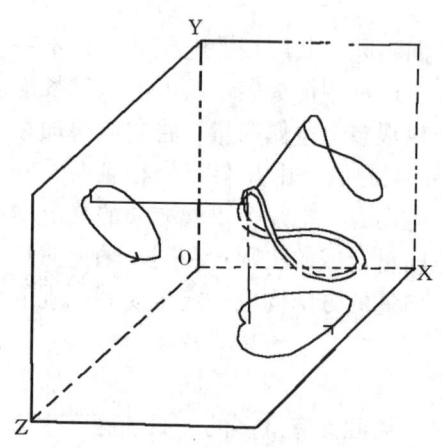

图 3-13-4　空间心电向量环在额面、横面及侧面上的投影模型示意图

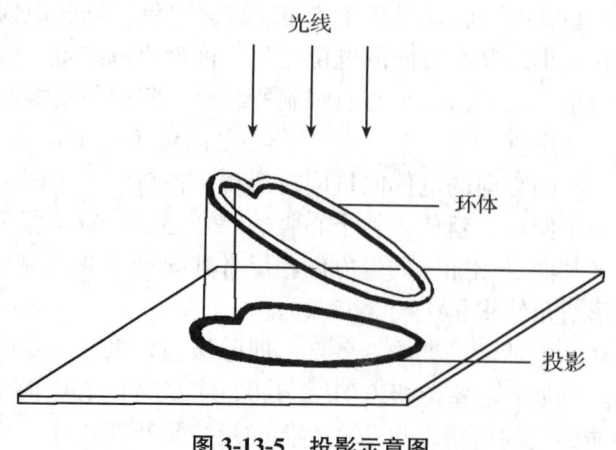

图 3-13-5　投影示意图

绘成平面图，由这三个平面图组成空间立体图像，此即临床上常规记录的心电向量图，也称空间向量环的第一次投影。

临床上常用的三个平面（额面、横面、矢状面）由三个轴（Y轴、X轴、Z轴）组成（图3-13-4）。以横面为例简述心电向量图的基本图形（图3-13-6）。

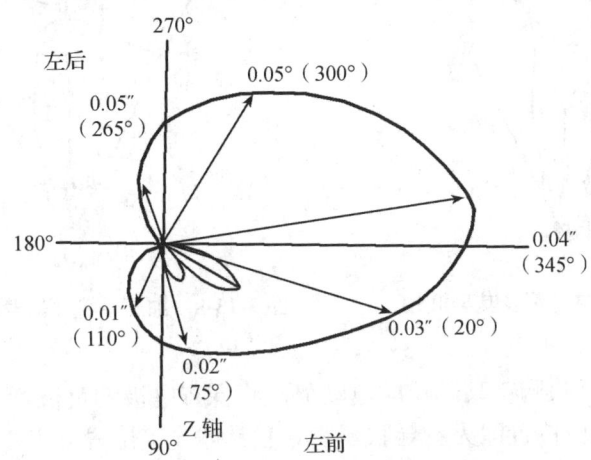

图 3-13-6 横面心向量图的基本图形

P环也称P向量环，是心房激动时将各瞬间向量连接起来形成的环。一般P环形态多呈椭圆形，立体方位指向左下略偏前或偏后。QRS环是心室激动时把各瞬间向量连接起来形成的环。

QRS环代表心室肌的除极过程，环体呈椭圆形，逆时针运行，1/3位于X轴之前，2/3位于X轴之后，其综合向量的方向（QRS电轴）指向左后。

T环代表心室肌的复极过程，是心室电激动恢复期各瞬间向量连接起来形成的环。其综合向量的方向指向左前，与QRS环电轴方向基本一致。

根据向量环在心导联轴上的投影，可以描记出心电图波形：投影在心导联轴的正方向上，得到一个向上的波；投影在心导联轴的负方向上，得到一个向下的波；投影在心导联轴上的距离离中心电端越远，波的振幅越高；投影在心导联轴上的距离离中心电端越近，波的振幅越低。

提示：投影在心导联轴的正方向上，得到一个向上的波；投影在心导联轴的负方向上，得到一个向下的波。

二、心电图导联系统

（一）心电图导联

通过导联线将探测电极与心电图机电流计相连，用以记录心电图的电路连接方法称为心电图导联。目前普遍采用国际通用的12导联系统（lead system），分为肢体导联（limb lead）和胸导联（chest lead）。肢体导联包括标准导联Ⅰ、Ⅱ、Ⅲ及加压单极肢体导联aVR、aVL、aVF。常用胸导联包括$V_1 \sim V_6$ 6个心前区导联。

标准导联为双极导联，反映两个电极所在部位之间的电位差。标准Ⅰ导联：探查电极正极置于左上肢，负极置于右上肢；标准Ⅱ导联：探查电极正极置于左下肢，负极置于右上肢；标准Ⅲ导联：探查电极正极置于左下肢，负极置于左上肢。此可设想为以心脏为重心的等边三角形的三个顶点（图3-13-7）。

加压单极肢体导联属于单极导联，反映某检测部位的电动势。要测出该点的电动势，必须以中心电端（规定其电动势为零）为参照。常规定上述等边三角形的重心即为中心电端。将探查电极的负极置于中心电端（通过心电图机处理），正极置于右上肢即为aVR，正极置于左上肢即为aVL，正极置于左下肢即为 aVF（图 3-13-8）。

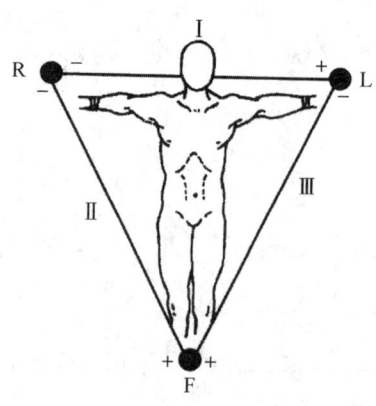

图 3-13-7　标准导联及其导联轴

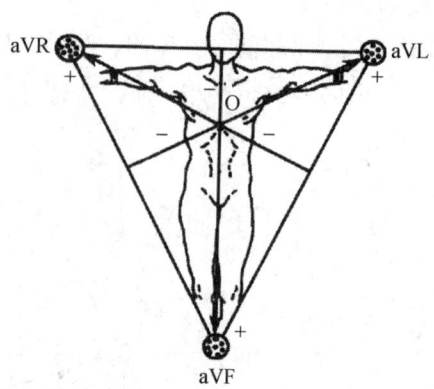

图 3-13-8　加压单极肢体导联及其导联轴

胸导联为单极导联，反映胸壁某部位的电动势。将探查电极的负极置于中心电端（通过心电图机处理），正极置于胸壁相应位置即为胸导联。胸导联具体连接位置见表 3-13-1。

表 3-13-1　胸导联电极位置

导联名称	正极（探查电极）	负极
V_1	胸骨右缘第 4 肋间隙	中心电端
V_2	胸骨左缘第 4 肋间隙	中心电端
V_3	V_2 导联与 V_4 导联连线的中点	中心电端
V_4	左锁骨中线与第 5 肋间隙相交处	中心电端
V_5	左腋前线与 V_4 导联水平相交处	中心电端
V_6	左腋中线与 V_4 导联水平相交处	中心电端
V_7	左腋后线与 V_4 导联水平相交处	中心电端
V_8	左肩胛下角线与 V_4 导联水平相交处	中心电端
V_{3R}	V_1 导联与 V_{4R} 导联连线的中点	中心电端
V_{4R}	右锁骨中线与第 5 肋间隙相交处	中心电端
V_{5R}	右腋前线与 V_{4R} 水平相交处	中心电端
V_{6R}	右腋中线与 V_{4R} 水平相交处	中心电端

$V_1 \sim V_6$ 导联为常用胸导联。临床上诊断后壁心肌梗死还常选用 $V_7 \sim V_9$ 导联，V_7 导联位于左腋后线与 V_4 导联水平相交处，V_8 导联位于左肩胛下角线与 V_4 导联水平相交处，V_9 导联位于左脊柱旁线 V_4 导联水平处。小儿心电图或诊断右心病变（例如右心室心肌梗死）有时需要选用 $V_{3R} \sim V_{6R}$ 导联，电极放置于右胸部与 $V_3 \sim V_6$ 导联对称处。

常规心电图为体表心电图，有 10 个电极放置在四肢及胸前。置于四肢的电极板放在两腕、两踝内上侧约 5 cm 处。电极板的导线颜色也有统一的规定，红色、黄色、绿色、黑色导线分别连于右上肢、左上肢、左下肢、右下肢电极板（地线）；胸前导联为 6 个钟形电极，也有统一规定的颜色，$V_1 \sim V_6$ 导联线颜色分别为红色、黄色、绿色、棕色、黑色、紫色。

(二)导联轴

在导联的正、负极之间画一条假想的直线,称为导联轴(lead axis),其方向由负极指向正极。

1. **肢体导联轴** 肢体导联的导联轴位于额面。标准导联可以用一个等边三角形来表示,等边三角形的三个顶点(L、R、F)分别代表左上肢、右上肢、左下肢,等边三角形的中心O点相当于零电位点或中心电端,OR连线相当于aVR的导联轴,OL连线相当于aVL的导联轴,OF连线相当于aVF的导联轴。以中心电端O为起点,通过平行移动将6个肢体导联轴放在一起,则组成肢体导联的额面六轴系统(图3-13-9)。

2. **胸导联轴** 胸导联的导联轴基本位于横面,以中心电端为中心,$OV_1 \sim OV_6$分别为$V_1 \sim V_6$的导联轴(探测电极为正,其对侧为负),构成胸导联的横面六轴系统(图3-13-10)。

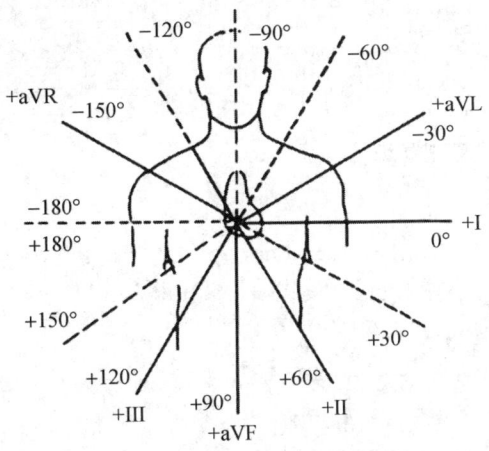

图 3-13-9 肢体导联的额面六轴系统

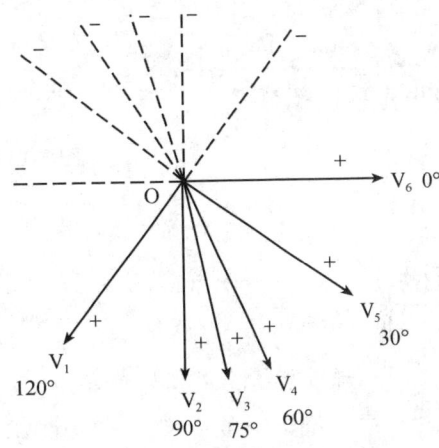

图 3-13-10 胸导联的横面六轴系统

(陈方军)

第二节 正常心电图

案例 3-13-2

患者,男性,25岁,平时喜欢足球运动。患者因足球比赛时猛烈碰撞,上肢骨折入院,3个月前曾患"感冒",5天后自愈。入院后检查心电图发现窦性心动过缓并心律不齐,HR 55次/分,动态心电图发现夜间睡眠时有二度Ⅰ型房室传导阻滞,最慢心率51次/分。心脏超声、胸部X线检查、心肌酶谱等正常。

问题与思考: 该患者最可能的疾病诊断是什么?

一、心电图记录纸

心电图记录纸为由纵线和横线划分成的正方形方格纸,每个最小方格边长为1mm。横线表示时间,其标准由走纸速度决定。由于心电图有大小、宽窄不同的波形,如果描记在一张静止不动的纸上,必然相互重叠,无法分析,因而描记心电图时必须让心电图纸以规定的速率移动。心电图记录纸常规走纸速度为 25 mm/s，故横线 1 mm 需时 1/25 s，即 0.04 s。如果走纸速度选择为 50 mm/s，则横线 1 mm 需时 1/50 s，即 0.02 s。纵线表示电压，其标准由定标电压来决定。常规情况下，设置定标电压 1 mV，基线便应准确抬高 10 mm，则纵线 1 mm 代表 1/10 mV，即 0.1 mV（图 3-13-11）。

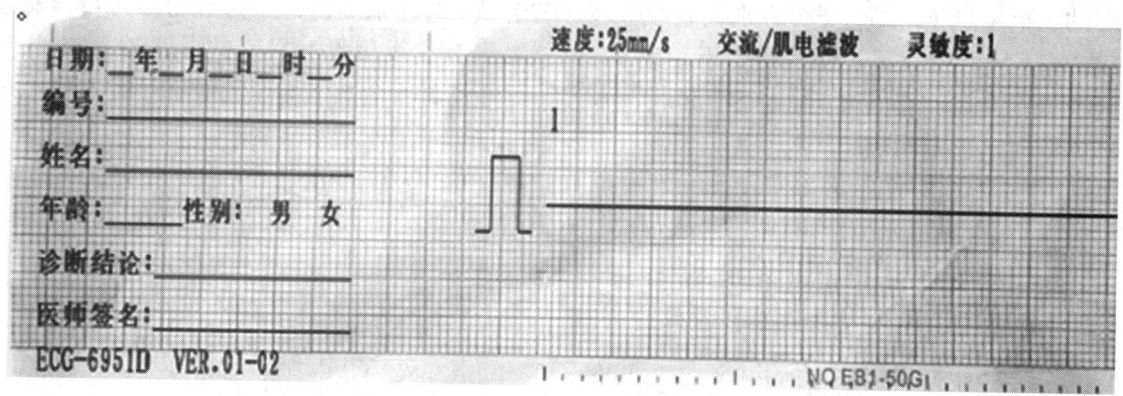

图 3-13-11　心电图记录纸

> **知识链接**
>
> **起搏心电图**
>
> 起搏心电图是临床心电图的重要组成部分。随着社会人口的老龄化、起搏技术的提高与起搏器植入量的递增，起搏心电图的数量日渐增多，难度日趋复杂，已成为临床心电图的一个难点。
>
> 起搏器最重要、最基本的功能为起搏与感知功能，这关系到患者健康与安全的大问题。而心电图医师在描述和判断起搏心电图是否正常的过程中，应当重点对起搏器的起搏功能不良、感知功能不良、感知功能过度以及对噪声的干扰进行识别，这些均是起搏心电图描述和判断的重要内容。

二、心电图各波段的组成和命名

正常心电活动始于窦房结，兴奋心房的同时经结间束传导至房室结，然后循希氏束→左、右束支→浦肯野纤维顺序传导，最后兴奋心室。这种先后有序的电激动的传导引起一系列电位变化，形成了心电图上相应的波段（图 3-13-12）。临床心电图学对这些波段规定了统一的命名。

P 波：为最早出现、波幅较小的波，反映心房除极的电位变化。

Tp（或 Ta）波：代表心房复极，位于 P-R 段（P 波结束至 QRS 波群开始），并延伸至 QRS 波群中。通常 Tp（或 Ta）波不易观察到。房室阻滞或心房梗死时，Tp（或 Ta）波可变得明显。

P-R 段：是从 P 波终点至 QRS 波群起点间的线段，反映心房复极过程及希氏束、束支的电活动。

P-R 间期：为心房开始除极至心室开始除极间的时间，为 P 波与 P-R 段时间的合计。

QRS 波群：为振幅较大的波段，反映心室除极的全过程。QRS 波群可呈多种形态，命名规则如下：第一个向上的波为 R 波，R 波之前向下的波为 Q 波，R 波之后向下的波为 S 波，S 波之后向上的波为 R′ 波，R′ 波之后向下的波为 S′ 波，以此类推。如果整个 QRS 波群全部向下，则称为 QS 波。至于采用 Q 或 q、R 或 r、S 或 s 表示，应根据其幅度大小而定，振幅超过 0.5 mV 的，用大写字母表示，振幅小于或等于 0.5 mV 的，用小写字母表示（图 3-13-13）。

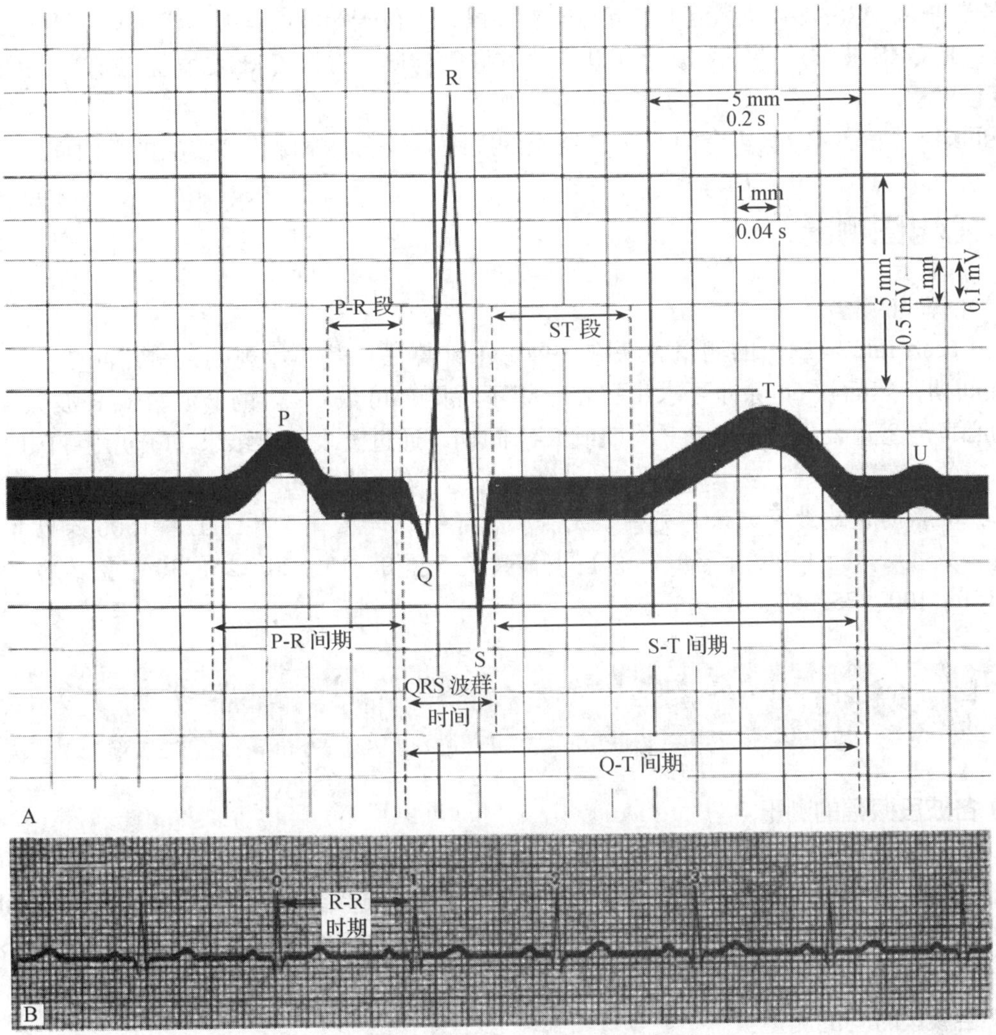

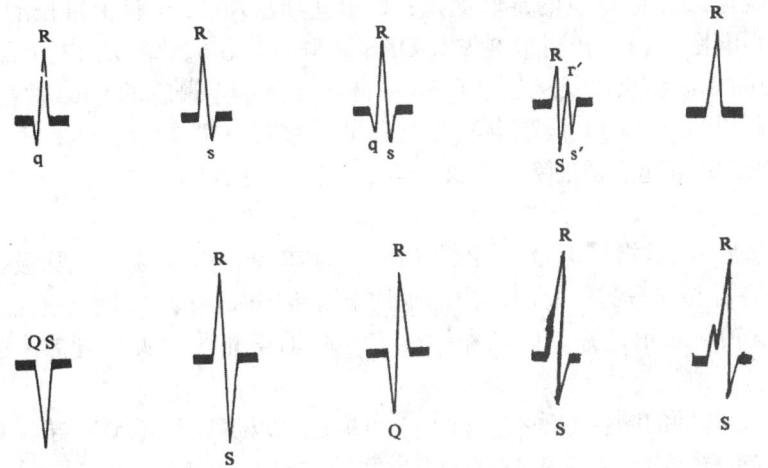

图 3-13-12　心电图
A. 一组典型的心电图；B. 一系列正常心电图

图 3-13-13　QRS 波群的不同形态及命名法

J点：是指心电图 QRS 波群终末与 ST 段开始的连接点，是心室除极的 QRS 终末突然转化为 ST 段的转折点，它标志着心室除极结束和心室复极开始。

ST 段：是从 QRS 波群终点至 T 波起点间的线段，多位于等电位线上，代表心室缓慢复极过程。

T 波：是 QRS 波群后的一个波形，其主波方向常与同一导联 QRS 波群主波方向一致，代表心室快速复极过程。

Q-T 间期：是从 QRS 波群起点至 T 波终点的间距，代表心室除极和复极的总时间。

三、心电图测量

（一）心率的测量

心率（heart rate，HR）的测量方法有 3 种。①计算法：若心律规则，只需测量一个相邻 R-R（或 P-P）间期，然后被 60 除即可求出；若心律不规则，可数 6 s 内的 P 波数或 R 波数，乘以 10，即为平均心率。②查表法：根据 P-P 间期或 R-R 间期，通过查表得出结果。③使用专门的心率尺直接读出相应的心率数。

提示：心率的快速计算方法，先判断是否心律不齐，若心律规整，①用 1500 除以 Ⅱ 导联处间期的小横格数。心率 =1500/ 小格数。②当小格数是 5、10、15、20、25、30 等整数时，心率分别是 300、150、100、75、60、50 次 / 分。

 心率的测量方法。

（二）各波段振幅的测量

测量向上的波形，应从等电位线的上缘垂直量到波的顶端；测量向下的波形，应从等电位线的下缘垂直量到波的底端。P 波振幅测量的参考水平应以 P 波起始前的水平线为准。测量 QRS 波群、J 点、ST 段、T 波和 u 波振幅，统一采用 QRS 波群起始部水平线作为参考水平。若 QRS 波群起始部为一斜线，应以 QRS 波群起点作为测量参考点。

（三）各波段时间的测量

一般规定，测量各波时间应自波形起点的内侧缘测量至该波形终点的内侧缘。若采用单导联心电图机记录，P 波及 QRS 波群时间测量应选择 12 导联中最宽的 P 波及 QRS 波群进行；P-R 间期应选择 12 导联中 P 波宽大且有 Q 波的导联测量；Q-T 间期应取 12 导联中最长的 Q-T 间期测量。若使用 12 导联同步心电图机记录，测量 P 波和 QRS 波群时间，应分别从 12 导联同步记录中最早 P 波起点测量至最晚的 P 波终点以及从最早 QRS 波群起点测量至最晚 QRS 波群终点；P-R 间期应从 12 导联同步心电图中最早的 P 波起点测量至最早的 QRS 波群起点；Q-T 间期应是 12 导联同步心电图中最早的 QRS 波群起点至最晚的 T 波终点的间距（图 3-13-14）。

（四）心电轴

1. **概念**　心电轴一般是指平均 QRS 电轴（mean QRS axis），它是心室除极过程中综合 QRS 向量，借以说明心室在除极过程这一总时间内的平均电势方向和强度。临床上通常用其在额面上的投影（即额面 QRS 电轴）表示，并以该轴和标准 Ⅰ 导联轴正侧段的夹角度数来表示心电轴的偏移方向。

2. **测定方法**　心电轴的测量方法有 3 种。①目测法：以 Ⅰ 导联和 aVF 导联 QRS 波群主波方向为主，有时结合 Ⅱ 导联 QRS 波群主波方向。Ⅰ 导联的主波方向向上，aVF 导联的主波方向也向上；Ⅰ 导联的主波方向向上，aVF 导联的主波方向向下，但 Ⅱ 导联的主波方向向上，可推断电轴不偏。Ⅰ 导联的主波方向向下，aVF 导联的主波方向向上，属电轴右偏。Ⅰ 导联的主波方向向上，aVF 导联的主波方向向下，但 Ⅱ 导联的主波方向向下，属电轴左偏。Ⅰ 导联的主波方向向下，aVF 导联的主波方向向下，属"不确定电轴"（图 3-13-15）。②振幅法：分别求出 Ⅰ 导联和 Ⅲ 导联的 QRS 波群

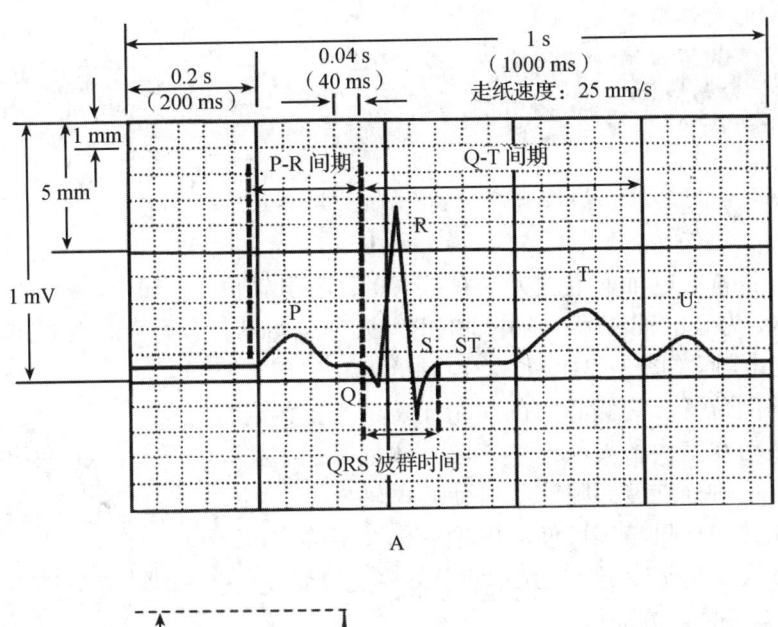

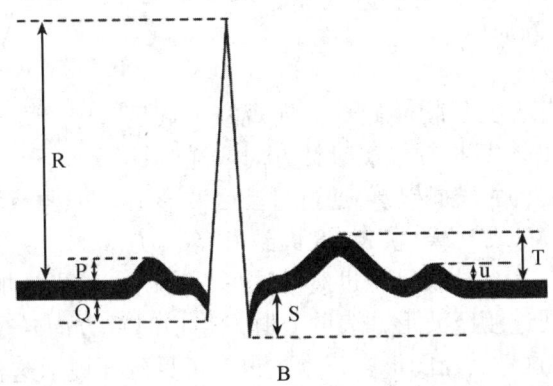

图 3-13-14 心电图各波时间（A）及振幅（B）的测量

振幅的代数和，并将数值记于相应导联轴上，然后自上述两点各画出该导联轴的垂直线，求得两垂直线的交叉点。电偶中心 O 点与该交叉点相连即为心电轴，该轴与 I 导联轴正侧的夹角即为心电轴的角度（图 3-13-16）。③查表法：将计算的 I 导联、Ⅲ 导联 QRS 波群振幅代数和值直接查专用的心电轴角度表，求得心电轴度数。

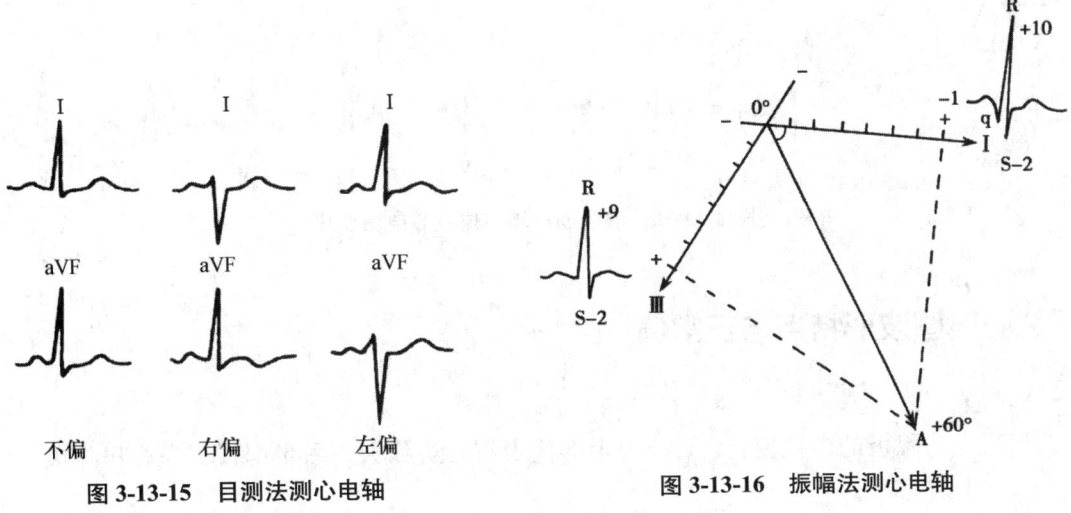

图 3-13-15　目测法测心电轴　　　　　　　图 3-13-16　振幅法测心电轴

考点提示：目测法测量心电轴。

提示：目测法测量心电轴，结果判断可总结为：尖对尖，向右偏；口对口，向左偏；尖重叠，则不偏。

3. 临床意义 正常心电轴的范围为 $-30°\sim+90°$；心电轴位于 $-30°\sim-90°$ 为心电轴左偏；心电轴位于 $+90°\sim+180°$ 为心电轴右偏；心电轴位于 $-90°\sim-180°$，传统上称为电轴极度右偏，近年主张定义为"不确定电轴"（图 3-13-17）。心电轴的偏移一般受心脏在胸腔内的解剖位置、两侧心室的质量比例、心室内传导系统的功能、激动在室内传导状态、年龄、体型等因素影响。左心室肥大、左前分支传导阻滞等可使心电轴左偏；右心室肥大、左后分支传导阻滞等可使心电轴右偏；不确定电轴可以发生在正常人（正常变异），也可见于某些病理情况，如肺源性心脏病、冠心病、高血压。

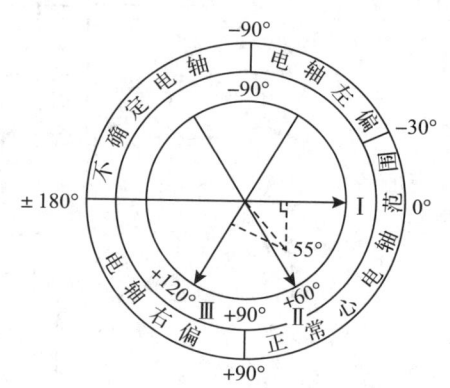

图 3-13-17 正常心电轴及其偏移

（五）心脏循长轴转位

心脏循长轴转位是指自心尖部朝心底部方向观察（从足朝头方向观察），心脏可循其本身长轴做顺时针方向或逆时针方向转位（图 3-13-18）。心脏循长轴转位可通过过渡区波形出现的位置来判断。正常时 V_3 或 V_4 导联 R、S 大致相等，为左、右心室过渡区波形。V_5、V_6 导联呈现过渡区波形，表明心脏发生顺时针方向转位，可见于右心室肥大；V_1、V_2 导联呈现过渡区波形，表明心脏发生逆时针方向转位，可见于左心室肥大。但需要指出的是，心电图上的这种转位图形在正常人也常可见到，提示这种图形改变有时为心电位的变化，并非都是心脏在解剖上转位的结果。

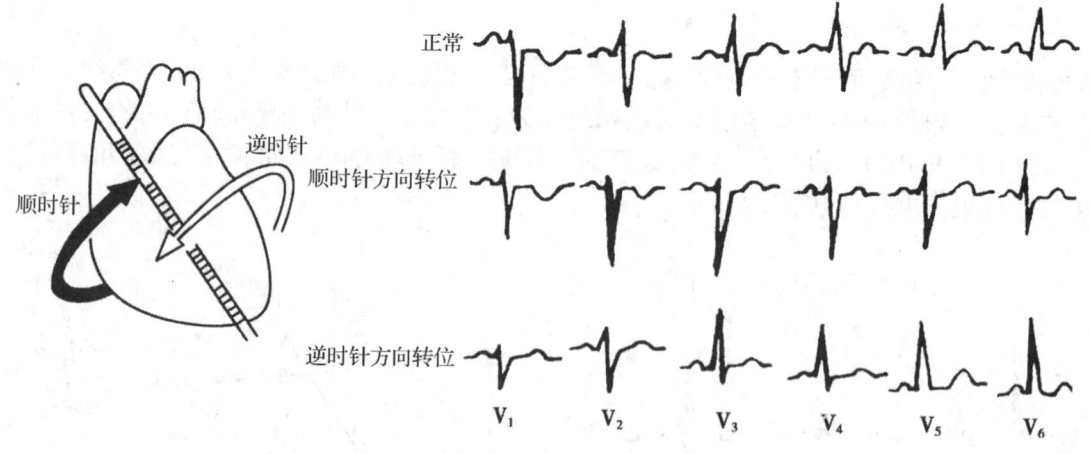

图 3-13-18 心脏循长轴转位及心电图变化

四、心电图波形特点与正常值

（一）P 波

P 波代表心房除极的电位变化。P 波前半部代表右心房除极，后半部代表左心房除极，中间代表左、右心房同时除极。

1. 形态 一般呈钝圆形，偶可出现切迹或双峰，但峰距<0.04 s。P 波在 I、II、aVF、V_4~V_6 导联直立，aVR 导联倒置，其余导联可直立、倒置或双向。这样的 P 波称为窦性 P 波。

2. 时间 <0.12 s。

3. 振幅 在肢体导联一般<0.25 mV，在胸导联一般<0.20 mV。

（二）P-R 间期

P-R 间期为心房开始除极至心室开始除极的时间，从 P 波起点内侧缘至 QRS 波群起点内侧缘测量，正常范围为 0.12~0.20 s。P-R 间期与年龄及心率有关，幼儿及心动过速时，P-R 间期相应缩短；老年人及心动过缓时，P-R 间期相应延长，但不超过 0.22 s。

（三）QRS 波群

QRS 波群代表心室除极的电位变化。

1. 形态和振幅 正常 QRS 波群形态在各导联可不相同。

（1）肢体导联：I、II 导联的 QRS 波群在电轴不偏的情况下，主波方向一般向上。R_I<1.5 mV。aVR 导联的 QRS 波群主波方向向下，可呈 QS、rS、rSr′ 或 Qr 型，aVL 与 aVF 导联 QRS 波群主波方向不定，可呈 qR、Rs 或 R 型，也可呈 rS 型。R_{aVR}<0.5 mV，R_{aVL}<1.2 mV，R_{aVF}<2.0 mV。

（2）胸导联：正常人 V_1、V_2 导联多呈 rS 型，R/S<1，RV_1 不超过 1.0 mV。不应出现 Q 波，但偶尔可呈 QS 波；V_3、V_4 导联多呈过渡区波形，R/S 约等于 1；V_5 和 V_6 导联多呈 qR、qRs、Rs、R 型，R/S>1，RV_5 不超过 2.5 mV，RV_1+SV_5<1.2 mV，RV_5+SV_1<4.0 mV（男）或 3.5 mV（女）。

2. 时间 正常成人 QRS 波群多为 0.06~0.10 s，一般不超过 0.11 s。

3. R 峰时间（R peak time，Rpt） 过去称为室壁激动时间（VAT），为 QRS 波群起始点与 R 波顶峰垂直线的水平距离。若有 R′ 波，则应量到 R′ 波峰；若 R 波有切迹，应量至切迹第二峰（图 3-13-19）。正常成人 R 峰时间在 V_1、V_2 导联不超过 0.03 s，在 V_5、V_6 导联不超过 0.05 s。

4. Q 波 除 III 和 aVR 导联外，正常 Q 波的时间一般<0.04 s，III 导联 Q 波时间可达 0.04 s，aVR 导联可出现较宽的 Q 波或 QS 波。正常 Q 波振幅小于同导联 R 波的 1/4。正常人 V_1、V_2 导联不应出现 Q 波，但偶尔可呈 QS 波。超过正常范围的 Q 波（即 Q 波过深或过宽）称为异常 Q 波，常见于心肌梗死、心肌病等。

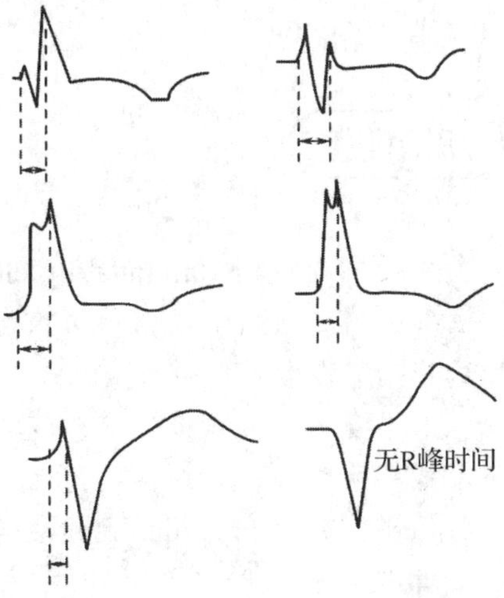

（四）J 点

J 点为 QRS 波群的终点与 ST 段起点的交接点，多在等电位线上，正常上下偏移不超过 0.1 mV。

（五）ST 段

ST 段代表心室缓慢复极过程，为 QRS 波群的终点至 T 波起点间的线段，多为等电位线，也可轻微偏移，但在任何导联（aVR 除外）ST 段下移不应超过 0.05 mV；ST 段上抬，在肢体导联及 V_4、V_5、V_6 导联不应超过 0.1 mV，在 V_1、V_2 导联不应超过 0.3 mV，在 V_3 导联不应超过 0.5 mV。

图 3-13-19 各波形的 R 峰时间测量方法

（六）T 波

T 波代表心室快速复极时的电位变化。形态宽而圆钝的波形，其上升速度较慢而下降速度较快，两支不对称。

1. 方向 大多与 QRS 波群主波方向一致。T 波方向在 I、II、V_4~V_6 导联向上，aVR 导联倒置，III、aVL、aVF、V_1~V_3 导联可以向上、双向或向下。若 V_1 导联的 T 波方向向上，则 V_2~V_6 导联就不应再向下。

2. 振幅 除 III、aVL、aVF、V_1~V_3 导联外，其他导联 T 波振幅一般不应低于同导联 R 波的 1/10。T 波在胸导联有时高达 1.2~1.5 mV 尚属正常，但不应超过同导联 R 波的高度。

（七）Q-T 间期

Q-T 间期为 QRS 波群起点到 T 波终点的时间，代表心室除极和复极全过程所需的时间，正常范围 0.32~0.44 s。由于 Q-T 间期受心率影响很大，常采用 R-R 间期校正的 Q-T 间期（Q-Tc），通常采用 Bazett 公式计算：Q-Tc = Q-T/yRR。Q-Tc 就是 R-R 间期为 1 s 时的 Q-T 间期。Q-Tc 的正常上限值是 0.44 s，超过即为延长。

（八）u 波

u 波是 T 波后 0.02~0.04 s 出现的一个振幅很小的波，代表心室后继电位，其产生机制尚未明确。u 波方向与 T 波一致，在胸导联较易见到，尤其 V_3 导联较明显。u 波明显增高常见于低血钾。

 心电图各波形正常值。

五、小儿心电图特点

小儿的生长发育迅速，其心电图随年龄变化也较大。总的趋势可概括为自起初的右心室占优势型逐渐转变为左心室占优势型，具体有以下特点。

（1）小儿心率快，P-R 间期较成人短，7 岁以后趋于恒定（0.10~0.17 s），至 10 岁以后才可保持为成人的心率水平。小儿的 Q-Tc 间期也较成人略长。

（2）小儿的 P 波时间较成人短，小于 0.09 s，P 波的电压在新生儿期较成人高，以后则较成人低。

（3）婴幼儿的 QRS 波群呈右心室占优势型，具体表现为：Ⅰ 导联有深 S 波；V_1（V_3R）导联呈高 R 波，但 V_5、V_6 导联常有深 S 波，V_5、V_6 的 R 波电压随年龄增长而增高；小儿 Q 波较成人深。3 个月内的小儿 V_5、V_6 常缺 q 波。新生儿期的心电图主要呈"悬垂型"，心电轴超过 +90°，以后与成人基本相同。

> **知识链接**
>
> **动态心电图**
>
> 动态心电图（ambulatory electrocardiogram，AECG）远程监测通常用于评估可能与间歇性心律失常相关的症状，如晕厥、头晕、胸痛、心悸。此外，AECG 还用于评估抗心律失常药物的应用、调整或停药反应。
>
> 诺曼·杰弗里斯·霍尔特（Norman Jefferis Holter）在 1947 年前后开创性地提出了首个移动式心脏遥测设备原型，患者需骑在一辆固定的自行车上，将一个 85 磅（约 38.6 kg）重的设备佩戴在背上，并使用无线心电技术。现代 AECG 设备轻便小巧，通过连续的逐搏心电监测、心律失常自动检测和几乎实时的无线数据传输提高了疾病检出率、心电数据的利用率和易用性。
>
> 随着无线网络技术及微电子电路的发展，AECG 设备朝小型化方向迅速发展。一些 AECG 设备还具有多个生物信号传感器，可同时记录多导联心电图、呼吸频率、外周血氧饱和度、身体活动、皮肤温度、动脉压及其他生命体征参数，为复杂性疾病（如心力衰竭或睡眠呼吸暂停综合征）患者提供全面的评估依据。这些传感器的加入使 AECG 的功能从简单的心电信号监测扩展到动态的生命体征信号监测。

（陈方军）

第三节　心房、心室肥大

案例 3-13-3

患者，男性，54岁。患有高血压，心电图（ECG）：$R_{V_5}=3.0$ mV，$S_{V_1}=2.5$ mV，ST 段略压低，T_{V_5}、T_I、T_{aVL} 倒置。

问题与思考：该患者最可能的疾病诊断是什么？

一、左心房肥大

左心房肥大（left atrial hypertrophy）时，主要表现为心房除极时间延长。心电图表现见图 3-13-20。

（1）P 波增宽，其时限 ≥0.12 s，常呈双峰型且峰距 ≥0.04 s，以 Ⅰ、Ⅱ、aVL 导联明显，常见于二尖瓣狭窄引起的左心房肥大，故又称二尖瓣型 P 波。

（2）V_1 导联 P 波常呈先正后负的双向波。将 V_1 负向 P 波的时间乘以负向 P 波振幅，称为 P 波终末电势（P-wave terminal force，Ptf）。左心房肥大时，Ptf V_1 绝对值 ≥0.04 mm·s。

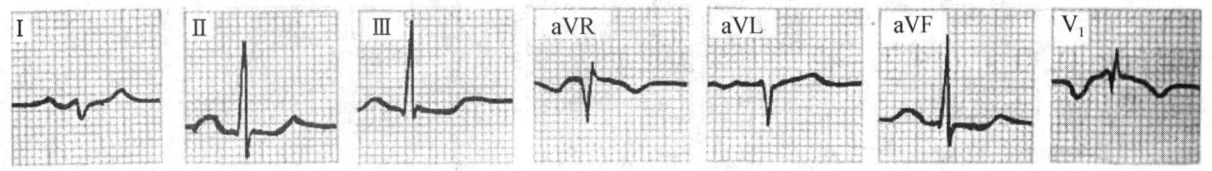

图 3-13-20　左心房肥大心电图

二、右心房肥大

右心房肥大（right atrial hypertrophy）时，主要表现为心房除极波振幅增高。心电图表现见图 3-13-21。

（1）P 波高尖，其振幅 ≥0.25 mV，以 Ⅱ、Ⅲ、aVF 导联较明显，常见于肺源性心脏病引起的右心房肥大，故又称肺型 P 波。

（2）V_1 导联 P 波直立时，其振幅 ≥0.15 mV；P 波为双向时，振幅算术和 ≥0.20 mV。

提示：需要指出的是，上述所谓肺型 P 波及二尖瓣型 P 波并非慢性肺源性心脏病及二尖瓣疾病所特有，故不能称为具有特异性的病因学诊断意义的心电图改变。

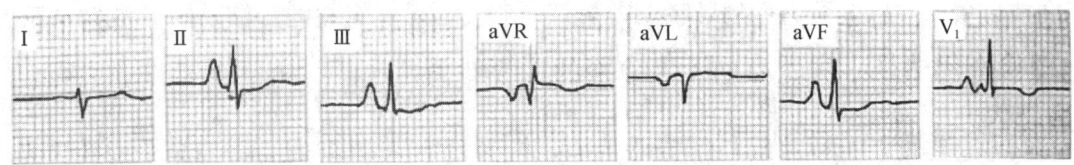

图 3-13-21　右心房肥大心电图

三、双心房肥大

双心房肥大（biatrialen atrial hypertrophy）时，由于左、右心房激动并非完全同步，而有先后，故其向量不易抵消而各自表现出来，呈现异常高尖并增宽的双峰型 P 波。心电图表现见图 3-13-22。

（1）P 波增宽≥0.12 s，其振幅≥0.25 mV。
（2）V_1 导联 P 波高大双相，上下振幅均超过正常范围。

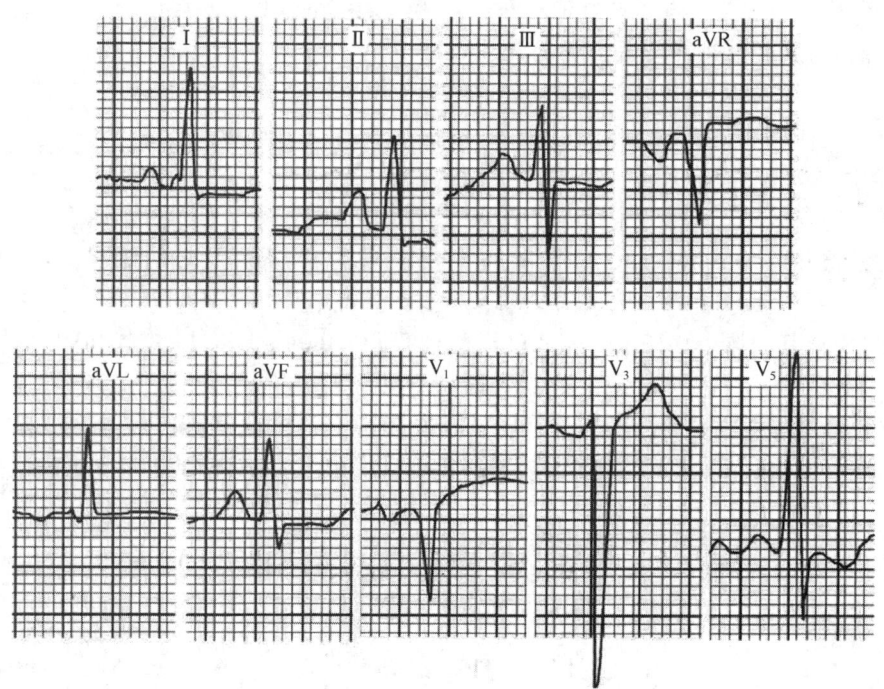

图 3-13-22　双心房肥大心电图

四、左心室肥大

正常时，心室综合心电向量表现为左心室占优势的特征。左心室肥大（left ventricular hypertrophy，LVH）时，可使左心室占优势的情况更为突出。左心室肥大的心电图表现见图 3-13-23。

（1）QRS 波群电压增高。①胸导联：$R_{V_5}>2.5$ mV；$R_{V_5}+S_{V_1}≥4.0$ mV（男性）或≥3.5 mV（女性）。②肢体导联：$R_I>1.5$ mV，$R_{aVL}>1.2$ mV，$R_{aVF}>2.0$ mV，$R_I+S_{III}>2.5$ mV。
（2）心电轴左偏。
（3）QRS 波群时间轻度延长到 0.10~0.11 s，但一般<0.12 s。
（4）继发性 ST-T 改变在 R 波为主的导联，其 ST 段可呈下斜型压低达 0.05 mV 以上，T 波低平、双向或倒置。在以 S 波为主的导联（V_1 导联）则反而可见直立的 T 波。QRS 波群电压增高同时伴有 ST-T 改变者，传统上称为左心室肥大伴心肌缺血。

五、右心室肥大

右心室壁厚度仅有左心室壁的 1/3，故右心室肥大（right ventricular hypertrophy，RVH）到相当程度时，才显示肥厚图形改变。右心室肥大的心电图表现见图 3-13-24。

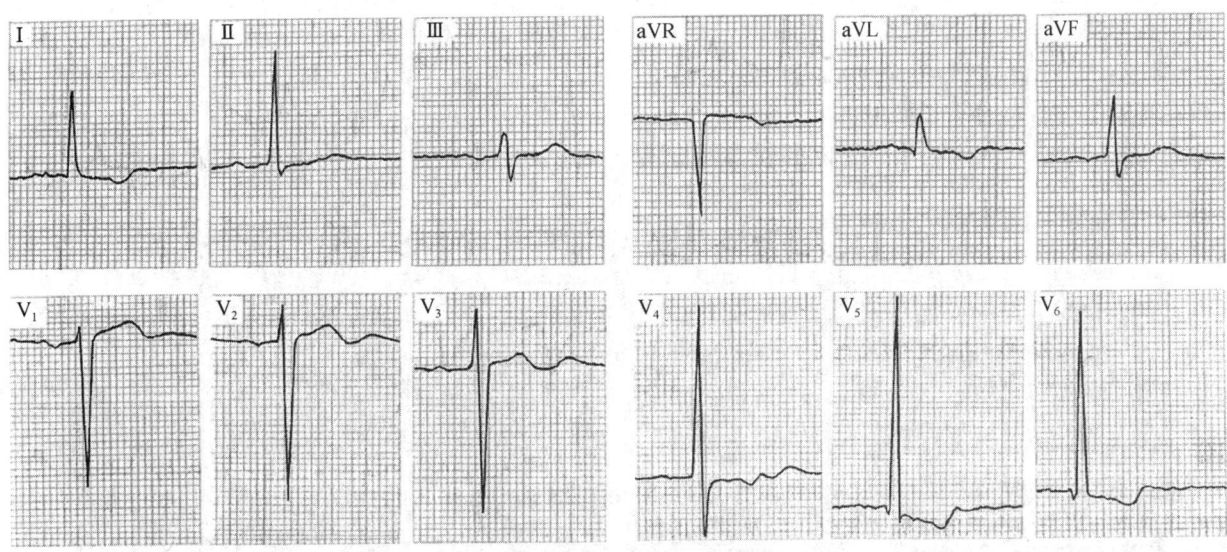

图 3-13-23 左心室肥大心电图

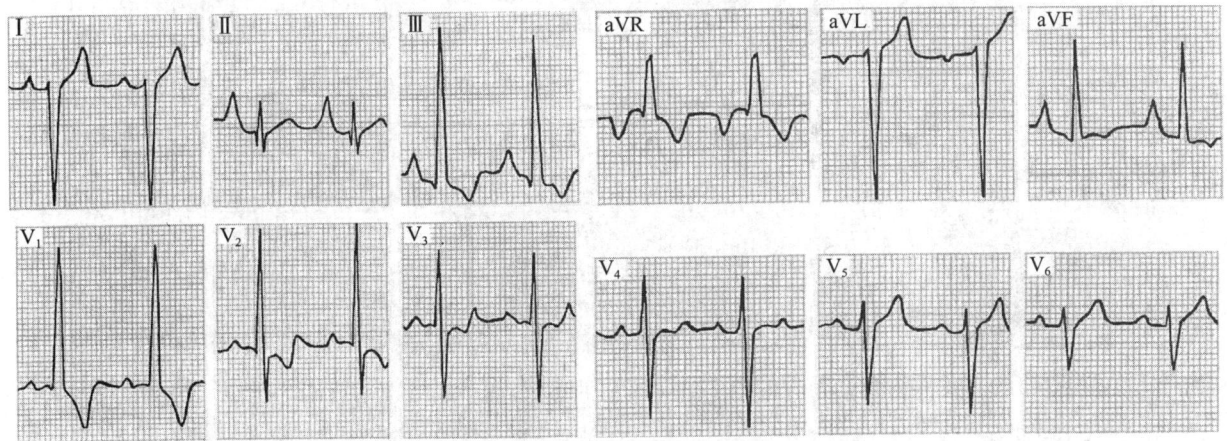

图 3-13-24 右心室肥大心电图

（1）V_1 导联 R/S>1，呈 R 型或 Rs 型，重度右心室肥大可使 V_1 导联呈 qR 型（除外心肌梗死）；V_5 导联 R/S≤1 或 S 波比正常加深；aVR 导联以 R 波为主，R/q 或 R/S≥1。R_{V_1}≥1.0 mV，R_{V_1}+Sv_5>1.05 mV（重症>1.2 mV）；R_{aVR}>0.5 mV。

（2）心电轴右偏≥+90°（重度可>110°）。

（3）继发性 ST-T 改变：右胸导联 ST 段下降，T 波倒置，传统上称为右心室肥大伴心肌缺血。

（4）显著顺时针方向转位，V_1～V_6 呈 rS 型。

诊断右心室肥大，有时定性诊断（依据 V_1 导联 QRS 波群形态及电轴右偏等）比定量诊断更有价值。一般来说，阳性指标越多，则诊断的可靠性越高。虽然心电图对诊断明显的右心室肥大准确性较高，但敏感度较低。

六、双心室肥大

双心室肥大（biventricular hypertrophy）心电图表现有以下 3 种情况。

1. **大致正常心电图** 因左、右心室均等肥厚，增加的除极向量方向相反，互相抵消。

2. **单侧心室肥大心电图** 只表现出一侧心室肥大，而另一侧心室肥大的图形被掩盖。

3. **双侧心室肥大心电图** 既表现右心室肥大的心电图特征（V_1导联R波为主，电轴右偏等），又存在左心室肥大的某些征象（图3-13-25）。

心房、心室肥大，心电图诊断只供参考，不能确诊，所以诊断时需密切结合临床资料。

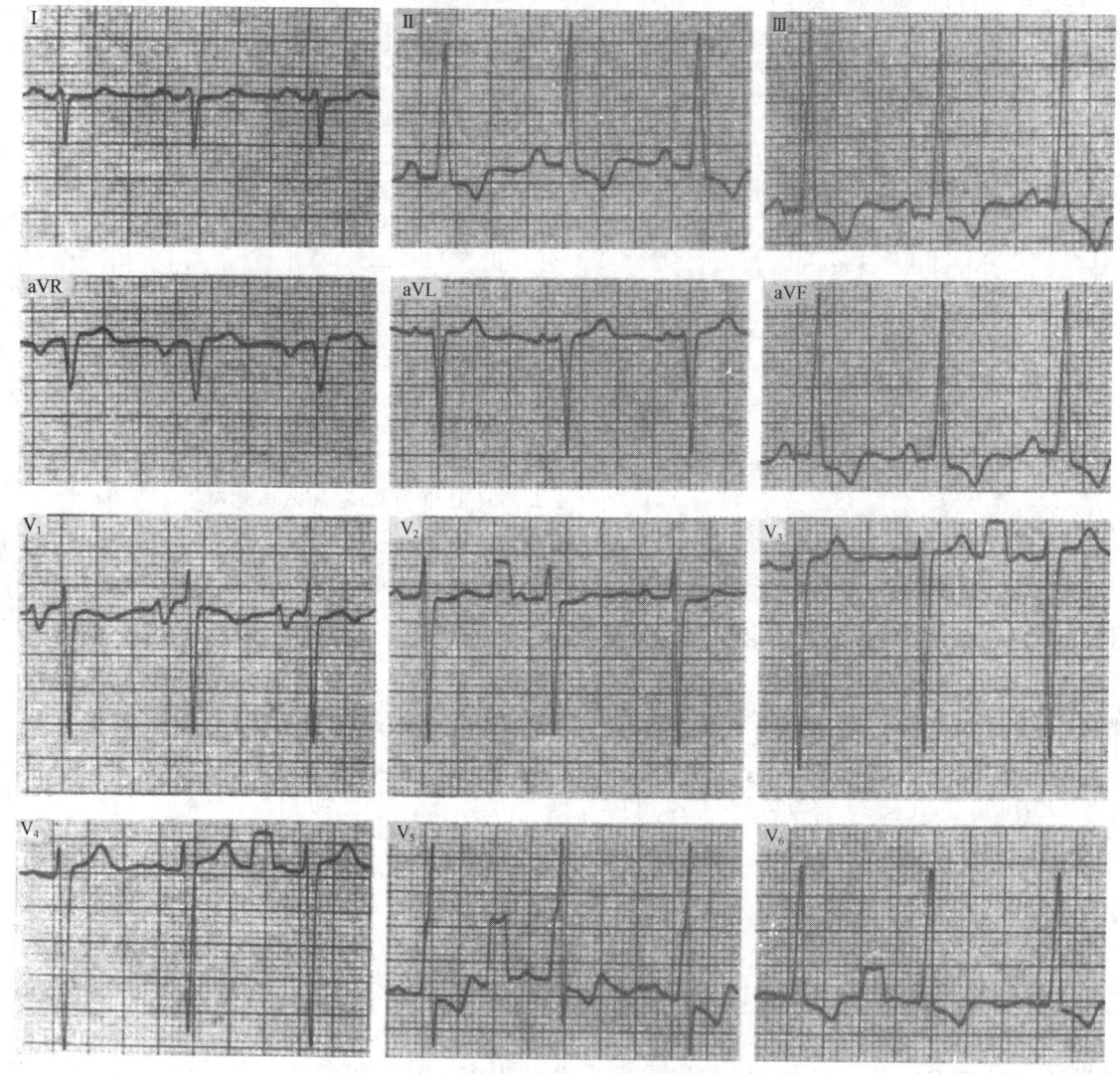

图3-13-25 双心室肥大心电图

（陈方军）

第四节　心肌缺血与ST-T改变

心肌缺血（myocardial ischemia）是指心肌的血液供应不能满足心肌活动的需要，临床上多见于冠心病。心肌缺血使心室复极受影响，心电图表现为与缺血区相关的导联发生ST-T的异常改变。其改变类型与缺血的严重程度、持续时间和缺血发生的部位有关。

一、心肌缺血的心电图类型

心肌缺血最常见的心电图变化为 T 波改变，也可出现 ST 段改变。

1. **缺血型心电图改变** 主要表现为 T 波变化（图 3-13-26）。

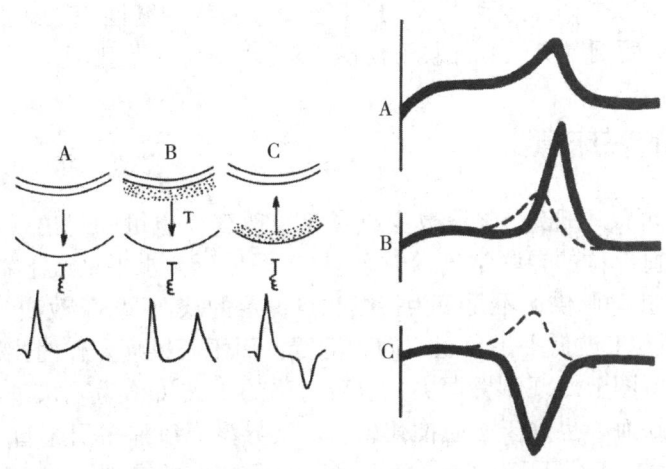

图 3-13-26 心肌缺血引起的 T 波改变

心内膜下心肌缺血时，心内膜复极时间较正常更为延迟（正常心脏心内膜复极较心外膜晚），使原来存在的与心外膜复极向量相抗衡的心内膜复极向量减小或消失，致使 T 波向量增加，出现高大的 T 波。例如下壁心内膜下心肌缺血，下壁导联 Ⅱ、Ⅲ、aVF 可出现高大直立的 T 波。

心外膜下心肌缺血时，引起心肌复极顺序的逆转，即心内膜先复极，膜外电位为正，而缺血的心外膜心肌尚未复极，膜外电位仍呈相对的负性，于是出现与正常方向相反的 T 波向量。此时面向缺血区的导联记录出倒置的 T 波。例如下壁心外膜下心肌缺血，下壁导联 Ⅱ、Ⅲ、aVF 可出现倒置的 T 波。

2. **损伤型心电图改变** 心肌缺血时间延长、程度加重，将出现心肌损伤，以致心肌细胞的除极速度减慢，除极尚未结束，复极即已开始，导致形成损伤型 ST 段移位，表现为 ST 段压低和 ST 段抬高两种类型（图 3-13-27）。

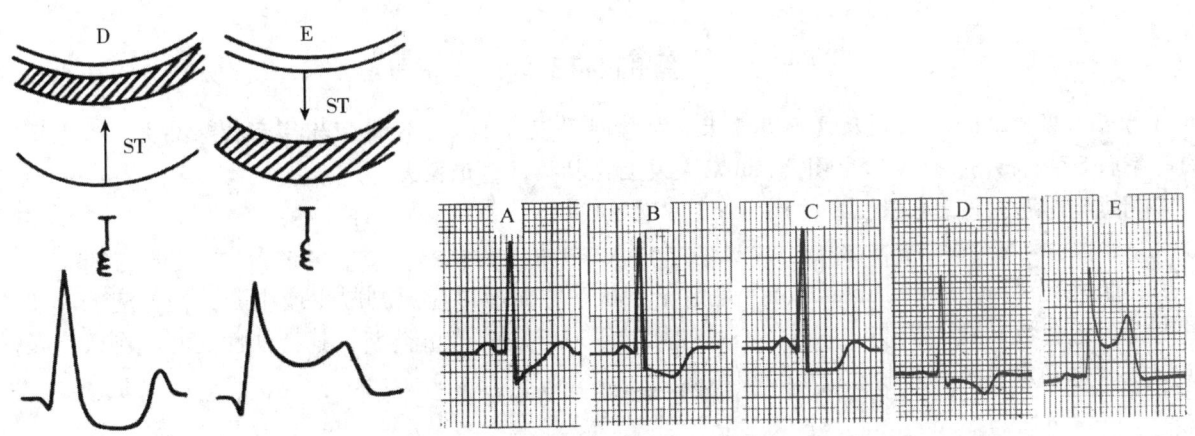

图 3-13-27 心肌损伤引起的 ST-T 改变
A. 上斜型；B. 下斜型；C. 水平型；D. T 波倒置；E. ST 段抬高，T 波高尖、直立

心内膜下心肌损伤时，ST 向量由心外膜面指向心内膜面，使位于心外膜面的导联出现 ST 段压低。ST 段压低有 3 种类型：①水平型压低，即 R 波顶点垂线与 ST 段的交角等于 90°。②下斜型压低，即 R 波顶点垂线与 ST 段的交角大于 90°。③上斜型压低，即 R 波顶点垂线与 ST 段的交角小于 90°。一般认为，ST 段水平型压低及下斜型压低对诊断心肌缺血更有意义。

心外膜下心肌损伤时，ST 向量由心内膜面指向心外膜面，使位于心外膜面的相应导联出现 ST 段抬高，而对侧部位的导联常可记录到相反的 ST 改变。发生透壁性心肌缺血时，心电图往往表现为心外膜下缺血（T 波深而倒置）或心外膜下损伤（ST 段抬高）类型。

二、ST-T 改变的临床意义

心肌缺血的心电图可仅表现为 ST 段改变或者 T 波改变，也可同时出现 ST-T 改变。典型的心肌缺血发作时，面向缺血部位的导联常显示缺血型 ST 段压低（水平型或下斜型下移 ≥ 0.1 mV）和（或）T 波倒置。慢性冠状动脉供血不足多为持续和较恒定的缺血型 ST 改变，呈水平型或下斜型下移（≥ 0.05 mV）和（或）T 波低平、负正双向和倒置，而于心绞痛发作时出现 ST-T 改变加重或伪性改善。冠心病患者心电图上出现倒置深尖、双肢对称的 T 波（称为冠状 T 波），反映心外膜下心肌缺血或有透壁性心肌缺血，也见于心肌梗死患者。变异型心绞痛多引起暂时性 ST 段抬高并常伴有高耸 T 波和对应导联的 ST 段下移，这是急性严重心肌缺血的表现，如 ST 段持续抬高，提示可能发生心肌梗死。

三、ST-T 改变的心电图鉴别

ST-T 改变在心电图中较常见，但其是非特异性心肌复极异常的共同表现。除心肌缺血外，心肌病、心肌炎、心包炎等均出现此类 ST-T 改变。低钾血症、高钾血症、药物影响、心室肥大、束支传导阻滞等也可引起非特异性 ST-T 改变。所以必须结合临床资料进行鉴别后，方可做出心肌缺血或冠状动脉供血不足的心电图诊断。

（陈方军）

第五节　心肌梗死

案例 3-13-4

患者，男性，60 岁。因反复胸痛 1 天，持续性胸痛 4 h 入急诊科，既往无特殊病史，心电图示胸前导联 ST 段抬高，做完心电图 2 min 后突发全身抽搐，意识丧失。

问题与思考：该患者最可能的疾病诊断是什么？

心肌梗死（myocardial infarction）是由于冠状动脉血液供应急剧减少或中断，使相应的心肌严重而持久地急性缺血、损伤、坏死。心肌梗死属于冠心病的严重类型，其特征性的心电图改变及其演变规律是确定诊断和判断病情的重要依据之一。

一、心肌梗死的基本心电图图形

心肌梗死时,可因缺血、损伤、坏死而相应产生特征性的心电图改变(图 3-13-28)。

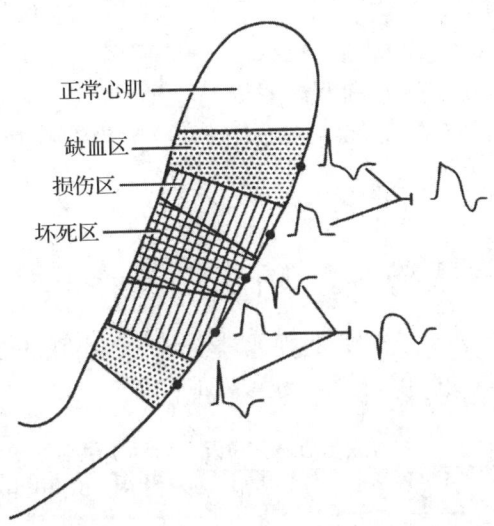

图 3-13-28 急性心肌梗死心电图的特征性改变

1. 缺血型改变 冠状动脉闭塞后,立即产生心肌缺血,影响其复极。若缺血发生在心内膜面,T 波高而直立;若缺血发生在心外膜面,表现为 T 波倒置,典型者呈现冠状 T 波(对称性倒置)。
2. 损伤型改变 缺血时间长会引起心肌损伤,心电图表现为面向损伤区的导联上出现 ST 段抬高,若明显抬高并与 T 波融合,可形成弓背向上的单向曲线。
3. 坏死型改变 更进一步的缺血引起心肌坏死,坏死的心肌细胞丧失了电活动,坏死区心肌不再产生心电向量,但正常心肌除极未变,致使产生一个与梗死部位相反的综合向量,心电图表现为面向坏死区的导联出现异常深而宽的 Q 波或 QS 波。

二、心肌梗死的心电图图形演变和分期

急性心肌梗死发生后,心电图随着心肌缺血、损伤、坏死的发展而呈现一定规律演变。根据心电图图形的演变过程和演变时间,可分为超急性期、急性期、亚急性期和陈旧期(图 3-13-29)。

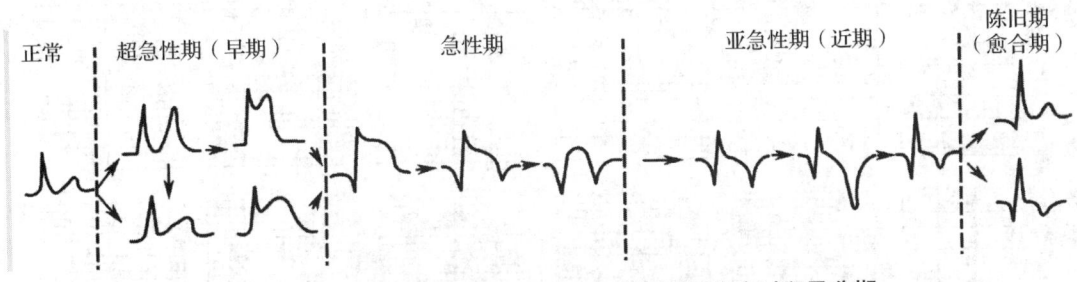

图 3-13-29 典型的急性心肌梗死的心电图图形演变过程及分期

1. 超急性期(早期) 急性心肌梗死发生数分钟后,首先出现短暂的心内膜下心肌缺血,心电图上产生高大的 T 波,以后迅速出现 ST 段斜型抬高,与高耸直立的 T 波相连。此期持续时间短,仅为数小时,临床上不易记录到。但此期对治疗十分重要,是溶栓治疗的最佳时期,此期若治疗及

时而有效，有可能避免发展为心肌梗死或使已发生梗死的范围趋于缩小。

2. 急性期　心肌梗死后数小时或数日，心电图呈现一个动态演变过程：①ST 段呈弓背向上抬高，并可形成单向曲线，继而逐渐回落。②由于心肌坏死，导致面向坏死区导联的 R 波振幅降低或丢失，出现异常 Q 波或 QS 波。③T 波由直立开始倒置，并逐渐加深。坏死型的 Q 波、损伤型的 ST 段抬高和缺血型的 T 波倒置在此期内可同时并存。一般持续数日，多不超过 2 周。

3. 亚急性期（近期）　为心肌梗死后数周至数月。此期以坏死及缺血图形为主要特征。抬高的 ST 段恢复至基线，缺血型 T 波由倒置较深逐渐变浅，坏死型 Q 波持续存在。

4. 陈旧期（愈合期）　为心肌梗死后 3~6 个月或更久。T 波逐渐恢复正常或持续倒置、低平，趋于恒定不变，残留下坏死型 Q 波。

三、心肌梗死的定位诊断

心肌梗死的部位可以依据心电图上"心肌梗死基本图形"出现的导联来确定。心肌梗死图形出现的导联与心肌缺血部位及冠状动脉供血区域的关系列于表 3-13-2。

表 3-13-2　心电图导联与心室部位及冠状动脉供血区域的关系

导联	心室部位	供血的冠状动脉
$V_1 \sim V_3$	前间壁（图 3-13-30）	左前降支
$V_3 \sim V_5$	前壁	左前降支
$V_1 \sim V_5$、I、aVL	广泛前壁（图 3-13-31）	左前降支
$V_7 \sim V_9$	正后壁	回旋支或右冠状动脉
II、III、aVF	下壁（图 3-13-32）	右冠状动脉（多数）或左回旋支（少数）
I、aVL	高侧壁	左前降支或左回旋支
$V_{3R} \sim V_{4R}$	右心室	右冠状动脉

考点提示　急性心肌梗死分期及定位诊断。

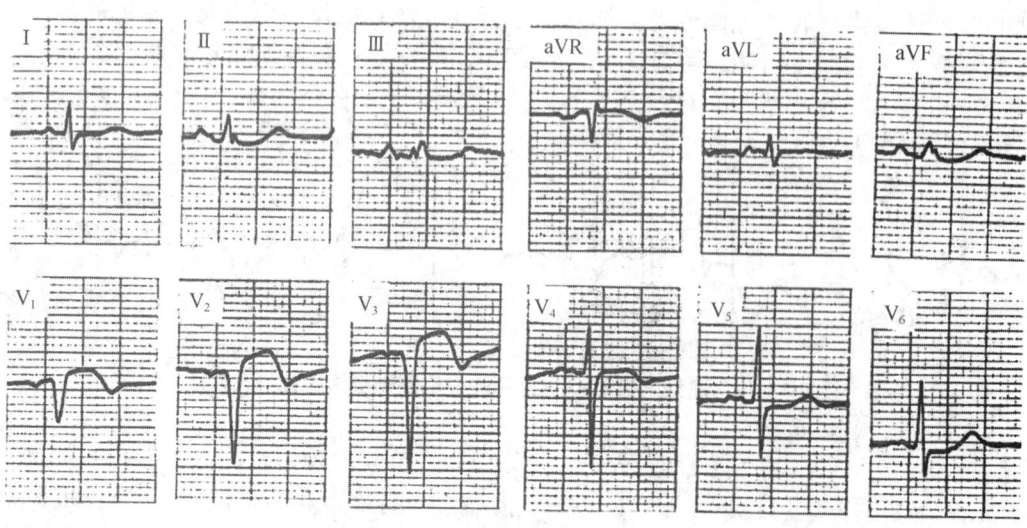

图 3-13-30　急性前间壁心肌梗死心电图

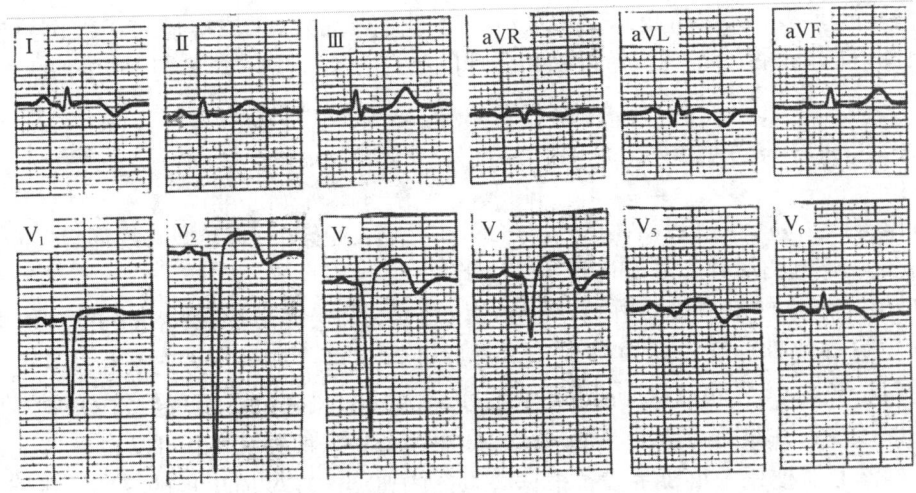

图 3-13-31　急性广泛前壁心肌梗死心电图

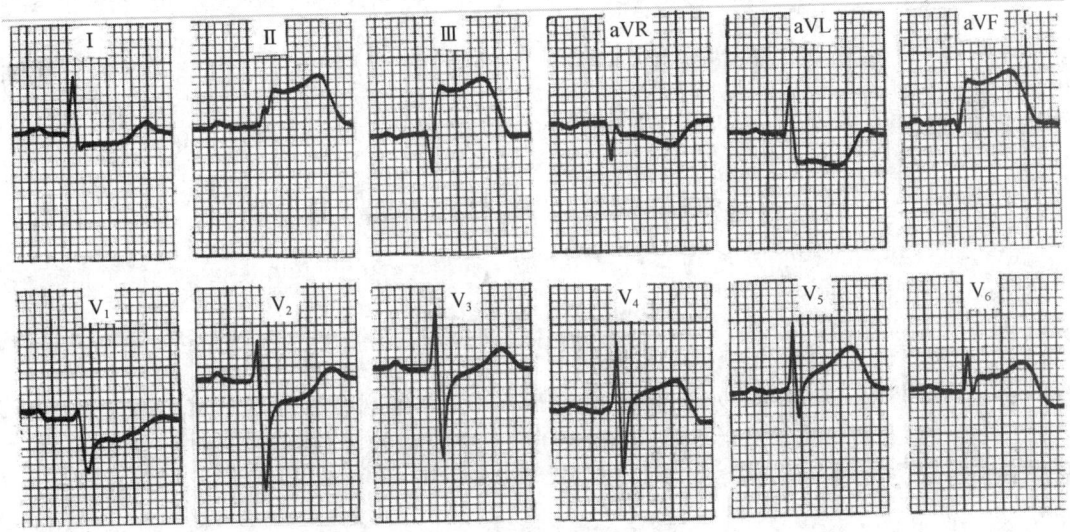

图 3-13-32　急性下壁心肌梗死心电图

四、心肌梗死的分类

关于心肌梗死的分类，传统上依据是否出现 Q 波，分为 Q 波型和非 Q 波型心肌梗死，近年来主张将急性心肌梗死分类为 ST 段抬高心肌梗死和非 ST 段抬高心肌梗死。

1. Q 波型和非 Q 波型心肌梗死　非 Q 波型心肌梗死过去称为非透壁性心肌梗死或心内膜下心肌梗死。近年研究发现，非 Q 波型心肌梗死既可以是非透壁性，也可以是透壁性。与典型 Q 波型心肌梗死相比较，此种不典型的心肌梗死较多见于多支冠状动脉病变。此外，发生多部位梗死、梗死范围弥漫或局限、梗死区位于心电图常规导联记录的盲区（右心室、基底部、孤立正后壁梗死等）均可产生不典型的心肌梗死图形。

2. ST 段抬高心肌梗死和非 ST 段抬高心肌梗死　研究发现，ST 段抬高心肌梗死可以不出现 Q 波，而非 ST 段抬高心肌梗死有的可出现 Q 波。心肌梗死后是否出现 Q 波通常是回顾性诊断。近年提出以 ST 段改变将急性心肌梗死分类为 ST 段抬高心肌梗死和非 ST 段抬高心肌梗死。ST 段抬高心肌梗死是指 2 个或 2 个以上相邻的导联出现 ST 段抬高（$V_2 \sim V_3$ 导联抬高 $\geqslant 0.2$ mV，在其他导联抬高≥0.1 mV）；非 ST 段抬高心肌梗死是指心电图上表现为 ST 段压低或 T 波倒置或无 ST-T 异常。根据心电图 ST 段是否抬高而选择正确和合理的治疗方案，突出了早期干预的重要性。

五、心肌梗死的鉴别诊断

1. 单纯的 ST 段抬高　可见于早期复极综合征、急性心包炎、变异型心绞痛等。根据心肌梗死常伴有异常 Q 波及心电图形动态演变过程可进行鉴别。

2. 异常 Q 波　感染或脑血管意外可出现短暂 QS 或 Q 波，但没有典型演变过程，且很快恢复正常。心脏横位可导致Ⅲ导联出现 Q 波，但Ⅱ导联通常正常。顺时针方向转位、左心室肥大及左束支传导阻滞时，V_1、V_2 导联可有 QS 波。右心室肥大、心肌病也可出现异常 Q 波，但都缺乏 ST 段及 T 波的同时改变，并没有一定的演变规律，故可与急性心肌梗死相鉴别。

心电图是确诊心肌梗死的重要手段，根据心电图的典型改变及所出现的导联，可对心肌梗死做出定性、定位、分期诊断及预后判定。临床常用心电监护仪进行病情及演变、疗效及并发症的观察。

（陈方军）

第六节　心律失常

案例 3-13-5

患者，女性，32 岁。因黑便 1 周入院，无心脏病史，血常规检查发现严重贫血。入院后 2 h 发生低血压、休克，心电图示窦性心动过速，HR 150 次 / 分。胸部 X 线检查：心脏、肺无异常。

问题与思考：该患者最可能的疾病诊断是什么？

一、心脏的电生理特性

心肌细胞具有自律性、兴奋性、传导性和收缩性，前三者与心律失常密切相关。

1. 自律性（autorhythmicity）　也称自动节律性，指心肌在无外界刺激下能自动地、规律地产生兴奋及发放冲动的特性。正常情况下，只有心脏传导系统的细胞具有自律性，其中以窦房结自律性最高，正常频率为 60～100 次 / 分；房室交界为心脏第二级起搏点，频率为 40～60 次 / 分；希氏束以下为心脏第三级起搏点，频率为 25～40 次 / 分。窦房结为主导节律，主导心脏活动，称为窦性心律。当窦房结功能不良时，低位起搏点可取而代之成为主导节律，形成逸搏或逸搏心律（连续 3 次以上逸搏），此为被动性保护心律，为下级起搏点的自主性心律。

逸搏是指高位节律点因病变或受抑制而出现停搏或节律明显减慢，使激动不能正常下传时，低位节律点就会发出 1～2 个较正常高位节律点低的冲动激动心房或心室，称为逸搏。连续 3 个以上的逸搏，称为逸搏心律。逸搏或逸搏心律是一种生理性保护机制。

2. 兴奋性　心肌细胞受刺激后能引起应答反应的能力称为兴奋性（excitability）或应激性，通常表现为细胞膜通透性改变，产生动作电位。不同的细胞或同一细胞在不同状态下兴奋性不同。心肌细胞在一次兴奋之后进入较长的不应期。

（1）有效不应期：心肌细胞开始除极后的一段时间内对任何刺激均无反应，称为绝对不应期（absolute refractory period, ARP），历时约 200 ms。在其后的一小段时间内（约 10 ms）强刺激可以产生局部兴奋，但不能扩布到邻近细胞，两者合并起来称为有效不应期（effective refractory period, ERP）。心室的绝对不应期相当于心电图的 QRS 波群开始至 T 波升支前段。

（2）相对不应期：有效不应期后心肌细胞兴奋性有所恢复，以高于正常阈值的较强刺激引起扩布性兴奋，此期称为相对不应期（relative refractory period, RRP）。此扩布性兴奋传导慢或易发生递减传导。心室的相对不应期相当于 T 波峰至 T 波终点处。

有效不应期加上相对不应期称为总不应期，历时 250~400 ms。从绝对不应期到相对不应期前一半的一段时间，心肌细胞的兴奋性已开始恢复，但不一致，各部分心肌的兴奋性和传导速度差异显著，此时若受到一个适当强度的刺激，可发生多处的单向阻滞和折返激动而引起颤动，称为易颤期或易损期。心室的易颤期相当于心电图 T 波顶峰偏前约 30 ms 处。室性期前收缩若发生在此期，称为 R 在 T 上（R-on-T）现象，易引起室性阵发性心动过速或心室颤动。

（3）超常期：在相对不应期后的一段时间，用稍低于阈值的刺激也能激发动作电位的产生，称为超常期。

3. 传导性　心肌激动时能自动向邻近细胞扩散，称为传导性（conductivity）。心肌各部位的传导速度并不相同，以浦肯野纤维及束支传导速度最快，房室结传导速度最慢。心肌传导功能异常包括完全性传导阻滞、单向传导阻滞、隐匿性传导、传导延迟及折返激动等，均与心律失常有关。

二、心律失常的分类

心脏冲动的起源和（或）传导异常，引起心脏的冲动频率、节律紊乱及速度传导改变，称为心律失常（arrhythmia）。负责心脏正常冲动形成与传导的特殊心肌称为心脏的传导系统，包括窦房结、结间束、房室结、希氏束、左束支和右束支及浦肯野纤维等。

心律失常分类方法很多，目前多按形成原因分为两类（图 3-13-33）。

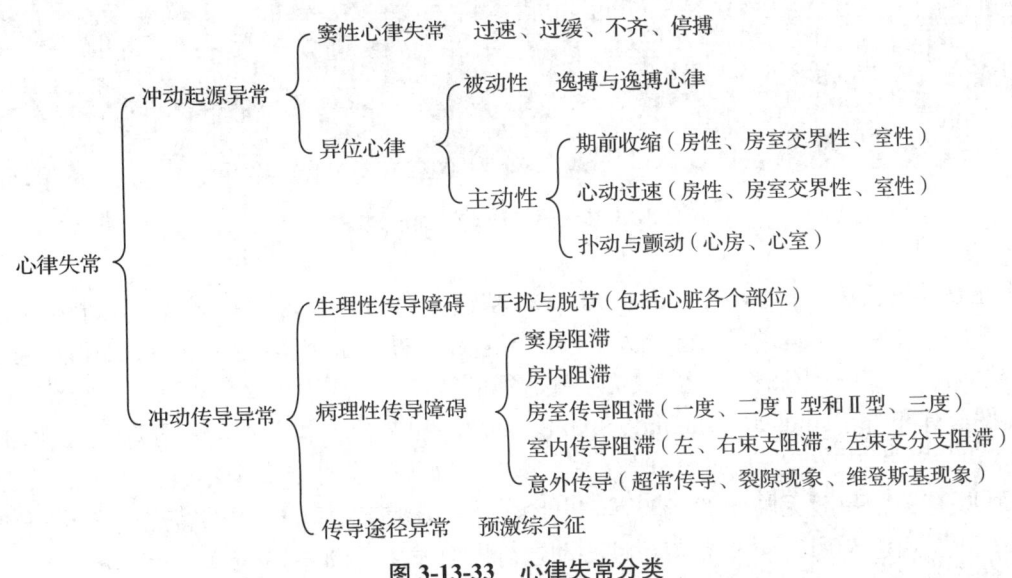

图 3-13-33　心律失常分类

三、窦性心律失常

起源于窦房结的心律称为窦性心律（sinus rhythm）。窦性心律心电图特征见图 3-13-34。

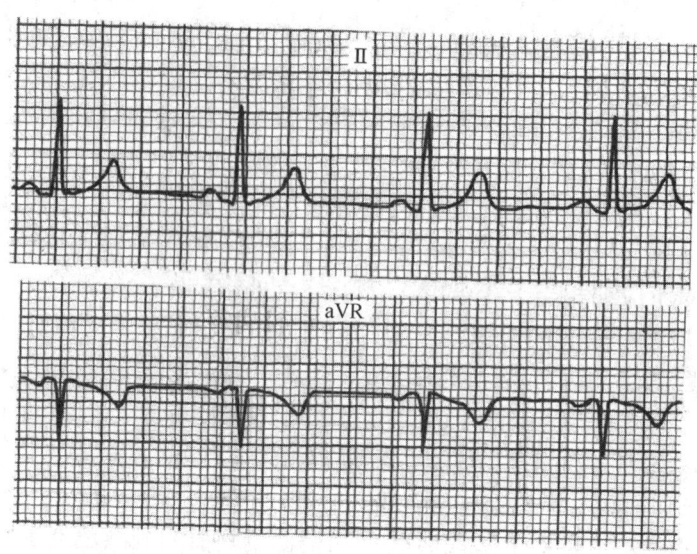

图 3-13-34　窦性心律心电图

（1）窦性 P 波规律出现，P 波在 Ⅰ、Ⅱ、aVF、$V_4 \sim V_6$ 导联直立，在 aVR 导联倒置。
（2）P-R 间期≥0.12 s。
（3）P 波频率为 60~100 次/分。

常见的窦性心律失常有以下几种。

1. 窦性心动过速（sinus tachycardia，STC）　窦性心律的 P 波频率＞100 次/分时称为窦性心动过速。窦性心动过速见于体力活动、情绪波动、吸烟、饮兴奋性饮料、饮酒等，也见于某些病理因素，如发热、甲状腺功能亢进症、贫血、失血、心肌炎和使用拟肾上腺素药。其心电图特点：①具有窦性心律的特点。②成人心率＞100 次/分。③部分患者可伴有继发性 ST-T 变化（图 3-13-35）。

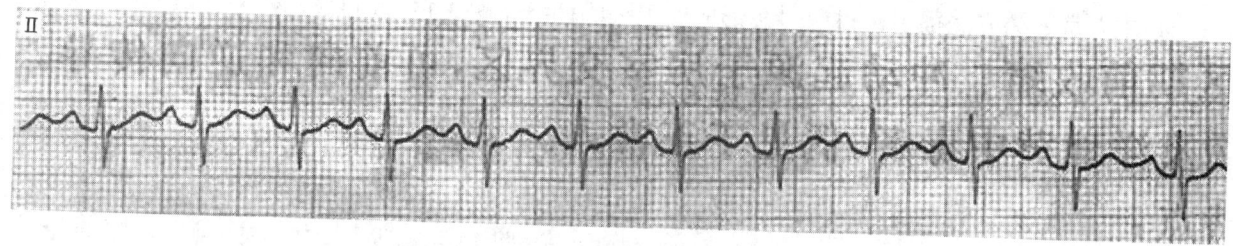

图 3-13-35　窦性心动过速心电图

2. 窦性心动过缓（sinus bradycardia，SBC）　窦性心律的 P 波频率＜60 次/分时称为窦性心动过缓。窦性心动过缓见于运动员、老年人、颅内压增高、过量服用洋地黄、甲状腺功能减退症或使用 β 受体阻断药等。其心电图特点：①具有窦性心律的特点。②成人心率＜60 次/分（图 3-13-36）。

3. 窦性心律不齐（sinus arrhythmia，SAT）　窦性心律节律不整，在同一导联上 P-P（R-R）间期相差＞0.12 s，常与窦性心动过缓同时存在。窦性心律不齐多见于青少年或自主神经功能不稳定者，常与呼吸有关，一般无临床意义。其心电图特点：①具有窦性心律的特点。②同一导联上的 P-P（R-R）间期相差＞0.12 s。③常与窦性心动过缓同时发生（图 3-13-36）。

4. 窦性停搏（sinus arrest，SA）　也称窦性静止，指在一段时间内窦房结不发放冲动。其心电图特点：①具有窦性心律的特点。②正常 P-P 间距中突然出现 P 波脱落（无 P 波及其后继 QRS 波群），且长 P-P 间距与正常 P-P 间距无整倍数关系。窦性停搏后常出现逸搏或逸搏心律（图 3-13-37）。

6. 病态窦房结综合征（sick sinus syndrome，SSS）　是由于窦房结功能及其周围组织病变引起的以缓慢性心律失常为主的临床综合征。病态窦房结综合征多见于冠心病、病毒性心肌炎、心肌病

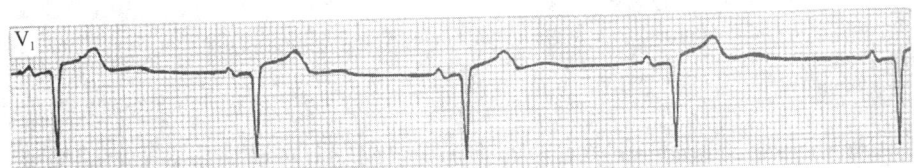

图 3-13-36　窦性心动过缓及窦性心律不齐心电图

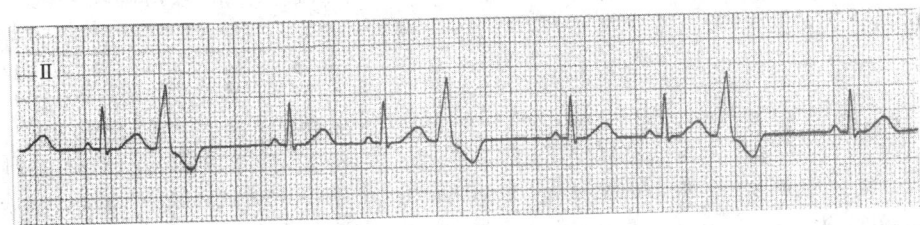

图 3-13-37　窦性停搏心电图

等。其心电图特点：①严重而持久的窦性心动过缓，心率常<50次/分，且不能用阿托品等药物纠正。②窦性停搏或窦房阻滞。③常并发室上性心动过速、心房扑动、心房颤动，又称慢快综合征。④可出现多级房室传导阻滞。⑤可有P波形态及方向改变（图3-13-38）。

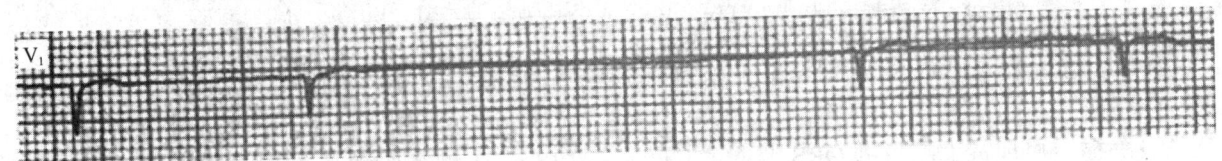

图 3-13-38　病态窦房结综合征心电图

> **知识链接**
>
> **窦性心律震荡（HRT）与急性心肌梗死的危险分层和死亡风险预测**
>
> 　　窦性心律震荡是指心脏在发生室性期前收缩后，窦性心律出现短暂的加速和减速的过程，反映室性期前收缩后出现自主神经的快速调节反应。HRT的检出受室性期前收缩前的心率、年龄、性别和窦房结双向变时功能的影响，HRT随着年龄的增长而减小，老年女性则更明显。震荡初始（turbulence onset，TO）和震荡斜率（turbulence slope，TS）两个指标可用于检测HRT现象。在正常受试者中，室性期前收缩后窦性心律的初始短暂加速度以TO为负特征，随后的速率减速以TS为正特征。
>
> 　　窦性心律震荡作为预测心肌梗死病死率的心电学指标，已得到证实。按照窦性心律震荡对急性心肌梗死患者进行4级危险分层，即0级：TO和TS均正常；1级：TO或TS异常；2级：TO和TS均异常；3级：未记录到室性期前收缩。应用窦性心律震荡进行危险分层能够检出心肌梗死后高危患者并有效地预测患者的死亡风险，与其他危险因素（如LVEF、年龄、糖尿病、平均心率、心率变异性）联合应用，可以增加阳性预测值。研究证明，窦性心律震荡危险分层2级是急性心肌梗死患者死亡最强有力的预测因素，优于左心室射血分数<30%（$OR=4.5$）、伴有糖尿病（$OR=2.5$）、窦性心律震荡1级（$OR=2.4$）和年龄≥65岁（$OR=2.4$）的预测价值。窦性心律震荡也是心脏性死亡和心律失常事件的强有力的预测指标，尤其是对于LVEF>30%的后急性心肌梗死患者。
>
> 资料来源：《窦性心律震荡临床应用中国专家共识（2019）》

四、期前收缩

期前收缩（premature contraction，PC）指起源于窦房结以外的异位起搏点提前发出的冲动，引起心脏提前激动，又称过早搏动或早搏，是临床上最常见的心律失常。

期前收缩的产生机制包括：①折返。②触发活动。③异位起搏点的兴奋性增高。

期前收缩的分类：①根据异位起搏点部位，分为房性、室性、房室交界性期前收缩，以室性期前收缩最常见。②根据异位起搏点的数目，分为单源性与多源性期前收缩。多源性期前收缩多见于器质性心脏病。③根据发生频率，分为偶发和频发期前收缩，频率≥6次/分为频发期前收缩。④根据期前收缩的规律性，分为二联律（期前收缩与窦性心律交替出现）、三联律（每两个窦性心脏搏动后出现一次期前收缩）、四联律（每三个窦性心脏搏动后出现一次期前收缩）等。

1. 室性期前收缩（premature ventricular contraction，PVC） 心电图表现见图3-13-39。

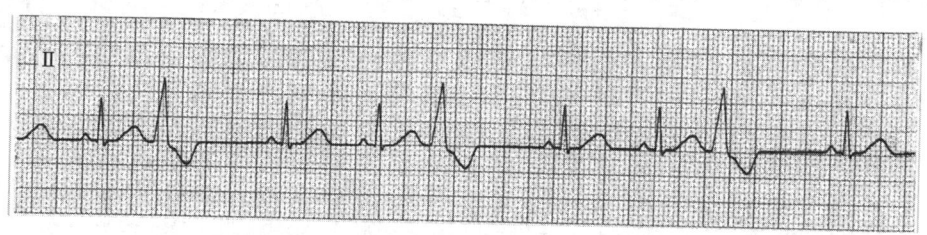

图3-13-39 室性期前收缩（三联律）心电图

（1）提前出现宽大畸形的QRS波群，时间常>0.12 s，T波方向常与QRS波群主波方向相反，其前无P波或相关P波。

（2）往往出现完全性代偿间歇，即期前收缩前后两个窦性P波间距等于窦性周期（正常P-P间期）的2倍。

2. 房性期前收缩（premature atrial contraction，PAC） 心电图表现见图3-13-40。

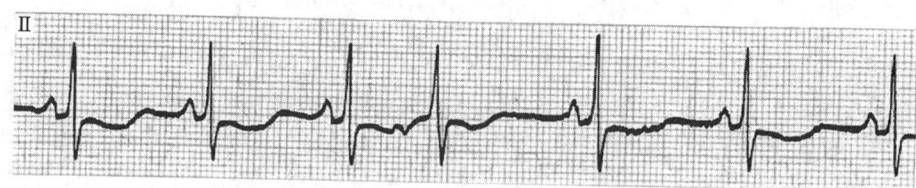

图3-13-40 房性期前收缩心电图

（1）提前出现的异位P′波，形态与窦性P波不同。

（2）多数后继的QRS波群形态与窦性相同，P′-R间期>0.12 s。

（3）大多为不完全性代偿间歇，即期前收缩前后两个窦性P波的间距小于正常P-P间距的2倍。

（4）部分期前收缩的P′-R间期可延长；部分异位P′波后无QRS波群，是房性期前收缩未下传；部分P′波后的QRS波群增宽变形，呈右束支传导阻滞图形，是由于心室处在相对不应期，干扰了房性期前收缩激动在心室内的传导，形成室内差异性传导。

3. 房室交界性期前收缩（premature junctional contraction，PJC） 心电图表现见图3-13-41。

（1）提前出现的QRS-T波，其形态与窦性QRS-T波基本相似。

（2）逆行性P′波（P′波在Ⅱ、Ⅲ、aVF导联倒置，aVR导联直立），可出现在QRS波群之前（P′-R间期<0.12 s）或之后（R-P′间期<0.20 s）或与QRS波群重叠。

（3）大多为完全性代偿间歇。

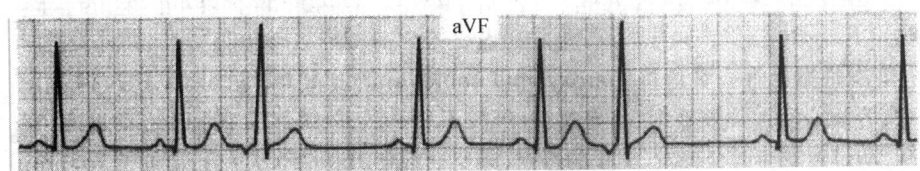

图 3-13-41 房室交界性期前收缩心电图

 房性、交界性、室性期前收缩的心电图诊断与鉴别诊断。

五、异位性心动过速

异位性心动过速是指异位节律点兴奋性增高或折返激动引起的快速异位心律，实质是连续出现3次或3次以上的期前收缩。根据异位节律点的发生部位，分为房性、交界性及室性心动过速。

1. 阵发性室上性心动过速（paroxysmal supraventricular tachycardia，PSVT） 简称室上速，分为房性和交界性心动过速，常因P′波无法辨别，故将两者统称为阵发性室上性心动过速。发作特点：突发突止。心电图表现：①P′波消失。②心室率一般为160~250次/分，节律绝对整齐，QRS波群形态一般与窦性QRS波群形态相同。如伴有室内差异性传导或束支传导阻滞，可呈宽大的QRS波群。③常伴有继发性ST-T改变（图3-13-42）。

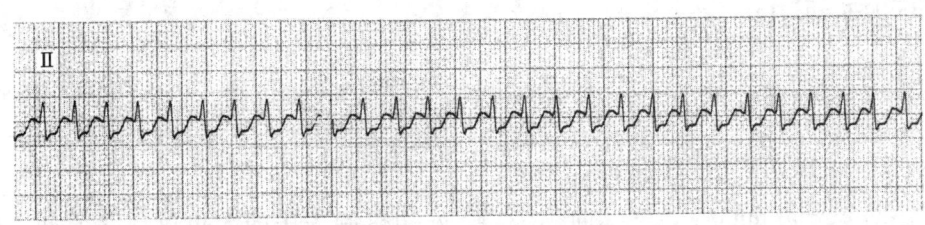

图 3-13-42 室上性心动过速心电图

临床上最常见的室上速为预激旁路引起的房室折返性心动过速及房室结双径路引起的房室结折返性心动过速。这两类心动过速患者多不具有器质性心脏病，由于解剖学定位比较明确，可通过射频导管消融术根治。

2. 阵发性室性心动过速（paroxysmal ventricular tachycardia，PVT） 简称室阵速。心电图表现：①QRS波群宽大畸形，时间＞0.12 s。②心室率多为140~200次/分，节律略有不齐。③QRS波群与P波无固定关系（房室分离），P波频率慢于QRS波群，此可明确诊断。④可有P波下传，夺获心室，形成"正常化"的QRS波群，即心室夺获（ventricular capture，VC）或部分心室夺获，形成室性融合波（ventricular fusion，VF），是诊断室性心动过速的可靠依据（图3-13-43）。

3. 非阵发性心动过速（nonparoxysmal tachycardia，NPT） 又称加速性自主心律，包括加速的房性、交界性、室性自主心律，以非阵发性交界性心动过速最常见，发作多有渐起渐止的特点，多发生于器质性心脏病。

（1）非阵发性交界性心动过速（nonparoxysmal junctional tachycardia，NPJT）：心率多为70~130次/分，心律齐，QRS波群为室上性，时间＜0.10 s。

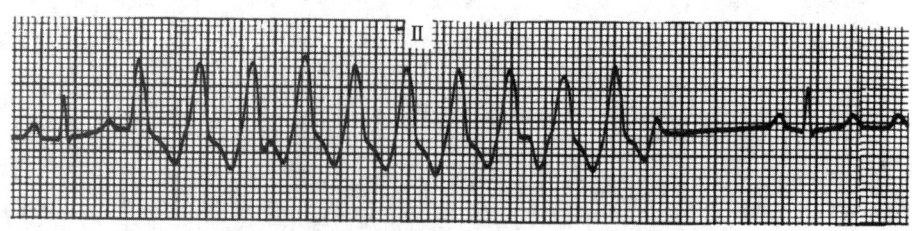

图 3-13-43　阵发性室性心动过速心电图

（2）非阵发性室性心动过速（nonparoxysmal ventricular tachycardia，NPVT）：心率多为60～100次/分，QRS波群宽大畸形。

4. 尖端扭转型室性心动过速（torsade de pointes，TDP）是一种严重的室性心律失常，常为心室颤动的前奏，发作时可见一系列增宽变形的QRS波群以每3～10个心脏搏动围绕基线不断扭转其主波方向，每次发作持续数秒到数十秒而自行终止。临床上见于先天性长Q-T间期综合征、严重的房室传导阻滞、低钾、低镁伴有异常T波及u波和服用奎尼丁、胺碘酮等药物所致（图3-13-44）。

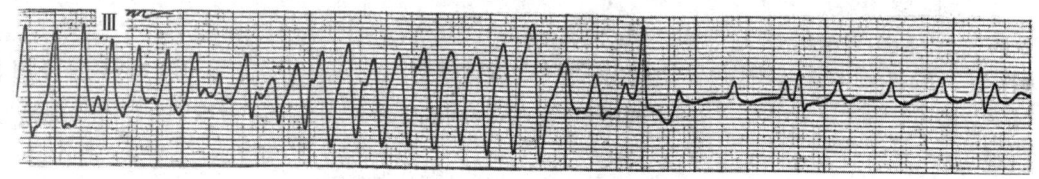

图 3-13-44　尖端扭转型室性心动过速心电图

六、扑动与颤动

扑动与颤动可出现于心房或心室，扑动较规则，颤动常极不规则，心室扑动、心室颤动属临终前的一种表现。扑动与颤动主要的电生理基础为心肌的兴奋性增高，不应期缩短，同时伴有一定的传导障碍，形成环形激动及多发微折返。

1. 心房扑动（atrial flutter，AF）　简称房扑，发病机制为房内大折返环路激动，多为短阵发作。心电图表现：①P波消失，出现规则的大锯齿形房扑波（F波），F波振幅大小一致，间隔整齐，F波间无等电位线，频率多为250～350次/分，在Ⅱ、Ⅲ、aVF及V_1导联中显著。②F波多以固定比例（2:1或3:1）下传心室，心室律规则；若房室传导比例不固定，则心室律不规则。③若F波的大小和间距有差异，且频率>350次/分，称为不纯性心房扑动。④QRS波群形态多呈室上性，时间<0.10 s，若伴室内差异性传导、束支传导阻滞等，则QRS波群增宽（图3-13-45）。

2. 心房颤动（atrial fibrillation，Af）　简称房颤，发病机制多认为是房内有多个小折返激动，与心房扩大和心房肌受损有关，也可见于无明显器质性心脏病者。少数呈阵发性，多数为慢性永久性心房颤动。心电图表现：①正常P波消失，出现大小不等、形态各异、间隔极不均匀的颤动波（f波），频率为350～600次/分，以V_1导联最显著。②心室节律绝对不齐，QRS波群一般不增宽，当伴室内差异性传导、束支传导阻滞等时，QRS波群可宽大畸形。③心室率可分为快速型和缓慢型。快速型心室率>100次/分，多见于未经治疗者或伴有预激综合征及甲状腺功能亢进症患者；缓慢型心室率≤100次/分，多见于稳定慢性心房颤动患者（图3-13-46）。

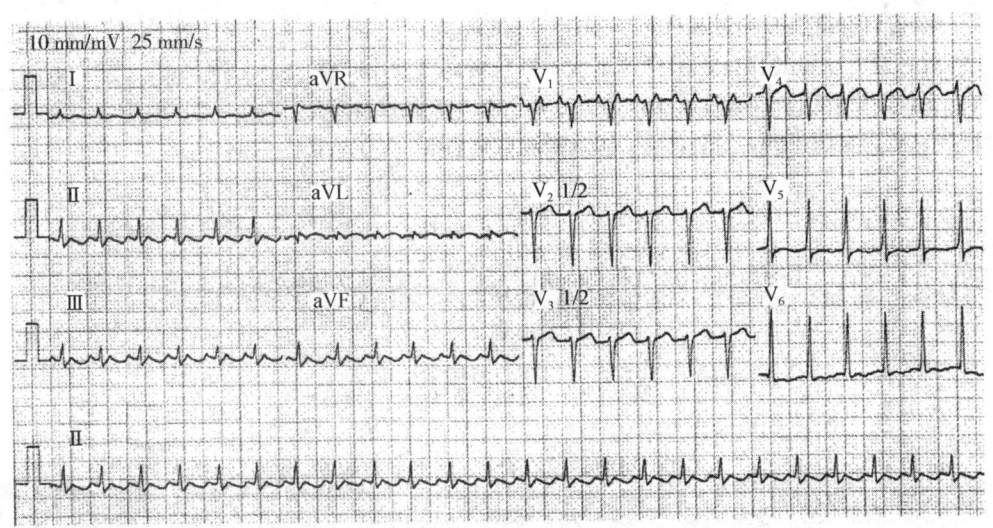

图 3-13-45 心房扑动心电图

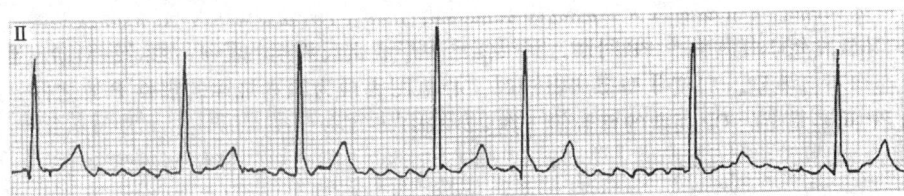

图 3-13-46 心房颤动心电图

> **知识链接**
>
> **心房颤动的筛查工具**
>
> 目前心房颤动的筛查工具主要分为以下几类：脉搏触诊、自动血压测量、心电图筛查、智能手机应用以及最新的植入式心电记录装置，各类筛查工具的敏感度及特异性各异。
>
> 2014年《英国国家卫生与临床优化研究所（NICE）心房颤动管理指南》指出：①伴有气短、呼吸困难、心悸、晕厥或眩晕、胸部不适、脑卒中或短暂性脑缺血发作（TIA）等任一项者，应通过脉搏触诊来评估是否存在不规则脉搏，后者提示心房颤动（C级证据）。②对于所有发现脉搏不规则的疑诊心房颤动患者，无论有无症状，都应进行心电图检查（B级证据）。
>
> 2016年《欧洲心脏病学会（ESC）心房颤动管理指南》提出：①对于年龄超过65岁者，推荐通过脉搏触诊或心电图进行心房颤动的机会性筛查（Ⅰ，B）。②对于有TIA或缺血性脑卒中的患者，推荐通过短时的心电图记录筛查心房颤动，然后连续监测心电图至少72h（Ⅰ，B）。③建议通过定期程控起搏器和植入型心律转复除颤器（ICD）记录来发现心房高频事件（AHER），有AHRE的患者在启动心房颤动治疗前需接受进一步的心电监测来判断是否存在心房颤动（Ⅰ，B）。④对于有脑卒中病史的患者，应考虑使用额外的心电图监测（如长程无创心电监测或植入式循环记录仪）来记录无症状心房颤动（Ⅱa，B）。⑤对于年龄超过75岁或脑卒中高危者，可考虑系统性心电图筛查（Ⅱa，B）。2017年《欧洲心律学会（EHRA）心房颤动筛查共识》特别指出心房颤动筛查不应局限于症状性患者。

3. **心室扑动（ventricular flutter，VF）** 简称室扑，发病机制是心室肌产生环形激动。心电图表现：①正常的P-QRS-T消失，出现连续、快速而相对规则的大振幅波动，频率为200~250次/分。

②室扑不能持久，很快转为心室颤动或恢复（图 3-13-47）。

4. 心室颤动（ventricular fibrillation，Vf） 简称室颤，发病机制是心室出现多灶性局部兴奋，导致完全失去排血功能，是心脏停搏前的征象。心电图表现：P-QRS-T 消失，出现大小、形态、间隔极不一致的低小波，频率为 200～500 次/分（图 3-13-47）。

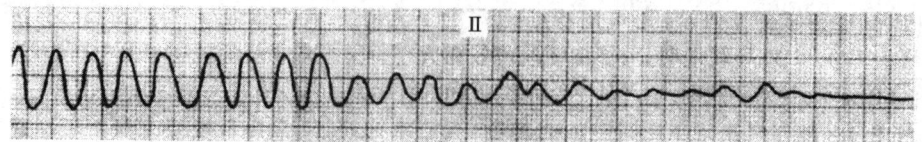

图 3-13-47 心室扑动与心室颤动心电图

心房扑动、心房颤动、心室扑动、心室颤动的心电图特征。

七、心脏传导阻滞

心脏传导系统的任何部位由于器质性损害、迷走神经张力增高或药物作用及位相性的影响等，引起传导延缓或阻滞，称为心脏传导阻滞（heart block，HB）。心脏传导阻滞包括窦房传导阻滞、房内传导阻滞、房室传导阻滞和室内传导阻滞，其中以房室传导阻滞最常见。

1. 窦房传导阻滞 根据阻滞程度，窦房传导阻滞（sinoatrial block，SAB）分为一度、二度、三度。因常规心电图不能直接描记出窦房结电位，只有二度窦房传导阻滞出现房室漏搏才能诊断。二度窦房传导阻滞分为两型。

（1）二度Ⅰ型窦房传导阻滞：又称文氏型窦房传导阻滞，心电图表现为 P-P 间距逐渐缩短，漏搏后 P-P 间距突然变长，长 P-P 间距小于基本的 P-P 间距的 2 倍（图 3-13-48）。

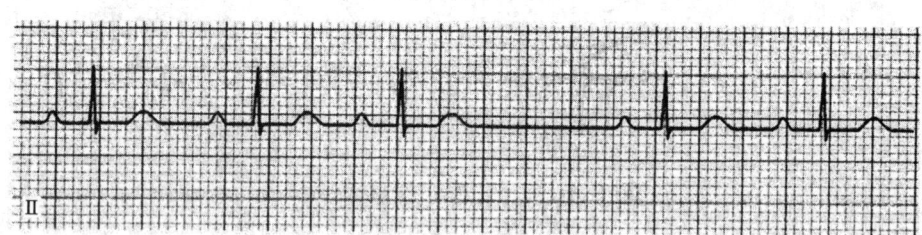

图 3-13-48 二度Ⅰ型窦房传导阻滞心电图

（2）二度Ⅱ型窦房传导阻滞：又称莫氏型窦房传导阻滞，心电图表现为在规律的窦性 P-P 间距中突然出现一个长 P-P 间距，长 P-P 间距等于正常窦性 P-P 间距的整倍数，多为 2 倍（图 3-13-49）。

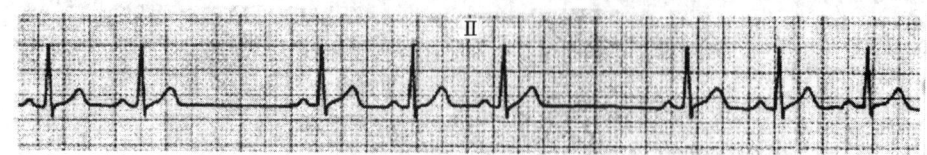

图 3-13-49 二度Ⅱ型窦房传导阻滞心电图

2. 房室传导阻滞 按阻滞程度，房室传导阻滞（atrioventricular block，AVB）可分为三度。

（1）一度房室传导阻滞：心电图表现为 P-R 间期延长，成人超过 0.20 s，每个 P 波后都有 QRS 波群（图 3-13-50）。

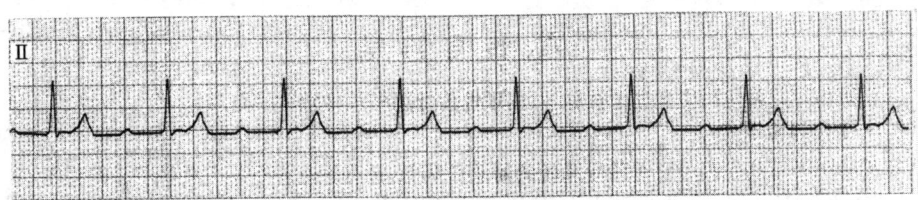

图 3-13-50 一度房室传导阻滞心电图

（2）二度房室传导阻滞：心电图表现为 P 波后有 QRS 波群脱漏，分为两型。①Ⅰ型：也称文氏型房室传导阻滞，心电图表现为 P 波规律出现，P-R 间期逐渐延长，直至一个心室波脱漏，P-R 间期又趋缩短，之后又逐渐延长，心室波脱漏，周而复始（图 3-13-51）。②Ⅱ型：莫氏Ⅱ型房室传导阻滞，心电图表现为 P-R 间期固定（正常或延长），部分 P 波后无 QRS 波群。凡连续出现两次或以上的 QRS 波群脱漏者，称为高度房室传导阻滞（图 3-13-52）。

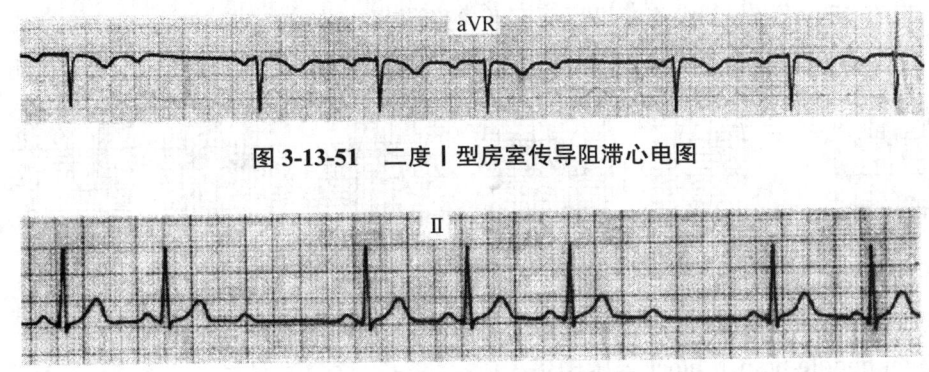

图 3-13-51 二度Ⅰ型房室传导阻滞心电图

图 3-13-52 二度Ⅱ型房室传导阻滞心电图

（3）三度房室传导阻滞：又称完全性房室传导阻滞（complete atrioventricular block，CAVB）。心电图表现为 P 波与 QRS 波群毫无关系，P 波频率快于 QRS 波群频率。QRS 波群的形态取决于起搏点的位置：起搏点在房室束分叉以上，出现交界性逸搏心律，QRS 波群形态基本正常；起搏点在房室束分叉以下，出现室性逸搏心律，QRS 波群宽大畸形（图 3-13-53）。

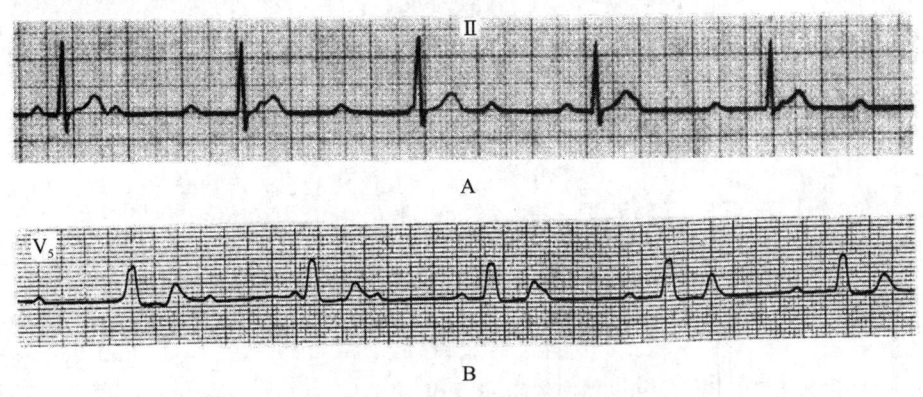

图 3-13-53 三度房室传导阻滞心电图
A. 交界性逸搏心律；B. 室性逸搏心律

3. 室内传导阻滞　发生在房室束支以下部位的传导障碍统称为室内传导阻滞（intraventricular block，IVB）；包括右束支传导阻滞、左束支传导阻滞、左前分支传导阻滞、左后分支传导阻滞、双束支传导阻滞等。

（1）右束支传导阻滞（right bundle-branch block，RBBB）：右束支细长，由单侧冠状动脉分支供血，故传导阻滞常见，可见于各种心脏病，也可见于健康人。

完全性右束支传导阻滞（complete right bundle-branch block，CRBBB）的心电图表现（图3-13-54）：① QRS波群时间≥0.12 s，V_1导联R峰时间>0.05 s。② V_1、V_2导联QRS波群呈rsR′或M形波，此为最特征性的改变；ST段轻度压低，T波倒置。③ Ⅰ、V_5、V_6导联S波增宽并有切迹，时间≥0.04 s，T波方向与S波方向相反。④ aVR导联呈QR型，R波宽而有切迹。

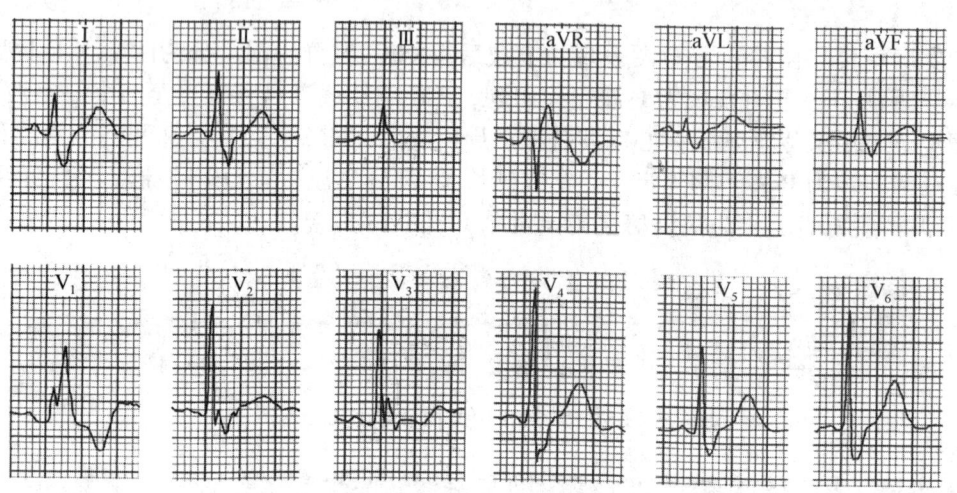

图3-13-54　完全性右束支传导阻滞心电图

QRS波群时间<0.12 s，其余特点与完全性右束支传导阻滞相同，为不完全性右束支传导阻滞（incomplete right bundle-branch block，IRBBB）。

（2）左束支传导阻滞（left bundle-branch block，LBBB）：左束支粗而短，由双侧冠状动脉分支供血，不易阻滞，若发生阻滞，常为器质性病变。

完全性左束支传导阻滞（complete left bundle-branch block，CLBBB）心电图表现（图3-13-55）：

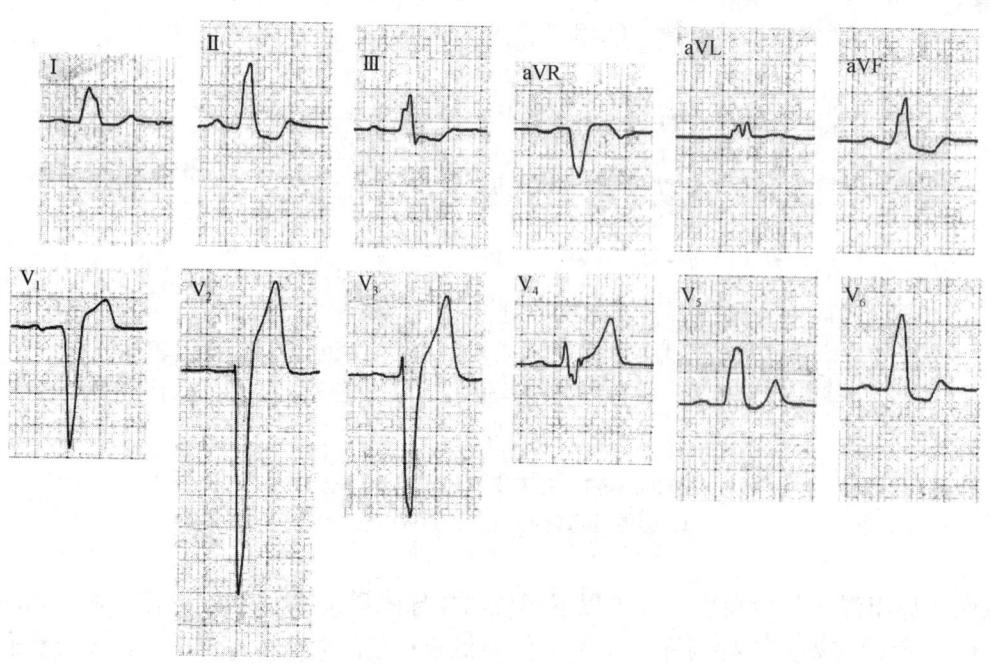

图3-13-55　完全性左束支传导阻滞心电图

①QRS 波群时间≥0.12 s。②V_1、V_2 导联呈 rS 波，S 波明显加深、增宽，或呈宽而深的 QS 波。③Ⅰ、aVL、V_5、V_6 导联 R 波增宽，顶峰粗钝或有切迹，V_5、V_6 导联的 R 峰时间＞0.06 s。④心电轴左偏。⑤继发性 ST-T 改变，T 波方向与 QRS 波群主波方向相反。

QRS 波群时间＜0.12 s，其余特点与完全性左束支传导阻滞相同，为不完全性左束支传导阻滞（incomplete left bundle-branch block，ILBBB）。

（3）左前分支传导阻滞（left anterior block，LAB）：左前分支细长，易发生传导阻滞。心电图表现：①Ⅱ、Ⅲ、aVF 导联 QRS 波群呈 rS 型，$S_Ⅲ>S_Ⅱ$。②Ⅰ、aVL 导联呈 qR 型，$R_{aVL}>R_Ⅰ$。③心电轴左偏 -30°~-90°，≥-45° 有较肯定的诊断价值（图 3-13-56）。

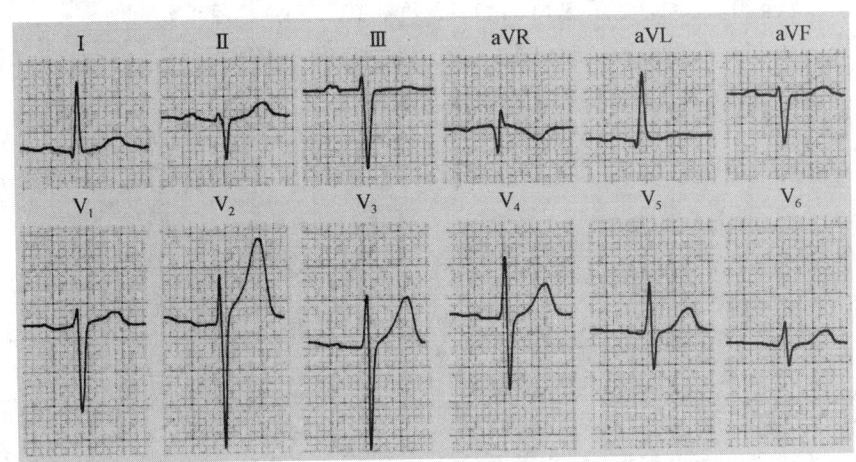

图 3-13-56　左前分支传导阻滞心电图

（4）左后分支传导阻滞（left posterior block，LPB）：左后分支粗，具有双重血液供应，发生传导阻滞较少见。心电图表现：①Ⅰ、aVL 导联呈 rS 型，Ⅲ、aVF 导联呈 qR 型，q 波时间＜0.025 s，$R_Ⅲ>R_Ⅱ$。②QRS 波群时间＜0.12 s。③心电轴右偏 +90°~+180°，若＞+110° 更可靠（图 3-13-57）。

考点提示　室内传导阻滞的心电图特征。

4. 预激综合征　在正常的房室结传导途径外，出现了异常传导通路（旁路），心脏电活动经此通路提前到达心室，使其预先激动，称为预激综合征（preexcitation syndrome，PES）。预激综合征多见于正常人，预后较好，少数合并阵发性室上性心动过速或心房颤动等心律失常，甚至发生心室颤动。采用射频导管消融术可彻底根治。

（1）经典型预激综合征：又称沃-帕-怀综合征（Wolff-Parkinson-White syndrome），WPW 综合征，是通过房室旁路预激部分心室肌，属于显性房室旁路。心电图表现：①P-R 间期缩短＜0.12 s。②QRS 波群增宽≥0.12 s。③QRS 波群起始部粗钝，称为预激波（delta 波）。④P-J 间期正常。⑤出现继发性 ST-T 改变。

根据 V_1 导联 delta 波及 QRS 波群主波的方向分为 A、B 两型。A 型：V_1 导联的 delta 波及 QRS

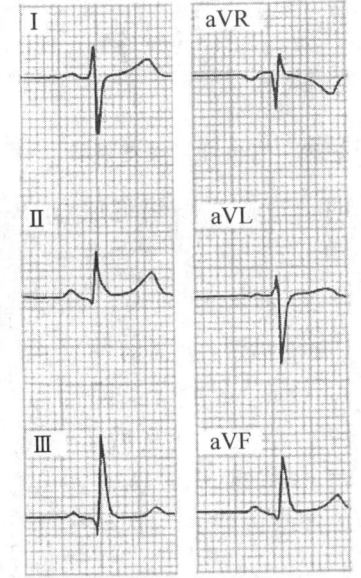

图 3-13-57　左后分支传导阻滞心电图

波群主波方向向上，为左侧旁路（图 3-13-58）。B 型：V_1 导联的 delta 波及 QRS 波群主波方向均向下，为右侧旁路（图 3-13-59）。部分患者的房室旁路没有前向传导功能，仅有逆向传导功能，窦性心律时心电图正常，可引发房室折返性心动过速，为隐匿性旁路。

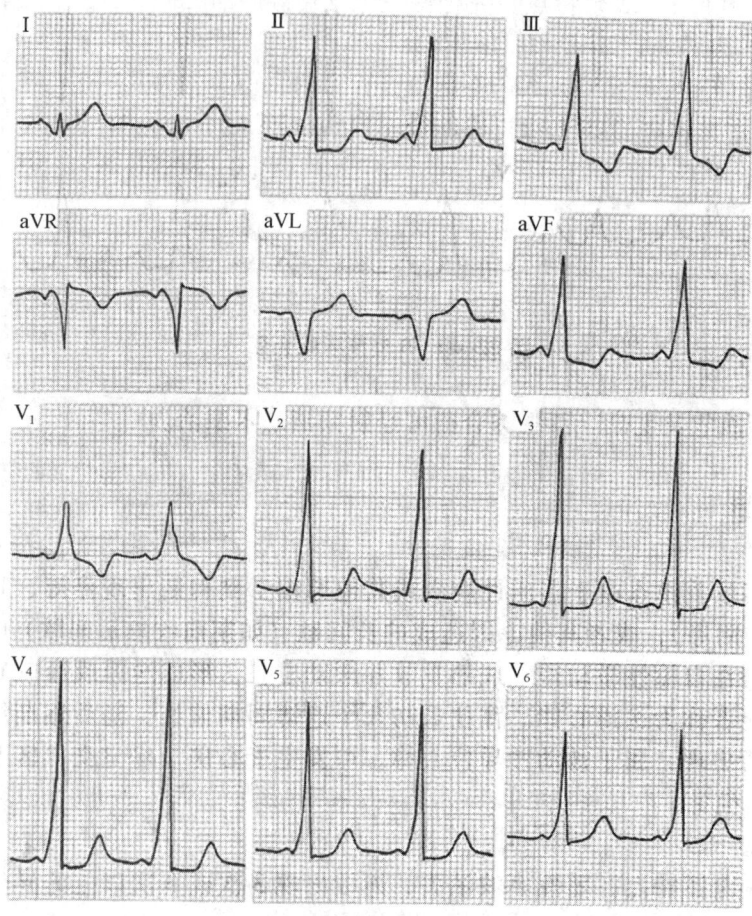

图 3-13-58 预激综合征（A 型）心电图

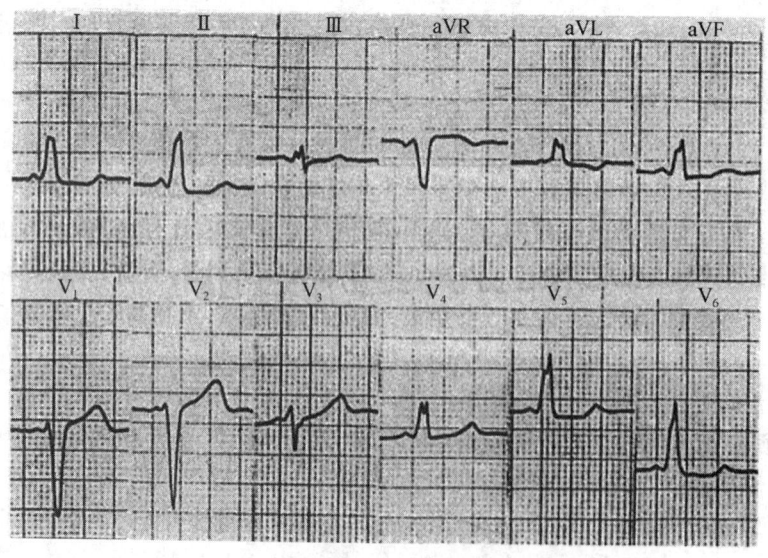

图 3-13-59 预激综合征（B 型）心电图

考点提示：预激综合征的心电图特征。

（2）变异型预激综合征

1）短P-R综合征（short P-R syndrome，LownGanong-Levine syndrome）：又称LGL综合征。心电图表现：①P-R间期<0.12 s。②无delta波。③QRS波群形态及时间均正常（图3-13-60）。

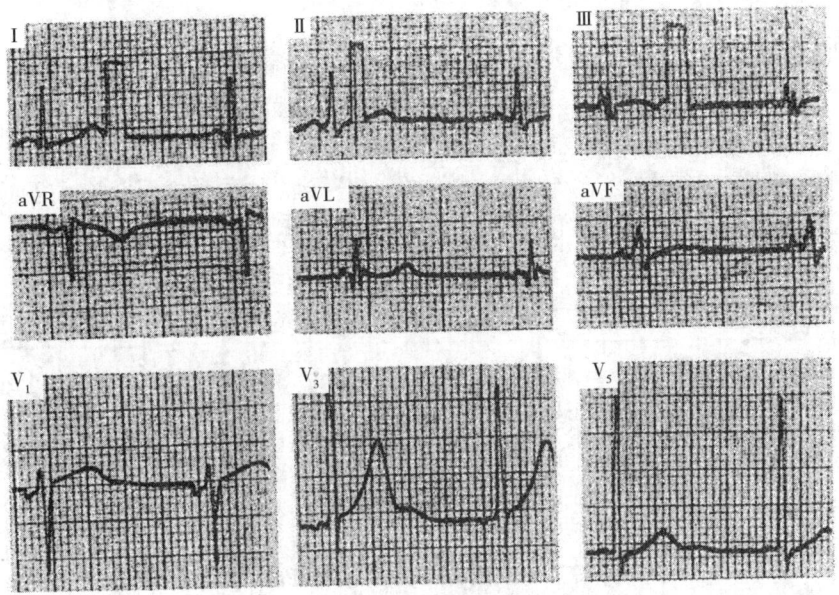

图 3-13-60　短 P-R 综合征心电图

2）Mahaim型预激综合征心电图表现：①P-R间期正常。②QRS波群增宽。③有delta波（图3-13-61）。

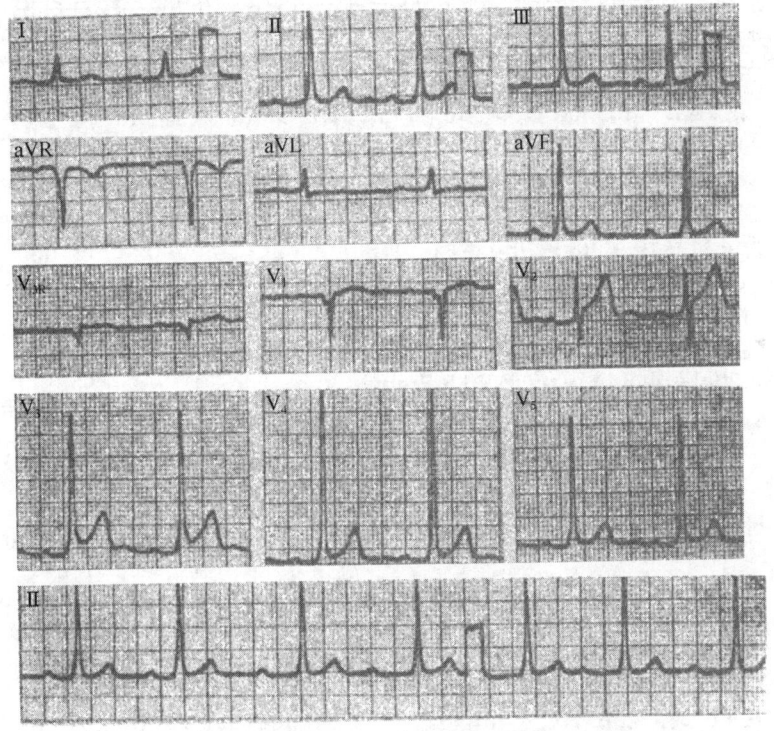

图 3-13-61　Mahaim 型预激综合征心电图

八、逸搏和逸搏心律

当高位起搏点不发出激动或节律明显减慢或产生阻滞不能正常下传时,由低位起搏点发出延迟及较低频率的激动称为逸搏(escape beat)。连续3次以上者称为逸搏心律(escape rhythm)。

逸搏和逸搏心律常发生于窦性心动过缓、窦性停搏、窦房传导阻滞及迷走神经张力增高等情况,具有防止心脏停搏的保护作用。逸搏心律有房性、交界性及室性3种,以交界性逸搏心律最常见。

1. **房性逸搏心律**　心房内分布着许多潜在节律点,频率多为50~60次/分,略低于窦房结。逸搏心律节律点在右心房上部的P波与窦性心律P波相似,节律点在右心房后下部者表现为Ⅰ导联及aVR导联P波直立,aVF导联P波倒置,P'R间期>0.12 s。节律点在左心房者,称为左心房心律;来自左心房后壁者,Ⅰ导联、V_6导联P波倒置。V_1导联P波直立,具有前圆顶后高尖的特征;来自左心房前壁时,V_3~V_6导联P波倒置,V_1导联P波浅倒或双向(图3-13-62)。

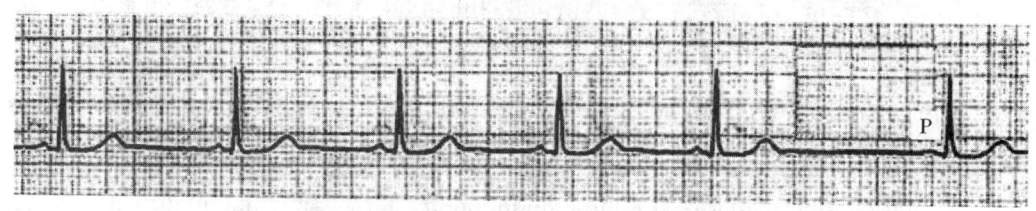

图3-13-62　房性逸搏心律心电图

2. **交界性逸搏心律**　又称交界性自主心律,在比正常P-P间期长的间歇后出现室上性QRS波群,逆行P波可出现在QRS波群之前、之中、之后,节律整齐,频率为40~60次/分(图3-13-63)。

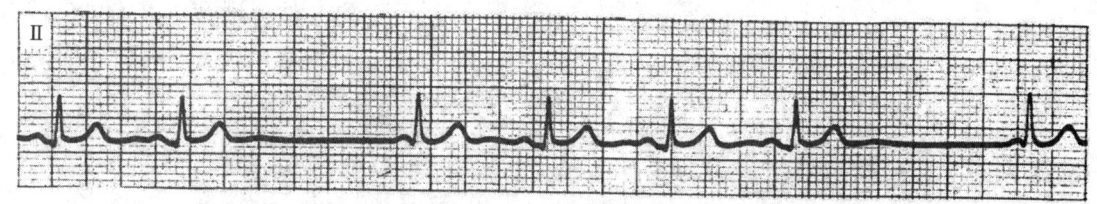

图3-13-63　二度Ⅱ型房室传导阻滞伴交界性逸搏心律心电图

3. **室性逸搏心律**　又称室性自主心律,在比正常P-P间期长的间歇后出现室性QRS波群,无相关P波,节律可不齐,频率为20~40次/分。

提示:每种心律失常都有其特征性心电图表现,根据心电图特征性表现即可确诊。但有些心律失常呈发作性,有时需结合动态心电图、运动负荷试验及临床心电生理学检查等特殊检查来诊断。临床电生理学检查是心律失常介入治疗必须进行的检查。

(陈方军)

第七节 电解质代谢紊乱和药物对心电图的影响

> **案例 3-13-6**
>
> 患者，男性，35岁。反复大量呕吐3天，尿少、色深，伴恶心、四肢乏力、四肢厥冷。体格检查：P 110次/分，BP 80/50 mmHg，唇干燥，眼窝凹陷，皮肤弹性差，肠鸣音减弱，血清 Na⁺ 138 mmol/L，K⁺ 2.9 mmol/L。心电图示：ST段下降，Q-T间期延长，出现u波。
>
> **问题与思考**：该患者最可能的疾病诊断是什么？

一、电解质代谢紊乱对心电图的影响

正常机体心肌细胞内、外各种电解质维持动态平衡。当机体发生某些疾病时，可造成血清电解质浓度升高或降低，影响心肌电活动，引起心电图改变。

血清钾浓度 >5.5 mmol/L 称为高钾血症。细胞外血钾浓度超过 5.5 mmol/L，心电图表现为 Q-T 间期缩短，T 波高耸且基底部变窄；血清钾浓度 >6.5 mmol/L 时，QRS 波群逐渐增宽，P-R 及 Q-T 间期延长，R 波电压降低及 S 波加深，ST 段压低；当血清钾浓度升高 >7.0 mmol/L，QRS 波群进一步增宽，P-R 及 Q-T 间期进一步延长；P 波增宽，振幅低，甚至消失，形成"窦室传导"。高血钾的最后阶段，宽大的 QRS 波群甚至与 T 波融合呈正弦波。高血钾可引起室性心动过速、心室扑动或颤动，甚至心脏停搏（图 3-13-64）。

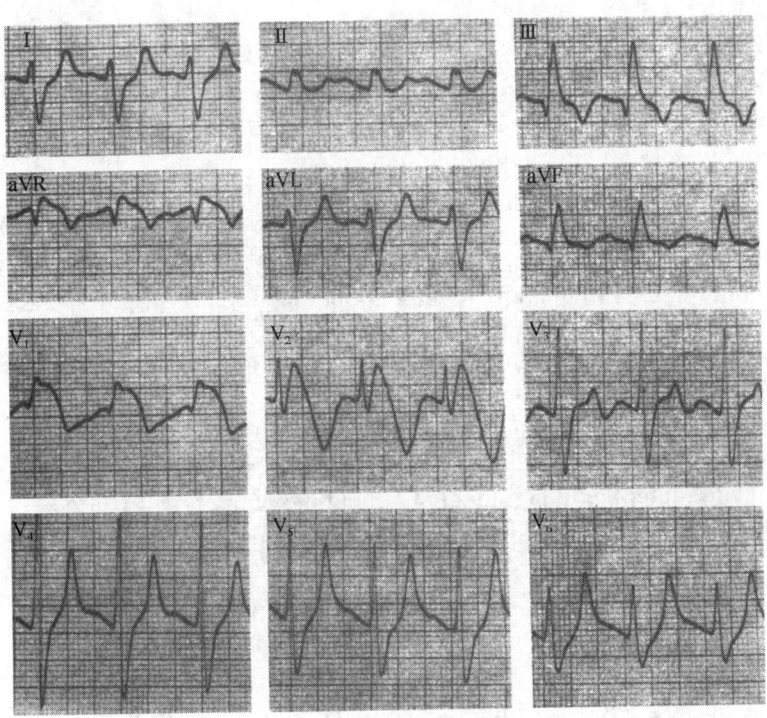

图 3-13-64 高钾血症心电图

血清钾浓度 <3.5 mmol/L，称为低钾血症。典型心电图改变为 ST 段压低，T 波低平或倒置，u 波增高或 T-u 融合，Q-T 间期延长，Q-T-u 间期延长。低血钾还可引起房性和室性心动过速、室内

传导阻滞及房室传导阻滞等心律失常（图 3-13-65）。

二、药物对心电图的影响

临床应用的许多药物，尤其是用于治疗心脏疾病的药物（洋地黄、抗心律失常药等），可影响心肌电活动，从而引起心电图改变。

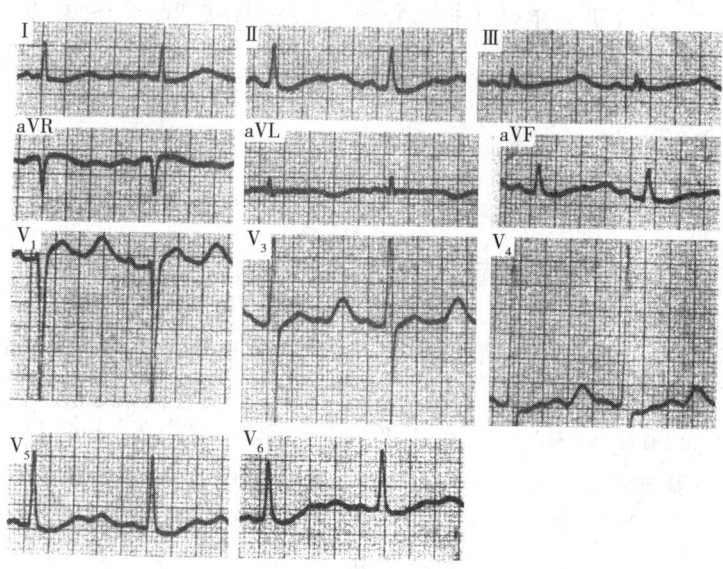

图 3-13-65　低钾血症心电图

（一）洋地黄

洋地黄临床主要用于治疗心力衰竭，能增强心肌收缩力，减慢心率，使用时心电图可出现特征性改变。洋地黄效应心电图表现：①ST 段呈斜型下移，T 波低平、双向或倒置，ST-T 呈鱼钩形（图 3-13-66）。②Q-T 间期缩短。上述表现为已接受洋地黄治疗的标志。

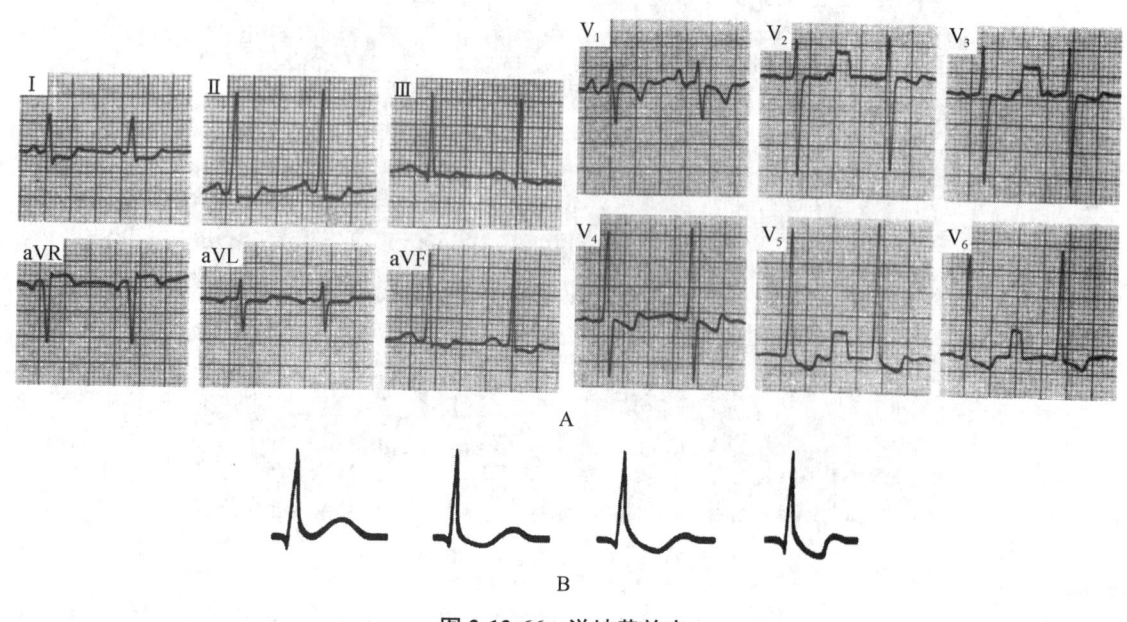

图 3-13-66　洋地黄效应
A. 心电图；B. 示意图

洋地黄中毒心电图表现为各种心律失常，最常见者为室性心律失常，以频发及多源性室性期前收缩多见，严重者可出现室性心动过速甚至心室颤动；还可见房室传导阻滞、心房扑动、心房颤动等（图3-13-67）。

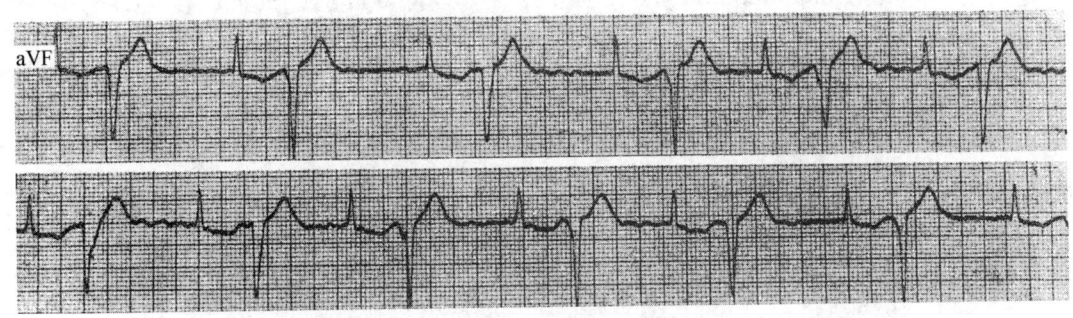

图3-13-67　洋地黄中毒心电图

（二）奎尼丁

奎尼丁具有降低心肌自律性、延长不应期、减慢传导等作用，常用于心律失常的治疗。

治疗剂量时的心电图表现：①Q-T间期延长。②T波低平或倒置。③u波增高。④P波稍宽，可有切迹，P-R间期稍延长。

中毒时的心电图表现：①Q-T间期显著延长。②QRS波群时间明显延长。③各种程度的房室传导阻滞、缓慢性窦性心律失常及各种室性心律失常。

（三）胺碘酮

胺碘酮是广谱抗心律失常药，使用比较安全。但长期使用后心电图可出现Q-T间期延长和心动过缓。

提示：心脏电活动易受各种因素（尤其是药物、电解质）的影响，要熟悉药物的作用机制、毒性反应及副作用，熟悉电解质对心电活动的影响。在某些特殊药物（抗心律失常药等）使用过程中，常需定期监测心电图。药物、电解质代谢紊乱的影响，心电图仅供参考，最准确的还是血药浓度和电解质的测定。

（陈方军）

第八节　心电图的分析方法及临床应用

一、心电图的分析方法

首先浏览一遍心电图，检查各导联标志，检查导联是否连错，有无基线摆动，有无肌颤动或交流电干扰等伪差（图3-13-68），是否为常规标准电压，检查走纸速度。

按顺序观察各导联P波、P-R间期、QRS波群、ST段、T波及Q-T间期是否在正常范围。根据各导联有无P波及P波方向、P波与QRS波群的关系，确定基本心律是窦性还是异位心律。测量P-P、R-R间期，观察心律是否规则并计算心房率、心室率。观察标准肢体导联，判断心电轴有无偏移。观察胸导联，判断有无心脏顺时针、逆时针方向转位。综合分析心电图观测数值，结合临床资料，提出心电图诊断意见，即正常心电图、可疑心电图、异常心电图。

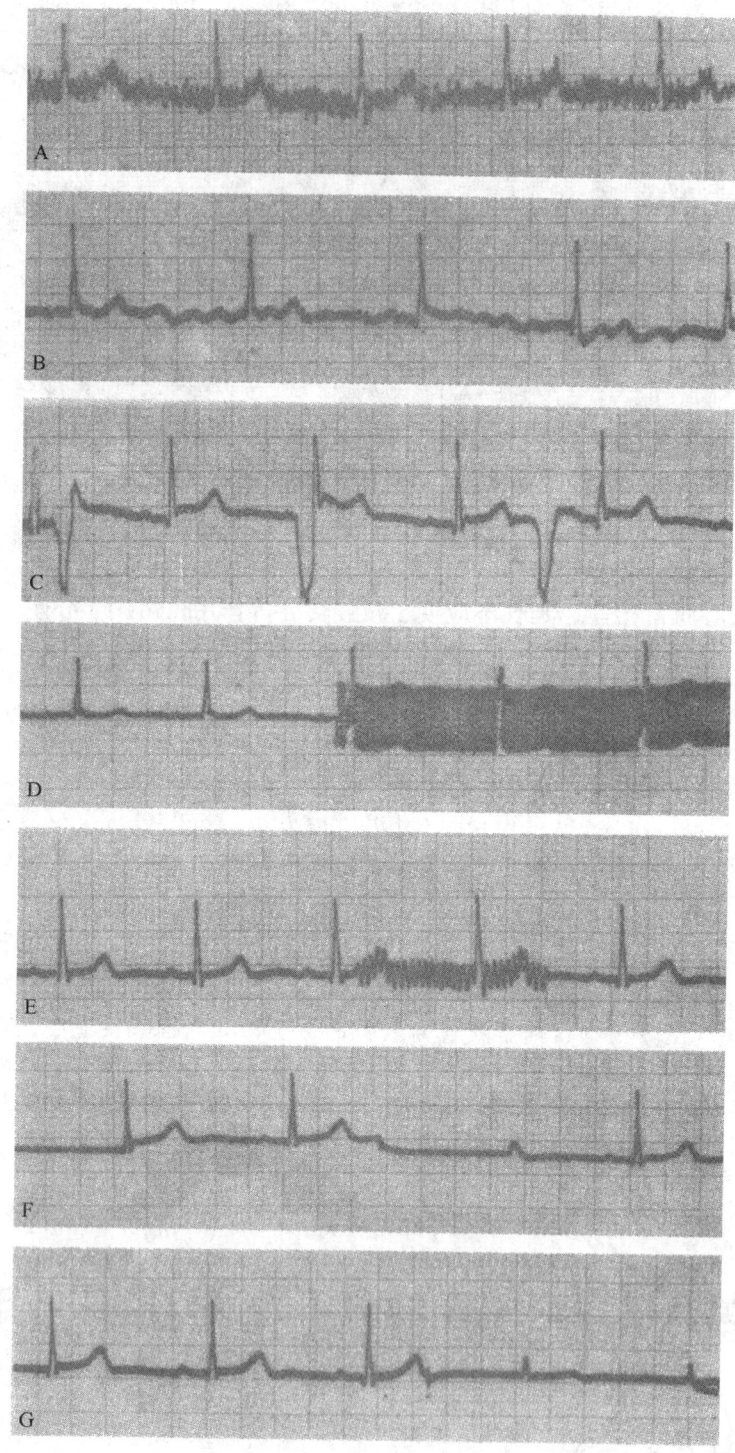

图 3-13-68 心电图上可能出现的伪差
A. 肌干扰；B. 基线振荡；C. 肢体动作；D. 交流电干扰；E. 电话铃响；F. 脱线；G. 电极板松脱

二、心电图的临床应用

心电图检查是一种临床使用广泛、无创、简便的器械检查方法之一，主要反映心脏电活动，对心血管疾病的诊断具有重要价值。

（一）心电图的应用范围

（1）对各种心律失常有肯定诊断价值。

（2）对心肌梗死具有重要诊断价值，可对心肌梗死做出定性、定位、分期诊断，并可观察心肌梗死的病情演变和疗效。

（3）可协助诊断心脏房室肥大、心肌损害（心肌炎、心肌病等）、冠状动脉供血不足等病变。

（4）可协助了解某些药物的疗效及有无中毒，有无电解质代谢紊乱及紊乱程度。

（5）用于手术麻醉、急危重症患者抢救、心导管检查、登山运动员及航天员的心电监测等。

（二）心电图检查的局限性

许多心脏疾病，尤其是早期患者，心电图表现可正常；还有许多心电图表现缺乏特异性，使得部分疾病的心电图表现一致，如 ST-T 改变可见于冠心病、心肌炎、心肌病等。故心电图诊断必须与临床密切结合，才能得出全面、正确的诊断。

提示：心电图检查是临床常用的检查方法之一，具有操作简单、无创、快速的特点。但各种检查都有其适用范围及局限性，心电图检查也是如此，故要根据患者的具体情况来选择。

知识链接

中国心电图危急值的建议

1. 疑似急性冠脉综合征

（1）首次发现疑似急性心肌梗死的心电图改变。

（2）首次发现疑似各种急性心肌缺血的心电图改变。

（3）再发急性心肌梗死的心电图改变（注意与以往心电图及临床病史进行比较）。

2. 严重快速性心律失常

（1）心室扑动、心室颤动。

（2）室性心动过速心室率 ≥ 150 次 / 分，持续时间 ≥ 30 s 或持续时间不足 30 s 伴血流动力学障碍。

（3）尖端扭转型室性心动过速、多形性室性心动过速、双向性室性心动过速。

（4）各种类型室上性心动过速心室率 ≥ 200 次 / 分。

（5）心房颤动伴心室预激最短 R-R 间期 ≤ 250 ms。

3. 严重缓慢性心律失常

（1）严重心动过缓、高度及三度房室传导阻滞，平均心室率 ≤ 35 次 / 分。

（2）长 R-R 间期伴症状 ≥ 3.0 s；无症状 ≥ 5.0 s。

4. 其他

（1）提示严重低钾血症心电图表现 Q-T（u）显著延长，出现快速性心律失常，并结合临床实验室检查。

（2）提示严重高钾血症的心电图表现（窦室传导，并结合临床实验室检查）。

（3）疑似急性肺栓塞心电图表现（并结合临床及相关检查）。

（4）Q-T 间期延长：Q-Tc ≥ 550 ms。

（5）显性 T 波电交替。

（6）R-on-T 型室性期前收缩。

资料来源：《心电图危急值 2017 中国专家共识》

（陈方军）

第九节 动态心电图

动态心电图（ambulatory electrocardiogram，AECG）是指连续记录 24 h 或更长时间的心电活动，经计算机处理分析及回放打印的心电图。该项检查由美国学者诺曼·杰弗里斯·霍尔特（Norman Jefferis Holter）首先应用于临床，故又称 Holter 检查。动态心电图能有效地补充常规心电图仅能做短暂静息记录的不足，可记录患者不同状态下的心电图。

一、动态心电图系统简介

动态心电图系统包括记录系统、回放分析系统和打印系统。

1. 记录系统　包括导联线和记录器。记录器有磁带式和固态式两种。记录器佩戴在患者身上，导联线与患者胸部上的电极相连，可连续同步记录和储存 24 h 或更长时间的心电信号。目前，12 导联动态心电图系统已广泛应用于临床。

2. 回放分析系统和打印系统　回放分析系统包括计算机系统和心电分析软件。回放分析系统能对记录器记录到的心电信号进行分析。分析人员可通过人机对话对计算机分析的心电图资料进行检查、判定、修改和编辑，打印出异常心电图图例以及有关的数据和图表，出具诊断报告。

二、导联系统

目前多采用双极导联，根据不同检查目的选择电极，常用导联及电极放置部位如下。

1. CM5 导联　正极连于左腋前线、平第 5 肋间隙处，负极连于右锁骨下窝中 1/3 处。该导联对检出缺血性 ST 段下移最为敏感，且记录到的 QRS 波群振幅最高，是常规使用的导联。

2. CM1 导联　正极连于胸骨右缘第 4 肋间隙或胸骨，负极连于左锁骨下窝中 1/3 处。该导联可清晰地显示 P 波，对分析心律失常最为有利。

3. MaVF 导联　正极连于左腋前线肋缘，负极连于左锁骨下窝中 1/3 处。该导联对左心室下壁心肌缺血的检出较为有利。

4. CM2 或 CM3 导联　正极连于 V_2 或 V_3 的位置，负极连于右锁骨下窝中 1/3 处。疑有冠状动脉痉挛或变异型心绞痛时，应联合应用 MaVF 导联。

无关电极可放置于胸部的任何部位，一般置于右胸第 5 肋间隙腋前线或胸骨下段中部。

12 导联动态心电图系统的电极放置部位与运动负荷试验的电极放置部位相同。

三、临床应用范围

动态心电图可以获得患者日常生活状态下连续 24 h 甚至更长时间的心电图资料，因此常可检测到常规心电图检查不易发现的一过性异常心电图改变，还可以结合患者的日常日志，了解患者的症状、活动状态及服用药物等与心电图变化之间的关系，其临床应用范围如下。

（1）判断心悸、气促、头晕、晕厥、胸痛等症状的性质。

（2）对心律失常进行定性、定量诊断。

（3）评价和诊断心肌缺血，尤其是发现无症状心肌缺血。

（4）急性心肌梗死随访及预后评估。

（5）抗心律失常药及抗心肌缺血药的疗效评定。

(6) 选择安装起搏器的适应证,评定起搏器功能。
(7) 医学和流行病学调查。

四、注意事项

(1) 动态心电图常受患者体位、活动、情绪、睡眠等因素的影响,故对动态心电图检测到的某些结果,尤其是 ST-T 改变,应结合病史、症状及其他临床资料综合分析,做出正确的诊断。

(2) 患者在检测过程中应做好日志,按时间记录其活动状态和有关症状。其对于正确分析动态心电图资料具有重要的参考价值。

(3) 动态心电图并不能了解患者即刻的心电变化,也不能反映某些异常心电图改变的全貌。对于心脏房室大小的判断、束支传导阻滞、预激综合征的识别以及心脏损伤、心肌梗死的诊断和定位等仍需依靠常规 12 导联心电图检查。

提示: 动态心电图有效地补充了常规心电图仅能做短暂静息记录的不足,可记录患者不同状态下的心电图。但动态心电图只是常规心电图的补充,并不能取代常规心电图,使用时要根据其临床应用范围进行选择。

五、分析报告

分析报告应包括以下主要内容。
(1) 监测期间的基本节律,24 h 心脏搏动总数,平均心率,最高与最低心率及发生的时间。
(2) 各种心律失常的类型,快速性和(或)缓慢性心律失常,异常心脏搏动总数,发生频度,持续时间,形态特征,以及心律失常与症状、日常活动和昼夜的关系等。
(3) 监测导联 ST 段改变的形态、程度、持续时间和频度,ST 段异常改变与心率变化及症状的关系。
(4) 应选择和打印有代表性的正常和异常(各种不同类型心律失常,ST-T 改变,Q-T 间期异常等)的实时心电图片段,作为动态心电图诊断报告的依据。
(5) 对安装心脏起搏器的患者,报告中还应包括对心脏起搏器功能的评价和分析。

分析报告最后应做出此次动态心电图监测的诊断结论。

(陈方军)

第十节　心电图运动试验

心电图运动试验(electrocardiogram exercise test)是指让患者进行一定量的运动,增加心肌耗氧量,通过观察心电图有无心肌缺血变化,以发现冠心病的一种心电图诊断方法。

一、原理

生理情况下,机体在运动时,肌肉组织的需氧量增加,为满足机体需要,心率相应加快,心排血量相应增加,心肌耗氧量也必然增加,冠状动脉血流量增加。冠心病患者在静息状态下可以不发生心肌缺血,当运动负荷增加伴随心肌耗氧量增加时,冠状动脉血流量不能相应增加,则会引起心肌缺血、缺氧，心电图上可出现相应异常改变。心肌耗氧量与心率快慢、心室大小、室壁张力、室内压力增加速度及心室射血时间有关。一般常用心率或心率与收缩期血压的乘积来反映心肌耗氧量情况。

二、负荷量的确定

心电图运动试验负荷量包括极量和亚极量负荷。

1. 极量　指患者运动后心率达到生理极限的负荷量。最大心率粗略估算法：220-年龄。
2. 亚极量　指患者运动后心率达到最大心率的85%~90%的负荷量。临床上大多数采用亚极量运动负荷试验。

三、试验方法

1. 踏板运动试验（treadmill exercise test）　为目前应用最广泛的运动试验方法。让患者在活动的平板上行走，根据事先设定的运动方案，仪器自动分级依次递增平板速度及坡度，直至患者的心率达到亚极量水平。运动前描记患者卧位和立位心电图，并测血压作为对照。运动中监测患者的心率、心律及ST-T改变，并每3 min记录心电图和测血压一次。达到亚极量负荷并保持该负荷量运动1~2 min，然后停止。运动终止后，每2 min记录一次心电图，至少观察6 min。ST缺血性改变仍未恢复到运动前图形，需继续观察，直至完全恢复。分析运动前、中、后的心电图变化以做出结果判断。

2. 踏车运动试验（bicycle exercise test）　让患者在有功率计的踏车上做蹬车运动，分级依次增加负荷量，直至患者心率达到亚极量负荷。分析运动前、中、后记录的心电图，做出结果判断。其优点是能根据个人情况，达到所需负荷量水平，且结果可靠。

3. Master二阶梯试验　可根据年龄、性别、体重不同，以不同速度和时间完成规定次数的二阶梯运动，然后分析运动前、后心电图的变化，得出结果判断。由于负荷量小，敏感度差，假阳性率较高，此法已基本被淘汰。

四、适应证和禁忌证

1. 适应证　①对病因不明的胸痛或可疑冠心病患者进行鉴别诊断。②对冠心病患者的心脏负荷能力进行评估。③对治疗冠心病的药物或手术治疗效果进行评估。④对冠心病的易患人群进行流行病学调查。

2. 禁忌证　①急性心肌梗死或心肌梗死合并室壁瘤患者。②心力衰竭患者。③不稳定型心绞痛患者。④急性心包炎或心肌炎患者。⑤中、重度瓣膜病或先天性心脏病患者。⑥急性肺栓塞、主动脉夹层患者。⑦2级以上高血压患者。⑧其他不能运动或不宜运动的心脏、肺及全身疾病患者。

五、结果判断

心电图运动试验可有假阳性和假阴性，需结合临床其他资料进行综合判断。踏板或踏车运动试验阳性标准主要包括：①运动中出现典型心绞痛。②运动中心电图出现ST段下斜型或水平型下移≥0.1 mV，并持续存在2 min以上。

提示：心电图运动试验主要用于可疑冠心病的检查，但有假阳性和假阴性。随着冠状动脉造影技术在临床的广泛应用，心电图运动试验的使用在逐渐减少。

（陈方军）

第十一节　心电监护

心电监护是通过仪器连续观察、监测心脏电活动情况的一种无创的监测方法，可实时观察病情，提供可靠的、有价值的心电活动指标，并指导实时处理，因此对于有心电活动异常的患者（如急性心肌梗死、各种心律失常）有重要使用价值。普通心电图只能简单地观察和描记心电图当时短暂的心电活动情况。

一、基本原理

通过检测心脏电活动在人体体表特定两点间的电位差（即导联）变化，来反映心脏的工作状态。

1. 心电信号　心脏节律性的收缩、舒张是血液在血管中循环的动力源泉，心肌细胞的兴奋和兴奋传播是以细胞膜的生物电活动为基础的。所有心肌细胞膜生物电活动的整体就构成了心电信号。

2. 心电图　心电信号经过人体组织传到体表，在体表利用心电电极监测这种信号并将其在时间轴上描记出来就构成心电图。监护仪一般都可监护多导或12导联心电图（ECG），并可对ECG波形做进一步分析，如心率失常、起搏、ST段。监护ECG并不能完全代替标准心电图机，目前监护的ECG波形一般还不能提供心电波形更细微的结构，而且两种仪器在测量电路中的带宽也不一样。

二、使用对象

凡是病情危重，需要进行持续不间断的监测心电活动（心脏搏动的频率、节律、心排血量）、体温、呼吸、血压（无创或有创）、呼气末二氧化碳分压、中心静脉压及经皮血氧饱和度等患者。

三、心电监护操作程序

（1）准备物品，心电监护仪、心电血压插件连接导线、电极片、生理盐水棉球、配套的血压袖带。

（2）嘱患者取平卧位或半卧位，连接心电监护仪电源，打开开关。用生理盐水棉球擦拭患者胸部贴电极片处皮肤。

（3）贴电极片，连接心电导联线（图3-13-69），屏幕上出现心电波。戴好血氧饱和度指套。将袖带绑在肘窝上两横指处，设置报警限，测量血压。

四、主要观察指标

（1）定时观察并记录心率和心律。

部位	标号	放置部位
右上	RA	胸骨右缘锁骨中线第1肋间隙
左上	LA	胸骨左缘锁骨中线第1肋间隙
中间	C	胸骨左缘第4肋间隙
左下	LL	左锁骨中线肋缘处
右下	RL	右锁骨中线肋缘处

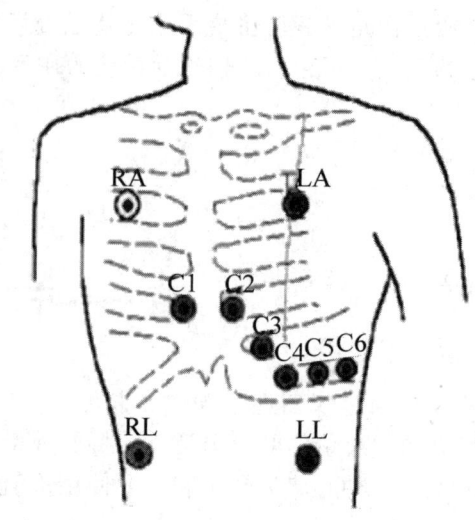

图 3-13-69　五导联心电监护仪电极片放置位置

（2）观察是否有 P 波，P 波的形态、高度和宽度。

（3）测量 P-R 间期（0.12 ~ 0.20 s）、Q-T 间期（正常心率 60 ~ 100 次 / 分时，0.44 ~ 0.36 s，一般男性小于 0.44 s，女性及儿童小于 0.45 s）。

（4）观察 QRS 波群是否正常，有无"漏搏"。

（5）观察 T 波是否正常。

（6）注意 Ⅱ 导联有无异常波形出现，根据情况合理设置滤波、模式、电压（1 mV/cm）、走纸速度（25 mm/s）。报警高低限 ±20%。

五、常见报警及处理流程

1. **心率异常报警**　①检查电极安放位置是否正确，电极与皮肤接触是否良好，电极有无脱落等情况，排除干扰因素。②查看报警值的设置是否符合病情，避免漏报及无效报警。③用听诊器监测心率进行核实，确认心率异常。④立即通知值班医师，做好抢救准备工作。⑤及时、准确执行医嘱，积极配合医师进行抢救和处理。⑥密切观察用药后的反应，监测患者心率的变化。

2. **心律异常报警**　①掌握常见心律失常的心电图改变，特别是恶性心律失常。②检查电极安放位置是否正确，电极与皮肤接触是否良好，电极有无脱落等情况，排除干扰因素。③立即通知值班医师，做好抢救准备工作。④及时、准确执行医嘱，积极配合医师进行抢救和处理。⑤密切观察用药后的反应，监测患者心律的变化。

3. **血压异常报警**　①检查袖带位置是否合适，松紧度是否适宜，有无漏气情况等。②查看报警值的设置是否符合病情，避免漏报及无效报警。③重复测量，确认血压异常。④立即通知值班医师，做好抢救准备工作。⑤及时、准确执行医嘱，积极配合医师进行抢救处理。⑥密切观察用药后的反应，监测患者血压的变化。

4. **血氧饱和度异常报警**　①检查指套放置位置是否正确，有无脱落等干扰因素。②监测患者循环和呼吸情况，确认血氧饱和度异常存在。③调节氧流量，清除呼吸道分泌物，保持呼吸道通畅。④如不缓解，立即通知医师，做好抢救准备工作，纠正低氧血症。⑤密切观察病情变化，监测血氧饱和度变化情况。

（陈方军）

自 测 题

一、选择题

1. 某风湿性心脏病患者,心电图表现为P波增宽,呈双峰型,P波时限0.12 s,两峰间距0.05 s,以Ⅰ、Ⅱ、aVL导联明显,应考虑为
   A. 左室肥大
   B. 双房肥大
   C. 左房肥大
   D. 右房肥大
   E. 右室肥大

2. 患者,男性,62岁,慢性咳嗽、咳痰10余年,劳力性心悸、气短1年。体格检查:心界向左扩大,P_2增强,可及剑突下搏动。该患者心电图特征最可能的是
   A. Ⅱ、Ⅲ导联P波电压0.1 mV
   B. 电轴左偏 –30°,逆钟向转位
   C. $R_{aVL}+S_{V_3}>2.8$ mV
   D. V_1导联呈rS型,r波电压1.0 mV
   E. aVR导联呈Rs型,R_{aVR}电压0.5 mV

3. 患者,男性,68岁,既往有多年吸烟史。主诉咳嗽、咳痰3个月。为明确诊断,首先应进行的检查是
   A. 胸部CT
   B. 胸部增强CT
   C. 胸部MRI
   D. 纤维支气管镜检查及活检
   E. 胸部X线检查

4. 患者,男性,52岁,主诉心悸、头晕1个月。心电图示QRS波群宽大,时限0.13 s,P波与QRS波群无关,P波多于QRS波群,心室率40次/分,心律齐。可诊断为
   A. 交界区逸搏心律
   B. 窦性心动过缓
   C. 二度房室传导阻滞
   D. 未下传的房性期前收缩呈二联律
   E. 三度房室传导阻滞,室性逸搏心律

5. 患者,男性,35岁,阵发性心悸3年,每次持续0.5~5 h,休息可终止。本次发作时心电图提示Ⅱ导联可见直立圆钝的P波,心率140次/分,心律齐。其诊断最可能的是
   A. 心房扑动呈4∶1下传
   B. 心房颤动
   C. 阵发性室性心动过速
   D. 窦性心动过速
   E. 阵发性交界区心动过速

6. 患者,男性,55岁,心电图检查显示胸导联T波直立,u波倒置。下列说法正确的是
   A. 多提示心肌病
   B. 多提示冠状动脉粥样硬化性心脏病
   C. 多提示肺源性心脏病
   D. 多提示心包积液
   E. 多提示低钾血症

7. 患者,女性,25岁,服用某"减肥茶"后腹泻3天,食欲缺乏,查血钾2.8 mmol/L,其心电图可能表现为
   A. Q-T间期延长
   B. QRS波群增宽
   C. u波倒置
   D. ST段压低,T波低平,u波增高
   E. T波倒置

8. 患者,女性,50岁。风湿性心脏病病史10年,心悸、气短14天。心电图检查:P波消失,代之以大小不等、形状各异的f波,频率为400次/分,心室律绝对不规则,心率130次/分,脉率110次/分。应考虑为
   A. 室性期前收缩二联律
   B. 心房扑动
   C. 室上性心动过速

D. 心房颤动 E. 窦性心律不齐

9. 患者，女性，60岁，心悸2h来急诊，心电图提示R-R间期绝对不齐，最可能的诊断是
    A. 心房扑动不等比下传 B. 心房颤动
    C. 房性心动过速伴房室结文氏传导 D. 室性心动过速
    E. 心室颤动

10. 患者，男性，55岁。间断性心前区疼痛2个月，与劳累有关，静息心电图未见异常，运动实验提示有ST段下移0.15 mV。首先考虑的诊断是
    A. 急性心肌梗死 B. 心肌病
    C. 高血压心脏病 D. 肺气肿
    E. 冠状动脉粥样硬化性心脏病

11. 患者，男性，28岁，以"大量心包积液"收入院，入院后床旁心电图标准设置下波形振幅过小，无法清晰显示，按以下哪项心电图设置参数进行更改会有所帮助
    A. 20 mm/s、5 mm/mV B. 25 mm/s、10 mm/mV
    C. 25 mm/s、20 mm/mV D. 25 mm/s、5 mm/mV
    E. 50 mm/s、10 mm/mV

12. 患者，男性，46岁，劳力性胸痛2个月，突感心悸、胸闷，血压90/60 mmHg，心尖部S1强弱不等；心电图示心室率150次/分，P波与QRS波群无固定关系，QRS波群增宽为0.14 s，可见室性融合波。最可能的诊断为
    A. 频发室性期前收缩 B. 心房颤动
    C. 心房扑动 D. 阵发性室上性心动过速
    E. 阵发性室性心动过速

13. 患者，男性，65岁。心电图表现：$R_{V_1}+S_{V_5}$=1.15 mV，V_1呈Rs型，且R/S>1，平均电轴+110°，应考虑为
    A. 左房肥大 B. 右房肥大 C. 左室肥大
    D. 右室肥大 E. 双房肥大

二、简答题

1. 急性心肌梗死心电图特征性改变有哪些？
2. 简述完全性房室传导阻滞的心电图特征。

三、案例分析题

患者，男性，55岁，因腹泻伴食欲缺乏、四肢无力、反应迟钝入院。血生化示 K^+ 2.6 mmol/L，Mg^{2+} 0.5 mmol/L。既往有心肌炎病史。卧床后约10 min，患者突然发生晕厥，颈动脉搏动微弱，呼之不应。心电图检查结果如图3-13-70所示：

图 3-13-70

请回答：
心电图诊断是什么？

约半分钟后,患者仍呼之不应,触摸颈动脉搏动消失,心电监护显示如图 3-13-71 所示。

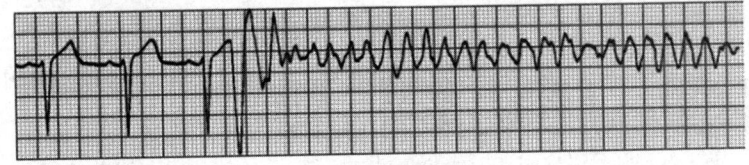

图 3-13-71

请回答:
1. 患者此时心电图发生了何种改变?
2. 此时最有效的处理措施是什么?

第十四章 肺功能检查

第十四章数字资源

学习目标

1. 知识：说出肺容积的组成、通气功能、血气分析的主要检测指标。总结换气功能检查的临床意义。
2. 能力：联系肺功能检查结果做出通气功能障碍类型、呼吸衰竭、酸碱失衡的判断。
3. 素养：通过学习和讨论，可以正确解读数据，评价患者的肺功能，多学科协作分析病情。建立医者仁心的价值观，树立敬佑生命、救死扶伤、甘于奉献的医者精神。培养良好的医德医风，构建和谐医患关系。

肺功能检查可对患者呼吸生理功能的基本状况做出质与量的评价：明确肺功能障碍的程度和类型；观察肺功能损害的可复性；对疾病进行诊断、治疗、疗效观察、预后判断及康复；劳动力鉴定；胸腹部手术的耐受性评估。肺功能检查已被广泛应用于医学各个领域。

肺功能检查主要包括肺容积、通气功能、换气功能、呼吸动力学、气体血液运输等内容，现就临床上常用的几项肺功能检查进行简述。

案例 3-14-1

患儿，男性，5岁。3年前患儿受凉后出现喘息、呼吸困难，于当地医院诊断为"哮喘"，给予治疗（具体方法不详），病情好转。以后每年受凉后喘息反复发作。2天前患儿因受凉喘息加重，不能平卧。体格检查：R 28次/分，桶状胸，双肺可闻及哮鸣音。

问题与思考：
1. 该患儿入院后应主要做哪些检查？
2. 检查结果可能是怎样的？

第一节 通气功能检查

一、肺容积测定

通气功能检查是呼吸功能检查中最基本的检查项目。这项检查包括肺泡的含气量、气流在气道中的流速及其影响。肺泡内含气量受肺与胸部扩张或回缩的影响发生相应改变，形成四种基础肺容积（basal lung volume）和四种基础肺容量（basal lung capacity）。肺容积（lung volume）指在安静情况下，测定一次呼吸所出现的容积变化。肺容积不受时间限制，具有静态解剖学意义。四种基础肺容积由潮气量、补吸气量、补呼气量和残气容积组成，它们之间彼此互不重叠。肺容量是由两个或两个以上的基础肺容积组成的（图3-14-1）。

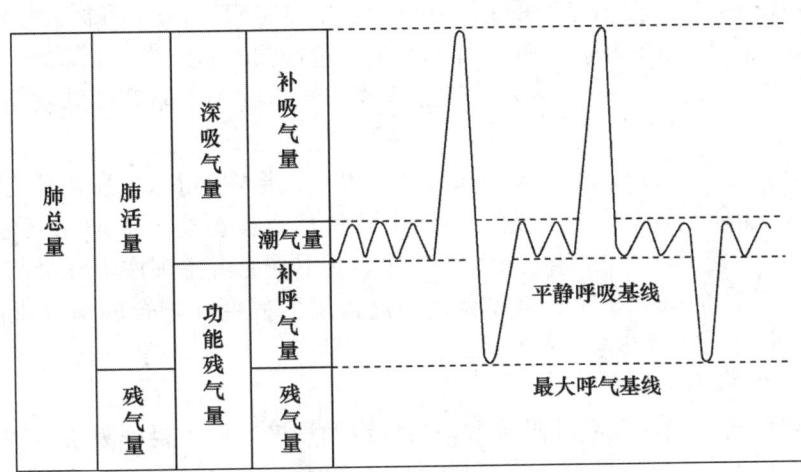

图3-14-1　肺容积及其组成

四种基础肺容量包括深吸气量、功能残气量、肺活量和肺总量。临床上残气量、肺总量需先测定出功能残气量后通过计算求得，而其他各项均可直接测定。肺容量与年龄、性别和体表面积有关。肺容量大小对气体交换有一定的影响。

测定方法：首先以体温、大气压、饱和水蒸气压（saturated water vapor pressure）校正肺量计。肺量计校正后嘱患者取坐位，上鼻夹，含口器与肺量计相连，平静呼吸5次后测定肺活量。

1. 潮气量（tidal volume, VT）　是指平静呼吸时，一次吸入和呼出的气量。正常成人参考值约为500ml。潮气量受吸气肌功能的影响，尤其是膈肌的运动，呼吸肌功能不全时潮气量降低。

2. 补呼气量（expiratory reserve volume, ERV）　是指平静呼气末再尽最大力量呼气所呼出的气量。正常成人参考值：男性1609±492 ml，女性1126±338 ml。补呼气量可随呼气肌功能的改变而发生变化。

3. 补吸气量（inspiratory reserve volume, IRV）　是指平静吸气末再尽最大力量吸气所吸入的气量。正常成人参考值：男性约为2160 ml，女性约为1400 ml。补吸气量受吸气肌功能的影响。

4. 深吸气量（inspiratory capacity, IC）　是指平静呼气末尽最大力量吸气所吸入的最大气量，即潮气量加补吸气量（VT+IRV）。

正常成人参考值：男性为2617±548 ml；

女性为1970±381 ml。

一般情况下，正常深吸气量应占肺活量的2/3或4/5。当呼吸功能不全时，尤其是吸气肌力障碍以及胸廓、肺活动度减弱和气道阻塞时，深吸气量降低。

5. 肺活量（vital capacity, VC）　是指尽力吸气后缓慢而又完全呼出的最大气量，即深吸气量加补呼气量（IC+ERV）或潮气量加补吸气量加补呼气量（VT+IRV+ERV）。右肺肺活量占全肺肺活量的55%。

（1）测定方法：包括一期肺活量和分期肺活量。一期肺活量是指深吸气末尽力呼气所呼出的全部气量，即深吸气量加补呼气量（IC+ERV），又称为一次慢呼气肺活量。分期肺活量是将相隔若干次平静呼吸所分别测定的深吸气量加补呼气量。

（2）正常成人参考值：男性4217±690 ml；

女性3105±452 ml。

实测值占预计值的百分比<80%为减低，其中60%~79%为轻度减低，40%~59%为中度减低，<40%为重度减低。

（3）临床意义：肺活量是肺功能检查中简单易行而又非常有价值的参数之一。肺活量减低提示有限制性通气功能障碍，也可提示有严重的阻塞性通气功能障碍。临床上肺活量减低常见于胸廓畸形、广泛胸膜增厚、大量胸腔积液、气胸、肺不张、弥漫性肺间质纤维化、大量腹水、腹腔巨大肿瘤、重症肌无力、膈肌麻痹、传染性多发性神经根炎和严重的慢性阻塞性肺疾病及支气管哮喘等疾病。

6. 功能残气量（functional residual capacity，FRC） 是指平静呼气末肺内所含气量，即补呼气量加残气量（RV）。功能残气量、残气量均不能由肺量计直接测得，需应用气体（氦气或氮气）分析方法间接测定。功能残气量测定时患者平静呼吸，不受患者主观用力呼吸与否的影响，因而重复性好。残气量测定则要求患者用力呼吸，因此其用力程度和配合的情况可能影响残气量的测定。

（1）测定方法

1）密封式氦稀释法：包括重复呼吸法和一口气法两种，其中重复呼吸法多用。首先在空气冲洗后的肺量计内充入定量氦与空气混合气（10%）。嘱患者在坐位情况下平静呼吸，至功能残气位时重复呼吸7~10 min，使肺内气体与肺量计内气体充分混合，达到氦浓度平衡后再持续1 min，至平均呼吸末达到测定终点。休息20 min后重复1次，要求2次容积差<5%，然后根据初始氦浓度、平均后的氦浓度与已知的肺量计容积计算出功能残气量。

2）氮稀释法：包括密闭式重复呼吸法、开放式重复呼吸法和开放式氮稀释法3种，其中密闭式重复呼吸法多用。首先在冲洗后的肺量计内充入纯氧5000 ml。嘱患者取坐位，重复呼吸7 min，使肺量计内的氧与肺内氮充分混合达到平衡，再取肺量计中气样测定氮浓度，计算功能残气量。

（2）正常成人参考值：男性 3112±611 ml；

女性 2348±479 ml。

（3）临床意义：功能残气量在生理上接近于正常呼吸模式，反映胸廓弹性回缩力和肺弹性回缩力之间的关系。正常情况下这两种力量相等而互相抵消，功能残气量约相当于肺总量的40%。肺弹性回缩力下降，可使功能残气量增高，如阻塞性肺气肿、气道部分阻塞。反之，肺弹性回缩力增加，可使功能残气量降低，如肺间质纤维化、急性呼吸窘迫综合征（ARDS）。另外，当胸廓畸形致使肺泡扩张受限，或肥胖伴腹内压增高使胸廓弹性回缩力下降时，功能残气量也下降。

7. 残气量（residual capacity，RV） 是指平静呼气末肺内所含气量，这些气量足够继续进行气体交换（弥散呼吸）。

正常成人参考值：男性约 1615±397 ml；

女性约 1245±336 ml。

残气量的临床意义同功能残气量。然而临床上残气量常以其占肺总量（TLC）百分比（即 RV/TLC%）作为判断指标。正常情况下，RV/TLC小于或等于35%，超过40%提示肺气肿。残气量在正常情况下约占肺总量的25%，而且随功能残气量的改变而改变，但是在限制性肺疾病时残气量减少比较轻，在小气道疾病时，残气量可能略增加，而功能残气量可正常。

8. 肺总量（total lung capacity，TLC） 是指最大限度吸气后肺内所含气量，即肺活量加残气量。

正常成人参考值：男性约 5020 ml；

女性约 3460 ml。

肺总量减少见于广泛肺部疾病，如肺水肿、肺不张、肺间质疾病、胸腔积液、气胸等。肺气肿时，肺总量可正常或增高，主要取决于残气量和肺活量的增减情况。

二、通气功能测定

通气功能是指单位时间内随呼吸运动出入肺的气量和流速,又称动态肺容积。临床上凡能影响呼吸频率、深度和流速的各种生理及病理因素均可影响通气量。

(一) 静息每分钟通气量

静息每分钟通气量 (minute ventilation at rest, VE) 是指在静息状态下每分钟出入肺的气量,即维持基础代谢所需的气量。静息每分钟通气量等于潮气量与呼吸频率的乘积 (VE = VT × f)。

1. 测定方法　嘱患者安静卧床休息 15 min,待呼吸平稳后,将已调试好的肺量计与之相接进行测定。重复呼吸 2 min,同时记录呼吸曲线与自动氧耗量。选择呼吸曲线平稳、基线呈水平状态、氧摄取曲线均匀的 1 min,计算静息每分钟通气量,并经 BTPS 校正。

2. 正常参考值及临床意义
正常参考值:男性 6663 ± 200 ml;
　　　　　　女性 4217 ± 160 ml。

临床意义:>10 L/min 提示通气过度,可造成呼吸性碱中毒;<3 L/min 提示通气不足,可造成呼吸性酸中毒。

(二) 最大自主通气量

最大自主通气量 (maximal voluntary ventilation, MVV) 是指以最快呼吸频率和最大呼吸幅度呼吸,在 1 min 内所得的通气量。最大自主通气量可用于评估肺组织弹性、气道阻力、胸廓弹性和呼吸肌的力量,临床上常作为考核通气功能障碍、通气功能储备能力的指标。

1. 测定方法　有密闭式和开放式两种,其中开放式适用于大规模筛查。测定前须询问有无禁忌证,如严重心脏及肺疾病、咯血。嘱患者取立位,与肺量计连接,平静呼吸 4~5 次后尽最大的力量以最快呼吸频率与最大呼吸幅度持续重复呼吸 12 s 或 15 s。休息 10 min 后重复 1 次,2 次测定结果差异<8%。将测得的通气量乘 5 或 4 即求得最大自主通气量。

2. 正常参考值及临床意义
正常参考值:男性 104 ± 2.71 L;
　　　　　　女性 82.5 ± 2.17 L。

作为通气功能障碍考核指标时,常以实测值占预计值百分比进行判定,如<80% 为异常。阻塞性或限制性通气障碍,如阻塞性肺气肿、呼吸肌功能障碍、胸廓、胸膜、弥漫性肺间质疾病和大面积肺实变等均可使之降低。此外,该指标还能反映机体的通气储备能力,多以通气储备的百分比进行判定,其计算公式为:

$$通气储备量百分比 = \frac{MVV - VE}{MVV} \times 100\%$$

通气储备量百分比常用于胸部手术前肺功能评价、预计肺并发症发生风险以及职业病劳动能力鉴定。正常值>95%,<86% 提示通气储备不足,60%~70% 为气短阈。

(三) 用力肺活量

用力肺活量 (forced vital capacity, FVC) 是指深吸气至肺总量位后用最大的力量和最快的速度所能呼出的全部气量。正常情况下 FVC = VC。当气道阻塞时,FVC < VC。除用力肺活量外,还应分别测定第 1 秒、第 2 秒、第 3 秒所呼出气量用力肺活量的百分比,正常值分别为 83%、96%、99%(图 3-14-2)。临床上一般以第 1 秒用力呼气容积 (forced expiratory volume in one second, FEV_1) 和 FEV_1/FVC(一秒率)作为判定指标。

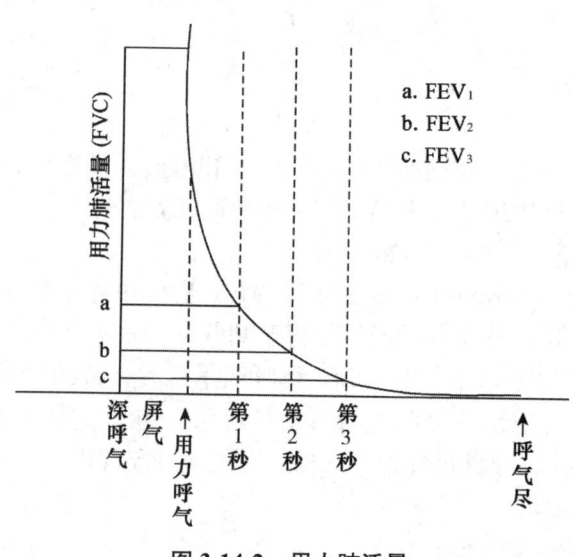

图 3-14-2 用力肺活量

1. 测定方法 预先准备仪器，肺量计筒容积>7 L，积聚时间≥10 s，流量 12 L/s 时的阻力 1.5 cmH$_2$O/（L·s）。嘱患者取立位，与肺量计连接后做最大吸气至肺总量位，屏气 1 s 后以最大力量、最快速度呼气至残气量位，重复 2 次。选择最佳曲线进行计算。

2. 正常参考值及临床意义

正常参考值：男性 3179 ± 117 ml；

女性 2314 ± 48 ml。

临床意义：FEV$_1$/FVC 男女均>80%。如 FEV$_1$ 和 FEV$_1$/FVC 均降低，提示患者有阻塞性通气障碍，见于 COPD、支气管哮喘急性发作。但在可逆性气道阻塞（如支气管哮喘）中，在应用支气管扩张药后，上述两项指标可较前改善。值得注意的是，FEV$_1$ 和 FEV$_1$/FVC 正常也可见于限制性通气障碍患者，如弥漫性肺间质疾病、胸廓畸形。

（四）最大呼气中期流量

最大呼气中期流量（maximal mid-expiratory flow，MMEF，MMF）是根据用力肺活量曲线计算得到的用力呼出肺活量 25%~75% 的平均流量。

1. 测定方法 将用力肺活量曲线起、止两点间分为四等分，测量中间 50% 的肺容量，与其所用呼气时间相比所得值。

2. 正常参考值及临床意义

正常参考值：男性 3452 ± 1160 ml/s；

女性 2836 ± 946 ml/s。

临床意义：最大呼气中期流量主要与小气道管径有关，与呼吸力度无关，因此最大呼气中期流量降低反映小气道的阻塞。与 FEV$_1$ 和 FEV$_1$/FVC 相比，最大呼气中期流量能更灵敏地反映气道阻塞情况。

（五）肺泡通气量

肺泡通气量（alveolar ventilation，VA）是指安静状态下每分钟进入呼吸性细支气管及肺泡与气体交换的有效通气量。正常成人潮气量为 500 ml，其中 150 ml 为无效腔气。无效腔中的气不参与气体交换，仅在呼吸性细支气管以上气道中起传导作用。无效腔也称解剖无效腔。若按呼吸频率为 15 次/分计算，其静息通气量为 7.5 L/min，减除无效腔气，肺泡通气量为 5.25 L/min。但进入肺泡中的气体，若无相应肺泡毛细血管血流与之进行气体交流，也同样会产生无效腔效应，称为肺泡无效腔。解剖无效腔加肺泡无效腔称为生理无效腔（physiological dead space，VD）。正常情况下，因通气血流比例正常，肺泡无效腔量小至可忽略不计，故生理无效腔基本等于解剖无效腔。VA=（VT–VD）×RR 或 VA=VT×（1–VD/VT）×RR。由此可见，肺泡通气量受无效腔与潮气量比率（VD/VT）的影响，正常 VD/VT=0.3～0.4。比值小，则有效肺泡通气量增加；比值大，则有效肺泡通气量减少。如 VD/VT=0.7 时，VT 仍为 500 ml，RR 15/min，则 VA=500 ml×（1–7/10）×15/min=2.25 L/min。故浅速呼吸的通气效率逊于深缓呼吸。

三、临床应用

1. 通气功能的判断　临床上，通气功能测定是肺功能测定的基本内容，是一系列肺功能检查中的初筛项目。根据上述各项指标，并结合气速指数（正常为1），可对通气功能做出初步判断，判断肺功能状况和通气功能障碍类型。

$$气速指数 = \frac{MVV 实测值 / 预计值（\%）}{VC 实测值 / 预计值（\%）}$$

通气量储备能力用通气储量百分比来表示，95% 为正常，低于 86% 提示通气储备不佳，低于 70% 提示通气功能严重损害。

（1）肺功能不全分级：列于表 3-14-1。

表 3-14-1　肺功能不全分级

分级	VC 或 MVV 实测值/预测值 %	FEV$_1$/FVC
基本正常	>80	>70
轻度减退	80～71	70～61
显著减退	70～51	60～41
严重减退	50～21	≤40
呼吸衰竭	≤20	

注：VC. 肺活量；MVV. 最大自主通气量；FVC. 用力肺活量；FEV$_1$/FVC. 一秒率。

（2）通气功能障碍分型：以上通气功能主要反映大气道（内径>2.0 mm）通气的状况。阻塞性通气功能障碍的特点是以流速（如 FEV$_1$/FVC）降低为主，限制性通气障碍则以肺容量（如肺活量）减少为主。其分型列于表 3-14-2。

表 3-14-2　通气功能障碍的分型

分型	FEV$_1$/FVC	MVV	VC	气速指数*	RV	TLC
阻塞性	↓↓	↓	正常或↓	<1.0	↑	正常或↑
限制性	正常或↑	↓或正常	↓↓	>1.0	正常或↓	↓
混合性	↓	↓	↓	=1.0	不定	不定

注：VC. 肺活量；RV. 残气量；TLC. 肺总量；MVV. 最大自主通气量；FEV$_1$/FVC. 一秒率；

$$气速指数 = \frac{MVV 实测值 / 预计值（\%）}{VC 实测值 / 预计值（\%）}$$

2. 阻塞性肺气肿的判断　可根据 RV/TLC% 结合肺泡氮浓度的测定，对阻塞性肺气肿的程度做出判断（表 3-14-3）。

表 3-14-3　阻塞性肺气肿程度判断

程度	RV/TLC（%）	平均肺泡氮浓度（%）
无肺气肿	≤35	2.47
轻度肺气肿	36~45	4.43
中度肺气肿	46~55	6.15
中度肺气肿	≥56	8.40

注：RV. 残气量；TLC. 肺总量。

3. 气道阻塞的可逆性判断及药物疗效的判断　可通过支气管舒张试验来判断有无气道阻塞可逆性及药物疗效。

（1）测定方法：测定前 24 h 患者停用支气管舒张药，再行常规肺功能测定。当结果提示 FEV_1 或 FEV_1/FVC 降低时，给患者吸入沙丁胺醇 0.2 mg 后 15~20 min，重复测定 FEV_1 与 FEV_1/FVC，然后按下列公式计算通气改善率来进行判断。

$$通气改善率 = \frac{用药后测定值 - 用药前测定值}{用药后测定值} \times 100\%$$

（2）结果判断：通气改善率＞15%，判定为阳性。通气改善率 15%~24% 为轻度可逆，通气改善率 25%~40% 为中度可逆，通气改善率＞40% 为高度可逆。支气管哮喘患者通气改善率至少应达 15%，慢性阻塞性肺疾病患者通气改善率不明显。

（3）注意事项：在评价通气改善率时，须特别注意 FEV_1 的绝对值，因为 FEV_1 只要稍增加，就能达到改善 15% 的指标，但是其绝对值的微量增加对肺通气功能的改善并无意义，只有当其绝对值增加 200 ml，FEV_1 改善超过 15% 才能认为气道可逆。

4. 呼气流量峰值（peak expiratory flow，PEF）　是指在用力肺活量测定过程中，呼气流速最快时的瞬间流速，也称最大呼气流量，主要反映呼吸肌的力量及气道有无阻塞。正常人一日内不同时间点的呼气流量峰值可有差异，称为日变异率或昼夜波动率。这种变异率的测定可用微型峰流速仪于每日清晨及下午（或傍晚）测呼气流量峰值，连续测 1 周后计算：

$$PEF\ 日变异率 = \frac{日内最高\ PEF - 日内最低\ PEF}{1/2（同日最高\ PEF + 最低\ PEF）} \times 100\%$$

正常值一般＜20%，≥20% 对支气管哮喘的诊断有意义。因该法操作简便，故常作为哮喘患者病情监测的指标，若日变异率明显增大，提示病情加重，需进行相应的处理。

5. 支气管激发试验　气道高反应性是支气管哮喘的特征，而支气管激发试验是测定气道反应性的一种方法。该试验是利用某种刺激使支气管平滑肌收缩，再进行肺功能检查，依据检查结果的相关指标判定支气管狭窄的程度，以判定气道反应性。

临床意义：支气管激发试验主要用于协助支气管哮喘的诊断。对于无症状、体征，或有可疑哮喘病史，或在症状缓解期，肺功能正常者，或仅以咳嗽为主要表现的咳嗽变异性哮喘者，若支气管激发试验阳性可确定诊断。

肺通气功能检查的内容及临床意义。

第二节 换气功能检查

外呼吸进入肺泡的氧通过肺泡毛细血管进入血液循环，而血液中的二氧化碳通过弥散排到肺泡，这个过程称为肺换气，也称为内呼吸。肺有效的气体交换与通气量、血流量、吸入气体的分布和通气血流比例以及气体的弥散有密切关系。

一、气体分布

肺泡是气体交换的基本单位，只有吸入的气体能均匀地分布于每个肺泡，才能发挥最大的气体交换效率。但是，即使是健康人，肺内气体分布也存在区域性差异，导致气体分布的不均一性。其原因与气道阻力、顺应性和胸膜腔内压的不一致有关。例如在直立位时肺尖部胸腔负压最高，并以 $0.26\ cmH_2O/cm$ 的梯度向肺底部递减，结果引起上肺区扩张程度大于下肺区。在此基础上再深吸气时，上肺区肺泡先扩张，气体也先进入上肺区，继而上、下肺区肺泡同时充气，充气时间和数量也基本相同。当吸气至肺总量（TLC）位时，上肺区先终止扩张充气（属快肺泡），而下肺区肺泡继续充气（属慢肺泡）。另外，有阻塞性气道病变时，由于气道阻力不一致，吸入气体容易进入气道阻力低的肺内。呼气过程中，肺泡压不能达到平衡和呼吸频率增加均会加重气体分布不均。

临床意义：吸入气体分布不均匀主要是由于不均匀的气流阻力和顺应性。临床上支气管痉挛、受压可出现不均匀的气流阻力；间质性肺炎、肺纤维化、肺气肿、肺淤血及肺水肿等可降低肺顺应性。

二、通气血流比例

气体进入肺泡后要进行有效的气体交换，除了要有足够的肺通气量和血流量外，还要求通气血流比例（ventilation perfusion ratio）适当。在静息状态下，正常成人肺泡通气量约为 4 L/min，血流量约为 5 L/min，通气血流比例为 0.8，此时换气效能最佳。如通气血流比例>0.8，通常是由于局部血流障碍，使得进入肺泡的气体无充足的血液与之交换，出现无效腔气增加；反之，如通气血流比例<0.8，则是由于局部气道阻塞，部分血液无通气与之交换，成为无效灌注，而导致静 - 动脉分流效应。上述两种情况均可造成换气功能障碍，其后果主要是缺氧，一般无二氧化碳潴留。

提示：气体进入肺泡后要进行有效的气体交换，除了要有足够的肺通气量和充分的血流量外，还要求二者在数量上比例适当。当通气血流比例为 0.8 时，换气效能最佳。二者比例失调时可造成换气功能障碍，其后果主要是缺氧。

目前尚无直接、简便的通气血流比例测定方法，一般是通过动脉血气分析计算相关生理学指标进行间接判断。临床上凡能影响肺顺应性、气道阻力的各种因素均可导致通气血流比例失调。通气血流比例失调是肺部疾病引起缺氧的主要原因，常见于肺实质、肺间质、肺血管与气道病变，如肺炎、肺不张、肺纤维化、急性呼吸窘迫综合征、肺栓塞、肺水肿、支气管哮喘及阻塞性肺气肿。

三、弥散功能检查

弥散是指氧和二氧化碳通过肺泡膜进行交换的过程，一般以弥散量（diffusion capacity，DL）作为判定指标，它是指肺泡膜两侧气体分压差为 0.133 kPa（1 mmHg）时，在单位时间（1 min）

内所能通过的气体量（ml）。能够影响弥散量的因素有弥散面积、弥散距离（厚度）、肺泡与毛细血管的氧分压差、气体分子量、气体在介质中的溶解度、肺泡毛细血管血流以及气体与血红蛋白的结合力。氧和二氧化碳在肺内的弥散功能不同。根据计算，二氧化碳的弥散速率是氧的21倍，因此二氧化碳一般不存在弥散功能障碍，临床上所称的弥散障碍通常指的是氧弥散障碍，其后果是缺氧。

临床上弥散功能检查常用一氧化碳，采用单次呼吸法进行测定，其正常值男性为187.52～288.8 ml/（kPa·min）[18.23～38.41 ml/（mmHg·min）]，女性为156.77～179.7 ml/（kPa·min）[20.85～23.9 ml/（mmHg·min）]。弥散量低于正常值的80%提示有弥散功能障碍，可见于肺纤维化、肺气肿、肺结核、气胸、肺炎、肺水肿及肺淤血等。

肺换气功能检查内容及临床意义。

第三节　血气分析

血气分析是指应用血气分析仪对所采集动脉血液中的氧、二氧化碳以及与酸碱平衡有关的各项指标进行检查的诊断方法。它能直接反映患者的通气和换气功能及其伴随的酸碱平衡调节状态，既可明确呼吸衰竭的诊断，又有助于了解呼吸衰竭的性质、程度，判断治疗效果，对重症患者监护、指导氧疗、机械通气、纠正酸碱失衡和电解质代谢紊乱均有重要价值。

一、指标及正常范围

1. 动脉血氧分压（PaO_2）　是指动脉血液中物理溶解的氧分子所产生的压力。正常值为95～100 mmHg，随着年龄的增长而降低，其年龄预计公式为PaO_2 = 100 mmHg － 年龄 × 0.33。

2. 动脉血氧饱和度（SaO_2）　是指动脉血氧与血红蛋白结合的程度，即单位血红蛋白含氧的百分数。正常值为95%～98%。

3. 动脉血二氧化碳分压（$PaCO_2$）　是指动脉血液中物理溶解的二氧化碳分子所产生的压力。正常值为35～45 mmHg，平均为40 mmHg。

4. pH　是血液中氢离子浓度[H^+]的负对数值。正常值为7.35～7.45，平均为7.40。

5. 标准碳酸氢盐（standard bicarbonate，SB）　是指动脉血在38 ℃ $PaCO_2$ 40 mmHg、SaO_2 100%条件下所测得血浆碳酸氢盐的含量。正常值为22～27 mmol/L，平均为24 mmol/L。

6. 实际碳酸氢盐（actual bicarbonate，AB）　是指隔绝空气的血液标本在实际条件下测得的血浆碳酸氢盐的含量。正常人SB与AB两者无差异。

7. 缓冲碱（buffer base，BB）　是指血液中一切具有缓冲作用的碱（负离子）的总和，包括碳酸氢盐、血红蛋白、血浆蛋白和磷酸二氢盐。正常值为45～55 mmol/L，平均为50 mmol/L，其中碳酸氢盐是缓冲碱的主要成分，约占50%（24/50）。

8. 碱剩余（base excess，BE）　是指在38 ℃、SaO_2为100%、$PaCO_2$为40 mmHg的标准条件下，将血液标本滴定至pH等于7.40所需要的酸或碱的量。需加酸者，BE为正值；需加碱者，BE为负值。正常值为0±2.3 mmol/L。

9. 血浆二氧化碳总量（total plasma carbon dioxide content，T-CO_2）　是指血浆中结合的和物理溶解的二氧化碳总含量。动脉血浆二氧化碳总量 = HCO_3^- + $PaCO_2$ × 0.03 = 25.2 mmol/L，其中HCO_3^-

（即 AB）占 95% 以上，故 T-CO_2 基本反映碳酸氢盐的含量。

10. 阴离子隙（anion gap，AG）是指血清中常规测得的阳离子总数与阴离子总数之差。因血清中主要的阳离子为 Na^+，约占阳离子总数的 90%，主要的阴离子为 Cl^- 和 HCO_3^-，约占阴离子总数的 85%，因此 AG 的计算公式一般用 AG = Na^+ - (Cl^- + HCO_3^-)，以 mmol/L 表示，正常值为 8～16 mmol/L。

二、临床意义

血气分析的临床应用非常广泛，其中在呼吸衰竭的诊断和各型酸碱平衡失调的判定方面最为重要，现对此进行简述。

（一）判断呼吸衰竭及其类型

动脉血气分析是临床上诊断呼吸衰竭的主要依据，参考的指标是 PaO_2 和 $PaCO_2$。在海平面大气压、安静状态、呼吸室内空气且无左侧心力衰竭和心内及大血管之间异常分流的情况下，PaO_2 < 60 mmHg，或伴 $PaCO_2$ ≥ 50 mmHg，即为呼吸衰竭。若仅有 PaO_2 降低，而 $PaCO_2$ 正常或 < 35 mmHg，为 I 型呼吸衰竭；若在 PaO_2 降低的同时伴有 $PaCO_2$ 升高，则为 II 型呼吸衰竭。

（二）判断酸碱平衡失调

判断酸碱平衡失调的指标有很多，其中主要参考的是 pH、$PaCO_2$、HCO_3^-、BE 和 BB。

1. 了解患者有无酸碱平衡失调

（1）首先看 pH，pH < 7.35 为失代偿性酸中毒；pH > 7.45 为失代偿性碱中毒；但 pH 在正常范围不能排除酸碱失衡，还有可能是代偿性酸碱失衡或混合性酸碱失衡。

（2）其次应注意 AG，它是协助判断代谢性酸中毒和各种混合性酸碱失衡的重要指标。当 AG > 30 mmol/L 时，肯定有酸中毒；AG 为 20～30 mmol/L 时，酸中毒可能性很大；AG 为 17～19 mmol/L 时，只有少数病例（约 29%）有酸中毒。

2. 了解酸碱失衡的原因是呼吸性因素还是代谢性因素

（1）首先看 HCO_3^-，包括 SB 和 AB。SB 能准确反映代谢性酸碱失衡，AB 则受呼吸和代谢双重因素影响。临床上若 AB > SB，提示呼吸性酸中毒；AB < SB，提示呼吸性碱中毒；AB = SB = 正常值，提示酸碱平衡；AB = SB < 正常值，提示代谢性酸中毒；AB = SB > 正常值，提示代谢性碱中毒。

（2）其次看 BE 和 BB，二者均为判定代谢性酸碱失衡的重要指标。BE 正值增加和 BB 增加，提示代谢性碱中毒；BE 负值增加和 BB 减少，提示代谢性酸中毒。

（3）$PaCO_2$ 和 T-CO_2，二者均受呼吸和代谢双重因素的影响，因此单独查看某一指标意义不大，需要结合其他血气分析指标检查的结果进行综合分析。一般二者升高可能是呼吸性酸中毒或代谢性碱中毒，二者降低可能是呼吸性碱中毒或代谢性酸中毒。

3. 全面综合分析 人体是一个复杂的整体，当出现酸碱失衡，特别是混合性酸碱失衡时，首先应判断患者是否存在酸碱平衡失调；其次应判断是呼吸性还是代谢性酸碱平衡失调；最后应判断是单一的还是混合性的酸碱平衡失调。

诊断酸碱平衡失调是一个复杂的过程，各类酸碱失衡时血气分析指标变化情况列于表 3-14-4。

表 3-14-4 常见酸碱平衡失调血气分析指标变化

酸碱失衡类型	pH	$PaCO_2$	HCO_3^-	BE	AG
呼吸性酸中毒	N/↓	↑	N/↑	N/正↑	
代谢性酸中毒	N/↓	N/↓	↓	负↑	N/↑
呼吸性碱中毒	↑	↓	N/↓	N/负	

续表

酸碱失衡类型	pH	PaCO$_2$	HCO$_3^-$	BE	AG
代谢性碱中毒	N/↑	N/↑	↑	正↑	
呼吸性酸中毒+代谢性酸中毒	↓↓	↑	N/↓	N	↑
呼吸性酸中毒+代谢性碱中毒	N/↑/↓	↑	↑↑	正↑	

注：PaCO$_2$.二氧化碳分压；HCO$_3^-$.碳酸氢根；BE.碱剩余；AG.阴离子隙；N 为正常；↑为正值增大；↓为负值增大。

 酸碱失衡类型的判断。

（李 玲）

自 测 题

选择题

1. 肺容积包括
   A. 潮气量+补吸气量
   B. 补吸气量+残气量
   C. 补呼气量+残气量
   D. 潮气量+补吸气量+残气量
   E. 潮气量+补吸气量+补呼气量+残气量

2. 肺活量包括
   A. 潮气量+补吸气量+补呼气量
   B. 潮气量+补吸气量+残气量
   C. 潮气量+补呼气量+残气量
   D. 补吸气量+补呼气量+残气量
   E. 补呼气量+深吸气量

3. 平静呼吸后遗留于肺内的气量是
   A. 潮气量
   B. 残气量
   C. 功能残气量
   D. 补吸气量
   E. 肺活量

4. 功能残气量及残气量增加的临床意义是
   A. 提示肺呼气过度
   B. 提示肺充气过度
   C. 提示间质性肺水肿
   D. 提示肺不张
   E. 提示有中等量以上的胸腔积液

5. 关于肺阻塞性通气功能障碍的判断标准，正确的是
   A. FEV$_1$ 明显下降
   B. 最大自主通气量增加
   C. 肺活量增加
   D. 气速指数＞1.0
   E. 残气量减少

6. 以下情况时补吸气量下降，应除外的是
   A. 胸腔积液
   B. 肺气肿
   C. 胸膜粘连
   D. 肺纤维化
   E. 胸廓畸形

7. 呼吸性酸中毒的血气分析可能为
   A. pH 7.30，PaCO$_2$ 50 mmHg
   B. pH 7.30，PaCO$_2$ 40 mmHg

C. pH 7.40，$PaCO_2$ 20 mmHg D. pH 7.35，$PaCO_2$ 45 mmHg
E. pH 7.40，$PaCO_2$ 30 mmHg

8. 患者，女性，64岁。患慢性支气管炎、肺气肿20余年，加重1周入院。入院查动脉血气分析：pH 7.31，PaO_2 53 mmHg，$PaCO_2$ 67 mmHg，HCO_3^- 22 mmol/L。目前其酸碱失衡类型最可能的是

A. 呼吸性酸中毒
B. 呼吸性碱中毒
C. 呼吸性酸中毒合并代谢性酸中毒
D. 呼吸性酸中毒合并代谢性碱中毒
E. 呼吸性酸中毒合并代谢性酸中毒和代谢性碱中毒

9. 判断酸碱平衡调节中机体代偿性程度最重要的指标是

A. PaO_2 B. $PaCO_2$ C. BE
D. HCO_3^- E. pH

10. 关于标准碳酸氢盐的描述，正确的是

A. 受呼吸影响较大 B. 是反映呼吸性碱中毒的指标
C. 是准确反映代谢性酸碱平衡失调的指标 D. 正常值为45～55 mmol/L
E. 是反映呼吸性酸中毒的指标

11. 排除了呼吸影响，最能全面反映代谢因素的改变的测定值是

A. CO_2CP B. AB C. SB
D. BE E. pH

12. 血气分析中代表呼吸性酸碱平衡的指标是

A. pH B. HCO_3^- C. $PaCO_2$
D. BE E. AB

第十五章 内镜检查

第十五章数字资源

学习目标

1. 知识：说出内镜检查的适应证、禁忌证、并发症及注意事项。分析内镜检查异常影像的产生机制及临床意义。
2. 能力：联系内镜检查的适应证、禁忌证，合理选用适合患者的检查方法，并能正确分析检查结果。
3. 素养：准确识别病变特征，把握治疗时机，防控并发症，实现伦理安全，保障患者权益。

案例 3-15-1

患者，男性，35 岁。5 年前患者出现上腹部疼痛，主要表现为饥饿样不适感，空腹痛，进食后缓解，伴恶心、腹胀，无呕血、腹泻。于当地医院诊断为"胃病"，给予治疗（具体方法不详），病情好转。以后每年反复发作。3 天前患者因饮食不规律腹痛再次发作。体格检查：腹软，剑突下压痛，无反跳痛。

问题与思考：
1. 该患者入院后应主要做哪些检查？
2. 检查结果可能是怎样的？

第一节 概 述

内镜（endoscope）自 19 世纪发明至今已先后经历 4 代，分别是硬式内镜、可曲式内镜、纤维内镜和电子内镜。目前，第三代纤维内镜在临床应用较为广泛。随着电子技术的推广与普及，第四代电子内镜逐渐取代纤维内镜，得到广泛应用。电子内镜图像经视频处理器处理后，直接显示在电视屏幕上，图像清晰、逼真、分辨率高。同时可供多人观看，便于教学和会诊，并有录像、摄影等多种功能，便于资料保存和研究。目前，内镜除用于检查消化系统、呼吸系统、泌尿系统和妇科等管道器官外，还可以检查胸腔和腹腔内一些实质性脏器。内镜的用途越来越广泛，除了用于疾病诊断外，在治疗方面也显现出它的多样性和优越性，如取出腔内异物、拆除缝线、对出血病灶喷洒或注射止血药、钳夹止血、电灼、电凝止血、食管静脉曲张结扎或硬化治疗、食管狭窄的扩张、息肉切除、病变黏膜局部切除、切开奥迪（Oddi）括约肌取石或减压及各种腹腔镜手术等。内镜检查和治疗虽较为安全，但也存在一定的风险及并发症，检查和治疗之前需充分告知患者或其近亲属，征得同意并签署知情同意书。

第二节　上消化道内镜检查

上消化道内镜检查包括食管、胃、十二指肠的检查，通常也称胃镜检查。上消化道内镜柔软、可弯曲、窥视清晰、操作安全、患者痛苦小。上消化道内镜除可用于检查外，还可实施各种治疗，是临床上应用最早、进展最快的内镜。

一、适应证

（1）有上消化道症状，但原因不明。
（2）原因不明的上消化道出血。早期做急诊胃镜不仅有助于病因和病变部位的诊断，而且可同时在内镜直视下进行治疗。
（3）X线钡餐检查不能确诊或不能解释的上消化道病变，特别是黏膜病变和疑有肿瘤需进行活检。
（4）虽已确诊但需要长期随访观察的上消化道病变。
（5）上消化道病变治疗前、后的对比观察。
（6）需要进行内镜治疗，如镜下止血、摘取异物、食管管腔狭窄扩张、息肉摘除、食管静脉曲张的硬化剂注射与结扎。

二、禁忌证

随着器械的改良、技术的进步，上消化道内镜检查禁忌证已较过去明显减少。胃镜检查之前，应把握好检查的适应证和禁忌证，以避免并发症的发生。下列情况属于检查的禁忌证：
（1）严重心脏、肺功能不全：严重心脏病、心功能不全、严重心律失常、频发心绞痛、急性心肌梗死和主动脉瘤。
（2）休克、昏迷等危重患者。
（3）严重咽喉部疾患使内镜不能插入。
（4）腐蚀性食管炎和胃炎急性期。
（5）食管、胃、十二指肠穿孔急性期。
（6）神志不清、精神失常不能合作。
（7）急性传染性肝炎或胃肠道传染病应暂停检查；慢性乙型肝炎、丙型肝炎或慢性乙型肝炎表面抗原携带者、获得性免疫缺陷综合征（AIDS）患者应备有特殊的消毒措施。

三、检查前准备

（1）检查前应详细询问病史，进行体格检查，必要时做肺功能、心电图、动脉血气分析等检查，以确定是否适于做检查。
（2）术前禁食 8 h。估计有胃排空延缓者，需禁食更长时间；有幽门梗阻者，检查前应先洗胃；做过钡餐者，应在检查后 2~3 天再进行胃镜检查。
（3）检查前吞服麻醉去泡沫剂 10 ml。麻醉去泡沫剂具有麻醉、润滑和消除黏膜表面泡沫的作用，可减轻患者检查时的痛苦，同时使内镜视野更清晰。
（4）为减少检查过程中胃肠蠕动和痉挛，术前 10 min 可肌内注射阿托品 0.5 mg。对于精神过度紧张者，可肌内注射地西泮 10 mg。

（5）检查胃镜及配件。注意光源、送水及送气阀、吸引装置，注意操纵部旋钮控制的角度等，检查背景的线路电源开关及监视器屏幕影像。此外，内镜检查时应备有监护设施、氧气及急救用品。

四、操作步骤

（1）患者取左侧卧位，轻度屈膝，头稍后仰，放松腰带和领口，取出义齿，口边放置弯盘，嘱患者咬紧牙垫（咬口）。

（2）术者左手持胃镜的操纵部，右手持先端约 20 cm 处，直视下将胃镜经咬口徐徐插入口腔，沿舌背、咽后壁插入食管。插镜时，嘱患者做深呼吸动作，并配合吞咽动作。术者操作时动作宜轻柔，避免暴力，勿将胃镜插入气管。整个插镜过程应在电视屏幕监视下进行。

（3）当确认胃镜先端进入贲门后，随即向胃内注气，使胃体张开，于胃底部略向左、向上旋镜，可见胃体腔；胃镜先端推进至幽门前区时，伺机进入十二指肠球部；再将胃镜先端右旋上翘各 90°，术者向右转 90°，即可见到十二指肠降段及乳头部。随后由此退镜，配合注气和抽吸，逐一检查十二指肠、胃及食管的病变。

（4）检查时应注意胃腔及肠腔的大小和形态、胃壁及肠壁的皱襞情况、黏膜、黏膜下血管、分泌物性状及胃蠕动情况。观察时应无盲区，注意勿遗漏胃角上部、胃体垂直部、后壁及贲门下部。对可疑病变部位可摄像、活检、刷检和抽取胃液以协助诊断。

五、结果判断

（一）正常镜像

1. 食管　食管黏膜呈淡红色，黏膜下血管可见，上段血管呈纵向，中段血管呈树枝状，下段血管呈纵向且血管排列较密似栅状。在食管与贲门交界处，浅淡的食管黏膜与橘红色胃黏膜互相交叉，构成齿状线。

2. 胃　胃黏膜呈橘红色，表面光滑，有光泽，附有清洁、透明的黏液；黏膜表面有小的隆起和凹陷，分别称为胃小区和胃小凹。胃蠕动波自胃体下部远端开始向幽门推进。

3. 十二指肠　十二指肠黏膜色泽较胃黏膜略淡，如被胆汁染色，可略发黄，表面呈微细颗粒天鹅绒状（十二指肠绒毛），黏膜下可透见毛细血管。

（二）异常镜像

1. 炎症　上消化道有急性炎症时一般不做胃镜检查，故胃镜发现以慢性炎症居多。

（1）浅表性胃炎：表现为黏膜充血、发红，呈斑片状、条纹状或簇状分布；黏膜水肿，反光增强，胃小区显著；表面糜烂，可平坦或隆起，呈大小不同的黏膜缺损，表面有白色薄苔；黏膜下出血可呈点状、片状分布，暗红色或棕色；黏膜皱襞增粗，黏膜呈细颗粒状。发炎的黏膜表面有较多透明或黄白色分泌物附着，难以冲洗。另外，黏膜发炎后较脆，易出血。

（2）萎缩性胃炎：黏膜苍白或呈花斑状（以白色为主），萎缩变薄，皱襞变浅甚至消失。在适度充气的情况下，黏膜下可见网状细小血管或蓝色树枝状较大血管。此外，萎缩伴有增生时，黏膜呈小结节状或粗糙颗粒状，表面无光泽，分泌物少，胃大弯黏液池黏液减少。黏膜活检有助于确诊。

（3）肥厚性胃炎：黏膜肥厚、水肿，皱襞粗大，似脑回状，充气不能展平，颜色深红，分泌物多，常伴糜烂，也可呈结节状或铺路石样外观。

2. 溃疡　溃疡可位于消化道的任何部位，以十二指肠球部和胃窦小弯部多见。镜下见圆形或椭圆形凹陷，直径 0.5~1.5 cm，基底平整，覆以白色苔或黄白色苔，边缘清晰、整齐，有充血、水肿和黏膜集中现象，一般 4~8 周自然愈合或经治疗后愈合。

胃的良性溃疡应与恶性溃疡相鉴别。恶性溃疡实际上是癌的一种类型，一般较良性溃疡大而不规则，周边不整，底部不平，形似火山口，明显高出黏膜表面，质地坚硬、脆、易出血，与良性溃疡鉴别有困难时，需结合活体组织病理学检查确诊。

3. 肿瘤　以胃癌和食管癌多见，胃镜是确诊此类疾病的最佳检查方法。

（1）早期胃癌：仅累及黏膜或黏膜下层，多无淋巴结转移。此时，肿瘤表现为微小的隆起或凹陷，直径一般不超过1 cm，需仔细观察，并结合活体组织病理学检查做出诊断。进展期胃癌根据其镜下形态分为隆起型、溃疡型和浸润型，鉴别诊断一般不难。浸润型胃癌胃壁变得僵硬、增厚、扩张受限，缺乏蠕动，形成皮革胃，易被忽视。

（2）食管癌：以鳞状上皮癌多见，占90%左右，此外还有腺癌和未分化癌等。早期食管癌镜下表现为黏膜局部糜烂，光泽较差，表面呈颗粒状、微小乳头状，有时与炎症不易区别，需进行活体组织病理学检查。

六、并发症

胃镜检查虽安全，但有可能会出现喉痉挛、颞下颌关节脱臼、低氧血症、感染、器械损伤（出血、穿孔）、心搏骤停、心肌梗死及心绞痛等并发症，因此术前应严格把握适应证。

七、注意事项

（1）检查结束后应尽量抽气，防止发生腹胀。
（2）术后禁食2 h，然后进流质饮食，做活检者勿立即进食热饮和粗糙食物。

第三节　结肠镜检查

结肠镜检查对诊断下消化道病变，尤其是对不明原因的下消化道出血、下腹痛和腹泻等具有重要意义。结肠镜可到达回盲部甚至末段回肠，从而了解全结肠和部分小肠的病变。但结肠镜检查要比上消化道内镜检查操作复杂，技术要求较高，患者也有一定的痛苦，故应恰当选择适应证。

一、适应证

（1）有下消化道症状、体征，怀疑直肠、结肠、盲肠或回肠末端病变，但临床不能确诊。
（2）钡灌肠检查不能确诊或不能解释的病变，如狭窄、溃疡、息肉、癌肿、憩室，特别是疑有肿瘤需要取活体组织进行病理学检查。
（3）肠道炎性疾病的诊断与随访观察。
（4）结肠癌普查及其术前诊断与术后观察。
（5）原因不明的低位肠梗阻或腹部包块需要进一步明确诊断。
（6）结肠息肉摘除术及其术后随访观察和治疗。
（7）下消化道出血的止血治疗。

二、禁忌证

（1）严重心脏及肺功能不全。

(2)患者神志不清、精神失常不能合作。
(3)结肠急性炎症性病变,如急性菌痢、暴发型溃疡性结肠炎。
(4)急性弥漫性腹膜炎以及怀疑有脏器穿孔、广泛肠粘连。
(5)妊娠期妇女。
(6)严重的肛门、直肠狭窄。

三、检查前准备

(1)检查前应详细询问病史,进行体格检查,以确定是否适于做检查,有无禁忌证。
(2)进行肠道准备,肠道的清洁度是结肠镜检查成败的关键性因素之一。
1)检查前进低脂、少渣的半流质饮食1~2天,检查当日晨禁食。
2)清洁肠道:有多种方法,多采用盐类泻剂。嘱患者检查前一日进流食,检查前3~4 h嘱患者饮主要含氯化钠的平衡电解质溶液3000~4000 ml,或主要含磷酸缓冲液的清肠液,饮水总量不足1000 ml,可达到同样清洁肠道的效果。

液状石蜡不能有效致泻,又可损坏结肠镜前部橡胶外皮;甘露醇虽可有效导泻,但在肠道内被细菌分解,可产生易燃气体。如行高频电凝治疗,有引起爆炸的危险,应特别注意。另外,肥皂水灌肠刺激肠黏膜,可造成假象,也应列为禁忌。

(3)为减少检查过程中胃肠蠕动和痉挛,术前10 min可肌内注射阿托品0.5 mg。精神过度紧张者,可肌内注射地西泮10 mg、哌替啶50 mg,但哌替啶可降低引起肠穿孔等反应的信号,因此使用时应予以注意。

四、操作步骤

(1)检查前患者换上后裆开洞的检查裤,取左侧卧位,双腿屈曲。
(2)术者先做直肠指诊,了解有无狭窄、痔、肛裂和肿瘤等。助手用硅油涂抹肠镜先端(禁忌使用液状石蜡),嘱患者张口呼吸,放松肛门括约肌。助手用示指按压镜头,使结肠镜滑入肛门。
(3)镜头进入肛门5~10 cm后,观察肠腔并循腔进镜,向纵深插入,同时助手随时用沾有硅油的纱布润滑镜身,以减少插镜、退镜时的阻力和摩擦肛门的痛苦,保护肠黏膜。
(4)遵照循腔进镜、配合滑进、少注气、适当钩拉、去弯取直、防袢、结袢等插镜原则缓慢插入结肠镜。特别注意抽吸缩短与取直乙状结肠与横结肠,在脾曲和肝曲处适当钩拉、旋镜,并配合患者呼吸和体位进镜,以减小转弯处的角度,缩短检查的距离。
(5)助手按要求以适当的手法按压腹部,以减少肠管弯曲及结袢,防止乙状结肠和横结肠结袢,有助于检查的顺利完成。
(6)当看到月牙形的阑尾孔、Y字形的盲尖皱襞及鱼口样的回盲瓣时,提示已到达回盲部。此时尽可能调整结肠镜先端角度,伺机进入回盲瓣,观察末段回肠15~30 cm范围的肠腔与黏膜。
(7)退镜时,操纵上、下、左、右旋钮,灵活旋转先端,同时适量注气、抽气,逐段仔细观察肠壁、肠腔及囊袋情况。对有价值的部位,可摄像、活检进行细胞学检查。

五、结果判断

1. **正常镜像** 正常结肠黏膜呈橘红色,表面光滑、湿润、有光泽;黏膜下血管清晰可见,称为血管纹理,为鲜红色树枝状分支,主干较粗,分支逐渐变得纤细,且相邻血管终末分支相互吻合交错呈网状,边缘光滑,粗细均匀。

2. 异常镜像

（1）肠结核：好发于回盲部，其次为升结肠。典型病变有溃疡、增生结节及愈合过程中因瘢痕所致的肠管变形、假憩室形成、肠腔狭窄及回盲瓣变形。

（2）溃疡性结肠炎：病变以左半侧结肠多见，常从直肠开始。镜下见黏膜广泛充血、水肿、糜烂或表浅溃疡，表面有脓苔和渗出物，形态多样，常伴炎性息肉。晚期肠管缩短、变形，结肠袋、半月襞消失，结肠呈铅管状。

（3）克罗恩病：好发于回肠末段。镜下见跳跃式或节段性分布的溃疡，溃疡较深，沿肠管纵轴分布，肠腔内黏膜可见假息肉和鹅卵石样增生，肠壁增厚、肠腔狭窄。

（4）结肠息肉：好发于左半结肠。根据组织学分为腺瘤、炎性息肉、错构瘤性息肉、增生性息肉，观察时应注意其大小、形态、有无蒂等，这对判断类型和预后较为重要。

（5）结肠癌：好发于直肠和乙状结肠，早期镜下分型采用早期胃癌分类法。进展期分为息肉样型、溃疡型、浸润型、溃疡浸润型等，以前两型多见。结肠镜是确诊此类疾病的主要手段，与其他疾病难以鉴别时需进行活体组织病理学检查。

六、并发症

结肠镜检查一般较为安全，但也可能会出现肠穿孔、肠出血、肠系膜裂伤、浆膜撕裂、结肠黏膜下气肿等并发症。用甘露醇做肠道准备者做息肉电切时甚至会引起肠道气体爆炸等意外。

七、注意事项

（1）结肠镜检查术前应避免使用甘露醇做肠道准备。

（2）检查结束后应尽量抽气，防止腹胀，并嘱患者适当休息，观察 15~30 min 后再离开。

（3）对于做过镜下治疗的患者，应给予抗生素治疗、流质饮食，嘱其适当休息 3~4 天，必要时住院观察。

第四节　纤维支气管镜检查

纤维支气管镜检查是借助纤维支气管镜对支气管、肺疾病进行诊断和治疗的一项重要手段。因其具有管径细、弯曲度大、可视范围广、操作安全、患者痛苦小、能在直视下进行活检或刷检等优点，因此该项技术在临床上得到了广泛应用。

一、适应证

（1）原因不明的咯血，需明确出血部位和原因者；出血原因和部位虽已明确，但内科治疗无效或反复咯血，而又不能进行急诊手术，需局部止血治疗者。

（2）临床表现或影像学检查怀疑肺癌者。

（3）痰液细胞学检查发现癌细胞者。

（4）原因不明的干咳或局限性喘鸣者。

（5）吸收缓慢或在同一部位反复发生肺炎者。

（6）原因不明的肺不张或胸腔积液。

（7）性质不明的弥漫性肺疾病或肺内占位性病变需进行活检者。

（8）原因不明的喉返神经、膈神经麻痹，或上腔静脉阻塞者。

（9）为避免口腔污染，经纤维支气管镜收集下呼吸道分泌物检查者。

（10）做支气管肺泡灌洗或选择性支气管造影者。

（11）某些治疗，如取出支气管异物，紧急情况下引导行气管插管实施机械通气，肺化脓症或呼吸道烧伤患者需直视下吸除脓性痰、脓栓、坏死物以解除气道阻塞，严重哮喘患者施行机械通气或有细支气管黏液栓塞需吸取痰栓缓解哮喘发作，支气管胸膜瘘瘘口的闭合，肺癌局部放、化疗，以及激光、冷冻治疗等。

二、禁忌证

（1）严重肺功能不全者。

（2）有严重心脏病、心功能不全、严重心律失常、频发心绞痛、最近6周发生心肌梗死及主动脉瘤有破裂危险者。

（3）对麻醉药过敏者。

（4）颈椎畸形，无法插入纤维支气管镜者。

（5）出血及凝血机制严重异常者。

（6）急性上呼吸道感染或活动性肺结核未经治疗者。

（7）对检查不能耐受或不合作者。

三、检查前准备

（1）检查前应详细询问病史，进行体格检查，阅读胸部X线片或CT片，必要时做肺功能、心电图、动脉血气分析、出血及凝血功能等检查，以确定是否适合做纤维支气管镜检查。

（2）术前禁食4~6 h，术前半小时皮下注射阿托品0.5 mg，肌内注射地西泮10 mg。

（3）麻醉，先用2%利多卡因溶液咽喉喷雾做局部麻醉，每2~3 min一次，共3次；然后再经环甲膜穿刺注入或镜管插入气管后注入2~5 ml 2%利多卡因溶液。

四、操作步骤

（1）患者取平卧位或坐位。

（2）术者左手持纤维支气管镜的操纵部，拨动角度调节环钮，使插入部末端略向上翘起，右手将镜徐徐插入患者鼻腔。在插入前，鼻腔内先滴入1%麻黄碱2~3滴。

（3）纤维支气管镜插入鼻腔后，将角度调节环钮拨回原位，镜管沿咽后壁滑入喉部，找到会厌和声门，观察声带活动情况。

（4）当声门开放时，迅速将镜插入气管，并在直视下推进，直至气管隆嵴。看清两侧支气管口后，将镜插入一侧主支气管，一般先健侧、再患侧，自上而下依次检查各段支气管。

（5）检查时，应注意黏膜的颜色、表面情况与质地，有无充血、水肿、渗出、出血、糜烂、溃疡、增生、结节以及新生物，间嵴是否增宽，管壁是否受压，管腔有无狭窄与阻塞，分泌物的量与性状。必要时可刷检或活检，协助进行病理学、细胞学或细菌学检查。

五、并发症

纤维支气管镜检查过程中可能会出现喉痉挛、低氧血症、咯血、气胸、麻醉药物过量或过敏而发生的呼吸抑制，甚至心搏骤停等并发症。因此术前应严格掌握适应证，术中和术后严密观察病情。如出现并发症，应及时采取相应措施。

六、注意事项

（1）术后禁食2~3 h，待麻醉作用消失后方能进食，以防误吸，同时尽量少讲话，使声带得到休息。

（2）操作过程中严格执行无菌操作，预防呼吸道感染。

（李 玲）

自 测 题

选择题

1. 下列不适用于进行上消化道内镜检查的是
   A. 上消化道出血 B. 溃疡病 C. 萎缩性胃炎
   D. 食管肿瘤 E. 腐蚀性胃炎

2. 纤维支气管镜检查的禁忌证是
   A. 严重肺功能不全 B. 咯血
   C. 阻塞性肺炎或肺不张 D. 胸腔积液
   E. 上腔静脉阻塞综合征

3. 纤维支气管镜检查的适应证是
   A. 咯血 B. 严重器质性心脏病 C. 高热
   D. 高血压 E. 疑有主动脉瘤

4. 纤维支气管镜检查术后一般应禁食
   A. 2~3 h B. 4~5 h C. 4~6 h
   D. 6~8 h E. 8~10 h

5. 诊断慢性胃炎最可靠的方法是
   A. 病史和临床表现 B. 纤维胃镜检查 C. 胃液分析
   D. 胃肠钡餐检查 E. 血清抗体检查

6. 下列哪个部位不是结肠镜检查的范围
   A. 乙状结肠 B. 降结肠 C. 空肠
   D. 升结肠 E. 末端回肠

7. 皮革胃见于
   A. 浅表性胃炎 B. 萎缩性胃炎 C. 肥厚性胃炎
   D. 早期胃癌 E. 进展期胃癌

8. 以下哪项不是下消化道内镜检查的适应证
   A. 结肠癌普查 B. 急性弥漫性腹膜炎
   C. 息肉摘除 D. 下消化道出血的止血治疗
   E. 原因不明的低位肠梗阻

9. 关于结肠镜检查前准备注意事项的说法，错误的是
   A. 术前进低脂、少渣的半流质饮食 1~2 天
   B. 清洁肠道多采用液状石蜡
   C. 为减少检查过程中胃肠蠕动和痉挛，术前 10 min 可肌内注射阿托品
   D. 对于精神过度紧张者，可肌内注射地西泮 10 mg
   E. 禁忌使用肥皂水灌肠

10. 关于胃镜检查前准备的说法，错误的是
    A. 术前应禁食 8 h
    B. 对于有幽门梗阻者，检查前先洗胃
    C. 对于精神过度紧张者，可肌内注射地西泮
    D. 做过钡餐检查者，应在检查后 2~3 h 再进行胃镜检查
    E. 检查前吞服麻醉去泡沫剂

11. 结肠镜检查时，发现黏膜下血管为鲜红色树枝状分支，主干较粗，分支逐渐变得纤细，提示
    A. 肠结核   B. 溃疡性结肠炎   C. 正常
    D. 结肠癌   E. 克罗恩病

第四篇

实验诊断

第十六章 血液检查

第十六章数字资源

学习目标

1. 知识：说出血液检查的正常参考值，解释异常结果的临床意义。
2. 能力：联系血液检查的特点，合理选用检查项目，正确分析检查结果。
3. 素养：通过学习，能够进行规范化标本采集，准确解读异常结果，与疾病相关联，给出个体化诊疗建议。同时培养良好的医德医风，构建和谐医患关系。

第一节 血液标本的采集与处理

血液标本分为全血、血浆和血清3种类型。①全血：由血细胞和血浆组成，主要用于血细胞成分的检查。②血浆：为全血除去血细胞和Ca^{2+}，含有全部凝血因子，主要用于凝血因子的相关检查及部分临床生物化学检查。③血清：是离体后的血液自然凝固后析出的液体部分，除纤维蛋白原等凝血因子在凝血时消耗外，其他成分与血浆基本相同，适用于大部分临床生物化学检查和免疫学检查。

一、采血方法

正确采集血液标本是获得准确、可靠的实验结果的关键。目前常用的采血方法包括毛细血管采血法、静脉采血法和真空采血法。

（一）毛细血管采血法

毛细血管采血法也称为皮肤采血法（skin puncture for blood collection），主要用于因静脉采血困难而需血量较少（<0.2 ml）的检查项目，如急诊项目及部分床旁检查项目。成人常选手指指端，婴幼儿可用拇指或足跟，严重烧伤患者可选择皮肤完整处采血。经耳垂采血患者痛感较轻，操作方便，但耳垂部位血液循环较差，受气温影响较大，检查结果不够稳定，现已少用。

（二）静脉采血法

当需血量较多或采用全自动血液分析仪测定时，通常使用静脉采血法（veni puncture for blood collection）。静脉采血法多选择位于体表的浅静脉，如肘部、腕部、手背或内踝等处的静脉，婴幼儿可经颈外静脉采血。

（三）真空采血法

真空采血法（vacuum tube for blood collection）又称负压采血法，具有封闭无尘、转运方便、一次进针多管采血、计量准确等优点，能有效地减少锐器伤与医源性感染，减少患者血液标本间的交叉污染。

二、抗凝血药选择

应用物理或化学方法去除或抑制血液中某些凝血因子，阻止血液凝固的过程称为抗凝。能够阻止血液凝固的化学试剂或物质，称为抗凝剂。实验室常用的抗凝剂有以下几种。

（一）乙二胺四乙酸盐

乙二胺四乙酸（ethylenediamine tetraacetic acid，EDTA）盐常用 EDTA 二钾盐（EDTA-K2），能与血液 Ca^{2+} 结合成螯合物，使 Ca^{2+} 失去凝血作用，从而阻止血液凝固，适用于多项血液学检查，是国际血液学标准化委员会（ICSH）推荐的全血细胞计数用的抗凝剂。但 EDTA 可抑制血小板聚集，故不适用于做凝血检查和血小板功能试验。

（二）枸橼酸钠

枸橼酸钠（trisodium citrate）能与血液中的 Ca^{2+} 结合形成螯合物，阻止血液凝固。枸橼酸钠在血液中的溶解度低，抗凝作用相对较弱，多用于红细胞沉降率（简称血沉）、凝血功能测定等血液学检查。其毒性小，是输血中血液保养液的成分之一。

（三）肝素

肝素（heparin）是一种含有硫酸基团的黏多糖，广泛存在于肥大细胞和嗜碱性粒细胞的颗粒中，其抗凝作用主要通过加强抗凝血酶Ⅲ灭活丝氨酸蛋白酶，从而阻止凝血酶形成。肝素对血液成分干扰较少，不影响红细胞体积，不易溶血，适合于做红细胞渗透脆性试验、血气分析及普通生化测定。但其具有抗凝血酶作用，过量可引起白细胞聚集和血小板减少，故不适合做凝血象检查和血常规检查。

（四）草酸盐

草酸盐（sodium oxalate）常用的有草酸钠、草酸钾和草酸铵，它们溶解后解离的草酸根与血液 Ca^{2+} 结合形成草酸钙沉淀，从而阻止血液凝固。高浓度钾离子或钠离子易使血细胞脱水皱缩，而草酸铵则可使血细胞膨胀，草酸铵和草酸钾或草酸钠以适当比例混合不影响红细胞的形态和体积，可用于血细胞比容的测定。

三、血涂片制备与染色

血液涂片和染色的好坏直接关系到检验的结果。良好血涂片的标准：厚薄适宜，头、体、尾分明，细胞分布均匀，血膜边缘整齐，两端和两边留有一定的空隙。为观察细胞内部结构，识别各种细胞及其内部的异常变化，要进行血细胞染色。染色常用的方法有瑞特（Wright）染色法、吉姆萨（Giemsa）染色法或两者联合染色。

第二节　血液一般检查

案例 4-16-1

患者，男性，57 岁，淋雨后高热、咳嗽、咳铁锈色痰。体格检查：双肺底可闻及湿啰音。血常规检查：WBC 18×10^9/L，N 89%。

问题与思考：
1. 血常规检查主要包括哪些指标？
2. 该患者血常规检查结果是否正常？

血液一般检查主要包括血液常规（简称血常规）检查、网织红细胞计数和红细胞沉降率（简称血沉）测定。传统的血常规检查仅包括红细胞计数、血红蛋白测定、白细胞计数及其分类计数。近年来，由于血液分析仪的广泛应用，血液常规检查项目增加，主要指标包括血红蛋白测定、红细胞计数、红细胞平均值测定和红细胞形态检查；白细胞计数及其分类计数；血小板计数、血小板平均值测定和血小板形态检查。

一、红细胞检查

（一）红细胞计数和血红蛋白浓度测定

【参考值】

正常人红细胞计数及血红蛋白浓度的参考值列于表 4-16-1。

表 4-16-1 红细胞计数及血红蛋白浓度的参考值

人群	红细胞计数（$\times 10^{12}$/L）	血红蛋白浓度（g/L）
成年男性	4.0~5.5	120~160
成年女性	3.5~5.0	110~150
新生儿	6.0~7.0	170~200

【临床意义】

1. 红细胞计数与血红蛋白浓度增多

（1）相对性增多：由血液浓缩引起，见于剧烈呕吐、腹泻、大面积烧伤、大量出汗、尿崩症及糖尿病酮症酸中毒等。

（2）绝对性增多：根据发病原因，分为原发性增多与继发性增多。①原发性增多：又称真性红细胞增多症，是一种原因未明的以红细胞数量增多为主的慢性骨髓增殖性疾病，其特点为红细胞明显增多，同时白细胞和血小板也有不同程度的增多，全身总血容量增加。②继发性增多：主要由于缺氧导致红细胞生成素（erythropoietin，EPO）代偿性增加。生理性增多见于胎儿、新生儿、高原地区居民等；病理性增多见于严重的慢性心肺疾病，如阻塞性肺气肿、肺源性心脏病、发绀性先天性心脏病。此外，某些肿瘤或肾病，如肾癌、肝细胞癌、卵巢癌、肾胚胎瘤、肾上腺皮脂腺瘤、子宫肌瘤、肾盂积水及多囊肾等也可引起红细胞生成素病理性分泌增多。

2. 红细胞计数与血红蛋白浓度减少

（1）生理性减少：见于生长发育快的婴幼儿、15岁以下的儿童、对营养的摄取和利用能力降低以及造血功能减退的老年人、妊娠中期及晚期妇女等。

（2）病理性减少：见于各种原因引起的贫血。

 红细胞与血红蛋白异常的临床意义。

（二）红细胞形态的改变

【参考值】

正常红细胞呈双凹圆盘形，细胞大小较一致，直径为 6~9 μm（平均为 7.5 μm）。经瑞特染色后四周呈浅橘红色，中央 1/3 呈淡染区，胞质内无异常结构。

【临床意义】

1. 红细胞大小异常

（1）大红细胞（macrocyte）：红细胞直径大于 10 μm，呈高色素性，中央淡染区变小或消失，见于巨幼细胞贫血、急性溶血性贫血和急性失血性贫血。

（2）巨红细胞（megalocyte）：红细胞直径大于 15 μm，呈椭圆形，细胞内血红蛋白含量高，中央淡染区消失，最常见于巨幼细胞贫血。

（3）小红细胞（microcyte）：红细胞直径小于 6 μm，中央淡染区扩大，常见于缺铁性贫血、珠蛋白生成障碍性贫血。细胞体积小，但其厚度增加，着色深，中央淡染区消失，见于遗传性球形红细胞增多症。

（4）红细胞大小不均症（anisocytosis）：红细胞大小不等，直径相差一倍以上，常见于各种增生性贫血，在巨幼细胞贫血时尤为显著。

2. 红细胞形态异常

（1）球形红细胞（spherocyte）：红细胞直径小于 6 μm，厚度大于 2 μm，染色后细胞中心着色深，中央淡染区消失，似球形。球形红细胞主要见于遗传性球形红细胞增多症（球形红细胞＞25%）。

（2）椭圆形红细胞（elliptocyte）：红细胞呈椭圆形或两端钝圆的杆状，主要见于遗传性椭圆形红细胞增多症（椭圆形红细胞常＞25%），也可见于巨幼细胞贫血，正常人小于 1%。

（3）口形红细胞（stomatocyte）：红细胞中央淡染区呈扁平裂缝状，形如鱼口，常见于遗传性口形红细胞增多症（＞10%），也可见于弥散性血管内凝血（DIC）及酒精中毒，正常人偶见。

（4）靶形红细胞（target cell）：细胞中心和外缘染色深，二者之间以苍白环相隔，形如射击之靶，常见于珠蛋白生成障碍性贫血、异常血红蛋白病（靶形红细胞常＞20%），也可见于缺铁性贫血、其他类型的溶血性贫血以及黄疸或脾切除后。

（5）镰状细胞（sickle cell）：红细胞形如镰刀，见于镰状细胞贫血（HbS 病）。

（6）泪滴状红细胞（teardrop poikilocyte）：红细胞形如泪滴状或梨状，多见于骨髓纤维化。

（7）棘形红细胞（acanthrocyte）或刺突细胞（spur cell）：细胞表面有长短不一、间距不等的棘形和刺状突起，见于棘形红细胞增多症（遗传性 β 脂蛋白缺乏症），也可见于脂质代谢异常、脂肪吸收不良、脾切除术后等。

（8）破碎红细胞（schistocyte）：为红细胞碎片或不完整的红细胞，大小不一，形态不规则。正常人血涂片中破碎红细胞小于 2%，在微血管病性溶血性贫血、DIC、心源性溶血性贫血、严重烧伤时可增多。

（9）红细胞形态不整（poikilocytosis）：红细胞形态异常，发生各种改变，呈多样性，可见泪滴状、梨形、棍棒状、三角形、盔形、新月形等，见于一些与红细胞形态改变有关的贫血以及能引起红细胞碎片增多的疾病。

3. 红细胞染色异常

（1）正色素性红细胞（orthochromatic erythrocyte）：经瑞特染色后红细胞为淡红色圆盘状，中央淡染区不超过细胞直径的 1/3，见于正常人、再生障碍性贫血、急性失血及白血病等。

（2）低色素性红细胞（hypochromic red cell）：经瑞特染色后红细胞的橘红色染色淡，中央淡染区扩大，提示血红蛋白含量低，常见于缺铁性贫血、珠蛋白生成障碍性贫血、铁粒幼细胞贫血，也可见于某些血红蛋白病。

（3）高色素性红细胞（hyperchromic erythrocyte）：经瑞特染色后红细胞的橘红色染色深，中央淡染区消失，提示血红蛋白含量高，常见于巨幼细胞贫血。

（4）多色素性红细胞（polychromatic erythrocyte）：经瑞特染色后红细胞呈灰蓝色或灰红色，体积较正常红细胞大，为刚脱去细胞核的网织红细胞，见于各种增生性贫血，尤以溶血性贫血多见。

4. 红细胞结构异常

（1）嗜碱性点彩红细胞（basophilic stipp-ling cell）：重金属中毒时红细胞膜受损，胞质中的核糖体聚集变性，形成细小的、形态不一的嗜碱颗粒，常见于铅中毒。

（2）豪-乔小体（Howell-Jolly body）：是红细胞胞质内出现的单个或多个紫红色圆形小体，见于溶血性贫血、巨幼细胞贫血及红白血病等。

（3）卡伯特环（Cabot ring）：是红细胞胞质内出现的紫红色环形或"8"字形细线状结构，常与豪-乔小体并存，见于溶血性贫血、巨幼细胞贫血、白血病及铅中毒等。

（4）有核红细胞（nucleated erythrocyte）：即幼稚红细胞，正常情况下只出现在新生儿外周血涂片中。成人若出现，则属病理现象。有核红细胞常见于溶血性贫血、各种白血病、骨髓纤维化、骨髓转移癌、脾切除后的滤血功能丧失等。

提示：红细胞的形态异常有大小不均、形态不整、染色异常、靶形、点彩、豪-乔小体、有核红细胞等。

（三）血细胞比容测定

血细胞比容（hematocrit，HCT）是指血细胞在血液中所占容积的比值，主要与红细胞数量及其大小有关。

【参考值】

微量法：男性 0.467±0.039；女性 0.421±0.054。

温氏法：男性 0.40～0.50；女性 0.37～0.48。

【临床意义】

1. 血细胞比容增多　见于各种原因引起的血液浓缩和红细胞增多症，临床上可用于决定是否需要补液及计算补液量的参考。

2. 血细胞比容减少　见于各种贫血。由于贫血类型不同，红细胞体积也不同，血细胞比容减低的程度与红细胞计数的减少不一定平行。

提示：血细胞比容增多见于脱水、大面积烧伤等；血细胞比容减少见于各种贫血。

（四）红细胞平均值

1. 平均红细胞体积（mean corpuscular volume，MCV）　是指每个红细胞的平均体积，以飞升（fl）为单位。

【计算】

$$MCV = \frac{每升血液中血细胞比容}{每升血液中红细胞数}$$

$$1\ L = 10^{15}\ fl$$

【参考值】

手工法：82～92 fl；

血细胞分析仪法：80～100 fl。

2. 平均红细胞血红蛋白含量（mean corpuscular hemoglobin，MCH）　是指每个红细胞内的血红蛋白含量，以皮克（pg）为单位。

【计算】

$$MCH = \frac{每升血液中血红蛋白量}{每升血液中红细胞数}$$

$$1\ g = 10^{12}\ pg$$

【参考值】

手工法：27～31 pg；

血细胞分析仪法：27～34 pg。

3. 平均红细胞血红蛋白浓度（mean corpuscular hemoglobin concentration，MCHC）是指每升血液中红细胞所含血红蛋白浓度，以 g/L 为单位。

【计算】

$$MCHC = \frac{每升血液中血红蛋白量}{每升血液中血细胞比容}$$

【参考值】

320～360 g/L。

【临床意义】

综合分析 MCV、MCH、MCHC 3 个平均值，可用于贫血的细胞形态学分类，并据此初步判断贫血的病因（表 4-16-2）。

表 4-16-2 贫血的细胞形态学分类

贫血类型	MCV（fl）	MCH（pg）	MCHC（g/L）	病因
正细胞性贫血	80～100	27～34	320～360	再生障碍性贫血、急性失血性贫血、溶血性贫血、白血病等
大细胞性贫血	＞100	＞34	320～360	巨幼细胞贫血
单纯小细胞性贫血	＜80	＜27	320～360	慢性感染、炎症、肝病、尿毒症、恶性肿瘤、风湿性疾病等所致的贫血
小细胞低色素性贫血	＜80	＜27	＜320	缺铁性贫血、珠蛋白生成障碍性贫血、铁粒幼细胞贫血

注：MCV. 平均红细胞体积；MCH. 平均红细胞血红蛋白含量；MCHC. 平均红细胞血红蛋白浓度。

（五）网织红细胞计数

网织红细胞（reticulocyte，Ret）是介于晚幼红细胞和成熟红细胞之间尚未完全成熟的红细胞。因其胞质内残存着数量不等的嗜碱性物质（核糖体、RNA），经煌焦油蓝或新亚甲蓝染色后，形成浅蓝色或深蓝色颗粒，颗粒多时呈网织状结构，故称为网织红细胞。

【参考值】

成人：0.005～0.015（0.5%～1.5%）；绝对值（24～84）×10^9/L；

儿童：0.005～0.015（0.5%～1.5%）；

新生儿：0.03～0.06（3%～6%）。

【临床意义】

1. 网织红细胞增多　提示骨髓造血功能旺盛，见于各种增生性贫血，如溶血性贫血、缺铁性贫血、急性失血、巨幼细胞贫血。尤其在溶血性贫血时，网织红细胞可高达 20%，甚至更高。此外，网织红细胞可作为贫血治疗疗效的重要观察指标，某些骨髓增生功能良好的贫血患者，经抗贫血治疗有效时，网织红细胞可先于红细胞和血红蛋白明显增高。

提示：网织红细胞增多见于溶血性疾病、缺铁性贫血和巨幼细胞贫血治疗有效时。

2. 网织红细胞减少　提示骨髓造血功能低下，见于再生障碍性贫血、纯红细胞再生障碍性贫血。重型再生障碍性贫血时其绝对值常低于 15×10^9/L。

提示：网织红细胞减少表示骨髓造血功能低下。

网织红细胞计数的临床意义。

二、白细胞检查

(一) 白细胞计数

【参考值】

成人：$(4\sim10)\times10^9/L$；

6个月~2岁：$(11\sim12)\times10^9/L$；

新生儿：$(15\sim20)\times10^9/L$。

【临床意义】

白细胞计数高于 $10\times10^9/L$ 称为白细胞增多（leukocytosis）；白细胞计数低于 $4.0\times10^9/L$ 称为白细胞减少（leukopenia）。白细胞总数变化的临床意义见白细胞分类计数。

(二) 白细胞分类计数

白细胞分类计数（differential blood count）是在油镜下对染色血涂片的白细胞进行分类，测出各种类型白细胞的比值（百分率）或绝对数量，并观察其形态。根据形态及结构变化，白细胞可分为中性粒细胞、嗜酸性粒细胞、嗜碱性粒细胞、淋巴细胞和单核细胞5种类型。

【参考值】

正常成人白细胞分类计数参考值列于表4-16-3。

表4-16-3 正常成人白细胞分类计数参考值

细胞类型	百分率（%）	绝对值（$\times10^9/L$）
中性粒细胞杆状核	0~5	0.04~0.5
中性粒细胞分叶核	50~70	2~7
嗜酸性粒细胞	0.5~5	0.05~0.5
嗜碱性粒细胞	0~1	0~0.1
淋巴细胞	20~40	0.8~4
单核细胞	3~8	0.12~0.8

【临床意义】

1. 中性粒细胞（neutrophil, N）

(1) 中性粒细胞增多

1）生理性增多：见于以下几种情况。①年龄：新生儿中性粒细胞较高，出生后第6~9天中性粒细胞与淋巴细胞大致相等，以后淋巴细胞逐渐增多，4~5岁两者又基本相等，以后中性粒细胞逐渐增至成人水平。②日间变化：清晨中性粒细胞较低，午后较高。③运动、疼痛、进食和情绪：剧烈运动、剧痛、进食后及情绪激动时中性粒细胞明显增多。④妊娠和分娩：妊娠期中性粒细胞轻度增多，分娩时中性粒细胞显著增多。

2）病理性增多：见于以下几种情况。①急性感染：尤其是急性化脓性球菌所致的感染是最常见的原因，如急性化脓性胆囊炎、急性胰腺炎、菌血症、败血症或脓毒血症。②严重的组织损伤或坏死及大量血细胞破坏：如严重外伤、手术创伤、大面积烧伤、冻伤、急性心肌梗死及急性溶血反应。③急性大出血：出血后 1~2 h，白细胞数量（主要是中性粒细胞）显著增多，内脏出血时尤为明显，可作为内脏出血早期诊断的参考指标。④急性中毒：生物毒素，如蛇毒、昆虫毒；化学药物中毒，如铅中毒、汞中毒、镇静催眠药中毒；代谢性中毒，如糖尿病酮症酸中毒、尿毒症时白细胞及中性粒细胞可明显增多。⑤白血病、骨髓增殖性疾病、恶性肿瘤：如真性红细胞增多症、原发性血小板增多症、骨髓纤维化及消化道恶性肿瘤。

提示：中性粒细胞增多见于急性化脓性细菌感染、严重组织损伤或坏死、急性大出血、急性中毒、恶性肿瘤及白血病等。

> **考点提示** 中性粒细胞增多的临床意义。

（2）中性粒细胞减少：中性粒细胞绝对值低于 1.5×10^9/L，称为粒细胞减少症；中性粒细胞绝对值低于 0.5×10^9/L，称为粒细胞缺乏症。

中性粒细胞减少见于如下情况。①感染：如革兰氏阴性杆菌感染（如伤寒和副伤寒）、某些病毒性感染（如水痘、风疹、流感）、某些原虫感染（如疟疾、黑热病）。②某些血液病：如再生障碍性贫血、粒细胞减少症、粒细胞缺乏症。③理化因素损伤：如放射性损伤、长期接触化学物质（苯、铅、汞等）、应用化学药物（如氯霉素、磺胺类药、解热镇痛药、抗肿瘤药、抗甲状腺药及免疫抑制药等）。④脾功能亢进。⑤自身免疫病，如系统性红斑狼疮。

提示：中性粒细胞减少见于革兰氏阴性杆菌感染、某些病毒感染、原虫感染、化学药物中毒与放射线损伤、某些血液病、脾功能亢进及某些自身免疫病等。

2. 嗜酸性粒细胞（eosinophil，E） 基本无杀菌能力，主要作用是抑制嗜碱性粒细胞和肥大细胞合成与释放活性物质、分泌组胺酶破坏组胺、限制超敏反应。

（1）嗜酸性粒细胞增多：见于以下几种情况。①过敏性疾病：如支气管哮喘、荨麻疹、食物过敏、药物过敏及血管神经性水肿。②寄生虫病：尤其是肠道寄生虫（如钩虫、蛔虫）感染。③某些皮肤病：如湿疹、剥脱性皮炎、银屑病。④某些血液病：如慢性髓细胞性白血病、慢性嗜酸性粒细胞白血病。⑤某些传染病：如猩红热。⑥某些恶性肿瘤：如肺癌、部分淋巴瘤和多发性骨髓瘤。

提示：嗜酸性粒细胞增多见于过敏性疾病、寄生虫病、皮肤病、传染病、某些血液病及恶性肿瘤等。

（2）嗜酸性粒细胞减少：临床意义不大，见于伤寒、副伤寒初期、严重的组织损伤（大手术、大面积烧伤和重度创伤）、长期使用肾上腺糖皮质激素后。

提示：嗜酸性粒细胞减少见于伤寒、副伤寒等。

> **考点提示** 嗜酸性粒细胞增多的常见病因。

3. 嗜碱性粒细胞（basophil，B）
（1）嗜碱性粒细胞增多：见于以下几种情况。①过敏性疾病：如过敏性结肠炎、药物或食物过敏、吸入物超敏反应。②血液病：如慢性髓细胞性白血病、嗜碱性粒细胞白血病、骨髓纤维化。③恶性肿瘤：尤其是转移癌，其机制不明。

（2）嗜碱性粒细胞减少：无临床意义。

4. 淋巴细胞（lymphocyte，L）
（1）淋巴细胞增多：生理性增多见于儿童期。病理性增多见于以下几种情况。①某些病毒或杆菌感染：如风疹、麻疹、流行性腮腺炎、传染性单核细胞增多症、病毒性肝炎、流行性出血热、百日咳及结核病。②成熟淋巴细胞肿瘤：如淋巴细胞白血病、淋巴瘤。③急性传染病恢复期。④移植后排斥反应。此外，再生障碍性贫血及粒细胞缺乏症等淋巴细胞呈相对增多，即淋巴细胞的绝对值不增加，而比值增高。

提示：淋巴细胞增多见于某些病毒感染、传染病、血液病等。

（2）淋巴细胞减少：主要见于应用糖皮质激素、长期接触放射线、细胞免疫缺陷病等。此外，各种引起中性粒细胞增多的原因均可导致淋巴细胞相对减少。

5. 单核细胞（monocyte，M）

（1）单核细胞增多：生理性增多见于婴幼儿及学龄前儿童。病理性增多见于以下几种情况。①某些感染：如亚急性感染性心内膜炎、活动性肺结核、疟疾及黑热病。②某些血液病：如单核细胞白血病、粒细胞缺乏症恢复期、骨髓增生异常综合征。

（2）单核细胞减少：临床意义不大。

各种白细胞数量变化的临床意义简要概括如表 4-16-4 所示。

表 4-16-4　各种白细胞数量变化的临床意义

分类	常见疾病
中性粒细胞增多	急性化脓性感染、严重组织损伤、急性溶血、急性大出血、急性中毒、白血病及恶性肿瘤
中性粒细胞减少	病毒感染、某些革兰氏阴性杆菌感染、再生障碍性贫血等血液病、理化因素损伤、自身免疫病、脾功能亢进等
嗜酸性粒细胞增多	寄生虫病、过敏性疾病、皮肤病、血液病和某些恶性肿瘤以及某些传染病等
嗜酸性粒细胞减少	伤寒、副伤寒初期、大手术及烧伤等应激状态、长期应用糖皮质激素
嗜碱性粒细胞增多	过敏性疾病、慢性髓细胞性白血病、骨髓纤维化、转移性恶性肿瘤等
淋巴细胞增多	病毒感染、结核病、淋巴细胞性恶性疾病、移植排斥反应等
淋巴细胞减少	应用糖皮质激素、接触放射线、细胞免疫缺陷病等
单核细胞增多	某些感染性疾病（如结核病、疟疾）、某些血液病（如单核细胞白血病）、急性传染病恢复期

6. 外周血白细胞的核象变化及形态改变

（1）中性粒细胞的核象变化：正常情况下，外周血中性粒细胞核以分叶核为主，杆状核小于 5%，无原始细胞和幼稚细胞。病理情况下，中性粒细胞核象可出现核左移或核右移（图 4-16-1）。

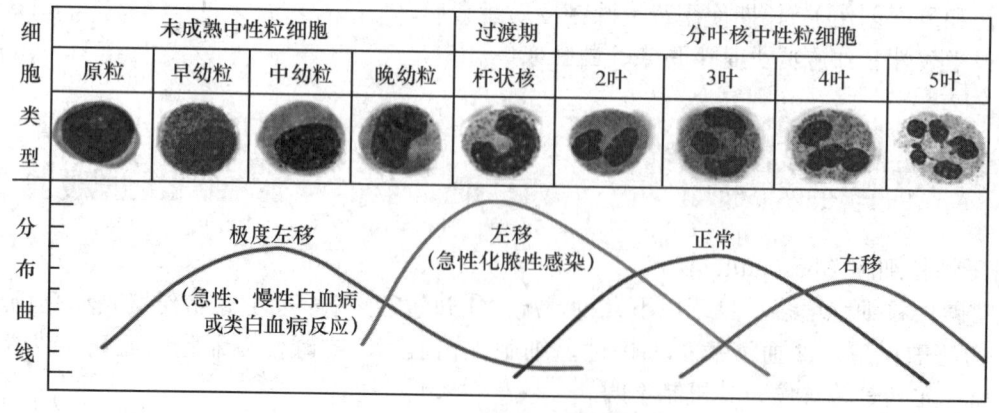

图 4-16-1　中性粒细胞核象变化

1）核左移：外周血中非分叶核中性粒细胞（包括杆状核、晚幼粒、中幼粒、甚至早幼粒）增多（>5%）称为核左移。核左移常见于细菌性感染，尤其是急性化脓性细菌感染，以及急性失血、急性溶血、急性中毒等。核左移伴白细胞总数增多者，称为再生性左移，提示骨髓造血功能旺盛，能释放大量粒细胞至外周血中，机体抵抗力好；核左移伴白细胞总数正常或减少者，称为退行性左移，提示骨髓释放功能受到抑制，机体抵抗力低下。

2）核右移：外周血中中性粒细胞5叶核以上的粒细胞大于3%称为核右移。核右移常见于巨幼细胞贫血、恶性贫血、应用抗代谢药（如阿糖胞苷、6-巯基嘌呤）治疗后。此外，在炎症恢复期可出现一过性中性粒细胞核右移。但如出现在疾病进展期，则是预后不良的先兆表现。

提示：中性杆状核粒细胞增多超过5%时，称为核左移。中性分叶核粒细胞5叶核以上超过3%者，称为核右移。

 核左移、核右移的定义及临床意义。

（2）中性粒细胞的中毒性变化

1）细胞大小不均（anisocytosis）：中性粒细胞体积大小相差悬殊，见于病程较长的化脓性炎症或慢性感染。

2）中毒颗粒（toxic granulation）：中性粒细胞胞质内出现深紫红色或紫黑色的粗大而大小不等、分布不均匀的颗粒。

3）空泡形成（vacuolation）：中性粒细胞胞质内出现大小不等的单个或多个空泡，可能是细胞质发生脂肪变性的结果。

4）杜勒小体（Döhle body）：是中性粒细胞胞质因毒性变而出现局部发育不良所保留的嗜碱性区域。外观呈圆形或梨形的云雾状，染色呈天蓝色，直径1～2μm，提示核质发育不平衡。杜勒小体见于严重感染（如猩红热、白喉、肺炎、麻疹、败血症）及烧伤等。

5）核变性：包括核固缩、核溶解、核破裂等。

提示：中性粒细胞出现中毒颗粒、空泡形成、杜勒小体、核变性为严重感染的迹象。

（3）奥氏小体（Auer body）：是出现在中性粒细胞或单核细胞胞质内的紫红色细杆状物质，对急性粒细胞白血病、急性单核细胞白血病的诊断和鉴别诊断具有重要价值。

提示：奥氏小体见于急性粒细胞白血病、急性单核细胞白血病，而急性淋巴细胞白血病无此小体。

三、血小板计数（platelet count，PLT）

【参考值】
$(100～300)\times10^9/L$。

【临床意义】

1. 生理性变化　血小板午后较早晨高；冬季较春季高；高原居民较平原居民高；月经后较月经前高；进食和剧烈运动时升高，休息后恢复至原有水平；妊娠中、晚期高，分娩后降低等。

2. 病理性变化

（1）血小板增多：血小板计数超过$400\times10^9/L$称为血小板增多，见于以下情况。①骨髓增殖性疾病：如真性红细胞增多症、原发性血小板增多症、慢性髓细胞性白血病等所致的血小板生成增多。②严重组织损伤、急性感染、急性大出血、急性溶血、大手术后等应激状态下引起血小板反应性增多。

（2）血小板减少：血小板计数低于$100\times10^9/L$称为血小板减少，见于如下情况。①血小板生成障碍：如再生障碍性贫血、急性白血病、放射病、骨髓纤维化。②血小板破坏过多：如特发性血小板减少性紫癜（ITP）、脾功能亢进、系统性红斑狼疮。③血小板消耗增加：如弥散性血管内凝血（DIC）、血栓性血小板减少性紫癜。④血小板分布异常：如脾大（肝硬化、Banti综合征）、血液被稀释（输入大量血浆或大量库存血）。

提示：血小板增多见于急性失血及溶血、血小板增多症等；血小板减少见于造血功能障碍、血小板破坏过多、血小板消耗增加。

第三节　溶血性贫血的实验室检查

溶血性贫血（hemolytic anemia）是各种原因导致红细胞寿命缩短、破坏速度过快，超过骨髓正常造血代偿能力所致的一类贫血。临床上根据溶血部位不同，分为血管内溶血和血管外溶血。血管内溶血指红细胞在血液循环中被破坏；血管外溶血指红细胞在血管外被单核巨噬细胞系统吞噬消化。根据病因不同，分为红细胞自身异常所致的溶血性贫血和红细胞外部因素所致的溶血性贫血。红细胞自身异常所致的溶血性贫血多与遗传相关，如遗传性球形红细胞增多症、珠蛋白生成障碍性贫血，也可见于后天获得性疾病如阵发性睡眠性血红蛋白尿症；红细胞外部因素所致的溶血性贫血均为后天获得性疾病。

一、溶血性贫血的筛选试验

（一）血浆游离血红蛋白测定

【参考值】

<50 mg/L。

【临床意义】

血浆游离血红蛋白明显升高见于血管内溶血，如血型不合输血、阵发性睡眠性血红蛋白尿症（PNH）、蚕豆病、阵发性冷性血红蛋白尿症、冷凝集素综合征。自身免疫性溶血性贫血、珠蛋白生成障碍性贫血时血浆游离血红蛋白可轻度升高。发生血管外溶血时血浆游离血红蛋白不升高。

（二）血清结合珠蛋白测定

【参考值】

0.7~1.5 g/L。

【临床意义】

血清结合珠蛋白减低见于各种溶血性贫血，尤其是血管内溶血。

二、红细胞膜缺陷检验

（一）红细胞渗透脆性试验（erythrocyte osmotic fragility test）

【参考值】

开始溶血：4.2~4.6 g/L（NaCl溶液）；

完全溶血：2.8~3.4 g/L（NaCl溶液）。

【临床意义】

1. 红细胞渗透脆性增加　见于遗传性球形红细胞增多症、自身免疫性溶血性贫血伴球形红细胞增多、遗传性椭圆形红细胞增多症等。

2. 红细胞渗透脆性降低　见于海洋性贫血、缺铁性贫血等。

（二）自身溶血试验及纠正试验

【参考值】

正常红细胞经孵育 48 h 后，溶血度一般<3.5%。分别加入葡萄糖和腺苷三磷酸（ATP）后孵育，溶血明显纠正，溶血度均<1%。

【临床意义】

本试验主要用于遗传性球形红细胞增多症和先天性非球形细胞性溶血性贫血的鉴别诊断。

三、红细胞酶缺陷检验

（一）高铁血红蛋白还原试验（methemoglobin reduction test）

【参考值】

高铁血红蛋白还原率（光电比色法）>75%；

高铁血红蛋白 0.3~1.3 g/L。

【临床意义】

高铁血红蛋白还原试验可作为葡萄糖-6-磷酸脱氢酶（glucose 6-phosphate dehydrogenase，G6PD）缺乏症的筛查试验。高铁血红蛋白还原率<30% 提示 G6PD 显著缺乏，见于半合子或纯合子患者。高铁血红蛋白还原率 31%~74% 为中间反应，见于杂合子患者。

（二）丙酮酸激酶荧光筛选试验和活性测定

【参考值】

正常人丙酮酸激酶活性正常，荧光在 20 min 内消失。

酶活性 15.1±4.99 U/g Hb。

【临床意义】

丙酮酸激酶严重缺乏（纯合子）荧光 60 min 内不消失；杂合子荧光 25~60 min 消失。

四、血红蛋白异常的检验

血红蛋白异常的检验主要采用血红蛋白电泳的方法。

【参考值】

正常血红蛋白区带 HbA>95%，HbF<2%，HbA_2 1.0%~3.1%。

【临床意义】

与正常人血红蛋白电泳图谱比较，可发现异常血红蛋白区带，如 HbH、HbE、HbBarts、HbS、HbD、HbC。HbA_2 升高是诊断 β 轻型地中海贫血的重要指标。HbA_2 减低见于缺铁性贫血、铁粒幼细胞贫血。

五、阵发性睡眠性血红蛋白尿症（paro-xysmal nocturnal hemoglobinuria，PNH）的检验

（一）酸化血清溶血试验[哈姆试验（Ham test）]

【参考值】

阴性。

【临床意义】

酸化血清溶血试验阳性见于 PNH，是 PNH 的确诊试验。

（二）蔗糖溶血试验（糖水试验）

【参考值】

阴性。

【临床意义】

蔗糖溶血试验阳性见于 PNH，也可见于部分巨幼细胞贫血、再生障碍性贫血、自身免疫性溶血性贫血等，是 PNH 的筛选试验。

六、自身免疫性溶血性贫血的检验

抗球蛋白试验（antiglobulin test）又称库姆斯试验（Coombs test）。间接抗球蛋白试验阳性提示患者血清中存在不完全抗体；直接抗球蛋白试验阳性提示患者红细胞表面有不完全抗体结合。

【参考值】

直接、间接抗球蛋白试验均为阴性。

【临床意义】

抗球蛋白试验阳性见于自身免疫性溶血性贫血、新生儿溶血病、冷凝集素综合征等。

第四节　出血与血栓性疾病的检查

案例 4-16-2

患者，女性，42 岁，近 2 个月经常无明显诱因出现牙龈、鼻出血，伴前臂及两侧小腿皮肤瘀斑。血液检查：PLT 50×10^9/L，可见巨大畸形血小板；BT（测定器法）10 min；束臂试验：新鲜出血点 15 个。诊断为血小板减少性紫癜。

问题与思考：

1. 请分析该患者的血液检查结果。
2. 请列举血小板减少的病因。

正常的止血机制包括血管壁、血小板、凝血系统、抗凝系统和纤维蛋白溶解系统。各因素之间相互制约，处于动态平衡之中。常用的相关检查项目包括：①反映血管壁、血小板数量与功能的检查，如毛细血管脆性试验、出血时间。②反映凝血因子、抗凝因子及纤维蛋白溶解的检查，如活化部分凝血活酶时间、凝血酶原时间。

一、血管壁检查

（一）毛细血管脆性试验

毛细血管脆性试验（capillary fragility test，CFT）又称束臂试验（tourniquet test）或毛细血管抵抗力试验（capillary resistance test，CRT）。在患者前臂肘窝下 4 cm 处画一直径为 5 cm 的圆圈，计算圈内出血点数。将血压计袖带束于同侧上臂，测出血压，维持血压在收缩压与舒张压之间。加压 8 min（维持压力在 80~120 mmHg）后，解开袖带，计算圆圈内新的出血点数目。

【参考值】

成年男性<5 个；

成年女性及儿童<10 个。

【临床意义】

新的出血点数超过正常高值为阳性，见于：①毛细血管壁结构和（或）功能异常，如遗传性出血性毛细血管扩张症、过敏性紫癜、单纯性紫癜等。②血小板数量和功能异常，如ITP、血小板无力症。③血管性血友病。④其他：如维生素C缺乏症、败血症、尿毒症、严重肝病及服用某些药物。

（二）出血时间

出血时间（bleeding time，BT）是将皮肤毛细血管刺破后，血液从自然流出到自然停止所需的时间。其长短主要反映血小板的数量及功能、血管壁通透性和脆性的变化。

【参考值】

出血时间测定器法：6.9±2.1 min。超过9 min为异常。

【临床意义】

1. 出血时间延长　见于如下情况。①血小板数量减少：如原发性和继发性血小板减少性紫癜。②血小板功能缺陷：如血小板无力症、巨血小板综合征。③血管壁异常：如遗传性出血性毛细血管扩张症、过敏性紫癜。④某些凝血因子缺乏：如DIC、血管性血友病。⑤某些药物影响：如服用抗血小板药、抗凝血药、溶栓药。

2. 出血时间缩短　临床意义不大。

提示：出血时间延长见于血小板减少性紫癜、血管壁异常、凝血因子异常性疾病。

 出血时间延长的临床意义。

二、血小板检查

（一）血小板计数

血小板计数详细内容见本章第二节。

（二）血块收缩试验

血块收缩试验（clot retraction test，CRT）是在富含血小板的血浆中加入Ca^{2+}和凝血酶，待血液凝固后，血小板收缩蛋白使纤维蛋白网眼缩小，将网隙中的血清挤出，观察一定条件下析出的血清量，可间接反映血小板的血块收缩功能。

【参考值】

凝块法：65.8%±11%。

血块收缩时间：2 h开始收缩，18~24 h完全收缩。

【临床意义】

血块收缩不良见于ITP、血小板无力症、血小板增多症、红细胞增多症、低（无）纤维蛋白原血症、原发性巨球蛋白血症及多发性骨髓瘤等。

（三）血小板相关抗体检查

【参考值】

PAIgG：0~78.8 ng/10^7血小板；

PAIgM：0~7.0 ng/10^7血小板；

PAIgA：0~2.0 ng/10^7血小板；

PAC_3：0~18 ng/10^7血小板。

【临床意义】

90%以上的ITP患者PAIgG升高，如同时测定PAIgM、PAIgA和PAC_3，阳性率可高达100%，且随治疗好转而水平下降。

（四）血小板黏附试验（platelet adhesion test，PAdT）

【参考值】

玻珠柱法：62.5%±8.6%。

【临床意义】

1. PAdT增多　见于血栓前状态和血栓性疾病，如心肌梗死、心绞痛、脑血管病变、糖尿病、深静脉血栓形成、妊娠高血压综合征、肾小球肾炎、动脉粥样硬化及肺栓塞。

2. PAdT减少　见于血管性血友病、巨血小板综合征、血小板无力症、尿毒症、肝硬化、骨髓增生异常综合征、急性白血病、应用抗血小板药及低（无）纤维蛋白原血症等。

三、凝血因子检查

（一）凝血时间

凝血时间（clotting time，CT）是指静脉血离体后注入试管，从血液接触试管壁开始计时，直至在试管内凝固所需的时间，是内源性凝血系统的一项筛选试验。

【参考值】

玻璃管法：4~12 min；

塑料管法：10~19 min；

硅管法：15~32 min。

【临床意义】

1. 凝血时间延长　见于血友病、纤维蛋白原减少症、凝血酶原缺乏症、血液中抗凝物质过多、纤溶亢进及口服抗凝血药等。

2. 凝血时间缩短　见于高凝状态和血栓性疾病。

（二）活化部分凝血活酶时间

活化部分凝血活酶时间（activated partial thromboplastin time，APTT）是在受检血浆中加入接触因子激活剂、部分磷脂及Ca^{2+}后，观察血浆凝固所需要的时间，是内源性凝血系统最常用且较为灵敏的筛选试验。

【参考值】

APTT 30~45 s，超过正常对照值10 s为异常。

【临床意义】

同凝血时间测定。在使用肝素治疗期间，常用APTT监测药物用量，一般维持在正常对照的1.5~2.5倍为宜。

活化部分凝血活酶时间的临床意义。

（三）血浆凝血酶原时间

血浆凝血酶原时间（prothrombin time，PT）是在受检血浆中加入Ca^{2+}和组织因子或组织凝血活酶后，观察血浆凝固所需要的时间，是外源性凝血系统最常用且较为灵敏的筛选试验。

【参考值】

PT 11~14 s。超过正常对照值3 s为异常。

凝血酶原时间比值（prothrombin time ratio，PTR）为患者凝血酶原时间与正常对照凝血酶原时间之比，参考值为0.82~1.15 s。

国际标准化比值（international normalized ratio，INR）：即 PTR^{ISI}，其参考值根据国际灵敏度指数（international sensitivity index，ISI）不同而有差异。ISI 值越小，组织凝血活酶的灵敏度越高。

【临床意义】

1. 凝血酶原时间延长　见于如下情况。①先天性凝血因子 I、II、V、VII、X 缺乏。②获得性凝血因子缺乏：如严重肝病、维生素 K 缺乏症、纤溶亢进、DIC。③血液中抗凝物质过多。

2. 凝血酶原时间缩短　见于血液高凝状态和血栓性疾病，如心肌梗死、脑血栓形成、深静脉血栓形成、DIC 早期等。

3. PTR 及 INR　是检测口服抗凝血药的首选指标。INR 为 WHO 推荐的指标，中国人维持在 2.0~2.5 为宜。

提示：凝血酶原时间延长主要见于外源性凝血活酶生成障碍；凝血酶原时间缩短主要见于高凝状态和血栓性疾病。凝血酶原时间检查还可用于抗凝治疗的监测。

 凝血酶原时间的临床意义。

四、抗凝系统检查

（一）血浆凝血酶时间

凝血酶时间（thrombin time，TT）是在受检血浆中加入"标准化"凝血酶溶液，观察开始出现纤维蛋白丝所需的时间，是反映血浆纤维蛋白原转变成纤维蛋白的筛检指标。

【参考值】

TT　16~18 s。超过正常对照值 3 s 为异常。

【临床意义】

1. 凝血酶时间延长　见于如下情况。①低（无）纤维蛋白原血症和异常纤维蛋白原血症。②纤维蛋白（原）降解产物（FDP）增多。③肝素或类肝素物质增多，如重症肝炎、胰腺疾病或使用肝素治疗。

2. 凝血酶时间缩短　无临床意义。

（二）血浆抗凝血酶 III（anti thrombin III，AT-III）活性测定

【参考值】

发色底物法：85%~135%。

【临床意义】

1. AT-III 活性增高　见于血友病、口服抗凝血药等。

2. AT-III 活性减低　见于如下情况。①先天性 AT-III 缺陷。②获得性 AT-III 缺陷，如肝病、DIC、外科手术后。③血栓前状态或血栓性疾病，如心肌梗死、心绞痛、缺血性脑血管病、深静脉血栓及肺梗死。

五、纤溶活性检查

（一）血浆 D-二聚体（D-dimer）测定

【参考值】

ELISA 法：0~0.256 mg/L。

【临床意义】

D-二聚体是交联纤维蛋白的特异性降解产物，只有在血栓形成和 DIC 时才会升高。

1. D-二聚体正常　可排除深静脉血栓和肺栓塞。
2. D-二聚体升高　见于如下情况①血栓性疾病，如深静脉血栓、心肌梗死、肺梗死。②D-二聚体是继发性纤溶的特有降解产物，DIC时升高，因此可与原发性纤溶相鉴别。③可作为溶栓治疗有效的观察指标。

（二）优球蛋白溶解时间（euglobulin lysis time，ELT）测定

【参考值】

加钙法：129.8 ± 41.1 min；

加酶法：157.0 ± 59.1 min；

一般认为＜70 min为异常。

【临床意义】

1. 优球蛋白溶解时间缩短　提示纤溶活性增强，见于原发性或继发性纤溶亢进，如应激状态、羊水栓塞、急性白血病、晚期肝硬化、DIC及服用溶栓药物。
2. 优球蛋白溶解时间延长　提示纤溶活性减低，见于血栓前状态、血栓性疾病和应用抗纤溶药物等。

（三）血浆鱼精蛋白副凝固试验（3P试验）

【参考值】

正常人为阴性。

【临床意义】

1. 血浆鱼精蛋白副凝固试验阳性　见于继发性纤溶，如DIC的早、中期，对DIC的确诊极有意义。但在恶性肿瘤、上消化道出血、大手术后、肾小球疾病、人工流产、分娩时也可出现假阳性，应注意区分。
2. 血浆鱼精蛋白副凝固试验阴性　见于正常人，原发性纤溶症、DIC晚期由于相关凝血因子缺乏也可出现阴性。

第五节　血型与输血的检查

血型是人体血液的一种遗传性状，各种血液组成成分均具有抗原成分的差异，受独立的遗传基因控制。由若干个相互关联的抗原、抗体组成的血型体系称为血型系统。

一、红细胞血型系统

（一）ABO血型系统

1. ABO血型系统的抗原和抗体　根据红细胞表面是否存在A、B两种抗原，血清中是否存在抗A、抗B两种抗体，将ABO血型系统分为4型（表4-16-5）。

表4-16-5　ABO血型系统分型

血型	红细胞表面抗原	血清中的抗体
A	A	抗B
B	B	抗A
AB	AB	无
O	无	抗A及抗B

2. ABO 血型鉴定和交叉配血试验

（1）ABO 血型鉴定：ABO 血型抗体可在生理盐水中与相应的红细胞抗原结合发生凝集反应。采用标准抗 A 和抗 B 血清检查患者红细胞上的抗原称为正向定型；用标准 A 型和 B 型红细胞鉴定患者血清中存在的抗体称为反向定型。当患者红细胞上的抗原鉴定和血清中的抗体鉴定结果完全相符合时才能判定其血型类别（表 4-16-6）。

表 4-16-6　血型结果判定

标准血清 + 患者红细胞			标准红细胞 + 患者血清			被鉴定血的血型
抗 A 血清	抗 B 血清	抗 AB 血清（O 型血清）	A 型红细胞	B 型红细胞	O 型红细胞	
+	−	+	−	+	−	A 型
−	+	+	+	−	−	B 型
+	+	+	−	−	−	AB 型
−	−	−	+	+	−	O 型

（2）交叉配血试验：交叉配血的目的是检查供血者与受血者的 ABO 血型鉴定是否正确，防止血型鉴定错误导致输血后发生严重溶血反应，是输血前必须要进行的操作。

交叉配血试验常采用试管法进行，主要是检查受血者血清中是否含有破坏供血者红细胞的抗体。其中，受血者血清加供血者红细胞相配的一管称为主侧交叉配血；供血者血清加受血者红细胞相配的一管称为次侧交叉配血，观察两者是否发生凝集反应。

结果判定：同型血进行交叉配血时，主侧管和次侧管均不凝集，表示配血完全相合，可以输血；主侧管凝集，次侧管不凝集，绝不可以输血；主侧管不凝集、不溶血，次侧管凝集且较弱，可少量（不超过 200 ml）输血。

提示：必须 ABO 血型相同，而且交叉配血无凝集时才能输血。

3. ABO 血型系统的临床意义

（1）输血的需要：循环血容量不足或血细胞的减少（大失血或贫血）会发生一系列的病理生理变化，严重者危及患者的生命。输血是治疗与抢救生命的重要手段。

（2）新生儿溶血病的检查：母亲与胎儿血型不合导致的新生儿溶血病要依靠血型血清学检查来诊断。

（3）器官移植：受者与供者之间必须 ABO 血型相符才能移植。如血型不符，会引起急性排异反应，导致移植失败。

（4）其他：用于亲缘鉴定，可疑毛发、血迹、精斑等的鉴定。

（二）Rh 血型系统

Rh 血型系统是 1940 年由卡尔·兰德斯坦纳（Karl Landsteiner）和韦纳（Wiener）描述的仅次于 ABO 血型系统的又一重要的系统。他们首先在恒河猴（macacus rhesus）红细胞上发现了抗原，因此取名 Rh 抗原。

1. Rh 血型系统的抗原和抗体　目前已发现的 Rh 抗原有 40 余种，其中以 C、D、E、c、e 最为常见。这 5 种抗原中 D 的抗原性最强（仅次于 ABO 血型系统中的 A 抗原、B 抗原），故临床上以含 D 抗原为 Rh 阳性，不含 D 抗原为 Rh 阴性。

Rh 血型天然抗体很少，一般都是由 Rh 血型不合的输血或通过妊娠所产生的免疫性抗体。常见抗体有抗 C、抗 D、抗 E、抗 c 和抗 e 5 种，抗 D 抗体是最常见的抗体。

2. Rh 血型系统的鉴定　Rh 抗体属 IgG 型，不能在盐水介质中与红细胞发生凝集，常用方法有低离子强度盐水试验、酶介质法、抗人球蛋白法（库姆斯试验）、凝集胺法。

3. Rh 血型系统的临床意义

（1）Rh 血型不合输血引起的溶血反应：Rh 抗体几乎都是由于输入 Rh 血型不合的血液或母亲与胎儿 Rh 血型不合的妊娠等同种免疫作用而产生的。如果某个体已产生 Rh 抗体，在输入 Rh 血型不合的血液时，将发生溶血性输血反应，严重者可导致死亡。其中最常见的是抗 D 抗体，D 抗原的免疫抗原性最强，正常 D 阴性受血者接受一次 D 阳性红细胞输血后，产生抗体的概率＞50%。此外，输血和妊娠中不相合抗原所致的抗 E、抗 C 等也应引起重视。

（2）新生儿 Rh 溶血病：Rh 阴性的母亲孕育了 Rh 阳性胎儿后，胎儿血液可渗入母亲的血液循环中，母体受到胎儿红细胞的刺激，可以产生相应的抗体。此种免疫性抗体能通过胎盘，从而破坏胎儿的红细胞，如果是第一胎所产生抗 D 抗体，效价较低，一般对胎儿无明显影响。如再次妊娠 Rh 阳性胎儿时，抗 D 抗体效价很快升高，此抗体通过胎盘进入胎儿体内而发生新生儿溶血病。

二、人类白细胞抗原系统

人类白细胞抗原（human leucocyte antigen，HLA）系统是最重要的主要组织相容性复合体（major histocompatibility complex，MHC）。1945 年由让·多塞（Jean Dausset）首先在人白细胞上发现。这些抗原不仅为白细胞所特有，也存在于其他许多组织和细胞（如胎盘、肾、脾、肺、肝、心脏等细胞）、血小板及原纤维细胞上。HLA 又称为移植抗原，作为一种遗传标记广泛应用于基础医学、临床医学、预防医学、法医学、社会医学等。

 血型系统的临床意义。

第六节　红细胞沉降率检查

红细胞沉降率（erythrocyte sedimentation rate，ESR）简称血沉，是红细胞在一定条件下沉降的速率。影响红细胞沉降率变化的主要因素包括以下几种。①血浆因素：球蛋白、纤维蛋白原增加会促使红细胞黏附，使红细胞沉降率加快。②红细胞因素：红细胞数量减少时红细胞沉降率加快；红细胞直径越大，红细胞沉降率越快；球形红细胞增多时红细胞沉降率减慢。

【参考值】

成年男性：0～15 mm/h；

成年女性：0～20 mm/h。

【临床意义】

1. 红细胞沉降率生理性增快　见于 12 岁以下儿童、60 岁以上老年人、女性月经期、妊娠 3 个月至分娩后 3 周，可能与生理性贫血、血浆纤维蛋白原含量增加有关。

2. 红细胞沉降率病理性增快　见于如下情况。①各种炎症性疾病，如急性细菌性炎症、结核病活动期、风湿热活动期。②组织损伤及坏死，如手术创伤、大面积烧伤、急性心肌梗死。③恶性肿瘤。④各种原因所致的高球蛋白血症，如系统性红斑狼疮、慢性肾炎、肝硬化、多发性骨髓瘤。⑤其他，如贫血、高胆固醇血症。

提示：红细胞沉降率检查主要用于观察结核病、风湿病等病情变化，用于某些疾病的鉴别诊断及健康检查。其在临床诊断中无特异性，一般用于以下情况的辅助诊断。①动态观察病情变化：炎症性疾病（如风湿热、结核病及组织损伤或坏死）病变活动时红细胞沉降率增快，病情好转或静止时红细胞沉降率可较前降低或恢复至正常。②良性肿瘤与恶性肿瘤鉴别的参考：良性肿瘤红细胞沉降率多正常，恶性肿瘤红细胞沉降率则有不同程度增快，恶性肿瘤晚期或有转移时红细胞沉降率常明显增快。③反映血浆中球蛋白升高，从而考虑一些导致高球蛋白血症疾病的诊断与鉴别诊断。

 红细胞沉降率病理性增快的临床意义。

（彭琼辉）

自 测 题

选择题

1. 红细胞计数及血红蛋白浓度绝对性增多见于
   A. 尿崩症　　　　　　　　B. 大面积烧伤　　　　　　C. 慢性心肺疾病
   D. 严重腹泻　　　　　　　E. 急性大出血
2. 网织红细胞减少最常见于
   A. 巨幼细胞贫血　　　　　B. 急性失血性贫血　　　　C. 溶血性贫血
   D. 缺铁性贫血　　　　　　E. 再生障碍性贫血
3. 中性粒细胞增多最常见于
   A. 急性溶血　　　　　　　B. 急性中毒　　　　　　　C. 急性感染
   D. 大面积烧伤　　　　　　E. 恶性肿瘤
4. 可作为判断贫血治疗效果和治疗性试验的指标是
   A. RBC　　　　　　　　　B. Hb　　　　　　　　　　C. Ret
   D. HCT　　　　　　　　　E. ESR
5. 红细胞沉降率增快的主要原因，除外
   A. 炎症　　　　　　　　　B. 高纤维蛋白原血症　　　C. 红细胞增多
   D. 血脂升高　　　　　　　E. 恶性肿瘤
6. 不属于中性粒细胞的中毒性形态改变的是
   A. 细胞大小不均　　　　　B. 中毒性颗粒　　　　　　C. 空泡形成
   D. 卡伯特环　　　　　　　E. 核变性
7. 下列哪种情况血小板增多
   A. 真性红细胞增多症　　　　　　　　　B. 再生障碍性贫血
   C. 特发性血小板减少性紫癜　　　　　　D. 弥散性血管内凝血
   E. 肝硬化
8. 患者血液检查结果为：MCV 76 fl，MCH 24 pg，MCHC 290 g/L，属于
   A. 大细胞性贫血　　　　　　　　　　　B. 正常细胞性贫血
   C. 小细胞低色素性贫血　　　　　　　　D. 单纯小细胞性贫血
   E. 正常人
9. 对于阵发性睡眠性血红蛋白尿症，最有诊断意义的是
   A. 库姆斯试验（Coombs test）　　　　　B. 酸化血清溶血试验

C. 冷溶血试验 D. 蔗糖溶血试验
E. 红细胞渗透脆性试验

10. 对于自身免疫性溶血性贫血，最具诊断意义的是
    A. 哈姆试验（Ham test） B. 冷溶血试验 C. 库姆斯试验（Coombs test）
    D. 蔗糖溶血试验 E. 红细胞渗透脆性试验

11. 不会出现毛细血管脆性试验阳性的疾病是
    A. 败血症 B. 过敏性紫癜 C. 单纯性紫癜
    D. 血友病 E. 血管性血友病

12. 出血时间延长见于
    A. 血友病 A B. 维生素 K 缺乏 C. 特发性血小板减少性紫癜
    D. 应用肝素 E. 妊娠高血压综合征

13. 临床上用于监测肝素治疗的首选指标是
    A. 出血时间（BT） B. 凝血时间（CT）
    C. 血浆凝血酶原时间（PT） D. 活化部分凝血活酶时间（APTT）
    E. PT 的国际标准化比值（INR）

14. 目前最常用的监测外源性凝血功能的指标是
    A. PT B. CT C. BT
    D. TT E. APTT

15. 血块收缩不良见于
    A. 过敏性紫癜 B. 血小板减少性紫癜 C. 血友病
    D. 血管性血友病 E. 维生素 C 缺乏症

16. D-二聚体升高不见于
    A. DIC B. 深静脉血栓 C. 动脉瘤
    D. 原发性纤溶 E. 心肌梗死

第十七章 骨髓细胞学检查

第十七章数字资源

学习目标

1. 知识：列举骨髓检查的适应证与禁忌证，描述正常骨髓象特征及常见疾病的骨髓象特征。
2. 能力：运用所学知识准确分析骨髓检查结果。
3. 素养：培养"形态-临床-分子"三维能力，既能精准识别细胞形态特征，又能结合临床制定个体化诊疗方案，同时贯彻"微创操作-精准诊断-人文关怀"的职业准则。

第一节 概 述

一、造血器官

人体在不同生长发育阶段，其主要的造血器官各不相同。人体的造血可分为胚胎期造血和出生后造血。胚胎期造血分为中胚叶造血期、肝造血期和骨髓造血期。出生后，在正常生理情况下，骨髓是生成红细胞系统、粒细胞系统和巨核细胞系统的唯一场所。

二、血细胞的生成、发育与成熟

骨髓是人出生后唯一能生成所有血细胞的场所；肝造血在出生后停止；脾只保留终生生成淋巴细胞的功能。所有血细胞的生成均源于共同的造血干细胞（hematopoietic stem cell），生成过程分为3个连续的阶段。①造血干细胞阶段：其具有高度自我更新和多向分化的能力。②造血祖细胞（hematopoietic progenitor cell）阶段：其具有定向地向各系列发育的能力，无多向分化功能，早期有低度自我更新的能力。③原始及幼稚细胞阶段：为骨髓形态学上开始可辨认的细胞，然后进一步成熟为具有特定功能的各系血细胞（终末细胞）。

造血干细胞阶段包括全能干细胞（totipotent stem cell，TSC）以及由其分化的髓系干细胞（myeloid stem cell）和淋巴系干细胞（lymphoid stem cell）。在具有细胞系特异性的造血生长因子的参与和调控下，诱导干细胞向各系祖细胞分化。骨髓干细胞可分化为红系、粒-单核系、巨核系、嗜酸性、嗜碱性粒系祖细胞。红细胞生成素（erythropoietin，EPO）诱导干细胞向红系祖细胞分化，并能刺激红系祖细胞增殖分化，促进幼红细胞分化成熟和启动血红蛋白的合成；粒-单核系受粒细胞-巨噬细胞集落刺激因子（GM-CSF）诱导向粒-单核系祖细胞分化，在不同的调控条件下，诱导增殖分化为粒细胞和单核细胞。血小板生成素（thrombopoietin，TPO）诱导巨核系祖细胞的分化，促使巨核系祖细胞的形成、增殖以及促进巨核细胞的成熟和血小板的生成。淋巴系干细胞分化为T淋巴系祖细胞和B淋巴系祖细胞，然后形成T淋巴细胞、B淋巴细胞。B淋巴细胞受抗原刺激，可转化为免疫母细胞，并进一步转变为浆细胞。

第二节　骨髓检验步骤及正常骨髓象

一、标本采集

骨髓液采集可通过骨髓穿刺术抽吸。如进行骨髓细胞形态学检查，应立即制作骨髓涂片，并在空气中晃动加速干燥，防止细胞聚集或溶血。做骨髓干细胞培养或细菌培养时，应立即分别按要求接种在特定的培养基中。

二、骨髓检验的临床应用

（一）临床应用

1. 确诊造血系统疾病　如白血病、再生障碍性贫血、巨幼细胞贫血、恶性组织细胞病、多发性骨髓瘤及骨髓转移癌，并可通过复查来评价疗效和判断预后。

2. 协助诊断某些疾病　如缺铁性贫血、溶血性贫血、脾功能亢进、原发性血小板减少性紫癜等。

3. 提高某些疾病的诊断率　如骨髓液找疟原虫、黑热病原虫、狼疮细胞，或做细菌培养、染色体检查、分子生物学检验、干细胞培养等，均可提高相应疾病诊断的阳性率。

（二）适应证与禁忌证

1. 适应证　①外周血血细胞数量、成分及形态异常，如一系、二系或三系细胞增多或减少，出现原始细胞及幼稚细胞等异常细胞。②原因不明的发热，肝、脾、淋巴结肿大。③原因不明的骨痛、骨质破坏、紫癜、黄疸、血浆蛋白异常、肾功能异常、红细胞沉降率明显加快。④化疗后的疗效观察。⑤其他：骨髓活检、骨髓细胞培养、微生物学及寄生虫学检查等。

提示：凡不明原因的肝大、脾大和淋巴结肿大，不明原因的发热、骨痛，外周血细胞数量过多、过少或出现幼稚细胞等均为骨髓检查的适应证。

2. 禁忌证　①血友病、严重凝血功能障碍者。②妊娠晚期的孕妇慎做骨髓穿刺术。③小儿及不合作者不宜做胸骨穿刺。

骨髓穿刺术的适应证和禁忌证。

三、骨髓检验步骤

（一）骨髓涂片的低倍镜观察

1. 评价标本取材、涂片、染色是否满意　选择合适的染片进行观察。

2. 判断骨髓增生程度　观察多个视野下有核细胞与成熟红细胞的比例，判断骨髓增生程度。骨髓增生程度可分为5级（表4-17-1）。

表 4-17-1　骨髓增生程度分级

增生程度	有核细胞：成熟红细胞	有核细胞均数/高倍镜视野	常见病例
增生极度活跃	1:1	>100	各种白血病
增生明显活跃	1:10	50~100	各种白血病、增生性贫血
增生活跃	1:20	20~50	正常、某些贫血
增生减低	1:50	5~10	再生障碍性贫血（慢性型）
增生极度减低	1:200	<5	再生障碍性贫血（急性型）

3. 计算巨核细胞数量　除出血性疾病应做全片巨核细胞计数外，其他疾病只需粗略估计巨核细胞数量。

4. 特殊细胞及其他　观察涂片边缘或片尾有无体积较大或异常的病理细胞，如转移癌细胞、异常组织细胞，并用油镜鉴定。

（二）骨髓涂片的油镜观察

1. 骨髓有核细胞分类计数　要求计数 200~500 个有核细胞（不包括破碎细胞、分裂型细胞及巨核细胞，巨核细胞应单独分类）。

2. 观察各系统细胞的形态　①粒细胞系统：有无大小和胞核异常，有无毒性变、包涵体及核与胞质发育不平衡等。②红细胞系统：大小是否均匀，有无巨幼样变、嗜碱性点彩红细胞，成熟红细胞有无异常等。③巨核细胞：形态及大小是否正常，有无小型巨核细胞，同时要注意血小板的数量和形态。④其他增生系列细胞的形态观察。

3. 其他　有无血液寄生虫和其他病理检查异常细胞。

（三）血涂片的观察

对血涂片进行白细胞分类计数及血细胞形态的观察。观察有无异常细胞及寄生虫等。

四、正常骨髓象特征

1. 骨髓有核细胞增生活跃
2. 粒红细胞比值为（2~4）:1
3. 各系统细胞比例

（1）粒细胞系统：占有核细胞的 40%~60%。其中原粒细胞<2%，早幼粒细胞<5%，中性中幼粒、晚幼粒细胞各占 10%，杆状核多于分叶核，嗜酸性粒细胞<5%，嗜碱性粒细胞<1%。各阶段细胞形态无明显异常。

（2）红细胞系统：占有核细胞的 20% 左右。其中原始红细胞<2%，早幼红细胞<5%，中幼和晚幼红细胞各占 10%。各阶段细胞形态无明显异常。

（3）巨核细胞系统：巨核细胞每片 7~35 个，以产板型巨核细胞为主。其中原始巨核细胞占 0~5%，幼稚巨核细胞占 0~10%，血小板散在或成簇，无异常和巨大血小板。

（4）淋巴细胞系统：约占有核细胞的 20%。幼儿偏高，可达 40%。以成熟淋巴细胞为主，原始淋巴细胞和幼稚淋巴细胞罕见。

（5）单核细胞系统：正常<4%。大多数为成熟阶段的单核细胞，细胞形态无明显异常。

（6）浆细胞系统：正常<2%，以成熟阶段的浆细胞为主，细胞形态无明显异常。

（7）其他细胞：可见少量网状细胞、内皮细胞、纤维细胞、组织嗜碱细胞、组织嗜酸细胞等。

4. 无其他异常细胞及寄生虫

五、骨髓象分析

(一)骨髓有核细胞增生程度

1. 增生极度活跃　反映骨髓造血功能亢进,主要见于各种白血病。
2. 增生明显活跃　反映骨髓造血功能旺盛,主要见于白血病、增生性贫血。
3. 增生活跃　反映骨髓造血功能基本正常,主要见于正常骨髓、某些增生性贫血。
4. 增生减低　反映骨髓造血功能低下,主要见于造血功能不良、粒细胞减少症。
5. 增生极度减低　反映骨髓造血功能衰竭,主要见于再生障碍性贫血。

(二)骨髓中各系统细胞比例

1. 粒细胞系与红细胞系比例(粒红比值)

(1)粒红比值增加:由粒系增多或红系减少所致,见于以下几种情况。①急性或慢性粒细胞白血病。②急性化脓性感染、中性粒细胞性类白血病反应。③纯红细胞性再生障碍性贫血。

(2)粒红比值减低或倒置:由粒系减少或红系增多所致,见于以下几种情况。①粒细胞系减少:如粒细胞缺乏症。②红细胞系增多:如各种增生性贫血、真性红细胞增多症。

2. 粒细胞系

(1)粒细胞增多:见于以下几种情况。①各型粒细胞白血病:如急性粒细胞白血病以原始粒细胞及早幼粒细胞增多为主,慢性粒细胞白血病以中性晚幼粒细胞及杆状核粒细胞增多为主。②大部分急性炎症和感染性疾病、中性粒细胞性类白血病反应等:以中性晚幼粒细胞及杆状核粒细胞增多为主。

(2)粒细胞减少:见于再生障碍性贫血、粒细胞缺乏症或粒细胞减少症。

3. 红细胞系

(1)红细胞增多:见于以下几种情况。①各类增生性贫血:如溶血性贫血、失血性贫血、缺铁性贫血,以中幼红细胞及晚幼红细胞增多为主。②巨幼细胞贫血:以巨幼红细胞增多为主。③急性红白血病:以原始红细胞及早幼红细胞增多为主,常伴幼红细胞巨幼样变。

(2)红细胞减少:见于再生障碍性贫血。但在部分慢性再生障碍性贫血病例,骨髓呈灶性增生部位所采取的骨髓标本,红细胞系比例可增多。

4. 淋巴细胞系

(1)淋巴细胞相对性增多:见于再生障碍性贫血、粒细胞缺乏症或粒细胞减少症。

(2)淋巴细胞绝对性增多:见于急性和慢性淋巴细胞白血病、恶性淋巴瘤、传染性淋巴细胞增多症、传染性单核细胞增多症、其他病毒感染及淋巴细胞性类白血病反应等。

5. 单核细胞系　单核细胞增多见于以下几种情况。①血液病:如急性单核细胞白血病、急性粒-单核细胞白血病、恶性组织细胞病、淋巴瘤。②某些感染性疾病:如结核病、布鲁氏菌病、原虫感染(疟疾、黑热病)、感染性心内膜炎。③风湿性疾病:如系统性红斑狼疮、类风湿关节炎。④其他:如恶性肿瘤、肝硬化、药物反应。

6. 浆细胞系　浆细胞增多见于以下几种情况。①多发性骨髓瘤、浆细胞白血病、巨球蛋白血症、重链病等。②浆细胞反应性增多,如慢性炎症及感染性疾病、风湿性疾病、恶性肿瘤、过敏性疾病。③再生障碍性贫血、粒细胞缺乏症等。

7. 巨核细胞系

(1)巨核细胞增多:见于以下几种情况。①原发免疫性血小板减少症等。②骨髓增殖性疾病,如慢性粒细胞白血病、真性红细胞增多症、原发性血小板增多症及骨髓纤维化。③脾功能亢进。④巨核细胞白血病。

(2)巨核细胞减少:见于以下几种情况。①急性和慢性再生障碍性贫血;②急性白血病及其他骨髓浸润或破坏的疾病等。

六、骨髓检查诊断报告的书写

骨髓检查诊断报告应包括以下内容。

（一）骨髓象特征

描述骨髓取材、涂片、染色情况，描述骨髓增生程度、粒红比值和各系统细胞数量变化及形态特征。

（二）血象特征

描述血涂片所见细胞数量变化及形态特征。

（三）特殊检查

特殊检查如组化染色、免疫细胞化学染色。

（四）诊断意见及建议

综合骨髓象、血象及临床资料，客观地向临床提出细胞学诊断意见或可供临床参考的意见。报告单举例列于表 4-17-2。

表 4-17-2　骨髓细胞学检查报告

姓名　××　　性别　女　　年龄　25　　病室　3　　科别　血液　　病例号　××
临床诊断　缺铁性贫血　　送检医师　××　　标本号　××
标本采取部位　左髂后上棘　　采取日期　2022 年 3 月 12 日

细胞名称			骨髓片		血涂片
			%	参考值	%
粒细胞系		原粒细胞		0~1.8	
		早幼粒细胞	1.1	0.4~3.9	
	中性粒细胞	中幼	4.7	2.2~12.2	
		晚幼	9.1	3.5~13.2	
		杆状核	16.2	16.4~32.1	3.0
		分叶核	12.6	4.2~21.2	62.0
	嗜酸性粒细胞	中幼		0~1.4	
		晚幼		0~1.8	
		杆状核		0.2~3.9	
		分叶核	1.0	0~4.2	
	嗜碱性粒细胞	中幼		0~0.2	
		晚幼		0~0.3	
		杆状核		0~0.4	
		分叶核		0~0.2	2.0
红细胞系		原红细胞	1.5	0~1.9	
		早幼红细胞	4.9	0.2~0.6	
		中幼红细胞	17.4	2.6~10.7	
		晚幼红细胞	12.6	5.2~17.5	

续表

细胞名称		骨髓片		血涂片
		%	参考值	%
淋巴细胞系	原淋巴细胞		0~0.4	
	幼淋巴细胞		0~2.1	
	淋巴细胞	16.5	10.7~43.1	30
单核细胞系	原单核细胞		0~0.3	
	幼单核细胞		0~0.6	
	单核细胞	1.6	1.0~6.2	3.0
浆细胞系	原浆细胞		0~0.1	
	幼浆细胞		0~0.7	
	浆细胞		0~2.1	
其他细胞	巨核细胞	31个/片	0~0.3	
	网状细胞	0.6	0~1.0	
	内皮细胞		0~0.4	
	吞噬细胞		0~0.4	
	组织嗜碱细胞		0~0.5	
	组织嗜酸细胞		0~0.2	
	脂肪细胞		0~0.1	
	分类不明细胞		0~0.1	
红系核分裂细胞			0~17.0	
粒系核分裂细胞			0~7.0	
粒细胞：幼红细胞		1.23：1	（2.76±0.87）：1	
骨髓计数有核细胞数			500个	

骨髓象特征：
1. 骨髓取材、涂片、染色良好。
2. 骨髓增生明显活跃，粒系44.7%，红系36.4%，粒：红=1.23：1。
3. 粒细胞系：各阶段比值、形态大致正常。
4. 红细胞系：明显增生，以早、中幼红细胞增生为主，尤以中幼红细胞增生明显。幼红细胞大多个体小，胞质蓝染且少。有的胞质边缘呈水滴状，细胞外形畸形不平。成熟红细胞大小不等，部分中心苍白区扩大，可见嗜多色性红细胞及点彩红细胞。
5. 其他系列细胞未见异常。
6. 巨核细胞全片31个，血小板成堆出现，形态未见异常。
7. 未见寄生虫及异常细胞。
8. 骨髓铁染色：细胞外铁阴性，铁幼粒红细胞2%。

血涂片：
1. 涂片及染色良好。
2. 白细胞分类、形态未见异常。
3. 成熟红细胞大小不等，中心苍白区扩大。
4. 血小板易见，未见寄生虫。

结论及建议：
根据骨髓象及血象所见，结合临床资料，符合缺铁性贫血骨髓象。

报告日期：2022年3月15日
检验者：×××

第三节 常用骨髓细胞染色

一、过氧化物酶染色（POX）

【原理】
血细胞内所含的过氧化物酶能分解试剂中的底物 H_2O_2，释放氧气，使无色的联苯胺氧化为蓝色联苯胺，后者与亚硝基铁氧化钠结合形成蓝黑色颗粒，沉着于细胞质中。

【结果】
阴性：胞质内无蓝黑色颗粒；
弱阳性：胞质内出现稀疏分布的细小颗粒；
强阳性：胞质内充满密集的粗大颗粒。

【临床意义】
过氧化物酶染色主要用于急性白血病类型的鉴别。急性粒细胞白血病时，白血病细胞过氧化物酶染色多呈阳性、强阳性反应；急性单核细胞白血病时，白血病细胞过氧化物酶染色呈弱阳性或阴性反应；急性淋巴细胞白血病时，白血病细胞过氧化物酶染色呈阴性反应。

二、中性粒细胞碱性磷酸酶染色

【原理】
中性粒细胞碱性磷酸酶（NAP）主要存在于成熟的中性粒细胞胞质中，其显示方法有偶氮偶联法和钙钴法两种。染色方法与试剂不同，阳性反应的结果也不同，但均在酶所在部位形成有色沉淀。

【参考值】
成人中性粒细胞碱性磷酸酶阳性率 10%~40%，以"+"的阳性反应为主，阳性积分<70 分。

【临床意义】
1. 鉴别感染的性质　病毒感染 NAP 在正常范围或减低，细菌感染 NAP 活性明显增强。
2. 鉴别慢性髓细胞性白血病与类白血病反应　前者明显减低，后者明显升高。
3. 鉴别急性白血病的类型　急性淋巴细胞白血病 NAP 升高，急性粒细胞白血病 NAP 减低。
4. 鉴别阵发性睡眠性血红蛋白尿症（PNH）与再生障碍性贫血　前者减低，后者升高。
5. 鉴别恶性组织细胞病与反应性组织细胞增生　前者减低，后者升高。

提示：正常人积分不超过 70 分。积分增高见于急性淋巴细胞白血病、细菌感染等；积分降低见于急、慢性粒细胞白血病及病毒感染等。

三、过碘酸希夫反应

【原理】
过碘酸希夫反应（periodic acid-Schiff reaction，PAS 反应）又称糖原染色。过碘酸能将血细胞内的糖原氧化生成醛基，醛基与希夫试剂中的无色品红结合，形成紫红色化合物，定位于胞质内。

【结果】
胞质中出现红色物质者为阳性反应。阳性反应物可呈颗粒状、小块状或弥漫均匀红色。其阳性程度分别以强阳性、阳性、弱阳性和阴性来表示。

【临床意义】

1. 鉴别纯红白血病和其他良性红细胞疾病 纯红白血病时，病理性幼红细胞呈强阳性反应，积分明显增高。严重缺铁性贫血、重型海洋性贫血及巨幼细胞贫血中，部分病例的个别幼红细胞可呈阳性反应。

2. 鉴别急性白血病类型 急性粒细胞白血病时，原粒细胞呈阴性反应或弱阳性反应，阳性反应物质呈细颗粒状或均匀淡红色；急性淋巴细胞白血病时，原始淋巴细胞和幼稚淋巴细胞常呈阳性反应，阳性反应物质呈粗颗粒状或块状；急性单核细胞白血病时，原始、幼稚单核细胞多呈阳性反应，阳性反应物质呈弥漫性均匀红色或细颗粒状，有时胞质边缘处部分颗粒较粗大。

3. 其他 巨核细胞PAS染色呈阳性反应，有助于识别不典型巨核细胞，如急性巨核细胞白血病和骨髓增生异常综合征（MDS）中的小巨核细胞；戈谢（Gaucher）细胞PAS染色呈强阳性反应，有助于与尼曼-皮克（Niemann-Pick）细胞相鉴别；腺癌细胞PAS呈强阳性反应，骨髓转移时可帮助与白血病细胞相鉴别。

四、氯乙酸 AS-D 萘酚酯酶染色

【原理】

氯乙酸AS-D萘酚酯酶又称粒细胞酯酶，是一种分解特异性酯类的水解酶，主要存在于粒系细胞和肥大细胞内，不被氟化钠抑制。此酶可将基质液中的氯乙酸AS-D萘酚水解，产生萘酚AS-D，与重氮盐GBC偶联，在胞质内形成不溶性红色沉淀。

【结果】

阳性：胞质中出现红色沉淀。

【临床意义】

氯乙酸AS-D萘酚酯酶染色主要用于鉴别急性白血病类型：急性粒细胞白血病呈强阳性反应；急性单核细胞白血病和急性淋巴细胞白血病呈阴性反应；急性粒-单核细胞白血病时，可见阴性和阳性两种反应。

五、α- 醋酸萘酚酯酶染色

【原理】

α-醋酸萘酚酯酶（α-NAE）又称单核细胞酯酶，是一种分解非特异性酯类的水解酶，主要存在于单核细胞内，能被氟化钠抑制。此酶可将基质液中的α-醋酸萘酚水解，产生α-萘酚，与重氮染料偶联，在胞质内形成不溶性的有色沉淀。

【结果】

阳性：胞质中出现棕黑色或灰黑色沉淀。

【临床意义】

α-醋酸萘酚酯酶染色主要用于急性单核细胞白血病与急性粒细胞白血病的鉴别诊断：急性单核细胞白血病呈阳性或强阳性反应，可被氟化钠（NaF）抑制（抑制率>50%）；急性粒细胞白血病一般为阴性或弱阳性反应，不被氟化钠抑制。

六、铁染色

【原理】

人体内的铁以铁蛋白和含铁血黄素的形式贮存于骨髓中的单核巨噬细胞胞质内，称为细胞外

铁。幼红细胞内存在的细颗粒铁蛋白聚合体，称为细胞内铁，含细胞内铁的细胞又称铁粒幼红细胞。细胞内铁和细胞外铁均为二价铁，在酸性环境中，普鲁士蓝反应阳性，呈蓝色小珠粒或块片状物。

【参考值】

细胞外铁：+～++；

细胞内铁：铁粒幼红细胞20%～90%（各实验室有一定的差异），无环形铁粒幼红细胞。

【临床意义】

铁染色主要用于贫血的诊断和鉴别诊断。①缺铁性贫血：细胞外铁消失呈"-"；细胞内铁<15%，甚至为0。经补铁治疗后，数日内细胞内铁增多，细胞外铁在治疗一段时间后出现。②非缺铁性贫血：如巨幼细胞贫血、溶血性贫血、再生障碍性贫血，细胞外铁常显著升高（+++～++++）。③铁粒幼细胞贫血：细胞内、外铁显著增多，并可见较多的环形铁粒幼红细胞，占幼红细胞的15%以上。

提示：细胞外铁正常为+～++，细胞内铁中铁粒幼细胞占20%～90%，平均为65%。缺铁性贫血时，细胞外铁明显减少；非缺铁性贫血时，细胞外铁多增加；贫血时铁粒幼细胞明显增加，可见环形铁粒幼细胞。

第四节 常见血液病的血象与骨髓象

一、贫血的血象与骨髓象特征

贫血（anemia）是指外周血液红细胞（RBC）计数、血红蛋白（Hb）浓度、血细胞比容（HCT）低于正常参考值下限的一种常见临床症状。其分类方法有多种，实验室常用的方法主要是根据外周血检查结果和骨髓象改变特点对其进行分类。根据骨髓红系增生情况，将贫血分为增生性贫血和增生不良性贫血。①增生性贫血：如缺铁性贫血、失血性贫血、溶血性贫血、巨幼细胞贫血。②增生不良性贫血：如再生障碍性贫血。现将几种常见贫血的外周血和骨髓细胞形态学检查的特点分述如下。

（一）增生性贫血

1. 骨髓象

（1）骨髓增生活跃或明显活跃。

（2）红系增生显著，以中、晚幼红细胞增多为主，粒红比值减小。

（3）幼红细胞及成熟红细胞形态随贫血的类型不同而不同。如缺铁性贫血时，幼红细胞体积小，胞质少，边缘不整和嗜碱蓝染，成熟红细胞大小不均匀，以小细胞为主，中心淡染区扩大，甚至出现环形红细胞；急性失血性贫血和溶血性贫血（无血红蛋白尿者）幼红细胞形态正常，随溶血性贫血的病因不同，可出现相应的异形红细胞、多色素性红细胞及点彩红细胞。

（4）粒系比值大致正常或相对减少，由钩虫引起的缺铁性贫血可有嗜酸性粒细胞增多。

（5）巨核细胞和血小板计数正常。

2. 血象　红细胞计数、血红蛋白浓度、血细胞比容均减少；网织红细胞正常或增多，尤以溶血性贫血增多最显著；白细胞分类计数正常；红细胞形态同骨髓改变。

3. 其他检查

（1）骨髓铁染色示细胞外铁消失、细胞内铁减少、血清铁蛋白<14 μg/L、血清铁<10 μmol/L等提示缺铁性贫血。

(2)血浆游离血红蛋白升高，血清结合珠蛋白降低见于溶血性贫血。

(二)巨幼细胞贫血

1. 骨髓象

(1)骨髓增生明显活跃，粒红比值减小。

(2)红系显著增生，幼红细胞比例常>40%，以早、中幼红细胞阶段为主，巨幼红细胞>10%；巨幼红细胞的特点为胞体大、胞质丰富、核染色质与同期细胞相比细致、疏松、核浆发育不平衡，呈核幼浆老现象。

(3)核分裂象易见，可见豪-乔小体、核形不规则及多核巨幼红细胞。

(4)成熟红细胞大小不均匀，中心淡染区消失。

(5)粒系和巨核系可见巨型变，常见巨晚幼粒和巨杆状粒细胞，成熟粒细胞分叶过多。

2. 血象　红细胞计数、血红蛋白减少，形态改变同骨髓象；白细胞正常或稍低，中性粒细胞胞体偏大，呈核右移；血小板正常或减少，可见巨大血小板；网织红细胞轻度增多，绝对值减少。

3. 其他检查　血清维生素 B_{12}<90 pg/ml；血清叶酸<3 ng/ml。

(三)再生障碍性贫血

1. 骨髓象

(1)骨髓增生减低或极度减低。

(2)红系、粒系、巨核系三系均受抑制，幼红细胞和幼粒细胞罕见，比值减小，巨核细胞罕见或缺如，血小板减少。

(3)成熟淋巴细胞相对增多，可达80%以上。

(4)非造血细胞(如浆细胞、组织嗜碱细胞、组织细胞)易见。

2. 血象　全血细胞减少，网织红细胞减少，成熟红细胞形态正常，白细胞分类计数以成熟淋巴细胞为主，中性粒细胞比值减小。原发性再生障碍性贫血周围血无幼红细胞。

3. 其他检查

(1)细胞化学染色 NAP 升高，中性粒细胞 PAS 比正常人显著升高，贮存铁偏高。

(2)血细胞分析仪检查 MPV 减小。

(四)贫血的实验鉴别诊断方法

贫血的诊断包括3个步骤：确定有无贫血；确定贫血的程度；明确贫血的类型和原因。

检查红细胞计数、血红蛋白浓度和血细胞比容可确定有无贫血及贫血程度。根据血细胞形态特点、红细胞三种平均值、MCV 与红细胞分布宽度(RDW)关系和骨髓象，可对贫血进行分类。

1. 正细胞正色素性贫血　该类贫血红细胞形态无明显改变，根据网织红细胞、全血细胞分析、骨髓象检查可做出初步鉴别。

2. 小细胞低色素性贫血　根据有关铁检查的指标(血清铁、总铁结合力等)、血红蛋白电泳、红细胞形态分析等可做出鉴别。

3. 大细胞性贫血　根据网织红细胞、骨髓幼红细胞增生情况、红细胞形态、维生素 B_{12} 和叶酸测定等，可做出鉴别。

4. 贫血的治疗效果　1周内查网织红细胞；1周后查红细胞计数、血红蛋白浓度；随后查红细胞直方图、RDW，这些改变早于红细胞三种平均值。

二、白血病的血象与骨髓象特征

白血病是我国高发的恶性肿瘤之一，是儿童及35岁以下成人发病率和病死率最高的恶性肿瘤。根据白血病的细胞分化程度和自然病程，白血病可分为急性和慢性两大类。国内急性白血病显著多于慢性白血病，发病率约为5.6∶1，成人急性白血病以急性髓细胞性白血病最多见，儿童则以急性淋巴细胞白血病较多见。慢性白血病中，慢性髓细胞性白血病较慢性淋巴细胞白血病多见。

（一）急性白血病

1. 骨髓象

（1）骨髓增生明显活跃或极度活跃。

（2）原始细胞＋早幼细胞＞30%。

（3）有白血病细胞，核分裂象及退化细胞增多。

（4）除病理细胞系列外，其他系列血细胞均受抑制。

2. 血象

（1）白细胞增多性白血病：白细胞计数多在（10～50）×10^9/L，分类中易见原始和幼稚细胞。

（2）白细胞减少性白血病：白细胞计数减少，分类中不易见到原始和幼稚细胞。

（3）红细胞和血红蛋白显著减少；血小板计数常＜50×10^9/L。

3. 其他检查　细胞化学染色、免疫检查、染色体及分子生物检查等。

（二）慢性髓细胞性白血病

1. 骨髓象

（1）骨髓增生极度活跃。

（2）粒系比值增大，粒：红达（10～50）：1。

（3）中幼、晚幼及杆状核粒细胞明显增多，嗜酸性、嗜碱性粒细胞增多，原始粒细胞、早幼粒细胞＜10%～15%，粒细胞形态正常或有一定异常。

（4）红系细胞相对减少或受抑制，可有巨幼样变，成熟红细胞形态正常。

（5）巨核细胞早期显著增多，血小板增多，晚期均减少。

（6）淋巴系比值减少，为成熟淋巴细胞。

2. 血象

（1）白细胞显著增多，一般在（100～400）×10^9/L，甚至可达1000×10^9/L。

（2）分类粒细胞可达90%，以中幼粒细胞以下阶段为多，原始粒细胞、早幼粒细胞＜10%，嗜酸性粒细胞和嗜碱性粒细胞增多，嗜碱性粒细胞可高达10%～20%，是慢性髓细胞性白血病的特征之一。

（3）血小板早期增多，晚期减少。

（4）淋巴细胞和单核细胞减少。

3. 其他检查　中性粒细胞碱性磷酸酶（NAP）活性显著降低。90%～95%以上病例可出现费城染色体，为慢性髓细胞性白血病的特异性异常染色体，是本病特征之一。

提示：急性白血病相应某细胞的高度增生，以相应的原始细胞及早期的幼稚细胞为主。慢性白血病相应某细胞增生，以成熟或接近成熟细胞为主。

（彭琼辉）

自 测 题

选择题

1. 属于骨髓穿刺术禁忌证的是

　　A. 白血病　　　　　　　　B. 血小板减少性紫癜　　　　　　C. 放射病

D. 重症血友病　　　　　　　　E. 粒细胞减少症

2. 下列不属于正常骨髓象特征的是
   A. 有核细胞增生明显活跃　　　　B. 粒红比例为（2~4）:1
   C. 原粒细胞2%，早幼粒细胞4%　　D. 偶见组织嗜碱细胞
   E. 无寄生虫

3. 骨髓增生极度活跃最常见于
   A. 急性白血病　　　　B. 失血性贫血　　　　C. 溶血性贫血
   D. 缺铁性贫血　　　　E. 慢性粒细胞白血病

4. 粒红比例减低见于
   A. 白血病　　　　　　B. 急性化脓性感染　　C. 纯红再生障碍性贫血
   D. 原发免疫性血小板减少症　　E. 各种增生性贫血

5. 骨髓检查巨核细胞减少不见于下列哪项
   A. 原发免疫性血小板减少症　　B. 再生障碍性贫血　　C. 急性白血病
   D. 放射病　　　　　　E. 化学物质或药物中毒

6. 淋巴细胞相对增多见于
   A. 再生障碍性贫血　　　　　　B. 急性淋巴瘤
   C. 传染性单核细胞增多症　　　D. 急性淋巴细胞白血病
   E. 慢性淋巴细胞白血病

7. 患者，男性，30岁，头晕、乏力2个月，牙龈出血2周，发热伴咳嗽1周。血常规：WBC 3.2×10^9/L，Hb 85 g/L，PLT 54×10^9/L，最具确诊价值的检查是
   A. 胸部X线片　　　　B. 痰培养　　　　　　C. 血培养
   D. 骨髓细胞学检查　　E. B超检查肝、脾是否肿大

8. 骨髓细胞过氧化物酶染色反应强阳性，见于
   A. 急性淋巴细胞白血病　　　　B. 急性单核细胞白血病
   C. 急性粒细胞白血病　　　　　D. 急性红白血病
   E. 巨核细胞白血病

9. 正常骨髓细胞外铁为
   A.（-）~（+）　　　　B.（+）~（++）　　　C.（++）~（+++）
   D.（+++）~（++++）　E.（++++）

10. 为了区别红白血病和巨幼细胞贫血，下列首选的实验是
    A. POX染色　　　　　B. PAS染色　　　　　C. a-NAE染色
    D. 铁染色　　　　　　E. NAP染色

11. 用于鉴别急性单核细胞白血病与急性粒细胞白血病的细胞化学染色是
    A. POX染色　　　　　　　　　B. PAS染色
    C. NAP染色　　　　　　　　　D. a-NAE染色和NaF抑制试验
    E. NCE染色

12. 鉴别类白血病和慢性髓细胞性白血病的组织化学染色是
    A. PAS　　　　　　　B. POX　　　　　　　C. NAP
    D. 铁染色　　　　　　E. A-NAE

第十八章 排泄物、分泌物及体液的检查

第十八章数字资源

学习目标

1. 知识：说出尿液、粪便、痰液、脑脊液、浆膜腔积液、生殖系统体液标本采集、保存要求，列举相关疾病的常用检查项目及异常结果的临床意义。
2. 能力：根据疾病列举针对性的检查项目，运用所学知识对比异常检查结果，分析并诊断患者的疾病，向患者解释各项检查目的。
3. 素养：培养吃苦耐劳、不怕脏、不怕累的职业素质；培养严谨、细心、对患者负责的工作态度。

案例 4-18-1

患者，男性，60岁，因间断水肿1年伴气短、食欲缺乏2天入院。患者1年前无明显诱因出现颜面部水肿，未正规治疗。近2天，水肿逐渐加重，尿量减少，每日尿量约为100 ml，恶心、呕吐、食欲下降等。体格检查：T 36.0 ℃，P 100次/分，R 19次/分，BP 135/85 mmHg，颜面部水肿，双肺呼吸音清，局部可闻及湿啰音。心界不大，心率100次/分，心律齐，未闻及杂音。腹部平软，肝、脾肋下未触及，移动性浊音阴性，双足明显水肿，皮肤紧张、发白。实验室检查：尿常规提示尿比重1.010，尿蛋白（+），红细胞0~2/HP，白细胞3~5/HP。血生化提示血肌酐127 μmol/L。B超提示双肾静脉主干有血栓。

问题与思考：
1. 如何向该患者解释实验室检查结果？
2. 如需再次做尿常规检查，如何指导患者采集标本？

第一节 尿液检测

尿液（urine）是血液经肾小球过滤，肾小管和集合管重吸收、分泌，经由输尿管、膀胱、尿道将机体代谢产物及过剩物质和异物排出体外的液体物质。尿液检查是临床常规检验项目之一，主要用于：①协助如肾小球肾炎、肾盂肾炎、肾衰竭等泌尿系统疾病的诊断、病情观察和疗效观察。②协助血液、消化、内分泌等其他系统疾病的诊断。③职业病防治。④临床安全用药的监护。⑤人群健康普查。

一、标本采集

1. **容器要求** ①常规尿收集容器要求清洁、干燥、一次性使用,避免干扰性化学物质(如表面活性剂、清洁剂)污染。②尿液细菌培养时,应消毒会阴后用无菌容器收集中段尿。③常规采集尿液量10~20 ml,收集定时尿如24 h尿,容器应足够大、加盖。④容器上及时标记姓名、病室、收集时间等必要信息。

2. **采集尿液标本的要求** ①常规采集中段尿。②标本避开月经期、行房后,避免混入月经血、阴道分泌物、精液、粪便。③标本应避免强光照射,以免尿胆素原等物质因光照或氧化而减少。④特殊检查应按要求留取标本,如尿糖检查留取空腹尿,收集24 h尿时应指导患者尽可能在接近计时终点排尿。⑤排尿困难者一般留置导尿管后先弃去15 ml再留取标本。临床常用尿液标本采集项目列于表4-18-1。

表4-18-1 临床常用尿液检查的项目和采集方式、用途

项目	采集方式	用途
晨尿	清晨起床第一次尿,尿液在体内停留时间最久,成分更容易检出	有条件的情况下最常用尿液检查
随机尿	可随时采集,方便,但受影响因素多	门诊、急诊
24 h尿	晨8时排空膀胱弃去尿液后开始采集尿液,采集至次日晨8时的全部尿液	化学成分(如尿蛋白)定量检查
餐后尿	午餐后2 h尿液标本	尿糖、尿胆素原和病理性蛋白尿
清洁中段尿	女性用肥皂水或聚维酮碘清洗外阴,男性清洗阴茎头后,使用无菌容器采集不间断排尿的中段尿10~20 ml	微生物(如细菌)培养
膀胱穿刺	耻骨联合上膀胱穿刺法采集,置于无菌厌氧小瓶中	微生物(如厌氧菌)培养

3. **尿液标本的保存** ①尿液标本采集后应立即送检,在1 h内检查,以免细菌繁殖、蛋白质变性、有形成分溶解等。②不能及时送检时,应保存于2~8 ℃条件下,但保存时间不超过6 h(用于微生物学检查保存24 h内仍可培养)。③收集24 h尿时,容器内应加防腐剂。甲醛、甲苯、盐酸等防腐剂可抑制细菌生长、维持尿液弱酸性,应根据检查目的选择适当的防腐剂及用量。

二、一般性状检查

尿液的一般性状包括尿量、外观(颜色、透明度)、气味、比重、酸碱度等项目,对肾病、肝病、代谢性疾病(如糖尿病)的诊断及病情、疗效观察具有重要意义。

1. **尿量(urine volume)** 是指采集个体24 h内排出体外的尿总量。尿量的多少除取决于肾小球滤过率、肾小管和集合管重吸收率外,还受环境温度、精神、活动量、饮水量和药物等因素的影响。

【参考值】

成人24 h尿量为1000~2000 ml。

【临床意义】

(1)多尿:指成人24 h尿量大于2500 ml,或儿童24 h尿量大于3000 ml。

1)生理性多尿:肾功能正常时,可因饮水过多、精神紧张、静脉输液、服用利尿药和脱水药、寒冷等引起。

2)病理性多尿:见于内分泌及代谢性疾病,如糖尿病、尿崩症;肾小管重吸收障碍,如慢性

肾炎后期、肾盂肾炎晚期、急性肾衰竭多尿期。

（2）少尿与无尿：指尿量出现明显减少的情况，可以分为少尿和无尿。

1）定义：①少尿指成人 24 h 尿量少于 400 ml 或每小时尿量少于 17 ml，学龄前儿童少于 300 ml/24 h，婴幼儿少于 200 ml/24 h。②无尿指成人 24 h 尿量少于 100 ml，小儿少于 30～50 ml/24 h。

2）分类：①肾前性少尿，见于休克、大出血、心力衰竭、呕吐、腹泻、烧伤等引起的脱水等。②肾性少尿：见于急性肾小球肾炎、慢性肾炎急性发作、肾衰竭、肾移植后急性排斥反应等。③肾后性少尿：见于各种原因引起的尿路梗阻，如肿瘤、结石、前列腺增生。

2. 外观　正常尿液呈淡黄色透明液体。

（1）颜色：尿液颜色易受尿量、食物、药物、疾病等因素的影响而改变。

【临床意义】

异常尿颜色的分类、颜色改变与临床意义列于表 4-18-2。

表 4-18-2　异常尿颜色分类、颜色改变与临床意义

分类		尿颜色改变	临床意义
血尿		淡红色或洗肉水样	急性肾小球肾炎、肾结核、肾及膀胱肿瘤、尿路结石或损伤
血红蛋白尿		棕红色、茶色、酱油色	各种原因（如蚕豆病、阵发性睡眠性血红蛋白尿、血型不合输血反应）所致血管内溶血性疾病
胆红素尿		深黄色	阻塞性黄疸、肝细胞性黄疸等
白色尿	乳糜尿	乳白色、脂肪小滴	丝虫病或其他原因所致肾周淋巴管阻塞、脂肪挤压伤、肾病综合征
	脓尿、菌尿	白色混浊或云雾状	泌尿系统感染（如肾盂肾炎、膀胱炎、尿道炎）

（2）透明度：新鲜尿清澈透明，尿液发生混浊可由无机盐增多、菌尿、脓尿及乳糜尿等引起。

【临床意义】

常见尿混浊的原因及临床意义列于表 4-18-3。

表 4-18-3　尿混浊的原因及临床意义

混浊	原因	临床意义
灰白色云雾状	盐类结晶（磷酸盐、尿酸盐、碳酸盐沉淀）	高尿酸血症、肾盂肾炎、饮食因素、肝胆疾病
红色云雾状	红细胞	急性肾小球肾炎、肾结核、肾及膀胱肿瘤、尿路结石或损伤
黄色云雾状、白色絮状	脓细胞、细菌	泌尿系统感染（如肾盂肾炎、膀胱炎、尿道炎）
膜状物	蛋白质、红细胞、上皮细胞	肾小球肾炎、泌尿系统感染或结石
乳白色混浊或凝块	乳糜	丝虫病或其他原因所致肾周淋巴管阻塞、脂肪挤压伤、肾病综合征

3. 气味　新鲜尿无明显气味。尿放置一段时间氧化后，可产生氨臭味。异常尿气味也可因挥发性物质在血液中浓度增加经肾排泄而产生。

【临床意义】

新鲜尿即有氨臭味见于慢性膀胱炎或尿潴留；尿呈蒜臭味见于有机磷农药中毒；尿呈烂苹果味见于糖尿病酮症酸中毒；尿呈鼠臭味见于苯丙酮尿症。

4. 尿比重　是指在 4 ℃条件下相同体积尿液与纯水的重量之比，是尿液中所含溶质浓度的指标。尿比重与尿液溶质（如盐类、尿素、肌酐）浓度成正比，也与年龄、饮食、尿量有关，还受尿

糖、尿蛋白、细胞、管型等影响。

【参考值】

正常成人在普通饮食情况下，尿比重为 1.015~1.025。

【临床意义】

（1）尿比重升高：尿比重>1.025，称为高渗尿或高比重尿，常见于高热、脱水、出汗过多、血容量不足的少尿、急性肾小球肾炎、肾病综合征及糖尿病等。

（2）尿比重降低：尿比重<1.015，称为低渗尿或低比重尿，见于大量饮水、尿崩症、慢性肾衰竭等。如尿比重固定在 1.010 左右，提示肾浓缩功能严重损害。

5. 酸碱度（pH） 正常尿呈弱酸性（pH 6.0~6.5）。尿酸碱度受食物、药物和疾病的影响。

【临床意义】

（1）尿 pH 降低：进食肉类食物及蛋白质多者，尿可呈弱酸性；异常见于酸中毒、糖尿病、白血病、痛风、低钾血症等；也可因服用氯化铵、维生素 C 等酸性药物引起。

（2）尿 pH 升高：进食植物性食物多者，尿可呈中性或弱碱性；异常见于碱中毒、膀胱炎、肾盂肾炎、肾小管性酸中毒；也可因服用噻嗪类利尿药及碳酸氢钠等碱性药物引起。

三、化学检查

1. 蛋白质 正常情况下，肾小球滤过膜可有效地阻止大分子蛋白质滤过，而小分子蛋白质可被近曲小管重吸收。健康成人尿液中含蛋白质极少，尿液中蛋白质常用定性和定量检测。

【参考值】

定性：阴性；

定量：0~80 mg/24 h 尿。

【临床意义】

（1）白尿：是指尿内定性阳性（+）；蛋白质定量超过 100 mg/L，或 150 mg/24 h。

（2）大量蛋白尿：尿内蛋白质定性（+++~++++），定量超过 3.5 g/24 h。

1）生理性蛋白尿

功能性蛋白：剧烈活动、妊娠、寒冷、高热等可导致暂时性蛋白尿，与肾血管痉挛或充血、肾小球通透性增加有关。尿蛋白定性不超过（+），定量不超过 500 mg/24 h。

体位性蛋白尿：又称直立性蛋白尿，由于直立时前突的脊柱压迫左肾静脉导致局部静脉压升高，平卧后尿蛋白减少或消失，常发生于高瘦体型的青少年。

2）病理性蛋白尿：常见于肾及肾以外脏器受损所致蛋白尿，常为持续性蛋白尿。病理性蛋白尿的分类及临床意义列于表 4-18-4。

表 4-18-4 病理性蛋白尿的分类及临床意义

病理性蛋白尿	分类	标志蛋白	临床意义
肾病所致蛋白尿	肾小球性蛋白尿	清蛋白、IgG、IgA、IgM 等大分子蛋白质增高	急性肾炎、糖尿病肾病导致肾小球滤过膜损伤所致
	肾小管性蛋白尿	α_1、β_2 微球蛋白增高为主	肾盂肾炎、间质性肾炎、急性肾小管坏死、药物损害及重金属中毒等导致肾小管重新吸收小分子蛋白质下降所致
	混合性蛋白尿	小分子和大分子蛋白质均增加	糖尿病、系统性红斑狼疮导致肾小球和肾小管同时受损

续表

病理性蛋白尿	分类	标志蛋白	临床意义
肾以外脏器受损所致蛋白尿	溢出性蛋白尿	异常小分子蛋白质，如免疫球蛋白轻链、血红蛋白或肌红蛋白	急性溶血性疾病、多发性骨髓瘤、巨球蛋白血症及挤压综合征经肾小球滤过，超过肾小管重吸收能力而产生的蛋白尿
	组织性蛋白尿	Tamm-Horsfall 蛋白	肾小管受炎症、中毒或药物刺激使肾小管分泌量增加所致
	假性蛋白尿	脓液、血液、黏液	膀胱炎、前列腺炎、尿道炎等产生含蛋白质成分的物质

2. 尿糖　是指尿中葡萄糖的含量，正常人尿中含有微量葡萄糖，定性检查呈阴性；尿中葡萄糖增加，定性呈阳性，称为糖尿（glucosuria，glycosuria）。

【参考值】

尿糖阴性。

【临床意义】

当血糖浓度大于 8.8 mmol/L 时，此浓度超过肾小管重吸收能力（肾糖阈），或近端肾小管重吸收功能障碍时可出现糖尿。

（1）血糖升高性糖尿：多见于内分泌及代谢性疾病，如糖尿病、甲状腺功能亢进症、库欣综合征、肢端肥大症及嗜铬细胞瘤。

（2）血糖正常性糖尿：又称肾性糖尿，由于肾糖阈下降所致，见于慢性肾炎、肾病综合征、家族性肾性糖尿等。

（3）暂时性糖尿：见于饮食性糖尿、药物性糖尿、精神性糖尿、妊娠期糖尿、新生儿糖尿及应激性糖尿等。

3. 尿酮体　酮体包括乙酰乙酸、β羟丁酸和丙酮，是脂肪分解代谢的中间产物。正常人血液中含有少量酮体，可从尿液中排出，而当血液中酮体升高出现酮血症（ketonemia），尿酮体检查阳性时称为酮尿症（ketonuria）。酮体主要用于糖代谢障碍检查和脂肪不完全氧化的诊断与评价。

【参考值】

尿酮体阴性。

【临床意义】

尿酮体阳性见于糖尿病酮症酸中毒、严重呕吐、长期饥饿、禁食及全身麻醉后等。

（1）糖尿病酮症酸中毒：由于糖尿病患者胰岛素缺乏导致无法利用葡萄糖，使分解脂肪增加产生酮体，导致酸中毒，患者尿酮体呈强阳性。

（2）非糖尿病酮症：如感染性疾病（肺炎、伤寒、败血症、结核病等）、严重呕吐、长期饥饿、禁食导致血糖下降，脂肪分解增加而出现酮尿。

（3）中毒、麻醉：氯仿、乙醚麻醉后，有机磷农药中毒可导致酮尿。

4. 尿胆色素　尿中胆色素包括胆红素（bilirubin）、尿胆素原（urobilinogen）和尿胆素（urobilin），简称尿三胆。

【参考值】

尿胆红素为阴性；

尿胆素原为弱阳性，尿稀释至 1/20 后多为阴性。

【临床意义】

尿胆色素主要用于鉴别黄疸。

（1）在阻塞性黄疸、肝细胞性黄疸时，尿中可出现胆红素。溶血性黄疸患者的尿中一般无胆红素。

（2）尿胆素原稀释前呈阴性常见于完全阻塞性黄疸；尿胆素原增多常见于溶血性疾病及肝实质性病变（如肝炎）。

四、显微镜检查

尿液显微镜检查是利用显微镜检查尿中有形成分，包括细胞、管型、结晶、微生物及寄生虫等。

1. 细胞

（1）红细胞

【参考值】

玻片法：0~3/HP；

定量检查：0~5/μl。

【临床意义】

如尿外观无血色，而镜下尿红细胞>3/HP，称为镜下血尿，见于泌尿系统炎症、结核、结石、肿瘤以及出血性疾病等。根据尿中红细胞的形态，可将血尿分为3种。①均一红细胞血尿：红细胞外形及大小正常，不伴红细胞管型。均一红细胞血尿见于非肾小球性血尿。②非均一红细胞血尿：红细胞大小不等，外形呈两种以上的多样性变化。常见细胞的一侧向外展出似葫芦或发芽的酵母菌样，胞质血红蛋白向四周集中形似炸面包圈等。非均一红细胞血尿见于肾小球性血尿，如肾小球肾炎、肾病综合征、肾盂肾炎。③混合性血尿：为形态正常的红细胞与形态异常红细胞混杂的血尿。

（2）白细胞

【参考值】

玻片法：0~5/HP；

定量检查：0~10/μl。

【临床意义】

在炎症中，被破坏或死亡的白细胞称为脓细胞，镜下尿中白细胞增多超过5/HP，称为镜下白细胞尿或镜下脓尿，见于泌尿系统感染，如肾盂肾炎、膀胱炎、尿道炎。

（3）上皮细胞：尿中所见的上皮细胞可由肾、尿路等处细胞脱落而混入，包括肾小管上皮细胞、移行上皮细胞、鳞状上皮细胞。

【临床意义】

上皮细胞检查对泌尿系统疾病有定位诊断价值。①肾小管上皮细胞来自肾小管的立方上皮。如此种细胞增多，提示肾小管病变，见于急性肾小管肾炎、急性肾小管坏死、肾移植排斥反应等。②移行上皮细胞来自肾盂、输尿管、膀胱及尿道近膀胱段等处。在正常尿中不易见到，在肾盂、输尿管或膀胱颈炎症时可成片脱落。③鳞状上皮细胞来自尿道前段或阴道的表层。正常尿中可见少量，临床意义不大。若大量出现，同时伴有白细胞增多，提示泌尿系统炎症。

2. 管型（cast） 是尿中的蛋白质、细胞及其分解产物在肾小管和集合管内凝固、堆积而形成的圆柱状聚合体。

【参考值】

正常尿中无管型或偶见透明管型。

【临床意义】

管型的类型、性质对各种肾炎的诊断具有重要意义。管型体积越大、越宽，表明肾损害越严重，而当肾衰竭晚期，肾单位减少、肾小管和集合管重吸收功能丧失后则不能形成管型，因而管型的多少并不能反映疾病好转或恶化，应结合患者的临床表现分析。

常见管型的种类及临床意义列于表4-18-5。

表 4-18-5 常见管型的种类及临床意义

类型	组成成分	临床意义
透明管型（图 4-18-1）	T-H 蛋白、白蛋白	正常人尿中可偶见，肾小球肾炎、肾盂肾炎、慢性肾病、心力衰竭、应激反应、剧烈运动
红细胞管型（图 4-18-2）	管型基质 + 红细胞	急性肾小球肾炎、急性肾小管坏死、肾小球出血、肾硬化
白细胞管型（图 4-18-3）	管型基质 + 白细胞	肾盂肾炎、间质性肾炎
肾上皮细胞管型（图 4-18-4）	管型基质 + 肾小管上皮细胞	急性肾小管坏死、肾移植术后排异反应、妊娠子痫
颗粒管型（图 4-18-5）	管型基质 + 变形细胞分解产物	出现或增多提示肾实质性病变，见于急慢性肾小球肾炎、肾病综合征等，粗颗粒管型较大，多见于病情较重者
蜡样管型（图 4-18-6）	由细颗粒管型衍化而来，或肾单位长期阻塞、透明管型在肾小管内停留时间过长演变而来	提示肾小管严重病变，预后差，见于慢性肾小球肾炎晚期、尿毒症
脂肪管型（图 4-18-7）	由肾小管上皮细胞脂肪变性、崩解，大量脂肪滴进入肾小管成型，用苏丹Ⅲ染液染成橙红色或红色	提示肾小管损伤，见于肾病综合征、亚急性肾小球肾炎、肾小管炎症等
宽大管型（图 4-18-8）又称肾衰竭管型	由颗粒管型、蜡样管型演变而来，宽度达 5 μm 以上，是一般管型的 2~6 倍，易断，呈扭曲状	提示肾病严重，急性肾衰竭多尿期可出现，随肾功能改善逐渐减少或消失，出现于慢性肾衰竭则预后不良

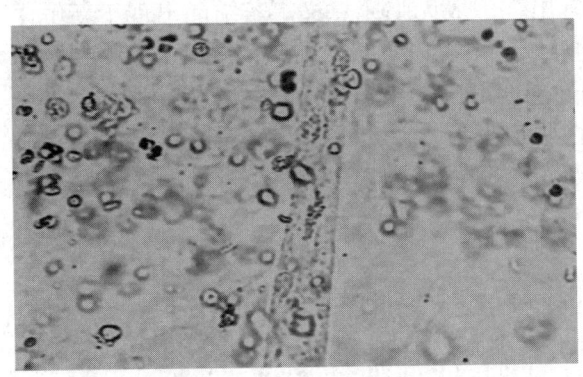

图 4-18-1（彩图 21） 透明管型

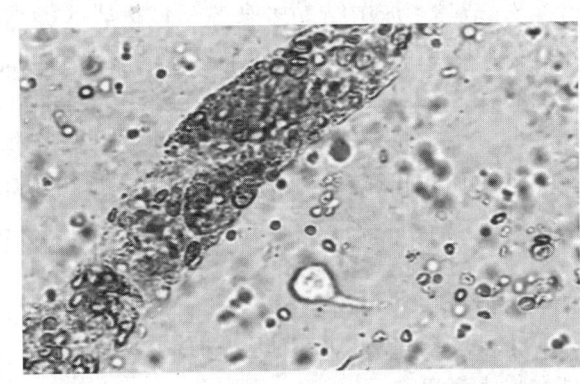

图 4-18-2（彩图 22） 红细胞管型

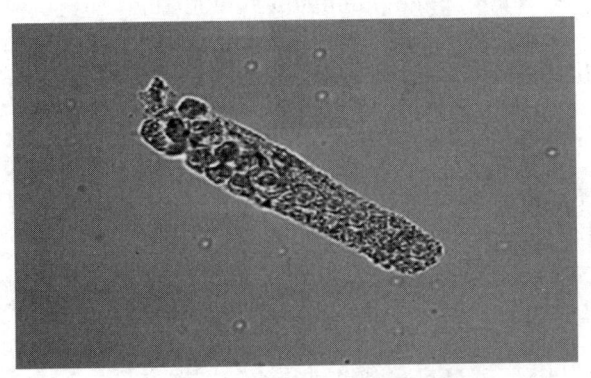

图 4-18-3（彩图 23） 白细胞管型

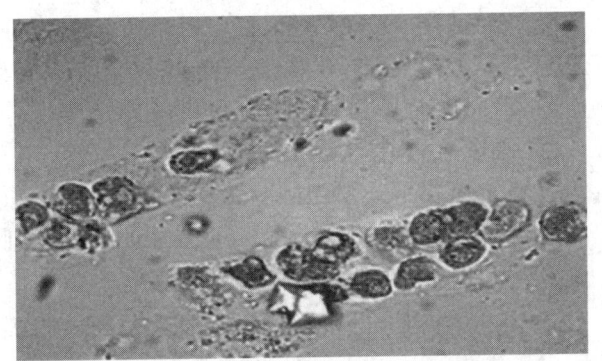

图 4-18-4（彩图 24） 肾上皮细胞管型

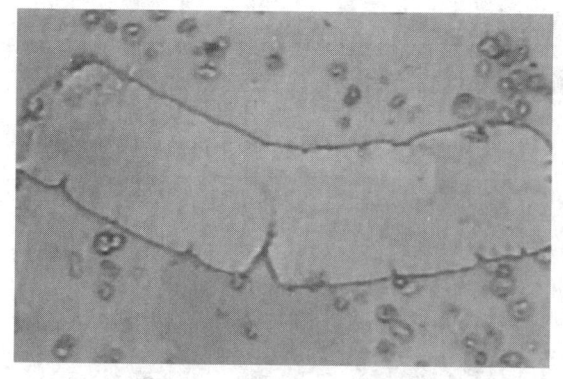

图 4-18-5（彩图 25） 颗粒管型

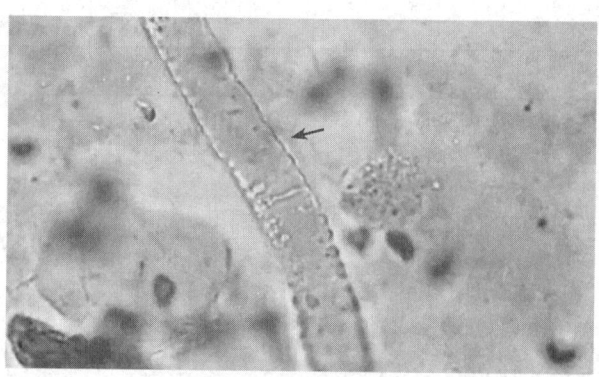

图 4-18-6（彩图 26） 蜡样管型

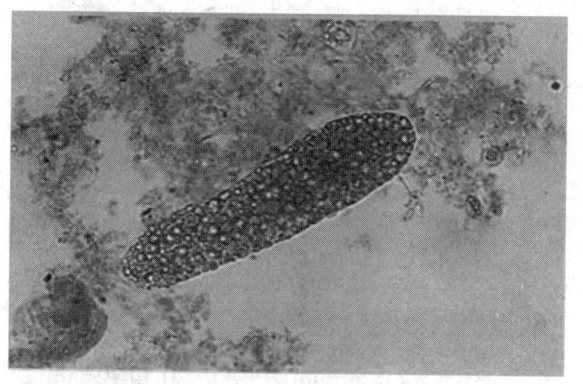

图 4-18-7（彩图 27） 脂肪管型（S 染色）

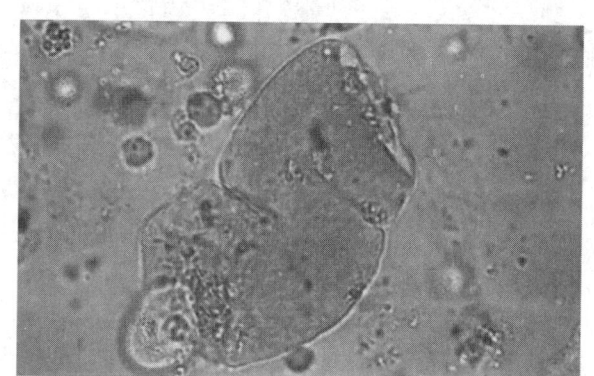

图 4-18-8（彩图 28） 宽大管型

3. 结晶　尿中结晶多来源于食物或盐类结晶的析出，一般无临床意义。若结晶出现于新鲜尿中，并伴有红细胞增多，应怀疑尿路结石的可能。新鲜尿中出现尿酸铵，并有大量白细胞，提示膀胱有细菌感染。在尿中检出磺胺类药物结晶提示药物性损伤，应立即停药并碱化尿。

4. 寄生虫及虫卵　乳糜尿中可检出微丝蚴；女性阴道炎症合并泌尿系统感染时可见阴道毛滴虫；埃及血吸虫侵入肾及膀胱时，其虫卵可由尿中排出；被粪便污染的尿有时也可见到虫卵。

5. 尿沉渣定量检测

（1）过筛法和定量尿沉渣分析法

【参考值】

正常人每微升新鲜尿中红细胞、白细胞、肾小管上皮细胞为 0~2/μl，2~5/μl 为可疑，>10/μl 具有临床意义。

（2）1 h 尿沉渣计数法

【参考值】

男：红细胞<3 万/h、白细胞<7 万/h、管型<3400/h；

女：红细胞<4 万/h、白细胞<14 万/h、管型<3400/h。

【临床意义】

正常情况下，细胞排泄率女性高于男性。急性肾小球肾炎时，红细胞、管型、白细胞均增多，尤以红细胞最为突出；肾盂肾炎和尿路感染时则以白细胞增多最明显。

五、尿液检查项目的临床应用

尿液标本获取方便，检查无创伤，是临床检验的重要标本，具有十分广泛的用途。

常规检查项目与健康体检中对怀疑或已确诊泌尿系统患者，须做尿沉渣检查，以避免漏诊或了解病变程度。还可根据临床需要选择其他项目：通过微量白蛋白检查及时发现和治疗糖尿病、原发性高血压、妊娠诱发高血压、急性心肌梗死、自身免疫病等各种原因导致的早期肾损伤；测定尿白蛋白/肌酐比值，筛查早期糖尿病肾病；通过尿溶菌酶测定肾小管疾病及判断预后、诊断急性单核细胞白血病；作为肾小管性和肾小球性蛋白尿液的鉴别和上、下尿路感染的鉴别；通过乳糜尿试验诊断丝虫病或阻塞淋巴管的其他原因；通过尿本周蛋白检查确定多发性骨髓瘤、巨球蛋白血症等疾病的诊断。

（李 洁）

第二节 粪便检查

粪便（feces）由未被消化的食物残渣、已被消化但尚未被吸收的食糜、消化道分泌物（胆色素、酶、黏液、无机盐）、消化道分解产物、肠道黏膜脱落细胞及细菌（如大肠埃希菌、肠球菌）等组成。粪便检查的主要目的有：①了解消化道及消化器官（如肝、胆、胰）有无炎症、肿瘤、出血、寄生虫感染等疾病。②间接判断胃、肠、肝、胆、胰等消化器官的功能状况。③协助诊断肠道传染病。

一、标本采集

粪便标本的采集方法直接影响检查结果的准确性，标本采集时应注意以下事项。

1. 容器要求　采集容器应清洁、有盖、干燥，无渗漏，不吸水。如做粪便细菌学检查，应采集于干燥、无菌、有盖的容器内。

2. 采集粪便标本的要求　①标本务必新鲜，不可混入尿、消毒剂和污水等，以免破坏有形成分和病原体。②采集标本时应用干净竹签挑取含有黏液或脓血部分，外观无异常的粪便可从粪便的表面、深处多部位采集。③标本大小：一般检查留取花生仁大小粪块即可；如做集卵检查，须留取鸡蛋大小粪便；如孵化血吸虫毛蚴，最好留取全部粪便。④做粪便隐血试验时，患者应于检查前3日禁食肉类、动物血、肝、瘦肉、绿叶蔬菜等含铁元素的食物或药物。⑤排便困难者或婴儿可用直肠拭子采集，标本拭子置于有保存液的试管内送检。⑥检查蛲虫卵时，需用透明薄膜拭子于清晨排便前向肛门周围皱缝处拭取并立即送检。⑦厌氧菌培养的标本应尽量避免与空气接触，最好在床边接种。

3. 粪便标本的保存　①粪便标本采集后1 h内须检查完毕，否则可因pH改变或消化酶的作用导致有形成分破坏。②检查痢疾阿米巴滋养体应于排便后立即送检，寒冷季节标本送检及检查时均需保温。③副溶血弧菌引起腹泻的粪便应置于碱性蛋白胨水或卡-布（Cary-Blair）内运送培养液。

4. 注意事项　①任何标本都视为潜在高危病原菌感染源，采集标本应使用合适器具移取标本，避免被污染或感染。②一次粪便培养阴性不能完全排除胃肠道病原菌的存在，对于传染性腹泻患者，需3次送检粪便进行细菌培养。③病原学明确诊断后，为避免该患者成为带菌者，应在不同时间、隔离期间至少有3次连续培养阴性才能出院。

二、一般性状检查

粪便的一般性状受食物种类、性质、量、药物的影响大，但粪便一般性状检查对消化系统疾病、寄生虫感染的诊断具有重要价值。

【参考值】

正常成人每日平均排便 1~2 次，或 2 天 1 次，粪便量为 100~300 g，粪便颜色呈黄褐色，形状为条状软便，可有少量黏液，有粪臭，无脓、血和寄生虫。婴幼儿粪便可为黄色或金黄色糊状。

【临床意义】

1. 粪便量与排便次数　粪便量的多少与进食量、食物种类及消化器官的功能状态密切相关。进食量少，尤其细粮、肉食占比大，粪便量较少、排便间隔时间长；进食量大且次数多，尤其含粗粮、蔬菜占比大，粪便量较多且可一天排便 2 次以上。

2. 粪便颜色　粪便颜色也可因食物种类不同而异。肉食占比大者粪便颜色呈黑褐色；进食过多绿色蔬菜者粪便呈暗绿色。常见粪便颜色变化及意义列于表 4-18-6。

表 4-18-6　常见粪便颜色变化及意义

粪便颜色	生理性	病理性
淡黄色	婴幼儿	服用大黄、番泻叶、山道年等药物
绿色	大量食用绿色蔬菜	服用甘汞、胆绿素增多
白陶土色	大量食用脂肪食物	胆道梗阻、阻塞性黄疸、钡餐检查后
红色	大量食用番茄、红辣椒、西瓜等	直肠癌、肛裂、痔等，服用利福平
果酱色	大量食用咖啡、可可、樱桃、蓝莓等	阿米巴痢疾、肠套叠等
柏油样	食用动物血或肝、肾等含血丰富的食物等	上消化道出血，服用铁剂、铋剂、活性炭等

3. 粪便性状　粪便性状变化及意义列于表 4-18-7。

表 4-18-7　粪便性状变化及意义

粪便	性状	临床意义
稀汁便	脓液、含膜状物	假膜性肠炎
	洗肉水样	副溶血性弧菌食物中毒
	红豆汤样	出血性小肠炎
	稀水样	获得性免疫缺陷综合征（艾滋病）伴隐孢子虫感染等
米泔水样便	白色淘米水样	霍乱、副霍乱
黏液便	黏液混于粪便中见于小肠病变；黏液附于粪便表面见于大肠疾病	肠道炎症或受刺激、肿瘤、便秘、某些细菌性痢疾
脓血便	脓液、脓血样、黏液脓血样	细菌性痢疾、阿米巴痢疾、溃疡性结肠炎、结肠癌、肠结核
扁平、细条便	粪便较以前变细条、扁片改变	肠痉挛、直肠或肛门狭窄、肿瘤
羊尿样便	球形硬便、羊尿粒样	习惯性便秘
乳凝块、蛋花样便	黄白色乳凝块或蛋花汤样	婴儿消化不良及腹泻

4. 气味　粪便气味是由于食物中的蛋白质在肠道经细菌作用分解产生吲哚、粪臭素、硫醇、硫化氢、氨所致。肉食者粪便臭味重，素食者粪便臭味较轻。病理情况下，粪便恶臭见于慢性肠炎、胰腺疾病、消化道大出血、结肠或直肠溃烂合并感染时；鱼腥味见于阿米巴肠炎；酸臭味见于脂肪、糖类消化不良，因脂肪在肠道内分解或糖类发酵所致。

5. 寄生虫 粪便寄生虫检查有助于确诊肠道寄生虫病。较大虫体（如蛔虫、蛲虫、绦虫）肉眼即可发现；钩虫虫体则需要筛查粪便后才能发现。服用驱虫剂后应常规检查有无寄生虫及其片段。

三、显微镜检查

镜检是粪便检查常规项目之一，主要观察粪便中有无细胞、寄生虫虫卵、原虫及各种食物残渣，也有助于消化道疾病的诊断与疗效观察。

【参考值】

粪便显微镜检查项目及参考值列于表4-18-8。

表4-18-8 粪便显微镜检查项目及参考值

项目	参考值
细胞	无红细胞、吞噬细胞、肿瘤细胞，偶可见白细胞、肠上皮柱状细胞
细菌	粪便中主要细菌为革兰氏阴性菌，包括大肠埃希菌、厌氧杆菌、肠球菌等，为肠道内正常菌群，球菌与杆菌比例约为1:10；产气杆菌、变形杆菌、铜绿假单胞菌等多为过路菌；双歧杆菌、拟杆菌、葡萄球菌和肠杆菌为婴儿粪便中的主要细菌。正常粪便中的菌量和菌谱相对稳定，保持着与宿主间的生态平衡
寄生虫	无寄生虫及寄生虫虫卵

【临床意义】

1. 细胞

（1）红细胞：正常粪便中无红细胞，肠道下段炎症或出血（如溃疡性结肠炎、结肠癌、直肠癌、直肠息肉、急性血吸虫病、痔、肛裂等疾病）可以看到新鲜红细胞。在阿米巴痢疾时，红细胞较白细胞多，大多堆积，有破碎；细菌性痢疾时红细胞少于白细胞，多呈散在分布。

（2）白细胞：肠道炎症时白细胞增多但小于15/HP，细菌性痢疾、溃疡性结肠炎时脓细胞可成堆出现，以中性粒细胞为主。过敏性肠炎、肠道寄生虫病（如钩虫病和阿米巴痢疾）粪便中可见嗜酸性粒细胞增多。

（3）巨噬细胞：粪便中见到巨噬细胞是诊断急性细菌性痢疾的重要依据。溃疡性结肠炎、出血性肠炎患者粪便中巨噬细胞也可增多。

（4）上皮细胞：上皮细胞增多见于肠道炎症，上皮细胞混杂于白细胞之间。假膜性小肠结肠炎时，因肠黏膜小块脱落，可见到成片增多的柱状上皮细胞。

（5）肿瘤细胞：见于结肠癌或直肠癌。

2. 细菌及真菌

（1）细菌：若正常菌群消失或比例失调，称为肠道菌群失调症（intestinal dysbacteriosis）。可通过粪便涂片染色检查、细菌培养确定致病菌。

（2）真菌：正常粪便中极少见假丝酵母菌，且多为外源性污染所致。在病理情况下，粪便中以白假丝酵母菌多见，常见于长期应用广谱抗生素、激素、免疫抑制药和放射治疗、化学治疗以及各种慢性消耗性疾病等。

3. 寄生虫及虫卵 感染寄生虫病患者有时可直接在其粪便中观察到虫体，而显微镜检查发现虫卵和包囊即可确诊。另外，也可采用单克隆抗体检查虫卵抗原，以便对虫卵形态不典型或高度怀疑寄生虫感染的患者进行确诊。

（1）蠕虫：在病理情况下，粪便涂片中可见到蛔虫卵、鞭虫卵、钩虫卵、蛲虫卵、血吸虫卵及肺吸虫卵等。

（2）原虫：寄生于肠道内的原虫以阿米巴原虫常见，其滋养体常见于急性阿米巴痢疾的脓血便中；蓝氏贾第鞭毛虫主要感染儿童，引起慢性腹泻；隐孢子原虫现确诊为获得性免疫缺陷综合征患者、儿童腹泻患者的主要病原体，并列为获得性免疫缺陷综合征的重要检查项目之一。

1）溶组织内阿米巴（Entamoeba histolytica）：显微镜检查新鲜粪便的脓血黏液部分可见到滋养体，并可找到包囊。

2）蓝氏贾第鞭毛虫（Giardia lamblia）：滋养体的形态如纵切的半个去核的梨，前端钝圆，后端尖细，背面隆起而腹面凹陷，两侧对称形似勺形，腹部前半部有吸盘，借此可吸附于肠黏膜上。

3）隐孢子虫（Cryptosporidium parvum）：除粪便常规检查外，常用改良抗酸染色法、金胺-酚-改良抗酸染色法等来提高阳性检出率。

4）人芽胞子虫（Blastocystis hominis）：无色或淡黄色，圆形或卵圆形，大小不一，胞内有巨大透明体，其周边绕以狭窄的细胞质，胞质内含有少数折光小体。

四、粪便隐血试验

隐血（occult blood）是指消化道少量出血时，红细胞被消化分解，粪便外观无血色，同时显微镜检查也未发现红细胞。粪便隐血试验（fecal occult blood test）是指利用化学方法或免疫学方法检查粪便中有无微量出血的试验。粪便隐血试验对消化道出血，特别是消化道肿瘤的诊断与鉴别诊断具有重要意义。

【参考值】

阴性。

【临床意义】

粪便隐血试验间断性阳性多见于消化性溃疡；持续性阳性多见于消化道恶性肿瘤，如胃癌、结肠癌。当粪便隐血试验阳性时，应及时查找出血部位，但胃肠道间歇性出血时已出现假阴性，为降低误诊率，需对患者的不同标本检查3~6次。

五、粪便检查项目的选择与应用

1. 肠道感染性疾病　粪便检查是诊断急性、慢性腹泻必备的检查项目，除观察粪便的一般性状变化外，粪便显微镜检查及培养有确定诊断及鉴别诊断的价值。寄生虫感染也可通过粪便涂片显微镜检查找到相应的虫卵以确定诊断。

2. 鉴别黄疸　胆汁淤积性黄疸患者粪便呈白陶土色，粪胆素原定性检查呈阴性，定量检查粪胆素原降低；溶血性黄疸患者粪便呈深黄色，粪胆素原定性检查呈阳性，定量检查粪胆素原增多。

3. 消化道肿瘤筛查试验　持续阳性常提示胃肠道恶性肿瘤，若为间歇性阳性则提示其他原因所致消化道出血，可加做内镜或钡餐检查查找病因。粪便显微镜检查如发现有癌细胞，可确诊为结肠癌、直肠癌。

（李　洁）

第三节 痰液检查

正常人痰液很少，当气管、支气管、肺泡黏膜受到各种刺激时（如烟尘、刺激性气体、气温变化），导致分泌物增多，被咳出，称为咳痰。在病理情况下，痰量增多的同时，痰液的性质和成分随之改变。因此，痰液检查可应用于呼吸系统疾病的诊断、疗效观察。

一、标本采集

1. 容器要求　使用采集痰液专用容器。
2. 采集方法　咳痰液、鼻咽拭子等通过气管收集的标本均可作为呼吸道标本。①标本采集常采用自然咳痰法。当痰量少不易采集时，可以使用雾化蒸汽吸入法。昏迷或无法自主排痰患者采用一次性吸痰管法。②采集痰液之前，嘱患者先漱口，清洁口腔，然后用力咳出气管深处痰液，盛于清洁、干燥的容器内送检。③细菌培养的标本，须嘱患者用灭菌水漱口后无菌采集标本，以避免口腔内菌群的污染。④厌氧菌培养标本，可经气管穿刺吸取法或经支气管镜抽取标本，防止标本氧化。⑤鼻咽拭子和鼻咽洗液可供鼻病毒、呼吸道合胞病毒、肺炎衣原体、溶血性链球菌等的病原学诊断。⑥真菌培养时，最好同时做标本的涂片染色和普通细菌培养。
3. 采集时间　①做痰液一般性状检查时，应留取清晨第一口痰为宜。②做细胞学检查，以上午9时至10时采集痰液为最佳。③漂浮或浓集法检查结核分枝杆菌时，最好留12~24 h痰液送检，可提高检查阳性率。如患者正在使用抗生素治疗，应暂停用药24 h后留取痰液。
4. 标本保存　①24 h痰量检查或分层检查，嘱患者将痰留在无色广口瓶内，必要时加少量苯酚防腐。②标本不能及时送检时，可暂时冷藏保存，保存时间不超过24 h。

二、一般性状检查

痰液一般性状检查对呼吸系统疾病的诊断与鉴别诊断有一定的价值，包括痰量、颜色、性状、气味。

【参考值】

正常人无痰或仅有少量白色泡沫样痰或黏液痰，不含异物，无特殊气味。

【临床意义】

1. 痰量　呼吸系统疾病患者痰量可明显增多，可达50~100 ml/24 h。慢性炎症患者的痰量较急性多；细菌感染患者痰量较病毒感染患者多。痰量增加主要见于支气管扩张、肺脓肿、慢性支气管炎、肺空洞性病变及肺水肿等。大量痰液可超过100 ml/24 h。
2. 颜色　病理情况下，痰液的颜色可发生改变，但无特异性。痰液颜色变化、常见病因及临床意义列于表4-18-9。

表4-18-9 痰液颜色变化、常见病因及临床意义

痰液颜色	常见病因	临床意义
黄色、黄绿色	呼吸道化脓性感染	肺炎、肺脓肿、支气管扩张、慢性支气管炎、肺结核
铁锈色	炎症导致渗透增强，红细胞析出，进入肺泡后被破坏、氧化	肺炎链球菌肺炎、肺梗死
血色、棕红色	累及毛细血管或血管破裂	肺癌、肺结核、支气管扩张

续表

痰液颜色	常见病因	临床意义
粉红色泡沫样	淤血致使毛细血管通透性增加	急性肺水肿
烂桃样灰黄色	肺组织坏死	肺吸虫病
棕褐色	红细胞破坏氧化	阿米巴肺脓肿、肺吸虫病
灰色、黑色	吸入尘埃或烟雾，陈旧性少量出血	见于矿工、锅炉工和长期吸烟者

3. 性状　不同疾病形成的痰液可有不同的性状改变，观察痰液的性状改变有助于临床诊断。

（1）黏液性痰：痰液黏稠，颜色透明或呈灰色、白色。黏液性痰常见于急性支气管炎、支气管哮喘或早期肺炎等。

（2）脓性痰：痰液黏稠，常呈黄色、黄绿色或黄褐色。痰液由大量脓细胞、坏死组织、黏液等组成，见于化脓性感染，如支气管扩张、肺脓肿、脓胸向肺内破溃及活动性肺结核等。

（3）浆液性痰：痰液稀薄，泡沫样。因肺淤血，毛细血管内液体渗入肺泡所致。浆液性痰常见于肺水肿等。

（4）血性痰：痰液呈血色或褐色、黑色。可为痰中混有血丝，或为大量鲜红色泡沫样血痰，也可为纯鲜血或血块、褐色痰，陈旧性出血为黑色痰。血性痰见于剧烈咳嗽、肺结核、支气管扩张、肺水肿、肺梗死、肺癌及出血性疾病等。

（5）混合性痰：由两种或三种性状痰混合，如黏液脓性痰、浆液脓性痰。

4. 气味

（1）血腥味：见于血痰，如肺癌、肺结核。

（2）粪臭味：见于膈下脓肿与肺相通时、肠梗阻等。

（3）恶臭味：见于合并厌氧菌感染，如肺脓肿、支气管扩张或晚期肺癌。

三、显微镜检查

【参考值】

正常痰液中可含少量白细胞，少量肺泡上皮细胞、鳞状上皮细胞、柱状上皮细胞，符合要求的痰液标本应在每低倍镜视野中≤10个鳞状上皮细胞，以及>25个白细胞，以中性粒细胞为主。无红细胞、寄生虫。

【临床意义】

1. 白细胞　中性粒细胞增多提示化脓性感染；嗜酸性粒细胞增多见于支气管哮喘、过敏性支气管炎、肺吸虫病；淋巴细胞增多见于肺结核。

2. 红细胞　红细胞增多提示呼吸道出血，见于支气管扩张、肺结核、肺癌及出血性疾病等。

3. 上皮细胞　肺泡上皮细胞增多见于呼吸系统炎症性疾病，如大量出现，则表明肺组织崩解；柱状上皮细胞增多常见于支气管哮喘和慢性支气管炎。

4. 肺泡巨噬细胞　吞噬炭粒者称为炭末细胞，见于炭末沉着症及吸入大量烟尘者。吞噬含铁血黄素者称为含铁血黄素细胞，见于心力衰竭引起的肺淤血、肺梗死及肺出血。

5. 寄生虫及虫卵　常见的有肺吸虫、肺包囊虫病的棘球蚴、阿米巴滋养体、卡氏肺孢子虫等。找到肺吸虫卵可诊断为肺吸虫病。

6. 结晶　①夏科-莱登结晶见于支气管哮喘、肺吸虫病等。②胆固醇结晶见于慢性肺脓肿、脓胸、慢性肺结核、肺肿瘤、肝脓肿破入支气管内。③酪氨酸结晶见于脓胸。

7. 脱落细胞检查　肺癌患者痰中带有脱落的癌细胞，如取材适当，检查方法正确，阳性率可达 60%～70%，对肺癌有较大诊断价值。

8. 细菌检查　①革兰氏染色：一般细菌检查常用革兰氏染色，痰中可见到的致病菌种类繁多，如葡萄球菌、肺炎链球菌、链球菌、白喉杆菌、铜绿假单胞菌及肺炎杆菌。②痰培养：一旦发现致病菌，应做痰培养以鉴定菌种，并做药物敏感试验。③抗酸染色法：检查结核分枝杆菌使用抗酸染色法，为提高检出阳性率，可做集菌法进行结核分枝杆菌培养。

（李　洁）

第四节　脑脊液检查

脑脊液（cerebrospinal fluid，CSF）是主要由脑室脉络丛产生，循环于脑室和蛛网膜下腔的无色、透明液体，最后经蛛网膜粒回流入静脉。正常成人脑脊液的总量为 90～150 ml，新生儿为 10～60 ml。

一、标本采集

1. 容器要求　3 个无菌试管，如疑有恶性肿瘤，可再加 1 个试管用于脱落细胞学检查。
2. 采集方法　脑脊液标本由临床医师通过腰椎穿刺采集，特殊情况下可由小脑延髓池或脑室穿刺获取。采集脑脊液前先做压力测定，再根据检查目的，将脑脊液分别收集于 3 个无菌试管中，每管 1～2 ml。第 1 管用于细菌培养，第 2 管用于化学和免疫学检查，第 3 管用于一般性状及细胞学检查。
3. 标本立即送检　采集标本后，在检查申请单上注明采集日期和时间，并立即送检，以免放置过久而出现如下情况：①细胞破坏或细胞包裹于纤维蛋白凝块中，导致细胞数减少及分类不准。②标本中的葡萄糖迅速分解，导致葡萄糖测定结果偏低。③标本中的细菌自溶或死亡，影响细菌检出率。

二、一般性状检查

脑脊液性状包括脑脊液的颜色、透明度、凝固性、压力等，脑脊液检查有助于提供神经系统疾病很多诊断信息。

1. 颜色　正常脑脊液为无色水样液体。病理状态下可有不同颜色的改变，列于表 4-18-10。

表 4-18-10　脑脊液颜色改变及临床意义

颜色	原因	临床意义
红色	出血	穿刺损伤，蛛网膜下腔或脑室出血
黄色	黄变症	陈旧性出血、黄疸、椎管梗阻
白色	化脓性炎症	脑膜炎球菌、肺炎球菌、溶血性链球菌引起的化脓性脑膜炎
绿色	炎症	铜绿假单胞菌感染
褐色或黑色	色素增多	脑膜黑色素瘤、黑色素瘤或陈旧性出血

2. **透明度** 正常脑脊液清澈透明。当脑脊液细胞数量超过 $300 \times 10^6/L$ 或含大量细菌、真菌感染时可呈现不同程度的混浊。①化脓性脑膜炎时，脑脊液细胞数量极度升高，呈乳白色混浊。②结核性脑膜炎时脑脊液细胞数量中度升高，呈毛玻璃样混浊。③病毒性脑膜炎、流行性乙型脑炎、中枢神经系统梅毒等疾病脑脊液细胞数量仅轻度升高，外观仍呈清晰、透明或微浑浊。④健康人脑脊液可因穿刺脑脊液混入红细胞而轻度混浊。

3. **凝固性** 正常人脑脊液内不含纤维蛋白原，静置 24 h 后不会形成凝固或沉淀。当脑脊液蛋白浓度超过 10 g/L 时，可出现薄膜、凝块或沉淀。①急性化脓性脑膜炎时，脑脊液静置 1~2 h 即可出现凝块或沉淀。②结核性脑膜炎时，脑脊液静置 12~24 h 可形成薄膜或纤细的凝块。③蛛网膜下腔梗阻时，脑脊液呈黄色胶冻样凝固。

弗鲁安综合征（Froin-Nonne syndrome）：脑脊液同时存在胶样凝固、黄变症和蛋白-细胞分离的现象，是蛛网膜下隙梗阻的脑脊液特点。

4. **压力** 正常人脑脊液压力为 80~180 mmH_2O。①颅内压升高：脑脊液压力超过 200 mmH_2O，见于脑水肿、脑出血、颅内肿瘤等非炎症性病变或化脓性脑膜炎、结核性脑膜炎等炎症性病变。②颅内压降低：脑脊液压力低于 80 mmH_2O，见于脑脊液循环受阻、流失过多、脱水或休克引起的分泌减少等。

三、化学检查

脑脊液化学检查主要包括蛋白质定量与定性，葡萄糖、氯化物、酶类的定量检查，对中枢神经系统疾病，尤其是感染有一定的价值。

（一）蛋白质

正常脑脊液中蛋白质含量甚微，不到血浆蛋白质含量的 1%，主要为白蛋白。脑脊液中蛋白质参考值受年龄和穿刺部位影响，儿童蛋白质含量较成人低，腰椎穿刺脑蛋白质含量高于脑室穿刺。

【参考值】

定性：阴性或弱阳性；

定量：0.20~0.40 g/L（腰椎穿刺）。

【临床意义】

脑脊液蛋白质升高见于以下几种情况。①出血：可发生蛋白强阳性，如蛛网膜下腔出血、脑出血。②中枢神经系统炎症：清蛋白升高早于球蛋白和纤维蛋白原，升高程度依次为化脓性脑膜炎＞结核性脑膜炎＞病毒性脑膜炎＞真菌性脑膜炎。③椎管内梗阻：如脊髓肿瘤、蛛网膜下腔粘连等病变导致脑脊液循环障碍时，脑脊液蛋白质含量明显升高（可达 30~50 g/L）。④神经根病变：可有蛋白质含量升高，而细胞含量正常或接近正常，称为蛋白-细胞分离现象，见于吉兰-巴雷综合征。

（二）葡萄糖

正常脑脊液中葡萄糖浓度为血糖的 50%~80%，早产儿、新生儿较成人略高。

【参考值】

2.5~4.4 mmol/L。

【临床意义】

1. **脑脊液葡萄糖降低** 可因细菌或破坏的细胞增多释放葡萄糖分解酶导致血糖下降。①中枢神经系统炎症：脑脊液葡萄糖显著降低见于急性化脓性脑膜炎，中度降低见于结核性脑膜炎，轻度降低见于真菌性脑膜炎。②脑肿瘤，尤其是恶性肿瘤。③神经梅毒。④低血糖。⑤脑寄生虫病，如脑囊虫病、吸虫病、弓形虫病。

2. **脑脊液葡萄糖升高** 见于：①早产儿或新生儿。②饱餐或静脉注射葡萄糖后。③脑或蛛网膜下腔出血。④糖尿病等。

（三）氯化物

【参考值】

成人 120～130 mmol/L；

儿童 111～123 mmol/L。

【临床意义】

1. **脑脊液氯化物降低** ①细菌或真菌感染：结核性脑膜炎时氯化物明显降低，化脓性脑膜炎时氯化物稍低，而病毒性脑膜炎变化多不明显。②呕吐、腹泻、脱水等低氯血症时，脑脊液中的氯化物也可减少。

2. **脑脊液氯化物升高** 见于慢性肾衰竭尿毒症期、肾炎、心力衰竭患者等。

（四）酶学

正常脑脊液中含有多种酶，但活性低于血清酶。在炎症、肿瘤、脑血管障碍等疾病时，脑脊液中酶活性增强。

1. **乳酸脱氢酶（LDH）及其同工酶测定**

【参考值】

8～32 U/L。

【临床意义】

乳酸脱氢酶及其同工酶活性增强见于：①脑膜炎，特别是细菌性脑膜炎，而病毒性脑膜炎多正常或轻度升高，是区分两者的重要指标。细菌性脑膜炎以 LDH_4 和 LDH_5 升高为主；病毒性脑膜炎以 LDH_1、LDH_2、LDH_3 升高为主。②脑血管疾病，如脑出血、脑梗死、蛛网膜下腔出血急性期。③脑肿瘤、脱髓鞘病的进展期脑脊液中乳酸脱氢酶活性增强，缓解期下降。

2. **氨基酸转移酶测定** 氨基酸转移酶最重要的为天冬氨酸转氨酶（AST）与丙氨酸转氨酶（ALT）。

【参考值】

AST：5～20 U/L；

ALT：5～15 U/L。

【临床意义】

1. **脑血管器质性病变** 以 AST 升高为主，且升高程度与脑组织损伤程度呈正相关，如脑出血或蛛网膜下腔出血。

2. **中枢神经系统感染** 氨基转移酶活性因血脑屏障通透性增高而增强。

3. **其他** 见于脑转移癌、缺氧性脑病、脑萎缩等。

四、显微镜检查

（一）细胞计数及白细胞分类

【参考值】

正常脑脊液中无红细胞，仅有少量白细胞。其中，成人 $(0～8)×10^6/L$；儿童 $(0～15)×10^6/L$。分类中主要为淋巴细胞和单核细胞，两者之比为 7:3。

【临床意义】

1. **中枢神经系统感染性疾病** ①化脓性脑膜炎时，细胞数量明显增多，常 $>500×10^6/L$，以中性粒细胞为主。②结核性脑膜炎时，细胞数量中度增多，多 $<500×10^6/L$，常出现中性粒细胞、淋巴细胞和浆细胞共存的现象。③病毒性脑膜炎时，白细胞计数多轻度升高，以淋巴细胞为主。④新

型隐球菌性脑膜炎时，白细胞计数可升高，以淋巴细胞为主。

2. 中枢神经系统肿瘤性疾病　细胞总数正常或轻度升高，以淋巴细胞为主，脑脊液中可找到肿瘤细胞。

3. 脑寄生虫病　脑脊液中细胞数量增多，以嗜酸性粒细胞为主。

4. 脑室及蛛网膜下腔出血　除红细胞明显增多外，还可见到中性粒细胞。

（二）病原生物学检查

可用直接涂片法或离心沉淀后取沉淀物制成薄涂片。①疑为化脓性脑膜炎时，做革兰氏染色后镜检。②疑为结核性脑膜炎时，将脑脊液静置24 h，取所形成的薄膜，涂片做抗酸染色镜检。③如疑为隐球菌脑膜炎，则在涂片上加墨汁染色，可见未染色的荚膜。必要时作培养或动物接种帮助临床诊断和治疗。

（李　洁）

第五节　浆膜腔积液检查

将浆膜腔（胸膜腔、腹膜腔和心包腔）中的液体抽出来进行检查的项目称为浆膜腔积液检查。正常情况下，浆膜腔内有少量液体，起润滑作用。病理情况导致液体积聚增多形成浆膜腔积液（serous effusion）。根据积液的性质和病因不同，从病理学上可以分为漏出液（transudate）和渗出液（exudate）。对浆膜腔积液进行一般性状检查与显微镜检查等项目的检查，对疾病的诊断与鉴别诊断有非常重要的意义。

一、标本采集

由医师通过浆膜腔穿刺术采集标本，成功后留取穿刺液于无菌试管内送检。

1. 容器要求　3个无菌试管。①常规为一般性状检查、细胞学检查和化学检查，各留取2 ml。②如需厌氧菌培养，留取1 ml。③结核分枝杆菌检查留取10 ml。

2. 采集方法　浆膜腔积液标本由临床医师通过胸腔穿刺术、腹膜穿刺术及心包穿刺术进行采集。

3. 标本要求　①标本在应用抗生素前获取为最佳。②一般性状检查和细胞学检查可用EDTA-K2抗凝，化学检查标本无需抗凝，观察积液的凝固性需加1份不加抗凝剂的标本10 ml。

4. 标本保存　①采集后于30 min内送检，以免标本出现凝块，细胞变性、破坏和自溶影响检查结果。②可在4 ℃环境中冷藏保存。

二、一般性状检查

浆膜腔积液一般性状包括外观、凝固性、比重等，有助于鉴别积液的性质（漏出液、渗出液），帮助明确积液的病因、诊断和治疗疾病。

【临床意义】

1. 外观

（1）颜色：①漏出液多为淡黄色，渗出液多为深黄色。②渗出液因炎症种类不同可呈现不同程度的区别，如红色见于结核性胸膜炎（腹膜炎、心包炎）、恶性肿瘤、出血性疾病、内脏损伤等；

深黄色脓样见于化脓性细菌感染；乳白色见于淋巴管阻塞；绿色见于铜绿假单胞菌感染；棕色见于阿米巴脓肿破溃进入胸、腹腔；黑色见于曲霉菌感染；草黄色见于尿毒症引起心包积液。

（2）透明度：①漏出液多清晰、透明或微混浊。②渗出液内含大量细胞、细菌而呈不同程度的混浊、云雾状；乳糜液因含有大量脂肪呈混浊外观。

2. 凝固性

（1）漏出液：因纤维蛋白原含量少，一般不易凝固。

（2）渗出液：因含有较多的纤维蛋白原、细菌及组织裂解产物，易自行凝固或形成凝块；但当渗出液中含有大量纤维蛋白溶解酶时，也可因纤维蛋白降解破坏而不易凝固。

3. 比重

（1）漏出液：含细胞、蛋白质少，比重常在 1.015 以下。

（2）渗出液：含细胞、蛋白质多，比重常高于 1.018。

三、化学检查

【临床意义】

1. 黏蛋白定性试验　黏蛋白定性试验又称里瓦尔塔试验（Rivalta test），临床主要用于渗出液和漏出液的鉴别诊断。①漏出液含量少，呈阴性反应。②当受到炎症刺激时，浆膜上皮细胞可分泌大量黏蛋白，故渗出液含量多，呈阳性反应。

2. 蛋白质定量

（1）漏出液：蛋白质常小于 25 g/L。

（2）渗出液：蛋白质常大于 30 g/L。

3. 葡萄糖

（1）漏出液：葡萄糖含量与血糖相似。

（2）渗出液：葡萄糖常因细菌或细胞酶的分解而减少，甚至无糖。

四、显微镜检查

【临床意义】

1. 细胞计数

（1）漏出液：细胞计数常低于 100×10^6/L。

（2）渗出液：细胞计数常超过 500×10^6/L。

2. 细胞分类

（1）漏出液：细胞较少，以淋巴细胞为主，有少量间皮细胞。

（2）渗出液：细胞较多。各种细胞增多的临床意义不同。①红细胞为主：常见于结核病、肺栓塞、恶性肿瘤患者，也可因穿刺损伤混入导致。②中性粒细胞为主：常见于化脓性积液及结核性积液的早期。③淋巴细胞为主：多见于慢性炎症，如结核性、肿瘤性积液。④嗜酸性粒细胞增多：常见于气胸、血胸、过敏性疾病或寄生虫病所致的积液等。

3. 脱落细胞　在浆膜腔积液中检出恶性肿瘤细胞是确诊原发性或继发性肿瘤的重要依据。

五、病原体检查

漏出液中无细菌，如疑为渗出液，可将标本经无菌操作离心后取沉淀物涂片，进行革兰氏染色或抗酸染色，寻找病原菌，必要时进行细菌培养和药物敏感试验，以明确菌群及临床治疗。真菌引起的积液可查到菌丝、芽孢等；离心后取沉淀物涂片可观察有无寄生虫及虫卵。

（李　洁）

第六节　生殖系统体液检查

生殖系统体液检查包括女性的阴道分泌物，男性前列腺液、精液的检查，检查项目对生殖系统的炎症、肿瘤的诊断具有重要意义，还能用于性传播疾病的辅助诊断。

一、阴道分泌物检查

阴道分泌物是女性生殖系统分泌的液体，主要含有白带、细菌，以及阴道、子宫颈、子宫、输卵管脱落的上皮细胞等。观察项目包括一般性状、清洁度及细胞学检查，阴道分泌物检查是妇科体检的必选项目，检查方法简便、经济、实用，对辅助炎症和肿瘤的筛查及治疗观察均有重要价值。

（一）标本采集

1. 容器要求　①清洁试管。②载玻片。使用生理盐水浸湿的棉拭子、消毒铲型小刮板、塑料管抽吸。将采集到的标本浸入盛有 1~2 ml 生理盐水的清洁试管或载玻片上涂片、固定。

2. 采集方法　①阴道分泌物由妇产科医师采集。②主要对已婚妇女采集，常见自阴道深部、阴道穹后部、宫颈口等处或多点采集。③阴道涂片，使用棉拭子在阴道侧壁上 1/3 卷取。④子宫颈刮片，在子宫颈外口鳞柱状上皮交接处，用小刮板刮取一周，避免损伤引起出血，如白带过多，应先用无菌干棉球擦净再刮取。⑤宫腔吸片，当疑有恶性病变时，选择直径 1~5 mm 不同型号的塑料管连于无菌注射器，从宫腔底部轻轻吸取标本，再涂片。

3. 采集时间　①采集标本前 24 h 禁止性生活、阴道检查、灌洗及用药。②采集后将涂片或试管立即送检。

（二）一般性状检查

1. 外观

【参考值】

一般阴道分泌物为白色稀糊状，无气味；排卵期分泌物增多，清澈透明，似鸡蛋清；排卵期 2~3 天后，分泌物减少、变混浊而黏稠；月经期前，分泌物量再增多；绝经期后分泌物减少。

【临床意义】

（1）黏液性：分泌物黏稠、无色、透明，见于使用雌激素、卵巢颗粒细胞瘤等。

（2）黄色脓性：见于阴道毛滴虫或化脓性细菌感染引起的慢性宫颈炎、老年性阴道炎等。

（3）泡沫样脓性：见于滴虫性阴道炎。

（4）豆腐渣样、乳白色：见于假丝酵母样真菌性阴道炎。

（5）血性：见于子宫颈癌、子宫体癌、宫颈息肉、子宫黏膜下肌瘤、老年性阴道炎及重度慢性宫颈炎等。

（6）黄色水样：见于子宫颈癌、子宫体癌、输卵管癌等生殖器恶性肿瘤导致组织变性、坏死。

2. 清洁度检查　是判断阴道炎症、育龄妇女卵巢功能的指标。根据显微镜下观察分泌物中白细胞、上皮细胞、阴道杆菌和杂菌的多少划分为Ⅰ度~Ⅳ度（表 4-18-11）。

【参考值】

Ⅰ度、Ⅱ度。

【临床意义】

表 4-18-11　阴道清洁度的分度判断及临床意义

清洁度	杆菌	球菌	上皮细胞	白（脓）细胞（/HP）	临床意义
Ⅰ	++++	-	++++	0~5	正常人
Ⅱ	++	-/少量	++	5~15	基本正常
Ⅲ	-/少量	++	-/少量	15~30	阴道炎、宫颈炎
Ⅳ	-	++++	-	>30	炎症加重，如滴虫性、淋球菌性、细菌性阴道炎

排卵期前阴道杆菌增加，pH下降，杂菌消失，阴道清洁。而卵巢功能不足时（月经前或绝经后），会出现pH升高，杂菌增多，阴道易发生炎症。

（三）病原体检查

用生理盐水悬滴法或染色后显微镜下检查，可以查到阴道毛滴虫、白假丝酵母菌、阴道加德纳菌及其他细菌。

（四）脱落细胞学检查

细胞病理学检查是将生殖道细胞上皮涂片做苏木精-伊红（HE）染色和巴氏染色（Papanicolaou stain）。意义：①协助生殖道不同部位恶性肿瘤（如宫颈癌）的筛查、诊断和疗效观察。②使用巴氏染色，可通过观察女性阴道上皮细胞的周期性变化了解卵巢功能，推测雌激素水平。

二、前列腺液检查

前列腺液为前列腺分泌的乳白色、弱酸性黏稠液体，是精液的重要组成部分，占15%~30%。通过前列腺按摩获取前列腺液，混有精囊腺液为静态液；由射精排入精液中的前列腺液为刺激性分泌物。前列腺液含磷脂酰胆碱小体、多种无机盐（如钠、钾、锌、钙）、蛋白质、葡萄糖、酶类（如纤溶酶、β-葡萄糖腺苷酶、酸性磷酸酶）等。前列腺液检查主要用于诊断前列腺的炎症、肿瘤、结石、结核等，也可用于辅助诊断性传播疾病。

（一）标本采集

1. 容器要求　①载玻片。②洁净、干燥的试管。③无菌容器。

2. 采集方法　①常采用直肠指检按摩前列腺获取标本。②采集时，先弃去第一滴前列腺液，再将标本采集于试管或载玻片上。③若按摩采集不到标本，可收集按摩后尿液送检。④用于细菌培养的标本，应通过无菌操作，采集于无菌容器内送检。注意：如考虑生殖器结核、恶性肿瘤、脓肿或压痛明显的患者慎重采用按摩法采集标本。

3. 采集时间　采集前列腺液前3天禁止性生活，以免性兴奋导致标本白细胞假性升高。采集后立即送检。

（二）一般性状检查

1. 量　正常前列腺液量为数滴至2 ml。

（1）分泌减少：前列腺炎时前列腺液明显减少。多次按摩无前列腺液排出，提示前列腺分泌功能严重不足，见于前列腺炎性纤维化、性功能低下患者。

（2）分泌增多：见于前列腺慢性充血、过度兴奋。

2. 外观　包括颜色与透明度，正常前列腺液为乳白色、稀薄、不透明液体。异常的外观包括如下几种。

（1）黄色脓性或混浊黏稠见于前列腺炎。

（2）血性：见于前列腺或精囊腺炎症、前列腺结核、结石、恶性肿瘤，也可因按摩过重所致。

（3）酸碱度：正常前列腺液呈弱酸性，pH 6.3~6.5。70岁以上老年人pH可略高，混入较多精囊腺液时pH也升高。

（三）显微镜检查

1. 磷脂酰胆碱小体　为前列腺液中的主要有形成分，为球形或椭圆形折光性小体。前列腺炎时卵磷脂小体数量减少或消失、分布不均、聚集成堆。

2. 红细胞　正常时偶见红细胞，<5/HP，前列腺炎症、结核、肿瘤或按摩过重引起出血可导致红细胞增多。

3. 白细胞　正常时有少量白细胞，<10/HP，前列腺炎时白细胞增多。

4. 结石　主要为碳酸钙、磷酸钙-胆固醇、磷酸精胺结石，少量时无临床意义。

5. 细菌检查　涂片染色（革兰氏染色或抗酸染色）可用于前列腺炎或前列腺结核的诊断，必要时应做细菌培养与药物敏感试验。

三、精液检查

精液由精子和精浆组成。精子在睾丸精曲小管内生成，贮存于附睾及输精管内。精浆由前列腺液、精囊液、尿道球腺液及尿道旁腺液组成。

精液检查可用于：①男性不育症的病因诊断及治疗效果观察。②男性生殖系统炎症、结核、肿瘤等疾病的辅助诊断。③法医学鉴定。④为精子库与人工授精筛选优质精子。

（一）标本采集

1. 容器要求　按潜在生物危害物质采集与处理，因为精液可能含有危险传染性病原体，如乙型肝炎病毒（HBV）、人类免疫缺陷病毒（HIV）、疱疹病毒（herpes virus）。

2. 采集方法　采集方法有手淫法、体外射精法和安全套法。如上述方法采集不到，也可以用电振动法或前列腺按摩法采集。其中手淫法最常用，其他方法不提倡。

3. 采集时间　采集前2~7天应禁欲（无性交、手淫及遗精）。

4. 标本保存　标本采集后，应记录禁欲时间、采集时间、标本是否完整，立即送检（60 min内）。冬季需将标本保存在20~37℃的环境中。

（二）一般性状检查

1. 量

【参考值】

每次1.5~6 ml。

【临床意义】

（1）精液减少：5~7天未射精，精液量小于1.5 ml考虑为精液减少，应排除人为因素，如采集标本时部分精液丢失或禁欲时间过短等。病理性精液减少见于雄激素分泌不足、副性腺感染等。

（2）无精液症：禁欲3天后精液量不足0.5 ml，甚至完全排不出，见于生殖系统特异性感染（如淋病、结核）及非特异性炎症。

（3）精液过多：超过6 ml，见于附属性腺功能亢进。精液增多可导致精子被稀释，不利于生育。

2. 外观

【参考值】

正常精液为乳白色或灰白色，半透明。

【临床意义】

（1）血性：精液呈鲜红色、淡红色、暗红色或酱油色，内含大量红细胞。血性精液见于前列腺和精囊的非特异性炎症、生殖系统结核、结石、肿瘤及损伤等。

（2）脓性：精液呈黄色或棕色，见于前列腺炎或精囊炎等。

3. 凝固及液化　正常人精液刚排出时呈胶冻状，为精液凝固。精液由胶冻状转变为流动液体所需的时间称为精液液化时间。

【参考值】

射精后立即凝固，液化时间<60 min，一般<30 min。

【临床意义】

（1）精液凝固障碍：由于精液中蛋白质分泌减少引起，见于精囊炎或输精管缺陷等。

（2）精液液化延迟或不液化：超过1 h或数小时精液不液化称为精液延迟液化症。精液液化延迟或不液化可抑制精子的活力，影响生育能力，可因前列腺分泌纤溶酶减少所致，见于前列腺炎。

4. 黏稠度　精液黏稠度是指精液完全液化后的黏度。

【参考值】

拉丝长度<2 cm，呈水样，形成不连续小滴。

【临床意义】

（1）精液黏稠度降低：新排出的精液呈米汤样，见于先天性无精囊、精子浓度过低或无精子症。

（2）精液黏稠度升高：多与附属性腺功能异常有关，如附睾炎、前列腺炎，常伴有精液不液化，导致精子活动力下降而影响生殖能力；也可因精液黏稠度过高，干扰精子计数、精子表面抗体检查。

5. 酸碱度　正常精液呈弱碱性，可中和阴道的酸性分泌物，以维持精子的活动力。pH>8.0见于前列腺、精囊腺、尿道球腺及附睾炎症；pH<7.0见于输精管阻塞、先天性精囊腺缺如。

（三）显微镜检查

精液液化后先置于显微镜下观察有无精子，精子活动率和活动力、精子计数、精子形态。如无精子，则将精液离心后再检查是否为无精子症（无精子）或精子缺乏（少量精子）。

1. 精子活动率和活动力

（1）精子活动率（sperm motility rate）：可检查活动精子占精子总数的百分率。通过观察100个精子，计数活动精子的数量，计算出精子活动率。如果不活动精子超过50%，应再进行伊红活体染色，以检查精子的存活率。

（2）精子活动力（sperm motility）：指精子向前运动的能力。根据世界卫生组织（WHO）标准，将精子活动力分为前向运动、非前向运动、无运动3级。①前向运动（progressive motility，PR）：精子呈快速直线或大圈运动，提示运动积极，活动良好。②非前向运动（non-progressive motility，NP）：精子的运动方式缺乏活跃性，鞭毛力量难以推动头部，或只有鞭毛的抖动。③不动（immotility，IM）：精子无运动。

【参考值】

射精30~60 min内精子活动率为80%~90%，至少>60%；

精子存活率>58%（伊红染色）；

总活动力（PR+NP）≥40%，前向运动（PR）≥32%。

【临床意义】

精子活动率小于40%，且活动力低下，是男性不育症的主要原因之一，常见于精索静脉曲张、生殖系统感染、应用某些药物（抗代谢药、抗疟药、雌激素）等。

2. 精子计数

（1）正常精子计数为$(60\sim150)\times10^9/L$，一次排精子总数为$(4\sim6)\times10^8$，但正常人精子数量有明显差异。

（2）一次排精子数持续$<15\times10^9/L$为少精子症（oligozoospermia）。少精子症见于：①睾丸疾

病,如精索静脉曲张、睾丸炎症、结核、肿瘤等。②输精管、精囊缺陷或损伤。③理化因素损伤及中毒。④内分泌疾病,如垂体功能、甲状腺功能、性腺功能亢进或减退。

（3）连续3次,离心后沉淀中仍无精子称为无精子症（azoospermia）。

少精子或无精子症是男性不育的主要原因。

3. 精子形态　正常精子由头部、体部、尾部组成,形似蝌蚪,长50~60 μm。异常形态精子数量增多见于:①精索静脉曲张。②睾丸或附睾病变。③生殖系统感染。④应用某些药物或接触某些化学品。⑤放射线损伤。

4. 细胞检查　正常人精液中有少量白细胞、上皮细胞,偶见红细胞。如白细胞计数$>1\times10^9/L$,称为白细胞精子症（或脓精症）;红细胞增多见于炎症、结核或恶性肿瘤;有时还可查到肿瘤细胞。

5. 其他检查　通过精液检查,还可检查病原体,以确诊男性生殖系统炎症。果糖和乳酸脱氢酶检查也可用于辅助不育症的病因诊断。但精液一般检查对男性生育力的评估仍有一定的限度,对生育能力的判断应综合评价。

（李　洁）

自 测 题

选择题

1. 作尿常规检查、化学检验以清晨首次尿为好,新鲜尿液最好在多长时间内送检
   A. 2 h　　　　　　　　　B. 1 h　　　　　　　　　C. 30 min
   D. 40 min　　　　　　　 E. 1.5 h

2. 尿细菌定量培养法,凡菌落计数达多少个为尿路感染
   A. 10^5/ml　　　　　　　B. 10^4/ml　　　　　　 C. 10^3/ml
   D. 10^4~10^5/ml　　　　 E. 10^3~10^4/ml

3. 血红蛋白尿见于
   A. 地中海贫血　　　　　　B. 肾结核　　　　　　　 C. 蚕豆病
   D. 血友病　　　　　　　　E. 膀胱炎

4. 多发性骨髓瘤患者可出现
   A. 肾小球性蛋白尿　　　　B. 肾小管性蛋白尿　　　 C. 混合性蛋白尿
   D. 溢出性蛋白尿　　　　　E. 组织性蛋白尿

5. 急性肾小球肾炎患者尿中可出现
   A. 粗颗粒管型　　　　　　B. 红细胞管型　　　　　 C. 肾衰竭管型
   D. 脂肪管型　　　　　　　E. 蜡样管型

6. 肾病综合征患者尿中常见的管型是
   A. 细颗粒管型　　　　　　B. 粗颗粒管型　　　　　 C. 脂肪管型
   D. 蜡样管型　　　　　　　E. 透明管型

7. 下列属于功能性蛋白尿的情况是
   A. 凝溶蛋白尿　　　　　　　　　　　　B. 发热时
   C. 血红蛋白尿　　　　　　　　　　　　D. 糖尿病肾病综合征
   E. 系统性红斑狼疮肾炎

8. 粪便镜检有大量白细胞常见于
   A. 肠炎
   B. 细菌性痢疾
   C. 阿米巴痢疾
   D. 溃疡性结肠炎
   E. 克罗恩病
9. 粪便隐血试验持续阳性常见于
   A. 溃疡病
   B. 胃癌
   C. 食用动物血
   D. 肠结核
   E. 溃疡性结肠炎
10. 粪便中最常见的寄生虫卵为
    A. 蛲虫卵
    B. 血吸虫卵
    C. 钩虫卵
    D. 蛔虫卵
    E. 鞭虫卵
11. 阻塞性黄疸时，大便性状为
    A. 黏液脓血便
    B. 柏油样便
    C. 鲜血便
    D. 米泔水样便
    E. 白陶土样便
12. 粪便镜检有大量脂肪滴常见于
    A. 慢性胆囊炎
    B. 慢性胰腺炎
    C. 细菌性痢疾
    D. 消化吸收不良综合征
    E. 阿米巴痢疾
13. 痰液检查发现柯什曼（Curschman）螺旋体见于
    A. 支气管肺癌
    B. 支气管哮喘
    C. 大叶性肺炎
    D. 支气管扩张
    E. 急性肺水肿
14. 阿米巴肺脓肿患者，痰液的颜色为
    A. 鲜红色血痰
    B. 粉红色泡沫样痰
    C. 黄绿色痰
    D. 棕褐色痰
    E. 黑色痰
15. 脑脊液中氯化物显著减少常见的疾病是
    A. 化脓性脑膜炎
    B. 病毒性脑膜炎
    C. 结核性脑膜炎
    D. 脑肿瘤
    E. 尿毒症
16. 某老年胸腔积液患者，胸腔积液常规检查：比重 1.020，蛋白定量 30 g/L，细胞总数 $100 \times 10^9/L$，白细胞计数 $500 \times 10^6/L$，细菌培养阴性。该胸腔积液应考虑为
    A. 乳糜性胸腔积液
    B. 化脓性胸腔积液
    C. 漏出性胸腔积液
    D. 血性胸腔积液
    E. 肺吸虫胸腔积液
17. 阴道寄生虫感染最常见的是
    A. 溶组织阿米巴感染
    B. 丝虫感染
    C. 滴虫感染
    D. 蛔虫感染
    E. 钩虫感染
18. 引起前列腺炎最常见的致病菌是
    A. 淋病双球菌
    B. 葡萄球菌
    C. 链球菌
    D. 结核分枝杆菌
    E. 大肠埃希菌
19. 卵磷脂小体减少并伴有成堆现象常见于
    A. 前列腺癌
    B. 前列腺炎
    C. 前列腺结核
    D. 前列腺肥大
    E. 精囊炎
20. 作精液检查时，患者在标本采集前至少几天内不应有排精
    A. 7天
    B. 6天
    C. 5天
    D. 4天
    E. 3天

（21～24题共用题干）

一位 20 岁女性患者，因腰背部发作性疼痛，尿呈洗肉水样就诊。体格检查：T 39 ℃，P 95 次/分，

BP 120/80 mmHg，腰腹疼痛，表情痛苦，双腿卷曲，辗转不安。

21. 该患者尿液呈现洗肉水样的原因可能是
    A. 腰部外伤 B. 肾结核 C. 尿路结石
    D. 泌尿系肿瘤 E. 急性肾炎
22. 该患者腹部检查可出现明显的
    A. 肌紧张 B. 压痛 C. 反跳痛
    D. 肾区叩击痛 E. 移动性浊音
23. 确诊需做何种检查
    A. 肾功能检查 B. X 线检查 C. B 超检查
    D. 尿液检查 E. CT 检查
24. 该患者尿液呈现洗肉水样，提示每升尿液中至少含多少毫升血液
    A. 1 ml B. 2 ml C. 3 ml
    D. 4 ml E. 5 ml

（25~28 题共用题干）

患儿，男性，8 岁，血尿、少尿 1 周伴眼睑及颜面水肿、乏力、腰痛，BP 164/108 mmHg，既往无肾病史。

25. 诊断少尿的标准是 24 h 的尿量少于
    A. 2500 ml B. 2000 ml C. 100 ml
    D. 400 ml E. 200 ml
26. 少尿的病因常见的是
    A. 急性肾小球肾炎 B. 慢性肾小球肾炎 C. 肾盂肾炎
    D. 膀胱炎 E. 尿道炎
27. 血尿可见于下列疾病，除外
    A. 肾结核 B. 肾肿瘤 C. 肾结石
    D. 急性肾炎 E. 肾病综合征
28. 实验室检查首选的项目是
    A. 尿镜检 + 血清补体 B. 尿三胆 + 血清补体 C. 肾功能
    D. 内生肌酐清除率 E. 肾活检

（29~30 题共用题干）

患者，男性，34 岁，因大腿挤压伤后出现急性肾衰竭少尿，尿常规提示尿比重为 1.010，尿中含有蛋白质、红细胞等。

29. 导致该患者少尿的原因是
    A. 腹泻、呕吐 B. 大失血 C. 精神紧张
    D. 肾结石 E. 水分摄入不足
30. 观察该患者的电解质变化，应重点观察的内容是
    A. 血钠 B. 血钾 C. 血钙
    D. 血镁 E. 血磷

第十九章 肝病的实验室检查

第十九章数字资源

学习目标

1. 知识：说出蛋白质代谢检查、胆红素代谢检查及血清酶学检查的正常参考值及其改变的临床意义。总结蛋白质代谢检查、胆红素代谢检查及血清酶学检查的临床意义。
2. 能力：联系相关知识合理选择肝病检查项目，并对检查结果进行准确分析。
3. 素养：通过对肝脏各项功能检查项目的学习，养成严谨、细致，关心、尊重患者的职业素养。在检查过程中注意尊重患者的知情权和隐私权，保持严谨求实的科学态度，能够恰当告知检查结果和临床意义，具备良好的质量安全意识，具备风险防范意识和应急处理能力。

案例 4-19-1

患者，男性，35岁。乏力、食欲缺乏、恶心2周。2周前患者无明显诱因出现乏力，伴食欲缺乏、恶心、厌油腻食物，进食量约为平时的一半。时有呕吐，为非喷射性，呕吐物为胃内容物，无发热、头痛、腹痛、腹泻。发病以来患者精神欠佳，睡眠稍差，尿呈浓茶色，排便正常，体重较前略有下降。近期无服药史。无烟、酒嗜好。体格检查：T 36.2 ℃，P 78次/分，R 18次/分，BP 126/76 mmHg。神志清楚，精神欠佳。全身皮肤及黏膜轻度黄染，未见出血点及皮疹，浅表淋巴结未触及肿大，巩膜轻度黄染。双肺未闻及干、湿啰音。心界不大，心率78次/分，心律齐。腹平软，无压痛及反跳痛，肝、脾肋下未触及，肝区叩击痛（＋），移动性浊音（－），双下肢无水肿。实验室检查：血常规正常。肝功能：ALT 730 U/L，AST 380 U/L，TBil 152 mol/L，DBil 84 mol/L，TB 80 g/L，ALB 45 g/L，HBsAg（＋）。

问题与思考：
1. 该患者的实验室检查项目哪些不正常？
2. 可能的疾病诊断是什么？

为监测及发现肝损伤，评估肝各种功能状态而设计的实验室检查项目，广义上统称为肝功能检查，主要包括肝合成、代谢等的相关指标及肝细胞损伤的相关指标。而肝癌标志物（如甲胎蛋白测定）、肝炎病毒血清标志物及基因检测不属于基本肝功能检查范畴。进行肝功能检查的血液标本采集和保存应注意以下几点：

（1）患者在抽血前保持空腹8 h以上。
（2）抽血和标本离心时，应注意避免红细胞被破坏。
（3）标本应置于非抗凝试管内，及时送检，避免阳光直射。

第一节 蛋白质代谢检查

> **知识链接**
>
> **肝的主要功能**
>
> 肝在人体的物质代谢中发挥重要功能，参与蛋白质、糖、脂类、维生素、激素等的代谢，同时肝还有分泌、排泄、生物转化及胆红素代谢等功能（表4-19-1）。为了解肝功能状态设计的实验室检查称为肝功能试验（liver function test）。肝功能试验包括蛋白质代谢检查、胆红素代谢检查、血清酶学检查等。
>
> 表4-19-1 肝功能及临床意义
>
> | 肝功能 | 成分 | 临床意义 |
> | --- | --- | --- |
> | 合成 | 参与合成转氨酶 | 肝细胞完整时血液中含量不增高 |
> | | 清蛋白（白蛋白） | 产生血浆胶体渗透压 |
> | | 凝血因子 | 促进凝血，激活血小板 |
> | | 脂蛋白、各种转运蛋白 | 转运血液成分 |
> | | 生成脂类：胆固醇、磷脂、甘油三酯、游离脂肪酸 | 肝病导致脂质代谢异常，如脂肪肝、高脂血症 |
> | 代谢 | 胆红素 | 生成尿胆素原、粪胆素原排泄 |
> | 灭活、转化 | 雌激素、醛固酮 | 维持激素水平稳定 |
> | 分泌 | 胆汁 | 促消化 |

一、血清总蛋白、白蛋白、球蛋白、白蛋白/球蛋白比值检测

血清总蛋白（serum total protein，STP）等于清蛋白（又称白蛋白，A）与球蛋白（G）之和。其中清蛋白主要由肝合成，而球蛋白（如免疫球蛋白）由肝外产生，与机体免疫功能有关。因而血清总蛋白与清蛋白的含量是反映肝合成能力的重要指标。将总蛋白的含量减去清蛋白可计算出球蛋白的含量。由此计算出清蛋白与球蛋白（A/G）比值，简称白球比。

【参考值】

成人总蛋白：60～80 g/L。

血清清蛋白：男42～55 g/L，女37～50 g/L。

血清球蛋白：20～30 g/L。

A/G 比值（1.5～2.5）：1

【临床意义】

当肝功能下降时，合成清蛋白的能力下降，血清总蛋白与清蛋白量出现下降，而由免疫细胞产生的球蛋白总量暂可不变或者升高，由此 A/G 比值可出现下降或小于1。

1. 血清总蛋白及清蛋白升高 血清总蛋白＞80 g/L 称为高蛋白血症（hyperproteinemia），可见于各种原因（如腹泻、呕吐、抗利尿激素减少）引起的血液浓缩，如严重脱水、体液丢失过多、肾上腺皮质功能减退。

2. 血清总蛋白及清蛋白降低　血清总蛋白<60 g/L 称为低蛋白血症（hypoproteinemia），可见于各种原因引起的总蛋白和清蛋白下降。

（1）产生减少：见于各种肝炎、肝硬化引起的肝细胞损伤，清蛋白含量与健全肝细胞数量成正比，清蛋白持续下降，提示肝细胞坏死加重，预后不良；而治疗后清蛋白值升高，提示肝细胞再生，治疗有效。

（2）丢失增加：见于肾病综合征、慢性肾炎、急性大出血、烧伤等。

（3）摄入不足：见于挑食、饮食减少、消化系统吸收不良性疾病。

（4）消耗增加：见于慢性消耗性疾病，如结核病、甲状腺功能亢进症、恶性肿瘤等。

（5）血液稀释：见于水钠潴留性疾病或静脉大量补液后。

血清总蛋白的变化常与清蛋白变化一致，而肝功能下降早期清蛋白下降可伴随球蛋白（尤其是γ球蛋白）升高，总蛋白量可正常或升高。

3. 血清球蛋白升高与降低

（1）升高：球蛋白>35 g/L 称为高球蛋白血症（hyperglobulinemia），总蛋白也可因为球蛋白升高而升高，见于如下情况。①慢性肝病：如自身免疫性肝炎、慢性肝炎活动期、肝硬化。②M球蛋白血症：如多发性骨髓瘤、淋巴瘤。③结缔组织病：如风湿热、系统性红斑狼疮。④慢性感染等。

（2）降低：球蛋白降低常见于合成减少，见于如下情况。①生理性减少：见于3岁以内婴幼儿。②免疫抑制药或肾上腺皮质功能亢进所致的免疫球蛋白合成减少。③先天性低γ球蛋白血症。

4. A/G 比值下降或倒置　血清清蛋白下降和（或）球蛋白升高均可引起 A/G 比值下降甚至小于 1（称为倒置），见于严重肝功能减退、M蛋白血症（如多发性骨髓瘤）等。

二、血清蛋白电泳

因为血清中各种蛋白都带负电荷，因而在碱性环境的电场中，各种血清蛋白因质量、大小、等电点不同，在电场中泳动的速度也不同，称为血清蛋白电泳（protein electrophoresis）。分子量小、带负电荷多者泳动速度较快；分子量大、带负电荷较少者泳动速度较慢。血清蛋白通过载体（如醋酸纤维素薄膜和琼脂糖），通常从阳极开始依次分为清蛋白、$α_1$球蛋白、$α_2$球蛋白、β球蛋白、γ球蛋白5个区带。

【参考值】

醋酸纤维素薄膜法：清蛋白：62%～71%。

　　　　　　　　　$α_1$球蛋白：3%～4%。

　　　　　　　　　$α_2$球蛋白：6%～10%。

　　　　　　　　　β球蛋白：7%～11%。

　　　　　　　　　γ球蛋白：9%～18%。

【临床意义】

1. 轻症急性肝炎　轻症肝炎时电泳结果无显著变化；肝炎、肝硬化、肝癌病情加重后，即见清蛋白、α球蛋白、β球蛋白减少而γ球蛋白增加。这些变化与肝病的严重程度平行，对观察肝病进展具有重要意义。

2. M蛋白血症　如多发性骨髓瘤、原发性巨球蛋白血症，清蛋白降低，γ球蛋白显著增加，也有β球蛋白升高。

3. 肾病综合征、糖尿病肾病　可见清蛋白降低，而肾病导致高脂血症可出现 $α_2$ 球蛋白、β球蛋白升高，γ球蛋白不变或下降。

（李　洁）

第二节　胆红素代谢检查

一、血清胆红素检测

胆红素是胆色素的一种，是人胆汁中的主要色素。血清胆红素（BIL）可分为总胆红素（STB）、结合胆红素（CB）和非结合胆红素（UCB），具体可以参考第二章第十七节黄疸。红细胞溶解后主要成分血红蛋白分解为珠蛋白、铁和胆红素，这种胆红素为非结合胆红素（UCB，又称间接胆红素），非结合胆红素在肝与葡萄糖醛酸转移酶结合形成结合胆红素（CB，又称直接胆红素）。总胆红素值等于结合胆红素与非结合胆红素之和。胆红素产生，肝细胞对胆红素的摄取、结合和排泄，其中任何一个过程异常，均可引起胆红素在血液中积聚，出现黄疸。

【参考值】

成人：总胆红素（STB）3.4～17.1 μmol/L；
　　　结合胆红素（CB）0～6.8 μmol/L；
　　　非结合胆红素（UCB）1.7～10.2 μmol/L。

新生儿：

出生时间	0～1天	1～2天	3～5天
总胆红素	3.4～103 μmol/L	103～171 μmol/L	68～137 μmol/L

【临床意义】

1. 诊断黄疸及判断黄疸程度
（1）诊断黄疸：STB>17.1 μmol/L。
（2）隐性黄疸（或亚临床黄疸）：STB 17.1～34.1 μmol/L，患者皮肤或巩膜黄疸不明显。
（3）轻度黄疸：STB 34.2～171 μmol/L。
（4）中度黄疸：STB 171～342 μmol/L。
（5）重度黄疸：STB>342 μmol/L。

2. 判断黄疸的类型　根据黄疸产生的原因，可将黄疸分为溶血性黄疸、肝细胞性黄疸和梗阻性黄疸。
（1）溶血性黄疸：STB<85.5 μmol/L，其中 STB 升高，UCB 升高更明显。
（2）肝细胞性黄疸：STB 常为 17.1～171 μmol/L，其中 STB、CB、UCB 均升高。
（3）梗阻性黄疸：又称胆汁淤积性黄疸或外科性黄疸，主要由于肝外或肝内胆管不完全或完全梗阻，胆汁由胆排入肠道受阻导致，因而 STB 与 CB 明显升高。不完全梗阻性黄疸：STB 常为 171～265μmol/L；完全梗阻性黄疸：STB 常＞342 μmol/L。

二、尿胆红素和尿胆素原检测

（一）尿胆红素检测

当血液中结合胆红素超过肾阈（34 μmol/L）时，能溶于水的结合胆红素可透过肾小球滤过膜，经尿排泄。正常成年人尿中含有微量结合胆红素约 3.4 μmol/L。在酸性环境中，由于结合胆红素可与重氮盐发生偶联反应而显紫色，借此可进行尿胆红素定性检测。

【参考值】

定性试验：阴性。

【临床意义】

尿胆红素阳性提示血液结合胆红素升高，见于肝细胞性黄疸或梗阻性黄疸。

（二）尿胆素原检测

结合胆红素经由胆汁排入肠道生成粪胆素原，被肠黏膜重吸收后由尿排出，称为尿胆素原（urobilinogen）。尿胆素原受进食和尿液酸碱度的影响，餐后或碱性尿中肾小管对尿胆素原重吸收减少且肠道尿胆素原生成增加，可引起尿中尿胆素原增加；反之，酸性尿中减少。如晨尿在稀释4倍以上仍呈阳性称为尿胆素原增多。在酸性条件下，尿胆素原可与对二甲氨基苯甲醛发生醛化反应，生成紫红色化合物，显色程度与尿胆素原的量相关，从而可以进行尿胆素原的定性和定量测定。

【参考值】

定性试验：阴性～弱阳性（−～+）；

定量：0.84～4.2 μmol/L。

【临床意义】

完全梗阻性黄疸时尿胆素原呈阴性；溶血性黄疸时尿胆素原呈强阳性；肝细胞性黄疸时尿胆素原轻度升高。

1. 尿胆素原增多 ①肝细胞受损：常见于病毒性肝炎、中毒性肝损害、门脉性肝硬化患者。②红细胞破坏增加：见于溶血性贫血、巨幼细胞贫血、内出血患者。③排出减少，重吸收增加：见于充血性心力衰竭伴肝淤血，便秘、肠梗阻患者。

2. 尿胆素原减少 ①胆道梗阻使产生减少：见于胆石症、胆管肿瘤、胰头癌患者，如完全梗阻时尿胆素原缺如，不完全梗阻则减少，但尿胆红素增加。②新生儿或长期服用广谱抗生素使肠道菌群失调，尿胆素原生成减少。

血液中结合胆红素、非结合胆红素、尿胆红素、尿胆素原检查对黄疸的诊断与鉴别诊断具有重要意义（表4-19-2）。

表4-19-2 正常人及三种黄疸的胆红素代谢检查结果

类型	血清胆红素（μmol/L）			尿胆色素（μmol/L）	
	CB	UCB	CB/STB	尿胆红素	尿胆素原
正常人	0～6.8	1.7～10.2	0.2～0.4	＜3.4（−）	0.84～4.2
溶血性黄疸	增高	明显增高	＜0.2	（−）	明显增加
肝细胞性黄疸	中度增加	中度增加	0.2～0.5	（+）	轻度增加
梗阻性黄疸	明显增高	轻度增高	＞0.5	（++～++++）	阴性或减少

注：CB. 结合胆红素；UCB. 非结合胆红素。

（李 洁）

第三节 血清酶学检查

肝是含酶最丰富的器官，在肝细胞中已知的蛋白酶有数百种，主要参与全身物质代谢与生物转化，有些酶类具有特异性，因而测定血清中某些酶类的活性与含量可用于诊断肝胆疾病。例如丙氨酸转氨酶（ALT）、天冬氨酸转氨酶（AST）、乳酸脱氢酶（LDH）存在于肝细胞内，当肝细胞损伤时，这些酶释放入血，导致血清中这些酶的活性增强；而碱性磷酸酶（ALP）、γ-谷氨酰转肽酶（GGT）分布在胆小管膜上，当胆道梗阻时，这些酶从胆管膜上解离下来反流入血，导致血清中这些酶的活性增强。因此，血清中以上蛋白酶的活性变化可以反映肝的病理变化程度。

同工酶是指具有相同活性，但分子结构、理化性质、免疫学反应都不相同的一组酶，因而又称为同工异构酶。同工酶存在于人体不同组织，或同一组织、同一细胞的不同亚细胞结构内，它的测定对肝胆疾病的诊断与鉴别诊断具有特异性。

一、血清转氨酶测定

氨基转移酶简称转氨酶，是一组催化氨基酸与α-酮酸之间氨基转移反应的酶类。用于肝功能检查的主要是两种酶：①丙氨酸转氨酶（alanine transaminase，ALT，曾称谷丙转氨酶）。②天冬氨酸转氨酶（aspartate aminotransferase，AST，曾称谷草转氨酶）。ALT在肝细胞内含量最高，其次为心肌、脑和肾组织；AST在心肌细胞中含量最高，其次为肝、骨骼肌和肾组织。在肝细胞，ALT存在于非线粒体中，AST约有80%以上存在于线粒体中，在轻、中度肝损伤时，细胞膜通透性增高，使胞质内的ALT和AST释放入血，导致血液中ALT和AST升高，而ALT漏出率大于AST，因而ALT升高更明显；当严重肝细胞损伤时，线粒体受损，致使线粒体内AST升高更明显，血清中AST/ALT比值升高。由此看出，血清转氨酶测定是肝损伤的敏感指标。

【参考值】

速率法（37℃）　　AST：8～40 U/L，

　　　　　　　　　ALT：5～40 U/L。

DeRitis比值（AST/ALT）：1.15，>1。

【临床意义】

1. 诊断急性病毒性肝炎的重要手段　急性病毒性肝炎时AST与ALT均显著升高，常可达参考值上限的20～50倍，甚至达100倍，以ALT升高更明显，AST>200 U/L，ALT>300 U/L，AST/ALT<1。通常，在肝炎病毒感染后1～2周转氨酶达高峰，3～5周逐渐下降，ALT/AST比值恢复正常。值得注意的是，AST与ALT的升高程度与肝损伤程度无关。如急性病毒性肝炎恢复期AST与ALT仍不能恢复正常或再上升，提示急性肝炎转为慢性。急性重症肝炎病程初期即表现出AST升高比ALT升高更明显，说明肝细胞损伤严重（有线粒体损伤）；急性重症肝炎病情恶化时，可出现黄疸加重，胆红素明显升高，但转氨酶却减低，称为胆酶分离现象，提示肝细胞严重坏死，预后不良。

2. 观察慢性肝炎病程　慢性病毒性肝炎时血清转氨酶轻度升高（100～200 U）或正常，AST/ALT<1，如AST升高较ALT明显（AST/ALT>1），则提示慢性肝炎可能转为活动期。

3. 判断非病毒性肝病　酒精性肝病、药物性肝炎、脂肪肝等非病毒性肝病转氨酶轻度升高或正常，AST/ALT>1，肝癌时AST/ALT≥3。

4. 判断肝硬化分期　AST/ALT≥2，其转氨酶活性取决于肝细胞坏死和肝纤维化的程度，终末期血清转氨酶活性可正常或降低。

5. 判断胆汁淤积　肝内、外胆汁淤积时，转氨酶轻度升高或正常，借此可与肝实质细胞损伤相鉴别。

6. 诊断急性心肌梗死（AMI）　急性心肌梗死后6～8 h AST升高，18～24 h达高峰，4～5天后恢复，若再次升高，提示梗死范围扩大或再发梗死。

7. 其他疾病　因ALT和AST为非特异性细胞内功能酶，其血清浓度轻度升高（50～200 U）还可见于皮肌炎、进行性肌萎缩、肺梗死、肾梗死、胰腺炎及休克等。

二、血清碱性磷酸酶及其同工酶测定

(一) 碱性磷酸酶

碱性磷酸酶 (alkaline phosphatase, ALP) 可在碱性环境中水解单磷酸酯，产生磷酸，正常人血清中的 ALP 主要来源于肝、骨，其次是肾、小肠及胎盘。血清中 ALP 以游离形式存在，极少与脂蛋白、免疫球蛋白形成复合物，且经胆道排泄，因而也是判断肝胆疾病的指标之一。

【参考值】

磷酸对硝基苯酚速率法 (37 ℃)

男性：45 ~ 125 U/L；

女性：20 ~ 49 岁　30 ~ 100 U/L；

　　　50 ~ 79 岁　50 ~ 135 U/L。

【临床意义】

1. 碱性磷酸酶生理性升高　见于妊娠、骨生长时期 [儿童（包括新生儿）、青少年]、脂肪餐后。

2. 碱性磷酸酶病理性升高

(1) 肝胆疾病的判断：因肝内或肝外胆管梗阻使胆汁排泄不畅的梗阻性黄疸，ALP 滞留升高明显，其升高程度与梗阻程度、持续时间成正比，且与胆红素升高一致；肝实质细胞疾病（如肝炎、肝硬化），ALP 轻度升高；原发性或继发性肝癌均能刺激肝细胞产生过多的 ALP。

黄疸的鉴别：伴有黄疸的急性和慢性肝炎、肝硬化、肝坏死等 ALP 活性增强。

(2) 黄疸的鉴别诊断：ALP 与血清胆红素 (BIL)、转氨酶 (ALT) 同时测定有助于黄疸的鉴别诊断。①梗阻性黄疸：ALP、BIL 明显升高，而 ALT 仅轻度升高。②肝细胞性黄疸：ALP 正常或稍高，BIL 中等程度升高，ALT 活性很高。③肝内局限性胆道梗阻：ALP 明显升高，BIL、ALT 不升高，见于肝癌等。

(3) 运动系统疾病：如骨细胞瘤、佩吉特病（湿疹样癌）、骨质软化症、骨折恢复期，血液中 ALP 活性也增强。

(4) 其他：营养不良、严重贫血、重金属中毒、消化道疾病时，ALP 活性也增强。

3. 碱性磷酸酶病理性降低　少见，主要见于呆小症、ALP 过少症、维生素 C 缺乏症。

(二) 碱性磷酸酶同工酶

血清中碱性磷酸酶同工酶根据琼脂电泳法、热抑制反应 (56 ℃、15 min) 可分为 6 种，ALP1（细胞膜组分和 ALP2 的复合物）、ALP2（肝型）、ALP3（骨型）、ALP4（胎盘型）、ALP5（小肠型）、ALP6（IgG 和 ALP2 复合物）。例如，被检血清经 56 ℃加热 15 min 后，ALP2 活性仍保持较高，而 ALP3 活性则大为降低，据此可鉴别肝胆疾病与骨骼疾病。

【参考值】

1. 正常人　血清中以 ALP2 为主，占总 ALP 的 90%，出现少量 ALP3。

2. 生长发育中儿童　ALP3 增多，占总 ALP 的 60% 以上。

3. 妊娠晚期　ALP4 增多，占总 ALP 的 40% ~ 65%。

4. 血型为 B 型和 O 型者　可有微量 ALP5。

【临床意义】

1. 梗阻性黄疸　尤其是癌性梗阻时，100% 出现 ALP1，且 ALP1 > ALP2。

2. 急性肝炎　ALP2 明显增加，ALP1 轻度增加，且 ALP1 < ALP2。

3. 肝硬化　80% 以上的肝硬化患者 ALP5 明显增加，可达总 ALP 的 40% 以上。但不出现 ALP1。

三、γ-谷氨酰转移酶测定

γ-谷氨酰转移酶（γ-glutamyl transferase，γ-GGT）是一种催化酶，能催化谷氨酰基转移至另一个肽或氨基酸上。此酶在体内分布较广，其活性强度的顺序为肾＞肝＞胰＞脾。血清γ-GGT主要存在于肝细胞胆管上皮中，当肝内合成亢进或胆道梗阻时，血清γ-GGT均可明显升高，但骨骼系统疾病未见γ-GGT升高。

【参考值】

γ-谷氨酰-3-羟基-对硝基苯胺法（37 ℃）：

男性 11～50 U/L；

女性 7～32 U/L。

【临床意义】

1. 梗阻性疾病的病情判断　肝内或肝外胆管阻塞时，γ-GGT排泄受阻，易随胆汁反流入血，使血液中γ-GGT明显升高，可达正常值10倍以上，且与血清中胆红素、ALP的变化一致，升高程度与梗阻程度一致。

2. 病毒性肝炎和肝硬化病情判断　急性肝炎时，γ-GGT中度升高。慢性肝炎、肝硬化非活动期，γ-GGT可正常，如持续升高，可能为疾病进入活动期或病情加重。

3. 酒精性肝病的诊断　嗜酒者γ-GGT可升高，酒精性肝病者γ-GGT多数上升，可达100～200 U/L。该指标对酒精性肝病的诊断有一定的价值。

4. 原发性或转移性肝癌　肝癌细胞合成γ-GGT，可使血清中γ-GGT显著升高，且γ-GGT活性与肿瘤大小及病情严重程度呈平行关系。因此，对γ-GGT的动态观察有助于判断疗效和预后。

（李　洁）

第四节　肝病相关检验项目的选择

肝有极其重要的代谢功能，同时其再生和代偿能力也很强。此外，涉及肝功能的试验存在灵敏度和特异性的局限。因此，在选择和应用肝功能试验时，应注意一些项目只能从一个侧面反映肝功能状态，而且往往肝损害到一定程度时才能反映出来，同时也需注意有无肝外影响因素。评价检验结果时，应结合患者的症状、体征、影像学、血清肝炎标志物及肝癌标志物等资料。

1. 健康体检　可选择ALT、肝炎病毒标志物、肿瘤标志物、血清蛋白及A/G比值测定。这些检查有助于发现肝癌、病毒性肝炎及药物等原因引起的肝损害。

2. 肝炎　急性肝炎患者可查ALT、胆汁酸、肝炎病毒标志物、尿胆素原和血/尿胆红素。慢性肝炎和肝硬化患者加查AST、ALP、γ-GGT、血清蛋白、血清蛋白电泳及A/G比值。

3. 原发性肝癌　除检查一般的肝功能（ALT、AST、总胆红素和直接胆红素）外，还应加查甲胎蛋白（AFP）、γ-GGT、ALP及同工酶等。

4. 黄疸的诊断与鉴别诊断　应查总胆红素、直接胆红素、ALP、γ-GGT、胆汁酸、尿胆素原和尿胆红素。

5. 疗效判断和病情随访　急性肝炎可查ALT、AST、血清总胆红素和直接胆红素、尿胆素原和尿胆红素等。慢性肝病可查ALT、AST、血清总胆红素和直接胆红素、凝血酶原、血清总蛋白、A/G 比值及蛋白电泳等，必要时可查单氨氧化酶。原发性肝癌随访 AFP、GGT、ALP 及同工酶等。

（李　洁）

自 测 题

一、选择题

1. 反映肝损害最敏感的检查指标是
   A. AFP　　　　　　　　　　B. ALT　　　　　　　　　　C. AST
   D. γ-GT　　　　　　　　　　E. ALP
2. 当临床上怀疑急性肝炎时，应尽快做的检查是
   A. 血清胆红素　　　　　　　B. ALT　　　　　　　　　　C. ALP
   D. 尿胆红素　　　　　　　　E. 血清胆固醇
3. 关于血清转氨酶测定的叙述，不正确的是
   A. 谷丙转氨酶（GPT）经 WHO 命名为丙氨酸转氨酶（ALT）
   B. 主要存在于肝细胞核中
   C. ALT 在肝内较血清约高 100 倍
   D. 只要有 1% 的肝细胞坏死，即可使血清 ALT 升高 1 倍
   E. ALT 是较为敏感的肝功能检查指标之一
4. 关于血清谷草转氨酶的叙述，错误的是
   A. 谷草转氨酶（GOT）现命名为天冬氨酸转氨酶（AST）
   B. AST 在心肌含量最高
   C. AST 在肝含量居第二位
   D. ASL 属非特异性细胞内功能酶
   E. AST 反映肝细胞损伤的灵敏度最高
5. 溶血性黄疸时
   A. γ 球蛋白明显增多　　　　B. AFP＞500 μg/L　　　　　C. CEA 明显增多
   D. 脂蛋白 -X（Lp-X）（＋）　E. 尿胆素原强阳性
6. 尿胆素原减少或缺如见于
   A. 慢性肝炎　　　　　　　　B. 溶血性贫血　　　　　　　C. 顽固性便秘
   D. 碱性尿时　　　　　　　　E. 胆道梗阻
7. 关于尿胆红素测定，下列叙述正确的是
   A. 正常可出现阳性反应　　　　　　　　B. 肝细胞黄疸时，尿胆红素中度增加
   C. 阻塞性黄疸时，尿胆红素为阴性　　　D. 溶血性黄疸时，尿胆红素明显增加
   E. 严重肾损伤时，尿胆红素明显增加
8. 合成胆固醇的主要器官是
   A. 肝　　　　　　　　　　　B. 脾　　　　　　　　　　　C. 肾
   D. 肌肉　　　　　　　　　　E. 脑

9. 阻塞性黄疸时
   A. ALT 明显升高
   B. 血氨明显升高
   C. GGT 明显升高
   D. MAO 明显升高
   E. ALP 明显升高

（10~12题共用题干）

患者，男性，23岁，因发热、厌油、恶心2周，皮肤黄染1周就诊。体格检查：T 38.2 ℃，P 80次/分，R 20次/分，BP 120/75 mmHg，皮肤略黄，巩膜黄染。肝肋下2 cm，质软，轻压痛和叩击痛。

10. 指导该患者最有价值的检查是
    A. 血细胞计数检查
    B. 肾功能检查
    C. 肝功能检查
    D. 血脂检查
    E. 尿液检查

11. 该患者如果要做肝功能检查，对其诊断最有价值的指标是
    A. 白蛋白降低
    B. A/G 比值降低
    C. 胆红素升高
    D. AST 升高
    E. ALT 升高

12. 如果要做肝功能检查，抽血时所需的标本是
    A. 抗凝的动脉血
    B. 不抗凝的动脉血
    C. 空腹的静脉血，需抗凝
    D. 空腹的静脉血，不抗凝
    E. 随机静脉血，抗凝

（13~14题共用题干）

患者，男性，42岁，食欲缺乏，尿色深2周，来院就诊。体格检查：皮肤、巩膜均黄染，肝大，肋下2 cm，轻度触痛，脾肋下未及。实验室检查：总胆红素 120 μmol/L，直接胆红素 60 μmol/L，ALT 200 U/L，ALP 100 U/L，GGT 100 U/L，尿胆红素及尿胆素原均呈阳性，彩超检查未见胆囊肿大及胆总管扩大。

13. 考虑其黄疸属于
    A. 溶血性黄疸
    B. 肝细胞性黄疸
    C. 食用过多胡萝卜引起
    D. 胰头癌肝外胆管受压所致
    E. 肝总管结石所致

14. 可能出现异常的检查项目是
    A. 肝功能
    B. 肾功能
    C. 网织红细胞计数
    D. 血糖
    E. 白细胞计数

二、简答题

试述肝细胞黄疸时血清胆红素及尿胆色素有何改变。

第二十章 肾病的实验室检查

第二十章数字资源

学习目标

1. 知识：说出肾小球功能、肾小管功能检查项目的参考值和临床意义，解释各项目的检测原理。
2. 能力：学会如何选择和评价肾功能检查项目，能对肾病的功能状态进行简单分析，完成初步诊断及鉴别诊断。
3. 素养：具备严格执行标本采集、处理和检测规范的意识，能够向患者解释检查准备事项并解读检查结果。保护患者隐私，遵守生物安全规范，合理利用医疗资源。养成良好的医德医风，构建和谐医患关系。

案例 4-20-1

患者，女性，50 岁，夜尿增多 3 年，伴恶心、呕吐 10 天。患者 3 年前无明显诱因出现夜尿增多，2~3 次/夜，每次尿量较多，夜间尿量多于白天尿量。无水肿、尿色变化，无尿频、尿急、尿痛及排尿困难。1 年前发现血压升高，最高 160/90 mmHg，规律服用"氨氯地平片"，血压控制较好。近 10 天患者自觉食欲减退、恶心，间断呕吐胃内容物，无呕血及黑便，伴全身乏力。发病以来，患者无发热、脱发、皮疹及关节痛，大便如常。近 1 个月体重下降约 1 kg。无烟、酒嗜好。体格检查：T 36.8 ℃，P 90 次/分，R 19 次/分，BP 155/100 mmHg。贫血貌，颜面无水肿，睑结膜苍白。心脏、肺检查无异常发现。实验室检查：血常规 Hb 72 g/L，RBC 2.7×10^{12}/L，WBC 5.4×10^9/L，N 0.68，PLT 282×10^9/L。尿常规：蛋白（++），尿沉渣 RBC 25~30/HP，颗粒管型 2~3/HP，尿蛋白定量 1.2 g/d，Scr 838 μmol/L，BUN 20.5 mmol/L，Alb 32 g/L。估算肾小球滤过率（eGFR）10 ml/（min·1.73m²）。

问题与思考：
1. 该患者的实验室检查项目哪些不正常？
2. 可能的疾病诊断是什么？

肾的主要功能是生成尿液，维持体内水、电解质、蛋白质、酸碱等代谢平衡。肾也有内分泌功能，可分泌肾素、活性维生素 D、促红细胞生成素等，具有调节血压、钙磷代谢和红细胞生成等重要功能。肾功能主要包括肾小球滤过功能、肾小管重吸收、尿液浓缩稀释及酸化等功能。肾功能检查的主要目的是了解肾功能有无损害及其程度、损害部位等，以便临床医师对肾病进行诊治及判断预后。

第一节 肾小球功能检查

一、内生肌酐清除率检测

内生肌酐清除率（endogenous creatinine clearance rate，Ccr）是指肾在单位时间内把若干毫升血液中的内生肌酐全部清除出去。由于肌酐绝大部分经肾小球滤过，不被肾小管重吸收且排泌很少，因此内生肌酐清除率是反映肾小球滤过功能的敏感指标。其测定结果需换算为标准体表面积（1.73 m^2）下的内生肌酐清除率。

> **知识链接**
>
> **内生肌酐清除率**
>
> 血肌酐分为外源性及内源性两部分，内源性肌酐的生成量非常恒定，故在排除外源性肌酐干扰的情况下（如试验前3天禁食肉食），血液和尿液中的肌酐含量也相对稳定，此时内生肌酐清除率就大致等于肾小球滤过率。由于个体的肌肉总量与体表面积成正比，而内生肌酐清除率与个体的肌肉总量密切相关，故需将内生肌酐清除率测定结果换算为标准体表面积（1.73 m^2）下的内生肌酐清除率更为准确。

【参考值】

80~120 ml/min（以 1.73 m^2 体表面积计）。

【临床意义】

1. 判断肾小球滤过功能有无损害的敏感指标　内生肌酐清除率能较早地反映肾小球滤过功能。内生肌酐清除率降低说明肾小球滤过功能受损，常见于急、慢性肾小球肾炎。急性肾小球肾炎首先出现内生肌酐清除率下降，并随病情好转而回升；慢性肾小球损害内生肌酐清除率呈进行性下降。

2. 评估肾小球滤过功能受损程度　根据内生肌酐清除率将肾功能分为4期：第1期（肾衰竭代偿期）内生肌酐清除率为 51~80 ml/min；第2期（肾衰竭失代偿期）内生肌酐清除率为 20~50 ml/min；第3期（肾衰竭期）内生肌酐清除率为 10~19 ml/min；第4期（尿毒症期或终末期肾衰竭）内生肌酐清除率 <10 ml/min。

3. 指导治疗　内生肌酐清除率 <40 ml/min，应限制蛋白质摄入；内生肌酐清除率 <30 ml/min，噻嗪类利尿药无效；内生肌酐清除率 ≤10 ml/min，袢利尿药无效，应进行透析治疗。指导肾衰竭患者使用经肾代谢或排出药物的用药剂量和用药时间间隔。

4. 肾移植术的疗效观察指标　内生肌酐清除率逐渐回升，说明肾移植成功；内生肌酐清除率逐渐下降，说明肾移植失败。急性排异反应时，内生肌酐清除率可再度下降。

二、血肌酐检测

在外源性肌酐摄入量稳定的情况下，血肌酐（serum creatinine，Scr）浓度取决于肾小球滤过能力。当肾小球滤过功能降低时，肾排出肌酐减少，血肌酐升高。

【参考值】

全血肌酐：88.4~176.8 μmol/L；

血清或血浆肌酐：男性 53～106 μmol/L，女性 44～97 μmol/L。

【临床意义】

1. 血肌酐升高　见于各种原发性和继发性肾损害、急性和慢性肾功能不全，说明肾小球滤过功能中度至重度损害，故其并非肾功能损害的早期诊断指标，但较尿素氮更特异、敏感。

2. 鉴别肾前性和肾实质性少尿　同时测定血肌酐和尿素氮（BUN）临床意义更大。

（1）肾实质性少尿：血肌酐常超过 200 μmol/L，此时血肌酐和尿素氮会同时升高，因此 BUN/Scr≤10∶1。

（2）肾前性少尿：如心力衰竭、脱水、肝肾综合征、肾病综合征等所致有效循环血量减少而引起的少尿，血肌酐一般不超过 200 μmol/L，此时肾外因素性尿素氮升高，因此 BUN/Scr＞10∶1。

三、血清尿素检测

尿素也称脲，是蛋白质代谢的最终产物，经肾小球滤过，随尿排出。血清尿素（UREA）习惯上以血尿素氮（blood urea nitrogen，BUN）浓度表示。

【参考值】

成人 3.2～7.1 mmol/L；

婴儿、儿童 1.8～6.5 mmol/L。

【临床意义】

血尿素氮升高见于：

1. 器质性肾功能损害　见于各种肾病所致的肾功能损害。当肾小球滤过率降低到正常的 50% 以下时，血尿素氮开始升高，故血尿素氮也非肾损害的早期诊断指标。慢性肾衰竭血尿素氮升高的程度一般与病情严重性一致，尿毒症时血尿素氮可＞20 mmol/L。

2. 肾前因素或肾后因素引起的少尿　如心力衰竭、脱水、肝肾综合征、前列腺肥大、尿路结石或肿瘤等，此时血肌酐升高不明显，BUN/Scr 常＞10∶1。

3. 体内蛋白质分解或摄入过多　如高热、上消化道大出血、甲状腺功能亢进症、高蛋白饮食等，此时血肌酐一般不升高。

四、血清胱抑素 C 检测

胱抑素 C（cystatin C，cys C）是半胱氨酸蛋白酶抑制蛋白 C 的简称。它是一种非糖基化碱性蛋白。人体内几乎各种有核细胞均可表达，每日分泌量较恒定，能自由透过肾小球滤膜，且在近曲小管几乎全部被上皮细胞摄取分解，不回到血液中，尿中仅微量排出，故血清胱抑素 C 水平是反映肾小球滤过功能的一个灵敏且特异的指标。

【参考值】

成人血清 0.6～2.5 mg/L。

【临床意义】

血清胱抑素 C 检测的临床意义同血肌酐、尿素氮及内生肌酐清除率。与血肌酐、尿素氮相比，在判断肾功能早期损伤方面，血清胱抑素 C 水平更为灵敏；在临床中可用于评价糖尿病肾病肾滤过功能有无早期损伤、帮助快速诊断肾移植患者是否出现急性排斥反应、监测化疗药物对肾的毒性作用及作为调整其用量的依据。

 血肌酐和尿素氮升高的临床意义。

第二节 肾小管功能检查

一、近端肾小管功能检查

（一）尿 β_2 微球蛋白测定

尿 β_2 微球蛋白（β_2-microglobulisn，β_2-MG）是体内除成熟红细胞和胎盘滋养层细胞外的所有细胞（特别是淋巴细胞和肿瘤细胞）产生的小分子量球蛋白，其可自由经肾小球滤过，99.9% 在近端肾小管被吸收，并在肾小管上皮细胞分解破坏，仅微量随尿液排出。

【参考值】

成人尿<0.3 mg/L，或以尿肌酐校正<0.2 mg/g 肌酐。

【临床意义】

1. 监测近端肾小管重吸收功能　β_2 微球蛋白是反映近端肾小管功能受损的敏感指标。肾小管间质性疾病、药物或毒物所致早期肾小管损伤，以及肾移植后急性排斥反应早期等，尿 β_2 微球蛋白增多。

2. 其他　IgG 肾病、恶性肿瘤及多种炎性疾病（如病毒性肝炎、类风湿关节炎）可导致 β_2 微球蛋白生成增加，尿 β_2 微球蛋白增多。此时应同时检测血 β_2 微球蛋白，只有血 β_2 微球蛋白<5 mg/L 时，尿 β_2 微球蛋白升高才反映肾小管损伤。

（二）α_1- 微球蛋白测定

α_1- 微球蛋白（α_1-microglobulin，α_1-MG）为肝细胞和淋巴细胞产生的一种糖蛋白，在血浆中以游离或与 IgG、白蛋白结合的两种形式存在。游离 α_1- 微球蛋白可自由透过肾小球，约 99% 在近端肾小管被重吸收并分解，仅微量从尿中排泄。

【参考值】

成人尿 α_1-MG<15 mg/24 h，或<10 mg/g 肌酐。

血清游离 α_1-MG 为 10～30 mg/L。

【临床意义】

1. 尿 α_1- 微球蛋白可用于监测近端肾小管重吸收功能　尿 α_1- 微球蛋白升高是反映早期近端肾小管功能损伤的特异、灵敏的指标。因其不受恶性肿瘤影响，故比 β_2 微球蛋白更可靠。

2. 血清 α_1- 微球蛋白可用于评估肾小球滤过功能　血清 α_1- 微球蛋白升高提示肾小球滤过率降低所致的血潴留。其比血肌酐和 β_2 微球蛋白更灵敏，在内生肌酐清除率<100 ml/min 时，血清 α_1- 微球蛋白即会升高。血清和尿中 α_1- 微球蛋白均升高，表明肾小球滤过功能和肾小管重吸收功能均受损。

3. 血清 α_1- 微球蛋白降低　见于严重肝实质性病变所致生成减少，如重症肝炎、肝坏死。

在评估肾小球和近端肾小管功能特别是早期损伤时，β_2 微球蛋白和 α_1- 微球蛋白均是较理想的指标，但尤以 α_1- 微球蛋白为佳。

（三）视黄醇结合蛋白测定

视黄醇结合蛋白（retial-binding protein，RBP）是视黄醇（维生素 A）转运蛋白，由肝细胞合成。游离的视黄醇结合蛋白由肾小球滤出，大部分由近端小管重吸收并被分解，仅有少量从尿中排泄。当肾小管重吸收功能障碍时，尿视黄醇结合蛋白浓度升高，血清视黄醇结合蛋白浓度下降。因此，尿中视黄醇结合蛋白测定是诊断早期肾功能损伤和疗效判定的灵敏指标。

【参考值】

血清视黄醇结合蛋白约为 45 mg/L；

尿液视黄醇结合蛋白约为 0.11±0.07 mg/L，男性高于女性，成人高于儿童。

【临床意义】

尿液视黄醇结合蛋白升高可见于早期近端肾小管损伤。血清视黄醇结合蛋白升高常见于肾小球滤过功能减退。另外，血清视黄醇结合蛋白可特异地反映机体的营养状态，是诊断早期营养不良的一项灵敏指标。

二、远端肾小管功能检查

（一）尿浓缩和稀释试验

正常尿生成过程中，远端肾小管对原尿有稀释功能，而集合管则具有浓缩功能。当肾病导致远端肾小管和集合管受损，影响肾浓缩和稀释功能时，尿量和尿比重会发生变化。动态监测尿量和尿比重的变化可间接了解肾的稀释和浓缩功能。生理情况下，夜间水摄入及生成减少，故夜尿较昼尿量少而比重高。

测定方法：患者受试日如常饮食，每餐含水量限制在 0.5~0.6 L，其余日间不再饮水。上午 8 时排尿弃去，然后每隔 2 h 收集一次尿液分别置于容器内，直至晚上 8 时（共 6 次昼尿），此后到次晨 8 时的尿收集在一个容器内（夜尿）。将标本送检，测定各份尿标本的尿量和尿比重。

【参考值】

尿量：成人尿量 1000~2000 ml/24 h，其中夜尿量＜750 ml，昼尿量／夜尿量（3~4）：1。

尿比重：夜尿或昼尿中至少 1 次＞1.018，昼尿中最高与最低差值＞0.009。

【临床意义】

1. 浓缩功能早期受损　夜尿量＞750 ml 或昼夜尿量比值下降，而尿比重正常。

2. 浓缩稀释功能严重受损　夜尿量＞750 ml 及尿比重均＜1.018 或昼尿比重差值＜0.009，提示浓缩及稀释功能严重受损。若每次尿比重均固定在 1.010 左右的低值，称为等渗尿（与血浆比），表明稀释及浓缩功能几乎丧失。

3. 肾小球病变　尿量少而尿比重升高，固定在 1.018 左右（差值＜0.009），多见于急性肾小球肾炎及肾小球滤过率降低的其他情况，因此时原尿生成减少而稀释浓缩功能相对正常。

4. 尿崩症　尿量明显增多（＞4 L/24 h），而尿比重均＜1.006。

（二）尿渗透压检测

尿渗透压（尿渗量）是指尿内具有渗透活性的全部溶质微粒总数，它可以反映溶质和水的相对排泄速度。与尿比重相比，尿渗透压不受尿内大分子物质（葡萄糖和蛋白质）的显著影响，故更能准确地反映肾小管的浓缩和稀释功能。

测定方法：晚餐后禁水 8~12 h，留取晨尿约 100 ml，收集在清洁、干燥的容器中，不加防腐剂；同时抽静脉血 2 ml，使用肝素抗凝。将标本送检，分别测定其渗透压。

【参考值】

禁饮后尿渗透压为 600~1000 mOsm/（kg·H_2O），平均为 800 mOsm/（kg·H_2O）；

血浆渗透压为 275~305 mOsm/（kg·H_2O），平均为 300 mOsm/（kg·H_2O）；

尿／血浆渗透压比值为（3~4.5）：1。

【临床意义】

1. 判断肾浓缩功能　尿渗透压在 300 mOsm/（kg·H_2O）左右时，称为等渗尿（与血浆渗透压相比）；＜300 mOsm/（kg·H_2O）称为低渗尿。禁水 12 h，尿渗透压＜600 mOsm/（kg·H_2O），且尿／血浆渗透压比值≤1，表明肾浓缩功能障碍，见于肾慢性间质性病变，如慢性肾盂肾炎、多囊肾、尿酸性肾病，也可见于慢性肾炎后期，以及急、慢性肾衰竭累及肾小管和肾间质。

2. 鉴别肾前性少尿和肾性少尿　肾前性少尿尿渗透压>450 mOsm/（kg·H_2O）；肾性少尿尿渗透压<350 mOsm/（kg·H_2O）。

 肾小管功能检查项目及临床意义。

第三节　肾功能检查的选择及应用

肾功能检查的目的是在疾病早期发现肾损害及其部位，评估损害的程度，制定治疗方案及判断预后。必须指出的是，正常肾具有强大的储备能力，在病变早期、肾损害轻微时，实验室检查仍可正常。因此，肾功能检查正常不能排除肾实质损害。大部分情况下，肾功能检查缺乏特异性，这就要求：在选择肾功能检查项目时，应根据临床需要选择必需项目或作组合项目选择；在评价结果时，应注意肾前性及肾后性因素的影响，如心功能不全、休克、水肿、输尿管梗阻和药物，同时需考虑各项目的灵敏度和特异性，并结合临床资料及其他辅助检查，进行全面、综合分析，做出客观结论，不能依赖于某一项肾功能试验。现对一些常用的肾功能试验进行介绍。

1. 尿常规检查　简便、快速、实用，可初步判断有无肾病，对怀疑或已确诊的泌尿系统疾病患者应进行尿沉渣显微镜检查，以便准确地了解病变程度，避免漏诊。

2. 内生肌酐清除率　操作简便、敏感度较高，是反映肾小球有效滤过功能及粗略估计有效肾单位数量的试验。

3. 尿浓缩稀释试验　是测定远曲小管和集合管重吸收功能的试验，方法简便，但不能精确地反映肾组织损害部位和范围。

肾功能检查项目的选择：全身疾病所致的肾损害，如已确诊的糖尿病、高血压、系统性红斑狼疮患者为尽早发现肾损害，可选择较敏感的检测项目，如胱抑素C、$β_2$微球蛋白、$α_1$-微球蛋白、视黄醇结合蛋白；主要累及肾小球，也可能累及近端肾小管的肾病可选择内生肌酐清除率、胱抑素C、血肌酐、血尿素氮、尿$β_2$微球蛋白、$α_1$-微球蛋白等，但需注意血肌酐、尿素氮灵敏度较差；需了解有无肾小管病变，可选择尿$β_2$微球蛋白、$α_1$-微球蛋白及尿浓缩稀释试验；急性肾损伤应针对肾小球滤过功能进行检查；慢性肾衰竭应同时检查肾小球和肾小管功能。

（李　晟）

自　测　题

选择题

1. 能较早反映肾小球滤过功能的检测项目是
　　A. 肌酐　　　　　　　　　B. 肌酸　　　　　　　　　C. 血尿酸
　　D. 血尿素氮　　　　　　　E. 血内生肌酐清除率

2. 尿浓缩稀释试验需要收集的尿液次数为
   A. 4次　　　　　　　　B. 5次　　　　　　　　C. 6次
   D. 7次　　　　　　　　E. 8次
3. 肾功能不全早期的表现是
   A. 夜间尿量＞750 ml　　B. 内生肌酐清除率下降　　C. 血肌酐＞100 μmol/L
   D. 血尿素氮＞10 mmol/L　E. 血尿酸＞500 μmol/L
4. 正常人尿渗透压的范围是
   A. 280~320 mOsm/（kg·H_2O）　　　　B. 320~400 mOsm/（kg·H_2O）
   C. 280~500 mOsm/（kg·H_2O）　　　　D. 600~1000 mOsm/（kg·H_2O）
   E. 1000~2000 mOsm/（kg·H_2O）
5. 肾小管性蛋白尿时尿中升高的蛋白是
   A. 白蛋白　　　　　　　B. IgM　　　　　　　　C. $β_2$微球蛋白
   D. IgG　　　　　　　　E. 脂蛋白
6. 患者尿 $β_2$ 微球蛋白升高，血 $β_2$ 微球蛋白不高，最可能的原因是
   A. 肿瘤　　　　　　　　B. 系统性红斑狼疮　　　C. 肾小管损伤
   D. 干燥综合征　　　　　E. 类风湿关节炎
7. 属于肾小球滤过功能的检查项目是
   A. 尿比重测定　　　　　B. 血肌酐测定　　　　　C. 尿浓缩稀释试验
   D. 尿渗透压测定　　　　E. 尿量测定
8. 某患者，男性，近日少尿、恶心、呕吐，血内生肌酐清除率为 15 ml/min。应考虑肾功能分级为
   A. 肾功能正常　　　　　B. 肾功能不全代偿期　　C. 肾功能不全失代偿期
   D. 肾衰竭期　　　　　　E. 肾衰竭终末期
9. 患者应开始限制蛋白质摄入，其内生肌酐清除率为
   A. ＜80~120 ml/min　　B. ＜30~40 ml/min　　　C. ＜40~70 ml/min
   D. ＜60~100 ml/min　　E. ＜100~120 ml/min
10. 反映肾浓缩稀释功能最敏感的试验是
    A. 尿比重　　　　　　　B. 24 h 尿量　　　　　　C. 夜尿量
    D. 昼尿量　　　　　　　E. 尿渗透压

第二十一章 临床常用生物化学检查

第二十一章数字资源

学习目标

1. 知识：明确临床常用生物化学检查项目的临床意义，分析参考值及诊断原理，描述检测方法。
2. 能力：学会如何选择和评价临床常用生物化学检查项目，根据生物化学检查结果对相应疾病提出初步诊断。
3. 素养：具备保持实验室生物安全防护意识，能够为临床提供检验项目选择建议并合理解释检验结果的临床意义，具备循证医学与精准医学思维。树立严谨求实的工作态度，学会关心、尊重患者，养成良好的医德素养，构建和谐医患关系。

临床生物化学检查是利用光电比色、离子选择电极、化学发光、层析等技术，测定血液和体液中蛋白质、酶、糖、脂、电解质、激素及药物等的浓度，为疾病诊断、病情监测、药物疗效、预后判断及疾病预防等方面提供依据。

近年来，自动生化分析仪的应用使临床生物化学检查发生了巨大的变革，突出表现在检测速度和项目不断增加，分析中的质量管理体系得以很好建立，实验的偶然误差大大减少。一台自动生化分析仪可包含化学分析的多种检测技术，一次可同时进行几十个项目的测定，并能任意组合项目。目前，利用自动生化分析仪可同时进行多项检测的优势，形成较完整的实验项目组合，可对肾功能、肝功能、心肌损害程度等进行评价。

第一节 血清电解质测定

案例 4-21-1

患者，男性，35 岁。因"四肢无力 19 h"入院。患者于昨日中午饮酒（约 250 g）后出现双下肢无力，摔倒在地，随后右上肢无力明显，症状逐渐加重，无法行走，来院就诊。急诊实验室检查：钾 1.89 mmol/L、钠 136 mmol/L、钙 1.95 mmol/L、磷 0.43 mmol/L。

问题与思考：该患者的实验室检查项目有哪些不正常？

体液中的主要电解质有钾、钠、氯、钙、镁、磷、碳酸盐等，它们在维持酸碱平衡、渗透压平衡、水平衡、神经与肌肉组织的正常应激性以及酶的催化作用等方面起着重要作用。

一、血清钾测定

钾（K^+）的主要生理功能是维持细胞内液渗透压平衡，保证神经、肌肉（特别是心肌）的正常应激性。值得注意的是，红细胞内 K^+ 浓度是细胞外的 50 倍，故溶血标本对 K^+ 测定干扰很大，临床上在分析结果时要注意其影响。

【参考值】

3.5～5.5 mmol/L。

【临床意义】

1. 血清 K^+ 浓度升高　血清 K^+ 浓度超过 5.5 mmol/L 为高钾血症。

（1）K^+ 输入过多：如静脉输入含 K^+ 溶液浓度过高或速度过快，输入大量库存血。

（2）K^+ 排泄障碍：如急性或慢性肾衰竭、肾上腺皮质功能减退症。

（3）细胞内 K^+ 移至细胞外：如大面积烧伤、创伤、血管内溶血、酸中毒。

2. 血清 K^+ 浓度减低　血清 K^+ 浓度低于 3.5 mmol/L 为低钾血症。

（1）K^+ 摄入不足：如因各种原因不能进食，又未补钾。

（2）K^+ 丢失过多：如严重呕吐、腹泻、大量出汗、长期应用糖皮质激素、服用排钾利尿药及肾上腺皮质功能亢进症。

（3）K^+ 分布异常：如肾性水肿或输入无钾液体，细胞外液稀释。

（4）细胞外 K^+ 移至细胞内：如大量输入胰岛素（细胞外 K^+ 会在葡萄糖被利用或形成糖原的同时大量进入细胞内）、低钾性周期性麻痹。

> **知识链接**
>
> **高钾血症与低钾血症**
>
> 血清 K^+ 浓度超过 6.5 mmol/L 或血清 K^+ 浓度低于 2.5 mmol/L 均可引起心律失常甚至心搏骤停，故严重的高钾血症或低钾血症都要警惕心搏骤停的发生，必须积极治疗。

二、血清钠测定

Na^+ 是血浆中的主要阳离子，其主要存在于细胞外液中，主要生理功能是维持渗透压和酸碱平衡、促进物质的转运和增强神经肌肉兴奋性。

【参考值】

135～145 mmol/L。

【临床意义】

1. 血清 Na^+ 浓度升高　血清 Na^+ 浓度超过 145 mmol/L，并伴有血液渗透压过高者，称为高钠血症。Na^+ 浓度升高常与脱水及其他代谢紊乱并存。

（1）输入含 Na^+ 溶液过多：如进食过量钠盐、心脏复苏时输入过多碳酸氢钠。

（2）肾排 Na^+ 减少：如肾上腺皮质功能亢进症、原发性醛固酮增多症。

（3）水丢失过多：长期腹泻、呕吐、大量出汗、烧伤等。

2. 血清 Na^+ 浓度减低　血清 Na^+ 浓度低于<135 mmol/L 称为低钠血症。

（1）丢失过多：如严重呕吐、腹泻，大面积烧伤或出现大量肺泡渗出物，大量抽取胸腔积液和（或）腹水。

（2）肾排 Na^+ 过多：如慢性肾衰竭多尿期、慢性肾上腺皮质功能减退症、大量使用利尿药。

（3）细胞外液稀释：主要是水钠潴留，又称稀释性低钠血症，如慢性肾衰竭、肝硬化失代偿期、脑血管病或脑外伤。

（4）消耗性低钠或摄入不足：如肺结核和肿瘤等慢性消耗性疾病、饥饿、营养不良、长期低钠饮食。

> **知识链接**
>
> **低钠血症**
>
> 血清 Na^+ 浓度低于等于 115 mmol/L 时，可发生精神错乱、疲劳、厌食、恶心、呕吐和头痛；血清 Na^+ 浓度低于 110 mmol/L 时，患者处于半昏迷和昏迷状态，极易发生抽搐，故当血清 Na^+ 浓度测定值降至 115 mmol/L 时，应尽快采取治疗措施。

三、血清钙测定

钙（Ca^{2+}）99% 存在于骨骼中，骨骼中的磷酸钙与体液中的 Ca^{2+} 及 HPO_4^{2-} 呈动态平衡，相互转换。血钙几乎全部存在于血清中，称为血清钙，其含量约为人体钙的 0.1%，但在机体中却发挥着极其重要的作用，如在血液凝固、维持神经肌肉的应激性、降低毛细血管壁及细胞膜的通透性等方面。血清钙为扩散型钙（离子钙）和非扩散型钙（结合钙）的总和。

【参考值】

血清总钙：2.25~2.58 mmol/L。

离子钙：1.10~1.34 mmol/L。

【临床意义】

1. 血清 Ca^{2+} 浓度升高　血清总钙超过 2.58 mmol/L 为高钙血症。

（1）摄入及补充过多：饮用大量牛奶或静脉补充过量 Ca^{2+}。

（2）吸收增加：维生素 D 应用过量，溃疡病长期使用碱性药物。

（3）溶骨作用增强：甲状旁腺功能亢进症、骨折和肢体麻痹引起的急性骨萎缩、多发性骨髓瘤和恶性肿瘤骨转移等。

（4）排出减少：急性肾功能不全。

2. 血清 Ca^{2+} 浓度减低　血清总钙低于 2.25 mmol/L 为低钙血症。

（1）成骨作用增加：甲状旁腺功能减退。

（2）婴儿手足搐搦症及骨质软化症。

（3）摄入不足或吸收障碍：维生素 D 缺乏、长期腹泻及不合理饮食搭配等。

（4）肾病：如慢性肾小球肾炎累及肾小管影响钙的重吸收。

（5）其他：重型急性胰腺炎、大量输入枸橼酸钠抗凝血等。

四、血清氯测定

氯（Cl^-）是细胞外液主要的阴离子，血浆中的氯化物主要是 NaCl，Cl^- 主要经肾由尿液排出体外。在体内 Cl^- 主要承担调节机体水、电解质、渗透压及酸碱平衡等功能。

【参考值】

95~105 mmol/L。

【临床意义】

1. 血清 Cl^- 浓度升高　血清 Cl^- 浓度超过 105 mmol/L 称为高氯血症。

（1）摄入及补充过多：摄入或静脉输入大量的 NaCl、$CaCl_2$、NH_4Cl 等溶液。

（2）排泄减少：见于急、慢性肾功能不全少尿期及心功能不全、尿路梗阻等。

（3）严重脱水：见于大量出汗、频繁呕吐、反复腹泻使水分丢失。

（4）其他：肾上腺皮质功能亢进、呼吸性碱中毒、高氯性代谢性酸中毒等。

2. 血清 Cl^- 浓度减低　血清 Cl^- 浓度低于 95 mmol/L 称为低氯血症。

（1）摄入减少：见于营养不良、低盐治疗等。

（2）丢失过多：如严重呕吐、腹泻、胃肠引流、慢性肾功能不全、糖尿病、应用排钾利尿药、慢性肾上腺皮质功能不全及呼吸性酸中毒。

五、血清无机磷测定

磷以无机磷和有机磷的形式存在于体内，其中 70%~80% 以不溶解的磷酸钙形式存在于骨骼中，其余的构成磷脂、核苷酸等人体重要的有机化合物。血磷指血液中的无机磷，多以磷酸盐的形式存在于体内。磷在体内参与糖、脂质及氨基酸代谢，构成能量转运的物质。体内磷与钙代谢关系密切，受甲状旁腺激素和降钙素等相同激素调控，彼此互相制约。

【参考值】

0.97~1.61 mmol/L。

【临床意义】

1. 血清磷升高

（1）摄入过多：摄入过多维生素 D。

（2）排泄障碍：肾功能不全、甲状旁腺功能减退症等。

（3）其他：肢端肥大症、多发性骨髓瘤、急性重型肝炎、骨折愈合期等。

2. 血清磷减低

（1）摄入不足或吸收障碍：长期腹泻、慢性酒精中毒、活性维生素 D 缺乏、长期应用含铝制剂等。

（2）丢失过多：大量呕吐、严重腹泻、血液透析、肾小管性酸中毒、应用噻嗪类利尿药等。

（3）转入细胞内：静脉输注葡萄糖或胰岛素、碱中毒、急性心肌梗死等。

（4）其他：甲状旁腺功能亢进症、骨软化症等。

六、血清镁检测

Mg^{2+} 为细胞内含量仅次于钾的阳离子。体内镁绝大部分位于骨骼内及细胞内，细胞外液镁离子仅占 1% 左右。体内镁的主要作用：与钙协同抑制神经肌肉兴奋性，血浆钙镁降低可增加神经肌肉的应激性；激活主要与能量代谢有关的酶；维持心肌的正常结构、收缩功能和电生理平衡等。体内的镁主要通过肾排出，原尿中的镁大部分被肾小管重吸收，3%~6% 由肾排出。

【参考值】

0.75~1.02 mmol/L。

【临床意义】

1. 血清 Mg^{2+} 浓度升高

（1）排泄障碍：肾功能不全。

（2）摄入过多：镁剂治疗过量。

（3）内分泌疾病：甲状腺功能减退症、甲状旁腺功能减退症、肾上腺皮质功能减退症、糖尿病酮症酸中毒等。

（4）其他：多发性骨髓瘤、严重脱水等。

2. 血清 Mg^{2+} 浓度减低

（1）摄入不足：长期腹泻、禁食、营养不良等。

（2）丢失过多：大量呕吐、严重腹泻、应用噻嗪类利尿药、肾功能不全多尿期、糖尿病、酒精中毒及血液透析等。

 血钾、血钠、血钙、血氯的正常值及临床意义。

（李　晟）

第二节　血清铁及有关成分的测定

铁是人体不可缺少的微量元素，体内铁包括功能铁（约2/3）和贮存铁（约1/3），功能铁主要参与血红蛋白和肌红蛋白的合成，同时参与体内含铁酶的组成；贮存铁主要以铁蛋白及含铁血黄素等形式贮存在骨髓、肝、脾等组织的单核-吞噬细胞内。

一、血清铁测定

血清铁（serum iron，SI）是指血清中与转铁蛋白结合的铁，属于铁运转池中的一部分，其数值不仅取决于血清中铁的含量，还受转铁蛋白浓度的影响。

【参考值】

成年男性 10.6～36.7 μmol/L；

成年女性 7.8～32.2 μmol/L；

儿童 9.0～22.0 μmol/L。

【临床意义】

1. 血清铁升高

（1）利用障碍：铁粒幼细胞贫血、再生障碍性贫血、维生素 B_6 缺乏、铜缺乏、慢性酒精中毒、铅中毒等。

（2）释放增多：溶血性贫血、急性肝炎、慢性活动性肝炎、肝硬化等。

（3）摄入增加：血色素沉着病和铁剂治疗过量、反复输血等。

2. 血清铁减低

（1）摄入不足：如饮食中铁缺乏或胃切除术后、慢性萎缩性胃炎、长期腹泻。

（2）丢失过多：如痔、消化性溃疡、钩虫病等引起慢性失血。

（3）需求增多：如生长期婴幼儿、妊娠期及哺乳期妇女。

（4）其他：如严重感染、肝硬化、尿毒症、恶性肿瘤。

知识链接

铁的来源、吸收及其在生物体内的转运

1. 铁的正常来源　食物中的铁（动物性铁主要为 Fe^{2+}，植物性铁主要为 Fe^{3+}）以及衰老红细胞中血红蛋白释放的铁。

2. 铁的吸收部位及形式 食物中铁的吸收主要在十二指肠及空肠上段，以 Fe^{2+} 的形式吸收，故植物中的 Fe^{3+} 要吸收，必须还原为 Fe^{2+}，这就是口服铁剂同时给予维生素 C 制剂促进其吸收的原因。

3. 铁在生物体内的转运 吸收入血的 Fe^{2+} 被铜蓝蛋白氧化为 Fe^{3+}，与血浆中的转铁蛋白结合（这部分铁称为血清铁），大部分被转运到各组织中去，多余的血清铁被单核巨噬细胞摄取，形成铁蛋白贮存起来。当血清铁出现下降时，铁蛋白即释放入血，及时补充血清铁。

二、血清转铁蛋白测定

转铁蛋白（transferrin，Tf）是血浆中一种能与 Fe^{3+} 结合的球（糖）蛋白，主要起运铁作用。正常情况下，血清铁仅与 1/3 的转铁蛋白结合，2/3 的转铁蛋白未与铁结合。转铁蛋白主要在肝细胞和吞噬细胞合成，所以临床上常作为判断肝合成功能的指标，同时也是一种急性时相反应蛋白。

【参考值】
28.6 ~ 51.9 pmol/L（2.5 ~ 4.3 g/L）。

【临床意义】
1. 血清转铁蛋白升高 见于妊娠期、慢性失血及铁缺乏，特别是缺铁性贫血。
2. 血清转铁蛋白减低
（1）贫血：再生障碍性贫血、铁粒幼细胞贫血。
（2）其他疾病：肾衰竭、遗传性转铁蛋白缺乏症、急性和慢性肝病、营养不良及腹泻等。

三、血清总铁结合力测定

总铁结合力（total iron binding capacity，TIBC）是指 100 ml 血液中转铁蛋白能结合铁的最大能力，这是一个理论上的数值，实际上代表了转铁蛋白的量。

【参考值】
男性 50 ~ 77 μmol/L；
女性 54 ~ 77 μmol/L。

【临床意义】
1. 血清总铁结合力升高
（1）转铁蛋白合成增加：如红细胞增多症、妊娠后期、缺铁性贫血等慢性缺铁性疾病。
（2）转铁蛋白释放增加：如急性肝炎、肝细胞坏死。
2. 血清总铁结合力减低
（1）转铁蛋白合成减少：如肝硬化、血色素沉着病、慢性肝损害。
（2）转铁蛋白丢失：如肾病综合征、脓毒症。
（3）铁缺乏：如肿瘤、肝病、慢性炎症、消化性溃疡。

四、血清转铁蛋白饱和度测定

血清转铁蛋白饱和度（transferrin saturation，Tfs）简称铁饱和度，是实际与铁结合的转铁蛋白占转铁蛋白总量的百分比，即血液中转铁蛋白的铁结合力达到饱和时所结合的铁量，以血清铁占总铁结合力的百分率表示。

【参考范围】

33%~55%。

【临床意义】

1. 血清转铁蛋白饱和度升高

（1）铁利用障碍：如再生障碍性贫血、铁粒幼细胞贫血。

（2）血色素沉着病：转铁蛋白饱和度＞70%为诊断血色素沉着病的可靠指标。

2. 血清转铁蛋白饱和度减低

（1）缺铁或缺铁性贫血：转铁蛋白饱和度＜15%结合病史即可诊断缺铁或缺铁性贫血，其准确性仅次于铁蛋白，较总铁结合力和血清铁灵敏。

（2）慢性感染性贫血。

五、血清铁蛋白测定

血清铁蛋白（serum ferritin，SF）是体内铁的贮存形式之一，是判断体内贮存铁较敏感的指标之一，其含量变化可作为判断是否缺铁或铁负荷过量。许多恶性肿瘤细胞能合成或分泌铁蛋白，故也可作为肿瘤的标志物。

【参考值】

男性 15~200 μg/L；

女性 12~150 μg/L。

【临床意义】

1. 血清铁蛋白升高

（1）体内铁负荷过多：如血色病、反复输血、不恰当的铁剂治疗。

（2）贫血：铁粒幼细胞贫血、溶血性贫血、再生障碍性贫血。

（3）铁蛋白合成增加：如炎症、恶性肿瘤、甲状腺功能亢进症。

（4）组织释放增加：某些肝病，如药物引起的肝坏死、肝硬化。

2. 血清铁蛋白减低　常见于营养不良、缺铁性贫血、肝病晚期等。血清铁蛋白＜12 μg/L可作为缺铁性贫血的诊断指标；血清铁蛋白＞100 μg/L可排除缺铁。

六、红细胞原卟啉和锌卟啉测定

在血红蛋白合成过程中，原卟啉与铁在铁络合酶的作用下形成血红素，血红素再与珠蛋白结合形成血红蛋白。当铁缺乏时，原卟啉与铁不能结合形成血红素，导致红细胞游离原卟啉（free erythrocyte protoporphyrin，FEP）增多，或在络合酶的作用下与锌结合形成锌原卟啉（zinc protoporphyrin，ZPP）。

【参考范围】

FEP：男性 0.56~1.00 μmol/L；

女性 0.68~1.32 μmol/L；

ZPP：＜0.6 mg/L。

【临床意义】

1. 红细胞游离原卟啉和锌原卟啉升高　常见于缺铁性贫血、铁粒幼细胞贫血、阵发性睡眠性血红蛋白尿症（PNH）及铅中毒等。

2. 红细胞游离原卟啉和锌原卟啉减低　常见于巨幼细胞贫血、恶性贫血和血红蛋白病等。

（李　晟）

第三节 心肌酶和肌钙蛋白测定

案例 4-21-2

患者，男性，60岁。反复胸痛2年，伴胸闷2个月，加重2天。患者2年前开始反复出现胸痛，为左侧前胸部压榨性疼痛，每次发作含服硝酸甘油后持续约10 min可缓解，平素口服中成药治疗（具体不详），日常活动不受影响。近2个月患者胸痛发作较前频繁，每日均有发作，含服硝酸甘油后约半小时可缓解，伴活动后胸闷，无下肢水肿。近2天上述症状加重，轻微活动后即可出现胸闷，无发热、咳嗽、咳痰，无腹痛、腹泻。服用硝酸甘油后胸痛、胸闷等症状持续不缓解，遂急诊就诊。发病以来，患者精神差，睡眠差，大小便如常，体重未见明显变化。既往无糖尿病、高血压病史。吸烟20年，每日20支。体格检查：T 36.6 ℃，P 100次/分，R 22次/分，BP 125/70 mmHg。神志清楚。心界不大，心率100次/分，心律齐，心尖部可闻及S3奔马律。腹软，无压痛，肝、脾肋下未触及。双下肢无水肿。实验室检查：CK 467 U/L，CK-MB 39.7 U/L，cTnT 1.87 ng/ml。

问题与思考：
1. 该患者的实验室检查项目有哪些不正常？
2. 可能的疾病诊断是什么？

心肌酶和心肌蛋白在心肌中含量很高，心肌损伤时可释放入血，使其血液中浓度异常升高。心肌酶和心肌蛋白测定可为心肌梗死和其他心肌损害有关疾病的诊断提供依据。

一、心肌酶测定

（一）肌酸激酶及其同工酶测定

肌酸激酶（creatine kinase，CK）主要存在于骨骼肌和心肌中，在脑组织中也少量存在。肌酸激酶是由M和B两种亚单位组成的二聚体，在细胞质中有MM（肌型）、BB（脑型）、MB（心肌型）三种同工酶。CK-MB占肌酸激酶同工酶总量的5%以下，CK-MM占肌酸激酶同工酶总量的94%~96%，而CK-BB极少或无。

【参考值】
速率法（37 ℃）：男性 50~310 U/L；
　　　　　　　　女性 40~200 U/L。

【临床意义】
1. 肌酸激酶升高
（1）心肌坏死或损伤：如急性心肌梗死（AMI）、心肌炎、心脏手术后。急性心肌梗死后3~8 h肌酸激酶明显升高，10~36 h达峰值，3~4天后恢复至正常水平。在急性心肌梗死病程中，肌酸激酶与心肌梗死的范围成正比，如肌酸激酶再次升高，往往说明心肌再次梗死。肌酸激酶也可作为急性心肌梗死溶栓治疗是否成功的指标之一：溶栓治疗后若肌酸激酶峰值提前，在溶栓后4 h内达峰值，则提示心肌再灌注成功。
（2）肌肉疾病：如进行性肌萎缩、皮肌炎及肌肉损伤。
2. 肌酸激酶减低　见于长期卧床、甲状腺功能亢进症、激素治疗等。

（二）乳酸脱氢酶测定

乳酸脱氢酶（lactate dehydrogenase，LDH）是糖酵解途径中重要的酶，几乎存在于所有组织中，以肾、心肌、骨骼肌中含量最丰富，肝、脾、胰、肺及红细胞内含量也较高。红细胞中乳酸脱氢酶较血清中高100倍，故标本采集时应绝对避免溶血。乳酸脱氢酶有多种同工酶，包括 LDH_1、LDH_2、LDH_3、LDH_4、LDH_5 等，其中 LDH_1 在心肌中含量最高。

【参考值】

速率法：120～250 U/L。

【临床意义】

1. 心脏疾病　心肌梗死后 8～18 h 乳酸脱氢酶开始升高，24～72 h 后达高峰，可持续 10～14 天后恢复至正常水平。

2. 肝病　急性病毒性肝炎、肝硬化、心肌炎、心包炎伴肝淤血时。

3. 恶性肿瘤及其他　恶性淋巴瘤、胃癌、肝癌、血液病、肌病和肾病等。

二、心肌蛋白测定

（一）肌钙蛋白测定

心肌肌钙蛋白（cardiac troponin，cTn）是心肌内的调节蛋白复合物，有3种亚单位，分别为 TnT、TnI 和 TnC。其中心肌肌钙蛋白 I（cTnI）和心肌肌钙蛋白 T（cTnT）是心肌细胞的特有成分，在心肌损伤或心肌坏死时可迅速释放入血，故血清心肌肌钙蛋白是反映心肌损伤的特异性标志物，其特异性和灵敏性均优于常用的心肌酶测定。心肌肌钙蛋白对心肌损伤的诊断具有重要价值，对一些疾病（急性心肌梗死、不稳定型心绞痛、围手术期心肌损伤等）的诊断、病情监测、疗效观察及预后评估都具有较高的临床价值，尤其对微小病灶的心肌梗死诊断有重要价值。

【参考值】

cTnT 0.02～0.13 μg/L；＞0.2 μg/L 为诊断临界值；＞0.5 μg/L 可以诊断为急性心肌梗死。

cTnI＜0.2 μg/L；＞1.5 μg/L 为诊断临界值。

【临床意义】

1. 急性心肌梗死　心肌损伤后 3～6 h，血液中 cTnI、cTnT 开始升高，cTnI 达峰值的时间为 14～20 h，5～7 天后恢复至正常；cTnT 达峰值的时间为 10～24 h，10～15 天后恢复正常。与 cTnT 相比，cTnI 的灵敏度低，特异性高。

2. 不稳定型心绞痛　心肌肌钙蛋白也常升高，提示有小范围心肌梗死的可能。

（二）肌红蛋白测定

肌红蛋白（myoglobin，Mb）是一种低分子量含血红素的蛋白质，主要存在于骨骼肌和心肌细胞中，正常人血清中肌红蛋白含量很少，当心肌或骨骼肌损伤时，血液肌红蛋白水平升高，对诊断急性心肌梗死和骨骼肌损害有一定的价值。

【参考值】

定性：阴性。

定量：ELISA 法 50～85 μg/L；RIA 法 6～85 μg/L；＞75 μg/L 为临界值。

【临床意义】

1. 急性心肌梗死　急性心肌梗死后 0.5～2 h 肌红蛋白开始升高，5～12 h 达高峰，18～30 h 恢复正常，故肌红蛋白可作为早期诊断急性心肌梗死的指标，明显优于 CK-MB 和 LDH。其诊断急性心肌梗死的灵敏度为 50%～59%，特异性为 77%～95%。

2. 其他　骨骼肌损伤、肌营养不良、多发性肌炎、肾衰竭、心力衰竭及休克等。

考点提示:心肌损伤标志物的检测项目及其临床意义。

(李 晟)

第四节　脑利尿钠肽测定

脑利尿钠肽（brain natriuretic peptide，BNP）主要在心室表达，同时也存在于脑组织中，是心室容积增加和压力超负荷时分泌的一种神经激素，主要功能是增加尿钠排泄，拮抗肾素-血管紧张素-醛固酮系统，延缓心室重塑。心肌细胞所分泌的 BNP 先以前体（pro-BNP）形式存在，当心肌细胞受到刺激时，裂解为有活性的 BNP 和无活性的 NT-pro-BNP。NT-pro-BNP 的生物学半衰期为 60~120 min，而 BNP 仅约 20 min。BNP 的释放与心衰程度呈密切正相关，心衰程度加重，BNP 的释放增加。BNP 是心力衰竭诊断、鉴别诊断及预后评估的指标。

【参考值】

1.5~9.0 pmol/L；判断值＞22 pmo/L（100 ng/L）；NT-pro-BNP＜125 ng/L。

【临床意义】

1. 充血性心力衰竭（CHF）　有症状的充血性心力衰竭患者 BNP 明显增加，在临床上 BNP 主要作为充血性心力衰竭诊断、疗效观察和判断预后的指标。

2. 对呼吸困难患者的鉴别诊断　心源性呼吸困难时 BNP 升高，而肺源性呼吸困难时 BNP 不升高。

3. 急性心肌梗死　急性心肌梗死后 24 h 内 BNP 升高明显，尤其是出现并发症时，BNP 显著增加。

4. 慢性肾功能不全　BNP 升高，并与透析无关。

5. 心脏起搏器手术　BNP 可用于评估拟接受心脏起搏器手术患者的心功能，并帮助选择最佳手术时机。

6. 急性冠脉综合征（ACS）　BNP 对急性冠脉综合征患者的预后分析及危险评估也很有价值。

(李 晟)

第五节　血脂测定

血脂是总胆固醇（TC）、甘油三酯（TG）、磷脂（PL）与游离脂肪酸（FFA）等的总称。因脂质不溶于水，在体内需与载脂蛋白结合，形成可溶性脂蛋白颗粒，以脂蛋白的形式存在并转运，随血液循环运送到各组织，以完成其生理功能。临床上，血清脂质除了作为脂质代谢紊乱及有关疾病的诊断指标外，还可协助诊断原发性胆汁性胆管炎、肾病综合征、肝炎、肝硬化等疾病。

一、脂质测定

（一）血清总胆固醇测定

胆固醇是胆固醇酯和游离胆固醇的总称，故称为总胆固醇（total cholesterol，TC）。胆固醇是所有细胞膜及亚细胞器膜的组成成分，是胆汁酸的唯一前体，也是所有类固醇激素合成的原料。

【参考值】

合适水平＜5.20 mmol/L；

边缘水平 5.20～6.20 mmol/L；

升高＞6.20 mmol/L。

【临床意义】

根据 TC 水平高低及其引起心脏、脑血管疾病的危险性，将 TC 分为合适水平、边缘水平和升高（或减低）即危险水平。

1. 总胆固醇升高

（1）高胆固醇和高脂饮食。

（2）胆道梗阻：如胆结石、肝肿瘤、胰头癌。

（3）冠心病、动脉粥样硬化。

（4）服用某些药物：如环孢素、糖皮质激素、阿司匹林、口服避孕药、β肾上腺受体阻滞剂等。

（5）其他：如长期吸烟及饮酒、糖尿病、肾病综合征、甲状腺功能减退症及脂肪肝。

2. 总胆固醇减低

（1）严重肝病：如肝细胞性黄疸、门脉性肝硬化晚期、暴发性肝衰竭。

（2）慢性消耗性疾病、营养不良及甲状腺功能亢进症等。

（二）血清甘油三酯测定

甘油三酯（triglyceride，TG）是血清脂质的主要成分，主要功能是为细胞提供能量，主要存在于β-脂蛋白和乳糜微粒中，直接参与胆固醇和胆固醇酯的合成。

【参考值】

合适水平 0.56～1.70 mmol/L；

边缘水平 1.70～2.30 mmol/L；

升高 ＞2.30 mmol/L。

【临床意义】

1. 甘油三酯升高

（1）高脂饮食、肥胖症、体力活动减少、酗酒后等。

（2）脑血管栓塞、心肌梗死。

（3）遗传性家族性高脂血症。

（4）其他：如肝病、肾病综合征、甲状腺功能减退症、糖尿病、胰腺炎、妊娠及口服避孕药。

2. 甘油三酯减低　见于甲状腺功能亢进症、营养不良、先天性无β脂蛋白血症等。

二、脂蛋白测定

脂质与蛋白质结合成脂蛋白，脂蛋白中的蛋白部分称为载脂蛋白（apolipoprotein，Apo）。根据密度分类法，可将脂蛋白由小到大分为4类，乳糜微粒（CM）、极低密度脂蛋白（VLDL）、低密度脂蛋白（LDL）和高密度脂蛋白（HDL）。

（一）低密度脂蛋白胆固醇测定

低密度脂蛋白（low density lipoprotein，LDL）是血浆中携带胆固醇的主要微粒。LDL 与胆固醇结合后称为低密度脂蛋白胆固醇（LDL-C），临床上以 LDL-C 的含量来反映 LDL 水平。LDL 易在动脉内膜下累积，促使动脉粥样硬化斑块形成，故 LDL 为致动脉粥样硬化的因子。

【参考值】

合适水平≤3.4 mmol/L；

边缘水平 3.4 ~ 4.1 mmol/L；

升高＞4.1 mmol/L。

【临床意义】

1. LDL 升高

（1）判断发生冠心病的危险性：LDL 水平升高与冠心病发病呈正相关。

（2）其他：遗传性高脂蛋白血症、甲状腺功能减退症、肾病综合征、胆汁淤积性黄疸、肥胖症，应用雄激素、β 受体阻滞药及糖皮质激素等。

2. LDL 减低　见于无 β-脂蛋白血症、甲状腺功能亢进症、吸收不良、肝硬化以及低脂饮食和运动等。

（二）高密度脂蛋白胆固醇测定

与 LDL 不同，高密度脂蛋白（high density lipoprotein，HDL）可将沉积在血管壁的胆固醇逆向转运至肝代谢分解，因此 HDL 有抗动脉粥样硬化的作用，是血管的保护因子。一般以高密度脂蛋白胆固醇（HDL-C）的含量来反映 HDL 水平。临床常用 HDL-C 和 LDL-C 的比值来衡量冠心病的发病倾向，称为冠心病指数。

【参考值】

1.03 ~ 2.07 mmol/L；

合适水平＞1.04 mmol/L；

减低≤1.0 mmol/L。

电泳法：30% ~ 40%。

【临床意义】

1. HDL 升高

（1）评价发生冠心病的危险性：HDL 对防止动脉粥样硬化、预防冠心病的发生具有重要作用，HDL 水平高的个体发生冠心病的危险性小。

（2）其他：慢性肝炎、原发性胆汁性胆管炎等。

2. HDL 减低　见于动脉粥样硬化、急性感染、糖尿病、肾病综合征以及应用雄激素、β 受体阻断药和黄体酮等药物。

知识链接

LDL-C 与 HDL-C

LDL-C 升高是动脉粥样硬化发生和发展的主要、独立危险因素。在心脑血管疾病（ASCVD）的防治中，需要对其严加控制，根据 ASCVD 危险分层，降脂目标不同。极高危患者：LDL-C ＜ 1.4 mmol/L 且降幅＞50%；高危患者：LDL-C ＜ 1.8 mmol/L 且降幅＞50%；中危患者：LDL-C ＜ 2.6 mmol/L；低危患者：LDL-C ＜ 3.0 mmol/L。HDL-C 降低预示着冠心病的危险性增加，其与心血管疾病的发病率和病变程度呈负相关。临床上常同时测定高密度脂蛋白和血清总胆固醇，用 HDL-C 和 LDL-C 的比值来衡量冠心病的发病倾向，称为冠心病指数。

三、载脂蛋白测定

脂蛋白中的蛋白部分称为载脂蛋白（apolipoprotein，Apo）。载脂蛋白一般分为ApoA、ApoB、ApoC、ApoE和Apo（a），每类中又分若干亚型。载脂蛋白A_1（$ApoA_1$）主要分布于血浆乳糜微粒、HDL中；载脂蛋白B_{100}（$ApoB_{100}$）是LDL的主要结构蛋白。因此，$ApoA_1$和$ApoB_{100}$可间接反映HDL和LDL的含量。

【参考值】

$ApoA_1$ 男性 1.42+0.17 g/L；女性 1.45+0.14 g/L。

$ApoB_{100}$ 男性 1.01+0.21 g/L；女性 1.07+0.23 g/L。

$ApoA_1/ApoB_{100}$ 1~2。

【临床意义】

载脂蛋白测定主要配合总胆固醇、甘油三酯测定，用于诊断和预测动脉粥样硬化。$ApoA_1$代表HDL水平，而$ApoB_{100}$代表LDL水平。高血脂时，甘油三酯升高，如$ApoB_{100}$升高，则发生动脉粥样硬化及冠心病的危险性增大。

（李 晟）

第六节 甲状腺功能检查

案例 4-21-3

患者，女性，24岁。心悸、怕热、多汗4个月。患者4个月来无明显诱因出现心悸、怕热、多汗，伴易饥、多食，大便次数增多到2~3次/日，为成形便，无心前区疼痛、呼吸困难，无口干、多饮、多尿，无发热、颈前区疼痛，未诊治。发病以来患者精神好，睡眠较差，小便正常，体重下降约4 kg。体格检查：T 37.5 ℃，P 110次/分，R 18次/分，BP 120/70 mmHg。皮肤温暖、潮湿，浅表淋巴结未触及肿大。睑结膜无苍白，眼球无突出，眼裂增宽。甲状腺Ⅱ度弥漫性肿大，质软，无压痛，未触及结节，双上极可闻及血管杂音。双肺未闻及干、湿啰音。心界不大，心率110次/分，心律齐，各瓣膜听诊区未闻及杂音。腹平软，无压痛，肝、脾肋下未触及。双下肢无水肿，双手平举有细微震颤。实验室检查：血常规 Hb 120 g/L，RBC 4.0×10^{12}/L，WBC 3.6×10^9/L，中性粒细胞绝对值 1.5×10^9/L，PLT 120×10^9/L。甲状腺功能：TT_3 5.6 nmol/L，TT_4 182.5 nmol/L，FT_3 9.5 pmol/L，FT_4 38.5 pmol/L，TSH 0.003 mU/L。肝功能正常。

问题与思考：

1. 该患者的实验室检查项目哪些不正常？
2. 可能的疾病诊断是什么？

一、TT_3和TT_4检测

甲状腺滤泡上皮主要分泌两种碘化酪氨酸：甲状腺素和三碘甲状腺原氨酸（T_3）。甲状腺素又

称四碘甲状腺原氨酸（T_4）。T_4 全部由甲状腺合成，T_3 小部分（约 20%）由甲状腺合成，大部分（约 80%）在周围组织中由 T_4 脱碘后生成。它们在血液中绝大部分与甲状腺结合球蛋白（TBG）结合，极少数以游离状态存在。总 T_3（TT_3）和总 T_4（TT_4）是结合型 T_3/T_4 与游离型 T_3/T_4（FT_3/FT_4）之和，但由于 FT_3 和 FT_4 在血液中含量极少（FT_3 约占 TT_3 0.3%，FT_4 约占 TT_4 0.04%），故 TT_3 和 TT_4 是指血液中与甲状腺结合球蛋白结合的甲状腺激素水平。只有 FT_3 和 FT_4 才能进入细胞内，发挥生物学活性作用，虽然血液中 TT_3 浓度较 TT_4 低，但 T_3 生物学活性却是 T_4 的 3~5 倍。

【参考值】

TT_3 1.6~3.0 nmol/L；

TT_4 65~155 nmol/L。

【临床意义】

1. TT_3/TT_4 升高　TT_4 是判断甲状腺功能状态最基本的体外筛检指标；TT_3 对甲状腺功能亢进症前期及治疗后复发患者比 TT_4 灵敏，可作为甲状腺功能亢进症有无复发的监测指标。

（1）甲状腺功能亢进症：TT_3 和 TT_4 均升高；T_3 型甲状腺功能亢进症时仅见 TT_3 升高，而 TT_4 正常；甲状腺功能亢进症前期及治疗后复发者，TT_3 可先于 TT_4 升高。

（2）妊娠、口服避孕药或雌激素、严重感染、心功能不全、肝病、肾病等时，因甲状腺结合球蛋白升高，TT_4 也升高。

（3）缺碘所致地方性甲状腺肿：血清 TT_3 可升高。

2. TT_3/TT_4 减低

（1）甲状腺功能减退症：TT_3 和 TT_4 均可减低，由于甲状腺功能减退症时甲状腺仍具有产生 T_3 的能力，T_3 减低可不明显，甚至略升高，故在甲状腺功能减退症诊断中，TT_4 比 TT_3 灵敏。

（2）缺碘性甲状腺肿、糖尿病酮症酸中毒、恶性肿瘤、心力衰竭、应用雄激素和泼尼松、肾病综合征及肝衰竭等。

二、FT_3 和 FT_4 检测

游离 T_3（FT_3）和游离 T_4（FT_4）是直接具有生理效应的甲状腺激素，它不受甲状腺结合球蛋白的影响。因此，测定 FT_3、FT_4 对了解甲状腺功能状态比 TT_3 和 TT_4 更有意义。

【参考值】

FT_3 6.0~11.4 pmol/L；

FT_4 10.3~25.7 pmol/L。

【临床意义】

1. FT_3/FT_4 升高

（1）甲状腺功能亢进症：FT_3 和 FT_4 均升高，且 FT_3 升高早于 FT_4，且比 TT_3 和 TT_4 敏感。

（2）其他：甲状腺危象、甲状腺激素不敏感综合征、多结节性甲状腺肿等。

2. FT_3/FT_4 减低

（1）甲状腺功能减退症：FT_3 和 FT_4 均可减低，但 FT_3 对甲状腺功能减退症的诊断价值不如 FT_4。

（2）其他：使用糖皮质激素及苯妥英钠、肾病综合征等。

三、促甲状腺激素检测

促甲状腺激素（thyroid-stimulating hormone，TSH）是腺垂体分泌的糖蛋白，主要作用于甲状腺，促使甲状腺细胞增生和甲状腺激素的合成和释放，测定血清 TSH 浓度可进一步了解甲状腺的功能。TSH 分泌受下丘脑调节，血液中的甲状腺激素又能反馈影响 TSH 分泌。

【参考值】

2～10 mU/L。

【临床意义】

1. TSH 升高　见于原发性甲状腺功能减退症、慢性淋巴细胞性甲状腺炎、地方性甲状腺肿、单纯性甲状腺肿、下丘脑性甲状腺功能亢进症、放射性核素治疗或手术后。

2. TSH 减低　见于腺垂体功能减退症、继发性甲状腺功能减退症、甲状腺功能亢进症或过量使用甲状腺制剂时。

四、反三碘甲状腺原氨酸测定

反三碘甲状腺原氨酸（triiodothyronine，rT_3）绝大部分是由 T_4 在末梢组织中经内环脱碘而生成的。生理情况下血清 rT_3 含量极少，其含量仅为 T_4 的 10%，但也是反映甲状腺功能的指标之一。

【参考值】

0.2～0.8 nmol/L。

【临床意义】

1. rT_3 升高

（1）甲状腺功能亢进症。

（2）非甲状腺疾病：如急性心肌梗死、肝硬化、尿毒症、糖尿病及心力衰竭。

（3）药物：应用普萘洛尔、地塞米松、抗甲状腺药物等。当甲状腺功能减退症应用甲状腺激素替代治疗时，如 rT_3、TT_3 正常，提示用药适当；如 rT_3、TT_3 均升高，而 TT_4 正常或偏高，提示药物用量过大。

（4）其他：老年人、甲状腺结合球蛋白升高者。

2. rT_3 减低

（1）甲状腺功能减退症：对轻型或亚临床型甲状腺功能减退症的诊断，rT_3 优于 TT_3、TT_4。

（2）药物：应用抗甲状腺药物治疗时 TT_3 下降较 rT_3 下降快。如 rT_3 和 TT_3 均低于正常，表示药物过量。

 甲状腺功能相关检测项目在甲状腺疾病诊断中的临床意义。

（李　晟）

第七节　糖尿病相关检查

血糖是供给机体能量的主要物质。正常情况下，体内糖的分解代谢与合成代谢处于动态平衡，故血糖的浓度相对稳定。胰岛素是调节血糖的主要激素。借助血糖及其代谢物的检查，可判断糖代谢情况，并为糖代谢紊乱相关疾病的诊断、疗效判断提供依据。血糖明显地受饮食影响，也与采血部位、测定方法有关。

一、空腹血糖测定

空腹血糖（fasting blood glucose，FBG）是指至少 8 h 没有热量摄入的血糖。空腹血糖是诊断糖代谢紊乱最常用和最重要的指标。临床上以空腹血浆葡萄糖（fasting plasma glucose，FPG）测定最可靠。

【参考值】

成人空腹静脉血浆（血清）葡萄糖 3.9～6.1 mmol/L。

【临床意义】

1. 空腹血糖升高　空腹血糖升高而又未达到诊断糖尿病的标准时，称为空腹血糖受损（impaired fasting glucose，IFG）。空腹血糖≥7.0 mmol/L 时，称为高糖血症。当空腹血糖＞9 mmol/L（肾糖阈）时，尿糖即可呈阳性。

（1）生理性血糖升高：见于饭后 30 min 至 1 h 及摄入高糖食物后。

（2）病理性血糖升高：见于如下情况。①各型糖尿病。②内分泌疾病：如巨人症或肢端肥大症、皮质醇增多症、甲状腺功能亢进症及嗜铬细胞瘤。③应激性高血糖，如颅脑外伤、脑卒中、心肌梗死。④药物影响，如噻嗪类利尿药、口服避孕药。⑤其他，如妊娠呕吐、麻醉、脱水及缺氧。⑥肝病和胰腺疾病。

2. 空腹血糖减低　空腹血糖＜3.9 mmol/L 为血糖减低，非糖尿病患者空腹血糖＜2.8 mmol/L 时称为低血糖症，而糖尿病患者当空腹血糖＜3.9 mmol/L 时，即需要考虑为低血糖症。

（1）生理性低血糖：饥饿和剧烈运动后。

（2）病理性血糖降低：①胰岛素过多，如胰岛素用量过多、口服降血糖药过量和胰岛 β 细胞瘤、胰腺腺瘤。②缺乏抗胰岛素激素：肾上腺皮质激素、生长激素等。③肝糖原贮存缺乏性疾病：重症肝炎、肝硬化、肝癌等。

二、葡萄糖耐量试验

葡萄糖耐量试验（glucose tolerance test，GTT）即葡萄糖负荷试验，可以了解机体对血浆中葡萄糖升高后的调节能力，主要用于诊断症状不明显或血糖升高不明显的可疑糖尿病。葡萄糖耐量试验有静脉葡萄糖耐量试验（intravenous glucose tolerance test，IVGTT）、口服葡萄糖耐量试验（oral glucose tolerance test，OGTT）。现多采用 WHO 推荐的 75 g 无水葡萄糖的 OGTT。

方法：患者试验前 3 天正常饮食，停用胰岛素及其他影响糖代谢的药物。试验前 1 天正常晚餐后即不再进食，次晨抽取空腹血 2 ml 后，将 75 g 无水葡萄糖溶于 250 ml 温开水中，于 5 min 内服完，并于饮第一口糖水开始计时，分别于 30 min、60 min、120 min、180 min 抽取静脉血 1 ml，不抗凝，在每次抽血后留取尿标本同时送检。

【参考值】

空腹血浆葡萄糖 3.9～6.1 mmol/L；

口服葡萄糖后：0.5～1 h 血糖达高峰（一般为 7.8～9.0 mmol/L），峰值＜11.1 mmol/L；

　　　　　　　2 h 血糖（2 h PG）＜7.8 mmol/L；

　　　　　　　3 h 血糖恢复至空腹水平；

各检测时间点的尿糖均为阴性。

【临床意义】

1. 诊断糖尿病　OGTT 2 h PG≥11.1 mmol/L 并且有三多一少临床症状即可诊断为糖尿病；若临床症状不典型，需要另一日重复检测确诊。

2. 诊断糖耐量减低（impaired glucose tolerance，IGT） OGTT 2 h PG 7.8～11.1 mmol/L，称为糖耐量减低。糖耐量减低多见于空腹血糖过高、2 型糖尿病、痛风、肥胖病、甲状腺功能亢进症、肢端肥大症及皮质醇增多症等。

3. 鉴别低血糖 若空腹血浆葡萄糖降低，服糖后血糖上升不明显，2 h 后仍处于低水平，则可使葡萄糖耐量曲线低平，可见于胰岛 β 细胞瘤、甲状腺功能亢进症、腺垂体功能减低症及肾上腺皮质功能减退症等；若空腹血浆葡萄糖正常，口服葡萄糖后的高峰时间及峰值均正常，但 2～3 h 后出现低血糖，考虑特发性低血糖症；若空腹血浆葡萄糖低于正常，口服葡萄糖后血糖高峰提前并高于正常，但 2 h PG 仍处于高水平，且尿糖阳性，考虑肝源性低血糖。

4. 用于胰岛素和 C 肽释放试验。

三、血清胰岛素测定和胰岛素释放试验

胰岛素为胰岛 β 细胞合成的一种多肽类激素，可促进肝、肌肉、脂肪组织等摄取血糖，转换成糖原或脂肪储存，并抑制糖异生，从而降低血糖，它是体内最重要的降血糖激素。血糖升高是刺激胰岛素合成分泌的重要因素，正常情况下，它们会呈现同向变化。在进行 OGTT 的过程中，同时检测血浆胰岛素浓度变化，即胰岛素释放试验，可以帮助了解胰岛 β 细胞分泌胰岛素的功能。在分析结果时，需注意外源性胰岛素的影响。

【参考值】

空腹胰岛素 10～20 mU/L；

释放试验：口服葡萄糖后胰岛素高峰在 0.5～1 h，峰值为空腹胰岛素的 5～10 倍。2 h 胰岛素＜30 mU/L，3 h 后达空腹水平。

【临床意义】

1. 糖尿病分型诊断 1 型糖尿病患者空腹胰岛素显著低下，口服葡萄糖后释放曲线低平，提示胰岛 β 细胞严重损害；2 型糖尿病患者空腹胰岛素可正常、略升高或减低，口服葡萄糖后释放曲线呈延迟反应，提示胰岛 β 细胞功能仍存在。

2. 胰岛 β 细胞瘤 低血糖同时伴血清胰岛素显著升高。

3. 其他 肥胖、肝功能损伤、肾衰竭、肢端肥大症、巨人症等血清胰岛素水平升高；腺垂体功能减退、肾上腺皮质功能不全或饥饿时，血清胰岛素水平减低。

四、血清 C 肽检测

胰岛 β 细胞首先分泌无活性的胰岛素原，经酶解作用，产生有活性的胰岛素和无活性的 C 肽（C-peptide）。因此，C 肽测定可间接反映内源性胰岛素的量，且不受注射外源性胰岛素所产生的抗体干扰，适用于已用胰岛素治疗的糖尿病患者的分型和不同类型糖尿病治疗方案的选择。

【参考值】

空腹 C 肽 0.3～1.3 nmol/L。

C 肽释放试验：口服葡萄糖后 0.5～1 h 出现高峰，其峰值为空腹 C 肽水平的 5～6 倍。

【临床意义】

1. 糖尿病分型诊断 C 肽水平变化用于糖尿病的分型诊断，其意义与血清胰岛素相同。

2. 鉴别胰岛素的来源 C 肽反映内源性胰岛素的量，血清胰岛素测定会受到外源性胰岛素影响，如同一份标本测定结果为胰岛素和 C 肽同时增加，说明是内源性的，提示为胰岛细胞瘤；如仅有胰岛素增加而 C 肽不增加，则可能是外源性的。

3. 指导胰岛素用量 指导临床治疗中胰岛素用量的调整。

五、糖化血红蛋白测定

糖化血红蛋白（glycosylated hemoglobin，GHb）是血红蛋白（Hb）与葡萄糖经非酶催化缩合而成的一类血红蛋白，分为 HbA_1a、HbA_1b、HbA_1c，其中 HbA_1c 含量最高，是目前临床最常检测的部分。其水平与血糖浓度呈正相关。由于糖化过程非常缓慢，生成后则不再解离，且不受血糖暂时性升高的影响，因此 HbA_1c 对高血糖，特别是血糖和尿糖波动较大时有特殊诊断价值。因为红细胞寿命为 120 天，因此 HbA_1c 的水平可反映取血前 8～12 周的平均血糖水平。

【参考值】

HbA_1c 4%～6%，HbA_1 5%～8%。

【临床意义】

1. 监测血糖长期控制情况的核心指标，预测血管并发症　$HbA_1c<7\%$ 说明糖尿病控制良好，HbA_1c 升高提示近 2～3 个月糖尿病控制不良，其水平与病情严重程度成正比。$HbA_1c>10\%$，提示并发症严重，预后较差。

2. 鉴别高血糖　糖尿病的 HbA_1c 水平升高，而应激性高血糖的 HbA_1c 水平正常。

血糖相关检测项目在糖尿病诊断中的临床意义。

（李　晟）

第八节　其他血清酶学检查

案例 4-21-4

患者，男性，60 岁。持续性腹痛 1 天。患者 1 天前饮酒后出现上腹部疼痛，而后逐渐蔓延至全腹，难以忍受，疼痛向腰背部放射。发病后有排气，未排便，半天来未排尿。间断饮酒，不吸烟。无手术及外伤史。体格检查：T 38.2 ℃，P 115 次/分，R 23 次/分，BP 85/50 mmHg。巩膜无黄染，双肺未闻及干、湿啰音，心界不大，心率 115 次/分，心律齐，心音低钝，各瓣膜听诊区未闻及杂音。腹部稍膨隆，明显肌紧张，全腹压痛及反跳痛，肝、脾触诊不清，肠鸣音减弱。双下肢无水肿。实验室检查：血常规 Hb 140 g/L，RBC 4.5×10^{12}/L，WBC 16.5×10^9/L，N 0.92，PLT 320×10^9/L。血清淀粉酶 780 U/L，血钙 1.65 mmol/L，血糖 13.2 mmol/L。尿淀粉酶 2568 U/L。

问题与思考：

1. 该患者的实验室检查项目哪些不正常？
2. 可能的疾病诊断是什么？

一、淀粉酶测定

淀粉酶（amylase，AMY）主要由胰和唾液腺分泌，并排入消化道，可催化淀粉及糖原水解。血清中淀粉酶主要包含两种同工酶：来自胰的为淀粉酶同工酶 P（P-AMY），来自唾液腺或其他组织的为淀粉酶同工酶 S（S-AMY）。其他组织，如心脏、肝、肺、甲状腺、卵巢、脾也含有少量淀粉酶。当胰腺病变时，淀粉酶可直接从胰腺的血管、淋巴管逸出胰腺后经腹膜吸收入血液循环，使血清淀粉酶升高。

【参考值】

血清淀粉酶 35～135 U/L；

24 h 尿淀粉酶＜1000 U/L。

【临床意义】

血清淀粉酶和尿淀粉酶变化可用于急性胰腺炎的诊断和急腹症的鉴别诊断。当胰腺或腮腺发生病变时，血清淀粉酶升高早，持续时间短；而尿淀粉酶升高晚，持续时间长，故尿淀粉酶在急性胰腺炎的后期更有检测价值。但是，由于尿淀粉酶易受尿量影响，所以临床上以血清淀粉酶变化为主要诊断依据，尿淀粉酶变化仅作为参考。

1. 淀粉酶升高

（1）胰腺炎：①急性胰腺炎是淀粉酶升高最常见的原因，血清淀粉酶＞500 U/L 即有诊断意义。血清淀粉酶一般于发病 6～12 h 开始升高，12～72 h 达到峰值，3～5 天恢复正常。尿淀粉酶在发病后 12～24 h 开始升高，可持续升高 5～7 天。需要注意的是，淀粉酶活性增强的程度不一定与胰腺损伤程度有相关性，重型急性胰腺炎患者血清淀粉酶可能不会升高，但淀粉酶升高越明显，代表胰腺损伤越严重。②慢性胰腺炎急性发作、胰腺囊肿、胰腺管阻塞时淀粉酶也可升高。

（2）胰腺癌：早期淀粉酶升高。

（3）非胰腺疾病：①消化性溃疡穿孔、上腹部手术后、机械性肠梗阻、胆管梗阻、急性胆囊炎等淀粉酶也升高，但通常情况下不会超过 500 U/L。②腮腺炎时升高的淀粉酶主要为 S-AMY，可与急性胰腺炎相鉴别。③服用镇静药（如吗啡）以 S-AMY 升高为主。④酒精中毒患者 S-AMY 或 P-AMY 升高，两者也可同时升高。⑤肾衰竭、巨淀粉酶血症：肾排泄淀粉酶减少，故血清淀粉酶升高，尿淀粉酶减低。

2. 淀粉酶减低　见于慢性胰腺炎、胰腺癌等。由于胰腺组织严重破坏，导致胰腺分泌功能障碍所致。

二、脂肪酶测定

脂肪酶（lipase，LPS）是一种能水解长链脂肪酸甘油三酯的酶，主要由胰腺分泌，进入消化道，胃和小肠也能产生少量的脂肪酶，正常血液中脂肪酶很少。脂肪酶经肾小球滤过，并被肾小管全部重吸收，所以尿中无脂肪酶。

【参考值】

比色法＜79 U/L；

滴度法＜1500 U/L。

【临床意义】

1. 脂肪酶升高　脂肪酶主要用于急性胰腺炎的诊断和急腹症的鉴别诊断。

（1）胰腺疾病：脂肪酶活性增强常见于急性胰腺炎。急性胰腺炎发病后 4～8 h 脂肪酶开始升高，24 h 达到峰值，可持续 10～15 天，并且脂肪酶升高可与淀粉酶平行，但有时其升高时间更早，持续时间更长，升高程度更明显，其特异性较淀粉酶高，淀粉酶与脂肪酶联合检测的灵敏度可达 95%。由于脂肪酶升高持续时间较长，在病程的后期检测脂肪酶更有利于观察病情变化和判断预后。慢性胰腺炎时，脂肪酶升高的程度较急性胰腺炎低。

（2）非胰腺疾病：可见于消化性溃疡穿孔、肠梗阻、急性胆囊炎等。

2. 脂肪酶减低　见于胰腺癌或胰腺结石、胰腺囊性纤维化等。

血清淀粉酶和脂肪酶测定在急性胰腺炎诊断中的临床意义。

三、胆碱酯酶测定

胆碱酯酶（choline esterase，ChE）分为两种：乙酰胆碱酯酶（acetylcholinesterase，AChE）和假性胆碱酯酶（pseudocholinesterase，PChE）。AChE 主要存在于中枢神经灰质、交感神经节、运动终板和红细胞中，主要作用是水解乙酰胆碱，称为真性或特异性胆碱酯酶，又称全血胆碱酯酶，用于诊断有机磷农药中毒及化学毒剂中毒。PChE 由肝粗面内质网合成后立即释放到血液中，主要存在于血清或血浆中，可作用于其他胆碱酯酶，称为非特异性胆碱酯酶，又称血清胆碱酯酶，用于诊断肝病。

【参考值】

PChE 30 000～80 000 U/L；

AChE 80 000～120 000 U/L。

【临床意义】

1. 胆碱酯酶升高

（1）肾病、肥胖、脂肪肝、甲状腺功能亢进症等，精神分裂症、溶血性贫血、巨幼细胞贫血等。

（2）神经管缺陷胎儿的羊水中 AChE 活力显著增加。

2. 胆碱酯酶减低

（1）有机磷农药中毒：有机磷农药能抑制胆碱酯酶活性，其活力与中毒程度呈负相关，临床上常以 PChE 活性作为有机磷农药中毒的诊断和监测指标。胆碱酯酶活性低于参考值下限的 50%～70% 为轻度中毒；30%～50% 为中度中毒；<30% 为重度中毒。

（2）肝病：胆碱酯酶减低程度与肝实质损伤程度成正比，多见于慢性肝炎、肝硬化和肝癌，若胆碱酯酶持续性减低，提示预后不良。

（3）其他：恶性肿瘤、营养不良、恶性贫血、口服雌激素或避孕药等。

胆碱酯酶测定在有机磷农药中毒诊断中的临床意义。

四、酸性磷酸酶测定

酸性磷酸酶（acid phosphatase，ACP）是一种在酸性条件下能水解各种正磷酸单酯的酶，其广泛存在于机体细胞的溶酶体中。血清酸性磷酸酶主要来自前列腺，称为前列腺酸性磷酸酶（p-ACP），还可来自骨、肝、脾、红细胞、血小板等，称为非前列腺酸性磷酸酶。p-ACP 能被酒石酸抑制，而非 p-ACP 不被酒石酸抑制，因此可以用酒石酸抑制试验区分 p-ACP 与非 p-ACP。男性酸性磷酸酶的 1/3～1/2 来自前列腺；女性酸性磷酸酶主要来自肝、红细胞、血小板。

【参考值】

0.9～1.9 U/L。

【临床意义】

1. 前列腺疾病　酸性磷酸酶升高主要用于诊断前列腺癌（可达参考值的数十倍），还可见于前列腺增生症和前列腺炎。

2. 其他　酸性磷酸酶升高还见于骨病（原发性骨肿瘤、恶性肿瘤骨转移、多发性骨髓瘤、代谢性骨病、骨质疏松症等）、肝病（肝癌、肝硬化、肝炎等）和血液病（血小板减少症、白血病、霍奇金病、溶血等）。

（李　晟）

第九节　性激素及早孕检测

一、卵泡刺激素检测

卵泡刺激素（follicle-stimulating hormone，FSH）是由腺垂体分泌的糖蛋白激素，在血液中与 α_2 球蛋白和 β 球蛋白结合，主要生理作用是促进卵泡成熟及分泌雌激素，其分泌受到下丘脑促性腺激素释放激素、卵巢激素和抑制素的调节。育龄妇女卵泡刺激素随月经周期出现周期性变化，在排卵前明显升高，达到峰值。

【参考值】

卵泡期、黄体期 1～9 U/L；

排卵期 6～26 U/L；

绝经期 30～118 U/L。

【临床意义】

1. 卵泡刺激素升高　见于原发性卵巢衰竭、妇女绝经后期及性腺切除后。

2. 卵泡刺激素减低　见于垂体功能障碍引起的闭经、希恩综合征、多囊卵巢综合征、肾上腺肿瘤及卵巢肿瘤等。

二、黄体生成素检测

黄体生成素（luteinizing hormone，LH）是腺垂体分泌的一种糖蛋白激素，主要生理作用是促进排卵和黄体生成，以促使黄体分泌雌激素和雄激素，其分泌受下丘脑促性腺激素释放激素、卵巢激素和抑制素的调节。育龄妇女黄体生成素随月经周期出现周期性变化。

【参考值】

卵泡期、黄体期 1～12 U/L；

排卵期 16～104 U/L；

绝经期 16～66 U/L。

【临床意义】

1. 黄体生成素升高　见于卵巢早衰、更年期综合征、垂体或下丘脑肿瘤、卵巢发育不全、特纳综合征及多囊卵巢综合征等。

2. 黄体生成素减低　见于垂体功能障碍、希恩综合征、垂体切除、肥胖性生殖器退化综合征、神经性厌食及使用雌激素后。

三、孕酮检测

女性体内孕激素由卵巢黄体分泌，是类固醇激素合成的中间代谢产物。孕激素主要是孕酮（progesterone，P）。孕酮对维持正常月经周期及正常妊娠具有重要作用。孕酮含量随着月经周期性变化而波动，卵泡期孕酮水平极低，排卵后卵巢黄体产生大量孕酮，在中期黄体生成素峰后的第6~8日达高峰，月经前4日逐渐下降至卵泡期水平。妊娠时血清孕酮水平随孕期增加而稳定上升，妊娠6周内主要来自卵巢黄体，妊娠中、晚期则主要由胎盘分泌。孕激素通常在雌激素作用的基础上发挥作用，主要是使子宫内膜转化为分泌期，使子宫内膜周期性脱落，形成月经。在妊娠时，有利于胚胎着床，防止子宫收缩，使子宫在分娩前处于静止状态。同时孕酮还能促进乳腺腺泡发育，为泌乳做准备。

【参考值】

卵泡期（早）0.7 ± 0.1 μg/L；

卵泡期（晚）0.4 ± 0.1 μg/L；

排卵期 1.6 ± 0.2 μg/L；

黄体期（早）11.6 ± 1.5 μg/L；

黄体期（晚）5.7 ± 1.1 μg/L。

【临床意义】

1. 孕酮升高　常见于葡萄胎、妊娠高血压综合征、原发性高血压、卵巢肿瘤、多胎妊娠、先天性肾上腺皮质增生、黄体萎缩不全及未破卵泡黄素化综合征（LUFS）等。

2. 孕酮减低　见于黄体功能不足、原发性或继发性闭经、无排卵性月经或无排卵性异常子宫出血、多囊卵巢综合征、口服避孕药、胎儿宫内发育迟缓及死胎等。

四、血浆雌二醇检测

育龄妇女体内雌激素主要由卵巢产生，妊娠期妇女体内雌激素主要由卵巢、胎盘产生，少量由肾上腺产生，或由雄激素转化而来。男性体内雌激素主要由睾丸产生。雌二醇（estradiol，E_2）是雌激素的主要成分，其生理功能是促进女性生殖器官的发育和副性征的出现，并维持正常状态，此外，雌二醇对代谢也有明显的影响。青春期前少女体内雌激素处于较低水平，随着年龄增长，自青春期至性成熟期，女性雌二醇水平不断升高。在正常月经周期中，雌二醇随着卵巢周期性变化而波动，排卵前及排卵后7~8天分别有一个大高峰和小高峰，黄体萎缩后，雌激素水平急剧下降，在月经期达最低水平。

【参考值】

男性：

青春期前：7.3~36.7 pmol/L。

成人：50~200 pmol/L。

女性：

青春期前：7.3~28.7 pmol/L；

卵泡期：94~433 pmo/L；

黄体期：499~1580 pmol/L；

排卵期：704~2200 pmol/L；

绝经期：40~100 pmo/L。

【临床意义】

检测雌二醇或 24 h 总雌激素水平,可以帮助监测卵巢功能、卵泡发育情况、有无排卵,鉴别闭经的原因等。

1. **雌二醇升高** 见于女性性早熟、男性女性化、卵巢肿瘤以及性腺母细胞瘤、垂体瘤等,也可见于肝硬化、妊娠期。男性随着年龄增长,雌二醇水平也逐渐升高。

2. **雌二醇减低** 常见于性腺功能减退,也可见于卵巢切除、青春期延迟、原发性或继发性闭经、绝经、口服避孕药等。

五、催乳素检测

催乳素(prolactin,PRL)是腺垂体分泌的一种多肽蛋白激素,主要的生理作用是促进乳腺发育及泌乳,与卵巢类固醇激素共同作用促进分娩期乳腺导管及腺体发育,以及参与机体的多种功能(特别是生殖功能)的调节。催乳素分泌受下丘脑催乳素抑制刺激激素(主要是多巴胺)和催乳素释放激素的双重调节。在人体内可能还存在着其他一些刺激或抑制因子,如促甲状腺激素释放激素(TRH)、雌激素、5-羟色胺等。血液中催乳素分子结构有 4 种形态:小分子催乳素、大分子催乳素、大大分子催乳素及异型催乳素。仅小分子催乳素具有激素活性,占分泌总量的 80%。临床测定的催乳素是各种形态催乳素的总和,因此催乳素的测定水平与生物学作用不一定平行。

【参考值】

非妊娠期 <1.14 mmol/L;

妊娠早期 <3.64 mmol/L;

妊娠中期 <7.28 mmol/L;

妊娠晚期 <18.20 mmol/L。

【临床意义】

1. **催乳素升高** 见于甲状腺功能减退症、垂体或下丘脑肿瘤、肾衰竭、手术、服用某些药物(雌激素、利血平、甲基多巴、安宁、吩噻嗪)等。

2. **催乳素减低** 见于垂体功能减退、希恩综合征、服用某些药物(溴隐停、多巴胺等)。

六、血浆睾酮检测

男性雄激素主要由睾丸间质细胞产生,包括脱氢表雄酮(DHEA)、雄烯二酮和睾酮(testosterone,T),其中睾酮的分泌量最多,生物活性也最强,男性血浆中的睾酮 95% 来自睾丸。女性体内雄激素由卵巢及肾上腺皮质分泌,睾酮主要由卵巢和肾上腺分泌的雄烯二酮转化而来,绝经后肾上腺皮质是产生雄激素的主要部位。睾酮的分泌在上午 8 时为高峰,因此评价男性睾丸分泌功能应测定上午 8 时的睾酮浓度。

【参考值】

男性:青春期(后期)100~200 ng/L;成人 300~1000 ng/L。

女性:青春期(后期)100~200 ng/L;成人 200~800 ng/L;绝经后 80~350 ng/L。

【临床意义】

1. **睾酮升高** 见于睾丸间质细胞瘤、男性性早熟、先天性肾上腺皮质增生症、肾上腺皮质功能亢进症、多囊卵巢综合征等,也可见于女性肥胖症、中晚期妊娠及应用雄激素等。

2. **睾酮减低** 主要见于原发性小睾丸症[克兰费尔特综合征(Klinefelter syndrome)]、睾丸不发育症、卡尔曼综合征(Kallmann syndrome)(嗅神经-性发育不全综合征)、男性特纳综合征等,也可见于睾丸炎症、肿瘤、外伤、放射性损伤等。

七、人绒毛膜促性腺激素测定

人绒毛膜促性腺激素（human chorionic gonadotropin，hCG）是一种糖蛋白激素，由 α 及 β 亚单位组成，主要由妊娠滋养细胞产生。正常妊娠的受精卵着床时（排卵后的第 6 日），受精卵滋养层形成并开始产生人绒毛膜促性腺激素，约 1 日后能测到外周血人绒毛膜促性腺激素，以后每 1.7~2 日上升 1 倍，妊娠 8~10 周达峰值，之后迅速下降。

【参考值】

血人绒毛膜促性腺激素：男性或未孕女性<5 IU/L，绝经期后妇女<10 IU/L。妊娠 3 周<50 IU/L；妊娠 4 周<400 IU/L；妊娠 7 周 5000~90 000 IU/L；妊娠 10 周 40 000~230 000 IU/L。

尿人绒毛膜促性腺激素定性试验：未孕成年女性阴性，妊娠期阳性。

【临床意义】

1. 妊娠诊断　正常妊娠排卵后第 7 天，血人绒毛膜促性腺激素浓度为 5 IU/L，第 9 天 100 IU/L，以后急剧升高，妊娠 7 周达到 50 000 IU/L。尿人绒毛膜促性腺激素在妊娠早期即可发现，定性测定尿人绒毛膜促性腺激素可用于早早孕的诊断，简便、快速、价廉。月经期过后 2~3 天即可测出，妊娠 3 周阳性率为 86%，4 周为 100%。但受精不到 1 周可出现假阴性。

2. 异位妊娠　与同孕龄正常妊娠女性相比，血人绒毛膜促性腺激素维持在低水平且间隔 2~3 日测定无成倍上升趋势，考虑为异位妊娠。只有 50% 的异位妊娠妇女尿妊娠试验阳性。

3. 妊娠滋养细胞疾病　葡萄胎、绒毛膜癌患者人绒毛膜促性腺激素浓度较高，术后逐渐下降，葡萄胎清除不全或绒毛膜上皮癌变等患者，人绒毛膜促性腺激素下降后又继续上升。所以动态监测人绒毛膜促性腺激素水平变化可用于评价治疗效果。

4. 性早熟和肿瘤　最常见的是下丘脑或松果体胚细胞的绒毛膜瘤或肝胚细胞瘤以及卵巢无性细胞瘤分泌人绒毛膜促性腺激素导致性早熟。分泌人绒毛膜促性腺激素的肿瘤还有肠癌、肝癌、肺癌、胰腺癌、胃癌等，在成年妇女中可引起月经紊乱，因此成年妇女突然发生月经紊乱伴人绒毛膜促性腺激素升高时，应考虑到上述肿瘤的异位分泌。

5. 监测流产　诊断早孕后，如血人绒毛膜促性腺激素<2500 IU/L 并呈逐渐下降趋势，有流产或死胎的可能。一旦血人绒毛膜促性腺激素<600 IU/L，则难免流产；完全流产或死胎时，人绒毛膜促性腺激素由阳性变为阴性；人工流产 13 天后血人绒毛膜促性腺激素应<1000 IU/L，25 天后应恢复正常，否则可能为人工流产不全或有其他异常的可能；在保胎治疗过程中，血人绒毛膜促性腺激素逐渐上升，表明保胎有效，反之无效。

6. 评价唐氏综合征的风险。

（李　晟）

自　测　题

选择题

1. 血钠降低一般不见于
   A. 严重呕吐　　　　　　B. 腹泻　　　　　　　C. 应用大量利尿药后
   D. 大量出汗　　　　　　E. 肾上腺皮质功能亢进症

2. 血钾降低一般不见于
   A. 呕吐
   B. 大量利尿
   C. 腹泻
   D. 大量出汗
   E. 肾衰竭
3. 血钙升高见于
   A. 维生素 D 不足
   B. 甲状旁腺功能亢进症
   C. 佝偻病
   D. 急性出血性胰腺炎
   E. 低蛋白血症
4. 血钾升高可见于
   A. 严重腹泻
   B. 代谢性碱中毒
   C. 肾上腺皮质功能亢进症
   D. 原发性醛固酮增多症
   E. 急性肾衰竭
5. 对于缺铁性贫血最有早期诊断价值的检查是
   A. 血清铁蛋白减少
   B. 血清铁减少
   C. 血红蛋白减少
   D. 红细胞呈小细胞低色素
   E. 总铁结合力升高
6. 下列不符合缺铁性贫血特点的是
   A. 平均红细胞体积减低
   B. 血清铁减低
   C. 血清铁蛋白减低
   D. 总铁结合力减低
   E. 转铁蛋白饱和度减低
7. 目前急性心肌梗死的确诊标志物是
   A. ALT
   B. AST
   C. CK-MB
   D. LDH
   E. cTnT
8. 急性心肌梗死发生后，最先出现于血液中的标志物是
   A. 肌酸激酶
   B. 乳酸脱氢酶
   C. 肌红蛋白
   D. 肌钙蛋白
   E. 碱性磷酸酶
9. 诊断心肌梗死特异性最高的是
   A. 肌红蛋白
   B. 肌钙蛋白
   C. 乳酸脱氢酶
   D. 碱性磷酸酶
   E. 肌酸激酶
10. 下列有抗动脉粥样硬化作用的是
    A. HDL
    B. TXA_2
    C. VLDL
    D. TG
    E. LDL
11. 与冠心病发病呈正相关的血脂是
    A. HDL
    B. LDL
    C. VLDL
    D. TC
    E. TG
12. 反映甲状腺功能最敏感的实验室检查指标是
    A. FT_3
    B. FT_4
    C. TSH
    D. TRAb
    E. 红细胞沉降率
13. 健康人空腹血糖的参考范围是
    A. 2.8~3.9 mmol/L
    B. 3.9~6.1 mmol/L
    C. 5.6~7.7 mmol/L
    D. 3.9~5.6 mmol/L
    E. 3.9~7.0 mmol/L
14. 可作为糖尿病诊断和长期监测指标的是
    A. 空腹血糖
    B. 餐后 2 h 血糖
    C. 糖化血红蛋白
    D. 尿糖
    E. 随机血糖
15. 关于 OGTT 试验的描述，正确的是
    A. OGTT 试验只需采血 1 次
    B. 糖耐量升高就是糖尿病
    C. 做 OGTT 试验的葡萄糖需要 100 g

D. 若 2 h 血糖≥11.1 mmol/L，且有三多一少症状，就可诊断为糖尿病

E. 糖耐量减低常见于胰岛 β 细胞瘤

16. 急性胰腺炎淀粉酶恢复正常需要的时间是

    A. 24 h
    B. 12 h
    C. 2 天
    D. 8 天
    E. 3 天

17. 以下正确的提法是

    A. 只有血清淀粉酶、尿淀粉酶升高才能诊断急性胰腺炎

    B. 血清淀粉酶在 8 h 达峰值

    C. 血清淀粉酶超过正常 2 倍可确诊急性胰腺炎

    D. 淀粉酶的高低并不一定反映病情的严重程度

    E. 尿淀粉酶升高可持续 2~4 周

18. 患者，女性，30 岁，因月经量多 1 年，出现贫血表现，拟诊断为缺铁性贫血，做血清铁蛋白测定，可作为缺铁的依据的是

    A. <12 μg/L
    B. >12 μg/L
    C. <15 μg/L
    D. <150 μg/L
    E. <200 μg/L

19. 患者，男性，18 岁，3 个月来时有心悸、易出汗，体重减轻约 3 kg。体格检查：BP 126/68 mmHg，中等体型，皮肤微潮，双手轻度细颤，无突眼，甲状腺 I 度肿大，未闻及血管杂音，心率 94 次 / 分，心律齐，为证实是否为甲状腺功能亢进症，应检查

    A. 血 TSH、FT_3、FT_4
    B. 甲状腺摄碘率
    C. 甲状腺核素扫描
    D. 血常规
    E. 甲状腺刺激免疫球蛋白

20. 患者，男性，58 岁，身高 165 cm，体重 76 kg。体检时发现空腹血糖 6.7 mmol/L。下列正确的是

    A. 可诊断为糖尿病
    B. 应进行口服 75 g 葡萄糖耐量试验
    C. 应进行口服 100 g 葡萄糖耐量试验
    D. 可诊断为无症状性糖尿病
    E. 可排除糖尿病

21. 某患者有多饮、多尿、多食及体重减轻。OGTT 结果如下：空腹血糖 6.0 mmol/L，餐后 1 h 血糖 11.0 mmol/L，餐后 2 h 血糖 11.5 mmol/L。此患者的诊断是

    A. 糖尿病
    B. 非糖尿病
    C. 类固醇性糖尿病
    D. 糖耐量异常
    E. 葡萄糖调节受损

第二十二章 临床常用免疫学检查

第二十二章数字资源

> **学习目标**
>
> 1. 知识：描述临床常用免疫学检查结果的正常参考值；列举临床常用免疫学检查的临床意义。
> 2. 能力：联系相关知识，合理选用免疫学检查项目，运用所学知识对常见病例检查结果进行准确分析。
> 3. 素养：具备严格执行标准化检测流程、保持检测环境的温度及湿度控制意识。可以合理解释检测的局限性，建立医者仁心的价值观，树立敬佑生命、救死扶伤、甘于奉献的医者精神。

案例 4-22-1

患者，男性，16 岁，因"双下肢水肿 1 个月余"入院。患者 1 个多月前于发热、咽痛 1 周后逐渐出现双下肢水肿，尿色深，尿常规示：尿蛋白（++），尿 RBC 满视野。既往身体健康。体格检查：BP 155/90 mmHg，HR 108 次/分，心、肺、腹未见异常，移动性浊音（-），双下肢凹陷性水肿。辅助检查：血常规 Hb 118 g/L，WBC 7.8×10^9/L，PLT 158×10^9/L，ESR 8 mm/h。尿常规：尿蛋白（+++），尿 RBC 满视野；免疫球蛋白：IgG 2.28 g/L，IgA、IgM 正常，ASO 增高，C_3 0.35 g/L。

问题与思考：
1. 该患者可能的疾病诊断是什么？
2. 该患者主要的临床表现有哪些？诊断依据是什么？

第一节 免疫球蛋白测定

免疫球蛋白（immunoglobulin，Ig）主要存在于人体血液、体液、分泌液中，是浆细胞合成和分泌的一组具有抗体或抗体样活性的蛋白质，反映体液免疫功能。应用免疫电泳和超速离心等方法可将免疫球蛋白分为 5 种，即 IgG、IgA、IgM、IgD、IgE。免疫球蛋白的检测方法主要有单向免疫扩散法、酶联免疫吸附试验（ELISA）和免疫比浊法，目前常用免疫比浊法检测血清 IgG、IgA 和 IgM，用 ELISA 检测血清 IgE。一般实验室不进行 IgD 检测。

一、IgG 检测

【原理】

IgG 是血清中含量最多的一种免疫球蛋白，绝大多数抗体属 IgG，约占总免疫球蛋白的 75%，分子量小，是唯一能通过胎盘的免疫球蛋白，在新生儿抗感染中起重要作用。大多数抗菌、抗病毒以及抗毒素抗体均为 IgG 类，一些自身抗体和引起 Ⅱ 型、Ⅲ 型超敏反应的抗体均属于此类抗体。

【参考值】

成人血清 7.6 ~ 16.6 g/L（单向免疫扩散法）；

8 ~ 15 g/L（免疫比浊法）。

【临床意义】

1. IgG 升高　见于各种感染性疾病和自身免疫病，如慢性活动性肝炎、传染性单核细胞增多症、麻疹、结核病、麻风病、念珠菌感染、血吸虫病、黑热病、系统性红斑狼疮、类风湿关节炎、亚急性甲状腺炎、多发性肌炎及原发性肾上腺皮质功能减退症。某些恶性肿瘤也可见 IgG 升高。

2. IgG 降低　见于严重胃肠道疾患、肾病综合征、恶性肿瘤骨转移、重症传染病（先天性风疹综合征、先天性梅毒感染）以及一些原发性肿瘤（霍奇金病、淋巴肉瘤、白血病、胸腺肿瘤和巨细胞型淋巴瘤）等。

二、IgA 检测

【参考值】

成人血清 0.7 ~ 3.5 g/L（免疫比浊法）。

【临床意义】

1. IgA 升高　主要见于黏膜炎症和皮肤病变，如溃疡性结肠炎、酒精性肝炎、类风湿性脊椎炎、过敏性紫癜、前列腺癌、皮肌炎及其他皮肤疾病，且皮肤病变范围越大，IgA 越高。

2. IgA 降低　主要见于原发性和继发性自身免疫缺陷病。

三、IgM 检测

【参考值】

成人血清 0.4 ~ 2.2 g/L（单向免疫扩散法）；

0.5 ~ 2.5 g/L（免疫比浊法）。

【临床意义】

1. IgM 升高　多见于毒血症和感染性疾病早期，如原发性胆汁性肝硬化和急性肝炎的发病初期、传染性单核细胞增多症、婴儿肺猪囊尾蚴肺炎、钩虫病、旋毛虫病、类风湿关节炎、湿疹、肾小球肾炎及肾病综合征。

2. IgM 降低　多见于先天性获得性联合免疫缺陷病。

提示： 血清 IgM 水平升高说明有近期感染。

四、IgE 检测

【参考值】

成人血清 0.15 ~ 0.85 mg/L（放射免疫法）；

0.1 ~ 0.9 mg/L（ELISA）。

【临床意义】

1. IgE 升高　多见于以下情况。

（1）支气管哮喘、皮炎、鼻炎等超敏反应性疾病。

（2）旋毛虫病、血吸虫病、蛔虫病、钩虫病等寄生虫感染。

（3）肾小球肾炎、肾病综合征等。

（4）软组织嗜酸粒细胞肉芽肿和高 IgE 综合征，患者血清中 IgE 可高达 3.12～16.8 mg/L。

2. IgE 降低　多见于先天性或获得性丙种球蛋白缺乏症、恶性肿瘤应用免疫抑制药等。

 感染免疫的筛查项目及临床意义。

五、血清 M 蛋白检测

M 蛋白（M protein）或称单克隆免疫球蛋白，是一种单克隆 B 淋巴细胞异常增殖时产生的、具有相同结构和电泳迁移率的免疫球蛋白分子或分子片段（轻链、重链等），一般不具有抗体活性。

【参考值】

阴性。

【临床意义】

以下疾病可检测到 M 蛋白。

1. 多发性骨髓瘤　占 M 蛋白血症的 35%～65%，多发性骨髓瘤中约 50% 的患者尿中有本周蛋白（Bence-Jones protein）。

2. 巨球蛋白血症　占 M 蛋白血症的 10%～15%，本病与多发性骨髓瘤、淋巴瘤和慢性淋巴细胞白血病相似。

3. 重链病。

4. 轻链病。

5. 半分子病（免疫球蛋白的重链和轻链各有一条异常增生）。

6. 恶性 M 蛋白病。

7. 恶性淋巴瘤和良性 M 蛋白血症。

提示：免疫球蛋白升高见于各种感染、慢性肝炎、肝硬化、系统性红斑狼疮（SLE）、类风湿关节炎等。免疫球蛋白减少见于免疫缺陷病、长期应用免疫抑制药。

（金建文）

第二节　血清补体测定

补体（complement，C）是人体体液中具有酶原活性的糖蛋白，由 3 组共 20 余种球蛋白构成，以非特异方式参与调节体液免疫和炎症反应，在抗感染方面具有重要意义。在某些疾病状态下，补体参与组织损伤。因此，测定补体含量和活性对某些疾病的诊断、鉴别诊断、发病机制的研究及判断病程转归具有重要意义。

一、总补体溶血活性测定

血清总补体活性也称 50% 总补体溶血活性（CH_{50}）。补体 C_1～C_9 能使经抗体致敏的绵羊红细胞溶解，其溶血程度与补体量呈正相关，并呈 S 形曲线关系。测定时一般以 50% 溶血作为终点，借此反映血清总补体活性。

【参考值】

CH_{50} 为 50~100 U/ml。

【临床意义】

1. CH_{50} 升高　见于急性炎症、组织损伤和某些恶性肿瘤。
2. CH_{50} 降低　对临床诊断更有意义，主要见于肾小球肾炎、各种自身免疫病、感染性疾病、慢性肝病等。

二、C_3 测定

C_3 是补体的第三成分，主要由肝细胞合成，在补体系统中含量最高，是连接补体经典激活途径和替代激活途径的枢纽，在补体激活中起关键作用。

【参考值】

免疫比浊法 0.83~1.77 g/L。

【临床意义】

1. C_3 升高　见于急性炎症、传染病早期、某些恶性肿瘤和移植排斥反应。
2. C_3 降低

（1）对急性肾小球肾炎有诊断和鉴别诊断意义，如急性肾小球肾炎，6 周内有 70% 的患者 C_3 降低，故测定 C_3 对本病的诊断有一定的意义，对轻型和不典型病例尤其有价值。

（2）对链球菌感染后或病毒感染后肾炎进行鉴别诊断，前者 C_3 降低，后者正常。

（3）78% 的狼疮肾炎患者 C_3 降低，病情缓解后可恢复。因此，C_3 也可作为判断病程转归的指标。

提示：C_3 升高见于急性炎症、恶性肿瘤等。C_3 降低见于急性肾炎、链球菌感染后肾炎和活动性系统性红斑狼疮。

 补体 C_3 降低的临床意义。

三、C_4 测定

C_4 是一种多功能 β1 球蛋白，以多种形式存在于血浆中，在补体活化、促进吞噬、防止免疫复合物沉淀及中和病毒等方面发挥作用。

【参考值】

免疫比浊法 0.12~0.36 g/L。

【临床意义】

1. C_4 升高　见于急性风湿热、结节性动脉周围炎、皮肌炎、心肌梗死和各种类型的关节炎。
2. C_4 降低　见于自身免疫性肝炎、系统性红斑狼疮、类风湿关节炎、IgA 肾病。

提示：C_4 增加见于急性风湿热、结节性动脉周围炎、皮肌炎等；C_4 降低见于自身免疫性肝炎、系统性红斑狼疮、皮肌炎和类风湿关节炎等。

四、C_{1q} 测定

C_{1q} 是补体第一成分 C_1 的重要成分，在 C_1 的 3 种亚细胞中，目前常规测定的仅此一项。

【参考值】

单向免疫扩散法 0.20 ± 0.05 g/L；

ELISA 0.20 ± 0.02 g/L。

【临床意义】

C_{1q} 的临床意义与 C_3 基本相似。C_{1q} 升高还见于骨髓炎、痛风、过敏性紫癜等。C_{1q} 降低见于活动性混合结缔组织病、严重营养不良、重度联合免疫缺陷病及肾病综合征等。

> **知识链接**
>
> **补体的发现**
>
> 补体的发现者是比利时细菌学家、免疫学家 Jules Bordet，由于他对体液免疫学和血清学发展做出的贡献，荣获 1919 年诺贝尔生理学或医学奖。
>
> Jules Bordet 出生于 1870 年，成年后，他在布鲁塞尔接受教育，获布鲁塞尔大学医学博士学位，毕业后赴巴黎巴斯德研究所工作。1895 年，他发现动物血清中存在着溶菌作用的两种物质：一种是特异性抗体，仅存在于有免疫力的动物血清中；一种是非特异性的物质，即目前所说的补体，存在于所有动物血清中。
>
> 在研究中，Jules Bordet 发现一管被意外加热了的新鲜血浆失去了原有的溶菌能力，经过不断摸索，他推断，在血浆中，除了人们早已熟知的抗体之外，还有一种天然存在的不耐热物质能够参与免疫过程，它就是后来的"补体"，补体在免疫过程中起到了辅助和补充的作用。补体的发现引起了轰动，使得人们在过去研究免疫时遇到的很多问题得到了合理的解释。

（金建文）

第三节 感染免疫检查

一、抗链球菌溶血素 O 试验

A 群溶血性链球菌能产生多种酶和毒素，溶血素 O 就是其中之一。A 群溶血性链球菌感染人体后能溶解红细胞、杀伤白细胞、破坏血小板及引起组织损伤。溶血素 O 具有抗原性，能够刺激机体产生相应的抗体，称为抗链球菌溶血素 O（antistreptolysin O，ASO）。A 群溶血性链球菌感染后 2~3 周血清中即可出现 ASO。ASO 在人体内可持续存在数月至半年。ASO 常用免疫比浊法、乳胶凝集法测定。

【参考值】

乳胶凝集法＜400 IU/L；

免疫比浊法 0~200 IU/L。

第二十二章 临床常用免疫学检查

【临床意义】

1. ASO 升高　见于上呼吸道感染、皮肤及软组织化脓性感染、A 群溶血性链球菌所致的败血症等。当乳胶凝集法 ASO>400 IU/L 并逐渐升高，结合临床，可辅助诊断风湿热、风湿性心肌炎、风湿性关节炎和急性肾小球肾炎等。

2. ASO 滴度逐步下降　表明疾病缓解，抗体恒定在高水平多为疾病活动期。一些细菌（如金黄色葡萄球菌、铜绿假单胞菌）可抑制 ASO 的活性，导致假阴性。

提示：抗链球菌溶血素 O 试验常用于风湿活动期的诊断，感染后 4~6 周为高峰。

 ASO 升高的临床意义。

二、沙门菌感染免疫测定

伤寒沙门菌侵入机体后，该菌体 O 抗原和鞭毛 H 抗原可刺激机体产生相应的抗体。副伤寒杆菌有甲、乙、丙 3 型，它们各自的菌体抗原和鞭毛抗原也可刺激机体产生相应的抗体。利用伤寒和副伤寒沙门菌液为抗原，检测患者血清中有无相应抗体的一种凝集试验称为肥达反应（Widal reaction, WR）。

【参考值】

直接凝集法：伤寒肥达反应　H 抗原<1∶160；O 抗原<1∶80；

副伤寒甲、乙、丙均<1∶80。

【临床意义】

1. 发病 1 周后可出现肥达反应阳性，但阳性率较低；第 2 周肥达反应阳性率升至 60%~70%；第 4 周肥达反应阳性率可高达 90% 以上。

2. 单份血清抗体效价 O>1∶80 及 H>1∶160 有诊断意义，如动态观察肥达反应持续超过参考值或较原效价升高 4 倍以上更有价值。

3. 接种伤寒菌苗或以往患过伤寒者，血清可出现阳性反应，其抗体效价比参考值高。

4. 早期应用抗生素及免疫抑制药治疗者可呈假阴性。

提示：伤寒病可测肥达反应，O>1∶80，H>1∶160，尚需动态观察。连续上升或超过原凝集价 4 倍可确诊。

三、冷凝集试验

由肺炎支原体引起的原发性非典型性肺炎患者血清中含有较高滴度的寒冷红细胞凝集素（简称冷凝集素），它能与患者自身红细胞或 O 型人红细胞于 0~4 ℃条件下起凝集反应，如温度回升至 37 ℃，已凝集的红细胞呈可逆性完全散开。冷凝集试验有助于支原体肺炎的诊断。

【参考值】

直接凝集试验：阴性或冷凝集效价<1∶10。

【临床意义】

75% 的支原体肺炎患者于发病后第 2 周血清中冷凝集效价达 1∶32 或更高，4 周达高峰，6 周后下降或消失。如单次冷凝集效价>1∶64 或动态观察增长 4 倍以上时有诊断意义。

> **知识链接**
>
> **肺炎支原体的前世今生**
>
> 在谈及肺炎支原体之前，我们要先提到一种临床综合征——非典型肺炎。20 世纪 40 年代，临床医师发现一些得了肺炎的患者，有头痛、发热、咳嗽等肺炎的临床表现，但是临床样本无法用常规的细菌革兰氏染色以及培养的方法进行检测和鉴定。直至 1961 年，美国科学家在含有马血清和酵母的培养基上培养出了这种病原体，这种特殊的病原体终于被揭开了神秘的面纱，也有了自己的名称——肺炎支原体。
>
> 20 世纪 70 年代，国内针对肺炎支原体的研究还处于零阶段。1977 年，时任首都儿科研究所细菌学研究室主任的曹玉璞教授主持了卫生部"小儿肺炎支原体感染"的研究课题，开始了肺炎支原体的相关研究。自此，我国对肺炎支原体感染的研究迈入了高速发展的阶段。

四、结核分枝杆菌抗体测定

用结核菌素纯蛋白衍生物（PPD）、分枝杆菌细胞壁中提取的脂阿拉伯甘露糖或人型结核分枝杆菌包膜蛋白作为抗原，包被固相载体，检测血清中抗结核 IgG 抗体，可快速诊断结核分枝杆菌感染。

【参考值】

ELISA 阴性。

【临床意义】

用血清学方法检测结核抗体具有较高的灵敏度和特异性，但结核病患者体内抗体水平差异较大，低水平结核抗体常在结核菌素试验阳性的健康人中发现，有一定的假阳性率，应注意鉴别。

五、C 反应蛋白测定

C 反应蛋白（C-reactive protein，CRP）是由肝合成的糖蛋白，可与肺炎链球菌菌体 C 多糖起沉淀反应而得名。C 反应蛋白是一种急性时相反应蛋白，具有激活补体、促进吞噬等作用。C 反应蛋白测定对炎症、组织坏死、恶性肿瘤等的诊断和疗效观察具有重要的参考价值。

【参考值】

免疫比浊法　　成人<8 mg/L；
　　　　　　　婴幼儿<8 mg/L。

【临床意义】

1. C 反应蛋白升高　见于各种急性化脓性感染、菌血症、重症结核、急性风湿热、类风湿关节炎、系统性红斑狼疮及恶性肿瘤等。

2. C 反应蛋白用于风湿热的疗效观察　急性或活动期 C 反应蛋白可达 200 g/L，静止期恢复正常。

3. C 反应蛋白水平是判断组织损伤较敏感的指标　组织损伤后 6~8 h C 反应蛋白迅速升高，48~72 h 达高峰，并在组织坏死持续的情况下保持高水平。

4. C 反应蛋白作为肾移植疗效观察的指标　发生排斥反应时 C 反应蛋白升高。

提示：C 反应蛋白升高可见于细菌性感染、风湿性疾病、恶性肿瘤及某些器质性病变。

六、抗 EB 病毒壳抗原抗体测定

EB 病毒（Epstein-Barr virus，EBV）属疱疹病毒科，是一种嗜淋巴细胞的 DNA 病毒，主要侵犯 B 淋巴细胞。实验室常用免疫荧光试验（IFA）、酶联免疫吸附试验（ELISA）进行测定。

【参考值】

免疫荧光试验（IFA）、酶联免疫吸附试验（ELISA）阴性。

【临床意义】

1. 抗-VCA IgM 阳性　是 EB 病毒近期感染的指标，可持续 4~8 周，常见于传染性单核细胞增多症。

2. 抗-VCA IgA 阳性　常见于以下情况。

（1）鼻咽癌：阳性符合率达 93%，放射治疗后，病情好转者血清抗-VCA IgA 滴度下降，肿瘤复发时抗-VCA IgA 滴度再次上升，因此抗-VCA IgA 可作为鼻咽癌诊断、治疗及预后的判断指标。

（2）支气管肺癌、甲状腺癌、慢性鼻咽部炎症：也可见阳性，但其阳性率较低。

（3）正常人：阳性率约为 3.4%。

七、TORCH 感染免疫检测

TORCH 是一组病原微生物的英文名称缩写。T 即刚地弓形虫或弓形虫（toxoplasma gondii），O 即其他病原微生物（other），R 即风疹病毒（rubella virus），C 即巨细胞病毒（cytomegalovirus），H 即单纯疱疹病毒（herpes simplex virus）。这组病原体常可通过胎盘传染给胎儿引起围生期感染，导致流产、死胎、早产、先天畸形和智力障碍等各种异常结果。TORCH 感染的抗体检查在许多地区已作为孕期检查的常规项目。

（一）弓形虫抗体测定

弓形虫感染是一种人畜共患疾病。人体感染后，轻型者常无症状，但血清中可查到抗体；重型者可引起各种症状，如高热、肌肉及关节疼痛、淋巴结肿大。孕妇急性弓形虫感染时，弓形虫可通过胎盘感染胎儿，直接威胁胎儿的健康。临床上常用免疫荧光试验（IFA）、酶联免疫吸附试验（ELISA）等检测弓形虫特异性 IgM 抗体来进行早期诊断。

【参考值】

免疫荧光试验（IFA）、酶联免疫吸附试验（ELISA）阴性。

【临床意义】

妊娠期初次感染者，弓形虫可通过胎盘感染胎儿，妊娠早期感染者可引起流产、死胎、胚胎发育障碍；妊娠中、晚期感染者可引起胎儿生长受限和一系列中枢神经系统损害（无脑儿、脑积水、小头畸形、智力障碍等），眼损害（无眼、单眼、小眼等）以及内脏的先天性损害（食管闭锁）等，严重威胁胎儿的健康。

（二）风疹病毒抗体测定

风疹病毒直径为 60 nm，具有单股 RNA，仅有一种抗原型。孕妇若在妊娠头 3 个月内感染风疹病毒，易引起胎儿畸形。因此对早孕妇女进行风疹病毒特异性 IgM、IgG 抗体监测有重要意义。

【参考值】

ELISA 阴性。

【临床意义】

孕妇在妊娠 1~6 周时感染风疹者约 50% 可导致流产、死胎、早产；若胎儿存活至出生，也可能发生先天性风疹综合征，表现为先天性白内障、先天性心脏病、神经性耳聋、小头畸形和智力障碍等。风疹病毒 IgM 抗体阳性提示有近期感染，必要时应终止妊娠。风疹病毒 IgG 抗体阳性表示机体已受过风疹病毒感染，具有免疫力。

（三）巨细胞病毒抗体测定

巨细胞病毒（cytomegalovirus，CMV）属于人类疱疹病毒，巨细胞病毒围生期感染是引起胎儿畸形的重要原因之一，还可引起早产、胎儿生长受限等。成人巨细胞病毒感染多见于免疫功能受损者，由于临床表现缺乏特异性，故巨细胞病毒感染的实验室检查对于该病的早期诊断与治疗至关重要。抗-CMV 测定，双份血清抗体水平呈 4 倍或 4 倍以上增长时有诊断意义。特异性抗-CMV IgM 阳性为巨细胞病毒近期感染的指标。

【参考值】

ELISA 阴性。

【临床意义】

1. 巨细胞病毒可通过胎盘感染胎儿，引起早产、胎儿生长受限、新生儿畸形、黄疸、肝大、脾大、溶血性贫血及视网膜脉络膜炎等，新生儿死亡率高。

2. 免疫功能受损者，如获得性免疫缺陷综合征、癌症、器官移植等患者感染巨细胞病毒后，可发生进行性间质性肺炎、肝炎、脑炎、心包炎及播散性巨细胞病毒感染等，常威胁患者的生命，影响移植器官的存活。

（四）单纯疱疹病毒抗体测定

单纯疱疹病毒属疱疹病毒科，根据其限制性内切酶切点不同，分为 HSV-Ⅰ和 HSV-Ⅱ两型。单纯疱疹病毒原发感染后，机体最先出现 IgM，随后出现 IgA 及 IgG，抗体能防止病毒播散，但不能阻止复发。临床上常用中和试验、补体结合试验、间接血凝试验和 ELISA 等进行辅助诊断。检出特异性 IgM 阳性或双份血清特异性 IgG 抗体效价上升 4 倍或 4 倍以上，提示单纯疱疹病毒近期感染。

【参考值】

间接血凝试验，ELISA 阴性。

【临床意义】

单纯疱疹病毒主要引起疱疹性口腔炎、疱疹性角膜结膜炎、疱疹性脑膜炎、疱疹性外阴阴道炎、湿疹性疱疹及新生儿疱疹等。IgM 抗体阳性提示近期有单纯疱疹病毒感染。妊娠早期感染单纯疱疹病毒者可导致流产，妊娠中、晚期感染者可引起胎儿和新生儿发病。

（金建文）

第四节　病毒性肝炎血清标志物检测

目前已经发现的病毒性肝炎主要有甲型（HA）、乙型（HB）、丙型（HC）、丁型（HD）、戊型（HE）、庚型（HG）和输血传播病毒（TTV）。实验室可通过检查相关病毒的血清标志物来获取肝炎病毒的感染和转归情况。由于肝炎标志物的种类较多，应结合流行病学特点和临床特点进行选择。

一、甲型肝炎病毒标志物检测

机体感染甲型肝炎病毒（HAV）后可产生 IgM、IgA 和 IgG 类抗体。病愈后抗 HAV-IgG 可长期存在，抗 HAV-IgM 常被用于诊断甲型病毒性肝炎。

【参考值】

ELISA：抗 HAV-IgM 阴性；如感染过 HAV，抗 HAV-IgG 可终生阳性。

【临床意义】

1. 抗 HAV-IgM 阳性率在发病后 2 周最高，达 100%，约 6 个月后转为阴性，抗 HAV-IgM 阳性说明机体正在感染 HAV，它是早期诊断甲型病毒性肝炎的特异性指标。

2. 抗 HAV-IgG 阳性提示既往感染，可作为流行病学调查的指标。

提示：抗 HAV-IgM 阳性为甲型肝炎患者，抗 HAV-IgG 阳性提示曾感染过 HAV。

二、乙型肝炎病毒标志物检测

乙型肝炎病毒具有 3 种抗原，即乙型肝炎表面抗原（hepatitis B surface antigen，HBsAg）、乙型肝炎 e 抗原（hepatitis B e antigen，HBeAg）、乙型肝炎核心抗原（hepatitis B core antigen，HBcAg），感染后可产生相应的抗体，即乙型肝炎表面抗体（hepatitis B surface antibody，HBsAb）、乙型肝炎 e 抗体（hepatitis B e antibody，HBeAb）、乙型肝炎核心抗体（hepatitis B core antibody，HBcAb）；乙肝两对半检查是一种传统的用于诊断乙型肝炎病毒感染的标志物检查方法，包括 HBsAg、抗-HBs、HBeAg、抗-HBe、抗-HBc 5 种指标。临床上常将 HBsAg 阳性、HBeAg 阳性、抗 HBc 阳性称为"大三阳"，HBsAg 阳性、抗 HBe 阳性、抗 HBc 阳性称为"小三阳"。

（一）乙型肝炎表面抗原

乙型肝炎表面抗原（hepatitis B surface antigen，HBsAg）在感染后 1~2 个月出现于血清中，可持续数周、数月甚至数年。

【参考值】

阴性。

【临床意义】

急、慢性乙型肝炎及病毒携带者 HBsAg 可呈阳性。HBsAg 可以是具有传染性的完整乙型肝炎病毒的外壳，也可仅为不含 HBV DNA 的外壳成分。如 HBsAg 阳性持续 6 个月以上，则易发展成慢性乙型肝炎或肝硬化。

提示：HBsAg（+）提示乙型肝炎感染期。

（二）乙型肝炎表面抗体

乙型肝炎表面抗体（hepatitis B surface antibody，HBsAb）是针对 HBsAg 的保护性抗体，它对 HBsAg 有一定的中和作用，是机体具有免疫力的标志。

【参考值】

阴性。

【临床意义】

HBsAb 在感染后 3~6 个月出现，可持续多年。HBsAb 阳性表明既往感染过 HBV，现已恢复。注射过乙型肝炎疫苗或乙型肝炎免疫球蛋白者 HBsAb 可呈阳性。

提示：抗 HBs（+）提示曾感染过 HBV 或做过预防接种。

（三）乙型肝炎 e 抗原

乙型肝炎 e 抗原（hepatitis B e antigen，HBeAg）是 HBV 核心颗粒中的一种可溶性蛋白质，具有抗原性。

【参考值】

阴性。

【临床意义】

HBeAg 阳性表明乙型肝炎病毒处于复制期，具有较强的传染性。如患者 HBeAg 持续阳性，表明肝细胞损害较重，可发展为慢性乙型肝炎或肝硬化，孕妇则可引起垂直传播，导致 90% 以上的新生儿 HBsAg 阳性。

提示：HBeAg（+）提示血液中病毒复制，传染性强。

（四）乙型肝炎 e 抗体

乙型肝炎 e 抗体（hepatitis B e antibody，HBeAb）是患者或携带者经 HBeAg 刺激后产生的一种特异性抗体，继 HBsAb 后出现于血液中，其保护性尚未得到确定。

【参考值】

阴性。

【临床意义】

HBeAb 阳性表示大部分乙型肝炎病毒被消除，病毒复制减少，传染性减低。一些慢性乙型肝炎、肝硬化、肝癌患者可检出 HBeAb。

提示：抗 HBe（-）提示血液中病毒复制减少，传染性降低。

（五）乙型肝炎核心抗体

乙型肝炎核心抗体（hepatitis B core antibody，HBcAb）有 IgM、IgG 和 IgA 3 种，通常实验室检测抗 HBc 总抗体和 IgM 抗体。

【参考值】

抗 HBc 总抗体：阴性；

抗 HBc-IgM：阴性。

【临床意义】

急性和慢性乙型肝炎、肝癌患者可见抗 HBc 总抗体阳性。抗 HBc-IgM 阳性见于急性乙型肝炎发病期。抗 HBc-IgM 阳性是乙型肝炎病毒近期感染的敏感指标，也是 HBV 在体内持续复制的指标，提示患者具有传染性。抗 HBc-IgM 转阴提示乙型肝炎逐渐恢复（表 4-22-1）。

提示：抗 HBc-IgM 阳性提示近期感染。

表 4-22-1　乙型肝炎实验室检查结果的临床意义

HBsAg	HBeAg	抗 HBc	抗 HBe	抗 HBs	临床意义
+	+ 或 -	-	-	-	急性肝炎初期
+	-	+	+ 或 -	-	急性肝炎后期，HBV 持续感染，如抗 HBc 滴度低则考虑为健康携带者
-	-	+	-	-	急性肝炎恢复期、HBV 持续感染（抗 HBc 滴度高）或既往感染（抗 HBc 滴度低）
-	-	+	-	+	急性肝炎恢复期以后，既往 HBV 感染
+	+	+	-	-	HBV 感染后的慢性肝病，如慢性活动性肝炎、肝硬化
-	-	-	-	+	HBV 感染恢复期后，小量 HBsAg 反复刺激产生了自动免疫，或注射疫苗及高效价免疫球蛋白后

 乙肝两对半检测的临床意义。

三、丙型肝炎病毒标志物检测

丙型肝炎病毒（hepatitis C virus，HCV）是一种 RNA 病毒，其主要通过输血途径传播。检测抗 HCV 抗体是临床上诊断 HCV 感染的依据之一。丙型肝炎病毒抗体分为抗 HCV-IgM 和抗 HCV-IgG。

【参考值】

抗 HCV-IgM：阴性；

抗 HCV-IgG：阴性。

【临床意义】

抗 HCV-IgM 阳性是诊断丙肝的早期敏感指标，也是判断 HCV 活动性、传染性的指标，常见于急性 HCV 感染。抗 HCV-IgG 是机体既往感染过 HCV 的标志。

提示：抗 HCV-IgM 阳性为丙型肝炎现症患者；抗 HCV-IgG 阳性表明已有 HCV 感染。

四、丁型肝炎病毒标志物检测

丁型肝炎病毒（hepatitis D virus，HDV）是一种缺陷病毒，需要 HBV 的存在才能复制和传播。如 HBsAg 阴性，可排除丁型肝炎病毒感染。丁型肝炎病毒抗体分为抗 HDV-IgG 和抗 HDV-IgM。

【参考值】

抗 HDV-IgM：阴性；

抗 HDV-IgG：阴性。

【临床意义】

抗 HDV-IgM 出现较早，可持续 2~20 周，用于丁型肝炎的早期诊断。抗 HDV-IgG 阳性表明机体感染过 HDV。

提示：丁型肝炎发病早期抗 HDV-IgM 阳性；抗 HDV-IgG 阳性是丁型肝炎诊断的可靠指标。

五、戊型肝炎病毒标志物检测

戊型肝炎病毒（hepatitis E virus，HEV）是一种 RNA 病毒，机体感染 HEV 后可产生 IgM 和 IgG 两种抗体。

【参考值】

抗 HEV-IgM：阴性；

抗 HEV-IgG：阴性。

【临床意义】

急性期患者抗 HEV-IgM 阳性。恢复期患者血清中可检出抗 HEV-IgG。

提示：抗 HEV-IgM 阳性为急性戊型肝炎患者；恢复期抗 HEV-IgG 滴度比急性期高 4 倍有诊断价值。

六、庚型肝炎病毒标志物检测

庚型肝炎病毒感染的血清学模式以重叠 HBV、HCV、HAV 或 HEV 二重感染为主，感染后血清中可检出抗 -HGV。

【参考值】

阴性。

【临床意义】

抗-HGV 阳性表示曾感染过 HGV，多见于输血后肝炎或使用血制品引起的 HGV 和 HCV 混合感染者，但目前对 HGV 的血清学检测方法还不成熟。

七、输血传播病毒检测

输血传播病毒（transfusion transmitted virus，TTV）是非囊膜单股环状 DNA 病毒。目前对输血传播病毒的流行病学和临床尚未完全了解，输血传播病毒的检测主要依靠 PCR 技术。

【参考值】

阴性。

【临床意义】

TTV DNA 阳性提示 TTV 存在，但无症状 TTV 携带者较多，由于 TTV 基因异源性较高，使 PCR 的阳性率较高。

（金建文）

第五节　性传播疾病相关检查

性传播疾病（sexually transmitted disease，STD）简称性病，是一组通过性行为传播的侵犯皮肤、性器官和其他脏器的疾病。能引起性病的病原体很多，包括细菌、病毒、支原体、螺旋体、衣原体、真菌和原虫等。性病的传染源为患者和含病原体的血液、分泌物、体液等。性病传播途径主要为性行为，非性行为的直接或间接接触也能传播性病。经胎盘或产道传播可造成先天性感染，血源性和医源性感染也是重要的传播途径。

一、获得性免疫缺陷综合征抗体检测

获得性免疫缺陷综合征（acquired immunodeficiency syndrome，AIDS）简称艾滋病，是由人类免疫缺陷病毒（HIV）感染所致的一种严重传染病。其检查方法有：①初筛试验可选用 ELISA、明胶颗粒凝集试验（PA）。②确诊常用蛋白印迹试验（WB）。

【参考值】

阴性。

【临床意义】

1. 抗 HIV 阳性，特别是确诊试验阳性，并有临床症状时可诊断为获得性免疫缺陷综合征。
2. 抗 HIV 阳性，无任何症状者为 HIV 携带者。

提示：确诊试验抗 HIV 阳性或 HIV-RNA 阳性表明感染 HIV。

二、梅毒血清学检查

梅毒是由苍白螺旋体感染而引起的一种性传播疾病，主要通过性接触传播，也能通过胎盘进入胎儿体内引起先天性梅毒。实验室诊断梅毒的方法有两类，包括直接在显微镜暗视野下观察梅毒螺旋体和血清学方法，后者包含的试验很多，如性病研究实验室试验（VDRL）、不加热血清反应素试验（USR）、快速血浆反应素试验（RPR）、甲苯胺红不加热血清试验（TRUST）、明胶颗粒凝集试验（TPPA）和荧光密螺旋体抗体吸收试验（FTA-ABS）等。

【参考值】

阴性。

【临床意义】

1. 感染梅毒螺旋体 1~2 周后，患者血清中反应素检出率为 76%，二期梅毒阳性率为 95%~100%，晚期梅毒阳性率为 70%~95%，隐性患者梅毒阳性率也可达 70%~80%。

2. RPR 及 USR 对一期梅毒敏感度不高，可出现假阳性，在瘤型麻风、疟疾、系统性红斑狼疮、硬皮病、钩端螺旋体病、血吸虫病、包虫病、支原体肺炎、结核病等时也可呈假阳性。

3. TPPA 和 FTA-ABS 灵敏度高，特异性强，阳性可确定梅毒的诊断，特异性抗体可持续数年乃至终生。

三、衣原体和支原体检测

非淋菌性尿道炎（non-gonococcal urethritis，NGU）是由沙眼衣原体或支原体等引起的尿道炎症，常与淋病同时发生。其主要特点为尿道刺激症状及尿道出现少量黏液性分泌物。非淋菌性尿道炎的实验室检查主要有显微镜检查、分离培养和鉴定、血清学诊断。

【参考值】

阴性。

【临床意义】

1. 沙眼衣原体除可导致沙眼、包涵体结膜炎外，还可导致多种性传播疾病，如非淋菌性尿道炎、宫颈炎、子宫内膜炎、输卵管炎、盆腔炎、附睾炎、睾丸炎、前列腺炎、阴道炎和性病淋巴肉芽肿。

2. 肺炎衣原体和鹦鹉热衣原体主要引起呼吸道感染。

3. 支原体常寄生于人呼吸道和泌尿与生殖系统黏膜上皮内，与衣原体不同，能在细胞外独立生存。解脲脲原体（UU）或称解脲支原体（MU）主要引起非淋菌性尿道炎、阴道炎、输卵管炎、宫颈炎、子宫内膜炎、男性不育症和前列腺炎；人型支原体（MH）则引起不孕症、盆腔感染、肾盂肾炎、化脓性关节炎和非淋菌性尿道炎。二者均可通过胎盘感染胎儿，引起流产、死产，通过产道感染引起新生儿肺炎、败血症、脑膜炎以及围生期感染并发症。此外，肺炎支原体（MP）可引起呼吸道急性感染。

提示：抗沙眼衣原体 IgM 阳性提示近期有沙眼衣原体感染。抗沙眼衣原体 IgG 阳性说明曾有过沙眼衣原体感染。

（金建文）

第六节　自身抗体检测

自身免疫病（autoimmune disease）是指由于某些原因造成免疫系统对自身成分的免疫耐受性减低或破坏，致使自身抗体或致敏淋巴细胞损伤，引起相应组织和器官的疾病。按自身抗原分为器官特征性和非器官特征性。此病有以下特点：

1. 女性多见。

2. 患者血液中滴度高，正常人无或极少。
3. 组织、器官表现为免疫炎症。
4. 相同抗原可复制相同疾病模型。
5. 有重叠现象。
6. 多数原因不明。
7. 病程长。
8. 免疫抑制药治疗有效。

一、类风湿因子检测

类风湿因子（rheumatoid factor，RF）是一种抗变性 IgG 抗体。这种抗体可以是 IgG 类，也可是 IgM 或 IgA 类。类风湿因子测定可用乳胶凝集试验和免疫比浊法进行。

【参考值】

免疫比浊法 2~20 IU/L。

【临床意义】

IgG 类类风湿因子与类风湿关节炎患者的滑膜炎和关节外症状密切相关。IgA 类类风湿因子见于类风湿关节炎、系统性硬化病和系统性红斑狼疮，是类风湿关节炎活动性的一个指标。在患者血清中存在高效价的类风湿因子并有严重的关节功能受损时常提示预后不良。

 类风湿因子检测的临床意义。

二、抗核抗体检测

抗核抗体（antinuclear antibody，ANA）是以真核细胞核成分为靶抗原的自身抗体的总称，有可溶性和不溶性两类，其无器官和种族特异性，主要为 IgG，也可为 IgA 和 IgM。由于核抗原有多种，每种抗原均可产生相应的抗体，故形成了抗核抗体的多样性和复杂性，也就形成了免疫荧光法检测时不同的图像，这是鉴别诊断的基础。抗核抗体可用免疫荧光法（IF）、ELISA、金标法测定。免疫荧光法检测抗核抗体有 4 种荧光核型，分别为均质型、边缘型、颗粒型和核仁型。其中均质型和边缘型荧光可见于系统性红斑狼疮活动期。

【参考值】

阴性（血清 1:10 稀释）。

【临床意义】

1. 抗核抗体是自身免疫病的筛选试验。血清稀释度高于 1:40 为阳性，低于 1:80 为弱阳性，1:（80~320）为中等阳性，大于 1:320 为强阳性。阳性还应结合病史进行分析，并可联合特异性可提取核抗原抗体（ENA 抗体）测定协助确诊。抗核抗体阳性见于系统性红斑狼疮、混合性结缔组织病、自身免疫性肝炎、桥本甲状腺炎、重症肌无力、类风湿关节炎及皮肌炎等。

2. 服用抗心律失常药（如普鲁卡因胺）或服用抗高血压药（如肼苯达嗪）等可出现阳性。

三、抗脱氧核糖核酸抗体测定

抗脱氧核糖核酸抗体（antibody to DNA，anti-DNA）主要有抗双链 DNA 抗体（antibody to double stranded-DNA，anti-ds-DNA）和抗单链 DNA 抗体（antibody to single stranded-DNA，anti-ss-DNA）两种。抗双链 DNA 抗体的靶抗原是细胞核中 DNA 的双螺旋结构。

【参考值】

阴性。

【临床意义】

1. 抗双链 DNA 抗体是一个对系统性红斑狼疮高度特异的指标，70%~90% 的系统性红斑狼疮活动期患者可呈阳性。

2. 抗单链 DNA 抗体阳性见于系统性红斑狼疮，尤其是合并狼疮肾炎的患者，阳性率在 80% 以上。

3. 少量风湿患者抗双链 DNA 抗体也呈阳性。

四、抗 ENA 抗体测定

抗 ENA 抗体（anti-ENA antibody）是由核内可提取性核抗原刺激机体所产生的一组自身抗体的总称，临床上常检测的有以下 10 种：抗 Sm 抗体、抗 RNP 抗体、抗 RiB 抗体、抗 SS-A 抗体、抗 SS-B 抗体、抗 Jo-1 抗体、抗 Scl-70 抗体、抗着丝点抗体、抗 PM-1 抗体、抗核仁抗体，其中最主要的是抗 RNP 抗体和抗 Sm 抗体。这一组抗体特异性强，可用免疫印迹法、对流免疫电泳法测定。

【参考值】

阴性。

【临床意义】

抗 ENA 抗体比抗核抗体特异性强，对鉴别诊断有意义。

1. 抗 RNP 抗体阳性　可见于系统性红斑狼疮、各种风湿病、类风湿关节炎、进行性全身性硬化症。

2. 抗 Sm 抗体阳性　对诊断系统性红斑狼疮有很强的特异性，可作为系统性红斑狼疮的标志性抗体，但阳性率仅为 25%~45%。抗 Sm 抗体阳性也见于胶原重叠综合征。

3. 抗 SS-A 抗体和抗 SS-B 抗体阳性　抗 SS-A 抗体和抗 SS-B 抗体是干燥综合征的特异性抗体。

4. 其他抗 ENA 抗体阳性　①抗 Scl-70 抗体是弥漫性硬皮病的标志性抗体。②抗 Jo-1 抗体对皮肌炎的诊断有一定的价值。③抗 RiB 抗体主要出现于系统性红斑狼疮，并可作为狼疮活动的诊断指标。④抗 U1-RNP 抗体为混合性结缔组织病（MCTD）的标志性抗体。

五、抗心脂抗体测定

抗心脂抗体（anti-cardiolipin antibody，ACA）是以心磷脂为靶抗原的一种自身抗体，能干扰磷脂依赖的凝血过程，抑制内皮细胞释放前列腺素，与凝血系统改变、血栓形成、血小板减少等密切相关，并与疾病的发病机制有关联。实验室常用 RIA 和 ELISA 检测抗心脂抗体。

【参考值】

阴性。

【临床意义】

1. 抗心脂抗体是抗磷脂抗体综合征（包括血栓形成、自发性流产、血小板减少和中枢神经系统病变）的诊断指标之一。

2. 抗心脂抗体见于系统性红斑狼疮、类风湿关节炎、干燥综合征等风湿病患者，抗磷脂综合征患者以及肿瘤、感染（AIDS、麻风、疟疾等）、血小板减少症、脑卒中、心肌梗死患者。

六、抗中性粒细胞胞质抗体测定

抗中性粒细胞胞质抗体（antineutrophil cytoplasmic antibody，ANCA）为存在于血管炎患者血清中的自身抗体，是诊断血管炎的一种特异性指标。采用间接免疫荧光法（IFA）可将 ANCA 分为胞质型抗中性粒细胞胞质抗体（cytoplasmic anti-neutrophil cytoplasmic antibody，cANCA）、核周抗中性粒细胞核周抗体（perinu-clear anti-neutrophil cytoplasmic antibody，pANCA）和不典型 ANCA（x-ANCA）。ANCA 的检测方法有多种，包括 IFA、RIA、ELISA、蛋白质印迹法、斑点印迹法及免疫沉淀试验等，首选方法为 IFA。

【参考值】

阴性。

【临床意义】

1. cANCA 可见于多种系统性血管炎，主要见于韦格纳肉芽肿病（Wegener granulomatosis，WG），阳性率为 80%~95%，被认为是活动性韦格纳肉芽肿病及微多动脉炎的特异和敏感的标志性抗体。

2. pANCA 主要与多发性微动脉炎相关，在快速进行性血管炎性肾炎、多动脉炎、Churg-Strauss 综合征阳性率为 70%，原发性硬化性胆管炎阳性率可达 80%，抗体滴度与疾病的活动性相关，在韦格纳肉芽肿病患者中少见。

（金建文）

自 测 题

一、选择题

A1 型题

1. 唯一能通过胎盘的免疫球蛋白是
   A. IgD
   B. IgE
   C. IgG
   D. IgM
   E. IgA

2. 补体 C_3 减低见于
   A. 急性肾炎
   B. 慢性肾炎
   C. 急性炎症
   D. 恶性肿瘤
   E. 传染病早期

3. 巨球蛋白血症是指血液中哪种成分增多
   A. IgA
   B. IgD
   C. IgM
   D. IgG
   E. IgE

4. HBsAg(+)，HBeAg(+)，说明此患者
   A. 无传染性
   B. 具有免疫力
   C. 病情比较稳定
   D. 处于乙型肝炎恢复期
   E. 具有传染性

A2 型题

5. 患儿，女性，6 岁，因高热 3 天、昏迷 1 天入院。血常规示：N 62%，L 25%，M 8%，E 5%，B 0%，下列有助于诊断的检测指标是
   A. IgA
   B. IgD
   C. IgM

D. IgG　　　　　　　　　E. IgE

6. 患儿，男性，4岁，因尿少、水肿1周入院。体格检查：BP 115/80 mmHg。辅助检查：尿 RBC 5~8/HP，24 h 尿蛋白定量为1.9 g，血浆白蛋白28 g/L，Ch 6.8 mmol/L，C_3 1000 mg/L，BUN 9 mmol/L。该患儿最可能的诊断是

  A. 急性肾衰竭　　　　　B. 肾炎性肾病　　　　　C. 急进性肾炎
  D. 单纯性肾病　　　　　E. 急性肾炎

7. 患者，女性，45岁。反复双手近端指间关节、双膝关节疼痛，伴晨僵2年，肘部伸侧可触及皮下结节，质硬，无触痛。实验室检查：血 RF 1∶40（+），ESR 100 mm/h。最有可能的诊断是

  A. 风湿性关节炎　　　　B. 类风湿关节炎　　　　C. 系统性红斑狼疮
  D. 骨性关节炎　　　　　E. 痛风

8. 患儿，男性，10岁，发热10天，T 38~39 ℃，刺激性咳嗽明显，胸痛。体格检查：双肺散在干啰音。胸部X线片示左肺下野淡薄片状阴影。为了确诊，首选的检查是

  A. 血培养　　　　　　　B. 结核菌素试验　　　　C. 冷凝集试验
  D. 血肥达反应　　　　　E. 痰液病毒分离

A3/A4 型题

（9~11题共用题干）

患者，男性，65岁，主诉腹胀、食欲缺乏2个月，右上腹疼痛1周。体格检查：颈部可见蜘蛛痣，肝肋下3 cm、质硬，移动性浊音阳性。腹腔穿刺抽出淡红色腹水，腹水乳酸脱氢酶600 U/L。

9. 该患者最可能的诊断是
  A. 肝硬化　　　　　　　B. 结核性腹膜炎　　　　C. 原发性肝癌
  D. 胰源性腹水　　　　　E. 门静脉血栓形成

10. 进一步确诊需要做的检查是
  A. 病原微生物检查　　　B. 抗原检查　　　　　　C. 细胞免疫检查
  D. CT检查　　　　　　 E. 自身抗体检查

11. 为明确该患者的诊断，应合理选择下列哪项进行检测
  A. CEA　　　　　　　　B. 结核分枝杆菌抗体　　C. PSA
  D. CA125　　　　　　　E. AFP+AFU

二、简答题

1. 简述肥达反应及其临床意义。
2. 简述TORCH试验包括的项目。
3. 简述血清M蛋白测定的临床意义。

第二十三章 临床微生物学检查

第二十三章数字资源

学习目标

1. 知识：描述临床微生物学检查的适应证，总结临床微生物学检查的意义。
2. 能力：联系相关知识，选择合理的检查方法，运用所学知识对检查结果进行准确分析。
3. 素养：坚持生物安全三级防护措施，具备严格执行标准化操作规程的职业素养，能够为临床提供合理的检测项目选择建议，准确解释检测结果的临床意义及局限性。建立医者仁心的价值观，培养良好的医德医风，构建和谐医患关系。

案例 4-23-1

患者，男性，40 岁，因"腹痛、腹泻 3 个月余"入院。患者 3 个多月前无明显诱因出现腹痛、腹泻，每日排便 3~5 次，为不成形便，有时有黏液，饮食不当后加重。半年前曾有急性菌痢病史，短期服药症状好转即停药。辅助检查：粪便常规镜检见大量白细胞及少量红细胞。

问题与思考：
1. 该患者可能的初步诊断是什么？
2. 有哪些诊断依据？

临床微生物学检查是对造成感染的微生物（如细菌、病毒、支原体、衣原体）进行检查，以确定感染的发生和性质，为疾病提供恰当的治疗方案，采取有效的预防措施，防止感染传播。

临床微生物学检查对标本的采集时间、方法和运送均有严格的要求。检查方法包含直接显微镜检查及病原体的分离、培养和鉴定等。近年来，免疫学和分子生物学技术也成为临床微生物学检查的重要手段。

临床微生物实验室检查重点是细菌、病毒和其他微生物，对培养的要求相对较高，尚难在一般的微生物实验室得以培养，目前主要用免疫学和分子生物学的方法进行检查。本章在介绍临床常见病原体检查一般方法的基础上，重点介绍临床细菌学检查的标本采集方法和细菌耐药性试验。

第一节 标本采集及运送

临床微生物学检查时，必须依据各种病原体所致的感染性疾病的病程确定标本采集时间、部位和种类。标本需置于无菌或清洁容器中，不能接触消毒剂和抗菌药物。标本采集后应及时送检。

一、血液

血液标本需在患者发热初期、发热前 2 h 或发热高峰期时采集,原则上应选择在抗菌药物应用前。对于已用药而病情不允许停药的患者,也应在下次用药前采集。细菌培养的阳性率与采样频率和部位有一定的相关性,增加采样频率、变一个部位采样为多个部位采样可提高培养阳性率。每份标本均应同时做需氧菌和厌氧菌培养。对于一些长期使用抗生素的患者,应使用能够中和抗生素的培养瓶。

此外,需特别注意下列情况:

(1)沙门菌感染,根据病程和病情可在不同的时间采集标本,伤寒患者在病程第 1~2 周内采集静脉血或在第 1~3 周内采集骨髓。

(2)亚急性细菌性心内膜炎除在发热期采血外,应多次采血,第一天做 3 次血培养,每次间隔 30 min 以上,如果 24 h 培养阴性,应继续抽血 3 份(每次仍应间隔 30 min 以上)或进行更多次培养。

(3)急性心内膜炎治疗前 1~2 h 分别在不同部位抽血进行培养。

(4)急性败血症、脑膜炎、骨髓炎、关节炎、急性未处理的细菌性肺炎和肾盂肾炎,除在发热期采血外,应在治疗前 10 min 内在身体不同部位采血,分别做需氧菌和厌氧菌血培养。

(5)不明原因发热,可于发热周期内多次采血做血培养,每次间隔 60 min,如果 24 h 血培养结果为阴性,应继续采血 2~3 份做血培养。

(6)脑脊液细菌培养时,应同时做血培养。

(7)厌氧菌在关节液、胸腔积液、腹水等体液感染中较常见,这些标本最好同时做厌氧菌血培养及直接涂片检查。

二、尿

尿标本采集和培养的最大问题是杂菌污染,故应严格执行无菌操作。原则上应选择在抗菌药物应用前或停用抗菌药物 5 天后留取尿标本,通常采集晨起第一次中段尿,不加防腐剂。

尿标本的采集应注意清洁外阴,消毒尿道,如遇留置导尿管的患者,应用注射器穿刺导尿管吸取尿。必要时还可使用膀胱穿刺法。

尿路感染标本采集指征:

(1)有典型的尿路感染症状。

(2)肉眼脓尿或血尿。

(3)尿常规检查表现为白细胞或亚硝酸盐阳性。

(4)不明原因发热,无其他局部症状。

(5)留置导尿管的患者出现发热。

(6)膀胱排空功能受损。

(7)泌尿系统疾病手术前。

三、呼吸道标本

呼吸道标本的微生物学检查应特别重视标本质量问题。痰液标本不合格往往造成所发现的病原菌与实际引起感染的病原菌不同,导致抗菌药物的不合理应用,甚至出现耐药菌。因此,应重视痰液标本的质量并及时送检。通常要求晨起收集尿标本。

呼吸道标本主要来自：

（1）痰液标本的留取可用自然咳痰法，咳痰时，用清水漱口3次，用力咳出，咳痰困难者可用雾化吸入法。

（2）支气管肺泡灌洗液、支气管刷取液、支气管吸出物。

（3）咽拭子标本应晨起后采集为宜，采集前应先用清水漱口，将涤纶拭子通过舌根触到咽后壁或腭垂后侧，涂抹数次，持续5 s吸出分泌物，但咽拭子要避免接触口腔和舌黏膜。

四、粪便

取新鲜粪便标本的脓血、黏液部分送检，排便困难者或婴幼儿可用直肠拭子采集。腹泻患者在急性期收集标本可提高检出率，最好在用药前采集。沙门菌感染所致的伤寒患者在2周后收集标本。用于厌氧菌培养的标本应尽量避免与空气接触，最好在床边接种。疑有霍乱弧菌的标本用无菌棉拭子取米泔水样便放入碱性蛋白胨水中保存。

五、泌尿生殖道标本

生殖道分泌物包括尿道口分泌物、阴道分泌物、宫颈分泌物和前列腺液。生殖道是开放器官，进行标本采集时，应注意遵循无菌操作原则，以减少杂菌污染，如阴道内有大量正常菌群存在，采集宫颈标本时应避免触及阴道壁，用涤纶拭子取样。生殖道疱疹常穿刺疱疹液，盆腔脓肿穿刺抽取脓液，标本收集后置于4 ℃保存直至培养。

六、创伤、组织及脓肿标本

对损伤范围较大的创伤，应在不同部位采集多份标本，采集部位应首先清除污物，以碘酊、乙醇消毒皮肤，防止皮肤污染菌混入标本。对开放性脓肿，用无菌棉拭子采取脓液及病灶深部分泌物。对封闭性脓肿，以无菌干燥注射器穿刺抽取。疑为厌氧菌感染者，取脓液后立即排净注射器内空气，针头插入无菌橡皮塞送检，否则标本接触空气可导致厌氧菌死亡，降低分离率。

（金建文）

第二节　检查方法

一、直接显微镜检查

一种方法是将标本直接或离心浓缩集菌后涂片、干燥、固定及染色，置于显微镜下观察细菌的形态、染色性或观察宿主细胞内包涵体的特征。另一种方法是采用悬滴法或压滴法，在不染色状态下通过暗视野显微镜或相差显微镜观察病原体的生长、运动方式、螺旋体形态和运动。

无菌部位体液的直接镜检对病原学诊断具有一定的意义。对有正常菌群寄居的腔道分泌物，涂片镜检可提示进一步检查的步骤、采用的方法和分离鉴定病原体所需培养基。电镜检查对某些病毒感染有确诊价值，如婴幼儿急性胃肠炎腹泻时，在电镜下见到其粪便中有车轮状的双层衣壳病毒颗粒，即可确诊为轮状病毒引起的胃肠炎。但电镜检查尚不能作为常规应用。

二、病原体的分离、培养和鉴定

一般的临床实验室根据可疑菌生长特性，选择合适的培养基，提供合适的气体条件、温度、pH，使细菌在体外人工培养基中生长繁殖形成菌落。根据菌落性状和细菌的形态、染色性、生化反应结果和血清学试验，可对分离菌做出鉴定；也可利用微量鉴定系统，简便、快速地鉴定分离菌，并进一步做药物敏感试验，为临床用药提供依据。

（金建文）

第三节 抗菌药物敏感试验和细菌耐药性检测

一、抗菌药物敏感试验

抗菌药物敏感试验又称药物敏感试验（简称药敏试验），它是测定抗生素或其他抗微生物制剂在体外抑制细菌生长能力的试验。药物敏感试验对指导临床医师为各类患者选择最佳抗生素制剂、了解医院或区域内常见病原菌的耐药性、在一定区域内积累与公共卫生有关的重要耐药的微生物流行病学资料很有帮助。常用的药物敏感试验方法有以下几种。

1. K-B 纸片琼脂扩散法　将含有定量抗菌药物的纸片贴在接种测试菌的琼脂平板上，置于 35 ℃孵育 16～18 h。读取抑菌圈的直径，参照 NCCLS 标准判读结果，按敏感（S）、中介（I）、耐药（R）报告。K-B 纸片琼脂扩散法是目前临床微生物实验室广泛采用的方法。培养基质量、接种菌量、试验操作过程、孵育条件等因素均能影响 K-B 纸片琼脂扩散法的结果。因此必须定期用标准菌株做质量控制，以便保证质量。

2. 稀释法　分为肉汤稀释法和琼脂稀释法两种。前者为临床实验室常用的一种定量试验，先以水解酪蛋白液体培养基将抗生素做不同浓度的稀释，再种入待检菌，置于 35 ℃孵育 24 h 后，以不出现肉眼可见细菌生长的最低药物浓度为该菌的最低抑菌浓度，参照 NCCLS 标准，结果按敏感和耐药报告。本方法同样需要根据测试菌种类选用标准菌株做质量控制。

不管使用何种方法进行药物敏感试验，细菌对某种抗生素的敏感度均可分为敏感、中度敏感和耐药。

二、细菌耐药性检测

1. 常见的耐药菌株　随着抗生素的广泛应用，耐药的细菌不断产生，革兰氏阳性球菌中常见的有耐甲氧西林葡萄球菌（MRS）、耐青霉素肺炎链球菌（PRSP）、耐万古霉素肠球菌（VRE）和高度耐氨基糖苷类肠球菌等。革兰氏阴性的主要耐药菌有 β-内酰胺酶介导的耐 β-内酰胺酶类抗生素的革兰氏阴性杆菌、质粒介导的产超广谱 β-内酰胺酶的肺炎克雷伯菌及大肠埃希菌等、染色体编码产生 I 型 β-内酰胺酶的阴沟肠杆菌和产气肠杆菌等、多重耐药的铜绿假单胞菌及嗜麦芽窄食假单胞菌和不动杆菌等。

2. 耐药机制　常见的导致细菌耐药的生化机制如下。

（1）药物渗入细菌减少。
（2）产生灭活抗生素酶（β-内酰胺酶）。
（3）细菌抗生素结合蛋白改变，以致不能与抗生素结合（青霉素结合蛋白）。
（4）细菌靶结构改变。
（5）代谢拮抗剂或代谢旁路产生。某些革兰氏阴性杆菌可具有一种以上耐药机制，如细菌同时对抗生素渗透性改变和产生钝化酶。

知识链接

令人生畏的超级细菌

近年来，关于超级细菌的报道较为多见。什么是超级细菌？超级细菌不是指某一种细菌，而是人类对拥有超能力的所有细菌的总称，这种超能力就是细菌对抗生素的耐药性。

要了解超级细菌，首先要知道超级细菌的进化史。地球上微生物无处不在，其中最常见的就是细菌。1942年青霉素应用于临床，1945年发现了青霉素耐药金黄色葡萄球菌；1947年链霉素应用于临床，同年发现了链霉素耐药菌；超级细菌的出现是被人类使用的抗生素"逼"出来的。抗生素用得越多，耐药细菌也越多，抗生素用得越强，细菌的耐药性也越强。

因此，使用抗生素要执行3R（Right）原则，即正确的时机、正确的患者和正确的抗感染。预防性应用抗生素更要严加控制，只有这样，才能减少细菌耐药的发生。

3. 耐药菌检测试验
（1）耐甲氧西林葡萄球菌筛选试验：常用的有扩散法和稀释法。
（2）β-内酰胺酶测定：常用的有产色头孢菌素法。
（3）超广谱β-内酰胺酶（ESBL）检测：超广谱β-内酰胺酶水解的底物除第一代、第二代头孢菌素外，还包括第三代头孢菌素和氨曲南等，临床上常用的微生物学检测方法主要有双纸片协同试验、三相试验和E试验。
（4）耐青霉素肺炎链球菌检测试验：常用纸片法做过筛试验，再用稀释法或E试验做确定试验。
（5）氨基糖苷类高耐药肠球菌检测试验：常用的有纸片扩散法和肉汤稀释法。

（金建文）

自 测 题

一、选择题

A1 型题

1. 下呼吸道感染时，理想的病原体采集标本是
   A. 唾液　　　　　　　　B. 咽拭子　　　　　　　　C. 痰液
   D. 鼻拭子　　　　　　　E. 通过支气管镜采集的标本
2. 成人静脉采血最常采取的部位是
   A. 股静脉　　　　　　　B. 颈内静脉　　　　　　　C. 手背静脉

D. 肘部静脉　　　　　　　　E. 内踝静脉

3. 下列常用的药物敏感试验方法中，不包括
   A. 自动化仪器法　　　B. E试验　　　　　　C. 稀释法
   D. 纸片扩散法　　　　E. 培养法

4. 最常引起医院感染的细菌是
   A. 伤寒沙门菌　　　　　　　　　B. 结核分枝杆菌
   C. 耐药性金黄色葡萄球菌　　　　D. 乙型溶血性链球菌
   E. 变形杆菌

A2 型题

5. 患者，男性，30岁，腹痛、腹泻半个月，每日排便4~6次，量多，呈暗红色，有腥臭味，肉眼可见血液及黏液，伴右下腹隐痛，无发热。粪便镜检：WBC 10~13/HP，RBC 满视野。该患者最可能的疾病诊断是
   A. 细菌性痢疾　　　B. 伤寒合并肠出血　　　C. 阿米巴痢疾
   D. 溃疡性结肠炎　　E. 血吸虫病

6. 患者，男性，18岁，发热7天伴食欲减退，全身无力。体格检查：T 39.3 ℃，P 73次/分，肝肋下2.0 cm，脾肋下1.0 cm。WBC 2.8×10^9/L，N 0.84，L 0.15，嗜酸性粒细胞 0.02。初步考虑伤寒。为确定诊断，应选用的培养是
   A. 粪便培养　　　　　B. 血培养　　　　　　C. 尿液培养
   D. 胆汁培养　　　　　E. 玫瑰疹刮取物培养

7. 患者，男性，40岁。持续高热1周，伴恶心、食欲缺乏、腹泻。体格检查：皮肤及巩膜无黄染，前胸可见散在的淡红色斑丘疹，脾肋下可触及、质软、有压痛。实验室检查：血 WBC 3.4×10^9/L，N 0.73，L 0.24，E 0，PLT 125×10^9/L，ALT 106 U/L，TBil 14 μmol/L。为确定诊断，最有意义的检查是
   A. 粪便培养　　　　　B. 外斐反应　　　　　C. 汉坦病毒特异性抗体
   D. 肝炎病毒标志物　　E. 血培养

A3/A4 型题

(8~9题共用题干)

患者，男性，46岁，有不洁性接触史。诉尿道口红、肿、灼热、瘙痒，可见脓性分泌物。伴尿频、尿急、尿痛。

8. 该患者的感染可能由以下哪种病原体引起
   A. 葡萄球菌　　　　　B. 淋球菌　　　　　　C. 人乳头状瘤病毒
   D. 肺炎链球菌　　　　E. 克雷伯菌

9. 为进一步确诊，需要做的检查是
   A. 查血常规　　　　　　　　　B. 查尿常规
   C. 查腹部B超　　　　　　　　D. 尿道口分泌物细菌培养
   E. 抗体检查

二、简答题

1. 简述人类免疫缺陷病毒抗体及核酸检测的临床意义。
2. 简述临床尿液标本采集的要点。

第二十四章　肿瘤标志物检测

第二十四章数字资源

学习目标

1. 知识：描述常见肿瘤标志物及其检测的适应证，总结肿瘤标志物的临床意义。
2. 能力：联系相关知识，选择合理的标志物进行检测，并对检查结果进行准确分析。
3. 素养：严格遵守标准化操作规程，能够为临床提供合理的检测项目选择建议，结合临床合理解读检查结果。培养良好的医德医风，构建和谐医患关系。

案例 4-24-1

患者，男性，58 岁，因排黏液血便，伴乏力、消瘦 3 个月余入院。患者 3 个月余前开始出现大便表面带血及黏液，并有排便次数增多，伴里急后重。自觉全身乏力，食欲减退，3 个月来体重减轻约 8 kg，无腹痛、恶心、呕吐、发热等。体格检查：P 88 次 / 分，BP 120/85 mmHg，睑结膜苍白，心肺未见异常。腹平，全腹无压痛、反跳痛，未触及包块，肠鸣音正常。直肠指检：距肛门 5 cm 直肠左侧可触及质硬肿物，指套染血。肛门镜检：仅进入 5 cm，可见菜花样肿块，表面糜烂。辅助检查：血常规 RBC 3.23×10^{12}/L，Hb 82 g/L，WBC 8.8×10^9/L；肝功能正常；肿瘤标志物：CEA 20 μg/L。粪便隐血试验阳性。

问题与思考：
1. 该患者可能的初步诊断是什么？
2. 有哪些诊断依据？

肿瘤标志物（tumor marker）是指在肿瘤的发生和增殖过程中由肿瘤细胞本身所产生的或者是由机体对肿瘤细胞反应而产生的反映肿瘤存在和生长的一类物质，包括蛋白质、激素、酶、多胺及癌基因产物等。通过免疫学技术检测肿瘤抗原、抗肿瘤抗体或其他肿瘤标志物将有助于肿瘤的诊断。常用的肿瘤免疫学技术包括以下几种。

1. **液相免疫学测定技术**　包括放射免疫测定（RIA）、酶联免疫吸附试验（ELISA）、化学发光免疫测定（CLIA）、电化学发光免疫测定（ECLIA）等。这些方法有很高的灵敏度和特异性，既可定性，也可定量，主要用于血液和体液中肿瘤标志物的测定。

2. **免疫组化测定技术**　常用于组织切片和细胞涂片的检查，以确定肿瘤细胞的组织类型、分化程度，判断肿瘤的恶性程度和预后。

3. **流式细胞免疫测定技术**　肿瘤细胞表面标志物的检测（特别是对细胞表面分化抗原的检测）在恶性淋巴瘤和白血病的诊断和分型方面具有重要意义。

4. **肿瘤的放射免疫显像诊断**　将放射性核素（如 ^{131}I）与抗肿瘤单克隆抗体结合成偶联物，从静脉注入体内或腔内注射，均可将放射性核素导向肿瘤的所在部位，用 γ 照相机可以清晰地显示肿瘤影像，对肿瘤进行体内定位诊断。

第一节 AFP 检测

甲胎蛋白（alpha fetoprotein，AFP）是人体在胚胎时期血液中含有的一种特殊蛋白，由肝细胞内粗面内质网核糖颗粒合成。胎儿出生后，血清 AFP 浓度下降，几个月至 1 年内降至正常，正常成人肝细胞失去合成 AFP 的能力，因此血清中含量极微（一般<20 µg/L），除肝细胞癌 AFP 可显著升高外，妊娠、胚胎癌（如睾丸癌、卵巢癌）和极少数胃癌、胰腺癌、胆管癌、结肠癌及直肠癌 AFP 也可升高，但其绝对值不如肝细胞癌高。慢性肝炎、肝硬化可有 AFP 的分子变异体，也可有一过性升高。因此血清 AFP 检测结果必须结合临床症状与超声检查才有诊断意义。

【参考值】

血清 AFP<25 µg/L（ELISA）。

【临床意义】

AFP>300 µg/L 见于原发性肝癌。

 AFP 对原发性肝癌的临床诊断意义。

（金建文）

第二节 CEA 检测

大肠癌组织可产生一种糖蛋白，作为抗原引起患者的免疫反应，此种抗原称为癌胚抗原（carcinoembryonic antigen，CEA）。CEA 可广泛存在于内胚叶起源的消化系统癌，也存在于正常胚胎的消化管组织中，在正常人血清中也可有微量存在。癌胚抗原是一个广谱性肿瘤标志物，它可反映出多种肿瘤的存在，用于大肠癌及乳腺癌和肺癌的疗效判断、病情发展、监测和预后估计，是一个较好的肿瘤标志物。

【参考值】

血清 CEA≤5.0 µg/L（ELISA）。

【临床意义】

CEA>5.0 µg/L 见于胃肠道恶性肿瘤，结肠癌和直肠癌敏感性高，常作为首选指标，胰腺癌、乳腺癌、肺癌及胃癌也升高。

> **知识链接**
>
> **捕捉癌症的"影子"**
>
> 肿瘤标志物是检测肿瘤的手段之一，它在血液中的含量与肿瘤的恶性程度、转移、复发等息息相关。一名肿瘤患者，如需观察疗效，或判断肿瘤是否复发或转移，医师只需给患者测一下相应的肿瘤标志物，就能从化验单上得到答案。
>
> 利用这种检测手段对肿瘤标志物进行追踪检测，还能早期发现转移病灶，将肿瘤细胞消灭

在萌芽状态，并可正确地指导术后放疗、化疗等，及时为肿瘤患者选择个体化治疗方案，并为判断肿瘤患者的预后提供有力的科学依据。

需要注意的是，肿瘤标志物虽能早期捕捉癌症的"影子"，但目前对癌症的诊断准确率还达不到100%。因此，单项肿瘤标志物升高，并不表示患了癌症，必须结合病史、临床症状、体征和其他实验室检查，综合分析，全面考虑，才能做出最终的诊断。

（金建文）

第三节　其他肿瘤标志物检测

一、前列腺特异性抗原检测

前列腺特异性抗原（prostate specific antigen，PSA）是由前列腺腺泡和导管的上皮细胞分泌的一种单链糖蛋白，在功能上属于类激肽释放酶的一种丝氨酸蛋白酶，参与精液的液化过程，是临床常规用于前列腺良性与恶性疾病诊断与鉴别诊断及前列腺癌患者术后随访的重要指标。

【参考值】

血清 t-PSA<4.0 μg/L，f-PSA<0.8 μg/L（ELISA）。

【临床意义】

前列腺特异性抗原升高见于前列腺癌。

二、血清前列腺酸性磷酸酶测定

血清前列腺酸性磷酸酶（prostatic fraction of serum acid phosphatase，PAP）是由成熟的前列腺上皮细胞合成及分泌的糖蛋白（分子量100 000 kDa），经前列腺管道进入精囊，由尿道排出。前列腺癌时，癌细胞产生的前列腺酸性磷酸酶由于无导管或腺体导管被癌细胞破坏，直接被吸收入血液循环，而导致血清前列腺酸性磷酸酶升高。

【参考值】

PAP<2.0 μg/L（ELISA）。

【临床意义】

PAP>2.0 μg/L 见于前列腺癌。

三、神经元特异性烯醇化酶测定

神经元特异性烯醇化酶（neuron-specific enolase，NSE）是小细胞肺癌和神经母细胞瘤的肿瘤标志物，可用于鉴别诊断、病情监测、疗效评价和复发预测。用神经元特异性烯醇化酶监测小细胞肺癌的复发比临床确定复发要早4~12周。神经元特异性烯醇化酶还可用于神经母细胞瘤和肾母细胞瘤的鉴别诊断，前者神经元特异性烯醇化酶异常升高，而后者升高不明显。

【参考值】

血清 NSE<15.0 μg/L（ELISA）。

【临床意义】

NSE>15.0 μg/L 见于小细胞肺癌、神经母细胞瘤、神经内分泌细胞肿瘤（嗜铬细胞瘤、胰岛细胞瘤、黑色素瘤）等。

四、癌抗原 CA15-3 检测

癌抗原 CA15-3 是一种乳腺癌相关抗原，常用作乳腺癌的辅助诊断，也是用于术后随访、监测肿瘤复发及转移的指标。

【参考值】

血清癌抗原 CA15-3<28 kU/L（ELISA）。

【临床意义】

癌抗原 CA15-3>28 kU/L 见于乳腺癌。

五、癌抗原 12-5 检测

癌抗原 12-5 是一种源于体腔上皮、生殖道黏膜和卵巢上皮表面的衍生肿瘤抗原标志物，为分子量为 200 kDa 的黏蛋白。

【参考值】

血清癌抗原 12-5<35 kU/L（ELISA）。

【临床意义】

癌抗原 12-5>35 kU/L 见于卵巢癌。

六、糖类抗原 19-9 检测

糖类抗原 19-9 是胰腺癌、肠癌相关抗原。糖类抗原 19-9 升高多提示有胰腺炎、肝硬化、糖尿病、消化道肿瘤的可能。

【参考值】

血清糖类抗原 19-9<37 kU/L（ELISA）。

【临床意义】

糖类抗原 19-9>37 kU/L 见于胰腺癌、胆囊癌、结肠癌及胃癌。

七、检测糖类抗原 50

糖类抗原 50 是反映肿瘤存在的相关抗原，主要由唾液酸糖脂和唾液核糖蛋白组成。它们的存在和量变可以帮助肿瘤的诊断、预后判断及治疗指导，但对肿瘤的诊断无器官特异性价值。

【参考值】血清 CA50<24 kU/L（ELISA）。

【临床意义】

CA50>24 kU/L 见于胃肠道恶性肿瘤、肺癌、子宫癌、卵巢癌、肾癌及乳腺癌。

（金建文）

自 测 题

一、选择题

A1 型题

1. 诊断原发性肝癌敏感性高、特异性强的指标是
   A. ACT B. CEA C. ACP
   D. γ-GT E. AFP

2. 用于胰腺癌诊断的首选肿瘤标志物是
   A. CEA B. CA15-3 C. AFP
   D. CA12-5 E. CA19-9

3. 下列关于肿瘤标志物的说法，正确的是
   A. 仅对肿瘤的诊断具有一定的价值
   B. 可以通过化学、免疫学等方法检测
   C. 不能反映肿瘤的生长情况
   D. 主要包括蛋白质和糖类两类肿瘤标志物
   E. 仅存在于血液中

4. 下列关于 CEA 的描述，正确的是
   A. 吸烟的人 CEA 浓度降低
   B. CEA 浓度与患者病情无关
   C. 临床上单独检测 CEA 可用于恶性肿瘤的诊断
   D. 是一种特异性肿瘤标志物
   E. 早期胎儿的胃肠道及某些组织均有合成 CEA 的能力

5. 血清 CA12-5 不会升高的情况是
   A. 结肠癌 B. 肺癌 C. 乳腺癌
   D. 黏液性卵巢癌 E. 卵巢上皮癌

A2 型题

6. 患者，男性，43 岁。肝功能检查结果：血清总胆红素 28.4 μmol/L，结合胆红素 4.2 μmol/L，ALT 240 U/L，γ-GT 50 U/L，ALP 80 U/L，血清白蛋白 50 g/L，球蛋白 25 g/L，AFP 24 μg/L，尿胆红素阴性，尿胆素原阳性。可初步诊断为
   A. 急性肝炎 B. 急性溶血 C. 原发性肝癌
   D. 胆道梗阻 E. 肝硬化

7. 患者，男性，56 岁。乏力、食欲缺乏、恶心、消瘦 1 个月。乙型肝炎病史 15 年。体格检查：皮肤及巩膜无黄染，腹软，剑突下压痛，肝肋下 3 cm，可触及质硬的结节，墨菲征阴性，移动性浊音阳性。为明确肝结节的性质，最有诊断价值的肿瘤标志物是
   A. CEA B. CA12-5 C. CK19
   D. AFP E. CA19-9

8. 患者，女性，54 岁。腹痛、腹胀、乏力 3 个月。腹部隐痛，阵发性发作。体格检查：贫血貌，浅表淋巴结无肿大，巩膜无黄染，腹软，未见肠型，右下腹可触及一个活动性包块。实验室检查：Hb 90 g/L，WBC 9.5×10^9/L，肝功能正常，CEA 20 μg/L。粪便隐血试验阳性。最可能的诊断是
   A. 回盲部套叠 B. 回盲部结核 C. 溃疡性结肠炎
   D. 回盲部肿瘤 E. 克罗恩病

9. 患者，男性，60 岁，排尿困难 4 个月，体格检查发现前列腺稍硬。为排除前列腺癌的诊断，意义最大的实验室检查项目是

    A. 血癌胚抗原   B. 血酸性磷酸酶   C. 血甲胎蛋白

    D. 血碱性磷酸酶   E. 血前列腺特异性抗原

10. 患者，男性，63 岁。间断上腹痛 10 余年，1 个月来加重伴饱胀，体重下降 5 kg，Hb 92 g/L，根据患者的临床表现，最应该选取的肿瘤检测标志物是

    A. AFP   B. PSA   C. CA72-4

    D. NSE   E. CEA

A3/A4 型题

（11~12 题共用题干）

患者，男性，45 岁。肝炎病史 10 余年，近 3 个月出现右侧季肋部持续胀痛，伴厌食、乏力和腹胀。体格检查：右侧肋缘下可触及肿大的肝，质地坚硬，边缘不规则，AFP＞600 μg/L。

11. 该患者最可能的诊断是

    A. 慢性乙型肝炎   B. 消化性溃疡   C. 慢性胆囊炎

    D. 继发性肝癌   E. 原发性肝癌

12. 有确定诊断意义的检查是

    A. 肝功能检查   B. CT   C. MRI

    D. 肝穿刺针吸细胞学检查   E. 选择性肝动脉造影

二、简答题

1. 简述癌胚抗原升高的临床意义。
2. 简述甲胎蛋白升高的临床意义。

第五篇

影像诊断

第二十五章 概论

第二十五章数字资源

学习目标

1. 知识：描述各种成像技术的成像原理及检查方法，明确不同成像技术的优势和不足，分析各种成像技术所获取图像上的正常及异常表现，明白介入放射学的基本概念与基本原理，学会介入诊疗技术的临床应用。

2. 能力：合理选择和正确应用影像检查技术，能够设计合理的影像学检查流程，加强检查前指导，检查时注意患者防护，检查后及时上传影像检查结果。运用所学知识对常见疾病的典型影像学表现进行综合分析，完成初步诊断及鉴别诊断。

3. 素养：具备严格执行影像检查操作规范的职业素养，能够为临床提供合理的检查方案建议，能够准确地描述影像学表现并给出诊断意见。建立医者仁心的价值观，树立敬佑生命、救死扶伤、甘于奉献的医者精神。形成良好的医德医风，构建和谐医患关系。

案例 5-25-1

患者，男性，60岁。突发言语不能，右侧肢体无力伴活动受限 5 h。冠心病病史 8 年。

问题与思考：
1. 该患者最可能的疾病诊断是什么？
2. 首选哪项影像学检查技术？
3. 可能的影像学表现是什么？

影像诊断学（diagnostic imaging）是以影像方式显示人体内部结构的形态和功能信息进行医学临床诊断工作的一门科学，主要包括 X 线、超声、放射性核素、CT 及磁共振成像等。虽然各种成像技术的成像原理与方法不同，对不同系统和部位疾病的诊断价值与应用范围不同，但主要都是通过进行影像学检查所获取的不同影像来显示人体内部组织器官的形态和生理功能状况，以及疾病所造成的病理性形态改变与功能变化，进而达到诊断疾病的目的。20 世纪 70 年代，在影像诊断的基础上，在影像设备的导向下，从病变区采集标本或对某些疾病进行治疗，使影像诊断学发展为医学影像学（medical imaging），由此又形成了介入放射学（interventional radiology）。医学影像学不仅扩大了人体检查范围，提高了诊断水平，而且可以对某些疾病进行治疗，成为一门重要的临床医学学科，促进了整个临床医学的发展。

随着医学影像技术的快速发展，影像诊断已从早期单纯依赖形态学变化进行疾病诊断，发展为目前集形态、功能和代谢改变于一体的综合诊断体系。尤其是近年来，一些更加先进的高性能影像检查设备（如高端多排螺旋 CT、高场强 MR 机、立体成像彩色超声诊断仪、数字胃肠机和数字乳腺机）相继投入临床应用，检查技术也在不断创新，各种图像后处理软件也在不断推出。这些影像设备和检查技术的不断创新,进一步提高了影像诊断学的成像性能和图像质量,更为重要的是,使原来难以发现的组织结构和器官的形态、功能及代谢异常,尤其是一些微小病理改变能够清晰显示,从而显著提高了影像诊断水平,拓宽了应用领域。

第一节 X线成像

X线成像用于临床疾病的诊断已有120余年的历史,目前仍是医学影像学检查的重要组成部分。随着现代成像技术的进步,X线成像也在朝着数字化、精准化和无胶片化的方向发展,在临床疾病检查中发挥着重要作用。

一、X线的产生

X线是德国物理学家威廉·康拉德·伦琴(Wilhelm Conrad Roentgen)于1895年11月8日发现的。X线与普通光线具有相同的性质,也是一种电磁波,只是波长比普通光线短。X线是由真空管内高速行进的电子流突然受阻,撞击到X线管内的阳极靶面时产生的。它的产生必须具备3个基本装置和3个基本条件,其中最重要的装置是X线球管。

提示: X线是德国物理学家威廉·康拉德·伦琴发现的,是一种电磁波,只是波长比普通光线短。

X线的发现者。

(一) X线机的3个基本结构

1. X线球管 是一个高度真空的二极管,阴极内装着灯丝,产生电子群;阳极为靶面,多由钨或钨的合金制成,阻挡高速运行的电子群,并将电子群所带动能转变为X线能和热能,其中,1%以下的能量转换为X线,99%以上转换为热能。X线主要由X线球管窗口射出,热能由散热装置散发。

2. 变压器 以低压变压器给阴极灯丝加热,使之产生电子群,同时以高压变压器供应电压通过X线球管两端使电子群获能而快速运动。

3. X线控制台 通过调节X线球管两极间的千伏值,控制X线的质;调节通过阴极灯丝的电流大小,控制X线的量;调节限时装置,控制X线照射时间的长短。

X线机的基本结构见图5-25-1所示。

(二) X线产生的3个基本条件

1. 自由活动的电子群。
2. 电子群在真空条件下高速运行。
3. 高速行进的电子群突然受阻。

高速行进的电子群在高真空内撞击靶面时,其中约99.8%的动能转变为热能,仅有0.2%的能量转化为X线。

二、X线的特性

X线是一种波长很短、穿透力很强的电磁波。用于X线成像的射线波长为0.031~0.008 nm(相当于40~150 kV时),为肉眼看不见的射线,在电磁辐射谱中居γ射线与紫外线之间。X线除具有一系列电磁波的共同特性外,还具有以下与X线成像和X线检查相关的特性。

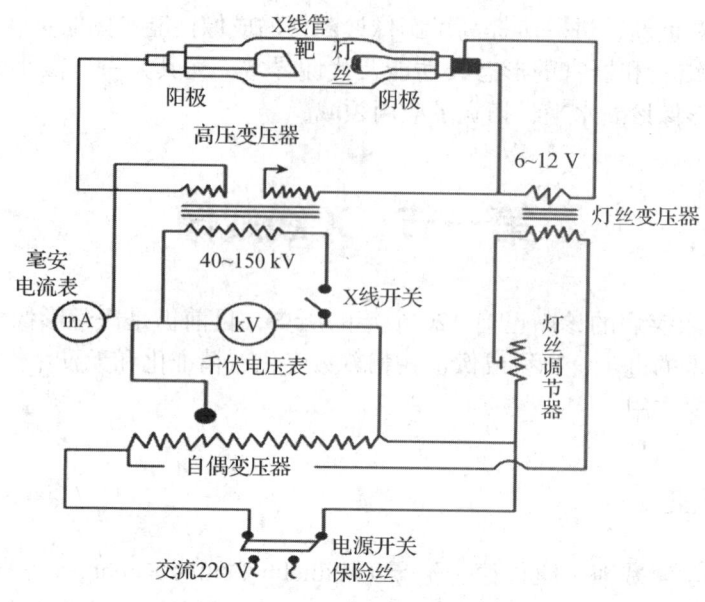

图 5-25-1　X 线机的基本结构

（一）穿透性

X 线波长短，对物质具有很强的穿透能力，在贯穿物体的过程中有一定的吸收及衰减。物质对 X 线的吸收过程及它的穿透力与 X 线波长、物质的密度和厚度有关。X 线的波长越短，穿透性越大；密度高、厚度大的物体吸收的 X 线多，通过的少。X 线的穿透性是 X 线成像的基础。

（二）荧光效应

X 线是肉眼不可见的射线，X 线激发某些荧光物质（如铂氰化钡、钨酸钙、硫化锌镉）时，使波长短的 X 线转换成波长较长的可见荧光，这种转换称为荧光效应，这是 X 线透视检查的基础。

（三）感光效应

X 线与普通光线一样，能使摄影胶片感光。当 X 线照射涂有溴化银的胶片时，使银离子释放出来，感光而形成潜影，再经暗室显影和定影处理后，感光的银离子被还原成金属银，为黑色的颗粒沉积于胶片的胶膜内，在胶片上呈黑色影像。未感光的溴化银（X 线照射较弱或未受 X 线照射部分）在定影和冲洗过程中被冲，显示出胶片片基的透明本色，这是 X 线摄影检查的基础。

（四）电离效应

X 线照射空气或其他物质时，可使空气或其他物质的原子电离分解为正、负离子。电离的程度与 X 线照射量成正比。利用 X 线对空气的电离效应可以测定 X 线的量，这是 X 线损伤和治疗的基础。

（五）生物效应

X 线照射人体时，组织、细胞和体液产生一系列生物和生物化学的变化，这些变化使细胞的生长受到阻碍或破坏，此为生物效应。其损害程度与受照射的 X 线量成正比，可利用这种效应治疗有关疾病，如恶性肿瘤。生物效应是放射治疗学的基础，也是进行 X 线检查时应注意防护的原因。

提示：X 线有穿透性、荧光效应、感光效应、电离效应和生物效应五大特性。

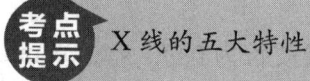 X 线的五大特性。

三、X线成像原理

(一) X线影像形成的原理

X线之所以能使人体组织和器官在荧光屏或胶片上显示影像，一方面基于X线的穿透性、荧光效应和感光效应；另一方面是基于人体各组织和器官之间有密度和厚度的差别。当X线穿过人体不同密度和不同厚度的组织时，由于它被人体组织吸收的程度不同，到达荧光屏、胶片或特殊接收装置的X线量也有差异，这样，在荧光屏上或X线胶片上就形成明暗或黑白对比不同的X线影像。当X线穿过不同厚度、密度的组织时，密度高、厚的组织吸收X线多，密度低、薄的组织吸收X线少，因而剩余的X线量也就出现差别。物质的密度和厚度常综合地影响X线成像。

(二) 密度

1. **物质密度与影像密度**　物质的密度即单位体积中原子的数目，取决于组成物质的原子种类。物质的密度高，则比重大，吸收X线量多，影像在照片上呈白色影，在荧光屏上呈黑色影（影像密度高）；反之，物质的密度低，则比重小，吸收X线量少，影像在照片上呈黑色影，在荧光屏上呈白色影（影像密度低）。

2. **天然对比**　即组织密度的差别。生物体组织根据密度及其对X线吸收程度的不同，可大致分为三类：①高密度组织，如骨骼或钙化。②中等密度组织，如软骨、皮肤、肌肉、神经、实质器官、结缔组织及体液。③低密度组织，如脂肪和含气组织。人体组织本身存在的这种密度差别的对比称为天然对比。

3. **人工对比**　人体内某些部位器官与器官之间、组织与组织之间的密度差别不大，不能形成良好的天然对比，必须人为地引入对比剂（造影剂），改变它们之间的密度差异，所形成的对比称为人工对比。

提示： X线成像的基本原理：人体组织密度不同、厚度不同、吸收X线的量也不同。

人体各组织的密度。

四、X线检查方法

根据检查部位和目的要求，目前常用的X线检查方法如下。

(一) 普通检查

1. **荧光透视**　将检查部位置于X线管与荧光屏之间，对X线通过人体到达荧光屏后产生明暗不同的影像进行直接的视诊，称为透视，这是最简便、常用的检查方法。一般透视须在暗室内进行。目前多采用的影像增强电视系统可直接在明室内进行检查，影像亮度明显增强，效果好。密度较大、厚度厚的部位不宜用透视检查。透视主要用于具有良好自然对比的胸部、腹部、四肢骨骼、胃肠道钡剂造影检查、介入治疗和骨折复位等。

透视的优点是简便、经济，可立即获得检查结果；可以观察器官的形态和运动功能，如心脏的搏动、大血管的搏动、膈肌的呼吸运动；还可转动体位，从不同位置和角度来观察病变的部位。缺点是荧光影像较模糊，细微病变易漏诊，影像不能永久记录。

2. **X线摄影**　也称为X线摄片，将被检查部位置于X线管与X线胶片之间，X线穿过被检查部位后，使X线胶片感光而留下永久的影像称为摄片。它是X线检查最常用的方法，适用于人体各部位检查。X线摄影可以分为普通X线摄影和数字X线摄影（CR、DR、DSA）。主要优点是应用范围较广,成像清晰,能更好地发现病变,显示病变的特征和空间位置,还可长期保存记录,便于复查对比。其缺点是图像是静止的,不能观察脏器的运动。常用的检查位置有正位、侧位,还可根据部位和诊断要求选择不同的摄影位置。

(二)特殊检查

由于医学影像检查手段的不断更新,原有的X线特殊检查已基本不用或少用,故仅介绍临床应用较多的软X线摄影。使用钼靶、铜靶或铬靶X线管,球管两端加上较低的电压产生X线进行摄影。由于软X线波长长,对软组织的影像分辨率高。软X线摄影常用于检查软组织病变,特别是女性乳腺疾病的检查。

(三)造影检查

将对比剂经口服或注射的方法引入被检查器官内或其周围,人为地改变其对比,达到诊断目的的一种X线检查方法称为造影检查,它扩大了X线检查的范围。

1. 造影检查分类 造影检查的方法很多,可归纳为以下两大类。

(1)直接导入法:是将对比剂通过人体自然孔道、瘘管和经体表穿刺等途径直接引入造影检查部位。①口服法:如食管及胃肠钡餐检查。②灌注法:如钡灌肠、逆行泌尿道造影及子宫输卵管造影。③穿刺注入法:直接或经导管将对比剂注入被检查的器官或组织内,如心血管造影和脊髓造影。

(2)间接引入法:也称生理排泄法,是将对比剂经口服或静脉注射引入血液循环后,使对比剂特异性地在某一器官积聚、排泄,从而使该器官及其通道显影的方法,如口服或静脉胆道造影、静脉肾盂造影。该方法除可以显示该器官的形态外,尚能反映该器官的功能。

2. 对比剂 造影检查时,向被检查部位所引入的物质称为对比剂,它需无毒、无害、对比大、使用方便、性能稳定、成本低廉、易于吸收和排泄。对比剂分为高密度对比剂和低密度对比剂两类。

(1)高密度对比剂:常用的有钡对比剂和碘对比剂。

钡对比剂为医用硫酸钡粉末,主要用于食管及胃肠道造影。钡对比剂在胃肠道内不吸收,对人体无毒性反应及副作用,是安全、有效的对比剂。

碘对比剂种类较多,可分为有机碘对比剂和无机碘对比剂。有机碘对比剂分为离子型和非离子型。离子型对比剂具有高渗等特性,易引起毒性反应及副作用,常用的有泛影葡胺;非离子型对比剂具有相对低渗性、低黏度、低毒性等优点,适用于心血管造影、中枢神经系统检查及增强CT扫描,但费用较高,常用的有碘海醇、碘普罗胺和碘帕醇等。无机碘对比剂有碘化油和碘苯脂,碘化油目前常用于子宫输卵管造影、瘘管和淋巴管造影检查。用法为直接注入检查部位。

(2)低密度对比剂:主要为比重小的气体,如二氧化碳、氧气和过滤的空气,应用不多。

提示:X线检查方法很多,常用荧光透视、X线摄影检查方法。

> **考点提示** 常用的高密度对比剂。

3. 造影检查前的准备

(1)了解患者有无造影检查的禁忌证。

(2)检查前向患者解释检查的目的、方法、注意事项及可能出现的一些不适反应等。

(3)凡需用碘造影剂进行造影检查者,必须与患者和患者家属签订碘对比剂使用知情同意书。护士准备好抢救设备才能进行造影检查。

4. 碘过敏反应的判断及处理

(1)碘过敏反应的表现:头晕、面部潮红、胸闷、气促、恶心、呕吐及皮疹。严重者可有惊厥、喉水肿、肺水肿、周围循环衰竭、心律失常及心脏停搏等。

（2）处理：休息，吸氧，必要时使用脱敏药。严重者应立即停止检查并进行抗休克、抗过敏抢救和对症处理。

五、X线诊断的临床应用

X线诊断用于临床已有百年历史。尽管现代影像技术（如CT和MRI）对疾病诊断显示出很大的优越性，但并不能取代X线检查。一些部位（例如胃肠道）仍主要使用X线检查。骨关节和胸部也多首先应用X线检查。脑、脊髓、肝、胆、胰、子宫、卵巢等器官的诊断则主要依靠现代影像学，而X线对其检查作用较小。由于X线具有成像清晰、经济、简便等优点，因此其仍是影像诊断中使用最多和最基本的方法。

六、X线检查中的防护

X线照射人体将产生一定的生物效应，若接触的X线量超过容许辐射量，就可能产生放射反应，甚至是一定程度的放射损害。如果X线辐射量在容许范围内，一般少有影响。不应对X线检查产生疑虑或恐惧，而应重视防护，禁止滥用X线，避免不必要的X检查，尤其是孕妇和小儿，早孕者禁忌做X线检查。同时在X线检查中应注意X线防护，这是保障放射工作者和公众及其后代健康和安全的必要措施。尤其应重视孕妇、小儿患者和长期接触射线的工作人员，特别是放射工作者的防护。

> **知识链接**
>
> **X线检查的防护措施**
>
> X线防护通常采用以下3种措施：
> 1. 时间防护 即尽量缩短与X线接触的时间，X线在人体内的累积量与受照时间成正比。
> 2. 距离防护 即尽可能地增加与X线源的距离，X线在周围空间中产生的剂量率与距离的平方成反比。
> 3. 屏蔽防护 即利用各种防护设备隔断X线与人体的接触，利用了X线无法通过高密度物质（铅）的原理，临床常见的此类防护设备有铅屏风、铅衣、铅手套等。

（陈喜苹）

第二节 X线数字影像技术

X线数字影像技术是将X线图像进行数字化图像处理后再进行图像显示的一种X线检查技术，可分为计算机X射线摄影（CR）、直接数字X射线摄影和数字减影血管造影（DSA）。

一、计算机X射线摄影

计算机X射线摄影（computed radio-graphy，CR）是将透过人体的X射线影像信息记录于由激光读出 X 线成像信息的成像板（IP）上，IP 通过激光扫描使存储信号转换成光信号，又用光电倍增管转换成电信号，再经模/数转换后，输入计算机处理，形成高质量的数字图像。CR 系统实现常规 X 线摄影信息数字化，使常规 X 线摄影的模拟信息直接转换为数字信息；能提高图像的分辨和显示能力，突破常规 X 线摄影技术的固有局限性；可采用计算机技术，实施各种图像后处理（image post-processing）功能，增加显示信息的层次；可降低 X 线摄影的辐射剂量，减少辐射损伤。数字化输出和存储为影像的长期保存和高效检索提供了可能。

二、直接数字 X 射线摄影

直接数字 X 射线摄影（direct digital radiography）是指在具有图像处理功能的计算机的控制下，采用 X 线平板探测器直接把穿过人体后的 X 线信息接收并转化为数字图像信息，并以数字图像方式重放和记录的一种新技术。

直接数字 X 射线摄影的主要特点为：

（1）成像环节明显减少，避免图像信息丢失。
（2）图像的空间分辨力高，能够满足临床常规 X 线摄影的需要。
（3）曝光宽容度大，可最大限度地降低 X 线辐射剂量，曝光条件易于掌握。
（4）可根据临床需要用计算机进行各种图像后处理，通过改善影像的细节及降低图像噪声、灰阶、对比度调整、影像放大、数字减影等，显示出未经处理的影像中所看不到的特征信息。为影像诊断中的细节观察、前后对比、定量诊断及功能诊断提供技术支持。
（5）摄影过程中不需要增感屏和胶片，无需暗室操作洗片。
（6）借助人工智能等技术对影像做定量分析和特征提取，可进行计算机辅助诊断。

 直接数字 X 射线摄影的优点。

三、数字减影血管造影

数字减影血管造影（digital subtraction angiography，DSA）是 20 世纪 80 年代兴起的一项医学影像技术，是影像增强技术、电视技术和计算机技术相结合的产物，是在血管造影中利用计算机进行数字减影处理，使含造影剂的数字图像中骨骼及软组织等背景图像被消除，使血管显示清晰的一种检查技术。普通的血管造影，因血管与骨骼及软组织影重叠，血管显影不清。因此 DSA 是新一代血管造影的成像技术。

DSA 检查设备主要包括影像增强器、高分辨力摄像管、计算机、磁盘、阴极线管和操作台等。

此项技术最初用于血管系统的图像研究，能够观察血流的动态变化及血管的器质性病变，由于没有骨骼和软组织影重叠，血管显示清晰。目前 DSA 已不限于血管造影，开始应用于数字关节造影、数字喉造影、数字脊髓造影、数字乳房造影、数字内镜逆行胰胆管造影等。目前，DSA 检查是诊断心血管和某些肿瘤性疾病的金标准，也是血管介入治疗不可缺少的成像手段。

 数字减影血管造影（DSA）的适应证。

> **知识链接**
>
> **数字减影血管造影检查的注意事项**
>
> （1）术前须行碘过敏试验，碘过敏试验阴性者方可进行此项检查。
>
> （2）术前应完善相应实验室检查（血常规、血小板计数、出血时间测定、凝血时间测定、肝功能和肾功能）和心电图检查，有严重心脏、肝、肾功能不全和出血倾向的患者不宜做此项检查。
>
> （3）术前晚餐后开始禁食，以防止术中发生恶心、呕吐及呕吐内容物进入气道。
>
> （4）术前向患者及其家属交代术中过程及可能出现的并发症，以取得患者及家属的理解、配合，并签署手术知情同意书。

（陈喜苹）

第三节　计算机体层成像

一、CT发展概况

计算机体层成像（computed tomography，CT）是近代飞跃发展的计算机技术和X线检查技术相结合的产物。

1971年英国EMI公司的工程师Hounsfield成功研制出第一台头部CT扫描机，1972年经神经放射学家Ambrose将其应用于脑部扫描，取得极为满意的诊断效果，它使对X线吸取差别小的脑组织和脑室以及病变本身显影，并获得颅脑横断面图像。1974年美国Georgetown医学中心工程师Ledley成功设计了全身CT扫描机，使之可以对全身各个解剖部位进行检查，扩大了检查范围。此后CT设备与检查技术发展非常迅速，特别是螺旋CT和超高速CT的问世，扩大了CT的临床应用范围，提高了CT诊断效果。

1989年螺旋CT（spiral CT）问世。螺旋CT采用滑环技术，X线球管和探测器可以单方向连续围绕人体旋转，检查床匀速运动，采集人体容积数据，进行各个扫描层面图像的重建。目前4层、8层、16层和64层的多层螺旋CT较为多见，具有扫描速度更快、扫描范围更广、扫描层厚更薄等优势。目前多家厂商推出128层、256层、512层以及320/640层多层螺旋CT扫描仪等，使多层螺旋CT发展进程的步伐又迈出了坚实的一步。

2005年双源CT被推出，通过两套X线源和探测器来采集数据，进一步提高了时间分辨率，使心脏扫描不再受心率的影响。采用双能量扫描（80 kV和140 kV），同时探测高能和低能X线，进行能量减影，获得血管与骨骼分离图像。

能谱CT于2008年问世，是继多层螺旋CT之后的又一崭新技术，将传统的X线混合能量分解成连续不断的单能量，从而获得不同物质的能谱曲线。其优势在于提高了检查的敏感度、克服了硬化伪影（如金属性伪影）、可以对物质进行定性分析和定量评估，更有利于病灶的早期发现和诊断。

二、CT 机的基本结构与成像原理

（一）CT 机的基本结构

CT 机的结构较为复杂，主要包括以下 5 个部分。①扫描系统：由扫描架、X 线管、探测器、准直器、模/数转换器组成。②检查床：主要是将患者的检查部位送入扫描孔。③高压发生器：主要为 X 线管提供高压。④计算机系统：一个是主计算机，用于控制整个系统的运行，包括机架和床的运动、X 线的产生、数据收集以及各部件间的信息交换；另一个是阵列处理机，负责图像重建。⑤图像显示和存储系统：是将计算机处理、重建的图像显示在荧光屏上，也可用多幅照相机或激光照相机拍摄成胶片。CT 机的基本结构详见图 5-25-2。

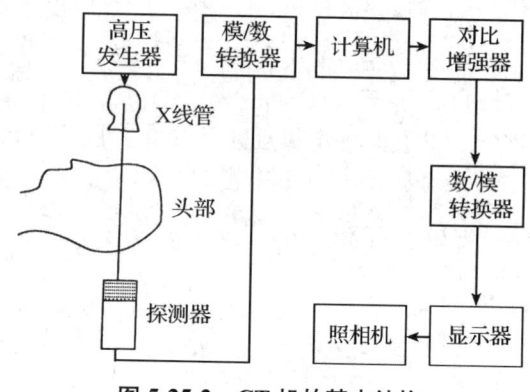

图 5-25-2　CT 机的基本结构

（二）CT 成像基本原理

CT 成像为 X 线管发出的 X 线束对人体检查部位一定厚度的层面进行断面扫描，由探测器接收、测定透过该层面上各个不同方向的人体组织的 X 线量，然后经放大并转换为电子流，再经模/数转换器（A/D）转换成数字，输入计算机储存和计算，得到该层面各单位容积（体素）的 X 线吸收值，后经数/模转换器（D/A）在显示器上转成 CT 图像。临床上将此图像再摄于胶片上或用其他的介质存储。因此 CT 图像是计算机计算出的图像。

三、CT 的图像特点

1. **CT 图像是经计算机处理后的横断面重建图像**　它是由一定数目由黑到白不同灰度的像素（构成 CT 图像的最小单位）按矩阵排列而成的。像素反映的是相应体素（构成人体某一部位有一定厚度的最小体层单位）的 X 线吸收系数。在一定的视野范围内，像素越小，且同一切面上像素数目越多，构成的图像越细致，图像空间分辨力越高。

2. **CT 图像灰度等级反映对 X 线吸收程度**　CT 图像是一种灰度不同的黑白图像，灰度的不同反映组织对 X 线吸收程度的不同。密度高的组织对 X 线吸收强，在图像上为白影，如骨骼；反之，密度低的为黑影，如肺内气体；灰色影表示中等吸收 X 线区，即中等密度。人体软组织密度差异虽小，但也可形成对比，即 CT 的密度分辨力高（较普通 X 线高 10~20 倍），能显示组织结构或病变之间细微的密度差别（图 5-25-3），这是 CT 突出的优点。

3. **CT 值**　CT 图像不仅以不同灰度显示组织密度的高低，还可将组织对 X 线吸收系数（或称衰减系数）换算成 CT 值，单位是 HU（Hounsfield Unit），其高低也反映了组织密度的大小。组织密度越高，对 X 线的吸收或衰减越大，CT 值越高。临床上将水的 CT 值认定为 0 HU，密度最高的骨皮质 CT 值为 +1000 HU，密度最低的气体 CT 值为 -1000 HU，其余各种组织的 CT 值则介于 -1000 和 +1000 HU 的 2000 个分度之间，如脂肪的 CT 值为 -90~-70 HU，软组织的 CT 值一般在 20~50 HU。

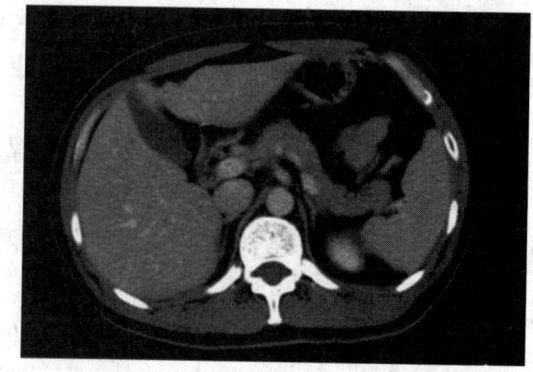

图 5-25-3　正常腹部 CT 横断面图像

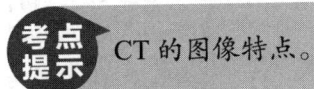
考点提示 CT 的图像特点。

四、CT 的检查方法

CT 主要为横断面扫描，扫描前要根据不同的检查部位和诊断要求选择扫描范围与层面厚度，一般常规层厚用 10 mm，较小的器官或病灶需要 5 mm 或 1～3 mm 的薄层扫描。检查方法有如下几种。

（一）平扫

平扫最常用，又称普通扫描或非增强扫描，是指不用对比剂增强或造影的 CT 扫描。一般多做横断面扫描，检查颅脑以及头面部病变有时可加用冠状层面扫描。

（二）增强扫描

增强扫描是经静脉注入对比剂后再行扫描的方法。在向血管内注入碘对比剂后，正常组织与病变内碘的浓度可产生差别，形成密度差，以显示平扫未能显示或显示不清的病变，通过病变有无强化及强化类型，有助于进一步明确诊断。一般常用离子型泛影葡胺或非离子型碘海醇等。常用方法为团注法，即在 20 余秒内将全部造影剂迅速注入，一般使用高压注射器注射。

（三）造影扫描

造影扫描（CT 造影）是指对某一器官或组织直接或间接注入含碘对比剂后再进行扫描的方法。它可利用两者的优越性，更好地显示结构和发现病变，从而提高对病变的诊断率，如脊髓造影 CT、静脉肾盂造影 CT。

（四）特殊扫描

特殊扫描是为进一步明确诊断需要所做的特殊方式扫描，如薄层扫描、高分辨率 CT（HRCT）扫描、动态扫描、CT 血管造影、CT 三维图像重建、CT 仿真内镜技术。

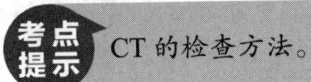
考点提示 CT 的检查方法。

五、CT 诊断的临床应用

CT 诊断在临床上的应用范围已越来越广泛，大大地提高了诊断效率。但 CT 设备比较昂贵、检查费用偏高，对某些部位的检查和某些疾病的诊断价值仍有一定的限制。所以，除颅脑、肝、胆、胰等脏器疾病外，在临床上应合理应用，不宜将 CT 检查视为常规诊断手段，应在了解其优势的基础上合理地选择应用。CT 在各系统疾病诊断中的重要应用将在各论中讨论。

> 知识链接
>
> **CT 图像诊断**
>
> 1. 了解扫描技术条件　包括扫描的范围、层厚、扫描方式（平扫或增强扫描或特殊扫描）、窗宽（window width，W）及窗位（window center，C）的选择是否符合临床诊断要求等。窗宽指显示图像时所选用的 CT 值范围。窗位指窗宽上下限 CT 值的平均数）。

2. 细致观察 CT 图像，区分正常与异常

（1）发现病变组织：根据病变密度高于、等于或低于所在组织的密度而分为高密度、等密度或低密度病变。如果密度不均，有高有低，则为混杂密度病变。

（2）分析病变组织：包括病变的位置、大小、形态、数目、边缘和 CT 值，增强扫描还要注意病变扫描前后密度的变化。密度无变化，则为无强化；密度增高，则为强化。强化的程度和形式也可不同，如均匀强化、不均匀强化或周边强化（即环状强化）。

（3）观察周围邻近器官和组织：是否受压、移位、浸润和破坏等。

3. 给出诊断结果　结合临床资料及相关检查资料，综合分析，做出相对正确的诊断。

（陈喜苹）

第四节　磁共振成像

磁共振成像（magnetic resonance imaging，MRI）是以核磁共振理论为基础，利用生物体内磁性核（多为氢核）在强磁场内发生共振所产生的信号，经图像重建获得影像信息的一种成像技术。

一、MRI 发展概况

磁共振现象是美国斯坦福大学的 Felix Bloch 和哈佛大学的 Edward Purcell 于 1946 年研究发现的。1978 年第一台头部 MRI 设备在英国投入临床使用，1980 年全身 MRI 设备研制成功，并应用于临床诊断。

二、MRI 机的基本结构

MRI 机主要由磁体系统、梯度磁场系统、射频系统和计算机图像处理系统构成（图 5-25-4）。

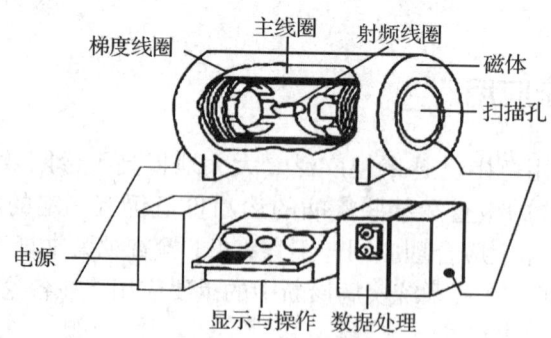

图 5-25-4　MRI 机的基本结构

1. 磁体系统　可以分为永磁型、常导型及超导型磁体，是磁共振成像系统的关键设备。磁体的作用是产生一个均匀的静态磁场，使处于磁场中的人体组织内氢原子核被磁化而形成磁化强度矢量。当磁化强度矢量受到满足共振条件的射频交变磁场作用时，即产生共振信号。

2. 梯度磁场系统　是指与梯度磁场有关的电路单元及梯度线圈。它的功能是产生梯度磁场，

实现磁共振信号的空间编码。梯度线圈形成微弱的梯度磁场与主磁场重叠，这样就可以根据磁场的梯度差别明确层面的位置。

3. 射频系统　是用于发射射频脉冲，使人体氢质子吸收能量并发生共振，产生 MR 信号并进行接收的一种装置。射频系统由发射射频磁场部分和接收射频信号部分构成。射频发射器向人体发射脉冲，当射频脉冲停止发射后，人体内氢原子变成一个短波发射台，而 MR 信号接收器则成为一台收音机接收 MR 信号。

4. 计算机图像处理系统　控制用户与磁共振各系统之间的通信，对 MR 信号进行数字处理和重建，显示出图像。

三、MRI 的成像原理

磁共振成像是利用磁共振信号重建 MRI，其理论与技术均比较复杂，但又是理解 MRI 图像的基础，为说明 MRI 的成像机制，从 MRI 的操作步骤入手，认识检查过程中所发生的物理现象可能较易理解。

操作步骤：将患者置于均匀强度的主磁场中，人体内大量氢质子之和形成一个磁场，并处于轻度磁化状态；当外加一个高频射频脉冲波，特定频率的射频脉冲激发氢质子，被激发后吸收一定量的能量而产生磁共振现象，当瞬间停止发射射频脉冲后，被激发的氢质子将会把吸收的能量逐渐释放出来，其相位和能级都恢复到激发前的原有的平衡状态，这一过程称为弛豫过程，而恢复到原来平衡状态所需要的时间称为弛豫时间。反映自旋核把吸收的能量传给人体周围晶格所需的时间，也是射频脉冲激发氢质子后的纵向磁化（非稳态）再恢复到激发前状态（稳态）所需的时间，即纵向弛豫时间，称为 T_1。能量转移越快，则 T_1 越短，信号越强；反之亦然。另一种是自旋弛豫时间，又称横向弛豫时间，反映横向磁化逐渐衰减至零的过程，也是横向磁化所维持的时间，称为 T_2。T_2 越短，信号越弱；反之亦然。接收患者体内发出的磁共振信号，用磁共振信号重建图像。

人体不同组织的 T_1、T_2 值是相对恒定并存在差别的，发生病理性改变时，T_1、T_2 值也会发生改变，因此，这种组织弛豫时间上的差别和变化是磁共振成像的基础。突出某一选定层面中各种组织的 T_1、T_2 或质子密度的差别，就获得 T_1 加权像（T_1WI）、T_2 加权像（T_2WI）或质子密度加权像（PDWI），显示该层面中各种组织影像。

四、MRI 图像的特点

（一）灰阶成像

具有一定 T_1、T_2 差别的各种器官和组织，包括正常与病变组织，在 MRI 上呈不同灰度的黑白影。影像的黑白反映 MR 信号的强度不同或弛豫时间（T_1、T_2）的长短不同。在描述 MRI 图像的黑白时，用高信号表达白影，中等信号表达灰影，低信号表达黑影。也可用短 T_1 和长 T_2 表达白影，用长 T_1 和短 T_2 表达黑影（图 5-25-5）。

（二）多参数成像

MRI 图像中，如主要反映组织间 T_1 的差别，为 T_1 加权像（T_1WI）；如主要反映组织间 T_2 的差别，为 T_2 加权像（T_2WI）；如主要反映组织间质子密度的差别，则为质子密度加权像（PDWI）。这样同一个层面就有 T_1WI、T_2WI 和 PDWI 三种图像，有助于显示正常组织与病变组织。因此，MRI 是多参数成像，而 CT 成像只有密度一个参数。

人体正常组织在 MRI 上的信号特征列于表 5-25-1。

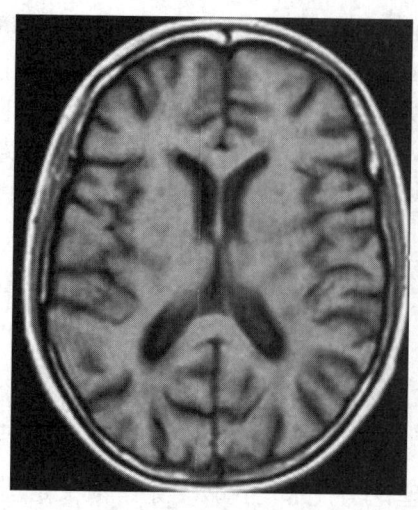
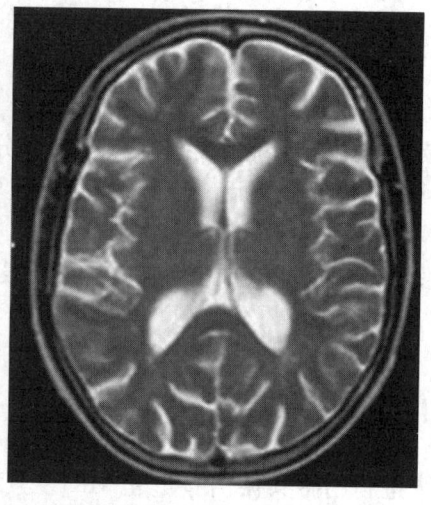

图 5-25-5　正常颅脑 MRI 图像

表 5-25-1　人体正常组织在 T_1WI 和 T_2WI 图像上的信号强度与影像灰度

加权方式		脑白质	脑灰质	脑脊液	脂肪	骨皮质	肌肉	韧带	骨髓
T_1WI	信号强度	较高	中等	低	高	低	中等	低	高
	影像灰度	白灰	灰	黑	白	黑	灰黑	黑	白
T_2WI	信号强度	中等	较高	高	较高	低	中等	低	中等
	影像灰度	灰	白灰	白	白灰	黑	灰	黑	灰

不同病理组织的 MR 信号强度也不同，常见几种病理组织的信号强度列于表 5-25-2。

表 5-25-2　常见几种病理组织的 MR 信号强度

加权方式	水肿	含水囊肿	瘤节	亚急性血肿	钙化	胆固醇	甘油三酯
T_1WI	低	低	低	高	低	中、高	高
T_2WI	高	高	高	高	低	高	低

MRI 的软组织对比分辨力高，对软组织及其病变显示较好。

（三）流空效应

心血管内的血液流动速度快，使发射 MR 信号的氢原子核离开接收范围之外，所以测不到 MR 信号，在 T_1WI 或 T_2WI 中均呈黑影，这一现象称为流空现象。血液的流空现象使心血管不使用对比剂即可显影，这是 MRI 的另一个特点。

（四）三维成像

MRI 可直接获得人体横断面、冠状面、矢状面及任何方向断面的图像（图 5-25-5），解剖结构显示清楚，有利于病变的三维空间定位。

（五）质子弛豫增强效应与对比增强

一些顺磁性和超顺磁性物质使局部产生磁场，可缩短周围质子弛豫时间（T_1、T_2）来增强或降低组织或病变的信号强度，此现象为质子弛豫增强效应。这一效应使 MRI 可行对比增强检查。二乙三胺五乙酸钆（Gd-DTPA）是顺磁性物质，为 MRI 检查常用的对比剂。

 MRI 图像的特点。

五、MRI 的检查方法

MRI 检查方法有很多，各有其适用范围和诊断价值，应根据检查的目的进行选用。

（一）平扫检查

1. 普通平扫检查　进行全身各部位 MRI 检查时，若无特殊要求，通常先行普通平扫检查。常规为横断层 T_1WI 和 T_2WI 检查，必要时辅以其他方位检查。肝囊肿、胆囊石、子宫肌瘤等病变采用普通平扫检查即可明确诊断。

2. 特殊平扫检查　主要有以下几种。

（1）脂肪抑制 T_1WI 和 T_2WI：使用特定的脂肪抑制序列和技术，能够明确病变内有无脂肪组织，有利于脂肪瘤、髓脂瘤和畸胎瘤等含脂病变的诊断。

（2）梯度回波同、反相位 T_1WI：有利于肾上腺腺瘤、脂肪肝等富含脂质病变的诊断。

（3）水抑制 T_2WI：能够抑制自由水信号，有利于脑室、脑沟旁长 T_2 高信号病灶的诊断。

（4）磁敏感加权成像（SWI）：反映组织之间磁敏感性差异，能够清晰地显示小静脉、微出血和铁沉积，用于脑内静脉发育畸形、脑外伤微出血等疾病的诊断。

（二）对比增强检查

MRI 对比增强检查常简称 MRI 增强检查，是经静脉注入顺磁性或超顺磁性对比剂后，再行 T_1WI 或 T_2WI 检查的方法。目前，普遍采用的顺磁性对比剂是二乙三胺五乙酸钆（Gd-DTPA），主要作用是缩短 T_1 值，可使 T_1WI 图像上组织与病变的信号强度发生不同程度增高，称为强化，从而改变其间的信号对比，有利于病变的检出和诊断；超顺磁性对比剂是超顺磁性氧化铁（SPIO），主要作用是缩短 T_2 值，使 T_2WI 图像上信号减低，是网状内皮系统库普弗（Kupffer）细胞特异性对比剂。

MRI 增强检查根据对比剂类型、注入后扫描延迟时间和扫描次数，分为以下几种方法。

1. 普通增强检查（Gd-DTPA）　为单期扫描，常用于颅脑疾病的诊断。

2. 多期增强检查（Gd-DTPA）　多期扫描可观察病变强化程度随时间所发生的动态变化，有利于定性诊断，主要用于腹、盆部疾病的诊断。

3. 超顺磁性对比剂增强检查（SPIO）　应用很少，适应证为肝肿瘤的诊断与鉴别诊断。

4. 肝细胞特异性对比剂增强检查（Gd-EOB-DTPA）　适应证为肝肿瘤的诊断与鉴别诊断，对于小肝癌的检出有较高价值。

（三）磁共振血管成像检查（MRA 检查）

MRA 检查主要用于诊断血管疾病，有两种方法。

1. 普通 MRA 检查　不用注入对比剂，但对小血管显示欠佳。

2. 增强 MRA（CE-MRA）　经静脉注入 Gd-DTPA，对于血管细节，尤其是小血管的显示效果优于普通 MRA。

（四）MR 水成像检查

磁共振胰胆管成像（magnetic resonance cholangiopancreatography，MRCP）主要用于胰胆管异常，特别是梗阻性病变的诊断；泌尿系统的磁共振尿路成像（MRU）则用于检查尿路梗阻性病变；内耳迷路水成像对于诊断内耳先天性发育畸形有帮助。

常用的 MRI 检查方法。

六、MRI 的临床应用

MRI 检查具有多参数、多序列、多方位成像和软组织分辨力高等特点，以及能够进行 MR 水成像、MR 血管成像、MRI 功能成像和 MR 波谱分析等独特的优势，并且 MRI 检查能够早期发现病变，确切显示病变大小和范围，定性诊断率高等。目前 MRI 已广泛应用于临床，特别适合于中枢神经系统、头颈部、肌肉及关节系统以及心脏和大血管的检查，也适于纵隔、腹腔、盆腔实质器官及乳腺检查，可用于各个系统的先天性疾病、血管性疾病、良性及恶性肿瘤、外伤及退行性和变性疾病的发现和诊断。

MRI 显示钙化不敏感，对于骨骼系统以及胃肠道方面的检查有一定的限度，对呼吸系统的病变显示和诊断远不及 CT 检查。MRI 检查费用较高，设备远不及超声和 CT 那样普及，限制了其应用。

 MRI 的临床应用。

> **知识链接**
>
> **MRI 检查的安全性**
>
> MRI 设备产生强磁场，需特别注意患者检查的安全性。MRI 检查的禁忌证和准备工作如下。
> （1）安装有心脏起搏器、人工心脏瓣膜及神经刺激器，曾做过动脉瘤手术，颅内带有动脉瘤夹，有支架、假体、假关节或义齿等铁磁性物质的患者，妊娠 3 个月以内的妇女，幽闭恐惧症者为绝对禁忌。
> （2）检查前做好解释工作（因噪声较大）。
> （3）MRI 增强检查所用的含钆对比剂有可能引起肾源性系统性纤维化（NSF），因此肾功能严重不全者禁用此类对比剂。
> （4）患者、家属和医护人员进入 MRI 检查室时，严禁携带任何铁磁性物体，如金属发夹、手表、钥匙、硬币、别针、金属性医疗器械，否则不但影响图像质量，且有可能导致严重的人身伤害。

此外，影像诊断技术还包括超声和放射性核素影像诊断，分别见本篇第三十三章、第三十五章。

自 测 题

一、选择题

1. 在 X 线片中，气体呈现
   A. 白色　　　　　　　　　B. 灰白色　　　　　　　　　C. 灰黑色
   D. 黑色　　　　　　　　　E. 浅色
2. 关于 X 线透视、摄影的说法，错误的是
   A. 透视可动态、多角度观察组织和器官　　　B. 摄影仅是瞬间的固定影像

C. 透视和摄影均可保留永久的记录 　　D. 透视对患者的辐射剂量大于摄影
E. 透视的图像清晰度低于摄影
3. X线在医学上利用的原理，不包括
   A. 利用其穿透性进行X线检查　　B. 利用其荧光作用进行透视检查
   C. 利用其摄影作用进行照片检查　　D. 用其电离作用进行CT扫描
   E. 利用其生物效应进行放射治疗
4. CT值定标为0 HU的组织是
   A. 空气　　B. 脂肪　　C. 水
   D. 骨　　E. 脑
5. CT成像的基础是
   A. 像素的分布　　B. 原始数据的采集
   C. X线的量　　D. 人体组织对X线的衰减特性
   E. 人体组织和器官的形状
6. 人体磁共振成像最常用的质子为
   A. ^{1}H　　B. ^{17}O　　C. ^{23}Ha
   D. ^{14}N　　E. ^{19}F
7. 关于磁共振成像的说法，错误的是
   A. 无电离辐射　　B. 对软组织分辨力较好
   C. 多方位成像　　D. 多参数成像
   E. 仅提供解剖学资料，不能进行功能方面的研究
8. X线透视的基础是
   A. 穿透性　　B. 荧光效应　　C. 感光效应
   D. 电离效应　　E. 生物效应
9. X线摄影的基础是
   A. 穿透性　　B. 荧光效应　　C. 感光效应
   D. 电离效应　　E. 生物效应

二、名词解释

1. 人工对比
2. 磁共振成像

三、简答题

1. 请比较X线成像、计算机体层成像和磁共振成像之间的异同。
2. 简述常用的高密度对比剂及其临床应用。

（陈喜苹）

第二十六章 骨、关节与软组织影像诊断

第二十六章数字资源

学习目标

1. 知识：列举骨、关节基本病变的内容和影像学表现。
2. 能力：运用骨、关节基本病变的影像学表现知识进行骨关节常见病变的影像诊断。
3. 素养：通过认识正常表现，识别异常改变，去伪存真，培养辩证分析的临床诊断思维。在检查中保护患者隐私，注重人文关怀，建立良好的医患关系。

案例 5-26-1

患者，女性，37岁。骑电动自行车摔倒致使左肩部疼痛伴活动障碍1h。体格检查：左肩部呈"方形肩"改变。

问题与思考：

1. 该患者可能的疾病诊断是什么？
2. 首选的影像学检查是什么？
3. 可能的影像学表现是什么？

骨骼、关节及其邻近软组织是人体的主要框架结构，其疾病种类多而复杂，医学影像学的各种检查技术都能在不同程度上反映疾病的病理变化。

骨骼是人体密度最高的组织，它与周围的软组织有显著的密度差异。同时骨骼本身不同部位的结构也存在一定的密度差别，构成了良好的自然对比。一般首选的检查方法是 X 线摄影，因为 X 线片能很好地显示其各种结构，还能显示骨与关节病变的部位、范围和程度，而且检查方法简单、费用较低。但由于前后影像重叠，在一定程度上影响观察，对软组织病变的观察也有较大的局限。CT 为横断分层扫描，密度分辨力高，无影像重叠所限，对观察解剖结构较复杂的部位显示骨内小病变和软组织改变优于 X 线片。MRI 可任意平面和三维成像，对形态、结构及病变观察得更全面，对软组织和骨髓病变的分辨力比 X 线和 CT 都更具优势。因此，在 X 线片的基础上合理地选用 CT、MRI 检查，可提高对骨、关节和软组织病变的诊断率。

第一节 检查方法与正常影像学表现

一、检查方法

（一）普通 X 线检查

1. 摄片 为骨、关节和脊柱 X 线检查最主要的方法，常规摄正、侧位片，四肢长骨应该包括相邻关节（脊柱，如腰椎，包括下部胸椎以便定位），有的部位根据需要加摄斜位、切线位或轴位片。诊断困难时，可同时摄健侧相应部位及相同体位片，进行对比观察。

2. 透视 仅用于四肢骨关节外伤性骨折与脱位的整复、火器伤、金属异物的寻找和定位。

（二）造影检查

1. 关节造影 由于关节内结构密度相近，缺乏自然对比，应用穿刺方法将造影剂导入关节内，增大关节内的密度差别。由于 CT 和 MRI 技术的广泛应用，目前关节造影已很少使用。

2. 血管造影 多用肢体动脉造影，通过四肢动脉注入造影剂，观察血管形态和血液供应情况，主要用于血管疾病的诊断和良、恶性肿瘤的鉴别诊断。

（三）CT 检查

CT 检查不仅能显示组织结构的横断面关系，而且能分辨出脂肪、肌肉、软骨、骨髓、骨松质和骨皮质的密度差异，易于发现病变，并能确定病变的部位、范围、形态和结构。因此，软组织病变、骨骼解剖较复杂部位和骨内小病灶首选 CT 检查。多排螺旋 CT 的冠状面、矢状面、曲面重组和容积再现等三维成像技术在骨关节系统发挥着更广泛的作用。

1. 平扫 首先按扫描部位做出定位像，再根据病变范围及可能性质，决定横断面的层厚及层数，必要时可薄层扫描后行矢状位、冠状位或斜位重建。由于骨与软组织的 CT 值相差很大，所以观察骨关节 CT 图像时，可分别用骨窗及软组织窗。

2. 增强扫描 观察病变是否强化及强化程度，对于判断骨关节和周围软组织病变的范围和性质具有重要意义。

（四）MRI 检查

MRI 能满意地显示软组织、韧带、肌腱、软骨、骨髓及病变的出血、坏死、水肿等，关节液、软骨、半月板和椎间盘存在明显的信号差异，无需造影即可显示这些结构和病变。但 MRI 对钙化、细小骨化显示欠佳，因此骨关节疾病的 MRI 检查应在 X 线片或 CT 检查的基础上进行。

二、正常影像学表现

（一）正常 X 线表现

1. 骨的生长与发育 骨的生长与发育是以破骨和成骨的形式进行的。骨的发育包括骨化与生长。骨化有两种形式：一是软骨内化骨，包括躯干、四肢骨、颅底骨与筛骨；二是膜内化骨，包括颅盖诸骨和面骨。

2. 骨的结构

（1）四肢长骨：成人长骨的骨骺与干骺端结合，骺板消失，只有骨干和由骨松质构成的骨端（图 5-26-1）。成人四肢长骨由以下几个部分组成。①骨膜：位于骨干表面，拍摄 X 线片正常时不显影。②骨皮质：含钙多，为密质骨，X 线表现为均匀致密影，骨干中央部位最厚，向两端逐渐变薄，骨皮质内缘与骨松质连续，外缘光整，在肌腱韧带附着处可出现隆起或凹凸不平。③骨髓腔：

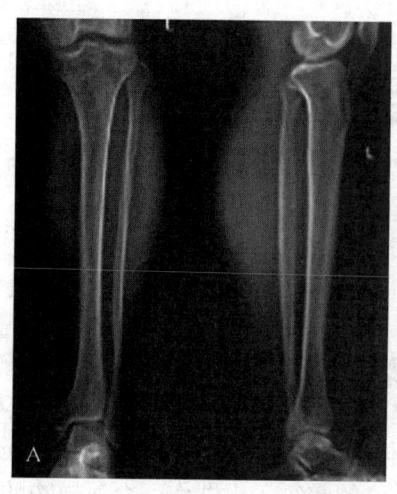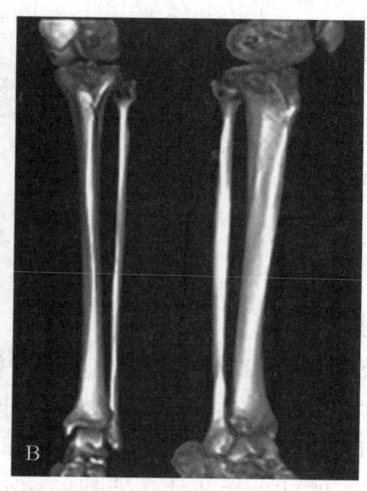

图 5-26-1　正常成人胫骨和腓骨
A. X 线正侧位片；B. CT 三维成像

为位于骨干中央的管状结构，X 线表现为由骨干包绕的无结构的半透明区。④骨端：为长骨两端的膨大部分，由骨松质组成，骨皮质较薄且多光滑、锐利，X 线表现为纵横交错的网络样骨纹理，密度低于骨皮质。骨小梁的排列方向与负重、肌肉张力及特殊功能有关。

小儿四肢长骨不同于成人，其特点是：①骨干两端膨大，称为干骺端，X 线表现为密度较低的灰黑色，与骨干无明显的分界线。②长骨两端为软骨，称为骺软骨，X 线片上不显示。当骺软骨以软骨方式骨化，称为继发或二次骨化中心，X 线片上可呈圆点状致密影，逐渐长大，称为骨骺。③骨骺与干骺端之间的软骨称为骺板，X 线表现为横行半透明线，又称骺线。当骨骺和干骺端不断骨化生长，骺板逐渐变薄，最后消失，即骨骺与骨干相连，从而完成骨的发育。X 线表现为骺线消失。小儿长骨骨端结构见图 5-26-2 所示。

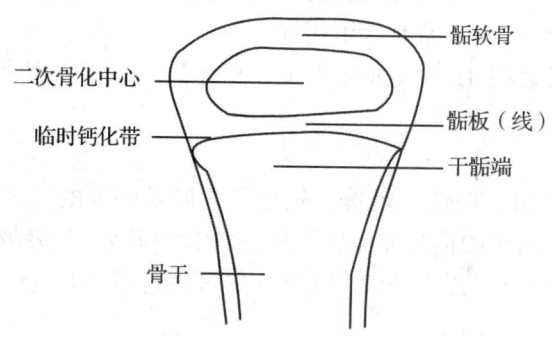

图 5-26-2　小儿长骨骨端结构示意图

在骨的发育过程中，每一个骨骼的骺软骨内二次骨化中心出现时的年龄、骨骺与干骺端完全闭合，即骺线完全消失时的年龄，就是骨龄。骨龄常用于判断骨骼的发育情况，对某些疾病的诊断有一定的价值。

（2）四肢滑膜关节：由骨端、关节软骨、关节腔和关节囊构成。滑膜关节 X 线片上可显示关节间隙、骨性关节面和关节内外脂肪层。关节囊和韧带在 X 线片上一般不能显示，如图 5-26-3 所示。①骨性关节面：为 X 线片上关节骨端边缘锐利、光滑的致密影，一般凹侧骨性关节面较凸侧厚。②关节间隙：指 X 线片上相对骨端的骨性关节面之间的透明间隙，为关节软骨、关节盘和关节腔的综合投影。③关节内外脂肪层：关节内脂肪层在关节囊内、外层之间，关节外脂肪层位于关节囊与周围肌肉之间，二者均为低密度透亮影。

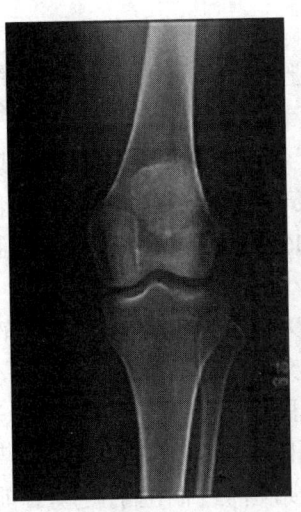
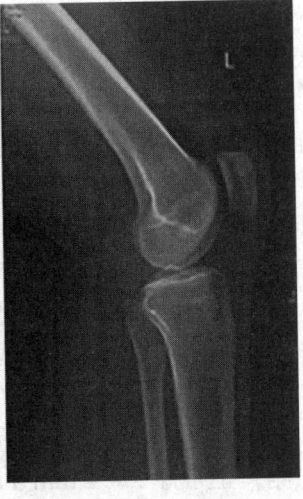

图 5-26-3　正常成人左膝关节正、侧位 X 线片

（3）脊柱：由脊椎和椎间盘组成。除寰椎外，成人脊椎均由椎体和附件构成，后者包括椎弓根、椎弓板、棘突、横突、上关节突和下关节突。

正位 X 线片上，椎体呈长方形，由上至下逐渐增大，主要由骨松质构成，骨小梁纵行排列比横行明显，周围为一层密度均匀的骨皮质，边缘光滑、锐利。椎体两侧为横突影，其内侧可见椭圆形致密影，为椎弓根的横断面投影，称为椎弓环。椎弓根的上、下方见有上关节突和下关节突的影像，上位椎骨的下关节突在内侧，相邻下位椎骨的上关节突在外侧，二者相邻构成椎骨关节突关节。椎弓板由椎弓根向后内方延续，在中线联合成棘突，投影于椎体的中央偏下方，呈尖端向上类三角形的线状致密阴影。

侧位 X 线片上椎体依然呈长方形，位于前方，椎弓位于椎体后方，椎弓板位于椎弓根和棘突之间。上、下关节突呈叠瓦状构成椎小关节，椎体与椎体之间带状半透明影为椎间隙，是椎间盘所在的位置。椎间孔居于相邻椎弓根、椎体、关节突及椎间盘之间，呈类圆形半透明影，颈椎斜位、胸椎及腰椎侧位显示清楚（图 5-26-4）。

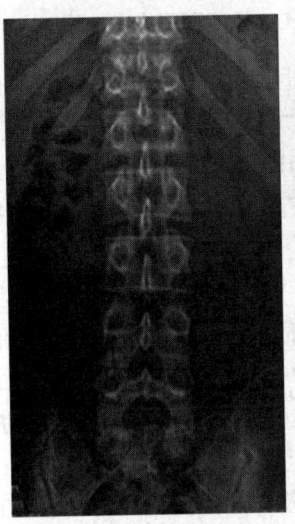
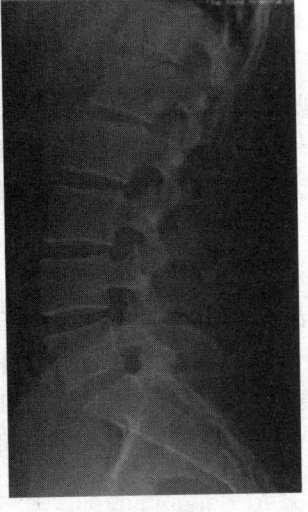

图 5-26-4　正常腰椎正、侧位 X 线片

（4）软组织：骨骼肌系统的软组织包括皮肤、皮下脂肪、肌肉、血管、神经、关节囊、韧带、肌腱和滑膜囊等，在对比度良好的 X 线片上可显示软组织层次和轮廓。

（二）CT表现

1. **四肢长骨的CT表现** 四肢长骨CT几乎皆为横断面扫描，不同层面的影像学表现不尽相同。在CT骨窗上，小儿骨干骨皮质表现为高密度线状或带状影，骨端或干骺端的骨松质表现为高密度的骨小梁交错构成细密的网格状影，密度低于骨皮质，网格间为低密度的骨髓组织。骨髓腔内红骨髓为软组织密度影，黄骨髓因含脂肪成分而表现为低密度影。临时钙化带呈致密影。骺软骨为软组织密度影。在软组织窗上，脂肪组织有特殊的低密度区，中等密度的肌肉、肌腱和骺软骨在脂肪组织衬托下也能清晰显示。成年骨的CT表现与小儿骨类似。

2. **关节的CT表现** CT显示骨性关节面表现为线样高密度影，关节软骨常不能显影。适当的窗宽和窗位可显示关节囊、周围的肌肉、囊内及囊外韧带的断面，均呈中等密度影。

3. **脊柱的CT表现** 在脊椎CT横断面图像（图5-26-5）上，由椎体、椎弓根和椎弓板构成椎管骨环，硬膜囊居于椎管中央，呈低密度影，与周围结构有较好的对比。黄韧带为软组织密度，附着在椎弓板和关节突的内侧，正常厚2～4mm。腰段神经根位于硬膜囊前外侧，呈圆形中等密度影，两侧对称。侧隐窝呈漏斗状，其前方是椎体后外面，后方为上关节突，侧方为椎弓根内壁，其前后径不小于3mm，隐窝内有穿出的神经根。椎间盘由髓核和纤维环组成，其密度低于椎体，CT值为50～110 HU。

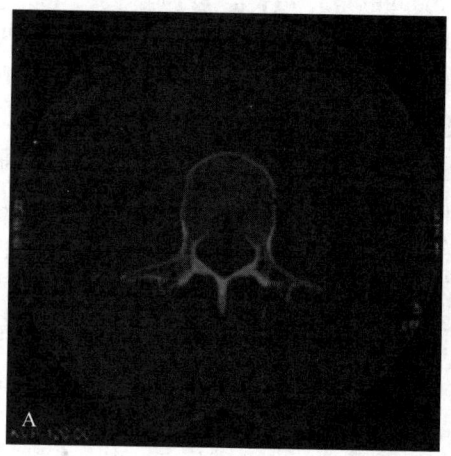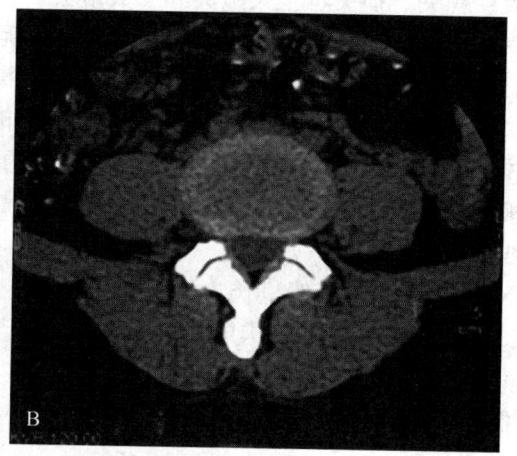

图5-26-5 脊椎CT横断面图像
A. 骨窗；B. 软组织窗

4. **软组织的CT表现** 对软组织病变观察，CT明显优于X线片。在CT横断面图像上，躯干和四肢的最外层呈线样中等密度的皮肤，其下方为厚薄不一的低密度皮下脂肪，其内侧与骨之间四周几乎都是中等密度的肌肉。血管和神经多走行于肌间，在肌间脂肪的衬托下呈中等密度的小类圆形或索条状影。

（三）MRI表现

1. **四肢长骨的MRI表现** MRI上骨膜与骨皮质T_1WI和T_2WI均呈低信号，骨髓腔内黄骨髓含有脂肪组织，显示为高信号，骨髓腔内红骨髓呈中等信号。随着年龄的增长，红骨髓中脂肪成分增多，成人的骨髓信号较婴幼儿高。干骺端于T_1WI及T_2WI上的信号比髓腔还高，在脂肪抑制序列上呈低信号；骺板为低信号。临时钙化带在MRI上呈低信号，骺软骨呈中等信号。

2. **关节的MRI表现** 关节软骨位于关节骨端最外层，厚1～6mm，在T_1WI和T_2WI上呈较低信号，表面光滑；关节软骨下的骨性关节面在X线片和CT片上均为表面光滑的高密度影，而在T_1WI及T_2WI上呈一薄层清晰、锐利的低信号影；骨性关节面下的骨髓腔在T_1WI和T_2WI上均为高信号。关节囊在T_1WI和T_2WI上均为光滑的低信号；关节囊内、外韧带和关节盘在T_1WI和T_2WI上均呈低信号；关节腔内的少量滑液在T_1WI上呈低信号，在T_2WI上呈高信号。

3. 脊柱的 MRI 表现　在脊柱 MRI 矢状面上，大多数脊柱椎体呈正方形或长方形，椎体边缘骨皮质 T_1WI 及 T_2WI 均呈低信号。一般椎体内骨松质在 T_1WI 上呈中、高信号，在 T_2WI 上呈中等信号。矢状面上，椎体小关节面关节软骨在 T_1WI 及 T_2WI 上呈中等信号。前纵韧带、后纵韧带在 T_1WI 及 T_2WI 上均呈低信号。

椎间盘在 T_1WI 上呈较低信号，分不清髓核与纤维环；髓核及内纤维环在 T_2WI 上呈高信号，外纤维环在 T_1WI 和 T_2WI 上均呈低信号（图 5-26-6）。

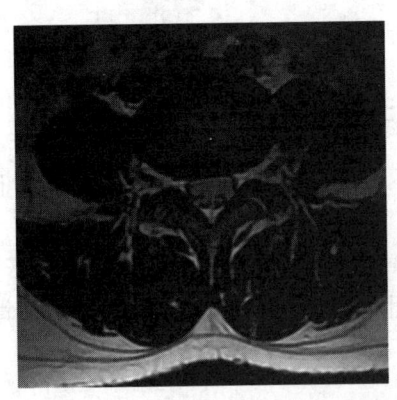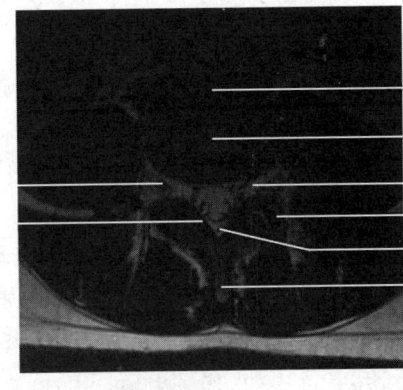

图 5-26-6　脊椎 MRI 横断面图像

硬膜外腔内富含脂肪、疏松结缔组织、神经和血管。硬膜外脂肪在 T_1WI 上呈高信号，在 T_2WI 上呈中、高信号，脊髓在 T_1WI 上呈中等均匀信号。

4. 软组织的 MRI 表现　MRI 可清晰地显示脂肪、肌肉、纤维组织、血管、淋巴管和神经等软组织结构。脂肪在 T_1WI 和 T_2WI 上均呈高信号；骨骼肌在 T_1WI 上呈中、低信号，在 T_2WI 上呈低信号；纤维组织、肌腱和韧带等在各种序列上均呈低信号；血管在 T_1WI 和 T_2WI 上均呈低信号或无信号的圆形或条状结构；粗大的神经在 T_1WI 和 T_2WI 上呈中等信号。

> **知识拓展**
>
> **骨龄的相关知识**
>
> 骨骼年龄简称骨龄，是由儿童的骨骼钙化程度决定的。因为骨龄能较精确地反映人从出生到完全成熟的过程中各年龄阶段的发育水平，所以它在各发育年龄中的应用最为广泛。
>
> 判断骨龄主要利用 X 线摄片，一般以手腕部最为理想。判断骨骼钙化程度主要基于以下三点：①骨化中心的大小和数目；②骨化中心和骨骺的形态变化；③骨骺和骨干的愈合情况。最后与作为正常值而使用的骨龄标准相比较，即可判断某个人的骨龄。
>
> 利用骨龄推断发育情况，从而反映身体生长发育的状态，有助于了解儿童身高发育的潜力。
>
> 另外，骨龄在矮身材疾病的诊断、鉴别诊断和疗效观察中具有重要作用，也可指导医师怎样用药、如何治疗。

（戴振火）

第二节 骨、关节与软组织基本病变的影像学表现

一、骨骼基本病变的影像学表现

（一）骨质疏松

骨质疏松是指单位体积内正常骨组织减少，即骨组织的有机成分和无机成分都减少，但两者的比例仍正常。X线和CT表现为骨密度减低，骨小梁变细、减少，骨皮质变薄呈分层状但清晰，骨髓腔增宽。椎体骨皮质变薄，其内可见骨小梁呈纵行排列，严重者椎体内结构消失，椎体上、下缘内凹或外形变扁，椎间隙呈梭形增宽。

根据发生范围大小，骨质疏松分为全身性骨质疏松和局限性骨质疏松。前者主要见于老年人、绝经期后妇女、营养不良、内分泌疾病或代谢障碍患者；后者多见于炎症、骨折后、恶性骨肿瘤和局部活动受限。疏松的骨骼易发生骨折或椎体呈楔形变。

（二）骨质软化

骨质软化是指一定单位体积内骨组织内矿物质含量减少而有机成分正常，骨质变软。X线表现主要为骨密度减低和骨小梁粗糙、模糊，骨皮质变薄、边缘模糊，承重骨发生变形，有时可见假骨折线，呈宽1~2 mm的光滑透明线，与骨皮质垂直，边缘稍致密，好发于耻骨支、肱骨及股骨上段等。

骨质软化一般为全身性改变，以腰椎及骨盆最为明显。常见原因有维生素D缺乏性佝偻病、骨质软化症、甲状旁腺功能亢进及代谢性骨病等。

（三）骨质破坏

骨质破坏是指局部正常骨组织被炎症、肉芽组织、肿瘤组织等病理组织所代替，从而造成的骨结构消失。骨质破坏的X线表现为骨质局限性密度减低，骨小梁稀疏、消失或出现骨质缺损，骨结构完全消失（图5-26-7）。CT可以区分骨松质和骨皮质的破坏，前者表现为斑片状骨松质缺损区，后者表现为其内筛孔样破坏和不规则虫蚀样改变，骨皮质变薄或斑块状缺损。骨质破坏在MRI上表现为低信号的骨组织被不同信号强度的病理组织所代替，骨皮质破坏的形态改变与CT相同，骨松质的破坏则为高信号的骨髓被较低信号或混杂信号的组织所替代。

骨质破坏见于炎症、肉芽肿、肿瘤或肿瘤样病变，骨质破坏依其病变性质不同而异。急性炎症和恶性肿瘤破坏进展速度快，破坏区边缘与正常骨质分界不清。慢性炎症或良性肿瘤引起的破坏边界较清楚，部分病变可使局部骨质呈膨胀性改变。

（四）骨质增生硬化

骨质增生硬化是指单位体积内骨量的增多，为骨组织成骨细胞活跃形成新生骨或软骨内成骨所致。X线和CT表现为骨质密度增高，骨皮质增厚、边缘不规则，骨小梁增多、增粗、密集，骨髓腔变窄或消失（图5-26-8）。MRI上增生硬化的骨质在T_1WI和T_2WI上均为低信号。

骨质增生硬化是机体的一种代偿反应。多数为局限性，如慢性炎症、外伤后骨折修复和骨肉瘤。全身性骨质硬化常见于内分泌疾病或代谢障碍（如甲状旁腺功能低下）、氟中毒、石骨症等。

（五）骨膜反应

骨膜反应又称骨膜增生，是因骨膜受到某些病理因素（急性炎症、外伤、肿瘤等）刺激后，骨膜内层成骨细胞活动加强而形成的骨膜新生骨。X线、CT片上骨膜反应可表现为单层、多层、线状、放射状、花边状等各种形态的密度增高影（图5-26-9）。MRI可显示早期的骨膜水肿，在T_1WI上呈中等信号，在T_2WI上呈高信号。骨膜新生骨在各序列均为低信号。

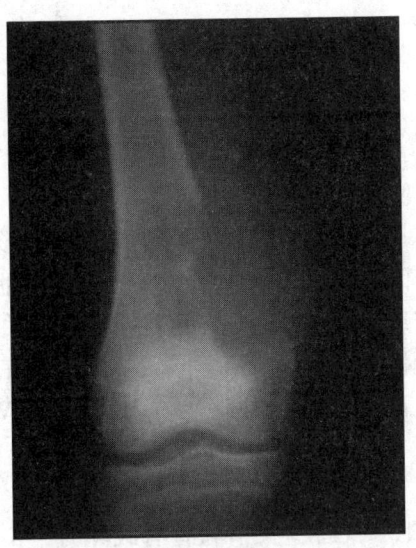

图 5-26-7 （股骨下端骨肉瘤）骨质破坏 X 线表现

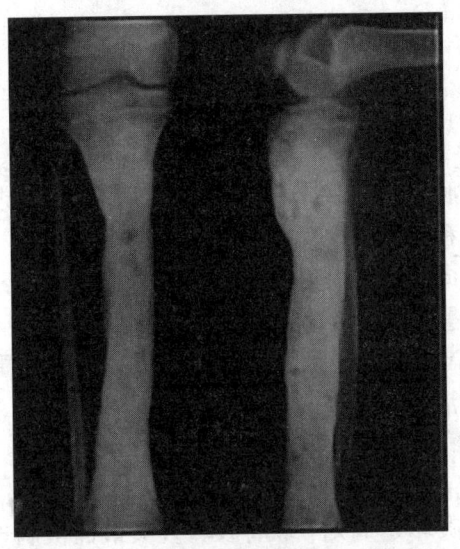

图 5-26-8 （慢性化脓性骨髓炎）骨质增生硬化 X 线表现

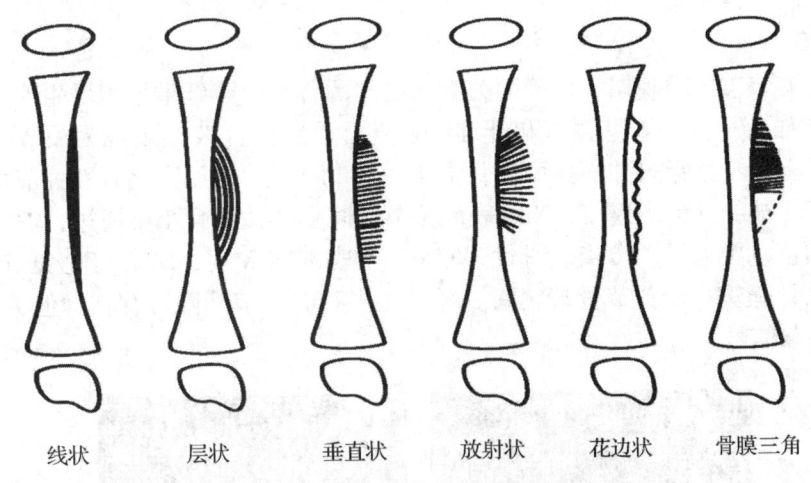

线状　　层状　　垂直状　　放射状　　花边状　　骨膜三角

图 5-26-9 骨膜反应分型示意图

（六）骨质坏死

骨质坏死是指骨组织由于局部血液供应中断导致骨组织代谢停止，骨细胞死亡。坏死的骨质称为死骨。典型的 X 线表现是骨质局限性密度高，可为砂粒状、碎片状、条块状或巨块状致密影，其周围见低密度影。

骨质坏死多见于急性和慢性化脓性骨髓炎、骨结核、骨缺血性坏死和外伤骨折后。

（七）软骨钙化

软骨钙化是指软骨基质发生钙化，反映骨内、外有软骨组织或瘤软骨存在。X 线表现为斑点状、小片状、团块状、环形、半环形、颗粒状无结构的致密影。良性病变软骨钙化密度高，边缘清楚；恶性病变软骨钙化密度低，边缘模糊，钙化残缺不全。CT 能显示 X 线片不能见到的钙化影。

（八）骨骼变形

骨骼形状、大小的改变称为骨骼变形，可累及单骨、多骨或全身骨骼。发育畸形使一侧骨骼增大；骨肿瘤使骨骼局部膨大、变性；骨软化症、佝偻病、成骨不全等使全身骨骼变形；垂体功能亢进使全身骨骼增大。

二、关节基本病变的影像学表现

（一）关节肿胀

关节肿胀多由关节积液和关节囊及关节周围软组织充血、水肿、出血和炎症所致，多见于炎症、外伤和出血性疾病。X线表现为大量关节积液，可使关节间隙增宽，关节周围脂肪影移位和变形；关节周围软组织肿胀表现为密度增高，皮下脂肪层和肌肉间隙模糊、消失。关节肿胀CT显示关节囊肿胀、增厚，关节腔内积液表现为关节内液体密度影。在MRI上关节肿胀除见关节囊增厚外，在T_2WI上可见滑膜层的高信号，关节周围软组织肿胀T_1WI呈低信号、T_2WI呈高信号；MRI对关节积液特别敏感，表现为T_1WI呈低信号，T_2WI呈高信号，合并出血时T_1WI和T_2WI多为高信号（不同时期血肿信号不同）。

（二）关节破坏

关节破坏是指关节软骨及骨性关节面被病理组织侵犯、代替。关节软骨有破坏时，X线表现为关节间隙变狭窄，当病变累及软骨下骨质及侵蚀骨性关节面时，显示为骨性关节面毛糙不整、骨破坏缺损。严重时可造成关节半脱位和变形以及关节融合等畸形。MRI在关节软骨破坏的早期就可见关节软骨表面毛糙、凹凸不平、缺损、变薄甚至不连续；关节骨质破坏时，低信号的骨性关节面中断、不连续。

（三）关节强直

关节强直是指关节破坏的晚期，由于两关节面之间因骨组织或纤维组织增生连接所致的关节运动功能丧失。关节强直可分为骨性强直和纤维性强直。骨性强直X线表现为关节间隙变窄、部分性或完全消失，并有骨小梁穿过并连接两侧骨端（图5-26-10），多见于化脓性关节炎愈合期；纤维性强直是关节破坏后被纤维组织连接，X线表现关节间隙变窄，无骨小梁通过，需结合临床才能判断，常见于关节结核、类风湿关节炎。骨性强直CT上表现同X线，MRI可见关节软骨完全破坏、间隙消失，并可见骨髓贯穿于关节骨端之间。纤维性强直时关节间隙可存在，但关节骨端有破坏，骨端间可见异常混杂信号。

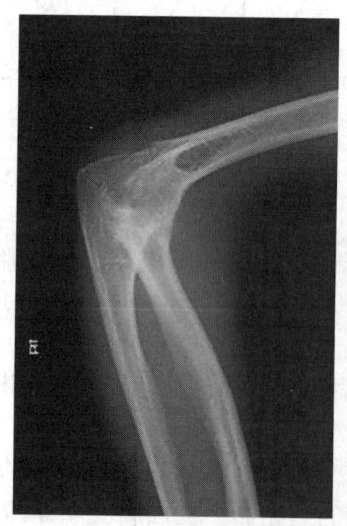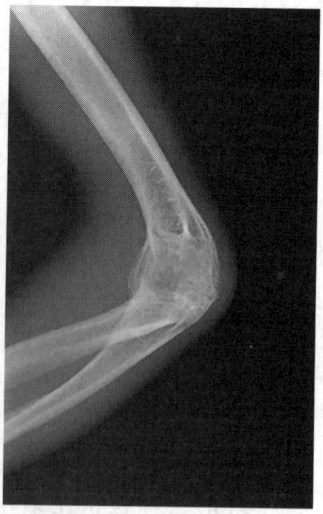

图 5-26-10　肘关节骨性关节强直 X 线表现

（四）关节脱位

关节脱位是指构成关节的两个骨端正常相对位置发生改变或距离增宽。根据程度，关节脱位可分为半脱位和全脱位；根据病因，关节脱位可分为外伤性、先天性和病理性脱位3种。外伤性脱位有明确的暴力外伤史；先天性脱位常见于婴幼儿，髋关节为好发部位；继发于关节或邻近组织疾病的关节脱位为病理性脱位。

（五）关节退行性变

关节退行性变是指关节软骨发生变性、坏死和溶解吸收，局部逐渐被纤维软骨或纤维组织所代替，致使关节间隙狭窄，继而产生骨性关节面骨质增生硬化，在边缘形成唇样增生、骨赘形成。X线表现为骨性关节面增生硬化，密度增高，边缘不规则、骨赘形成及韧带骨化、关节间隙狭窄。关节退行性变多见于老年人，以承重的脊柱和髋关节、膝关节较为明显（图5-26-11），也可见于从事体力劳动者，与慢性创伤和长期承重有关；有些职业病和地方病也可引起继发性关节退行性改变。

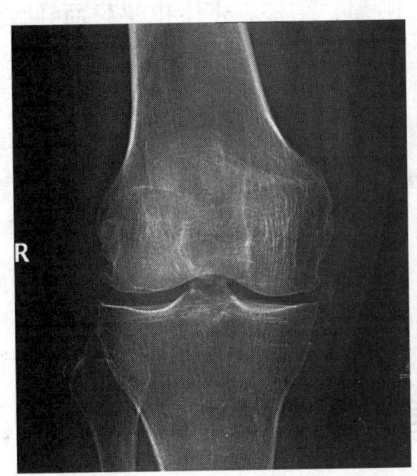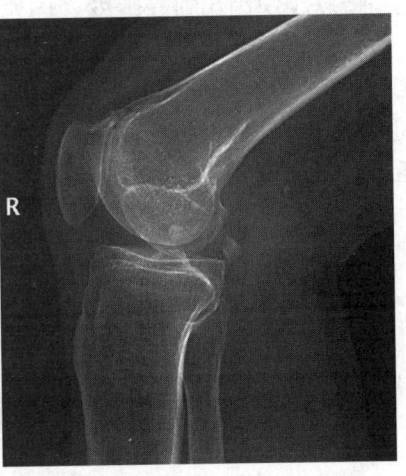

图5-26-11　膝关节退行性变X线表现

三、软组织基本病变的影像学表现

（一）软组织肿胀

软组织肿胀是指因炎症、水肿、出血或脓肿而引起的软组织肿大膨胀。X线表现为病变局部软组织肿胀，密度增高，边界不清，组织层次模糊，皮下脂肪层和肌间隙模糊、消失（图5-26-12）；肢体长期活动受限，可见肢体变细，肌肉变薄；外伤后可发生骨化性肌炎，软组织内可见钙化、骨化影。MRI上除形态肿胀外，软组织充血、水肿、脓肿表现为T_1WI低信号、T_2WI高信号；出血和血肿在T_1WI和T_2WI上多为高信号。

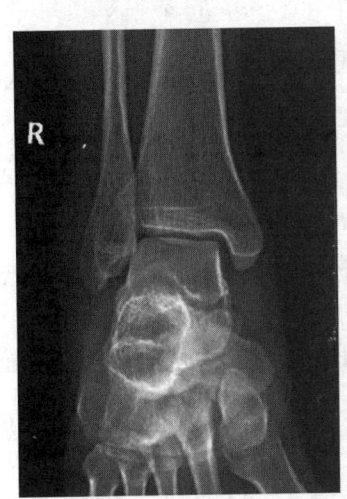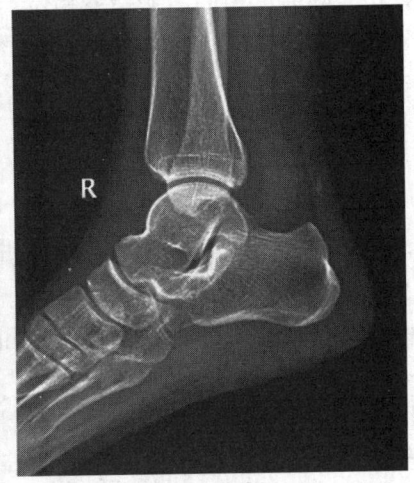

图5-26-12　踝关节外侧软组织肿胀X线表现

（二）软组织肿块

软组织肿块是因软组织良、恶性肿瘤或肿瘤样病变而引起的团块。软组织肿瘤和骨恶性肿瘤侵及软组织时，X线和CT表现为软组织肿块影，肿块邻近骨表面可出现压迫性骨质吸收和反应性骨硬化。一般来说，良性肿瘤界限清楚，恶性肿瘤边缘模糊。大多数软组织肿块的MRI信号在T_1WI上为低信号，而在T_2WI上多为程度不同的高信号，肿块边界清楚。病灶的坏死液化区呈T_1WI低信号、T_2WI高信号。肿瘤的脂肪成分在T_1WI和T_2WI上多为高信号，采用脂肪抑制序列后，其信号降低。

（三）软组织钙化

软组织钙化是指软组织因出血、退变、坏死、肿瘤、结核、寄生虫感染而导致的钙化，可发生于肌肉、肌腱、关节囊、血管、淋巴结等软组织。X线及CT显示为不同形状及密度的钙化影。

（四）软组织积气

软组织积气可因开放性损伤、手术或产气杆菌感染引起。X线或CT显示软组织内呈形状不一的极低密度透亮影，CT值小于-200 HU，边界清楚。

（戴振火）

第三节　骨与关节常见疾病的影像诊断

一、骨与关节外伤

骨与关节外伤可引起骨折和关节脱位。

（一）骨折

骨折是指骨的连续性和完整性发生中断，包括骨小梁、骨皮质和软骨的结构发生断裂。患者多有明确的外伤史，骨折局部肿、痛、变形、患肢缩短、保护性姿势及功能障碍等。

1. 骨折X线表现　X线片上显示一条密度减低的线状阴影，即骨折线，为骨折的直接X线征象。

（1）骨骼的断裂多为不整齐的断面，出现不规则或线形透亮间隙，边缘锐利。

（2）骨皮质或骨小梁断裂、扭曲、皱褶或错位。

（3）若断端相互嵌入或压缩性骨折，可表现为骨小梁相互嵌插、排列紊乱，甚至出现高密度带，可不显示骨折线。

（4）儿童青枝骨折多见于四肢长骨骨干，表现为骨皮质局部凹陷、皱褶或隆起，也不显示骨折线。

2. 骨折的分类

（1）根据骨折原因分类：骨折分为创伤性骨折、疲劳骨折及病理性骨折，以创伤性骨折最多见。

（2）根据骨折程度分类：骨折分为完全性骨折和不完全性骨折。完全性骨折要注意骨折断端的移位。

（3）按骨折线形态及走向分类：骨折分为横行骨折、斜行骨折、纵行骨折、螺旋形骨折、T形骨折、Y形骨折及压缩性骨折（常见于椎体骨折）等。

（4）根据骨折碎片情况分类：骨折分为撕脱性骨折、嵌入性骨折和粉碎性骨折（图5-26-13）。

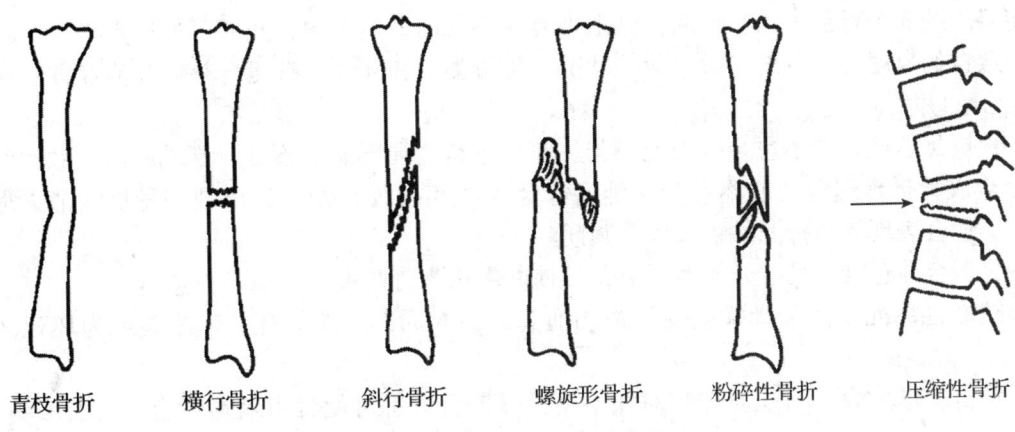

| 青枝骨折 | 横行骨折 | 斜行骨折 | 螺旋形骨折 | 粉碎性骨折 | 压缩性骨折 |

图 5-26-13　骨折类型示意图

3. **骨折断端移位**　即骨折后的对位和对线情况。确定移位时，在长骨以骨折近端为准，借以判断远端的移位方向和程度（图 5-26-14）。

（1）移位：分为内、外、前、后、上、下移位。当两断端完全错开时，称为完全性移位；两断端相对不到骨折断面的 1/2 时，称为对位不良；两断端相对接近正常时，称为对位良好。

（2）重叠或分离：这是一种纵向移位，表现为两断端重叠、嵌入或分离。前两种的骨折线为致密线，分离则表现为两断端间距加大，如处理不当，易导致骨折不愈合。

（3）成角：即两骨折段纵轴线不成一条直线，而互交成一角度，称为成角畸形。以成角凸侧为准，如凸侧向前，为向前成角；角度基本消失时，称为对线良好；仍有成角移位时，称为对线不良。

（4）旋转：是长骨骨折后远折断端沿长轴向内或向外旋转，对旋转的判断应包括远侧的关节。

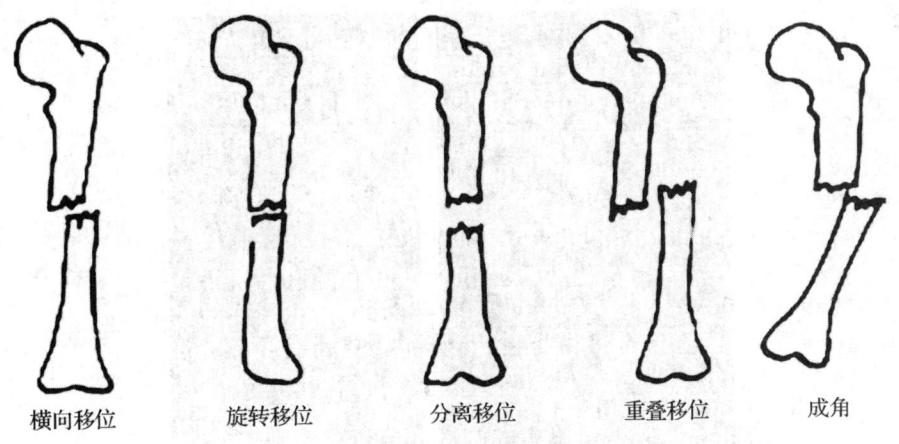

| 横向移位 | 旋转移位 | 分离移位 | 重叠移位 | 成角 |

图 5-26-14　骨折断端移位成角示意图

4. **儿童骨折的特点**

（1）骺离损伤：外力经骺板达干骺端引起骨骺分离，表现为骺板或骺线增宽，骨骺与干骺端对位异常。

（2）青枝骨折：局部骨皮质和骨小梁扭曲，而不见骨折线或只引起骨皮质的皱褶、凹陷、隆突或翘起。儿童骨折时，由于儿童骨骼有机质含量多，柔软似被折而不断的柳树条，故名青枝骨折。

5. **骨折的愈合**　是一个连续的过程。骨折后，断端出血，形成血肿，血肿约在 1 周内机化，形成肉芽组织，此时 X 线片仅见骨折线清晰和软组织肿胀。2~3 周后，再由成骨细胞产生新骨，称为骨痂，使断端连续并固定。骨痂形成，X 线表现为骨折断端周围不规则线状或斑片状致密影。随着骨痂范围加大，内骨痂与外骨痂的高密度影重叠而显示不清，同时可见骨折线模糊、消失而成为骨性连接。约3个月后进入塑形期，逐渐恢复为正常的骨质结构，此期可长达数年。

骨折愈合的速度与患者的年龄、营养状况、骨折类型和部位、有无合并症及治疗方法等有关。

6. 骨折的并发症

（1）骨折延迟愈合或不愈合：固定不佳、复位不良、局部血运不良、断端间嵌入软组织及并发感染均可造成骨折延迟愈合或不愈合。延迟愈合X线表现为骨痂延迟出现，骨折线消失迟缓或长期存在；不愈合表现为骨折断端被骨皮质封闭。

（2）骨折合并感染：见于开放性骨折，致使断端出现骨髓炎，影响骨折愈合。

（3）缺血性坏死：由于骨折或复位损伤血管，引起局部骨质坏死，X线表现为坏死区骨密度增加。

（4）骨折畸形愈合：断端对位和对线不良及骨骺分离都可使骨折畸形愈合，可有成角、旋转、缩短等。

（5）创伤性关节炎：关节内骨折或骨折畸形愈合可影响关节功能，引起创伤性关节炎。

（6）骨化性肌炎：骨折常合并周围软组织损伤、出血，若血肿处理不当，可经机化而骨化，在软组织内出现大小及形态不一的致密影。

（7）骨质疏松：骨折固定后，肢体制动时间长，引起失用性骨质疏松。轻者短期内可恢复，重者持续时间较久，影响功能。

7. 常见部位骨折

（1）伸展型桡骨远端骨折：又称科利斯骨折（Colles fracture），指桡骨远端近关节面2~3cm内的横行或粉碎性骨折，骨折远折端向背侧及桡侧移位，向掌侧成角，桡骨远端关节面前倾角减少，两折端常呈嵌插畸形，此种骨折可合并尺骨茎突撕脱骨折和下尺桡关节分离。儿童常发生桡骨远端骨骺分离（图5-26-15）。

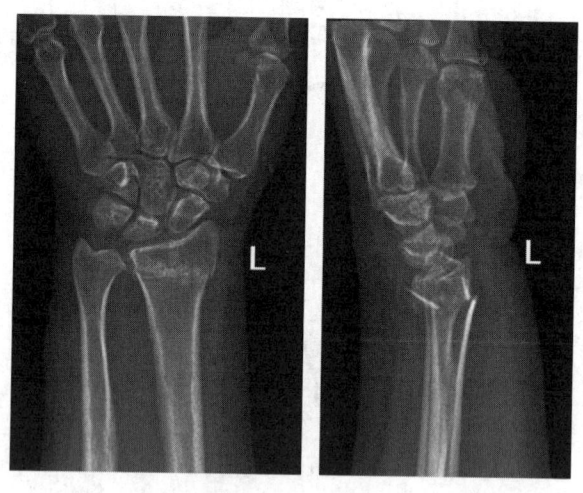

图5-26-15 伸展型桡骨远端骨折X线表现

（2）肱骨髁上骨折：是上臂常见的骨折，多见于儿童。骨折位于髁上方，多为横行骨折。一般分为两型：伸直型多见，骨折线自前下斜向后上，远折段向后上方移位，骨折两断端向后成角畸形。屈曲型少见，远折段向前移位，骨折两断端向前成角畸形（图5-26-16）。

（3）肱骨外科颈骨折：骨折位于肱骨解剖颈下2~3cm处，骨折线横行，断端多有嵌入。一般分为两型：内收型为两断端向外成角，骨干内收，大结节多正常。外展型为两断端向内成角，骨干外展，常合并肱骨大结节撕脱骨折（图5-26-17）。

（4）股骨颈骨折：多见于老年人，骨折可发生于股骨头下部、股骨颈或基底部。骨折线呈斜行或螺旋形，断端常错位或嵌入，也可向内或向外成角。向内成角者称为内收型，向外成角者称为外

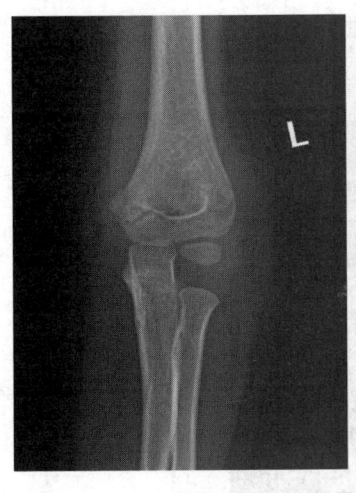
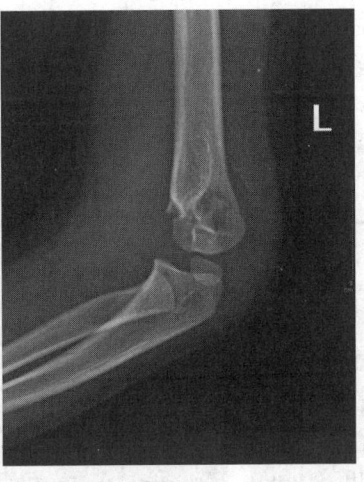
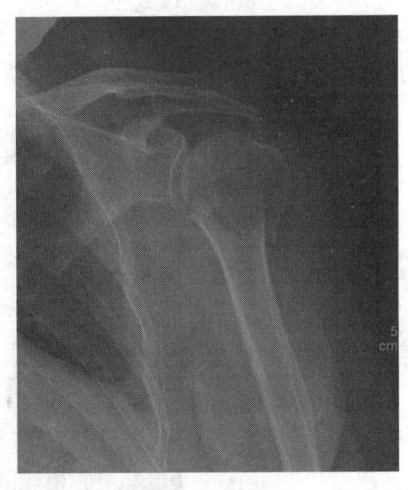

图 5-26-16　肱骨髁上骨折 X 线表现　　　　　　　　图 5-26-17　肱骨外科颈骨折 X 线表现

展型（图 5-26-18）。头下骨折在关节囊内，易引起关节囊损伤，影响关节囊血管对股骨头、颈部的血供，使骨折愈合缓慢，甚至发生缺血性坏死。

（5）脊椎骨折：多由于自高处坠下或背部砸伤引起，好发于第 12 胸椎和第 1 腰椎椎体，单个椎体多见，多为椎体压缩性骨折。X 线表现为椎体受压变扁，侧位片上显示椎体呈楔形变形，椎体前缘骨皮质嵌入，因断端嵌入，在椎体中央可见横行不规则致密线（图 5-26-19）。有时在椎体前上角可见分离的碎骨块。上、下椎间隙一般正常。严重者骨折处常发生脊柱后突、侧方移位或后移位等。常合并棘突、横突骨折。CT 或 MRI 检查应重点观察骨折对脊髓及神经根的影响，有无椎管狭窄、变形、骨折片突入椎管压迫脊髓及神经根的情况。

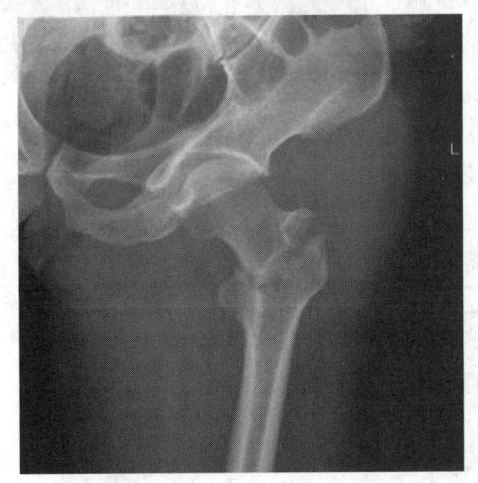
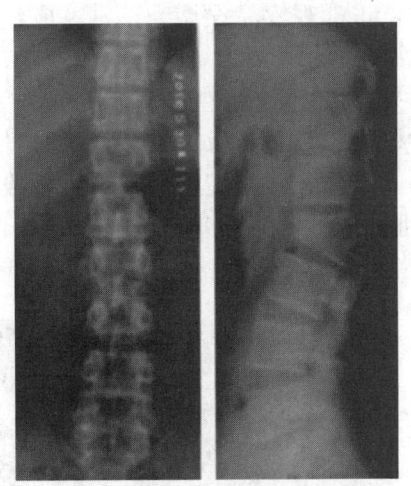

图 5-26-18　股骨颈骨折 X 线表现　　　　　　　　图 5-26-19　脊椎压缩性骨折 X 线表现

（二）创伤性关节脱位

创伤性关节脱位是由于外力作用致使关节正常关系丧失，多发生于四肢活动范围较大的关节，且关节囊及周围韧带不够坚强，结构不稳固的关节，常见于肩关节、肘关节和髋关节，有时可并发骨折。成人大关节脱位易于辨认和诊断，但成人小关节不全脱位和儿童关节脱位常须与对侧关节进行对照才能做出诊断。患者有明确的外伤史，关节疼痛、肿胀、变形和功能障碍等。

1. 肘关节脱位　分为后脱位、前脱位和侧脱位，其中后脱位多见，即尺骨与桡骨近端同时向肱骨后方脱位，少数可脱向外侧。多数为跌倒后手掌着地致使肘关节过伸，使尺骨、桡骨近端同时向肱骨远端后上方移位。尺骨鹰嘴半月切迹脱离肱骨滑车，脱位时常并发肱骨内上髁和桡骨头骨折，也可合并关节囊、韧带、血管和神经损伤（图5-26-20）。

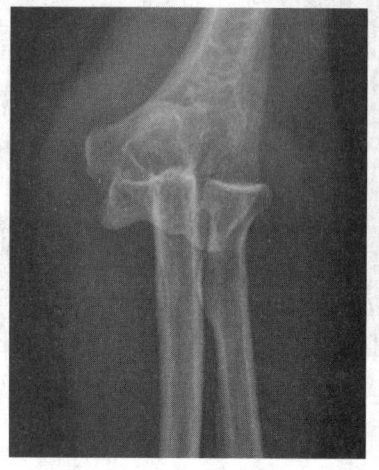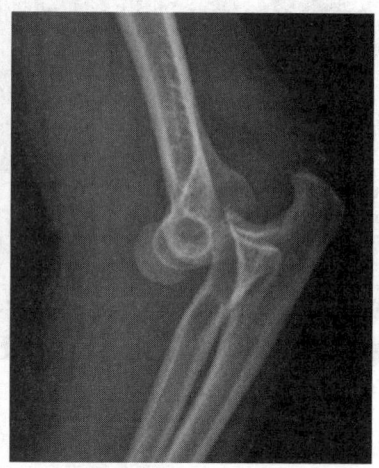

图5-26-20　肘关节脱位X线表现

2. 肩关节脱位　肩关节是全身活动范围最大的关节，关节盂浅小，故易发生脱位。肩关节脱位分为前脱位和后脱位，因肩关节囊前壁薄弱，以前脱位较常见，肱骨头脱向肩胛骨前面，依其位置又分为喙突下脱位、盂下脱位和锁骨下脱位3种，易合并肱骨大结节骨折（图5-26-21）。后脱位少见，由于肱骨向后脱位后并不下移，正常观察易误认为正常，应注意与健侧比较，进行鉴别。

3. 髋关节脱位　创伤性髋关节脱位分为前脱位、后脱位和中心脱位3种。后脱位多见，股骨头脱出髋臼外并向外、上移位，与髋臼上部重叠，股骨多处于内收位；前脱位较少见，股骨头脱向髋臼内下方，股骨多处于外展位；中心脱位极少见，表现为髋臼底部粉碎性骨折，股骨头嵌入其内，且突向骨盆腔（图5-26-22）。

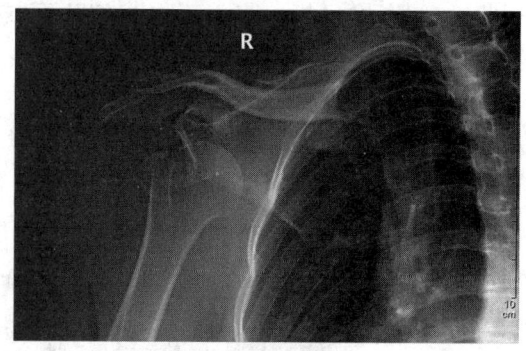

图5-26-21　肩关节脱位、肱骨大结节骨折X线表现

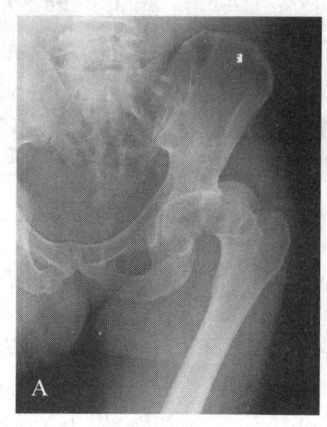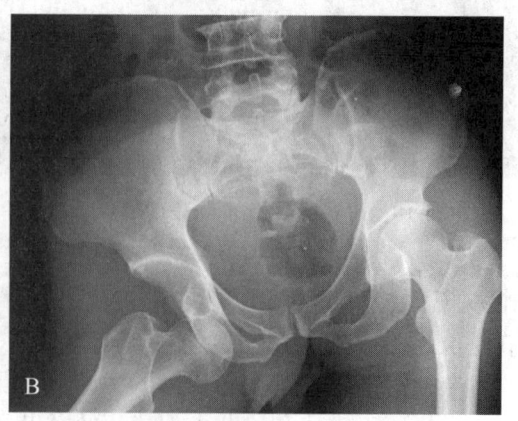

图5-26-22　髋关节脱位X线表现
A. 后脱位；B. 前脱位

二、骨与关节化脓性炎症

（一）化脓性骨髓炎

化脓性骨髓炎的致病菌通常为金黄色葡萄球菌、链球菌及肺炎链球菌等，其中金黄色葡萄球菌较常见。根据致病菌进入骨髓的途径，可分为：①血行感染；②附近软组织或关节化脓性感染直接蔓延；③随外伤而进入。其中以血行感染多见。血行感染时，细菌栓子经血液循环进入骨髓，多停留于血管走行弯曲、血流缓慢的干骺端骨松质内形成脓肿。如机体抵抗力强，脓肿可局限成为慢性骨脓肿。病变发展，可沿下述途径蔓延：①脓肿向髓腔直接蔓延；②脓肿穿破干骺端骨皮质，形成骨膜下脓肿；③骨膜下脓肿再次穿破皮质进入骨髓腔；④成人脓肿可穿破骨端进入关节引起化脓性关节炎。儿童骨骺有暂时阻碍炎症蔓延的作用，故感染一般不能穿过骺板进入关节腔（图5-26-23）。

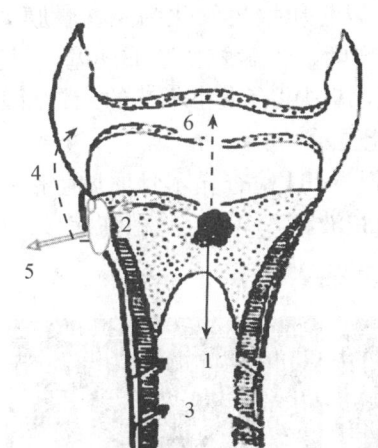

1. 干骺端形成小脓肿，化脓病灶向骨髓腔发展
2. 穿破骨皮质，侵入骨膜下
3. 骨膜下脓肿再经哈弗斯管进入骨髓腔
4. 穿破骨膜至关节周围
5. 窦道形成
6. 直接向关节腔方向蔓延

图5-26-23 胫骨上端急性化脓性骨髓炎蔓延途径示意图

根据临床和X线表现不同，化脓性骨髓炎可分为急性化脓性骨髓炎和慢性化脓性骨髓炎。急性化脓性骨髓炎一般急性起病，局部红、肿、热、痛及功能障碍，伴高热、寒战、白细胞计数增多等全身中毒症状。慢性化脓性骨髓炎多为急性化脓性骨髓炎治疗不当或不及时迁延而来。临床特点是排脓瘘管经久不愈或愈合与复发反复出现，时而有小死骨排出。

1. 急性化脓性骨髓炎的X线表现（图5-26-24）

（1）软组织弥漫性肿胀：发病1～2周内，主要表现为软组织增厚，密度增高，肌间隙脂肪分

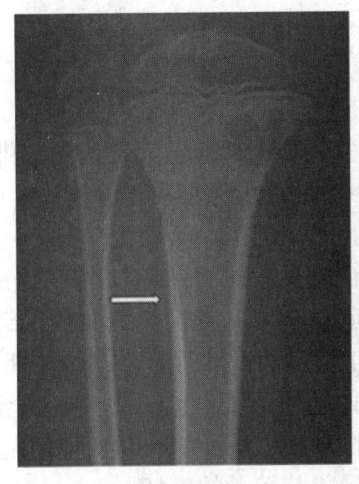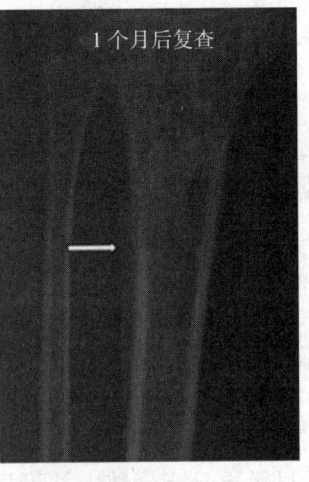

图5-26-24 急性化脓性骨髓炎X线表现

界模糊、消失或移位。

（2）骨质破坏：发病2周后，在干骺端骨松质中出现局限性骨质疏松，继而出现多数分散、不规则的骨质破坏区，破坏区边缘模糊，骨皮质呈筛孔状或虫蚀状破坏，骨质破坏向骨干延伸，范围扩大，可达全骨干，有时可引起病理性骨折。

（3）骨膜反应：骨质破坏周围有单层、多层或花边状等形态骨膜反应，广泛的骨膜反应形成包壳。

（4）死骨：因脓肿使骨膜被掀起和血栓性动脉炎，使骨皮质血供发生障碍，引起骨质坏死，形成长条形死骨，与周围骨质分界清楚，且密度高。

CT检查有助于发现干骺端和髓腔内小的骨破坏病灶，横断面图像为局限性密度减低区，尤其能发现X线片不能显示的小破坏区和小死骨。MRI在确定骨髓腔内炎症和软组织感染方面优于X线片和CT。骨髓充血、水肿、渗出和坏死在T_1WI均表现为低信号，与正常骨髓的高信号形成明显的对比；在T_2WI上呈高信号。

2. 慢性化脓性骨髓炎的X线表现（图5-26-25） 以骨质增生硬化为主，骨膜大量增生，包围骨干且与皮质融合，使骨干增粗、皮质增厚、外形不规则、骨髓腔变窄或闭塞。骨膜反应呈分层、花边状等形态。在增生的骨质中可见到残存的破坏区，其中可有大小不一的死骨而影响骨髓炎的愈合。因骨质增生硬化明显，故常需用过度曝光摄片才能显示。

CT检查有助于显示骨质破坏和小的死骨及无效腔。MRI检查显示骨质增生硬化，死骨和骨膜新生骨在T_1WI和T_2WI均表现为低信号，肉芽组织和脓液在T_1WI上呈稍高信号，而在T_2WI上呈高信号。

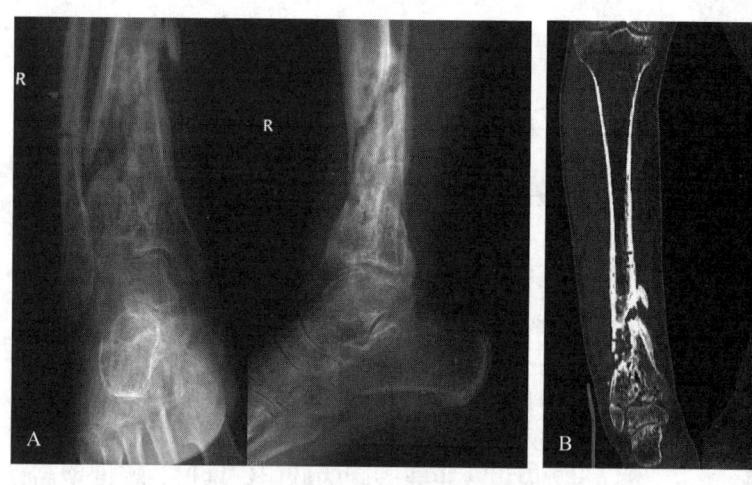

图 5-26-25 慢性化脓性骨髓炎
A. X线正、侧位片；B. CT冠状位、矢状位重建图像

（二）化脓性关节炎

化脓性关节炎通常是金黄色葡萄球菌、链球菌及肺炎链球菌等致病菌感染滑膜而引起的关节化脓性炎症。感染途径常为血行感染，也可因化脓性骨髓炎侵入关节引起。常侵及四肢承重大关节，如髋关节、膝关节。临床主要表现为高热、关节肿胀和疼痛、活动受限等。

化脓性关节炎的X线表现：早期关节腔积液，关节周围软组织肿胀、密度增高、层次模糊、骨质疏松。短期关节软骨即受侵蚀而破坏，关节间隙变窄。骨性关节面负重部位首先受破坏，随着病变进展，关节面破坏而不规则。关节囊破坏后常发生病理性骨折。在修复期，病变骨质增生硬化，关节边缘骨赘形成，关节面骨破坏较轻者关节仍可保留一定的间隙，严重者愈合后形成骨性强直。

CT检查可显示关节肿胀、积液及关节骨端的破坏，并可以判断病变的范围。MRI检查对关节积液和周围软组织受累显示更具有优势，并可显示关节软骨的破坏。

三、骨与关节结核

骨与关节结核是以骨质疏松和骨质破坏为主的慢性疾病，多发生于青少年，常继发于肺结核。结核分枝杆菌经血行到达骨或关节，易停留于血管丰富的骨松质内，如椎体、骨骺、干骺端与关节滑膜，以脊椎为好发部位，其次为髋关节、膝关节，通常为单发。病变初期，结核病灶开始并局限于骨松质和骨膜，如治疗及时，可愈合。如进一步蔓延，可侵及关节。结核分枝杆菌停留在关节滑膜，致使关节囊增厚，滑膜充血、水肿及关节腔积液，再波及关节。

依据病理组织类型不同，可分为干酪样坏死型和增生型。前者多见，以发生干酪样坏死和死骨形成为其特点，相邻软组织可形成冷脓肿，局部无红、热、痛。后者少见，主要是形成结核性肉芽组织。

临床起病缓慢，局部可有肿、痛和功能障碍，可见全身性结核中毒症状，实验室检查红细胞沉降率可增快。

（一）长骨骨骺与干骺端结核

骨骺与干骺端结核好发于股骨上端、尺骨近端和桡骨远端。病变早期X线检查仅表现为局限性骨质疏松，随后于干骺端骨松质内形成圆形骨质破坏区，边缘清楚，周围无明显骨质增生，骨膜反应少见或轻微。有时在骨质破坏区内可见砂粒样死骨，密度不高，边缘模糊。CT检查可显示低密度的骨质破坏区和小斑片状高密度死骨。

（二）关节结核

关节结核多见于髋关节和膝关节等承重大关节，可分为滑膜型和骨型关节结核。前者为结核分枝杆菌经血行累及关节滑膜，再波及关节软骨及骨质，此型较为多见。后者为骨骺、干骺端结核直接蔓延所致。

1. 滑膜型结核　病变早期，因关节囊增厚，滑膜充血、水肿及关节腔积液，X线表现为关节周围软组织肿胀，密度增高，关节积液量多者可有关节间隙增宽，常同时伴有骨端骨质疏松。随病变进展，则在滑膜附着部位关节边缘出现虫蚀状骨质破坏，边缘模糊，且上、下关节骨端对称受累。当病变侵及关节软骨形成广泛破坏时，关节间隙变狭窄，同时可伴有关节半脱位或脱位。破坏严重者，愈合后产生关节纤维性强直。CT检查可清楚地显示关节周围软组织肿胀、关节囊增厚、关节腔积液、骨性关节面毛糙及虫蚀样骨质破坏等。MRI能很好地显示关节腔积液、滑膜肿胀、关节周围脓肿、软骨及软骨下骨破坏等，有助于对其进行诊断和鉴别诊断。

2. 骨型关节结核　为骨骺、干骺端结核蔓延至关节所致，X线检查表现为在骨骺和干骺端结核的基础上，又出现周围软组织肿胀、关节骨质破坏及关节间隙变窄等征象。骨型关节结核的CT改变与骨骺、干骺端结核所见相同，常伴有关节肿胀、积液、骨质破坏等（图5-26-26）。

（三）脊柱结核

脊柱是骨关节结核中最常见的部位，以腰椎最多见，其次是胸椎，颈椎少见。X线主要表现为椎体骨质破坏、椎间隙变窄或消失、椎旁冷脓肿和脊柱后凸畸形。

1. 椎体破坏　多见椎体边缘骨质破坏，也可见椎体中央受累。由于椎体骨质破坏和脊柱承重关系，椎体受压塌陷、变扁呈楔形，破坏严重者椎体可全部破坏消失，仅存椎弓部分。

2. 椎间隙变窄或消失　由于病变开始多累及椎体上、下缘，进而侵犯软骨板，引起软骨和椎间隙破坏，较早出现相邻椎体边缘模糊及椎间隙轻度狭窄，这是脊椎结核的早期改变。当椎间盘严重破坏时，椎间隙明显狭窄或消失，而导致上、下相邻椎体互相嵌入、融合。

3. 椎旁冷脓肿　脊椎结核破坏的骨质产生大量干酪样物质，注入邻近脊椎周围软组织中，形成冷脓肿。腰椎结核形成的腰大肌脓肿表现为一侧或两侧腰大肌阴影模糊或呈弧形外凸；胸椎结核形成的椎旁脓肿表现为病变椎体两侧局限性梭形密度增高影，边缘较清楚（图5-26-27）；颈椎结核

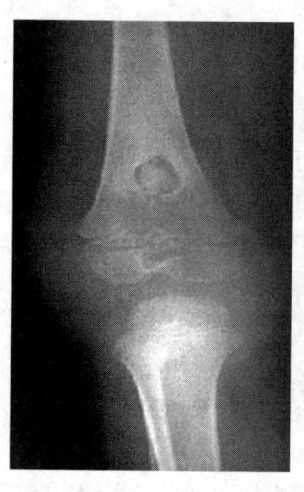
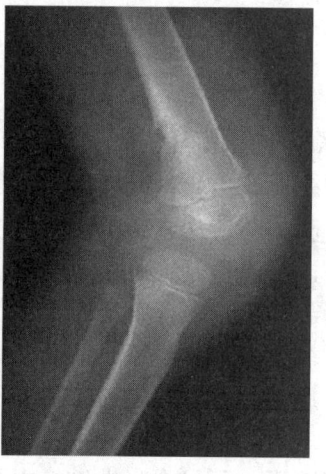

图 5-26-26　膝关节结核 X 线表现

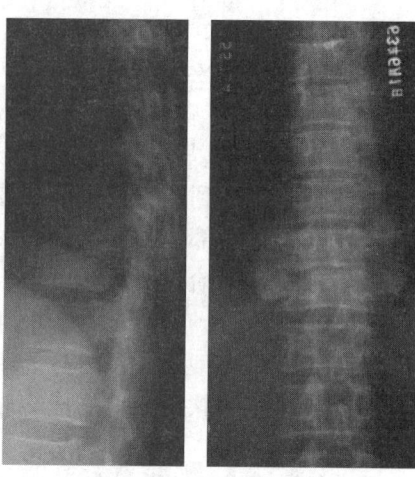

图 5-26-27　胸椎结核伴椎旁冷脓肿

形成的咽后壁脓肿，侧位片可见咽后壁软组织阴影增厚，呈弧形前凸。

4. **脊椎后凸畸形**　多见于胸椎结核，由于脊椎负重和椎体严重破坏，可形成以病变椎体为中心的后凸畸形。

CT 有利于显示椎体和附件不规则的溶骨性和虫蚀性骨破坏以及小片死骨。对椎旁脓肿和椎管内脓肿的范围也可清楚显示，脓肿区可见钙化。

MRI 不仅观察到结核病对骨的侵蚀破坏以及椎旁脓肿的形态和范围，最主要的是可以明确显示椎管内结核病的侵犯。

四、骨肿瘤

骨肿瘤分为良性和恶性，恶性又分为原发性和继发性两种。继发性是指其他部位的恶性肿瘤转移至骨，又称骨转移瘤。影像学检查不仅能确定肿瘤的部位、大小、邻近骨骼和软组织改变，而且在一定程度上可判断肿瘤的良、恶性乃至病理组织学类型，为临床治疗和预后评估提供重要依据。对具有典型表现的肿瘤不难做出诊断，但对缺乏特征性表现的骨肿瘤，必须紧密结合临床资料、实验室检查及病理活检才能确诊。

（一）骨软骨瘤

骨软骨瘤又称外生骨疣，为最常见的良性骨肿瘤。单发者称为孤立性骨软骨瘤，多发者常具有家族遗传病史。骨软骨瘤只发生于软骨内化骨的骨骼，好发于四肢长骨的干骺端，尤以股骨下端和胫骨上端多见。组织学上肿瘤由骨性基底、软骨帽和纤维包膜三部分构成。骨软骨瘤生长缓慢，当骨骺和干骺端结合后肿瘤也停止生长。临床主要表现为局部畸形、压痛、活动受限等，偶可恶变为软骨肉瘤。

X 线表现：受累长骨干骺端邻近骺线处向软组织内突出的骨性肿物，肿瘤多背离关节生长。骨性基底为母体骨骨皮质向外延伸和突出，其内可见骨小梁，与母体骨小梁相续，基底顶端略膨大，呈菜花状或丘状隆起；顶部的软骨帽和纤维包膜在 X 线片上不显影，若软骨钙化，可在基底顶端外缘出现点状或环形钙化影（图 5-26-28）。肿瘤较大时可压迫邻近骨骼，形成边缘整齐的压迹，甚至引起畸形和骨发育障碍。

CT 和 MRI 均可清楚地显示软骨帽。当可疑恶性变时，CT 检查

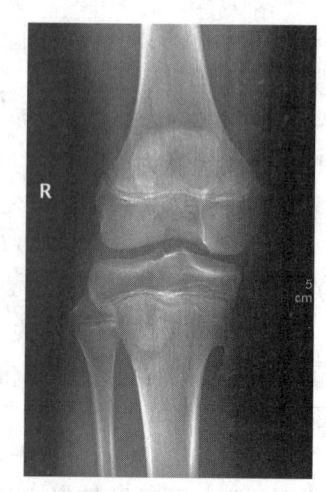

图 5-26-28　胫骨近端骨软骨瘤 X 线表现

可早期发现软骨帽增厚、钙化和软组织浸润；MRI能显示软骨帽的轻微破坏，有利于早期诊断。

（二）骨巨细胞瘤

骨巨细胞瘤也称破骨细胞瘤，起源于骨内不成骨的间充质组织。病理上分为三级：Ⅰ级为良性；Ⅱ级为生长活跃（过渡类型）；Ⅲ级为恶性。骨巨细胞瘤多见于20~40岁的成人，好发于四肢长骨的骨端，尤其是股骨下端、胫骨上端和桡骨远端。临床主要表现为患肢局部肿胀、疼痛、压痛及活动受限。肿瘤较大者，局部皮肤发热和静脉曲张。

X线表现：受累长骨骨端呈偏心性、多房性、膨胀性骨质破坏，边缘清楚，破坏区内见多少不等的骨嵴，将其分隔成大小不一的小房，形似皂泡状改变。局部骨骼膨大，骨皮质变薄，易发生病理性骨折，病变周围无骨膜反应。骨巨细胞瘤有横向生长和向关节方向生长的倾向，以致肿瘤直达骨性关节面下，甚至将关节对侧的另一骨端包绕起来，也为本病的特征。若肿瘤生长加速，疼痛加重，病变区骨皮质出现虫蚀状、筛孔状骨质破坏，骨性包壳和骨嵴不完整，骨膜反应明显，并侵犯软组织形成肿块影，则提示骨巨细胞瘤恶变（图5-26-29）。

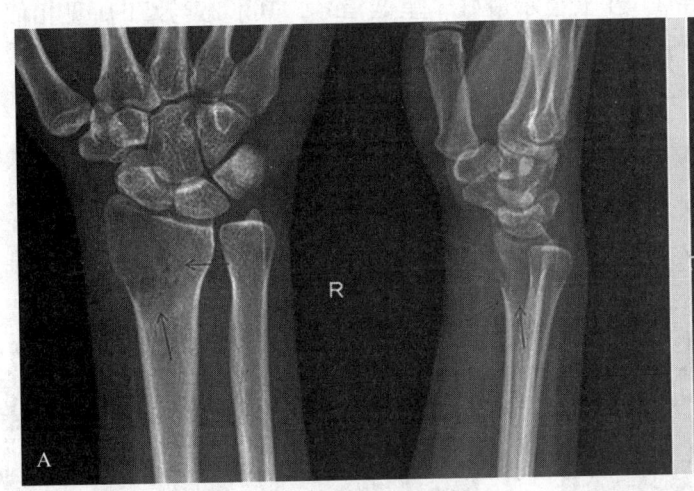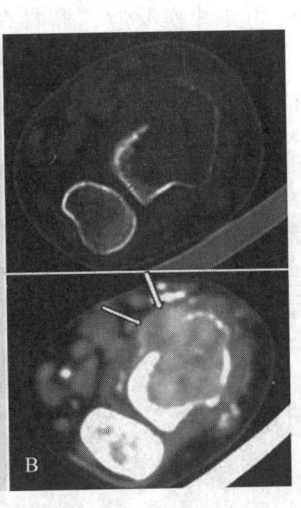

图5-26-29 桡骨远端骨巨细胞瘤
A. X线表现；B. CT表现

CT可更清楚地显示骨性包壳。骨性包壳内面凹凸不平，肿瘤内并无真正的骨性间隔。肿瘤内密度不均，可见低密度的坏死区，肿瘤与骨松质的分界清楚，无骨质增生硬化。

MRI的优势在于显示肿瘤周围的软组织情况以及瘤体内的出血情况：在T_1WI呈均匀的低或中等信号，高信号区提示亚急性、慢性出血。

（三）骨肉瘤

骨肉瘤是最常见的原发性恶性骨肿瘤，起源于骨间叶组织，以瘤细胞能直接形成骨样组织或骨质为特征。本病恶性程度高、病变进展快、发生转移早，以肺部转移最常见。临床多见于青少年，男性多于女性。好发于长骨干骺端，尤其是股骨、胫骨和肱骨的干骺端。临床主要表现为局部肿胀、进行性疼痛及活动受限，夜间尤甚。患肢局部皮温高，并有浅静脉怒张，晚期患者可有高热、消瘦及恶病质。

骨肉瘤的基本X线表现：

1. **骨质破坏**　为干骺端筛孔样、虫蚀样或斑片状破坏，破坏区逐渐融合成大片状骨质缺损，边缘模糊；严重时骨质结构消失，易合并病理性骨折。

2. **肿瘤骨**　是肿瘤细胞所形成的骨组织，简称瘤骨，是诊断骨肉瘤的重要依据之一。瘤骨可表现为絮状、斑块状、象牙质样或针状致密影。

3. **骨膜反应**　肿瘤侵及骨膜则出现平行状、层状、垂直针状和放射状骨膜反应。当肿瘤组织向骨外侵犯时，破坏邻近骨皮质和增生的骨膜，残留的骨膜反应与骨皮质构成的三角称为骨膜（Codman）三角（图 5-26-30），是骨肉瘤常见的 X 线征象。

4. 软组织肿块　肿瘤侵入软组织，在软组织内形成类圆形或分叶状软组织团块影，其中可见棉絮状或针状瘤骨。

根据肿瘤骨生成的多少及骨质破坏的程度，将骨肉瘤分为以下 3 型。①成骨型：以大量瘤骨形成为主，伴有软组织肿块和骨膜反应，骨质破坏不显著。X 线表现为骨内大量斑片状、云絮状高密度影，呈象牙质样。②溶骨型：以骨质破坏为主，可见骨膜反应和软组织肿块，一般少见瘤骨。X 线表现为大片状溶骨性骨质破坏。③混合型：成骨型和溶骨型 X 线征象并存，既有明显骨质破坏，又有多量肿瘤骨生成，肿瘤周围见程度不一的骨膜增生性改变（图 5-26-31）。

CT 较 X 线检查敏感，瘤骨分布在骨破坏区和软组织肿块内，形态与 X 线检查所见相似，密度差别较大，且能较好地显示肿瘤在髓腔的蔓延范围，表现为低密度含脂肪的骨髓被软组织密度的肿瘤所取代。

骨质破坏、骨膜反应、瘤骨在 T_2WI 上显示最好，呈低信号，其形态与 CT 所见相似，但 MRI 显示细小、淡薄的骨化或瘤软骨钙化的能力不如 CT。大多数骨肉瘤表现为不均匀 T_1WI 低信号、T_2WI 不均匀高信号，肿块外形不规则，边界不清，边缘不规则。

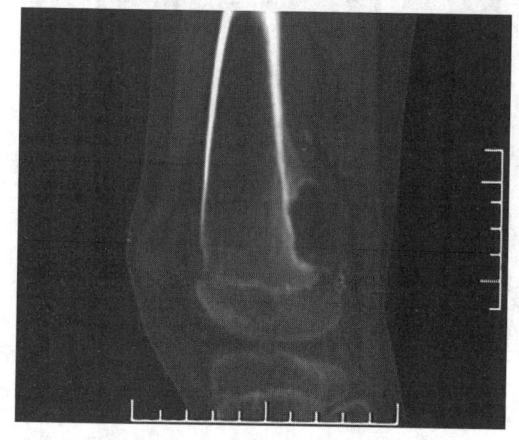

图 5-26-30　骨肉瘤 - 骨膜三角

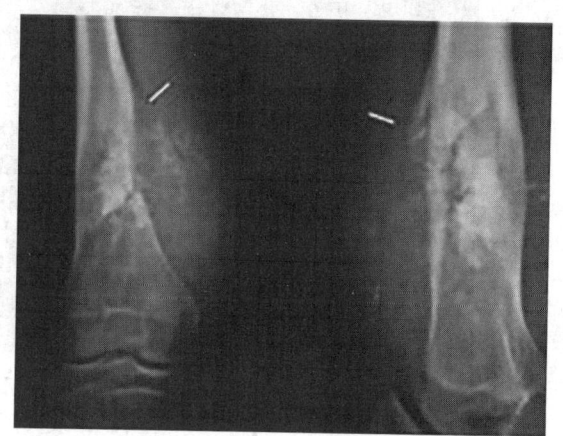

图 5-26-31　混合型骨肉瘤

（四）骨转移瘤

骨转移瘤为骨外其他组织的恶性肿瘤转移至骨所致，多为血行转移。骨转移瘤常多发，可见于脊柱、肋骨、股骨上端、髂骨等红骨髓部位。临床主要表现为原发肿瘤的症状和进行性加重的疼痛。

X 线表现：可分为以下 3 种类型。①溶骨型：最常见，多发生在长骨的骨干或干骺端，X 线表现为骨松质中多发或单发的小的虫蚀状或大片状骨质破坏区（图 5-26-32），发生在椎体的溶骨性破坏，因承重而被压扁，但椎间隙保持完整。②成骨型：少见，X 线表现为骨松质内结节状、斑片状密度均匀一致的高密度影，骨皮质多完整。③混合型：兼有前面两型的骨质改变。

五、类风湿关节炎

类风湿关节炎为一种泛发性结缔组织病，病因不明，手、足小关节易受累，以多发性、对称性侵犯手和足小关节为特征。病理以

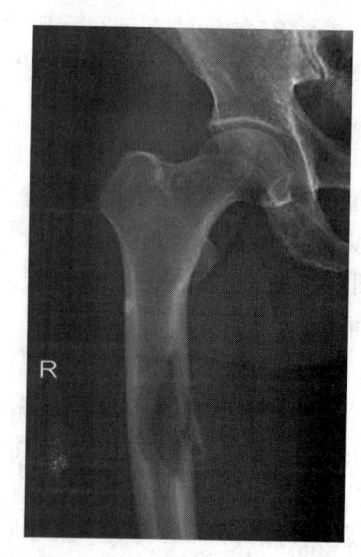

图 5-26-32　股骨转移瘤 X 线表现

关节滑膜的非特异性慢性炎症为主。临床上发病隐匿，主要表现为手和足小关节梭形肿胀、疼痛、僵硬，以晨起为重，活动后好转。有发热、不适、乏力、肝大、脾大的症状与体征。晚期表现为多关节畸形，并伴有关节功能障碍和肌肉萎缩。

X线表现：X线改变通常于症状出现2~3个月后才能显现。

（1）早期小关节多发对称性梭形软组织肿胀，关节骨端出现不同程度的骨质疏松。

（2）随着关节软骨及关节下骨质的破坏及关节周围血管翳的形成，关节间隙变窄，骨性关节面和骨皮质边缘出现虫蚀样骨质破坏以及关节软骨下出现小的多发性囊状透亮区。

（3）关节软骨及骨端破坏进一步加重，关节间隙进一步明显变窄，关节呈屈曲畸形、半脱位或脱位，可形成纤维性强直或骨性强直。

CT有助于发现较大关节（如膝关节、肩关节）受累形成的滑膜囊肿。MRI显示类风湿关节炎较敏感，在侵蚀灶出现之前即可出现炎性滑膜强化。平扫加增强扫描显示关节骨质侵蚀，比X线片要敏感得多，主要能显示充填在侵蚀灶内的血管翳，表现为T_1WI低信号，T_2WI高信号。

六、退行性骨关节病

退行性骨关节病也称骨性关节炎，是一种以活动关节的关节软骨退行性变、关节面及其边缘形成新骨为特征的一组非炎症性病变。本病分为原发性和继发性两类。原发性多见，是原因不明的关节软骨退行性变所致，常见于中老年人，承重大关节多受累，如髋关节、膝关节和脊柱。继发性是继发于炎症和外伤，引起关节软骨破坏，任何年龄、任何关节均可受累。临床表现为关节疼痛、功能障碍，在晨起或久坐起立时明显，活动后消失。

X线表现：X线片上关节间隙变窄，关节边缘唇状骨质增生，软骨下骨质硬化，骨赘形成。后期出现关节失稳、畸形、游离体和关节面下囊性变等（图5-26-33）。

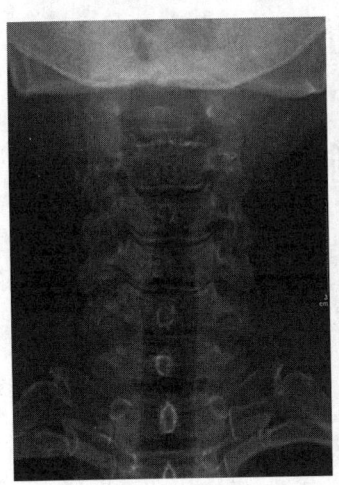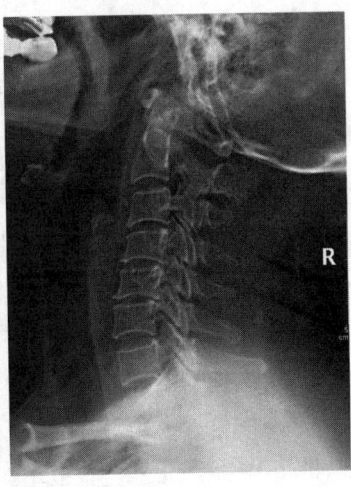

图 5-26-33 颈椎退行性变X线表现

CT检查复杂关节时扫描面与关节面垂直显示病变较好。后期出现滑膜炎和关节积液时，CT较X线片敏感，表现为关节囊扩张，内为均匀液体密度影。

MRI早期软骨肿胀T_2WI上为高信号；以后软骨内可出现小囊、表面糜烂和小溃疡；晚期局部纤维T_2WI上表现为低信号，软骨变薄甚至剥脱。

知识拓展

椎间盘病变的 CT 表现

1. 椎间盘膨出　横断面 CT 上（图 5-26-34A）显示超过椎体四周边缘的均匀、光滑的软组织密度影，后缘多平直或内凹；硬膜囊前缘及椎间孔内脂肪可受压，脊髓及神经根可有或无受压移位；椎体边缘可见骨质增生形成骨赘；有时可见椎间盘内"真空"征和髓核钙化。

2. 椎间盘突出　横断面 CT 上（图 5-26-34B、C）显示椎间盘后缘向椎管内局限性突出的软组织密度影，有时其内可见钙化影；相应的硬膜囊和神经根受压，硬膜外脂肪间隙受压变形、移位或消失。

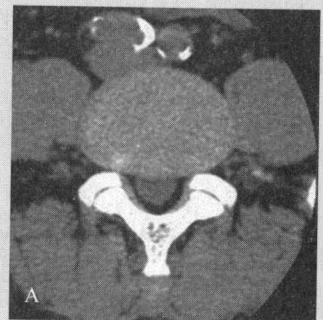 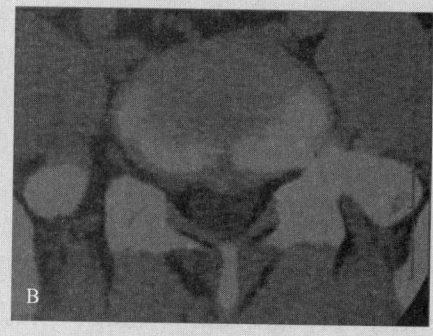 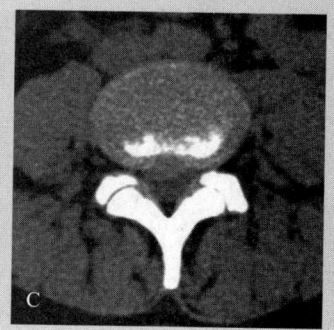

图 5-26-34　椎间盘病变的 CT 表现
A. 椎间盘膨出；B、C. 椎间盘突出

（戴振火）

自 测 题

一、选择题

1. 正常成人长骨 X 线不能显示的结构是
   A. 骨皮质　　　　　B. 骨膜　　　　　　C. 骨髓腔
   D. 骨端　　　　　　E. 骨干
2. 骨与关节结核多继发于
   A. 肾结核　　　　　B. 肺或消化道结核　C. 生殖系结核
   D. 皮肤结核　　　　E. 结核性脑膜炎
3. 对骨折有准确诊断价值的是
   A. 局部肿胀　　　　B. 外伤史　　　　　C. 局部压痛
   D. 骨折线　　　　　E. 功能障碍
4. 局部骨质被病理组织所代替而造成的骨组织消失是
   A. 骨质疏松　　　　B. 骨质软化　　　　C. 骨质增生
   D. 骨质破坏　　　　E. 骨质坏死

5. 骨巨细胞瘤的典型征象是
   A. 多房性、偏心性骨质破坏
   B. 背离关节生长
   C. 骨膜三角
   D. 大片死骨形成
   E. 爆米花样钙化

二、简答题

1. 简述关节基本病变及其 X 线表现。
2. 简述四肢关节退行性骨关节病的 X 线表现。
3. 简述骨巨细胞瘤的 X 线表现。

第二十七章 呼吸系统影像诊断

第二十七章数字资源

学习目标

1. 知识：说出呼吸系统影像学检查技术的选择原则，列举肺部基本病变，解释其影像学表现与病理改变的联系。
2. 能力：综合运用肺部基本病变的影像学表现知识，诊断、分析肺部常见疾病的影像学改变，并具备一定的鉴别诊断能力。
3. 素养：通过学习，建立临床-影像-病理相联系的影像诊断思维。培养救死扶伤、为人民服务的高尚情操，在检查中保护患者隐私，注重人文关怀，建立良好的医患关系。

案例 5-27-1

患者，男性，36岁，以"高热3天，伴咳嗽、咳脓性痰、胸痛"为主诉入院。患者急性起病，高热、畏寒，体温39.6℃，伴咳嗽、咳黏液脓性痰，左侧胸部疼痛。体格检查：左侧胸部叩诊呈浊音，可闻及胸膜摩擦音。实验室检查：血 WBC 16.3×10^9/L，N 81%。

问题与思考：
1. 该患者可能的疾病诊断是什么？
2. 其影像学检查技术的选择原则是什么？
3. 可能的影像学表现是什么？

第一节 检查方法与正常影像学表现

胸部因肺组织含气，与软组织和胸廓骨骼具有良好的自然对比。X线检查容易发现肺部病变，诊断效果明显，方法简单，应用广泛。CT对于肺内病变，尤其是肺内小的病灶、弥漫性病变及纵隔病变的发现与诊断具有重要价值。MRI对肺门区及纵隔病变的鉴别诊断有较高的价值，但对肺实质病变的诊断价值较小。

一、检查方法

（一）X线检查

1. **透视** 可从不同角度观察病变的形态、部位、呼吸运动，但不易发现细微病变，受X线照射时间长、辐射剂量较大。

2. 摄片 胸部摄片常规为正位及侧位,根据病变情况可再摄前弓位、侧卧水平位或斜位等,以便更好地显示病变位置、形态及结构。

(二) CT

CT 密度分辨力高,横断无重叠,可清楚地显示肺与纵隔内结构,故广泛应用于呼吸系统疾病的诊断。一般采用普通扫描(平扫);如需判断肺内或纵隔肿块的性质以及纵隔淋巴结是否增大等,须做增强扫描;高分辨率 CT 扫描主要观察病灶的细微结构、弥漫性肺间质病变及支气管扩张等。

(三) MRI

MRI 多用于纵隔肿瘤的定位和定性诊断,也可用于了解肿瘤与心脏、大血管的关系。由于呼吸运动的影响,肺内病变不适合 MRI 检查。

二、正常影像学表现

(一) X 线表现

1. 胸廓 正常胸廓两侧对称,包括胸壁软组织及骨骼。

(1) 胸壁软组织:影响诊断的软组织有以下几种。①胸锁乳突肌:正位胸部 X 线片上颈部向下延伸至肺尖内侧,形成密度均匀、外缘锐利的软组织影。当双侧不对称而外缘又模糊时,易误认为肺尖病变。②锁骨上皮肤皱褶:为平行于锁骨上缘宽 3~5 mm 的条状软组织影,其内侧与胸锁乳突肌相连并略成直角。③胸大肌影:在肌肉发达的男性,重叠于两肺野中、外带,呈下缘锐利并与腋皱襞相连的扇形均匀致密影,上缘模糊,有时两侧不对称,可误认为病变。④女性乳房及乳头影:成年女性发育较大的乳房呈下缘清楚的高密度半圆形阴影,容易掩盖下肺野的病变及少量胸腔积液,而发育初期及萎缩的乳房边缘可模糊不清,有时类似肺部炎症。乳头在双肺下野相当于第 5 肋间隙小结节状致密影,边缘清晰。年龄较大的妇女多见,也可见于男性。一般两侧对称,不可误诊为肺内结节状病变(图 5-27-1)。

(2) 胸壁骨骼(图 5-27-2):包括肋骨、肩胛骨、胸骨、锁骨和胸椎,其中以肋骨的影像最为突出。①肋骨:起自胸椎两侧,后段呈水平状向外走行,前段自外上向内下倾斜走行,以肋软骨与胸骨相连。②肋软骨未钙化时不显影,故肋骨前端呈游离状。25~30 岁以后,第 1 肋软骨开始钙化,呈斑点状或不规则密度影,易误诊为病变,以后自下而上依次钙化。③肩胛骨:投照时肩胛骨未能全部躲开肺野时,其内缘于中、上肺野外带重叠,易误诊为胸膜肥厚。④胸骨:正位片上与纵隔重叠,如身体轻度倾斜,可导致一侧胸骨柄突出于纵隔影之外,易误认为纵隔阴影增宽。⑤胸椎:正位片上与纵隔影重叠,由于透亮的气管衬托,可清楚看到上 4 个胸椎,下部胸椎则隐约可

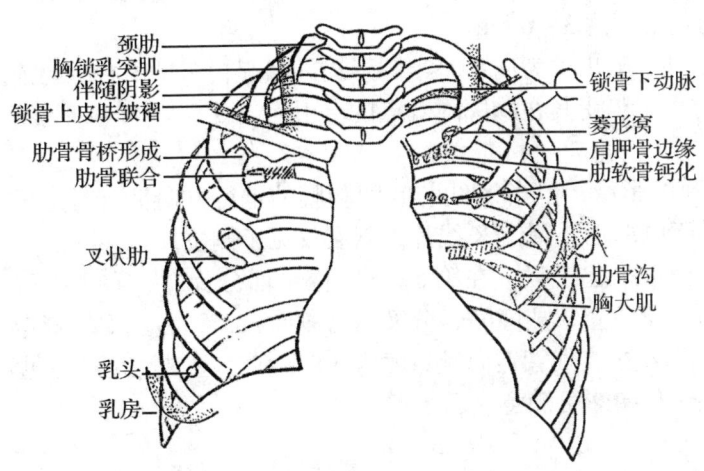

图 5-27-1 胸部软组织和肋骨变异示意图

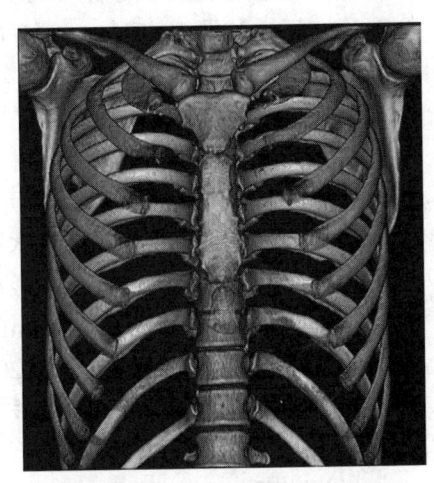

图 5-27-2 骨性胸廓 CT 三维图像

见，有时横突可突出于纵隔阴影之外。

2. 纵隔　位于胸骨之后，胸椎之前，两肺之间。上方为胸廓入口，下达膈肌。纵隔由心脏、大血管、食管、气管、神经、淋巴组织、胸腺和脂肪等器官和组织构成。正位胸部 X 线片上主要观察纵隔与肺相邻的轮廓。纵隔有多种分区方法（常用纵隔九分区法），侧位胸片上：T4、T8 椎体下缘各画一条横线将其分为上纵隔、中纵隔、下纵隔（图 5-27-3）。气管、升主动脉和心脏前缘为连线，再以食道前壁及心脏后缘作一连线，将纵隔分为前、中、后三部分。心脏、升主动脉和气管之前为前纵隔；心脏、主动脉弓、气管和肺门所在部位为中纵隔；食管之后为后纵隔。纵隔肿瘤和肿瘤样病变多有特定的好发部位。因此，纵隔的分区对纵隔病变的定位、定性具有重要意义（图 5-27-4）。

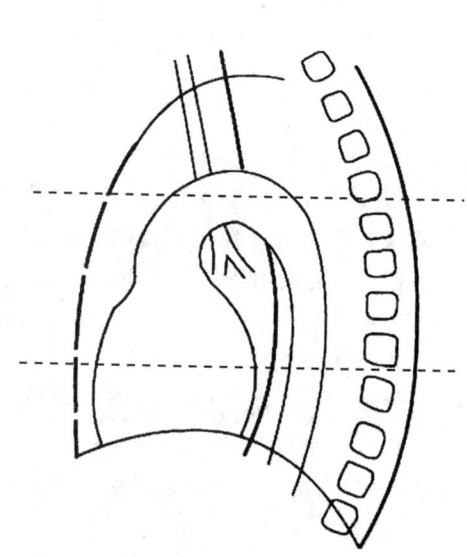

图 5-27-3　纵隔分区示意图

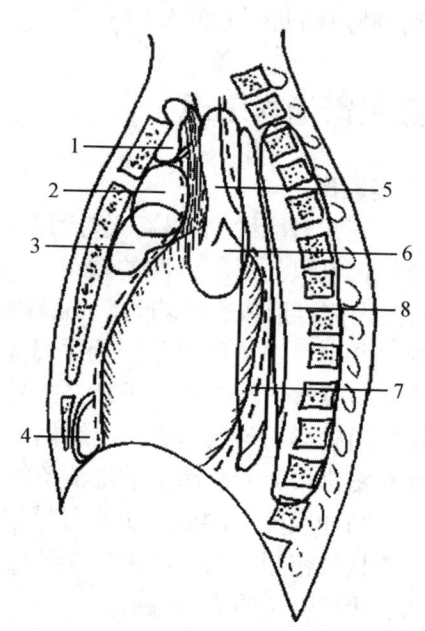

图 5-27-4　纵隔肿瘤的定位示意图

1. 甲状腺肿；2. 胸腺肿瘤；3. 畸胎类肿瘤；4. 心包囊肿/脂肪瘤；5. 气管/支气管囊肿，主动脉瘤；6. 淋巴瘤/淋巴结；7. 食管肿瘤/主动脉瘤；8. 神经源性肿瘤

3. 膈　为胸腔、腹腔的分界，为薄层腱膜肌组织。正位胸部 X 线片上左、右两侧膈呈圆顶状，为肺野下界。其边缘分别与前、侧、后胸壁相交形成肋膈角，与心脏相交形成心膈角。外后肋膈角深而锐。膈顶位置相当于第 10 后肋或第 6 前肋尖端水平，右侧膈比左侧膈高 1~2 cm。膈运动双侧对称，运动范围 1~3 cm，深呼吸时运动范围可达 3~6 cm。

膈的形状有两种正常变异：一种为局限性膈膨出，为向上呈半圆形局部隆起，多见于右膈的前内方；另一种为波浪膈，表现为在深吸气时由于膈受其在胸廓附着点的牵引而出现 3~4 个弧形影，形似波浪，无病理意义。

4. 胸膜　X 线片上一般不显示正常胸膜的影像，但当 X 线与叶间胸膜的走行方向平行时，可显示宽约 1 mm 的细线状阴影。水平裂可见于胸部正、侧位 X 线片，斜裂仅见于侧位片。

5. 气管与支气管　气管在第 6 颈椎上缘水平起于喉，在第 5、6 胸椎平面分为左、右主支气管，长 11~13 cm，宽 1.5~2.0 cm。气管分叉部下壁形成隆嵴，分叉角为 60°~85°，右主支气管走向陡而直，与气管长轴的夹角为 20°~30°；而左主支气管走向倾斜度为 30°~40°，主支气管进一步分支为叶、段支气管。气管与主支气管在高千伏摄影可满意显示。

6. 肺

（1）肺野：正位胸部 X 线片上纵隔两侧肺组织表现为均匀一致的透亮区。肺野的透亮度与肺泡含气量成正比，吸气时肺野透亮度增高，呼气时肺野透亮度降低。为了便于说明病变部位，常将两侧肺野各纵行划分为三等份，即内带、中带、外带。从第2肋和第4肋前端下缘各做一水平线，将每侧肺野分为上、中、下三野（图5-27-5）。

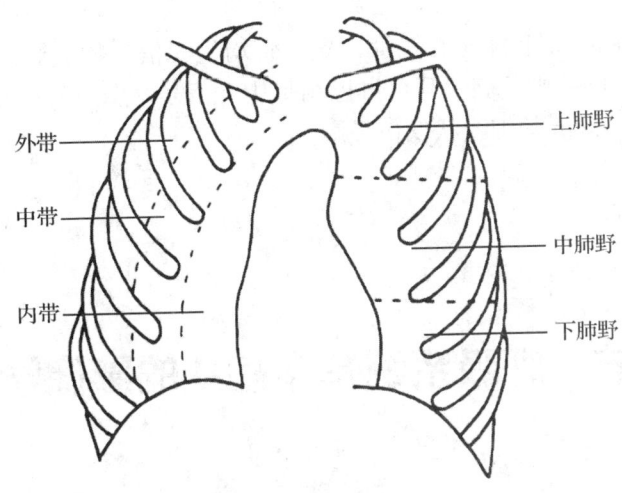

图 5-27-5　肺野的划分

（2）肺门：是肺动脉、肺静脉、支气管及淋巴组织的综合投影，主要是肺动脉。一般肺门在胸部正位X线片上位于两肺中野内带范围，左侧比右侧高1~2 cm，且分为上、下两部分。右肺门上、下两部分之间的夹角称为肺门角。左肺门呈一边缘光滑的半球形影，易误认为肺门肿块影。侧位上肺门为两侧肺门结构重叠影像，呈椭圆形，相当于气管分叉处，其中可见两个小圆形透光区，分别为两上叶支气管的开口。

（3）肺纹理：指自肺门向肺野呈放射状延伸的树枝状条纹影，由肺血管、支气管和淋巴管组成，以肺动脉为主要成分，静脉次之。正常支气管和淋巴管在平片上不显示。肺纹理以肺内带最粗、最密集；中带变细、变稀；外带稀少而细小或消失。下肺野纹理较上肺野多而粗，右下肺比左下肺多而粗。

(二) CT 表现

胸部含有人体最低密度的肺和气管、中等密度的肌肉和血管、最高密度的骨组织。胸部是人体包含CT值最宽广的区域。为了清晰地显示胸部各种组织，一种方法是观察肺组织的肺窗，窗宽1000~1500 HU，窗位-600~-700 HU；另一种方法为观察纵隔等软组织的纵隔窗，窗宽300~500 HU、窗位30~40 HU。

1. 肺窗　显示两肺野内由中心向外周走行的肺血管分支（平片的肺纹理），由粗渐细，上下或斜行的血管表现为圆形或椭圆形致密影；CT上支气管和肺段需要根据肺段支气管的位置、叶间裂及肺血管的分布来辨认。叶间胸膜的走行极少与CT断面相互重叠，所以很少在CT上显示，CT依靠无血管带（叶间胸膜两侧血管较少称为无血管带）来辨认叶间胸膜和叶间裂，肺窗无法显示纵隔和胸壁结构（图5-27-6）。

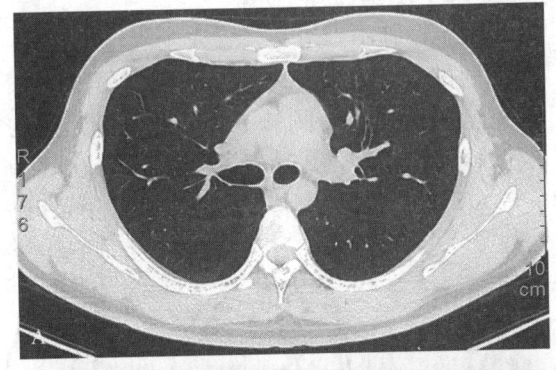

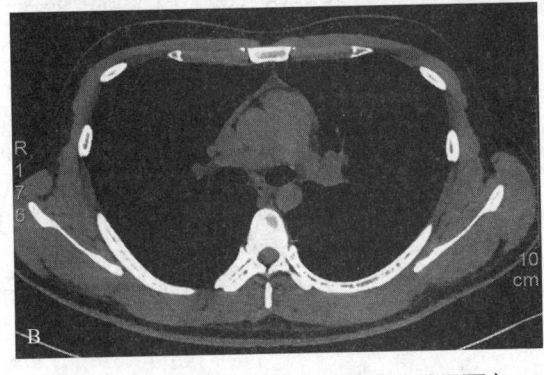

图 5-27-6　胸部CT图像（气管分叉平面）
A. 肺窗；B. 纵隔窗

2. 纵隔窗　纵隔内含有一定量的脂肪组织，在脂肪的衬托下，纵隔内各种结构（如胸腺、血管、食管、气管和淋巴结）得以清晰显示。做增强扫描，纵隔血管和肺门血管显示得更加清晰，纵隔窗无法显示肺野内小结构，如肺纹理和无血管带（图5-27-6）。

（三）MRI 表现

纵隔结构在 T_1WI 和 T_2WI 上含气的气管、支气管均呈无信号的黑影。心脏及大血管因流空效应而呈黑色影像。纵隔内脂肪则呈高信号，淋巴结呈中等信号。膈肌的前部和后脚在脂肪的衬托下于矢状面上可显示宽 2~3 mm 的细线状低信号影。

（戴振火）

第二节　呼吸系统基本病变的影像学表现

一、支气管病变

（一）阻塞性肺气肿

肺组织过度充气膨胀状态，称为肺气肿，由支气管部分阻塞产生的活瓣作用，使空气吸入易而呼出难，致使该支气管所分布的肺泡过度充气膨胀而形成。按其阻塞范围，分为局限性阻塞性肺气肿和慢性弥漫性阻塞性肺气肿。局限性阻塞性肺气肿X线表现为肺局部透亮度增加，肺纹理稀疏；慢性弥漫性阻塞性肺气肿X线表现为双肺野透亮度增高，肺纹理纤细、稀疏，双膈低平伴运动明显减弱，心影狭长，胸廓呈桶状，肋间隙增宽。

（二）阻塞性肺不张

阻塞性肺不张是支气管完全阻塞的后果。当支气管完全阻塞时，气体不能进入肺泡，原来存于肺泡内的气体逐渐被吸收，肺叶体积缩小，肺萎缩而形成肺不张。其X线表现为：①一侧主支气管完全阻塞形成一侧肺不张，此侧肺野呈均匀致密阴影，纵隔和膈肌均向患侧移位，对侧表现为代偿性肺气肿征象。②叶支气管阻塞形成叶性肺不张，表现为锥形致密影，尖端指向肺门（图5-27-7）。

CT能直接显示肺不张的体积缩小及叶间胸膜的移位情况，且对炎性或肿瘤引起的肺不张具有

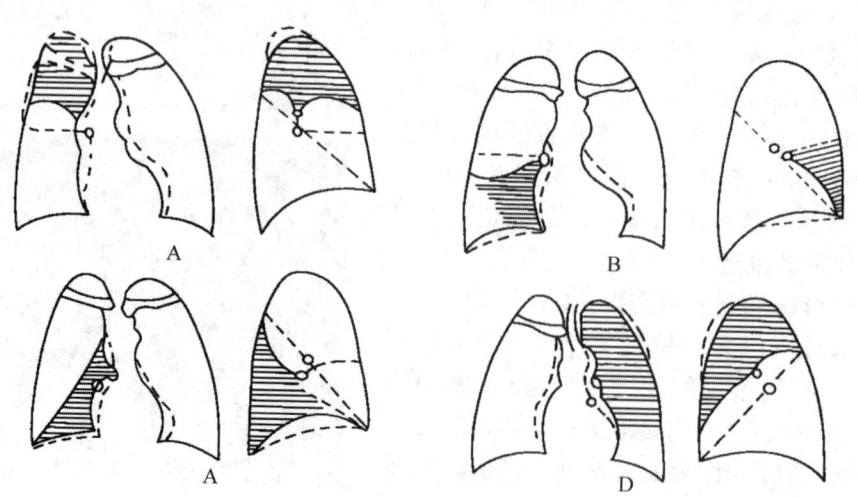

图 5-27-7　叶性肺不张示意图（虚线为正常状态的位置）
A. 右上叶肺不张；B. 右中叶肺不张；C. 右下叶肺不张；D. 左上叶肺不张

鉴别诊断价值。

二、肺部病变

（一）渗出性病变

渗出性病变是机体炎症的反应，肺部渗出是血管内的液体、蛋白质和细胞成分通过血管壁进入肺泡，其范围大小不一，可为肺的一叶、段或小叶。其X线表现为模糊的云絮状或片状高密度影，中心密度较高，周边密度较低，与正常肺组织无截然分界（图5-27-8）。当终末细支气管以远的含气腔隙内的空气被病理性液体、细胞或组织所替代，表现为片状均匀致密影，称为肺实变。有时在大片的实变影中可见含气的支气管影，称为支气管气像（图5-27-9）。渗出性病变变化较快，多数经治疗后在1~2周内吸收，肺出血或肺水肿可在数小时或1~2天内吸收、消散。渗出性病变常见于肺部各种炎症、肺结核、肺出血或肺水肿等。

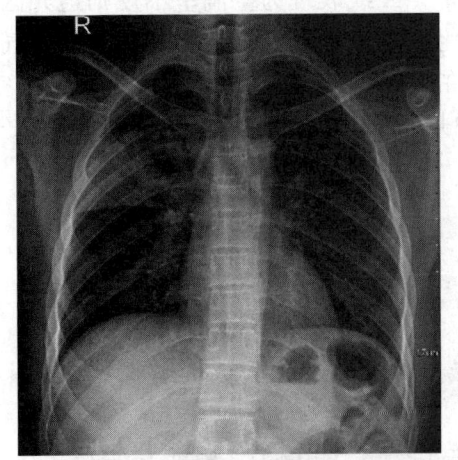
图5-27-8　渗出与实变X线表现

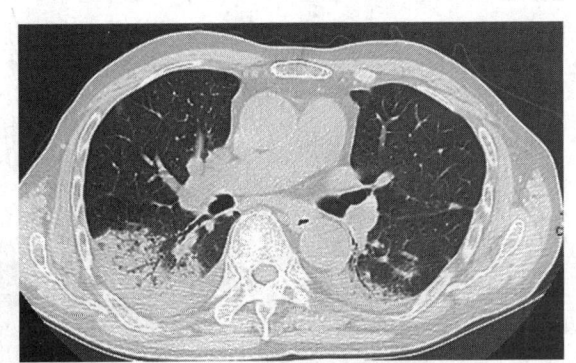
图5-27-9　渗出与实变CT表现

（二）增殖性病变

增殖性病变为肺的慢性炎症在肺内形成肉芽组织，多局限于腺泡范围内。由于增生的成分主要为细胞和纤维组织，其X线表现为小结节状密度增高影，边缘较清楚，病灶之间无明显融合趋势，可成簇状或梅花瓣状排列。增殖常见于肺结核和慢性炎症。

（三）纤维化

肺部慢性炎症或增殖性病变在愈合过程中常转变为纤维结缔组织，形成瘢痕，即纤维化。纤维化多见于肺结核及慢性炎症。局限性者表现为局限的条索状、团块状、大片状致密影，边缘锐利、清楚，周围组织和器官可见到被牵拉移位的征象。弥漫性纤维化表现为两肺内广泛肺纹理增多、僵硬、紊乱，交织成网状或蜂窝状，并可见散在的小结节状阴影。局限性纤维化CT表现同X线；弥漫性纤维化主要分布在胸膜下，并多为与胸膜近似垂直的细线状或多边形影，有时呈网状、蜂窝状或小结节状影。

（四）钙化

钙化为慢性炎症愈合的一种形式，多发生于退行性变或坏死组织内。X线表现为密度增高且边缘锐利的斑点状、块状或球形致密影。可以是局限的，也可呈弥漫性。钙化多见于肺结核干酪病灶的愈合，也可见于肺部某些肿瘤组织内或肺囊肿壁的钙化。CT表现为形态多样、边界清楚的高密度影。

（五）结节与肿块

肺内肿瘤或非肿瘤性病变均可形成结节或肿块样病灶。X线表现为圆形、椭圆形、团块状阴影。

一般将病灶直径<3 cm 的称为结节，病灶直径≥3 cm 的称为肿块。肺良性肿瘤显示为病灶边缘常光滑、整齐，生长缓慢。而恶性肿瘤则常呈分叶状，边缘不规则，呈毛刺样阴影，较大者还可发生坏死。肺转移性肿瘤常表现为多发、散在的大小不等的棉球样肿块影。非肿瘤性病变（如结核球、球形肺炎、囊肿）均可呈肿块影，应紧密结合临床资料进行鉴别诊断。

CT 可提供 X 线片难以显示或显示不清的细节，如肿块边缘的毛刺和肿块内的含气支气管、空洞、脂肪及钙化等。

（六）空洞与空腔

1. 空洞　是肺组织坏死液化后经支气管引流排除而形成的，常见于肺结核、肺脓肿及肺癌等。X 线片上，根据空洞壁的情况分为虫蚀样空洞、薄壁空洞和厚壁空洞（图 5-27-10）。①虫蚀样空洞：是大片坏死组织内产生多发性小空洞，内壁不规则，形如虫蚀样。X 线表现为大片密度影中见多发小透亮区，多见于结核性肺炎。②薄壁空洞：洞壁厚度<3 mm，由薄层纤维组织包绕破坏区。X 线表现为境界清晰、内壁光滑的圆形和椭圆形透亮区。一般空洞内无气液平面，空洞周围很少有渗出阴影，常见于肺结核。③厚壁空洞：洞壁厚度≥3 mm。X 线表现为空洞呈不规则透光区，内壁凹凸不平或较光整。在空洞周围有密度增高实变区。化脓性病变形成的空洞多有明显的气液平面，癌瘤形成的空洞内壁呈结节状，一般无气液平面存在。CT 可发现 X 线片不能发现的小空洞，并能准确测量洞壁厚度及发现洞内少量液体和周围肺野内是否有病变，对疾病的鉴别诊断有一定的价值。

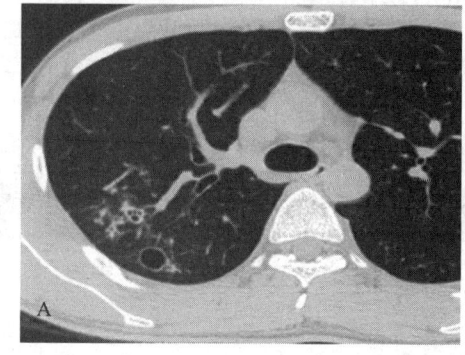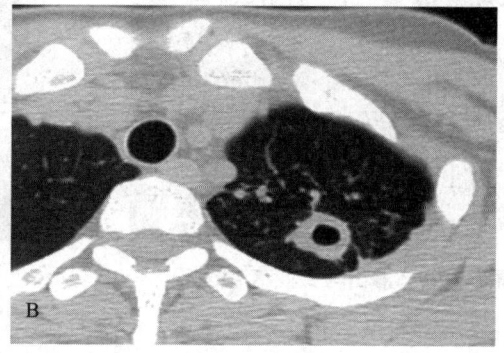

图 5-27-10　空洞的 CT 表现
A. 薄壁空洞；B. 厚壁空洞

2. 空腔　是肺内正常腔隙的病理性扩大，如肺大疱、含气肺囊肿及囊状支气管扩张。X 线表现为单发或多发的、大小不一的壁薄或不完整及光滑而锐利的圆形或类圆形透光区。合并感染时，其周围可见模糊片状影，其腔内也可见气液平面。CT 可发现 X 线片不能发现的小空腔（图 5-27-11）。

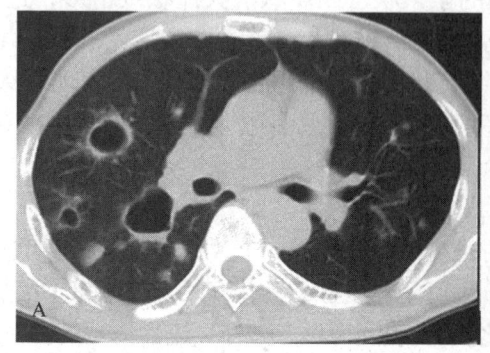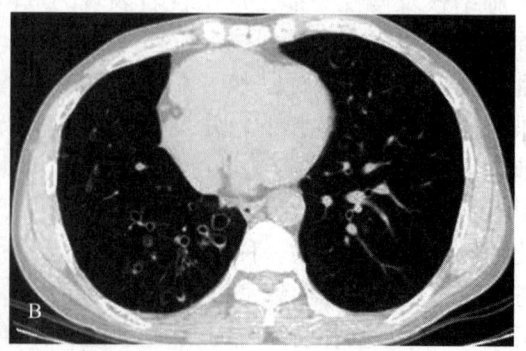

图 5-27-11　空洞与空腔
A. 空洞；B. 空腔

三、胸膜病变

（一）胸腔积液

许多疾病累及胸膜可引起胸腔积液。积液可以是渗出液、漏出液、血液、脓液或乳糜液。X线检查可显示积液征象，但难以区别积液的性质。

1. 游离性胸腔积液　依积液量的多少可分为少量积液、中等量积液和大量积液。①少量积液：液体上缘低于第4前肋尖端水平，液体首先积聚于后肋膈角，有时正位胸部X线检查难以发现。当积液量达300ml以上时，立位表现为肋膈角变浅、变钝或消失。②中等量积液：液体上缘达第4前肋尖端水平，表现为下肺野呈一片均匀致密影，上缘呈外高内低弧形影，肋膈角消失。膈面及心缘被遮盖不清。③大量积液：积液上缘达第2前肋尖端水平，患侧肺野均匀、致密，有时仅见肺尖透亮，纵隔及心影向健侧移位，肋间隙增宽、膈肌下降（图5-27-12）。

2. 局限性胸腔积液　胸腔积液积聚于胸腔某一局部，称为局限性胸腔积液。①包裹性积液：由于脏胸膜、壁胸膜粘连，使积液局限于胸腔的某一部位。X线表现为由胸壁突向肺野的半圆形或梭形均匀致密影，边缘清楚，其上、下缘与胸壁夹角呈钝角。②叶间积液：积液局限于叶间裂内。X线表现为叶间裂部位的梭形密度影，其长轴与叶间裂方向一致。③肺下积液：液体积聚于肺底与膈之间的胸膜腔内，又称肺底积液。X线表现似膈肌升高，易误诊。采取仰卧位透视或摄片时，见液体流向背侧胸膜腔，患侧肺野呈均匀一致性密度增高，而膈影位置、形态正常。CT对胸腔积液的检查远较X线片敏感。

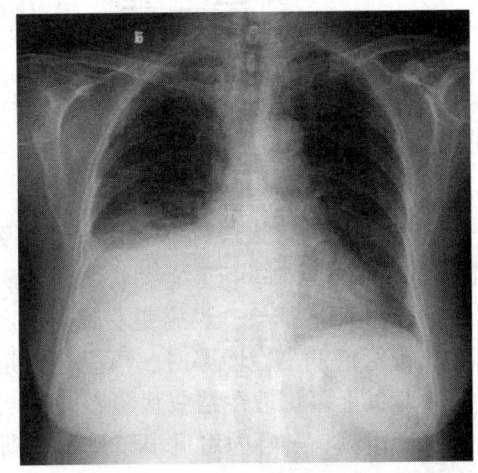

图 5-27-12　右侧中等量胸腔积液 X 线表现

（二）气胸与液气胸

气胸是指气体进入胸膜腔，改变了胸膜腔负压状态，压迫而造成肺组织部分或完全萎缩。X线表现为肺野内出现无肺纹理的异常透明区域。被压缩的肺组织向肺门萎缩，可见毛发线样萎缩的肺组织边缘影。大量气胸时，肺组织被压缩至肺门部，呈密度均匀的软组织影，纵隔常向对侧推移，同侧膈肌下降。

胸膜腔内液体与气体并存时称为液气胸。立位X线检查见横贯胸腔的气液平面，其上方为空气和被压缩的肺组织影，气液平面以下为致密的液体影，纵隔可向对侧推移（图5-27-13）。

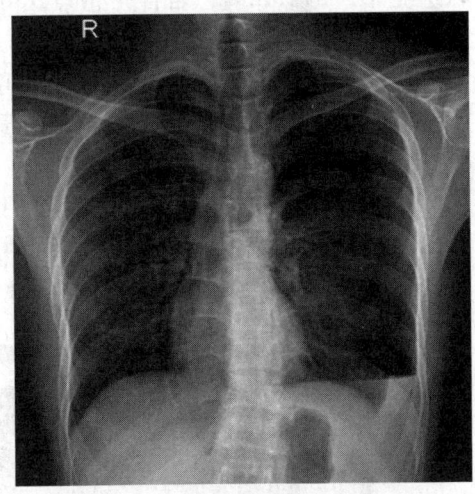

图 5-27-13　左侧液气胸 X 线表现

（三）胸膜增厚、粘连及钙化

胸膜发生炎症时，胸膜面有纤维蛋白沉着及肉芽组织增生，使胸膜增厚。当相对两层胸膜黏着时，则为胸膜粘连，胸膜肥厚和胸膜粘连常同时存在。轻者在X线片上仅表现为肋膈角变钝或膈上缘的幕状粘连。较大范围的胸膜增厚使患侧肺野密度增高，沿胸壁内缘带状或不规则致密影，由于纤维组织收缩可引起肋间隙变窄，纵隔向患侧移位，横膈上升。叶间胸膜增厚，可显示沿叶间裂走行方向一致的粗线样致密影。

胸膜钙化常见于结核性胸膜炎、脓胸和外伤性血胸。X线表现为不规则点状及片状致密影，密度甚高，边缘锐利，常与胸膜增厚同时存在。

（戴振火）

第三节　呼吸系统常见疾病的影像诊断

一、慢性支气管炎

慢性支气管炎是一种多病因的呼吸道常见病，多见于老年人。临床诊断标准为慢性进行性咳嗽连续2年以上，每年连续咳嗽、咳痰至少3个月，并除外全身性或肺部其他疾病。X线表现为早期缺乏X线阳性征象；当病变发展到一定阶段时，X线表现为两肺纹理增多、扭曲及紊乱，当较大的支气管管壁的炎性增厚时，可呈"轨道征"；严重者两肺可见紊乱的条状、网状或蜂窝状影，或在网状背景上可见散在结节状阴影。晚期可出现肺气肿，甚至肺源性心脏病的表现。如合并感染，则肺纹理模糊，肺野内可见小斑片状模糊阴影。

二、支气管扩张

支气管扩张是指支气管内径的异常增宽，以儿童及青壮年多见。咳嗽、咳痰、咯血为支气管扩张的三大主要症状。

（一）X线

X线表现轻者无异常，典型者为肺纹理增多、增粗、排列紊乱、边缘模糊。两中、下肺多个囊状透亮影，形似蜂窝，若合并感染，可有气液平面存在。

（二）支气管造影

支气管造影可明确诊断，同时还可了解支气管扩张的范围、类型和程度。表现为柱状扩张、囊状扩张、混合型扩张。目前支气管造影检查仍有一定的危险性，已很少使用，基本上被高分辨率CT取代。

（三）CT

高分辨率CT诊断支气管扩张的敏感度与支气管造影效果相同。柱状扩张CT表现为轨道征，囊状扩张表现为蜂窝状、葡萄串征，常合并邻近肺组织炎性渗出和纤维化改变（图5-27-14）。

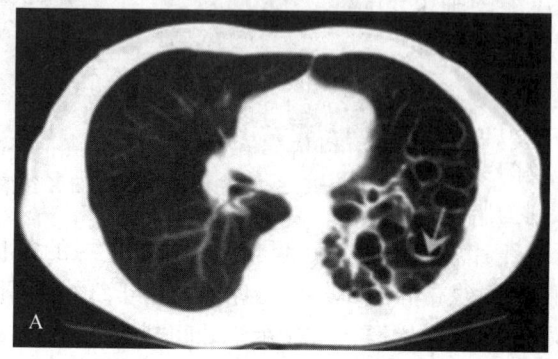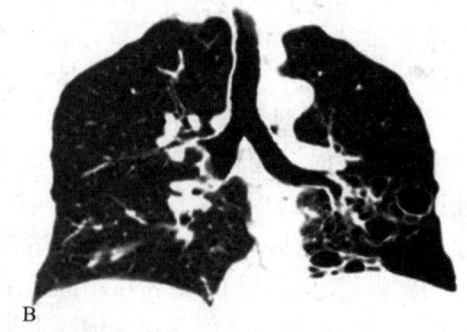

图 5-27-14　支气管扩张 CT 表现
A. 平扫轴位图像；B. 冠状位重建图像

三、肺炎

X线检查不仅可以发现肺炎病变，而且可通过病变的分布、形态及随访观察提示肺炎的性质。一般按病变的解剖部位，分为大叶性肺炎、小叶性肺炎（支气管肺炎）及间质性肺炎。

（一）大叶性肺炎

大叶性肺炎是由肺炎球菌和链球菌感染所引起的急性肺部炎症，多见于青壮年，冬季和春季好发。临床表现可有起病急、高热、寒战、咳嗽、胸痛和咳铁锈色痰。血常规检查白细胞总数及中性粒细胞比例增高。

1. X线检查 ①充血期X线诊断受限，无明显异常改变。②实变期表现为大片实变影，形态与肺段或肺叶的解剖部位相符合（图5-27-15）。密度均匀一致，其内可见含气支气管影像。③消散期呈散在分布的、不规则的斑片状阴影，密度不均匀，边缘模糊。病变多在2周内吸收，少数病例可延迟1～2个月吸收。

2. CT 肺炎链球菌肺炎充血期呈毛玻璃样影，其内可见肺血管纹理，边缘模糊。实变期表现为以肺段或肺叶分布的实变影，实变影中可见空气支气管征。消散期表现为散在分布的、大小不一的斑片状影。

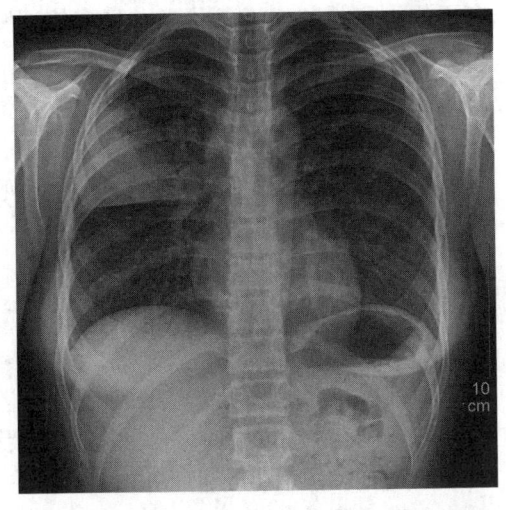

图5-27-15 右上叶肺炎链球菌肺炎X线表现

（二）支气管肺炎

支气管肺炎是指发生于细支气管及肺小叶的急性化脓性炎症，又称小叶性肺炎。常见的病原菌有链球菌、葡萄球菌和肺炎球菌。支气管肺炎多见于婴幼儿、老年人和长期卧床的患者。X线表现为两肺中、下野内带肺纹理增多、增粗、模糊，并可见沿肺纹理分布的斑片状模糊阴影，这些斑片状阴影可融合成大片。小儿患者也可见肺门阴影增大、模糊。

（三）间质性肺炎

间质性肺炎是指以肺间质炎症为主的肺炎，主要由病毒、肺炎支原体和卡氏囊虫等感染致病。急性间质性肺炎多见于幼儿，常继发于麻疹、百日咳或流行性感冒等急性传染病。慢性间质性肺炎多继发于肺与支气管的慢性炎症，如肺尘埃沉着病、慢性支气管炎。慢性间质性肺炎的X线主要表现为两肺弥漫性肺纹理增多、增粗，交织成网状或蜂窝状，在网状阴影的背景上可见弥散的小结节影（图5-27-16）。肺门阴影常增大，结构紊乱。高分辨率CT可见小叶间隔及叶间胸膜增厚。急性间质性肺炎，由于细支气管炎性分泌物及支气管痉挛可引起阻塞，具有弥漫性肺气肿的表现。间质性肺炎消散较缓慢。首先是小点状阴影吸收，然后紊乱的纹理恢复正常。

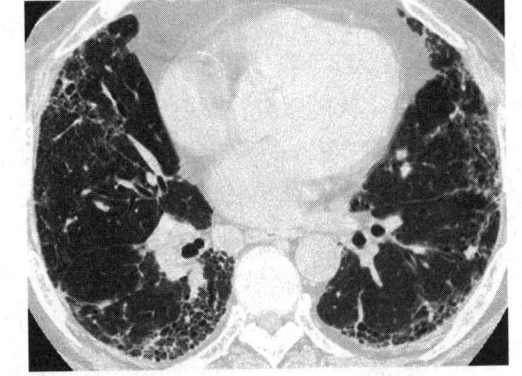

图5-27-16 间质性肺炎CT表现

四、肺脓肿

肺脓肿是肺实质内化脓性炎症。其致病菌常见的有葡萄球菌、肺炎链球菌及链球菌等，感染途径有吸入性、血源性及邻近器官化脓性感染的直接蔓延。其临床表现以发病急、高热、咳大量脓臭痰为特征。

（一）X 线

1. 急性肺脓肿　早期 X 线表现为大片状实变影，中心密度略低，边缘模糊，病变进展发生液化坏死后，坏死物经支气管排出后形成含气液平面的厚壁空洞，壁内缘可光滑或不规则，外缘模糊，周围由较厚的炎性浸润所环绕。

2. 慢性肺脓肿　X 线表现为内壁光滑、边缘清楚的厚壁空洞，可有或无气液平面，病变周围有不规则斑片状或索条状影，可有邻近胸膜增厚、粘连。

3. 血源性肺脓肿　X 线表现肺外围带多发性絮状、圆形或类圆形密度影。病灶大小不一，病灶中心迅速出现透光区及伴有小气液平面。

（二）CT

CT 可以发现急性实变阴影内的坏死液化部分，便于早期确立诊断。此外，CT 对显示空洞内、外壁的情况及周围的改变优于 X 线片。

五、肺结核

肺结核指结核病变发生在肺、气管、支气管和胸膜等部位。临床表现有咳嗽、咯血及胸痛。但也有的患者症状不明显。常见的全身症状可有发热、疲乏、无力、食欲减退、盗汗及消瘦等。根据中华人民共和国卫生行业标准（WS196—2017）《结核病分类》，肺结核分为以下 5 种类型。

Ⅰ型：原发性肺结核，包括原发综合征和胸内淋巴结结核（儿童尚包括干酪性肺炎和气管支气管结核）。

Ⅱ型：血行播散型肺结核，包括急性、亚急性和慢性血行播散型肺结核。

Ⅲ型：继发性肺结核，包括浸润性肺结核、结核球、干酪性肺炎、慢性纤维空洞性肺结核和毁损肺等。

Ⅳ型：气管支气管结核，包括气管、支气管黏膜及黏膜下层的结核病。

Ⅴ型：结核性胸膜炎，包括干性、渗出性胸膜炎和结核性脓胸。

各型肺结核的病理变化不同，其 X 线表现也不同。

（一）原发性肺结核（Ⅰ型）

原发性肺结核为初次感染结核分枝杆菌所引起的肺结核。原发性肺结核多发生于儿童，也见于青少年，尤以 3 岁以下幼儿多见。原发性肺结核包括原发综合征和胸内淋巴结结核。

1. 原发综合征　由原发病灶、淋巴管炎及淋巴结炎 3 种病理改变组成。原发病灶 X 线表现为云絮状或片状模糊影；淋巴管炎为自原发病灶引向肺门的条索状密度增高影，边缘较模糊；淋巴结炎为肺门和（或）纵隔淋巴结肿大，形成多个大小不一的结节状影。有时原发病灶、淋巴管炎与肿大的肺门淋巴结联结在一起形成哑铃状，称为原发综合征的双极期（图 5-27-17），CT 对原发综合征的早期发现和鉴别诊断较 X 线片优越，监测病灶变化、判断疗效较平片敏感。

2. 胸内淋巴结结核　当原发病灶已吸收或较小，X 线上仅见肺门或纵隔淋巴结肿大表现时，称为胸内淋巴结结核。其 X 线表现分为两种类型。①炎症型：表现为肺门影增大、模糊，为肿大淋巴结伴有周围炎症的表现。②肿瘤型或结节型：表现为肺门或气管旁圆形或类圆形结节，边缘清楚，为肿大的淋巴结影（图 5-27-18）。

CT 和 MRI 对发现纵隔内肿大淋巴结非常优越，增强 CT 扫描发现淋巴结环形强化，是淋巴结结核的特异性表现。

（二）血行播散型肺结核（Ⅱ型）

血行播散型肺结核可分为急性血行播散型、亚急性和慢性血行播散型肺结核。

1. 急性血行播散型肺结核　又称急性粟粒型肺结核，为结核分枝杆菌一次大量或短时间内数

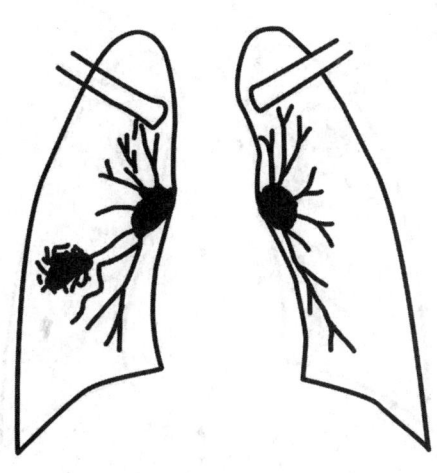 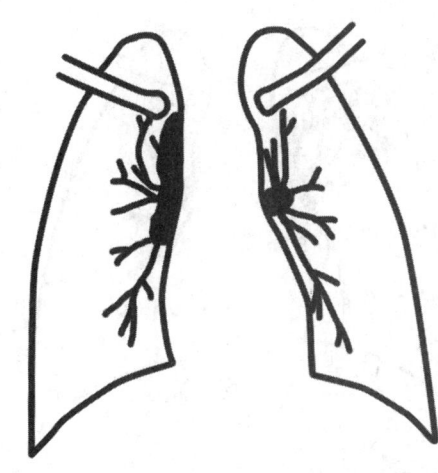

图 5-27-17 原发综合征示意图　　图 5-27-18 胸内淋巴结结核示意图

次侵入肺循环所致。其临床表现有发病急、高热、寒战、头痛、昏睡、呼吸困难等。X 线检查显示两肺自肺尖到肺底"三均匀",即大小均匀、密度均匀及分布均匀的粟粒状影,直径常为 1~2 mm,边缘较清楚,肺纹理显示不清(图 5-27-19)。

2. 亚急性和慢性血行播散型肺结核　为少量结核分枝杆菌在较长时间内反复多次进入血液,播散到肺部所致。X 线表现为肺野见到"三不均",即大小不一、分布不均和密度不均匀的多种性质的病变,可有粟粒、结节样、斑点状、斑片状增殖或渗出性病变(图 5-27-20)。

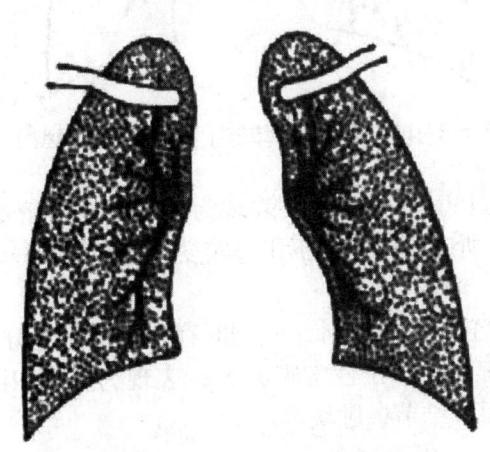 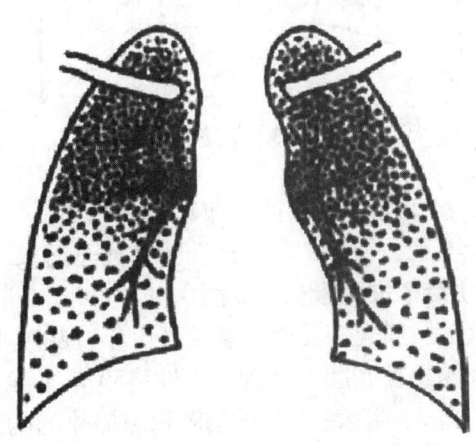

图 5-27-19 急性血行播散型肺结核　　图 5-27-20 亚急性和慢性血行播散型肺结核

(三)继发性肺结核(Ⅲ型)

继发性肺结核是成人肺结核中最常见的类型。其发病机制为已静止的原发病灶再次活动或由外源性再度感染所致。病变好发于上叶尖后段和下叶背段,其 X 线表现多种多样,渗出、增殖、干酪样变、空洞、纤维化和钙化等多种性质的新病灶与老病灶同时存在(图 5-27-21~图 5-27-24)。

继发性肺结核还包括结核球和干酪性肺炎两种特殊类型。①结核球:X 线表现为球形致密影,轮廓多光整,边缘清晰,常位于锁骨下区,直径多为 2~4 cm,密度较高,欠均匀,其内可有钙化。结核球周围常见散在的增殖性或纤维性病灶,即"卫星灶"(图 5-27-22)。②干酪性肺炎:X线表现为肺叶或肺段的实变影,以上叶多见,密度不均,边缘模糊,其内可见多个虫蚀样空洞,两下肺有支气管播散灶(图 5-27-23)。

(四)气管支气管结核(Ⅳ型)

气管支气管结核包括气管、支气管黏膜及黏膜下层的结核病。X 线检查可无异常或出现继发性

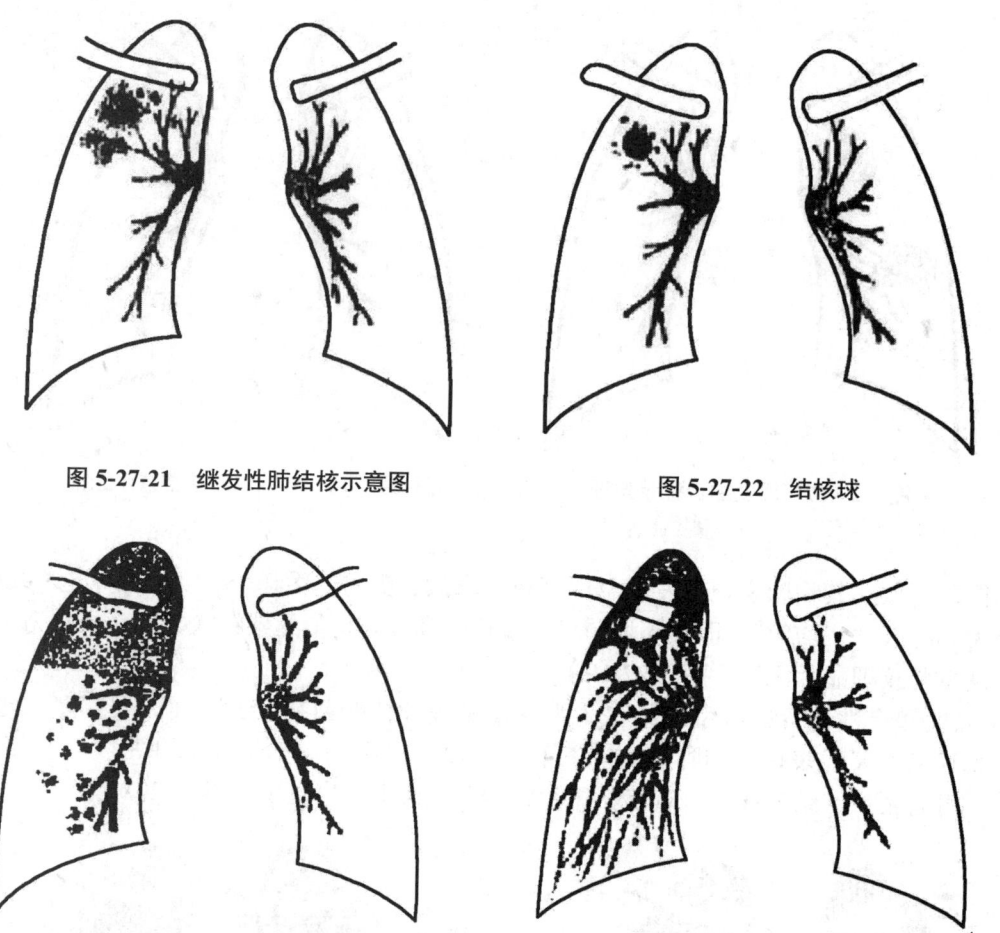

图 5-27-21　继发性肺结核示意图　　图 5-27-22　结核球

图 5-27-23　干酪性肺炎　　图 5-27-24　继发性肺结核（慢性纤维空洞型）

肺不张、实变及支气管扩张和其他部位的支气管播散病灶。CT 主要表现为气管和支气管壁增厚、内膜高低不平、管腔"串珠样"狭窄甚至闭塞，以及所支配肺组织不张、实变或空洞形成。

（五）结核性胸膜炎（Ⅴ型）

结核性胸膜炎多见于儿童及青少年，胸膜炎可单独存在或与肺结核同时存在，临床上分为干性胸膜炎及渗出性胸膜炎两种。干性胸膜炎X线上不显影，渗出性胸膜炎X线表现为胸腔积液。CT或MRI检查可清楚地显示被胸腔积液掩盖的胸膜增厚、结节、肿块等。

六、肺癌

肺癌又称支气管肺癌，为起源于支气管黏膜上皮、腺体、细支气管及肺泡上皮的恶性肿瘤。根据肿瘤发生部位不同，分为中央型、周围型和弥漫型（细支气管肺泡癌）三类。

（一）中央型肺癌

中央型肺癌指发生于主支气管、叶支气管及段支气管上皮的恶性肿瘤。当早期肿瘤局限于支气管黏膜时，X线片上可无异常表现。肿瘤进展，可出现下列X线表现。①肺门边缘多不规则肿块影：是中央型肺癌的直接征象。②阻塞性肺气肿：是中央型肺癌最早的间接征象，表现为局限性肺气肿征象，但一般很少被发现。③阻塞性肺炎：为局限性斑片状影或某肺叶、肺段的实变影，其特点是阴影不易吸收或吸收后在同一部位反复出现。④阻塞性肺不张：其范围依癌肿侵犯支气管的部位而定，是较晚期的间接征象，可为某一肺段、肺叶或一侧肺肺不张。右上叶肺不张合并肺门肿块时，其下缘呈横"S"状，称"横S征"（图 5-27-25）。中央型肺癌CT表现为：①支气管腔内息肉

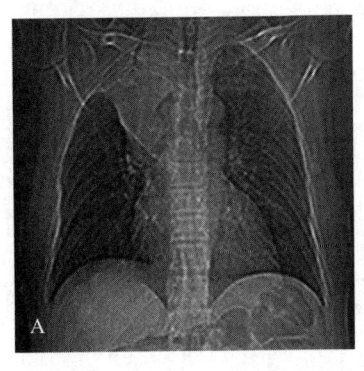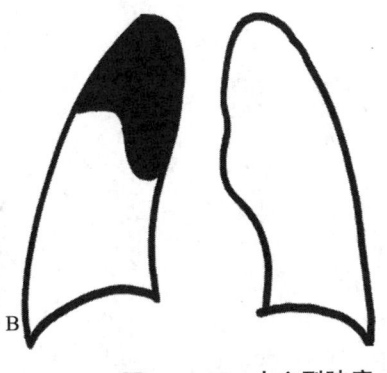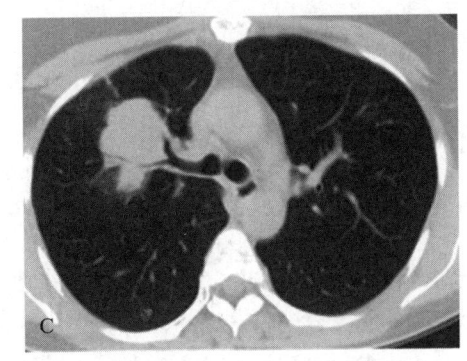

图 5-27-25　中心型肺癌
A. X 线片；B. "横 S 征"；C. CT 肺窗

样或菜花样肿块影。②支气管壁不规则增厚，管腔呈环形或不规则狭窄。③支气管腔被肿瘤阻断。④支气管周围或肺门肿块或肿大淋巴结。

（二）周围型肺癌

周围型肺癌是指发生于肺段支气管以下至细支气管的肺癌。主要 X 线表现为肺内孤立性球形肿块，轮廓呈分叶状，边缘有毛刺。CT（特别是高分辨率 CT）扫描能提供较胸部 X 线检查更清晰的图像，有利于显示结节或肿块的边缘、形态、瘤周表现、内部结构特点及密度变化等，从而更易明确诊断（图 5-27-26）。肿块较大时，肿块内可坏死形成癌性空洞，空洞常呈偏心性、洞内壁凹凸不平，外缘见分叶、脐凹或毛刺。

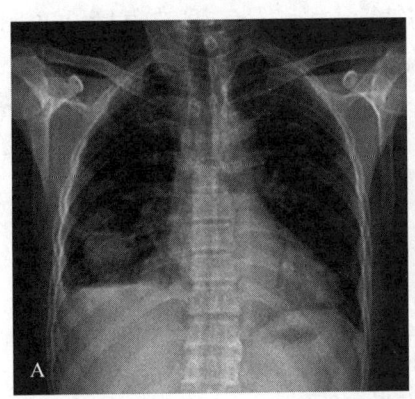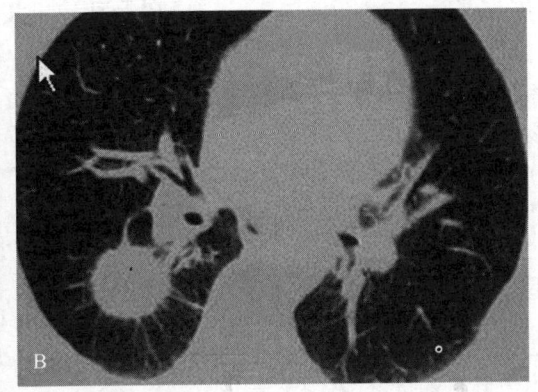

图 5-27-26　周围型肺癌
A. X 线片；B. CT 肺窗

（三）细支气管肺泡癌

细支气管肺泡癌为发生于细支气管或肺泡上皮的恶性肿瘤。X 线检查可表现为孤立结节、多发结节、大片肺炎样实变影。CT 表现为两肺弥漫不规则分布的结节，直径多在 1 cm 以下，边缘模糊，常伴有肺门、纵隔淋巴结转移。病变融合后可见大片肺炎样实变影，近肺门部可见支气管充气征。由于癌细胞分泌多量黏液，实变区密度较低呈毛玻璃样改变，并可见到其中高密度的隐约血管影，为其重要特征。

（戴振火）

自 测 题

一、选择题

1. 支气管扩张症的特征性 X 线改变是
   A. 渗出性病变　　　　B. 纤维性病变　　　　C. 空腔性病变
   D. 空洞性病变　　　　E. 增殖性病变

2. 原发综合征的典型 X 线表现为
   A. 通常位于上叶的片状阴影，中央密度较深，周围逐渐变淡
   B. 条状边缘模糊阴影，由病变区伸向肺门
   C. 肺门及气管、支气管淋巴结肿大
   D. 原发病灶、肺门淋巴结及结核性淋巴管炎组成的哑铃状阴影
   E. 两肺散在斑点状密度增高影

3. 可造成纵隔向患侧移位的病变是
   A. 胸腔积液　　　　　B. 液气胸　　　　　　C. 一侧肺气肿
   D. 肺不张　　　　　　E. 张力性气胸

4. 中央型肺癌一般发生在
   A. 主支气管　　　　　B. 段及段以上支气管　C. 段支气管
   D. 段以下支气管　　　E. 气管

5. 患者，女性，30 岁，X 线片发现右前上纵隔有一椭圆形阴影，其中有斑点状致密影，透视下见块状影可随吞咽动作上下移动。首先考虑的是
   A. 胸腺瘤　　　　　　B. 畸胎瘤　　　　　　C. 支气管囊肿
   D. 心包囊肿　　　　　E. 胸内甲状腺

二、简答题

1. 简述肺气肿及其 X 线表现。
2. 简述大叶性肺炎的影像学表现。
3. 如何区分中央型肺癌与周围型肺癌，周围型肺癌有哪些典型的影像学征象？

第二十八章 循环系统影像诊断

第二十八章数字资源

学习目标

1. 知识：列举心脏各房室增大的 X 线表现，解释其临床意义，分析心脏与大血管常见病变的影像学征象。
2. 能力：运用心脏与大血管常见病变的 X 线表现推导患者初步的影像诊断。
3. 素养：具备严格执行心脏影像检查操作规范的职业素养，能够整合多模态影像数据进行综合判断。培养临床诊断思维，在检查过程中保护患者的隐私，注重人文关怀，建立良好的医患关系。

案例 5-28-1

患者，女性，47 岁，胸闷、气促 3 个月，加重伴心前区疼痛 2 天。患者 3 个月前无明显诱因出现胸闷、气促，活动后加重，伴腹胀。2 天前上述症状加重，伴心前区间歇性刺痛就诊于我院。体格检查：心率 76 次/分，心律齐，心界向两侧扩大，心音低，各瓣膜听诊区未闻及杂音。超声心动图检查提示心包积液。

问题与思考：
1. 该患者可能的疾病诊断是什么？
2. 其影像学检查技术的选择原则是什么？
3. 该疾病可能出现哪些影像学表现？

循环系统的影像诊断主要是心脏、大血管疾病的检查与诊断。心脏、大血管位于纵隔内，与两侧含气肺组织构成良好对比，适用于普通 X 线检查，其主要检查目的：①观察心脏、大血管的形态和位置。②观察心脏、大血管有无异常增大。③透视下观察其搏动及其幅度、节律。但 X 线对心血管内结构、瓣膜活动及血流动力学的观察不如心脏超声，对心血管腔内情况的观察也不如 CT 和 MRI。超声能直观显示心壁、心腔和心瓣膜等结构。多普勒血流显像可观察血流方向、流速、性质等，是心脏疾病诊断的基本检查技术。数字减影血管造影（DSA）是诊断心脏、大血管疾病的"金标准"，但其为有创检查，且费用较高。目前临床应用较广泛的是彩色多普勒和多排螺旋 CT 心血管造影。MRI 在心脏与大血管的临床应用也具有独特的优势。

第一节 检查方法与心脏、大血管的正常 X 线表现

一、检查方法

(一) 透视

透视简便易行,是心脏、大血管检查的重要方法。其优点是可以从不同角度观察心脏及大血管的形态、搏动、节律及与周围组织结构的关系。

(二) 摄片

常用的基本摄片位置有后前位、右前斜位、左前斜位及左侧位。

1. 后前位　为减少心脏投影的放大失真,靶片距离一般为 1.8~2 m,便于测量和随访对比。
2. 右前斜位　患者从后前位向左旋转 45°,即身体冠状面与胶片间夹角为 45°,同时服钡对比剂观察食管左心房压迹改变。右心室流出道及肺动脉主干在此位置观察较清楚。
3. 左前斜位　患者从后前位向右旋转约 60°,即身体冠状面与胶片夹角为 60°,此位置有利于观察各个房室及主动脉弓的形态和大小。
4. 左侧位　患者左侧胸壁靠探测器,常规吞服钡对比剂,有利于观察右心室、左心房与左心室。

(三) 超声

超声检查方便、安全、实时,为循环系统首选的影像检查技术,可直观显示各心腔大小、瓣膜病变(包括反流及狭窄)情况,测量跨瓣压差、峰值流速,明确心内结构异常、异常分流等,是各类心脏病尤其是先天性心脏病和瓣膜性心脏病重要的检查方法。

(四) 心血管造影

将造影剂注入心腔或大血管内,以显示其内部解剖结构及循环功能状况,充分显示先天性复杂畸形和各种血管性疾患等解剖细节,结合心导管检查可以提供血流动力学资料,因此是诊断的"金标准"。

(五) CT

目前广泛应用于心血管疾病诊断的多排螺旋计算机体层摄影(MDCT),可检查心脏及大血管形态、功能、血流动态、冠状动脉等,具有快速、便捷、检出率较高的优势(图 5-28-1)。

(六) MRI

MRI 无放射性损害,具有高度的软组织分辨力,无需应用对比剂便能够清楚地区分心脏和大血管的解剖结构,能够对心内结构和功能进行全面评估(图 5-28-2)。

二、正常 X 线表现

(一) 心脏、大血管的正常投影

1. 后前位　后前位片是心脏、大血管的正位投影,心影有左、右 2 个边缘。心右缘分为两段:心右缘下段密度较高、弧度较大,为右心房的部分投影。心右缘上段为上腔静脉与升主动脉的复合投影,幼年及青少年主要为上腔静脉。随着年龄增长,以升主动脉影为主。心左缘分为 3 段:上段为由主动脉弓降部构成的主动脉结的影像,在老年人尤为明显;中段为由肺动脉干构成的肺动脉段,正常表现为平或稍隆或稍凹,又称心腰;下段为左心室构成的明显突出的弧度。左心室段与肺动脉段的相交点为相反搏动点,为判断左、右心室增大的重要标志(图 5-28-3)。

第二十八章　循环系统影像诊断

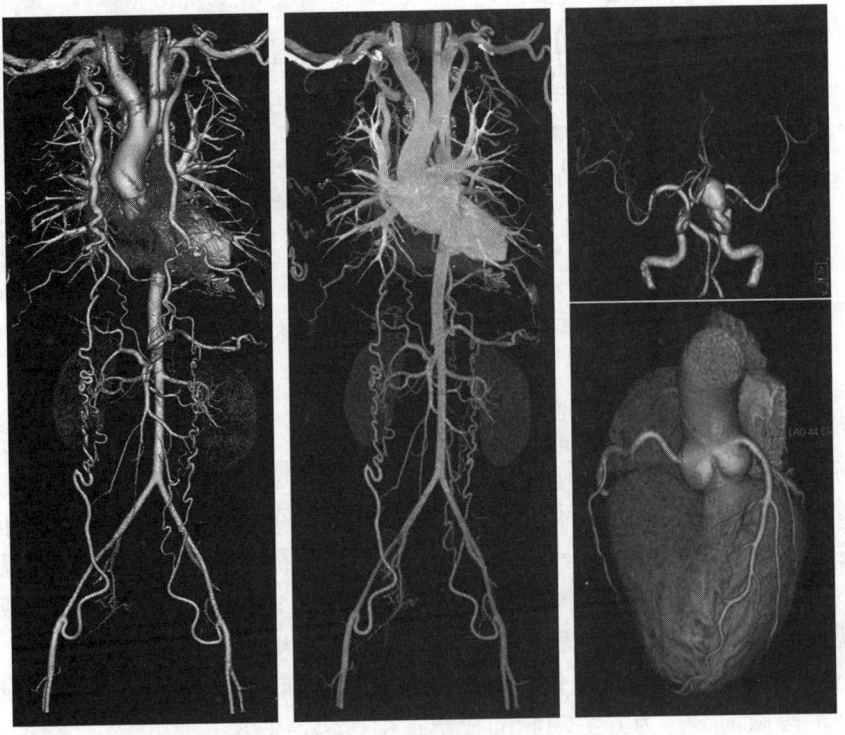

图 5-28-1　MDCT 动脉造影（CTA）

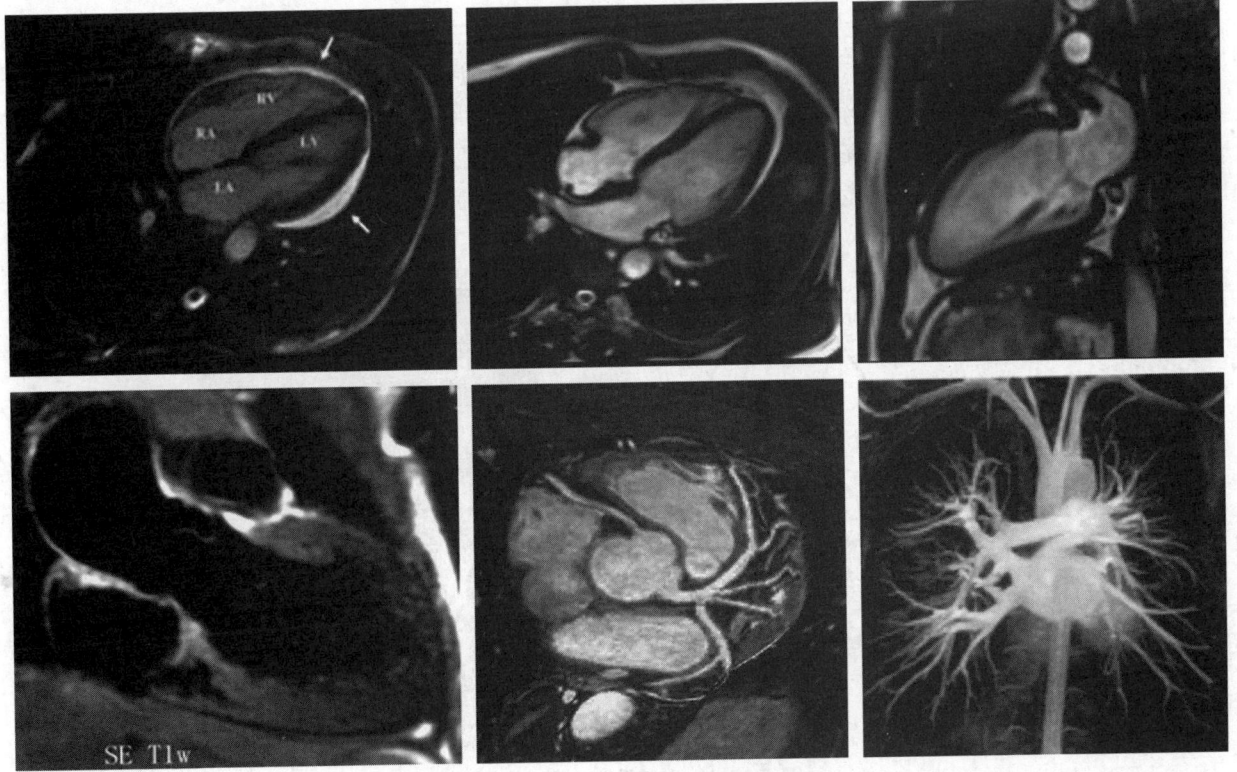

图 5-28-2　心脏和大血管 MRI 图像

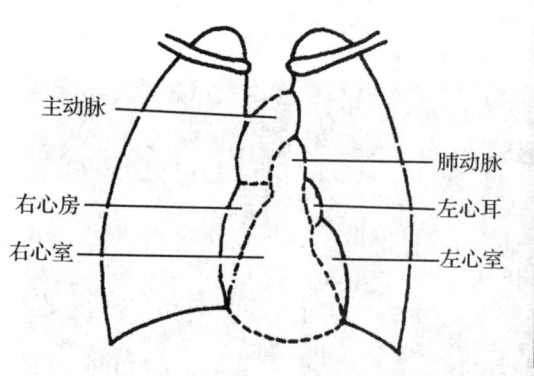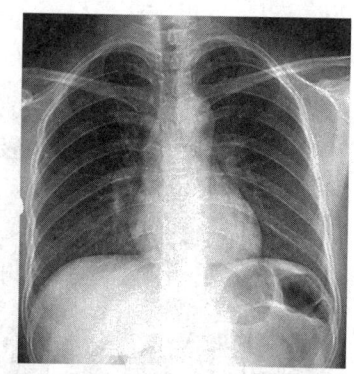

图 5-28-3　心脏及大血管后前位像

2. **右前斜位**　又称第一斜位。心影位于胸骨与脊柱之间。心脏及大血管形成前、后两个边缘，心前、后缘距胸骨和脊柱间空隙分别称为心前间隙和心后间隙。心前缘分为3段：上段为升主动脉的投影；中段微隆起，为右心室漏斗部和肺动脉段的投影，称为肺动脉段；下段向前下方斜行，一般为右心室、左心室的投影；心后缘上方为左心房，下方为右心房，两者之间无明显分界。降主动脉沿脊柱前方下行，在心后间隙内，食管沿左心房后壁下行。因此，在右前斜位投照时，应常规行钡餐检查，以观察食管左心房压迹改变，从而判断左心房增大的程度。

3. **左前斜位**　又称第二斜位。此位置心后缘与脊柱分离，心前间隙为近似长带形透光区。心前缘分为3段：上段微前突，为升主动脉的投影；中段为右心房耳部投影；下段呈轻度前突的弧形，主要为右心室的投影。心后缘上方为左心房，下方为左心室，呈弧形后突。正常时，左心室后缘与脊柱阴影分离。在左前斜位上还可清楚地显示升主动脉、主动脉弓及降主动脉的影像，主动脉弓下部的透光区称为主动脉窗。

4. **左侧位**　心脏前缘的上部由右心室的漏斗部及肺动脉主干构成，自前下向后上倾斜，下部为右心室，与前胸壁紧密相邻。心前缘上部与前胸壁之间的透亮区称为胸骨后间隙。心前缘下部与前胸壁和膈肌之间形成一个尖端朝下的小三角形透亮区。心后缘上段为左心房，下段为左心室。

左侧位食管钡餐检查时，在心后下缘、食管前及膈肌之间形成三角形间隙，称为食管前心后间隙，为判断左心室增大的一个标志（图5-28-4）。

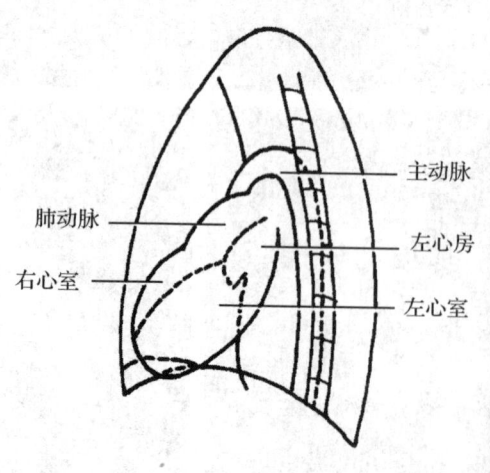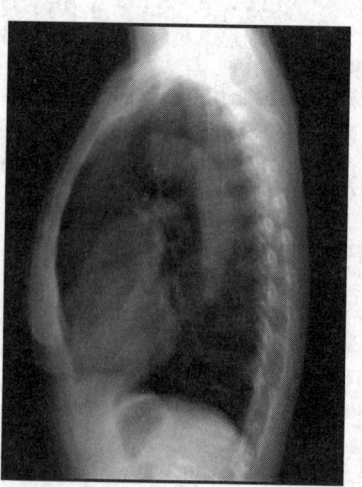

图 5-28-4　心脏及大血管左侧位像

(二)心脏和大血管的搏动

通过透视心脏、大血管的搏动,反映其功能状态。左心室搏动最强(左心缘),幅度约为 5 mm;主动脉与心室搏动方向相反,幅度为 2~3 mm;右心房搏动(右心缘)幅度约为 1 mm,透视下不易观察;右心室搏动可传至右心缘下部;肺动脉搏动与主动脉类似,但较弱;正常的上腔静脉不见搏动;正常两侧肺门血管无明显搏动。

(三)影响心脏、大血管形态的生理因素

影响心脏、大血管外形的因素有体型、年龄、体位及呼吸等,其中最重要的是体型。

1. **体型** 正常心脏形态可分为横位心、斜位心和垂位心。①斜位心:见于体型适中且较匀称者,心脏长轴与水平线夹角为45°。②横位心:见于矮胖体型者,心脏长轴与水平线夹角<45°。③垂位心:见于瘦长体型者,心脏纵轴与水平线夹角>45°(图5-28-5)。

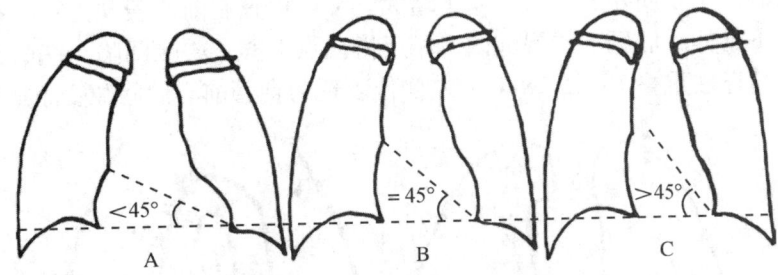

图 5-28-5 3种正常体型心脏形态示意图
A. 横位心;B. 斜位心;C. 垂位心

2. **年龄** 婴幼儿左心室、右心室大致对称,心呈球形,心脏与大血管交界点不明显。

3. **呼吸和体位** 深吸气时,由于膈肌下降,心脏被拉长,趋向垂位心;深呼气时,膈肌上升,趋向横位心。立位时,心脏各房室弧度明显;卧位时,膈上升,心脏上移呈横位,心底增宽。

(四)心胸比率

心脏大小的估测最常用的方法是心胸比率法,即心脏最大横径与胸廓最大横径之比(图5-28-6)。

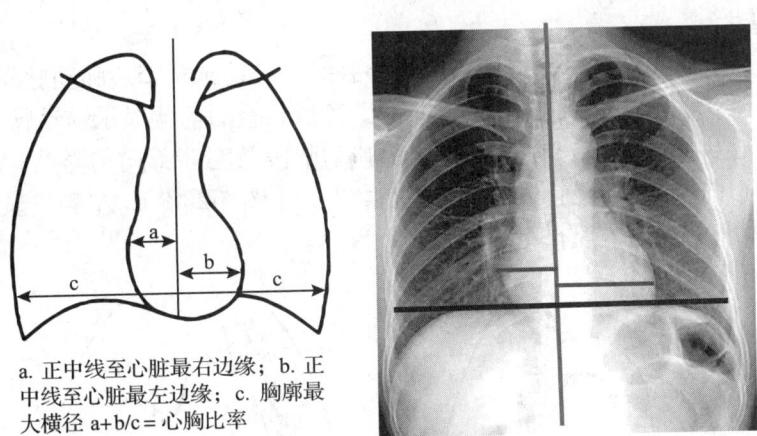

a. 正中线至心脏最右边缘;b. 正中线至心脏最左边缘;c. 胸廓最大横径 a+b/c = 心胸比率

图 5-28-6 心胸比率测量示意图

心脏最大横径是中线(0-0线)分别至左、右心缘各自最大径之和(T_1+T_2),胸廓横径则在右膈顶平面以最大胸廓处的内缘距离为准(T_h)。这是一种粗略的估计方法。正常成人心胸比率应小于或等于0.5,横位心心胸比率不超过0.52。

(戴振火)

第二节 心脏与大血管基本病变的 X 线表现

一、心脏及各房室增大

心脏增大包括心脏扩大和心肌肥厚两个因素，两者可并存。

（一）左心室增大

左心室增大主要见于原发性高血压、主动脉瓣关闭不全或狭窄、二尖瓣关闭不全、动脉导管未闭等。左心室增大时，主要向左、向后、向下增大。X 线检查后前位表现为左心室段延长并向左隆凸，心尖向左、向下延伸，居膈下或胃泡内，相反搏动点上移，心腰凹陷。左前斜位见心后缘下段向后、向下隆凸，与脊柱重叠（图 5-28-7）。左侧位表现为食管前心后间隙变小或消失。

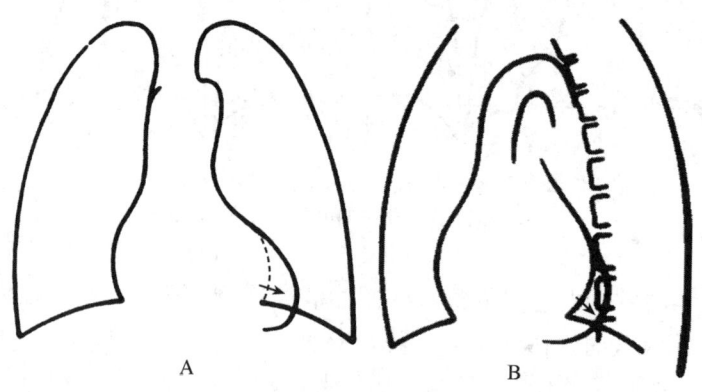

图 5-28-7 左心室增大示意图
A. 后前位；B. 左前斜位

（二）右心室增大

右心室增大常见于二尖瓣狭窄、慢性肺源性心脏病、肺动脉狭窄、肺动脉高压、房间隔缺损及法洛四联症等。右心室增大向前、向左及向右增大。X 线检查后前位显示肺动脉段凸出，心腰消失，相反搏动点下移，心尖圆隆上翘。右前斜位显示肺动脉段及漏斗部向前隆凸，心前间隙变窄或消失。左前斜位显示心前缘下段向前膨凸，心前间隙变窄（图 5-28-8）。左侧位显示心前缘下段与胸壁接触面延长，肺动脉段及漏斗部凸起。

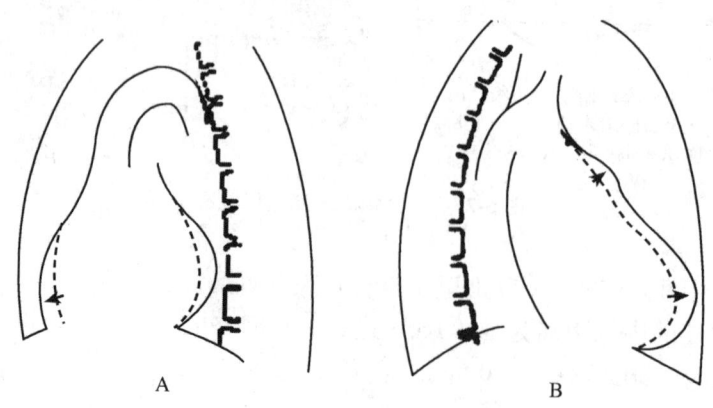

图 5-28-8 右心室增大示意图
A. 左前斜位；B. 右前斜位

（三）左心房增大

左心房增大常见于二尖瓣病变、左侧心力衰竭、室间隔缺损及动脉导管未闭等。左心房增大首先向后、向上，继之向左、向右增大。X线检查后前位显示早期左心房向后增大，心底部心影内出现圆形或椭圆形密度增高影，常与右心房重叠，形成双房阴影；如向右增大凸出于右心缘，可见在右心房弧形边缘上段又出现一较大弧度，称为双边影，左心缘肺动脉下方左心耳突出形成第三弧，在食管钡餐检查的右前斜位及左侧位片上可见食管左心房压迹受压移位；左前斜位显示心后缘上段隆起，左主支气管上抬（图5-28-9）。

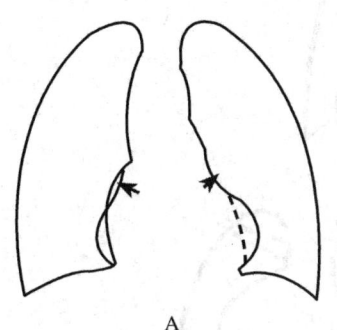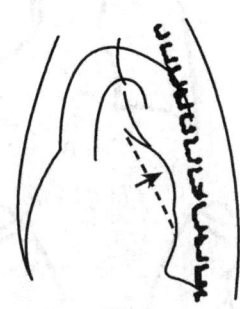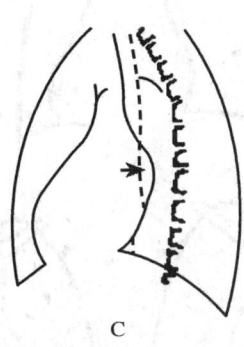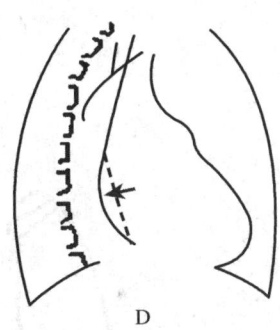

图 5-28-9　左心房增大示意图
A. 后前位；B. 左侧位；C. 左前斜位；D. 右前斜位

（四）右心房增大

右心房增大多见于房间隔缺损、右侧心力衰竭、三尖瓣病变等。主要向右，其次向后扩大。X线检查后前位显示心右缘下段延长并向右膨出，常同时伴上腔静脉影增宽。左前斜位显示心前缘中段延长且向前凸出，并与右心室段成角。右前斜位显示心后缘下段向后突出，但无食管的受压和移位（图5-28-10）。

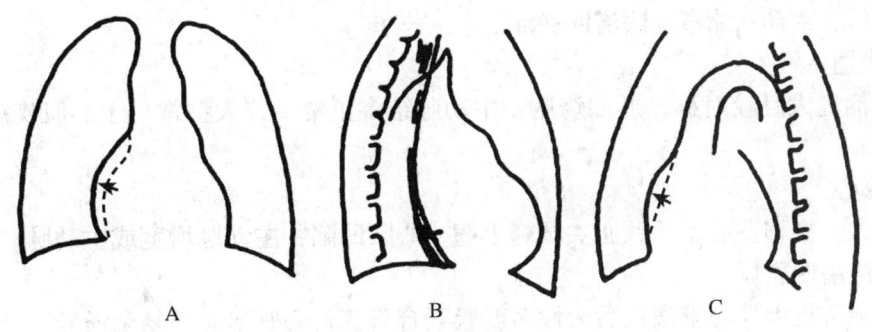

图 5-28-10　右心房增大示意图
A. 后前位；B. 右前斜位；C. 左前斜位

（五）全心增大

全心增大常见于心肌疾病、心包积液、全心衰竭。X线检查后前位显示心影向两侧增大，心横径加大；斜位显示心前间隙、心后间隙均变小，左前斜位及左侧位食管钡餐检查显示食管普遍受压及移位。

二、心脏增大的类型

心脏某一房室增大，在后前位观察时，心脏和大血管可构成一定的形状，常见的有二尖瓣型、主动脉型和普大型（图 5-28-11）。

（一）二尖瓣型

二尖瓣型指增大的心脏和大血管的影像近似梨形，两侧心缘向外膨隆，心腰丰富或隆凸，主动脉结缩小或正常。二尖瓣型常见于二尖瓣病变、房间隔缺损、肺源性心脏病等。

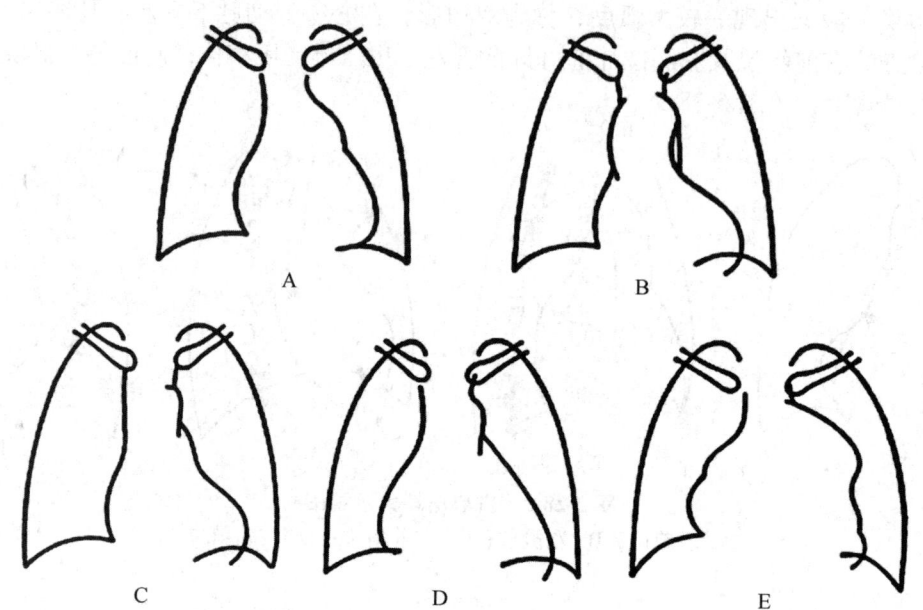

图 5-28-11 心脏形态异常示意图
A. 二尖瓣型；B. 主动脉型；C. 靴形心；D. 普大型；E. 怪异型

（二）主动脉型

主动脉影增宽，主动脉结大而突出，心腰凹陷，心左缘下部向左下隆凸。主动脉型常见于主动脉病变、高血压、主动脉缩窄及法洛四联症。

（三）普大型

心影向两侧增大且较对称，形如烧瓶，主动脉结多正常。普大型常见于心肌疾病、心包积液、全心衰竭。

（四）靴形心

右心室增大，推移左心室导致心尖圆隆上翘，心腰凹陷，主动脉增宽或主动脉右移，心影形如木靴，常见于法洛四联症。

此外，复杂型先天性心脏病或后天性多瓣膜联合病变，心脏形态常复杂怪异。总而言之，心脏形态的改变是心血管疾病血流动力学改变的体现。

三、肺循环的改变

心脏疾患可引起肺循环血流动力学的改变，而肺循环的异常改变可引起心脏增大。因此在诊断中，除观察心脏大小、形态之外，还必须观察肺循环的改变。

（一）肺充血

肺充血是指肺动脉血流量异常增多，主要见于左向右分流的先天性心脏病，如房间隔缺损、室间隔缺损和动脉导管未闭；也可见于甲状腺功能亢进症及贫血等。X 线表现为肺动脉段突出，两肺门影增大，右下肺动脉干直径>15 mm，肺血管纹理增粗、增多、边缘清楚。透视下可见肺门血管及肺动脉搏动增强，即肺门舞蹈征。

（二）肺淤血

肺淤血指肺静脉血液回流受阻而滞留在肺静脉内，主要见于二尖瓣狭窄、左侧心力衰竭。X线表现为两肺门影增大、模糊，肺内血管纹理增多、增粗、边缘模糊不清，上肺静脉增粗，下肺静脉变细，肺野透亮度降低。当肺静脉内压力进一步升高时，则出现肺静脉高压。肺静脉高压进一步发展，则出现肺水肿。

（三）肺缺血

肺缺血指肺循环血流量减少，主要见于右心室排血受阻或伴有右向左分流的先天性心脏病，如肺动脉狭窄、三尖瓣狭窄或闭锁、法洛四联症。X线表现为肺门影缩小，肺血管纹理普遍变细、稀疏，肺野异常清晰而透亮度增加。由于肺血流量减少，可见支气管动脉侧支循环血管影，在肺野内见细小、扭曲、紊乱的网状血管影。

（四）肺动脉高压

肺动脉高压常见于肺动脉血流量增多、肺小动脉阻力增加、肺胸疾病、肺静脉高压。肺动脉收缩压＞30 mmHg，平均压＞20 mmHg。X线表现为肺动脉段突出，肺门区动脉显著扩张，搏动增强，肺外围分支纤细、稀疏呈截断现象，称为肺门残根征象。右下肺动脉干宽径＞15 mm，右心室增大。

（五）肺水肿

当肺毛细血管静水压＞25 mmHg时，肺泡毛细血管内液体大量渗出到肺间质或肺泡内。病理上分为间质性肺水肿与肺泡性肺水肿。

1. 间质性肺水肿　多见于慢性左侧心力衰竭和其他肺静脉回流受阻，为肺淤血的结果。X线表现为肺门阴影增大、模糊，肺纹理增多、模糊，肺野透亮度减低，上肺静脉扩张，下肺静脉收缩变细，出现各种间隔线。最常见克利B线（Kerley B-line）：肋膈角附近与外侧胸壁垂直的水平线影，长2~3 cm、宽1~3 mm，以右侧多见，常伴有少量胸腔积液。

2. 肺泡性肺水肿　见于肾衰竭、左侧心力衰竭，常与间质性肺水肿并存。渗出液积聚于肺泡内，形成不规则的大片状模糊阴影，以两肺内、中带多。典型者表现为以肺门为中心的蝶翼状大片模糊影。这些表现变化快，经适当治疗数小时或数日即可吸收消散。

四、心脏、大血管搏动的改变

心脏、大血管搏动的改变主要表现为活动的强度、幅度和频率的改变。外周循环阻力增大和负荷增加时，心脏的代偿功能表现为心脏活动增强、幅度增大。心力衰竭时搏动减弱，幅度减少，频率加快。心包积液时，心脏搏动明显减弱或消失。主动脉瓣关闭不全时，心脏和主动脉活动显著增强。甲状腺功能亢进症和贫血时，心脏和主动脉活动均有增强。

（戴振火）

第三节　心脏与大血管常见疾病的影像诊断

一、慢性风湿性心脏病

慢性风湿性心脏病为常见的心脏病，多发生于20~40岁，女性多于男性，90%以上是由于心内膜炎侵及瓣膜，瓣膜充血、肿胀、增厚、纤维蛋白沉积，瓣环瘢痕收缩，瓣叶增厚、融合，腱索缩短、粘连，引起瓣口狭窄及关闭不全等慢性瓣膜病变。各瓣膜均可累及，但以二尖瓣损害多见，占70%~80%，其次为主动脉瓣。

（一）二尖瓣狭窄

由于瓣口面积减小，舒张期左心房压力增加，导致左心房扩大，左心房压力继续升高，则逆传至肺静脉，引起肺静脉压升高，肺淤血；同时肺动脉为克服阻力，肺动脉压相应增高，肺小动脉收缩，加重右心室负荷，导致右心室扩大。临床上可有气促、端坐呼吸、咯血、肝大、下肢水肿、颈静脉怒张等表现，心尖部可闻及舒张期杂音。X线表现为左心房和右心室增大伴肺淤血及不同程度的肺循环高压，有时见二尖瓣或左心房钙化（图5-28-12）。

（二）二尖瓣关闭不全

单纯二尖瓣关闭不全少见，多合并不同程度的二尖瓣狭窄。由于瓣膜关闭不全，收缩期左心房容量负荷增加，左心房扩大，舒张期左心室容量负荷同样增大，左心室也大。但早期心室舒张压影响不大，静脉回流无影响，晚期心室舒缩受限，左心房压恒定升高并波及肺静脉，出现肺

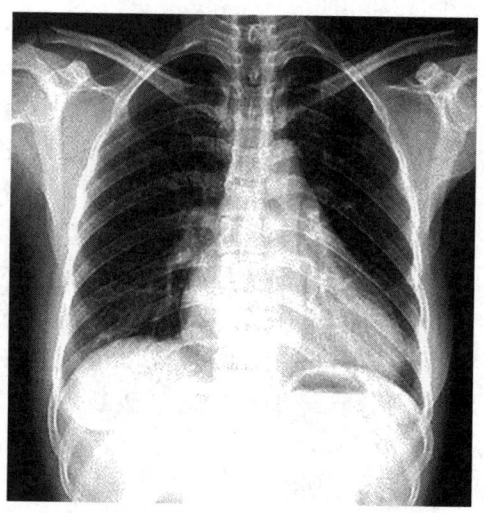

图5-28-12　二尖瓣狭窄X线表现

循环高压。临床上有心悸、气短、乏力和左侧心力衰竭的症状，心尖部闻及明显的收缩期吹风样杂音。X线表现：左心房、左心室增大，搏动增强，肺静脉高压相对较轻，若合并二尖瓣狭窄，X线表现具备两者的特点。

二、高血压心脏病

高血压心脏病是由于长期的动脉血压过高，周围循环阻力增加，左心室负荷过重而引起的一种心脏病。临床上有长期高血压病史，可有头痛、头晕、心悸等症状，左侧心力衰竭时可出现呼吸困难等表现。X线：轻者表现为左心室段向左下圆隆，心影轻度增大。严重者左心室明显增大，主动脉扩张、迂曲、延长，主动脉结凸出，心腰凹陷，心影呈主动脉型心，当左心功能不全时，可见肺淤血、间质性肺水肿等（图5-28-13）。

三、慢性肺源性心脏病

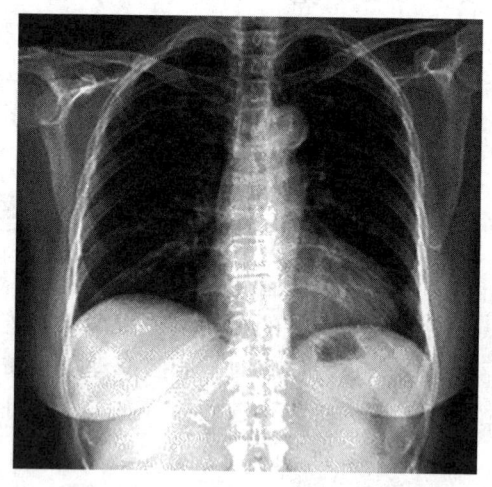

图5-28-13　高血压心脏病X线表现

由于肺部病变，肺血管床减少，肺循环阻力增加而导致肺动脉高压，右心室肥大及右心功能不全。临床上有长期咳嗽、咳痰、咯血、哮喘和劳累后心悸及气喘等。当右侧心力衰竭时，可有呼吸困难、发绀、颈静脉怒张、肝大、腹水、下肢水肿、肺部干啰音及湿啰音等表现。

X线表现：①慢性胸肺疾病表现，主要有慢性支气管炎、肺气肿、肺结核、肺尘埃沉着病、广泛胸膜增厚粘连及胸廓畸形等。②肺动脉高压表现，肺动脉大分支增粗，右下肺动脉干横径超过15 mm，肺外围纹理纤细，与肺门增粗血管形成明显对比，称为"肺门截断征"。③右心室增大，肺动脉段凸出，心呈梨形或垂直型（图5-28-14）。

四、心包炎

心包炎是脏、壁层心包膜的炎症性病变，以结核性、化脓性、风湿性常见。心包炎可分为干性和湿性两种，后者表现为心包积液。

（一）心包积液

心包腔内的积液可为浆液性、化脓性和血性等，X线不能区别积液的性质。当积液量达到一定程度时可压迫心脏，使心房和腔静脉压力升高，致使静脉回流受阻，心室舒张受限，收缩期排血量减少，因而出现心脏压塞的症状。临床上有发热、心前区疼痛、呼吸困难、发绀、腹胀、颈部水肿、面部水肿、下肢水肿及端坐呼吸等症状。体格检查心界向两侧扩大，心音低钝、遥远，血压和脉压降低。

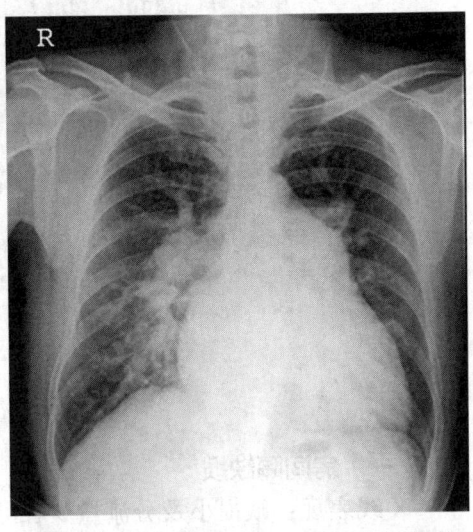

图 5-28-14　慢性肺源性心脏病 X 线表现

1. X线表现　心包积液量少于 300 ml 时，心影大小和形态可无明显改变。心包积液量达 500 ml 以上时，主要表现为心影向两侧普遍增大，心影各弧度消失，心外形呈烧瓶形或球形；上腔静脉影增宽，主动脉影缩短，心缘搏动减弱或消失，肺纹理减少（图 5-28-15）。

2. CT 与 MRI　MRI 可对积液的量及性质做出判定。

（1）少量积液：积液量<100 ml，心包厚度 5~15 mm，位于左心室后壁及右心房侧壁。

（2）中等量积液：积液量 100~500 ml，心包厚度 15~24 mm，位于右心室前及心尖下外方。

（3）大量积液：积液量>500 ml，心包厚度>25 mm。

（4）MR 信号：T_1WI 炎性渗出含蛋白成分高为不均匀高信号，血性积液为中等或高信号，肿瘤为不均匀的混杂信号。

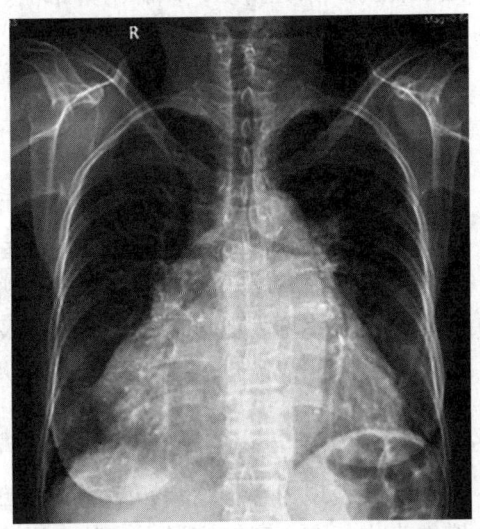

图 5-28-15　心包积液 X 线表现（烧瓶心）

（二）缩窄性心包炎

缩窄性心包炎多由急性心包炎转变而来。由于心包膜脏、壁两层之间发生粘连和增厚，形成坚厚的纤维结缔组织瘢痕，范围可较广泛，呈铠甲样结构包围在心脏上，使心室舒张障碍，静脉回流右心房受阻，静脉压升高、颈静脉怒张、肝大、腹水。左心室舒张受限，排血量减少，造成血压下降。临床上有心悸、劳累后呼吸困难，病变较重时可出现上、下腔静脉回流受阻体征。

X线表现为心脏阴影正常或轻到中度增大，左、右心缘平直且僵硬，正常弧段消失，心脏搏动减弱或消失，而大血管搏动正常。心包钙化是本病特征性表现，可呈蛋壳样、带状、斑片或结节状高密度影，右侧多于左侧，心包钙化多者形如盔甲，故称盔甲心。上腔静脉影增宽，CT 对显示心包钙化较为敏感（图 5-28-16）。

五、先天性心脏病

X线上可根据肺血管表现分为肺血增多、肺血减少和肺血无明显改变三类。普通 X 线检查是诊断先天性心脏病的重要方法之一，对常见先天性心脏病，如能紧密结合临床资料，可以做出正确诊断。

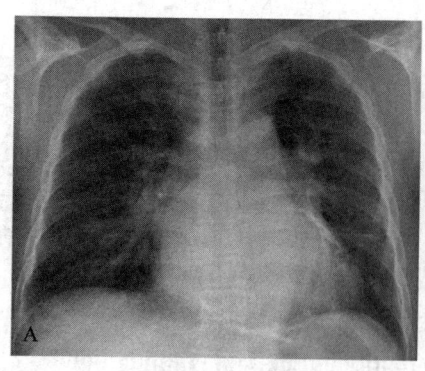
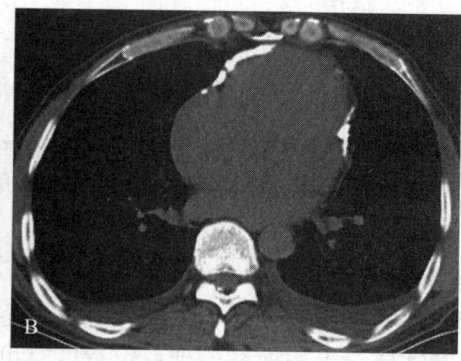

图 5-28-16　缩窄性心包炎影像学表现
A. X 线；B. CT

（一）房间隔缺损

X 线表现：缺损小及分流量少者可无明显异常 X 线改变。缺损大及分流量较大时可见：①心脏呈二尖瓣型，中度增大，右心房、右心室均增大。②肺动脉段显著隆凸，搏动增强，两肺门血管影增粗伴有扩张性搏动，即肺门舞蹈征。肺内纹理增粗，边缘清楚。③左心房一般不增大，左心室及主动脉结变小。

房间隔缺损的基本 X 线征象是肺血增多，右心增大，肺动脉段凸出及主动脉变小，其中右心房显著增大为本病特征性改变。

（二）室间隔缺损

X 线表现：缺损小及分流量少时可无明显异常 X 线改变，或见心影稍大。缺损大及分流量多时表现为心影增大，呈二尖瓣型，左心室、右心室均增大，以右心室为著，左心房轻度增大，肺动脉凸出，肺门血管增粗伴搏动增强，透视可见肺门舞蹈征。肺血管纹理增粗、增多，当出现肺动脉高压时，右心室增大更显著，肺动脉段及肺门血管高度扩张，周围血管变细，呈残根状。

典型室间隔缺损表现为双心室增大，以右心室增大为显著。肺充血、肺动脉段膨隆程度不如房间隔缺损明显。

（三）动脉导管未闭

X 线表现为心影增大，呈二尖瓣型或二尖瓣-主动脉型，左心室、右心室均增大，常以左心室增大为主，左心房轻度增大，肺血增多，肺动脉段凸出，肺门动脉扩张，透视下见肺门舞蹈征。主动脉结增宽或凸出，有时可见漏斗征（指正位心脏 X 线片上主动脉弓降部外凸和下方的降主动脉与肺动脉相交处突然内收所致的一个凹陷），漏斗征对本病的诊断具有重要意义。

（四）法洛四联症

法洛四联症是临床上最常见的先天性发绀型复合畸形心脏病，包括肺动脉狭窄、室间隔缺损、主动脉骑跨和右心室肥大。其中以肺动脉狭窄和室间隔缺损最为重要。由于肺动脉狭窄，右心室压力增大，其内未氧合的血液经室间隔缺损处直接进入骑跨的主动脉至全身而引起发绀。临床上，患者发育迟缓，在 1 岁内即出现发绀，患儿活动力差，喜蹲踞。有气促、杵状指（趾）和晕厥史。体格检查于胸骨左缘第 2~4 肋间隙可闻及响亮收缩期杂音，可扪及震颤，肺动脉瓣第二音减弱或消失。X 线表现：心影呈靴形，右心室增大，心尖圆隆上翘，心腰凹陷，主动脉增宽或主动脉右移（图 5-28-17）。肺血减少，肺门影缩小，

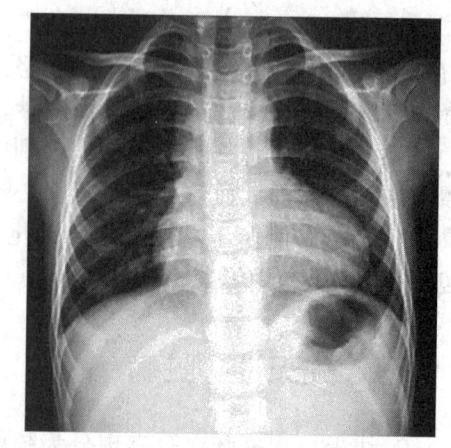

图 5-28-17　法洛四联症 X 线表现（靴形心）

肺纹理纤细、稀疏。侧支循环形成后则可见扭曲、粗乱的血管影或网状血管纹理。

（戴振火）

自 测 题

一、选择题

1. 肥胖患者心影常呈
   A. 垂位心　　　　　　　B. 横位心　　　　　　　C. 滴状心
   D. 主动脉型心　　　　　E. 梨形心
2. X线平片示肺野清晰，心脏向两侧扩大，呈烧瓶样或球状，上腔静脉增宽，主动脉变短，心脏搏动明显减弱而主动脉搏动正常，以下诊断最有可能的是
   A. 左室壁阶段性运动不良　B. 扩张型心肌病　　　　C. 心包积液
   D. 缩窄性心包炎　　　　　E. 急性心肌梗死
3. 肺源性心脏病主要表现为
   A. 左心房、右心室增大　　B. 右心室肥大　　　　　C. 右心房增大
   D. 右心房、左心室增大　　E. 左心室增大
4. 下述与肺心病不符的X线征象是
   A. 肺气肿　　　　　　　　　　　　　　　B. 右心室增大
   C. 左心室明显增大　　　　　　　　　　　D. 右前斜位见肺动脉圆锥明显突出
   E. 右下肺动脉直径>15 mm
5. 与大量心包积液X线征象不符的是
   A. 心脏普遍增大，心缘各弧消失　　　　　B. 心脏搏动增强
   C. 多数患者见明显肺淤血改变　　　　　　D. 卧位透视时见心底阴影增宽
   E. 心影大小短期内可明显改变

二、简答题

1. 何为肺淤血，常见于哪些疾病？典型X线表现是什么？
2. 试述左心室增大的影像学表现。
3. 试述风湿性心脏病二尖瓣狭窄的血流动力学改变及影像学表现。

第二十九章 消化系统影像诊断

第二十九章数字资源

学习目标

1. 知识：说出胃肠道基本病变的X线表现，列举胃肠道急腹症的X线表现。
2. 能力：能综合运用消化系统影像学检查方法，针对不同疾病做出合理选择，做出消化系统常见病的影像诊断。
3. 素养：具备严格执行消化系统影像检查操作规范的职业素养，能够为临床提供个体化检查方案建议，在检查过程中注意保护患者的隐私，注重人文关怀，建立良好的医患关系。

案例 5-29-1

患者，女性，63岁，以"腹痛半年，黏液样便2个月"为主诉入院。患者感到下腹部隐痛半年余，便秘、腹泻交替数月，近2个月大便呈黏液样。既往有糖尿病病史，规律服药。体格检查：消瘦，右下腹轻压痛，可触及包块，腹部无膨隆。实验室检查：粪便隐血（+），癌胚抗原31 μg/L，糖类抗原12-5 97 μg/L。

问题与思考：
1. 选择何种影像学检查方法？
2. 可能出现哪些影像学表现？

第一节 消化道疾病的影像诊断

消化道包括食管、胃、小肠、大肠，由于其与周围组织和器官之间缺乏很好的密度对比，需借助造影检查来显示其管腔、轮廓及功能情况。

一、检查方法与正常影像学表现

（一）检查方法

1. 普通X线检查　腹部透视与腹部平片主要用于急腹症、腹部外伤及不透X线异物的检查，造影检查在透视下操作完成。

2. 造影检查

（1）钡餐检查：现多用气钡双重对比造影，有利于发现早期和微小病变，主要用于观察食管、胃、小肠、结肠病变。临床上根据病情需要，有目的地选择分段性检查。①食管钡餐检查：主要用于观察食管病变，检查前患者无须做特殊准备。②上消化道钡餐检查：主要用于观察食管、胃、十二指肠及上部空肠的病变。检查前患者须禁食12h，并停用一切影响造影检查的药物且做好其他相应准备。③全消化道钡餐检查：主要用于观察食管、胃、小肠和结肠的病变，患者准备工作同上消化道钡餐检查。但严重胃肠道狭窄、急性消化道出血、胃肠道穿孔及肠梗阻等患者禁用钡餐检查。

（2）钡灌肠检查：是逆行肠道检查方法，适用于大肠和回盲部的检查。结肠双重对比检查使结肠形成良好的双重对比，观察各段结肠的细微结构和肠壁轮廓，有助于发现早期结肠黏膜溃疡、息肉和恶性占位性病变。检查前患者禁食6h以上，并做好清洁灌肠等准备工作。

（3）CT检查：CT可以清晰地显示胃肠道管壁的改变、腔内外的异常以及周围组织的继发性改变，了解病变的累及范围、病变与周围器官或组织的关系，有助于评估肿瘤性病变的侵犯范围及淋巴结转移、远处器官转移等情况，对肿瘤的分期、制定治疗方案和治疗效果的评估具有重要价值。CT仿真内镜技术可清晰地显示胃肠道腔内的改变，也可用于结肠癌、直肠肿瘤的筛查。检查前须做好胃肠道清洁准备工作。

（4）MRI：目前应用较多的是胃肠道肿瘤的术前分期评估，可以显示肠道管壁情况、腔外改变和邻近组织结构的变化。随着影像学成像技术的不断进步，MRI在胃肠道病变检查的应用范围也在不断扩大。

（二）正常影像学表现

1. 食管　分别以主动脉弓和第8胸椎为界，将食管分为上段、中段、下段。食管左前壁自上而下有3个压迹，分别为主动脉弓压迹、左主支气管压迹和左心房压迹。食管造影食管充盈像（图5-29-1）钡对比剂如带状密度影，轮廓光滑、整齐，管壁柔软，以右前斜位观察最佳。食管的黏膜皱襞像（图5-29-1）为2~6条与食管长轴平行的纤细纵行条纹状透亮影，相互平行。

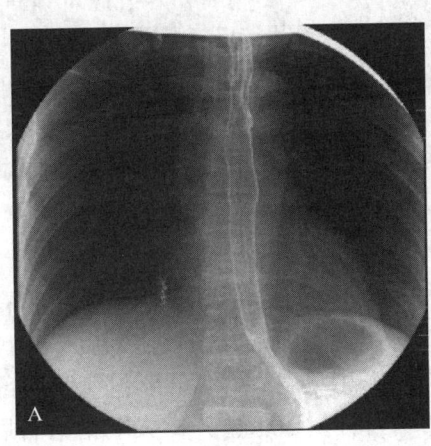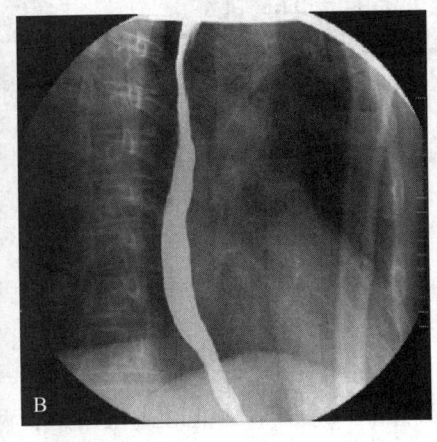

图5-29-1　食管X线造影表现
A. 正位像；B. 右前斜位像

2. 胃　正常胃在充盈钡对比剂时呈一弯曲的囊袋状影，大部分位于左季肋部左膈下，部分位于左肝下方。胃的上口为贲门，与食管相接。胃的下口为幽门，与十二指肠相通。胃的内上缘称为胃小弯，拐角处称为胃角切迹。胃的外下缘称为胃大弯，其最低点为胃下极。贲门水平线以上称为胃底，因立位时含气，也称胃泡。贲门以下至胃角切迹的一段称为胃体。从胃角切迹以下至幽门的部分称为胃窦（图5-29-2）。胃的形状与体型和胃的张力有关，一般分为4型：鱼钩型、瀑布型、牛角型、无力型（图5-29-3）。胃的轮廓在胃小弯侧及胃窦大弯侧光滑、整齐。在胃体大弯侧呈锯齿状，由横行、斜行的黏膜皱襞所致。黏膜皱襞因部位不同而表现不同。胃体小弯侧黏膜皱襞呈3~5条相互平行整齐纵向走行的条状透亮影，皱襞间沟的钡对比剂呈致密的条纹影。胃体大弯侧黏膜皱襞为斜行、横行排列，呈不规则锯齿状。胃窦的黏膜皱襞为纵行、斜行及横行，收缩时呈纵行，舒张时以横行为主。胃底部黏膜皱襞粗而弯曲，呈线团状或脑回状。一般胃体小弯侧黏膜皱襞宽度不超过 0.5 cm，胃窦部黏膜皱襞宽度不超过 0.4 cm（图 5-29-4）。在良好的胃双重造影片上，胃黏膜皱襞展平，能显示胃黏膜细微结构，主要是胃小沟和胃小区（图 5-29-5）。胃小沟粗细深浅均匀，充钡后为宽约 1 mm 的致密影。胃小区于气钡双重对比造影后为直径 1~3 mm 的圆形或类圆形大小相似的透亮影。

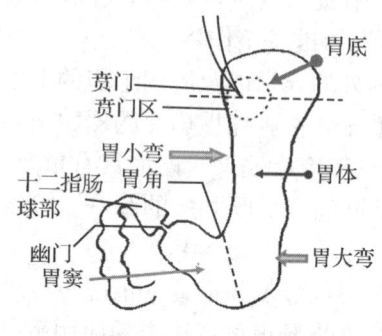

图 5-29-2　胃的分区示意图

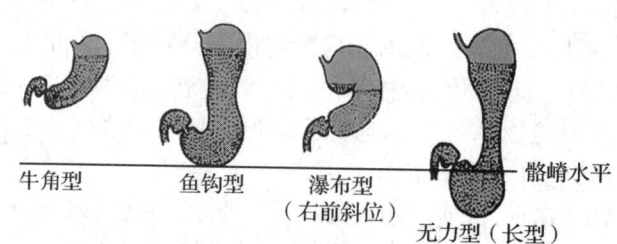

图 5-29-3　胃的分型示意图

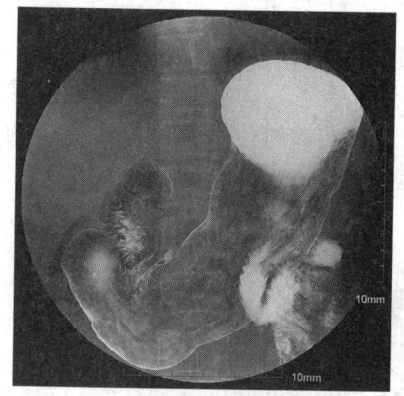

图 5-29-4　胃的气钡造影表现

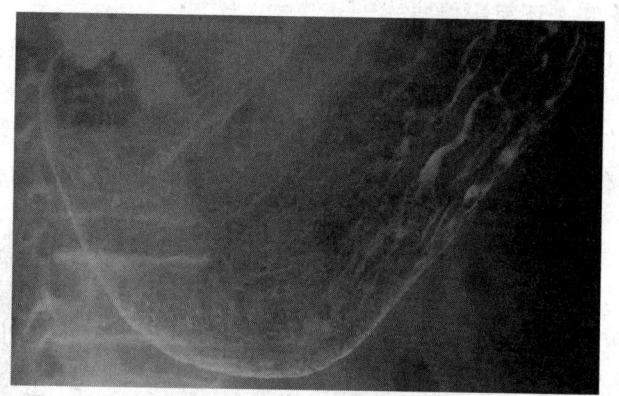

图 5-29-5　胃小沟、胃小区

胃的蠕动开始于胃体上部，有节律地呈波浪样向幽门方向推进，蠕动波逐渐加深，至胃窦部呈向心性收缩，同一时间一般可见 2~3 个蠕动波，对称出现。通常服钡对比剂后 2~4 h 胃即排空。

3. 十二指肠　开始于幽门，终于空肠。全长 25~30 cm，呈"C"形包绕胰头部，分为球部、降部、水平部和升部。球部呈圆锥形或三角形，两缘对称，边缘整齐，尖端指向右后，上接降部，底部平整，中央为幽门管的开口，两侧称为隐窝或穹窿角。黏膜皱襞呈纵行集中于球尖部。降部向下走行，水平部较短呈横行，水平部以后反转向左后上方至十二指肠悬韧带的部分为升部。降部下的黏膜皱襞呈羽毛状（图 5-29-6）。

4. 空肠和回肠　空肠、回肠全长 5~6 m，宽不超过 3 cm，无明显分界。空肠大部分位于左侧中上腹，有环形黏膜皱襞，呈羽毛状，钡对比剂少时呈雪花状。回肠大部分位于右侧中下腹及盆腔，黏膜皱襞少而浅，肠腔相对小，轮廓光滑，在充气扩张时呈竹节样或空管状。服钡对比剂后 2~6 h 钡对比剂远端可达盲肠，少于 2 h 为运动过快；7~9 h 钡对比剂应从空肠、回肠全部排空，10 h 及以上钡对比剂未排空者称为排空延迟。

5. 大肠　分盲肠、升结肠、横结肠、降结肠、乙状结肠和直肠，呈"门"字形绕行于腹腔四周。大肠充钡后以结肠袋为特征，横结肠以上较明显，降结肠以下逐渐变浅，乙状结肠以下接近消失。大肠黏膜皱襞为纵、横、斜 3 种方向交错结合的纹理。一般服钡对比剂 6 h 可达肝曲，8~12 h 达脾曲，24~48 h 排空。阑尾充盈时呈蚯蚓状，位于盲肠内下方，粗细均匀，边缘光滑，移动度大（图 5-29-7）。

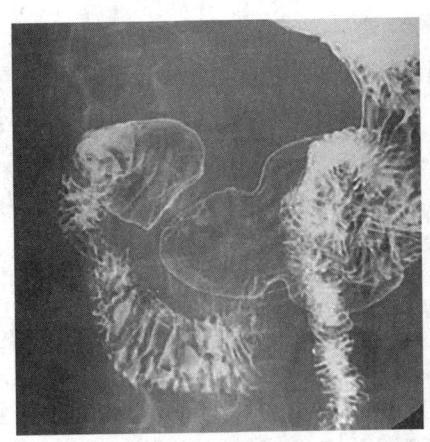
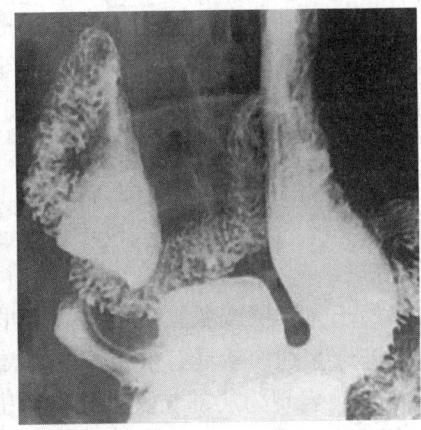

图 5-29-6　正常十二指肠 X 线造影表现

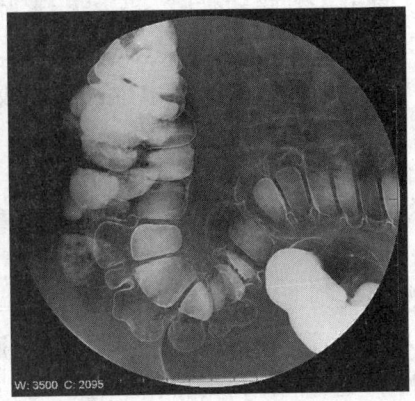

图 5-29-7　正常大肠气钡 X 线造影表现

二、消化道基本病变的影像学表现

胃肠道造影所见到的影像是胃肠道内腔轮廓，当病变引起管壁黏膜或管腔改变时，造影检查可显示。胃肠道病变的基本 X 线表现可分为形态改变、黏膜改变、位置及功能改变。

（一）形态改变

1. 龛影　胃肠道管壁发生了溃烂或凹陷达到一定程度后，造影时，该处被钡对比剂充填，在切线位时形成向腔外凸出的钡斑阴影，称为龛影。龛影可呈三角形、柱形、乳突状密度影。正位像上龛影呈圆形密度增高钡斑阴影，其四周有黏膜水肿所形成的透明带环绕（图 5-29-8）。

2. 憩室　消化管壁的薄弱处向外呈囊袋状突出影，称为憩室。憩室具有收缩功能，形态可变，内有黏膜皱襞相延续，可排空，以此可与溃疡龛影相鉴别。

3. 充盈缺损　病变自消化道壁向腔内生长，占据一定的空间，不能为钡对比剂所充填而形成器官轮廓的钡对比剂缺损，称为充盈缺损。良性病变的充盈缺损多呈圆形或椭圆形，边缘光整；恶性肿物的充盈缺损形态不规则，伴有黏膜破坏。

4. 管腔狭窄　管腔小于正常宽度称为管腔狭窄。引起狭

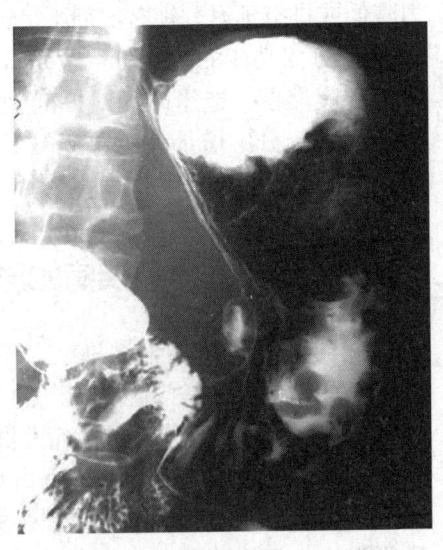

图 5-29-8　胃小弯龛影 X 线造影表现

窄的原因很多，表现也各不相同。炎性狭窄或良性狭窄一般狭窄范围较广泛，边缘较光滑、整齐，与正常区分界不明显；恶性狭窄范围较局限，边缘不规则，管壁僵硬，与正常区分界明显；先天性狭窄边缘多光滑且较局限；痉挛性狭窄边界光滑，可变性大，解痉后即恢复正常；外压性狭窄为偏侧性压迹，边缘光滑、整齐，常伴有移位。

5. 管腔扩张　管腔超过正常宽度称为扩张。多由胃肠道远端狭窄、梗阻或张力降低引起近侧胃肠道扩张。

（二）黏膜改变

胃肠道病变多始于黏膜层或黏膜下层，病变早期即能造成黏膜皱襞改变。观察黏膜皱襞的变化对发现早期病变，进行鉴别诊断具有重要价值。常见有如下几种黏膜皱襞改变。

1. 黏膜皱襞破坏　表现为局部黏膜皱襞影像中断、消失，多见于恶性肿瘤的侵蚀。
2. 黏膜皱襞增宽和迂曲　是由于黏膜和黏膜下层的炎性浸润、肿胀和结缔组织增生引起。表现为黏膜皱襞条纹影增宽、粗细不均、紊乱、走行不规则，多见于慢性胃炎或黏膜下静脉曲张。
3. 黏膜皱襞平坦　是由于黏膜和黏膜下层炎性水肿和恶性肿瘤浸润所致。表现为黏膜皱襞条纹状阴影变平而显示不清，严重时完全消失。
4. 黏膜皱襞集中　由于纤维结缔组织增生，瘢痕收缩所致。表现为黏膜皱襞从四周向病变区集中，呈车辐状或放射状。
5. 胃小区及胃小沟改变　胃小沟＞1 mm 为增大，密度增高，且粗细不均匀，多见于慢性胃炎、萎缩性胃炎。胃小区＞3 mm 为增大，多见于慢性胃炎；胃小区和胃小沟破坏见于胃浅表性糜烂及早期胃癌。

（三）位置及功能改变

1. 位置改变　先天性位置异常见于内脏反位、胃肠道旋转不良、发育不良等；后天性移位（如推压移位）是占位性病变对消化道的推挤和压迫移位；牵拉移位多见于炎症、外伤后纤维组织牵拉等。
2. 张力改变　张力增高表现为管腔狭窄或局限性痉挛，如胃溃疡、炎症。张力减低表现为管腔扩大、松弛、蠕动减弱或消失。常见麻痹性肠梗阻、无力型胃、胃下垂等。
3. 蠕动改变　蠕动增强是蠕动波增多而深，运动加快，多见于炎症、溃疡、梗阻等。蠕动减弱是蠕动波少而浅，常见于胃肠道麻痹、胃下垂、癌肿的局部浸润。
4. 动力改变　胃肠道的动力是指胃肠道运送食物的能力，主要依赖胃肠道的张力和蠕动，以口服钡对比剂到达或排出某一部位的时间来衡量。服钡对比剂后 4 h 胃内钡对比剂未排空，提示胃动力减低或排空延迟。钡对比剂不足 1 h 达盲肠为小肠动力增强。钡对比剂滞留超过 6 h 为动力减弱。
5. 分泌功能的改变　空腹时胃内液体量超过 50 ml，称为胃空腹潴留，立位于胃内见气液平面称为空腹潴留，造影时钡对比剂呈絮状，不能均匀涂布黏膜表面，常见于胃、十二指肠球部溃疡。小肠、结肠分泌增加使肠黏膜皱襞增宽和模糊，肠壁显示不清，钡对比剂分散呈片状，常见于炎症、溃疡病变。

三、消化道常见疾病的影像诊断

（一）食管静脉曲张

食管静脉曲张是门静脉高压的重要并发症，常见原因是肝硬化，临床以呕血为主要表现。当门静脉高压时，引起食管和胃底静脉曲张。X 线表现：轻度食管静脉曲张使食管下段黏膜皱襞增宽、迂曲，食管边缘不光整或略呈锯齿状；中度静脉曲张病变累及食管中、下段，食管中、下段黏膜皱襞明显增粗、迂曲，呈串珠状或蚯蚓状充盈缺损，管壁边缘呈锯齿状，钡对比剂通过迟缓；重度静脉曲张病变累及食管全程，正常食管黏膜皱襞消失，食管全长均有大小不一的充盈缺损，形态各异，食管边缘凹凸不平，食管腔明显扩张，蠕动减弱。任何程度的食管静脉曲张管壁仍保持一定的柔软度，能扩张。

（二）食管癌

食管癌是消化道最常见的恶性肿瘤，多见于40岁以上男性，以进行性吞咽困难为主要症状。早期食管癌只侵犯黏膜和黏膜下层。X线表现为病变区黏膜皱襞局限性增粗、迂曲、紊乱或中断，黏膜面上出现小龛影或充盈缺损，管壁伸展性差，钡对比剂通过迟缓。中、晚期食管癌侵及肌层后，X线表现分以下3种主要类型。①浸润型：以食管局限性狭窄为主，管壁僵硬，边缘多较光整，狭窄以上食管明显扩张。②增生型：以腔内不规则的充盈缺损及管腔偏心不规则狭窄为特征，轮廓毛糙，边缘僵直（图5-29-9）。③溃疡型：以境界清楚、形状不规则的龛影为特征。龛影多较长，与食管长轴一致，龛影周围可见环堤征。

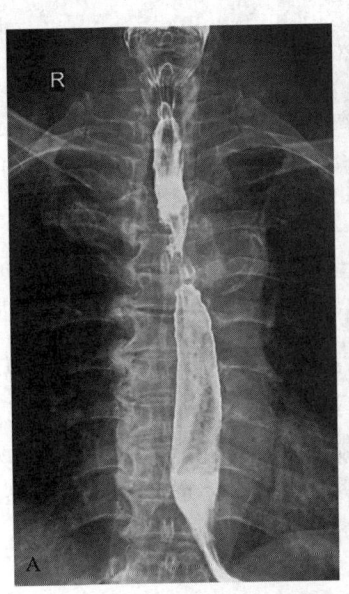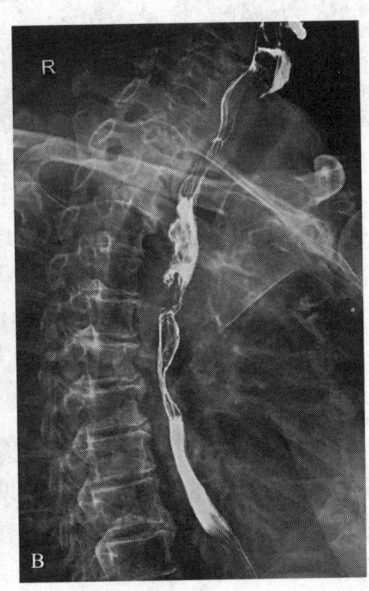

图5-29-9 食管癌X线钡剂造影表现
A. 正位像；B. 右前斜位像

（三）胃、十二指肠溃疡

胃、十二指肠溃疡是消化道常见病。溃疡始于黏膜并向深层侵犯，形成深浅不一的溃疡，造影检查钡对比剂充填其中即形成龛影，为溃疡的直接征象。

1. **胃溃疡** 多发生于胃小弯角切迹附近胃壁上，多为单发，也可多发。临床表现以上腹部慢性、反复性、周期性及节律性疼痛为主要症状，病程长，反复发作。疼痛多发生于饭后0.5~1.5 h。X线表现：①直接征象是龛影。龛影正面像是呈圆形或类圆形的浓钡点，边缘光滑、整齐，周围有一圈透明带环绕或有黏膜皱襞纠集。切线位上龛影呈凸出于胃轮廓之外的乳头状、锥状密度影，边缘光滑（图5-29-10）。②间接征象是痉挛性切迹，分泌功能亢进、蠕动减弱或增强、排空延迟或加速、胃腔变形或狭窄。

2. **十二指肠溃疡** 好发于青壮年，90%以上发生在球部，其次为球后部，多为单发，溃疡小，直径多不超过1 cm。临床表现为周期性、节律性偏右上腹疼痛，多在餐后3~4 h发生，进食后缓解，可伴有反酸、恶心、呕吐及消化道出血症状。X线表现：①球部溃疡的直接征象为龛影和球部变形，X线检查常难以发现龛影。正位片上呈圆形或椭圆形密度增高影，边缘光滑，周围常有透亮带环绕或有黏膜皱襞纠集；切线位片上球部龛影为突出于球部轮廓外的锥形、圆形或乳头状密度影。②球部变形，常呈山字形、三叶形、花瓣形变形，是球部溃疡最重要的直接征象，有时未发现龛影，依据球部长期变形及其他伴随征象也可做出溃疡的诊断。其他间接征象有激惹征（钡对比剂

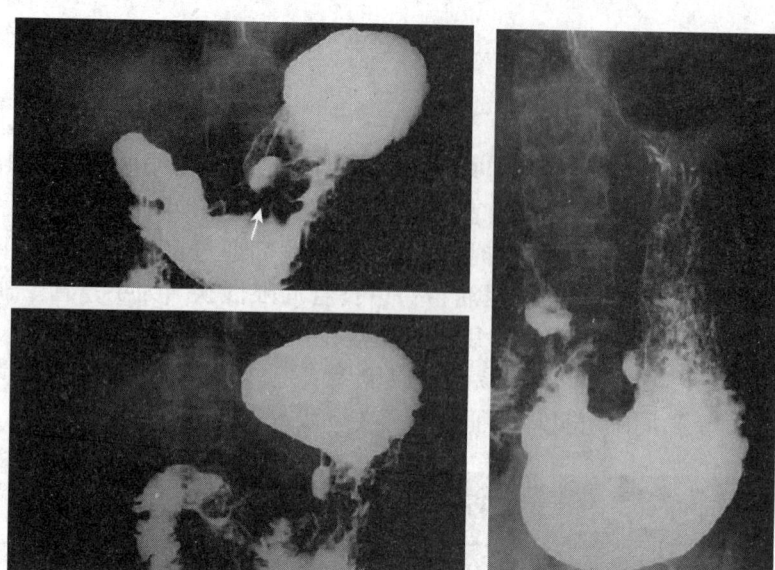

图 5-29-10　胃溃疡龛影 X 线造影表现

在球部不易停留而迅速排出）、痉挛性切迹、幽门痉挛及球部压痛等。

（四）胃癌

胃癌是消化道常见的恶性肿瘤，多见于 40 岁以上男性。早期无特殊症状，中、晚期临床表现为持续性上腹痛、呕血或黑便，可扪及包块。X 线表现：早期胃癌在 X 线气钡双重对比造影检查时见胃小区和胃小沟的破坏、消失，并在局部胃小区有不规则小充盈缺损和小龛影，胃轮廓有局限性小凹陷和僵直。中、晚期胃癌的基本 X 线表现为黏膜皱襞破坏和消失、不规则充盈缺损、恶性龛影、管腔狭窄、局部胃壁僵硬及蠕动消失。中、晚期胃癌按大体形态分为蕈伞型、浸润型和溃疡型。

1. 蕈伞型　表现为腔内不规则的充盈缺损（图 5-29-11A）。其大小不一，呈团块状或菜花状，可导致胃腔狭窄、胃壁僵硬、蠕动消失。

2. 浸润型　局部性者表现为局部胃腔向心性狭窄，弥漫性者全胃呈向心性狭窄，胃呈漏斗状或革袋状（图 5-29-11B）。

3. 溃疡型　是向腔内突出的肿块表面形成溃疡，以不规则的充盈缺损内出现腔内龛影为特征，龛影位于胃轮廓内，浅而大，呈半月状，周围绕以不规则透明带，即环堤征，并有指压迹和尖角征（图 5-29-11C）。黏膜皱襞于龛影周围突然中断。

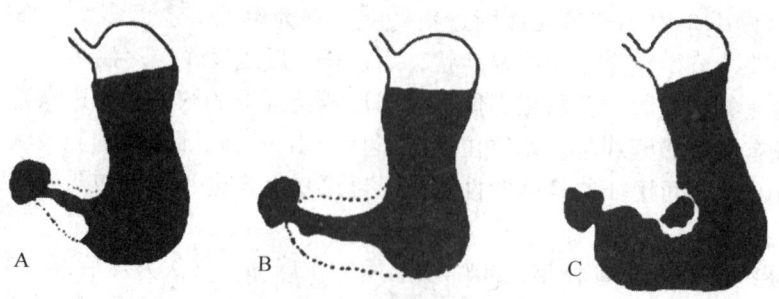

图 5-29-11　胃癌的分型示意图
A. 蕈伞型；B. 浸润型；C. 溃疡型

（五）肠结核

肠结核大多数继发于肺结核，好发于回盲部，其次为升结肠。临床表现为低热、乏力、右下腹痛、腹泻或便秘与腹泻交替。

病理上,肠结核分为溃疡型和增生型。溃疡型结核首先是肠壁淋巴结干酪样坏死、黏膜溃烂,继之溃疡侵入黏膜下层、肌层、浆膜层,甚至形成瘘管,最后引起肠管瘢痕狭窄。增生型肠结核产生大量结核性肉芽组织和纤维增生,使黏膜隆起,呈大小不等的结节、肠壁增厚、肠腔变硬狭窄。X线检查以胃肠钡餐检查为主,钡灌肠检查为辅。

X线表现:溃疡型肠结核表现为病变肠黏膜皱襞紊乱、破坏,肠管痉挛收缩,肠管呈不规则锯齿状,钡对比剂在病变肠管内迅速通过而不停留或呈细线状,称为"激惹征",为典型X线表现。增殖型肠结核病变为腔内出现小息肉样充盈缺损,回盲瓣增生肥厚,使盲肠内侧壁凹陷变形,肠管缩小变短,黏膜皱襞紊乱及破坏。

(六)结肠癌

结肠癌是消化道常见的恶性肿瘤,以中老年男性多见,好发于直肠和乙状结肠,X线检查以钡灌肠为主。临床上以便血、腹泻或便秘、脓血便、腹部包块和大便变细为主要症状。

X线表现:早期结肠癌分为隆起型、平坦型和凹陷型3种。气钡双重对比造影观察结肠黏膜的微细变化并与肠镜配合,有助于早期结肠癌的诊断。中、晚期结肠癌可表现为增生型、浸润型和溃疡型。①增生型:肠腔内见充盈缺损阴影,边缘不规则,黏膜皱襞局部破坏、消失。肠管僵硬,结肠袋消失,病变多为偏侧性。②浸润型:肠管局限性狭窄,多呈环形,边缘光滑或不规则,肠管僵硬,结肠袋消失(图5-29-12)。③溃疡型:常形成病变区腔内龛影,形状不规则,边缘不整齐,龛影周围有程度不同的充盈缺损。

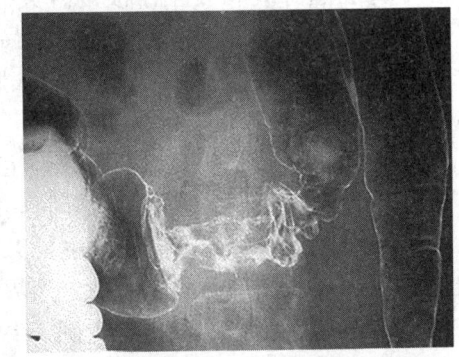

图5-29-12 结肠癌X线造影表现

(戴振火)

第二节 急腹症的影像诊断

急腹症是指以急性腹痛为突出表现,需要紧急处理的腹部疾患的总称。它的特点是发病急、进展快、病情重,一旦延误诊断或抢救不及时,可能给患者带来严重危害,甚至有生命危险。

一、急腹症的检查方法

(一)腹部平片

常规急腹症的X线摄影应摄站立正位及仰卧后前位两张片,必要时可选择左侧卧位水平投照。观察气腹及腹腔肠管内是否有异常气体及液体的潴留(图5-29-13)。

(二)CT

一般先进行CT平扫,然后根据需要再进行增强扫描。相比腹部平片,CT检查可以发现更多的病变细节征象。CT能准确地显示消化道梗阻或胃肠穿孔的部位,结合三维重建能

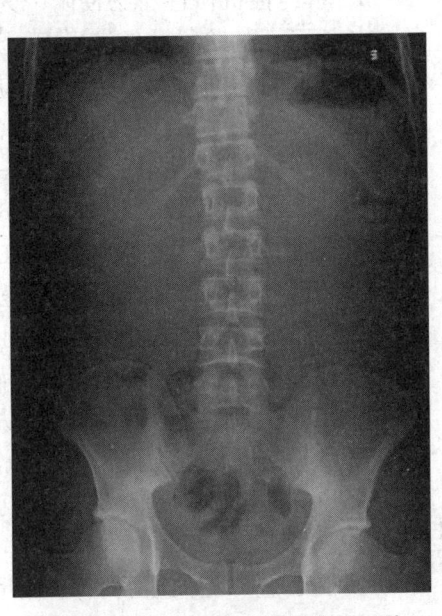

图5-29-13 正常站立正位腹部平片

更清楚地显示病变部位。

(三) 造影检查

造影检查一般不作为急腹症的常规检查。灌肠造影是在腹部透视或腹平片检查后,为进一步确定有无梗阻或确定梗阻原因时进行,常用于结肠癌、肠套叠。空气灌肠主要用于肠套叠和乙状结肠扭转的整复。碘对比剂进入腹腔后易被吸收,碘对比剂造影检查主要用于消化道出血、胃肠道穿孔及肠梗阻的检查。胃肠道穿孔及肠梗阻时不能采用钡剂造影。

二、常见急腹症的 X 线诊断

(一) 胃肠道穿孔

胃肠道穿孔常发生于溃疡、炎症、肿瘤及外伤等,以胃、十二指肠溃疡穿孔为常见原因,是最常见的急腹症。胃肠道穿孔后,胃肠内的气体和内容物流入腹腔,造成气腹和急性腹膜炎。

胃肠道穿孔起病突然,持续性上腹部剧痛,不久可延及全腹,出现全腹压痛、腹肌紧张等腹膜刺激症状。

X 线表现:胃肠道穿孔的主要 X 线征象是站立位双侧或单侧膈下线条状或新月状透亮影,边界清楚,其上缘为光滑的膈肌,下缘分别为肝、脾上缘(图 5-29-14)。仰卧位时前腹壁顶部的后方呈圆形或卵圆形透亮影。较小的穿孔或小肠穿孔,气体过少或穿入小网膜囊时,则膈下可无游离气体。但应注意:腹部手术后、人工气腹和输卵管通气术后也可见腹腔游离气体,应结合临床病史加以鉴别。

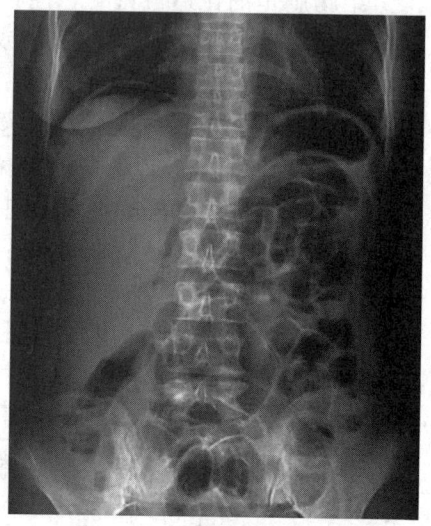

图 5-29-14 胃肠道穿孔 X 线表现

(二) 肠梗阻

由于各种原因造成肠腔内容物不能正常运行或通过障碍,称为肠梗阻。按发病原因,分为机械性肠梗阻、动力性肠梗阻和血运性肠梗阻,以机械性肠梗阻最常见。根据肠壁有无血运障碍,分为单纯性肠梗阻和绞窄性肠梗阻。主要临床表现为腹痛、腹胀、呕吐及肛门停止排气。

1. **单纯性机械性小肠梗阻** 为最常见的一种小肠机械性梗阻。腹部 X 线片见腹部多个高低不等、长短不一的阶梯状气液平面。近端肠曲积气扩张,呈弓形;透视下液面上下移动;仰卧位见充气扩张的肠管内的黏膜皱襞影,空肠呈鱼肋骨状平行排列如弹簧状,回肠不见黏膜皱襞影,结肠可见结肠袋。因此可根据扩张肠曲的位置和其内黏膜皱襞形态来推测梗阻的部位(图 5-29-15)。

2. **绞窄性小肠梗阻** 是由于一段肠曲的两端及其血管同时受压闭塞,以致肠梗阻较早发生供血障碍。典型的 X 线表现为出现较多的气液平面,肠管扩张积气,透视下气液平面无升降现象。当绞窄肠曲内积聚大量液体时,在其周围充气肠管衬托下呈球形软组织影,位置比较恒定,称为"假肿瘤征"。此外,胀气肠曲可呈马蹄形或排列成同心圆、"8"字形、花瓣形及一串香蕉状等形态,这都是绞窄性肠梗阻的特征性表现(图 5-29-16)。这些征象之一出现即可诊断为绞窄性肠梗阻;部分患者由于小肠内全为液体而无绞窄性肠梗阻的 X 线征,需进一步行 CT 检查。

3. **麻痹性肠梗阻** 为肠运动功能暂时丧失所致,而肠管无器质性狭窄,常见于腹膜炎、手术后、严重外伤性休克、低钾血症及败血症等。X 线表现为小肠与大肠弥漫性轻度至中度充气扩张,尤以结肠扩张明显,胃也有胀气扩张。立位见充气扩张的肠管内有气液平面,但透视下见不到气液平面上下移动。

4. **肠套叠** 指一段肠管套入近端或远端的肠腔内,是婴幼儿常见的急性肠梗阻。成人多为肿瘤引起,以回肠套入结肠最多见。腹部透视及腹部 X 线片显示低位肠梗阻的表现,其定性诊断有

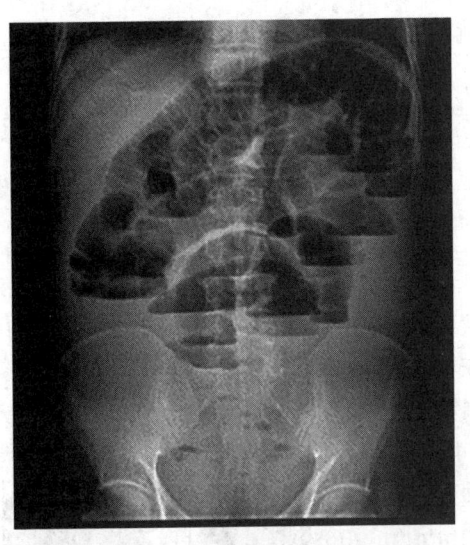
图 5-29-15　肠梗阻阶梯状气液平面

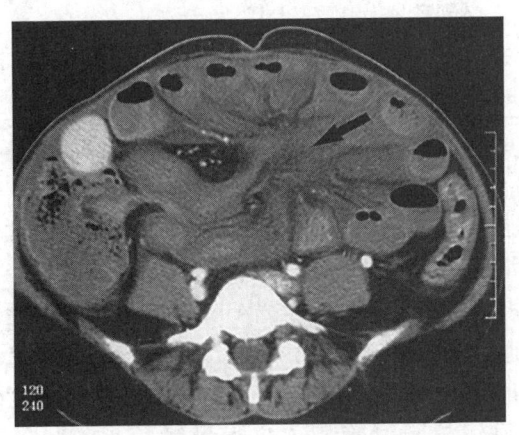
图 5-29-16　绞窄性小肠梗阻 CT 表现

赖于空气或钡灌肠检查。钡灌肠检查表现为钡柱前端呈典型杯口状充盈缺损，钡对比剂进入套鞘的两侧肠壁之间形成弹簧状影。空气灌肠可进行空气压力复位治疗。其指征是：①发病 24 h 内，48 h 以内为相对适应证。②全身状况尚好，无脱水、休克、腹膜炎等症状。③套叠头部未脱出肛门。

（戴振火）

第三节　肝、胆、胰疾病的影像诊断

一、检查方法

（一）CT 检查

肝、胆、胰均为软组织密度，缺乏自然对比，腹平片检查有很大的局限性，CT 的密度分辨力高，是肝、胆、胰疾病重要的检查方法，它能够清楚地显示这些器官横断面的正常形态与结构。

（二）MRI 检查

MRI 以其多参数、多序列、多方位成像和软组织分辨率高等特点，现已广泛应用于肝、胆、胰的检查。磁共振胆胰管成像（MRCP）是一种无创性检查方法，其利用水成像技术，在无须注射对比剂的情况下可清楚地显示胰胆管全貌，对胰胆管梗阻性病变的诊断颇有价值。

（三）X 线检查

1. 口服胆囊造影　临床已停用，被超声检查所取代。

2. 术后 T 形引流管造影　胆囊切除术后经放置的 T 形引流管直接注入造影剂。常用造影剂为 12.5% 碘化钠或 15%～25% 泛影葡胺 20～30 ml，观察胆管内有无残留结石或其他疾病，了解胆囊与十二指肠的通畅情况。

3. 内镜逆行胰胆管造影（ERCP）　是在透视下将十二指肠纤维镜送至十二指肠降段，经过十二指肠大乳头插入导管，注入造影剂，用以显示胆管或胰管的方法。ERCP 对胆、胰和腺管疾病有很大的诊断价值。

4. 经皮穿刺肝胆道成像（PTC） 用于鉴别梗阻性黄疸的原因，确定梗阻部位及范围，为手术提供详细资料。由于 PTC 是有创检查，现已少用。

二、正常影像学表现

（一）正常胆管系统

胆管分为肝内胆管和肝外胆管。肝内胆管呈树枝状逐级增粗汇向肝门，形成左、右肝管，并于肝门处再汇合于肝总管，肝总管长 3~4 cm，宽 4~6 mm。正常胆囊位于右侧第 12 肋附近、第 12 胸椎与第 4 腰椎之间，长 5~7 cm，宽 3~4 cm，呈梨形、圆形或长条形。显影良好的胆囊密度均匀，边缘光整，颈部与胆囊管相连。胆囊管长 3~4 cm，宽 2~3 mm，呈螺旋状弯曲，向肝门处走行，与肝总管汇合成胆总管。胆总管长 6~10 cm，宽 4~8 mm，向下走行，与胰管汇合，斜行进入十二指肠降部，开口于十二指肠乳头（图 5-29-17）。

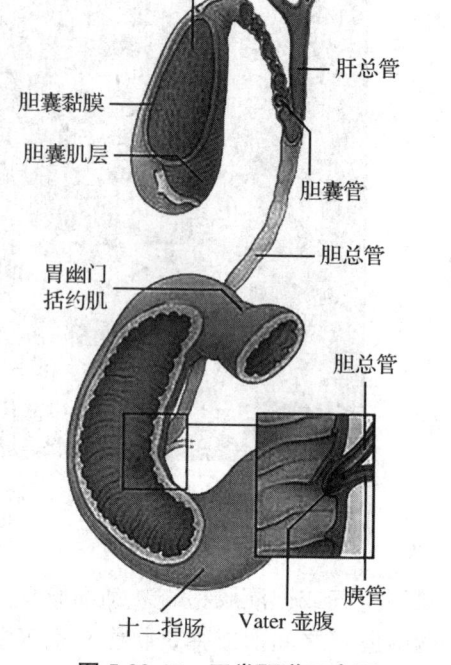

图 5-29-17 正常胆道示意图

（二）肝正常 CT 和 MRI 表现

1. CT 正常肝轮廓光滑、整齐，肝实质密度均匀，平扫时 CT 值为 40~80 HU，一般高于脾、胰和肾。肝内胆管直径为 1~3 mm，一般不能显示。肝内门静脉和肝静脉呈低密度的树枝状影。增强扫描，肝实质密度均匀增高，肝内血管密度更高，但胆管密度不增高（图 5-29-18）。

2. MRI 在常规正常肝内 SE 序列 T_1WI 时，正常肝组织为均匀的中等信号，与胰相似，稍高于脾信号；肝静脉、门静脉及其主要分支因流空效应而呈 T_1WI 和 T_2WI 均无信号的管状影；肝内动脉分支细小，一般不能显示；胆管在 T_1WI 上也呈低信号，在 T_2WI 上由于含有静止的胆汁而呈高信号。

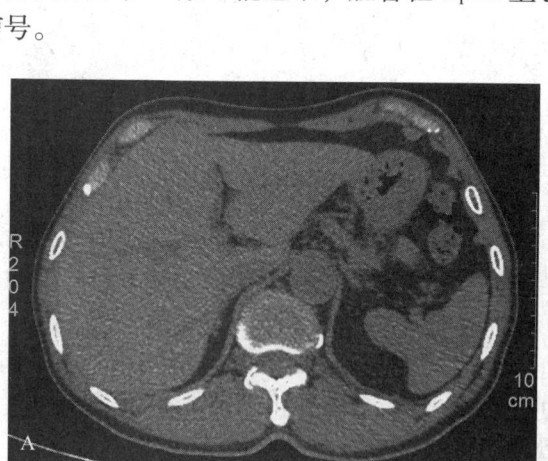 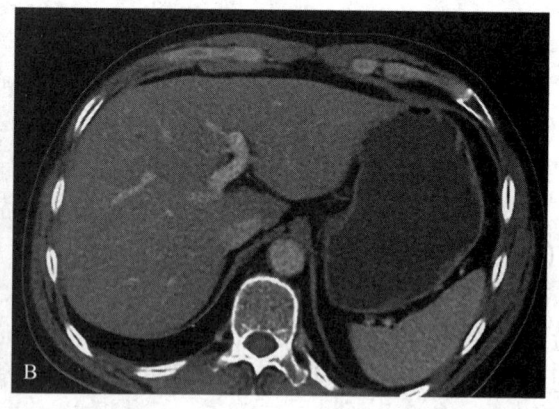

图 5-29-18 肝正常 CT 图像
A. 平扫；B. 增强扫描

（三）胰正常 CT 和 MRI 表现

正常胰呈带状，长 12~15 cm，分头、颈、体、尾 4 个部分。

1. CT 胰实质密度均匀，CT 值低于肝，平扫为 35~45 HU，增强后达 60~65 HU。胰轮廓光整，边缘清楚，也可呈波浪状或羽毛状。胰头最大径为 3 cm，胰体为 2.5 cm，胰尾为 2 cm，主胰管内径为 2~4 mm（图 5-29-19）。CT 图像上，胰头呈圆形，位于中线偏右，十二指肠降部内侧，

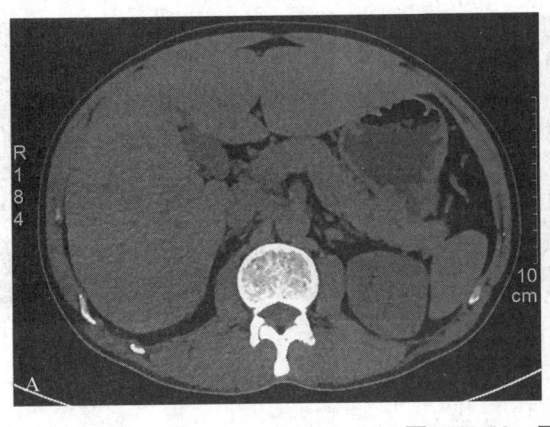 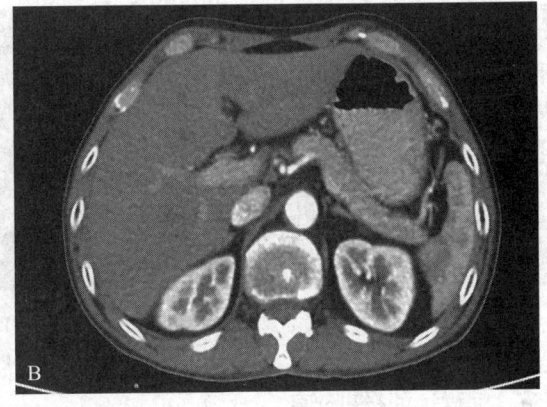

图 5-29-19 正常胰 CT 图像
A. 平扫；B. 增强扫描

下腔静脉前方，其下方为钩突，呈三角形或楔形，前方有肠系膜上动、静脉；胰体位于中线，腹腔动脉和肠系膜上动脉前方；胰尾指向脾门，高于胰头，位于左肾上腺前方，胰体、尾后缘有脾静脉附着。

2. MRI 胰的信号强度与肝相似，胰周围的脂肪呈高信号，判断胰的解剖标记一是脾静脉，它总是紧贴胰背侧，与胰体、尾部伴随；二是肠系膜上动脉从腹主动脉发出的起始部总是指向胰体部，这两个血管表现为无信号的流空效应或混杂信号。MRCP 检查可清楚地显示主胰管同 ERCP。

三、肝、胆及胰常见疾病的影像诊断

X 线检查对肝、胆、胰疾病的诊断缺乏特异性，超声、CT、MRI 对发现肝、胆、胰疾病及其定位和定性诊断均有很大价值。

（一）肝囊肿

肝囊肿分为单纯性囊肿和多囊肝，后者属于常染色体显性遗传病，常与多囊肾共存。通常患者无临床症状，多在检查时偶然被发现，但巨大囊肿可压迫肝和邻近器官，产生上腹部不适、恶心和黄疸等症状。

单纯性肝囊肿 CT 典型表现为圆形、类圆形低密度灶，CT 值为 0~20 HU，边界清楚，大小不一，密度均匀，单发或多发。增强扫描时病灶不强化。若类似病灶在肝内呈弥漫分布，又伴有多囊肾表现者，则诊断为多囊肝。肝囊肿 MRI 信号均匀，在 T_1WI 上呈低信号，在 T_2WI 上为高信号，信号强度近似于脑脊液。伴有出血时，T_1WI、T_2WI 均为高信号（图 5-29-20）。

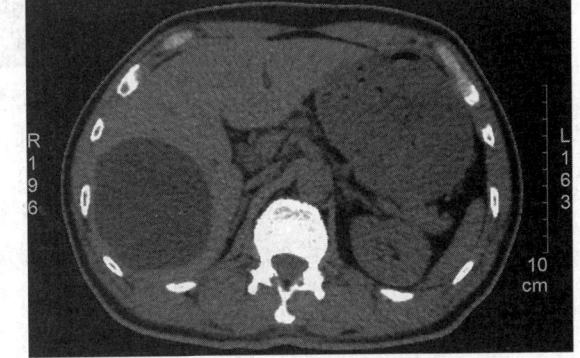

图 5-29-20 肝囊肿 CT 平扫图像

（二）肝血管瘤

肝血管瘤通常为海绵状血管瘤，可见于任何年龄，女性居多，多无症状。绝大部分肝血管瘤无任何临床表现，多为偶然发现；只有少数大的血管瘤因压迫肝组织或邻近器官产生腹部不适。

CT 平扫为肝内圆形、卵圆形或分叶状边界清楚的低密度影，密度均匀。CT 增强扫描，于动脉早期病灶边缘见明显的结节状强化，随时间推移，对比剂进行性逐渐向病灶中央弥散（图 5-29-21）。延迟扫描，病灶呈等密度充填。血管瘤在 MRI 上 T_1WI 表现为均匀的较低信号，T_2WI 为高信号，信号强度均匀，边缘清晰；随回波时间（TE）的延长，血管瘤的信号强度递增，称为灯泡征。

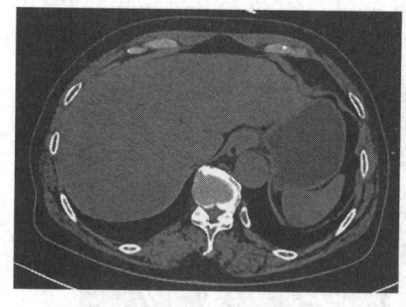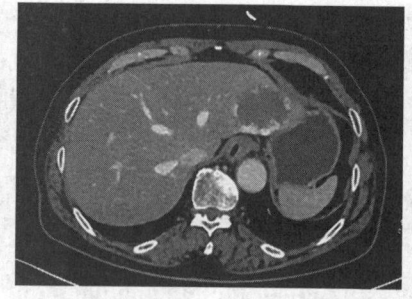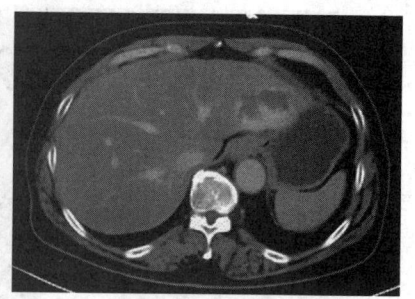

图 5-29-21　肝左叶血管瘤 CT 图像

（三）原发性肝细胞癌

原发性肝细胞癌为我国发病率较高的恶性肿瘤之一，约 90% 患者合并肝硬化，其中以门脉性大结节肝硬化为多，多在慢性肝炎和肝硬化的基础上发生。病理上分为巨块型、结节型和弥漫型，多以血行转移常见。早期患者可无症状，中、晚期表现为肝区持续性或间歇性疼痛、肝区肿块；血清甲胎蛋白（AFP）阳性，但有 10%~30% 的肝癌患者 AFP 阴性。

CT 平扫表现为大小不等、数目不定的等密度和低密度灶，边缘模糊或不整齐，表现为浸润性生长特征，带包膜者有清楚的界限，中心可出现更低密度坏死影。增强动脉期：90% 肝癌由肝动脉供血，动脉期病灶不均匀明显强化（图 5-29-22），小肝癌（80% 以上）呈均匀强化。增强门静脉期：此时门静脉与肝实质强化，病灶 CT 值下降，正常肝实质 CT 值上升。大部分病灶呈低密度，此期可显示血管受侵情况：门静脉癌栓时，门静脉主干或分支不显示，表现为血管不规则变细、中断。

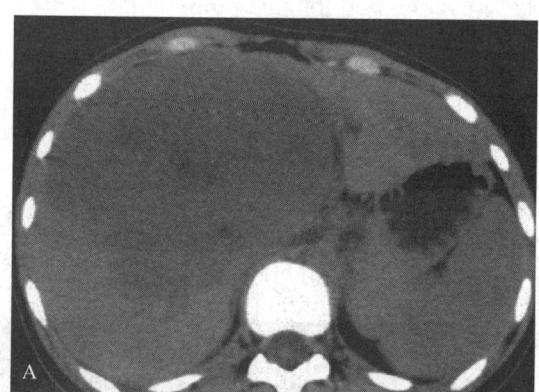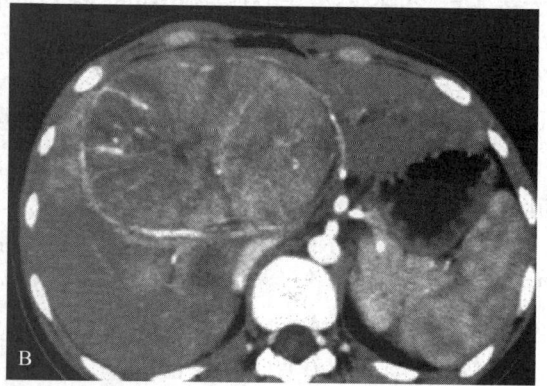

图 5-29-22　肝癌 CT 图像
A. 平扫；B. 增强扫描

MRI 表现为病灶 T_1WI 呈低信号（低于肝实质），边界不清楚。T_2WI 呈高信号（高于肝实质）。当肿瘤坏死、出血、囊变、脂肪变等改变而致其信号强度不均匀时，高信号与低信号混杂。肿瘤假包膜在 T_1WI 上呈环绕瘤周围的低信号环。肿瘤周围在 T_2WI 上可见高信号水肿区。门静脉内瘤栓可使血液的流空效应消失，T_1WI 呈较高信号，T_2WI 呈较低信号改变。

（四）肝转移瘤

由于肝具有双重血供，故其他脏器的恶性肿瘤容易转移至肝而形成肝转移瘤。尤以门静脉转移者为多，故消化系统的肝转移瘤最常见，其次为乳腺癌和肺癌。病灶常多发，也可单发，可伴有坏死、囊变、出血及钙化。早期无症状，晚期表现为肝区疼痛、腹部肿块、腹胀及消瘦等。CT 平扫示肝内多发、大小不一的圆形及不规则形或分叶状低密度灶或等密度灶，边界清楚、锐利，也可由于浸润生长而边界不清。增强扫描病灶密度低于周围肝实质，病灶中央坏死，囊变的密度更低，形成"牛眼征"（图 5-29-23）。

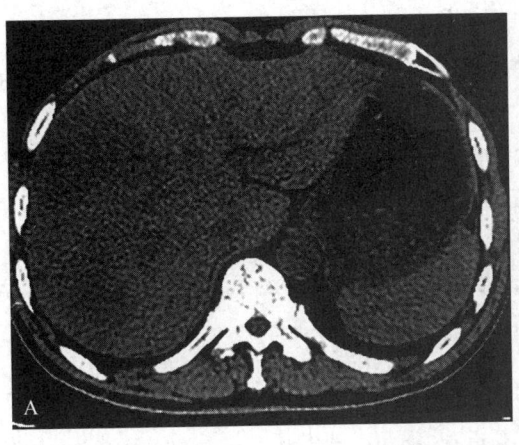 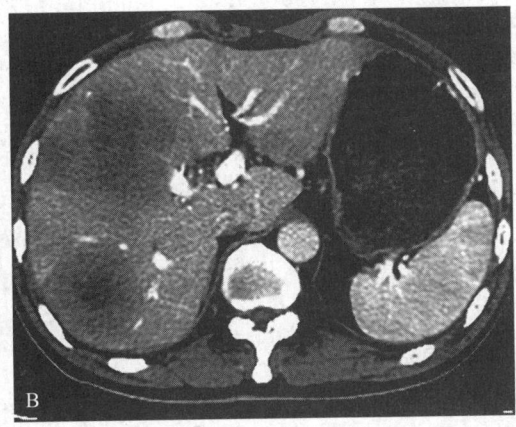

图 5-29-23　肝转移瘤 CT 图像
A. 平扫；B. 增强扫描

MRI 上多数转移灶在 T_1WI 为低信号，在 T_2WI 为高信号，瘤内坏死、囊变、出血、钙化及脂肪变时，MRI 显示信号强度不均匀。

（五）胆石症

胆石症为胆系常见疾病，常与胆囊炎并存。胆管系统结石按解剖部位分为肝内胆管结石、肝外胆管结石和胆囊结石；按 X 线片上能否显影分为阳性结石和阴性结石。

1. **胆囊结石**　多位于胆囊体、底部，随体位移动。结石嵌顿于胆囊颈管可出现胆绞痛、胆囊肿大及局部压痛。

（1）X 线片：胆囊阳性结石表现为胆囊区大小不一、数目不等、形态各异的致密影，多数呈环形层状，边缘致密、中间透亮。阴性结石造影检查表现为单发或多发的圆形充盈缺损影。

（2）CT：胆囊可见单个或成堆的高密度、等密度或低密度影，常呈环状或多层状（图 5-29-24），增强扫描不强化。

（3）MRI：正常胆汁在 T_1WI 上可以是高信号或低信号，但在 T_2WI 上呈高信号，胆囊结石 T_1WI 可呈高信号或低信号，T_2WI 呈低信号改变。

2. **胆管结石**　以肝外胆管结石多见。基本病理改变为胆管梗阻、结石刺激和感染。主要临床表现为腹痛及阻塞性黄疸。

（1）X 线：因胆管结石多为阴性结石，X 线平片价值不大，造影检查表现为胆管内单发或多发的充盈缺损。胆总管远端结石则呈杯口状充盈缺损，近端胆管因阻塞而扩张。

（2）CT：肝内胆管结石表现为肝内分支状或柱状高密度影，与肝内胆管走行一致，其近端肝管可见扩张。胆总管结石常位于其末端，表现为类圆形或圆形高密度影或等密度影，其上方胆总管扩张，增强扫描不强化。

（3）MRI：胆管结石表现为胆管内圆形或椭圆形无信号或低信号区，可见近端胆管扩张（图 5-29-25）。

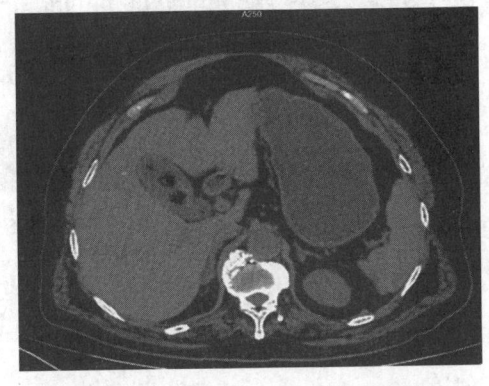

图 5-29-24　胆囊阴性结石 CT 图像

图 5-29-25　胆总管下端结石 MRCP 图像

(六)胆管癌

胆管癌是胆管系统最常见的恶性肿瘤,好发于大胆管。以 50~70 岁多见,男性多于女性。

临床表现为进行性黄疸,也可有上腹部不适。

X 线:PTC、ERCP 和术中胆管造影均可显示癌肿形态、部位和范围,具体表现为胆管内不规则充盈缺损,或管腔呈不规则局限性狭窄,其上方胆管明显扩张。

CT 显示病变近侧胆管扩张,扩张胆管末端突然狭窄或中断,可见局部胆管壁增厚或肿块,增强扫描时可有明显强化。MRI 对胆管扩张情况显示与 CT 相同,肿瘤在 T_1WI 呈低信号,T_2WI 呈高信号。

(七)胰腺炎

胰腺炎分为急性胰腺炎和慢性胰腺炎两种。

1. **急性胰腺炎** 本病是一种常见的急腹症,多见于 20 岁以上成人。胆系疾病、血源性疾病、胃及十二指肠疾病、暴饮暴食均可引起急性胰腺炎。其主要临床表现为突起的上腹部绞痛或刀割样痛,呈持续性,可有阵发性加剧,恶心、呕吐、腹胀、发热,白细胞计数和血尿淀粉酶升高。CT 表现为胰腺弥漫性或局限性增大,轮廓模糊,不规则;胰周脂肪间隙消失,胰周炎性渗液(图 5-29-26),可见水样密度囊性低密度坏死区;如胰腺内出血,可使局部呈高密度,CT 值大于 60 HU;左侧肾周筋膜常增厚。MRI 显示胰腺增大,边缘模糊不清,在 T_1WI 上为低信号,在 T_2WI 上为高信号,假性囊肿形成时则表现为圆形、边界清楚,囊壁光滑、锐利的影像,信号均匀,在 T_1WI 上为低信号,在 T_2WI 上为高信号。胰腺内出血时 T_1WI 和 T_2WI 都表现为高信号。

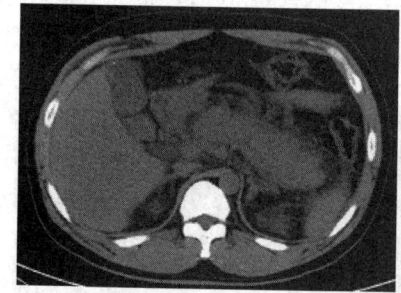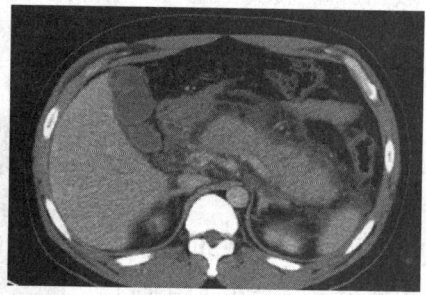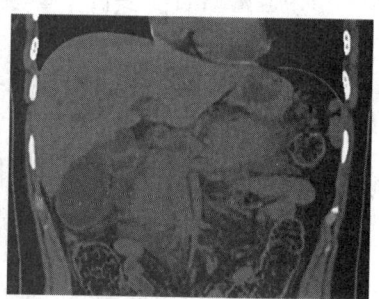

图 5-29-26 急性胰腺炎 CT 图像

2. **慢性胰腺炎** 多为急性胰腺炎反复发作、迁延而成。病理上胰腺结缔组织增生、变硬、腺泡萎缩及胰管扩张,晚期有钙化和结石形成。主要临床表现为上腹部疼痛、消瘦、消化不良及脂肪泻等。

CT 表现为胰腺及胰管呈星形、条状钙化,是其特征性改变。胰管扩张,呈粗细不均的串珠状,管壁可钙化,管内可见结石,胰腺可增大、正常或缩小,胰腺内也可见假性囊肿形成。MRI 表现为胰腺增大或萎缩,在 T_1WI 上为混杂低信号,在 T_2WI 上为混杂高信号,钙化灶呈低信号改变。

(八)胰腺癌

胰腺癌是一种最常见的胰腺肿瘤,约占消化道恶性肿瘤的 10%,恶性程度高,发展较快,预后较差,多见于 40~60 岁成人,男性多于女性。

临床表现主要有上腹部疼痛、进行性黄疸、体重减轻、上腹部肿块。胰体、尾癌肿早期症状不明显,多因肿块就诊,发现时多已属晚期。

CT 平扫见胰腺弥漫性增大或局限性突出,边缘不规则,境界不清,多数肿块呈等密度,部分为密度不均、边缘模糊的低密度影。坏死区液化可呈水样密度,胰周脂肪层消失。胆管、胰管扩张,可侵犯邻近组织和器官引起改变。增强扫描,因胰腺癌为少血管肿瘤,故强化不明显,而正常胰组织强化明显,从而使肿瘤显示得更清楚(图 5-29-27)。

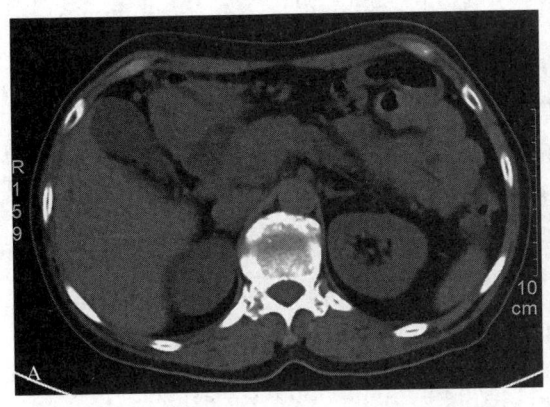
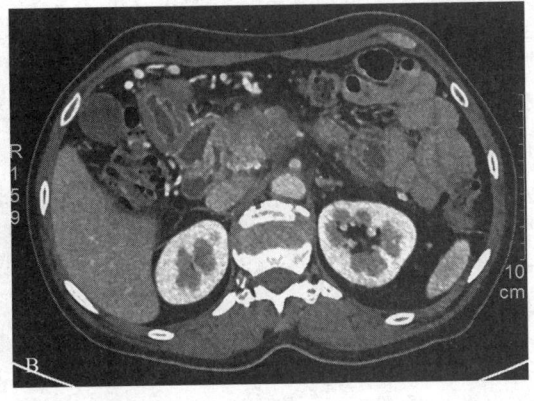

图 5-29-27　胰头癌 CT 图像
A. 平扫；B. 增强扫描

MRI 见胰腺局限性增大、轮廓不规则，胰腺肿块在 T_1WI 上为低信号或等信号，在 T_2WI 上为高信号，部分为等、低混杂信号；肿瘤内液化，坏死及出血时在 T_2WI 上表现为混杂不均匀的信号。

（戴振火）

自 测 题

一、选择题

1. X 线平片提示可能存在慢性胰腺炎的征象是
   A. 胰腺区多发小结石和钙化　　　　B. 十二指肠环增大、瘀张、充气
   C. 十二指肠黏膜皱襞增粗，降段内缘受压　　D. 结肠充气，结肠切断征
   E. 胸腔积液

2. 患者，女性，35 岁，右上腹隐痛不适，CT 示右肝内一个欠规整的低密度灶，增强早期边缘强化明显，延迟扫描等密度，最可能的诊断是
   A. 肝癌　　　　B. 肝血管瘤　　　　C. 肝脓肿
   D. 局灶性结节增生　　E. 肝腺瘤

3. 患者，男性，40 岁，腹部不适。CT 示胰腺略小，胰管轻度扩张，可见较多细微钙化灶，最可能的诊断是
   A. 胰腺结核　　　　B. 慢性胰腺炎　　　　C. 急性胰腺炎
   D. 胰腺癌　　　　E. 动脉硬化钙化

4. 怀疑消化道穿孔，观察膈下游离气体应摄
   A. 左侧卧水平投照　　B. 右侧卧水平投照　　C. 仰卧水平投照
   D. 仰卧后前位　　E. 站立后前位

5. 食管下段管腔狭窄，扩张受限，黏膜破坏，有充盈缺损，应诊断为
   A. 食管静脉曲张　　B. 食管内异物　　C. 食管平滑肌瘤
   D. 食管癌　　E. 食管良性狭窄

二、简答题

1. 何为急腹症，简述胃肠道急腹症的常用检查方法。
2. 简述肝细胞肝癌的 CT 表现。
3. 简述急性胰腺炎的 CT 表现。

第三十章 泌尿与女性生殖系统影像诊断

第三十章数字资源

学习目标

1. 知识：说出泌尿与女性生殖系统影像检查方法，分析泌尿与女性生殖系统常见疾病的影像学表现。
2. 能力：运用所学的泌尿与女性生殖系统影像知识，选择适当的影像检查方法，并做出正确的影像诊断。
3. 素养：具备保证质量与安全的素养，能够准确描述病变特征并提供鉴别诊断，强化患者隐私保护意识，重视生育期患者辐射防护。

案例 5-30-1

患者，男性，33岁。1周前无明显诱因间断出现左侧腰背部胀痛，不向周围放射，改变体位不能缓解。无寒战、发热、血尿，无尿频、尿急、尿痛。1天前患者左侧腰背部疼痛加重，出现肉眼血尿，遂来医院就诊。体格检查：T 36.8 ℃，神志清楚，痛苦面容，心肺听诊未见明显异常。腹软，肝、脾、双肾未触及，左侧肾区压痛（+），左肋脊角叩击痛（+），双侧输尿管走行区无压痛。双下肢无水肿。

问题与思考：
1. 患者的初步诊断是什么？
2. 患者应进一步做哪些影像学检查？
3. 如何对患者进行健康教育？

第一节 泌尿系统影像诊断

泌尿系统包括肾、输尿管、膀胱和尿道等。

X线检查对于尿路结石有较好的显示，但大多数组织病变不易显示，诊断价值有限。肾具有排泄含碘造影剂的能力，通过泌尿系统造影检查可以显示肾盂、肾盏、输尿管及膀胱的形态，并对肾的排泄功能有着一定的提示作用。

CT常用于检查泌尿系统小的结石、肿瘤或者钙化。

MRI可用于观察肾及膀胱等器官肿瘤的侵袭范围、淋巴结转移和静脉内癌栓等，对于肿瘤的分期具有重要的参考价值。

一、泌尿系统影像检查方法

(一) X 线检查

1. 腹部平片　应包括全部尿路，上自第 11 胸椎（肾上腺区），下至耻骨联合或稍低部位（膀胱和前列腺区）。检查前做好肠道清洁。

2. 造影检查

（1）静脉肾盂造影：是泌尿系统常用的造影方法。经静脉注入造影剂后，造影剂经尿路排泄而使之显影。静脉肾盂造影适用于各种尿路疾病患者的检查，如结石、炎症性病变及肿瘤，有常规法和大剂量静脉滴注法两种。造影前准备：了解过敏情况，了解患者的心脏、肝、肾、甲状腺功能情况，以免发生中毒反应。应向患者及其家属详细说明使用碘对比剂有可能发生的不良反应，以及出现不良反应后的治疗措施，并与患者签订碘对比剂使用知情同意书。做好肠道清洁，注射造影剂前排尿。

（2）逆行肾盂造影：适用于不宜行静脉尿路造影的患者。造影方法：在膀胱镜引导下将导管送入输尿管与肾盂交界处，经导管注入造影剂，根据病情需要选择体位及摄片。

（3）血管造影检查：为腹主动脉造影与选择性肾动脉造影。造影方法：经皮穿刺股动脉后插管，将导管顶端置于肾动脉开口处，快速注入造影剂（76% 泛影葡胺，腹主动脉造影 50~60 ml，肾动脉造影 15~25 ml）连续摄片或 DSA 采集影像，显示腹主动脉或肾动脉。

(二) CT 检查

CT 检查能够清楚地显示肾、膀胱及其他泌尿器官，可用于肾肿瘤性病变的诊断与鉴别诊断。CT 对尿路结石，甚至阴性结石敏感，而且对尿路周围的器官及结构显示清楚，是评估泌尿系统病变的有效方法。常规应进行平扫和增强检查。

1. 平扫检查　无需特殊准备，患者常规取仰卧位，通过 CT 检查扫描患者的肾、膀胱及其他泌尿器官。

2. 增强检查　对于肾及输尿管，应常规进行增强检查。方法是静脉内快速注入造影对比剂后 30~60 s 及 2 min 扫描双肾区，分别称为肾皮质期和实质期检查，可观察肾皮质、髓质的强化程度变化；5~10 min 后，再次扫描双肾、输尿管及膀胱，称为肾盂期，可观察肾盏、肾盂、输尿管和膀胱的充盈情况。

(三) MRI 检查

MRI 检查通常作为辅助检查方法，用于超声和 CT 表现不典型的病变，例如复杂性肾囊肿、不典型血管平滑肌脂肪瘤等病变的进一步诊断和鉴别诊断。MRI 检查包括平扫检查、增强检查和磁共振尿路成像（MRU）。

二、泌尿系统正常影像学表现

(一) 肾

腹部平片有时可见两肾轮廓。肾位于脊柱两旁，在后前位 X 线片上肾影呈现长轴自内上斜向外下，为蚕豆状。造影片上主要显示的肾收集系统为肾盂、肾盏。肾小盏顶端有乳头突入呈杯口状，两缘尖锐为穹窿部，向内为肾小盏体部，呈短管状与肾大盏相连。CT 平扫肾表现为圆形或椭圆形软组织密度影，边缘光滑，肾实质内密度均匀，肾窦部分表现为脂肪密度，肾盂呈水样密度，在肾的中部层面可见肾门内凹，指向前内侧。肾动脉、肾静脉位于肾门与腹主动脉和下腔静脉之间，静脉在前，动脉在后。增强扫描动脉期：显示肾的皮质和髓质，即肾动脉及肾皮质明显强化，而肾髓质维持较低密度。静脉期：肾髓质也强化，密度增高，类似肾皮质，肾静脉同时增强。集合期：肾盂、输尿管、膀胱内造影剂积聚，类似于尿路造影。

（二）输尿管

普通X线片输尿管一般不显示。造影下可见输尿管上接肾盂，下接膀胱，沿腰大肌前缘下行，分为腹段及盆段。腹段输尿管位于腹膜后脊柱旁，于腰大肌前向下走行，越过腰椎横突外缘及骶髂关节内侧，跨过骨盆边缘进入盆腔接盆段输尿管；盆段输尿管向外斜行，转向内进入膀胱。输尿管有3个生理狭窄区，即与肾盂连接处、跨越骨盆边缘处和进入膀胱内处。

（三）膀胱

膀胱位于骨盆下部前方，正常容量为350~500 ml，造影可显示膀胱内腔。膀胱在充盈较满时呈卵圆形，横置于耻骨联合上，边缘光整。儿童膀胱位置高，呈直立的卵圆形。女性因子宫影响而膀胱横径大，并常见子宫压迹。膀胱未充满时可见粗条状黏膜皱襞，膀胱边缘呈锯齿状。

三、泌尿系统常见疾病影像学表现

（一）尿路结石

尿路结石可发生于肾至尿道的任何部位，临床多见。主要原发于肾和膀胱，其余部位多为继发。多数为含钙盐结石，密度较高，能在X线片上显影的称为不透X线结石或阳性结石；少数结石（如尿酸盐类结石）含钙少，在X线片上不显影，称为阴性结石。

1. 肾结石　肾结石可为单侧或双侧。阳性肾结石在X线平片上表现为肾区内圆形、卵圆形高密度影，有的呈鹿角状、珊瑚状，具有肾盂、肾盏形态特征（图5-30-1）。侧位片肾结石与脊柱重叠或位于脊柱附近。阴性结石在尿路造影片上呈充盈缺损影。CT检查能够确切发现位于肾盏和肾盂内的高密度结石影。

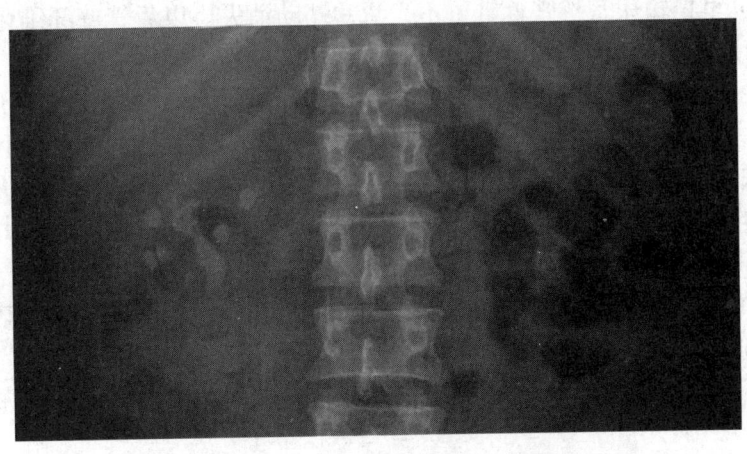

图5-30-1　右肾结石并积水X线图像

2. 输尿管结石　多由小的肾结石下移所致，多滞留于生理性狭窄处。结石在X线平片和CT平扫上显示为输尿管走行区内约米粒大小的致密影，CT还可显示结石上方输尿管和肾盂不同程度的扩张积水。当X线平片和CT平扫难以确定致密影是否为结石时，排泄性尿路造影可确定致密影是否在输尿管内，其上端输尿管和肾盂、肾盏有无扩张和积水。

3. 膀胱结石　多单发，也可多发，位于耻骨联合上方骨盆中下部。X线片上结石多呈圆形或椭圆形致密影，大小不等，边缘可光滑或毛糙，密度可均匀或浓淡不均，有的呈明暗相间的分层状。结石通常随体位变化而改变位置。CT检查时，结石表现为膀胱内致密影，即使为阴性结石，密度也常显著高于其他病变。

尿路结石影像学表现。

（二）泌尿系统结核

泌尿系统结核多继发于肺结核，主要侵犯肾，然后蔓延至输尿管及膀胱，多为单侧。

1. **肾结核** 结核分枝杆菌随血液循环播散到肾，肾结核初期为皮质感染，进展后蔓延至髓质，形成干酪样坏死灶。从肾乳头处破入肾盏、肾盂形成空洞性溃疡，进一步蔓延至全肾，病变向下蔓延导致输尿管结核、膀胱结核。

（1）X线检查：肾区内呈云朵状、环形或花瓣状钙化，全肾钙化且功能丧失时称为肾自截。静脉尿路造影早期正常，进而排泄功能减退，表现为肾盏、肾盂显影迟缓且浅淡；肾小盏顶端穹窿部圆钝，边缘不整，呈虫蚀状；溃疡空洞与肾盏相通时，可见肾实质内团块状造影剂；肾盂、肾盏广泛破坏积脓时，可见该肾盏不显影呈截断状或全肾不显影。

（2）CT检查：CT平扫可见肾大，肾实质内钙化；肾实质内空洞表现为圆形低密度区，局部肾皮质变薄；CT增强扫描显示病变区点状或结节状增强（结核性肉芽肿）；阻塞性肾盂积脓、积水；肾周筋膜增厚。

肾结核影像学表现。

2. 输尿管结核

（1）腹部平片：帮助不大。

（2）尿路造影：早期输尿管扩张，管壁不光滑，蠕动消失。以后管壁纤维化，瘢痕挛缩，可呈"虫噬状"改变。管腔狭窄，呈"串珠状"或僵直的管道，甚至闭锁。

（3）CT检查：平扫显示管壁增厚，管腔狭窄；增强扫描显示输尿管管壁环形强化。

3. **膀胱结核** 多继发于上尿路结核。早期膀胱结核X线改变不明显，大小正常，可仅见边缘略不规则。病变发展广泛时，可见明显的膀胱痉挛，最后挛缩变小，挛缩的膀胱多呈边缘不规则的圆形、卵圆形，有的可呈花瓣状。

（三）泌尿系统肿瘤

1. **肾癌** 也称肾细胞癌，是最常见的肾恶性肿瘤，主要发生在40岁以上中老年人，男性多于女性，单侧多见。临床典型表现为无痛性血尿。

（1）腹部平片：肾影局部呈弧形突出，可呈分叶状。少数显示斑点状、螺旋形或放射状钙化致密影。

尿路造影：可见一个或几个肾小盏不显影，或肾盏伸长变形、聚拢或分离移位，呈"手中握球"或"蜘蛛足"样表现。因肿瘤破坏，可导致肾盏边缘不整齐或有充盈缺损。若压迫或阻塞肾盂与输尿管交界处，可有肾盂积水。严重者静脉肾盂造影不显影。

（2）CT检查：CT是诊断肾癌可靠的影像学检查方法。CT平扫表现为不规则的软组织密度肿块，较小时可为圆形或卵圆形肿块，较大者凸向肾外。CT增强扫描肾实质明显强化，而肿块轻度强化，低于肾实质密度且不均匀，与正常肾组织分界清楚，可显示肾癌与肾包膜及周围组织的关系（图5-30-2）。

（3）MRI检查：肾癌呈圆形、卵圆形或不规则肿块，呈浸润性生长。肿瘤信号不均匀，在T_1WI上呈低信号或等信号，在T_2WI上多表现为高信号，如伴有出血，在T_1WI和T_2WI上均呈高信号。

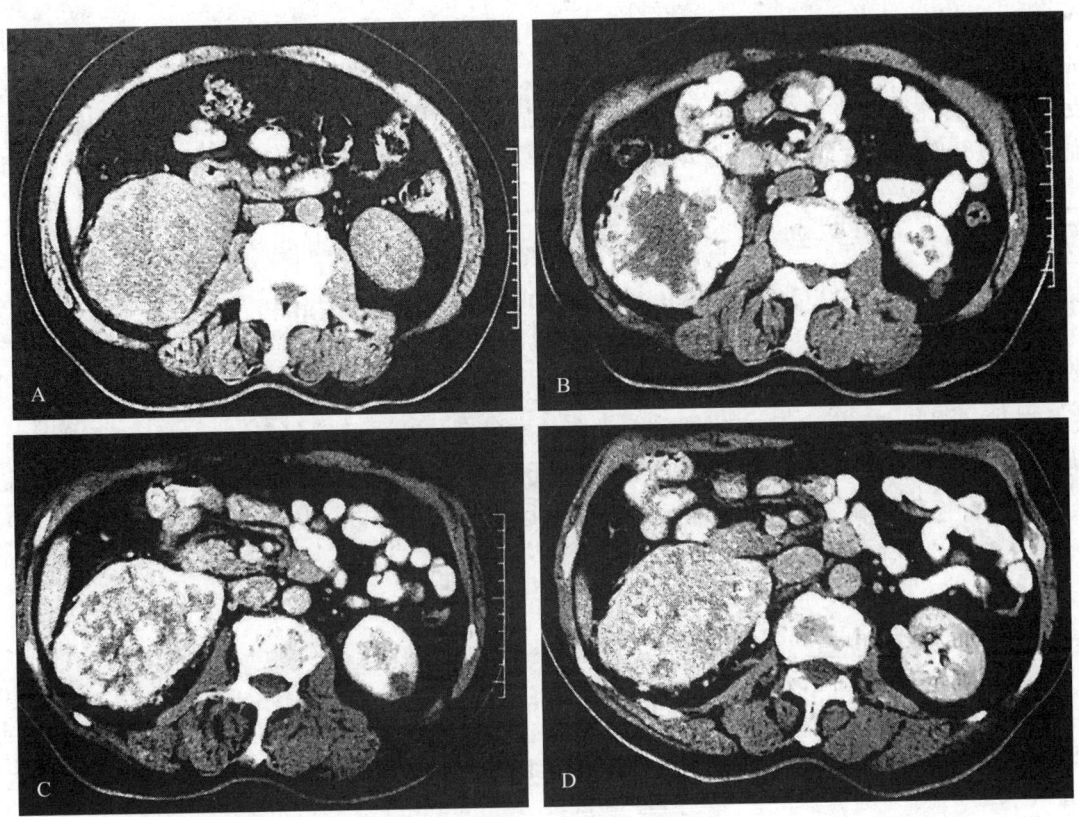

图 5-30-2　右肾癌 CT 图像

A. CT 平扫可见右肾下部较大肿块，形态略不规则，密度不均，内有不规则低密度区；B. CT 增强扫描早期，可见肿块不均匀强化；C、D. CT 增强扫描晚期和肾盂期，肿块强化程度明显减低，左肾无强化灶，表明有肾囊肿

> **考点提示**　肾癌的影像学表现。

2. 膀胱癌　多为乳头状癌，少数为鳞癌和腺癌。肿瘤可单发或多发。临床表现为间断无痛性肉眼血尿，可伴膀胱刺激征。

（1）膀胱造影：乳头状癌显示为大小不一的充盈缺损，呈结节状或菜花状。非乳头状癌充盈缺损可不明显，仅显示局部膀胱壁僵硬。

（2）CT 检查：表现为向腔内生长的软组织肿块，膀胱壁不规则增厚。也可发现膀胱癌对周围组织和邻近器官的侵犯，以及淋巴结转移。

（张　静）

第二节　女性生殖系统影像诊断

生殖系统的器官和组织均为软组织，故各种不同的影像技术对生殖系统疾病的诊断价值不同。女性生殖系统常见的疾病包括肿瘤、炎症和先天性畸形。影像学检查对于发现这些疾病和确定其位置、大小、范围乃至性质，均具有重要价值。此外，影像学检查还常用于评估妊娠和胎儿异常以及节育环异常。

女性生殖系统很少应用 X 线检查，仅在不孕症时使用子宫输卵管造影检查，以及为了解盆腔肿块血供和拟行介入治疗时使用盆腔动脉造影检查。

> **知识链接**
>
> **女性生殖系统疾病应用各种影像检查的指征**
>
> 超声检查是目前女性生殖系统疾病首选的影像检查方法，其优点是无辐射性，检查方法简单易行，且价格低廉。MRI 检查是继超声检查之后重要的补充检查方法，其优点是对女性生殖系统先天性畸形及良、恶性肿瘤的诊断和分期具有很高价值，且无损伤性，其缺点是费用较高。CT 检查的优点是图像清晰、解剖关系明确，缺点是具有一定的辐射性，育龄期妇女应慎用。X 线检查由于对性腺有辐射作用，目前已很少应用。

一、普通 X 线检查

主要为骨盆平片。骨盆平片应包括整个骨盆，可观察到：①子宫、输卵管、盆腔淋巴结的钙化。②畸胎瘤内骨质、牙齿。③卵巢囊肿壁、子宫内膜异位及邻近器官的钙化。

二、子宫输卵管造影

子宫输卵管造影主要用于观察输卵管是否通畅、子宫及卵巢有无畸形、宫内有无病变等。造影剂一般用 40% 碘化油，用量为 10 ml。造影应在患者月经干净后 5~10 天进行。造影前清洁外阴，排空尿液及粪便。

造影方法：患者仰卧于 X 线检查台上，医师遵守无菌操作原则，将带有锥形头的造影导管插入宫颈口，透视下注入造影剂，见子宫腔及输卵管充盈满意后，摄盆腔正位片和斜位片。用碘化油造影要在 24 h 后复查摄片，观察造影剂是否进入腹腔。

正常子宫输卵管造影表现：正位观察，子宫腔呈倒置三角形，子宫角与输卵管相通；下端则与宫颈管相连，后者由于黏膜皱襞存在而呈羽毛状表现；由于输卵管有蠕动，因而充盈可不连续。注入碘化油后 24 h 或注入水溶性碘对比剂后 1~2 h 摄片，显示输卵管内对比剂全部排空并进入腹腔，呈多发弧线状或波浪状致密线影。

三、慢性子宫输卵管炎

慢性子宫输卵管炎是女性不孕症的最主要原因，子宫输卵管造影是检查子宫输卵管炎的主要方法，兼有分离粘连的治疗作用。

子宫输卵管造影：慢性子宫输卵管炎多为双侧性，输卵管粗细不均，但柔软。输卵管积水，近端管腔扩大，若对比剂进入其中，则呈油滴状而不弥散，是非特异性炎症的重要表现。复查片显示对比剂不能进入腹腔。宫腔受累则形态不规整，粘连处呈充盈缺损。

四、节育器的正常 X 线表现

节育器是放置于宫腔内以达到避孕目的的装置。常用 X 线检查方法为透视及骨盆平片。

(一) 节育器形状

节育器常用的有金属单圆形环和带金属的 T 形环、Y 形环（图 5-30-3）。其在宫腔内的形状可因子宫位置、检查体位不同而变化，如单圆形环在中位子宫中呈正圆形，子宫前屈或后屈位时呈"一"字形，前倾位或后倾位呈扁圆形；Y 形环在中位子宫中呈"I"形；T 形环在子宫屈曲时呈"."形。

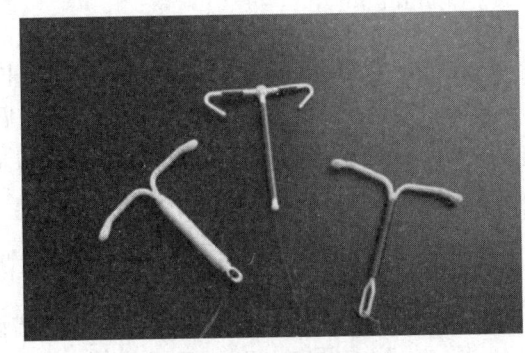

图 5-30-3　节育器

(二) 节育器的位置

X 线检查易于确定有无节育器及其位置。以立位透视为主，正常节育器一般位于耻骨联合上方 2~6 cm 和中线两旁 3 cm 范围内。立卧位可有 0.5~4 cm 的移动范围。

> **知识链接**
>
> **节　育　器**
>
> 节育环是一种放置在子宫腔内的避孕装置，由于初期使用的装置多是环状的，通常称为节育环，又称宫内节育器，简称节育器。
>
> 节育器通常由不锈钢、塑料、硅橡胶等材料制成，不带药的节育器称为惰性宫内节育器，如宫内节育器加上孕激素或铜，可提高避孕效果，称为带药或活性宫内节育器，是我国普遍使用的节育器械。宫内节育器的种类很多，国内常用的有金属单环、麻花环、混合环、T 形环等。

（张　静）

自 测 题

一、选择题

1. 对尿路阳性结石，应选择的检查是
   A. 腹部平片　　　　　B. CT　　　　　　　C. 腹膜后充气造影
   D. 逆行肾盂造影　　　E. 静脉肾盂造影
2. 肾结核晚期的特征性 X 线表现是
   A. 肾积水　　　　　　B. 肾盂、肾盏边缘性破坏
   C. 肾功能减退　　　　D. 肾自截
   E. 膀胱缩小
3. 在我国，尿路结石最常见的是
   A. 磷酸盐　　　　　　B. 草酸钙　　　　　C. 尿酸盐
   D. 胱氨酸盐　　　　　E. 碳酸盐

4. 常兼有治疗作用的检查方法是
   A. 子宫输卵管碘油造影　　B. 盆腔充气造影　　C. 盆腔动脉造影
   D. 盆腔静脉造影　　E. 腹部平片
5. 肾结石的特征性形状是
   A. 长条形　　B. 同心圆形　　C. 分层状
   D. 桑葚状　　E. 鹿角形
6. 关于肾细胞癌的CT表现，错误的是
   A. 平扫多呈等密度或略低密度　　B. 较大肾癌密度不均匀
   C. 中心或边缘可有钙化　　D. 增强扫描实质期肿瘤强化多高于肾实质
   E. 肾静脉和下腔静脉内可有癌栓
7. 关于逆行肾盂造影的优点，下列错误的是
   A. 造影剂量少，显影清楚　　B. 碘过敏者同样可以使用
   C. 禁忌证少　　D. 不通过血液循环，全身反应少
   E. 能同时了解肾功能情况
8. 关于输尿管结石的说法，正确的是
   A. 平片常不显影
   B. CT不显影
   C. CT平扫可见输尿管走行区内米粒大小的致密影
   D. 静脉肾盂造影无改变
   E. 血尿少见
9. 关于肾自截的叙述，错误的是
   A. 静脉肾盂造影可见肾盂破坏和脓腔形成
   B. 全肾被干酪坏死物质和空洞所替代
   C. 肾大部或全肾钙化
   D. 肾功能完全丧失
   E. 静脉尿路造影不显影
10. 一侧肾盂不显影，膀胱显著缩小，边缘毛糙，应首先考虑的是
    A. 慢性肾炎　　B. 肾及膀胱结核　　C. 膀胱癌
    D. 肾癌　　E. 膀胱神经功能障碍
11. X线片上有节育器但宫腔探查无节育器，应考虑为
    A. 节育器过大　　B. 节育器过小　　C. 节育器变形
    D. 节育器入腹腔　　E. 节育器低位
12. 典型输尿管结核的肾盂造影表现是
    A. 输尿管变细　　B. 输尿管"串珠状"改变　　C. 输尿管变粗
    D. 输尿管无改变　　E. 输尿管内充盈缺损

二、简答题

1. 肾结石的X线和CT表现是什么？
2. 肾癌的CT表现是什么？

第三十一章 中枢神经系统及头颈部影像诊断

第三十一章数字资源

学习目标

1. 知识：掌握中枢神经系统基本病变及常见疾病的 CT、MRI 表现，解释基本病变的临床意义。
2. 能力：能结合病史、体格检查和影像检查结果完成简单病例分析，对常见的神经系统病例进行综合分析，完成初步定位诊断、定性诊断及鉴别诊断。
3. 素养：能够坚持安全检查的标准化流程，准确描述病变特征及功能影响，为临床提供精准检查方案建议。树立敬佑生命、救死扶伤、甘于奉献的医者精神。

第一节 中枢神经系统影像诊断

案例 5-31-1

患者，男性，58 岁。上午 9 时突发右侧肢体无力伴活动受限，家属紧急将其送至医院。体格检查：右侧肢体肌力下降、肌张力增高，右侧肢体自主活动受限。

问题与思考：
1. 患者的疾病初步诊断是什么？
2. 如何针对患者的病情选择合适的影像学检查？
3. 如何通过医患沟通缓解患者及其家属紧张、焦虑的情绪？

中枢神经系统包括脑和脊髓，深藏在骨骼包围的颅骨和椎管内，一般物理学检查不易达到，因此影像学检查具有重要的意义，不但使诊断正确率明显提高，而且能准确地显示病变位置、数目及范围，为治疗方案的选择提供更多、更有价值的信息。

一、检查方法

（一）X 线检查

1. 普通检查　主要为平片。头颅正、侧位片或脊柱正、侧位片主要应用于外伤及先天畸形等。
2. 脑血管造影检查　包括颈动脉及椎动脉造影，现多用 DSA，主要用于脑血管瘤、血管发育异常的诊断以及了解脑肿瘤的血液供应情况。

(二) CT 检查

1. 脑 CT 检查 通常先进行横断面平扫，有时可加冠状面扫描（鞍区病变）。有选择性地进行增强扫描或 CT 血管造影（CTA），常用于颅内占位性病变、脓肿等疾病的诊断与鉴别诊断。

2. 脊柱 CT 检查 根据不同的要求选用不同的扫描横断层面，如疑椎间盘病变，选取相应椎间盘层面；如疑椎管狭窄或肿瘤等，则于可疑的脊髓段连续扫描。常规脊髓血管畸形或肿瘤检查，应先进行平扫，再进行增强扫描。

(三) MRI 检查

1. 脑 MRI 检查 在某些方面优于 CT，如显示脑白质病变、颅后窝、颅底附近及中线病变等。因其可在横断面、冠状面及矢状面多种平面上显示解剖结构的细节，不受颅底骨质的影响，MRI 检查主要用自旋回波序列 T_1 及 T_2 加权像以及质子密度加权像，必要时可应用 Gd-DTPA 行 MRI 增强扫描或磁共振血管成像（MRA）。

2. 脊髓 MRI 检查 对有脊神经症状的外伤、占位或其他病变而 X 线与 CT 检查不能明确者，可行 MRI 检查，因 MRI 可提供软组织改变的更多信息。脊髓 MRI 检查以矢状面为主，辅助以横断面或冠状面扫描，通常用自旋回波序列 T_1 及 T_2 加权像。

二、正常影像学表现

(一) X 线表现

1. 颅骨平片 正常颅骨平片表现因个体、性别和年龄而异。颅板分为内板、外板和板障。内板、外板为线状致密影，板障为低密度影。颅缝在平片上显示为边缘呈锯齿状透明的线状影，小儿较成人清楚。血管压迹呈透明的条状影，并可呈分支状。蛛网膜颗粒压迹则呈不规则的边缘清楚的透光影，多见于额顶部中线两旁 4 cm 范围内。蝶鞍可在侧位片上清楚显示，其大小、形态虽与年龄及个体差异有关，但其前后径通常不超过 16 mm，深径不超过 14 mm。

2. 脑血管造影表现 颈内动脉造影显示颈内动脉入颅后，先发出眼动脉、脉络膜前动脉和后交通动脉，终支为大脑前、中动脉。无论是颈动脉或椎动脉，在解剖学上都有其一定的走行方向和分支，在造影像上表现为走行自然，管壁光滑，由近端至远端逐渐变细（图 5-31-1）。

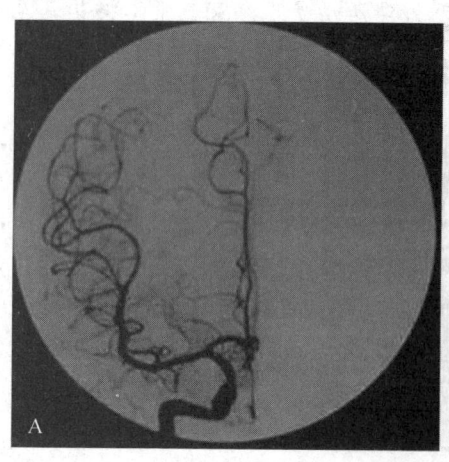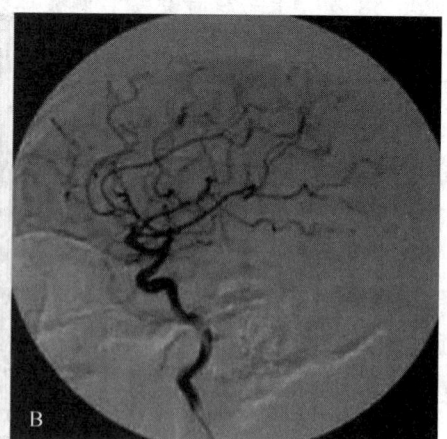

图 5-31-1 正常颈内动脉数字减影血管造影（DSA）表现
A. 后前位；B. 侧位

(二) 脑 CT 与 MRI 表现

CT 与 MRI 显示的均为断面解剖结构图像。脑 CT 以横断层面为主。脑 MRI 可行横断面、矢状面及冠状面的扫描。

1. CT 表现 在 CT 平扫图像上，脑灰质的密度较白质略高，脑脊液的密度明显低于脑实质而接近水的密度，皮下脂肪密度较脑脊液的密度低，含气的鼻旁窦及乳突气房的密度最低。颅内生理性钙化明显高于脑灰质，以颅骨的密度最高。在 CT 增强扫描图像上，脑灰质、脑白质及脑膜均呈不同程度强化，脑血管强化最明显。

2. MRI 表现 脑灰质在 T_1WI 上信号强度较低，在 T_2WI 上信号强度较高。脑白质在 T_1WI 上信号强度较高，在 T_2WI 上信号强度较低。脑脊液则在 T_1WI 上呈低信号，在 T_2WI 上呈高信号。皮下脂肪与板障在 T_1WI、T_2WI 上均呈高信号。颅内血管因流空效应而无信号。MRI 常用矢状面成像，如采用冠状面脉冲程序，也可获得清晰的 MRI 冠状面图像。

3. 不同解剖横断面的 CT 与 MRI 显示的结构不同。

（1）颅底层面：中线结构由前向后可见鸡冠、筛窦、蝶窦和斜坡、枕骨及枕骨大孔及其内的延髓及颅底结构。筛窦两侧为眼眶上部，可见眼球、视神经及眶上裂。眶后部为颅中窝底。

（2）蝶鞍层面：中线结构由前向后依次可见额窦、额叶底部、筛窦、前床突、垂体、鞍背及呈马蹄形的第四脑室。有时还可见桥池及桥小脑角池。两侧为岩锥、内耳道及颅中窝脑组织结构（图 5-31-2）。

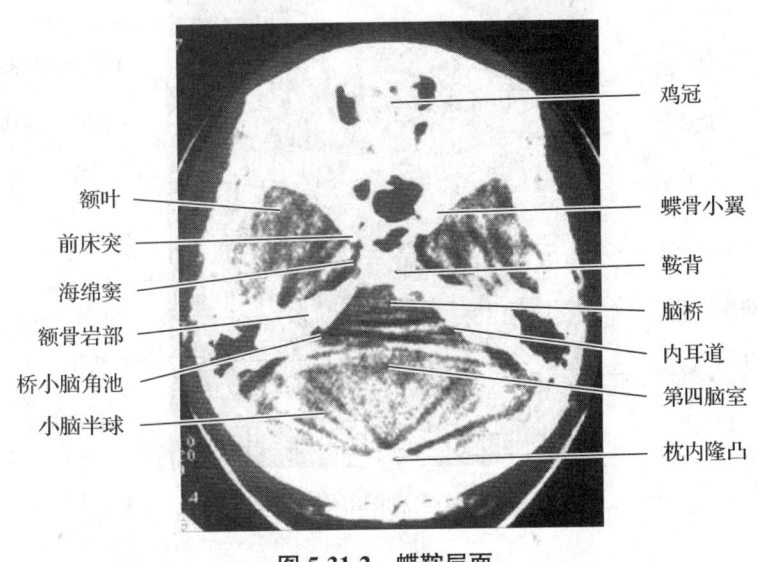

图 5-31-2 蝶鞍层面

（3）鞍上池平面：以六角形或五角形的鞍上池为标志，其前为额叶，后方为环池和四叠池包绕的中脑。

（4）第三脑室前部平面：或称第三脑室下部平面。此层前部主要为两侧额叶，额叶后部为侧脑室前角下部，侧脑室前角的外侧为尾状核头部。第三脑室位于中央，其两侧为丘脑。内囊密度略低，位于尾状核、脑室、丘脑及外侧楔形的豆状核之间，左侧呈"<"形，右侧呈">"形，分前肢、膝部及后肢。

（5）第三脑室后部平面：或称第三脑室上部平面。此层面前方仍为额叶及显示双侧脑室前角及其外侧的尾状核头部，其外后侧为基底节区的底部及内囊、双侧侧裂池。第三脑室及其双侧丘脑下部也可见。其后方为中脑脚与丘脑连接部，再后为四叠体池，池内常见松果体。四叠体后方为小脑上蚓部及部分幕上的枕叶（图 5-31-3）。

（6）侧脑室体层面：可显示侧脑室体部、三角区及后角。侧脑室外侧为尾状核头及体部与额叶，后正中部为直窦、上矢状窦及大脑镰，增强扫描显示清楚（图 5-31-4）。

（7）侧脑室顶层面：可见侧脑室顶部、大脑纵裂和脑髓质，由前向后分别为大脑额叶、顶叶及枕叶，侧脑室外侧为白质纤维的放射冠。

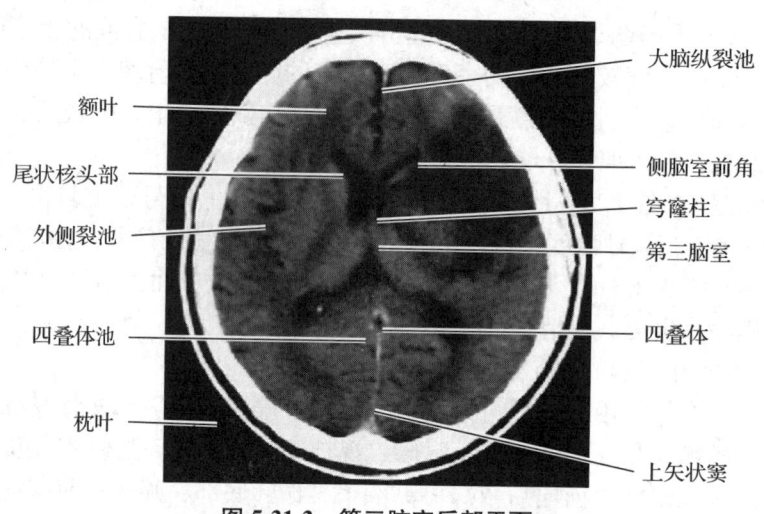

图 5-31-3　第三脑室后部平面

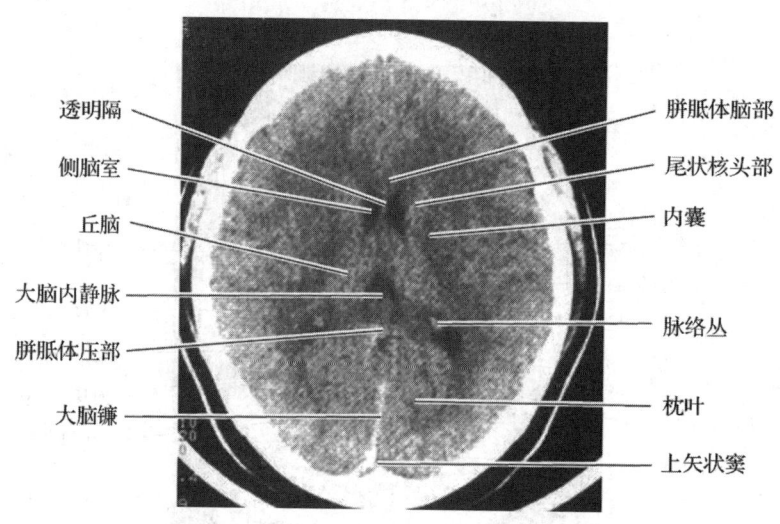

图 5-31-4　侧脑室体层面

（8）脑室上层面：显示脑皮质、髓质、脑沟和大脑纵裂。

（三）脊柱与脊髓的 CT 与 MRI 表现

1. CT 表现　有 3 个标准层面。①椎弓根层面：可显示由椎体、椎弓根、椎板和棘突围成的骨性环状结构，称为椎管。正常椎管的前后径（或称矢状径）在不同的脊髓节段正常值略有不同。颈段的下限为 11 mm，腰段的下限为 12 mm，侧隐窝的宽度一般在 3 mm 以上。②椎间孔层面：可显示呈裂隙状的椎间孔，左、右各一，位于椎管前外侧及上、下椎弓根之间及小关节的前方，与内侧隐窝相连，可见神经根通过。③椎间盘层面：椎间盘显示与相邻椎体大小及形态一致的软组织密度影，并可见后方的脊椎小关节及其关节面，在此层面上还可见到位于椎板及小关节突内面厚度约 5 mm 的黄韧带。脊髓位于椎管中央，CT 平扫显示为均匀的软组织密度，与其周围的蛛网膜下腔无明显界限。

2. MRI 表现　SE 脉冲序列检查时以矢状面扫描为主。在 MRI 图像上，椎体及其附件在 T_1WI 上呈较高信号，在 T_2WI 上呈中等或偏低信号，而其边缘的骨皮质则无论是在 T_1WI 还是在 T_2WI 上均呈低信号。椎间盘在 T_1WI 上呈较低信号，在 T_2WI 上，除周边纤维环外，呈高信号。脊髓位于蛛网膜下腔的中央，呈带状，在 T_1WI 上与其周围低信号的脑脊液相比呈较高信号，而在 T_2WI 上则相反，与其周围高信号的脑脊液相比表现为较低信号。

三、中枢神经系统基本病变的影像学表现

(一) 颅内病变的 X 线表现

1. 颅内压增高的表现　颅内压增高常见于颅内占位性病变或合并脑组织水肿、脑积水等。在颅骨平片上可显示颅缝增宽、脑回压迹增深、板障静脉及蛛网膜颗粒压迹加深、蝶鞍扩大以及骨质吸收而密度减低、颅内正常生理钙斑移位、颅骨内板变薄及密度减低等。

2. 椎管肿瘤的表现　当椎管内肿瘤发展至一定程度时，可侵犯邻近骨质，在平片上常显示椎弓根内缘变平或凹陷、椎弓根变平或消失、根间距增宽、椎体后缘凹陷及椎间孔增大等。

 颅内压增高的 X 线表现。

(二) CT 密度异常的表现

1. CT 平扫的异常表现　CT 平扫时，病变组织可呈高密度、低密度及混杂密度。高密度病变可见于脑出血、有钙化的脑肿瘤；等密度病灶常难以显示；低密度病灶可见于脑梗死、脑囊肿及脑水肿等。混杂密度病灶指病灶内含有高密度、低密度及等密度的组织，可见于颅咽管瘤、畸胎瘤、脑膜瘤及恶性胶质细胞瘤等。

2. CT 增强扫描的异常表现　CT 增强扫描时，不同的病变强化程度、强化类型及强化时间也不同，如脑膜瘤、恶性胶质瘤可呈明显强化；而脑梗死、脑囊肿及新鲜血肿则无强化；垂体瘤及松果体瘤呈中等强化；分化较好的星形细胞瘤呈轻度强化或无强化。病灶的强化有多种类型，如边缘清楚的均匀强化多提示良性肿瘤或低度恶性肿瘤，不规则混合强化或斑点状强化多提示恶性肿瘤或血管畸形，而周边的环状强化多为囊肿、脑脓肿以及有液化坏死的恶性肿瘤或有囊性变的肿瘤（听神经瘤及颅咽管瘤等）。

(三) MRI 信号的异常表现

MRI 信号强度的异常主要取决于病变组织的含水量（氢质子的密度）。此外，病变有无出血、水肿、囊性变、钙化、顺磁性物质、含脂肪组织的多少以及有无流空效应，均可影响病变的信号强度。不同的弛豫时间，即在 T_1WI 及 T_2WI 上病变的信号强度也不同，可呈高、低、等级混杂信号强度。

(四) 病灶边缘、数目及邻近骨质异常的分析

边缘光滑、锐利的圆形或椭圆形病灶多提示良性病变，边缘不清且不规则者多提示恶性病变。多发性病变可见于转移瘤、脑囊虫病及多发性脑梗死。脑膜瘤或邻近骨骼的恶性肿瘤可侵犯骨骼，导致骨质增生或破坏。

(五) 占位效应

颅内占位性病变可导致中线结构（如脑室、大脑镰）及邻近结构（如脑池、脑沟）的受压移位、变形、闭塞，脑池、脑室的扩大多为占位性病变压迫和阻塞脑脊液循环通道所致。髓外硬膜内的肿瘤，脊髓受压移位并逐渐变细；髓内肿瘤则肿瘤部位两侧的蛛网膜下腔变窄或不充盈。

四、中枢神经系统常见疾病的影像诊断

(一) 颅脑外伤

1. 颅骨骨折　骨折的部位与暴力部位有关，多见于顶骨、颞骨及枕骨。X 线检查可显示骨折线的部位及形状。骨折线可为线形、星形、凹陷以及粉碎性，边缘清楚、锐利，方向不定等。颅底骨折常不易显示骨折线，但可见由于出血或脑脊液外漏于含气腔隙，如鼻旁窦或乳突内可见气液平

面。颅骨骨折在头部 CT 骨窗显示更清晰。

颅骨骨折。

2. 颅内出血　常规颅脑 CT 扫描或 MRI 扫描可显示颅内是否有出血，根据出血的部位可分为以下几种。

（1）硬膜外血肿：表现为颅骨内板下方局限性梭形高密度区，CT 值通常为 40～100 HU。随着血块的收缩，CT 值可进一步增高；而随着血肿的液化，可变为低密度（图 5-31-5）。

（2）硬膜下血肿：表现为颅骨内板下方薄层密度均匀的新月形或半月形高密度区，也可呈混杂密度或等密度，范围较广泛，常合并脑挫伤及脑水肿，故常见占位效应（图 5-31-6）。

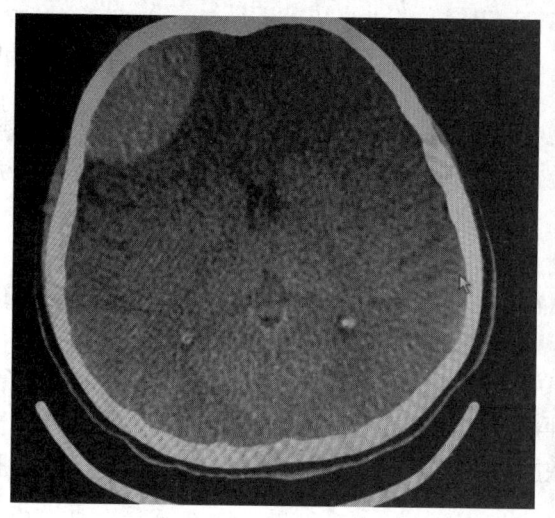

图 5-31-5　硬膜外血肿 CT 图像

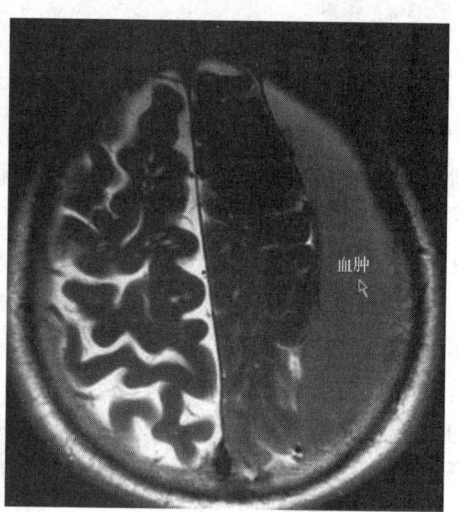

图 5-31-6　硬膜下血肿 MRI 图像

颅内出血。

（3）蛛网膜下腔出血：出血多位于大脑纵裂和脑底池。CT 是诊断急性蛛网膜下腔出血的首选方法，表现为脑池、脑裂、脑沟密度增高。MRI 不易发现急性蛛网膜下腔出血。亚急性蛛网膜下腔出血，MRI 的 T_1WI 表现为高信号。慢性蛛网膜下腔出血，含铁血黄素沉积在脑表面，在 T_2WI 上表现为低信号。MRI 诊断慢性蛛网膜下腔出血的敏感度比 CT 高。

（4）脑内血肿：表现为脑实质内范围及形状不定的高密度区，轮廓清楚、密度均匀，CT 值为 60～80 HU，其周围多有低密度的水肿带围绕，并可见中线结构移位的占位效应。如血液流入脑室或蛛网膜下腔，则于脑室或蛛网膜下腔内可见高密度影。亚急性或慢性血肿在 CT 上呈等密度时，可行 MRI 检查，在 T_1WI 上可呈等信号或低信号，而在 T_2WI 上呈高信号。

（二）脑血管病变

1. 脑梗死　指各种原因引起的急性脑血管闭塞，最常见的原因为脑动脉硬化继发血栓形成，可分为缺血性脑梗死、出血性脑梗死及腔隙性脑梗死三种。

（1）脑血管造影：可早期显示闭塞处血管突然中断或逐渐变细而闭塞，病变区血流缓慢、循环时间延长，阻塞远端有时可见侧支循环充盈，或无灌注区。

（2）CT平扫：缺血性脑梗死24 h以内常无明显改变；24 h以后可见梗死区脑实质内密度减低区，多呈基底在外的三角形或扇形，边界不清，合并脑水肿者可出现占位效应；1～2个月后病变密度继续减低，可与脑脊液密度相近。出血性脑梗死常发生于发病后1周至数周，于三角形或扇形低密度区内可见不规则的斑片状密度增高影，边界清楚，多伴有明显的占位效应（图5-31-7）。

腔隙性脑梗死多见于基底节区或丘脑区，表现为较小的类圆形低密度灶，边界清楚，直径一般为10～15 mm，一般无占位效应。后期增强扫描，梗死区可表现为明显强化，多呈脑回状、斑片状或团块状强化。

（3）MRI：可发现CT难以发现的小的腔隙性脑梗死，敏感度高，一般于发病后6 h即可出现异常。表现为在T_1WI上呈低信号而在T_2WI上呈高信号。MRI对基底节、丘脑、小脑和脑干的腔隙性梗死灶十分敏感。

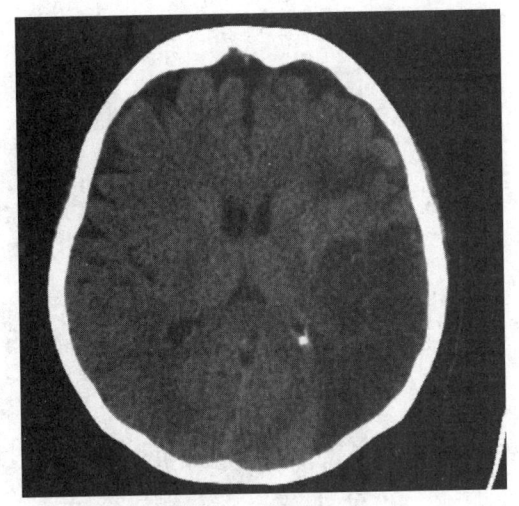

图5-31-7　脑梗死CT图像

2. 脑出血　最常见的原因为高血压性脑动脉硬化，多见于基底节及丘脑，也可见于大脑半球的额叶、颞叶及顶叶，小脑较少见。

（1）CT：新鲜血肿在CT平扫上可见边缘清楚、密度均匀的高密度区，可呈肾形、团块或不规则形，血肿周围可出现低密度水肿带，并引起占位效应。1个月后血肿逐渐变为等密度，进而呈低密度。2个月后，病变部位软化成脑脊液密度的囊腔，数个月后被瘢痕组织取代。

（2）MRI：急性出血显示不如CT；亚急性期，在T_1WI及T_2WI上均呈高信号；慢性期，在T_1WI及T_2WI上均呈高信号，且在T_2WI上血肿与其周围的水肿间见一环状低信号带，为含铁血黄素沉着所致，可作为血肿进入慢性期的标志。

（三）颅内肿瘤

1. 神经上皮肿瘤（即胶质瘤）　来源于脑胶质细胞，约占中枢神经系统原发肿瘤的半数，包括星形细胞瘤、少突胶质细胞瘤、室管膜细胞瘤及髓母细胞瘤。星形细胞瘤占所有胶质瘤的70%左右。病理组织学上分为4级：1级和2级为良性或低度恶性星形细胞瘤，3级和4级为高度恶性肿瘤。

（1）CT：低度或良性星形细胞瘤肿瘤边界清楚，没有坏死，没有肿瘤血管，多为囊性低密度病变，一般不出血。肿瘤周围水肿不明显，少数有钙化，表现为等密度病变，很少或没有强化。高度星形细胞瘤是恶性肿瘤，肿瘤常继发出血和坏死，有肿瘤性血管，常伴有肿瘤周围白质水肿。CT表现为不均质的混合密度病变，增强后有明显强化现象，多表现为环形增强（图5-31-8）。

（2）MRI：在T_1WI上为等信号或低信号，在T_2WI上为高信号。

2. 脑膜瘤　好发于成人，女性多于男性。肿瘤起源于蛛网膜细胞丛，尤其是蛛网膜颗粒。有的可能起源于硬脑膜的成纤维细胞和软脑膜细胞，是典型的脑外肿瘤。脑膜瘤生长缓慢，好发于两侧大脑半球的凸面、颅底、大脑镰、小脑幕等部位。颅骨反应性增生、硬化。

（1）CT：脑膜瘤多呈圆形、边界清楚的稍高密度或等密度病变，有的有颗粒状或均匀一致的钙化。肿瘤邻近的颅骨内板增生、肥厚，具有特征性，压迫移位的脑回呈桶柄状。增强后有显著增强，质地均匀，肿瘤边缘清楚（图5-31-9）。

（2）MRI：脑膜瘤在T_1WI上呈等信号或稍高信号，在T_2WI上呈等信号或高信号，均一性强化，邻近脑膜增厚并强化，为"脑膜尾征"。

3. 脑转移瘤　脑转移瘤是指原发于脑外的恶性肿瘤通过血行转移至颅内。常见的原发癌是肺癌，其次是乳腺癌、肾癌等。脑转移瘤多发生于脑灰质、脑白质交界处，多数是多发性的，少数也有单发性的。脑转移瘤容易发生出血和坏死。

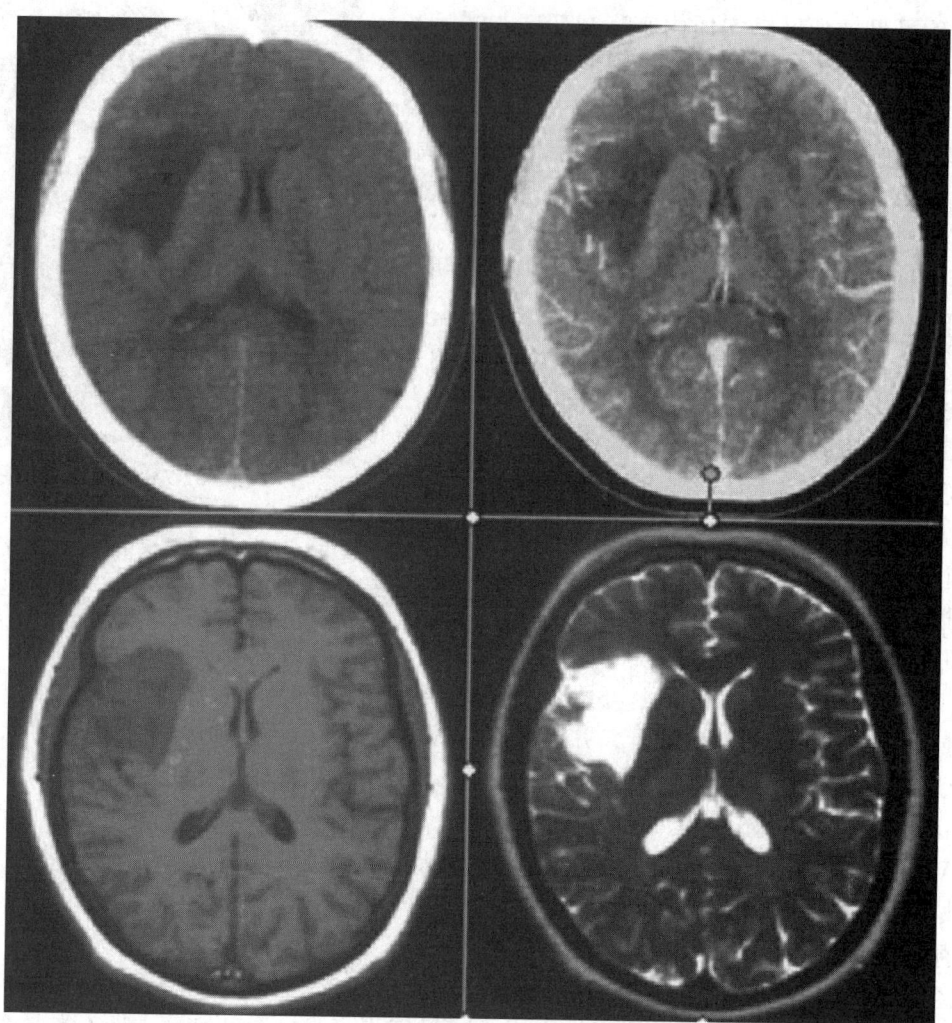

图 5-31-8 右颞星形细胞瘤 CT 图像

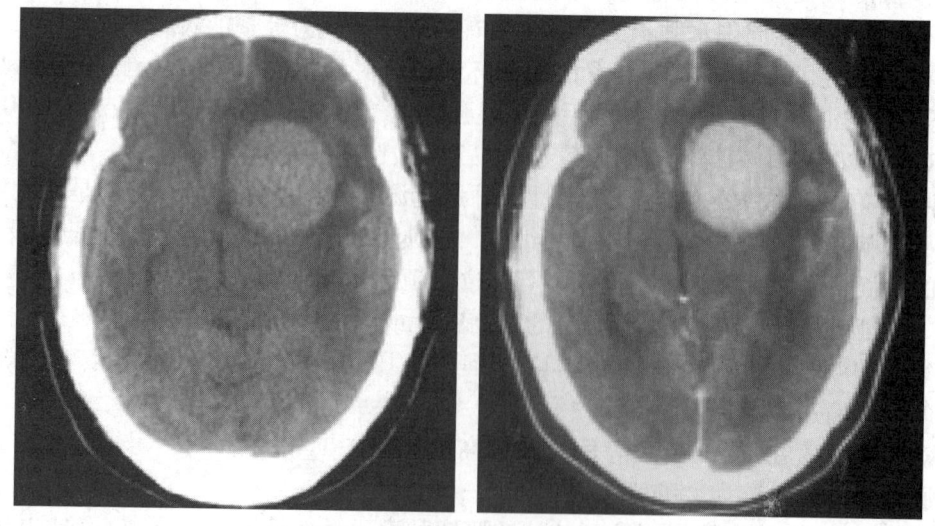

图 5-31-9 大脑镰左侧脑膜瘤 CT 图像

（1）CT：多发性病灶，位于皮质下区，病灶周围有明显水肿，病灶呈低密度、等密度或高密度。

（2）MRI：病灶在 T_1WI 及 T_2WI 上呈等信号或高信号，有均匀或环形强化（图 5-31-10）。对脑转移瘤的显示 MRI 优于 CT，特别是对颅底、颅顶以及幕下脑干及小脑部位的病灶显示。MRI 对发现直径小于 1 cm 的病灶也优于 CT。

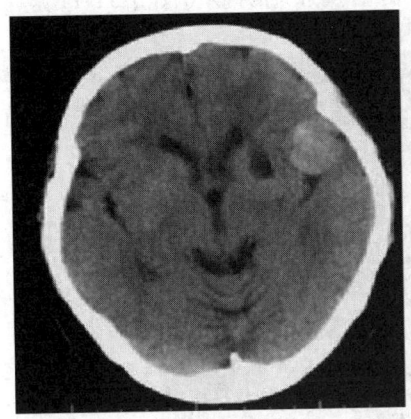
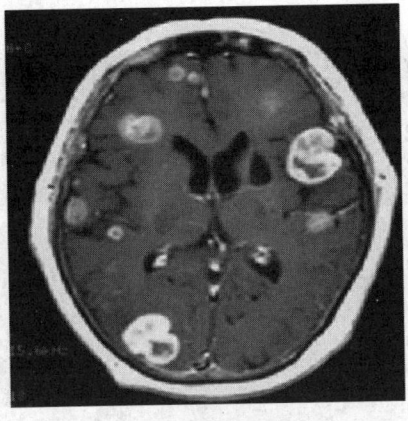
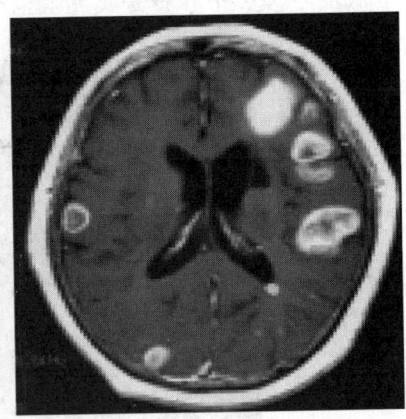

图 5-31-10　肺癌脑转移 MRI 图像

（潘礼寿）

第二节　头颈部影像诊断

头颈部指自颅底开始至胸廓入口的区域，包括眼、耳、鼻、咽、喉、口腔、甲状腺、甲状旁腺等，组织结构复杂，生理功能重要。影像学检查的目的在于确定病变及其部位、大小和范围，并提出明确的或可能的定性诊断。

一、检查方法

头颈部影像学检查方法主要是 CT、MRI 等，而 X 线检查图像结构重叠、密度分辨力低，故临床已很少应用。CT、MRI 均易发现软组织病变，MRI 和 CT 尚可明确病变与邻近血管的关系。

1. X 线检查　目前临床主要用于显示头颈部含气空腔和骨质改变，对于软组织病变显示不佳。

2. CT 检查　CT 平扫常规采用横断面和冠状面扫描，分别摄骨窗及软组织窗照片。对一般患者进行 CT 平扫即可，对某些血供丰富的病变或肿瘤及疑有眼眶或颅内侵犯的病例，需进行 CT 增强扫描。

3. MRI 检查　MRI 平扫常规扫描包括横断面、冠状面和（或）矢状面，在 T_1WI 上显示解剖结构较清晰，在 T_2WI 上显示病变特性较好。MRI 增强扫描有助于区别肿瘤与炎症、确定肿瘤的侵犯范围并有助于鉴别肿瘤复发与纤维瘢痕。

二、正常影像学表现

（一）鼻及鼻旁窦

CT 平扫骨窗显示鼻旁窦、鼻中隔、鼻骨、鼻甲骨质清晰且锐利，鼻旁窦腔充满低密度空气，鼻道和鼻旁窦开口也为低密度气体，冠状面上可清楚地显示窦口鼻道复合体结构。软组织窗显示鼻旁窦黏膜菲薄、光滑，鼻甲呈中等密度，鼻旁窦开口规则。CT 增强扫描显示鼻旁窦黏膜和鼻甲强化明显。

MRI 平扫在 T_1WI 上见鼻腔鼻道和鼻旁窦腔呈气体极低信号区，鼻旁窦骨壁和鼻中隔、鼻甲骨呈低信号，鼻甲黏膜和鼻旁窦黏膜呈中等信号；在 T_2WI 上鼻旁窦窦腔和鼻道、鼻和鼻旁窦骨质仍呈低信号，鼻甲和鼻旁窦黏膜呈高信号。MRI 增强扫描鼻甲和鼻旁窦黏膜强化明显（图 5-31-11）。

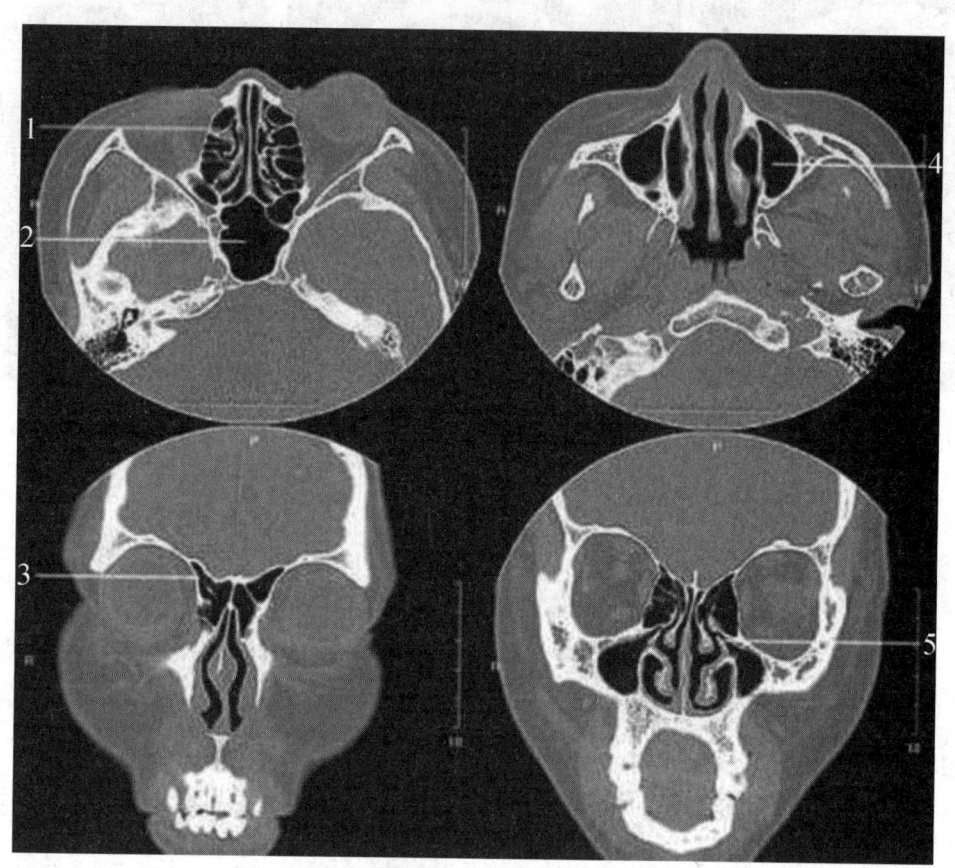

图 5-31-11　正常鼻窦 CT（横断面、冠状面）图像
1. 筛窦；2. 蝶窦；3. 额窦；4. 上颌窦；5. 窦口鼻道复合体

（二）乳突

高分辨率 CT 横断面和冠状面可显示耳部的各种细微结构：外耳道呈管状低密度影，边缘光滑。鼓室位于外耳道的内侧，呈后外向前内斜行的低密度气腔，其内可见高密度的听骨链。鼓室后方较窄的气道为乳突窦入口，与乳突窦相连。迷路位于鼓室内侧，自前向后依次为耳蜗、前庭和三个半规管。膜迷路及其内、外淋巴呈低密度结构：耳蜗在横断面上呈螺旋状，蜗顶指向前外，冠状面上呈蜗牛状；前庭呈圆形或椭圆形低密度影；三个半规管呈点状或半环形低密度结构，位于前庭附近或与之相连。内耳道位于耳蜗的内侧，呈管状的低密度影。乳突小房表现为大小不同的气腔，可延伸至颞骨鳞部或岩锥（图 5-31-12）。

外耳道、中耳、听小骨和乳突小房在 T_1WI 和 T_2WI 上均为低信号。乳突和岩锥的骨髓在 T_1WI、T_2WI 上分别为高信号和中等信号。膜迷路及内、外淋巴液在 T_1WI 上为低信号，在 T_2WI 上为高信号。

（三）咽喉部

鼻咽部居鼻腔后，上接颅底，下接软腭。顶壁由蝶骨和枕骨组成，其外侧为颞骨岩部和破裂孔；后壁为枕骨基底部及第 1、2 颈椎椎体；前壁为鼻后孔及鼻中隔后缘；外壁为咽鼓管口、咽鼓

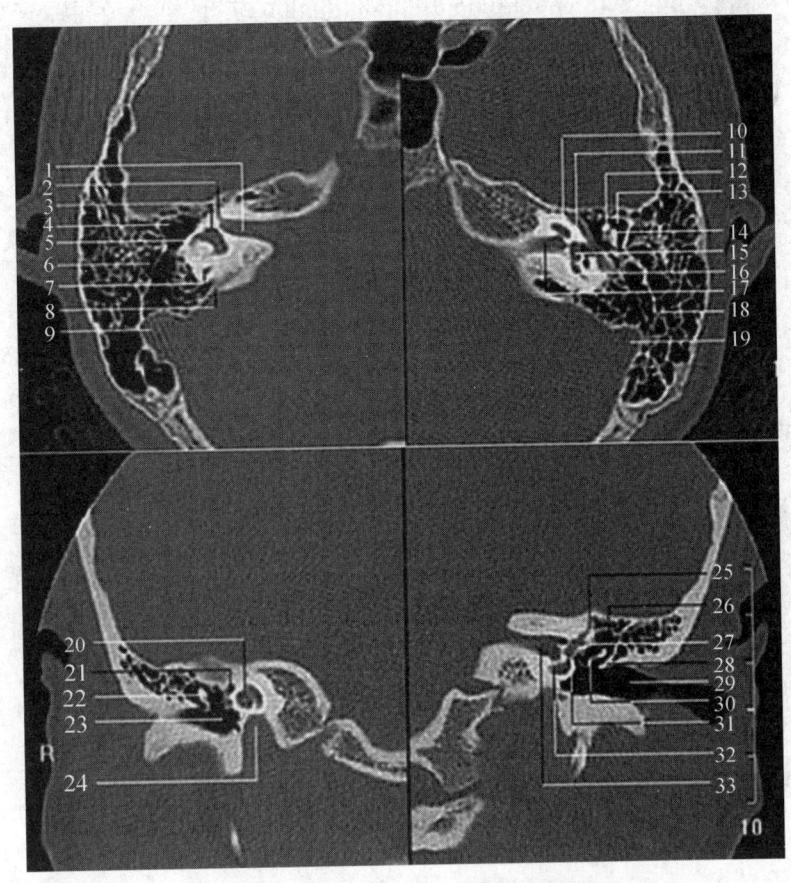

图 5-31-12 正常耳部高分辨率 CT（横断面、冠状面）图像

1. 内耳道；2. 面神经管迷路段；3. 前庭；4. 上鼓室；5. 外半规管；6. 乳突窦；7. 后半规管；8. 前庭导水管；9. 乙状窦；10. 耳蜗；11. 面神经管鼓室段；12. 锤骨；13. 上鼓室；14. 砧骨；15. 前庭；16. 后半规管；17. 内耳道；18. 乳突气房；19. 乙状窦；20. 耳蜗；21. 面神经膝部；22. 听小骨；23. 鼓膜；24. 颈内静脉管；25. 前半规管；26. 上鼓室；27. 外半规管；28. 鼓室盾板；29. 外耳道；30. 听小骨；31. 前庭窗；32. 耳蜗；33. 内耳道

管圆枕、咽侧隐窝。CT 和 MRI 横断面见两侧咽隐窝对称，咽鼓管圆枕和咽鼓管口清楚，鼻咽黏膜、黏膜下层外肌群形态及咽旁间隙组织（如颈内动脉、颈静脉）等结构。

三、头颈部常见疾病的影像诊断

（一）鼻窦炎

鼻窦炎是鼻部最常见的病变，可继发于感染、过敏、免疫状态改变或以上几个因素共同作用。由于炎性反应，鼻旁窦黏膜肿胀，窦口鼻道复合体狭窄，导致黏液阻塞和分泌物滞留。常见的病原菌包括肺炎球菌、流感嗜血杆菌、葡萄球菌、类杆菌属和一些真菌，如曲霉菌、毛霉菌、双歧杆菌、念珠菌。鼻窦炎按病程分为急性炎症和慢性炎症。

1. CT　急性期表现为窦腔黏膜增厚，内可见液体及气液平面；慢性期表现为窦壁骨质增生、硬化，黏膜明显增厚（图 5-31-13）。

2. MRI　由于水为鼻旁窦分泌物的主要成分，表现为窦腔内长 T_1 长 T_2 信号。感染可仅限于一个鼻旁窦，也可累及多个或全组鼻旁窦，黏膜肥厚，黏膜下囊肿形成。

（二）中耳乳突炎

中耳乳突炎是临床最常见的感染性疾病，表现为耳部疼痛、耳漏及传导性耳聋。

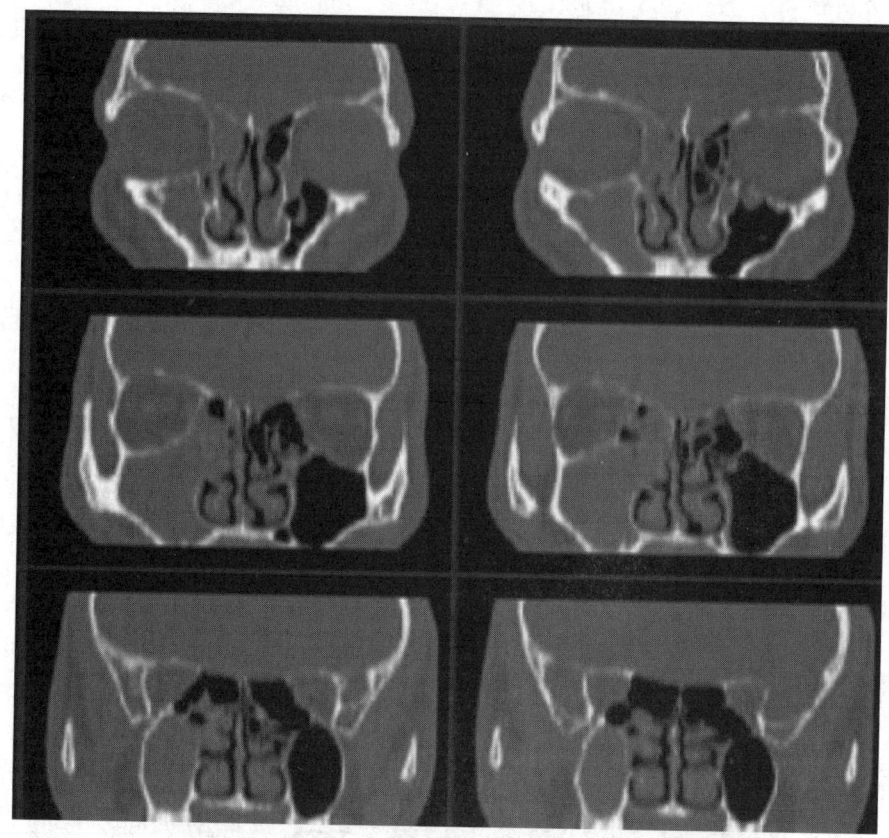

图 5-31-13　右侧上颌窦和筛窦炎 CT 平扫图像

1. CT　表现为乳突小房混浊、密度均匀增高；听小骨破坏；鼓室内可见软组织密度影，邻近骨质破坏或增生硬化，常提示继发性胆脂瘤。

2. MRI　表现为中耳乳突区呈长 T_1 长 T_2 信号。

（三）鼻咽癌

鼻咽癌是我国常见的恶性肿瘤之一，全世界的 80% 病例发生于中国，多见于 30~50 岁成人。

鼻咽癌与 EB 病毒感染有关。病理学分为未分化癌、低分化癌和高分化癌 3 种，临床表现有涕中带血、鼻出血、耳鸣、听力减退、鼻塞及头痛等。

1. CT　CT 平扫见咽隐窝闭塞、消失、隆起，咽顶壁、后壁、侧壁肿块突向鼻咽腔。病变向前突向后鼻孔，侵犯翼腭窝，破坏蝶骨翼板及上颌窦、筛窦后壁进入眶内；病变向后侵犯头长肌、枕骨斜坡、环椎前弓侧块，侵犯舌下神经管；病变向外侵犯咽鼓管圆枕、腭张肌、腭提肌、翼内肌、翼外肌，侵入颞下窝、颈动脉鞘、茎突；病变向上破坏颅底及通过卵圆孔、破裂孔进入颅内；病变向下侵犯口咽、喉等。同时可见淋巴结肿大，主要为颈深淋巴结。CT 增强扫描见病变呈不均匀中等至明显强化。

2. MRI　平扫在 T_1WI 上见肿瘤呈低至中等信号，在 T_2WI 上病变信号增高，呈中等至高信号（图 5-31-14）。MRI 增强扫描见病变呈不均匀或均匀强化。

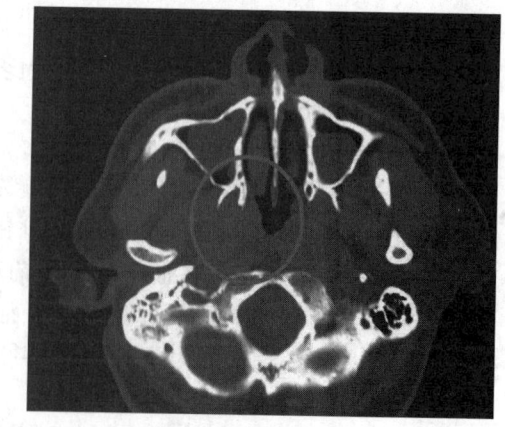

图 5-31-14　右侧鼻咽癌 MRI 平扫图像
可见右侧咽隐窝消失

> **知识链接**
>
> **影像诊断报告及其临床应用**
>
> 影像诊断结果基本有4种类型：确定性诊断、符合性诊断、可能性诊断、否定性诊断。
>
> 1. 确定性诊断　是指在一些疾病检查时具有特征性表现，能明确疾病诊断，并可显示其部位、大小、数目和范围等，为临床制订治疗计划和评估预后提供有价值的信息。
>
> 2. 符合性诊断　某些疾病的影像学检查虽有一定特征，但相同的异常表现还可见于其他疾病，此时可根据临床最初诊断的疾病做出符合性影像诊断，临床需进一步检查或治疗后复查，以获得最后诊断。
>
> 3. 可能性诊断　影像学检查虽已发现病变，但其表现缺乏特异性，不足以明确诊断，仅能诊断为病变性质待定或提出几种疾病的可能性。
>
> 4. 否定性诊断　经影像学检查，排除了临床最初诊断的疾病。对于否定性诊断，要考虑多种因素的影响，包括所选用的成像技术和检查方法、疾病的严重程度和发展阶段，以及影像学检查和诊断的限度等。临床医师要根据具体病情，慎重对待。

（潘礼寿）

自 测 题

一、选择题

1. 怀疑患者脑梗死，最佳的影像学检查方法是
   A. 头部 X 线片　　　B. 头部动脉造影　　　C. 颈部动脉造影
   D. CT 增强扫描　　　E. MRI 检查

2. 下列不符合硬膜外血肿的 CT 表现的是
   A. 表现为颅骨内板下方高密度区
   B. 高密度区通常为局限性梭形
   C. 随着血块的收缩，CT 值可进一步增高
   D. 表现为颅骨内板下方薄层密度均匀的新月形或半月形高密度区
   E. 随着血肿的液化，可变为低密度

二、案例分析题

患者，男性，34岁，因车祸被送入医院。主诉头痛，弯腰、低头时加重。体格检查：枕部有明显皮下血肿，就诊过程中出现喷射状呕吐。

请回答：

1. 可能的诊断是什么？
2. 为明确诊断，应尽快完善何种检查，以及可能的检查结果是什么？

第三十二章　介入放射学

第三十二章数字资源

> **学习目标**
>
> 1. 知识：掌握介入放射学的基本概念及其在现代医学中的地位与作用。了解介入放射学与医学影像学、临床诊断学及治疗学之间的密切关系。理解介入放射学中常用诊疗操作的工作原理、优点、缺点及其应用选择。
> 2. 能力：能根据患者的临床特点及影像学表现，制定合理的介入治疗方案，包括选择合适的介入手段、评估适应证与禁忌证，以及预测并预防可能的并发症。
> 3. 素养：能够严格执行介入诊疗操作规范，坚持"患者-术者-环境"三位一体辐射防护。具有尊重生命、关爱患者的职业道德，确保在介入操作过程中遵循伦理原则，维护患者权益。

介入放射学属于微创医学的范畴，是在 20 世纪 70 年代初期发展起来的。它是以影像诊断学为基础，并在影像设备的引导下，应用经皮穿刺及导管技术等对一些疾病进行非手术治疗，或者用于取得组织学、细菌学、生理和生化材料标本，以明确病变性质的新型临床医学。介入放射学是一门由医学影像学和外科学相结合的科学。

介入放射学分为血管性和非血管性介入技术两部分。血管性介入技术也称介入血管造影或治疗性血管造影，是通过血管内导管技术进行诊断和治疗性操作；非血管性技术是在血管外经皮穿刺或与外界相通的生理性、手术孔道进行治疗和诊断性操作。

第一节　经导管栓塞术

经导管栓塞术是经动脉或者静脉内导管将栓塞物送入病变血管或者器官的供应血管内，使之发生闭塞，中断血供，达到预期的治疗目的。

1. 控制出血　外伤、炎症、肿瘤、血管畸形等导致的大出血，利用选择性动脉造影，确定出血的部位和性质，并结合器官血液循环情况，均可采用对靶血管栓塞的方法止血。对于动脉灌注或静脉滴注血管收缩药难以控制的大出血，栓塞疗法安全、有效，并可为手术做准备。

2. 治疗肿瘤

（1）术前栓塞：术前栓塞肿瘤血管对手术有利。栓塞造成肿瘤血供中断，瘤体积缩小，术中出血明显减少；同时肿瘤与周围组织界限清楚，便于手术操作；肿瘤栓塞后梗死对机体起抗原刺激作用，可改善机体对残存肿瘤的免疫功能状态。

（2）姑息治疗：对于晚期或巨大肿瘤，栓塞治疗可以缓解症状，减少患者的痛苦，使肿瘤缩小。其中部分患者经栓塞治疗后可获得手术机会。栓塞与化疗药物联合应用可以显著提高疗效。

3. 内脏动脉栓塞

（1）脾动脉栓塞术：原则上需做脾切除术的病变均可以用部分性脾动脉栓塞术代替。不同原因引起的脾功能亢进、脾大可采用部分性和分次性脾栓塞，可缓解或消除脾功能亢进，疗效确切。

（2）肾动脉栓塞术：不宜手术或不宜采用血管成形术治疗的肾内动脉分支狭窄所致的高血压，可采用对该分支狭窄选择性栓塞治疗。恶性高血压晚期患者，栓塞患侧肾动脉可达到内科切除目的。

（3）终止异位妊娠：通过动脉灌注甲氨蝶呤同时行动脉栓塞术可终止异位妊娠。

第二节 经皮腔内血管成形术与心脏瓣膜成形术

经皮腔内血管成形术（percutaneous transluminal angioplasty，PTA）是应用导管导丝技术，扩张或再通动脉粥样硬化或其他原因所致血管狭窄、闭塞病变的治疗方法，以达到恢复血运的目的，可以在很大程度上代替外科手术治疗。目前临床应用的技术有球囊血管成形术、激光血管成形术、经皮血管内支架置入术、心脏瓣膜狭窄成形术等。

一、球囊血管成形术

球囊血管成形术的主要机制是通过充胀的球囊压力造成狭窄区血管内中膜局限性撕裂，特别是血管壁中膜的过度伸展及动脉粥样斑块的挤压等因素所致血管腔增宽、扩大。球囊血管成形术最理想的适应证是中等或大血管的局限性、孤立性的短段狭窄，其次是多发、分散的短段狭窄和闭塞。球囊血管成形术近期疗效很好，但扩张后再狭窄发生率较高。

二、激光血管成形术

激光能消融动脉粥样斑块或血栓，其使血管再通的机制在于热效应和光化学解吸作用。病变组织吸收光子能量后转变为热能，造成组织凝固、坏死、汽化和熔化。激光血管成形术适合治疗血管慢性闭塞、弥漫性病变或伴有钙化，适合于对球囊血管成形术后出现的急性血管闭合。激光血管成形术与球囊血管成形术联合应用效果更理想。

三、经皮血管内支架置入术

血管内支撑器也称内支架，是利用特殊合金制成的与血管相适应的网状结构（图5-32-1），支撑于血管狭窄病变处，以保持血流通畅。支架种类较多，大致分为4类：①热记忆合金支架是由镍钛合金丝制成的。②自展式金属支架是用不锈钢合金丝编制成圆筒形，放置于血管后，由于金属弹力而支撑于血管腔内。③球囊扩展式支架先放在球囊之上，放入血管后充胀球囊，使支架展开并支撑血管腔（图5-32-2）。④带膜自膨式血管内支架可治疗动静脉瘘、动脉瘤、夹层动脉瘤等。

目前临床应用的支架均具有生物组织相容性，置入血管后无异物反应，而且血管很快内皮化，在支架内表面形成一层新膜，与支架两端正常血管内膜相延续。支架置入术已用于冠状动脉、肾动脉、周围动脉乃至主动脉和静脉。

四、心脏瓣膜狭窄成形术

（一）经皮二尖瓣球囊成形术

经皮腔内球囊二尖瓣成形术（percutaneous balloon mitral valvuloplasty，PBMV）主要适应证为中、重度单纯二尖瓣狭窄。经皮二尖瓣球囊成形术有顺行性和逆行性两种操作途径。顺行性技术即

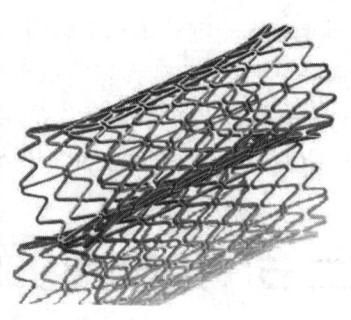

图 5-32-1　血管内支架

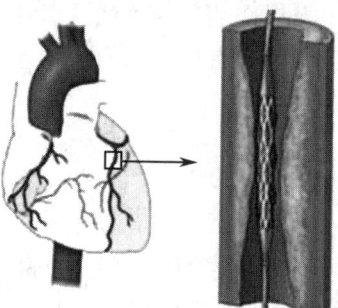

图 5-32-2　冠状动脉血管内支架成形术原理

经股静脉插管进入右心房，穿过房间隔进入左心房，顺血流方向将球囊置于二尖瓣口，充胀球囊，扩张狭窄的二尖瓣口。逆行性技术即经股动脉、主动脉至左心室，逆血流方向将球囊置于二尖瓣口。此项技术操作简单，效果好，再狭窄后可重复治疗。

（二）经皮肺动脉瓣球囊成形术

经皮肺动脉瓣球囊成形术主要适用于肺动脉瓣狭窄而漏斗部无明显狭窄者。将球囊导管经股静脉、右心房、右心室送入肺动脉，将球囊置于肺动脉瓣口，充胀球囊，扩张狭窄的肺动脉瓣口。

（三）经皮主动脉瓣球囊成形术

经皮主动脉瓣球囊成形术主要适用于单纯性主动脉瓣狭窄，无明显瓣上及瓣下结构异常。瓣叶、瓣环发育不良者不宜行球囊成形术。此项技术操作简单，临床效果较二尖瓣、肺动脉瓣成形术差。偶尔可造成严重的并发症，如主动脉破裂、主动脉瓣关闭不全。

> **知识链接**
>
> **经颈静脉肝内门体静脉分流术**
>
> 经颈静脉肝内门体静脉分流术（TIPS）是经皮穿刺颈静脉插入导管，经上腔静脉、右心房、下腔静脉，将导管插入肝静脉，由肝静脉穿刺入肝内门静脉主要分支，在肝静脉与门静脉之间的肝实质内扩张形成通道，并放置内支架，在肝内建立一个肝静脉与门静脉之间的人工分流通道，部分门静脉血流分流进入下腔静脉，使得门静脉压力降低，有效地预防和控制食管胃底静脉曲张破裂出血，是治疗门静脉高压症的一种新方法。

第三节　经导管灌注药物治疗

经导管将药物直接注入病变局部的优点：①药物直接进入病灶血管，局部血药浓度高，作用集中。②消除了药物尚未达到病灶部位就被肝、肾等组织破坏及排泄因素的影响。③药物直接到达局部，减少药物在起效前与血液某些成分结合而失效的发生概率。④局部灌注可以适当减少用药量，减轻全身副作用。

一、血管收缩性药物

血管收缩性药物是治疗消化道动脉性、静脉性出血的有效方法，主要用于治疗食管胃底静脉曲张破裂出血、胃黏膜糜烂出血、结肠憩室出血等。常用的药物是血管加压素，此药物直接作用于小动脉、毛细血管和小静脉平滑肌，使血管收缩，血流量减少。

二、癌肿化疗性药物

经导管将化疗药物直接注入肿瘤血管，增加局部血药浓度，延长肿瘤细胞与药物接触时间，提高疗效，减少对正常组织的损害。癌肿化疗性药物已广泛用于治疗胸部、腹部、盆部、肌肉及骨骼等部位的恶性肿瘤。肝恶性肿瘤灌注后，患者生存期可明显延长。骨肿瘤术前灌注可提高 5 年生存率。

三、溶解血栓性药物

经导管选择性灌注溶栓药物治疗的优点：①用药量明显小于全身静脉溶栓剂量。②溶栓有效率大大提高，选择性溶栓有效率为 79%，全身溶栓有效率为 53%。③选择性溶栓严重出血的并发症发生率明显低于全身用药溶栓者。溶栓时，导管尖端应尽可能靠近凝血块。溶栓药物可溶解血栓，但不能消除其形成的原因。目前临床用于冠状动脉溶栓、脑动脉溶栓，并取得了较好效果。

四、支气管动脉灌注治疗原发性肺癌

支气管动脉灌注的机制与适应证：肺癌的血供主要来自支气管动脉，且肿瘤血管多，管腔增粗。支气管动脉灌注（BAI）能提高局部血药浓度，并且可以联合用药或多次反复用药。靠近肺野内侧病灶以支气管动脉供血为主，靠近外围病灶可能出现肺动脉供血。灌注治疗后，可考虑手术切除或局部放疗。

第四节　经皮穿刺针吸活检与置管引流术

一、经皮穿刺针吸活检

经皮穿刺针吸活检是在医学影像系统（X 线、超声、CT、MRI）的监视下，用细针经皮穿刺到病变组织或器官，获取组织学或病理学标本，从而做出细胞学与病理学诊断。此法方便、安全、有效。穿刺针有抽吸式、切割式、环钻式 3 种，可以满足不同部位病变活检的需要。

抽吸式穿刺针口径较细，对组织损伤性小，只能获取组织学标本。切割式穿刺针口径较粗，针尖具有不同形状，活检时可以得到组织芯或组织碎块，可行病理学检查，适用于能在透视下定位的病变，如肺部肿块、骨骼病变。超声对实质脏器的囊性或实性病变定位准确，使用方便。CT 导向准确，但操作程序复杂，多用于胸部、腹部、盆腔及脊椎病变的活检。

除颅内病变外，此技术已广泛应用于各系统、器官疾病的诊断。①胸部：诊断不明的肺部病变，不能手术但又必须明确病理类型的肺内恶性病变，胸壁及胸膜恶性肿瘤等，针吸活检诊断正确率达90%。②腹部：肝、胰、肾、腹膜后等部位性质不明的病变均可以进行针吸活检，尤其对胰腺炎与胰腺癌的鉴别诊断有价值。③其他：如肌肉骨骼系统、甲状腺、乳腺疾病也可以进行针吸活检。

二、经皮穿刺置管引流术

（一）经皮肝穿刺胆管引流与胆道内支架置入术

对于梗阻性黄疸患者，经皮肝穿刺胆道造影明确诊断后，行胆道引流，使诊断和治疗相结合。目前不但可以做外引流、内引流，还可以做胆道内支架置入术。

1. 胆管外引流　是在经皮肝穿刺胆道造影的基础上，将导管远端有多个侧孔的引流导管置入扩张的胆管内。导管前端置入梗阻上方，将胆汁引流到体外，以减轻胆管内压力，缓解黄疸。因外引流会丧失大量电解质，又有胆道感染的危险，故主要用于术前治疗。

2. 胆管内引流　导管远端通过梗阻区，将其置于梗阻近端的胆管与十二指肠内，胆汁即经导管侧孔流至肠管内。留于体外的引流管在贴近皮肤处切断，用缝线缝于皮肤上，并用消毒纱布包扎。

3. 胆道内支架置入术　首先将球囊导管置于狭窄段，充胀球囊，反复扩张狭窄段，然后选择适当的胆道支架，通过支架释放系统置于狭窄处。放入支架后即刻造影，以明确支架位置和开放情况。支架置入术主要适用于无法手术解决的黄疸。

（二）囊肿、脓肿、血肿抽吸术

囊肿、脓肿、血肿与积液均可在影像系统监视下穿刺抽吸或引流。抽吸液可做细胞学、细菌、生化等检查，以进一步明确疾病性质。经引流管可灌注抗生素或硬化剂进行治疗。如肝囊肿、肾囊肿经皮抽液后，注入无水乙醇；肝脓肿经引流管可用庆大霉素、甲硝唑冲洗。

知识拓展

椎体及椎间盘病变的介入治疗

1. 经皮椎体成形术　经皮穿刺椎体，向椎体内注入骨水泥，凝固后可加强椎体骨质，使脊柱变稳定，防止新的或进一步的椎体压缩塌陷，缓解疼痛。经皮椎体成形术主要用于治疗椎体支撑力的病变，如压缩性骨折。

2. 经皮椎间盘脱出切吸术　在经过影像学检查确定椎间盘脱出平面后，在透视下确定进针的方法，将导管送至椎间盘，经此通道送入环锯，切割纤维环，退出环锯后送入髓核夹取钳，夹碎并取出髓核。

3. 经皮腰椎间盘激光消融减压术　经皮穿刺腰椎间盘，利用激光脉冲对髓核进行溶化、凝固，减少髓核的体积，减轻椎间盘内的压力，达到治疗腰椎间盘突出症的目的。

4. 经皮腰椎间盘胶原酶溶解术　经皮穿刺，向病变的椎间盘内注入胶原酶，其能特异性溶解胶原蛋白成分，消除突出的椎间盘对神经根的压迫，用于治疗腰椎间盘突出症。

（邵　岑）

自 测 题

选择题

1. 下列对介入放射学特征的描述，错误的是
   A. 是诊断放射学的发展和延伸
   B. 是在医学影像学、导管和穿刺技术及细胞病理学新技术的基础上发展起来的
   C. 以影像诊断为基础，利用穿刺和导管技术，在影像的监视下对疾病进行诊疗
   D. 使传统意义上的放射科成为担负有治疗任务的学科
   E. 其价值体现在给疾病带来崭新的治疗方式，已不再具有诊断作用

2. 以下不属于血管内介入治疗技术的是
   A. 动静脉血管畸形栓塞治疗
   B. 实体良、恶性肿瘤的术前栓塞或姑息治疗
   C. 经口食管胃肠道狭窄扩张术
   D. 脾动脉栓塞术
   E. 冠状动脉支架置入术

3. 下列不属于非血管内介入治疗技术的是
   A. 经皮穿刺胆道引流术
   B. 肝、肾囊肿硬化治疗
   C. 经皮肾穿刺引流术及输尿管成形术
   D. 球囊血管成形术
   E. 取石术

4. 经皮球囊二尖瓣成形术（PBMV）的适应证是
   A. 轻度二尖瓣狭窄无症状者
   B. 合并中、重度二尖瓣关闭不全
   C. 左心房内有血栓
   D. 急性风湿热期间及其他急性感染期间
   E. 二尖瓣重度狭窄

第三十三章　超声诊断

第三十三章数字资源

> **学习目标**
> 1. 知识：说出超声诊断的基本原理及应用范围，说出常见疾病的超声表现。
> 2. 能力：对常见疾病选择相应的超声检查并分析检查结果。
> 3. 素养：能够严格执行超声检查操作规范以及保护患者隐私制度，培养救死扶伤、为人民服务的高尚情操，注重人文关怀，建立良好的医患关系。

超声诊断是利用超声波的物理特性从人体内部获取不同的声学参数，加以接收、放大及信息处理，形成各种图像、曲线，借此来诊断各种疾病的方法。超声不仅能观察人体组织和器官的形态、结构，还能了解其功能状态，具有无创伤、实时、动态、可重复等特点，在临床诊断和治疗中发挥着非常重要的作用，是医学影像学的重要组成部分。

第一节　超声诊断的基础知识

一、超声波的定义与性质

（一）超声波的定义

超声波（ultrasonic wave）是指频率超过 2 万赫兹（Hz），即超过人耳听阈上限的声波。一般临床诊断用的超声波频率为 2~10 兆赫（MHz）。

（二）超声波的物理特性

1. **超声波的基本物理量**　频率（f）是指单位时间内质点振动的次数。波长（λ）是指在均匀介质中的单频声波振动一个周期时间内所传播的距离。声速（c）是指声波在介质中传播的速度。声速、波长、频率之间的关系为 $c=\lambda \times f$。

2. **反射、折射和散射**　超声波入射到两种声阻抗不同的介质构成的界面时，部分或全部声波返回，称为反射（reflection）。除部分声波被反射外，另一部分声波则越过界面进入第二种介质继续传播，称为透射（transmission）。反射与透射的强弱与两种介质的声阻抗差有关。声阻抗差越大，反射越强，透射越弱。当入射声束与界面不垂直时，透射声束的方向发生改变，这种现象称为折射（refraction）。超声波遇到远远小于声波波长且声阻抗不同的界面时，声波向各个方向传播，称为散射（scattering）。人体血流中的红细胞就是重要的散射源。

3. **衰减**　超声波在介质中传播时，入射的声能随着传播距离的增加而减少，称为衰减（attenuation）。引起声衰减的主要原因有介质对声波的吸收、散射和声束扩散。

4. **空间分辨力**　指超声诊断仪在屏幕上能显示两个目标的最小距离，可分为纵向分辨力、横向分辨力和侧向分辨力。纵向分辨力（longitudinal resolution）是指超声诊断仪在声束传播方向上分辨两个目标的最小距离，其与超声频率成正比。横向分辨力（transverse resolution）是指超声诊断器在与声束轴线垂直方向上分辨两个目标的最小距离。横向分辨力等于声束的有效宽度。侧向分辨力（lateral resolution）是指电子扫查探头长轴方向的分辨力。侧向分辨力等于声束的侧向有效声宽。

5. 多普勒效应　超声波遇到运动的反射界面时，反射波的频率将会发生变化，这种现象称为多普勒效应（Doppler effect）。反射声波与入射声波频率之差称为多普勒频移（Doppler shift）。根据多普勒效应可判断血流性质、方向、速度等血流动力学变化情况。

二、人体组织和器官的声学分型

人体各种组织和器官结构不同，声阻抗差也存在一定的差异。根据各种组织的回声特征，可将人体组织和器官分为下列4种类型。

（一）无反射型

各种液体物质结构均匀，无明显声阻抗差异，无反射回波，声像图表现为无回声区（液性暗区），如血液、尿液、浆膜腔积液（图5-33-1）。

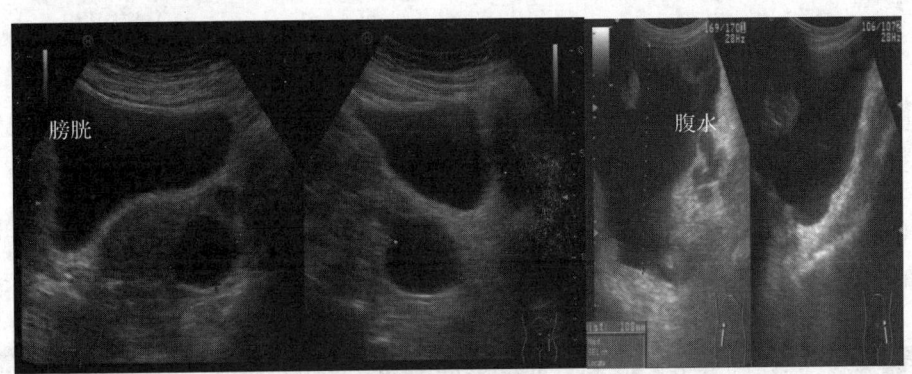

图 5-33-1　无回声

（二）少反射型

各种实质性脏器结构较均匀，声阻抗差异较小，回声幅度低。声像图表现为中、低回声区，如肝、脾、肾等脏器（图5-33-2）。

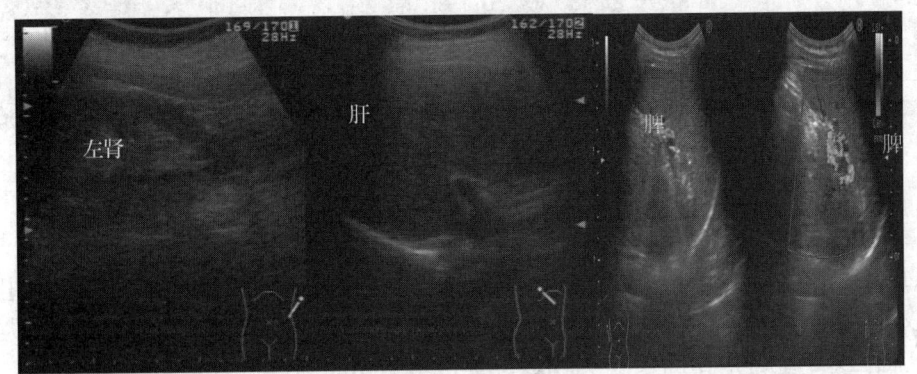

图 5-33-2　中、低回声

（三）多反射型

各种结构复杂的组织和器官结构不均匀，声阻抗差异较大，回声较多、较强，声像图表现为高回声区，如心脏瓣膜及脏器包膜。

（四）全反射型

软组织与含气组织构成的界面，其声阻抗差异很大，几乎为全反射，声像图表现为极高回声或强回声，后方伴声影，如肺、肠等含气组织（图5-33-3，图5-33-4）。

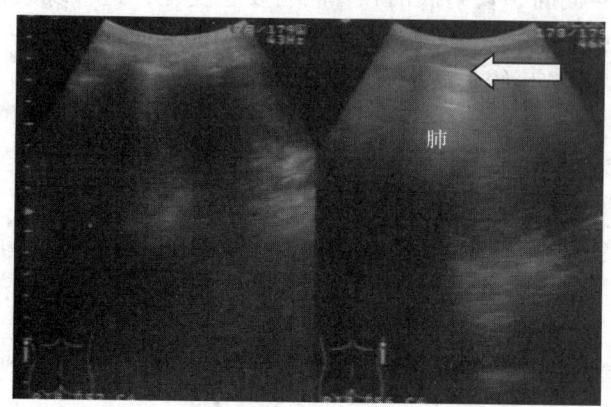

图5-33-3　极高回声

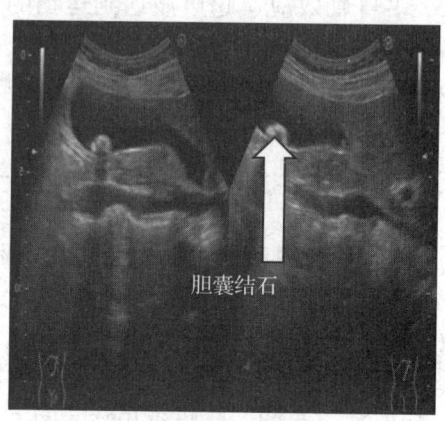

图5-33-4　强回声

三、超声诊断仪

（一）M型超声诊断仪

M型超声诊断仪是采用辉度调制型的显示方法，即以亮度反映回声的强弱。M型超声诊断仪主要用于检查心脏，常与其他检查组成联合装置。如彩超系统都有M型模式（图5-33-5）。

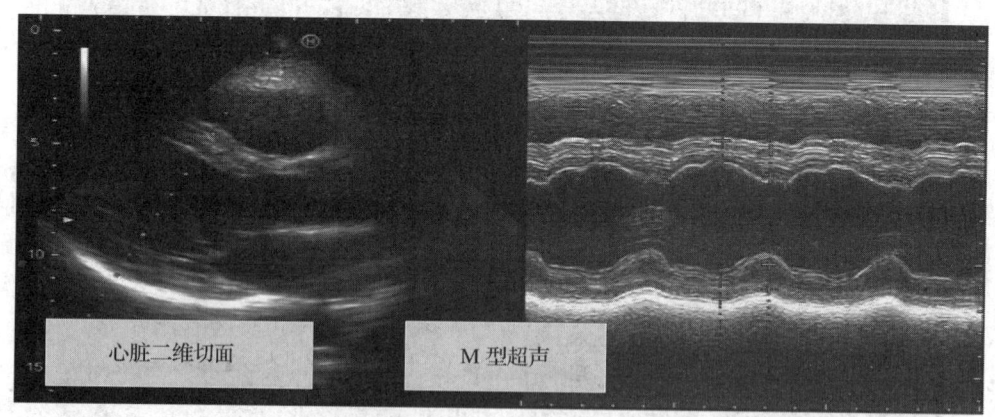

图5-33-5　M型超声

（二）二维切面超声诊断仪

二维切面超声诊断仪常称为B型超声诊断仪，它是利用反射回波原理，即向人体组织发出超声波，然后接收各层组织界面反射的回波进行信息处理，用辉度（灰阶）表示回波幅度大小，显示组织或器官的切面图。B型超声诊断仪种类较多，其显示的切面图像具有真实性强、直观、容易掌握、诊断方便等优点，目前已成为超声诊断最重要的设备。

（三）超声多普勒系统

1. D型超声诊断仪　超声多普勒诊断仪简称D型超声诊断仪。这类诊断仪是利用多普勒效应原理，对运动的脏器和血流进行检测的仪器。按超声源在时域的工作状态，可以将多普勒分为连续多普勒（CW）和脉冲多普勒（PW）。

2. 超声彩色血流成像系统　彩色血流图（CFM）又称彩色多普勒血流图（CDFI）。它主要由彩色血流图和 B 型超声成像两大部分组成。在整个 CFM 系统中有两个关键技术：动态目标显示（MTI）滤波和自相关技术。

四、超声诊断新技术的应用

（一）组织多普勒成像

采用低通滤波电路，去除心腔内红细胞运动的高频移低振幅多普勒频移信号，提取运动心壁的低频移高振幅多普勒频移信号，经过信息处理，以二维及 M 型超声显示。组织多普勒成像主要用于观察心肌局部运动情况。

（二）腔内超声

腔内超声包括经食管心脏超声、经阴道超声、经直肠超声和经胃及十二指肠超声等，采用高频探头，可有效地避免气体及其他组织干扰，更清晰地显示脏器病变。

（三）超声造影

超声造影是将各种超声造影剂经血管注入体内，使靶器官及病变显影，有助于病变的对比观察。

（四）三维超声

三维超声指采集不同平面的连续二维图像，通过计算机重建成立体图形。三维超声分为静态三维、动态三维及实时三维成像，实时三维成像能显示脏器实时运动情况。

（五）弹性成像

弹性成像是一种对组织力学特征成像的新技术，能提供与其他超声成像不同的新信息，应用前景很好。

提示：超声波检查是将雷达技术、声学原理与医学相结合的一种方法，是利用超声波的特性和人体各种组织具有不同的声学特性对机体进行检查、诊断的方法，安全、无创、重复性好。

> **知识链接**
>
> **超声机械指数与热指数**
>
> 机械指数（mechanical index，MI）是指超声在弛张期负压峰值与换能器中心频率的平方根之比值。
>
> 热指数（thermal index，TI）是指超声试剂照射到某声学界面所产生的温度升高与使界面温度升高 1° 的比值。
>
> 进行胎儿超声检查时，MI 与 TI 应分别控制在 0.3 以下和 0.4 以下；进行眼球检查时，MI 与 TI 须分别控制在 0.1 以下和 0.2 以下。

（胡晓娟）

第二节 心脏疾病超声诊断

案例 5-33-1

患者，女性，45岁，因"心悸、气短5年，加重伴头晕、呼吸困难1个月"就诊，既往有关节红、肿、疼痛病史10余年。5年前患者出现阵发性心悸、气短，可自行缓解，近1个月心悸加重，出现呼吸困难症状。体格检查：双侧面颊紫红，口唇轻度发绀；心脏浊音界呈梨形，心尖部闻及舒张期杂音。心脏超声：二维超声二尖瓣口开放时呈"鱼口状"、M型超声二尖瓣前叶运动曲线呈"城墙样"改变。

问题与思考：
1. 结合病史及相关辅助检查，该患者的主要诊断及诊断依据是什么？
2. 需要与哪些疾病进行鉴别？

一、心脏超声的基础知识

（一）M型超声心动图

目前M型超声心动图分为以下6区。

心尖波群（1区）：观察室壁运动。

心室波群（2a区）（图5-33-6）：进行心室内径测量、室间隔与左心室后壁厚度测量及观察室壁运动。

二尖瓣波群（2b区及3区）（图5-33-7）：此区二尖瓣前叶曲线呈双峰，是观察二尖瓣病变最理想的探测区。

心底波群（4区）：主要用于观察和测量主动脉壁及主动脉瓣的运动情况。

三尖瓣波群（5区）。

肺动脉瓣波群（6区）。

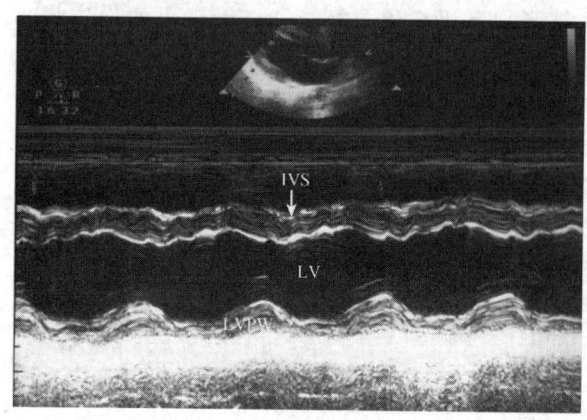

图5-33-6 M型超声心动图心室波群
IVS.室间隔厚度；LV.左心室；LVPW.左室后壁厚度

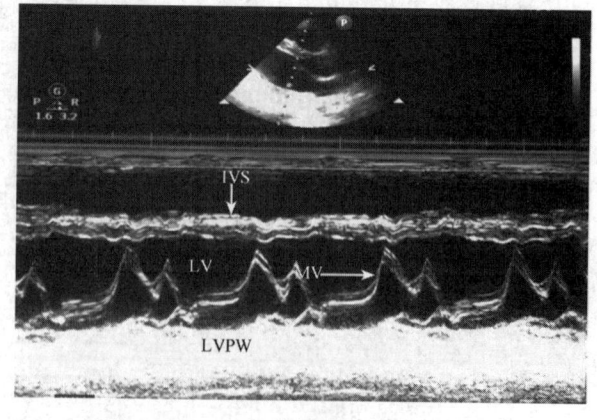

图5-33-7 M型超声心动图二尖瓣波群
IVS.室间隔厚度；LV.左心室；MV.二尖瓣；
LVPW.左室后壁厚度

（二）二维超声心动图

二维超声心动图能比较直观地观察心脏结构与心壁各部分运动情况。常用切面如下。

1. **胸骨旁左心室长轴切面**（图 5-33-8） 观察右心室前壁、右心室腔、室间隔、左心室腔、左心室后壁、主动脉、二尖瓣、左心房及心包等。
2. **胸骨旁心底短轴切面**（图 5-33-9） 观察主动脉、左心房、右心房、房间隔、三尖瓣、右心室、右心室流出道和肺动脉等。
3. **心尖四腔切面**（图 5-33-10） 观察左、右心室腔，左、右心室心尖部，左、右心室侧壁，二尖瓣、三尖瓣，左心房、右心房，房间隔、室间隔和肺静脉。
4. **心尖五腔切面** 在心尖四腔切面的基础上可显示主动脉瓣和升主动脉根部。

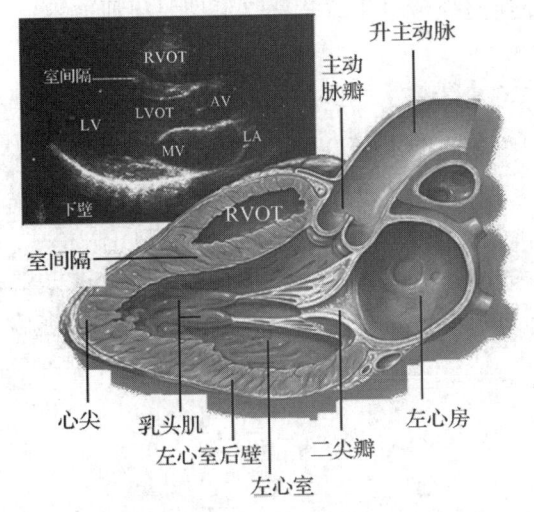

图 5-33-8（彩图 29） 左心室长轴切面
RVOT. 右心室流出道；LV. 左心室；LVOT. 左心室流出道；AV. 主动脉瓣；MV. 二尖瓣；LA. 左心房

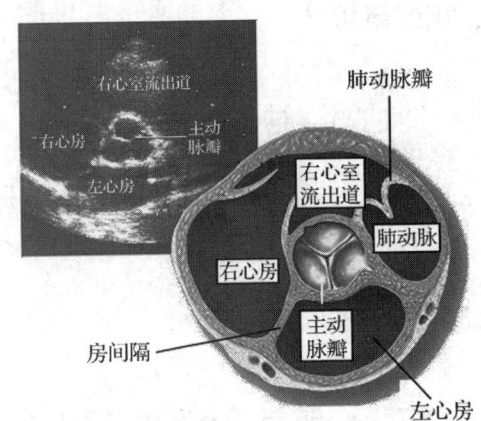

图 5-33-9（彩图 30） 心底短轴切面

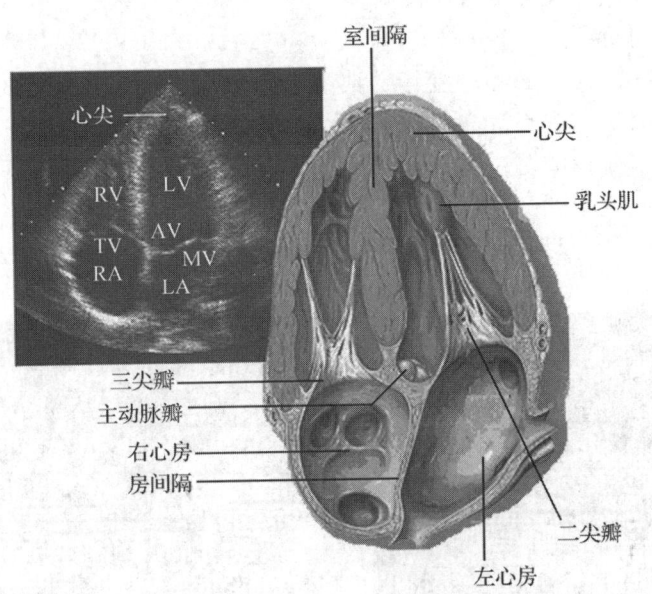

图 5-33-10（彩图 31） 心尖四腔切面
RV. 右心室；LV. 左心室；TV. 三尖瓣；AV. 主动脉瓣；RA. 右心房；LA. 左心房

(三)多普勒超声心动图

多普勒超声心动图是应用多普勒效应原理来检测心脏及大血管内的血流方向和速度。频谱多普勒与二维超声心动图结合可检测和确定心内分流与反流性、狭窄性病变,并可定量评估。各瓣口正常频谱如下。①二尖瓣口血流频谱:呈正向双峰,第一峰(E峰)出现于舒张早期的左心室快速充盈期;第二峰(A峰)出现于舒张晚期心房收缩期。②主动脉瓣口血流频谱:呈负向的三角形。③肺动脉瓣口血流频谱:呈负向单峰,近似V字形。④三尖瓣口血流频谱:呈正向双峰。

(四)彩色多普勒血流显像

朝向探头的血流呈红色;远离探头的血流呈蓝色;湍流呈五彩镶嵌的血流。如心尖五腔切面。①二尖瓣口血流:呈现舒张期红色血流束;②主动脉瓣口血流:呈现收缩期蓝色血流束;③三尖瓣口血流:呈现舒张期红色血流束;大动脉短轴切面:肺动脉瓣口血流呈现收缩期蓝色血流束。

> **知识链接**
>
> **超声心动图与实时三维超声心动图**
>
> 超声心动图(TDI)以彩色编码或频谱多普勒技术实时显示心肌运动产生的低频高振幅频移信号,主要用于评价心肌运动。
>
> 实时三维超声心动图(real-time three dimensional echocardiography,RT-3DE)、斑点追踪成像(speckle tracking imaging,STI)、经食管超声、负荷超声以及心脏声学造影等技术,在临床应用越来越广泛。

二、心脏常见疾病的超声诊断

(一)心脏瓣膜疾病

心脏瓣膜疾病以慢性风湿性心脏瓣膜疾病常见,可累及二尖瓣、三尖瓣、主动脉瓣、肺动脉瓣或多瓣膜同时受累,其中以二尖瓣狭窄最常见。

1. 二尖瓣狭窄超声表现

M型超声:①二尖瓣前叶EF斜率变慢,典型者呈城墙样改变(图5-33-11)。②二尖瓣前叶、后叶呈同向运动。③左心房、右心室增大。

B型超声:①二尖瓣瓣膜增粗,回声增强,瓣膜活动受限,前瓣呈圆顶样运动。②二尖瓣口面积缩小。③左心房、右心室增大,左心房可有附壁血栓。

D型超声:二尖瓣口舒张期可探及湍流频谱,峰值流速增快(图5-33-12)。

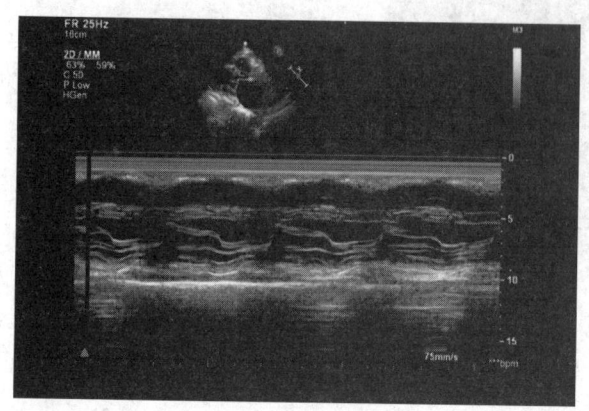

图5-33-11(彩图32) 二尖瓣狭窄M型超声

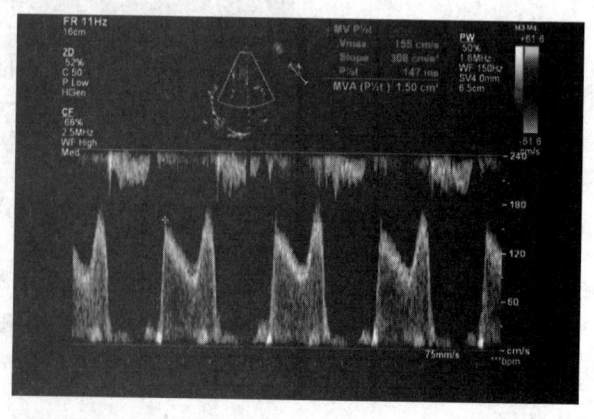

图5-33-12(彩图33) 二尖瓣狭窄彩色多普勒频谱

CDFI：二尖瓣口舒张期可探及五彩镶嵌的血流信号。

2. 二尖瓣关闭不全超声表现

B 型超声：瓣膜及腱索增厚、缩短、钙化、关闭不能合拢，左心房、左心室扩大（图 5-33-13）。

D 型超声：收缩期左心房内探及负向血流频谱。

CDFI：收缩期左心房内探及五彩镶嵌的反流血流信号（图 5-33-14）。

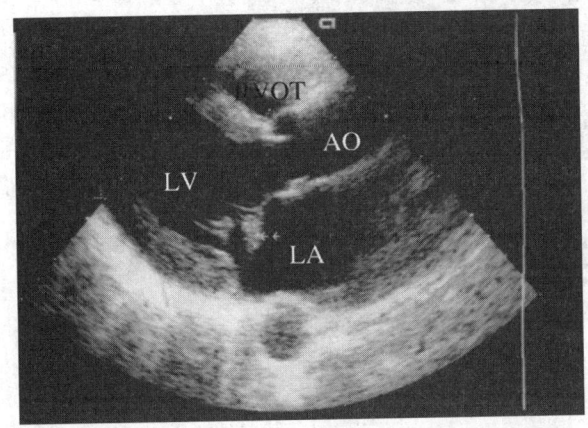

图 5-33-13（彩图 34） 二尖瓣关闭不全二维超声
LV. 左心室；LA. 左心房；AO. 主动脉；
RVOT. 右心室流出道

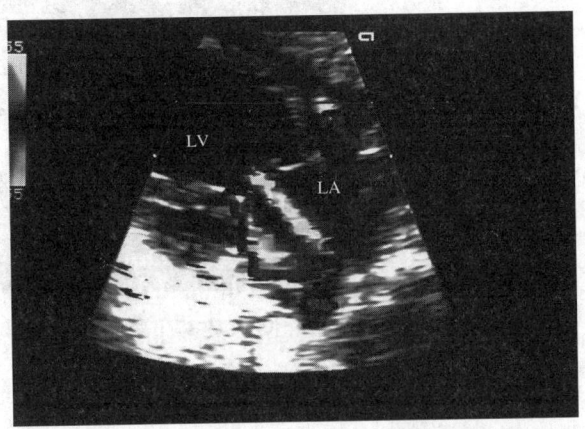

图 5-33-14（彩图 35） 二尖瓣关闭不全彩色多普勒超声
LV. 左心室；LA. 左心房

3. 主动脉瓣狭窄超声表现

B 型及 M 型超声：主动脉瓣增厚、回声增强、活动受限。主动脉瓣开放幅度减小、瓣口面积变小。左心室向心性肥厚，后期可扩张，升主动脉缩窄后扩张（图 5-33-15）。

D 型超声：收缩期主动脉瓣上探及高速射流频谱（图 5-33-16）。

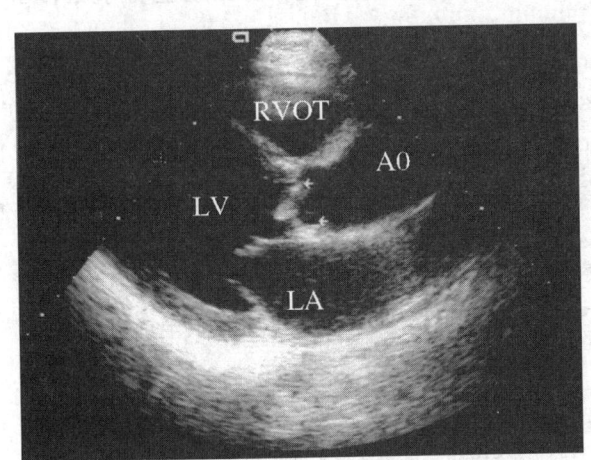

图 5-33-15（彩图 36） 主动脉瓣狭窄二维超声
LV. 左心室；AO. 主动脉；LA. 左心房；
RVOT. 右心室流出道

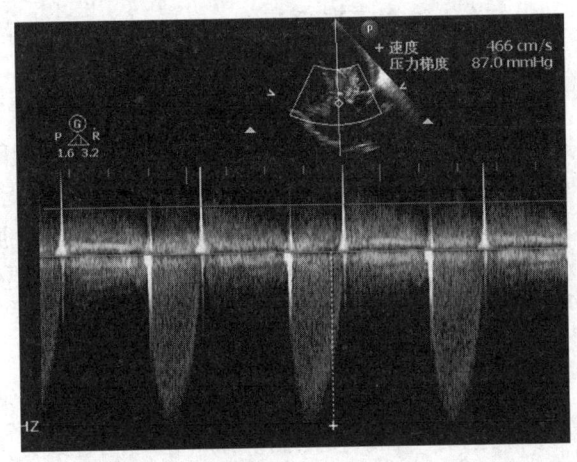

图 5-33-16（彩图 37） 主动脉瓣狭窄彩色多普勒超声

4. 主动脉瓣关闭不全超声表现

B 型及 M 型超声：主动脉瓣增厚、回声增强、活动受限。关闭不能合拢。左心室扩大、主动脉增宽。

D 型超声：舒张期主动脉瓣口左心室侧探及正向反流频谱。

CDFI：舒张期主动脉瓣口左心室侧探及五彩镶嵌的反流血流信号（图 5-33-17）。

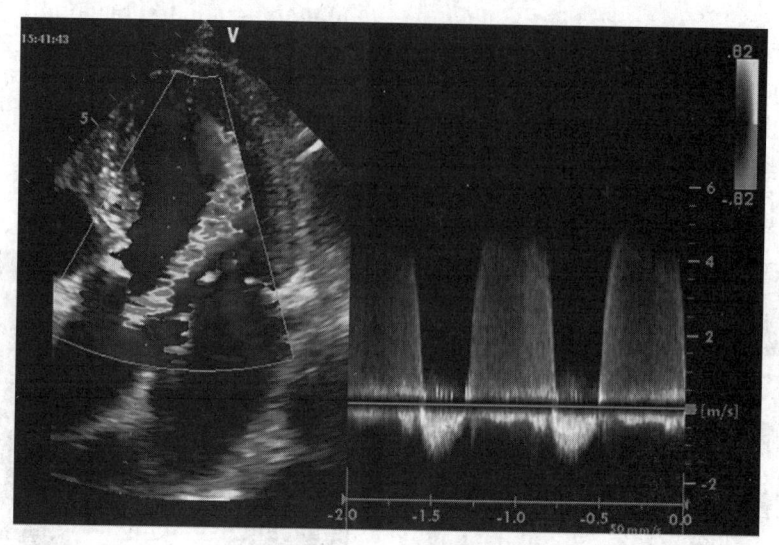

图 5-33-17（彩图 38） 主动脉瓣关闭不全彩色多普勒频谱

（二）心肌病

心肌病是以心肌病变为主的一组疾病，分为特发性心肌病和特异性心肌病。特发性心肌病包括扩张型心肌病、肥厚型心肌病、限制型心肌病。扩张型心肌病病因及病理机制不明，病毒性心肌炎被认为是较为主要的原因之一。病理表现为心室腔明显扩大，室壁变薄，有纤维瘢痕形成。

M 型及 B 型超声：①全心均有不同程度扩张，尤以左心室明显。②二尖瓣前叶 E 峰与室间隔垂直距离（EPSS）增大，二尖瓣活动幅度减低，与扩大的室腔形成"大心腔，小瓣口"样改变。③室间隔与左心室后壁厚度正常或变薄。

D 型超声及 CDFI：①各瓣膜口血流速度减低，可探及反流频谱。②彩色显示各瓣口彩色血流暗淡，收缩期二尖瓣左心房侧及三尖瓣右心房侧可见以蓝色为主的五彩反流，舒张期主动脉瓣下可见以红色为主的五彩反流。

（三）冠心病

冠心病是动脉粥样硬化导致器官病变的最常见类型。超声能够观察节段性室壁运动异常，反映缺血心肌的部位、范围和程度，判断室壁运动的协调性，评价左心室整体与局部功能。

冠心病超声检查可有以下表现。①心肌缺血：缺血节段呈节段性室壁运动减低，室壁运动不协调。②心肌梗死：局部室壁运动减弱或消失，腔室大小及形态改变，心室局部或整体功能减低。陈旧性心肌梗死可有室壁变薄，回声增强。非梗死部位心肌出现代偿性室壁活动幅度增强。③心肌梗死并发症的表现：室壁瘤、腔内附壁血栓形成、室间隔穿孔、心脏破裂、乳头肌功能不全或断裂等。

（四）常见先天性心脏病

1. 房间隔缺损　分为原发孔型和继发孔型。原发孔型房间隔缺损又称部分型心内膜垫缺损。继发孔型房间隔缺损根据缺损部位不同，又分为中央型、下腔型、上腔型、混合型。

B 型及 M 型超声：①房间隔上部或中部回声中断，断端回声增强。②右心房、右心室增大，右心室流出道增宽。③右心容量负荷增加，导致右心室前壁运动幅度增强，室间隔运动幅度减低，甚至与左心室后壁同向运动（图 5-33-18）。

D 型超声：置取样容积于缺损口右心房侧，可探及连续性湍流频谱。

CDFI：以红色为主五彩血流束自左心房经缺损口流向右心房（图 5-33-18）。

2. 室间隔缺损

B 型及 M 型超声：M 型超声主要表现为左心室内径增大，室壁运动增强，右心室流出道增宽。B 型超声表现为缺损部位室间隔回声连续性中断，缺损断端回声增强、粗糙（图 5-33-19）。膜周部

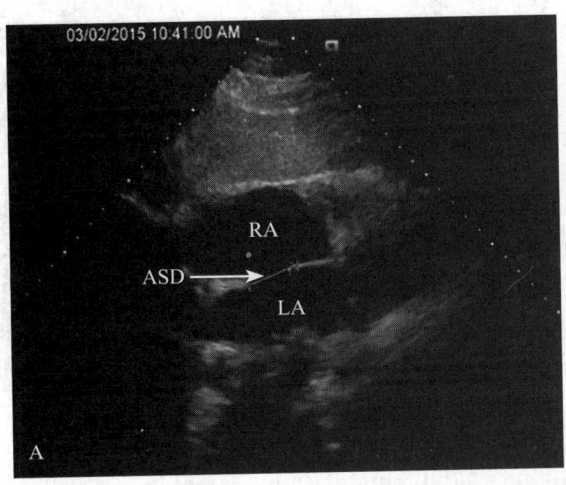
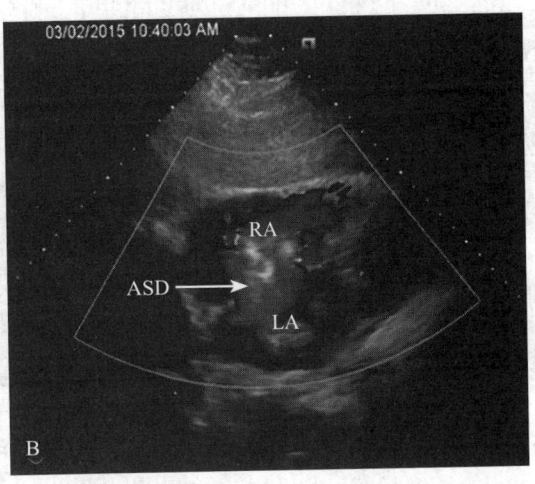

图 5-33-18（彩图 39） 房间隔缺损
A. B 型超声；B. CDFI
RA. 右心房；LA. 左心房；ASD. 房间隔缺损

室间隔缺损：缺损局限于膜部者较少，多向膜周部扩展，缺损处可见纤维组织形成瘤样结构凸向右心室。肌部室间隔缺损：多发生在小梁部，常多发。漏斗部室间隔缺损：近肺动脉瓣处室间隔回声失落，可合并主动脉瓣脱垂及右冠状窦窦瘤。

D 型超声：置取样容积于缺损口内或右心室侧，可探及正向或双向血流频谱。

CDFI：可直接显示缺损处左向右或右向左分流的血流信号。

3. 法洛四联症　是最常见的发绀型先天性心脏病。

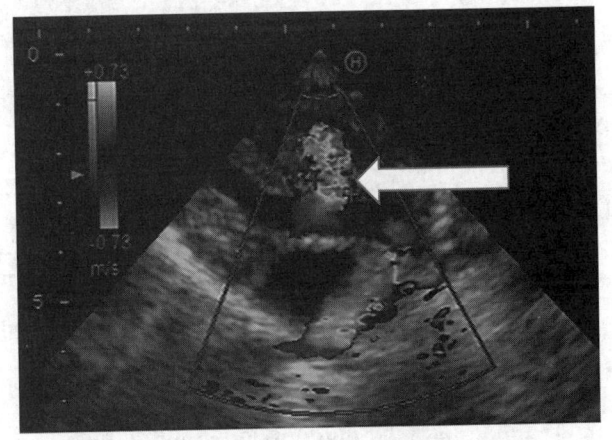

图 5-33-19（彩图 40） 室间隔缺损 B 型超声

B 型及 M 型超声：①主动脉增宽，骑跨于室间隔上。②主动脉前壁与室间隔连续性中断。③肺动脉狭窄。④右心室壁肥厚（图 5-33-20）。

D 型超声：①室间隔缺损处可见双向血流频谱。②右心室流出道狭窄处可见收缩期湍流频谱。

CDFI：①室间隔缺损处可见红蓝双向血流信号。②右心室流出道狭窄处可见收缩期以蓝色为主的五彩血流束。

（五）心包积液及定量分析

心包积液超声表现为心包腔内液性暗区（图 5-33-21）。

微量心包积液：积液量 30～50 ml。左心室后壁心包腔内液性暗区深 2～3 mm，局限于房室沟附近。

少量心包积液：积液量 50～200 ml。左心室后壁心包腔内液性暗区深 5 mm 左右，右心室前壁及心尖部心包腔内无液性暗区。

中等量心包积液：积液量 200～500 ml。右心室前壁心包腔内液性暗区深 5～10 mm，左心室后壁液性暗区深 10～20 mm。

大量心包积液：积液量＞500 ml。右心室前壁心包腔内液性暗区深＞15 mm，左心室后壁心包腔内液性暗区深＞20 mm。

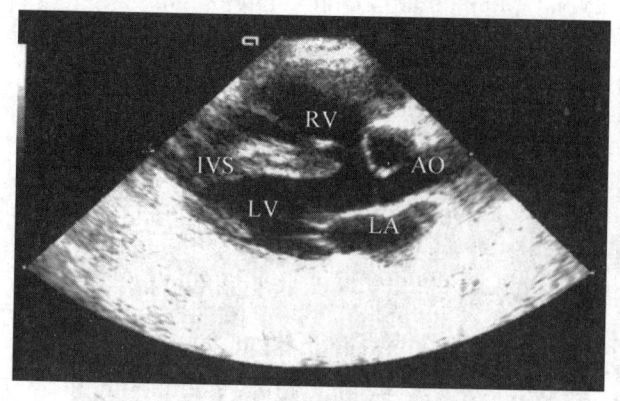

图 5-33-20　法洛四联症 B 型超声
RV. 右心室；LV. 左心室；AO. 主动脉；
LA. 左心房；IVS. 室间隔

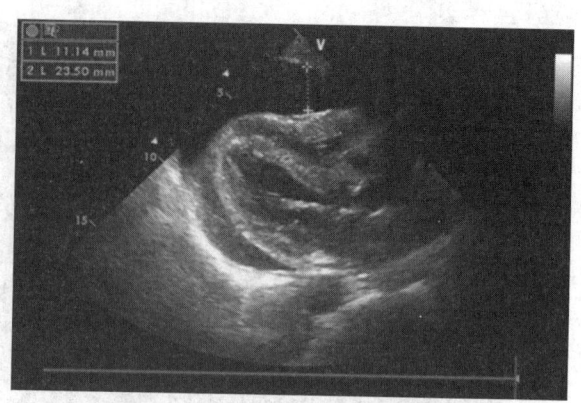

图 5-33-21　心包积液 B 型超声

提示：心脏超声临床主要用于心脏瓣膜病、先天性心脏病、心肌病、心脏肿瘤、急性心肌梗死后心肌运动改变的无创诊断以及心包疾病和心脏功能的评价。

（胡晓娟）

第三节　消化系统疾病超声诊断

案例 5-33-2

患者，男性，65岁，因"黄疸加重，伴腹水1周"入院，既往有肝炎病史10年。体格检查：腹部移动性浊音阳性，脾大（肋缘下2指）。超声检查：肝体积缩小，形态欠规则，表面凹凸不平，呈锯齿状。肝内回声增强，光点增粗，分布不均，可呈网格状。脾大，脾门静脉扩张、迂曲。

问题与思考：

1. 结合病史及相关辅助检查，该患者的主要诊断及诊断依据是什么？
2. 需与哪些疾病进行鉴别？

一、肝病的超声诊断

1. **肝囊肿**　超声表现：①形态呈圆形或椭圆形，壁薄，内部无回声。②两侧壁可有回声失落及侧壁声影。③其后方产生增强效应（图 5-33-22）。④较大囊肿可导致肝内管腔受压移位。⑤部分囊肿内有分隔（图 5-33-23）。⑥囊肿合并感染时，囊内可见微弱点状回声。

2. **肝血管瘤**　超声表现：①直径小于 3 cm 的小血管瘤多呈边界清楚、规整的高回声结节，少数为低回声。②直径大于 3 cm 的血管瘤及巨大海绵状血管瘤呈网格状、斑片状强回声，其间散在蜂窝状低回声。③单发或多发。肝血管瘤可位于肝的任何位置，但多见于肝静脉旁。④后方回声无明显变化。⑤周围肝实质回声正常。⑥ CDFI：较小血管瘤内血流难以显示，较大血管瘤内可显示点状及条状血流（图 5-33-24）。

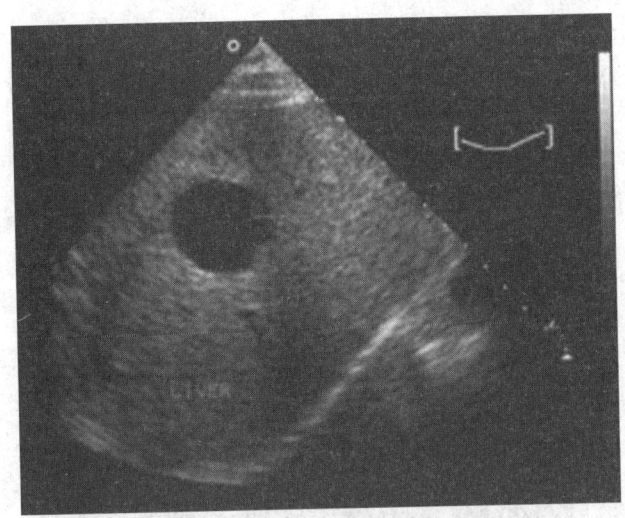

图 5-33-22 肝囊肿超声表现

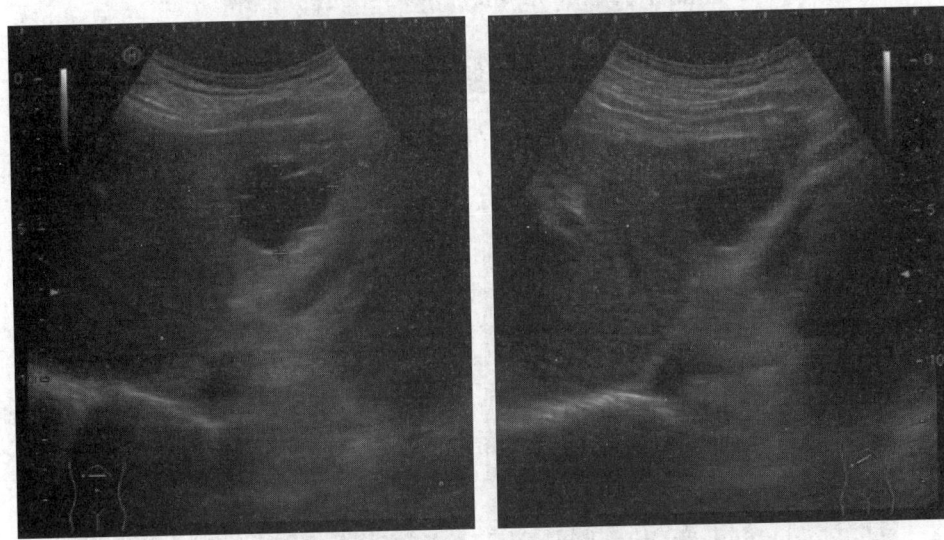

图 5-33-23 超声示囊肿内有分隔

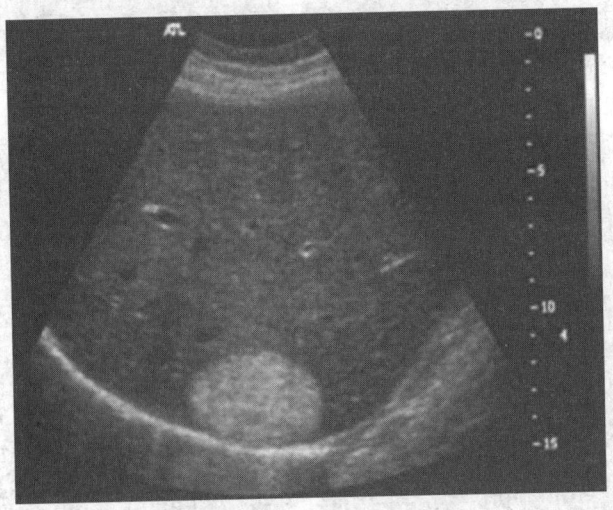

图 5-33-24 肝血管瘤 CDFI

3. 肝癌　超声表现：①肝大，形态不规则，内可见一个或多个实质性肿块，可分为巨块型、结节型及弥漫型，直径小于 3 cm 的称为小肝癌。②肿块不规则，内部回声不均匀，可为低回声、高回声、等回声或混合回声。③部分肿块周围常可见低回声。④肿块周边肝内血管和胆管常受压移位。⑤门静脉主干及分支内常可见实质性癌栓声像。⑥肝门和腹膜后可见肿大的淋巴结声像。⑦ CDFI：肿块周围有血管绕行，肿块内空间血流信号丰富、杂乱（图 5-33-25 ~ 图 5-33-27）。

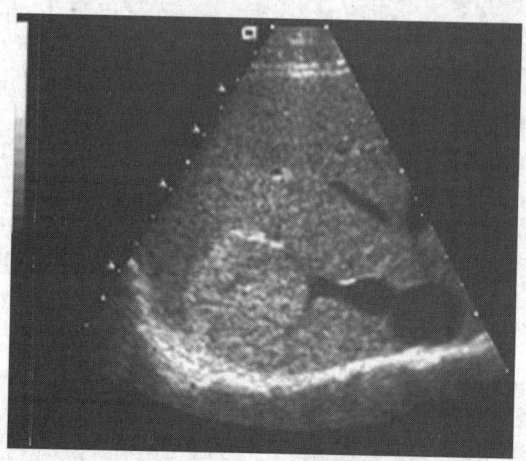

图 5-33-25　肝癌超声表现

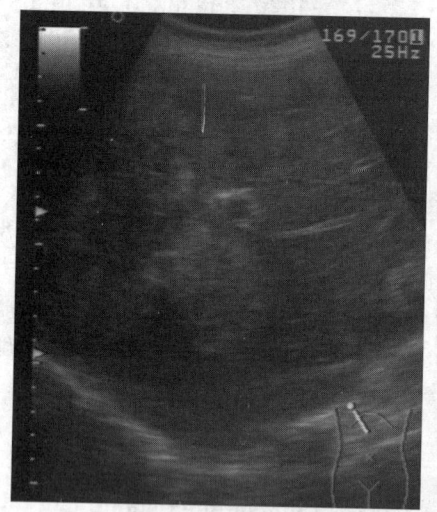 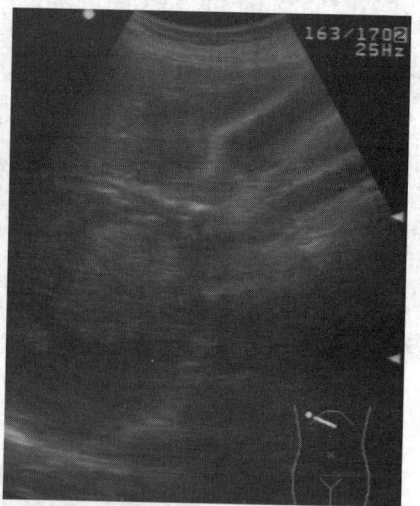

图 5-33-26　多发性肝癌超声表现

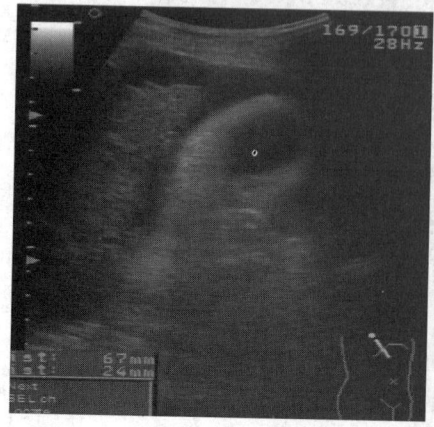 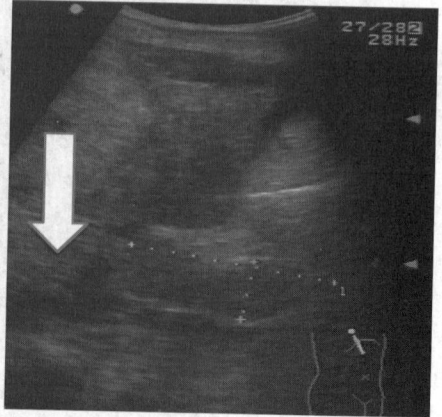

图 5-33-27　门静脉癌栓超声表现

4. 脂肪肝 超声表现为肝大，表面规整，边缘可圆钝。肝内回声增多、增强，前部细密，呈云雾状改变，从表浅至深部回声逐渐减弱。肝内管系多不易显示（图 5-33-28）。

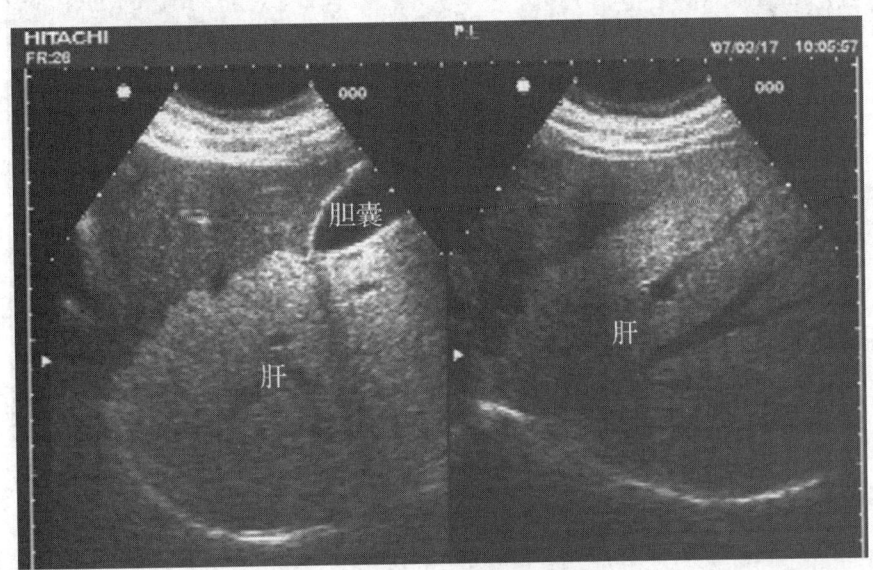

图 5-33-28 脂肪肝超声表现

5. 肝硬化 超声表现：①肝体积缩小，形态欠规则，表面凹凸不平，呈锯齿状。②肝内回声增强，光点增粗，分布不均，可呈网格状。部分可见圆形或不规则形的稍低回声区。③门静脉增宽，主干内径>1.3 cm。肝静脉变细、迂曲。④胆囊壁增厚，呈双边影。⑤脾大，脾门静脉扩张、迂曲。⑥腹腔内可见游离液性暗区。⑦CDFI：门静脉内血流速度减慢，彩色血流暗淡。肝动脉血流速度增快（图 5-33-29）。

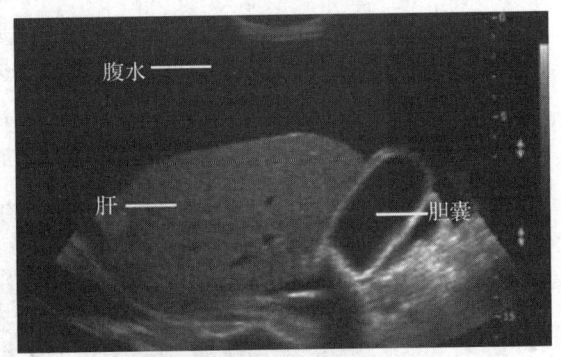

图 5-33-29 肝硬化超声表现

> **知识链接**
>
> **肝硬化和门静脉高压**
>
> 肝硬化（liver cirrhosis）是各种慢性肝病进展至以肝弥漫性炎症、弥漫性纤维化、假小叶、再生结节、肝内及肝外血管增殖为特征的病理阶段，代偿期无明显症状，失代偿期以门静脉高压和肝功能减退为临床特征。患者常因并发食管胃底静脉曲张破裂出血、肝性脑病、感染、肝肾综合征、门静脉血栓等多器官功能慢性衰竭而死亡。肝硬化是肝癌发生的重要危险因素。
>
> 门静脉高压（portal hypertension）多属肝内型，常导致食管胃底静脉曲张破裂出血、腹水、脾大、脾功能亢进、肝肾综合征、肝肺综合征等，是继病因之后推动肝功能减退的重要病理生理环节，是肝硬化患者的主要死亡原因之一。

6. 肝脓肿 超声表现：脓肿早期呈边界不清的局限性低回声或中等回声。脓肿形成期：液化不完全时，可呈蜂窝状改变，液化处呈无回声区。液化较为完全时，呈厚壁圆形或椭圆形无回声区，无回声区内可见密集点状回声，有时可见气液平面。脓肿恢复期：无回声区缩小甚至消失，病变区呈不均质中、强回声（图 5-33-30）。

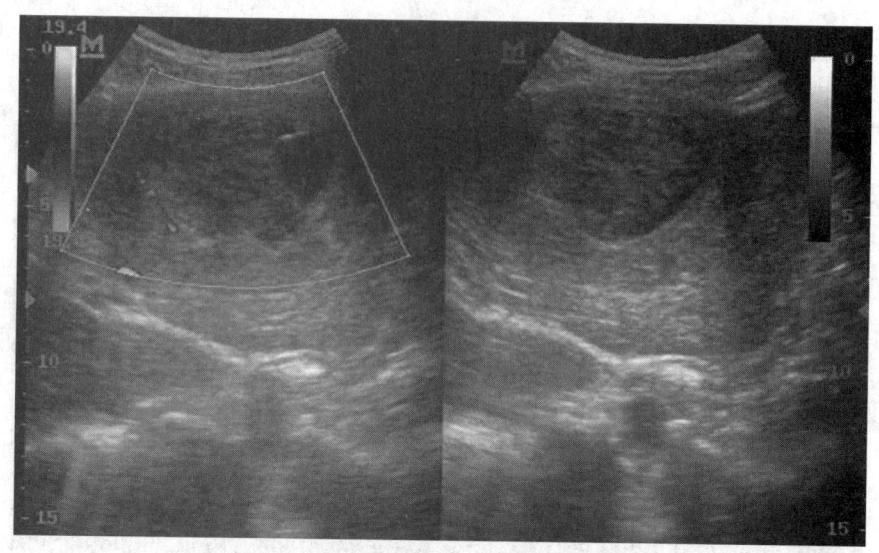

图 5-33-30（彩图 41） 肝脓肿超声表现

7. 慢性血吸虫肝病 患者主要通过皮肤、黏膜与疫水接触被感染。早期超声表现：肝体积可轻度增大，肝表面多平整，肝内回声增多、增粗，分布欠均匀。中、晚期超声表现：肝体积缩小或不规则，通常左叶较大，右叶萎缩，左外叶常是全区锐角而呈钝圆角。肝表面稍不平整，常由凸起的结节引起波浪状、锯齿状改变。因沿门静脉主干及分支分布的结缔组织增生程度不同，肝内部可呈现不同形状的超声变化：①鳞片状回声增强。②网格状回声增强。③粗网状高回声，网格回声带粗厚。门静脉走行不正常而有扭曲。合并门静脉高压症时，门静脉及其属支、脾静脉、肠系膜上静脉均有不同程度的扩张，有时还可探及门静脉内实质性伴有漂浮征的血栓低回声区（图 5-33-31）。

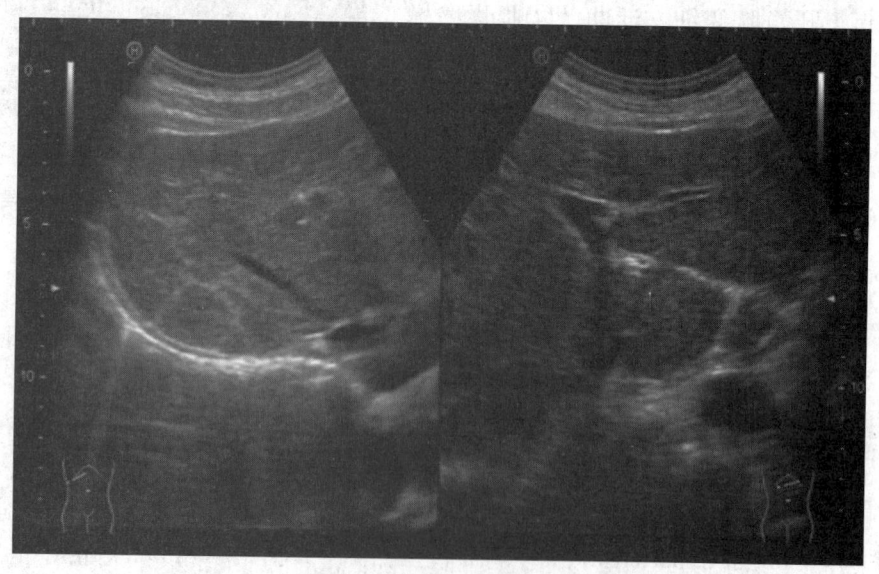

图 5-33-31 血吸虫肝病超声表现

8. 肝囊腺瘤 超声表现：肝内囊实性多房性肿瘤，边界不规则，囊腔内可见较多分隔回声，附壁可见乳头状实性回声，向囊腔内突出。当实性部分较大时，应高度怀疑囊腺瘤恶变（图5-33-32）。

9. 肝包虫病 肝包虫是牧区常见的寄生虫。肝包虫病特征性超声表现：肝内子囊、孙囊征象，囊壁增厚呈双边，囊壁钙化，囊内出现漂浮的点状或块状回声（图 5-33-33）。

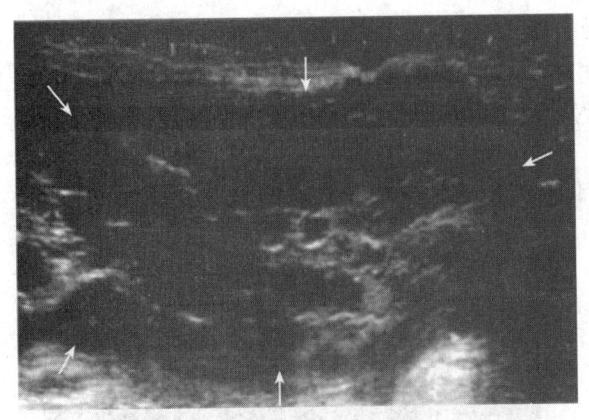

图 5-33-32　肝黏液性囊腺瘤超声表现

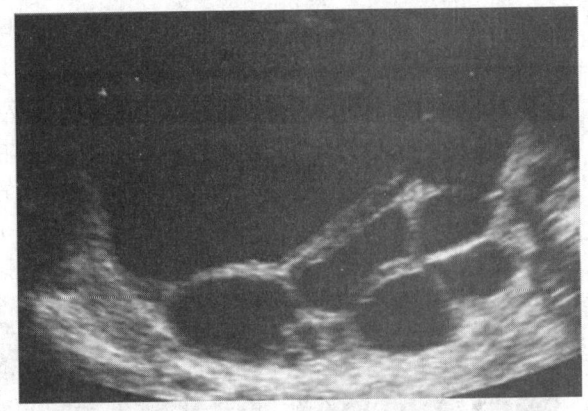

图 5-33-33（彩图 42）　肝包虫病超声表现

10. 肝腺瘤　超声表现：圆形或椭圆形，边界清楚，可见包膜，呈低回声、弱回声或等回声，肿瘤周围可有动脉及静脉血流信号，较少合并肝硬化。

二、胆道疾病的超声诊断

1. 胆囊结石

典型超声表现：①胆囊腔内单个或多个强回声团（图 5-33-34）。②强回声团可随体位改变而移动。③强回声团后方伴明显声影。

非典型超声表现：①充填型结石（图 5-33-35）：正常胆囊液性腔消失，胆囊窝呈现增厚，胆囊壁的强回声带包绕强回声团，后方伴等宽声影，即囊壁、结石、声影三合征（WES 征）。②胆囊颈结石：隐匿于胆囊颈或哈氏囊内的较小结石，不随体位活动，较难发现，但多伴胆囊肿大，改变体位可提高检出率。③泥沙样结石：胆囊后壁大小不一的碎小结石形成强回声带，其形状、位置可随体位改变，后方声影可不明显。④胆囊壁内结石：胆囊壁增厚、粗

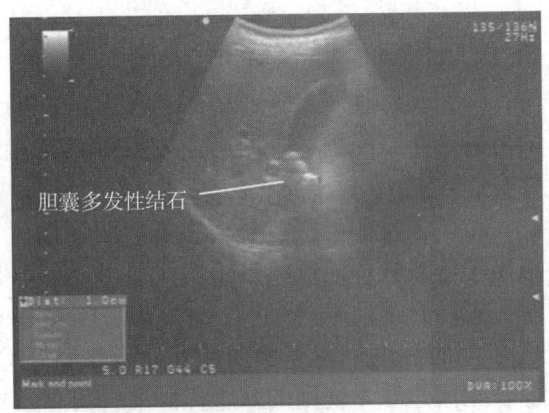

图 5-33-34　胆囊多发性结石超声表现

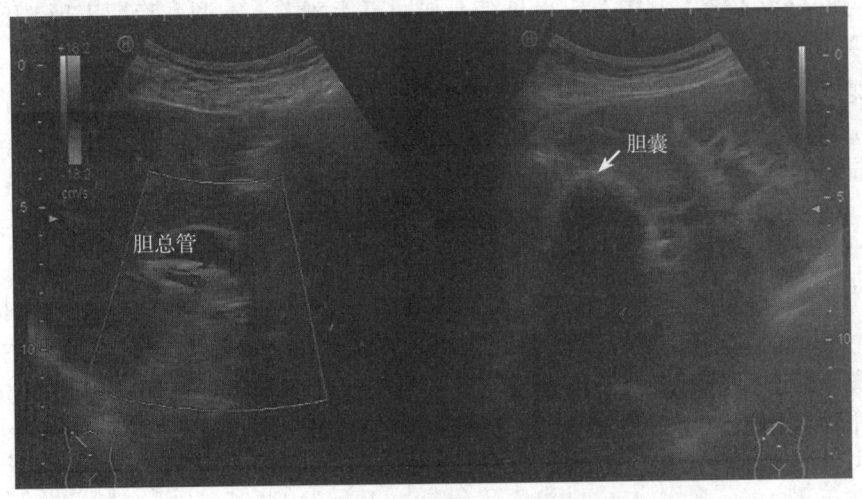

图 5-33-35（彩图 43）　胆囊充填型结石超声表现（WES 征）

糙，壁内可见单个或多个小的强回声点或斑，其后呈"彗星尾征"，且不随体位而移动。

2. 胆管结石

（1）肝内胆管结石：超声表现为肝内出现沿胆管走行分布的斑点状、条索状强回声团，后方伴声影。其梗阻部位以上胆管可见扩张（图5-33-36）。

（2）肝外胆管结石：超声表现为胆管腔内可见强回声团，典型者可见液性暗环包绕强回声团，后方伴声影。梗阻胆管可见扩张（图5-33-37）。

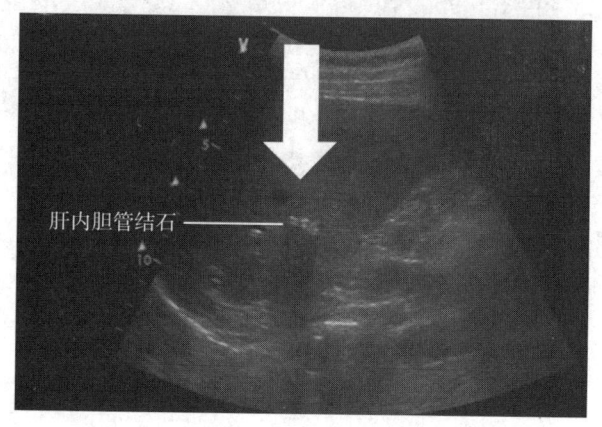

图5-33-36 肝内胆管结石超声表现

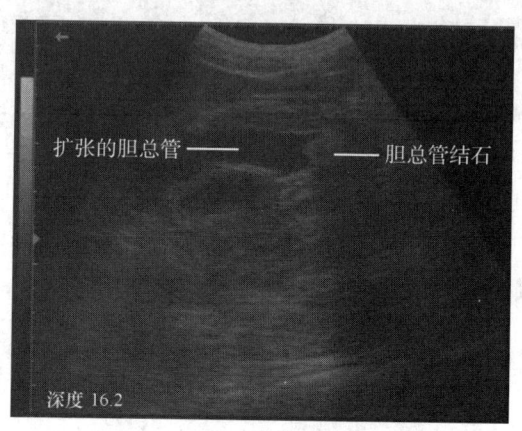

图5-33-37 胆总管下段结石超声表现

3. 胆囊炎

（1）化脓性胆囊炎：超声表现为胆囊肿大，轮廓模糊，胆囊壁增厚，典型者呈双边影。胆囊腔内可见细小或粗大的强回声点或强回声斑，无声影，不形成沉积带，为积脓表现。化脓性胆囊炎多伴有胆囊结石。

（2）慢性胆囊炎：超声表现为胆囊增大，囊壁毛糙、增厚，大于3mm，回声增强。胆囊腔内可见中等或较弱的点状、团块状回声，无声影，改变体位可缓慢移动，系稠厚淤积的胆汁所致。有时可见结石强回声伴声影。少数患者胆囊萎缩，囊壁明显增厚、毛糙，囊腔变小，甚至囊腔闭合。

4. 胆囊癌 超声表现：可分为5型。①小结节型。②蕈伞型：从囊壁向囊腔内突出，为基底部较宽而边缘不规则的蕈伞样肿块，可单发或多发，多呈弱回声或中等强回声（图5-33-38）。③厚壁型：囊壁不均匀增厚，以颈、体部增厚明显，内壁不规则，可见到不规则的囊腔内无回声区。④实变型：囊腔消失，囊壁显示不清，仅在胆囊区见到不规则的弱回声或不规则回声的实质性团块，侵犯肝时与肝分界不清，其内有时可见结石强回声伴声影，本型系晚期表现。⑤混合型：同时具有厚壁型和蕈伞型的声像特征，此型最多见。

5. 胆囊息肉样病变 多数为胆囊非瘤性增生性病变。大多数为胆固醇息肉，少数为胆囊腺瘤，小胆囊癌很少见。超声表现：胆囊内附壁强回声小结节，单发或多发，好发于颈部或底部，不随体位改变而移动。直径一般小于1cm，若直径大于1cm，应警惕恶变的可能（图5-33-39）。

6. 胆道蛔虫症 超声表现：胆管或胆囊内可见双线状强回声带，位于胆管内时，其以上胆管可见不同程度扩张（图5-33-40）。

7. 化脓性胆管炎 超声表现：①胆总管扩张及肝内多个胆管扩张，以胆总管扩张最为明显，直径可达1.7~4.5cm。②胆总管内出现细点状回声或胆泥沉积，在扩张的胆总管内有局限性强回声点或强回声斑。胆总管的管壁有不同程度增厚、粗糙。③多数患者有胆管梗阻部位结石或蛔虫回声。④胆囊扩张伴有胆泥沉积，胆囊肿大，囊壁呈"双边影"征。囊内除结石外，可探及点状、絮状或团块状回声，后方不伴声影，可随体位改变而移动。

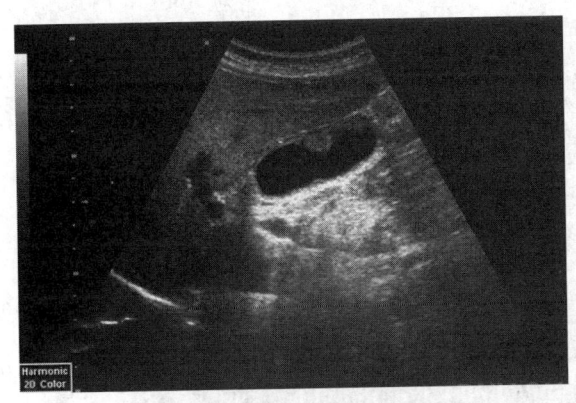

图 5-33-38　胆囊癌超声表现

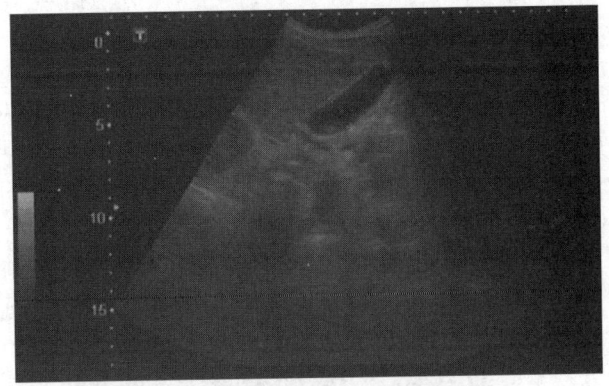

图 5-33-39　胆囊息肉样病变超声表现

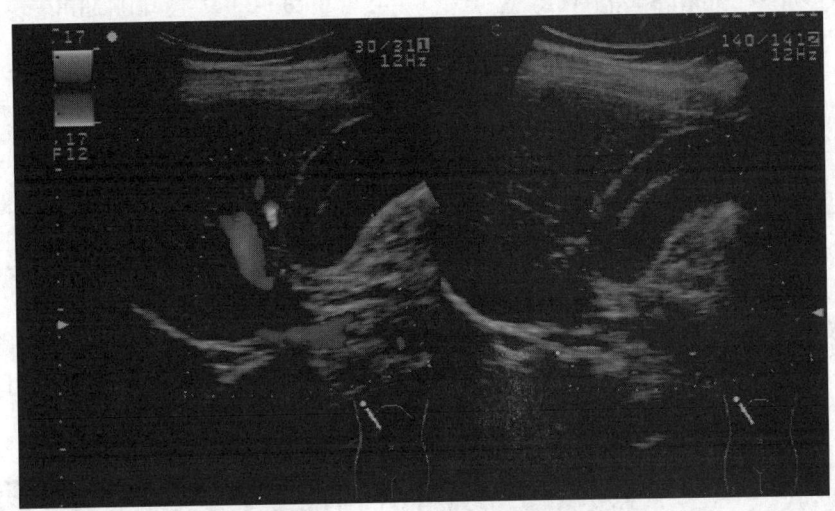

图 5-33-40（彩图 44）　胆道蛔虫症超声表现

三、脾疾病的超声诊断

1. **脾大**　原因很多，如充血性脾大、感染性脾大、血液病脾大、溶血性脾大、其他原因所致脾大。超声表现：成人脾厚度>4 cm，长径>120 cm；肋下可探及。脾门、脾实质及脾周围血管增多，脾门增粗的血管迂曲。脾门区静脉内径>0.8 cm。在病变初期，脾实质大多为分布均匀的低回声，病程长者，因结缔组织增生，回声可增强（图 5-33-41）。

2. **脾囊肿**　脾大小正常或增大，外形一般正常。脾实质内有圆形或椭圆形无回声区，壁光滑，后方可见回声增强，单发或多发（图 5-33-42）。

3. **脾血肿**　多有外伤史。脾包膜下血肿：脾包膜下扁长形无回声区，可随呼吸运动而移动，内可有散在分布的弱回声。如脾实质和包膜同时破裂，则腹腔可见较大液性暗区（图 5-33-43）。脾实质内血肿：脾可增大，局部径线增宽。实质内可见局限性无回声区，形态不规则，内可有散在细小点状回声。

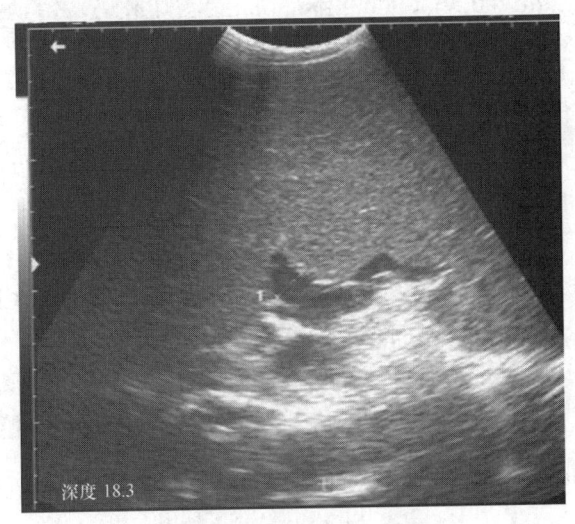

图 5-33-41　巨脾超声表现

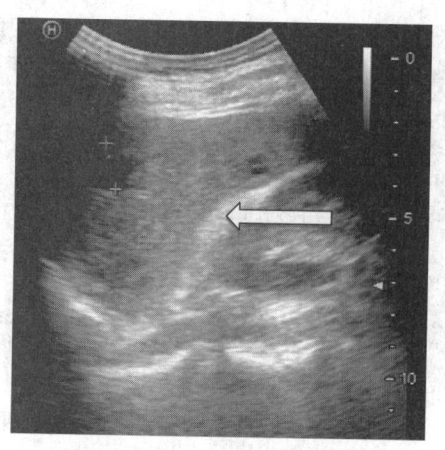

图 5-33-42　脾囊肿超声表现

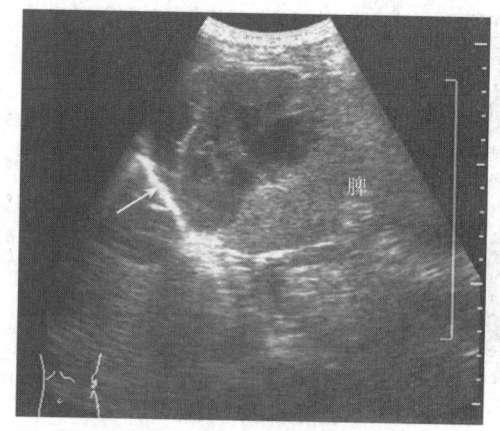

图 5-33-43　脾血肿超声表现

四、胰腺疾病的超声诊断

1. **急性胰腺炎**　超声表现：①胰腺轮廓不清，可失去正常形态，呈弥漫性或局限性增大。②胰腺实质呈不均匀低回声，有时甚至接近无回声，由于急性炎症造成肿胀、出血、坏死所致。③胰腺区呈气体全反射（图 5-33-44）。

2. **慢性胰腺炎**　超声表现：胰腺轻度或局限性肿大。轮廓不清，边缘常不规整，与周围组织分界不清。内部回声多增强，分布不均。主胰管扩张，呈囊状或串珠状。胰管内可见结石强回声。胰腺周围可有假性囊肿形成（图 5-33-45，图 5-33-46）。

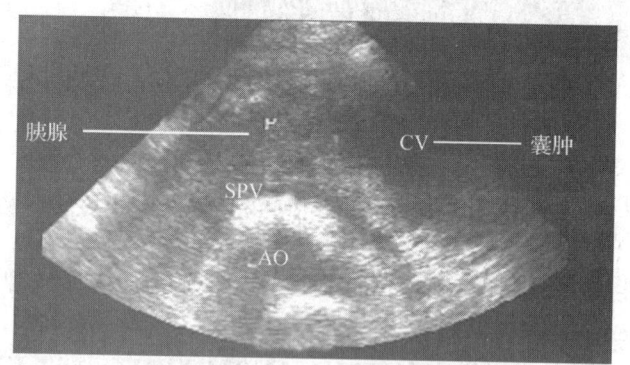

图 5-33-44　急性胰腺炎超声表现
SPV. 脾静脉；AO. 腹主动脉

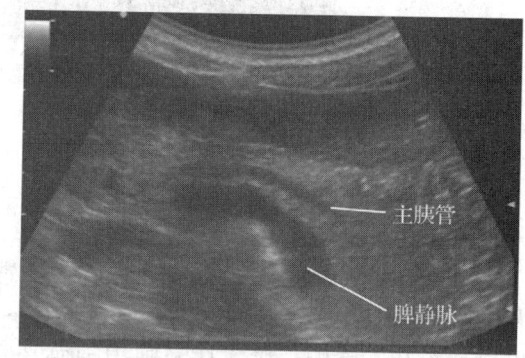

图 5-33-45　主胰管扩张超声表现

3. **胰腺癌**　超声表现：①常呈不规则局限性肿大，失去正常形态。②肿块向周围组织浸润，边界多不清晰。③肿块内部多呈低回声，其中夹杂分布不均的强回声点。④肿块较大时，中心可坏死液化，超声显示不规则液性暗区。⑤肿块后方回声多减弱或消失。⑥肿块压迫胆管及胰管时可导致梗阻，引起肝内、外胆管扩张，胆囊增大，胰管扩张。⑦晚期可发生肝转移、腹膜后肿大淋巴结转移及腹水（图 5-33-47）。

4. **胰腺囊肿**　超声表现：①胰腺实质内圆形或椭圆形无回声区，可为单房或多房，边界清晰、规则，后方回声增强。②部分潴留性囊肿可见囊腔与胰管相通，也可合并胰管结石、囊内结石或囊壁钙化灶以及慢性胰腺炎的声像图改变。

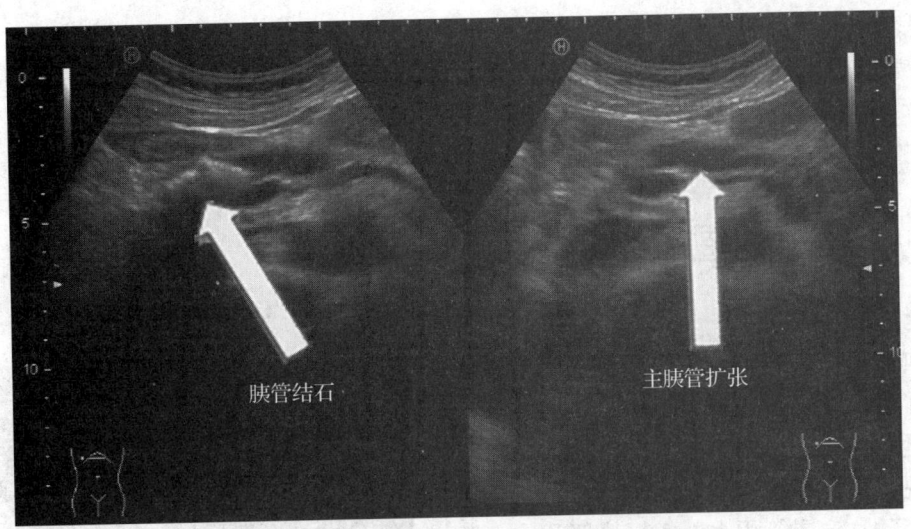

图 5-33-46　胰管结石伴主胰管扩张超声表现

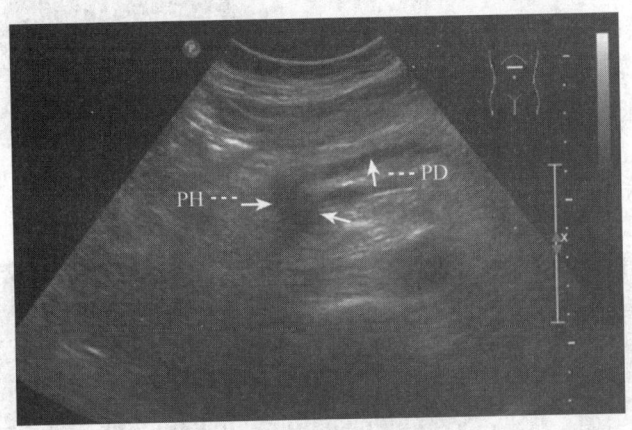

图 5-33-47　胰腺癌超声表现
PH. 胰头；PD. 胰管

提示： 在超声检查胆道、胰腺、胃肠道及腹膜后脏器的前一日应避免进行胃肠道钡餐检查和胆道造影。如当日需做胃镜检查者，应先做 B 超再做胃镜检查，检查当日应禁食食物和水。

（胡晓娟）

第四节　泌尿系统及前列腺疾病超声诊断

案例 5-33-3

患者，女性，45 岁，因"无痛性血尿 1 个月"就诊，既往身体健康，无腰酸、腰痛、尿频、尿急等症状。体格检查：肾区轻叩痛，下肢无水肿。泌尿系统超声提示：左肾上极探及一个大小约为 60 mm×60 mm 的低回声肿块，形态欠规则，边界欠清晰，肿块内部见少许血流信号。

问题与思考：
1. 结合病史及相关辅助检查，该患者的主要诊断及诊断依据是什么？
2. 需与哪些疾病进行鉴别？

一、泌尿系统疾病超声诊断

（一）肾结石

肾结石典型超声表现为肾窦内单个或多个强回声团，后方伴有声影（图5-33-48）。

（二）肾积水

超声表现：集合系统出现分离暗区，肾外形增大，肾实质变薄，输尿管积水。①轻度肾积水：肾外形和肾实质无明显变化，主要表现为肾集合系统可见分离暗区，肾大盏扩张，肾小盏轻度分离。②中度肾积水：肾外形轻度增大，肾实质轻度变薄，肾盂、肾盏明显扩张。③重度肾积水：肾体积明显增大，形态失常，肾实质菲薄或不明显，肾盂、肾盏重度扩张（图5-33-49）。

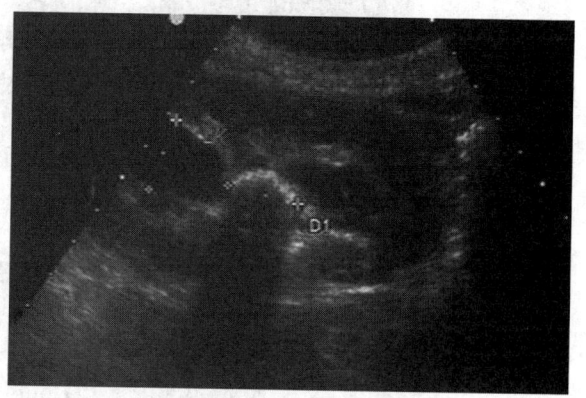

图 5-33-48　肾结石超声表现

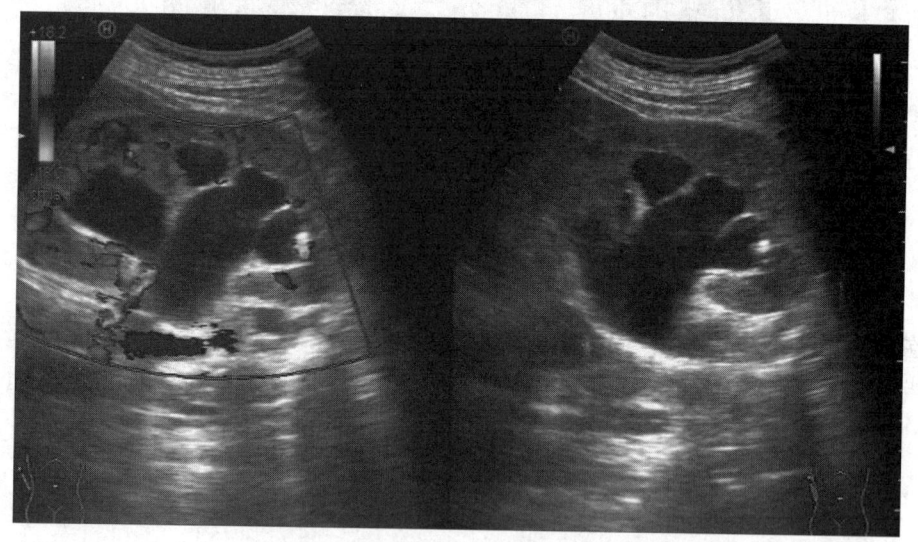

图 5-33-49（彩图 45）　肾积水超声表现

（三）肾囊性病变

1. **单纯性肾囊肿**　一般为单侧，超声表现为肾实质内出现一个或多个圆形或椭圆形无回声区，后壁有增强效应，壁薄而光滑，侧壁可伴细狭声影，当囊肿壁毛糙时，应警惕恶变（图5-33-50）。

2. **多囊肾**　成人型多囊肾属于常染色体显性遗传病。肾体积明显增大、肾内无数个大小不等的囊肿、肾实质回声增强为3个主要表现。多囊肾常为双侧，随年龄增长而增多（图5-33-51）。

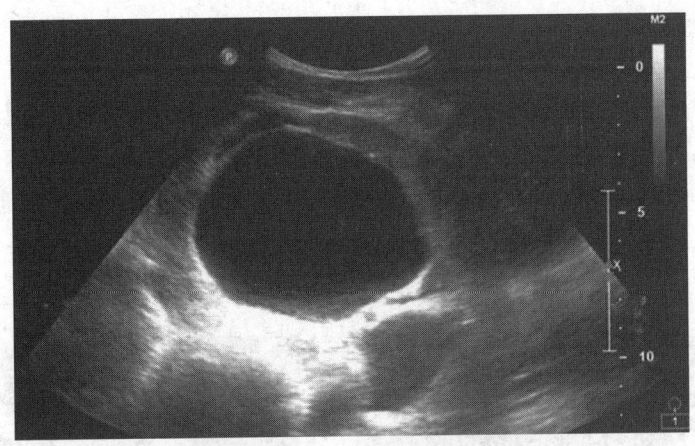

图 5-33-50　肾囊肿超声表现

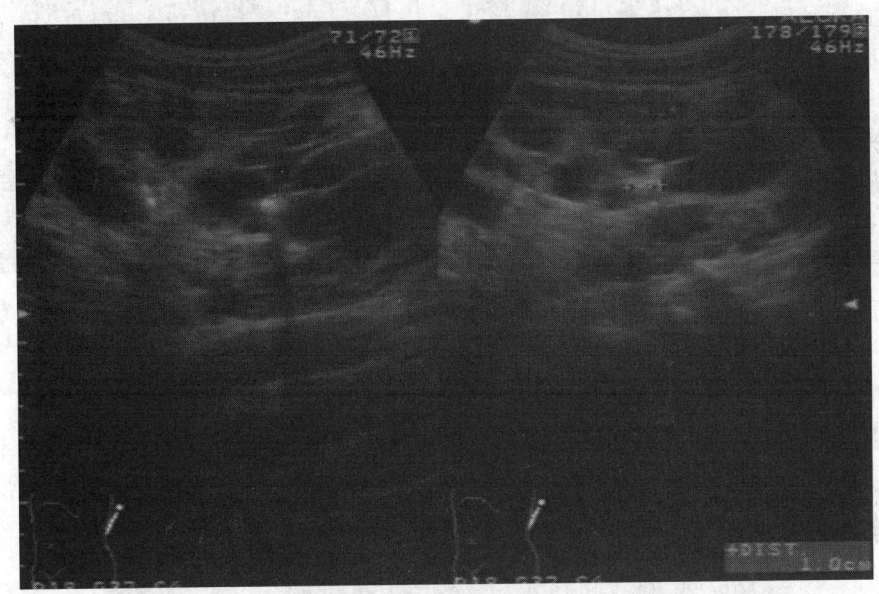

图 5-33-51　多囊肾超声表现

(四) 肾错构瘤

肾错构瘤又称肾血管平滑肌脂肪瘤。超声表现：典型者为边界清楚的高回声光团。小的错构瘤多呈圆形，高回声，后方无衰减。大的错构瘤为高、低回声相间的杂乱回声，呈分层状，似洋葱切面，后方回声可有衰减（图 5-33-52）。

(五) 肾细胞癌（即肾癌）

肾细胞癌超声表现：肾内类圆形实质性肿块，有球体感。回声复杂，直径 2~3 cm 的较小肿瘤多为高回声，直径 4~5 cm 的中等大小的肿瘤多为低回声，巨大肿瘤因出血、坏死、液化、钙化而呈现不均匀回声。侵犯肾静脉时，肾静脉内可见癌栓。CDFI 有 4 种表现。①抱球型：沿肿瘤周边彩色血流丰富，肿瘤内部有点状及条状血流。②星点型：五彩缤纷，如火球样。③少血流型：肿瘤内部很少或没有血流。肿瘤周边彩色血流较少，肿瘤内部有星点状彩色血流。④丰富血流型：

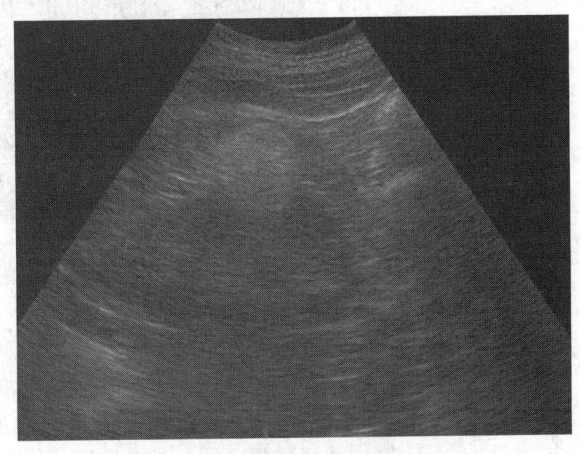

图 5-33-52　肾错构瘤超声表现

肿瘤内部血流丰富（图5-33-53）。

（六）肾结核

肾结核超声表现复杂而多样，大致分为5种类型。1型：扩张回声型。被膜不规则，肾盂、肾盏扩张，内呈无回声。2型：混合回声型。被膜不规则，内见不均匀强回声区和囊性无回声区，伴强回声点。3型：被膜很不规则，内可见单个或多个囊性无回声区，伴散在强回声点。4型：强回声型。肾完全失去常态，被膜极不规则，内为不均匀强回声区。5型：似结石型。被膜不规则，内可见多个强回声团伴声影。部分病例多种类型混合存在（图5-33-54）。

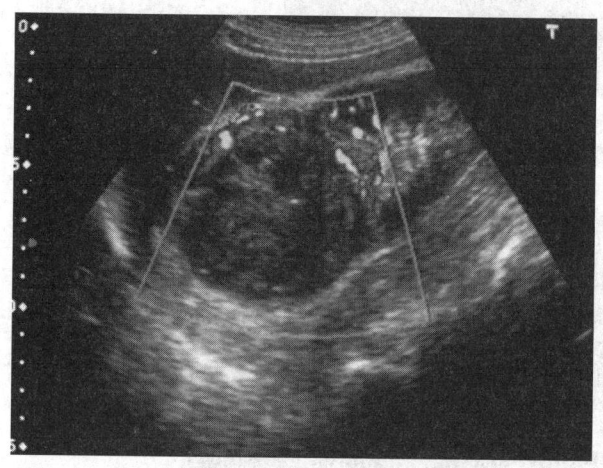

图5-33-53（彩图46） 肾癌超声表现

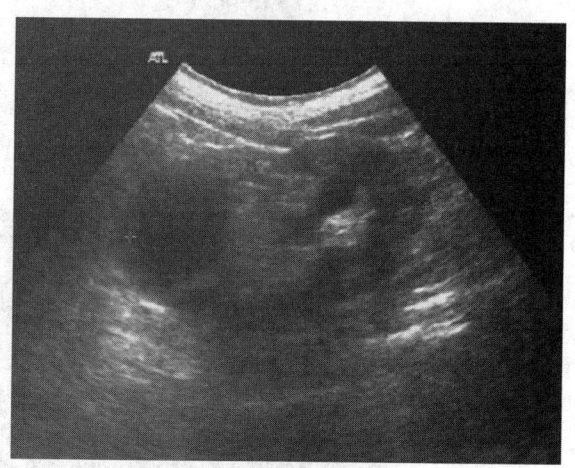

图5-33-54 肾结核超声表现

（七）肾周围血肿

肾周围血肿超声表现为肾周低回声区（图5-33-55）。①外伤性肾周围血肿：有外伤史，可合并肾内血肿回声，陈旧性血肿由于机化回声增强。②医源性肾周血肿：有穿刺活检或手术史，但肾形态一般无异常。③自发性肾周围血肿：有凝血机制障碍等多种原因，肾内一般无异常。

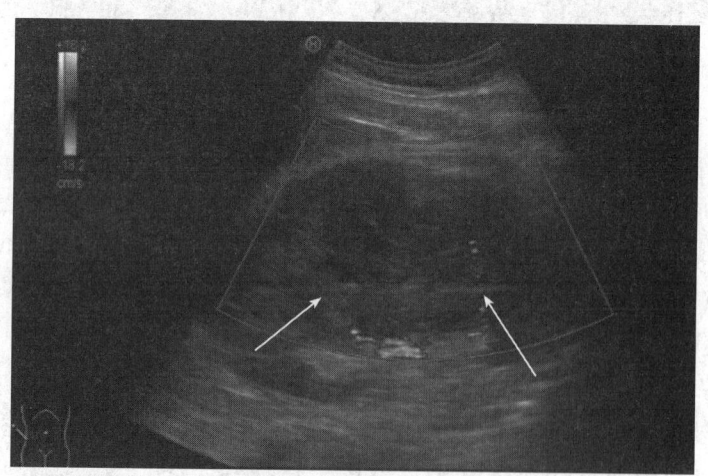

图5-33-55（彩图47） 外伤性肾周围血肿超声表现

（八）输尿管结石

输尿管结石超声表现为肾窦分离，输尿管内强回声团伴声影，其以上输尿管扩张。强回声团多位于3个生理性狭窄处。第一狭窄及第三狭窄处结石容易显示，第二狭窄处常因肠气干扰而结石显示率不高。当充盈膀胱或减少肠气时，可增加检出率（图5-33-56）。

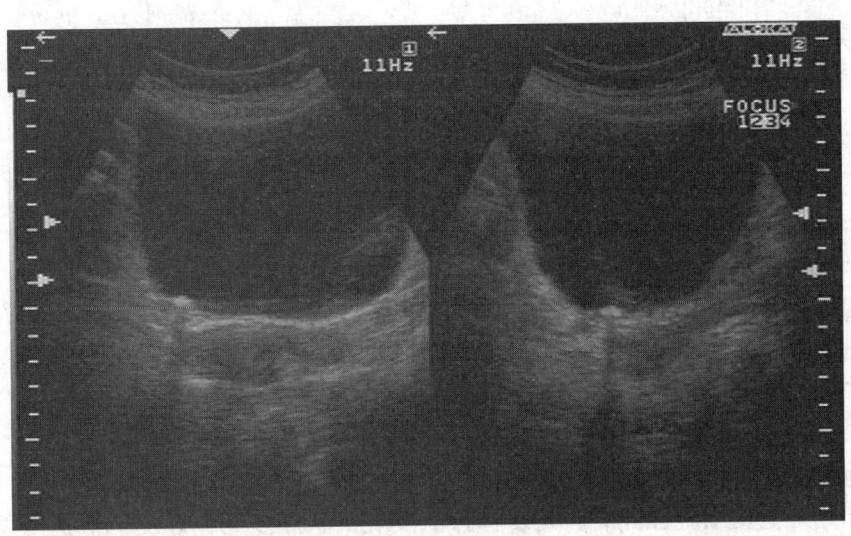

图 5-33-56　输尿管下段结石超声表现

> **知识链接**
>
> **输尿管的解剖特点**
>
> 输尿管壁内部是位于膀胱壁内长约 1.5 cm 斜行的输尿管部分。当膀胱空虚时，膀胱三角的两输尿管口间距约 2.5 cm。当膀胱充盈时，膀胱内压的升高能使壁内部的管腔闭合，从而阻止尿液由膀胱向输尿管反流。
>
> 输尿管全程有 3 处生理性狭窄：第一狭窄位于肾盂输尿管移行处；第二狭窄位于小骨盆上口，输尿管跨过髂血管处；第三狭窄位于输尿管壁内部，狭窄处内径只有 0.2~0.3 cm。

（九）膀胱结石

膀胱结石超声表现为膀胱液性暗区内出现单个或多个强回声团，随体位改变而移动，后方伴有声影。膀胱砂粒样结石表现为膀胱三角区一片强回声，无声影，改变体位可移动（图 5-33-57）。

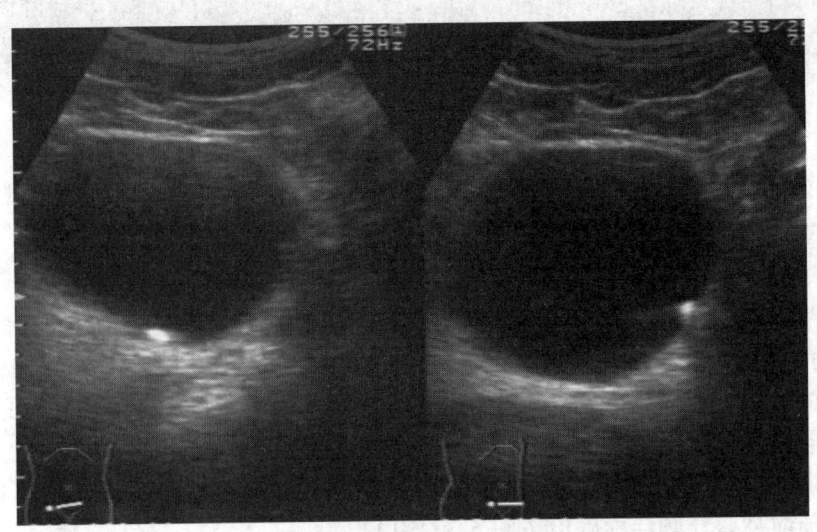

图 5-33-57　膀胱结石超声表现（改变体位可移动）

（十）膀胱异物

大多数为异物经尿道逆行进入膀胱，且多数为患者本人所为。医源性膀胱异物极少见，应注意了解临床病史。

> **知识链接**
>
> **膀胱三角**
>
> 在膀胱底内面有一个呈三角形的区域，位于左、右输尿管口和尿道内口之间，此处膀胱黏膜与肌层紧密连接，缺少黏膜下层组织，无论膀胱扩张或收缩，始终保持平滑，称为膀胱三角。膀胱三角是肿瘤、结核和炎症的好发部位，检查时应特别注意。

（十一）膀胱肿瘤

膀胱肿瘤部分为上皮细胞性肿瘤，尤以移行上皮乳头状癌多见，好发于膀胱三角区。移行上皮乳头状癌超声表现为基底较宽，瘤体部分凸向膀胱腔内，部分浸润肌层或向外凸起。CDFI：肿瘤基底部中央可见动脉血流进入肿瘤（图 5-33-58）。

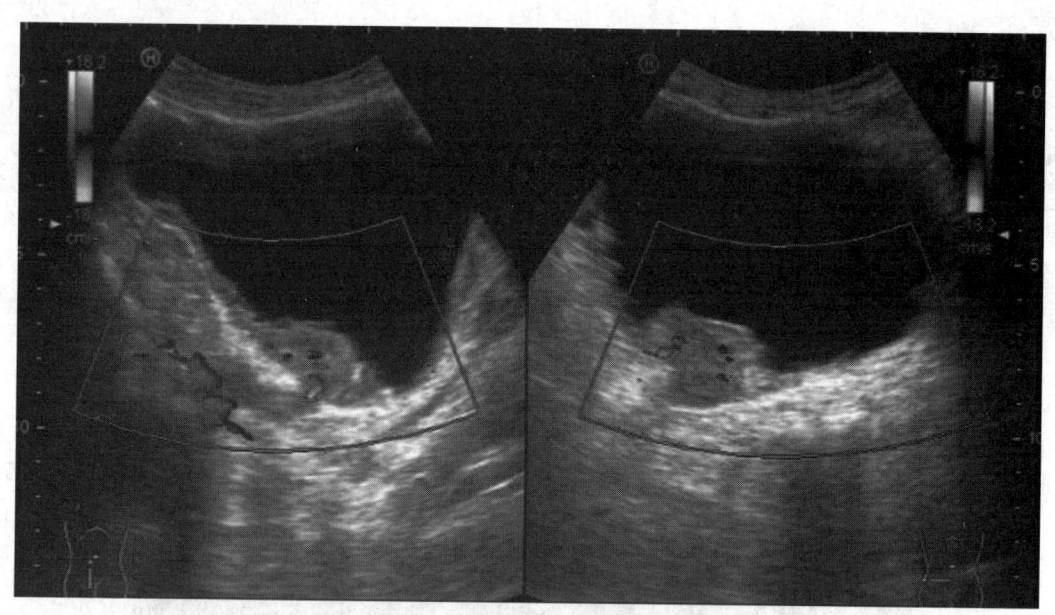

图 5-33-58（彩图 48） 膀胱癌超声表现

二、生殖系统疾病超声诊断

（一）前列腺结节状增生

超声表现：前列腺增大、变圆，接近球形，向膀胱腔内突出。内腺、外腺比例异常，内腺增大，外腺受压。可见单个或多个低回声或中等回声的球形结节。内腺、外腺之间可见弧形排列的强光团，膀胱小梁形成。可出现残余尿，甚至尿潴留。膀胱内可有结石形成。

CDFI：前列腺内血流较丰富，增生结节旁可见动脉血流环绕。当考虑恶变可能时，应建议行超声引导下经直肠前列腺穿刺活检确诊（图 5-33-59）。

（二）前列腺癌

超声表现：前列腺内部出现边界不清的低回声区。前列腺增大，左右不对称，边界不整齐，晚期可浸润精囊、膀胱颈、膀胱三角及直肠等部位。

CDFI：前列腺癌病灶区可见丰富的血流信号（图 5-33-60）。

提示：膀胱、输尿管、前列腺检查前 60 min 饮水 500 ml 并憋尿，使膀胱适度充盈再检查。

膀胱内尿呈无回声暗区，膀胱内壁呈光滑带状回声，充盈少时呈三角形或四边形，充盈多时呈圆形或椭圆形，应注意与盆腔囊肿相鉴别。

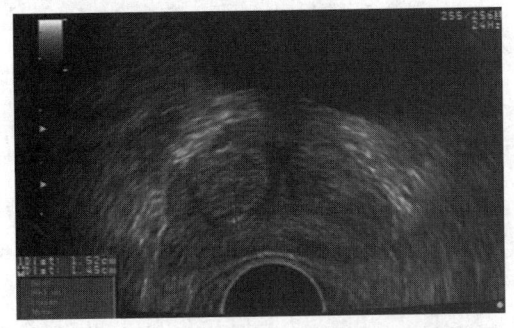

图 5-33-59　前列腺结节状增生超声表现（经直肠）

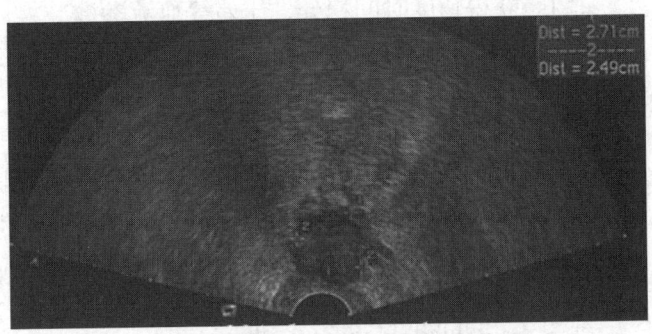

图 5-33-60　前列腺癌超声表现

（胡晓娟）

自 测 题

一、名词解释

1. 超声波
2. 超声多普勒效应
3. WES 征
4. 反射
5. 衰减

二、选择题

A1 型题

1. 超声波是指声波频率高于
   A. 200 Hz　　　　　　　B. 2000 Hz　　　　　　C. 10 000 Hz
   D. 20 000 Hz　　　　　 E. 1000 Hz
2. 超声波发射遇到界面后会发生以下效应，除了
   A. 反射　　　　　　　　B. 折射　　　　　　　　C. 入射
   D. 衍射　　　　　　　　E. 散焦
3. 传播超声速度最快的组织是
   A. 血液　　　　　　　　B. 胆汁　　　　　　　　C. 骨骼
   D. 肺　　　　　　　　　E. 肝
4. 宫内节育器后方的彗星尾征产生的原理为
   A. 部分容积效应　　　　B. 振铃效应　　　　　　C. 后方增强效应

D. 旁瓣效应　　　　　　　　　E. 侧壁失落效应

5. 关于频谱多普勒技术，错误的是
   A. 测量血流速度　　　　　　　　　B. 确定血流方向
   C. 判断血流性质　　　　　　　　　D. 了解组织和器官结构
   E. 获得速度时间积分、压差等血流参数

6. 利用红细胞对超声产生的频移进行血流信号的检测是基于下列哪项原理或效应
   A. 佛来森原理　　　　　B. 伯努利原理　　　　　C. 声波的折射
   D. 傅立叶转换原理　　　E. 多普勒效应

7. 在囊肿和实性肿块的声像图鉴别中，错误的是
   A. 声像图典型的囊肿和实性肿块容易鉴别
   B. 可仅凭外形、内部回声、后方回声增强效应等来鉴别
   C. 囊肿合并感染或出血后内部可出现回声
   D. 有时淋巴瘤内部无回声，酷似囊肿
   E. 实性肿块后方可出现超声衰减

8. 不是原发性肝癌的特点的是
   A. 多数癌肿有包膜　　　　B. 部分肿块可见周围暗环
   C. 常有肝硬化基础　　　　D. 可发生于一叶或数叶肝
   E. 大部分肝癌呈浸润性生长

9. 关于肝血管瘤的描述，正确的是
   A. 小血管瘤以高回声型多见　　　　B. 临床症状多较明显
   C. 左叶较右叶多发　　　　　　　　D. 多数血管瘤结节内可见丰富的血流信号
   E. 边界多不清晰

10. 超声诊断主动脉狭窄，错误的是
    A. 主动脉瓣口面积小于 2.0 cm^2
    B. CDFI 显示有血流从主动脉进入左心室流出道
    C. 主动脉瓣口血流速度明显增快
    D. 左心室肥大
    E. 左心室收缩压增高

11. 以下哪一项不是肝脓肿常见的声像特点
    A. 病变区不均匀的中、低回声，边界模糊
    B. 囊壁厚而不光滑
    C. 囊内不规则低回声，随体位改变可有漂浮光点回声
    D. 囊壁薄而光滑
    E. 囊壁可有钙化

12. 以下不是急性胰腺炎超声描述的是
    A. 胰腺肿大，回声减低　　　　　B. 严重水肿者胰腺实质可呈现甚低回声
    C. 脾静脉和门静脉常不易显示　　D. 胰腺多正常或缩小
    E. 肿大的胰腺后方回声增强

13. 肝内最常见的良性实性占位性病变是
    A. 腺瘤　　　　　B. 错构瘤　　　　　C. 血管瘤
    D. 脂肪瘤　　　　E. 炎性假瘤

14. 子宫肌层的正常回声为
    A. 实质均质结构　　　B. 囊性均质结构　　　C. 实质不均质结构

D. 囊性不均质结构　　　　　　E. 囊实性结构

15. 妊娠3个月期间最常见的卵巢囊肿是
    A. 黄体囊肿　　　　　B. 滤泡囊肿　　　　　C. 卵巢冠囊肿
    D. 黄素囊肿　　　　　E. 皮样囊肿

16. 多普勒超声检测周围血管血流时，超声入射角通常要求使之
    A. 小于90°　　　　　B. 大于90°　　　　　C. 等于90°
    D. 小于60°　　　　　E. 小于15°

17. 急性重症二尖瓣关闭不全最常见的原因是
    A. 风湿性心脏病　　　　　　　　　B. 主动脉窦瘤破裂
    C. 腱索断裂　　　　　　　　　　　D. 细菌性心内膜炎累及二尖瓣
    E. 急性心肌炎累及二尖瓣

18. 确诊肥厚型心肌病最可靠的检查方法是
    A. 二维超声　　　　　B. 心电图　　　　　C. 心室造影
    D. M型超声　　　　　E. 多普勒超声

19. 正常M型超声心动图心室波群可反映以下哪种结构的运动情况
    A. 主动脉根部　　　　　B. 左心房后壁　　　　　C. 三尖瓣
    D. 肺动脉瓣后叶　　　　E. 室间隔

20. 超声检查单纯二尖瓣狭窄时，与本病不符的指标是
    A. 左心房、右心室增大　　　　　　B. 二尖瓣前叶舒张期呈圆隆状
    C. 左心房和左心室明显增大　　　　D. 二尖瓣多普勒频谱E峰明显增高
    E. 二尖瓣跨瓣压差明显增高

21. 有关单纯性肾囊肿声像图的描述，不正确的是
    A. 位于肾实质内，常突出于肾表面
    B. 囊肿两侧可出现侧方声影
    C. 囊肿多与肾盂及肾盏相通
    D. 一个或多个圆形或椭圆形无回声区，壁薄、光滑，后方回声增强
    E. 合并出血或感染时囊内出现强回声点

22. 在声像图中，多发性肾囊肿和多囊肾的主要鉴别点是
    A. 多发性肾囊肿数量少、体积大，而多囊肾囊肿数量多、体积小
    B. 无论是多囊肾还是多发性肾囊肿，肾后方回声均增强
    C. 多囊肾和多发性肾囊肿，无囊肿的部位回声均正常
    D. 多发性肾囊肿形态规则，而多囊肾多挤压变形
    E. 多囊肾没有完好的肾实质，无囊肿的部位回声增强，而多发性肾囊肿可有残存的正常肾实质，无囊肿的部位回声正常

23. 不是输尿管结石的超声表现的是
    A. 管腔内见强光团，后伴声影　　　　B. 强光团大小多为4~10 mm
    C. 强光团与管壁有分界　　　　　　　D. 多呈枣核形
    E. 管腔内有异常实性低回声

24. 不符合法洛四联症体征的是
    A. 肺动脉瓣狭窄　　　　B. 室间隔缺损　　　　C. 房间隔缺损
    D. 右心室向心性肥厚　　E. 主动脉骑跨于室间隔

25. 胆囊不显像的常见原因，应除外
    A. 胆囊炎合并胆囊萎缩　　　　　　B. 进食后胆囊排空状态

C. 胆囊先天缺如　　　　　　　　　　　　D. 胆囊管结石嵌顿

E. 肿瘤充满胆囊

26. 胆管癌的直接征象是

   A. 扩张胆总管的远端显示实性结节　　　B. 阻塞近端胆管明显扩张

   C. 肝内多发转移灶　　　　　　　　　　D. 肝弥漫性肿大

   E. 肝门区显示肿大的淋巴结

27. 局限性脂肪肝的典型超声表现是

   A. 实质内单个或多个强回声结节

   B. 实质内无占位效应的片状细密强光点回声，内见正常通行的血管

   C. 周边血管绕行的强回声结节

   D. 占位效应明显的低回声结节

   E. 外周呈低回声结节

28. 关于心脏瓣膜的叙述，错误的是

   A. 肺动脉瓣是半月瓣　　　　　　　　　B. 心脏收缩时二尖瓣关闭

   C. 半月瓣是心脏与大血管之间的瓣膜　　D. 乳头肌断裂可导致二尖瓣严重反流

   E. 房室瓣包括主动脉瓣与二尖瓣

29. 不属于子宫肌瘤变性的是

   A. 玻璃样变　　　　　　B. 囊性变　　　　　　C. 肉瘤样变

   D. 红色变性　　　　　　E. 淀粉样变

30. 二维超声检查冠心病的主要依据是

   A. 心室肌呈不均匀增厚　　　　　　　　B. 心室肌收缩幅度普遍增大

   C. 左心室节段性室壁运动异常　　　　　D. 心室肌呈普遍性收缩降低

   E. 左心室腔内径增大

31. 前列腺不均匀增大，外腺内见一个直径 0.9 cm 形态不规则的低回声结节，且轻度向外突出。最可能的诊断是

   A. 前列腺增生　　　　　　B. 前列腺囊肿　　　　　　C. 前列腺炎

   D. 前列腺癌　　　　　　　E. 前列腺结石

32. 超声诊断肝硬化失代偿期的主要依据是

   A. 有慢性肝病史　　　　　　　　　　　B. 肝体积缩小合并腹水

   C. 脾不同程度肿大　　　　　　　　　　D. 肝实质回声强、光点粗大

   E. 肝边缘增厚、肝角变钝

33. 下列哪种疾病是引起月经过多的主要原因

   A. 浆膜下子宫肌瘤　　　　B. 宫颈囊肿　　　　　　C. 输卵管妊娠

   D. 黏膜下子宫肌瘤　　　　E. 卵巢畸胎瘤

34. 超声鉴别副脾与脾门区淋巴结肿大的主要依据是

   A. 两者大小及形态　　　　　　　　　　B. 两者位置的变化

   C. 两者内回声的区别　　　　　　　　　D. 是否有与脾动脉、脾静脉连通的血管

   E. 数目

A2 型题

35. 患者，男性，70 岁。间歇性无痛性肉眼血尿 3 个月。超声检查见膀胱左后壁有实性强回声结节，大小约为 1.2 cm×1.6 cm，向膀胱内突出，基底部与膀胱壁无明显分界，改变体位结节不活动。下列诊断正确的是

   A. 膀胱结石　　　　　　B. 膀胱癌　　　　　　C. 膀胱憩室尖

D. 膀胱附壁血块   E. 腺性膀胱炎

36. 某中年男性，脾实质近边缘区有一个尖端指向脾门的类三角形低回声，边界清楚，周边见血流信号。可能的诊断是

  A. 脾恶性淋巴瘤   B. 脾血管瘤   C. 脾转移瘤

  D. 脾梗死   E. 脾结核

37. 患者，男性，13岁。突发阴囊肿胀、剧痛来院诊治。超声检查：睾丸增大，回声增强，睾丸内血流信号消失。该患者最可能的疾病诊断是

  A. 急性睾丸附睾炎   B. 阴囊血肿   C. 睾丸肿瘤

  D. 睾丸扭转   E. 绞窄性斜疝

38. 某35周胎儿，腰骶部脊柱成角弯曲，相应部位的背侧见一个大小为 4.2 cm×2.8 cm 的无回声包块，边缘光整，内见少许点状回声。最可能的胎儿畸形是

  A. 脊柱侧弯   B. 脊柱裂   C. 脊柱裂并脊膜膨出

  D. 骶椎隐裂   E. 融椎畸形

39. 某男孩，6岁。出生后有发绀，6个月后发绀明显，平时喜欢蹲踞，哭泣时有突发呼吸急促和青紫加重，以下哪项诊断的可能性大

  A. 房间隔缺损   B. 室间隔缺损合并肺动脉高压

  C. 法洛四联症   D. 动脉导管未闭

  E. 肺动脉口狭窄

40. 患者，男性，28岁。突然出现右侧腰背部疼痛且向会阴部放射，伴有镜下血尿，可能的诊断是

  A. 肾结石合并感染   B. 输尿管结石   C. 肾结核

  D. 肾肿瘤侵及输尿管   E. 肾内血块

41. 患者，男性，31岁。因发热、肝区疼痛来院就诊。超声检查发现肝大，右肝可见椭圆形占位病变，大小为 6.0 cm×5.5 cm，其边界清晰、光滑，内部有低回声，肿物后方回声显著增强，可见侧方声影。根据声像图特征，最可能的诊断是

  A. 囊肿   B. 肝实性肿瘤   C. 肝囊肿合并出血

  D. 肝囊肿合并感染   E. 肝囊腺瘤

42. 患者，中年女性，肥胖，4年前因右侧乳腺癌行根治术，无肝炎病史。超声检查：肝弥漫性回声增强，左内叶有一个低回声区，大小为 3 cm×4 cm，形态不规则，有正常血管穿过。超声诊断应首先考虑下列哪组疾病的鉴别诊断

  A. 肝脓肿与肝转移癌   B. 非均匀性脂肪肝与肝转移癌

  C. 肝囊肿与肝转移癌   D. 原发性肝癌与肝转移癌

  E. 肝包虫病与肝转移癌

43. 患者出现右上腹疼痛、发热、白细胞计数升高，超声检查胆囊明显增大，内可见粗斑点状不均匀非沉积性回声，这可能提示

  A. 癌   B. 胆囊积脓   C. 胆囊结石

  D. 急性胆囊炎   E. 胆囊积血

44. 某阵发性高血压患者，右侧肾上腺发现一个大小为 4 cm×5 cm 椭圆形肿块，边界清楚，呈中等不均匀回声，内可见不规则小透声区。最可能的诊断是

  A. 嗜铬细胞瘤   B. 皮质腺瘤   C. 皮质转移

  D. 皮质腺癌   E. 转移癌

45. 患者，男性，65岁。夜尿增多、排尿费力，尿流缓慢。最常见的病因是

  A. 前列腺炎   B. 尿道狭窄   C. 前列腺癌

D. 前列腺增生　　　　　　　　E. 膀胱结石

46. 患者，男性，45岁。持续性黄疸伴皮肤瘙痒1个月余，近来加重。超声检查见肝内、外胆管及胆囊均扩张，扩张的胆总管下端呈截断阻塞，局部隐约见一个实性结节。主胰管扩张，内径0.5 cm。可能的阻塞病因是

  A. 壶腹周围癌　　　　　　B. 胆总管结石　　　　　　C. 硬化性胆管炎
  D. 胆总管囊肿　　　　　　E. 非特异性胆管炎

47. 患者，女性，27岁。婚后3年，以往月经规律。现停经48天，少量阴道流血5天，伴右下腹隐痛。经检查为异位妊娠。最可能的妊娠部位是

  A. 输卵管间质部　　　　　B. 输卵管峡部　　　　　　C. 子宫颈
  D. 输卵管壶腹部　　　　　E. 卵巢

48. 患者有牧区生活史，超声检查显示肝右叶内有一个大小为8 cm×10 cm的外壁光滑、整齐的厚壁无回声包块，其内见多个大小不等的圆形无回声小囊。最可能的诊断是

  A. 肝脓肿　　　　　　　　B. 肝包虫囊肿　　　　　　C. 卡罗利病（Caroli disease）
  D. 肝血肿　　　　　　　　E. 多发性肝囊肿

49. 某患儿，男性，2岁。超声检查显示肝显著增大，内见一个大小为8 cm×10 cm的实性强回声团块，边界清楚，其内回声尚均质。可能的诊断为

  A. 畸胎瘤　　　　　　　　B. 错构瘤　　　　　　　　C. 肝肉瘤
  D. 肝母细胞瘤　　　　　　E. 肝内血肿

50. 患者，男性，62岁。体格检查发现右肾上极有一个直径为1.5 cm的中等回声结节，略向肾外突出。CT诊断为肾占位病变。2年后结节直径约为3.5 cm，5年后结节直径为5 cm，其内回声欠均匀。最可能的诊断是

  A. 肾错构瘤　　　　　　　B. 肾囊肿　　　　　　　　C. 肾炎性假瘤
  D. 肾细胞癌　　　　　　　E. 肾血管瘤

51. 患者，女性，63岁。患者原有胆囊结石史，近来突发右上腹痛伴发热。超声检查：胆囊增大，囊壁增厚，呈双边，局部有一膨出缺损区，囊内除见絮状物外，另见2枚强光团，后伴随声影。可能的诊断为

  A. 胆囊结石合并急性单纯性胆囊炎
  B. 胆囊结石合并急性化脓性胆囊炎、胆囊穿孔
  C. 胆囊结石合并胆泥形成
  D. 胆囊充满结石
  E. 胆囊结石合并慢性胆囊炎

B 型题

（52～55题共用备选答案）

  A. 声像图显示肾有圆形孤立性薄壁无回声区，后方回声增强
  B. 声像图显示肾有多个边缘不规则、界限不清晰的无回声区，内有细小强回声点及强回声斑
  C. 声像图显示肾实质内强弱不均的混合回声，高回声带和低回声带相互间隔，呈"洋葱样"外观
  D. 声像图显示肾满布大小不等的无回声区，呈蜂窝状，肝也有多囊性改变
  E. 声像图显示肾上极有一个直径为5 cm的实性占位

52. 多囊肾
53. 肾结核
54. 肾癌

55. 血管平滑肌脂肪瘤

（56～59题共用备选答案）

    A. 超声显示肝稍大或正常，实质回声正常，胆囊壁增厚、毛糙
    B. 超声显示肝明显肿大，实质回声增强、增粗，肝静脉明显扩张
    C. 超声显示肝内回声增强，光点增粗，分布不均，可呈网格状，门静脉增宽
    D. 超声显示肝大，肝内回声增强，光点增粗，分布不均，并可见不规则实质性肿块回声
    E. 超声显示肝大小正常，肝实质回声均匀，肝内血管正常

56. 肝淤血
57. 肝硬化
58. 肝癌
59. 急性肝炎

三、简答题

1. 简述法洛四联症的主要病理改变。
2. 简述急性胆囊炎和慢性胆囊炎的超声诊断要点。

第三十四章 妇科、产科疾病超声诊断

第三十四章数字资源

学习目标

1. 知识：掌握妇科、产科常见疾病的声像图特点。
2. 能力：学会识别妇科、产科常见疾病的声像图特点，具备观察与分析妇科、产科常见疾病超声声像图的能力。
3. 素养：通过学习，具备良好的职业素养，能够严格执行超声检查操作规范。检查过程中以患者为中心，注意保护患者的隐私，培养良好的职业道德，具有良好的医患沟通能力和团队协作精神。

案例 5-34-1

患者，女性，40岁，因"月经量过多3个月"就诊。3个月前患者无明显诱因出现月经量过多、经期延长，余无明显不适。子宫及附件超声：子宫前位，形态稍饱满，于子宫后壁探及一个大小约为 3 cm×4 cm 稍高回声区，边界清晰，形态规则，内部回声均匀。彩色多普勒：稍高回声区周边可探及少量点状血流信号。

问题与思考：
1. 结合患者的病史及相关辅助检查，该患者的主要诊断及诊断依据是什么？
2. 需与哪些疾病进行鉴别？

第一节 妇科疾病超声诊断

（一）子宫疾病超声表现

1. **子宫肌瘤** 分为浆膜下肌瘤、肌间肌瘤、阔韧带肌瘤及黏膜下肌瘤。超声表现：①子宫增大或局限性隆起。②单发或多发低回声、等回声或高回声结节，因其生长部位不同有所区别，肌间肌瘤表现为肌层低回声、等回声或高回声结节，因肌瘤挤压周围肌纤维，可形成假包膜。浆膜下肌瘤为肌间肌瘤向浆膜下突出而形成，子宫表面凹凸不平。阔韧带肌瘤位于子宫一侧阔韧带内，呈结节状病灶。黏膜下肌瘤大部分或全部突入宫腔，瘤体蒂较长时可突入宫颈或阴道。子宫肌瘤发生退行性改变时，声像改变较为复杂：玻璃样变时，局部回声减低、杂乱；囊性变时，可见不规则无回声区；钙化时，瘤体内及周边可见斑点状强回声；红色变性时，瘤体回声明显减低；肉瘤样变时，瘤体生长快，内部回声不均质，边缘不规则。CDFI：瘤体内及周边可见彩色血流分布，发生肉瘤样变时，内部及周边彩色血流丰富（图 5-34-1）。

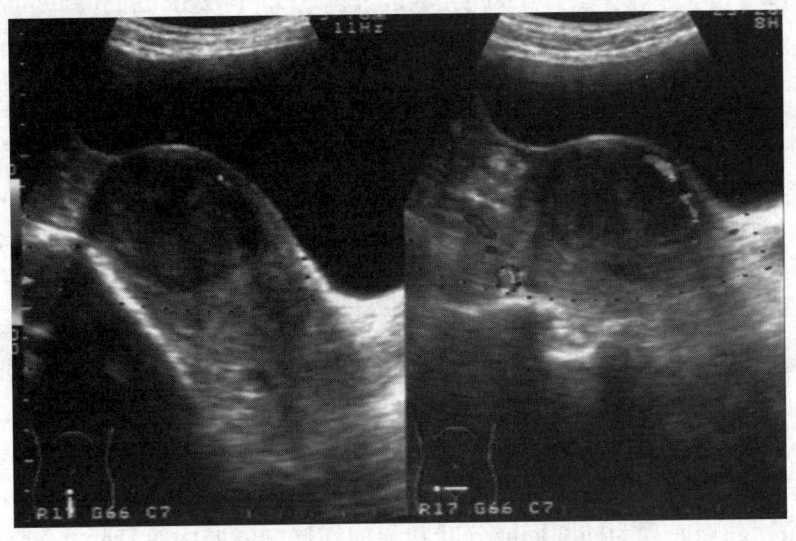

图 5-34-1（彩图 49） 子宫肌瘤 CDFI

2. 宫颈癌　超声表现：宫颈不规则增大，凹凸不平，内部回声不均，可见实质性肿块，其回声较周围正常宫颈组织回声低，与周围组织分界不清。晚期，肿瘤可向上累及宫体，向下累及阴道，向周围侵犯膀胱、直肠，与其周围组织分界不清。CDFI：病变及周围组织内可见较丰富血流信号（图 5-34-2）。

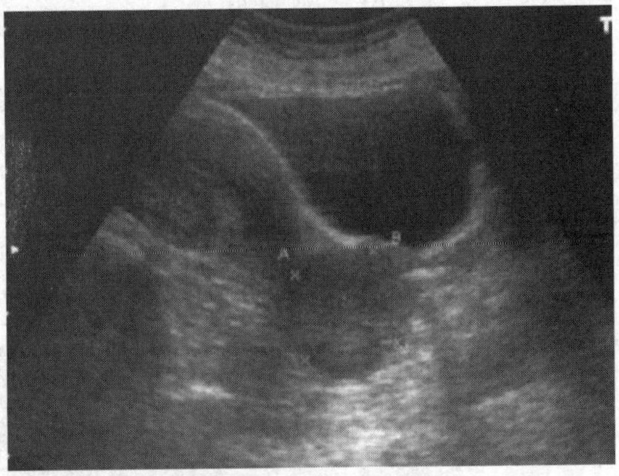

（二）附件疾病超声表现

1. 卵巢非赘生性囊肿

（1）滤泡囊肿：由于卵泡不成熟或成熟后不排卵，持续增大。超声表现为圆形无回声区，直径 1～3 cm，可自行消退。

图 5-34-2　宫颈癌超声表现

（2）黄体囊肿：由黄体血肿液化所致。超声表现为圆形无回声区，其内可见分隔光带及片状高回声区，直径 3 cm 左右。

（3）黄素囊肿：卵泡过度黄素化形成。超声表现为圆形或卵圆形无回声区，其内可见分隔，直径一般为 3～5 cm。

（4）多囊卵巢综合征：是一种较常见的妇科内分泌疾病之一。在临床上以雄激素过高的临床或生化表现、持续无排卵、卵巢多囊改变为特征，常伴有胰岛素抵抗和肥胖。超声表现：双侧卵巢增大，包膜回声增强，轮廓较光滑，间质回声增强；一侧或两侧卵巢切面内可见卵巢边缘车轮状排列多个无回声区，其数目多在 12 个及以上，直径为 2～9 mm（图 5-34-3）。

2. 卵巢肿瘤

（1）浆液性囊腺瘤

1）单纯性浆液性囊腺瘤：超声表现为薄壁的无回声区，内可见薄的膜状分隔，直径多为 5～10 cm。

2）乳头状浆液性囊腺瘤：超声表现为囊壁上可见乳头状高回声突起，壁可厚薄不均。

3）浆液性囊腺癌：超声表现为壁较厚、多房，囊壁上可见不规则高回声光团或实性肿块。

CDFI：囊壁上不规则结节或肿块可见丰富血流信号。

（2）黏液性囊腺瘤：超声表现为呈圆形或椭圆形无回声区，直径一般在 10 cm 以上、多房，囊壁为均匀增厚型，囊壁可见乳头状突起。

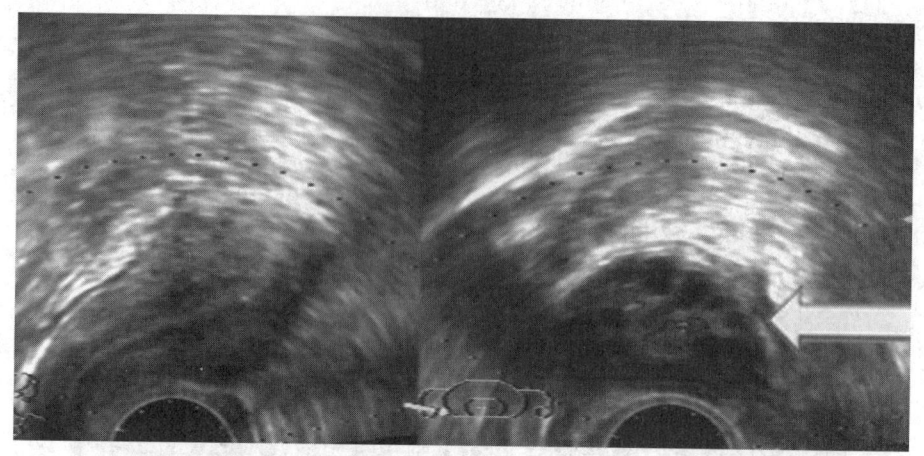

图 5-34-3（彩图 50） 多囊卵巢综合征超声表现

CDFI：囊壁乳头状突起内可见血流信号。

黏液性囊腺癌：超声表现为椭圆形或分叶状无回声区。囊腔内可见较多不均匀增厚的分隔光带，囊壁增厚且向周围浸润。

（3）皮样囊肿（畸胎瘤）

1）良性畸胎瘤：超声表现复杂，有以下特异性征象。①脂液分层征：脂液分层，上方为脂肪，下方为液性无回声区。②面团征：无回声区内有光团回声。③瀑布征：毛发及油脂物表面回声强，后方回声衰减，如瀑布。④星花状：油脂物呈现密集光点回声。⑤壁立结节征：囊壁隆起的结节状强回声。⑥多囊征：即囊中囊表现。⑦杂乱结构征：囊内牙齿、骨组织、钙化及油脂样物呈现为无回声区内的强光点、光斑及光团，可伴声影。⑧线条征：无回声区内短线样强回声。

CDFI：肿瘤内一般血流信号稀少（图 5-34-4）。

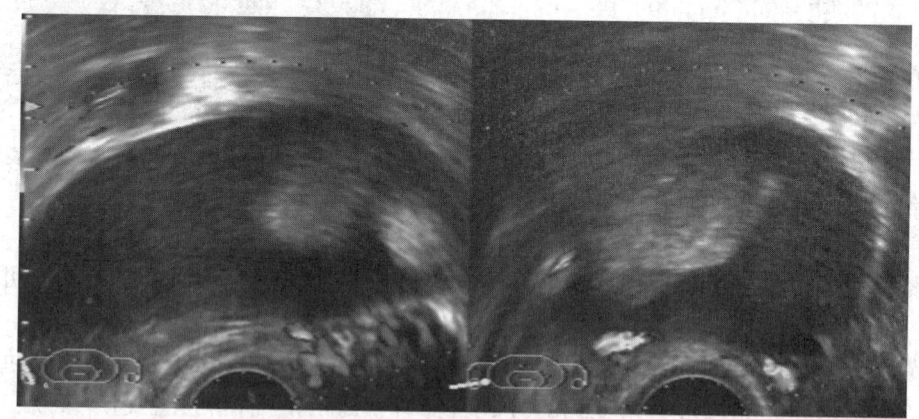

图 5-34-4（彩图 51） 良性畸胎瘤 CDFI

2）恶性畸胎瘤：超声表现为形态多不规则，内部回声结构杂乱，实质部分多，短期内增大明显。

CDFI：实质部分血流信号杂乱。

（三）宫内节育器

宫内节育器种类繁多，声像图因其形状不同而各异。表现为宫腔中心不同形状的强回声，金属节育器后方伴彗星尾征（图 5-34-5）。

节育器位置异常有下列几种。①节育器位置下移：节育器下缘达宫颈内口或宫颈内口以下（图 5-34-6）。②节育器嵌顿：节育器偏离宫腔中心，嵌入肌层或接近浆膜层。③节育器外移：宫内无节育器强回声，宫旁或腹腔内可见节育器强回声。

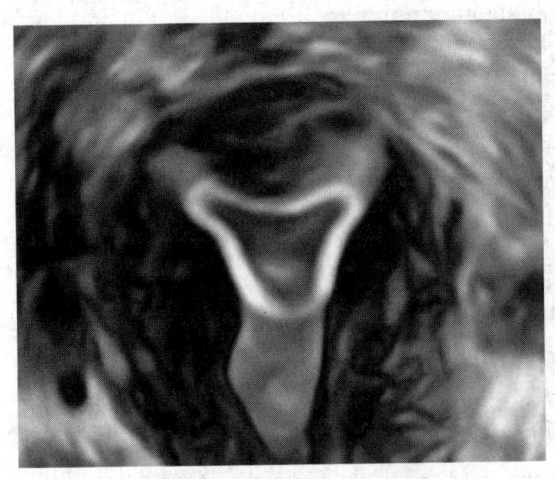

图 5-34-5（彩图 52） 节育器三维成像

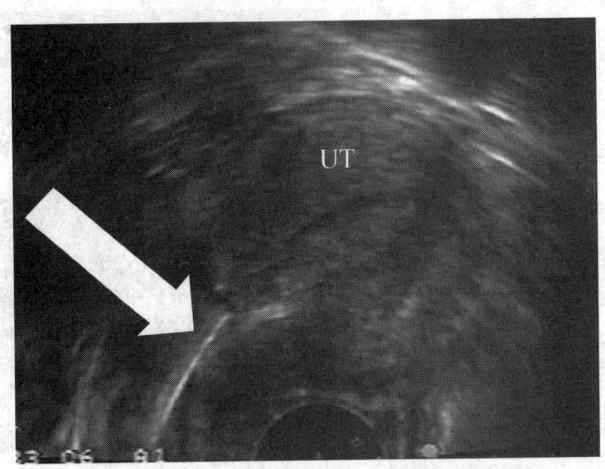

图 5-34-6 二维腔内超声节育器下移

UT. 子宫

（四）宫腔粘连

因人工流产、产后刮宫等原因导致近年宫腔粘连病例增多。其主要临床表现为月经周期性改变、月经过少、闭经、继发性痛经、反复流产及不孕等。超声表现如下。①宫腔部分粘连：宫内可见不规则的高回声带；粘连处宫腔线消失，内膜菲薄（≤3 mm）或缺损，与肌层回声分界不清；其余内膜回声正常；宫腔内如有积血，可显示为宫内暗区。②宫腔广泛粘连：宫腔内膜呈细线状，局部内膜线中断，内膜无周期性改变。③宫颈粘连：宫腔分离，内见暗区；宫颈口正常；无月经来潮。

第二节　正常产科与产科疾病超声诊断

（一）产前超声检查时间

第一次：早孕期确定宫内妊娠及估测孕周（是否妊娠）。

第二次：妊娠 11~13 周 6 天，测量 NT。

第三次：妊娠 22~26 周（产前筛查最重要的时机），胎儿系统超声检查，俗称畸形筛查。

第四次：妊娠 30~32 周，估计胎儿生长发育情况及发现孕晚期出现的畸形。

第五次：妊娠 37 周后，评估胎儿体重、羊水、胎盘。

> **知识链接**
>
> **胎儿颈后透明层厚度**
>
> 胎儿颈后透明层厚度（nuchal translucency，NT）建议在头臀长 45~84 mm 时测量，相当于妊娠 11~13 周 6 天。NT 值随着孕周的增大而增厚，但一般不超过 3 mm。NT 增厚，胎儿染色体异常风险增大（图 5-34-7）。

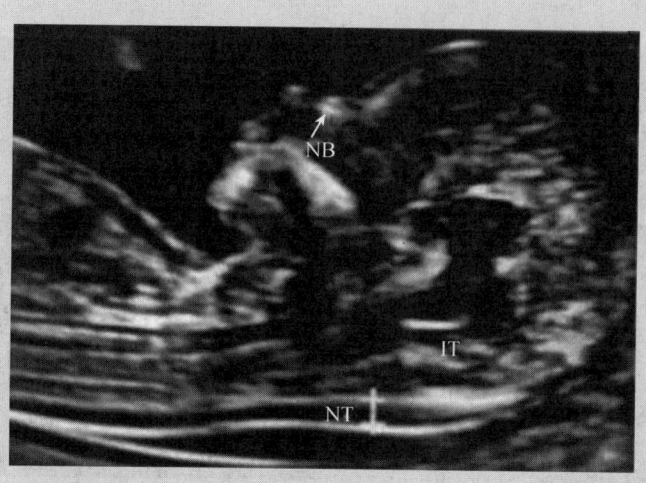

图 5-34-7　超声测量 NT
NT. 胎儿颈后透明层厚度；IT. 颅内透明层；NB. 鼻骨

（二）正常妊娠

1. 早期妊娠　子宫增大。妊娠 5～6 周时，经腹超声检查宫腔内可见孕囊，为圆形或近圆形的稍高回声环。妊娠 7 周后可见较强回声胚胎组织及原始心管搏动。妊娠 7～9 周可见卵黄囊，为胚胎组织回声旁的小圆形囊状结构。妊娠 9 周起称为胎儿，此时能区分胎头及躯干。妊娠 10～12 周时，胎儿可有头、躯干及肢体的伸展及旋转等运动。经阴道超声检查时间可提前约 1 周，故对于早期妊娠，现多采用经阴道超声检查。

2. 中、晚期妊娠　超声检查胎儿各部位、胎盘、羊水、脐带，评定胎儿生长发育情况，了解有无畸形等异常情况。

> **知识链接**
>
> **三维超声**
>
> 三维超声在胎儿宫内条件适宜的情况下通过表面成像及多平面重建模式、透明成像等技术更直观地显示胎儿颜面部、颅内结构、骨骼系统畸形。三维/四维超声时间-空间复合成像（STIC）技术辅助诊断胎儿心脏畸形。采用三维超声在体器官计算机辅助分析（VOCAL）技术能测量胎儿肺体积，评估膈疝时肺发育不良的程度。目前三维超声已经成为妇产科超声领域越来越重要的部分。三维超声最重要的优势是可以存储海量超声容积数据，进行离线分析，并可以与 CT 和 MRI 相似的方式进行图像重建，且成像方式更加多样化，标准化程度更高。

（三）异位妊娠

异位妊娠的超声表现因异位妊娠部位不同而不同。

1. 输卵管妊娠　输卵管妊娠最常见，占所有异位妊娠的 95%。超声表现：未破裂时，附件区肿块呈低回声或混合回声，有时可见孕囊，甚至可见胚胎组织及心管搏动（图 5-34-8）。破裂后，附件区肿块呈混合回声，回声杂乱，难以辨认妊娠结构。盆腔及腹腔内可见较多游离液性暗区（图 5-34-9）。

2. 宫角妊娠　超声表现：妊娠囊位于宫角部，可观察 1～2 周。若妊娠囊突入宫腔，则为正常妊娠；如妊娠囊向输卵管生长，则为异位妊娠。

3. 宫颈妊娠　超声表现：宫颈膨大，宫颈管内可见回声杂乱区或妊娠囊。

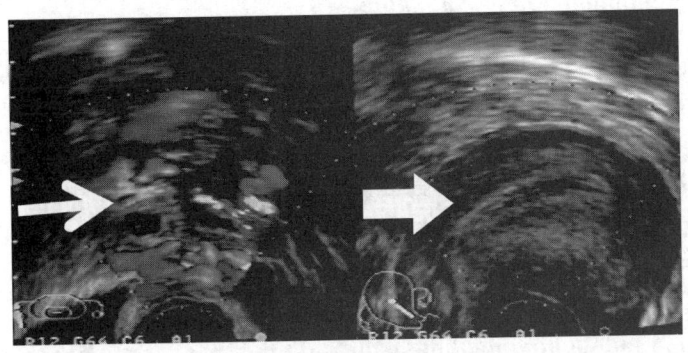
图 5-34-8（彩图 53） 右侧附件孕囊内见卵黄囊，右图为子宫

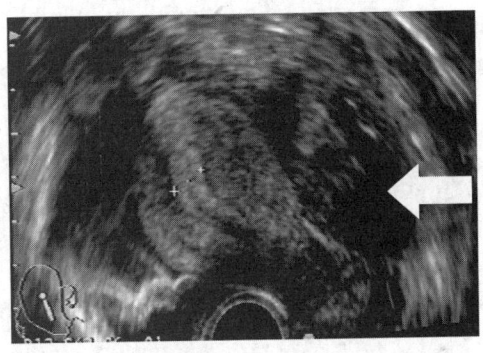
图 5-34-9 子宫周边积血（液性暗区透声差）

4. 剖宫产术后子宫瘢痕妊娠　超声表现：子宫峡部膨大，肌层变薄，内可见胚囊或回声杂乱区。CDFI 可见丰富的血流信号（图 5-34-10）。

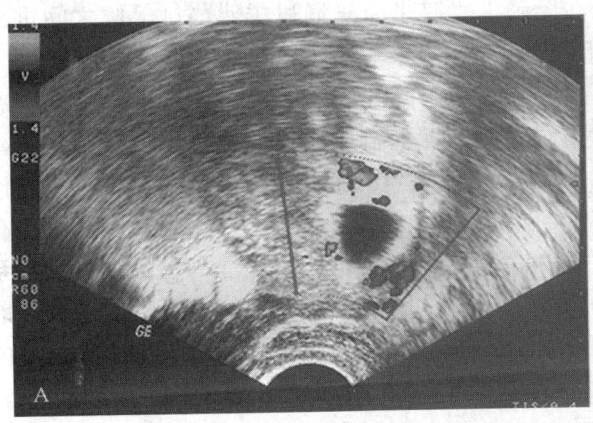
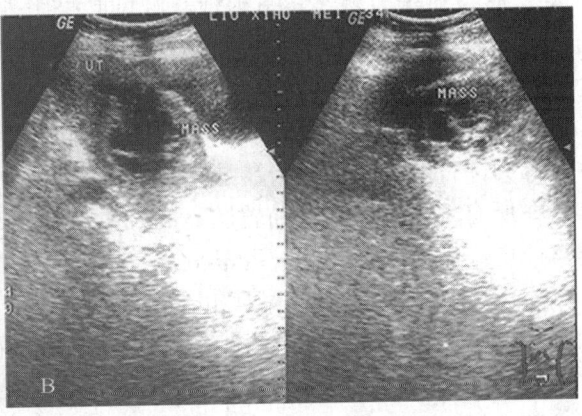

图 5-34-10　剖宫产术后子宫瘢痕妊娠超声表现
A. 子宫前壁下段肌层内见孕囊；B. 子宫前壁下段见混合性包块

5. 残角子宫妊娠　超声表现：子宫一侧包块，与正常子宫内膜不相连，外有肌层包绕，内可见胚囊及胎儿结构。

6. 腹腔妊娠　超声表现：腹腔妊娠可位于腹腔的任何部位，子宫位置偏移，子宫内膜增厚。临床提示孕期如宫内无孕囊及胎儿图像，腹腔出现不规则液性暗区，再结合人绒毛膜促性腺激素等检查，可做出诊断（图 5-34-11）。

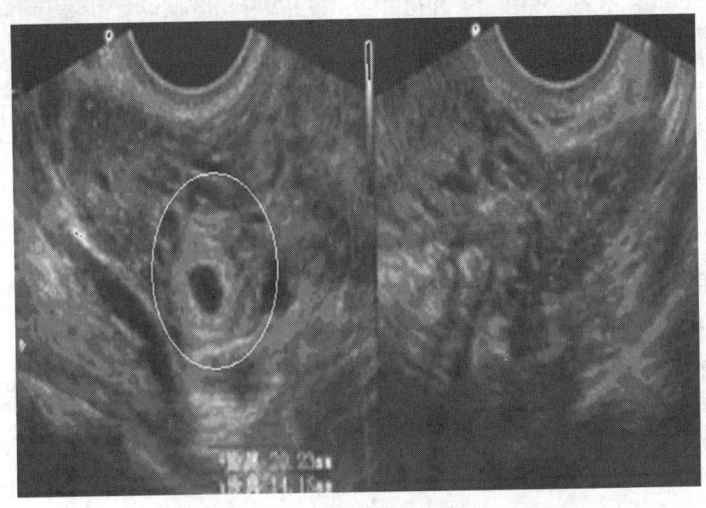

图 5-34-11　异位妊娠超声表现（经阴式）

> **知识链接**
>
> **异位妊娠**
>
> 　　受精卵在子宫腔以外着床称为异位妊娠,以输卵管妊娠最常见(占95%),少见的还有卵巢妊娠、腹腔妊娠、宫颈妊娠、阔韧带妊娠。此外,剖宫产瘢痕妊娠近年在国内明显增多;子宫残角妊娠的临床表现与异位妊娠类似。异位妊娠是妇产科常见的急腹症,发病率为2%~3%,是早期妊娠孕妇死亡的主要原因。近年来,异位妊娠由于得到更早诊断和处理,患者的存活率和生育保留能力明显提高。

(四)胎儿附属物异常

1. 脐带先露　超声表现:于胎先露前方或一侧与子宫前壁下段之间的羊水中可见脐带血管声像(图5-34-12)。

2. 脐带帆状附着　超声表现:可见脐带附着在胎膜上,脐带血管通过羊膜与绒毛膜之间进入胎盘。当脐带先露和脐带帆状附着分娩时,若处理不当,均可危及母婴生命安全。

3. 前置胎盘　超声表现:胎盘在正常情况下附着于子宫体部的后壁、前壁或侧壁。临床上通常将妊娠28周后胎盘附着于子宫下段,甚至胎盘下缘达到或覆盖宫颈内口,其位置低于胎儿先露者,称为前置胎盘。前置胎盘是妊娠出血的主要原因,如处理不当,可危及母婴生命。根据文献报道,在所有妊娠中,晚期前置胎盘的发生率为0.5%~1%,在高龄孕妇及多胎妊娠中,以及既往有剖宫产史或流产史者,其发生率明显增高。前置胎盘的分类,通常根据胎盘下缘与宫颈内口的关系来定。①完全性前置胎盘:宫颈内口完全被胎盘实质回声覆盖(图5-34-13)。②边缘性或部分性前置胎盘:胎盘实质下缘达到宫颈内口边缘或覆盖部分宫颈内口。③低置胎盘:胎盘下缘距离宫颈内口2cm以内。

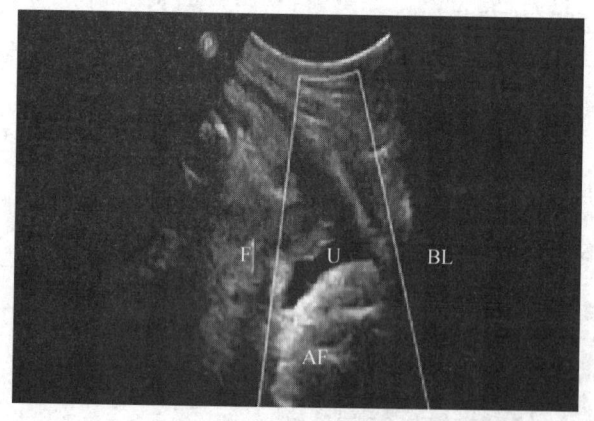

图5-34-12(彩图54)　脐带先露超声表现
F.胎儿;U.脐带;AF.羊水;BL.膀胱

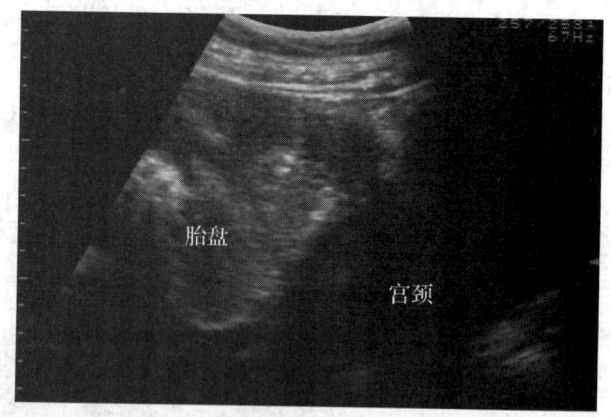

图5-34-13　完全性前置胎盘超声表现

4. 胎盘早剥　超声表现:①胎盘与子宫之间出现无回声区,暗区不规则。②剥离处胎盘增厚,可见向羊膜腔突出,胎盘厚度>5cm。③如有血液破入羊膜腔,则羊水暗区透声差,可见漂浮的低回声点或团块。④前壁胎盘早剥时,胎儿多靠近子宫后壁;后壁胎盘早剥时,胎儿多靠近子宫前壁。⑤严重胎盘早剥时,胎儿较多死于宫内。⑥外出血型胎盘早剥时,可无明显剥离暗区显示。

> **知识链接**
>
> **胎盘早剥**
>
> 胎盘早剥是指妊娠20周后正常位置的胎盘在胎儿娩出前部分或全部从子宫壁剥离,发病率约为1%。典型临床表现为妊娠20周后阴道流血、腹痛,可伴有子宫张力增高和子宫压痛,严重时出现失血性休克、弥散性血管内凝血,若处理不及时,可危及母婴生命。

(五)妊娠滋养细胞疾病

1. 葡萄胎　超声表现:①子宫增大。②子宫腔内充满蜂窝状回声。③宫腔内一般无胎儿、胎盘、羊水等附属物。④部分患者子宫双侧或单侧可见黄素囊肿,呈圆形或椭圆形无回声区,内多有分隔。CDFI:蜂窝状分隔上可见血流信号。

(1)部分性葡萄胎:超声表现为子宫腔内可见部分蜂窝状回声,并可见胚胎或胎儿回声,胎儿多已死亡,且常伴发育迟缓或多发性畸形,合并足月儿极少。

(2)恶性葡萄胎:超声表现为子宫增大,外形可不规则,宫内回声杂乱,如葡萄胎。局部浸润肌层时,表现为肌层内局限性高回声或低回声团,内可见细小暗区。弥漫性浸润时,子宫明显增大,呈蜂窝状(图5-34-14)。

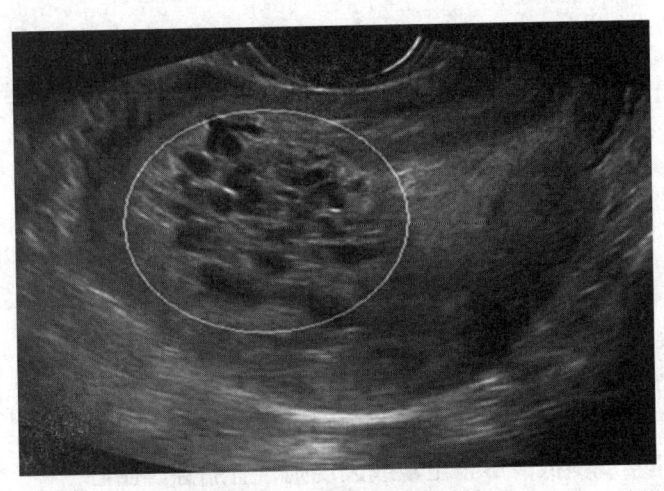

图5-34-14　恶性葡萄胎超声表现

2. 绒毛膜癌　绒毛膜癌超声表现与恶性葡萄胎相似。CDFI:病灶内可见丰富血流信号。多普勒可见典型动静脉瘘频谱,应结合临床血人绒毛膜促性腺激素的检查结果综合判断。

(六)产褥期子宫

产褥期子宫变化明显,约于产后6周内恢复正常大小。超声表现:产后1周子宫肌层内可见不均匀强回声点、散在强回声团及管状无回声,子宫内膜呈高回声,宫腔内有时可见液性暗区。剖宫产术后子宫复旧相对缓慢,切口处肌层局限性增厚并可向外突。

异常产褥超声表现包括以下几种。①胎盘、胎膜残留:子宫内不规则低回声或高回声团,部分可见钙化强回声。②胎盘植入:宫腔内可见高回声光团,局部伸入肌层,与肌层界限消失,甚至达浆膜层。③手术切口血肿:切开处可见液性暗区,内可见强回声点及强回声团。以上情况可导致产后大出血。

(七)药物及人工流产术后组织残留

超声表现:①多量组织物残留,宫腔内有不规则高回声或不均质低回声团,与宫壁分界不清,若宫腔内有积血,可见宫腔闭合线分离。②少许绒毛组织残留,子宫内膜回声不均匀,呈不均匀回声斑，无明显宫腔内异常回声团。③ CDFI：多量组织物残留时，内可见斑片状或网状血流信号，为低阻型动脉血流频谱或静脉频谱。局灶性丰富血流信号对判断少许绒毛组织残留具有重要作用。另外，当绒毛过度侵蚀肌层时，可见局部丰富血流信号，为高速低阻型血流信号，此类信号若出现在剖宫产术后子宫下段切口位置，应提醒临床注意清宫时容易发生大出血。

提示：对于怀疑子宫内膜病变、卵巢微小病变、不典型异位妊娠、早孕，优选经阴道超声检查。对于无性生活史的患者，可经直肠检查。孕妇在妊娠 20~24 周时应行彩超胎儿畸形筛查。对于脐带先露、脐带帆状附着和胎盘早剥者，应尽早提示明确诊断，以确保分娩时母婴生命安全。

产后子宫如出现子宫内膜厚度不均匀，宫腔内出现团块状回声，厚度大于 15 mm，应提示胎盘残留的可能，并注意子宫实质内有无胎盘植入。

自 测 题

一、名词解释

1. 妊娠囊
2. 卵黄囊
3. 异位妊娠
4. 胎儿颈后透明层厚度

二、选择题

1. 正常妊娠期约为
   A. 200 天
   B. 230 天
   C. 280 天
   D. 320 天
   E. 365 天
2. 先兆流产的声像图特征是
   A. 子宫增大但小于孕期，宫口回声杂乱，胎囊及胎儿无法分辨
   B. 妊娠囊位置下移至宫颈内口，形态不规则，边缘模糊，无胎心
   C. 妊娠囊位置正常或稍低，形态正常或欠规则，有胎芽、胎心
   D. 妊娠囊形态不规则或塌陷，囊内未见胎心搏动
   E. 宫腔内胚囊与子宫壁之间可见液性暗区，胎心消失
3. 关于子宫肌瘤，以下说法错误的是
   A. 常见于育龄期女性
   B. 可分为浆膜下肌瘤、肌壁间肌瘤和内膜下肌瘤
   C. 可单发或多发
   D. 临床表现多与肌瘤生长的位置有关
   E. 边界多不光滑
4. 患者，女性，月经量增多并经期延长 3 年余。妇科超声：子宫后壁可见一个大小约为 5.6 cm×5 cm、边界模糊、等回声、不均匀实质性占位，内部血流信号较丰富，周边无环状血流。最可能的诊断是
   A. 子宫肌壁间肌瘤
   B. 子宫浆膜下肌瘤
   C. 子宫肉瘤
   D. 子宫腺肌病
   E. 子宫体癌

5. 患者，女性，30岁，因发热、下腹痛4天急诊入院，经检查诊断为急性盆腔炎。下列不是本病后遗症的是

  A. 输卵管积水   B. 卵巢巧克力囊肿   C. 盆腔混合性包块

  D. 慢性盆腔结缔组织炎   E. 慢性输卵管炎

6. 子宫内膜增厚一般不会发生在

  A. 早孕期   B. 息肉   C. 带蒂肌瘤

  D. 月经周期的分泌期   E. 子宫内膜癌

7. 关于卵巢成熟畸胎瘤的描述，不正确的是

  A. 可发生于任何年龄   B. 肿瘤成分以内胚层为主

  C. 肿瘤内容物含多种成熟组织   D. 多发生于单侧

  E. 以20~40岁多见

8. 患者，女性，36岁，妊娠30周，突发腹痛2h，无阴道流血，临床诊断为胎盘早剥。下列临床表现和声像图表现正确的是

  A. 急性期子宫与胎盘之间可见中等回声

  B. 常伴羊水过少

  C. 主要症状是妊娠中、晚期无痛性阴道流血

  D. 胎盘局部变薄

  E. 常有腹部受伤史

9. 异位妊娠最常发生的部位是

  A. 子宫角   B. 输卵管壶腹部   C. 输卵管伞部

  D. 卵巢   E. 大网膜

10. 关于子宫腺肌病，下列描述错误的是

  A. 子宫均匀增大，形态规则或呈球形

  B. 其病因与多次人工流产有关

  C. 内膜线居中或稍前移

  D. 子宫肌层回声不均匀

  E. 子宫大小及病变回声与月经周期无明显关系

三、简答题

1. 子宫肌瘤的声像图表现是什么？
2. 卵巢良、恶性肿瘤的鉴别要点是什么？
3. 葡萄胎与绒毛膜癌的鉴别要点是什么？

（胡晓娟）

第三十五章 放射性核素诊断

第三十五章数字资源

学习目标

1. 知识：掌握放射性核素诊断的基本原理、方法及各类放射性药物的应用，理解其在不同器官系统疾病诊断中的作用机制。
2. 能力：能够选择合适的放射性核素检查技术，分析、解读核医学影像，准确评估脏器功能与结构异常，为临床提供精确的诊断依据。
3. 素养：具有辐射防护意识与伦理责任，确保操作安全，同时注重与患者的沟通及人文关怀，提升综合医疗服务品质。

第一节 概述

放射性核素诊断又称临床核医学诊断或诊断核医学，它是核物理学、电子学、化学、生物学、计算机技术等相关学科与医学等多学科相互融合的结晶，也是医学现代化的重要标志之一。核技术在医学中的应用促进了医学科学的发展。通过放射性核素示踪技术，可以在生理情况下，从分子水平动态地研究机体内各种物质的代谢变化，细致地揭示体内及细胞内代谢的内幕。核医学示踪技术阐明了医学中许多重大的问题，如 RNA-DNA 反转录、遗传密码、胆固醇的合成与代谢、细胞周期、细胞膜受体、人体各种激素与微量物质的定量分析等。

按是否将核素引入人体，临床核医学诊断可分为体内诊断和体外诊断两大部分。体内诊断主要包括脏器或组织显像、脏器功能测定，这类检查都需要将放射性核素引入体内。体外诊断主要为微量物质分析，如放射免疫分析、免疫放射分析、受体放射分析，也称为体外放射分析。这类检查无须将核素引入体内，只是应用核技术在实验室内完成。

提示： 核医学以其应用和研究的范围侧重点不同，可分为实验核医学和临床核医学。

实验核医学主要包括放射性药物学、放射性核素示踪技术、放射性核素动力学分析、体外放射分析、活化分析、放射自显影以及稳定性核素分析等，主要任务是发展、创立新的诊疗技术和方法，利用其示踪技术进行医学研究，包括对核医学自身理论与方法的研究以及基础医学理论与临床医学的研究，促进医学科学的进步。

临床核医学利用核医学的各种原理、技术和方法研究疾病的发生和发展，研究机体的生理、生物化学、病理生理和功能结构的变化，达到诊断疾病、评估病情、判断疗效及预后的目的。

一、核物理基础概述

（一）原子的基本结构

原子由位于原子中心的原子核及按一定轨道围绕原子核运行的核外电子组成。原子核由质子和中子组成，质子和中子统称为核子。中子不带电，质子带正电荷，其电量与核外电子所带负电荷电量相等。

原子核可处于不同的能态，平常状态下其能量处于最低的状态，称为基态（ground state）；在某些核反应或核裂变过程中处于高能状态，称为激发态（excited state）。激发态的原子一般很快释放过剩的能量回复到基态。

（二）核素、同位素、同质异能素及放射性核素

具有一定原子序数、一定质量数和一定能量状态的各种原子，统称为核素（nuclide），即原子核内质子数和中子数均相同，并且处于相同能态的原子。具有相同质子数而中子数不同的核素互称为同位素（isotope），它们在元素周期表中处于同一位置，具有相同的化学性质和生物学特性，如^{123}I、^{125}I、^{131}I。质子数和中子数都相同，原子核处于不同能量状态的原子称为同质异能素（isomer），激发态的原子与基态的原子互为同质异能素，如^{99m}Tc、^{99}Tc。

原子核处于不稳定状态，需通过核内结构或能级调整才能趋于稳定的核素称为放射性核素（radionuclide）。放射性核素原子核内结构或能级调整，自发地释放出一种或一种以上的射线，并转化为另一种核素的过程，称为放射性衰变。原子核稳定，不会自发地发生衰变的核素称为稳定核素（stable nuclide）。

（三）放射性衰变类型

1. α衰变（alpha decay） 放射性核素的原子核放出α粒子（α射线）后变成另一种核素的衰变过程，称为α衰变。α粒子实质上是氦核（^{4}He），其有两个正电荷，质量数为4。

2. β衰变（beta decay）

（1）β$^-$衰变：放射性核素的原子核放出β$^-$粒子（β射线），变成另一种核素的核衰变过程，称为β$^-$衰变。β射线实质上是高速运动的电子流。

（2）β$^+$衰变（正电子衰变）：放射性核素的原子核放出β$^+$粒子（正电子），变成另一种核素的核衰变过程称为β$^+$衰变。

（3）电子俘获（electron capture）：原子核在衰变时俘获核外一个轨道电子，使核内一个质子转变成为中子并放出一个中微子，而转变成为另一种原子核的转变过程称为电子俘获。它是核内中子数相对不足时从核外靠内层的电子轨道（即K层）上俘获一个电子，使核内一个质子转化为中子，同时放射出一个中微子的过程。

3. γ衰变和内转换

（1）γ衰变（gamma decay）：放射性核素原子核由激发态向基态或由高能态向低能态跃迁时放射出γ射线的衰变过程称为γ衰变。γ射线由光子组成，不带电荷，穿透力强。

（2）内转换（internal conversion）：放射性核素原子核由激发态向基态或由高能态向低能态跃迁时，将多余的能量直接传给核外电子（主要是K层电子），使该电子获得足够的能量后脱离轨道成为自由电子，这一过程称为内转换。

（四）放射性衰变规律

放射性核素衰变随机地、自发地按一定的速率进行，不同的放射性核素有自己本身特有的衰变速度。放射性核素原子核数目随时间呈指数规律减少，其表达式为：

$$N_t = N_0 e^{-\lambda t}$$

式中，N_0为初始放射性原子数；N_t为经t时间衰变后的原子数，e为自然对数底，λ为衰变常

数。对于单个原子核，λ表示原子核发生衰变的概率，是反映放射性核素衰变速率的特征参数，其单位是时间单位的倒数（1/s、1/min 等）。每一种放射性核素都有其固定的 λ 值。

二、常用放射性核素和放射性药物

（一）放射性核素

放射性核素用于核医学临床体内诊断，需要选择适宜的低能 γ 射线发射体，最适宜的 γ 射线能量范围在 100～300 千电子伏特（keV），这样既能透过躯体，又易被显像仪器的晶体所探测，对机体的辐射剂量小。同时，其衰变产物的毒理效应也宜低，最好衰变产物是稳定核素，而且希望用这种核素标记的放射性药物在体内也是稳定的。

临床应用的放射性核素可以通过加速器生产、反应堆生产、从裂变产物中提取和放射性核素发生器淋洗获得。临床上常用以下几种。

1. 加速器生产的放射性核素　有 ^{11}C、^{13}N、^{15}O、^{18}F、^{123}I、^{67}Ga、^{111}In、^{201}Tl 等。
2. 反应堆生产的放射性核素　有 ^{99}Mo、^{113}Sn、^{125}I、^{131}I、^{32}P、^{14}C、^{3}H、^{89}Sr、^{133}Xe、^{186}Re、^{153}Sm 等。
3. 从裂变产物中提取的放射性核素　有 ^{99}Mo、^{131}I、^{133}Xe 等。

放射性核素发生器是利用长半衰期母体核素衰变中产生短半衰期子体放射性核素，通过合适的淋洗方法将短半衰期子体放射性核素分离的装置，故临床上常形象地称其为"母牛"。它的出现使得一些短半衰期放射性核素成功地应用于临床。最常用的放射性核素发生器是 ^{99}Mo-^{99m}Tc 发生器，其洗脱液即 $^{99m}TcO_4^-$，它可以被甲状腺摄取，但不参与甲状腺激素的合成代谢。^{99m}Tc 也是临床最普遍使用的放射性核素，^{99m}Tc 的物理半衰期（$T_{1/2}$）为 6.02 h，γ 射线能量为 140 keV，适合放射性核素显像。^{99m}Tc 的络合物：^{99m}Tc-HMPAO/ECD、^{99m}Tc-PHT、^{99m}Tc-DTPA/EC、^{99m}Tc-MDP/PYP、^{99m}Tc-MIBI、^{99m}Tc-GH/BLM/DMS、^{99m}Tc-HSA/RBC。Tc 标记络合物无论在体内或体外均比较稳定，且无毒性。因此用 ^{99m}Tc 可制备成多种放射性药物，用于脑、心脏、肝、肾、骨骼、甲状腺等脏器显像（表 5-35-1）。

表 5-35-1　放射性核素的临床应用

放射性核素	临床应用
$^{99m}TcO_4^-$	替代 ^{131}I 作为甲状腺显像；心脏、脑血管造影
^{99m}Tc-HMPAO/ECD	脑血流显像
^{99m}Tc-PHT	肝胶体显像
^{99m}Tc-DTPA/EC	肾显像
^{99m}Tc-MDP/PYP	骨骼显像
^{99m}Tc-MIBI	心肌显像
^{99m}Tc-GH/BLM/DMS	肿瘤显像
^{99m}Tc-HSA/RBC	血池显像

（二）放射性药物

放射性药物是指含有放射性核素、用于临床诊断或治疗的药物。放射性药物通常由放射性核素和普通药物（或化合物）两部分组成，它能聚集到某一器官或参与该器官的代谢。它既与常规药物一样，是用于人体的，必须符合药典要求，如无菌、无热源、化学毒性小。同时，它还要能够满足诊断或治疗的需要，如有合适的射线种类、能量和半衰期。

三、常用核医学显像仪器

（一）γ照相机

γ照相机（γ-camera）是一种采用大型晶体、一次成像的核医学仪器，它由探头、电子学线路及显示装置3个部分组成，能够对体内示踪核素释放出来的γ射线进行探测并形成高分辨率的形态图像，可用于诊断甲状腺、脑、肺、肝、肾、心血管等脏器的病变和动态功能。

（二）单光子发射计算机体层显像仪

单光子发射计算机体层显像仪（single photon emission computed tomography，SPECT）是在γ照相机的基础上，由计算机采集和处理数据，再由计算机计算得到断层图像。SPECT的成像原理与CT是相同的，都要用图像重建的方法得到断层图像。

（三）正电子发射体层仪

正电子发射体层仪（positron emission tomography，PET）是利用放射性核素在原子裂变时带有正电子发射的特点，将正电子发射的短寿命核素（从回旋加速器得到的发射正电子的放射性核素 ^{18}F 等）制备好放射性药物引入人体内，由计算机采集和处理数据，测量这些放射性药物在人体脏器内的分布，再由计算机处理得到断层图像。新型的PET配备有螺旋CT，称为CT-PET或PET/CT，可以一次检查获得PET和CT以及PET/CT 3种图像。

四、放射性核素显像原理及特点

（一）放射性核素显像原理

放射性核素脏器和组织显像是根据放射性核素示踪原理，利用放射性核素或其标记化合物在体内代谢分布的特殊规律，在体外获得脏器和组织功能结构影像的一种成像技术。其基本原理是放射性核素的示踪作用，不同的放射性药物在体内有其特殊的分布和转归规律，放射性核素可发射出具有一定穿透力的γ射线，可被放射性测量仪器在体外进行探测和记录，在体外显示出脏器及组织的形态、位置、大小和脏器功能变化。放射性核素显像实际上是一种以脏器内、外或脏器内各组织之间、正常组织与病变组织之间的放射性药物浓度差别为基础的显像方法。

（二）放射性核素显像的特点

放射性核素显像建立在器官或组织血流、功能和代谢变化的基础上，而CT、MRI和超声显像等建立在解剖结构改变的基础上。与其他以形态和结构为主的影像技术（CT、MRI及超声）显像比较，核医学影像有以下特点：①可同时提供脏器或组织的功能和结构变化，具有功能影像的特点；②安全，无创伤；③具有较高的特异性。但是，放射性核素显像由于采集图像的信息量有限，对组织及结构的分辨率不及其他影像学方法。同时，放射性核素显像也受放射性药物的限制，对于一些脏器或组织，由于没有适合的显像剂而不能采用放射性核素显像，临床应用范围也受到一定的限制。

提示： 放射性核素脏器和组织显像是根据放射性核素示踪原理，利用放射性核素或其标记化合物在体内代谢分布的特殊规律，在体外获得脏器和组织功能及结构影像的一种成像技术。可同时提供脏器或组织的功能和结构变化，具有功能影像的特点。

第二节　放射性核素脏器功能检查

放射性核素脏器功能检查是利用放射性药物在体内能被某一器官特异摄取、在某一特定的器官和组织中代谢或通过某一器官排出等特性,在体外探测放射性药物在相应的器官和组织中摄取的速度、存留的时间、排出的速度,从而判断相应器官的功能状况。

一、甲状腺摄碘-131 试验

(一)原理

碘是甲状腺合成甲状腺激素的主要原料,甲状腺具有选择性摄取和浓聚碘的功能,其摄取速度和数量以及碘在甲状腺的停留时间取决于甲状腺的功能。示踪 ^{131}I 与食物中的碘具有相同的化学性质,经胃肠道吸收入血,随血流到达甲状腺,被甲状腺摄取。利用甲状腺有选择性摄取碘功能及 ^{131}I 发射 γ 射线的特点,在体外分别于不同的时间测量甲状腺摄取 ^{131}I 的比率,借此判断甲状腺的功能状况。

(二)方法

1. 标准源的制备　^{131}I 溶液 74~185 kBq(2~5 μCi),加入一个直径 2.5 cm、高 18 cm 内装 25 ml 水的玻璃管内,并将试管置于石蜡制成的颈模型中。

2. 患者准备　检查前需禁用或停用含碘食物、药物(如甲状腺素、抗甲状腺药物)等 2~4 周,检查时应询问患者近期内是否食用影响甲状腺摄取 ^{131}I 的食物或药物,必要时停用一段时间后再进行检查。

3. 试验方法　患者检查当日晨空腹服示踪量(与标准源相等)的 ^{131}I-NaI,在服药后 3 h、6 h、24 h(或 2 h、4 h、24 h)分别用甲状腺功能测定仪的闪烁探测器定时在颈前测定甲状腺的放射性计数(cpm),并且在相同条件下测定颈模标准源的计数。在测量之前,测量检查室内的自然放射性本底,以各个时间甲状腺的放射性计数与标准源的计数计算甲状腺摄碘率。

(三)结果分析

甲状腺摄碘率计算公式:

$$甲状腺摄碘率(\%)=\frac{甲状腺部位计数-本底}{标准源计数-本底}\times100\%$$

以时间为横坐标、甲状腺摄碘率为纵坐标,绘制出甲状腺摄碘率曲线(图 5-35-1)。

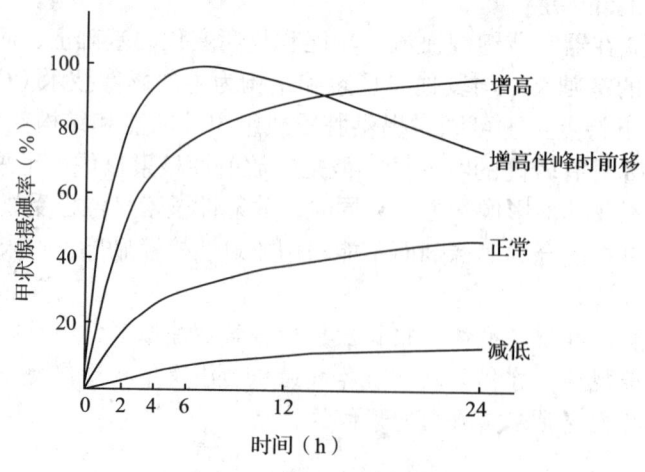

图 5-35-1　甲状腺摄碘率曲线

因地域不同及食物、饮水中含碘量不同,甲状腺摄碘率各地有差异,一般 2 h 为 10%~25%,4 h 为 15%~30%,24 h 为 25%~50%(图 5-35-1),24 h 达到高峰。此外,正常儿童及青少年较成人甲状腺摄碘率高。甲状腺摄碘率影响因素较多，一般主张各实验室建立本地区的正常参考值。影响碘吸收的药物、食物也能影响甲状腺摄碘率，在进行结果分析时应当注意。

提示：甲状腺摄碘率影响因素较多，一般主张各实验室建立本地区的正常参考值。

（四）临床意义

1. 甲状腺功能亢进症　甲状腺摄碘率较高，甲状腺摄碘率曲线上升迅速，部分患者可有高峰前移。甲状腺功能亢进症诊断指标如下。

（1）甲状腺摄碘率高于正常参考值上限。

（2）甲状腺摄碘率高峰前移至24 h前。

（3）甲状腺摄碘率4 h与24 h之比大于85%。

2. 甲状腺功能减退症　甲状腺功能减退症患者甲状腺摄碘率与正常范围有交叉，一般诊断指标是24 h低于25%，诊断符合率约为80%。

3. 单纯性甲状腺肿　甲状腺摄碘率增高，但不出现高峰前移，抑制试验为正常。

4. 甲状腺炎　甲状腺摄碘率可正常、偏高或降低，如亚急性甲状腺炎、桥本甲状腺炎时甲状腺摄碘率明显减低。

近年来，由于利用甲状腺摄碘率诊断甲状腺功能亢进症、甲状腺功能减退症有一定的局限性，同时其也属于体内放射性核素检查，需将放射性核素引入体内，已逐渐被体外甲状腺功能检查[如甲状腺激素-RIA、高灵敏促甲状腺激素（HTSH）-RIA]所替代，一般用于甲状腺功能亢进症 ^{131}I 治疗剂量的计算及疗效预测、甲状腺激素抑制试验、促甲状腺激素兴奋试验和甲状腺碘负荷状态与碘代谢的研究。

提示：示踪 ^{131}I 与食物中的碘具有相同的化学性质，经胃肠道吸收入血，随血流到达甲状腺，被甲状腺摄取。甲状腺有选择性摄取碘的功能及 ^{131}I 发射 γ 射线，在体外分别于不同的时间测量甲状腺摄取 ^{131}I 的比率，可判断甲状腺的功能状况。甲状腺摄碘率正常参考值各地有差异，一般2 h为10%~25%，4 h为15%~30%，24 h为25%~50%，24 h达到高峰。

二、肾图

（一）原理

静脉注射由肾小球滤过或肾小管上皮细胞分泌而不被再吸收的放射性示踪药物，在体外以放射性探测仪器（肾图仪或 γ 照相机、SPECT）连续记录其滤过、分泌和排泄的过程，所记录的时间-放射性曲线称为肾图。肾图可以动态地观察放射性示踪药物在双侧肾实质内浓聚和排泄至肾盏、肾盂、输尿管，最后到达膀胱的动态过程，了解两侧肾功能和上尿路排泄情况。

（二）放射性药物

1. 碘-131-邻碘马尿酸钠（^{131}I-OIH）　是经典的分泌型药物，其生物学特性与对氨马尿酸相似。^{131}I-OIH 经静脉注射进入人体后，96%以上很快被肾所摄取、清除，其中80%由肾小管上皮细胞吸收，然后分泌到肾小管腔，随尿排出体外。采用肾图仪时大多使用 ^{131}I-OIH。

2. 锝-99m-二乙三胺五乙酸（^{99m}Tc-DTPA）　95%由肾小球滤过，不被肾小管重吸收，在肾内有效半衰期为2~3 h，95%的注射量在24 h内由尿排出。其使用不如 ^{131}I-OIH 普遍。

提示：两种放射性药物一种主要通过肾小管吸收分泌，另一种通过肾小球滤过而肾小管不吸收。

（三）检查方法

利用 γ 照相机或 SPECT 肾动态显像也能完成肾图检查，相关内容在本章第三节介绍。本节主要介绍肾图仪检查方法。

1. 患者准备　视患者情况，检查前30~60 min饮水300 ml，检查前排尿。患者多数采用坐位检查，重症患者也可采用其他体位，但对结果曲线有一定的影响。

2. 确定肾位置　可采用体表解剖定位，必要时也可采用超声或X线定位。

3. 调整记录仪器（本节仅介绍肾图仪描记法）　两套探测系统（探头-计数率仪）尽可能调整一致，将两个探头分别对准左、右肾并固定，嘱患者在检查过程中尽量避免变动体位。注射 ^{131}I-OIH，用量为 185～370 kBq（5～10 μCi），总容积不超过 0.5 ml。"弹丸式"静脉注射，一次快速将药液推注完。

4. 启动记录仪　注射完毕同时迅速启动记录仪，连续记录 15 min，必要时适当延长记录时间。

提示：对位是检查的关键。对位不准确时，正常的可以显示为异常，但异常的不会显示为正常。正确注射也是检查成功的保证。

（四）肾图分析

1. 正常肾图（图 5-35-2）

（1）正常肾图由 a、b、c 段组成（图 5-35-2B）。a 段（放射性出现段）：为静脉注射示踪剂后 10 s 左右出现的陡然上升段。其放射性高度 60% 左右来自肾外血管床，10% 来自肾内，30% 来自肾实质。a 段受影响因素多、不稳定，没有肯定的临床价值，故称为"放射性出现段"，其高度在一定程度上反映了肾的血流灌注量。通过 a 段也可以观察"弹丸式"静脉注射的质量。b 段（放射性聚集段）：即 a 段之后逐渐上升的斜行段。一般 5 min 内达高峰，平均峰时 2～3 min。b 段主要取决于肾的有效血浆流量和肾小管分泌功能。c 段（放射性排泄段）：即自 b 段达到最高峰之后的下降段，其前部下降较快，后部较缓慢，近似指数规律下降。c 段下降的快慢主要反映示踪剂随尿排出肾的速度，与尿流量和尿路通畅程度有密切关系。c 段下降一半的时间（$C_{1/2}$）随有效肾血浆流量的减少而延长。两侧肾图基本一致。

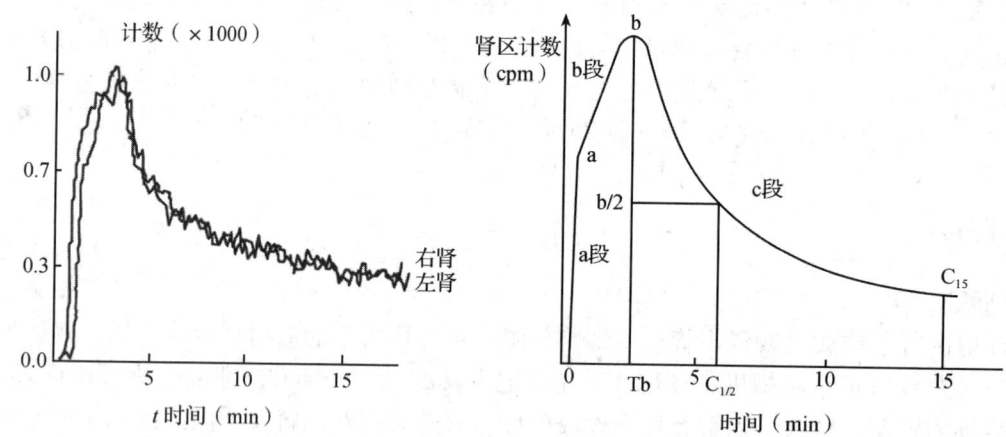

图 5-35-2　正常肾图
Tb. 峰时；$C_{1/2}$. 半排时间；C_{15}. 15 min 残留率

提示：正常肾图由 a、b、c 段组成。a 段快速上升；b 段缓慢上升；c 段逐渐下降。

（2）配备计算机处理的肾图仪可根据所记录的时间-放射性曲线计算出一些常用的定量分析参数，如峰时（Tb）、半排时间（$C_{1/2}$）、15 min 残留率（C_{15}）、肾指数（RI）、分浓缩率、峰时差、峰值差及肾指数差。也可以人工计算。

常用定量分析指标正常参考值列于表 5-35-2。

表 5-35-2　肾图常用定量分析指标

肾图指标	计算方法	正常参考值
峰时（Tb）	从曲线开始至升到高峰的时间	＜4.5 min（平均 2～3 min）
半排时间（$C_{1/2}$）	从高峰下降至峰值一半的时间	＜8 min（平均 4 min）

续表

肾图指标	计算方法	正常参考值
15 min 残留率（C_{15}/b）	$C_{15}/b \times 100\%$	< 50%（平均 30%）
肾指数（RI）	$[(b-a)^2 + (b-C_{15})^2] / b^2 \times 100\%$	> 45%（平均 60%）
肾指数差	$|RI_左 - RI_右| / RI \times 100\%$	< 25%
分浓缩率	$(b-a) / (a \times Tb) \times 100\%$	> 6%（平均 20%）
峰时差	$|Tb_左 - Tb_右|$	< 1 min
峰值差	$|b_左 - b_右| / b \times 100\%$*	< 30%

注：*. 式中 b 取 $b_左$ 或 $b_右$ 中较大者。

2. 异常肾图的类型及其临床意义（图 5-35-3）

（1）持续上升型：a 段基本正常，b 段持续上升，于检查结束时（注射后 15~20 min）也未见下降的 c 段。此型出现在单侧者，多见于急性上尿路梗阻；出现在双侧者，多见于急性肾衰竭少尿期，或继发于下尿路梗阻所致的双侧上尿路引流不畅。

（2）高水平延长型：a 段基本正常，b 段上升不明显且基本维持在同一水平，也不见下降的 c 段。此型多见于上尿路梗阻伴明显肾盂积水。

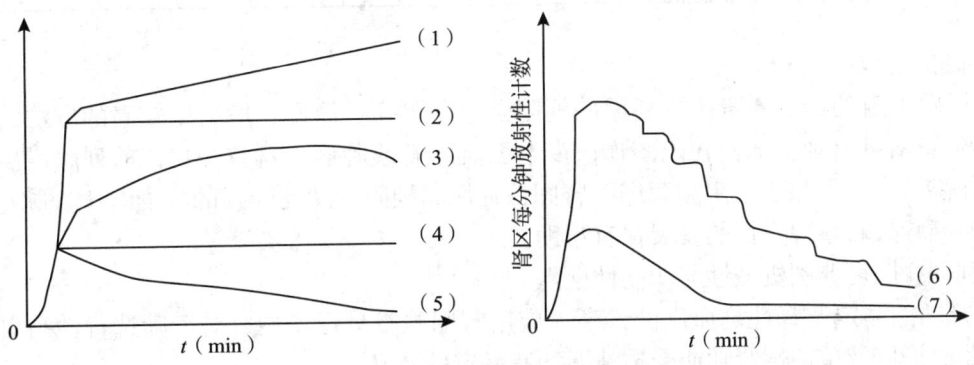

图 5-35-3　常见异常肾图示意图
(1) 持续上升型；(2) 高水平延长型；(3) 抛物线型；(4) 低水平延长型；
(5) 低水平递降型；(6) 阶梯状下降型；(7) 单侧小肾图

（3）抛物线型：a 段正常或稍低，b 段上升缓慢，峰时后延，c 段下降缓慢，峰形圆钝。抛物线型主要见于脱水、肾缺血、肾功能受损、上尿路引流不畅伴轻度及中度肾盂积水。

（4）低水平延长型：a 段低，无 b 段，于检查期基本维持在同一水平。低水平延长型常见于肾功能严重受损，也可见于慢性上尿路严重梗阻。

提示：在部分计算机图形处理的肾图仪上，双侧同时为低水平延长型与高水平延长型不太容易区分，可以峰值放射性计数判别。

（5）低水平递降型：a 段低，无 b 段，只见放射性递降。低水平递降型见于肾功能极差或无功能，或肾缺如。

（6）阶梯状下降型：a、b 段基本正常，c 段呈规则的或不规则的阶梯状下降。阶梯状下降型见于因疼痛、精神紧张、尿路感染、少尿或卧位等所致的上尿路痉挛，也可见于有尿反流的患者。

（7）单侧小肾图：a、b、c 三段均正常，但图形明显低于对侧。单侧小肾图多见于一侧肾动脉狭窄或先天性小肾。

提示：各种类型的肾图形状和意义列于表 5-35-3。

表 5-35-3　异常肾图的类型及临床意义

异常类型	类型描述	临床意义
持续上升型	a 段基本正常，b 段持续上升，于检查结束时（注射后 15~20 min）也未见下降的 c 段	出现在单侧者多见于急性上尿路梗阻；出现在双侧者多见于急性肾衰竭少尿期或继发于下尿路梗阻所致的双侧上尿路引流不畅
高水平延长型	a 段基本正常，b 段上升不明显且基本维持在同一水平，也不见下降的 c 段	多见于上尿路梗阻伴明显肾盂积水
抛物线型	a 段正常或稍低，b 段上升缓慢，峰时后延，c 段下降缓慢，峰形圆钝	多见于脱水、肾缺血、肾功能受损、上尿路引流不畅伴轻度及中度肾盂积水
低水平延长型	a 段低，无 b 段，于检查期基本维持在同一水平	常见于肾功能严重受损，也可见于慢性上尿路严重梗阻
低水平递降型	a 段低，无 b 段，只见放射性递降	见于肾功能极差或无功能或肾缺如
阶梯状下降型	a、b 段基本正常，c 段呈规则的或不规则的阶梯状下降	见于因疼痛、精神紧张、尿路感染、少尿或卧位等所致的上尿路痉挛；尿反流
单侧小肾图	a、b、c 三段均正常，但图形明显低于对侧	多见于一侧肾动脉狭窄或先天性小肾

（五）临床应用

1. 上尿路梗阻的诊断　肾图诊断尿路梗阻是一种可靠、简便、检出率较高的方法，肾和输尿管结石 90% 肾图可出现特征性梗阻图形改变，膀胱结石或肿瘤、盆腔肿物、前列腺增生等引起急性或慢性尿潴留，也可出现梗阻型肾图。肾图估计尿路梗阻肾功能受损的程度时比静脉肾盂造影灵敏，对于判断疗效和掌握病情的发展很有帮助。

利用利尿肾图可鉴别机械性与功能性梗阻。

2. 分肾功能测定及肾性高血压的诊断　应用肾图检查分肾功能，对于筛选肾性高血压和观察血尿、尿路感染以及单侧性肾功能受损情况均有一定的意义。

肾源性高血压有肾血管性高血压和肾实质疾病性高血压，若有一侧肾血流灌注不良、肾影较对侧明显缩小及肾实质内放射性清除延缓，则肾血管性高血压可能性大，卡托普利（captopril）试验可以提高诊断正确率。

3. 移植肾的监测　移植肾的肾图正常或基本正常是肾移植成功的有力证据。出现急性或慢性排异反应时，肾图各有不同的变化。因此，肾移植后定期复查肾图有助于免疫抑制治疗疗效观察和作为进一步治疗的参考。

提示：肾图只是对肾功能的初步估计。

三、平衡法心血池显像心室功能测定

（一）原理

血池显像剂在血液循环中达到平衡之后，以心电图 R 波为触发信号（门控电路），启动 γ 照相机自动、连续、等时地采集并贮存每一时段的信息，可获得心动周期内的一系列心血池影像。将多个心动周期相同时段的信息叠加及处理，则可获得心动周期的心血池影像及心室内放射性计数随时间变化的曲线。

（二）示踪剂

常用的放射性药物为 ^{99m}Tc 标记红细胞（^{99m}Tc-RBC），成人剂量为 555~740 MBq（15~20 mCi）。

(三)方法

1. 静息法 静脉注射示踪剂,待其达到平衡(约15 min)。采用γ照相机及门电路装置,分别在后前位(ANT)、左前斜位(LAO)、左侧位(LLA)采集心血池影像信号,一般采集500个左右心动周期。

2. 负荷试验 在完成静息法采集后,采用运动或药物负荷,在负荷达到次极量或最大值时采集负荷状态下的心血池影像,将所获得的心功能参数与静息状态的心功能参数对比分析。

(四)心室容积曲线分析

一般采用左前斜位45°心血池系列影像分析。在这一体位,心血池影像可清楚地分辨左、右心室血池影像,并能形成心室内放射性计数随时间变化的曲线,称为心室时间-放射性曲线(图5-35-4),该曲线反映心室内容积变化的规律,也称为心室容积曲线。

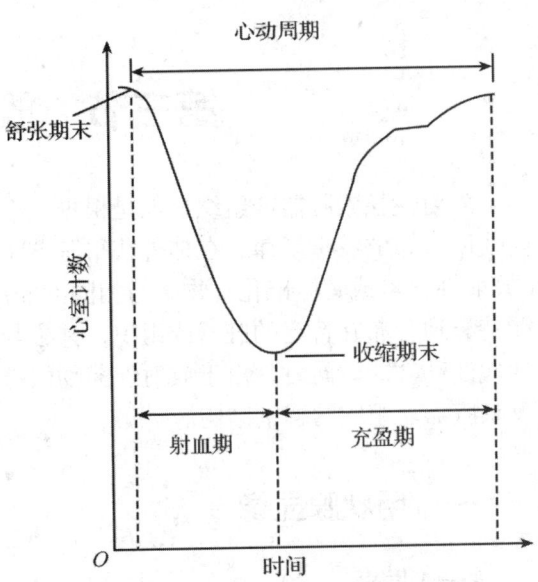

图 5-35-4 心室时间-放射性曲线示意图

1. 心室收缩功能参数 射血分数(ejection fraction,EF)为心室每搏量占心室舒张期末容积的百分数。静息状态下,左心室射血分数(LVEF)>50%,右心室射血分数(LVEF)>40%。运动负荷后EF绝对值较静息状态值上升5%以上。用类似的方法还可以计算出心室收缩早期的功能参数:如射血期前1/3的EF(1/3EF)。

射血分数计算公式:$$EF = \frac{SV}{EDV} \times 100\%$$

即(舒张期末计数-收缩期末计数)/舒张期末计数。

2. 心室舒张功能参数 高峰充盈率(peak filling rate,PFR)反映心室舒张期容积的最大变化速率,参考值≥2.1 EDV/s。舒张早期参数[如1/3充盈率(1/3FR)、1/3高峰充盈率(1/3PFR)]可反映心室舒张早期的功能。

(五)临床意义

1. 冠心病心肌缺血的诊断及心室功能评价 轻度心肌缺血患者在静息状态下左心室收缩功能大多正常,其诊断心肌缺血的灵敏度不高,但负荷状态下心功能测定对冠心病的诊断具有较高的特异性和灵敏度,对冠心病早期诊断和判断心肌储备功能有一定的意义。

2. 心脏疾病治疗前、后心功能的判断

(1)急性心肌梗死患者治疗前、后的随访:急性心肌梗死患者心脏收缩与舒张功能均下降,并伴局部室壁运动障碍。正常情况下,随病情好转,心功能逐渐恢复。如果监测过程中收缩期、舒张期功能指标未见好转或下降,提示有并发症发生或预后不良,也可观察梗死部位功能的恢复情况。

(2)手术前心功能的评估:判断患者耐受手术的能力。

(3)临床新药疗效判断及药物作用机制研究。

3. 慢性阻塞性肺疾病心功能的评价 右心室功能不全是慢性阻塞性肺疾病常见并发症。代表右心室收缩功能的右室射血分数(RVEF)与右心室后负荷有密切关系,与肺动脉压呈负相关,在肺源性心脏病早期,RVEF即有不同程度的变化。

提示:静息状态心功能测定对心脏功能评价有一定的局限性,一般均与负荷试验结合,可使诊断的特异性和灵敏度提高。

第三节　放射性核素脏器显像

放射性核素脏器或组织显像是根据放射性核素示踪原理，利用放射性核素或其标记化合物在体内代谢分布的特殊规律，在体外获得脏器和组织功能及结构影像的一种成像技术。由于放射性药物（放射性核素或其标记化合物）与相同的非放射性药物在机体内具有相同的代谢过程和生物学特性，能特异地分布在特定的脏器或组织，并参与机体的代谢，因而放射性核素显像能够反映脏器、组织的代谢和功能。同时，由于放射性药物能选择性地分布于某一脏器或组织，放射性核素显像也能够反映脏器、组织的解剖结构。

一、甲状腺显像

（一）原理

^{131}I 被引入体内后，大部分在 24 h 内经尿排出体外，存留在体内的几乎全部被有功能的甲状腺组织摄取，并参与甲状腺激素的合成过程。^{131}I 被摄取的量和速度与甲状腺功能有关。利用显像仪器可获得甲状腺影像，显示甲状腺的位置、形态、大小、功能及放射性分布情况。另外，^{131}I 也能被有功能的甲状腺癌转移灶摄取而使之显影，故可用于发现分化较好的甲状腺癌转移灶。

^{99m}TcO$_4^-$ 与 ^{131}I 在性质上有相似之处，也可被甲状腺组织摄取，且被摄取的量和速度也与甲状腺功能有关，故也可用 ^{99m}TcO$_4^-$ 进行甲状腺显像。

（二）显像剂及方法

常用的显像剂为 ^{131}I（NaI）、^{99m}TcO$_4^-$ 过锝酸盐（^{99m}TcO$_4^-$）。此外，尚有 ^{75}Se、^{123}I、^{201}Tl 等。临床可根据检查目的选用合适的显像剂和显像方法：颈部甲状腺显像一般可采用 ^{99m}TcO$_4^-$ 口服或静脉注射；异位甲状腺及甲状腺癌转移灶显像一般采用 ^{131}I 口服。

（三）适应证

观察甲状腺的位置、形态、大小及功能状态；异位甲状腺的诊断；甲状腺结节功能状态的判定；寻找甲状腺癌转移灶或复发灶；甲状腺功能亢进症、高功能腺瘤 ^{131}I 治疗前估算甲状腺及腺瘤重量；颈部包块与甲状腺关系的鉴别；甲状腺炎的辅助诊断。

（四）图像分析

1. 正常图像　甲状腺位于颈前正中，呈蝴蝶状，分左、右两叶，中间有峡部相连，两叶内放射性分布均匀（图 5-35-5A），部分正常人峡部或某一叶上方可见锥体叶（图 5-35-5B）。

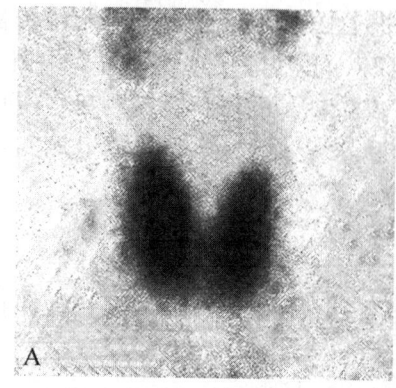
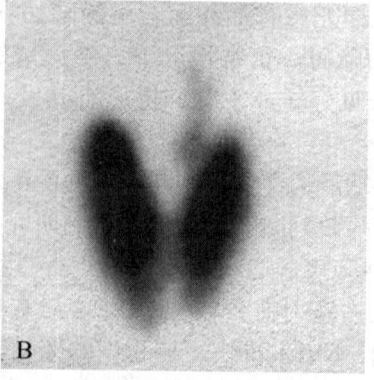

图 5-35-5　正常甲状腺显像
A. 正常甲状腺；B. 锥体叶

2. 异常图像　主要有甲状腺形态、大小、位置异常和放射性分布异常。

（五）临床应用

1. 异位甲状腺的诊断　异位甲状腺多位于舌骨下、胸骨后。在排除甲状腺癌转移的情况下，显像图上正常甲状腺位置无摄 ^{131}I 或 ^{99m}TcO$_4^-$ 的组织，而于舌根部或胸骨后部位呈现吸收 ^{131}I 或 ^{99m}TcO$_4^-$ 的组织影像。异位甲状腺显示出摄 ^{131}I 或 ^{99m}TcO$_4^-$ 的均匀放射性分布图像，而失去甲状腺的形态。

2. 甲状腺结节功能及状态的判断　甲状腺显像能反映甲状腺结节的功能及状态，为甲状腺结节的诊断和治疗提供一定的依据。按结节摄 ^{131}I 或 ^{99m}TcO$_4^-$ 的功能及状态分为以下几种。

（1）"冷结节"（cold spot）：结节部位无摄 ^{131}I 或 ^{99m}TcO$_4^-$ 的功能或低于周围甲状腺组织，表现为结节部位放射性缺损。"冷结节"多见于甲状腺癌、淋巴细胞性甲状腺炎、甲状腺瘤（腺瘤出血、钙化或囊性变）及甲状腺囊肿。单发癌变率平均为20%，最高者达50%，而多发的癌变率为0~18.3%。对"冷结节"良、恶性鉴别可用亲肿瘤显像剂。如常规显像呈"冷结节"，而亲肿瘤显像变为浓聚区，则癌变的可能性大。一般单发"冷结节"以手术治疗为好。

（2）"凉结节"：结节部位摄 ^{131}I 或 ^{99m}TcO$_4^-$ 的功能低于周围甲状腺组织，表现为结节部位放射性稀疏，低于周围正常甲状腺组织，其临床意义与"冷结节"相同。

（3）"温结节"：结节部位摄 ^{131}I 或 ^{99m}TcO$_4^-$ 的功能与周围正常组织一致或基本一致。"温结节"多为良性甲状腺瘤，少数为功能自主性腺瘤；表面有正常组织覆盖的"冷结节"也可表现为"温结节"。"温结节"的癌变率约为4%。有时结节性甲状腺肿、慢性甲状腺炎也表现为"温结节"。"温结节"可用甲状腺激素（T$_3$/T$_4$）治疗，若治疗后逐渐消失，可行手术治疗。

（4）"热结节"（hot spot）：结节部位摄 ^{131}I 或 ^{99m}TcO$_4^-$ 的功能高于周围正常组织，放射性分布比周围正常甲状腺组织明显增高。"热结节"常见于功能自主性腺瘤、结节性甲状腺肿的自主功能性结节，极少数分化好的滤泡性甲状腺癌及突出甲状腺表现的"温结节"也可表现为"热结节"。

功能自主性甲状腺瘤是甲状腺内的一个功能自主的结节，它的功能不受TSH的调节，而是滤泡上皮的本身功能亢进所致，结节以外正常甲状腺组织仍与TSH呈正常关系。由于自主结节分泌到血液中的激素浓度升高，通过TSH反馈抑制结节周围正常甲状腺组织，使其摄 ^{131}I 功能下降或消失。显像图上呈现结节部位为"热结节"，而正常组织可完全不显像或不同程度显像，这种结节是单发的。

结节性甲状腺肿的功能自主性结节也表现为"热结节"，它的显像图呈多个"热结节"，"热结节"间的正常组织可不显像或稍显像，但甲状腺明显肿大。

单发"热结节"常需与先天性一叶缺如或手术一叶切除、不分叶甲状腺、局部甲状腺组织增生相鉴别，而多个"热结节"则须与结节性甲状腺肿结节功能程度不一致而引起的分布不均匀相鉴别。鉴别方法有促甲状腺激素兴奋试验显像和甲状腺素抑制显像。

甲状腺显像为"热结节"者，癌变的可能性很小。

提示： 四类甲状腺结节（图5-35-6）的区分是以正常甲状腺组织的放射性分布为基准对比分类，是影像学术语，不是临床诊断。

3. 颈部肿块与甲状腺关系的鉴别　一般根据图像中甲状腺轮廓是否完整、肿块是否在甲状腺影像之外、是否聚集 ^{99m}TcO$_4^-$ 来区分。

4. 寻找甲状腺癌的转移灶　功能性甲状腺癌转移灶因具有摄取 ^{131}I 的功能，因而可采用 ^{131}I 显像查找甲状腺癌转移病灶。

此外，临床上还常用甲状腺显像进行甲状腺形态、大小、重量的计算，甲状腺术后残余组织、再生及修复情况的了解以及甲状腺炎的辅助诊断。

提示： 寻找甲状腺癌转移灶要用 ^{131}I 作为显像剂。

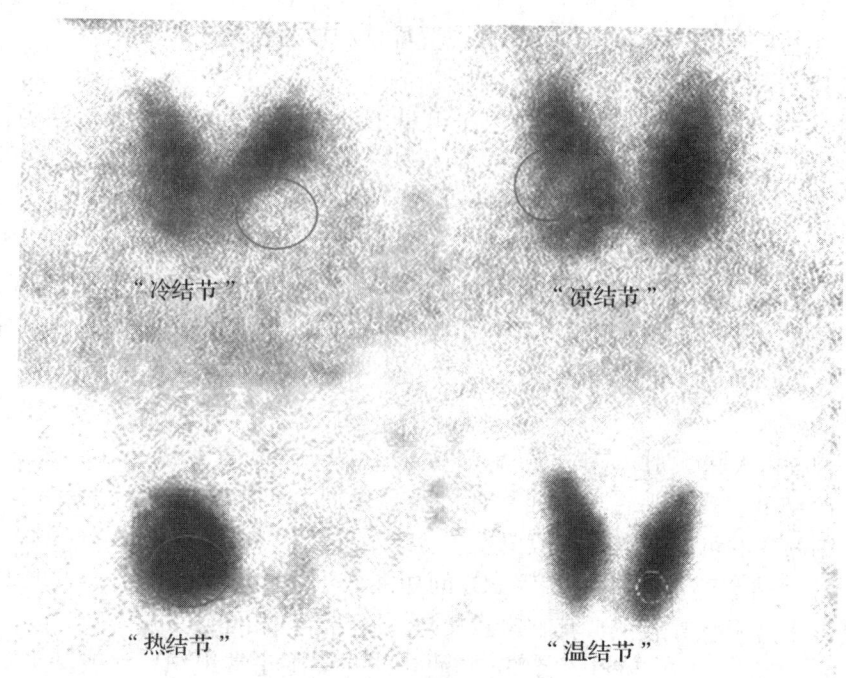

图 5-35-6 四类甲状腺结节影像

二、肾动态显像

（一）原理

静脉注射经肾小球滤过或肾小管上皮细胞摄取、排泌而不被回吸收的放射性显像剂，用显像仪器（SPECT 或 γ 照相机）快速、连续、动态采集包括双肾和膀胱区域的放射性影像，可以动态地观察肾实质内浓聚和排泄至肾盂、肾盏、输尿管，最后达膀胱的动态过程，并获得双肾血流灌注、大小、形态、位置、功能及尿路通畅情况等肾血流灌注和肾形态与功能方面的资料，达到诊断疾病的目的。

（二）显像剂

1. 肾小球滤过型显像剂　显像剂主要经肾小球滤过且不被肾小管重吸收，很快随尿排出。常用的是 ^{99m}Tc-DTPA，95% 由肾小球滤过，不被肾小管重吸收，肾内有效半衰期为 2~3 h，95% 的注射量在 24 h 内由尿排出。

2. 肾小管分泌型显像剂　显像剂随血流经肾时，大部分被肾小管近端上皮细胞吸收、分泌到管腔，小部分由肾小球滤过，两者在小管腔内汇集后随尿排出体外。常用的有 ^{131}I-OIH（或 ^{123}I-OIH）、锝-99m-双半胱氨酸（^{99m}Tc-EC）。

提示：两种类型的显像剂在肾浓集的机制不同。

（三）方法

1. 患者准备　一般无需特殊准备，检查前排尿。
2. 体位　可采用后位、前位或坐位。
3. 静脉注射　^{99m}Tc-DTPA 185~370 MBq（5~10 mCi）或 ^{131}I-OIH 11.1~18.5 MBq（300~500 μCi），"弹丸式"注射。肾动脉灌注相以每秒 1 帧的速度连续采集 30~60 帧，肾功能相以每帧 30 s 的速度连续显像 20~30 min。如果患者有排泄延迟或不显影，可做延迟静态显像。
4. 计算机处理　获得双肾血流灌注、肾功能动态和尿路通畅情况等定性和定量资料。

（四）图像分析

1. 正常图像

（1）灌注相：反映肾血流灌注情况。腹主动脉上段显影后2 s左右双肾开始显影，随之明显，双侧肾影形态完整，放射性分布基本均匀。两侧肾影出现的时间差<2 s，峰值差<30%（图5-35-7）。

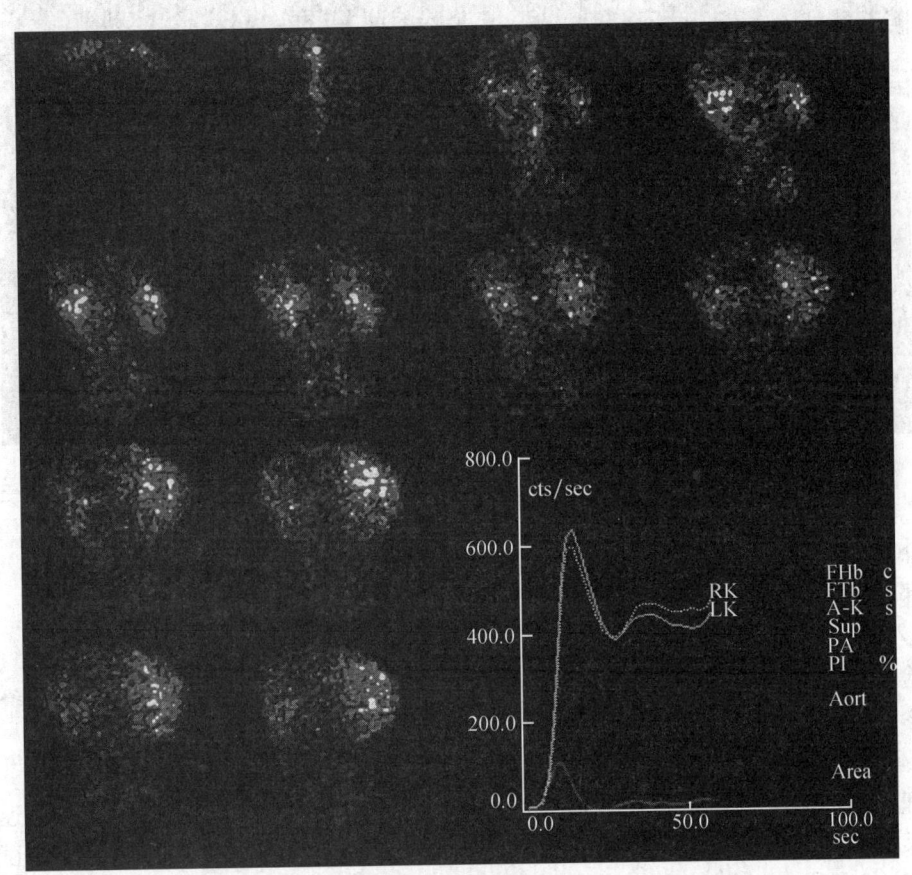

图 5-35-7（彩图 55） 正常肾动脉灌注影像和曲线

（2）功能相：静脉注射显像剂后1 min双肾已显影，2～4 min时双肾影最浓，影像完整、清晰，放射性分布均匀，为肾实质影像。3～5 min后，可见肾盏、肾盂内放射性逐渐浓聚。20 min后肾影基本消退，大部分显像剂集中在膀胱内（图5-35-8）。

2. 异常图像 常表现为肾血流灌注异常、显像延迟、排泄缓慢、肾不显影或显影部位异常等。

（五）临床适应证

（1）了解双肾大小、形态、位置、功能及上尿路通畅情况；判断尿路梗阻的部位、形态、功能改变。

（2）评价肾动脉病变及双肾血供情况，协助诊断肾血管性高血压。

肾血管病变时，肾动脉狭窄表现为肾体积较小，肾内放射性分布少，显影、排泄延迟，严重者血流灌注少，肾不显影。

（3）了解肾内占位性病变区域的血流灌注情况，用于鉴别良、恶性病变。

肾内占位性病变，如肿瘤、囊肿、脓肿、梗死等表现为肾内病变部位放射性分布稀疏、缺损，患肾肿大，形态失常；功能受损时，显像时相延迟。进行动态血流灌注观察，有助于鉴别肿瘤与囊肿：血流灌注有血流，而静态缺损多为肿瘤；反之，则多为囊肿。

（4）监测移植肾血流灌注和功能情况；反映移植肾的功能、形态以及尿路通畅情况。

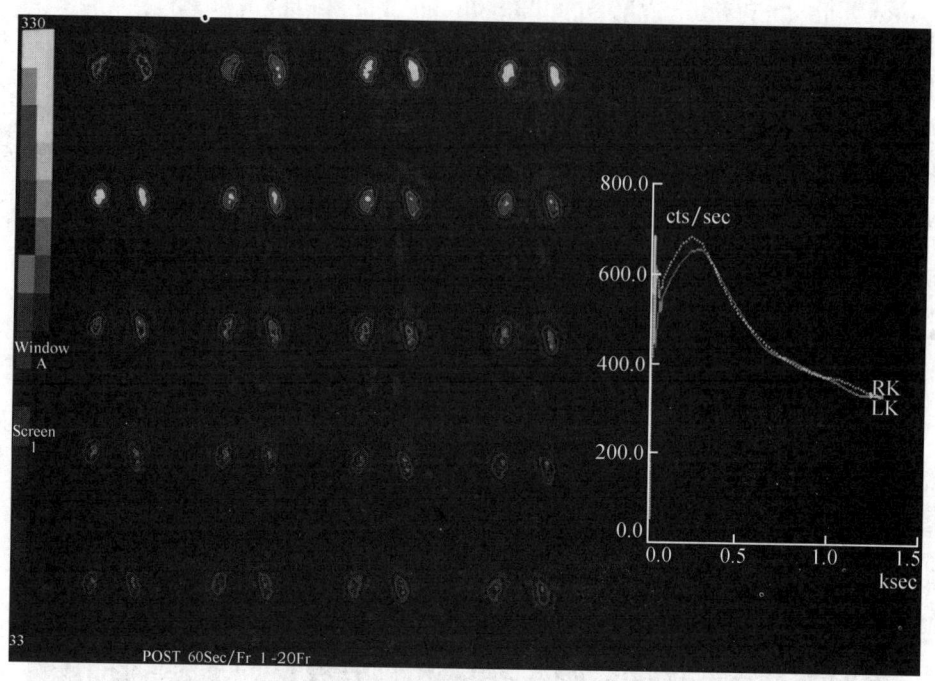

图 5-35-8（彩图 56） 正常肾动态影像和肾图曲线

（5）肾外伤后，须了解其血运，观察是否存在尿漏。
（6）腹部肿物的鉴别诊断，确定其为肾内或肾外肿物。

（六）介入试验

介入试验是充分利用药物或其他负荷方式，改变肾的正常或病理生理过程，获得更多的肾功能信息，达到诊断目的。最常开展的包括利尿药介入试验和卡托普利（captopril）试验。

1. 利尿药介入试验

（1）原理：非梗阻性肾盂扩张导致显像剂滞留，注射利尿药增加尿流量后，可迅速将扩张的非梗阻性集合系统中的显像剂排出；梗阻肾盂病变则梗阻部位近端显像剂滞留明显。该试验受患侧肾功能、利尿药注射时间、利尿药种类和剂量、给药途径以及患者水负荷状态的影响。

（2）适应证：肾盂输尿管连接部显像剂潴留的鉴别诊断；机械性上尿路梗阻手术后观察梗阻是否已解除；随访单纯肾盂扩张的变化。

（3）临床评价：主要用于机械性梗阻和非梗阻性尿路扩张的鉴别诊断。

2. 卡托普利试验

（1）原理：卡托普利是一种良好的血管紧张素转换酶（ACE）抑制药，可阻断血管紧张素Ⅱ的生成，舒张肾小球出球小动脉，减低肾小球滤过压，使肾小球滤过率降低，肾动态显像时表现为显像剂潴留，加剧了患侧肾的功能异常，提高了肾血管性高血压的检出率、灵敏度和特异性。

（2）适应证：诊断肾血管性高血压。

（3）临床评价：将卡托普利试验的肾影像和肾图与首次肾动态显像结果相比较。若患肾影像出现和消退延缓、肾图曲线峰值降低、峰时和排泄明显延缓，表明该试验为阳性，支持肾血管性高血压的诊断。

提示：利尿药介入试验主要观察对示踪剂排泄的影响，鉴别尿路梗阻是机械性或是功能性；卡托普利试验主要观察对肾血管的影响。

三、心肌灌注显像

（一）显像原理

心肌依靠冠状动脉供血以维持其正常功能，正常心肌能够选择性地摄取放射性药物。当放射性药物经冠状动脉至正常的心肌细胞时，能够被正常心肌细胞选择性地摄取，且摄取的量与冠状动脉血流量成正比，与局部的心肌血流量、存活性及代谢活力成正比。当冠状动脉狭窄致使血流减少或阻塞时，或心肌细胞损伤甚至心肌梗死时，其摄取放射性药物的量明显减少，甚至不摄取。通过探测心肌摄取放射性药物的状况，所获得心肌影像的放射性分布，以判断冠状动脉血流状况和心肌细胞存活状态，达到诊断和鉴别诊断心肌疾病以及预后和疗效观察的目的。

提示：心肌灌注显像主要是显示心肌；心脏血池显像主要是显示心腔。

（二）显像剂及方法

1. **显像剂**　常用的放射性药物有铊-201-氯化铊（^{201}Tl-chloride，^{201}Tl-Cl）和锝-99m-甲氧基异丁基异腈（^{99m}Tc-MIBI）。

（1）^{201}Tl-Cl 为加速器生产，$T_{1/2}$ 为 74 h，常用剂量为 74~148 MBq。其生物特性与 K^+ 相近。心肌内 ^{201}Tl 的分布取决于心肌细胞的摄取率和血流量，且心肌细胞内成分与心血池之间 ^{201}Tl 的交换存在着一个连续的过程。^{201}Tl 在正常心肌内摄取迅速并很快达高峰，而在血供减少的心肌区域中，由于心肌细胞仍有活力，表现出心肌对 ^{201}Tl 的摄取相应减少，但呈持续摄取，直至达高峰，因而其高峰时间后移；正常心肌细胞与缺血心肌细胞之间摄取 ^{201}Tl 过程的差异导致两区域内初期阶段与后期阶段 ^{201}Tl 放射性分布的差异，初期阶段血供正常区域内放射性分布良好，而血供减少区域内放射性分布差，呈现稀疏缺损表现；后期阶段，随着时间推移，血供正常的心肌内 ^{201}Tl 的蓄积逐渐减少，而缺血区域内 ^{201}Tl 的分布逐渐增多，最终导致两区域内放射性分布差异不明显，此现象称为"再分布"，它对局部心肌缺血的诊断具有较大的价值。

（2）锝-99m-甲氧基异丁基异腈（^{99m}Tc-MIBI）在血液中清除速度快，心脏/肺、心脏/肝比值高；在心肌中的分布无再分布图像，其静息显像需要在 3~24 h 后重复注射；在心肌中的摄取量与局部冠状动脉血流量成正比；其 $T_{1/2}$ 比 ^{201}Tl 短，能量适中，用于显像的剂量可增加，能获得高质量的图像。

2. **方法**　心肌灌注显像一般都要分别进行负荷试验显像和静息显像（或延迟显像）。可以同一日进行，也可以隔日进行。

负荷试验显像是由于狭窄的冠状动脉在静息时尚能维持该部位心肌的血供，但在运动或药物负荷下不能像正常部位一样扩张使心肌血流增加而显示心肌缺血改变，从而提高了诊断心肌病变的敏感度和特异性。常用的负荷方法有次极量运动负荷和药物负荷，如双嘧达莫、腺苷、多巴酚丁胺。

双嘧达莫试验负荷显像：双嘧达莫能抑制血液中腺苷的代谢，使组织间液和血液中腺苷浓度增加，腺苷与平滑肌和血管壁上的腺苷受体结合，使平滑肌和血管扩张。它对正常和病变血管的扩张能力是不同的，正常血管用药后明显扩张，血流增加 4~5 倍，摄取增加；而病变血管扩张不明显或不能扩张，血流增加很少或不增加，使正常心肌与病变心肌之间的放射性分布的差别更明显，提高了阳性率；0.14 mg/kg 的双嘧达莫用 20 ml 生理盐水稀释，在 4 min 内缓慢注射完毕，再注射 ^{201}Tl 74 MBq 或 ^{99m}Tc-MIBI 740 MBq，于注射后 10 min（^{201}Tl）或 1 h（^{99m}Tc-MIBI）进行显像。

提示：负荷试验是由于正常冠状动脉血管给予负荷后明显扩张，血流增加，摄取增加，而病变血管扩张不明显或不能扩张，血流增加很少或不增加，使正常心肌与病变心肌之间的放射性分布的差别更明显。

（三）适应证

（1）冠心病心肌缺血的早期诊断。

（2）心肌梗死的评价。

（3）心肌细胞活力判断。

（4）冠状动脉搭桥术或成形术前病例选择和术后疗效评估。

（5）探测冠状动脉成形术后再狭窄。

（6）心肌病的诊断与鉴别诊断。

（四）图像分析

1. 正常影像

（1）平面图像：静态影像只可见左心室影，心影呈卵圆形或马蹄形；心肌壁内放射性分布均匀，心腔内有少许放射性分布或无放射性分布；心底部无放射性分布；负荷显像时左心室影像更清楚，右心室可显影，但室壁更薄，其放射性分布明显低于左心室壁。

（2）断层影像：心肌的断层影像以心的短轴、水平长轴及垂直长轴3个方向的断层显示（图5-35-9～图5-35-11）。

短轴面：不同部位形态不同，心尖处呈"圆点"状，中段为"圆圈"形，心底段呈"反C"形。

水平长轴：呈立位马蹄形，心肌壁放射性分布均匀，中心稀疏缺损区为心腔。显示心尖，前、后间壁，前、后侧壁。

垂直长轴：呈横位马蹄形，心肌壁放射性分布均匀，中心稀缺区为心腔。显示前壁、心尖、下壁和后壁。

2. 异常图像

（1）可逆性缺损：负荷影像所见的稀疏缺损区在静态影像中显示该部位放射性充填（图5-35-12）。

（2）不可逆缺损：负荷影像所见的稀疏缺损区在静态影像中仍然显示放射性缺损（图5-35-13）。

（3）混合性缺损：负荷影像所见的稀疏缺损区在静息影像中有部分充填，心室壁不可逆缺损和可逆性缺损同时存在。

（4）花斑型异常：室壁内出现斑片状放射性稀疏缺损区。

（5）反向再分布：负荷显像正常而静息显像显示放射性稀疏缺损区。

提示：心肌缺血的特征性改变是可逆性缺损；心肌梗死的特征性改变是不可逆缺损。

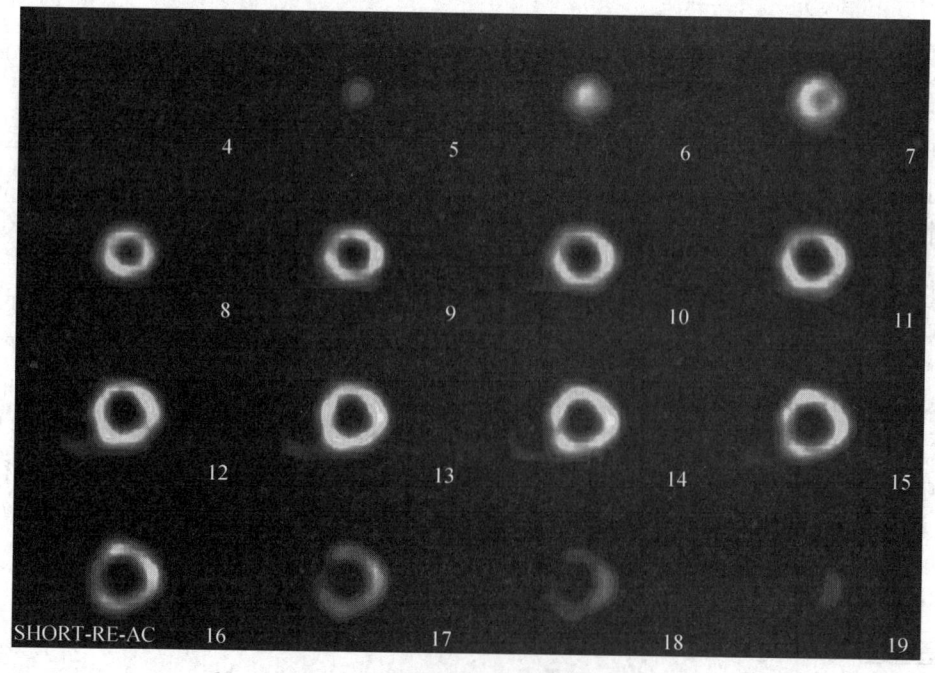

图5-35-9（彩图57） 正常短轴影像

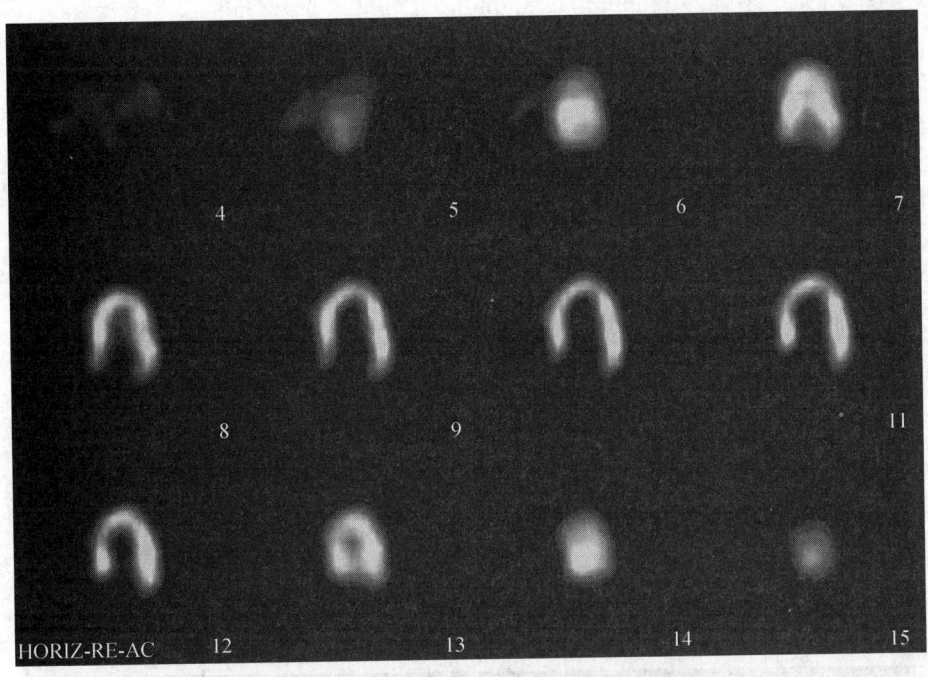

图 5-35-10(彩图 58) 正常水平长轴影像

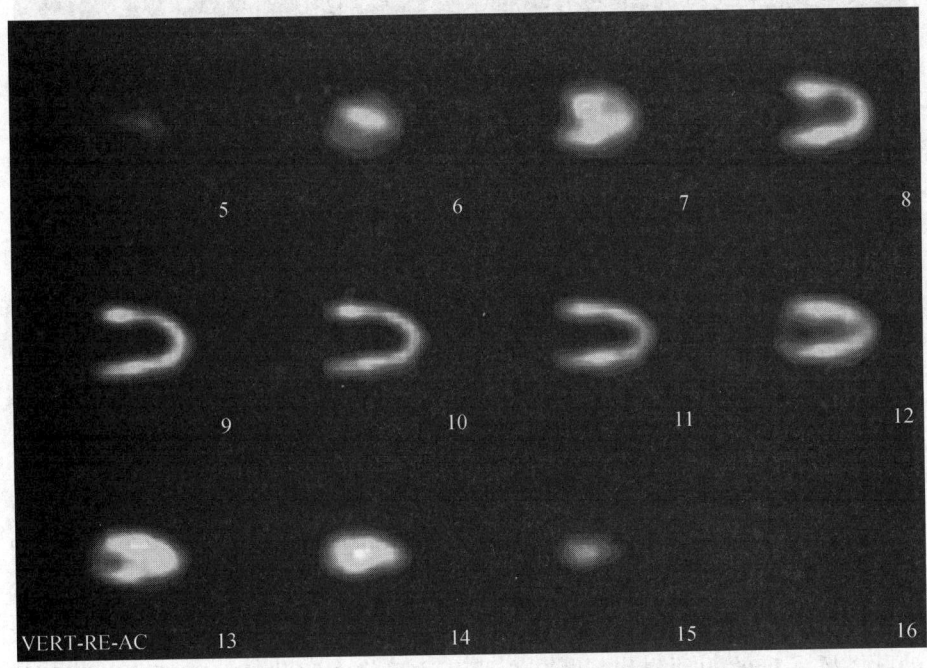

图 5-35-11(彩图 59) 正常垂直长轴影像

(五)临床应用

1. 冠心病心肌缺血的诊断 常表现为可逆性缺损。灵敏度为 70%~95%,特异性为 60%~90%。严重的缺血病变可引起不可逆缺损影像。运动/静息表现为固定缺损区,则梗死或瘢痕的可能性大;若表现为可逆性缺损,则暂时性心肌缺血的诊断成立。本法对冠心病(CAD)诊断的敏感度和特异性均在 90% 左右,其敏感度比运动心电图高 10%~15%。

2. 心肌梗死的定位及梗死区域大小判断 心肌梗死的诊断以两次显像表现为固定区域的缺损为特点。心肌灌注异常与 ECG 出现 Q 波的一致率为 98%,与室壁运动异常的一致率为 99%。它确

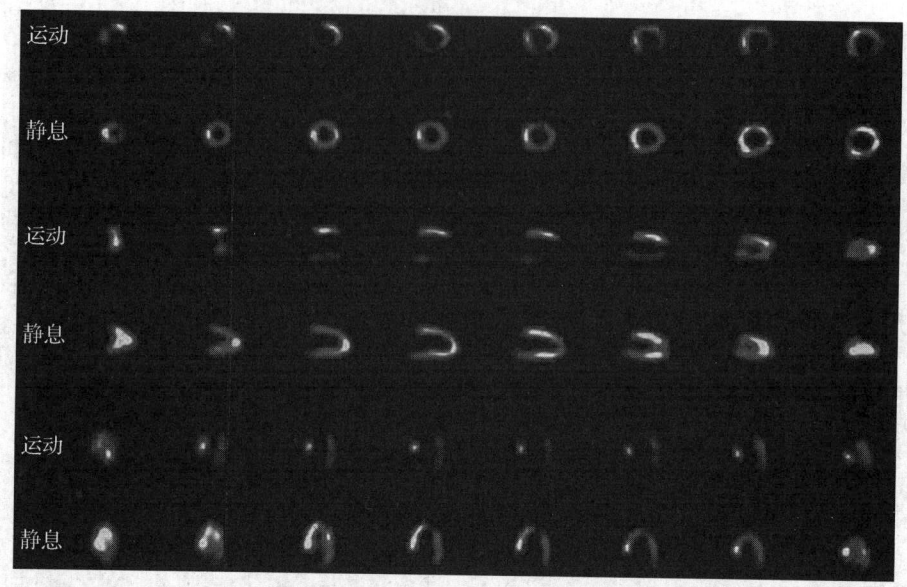

图 5-35-12（彩图 60） 可逆性缺损

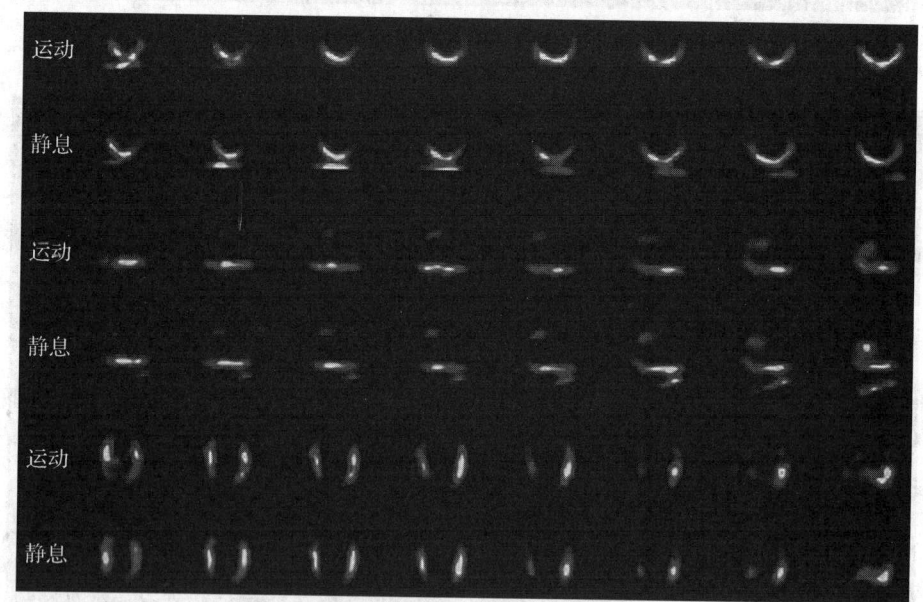

图 5-35-13（彩图 61） 不可逆缺损

定的梗死区域大小和范围与实际病理范围相近或一致。其缺点是不能鉴别新近梗死和陈旧梗死。

3. 冠状动脉搭桥术疗效的预测和判断 心肌灌注显像在冠状动脉搭桥术前可了解病变部位的血供情况，以判断心肌存活的可能性及预测其疗效。若病变区有良好的再分布，提示病变区侧支循环良好，心肌存活良好，无须手术治疗；若再分布影像虽差，但较运动影像有明显改善，提示局部尚有存活心肌存在，冠状动脉搭桥术后可望改善缺血状况；若负荷、静息均表现为固定缺损区域，则提示心肌已坏死，无存活性，即使手术，其疗效也差。

4. 急性心肌梗死溶栓治疗后存活心肌的估计及危险度判断 溶栓后冠状动脉重新开放者，其缺损区域将明显缩小，表明有大面积心肌被救活，预示病变心肌处于低度危险；若溶栓后缺损区域变化不明显，则表明溶栓治疗失败，病变心肌仍处于高度危险中。

5. 左心室室壁瘤诊断 心肌显像结合心血池显像对室壁瘤的诊断价值较大。心肌显像表现为缺损区域，心血池显像表现为向外隆凸的卵圆形浓聚影，则为室壁瘤。

6. 心功能判断 用门电路采集可获得各种参数和室壁运动状态。

7. 心肌病的鉴别诊断 扩张型心肌病心壁薄、心腔扩大，而心肌内放射性分布呈"花斑"样变化；肥厚型心肌病心肌为非放射性增厚、心腔变小、间壁增厚，心肌内放射性分布均匀。

第四节 放射性核素体外分析技术

放射性核素体外分析技术（体外微量物质分析）是在体外条件下，以结合反应为基础、以放射性核素标志物为示踪剂、以放射性测量为定量手段，对生物样品（血、尿、组织间液等）中的微量物质进行定量检测。放射性核素体外分析技术包括所有以体外放射分析的基本原理为基础而建立起来的各种体外分析技术，如放射免疫分析、免疫放射分析、受体放射分析。其代表性的基本方法是放射免疫分析，常用于测定患者血清或其他体液样品内的激素、其他生物活性物质和药物浓度等。

放射性核素体外分析技术以放射免疫分析（radioimmunoassay，RIA）为代表，以放射性核素标记的配体为示踪剂，以配体和结合体的结合反应为基础。其基本原理是：以放射性核素标记抗原为示踪剂，以非标记抗原为检测对象。标记抗原和非标记抗原与限量的特异性抗体在相同条件下进行竞争性免疫结合反应。自 Yalow 和 Berson 创立了 RIA 以来，经过几十年的发展，在其作用机制的阐明、灵敏度的提高和质量控制体系的建立等方面有了很大的发展。在此基础上还发展了一大类分析方法，如放射性竞争结合分析、放射性非竞争结合分析。同时，采用其他一些灵敏度高的标记方法，如荧光、化学发光、稀土元素标记等免疫分析技术替代放射性核素标记和非同位素标记技术也有了快速的发展，人体内很多含量极微的激素、酶、神经介质、配体、受体、药物、核酸、蛋白质等生物活性物质均可以准确定量。

体外分析技术已归于实验诊断相应章节内容，本节不再做详细介绍。

（邵 岑）

自 测 题

一、名词解释

1. 放射性核素
2. 可逆性缺损
3. 甲状腺"热结节"

二、选择题

1. 下列放射性核素需用核素发生器来获取的是
   A. ^{125}I B. ^{123}I C. ^{131}I
   D. ^{99m}Tc E. ^{111}In

2. ^{99m}Tc 及其标记化合物是脏器显像中最常用的放射性药物，^{99m}Tc 半衰期为
   A. 3 h B. 6 h C. 12 h
   D. 2.7 天 E. 81 天

3. $^{99m}TcO_4^-$ 在显像中主要用于
   A. 肝显像 B. 肾显像 C. 甲状腺显像
   D. 骨显像 E. 心肌显像
4. ^{99m}Tc-RBC 在显像中主要用于
   A. 心血池显像 B. 肾显像 C. 甲状腺显像
   D. 骨显像 E. 心肌显像
5. ^{99m}Tc 标记的 DTPA 在显像中主要用于
   A. 肝显像 B. 肾显像 C. 甲状腺显像
   D. 骨显像 E. 心肌显像
6. ^{99m}Tc 标记的磷酸盐在显像中主要用于
   A. 肝显像 B. 肾显像 C. 甲状腺显像
   D. 骨显像 E. 肾上腺显像
7. 下列心肌灌注显像剂在心肌中具有再分布特点的是
   A. ^{201}Tl B. ^{99m}Tc-TBI C. ^{99m}Tc-CPI
   D. ^{99m}Tc-MIBI E. ^{99m}Tc-PYP
8. 心肌梗死灶在心肌灌注显像中表现为
   A. 静息时减低，运动时填充 B. 运动时减低，静息时填充
   C. 静息和运动时均减低，无差别 D. 静息和运动时均增加，无差别
   E. 静息时减低，运动时增加
9. 冠心病心肌缺血时心肌灌注显像表现缺血区为
   A. 静息时减低，运动时填充 B. 运动时减低，静息时填充
   C. 静息和运动时均减低，无差别 D. 静息和运动时均增加，无差别
   E. 静息时减低，运动时增加
10. 平衡法心血池显像心功能测定静息时左心室射血分数正常为
    A. >30% B. >40% C. >45%
    D. >50% E. >60%
11. 核医学影像的特点是
    A. 可以反映密度的变化 B. 可以反映回声的改变
    C. 可以反映氢核密度的变化 D. 可以反映代谢、血流和功能改变
    E. 特异性较低
12. 单侧肾动脉狭窄其肾图检查可出现的异常是
    A. 持续上升型 B. 高水平延长型 C. 单侧小肾图
    D. 阶梯状下降型 E. 低水平延长型
13. 正常情况下，负荷试验左心室射血分数较静息时增加
    A. >30% B. >20% C. >5%
    D. >15% E. >10%
14. 初诊甲状腺功能亢进症患者，在未使用抗甲状腺药物治疗前，其甲状腺摄碘率的典型特征是
    A. 在服 ^{131}I 后第 24 h 的摄碘率明显升高，峰时位于第 24 h
    B. 在服 ^{131}I 后第 24 h 的摄碘率低于正常范围
    C. 在服 ^{131}I 后第 3~6 h 的摄碘率高于正常范围
    D. 在服 ^{131}I 后第 24 h 的摄碘率高于正常范围且伴有速度增快，甚至高峰前移
    E. 摄碘率与甲状腺大小呈正相关

15. 在肾显像中，同时要获得肾图曲线，需用下列何种显像
    A. 肾静态显像
    B. 肾灌注显像
    C. 肾动态显像
    D. SPECT 肾断层显像
    E. 放射性核素肾血管造影

16. 关于 $^{99m}TcO_4^-$ 在甲状腺内的描述，正确的是
    A. 仅被甲状腺组织吸附
    B. 参与甲状腺激素合成
    C. 以甲状腺激素形式潴留
    D. 参与甲状腺激素代谢
    E. 参与甲状腺激素分泌

17. 甲状腺显像不宜用 $^{99m}TcO_4^-$ 作为显像剂的是
    A. 甲状腺癌肿
    B. 甲状腺自主性高功能腺瘤
    C. 局部甲状腺组织增生
    D. 甲状腺囊肿
    E. 诊断异位甲状腺肿和寻找甲状腺癌的转移灶

18. 甲状腺显像呈单发"冷结节"，其癌变率为
    A. 5% 左右
    B. 10% 左右
    C. 20% 左右
    D. 50% 左右
    E. 绝大多数

19. 甲状腺显像中，不呈现"冷结节"的情况是
    A. 囊肿
    B. 腺瘤出血
    C. 腺瘤退行性变
    D. 甲状腺自主性高功能腺瘤
    E. 亚急性甲状腺炎

20. 将放射性核素作为示踪剂，是因为
    A. 能产生化学光
    B. 与被研究物质具有相同的物理性质
    C. 体内存在放射性核素
    D. 在衰变过程中能自发地释放出射线，并能被仪器探测
    E. 核仪器能对核素的化学量进行定量

21. 脏器功能测定、脏器显像以及体外放射分析等技术的共同原理是
    A. 放射性测量
    B. 反稀释法原理
    C. 免疫反应
    D. 示踪技术原理
    E. 动力学模型

22. 表示急性上尿路梗阻的曲线是
    A. 抛物线
    B. 持续上升曲线
    C. 高水平延长线
    D. 低水平延长线
    E. 低水平递降曲线

23. 表示肾无功能的曲线是
    A. 抛物线
    B. 持续上升曲线
    C. 高水平延长线
    D. 低水平延长线
    E. 低水平递降曲线

24. 有关肾图 b 段的描述，错误的是
    A. 为示踪剂的聚集段
    B. 是 a 段之后曲线缓慢上升直至到达高峰的线段
    C. 上升的斜率和高度与示踪剂剂量有关
    D. 上升的斜率和高度与肾有效血浆流量有关
    E. 上升的斜率和高度与肾小管上皮细胞的分泌功能有关

第六篇

临床诊断方法与病历书写

第三十六章　临床诊断方法

第三十六章数字资源

学习目标

1. 知识：描述临床诊断的内容及格式，列举临床诊断思维的基本原则。
2. 能力：运用所学知识对临床资料进行整理、分析、推断，完成疾病初步诊断并按规定格式记录。
3. 素养：通过学习和讨论，建立有效的医患沟通模式，掌握病情告知技巧，具备同理心，注重人文关怀。遵守医疗伦理原则，保护患者隐私权，履行知情同意程序。培养良好的医德医风，严格遵守国家的法律法规。

　　诊断疾病是临床医师最基本的临床实践活动。诊断疾病的过程是一个逻辑思维的过程，也是医师认识疾病及其客观规律的过程。诊断就是将所获得的临床资料进行整理，通过分析综合、推理判断，对患者所患疾病提出一种符合客观实际的判断或结论。

　　正确的诊断是治疗的导向，能否及时、正确诊断疾病反映了医师的水平、能力和素质。

第一节　诊断步骤

　　确定诊断一般有4个步骤，即搜集临床资料，分析、综合、评价资料，提出初步诊断，验证或修正诊断。

一、搜集临床资料

　　正确的诊断来源于周密而细致的临床资料收集，这是诊断疾病的第一步，也是最基本的方法。搜集临床资料包括病史采集、体格检查、实验室及其他辅助检查及其他资料的搜集。所搜集的资料要具有真实性、科学性、完整性和系统性，这才能为正确的诊断提供可靠的依据。

（一）**病史采集**

　　症状是病史的主体，症状的特点及其发生、发展与演变过程对于形成诊断起着非常重要的作用。近半数疾病的诊断可以通过详尽而完整的病史采集（问诊）初步确定。但症状并不等于疾病，临床医师要通过症状这一现象，结合医学知识、临床经验，认识疾病的本质特点。因此，病史采集要全面、系统、真实、可靠，要反映疾病的动态变化及个体的特征。注重疾病的共性，兼顾患者的个性。

（二）**体格检查**

　　在病史采集（问诊）的基础上，对患者进行全面、有序、重点、规范和正确的体格检查，发现阳性体征和具有鉴别意义的阴性体征，为疾病的诊断和鉴别诊断提供依据。体格检查结合病史资料也可以解决大部分疾病的临床诊断问题。在体格检查时，还须注意及时补充和核实病史资料，边查边问、边问边想、边想边查，验证核实，以保证资料的完整、真实、准确。

（三）实验室及其他辅助检查

在获得病史和体格检查的基础上，进行必要的实验室检查和其他辅助检查，会使临床诊断更加准确、可靠。选择这类检查时，临床医师要注意：①检查的目的和意义；②检查的时机；③检查的灵敏度和特异性；④检查的安全性；⑤检查的成本和获得的信息以及患者的承受能力。选择检查要有针对性，切不可盲目、滥用和进行不必要的重复检查，以免加重患者的负担。

二、分析、综合、评价资料

对于通过病史采集、体格检查、实验室及其他辅助检查所获得的各种临床资料，进行分析、综合、整理和评价，对主要临床表现、特点及其病情演变情况有一个清晰的认识，对其他表现有一个合理的解释，就能为初步诊断提供诊断依据。这是正确诊断疾病的一个非常重要的环节，也是最容易被忽视的环节。

疾病的表现复杂多样，一些疾病具有特征性的症状和（或）体征，但也有部分患者表现不典型，不具备这些特征性改变。患者常因不同的文化素养、知识层次、性格特点、神经类型、心理状态、社会地位等因素影响而使所采集的病史琐碎和凌乱，缺乏条理性，甚至存在遗漏。也有的患者恶意隐瞒、编造病史，使信息失真。因此，临床医师必须对所获得的资料进行分析、综合、整理，去伪存真，使其具有真实性、系统性、完整性。这样才能为临床诊断提供准确、可靠的依据。

对于实验室及其他辅助检查资料也要科学地评价，必须与病史资料和体格检查结果结合起来进行分析、整理，切不可仅凭某项检查结果就诊断疾病。同时，也要考虑检查的时机、检查的灵敏度和特异性（假阳性和假阴性）、检查结果误差的大小、是否存在影响检查的因素，还要考虑检查结果是否与其他临床资料相符合，能否合理地解释。

三、提出初步诊断

在对各种临床资料进行分析、综合和评价以后，医师根据所掌握的医学知识和自己的临床经验，将可能性较大的疾病依次排列出来，逐一进行鉴别，形成初步诊断。初步诊断是医师根据在较短的时间内所掌握的资料提出的，病情变化复杂，疾病在不同发展阶段表现不一，医师的认识水平也难免存在局限性，因此，初步诊断存在一定的主观成分。

四、验证及修正诊断

初步诊断是否正确需要在临床诊疗实践中加以验证。提出初步诊断后，制定相应的诊疗方案，给予必要的治疗，细致地观察病情变化，及时进行必要的特殊检查或复查，补充病史或体格检查资料，都将为验证诊断及修正诊断提供可靠的依据。经验是在反复实践中积累的，试验性治疗也是获得正确诊断的一种途径。对于一时难以确定诊断的疑难病例，还应积极查阅文献资料，及时组织讨论。

（李学军）

第二节　临床诊断思维方法

临床诊断思维方法是医师认识、判断、治疗疾病的临床实践过程中所采用的逻辑推理活动。在临床实践中要有所发现、有所建树，必须掌握和运用科学的思维方法。临床诊断思维方法运用的程度和效率也直接反映医师的能力和水平。

一、临床诊断思维步骤

对于每一个具体病例，临床医师从搜集临床资料（病史采集、体格检查、实验室及其他辅助检查），分析、综合、评价资料，提出初步诊断，到最后验证或修正诊断，得出正确的诊断，使患者获得准确的治疗，这是一个认识—实践—再认识的过程。一般来说，应该包括以下步骤。

（1）解剖学方面有无结构改变。
（2）生理学方面有无功能改变。
（3）病理生理学方面有无病理变化和发病机制上的可能性。
（4）是否存在致病原因。
（5）病情轻重如何。
（6）提出初步假说（提出初步诊断）。
（7）权衡支持与不支持初步诊断的证据（症状、体征、实验室检查资料），证实或排除初步假说。
（8）鉴别诊断，注意优势证据。
（9）缩小范围，考虑最大可能性的诊断。
（10）进一步寻找新的证据，证实诊断，确定处理措施。

二、临床诊断思维的基本原则

在疾病诊断过程中，必须注意以下基本原则。

1. 实事求是原则　要尽量掌握丰富的第一手资料，认真观察，尊重事实，实事求是地对待客观资料。不要随意地根据自己掌握的知识范围和局限的临床经验任意取舍。避免主观性和片面性。

2. 患者整体原则　以患者为整体考虑，抓重点，抓关键的临床现象。要避免只见病不见人。

3. "一元论"原则　尽可能以一种疾病解释多种临床表现。如果实在不能以一种疾病来解释，再考虑同时有其他疾病的可能。

4. 常见病、多发病原则　选择主要诊断时，尽量首先选择常见病、多发病。同时要考虑当地流行病、地方病。

5. 器质性病变优先原则　当器质性病变与功能性病变不易区分时，首先考虑器质性病变，以免延误治疗。

6. 可治病优先原则　存在两种（或多种）可能的诊断时，优先考虑疗效好、可以治疗的疾病。但不要忽视难治、疗效差的疾病。

（李学军）

第三节 临床诊断的内容和格式

一、临床诊断的内容

诊断是临床医师制定诊疗方案的基础，必须全面概括、重点突出。诊断内容包括如下内容。

1. **病因诊断** 明确提出致病原因，如风湿性心脏病、结核性脑膜炎。
2. **病理解剖诊断** 对病变部位、性质、细微结构变化做出判断，如二尖瓣狭窄、肾小球肾炎。
3. **病理生理诊断** 确定疾病引起的机体功能状况改变，如心功能不全、甲状腺功能亢进症、肾功能不全。
4. **疾病的分型与分期** 一些疾病有分型、分期，在诊断中应当明确，如慢性肾功能不全代偿期、肝硬化肝功能失代偿期、扩张型心肌病、肥厚型心肌病、1型糖尿病、2型糖尿病。
5. **并发症的诊断** 并发症是指原发疾病的发展或在原发疾病的基础上产生和导致机体的进一步损害。其虽然与主要疾病的性质不同，但发病机制上有一定的关系，如伤寒合并肠穿孔、糖尿病肾病。
6. **伴发疾病诊断** 伴发疾病或并存病是指同时存在的、与主要疾病不直接相关的疾病，其对机体和主要疾病可能产生影响，如角膜斑翳、龋齿、肠蛔虫病。
7. **症状或体征原因待诊诊断** 对于某些病例，一时难以明确诊断，临床上也常用症状或体征的原因待诊（查）作为临时诊断，如发热原因待诊、腹痛原因待诊、血尿原因待查等。待诊、待查的病例，应尽量列出一些倾向性诊断，如发热原因待诊：①伤寒？②败血症？如果不提出倾向性诊断意见，仅仅单列症状或体征待诊待查，等于没有做出诊断。

二、临床诊断的格式

依照我国国家卫生健康委员会病历管理相关规定，在书写临床诊断时，疾病名称应按照《国际疾病分类》（International Classification of Diseases，ICD）的要求书写。目前最新版为ICD-11。诊断书写要规范、完整，一些修饰词、限制词不要省略；疾病部位一定要写具体，避免出现笼统的诊断。

有多种诊断同时存在时，要正确选择主要诊断。一般选择对就诊者健康危害最大、花费医疗精力最多、住院时间最长的疾病作为主要诊断；对于导致患者死亡的疾病，也常作为主要诊断。

住院病历中诊断的书写一般按主要的、急性的、原发的疾病写在前，次要的、慢性的、继发的疾病排列在后。书写时也不要遗漏那些不常见的疾病或其他疾病。

临床综合诊断传统上应写在病历记录末页的右下方。诊断之后要有医师签名，以示负责。临床综合诊断的书写格式如下：

例1

诊断：1. 风湿性心脏病（病因诊断）

　　　　二尖瓣狭窄和关闭不全（病理解剖诊断）

　　　　心房颤动（病理生理诊断）

　　　　心功能Ⅲ级（病理生理诊断）

　　2. 慢性扁桃体炎（伴发疾病诊断）

例2

诊断：1. 2型糖尿病（病因诊断）

　　　　糖尿病肾病（并发症）

　　　　慢性肾功能不全氮质血症期（病理生理诊断）

　　2. 龋齿（伴发疾病诊断）

（李学军）

第四节　临床病例诊断思维

【病例一】

患者，男性，58岁，从事室内装修工作。因咳嗽、咳痰2个月，痰中带血1周入院。患者2个月前无明显诱因出现刺激性咳嗽，咳少量灰白色黏液痰，伴右胸背胀痛。无发冷、发热、心悸、盗汗。曾在当地医院诊断为"呼吸道感染"，服用抗生素及消炎止咳中药，疗效不显著。1周来间断痰中带血，有时血多痰少，但无大量咯血。起病以来，患者精神欠佳，食欲尚可，睡眠尚可，体重减轻，体力下降，排便正常。患者既往无肺炎及结核病病史。吸烟30余年，每日20支左右。从事室内装修工作7年。

体格检查：T 37 ℃，P 82次/分，R 20次/分，BP 124/84 mmHg。发育正常，营养中等，神志清楚，查体合作。皮肤、巩膜无黄染。双侧锁骨上未触及肿大的淋巴结，气管居中，无声嘶。两侧胸廓对称，叩诊音为清音，右上肺可闻及干啰音，无湿啰音，左肺呼吸音正常，HR 82次/分，心律齐，无杂音。腹平软，未及肝、脾或肿物。未见杵状指，膝反射正常。未引出病理征。

辅助检查：Hb 120 g/L，WBC $8.1×10^9$/L。胸部X线片示右上肺前段有一个大小约3 cm×4 cm的椭圆形块状阴影，边缘模糊、毛糙，可见细短的毛刺影。

临床诊断思维：

（一）临床特点（诊断依据）

（1）老年男性，有长期吸烟史及有机溶剂挥发气体吸入史。

（2）有持续2个月的刺激性咳痰史及近期咯血史，伴有右胸闷痛。

（3）右上肺可闻局限性干啰音，右上肺前段X线片显示肺癌较典型的病变。

（二）应考虑的疾病（初步诊断）

支气管肺癌（原发性）。

（三）需排除的疾病（鉴别诊断）

本病主要需与具有类似症状的肺部疾病相鉴别。

1. 肺炎　起病急骤，有畏寒、发热等症状。

2. 慢性气管炎　持续时间长，抗菌药物一般有效。

3. 肺结核　年轻者患病较多，病灶密度高，有时可有钙化点或空洞，或有纤维包膜，边界清楚。

（四）需要考虑的进一步检查

1. 胸部CT　进一步进行鉴别诊断，并了解淋巴结转移及支气管阻塞情况，提供治疗依据。

2. 纤维支气管镜及活检　协助诊断。

3. 痰脱落细胞学检查或癌胚抗原（CEA）检测　供诊断参考。

4. 腹部 B 超 除外肝转移，提供治疗参考。

【病例二】

患者，男性，27 岁。因急性腹痛 1 天半急诊入院。患者于 36 h 前突然发作腹痛，遍及全腹，尤以右下腹为甚，为阵发性绞痛。伴有肠鸣音，多次呕吐，呕吐物开始为暗绿色液体，以后有粪臭味。近 2 天患者未进食，也未排便、排气，尿少，不觉发热。2 年前曾因"急性阑尾炎穿孔"做过"阑尾切除术"。

体格检查：急性病容，神志清楚，T 37.6 ℃，P 132 次/分，R 31 次/分，BP 100/60 mmHg，皮肤无黄染，明显干燥，弹性差。心脏及肺正常。腹膨隆，未见肠型，全腹触诊柔软，广泛轻压痛，无反跳痛，未触及肿块，肝、脾不大，肠鸣音高亢，可闻及气过水声。

辅助检查：Hb 160 g/L，WBC 10.5×10^9/L。腹部 X 线透视提示有多个气液平面。

临床诊断思维：

（一）临床特点（诊断依据）

（1）青年男性，急性阵发性腹痛，伴肠鸣音亢进，是急性机械性肠梗阻的表现。

（2）腹胀、呕吐。后期呕吐物有粪臭味，是低位肠梗阻的表现。

（3）肛门停止排便、排气，有可能是完全性肠梗阻。

（4）有腹部手术史，是引起粘连性单纯性肠梗阻的常见原因。

（5）腹部 X 线透视提示有多个气液平面，也是肠梗阻的表现。

（二）应考虑的疾病（初步诊断）

急性肠梗阻（机械性、单纯性、低位小肠梗阻）。

（三）需排除的疾病（鉴别诊断）

本病主要需与具有类似症状的急腹症相鉴别。

1. 急性胃肠炎 也有腹痛、呕吐等症状，一般腹胀不十分明显，可有腹泻。
2. 输尿管结石 可引起右下腹痛，但是疼痛呈发作性，持续时间不会过长。
3. 其他外科急腹症 如消化道穿孔、胆囊炎、胆石症，应予以鉴别。

（四）需要考虑的进一步检查

1. 尿常规及尿沉渣镜检 用于除外尿路结石。
2. B 超 用于除外胆道结石、胆囊炎和尿路结石等。
3. 血酸碱度及电解质含量 以协助制定治疗方案，确定输液种类及量等。

【病例三】

患者，男性，20 岁，学生。因发热、食欲减退、恶心 3 周，皮肤黄染 2 周入院。

患者 3 周前无明显诱因出现发热，体温达 38 ℃，无发冷和寒战，不咳嗽。感觉全身不适、乏力、食欲减退、恶心、右上腹部不适，无呕吐。曾服感冒药无好转。2 周前家人发现患者皮肤发黄，尿也呈黄色。患者无皮肤瘙痒，睡眠稍差，大便正常，发病以来体重无明显变化。

既往身体健康，无肝炎、胆囊炎和胆石症病史，无药物过敏史，无输血史，无疫区接触史。

体格检查：T 37.8 ℃，P 84 次/分，R 18 次/分，BP 120/80 mmHg。一般情况尚可，皮肤略黄，无出血点。浅表淋巴结无肿大。巩膜黄染。咽（-），心脏及肺正常。腹平软，肝肋下 2.5 cm，质软、轻压痛和叩击痛。右侧卧位脾肋下刚触及，移动性浊音（-）。下肢无水肿。

实验室检查：Hb 126 g/L，Ret 1.0%，WBC 5.2×10^9/L，N 0.65，L 0.30，M 0.5，PLT 200×10^9/L。尿常规：尿胆红素（+），尿胆素原（-）；粪便常规（-），粪便隐血（-）。

临床诊断思维：

（一）临床特点（诊断依据）

（1）青年男性，有发热、全身不适、乏力、食欲减退、恶心和右上腹不适等前期表现，2 周后出现黄疸。

（2）体格检查见皮肤、巩膜黄染，肝大、脾大，肝区有压痛和叩击痛。

（3）实验室检查尿液呈肝细胞性黄疸表现。

（二）应考虑的疾病（初步诊断）

急性黄疸型病毒性肝炎。

（三）需要排除的疾病（鉴别诊断）

本病主要与其他原因所致黄疸相鉴别。

1. 溶血性黄疸　一般伴贫血，Ret 升高，尿胆红素（-），血清间接胆红素增高。

2. 肝外阻塞性黄疸　有胆石症、胰头癌等引起肝外阻塞性黄疸的病因，常伴皮肤瘙痒、粪色变浅，尿胆素原（-），血清直接胆红素增高，间接胆红素正常。

（四）需要考虑的进一步检查

根据初步诊断和鉴别诊断，为确诊肝炎和病毒的类型，应做以下检查。

（1）肝功能，包括血清胆红素。

（2）肝炎病毒学指标。

（3）腹部 B 超，观察肝、脾情况。

（李学军）

第三十七章 病历书写

第三十七章数字资源

学习目标

1. 知识：描述病历书写的意义及病历书写的基本要求及格式。
2. 能力：独立完成各类病历的规范书写。
3. 素养：能够严格执行病历书写各项要求；坚持三级查房记录制度；落实病历质量评价标准。保护患者隐私信息，详细记载医患沟通内容，对患者进行人文关怀。

第一节 病历书写的重要意义与基本要求

一、病历书写的重要意义

病历是指医务人员在医疗活动过程中形成的文字、符号、图表、影像、切片等资料的总和，包括门（急）诊病历和住院病历。

病历书写是指医务人员通过问诊、体格检查、辅助检查、诊断、治疗、护理等医疗活动获得有关资料，并进行归纳、分析、整理，形成医疗活动记录的行为。一份完整的病历不仅可提供充分的诊断和治疗依据，而且还是总结医疗经验、充实教学内容、进行科学研究的重要资料，同时也是医疗服务质量评价、医疗保险赔付参考的主要依据。病历是具有法律效力的医疗文件，是涉及医疗纠纷和诉讼的重要依据。因此，书写完整而规范的病历是每一位医师必须掌握的一项临床基本功。

二、病历书写的基本要求

（1）病历记录应当客观、真实、准确、及时、完整、规范。病历书写要重点突出、层次分明、表述准确。书写时使用蓝黑墨水或碳素墨水笔，门（急）诊病历和需复写留底的资料可用蓝色或黑色油水的圆珠笔书写。书写过程中若出现错字、句，应在其字、句中间画双横线标出，若需改正，应在错字、句之后及时改正，不得采用刀刮、胶粘、涂黑、剪贴等方法抹去原来的字迹。

（2）病历应由本医疗机构合法执业的医务人员书写，进修医务人员应当由接收进修的医疗机构根据其能否胜任本专业的实际情况认定后书写病历。实习医师、毕业后尚未取得执业资格的住院医师所书写的住院病历，要经本医疗机构注册的执业医师审阅、修改并签字。修改时，应注明修改日期，修改人员签名，并保证原记录清晰、可辨。

（3）病历书写应当使用中文和医学术语。通用的外文缩写和无正式中文译名的症状、体征、疾病名称可使用外文。病历书写过程中要规范使用汉字、简化字，不得自行杜撰文字。

（4）门（急）诊病历的内容包括门（急）诊病历首页、病历记录、化验单、医学影像资料等。门（急）诊病历记录应当由接诊医师在患者就诊时及时完成，急诊病历就诊时间记录应当具体到分钟。

（5）抢救危重患者时，应当及时书写抢救记录。对收入急诊留观室的患者，应当书写留观记录。

（6）各项记录书写结束时，应在右下角签全名。实习、进修、尚未取得执业资格的住院医师书写的各种记录要由执业医师审查确认无误后，在其斜杠左侧签字，如×××/×××。

（7）日期和时间使用阿拉伯数字书写，采用24 h制记录。

（8）对按照有关规定须取得患者书面同意方可进行的医疗活动，应当由患者本人签署知情同意书。患者不具备完全民事行为能力时，应当由其法定代理人签字；患者因病无法签字时，应当由其授权的人员签字；为抢救患者，在法定代理人或被授权人无法及时签字的情况下，可由医疗机构负责人或者授权的负责人签字。在实施特殊检查、特殊治疗、手术、实验性临床诊疗措施时，应及时向患者说明医疗风险、替代医疗方案等情况，并取得其书面同意；因实施保护性医疗措施不宜向患者说明的，应当将有关情况告知患者近亲属，由患者近亲属签署知情同意书，并及时记录。患者无近亲属的或者患者近亲属无法签署同意书的，由患者的法定代理人或者关系人签署同意书。

提示：①书写病历是执业医师的法定义务，必须按照《病历书写基本规范》的要求，在规定的时间内、按规定的格式要求完成。②病历记录要客观、真实、准确、及时、完整、规范。病历书写时要重点突出、层次分明、表述准确。③若出现错字、句，应在其字、句中间画双横线标出，不得采用刀刮、胶粘、涂黑、剪贴等方法抹去原来的字迹。

（李学军）

第二节　病历书写的格式与基本内容

一、门（急）诊病历

（一）门诊病历

门诊病历首页（封面）应将患者的姓名、性别、出生日期、民族、婚姻状况、职业、工作单位、住址、药物过敏史等项填写清楚。每次就诊时均应填写就诊日期（年、月、日、时），各种检查报告单（如检验、影像检查资料）摘要记录并顺序、整齐粘贴好。门诊病历记录由接诊医师在患者就诊时完成。门诊病历的书写要求如下。

1. 初诊门诊病历的书写

就诊科别、就诊时间：

主诉：

现病史：

既往史、个人史、家族史等：（简要记录与本次发病有关的病史或其他有意义的病史）

体格检查：（主要记录与本次疾病相关的阳性体征和有意义的阴性体征）

辅助检查结果：

初步诊断：

处理与建议：

医师签名：

2. 复诊门诊病历的书写
就诊时间：
病史：（上次诊治后的情况，上次建议检查的结果）
体格检查：（主要记录阳性体征变化和新的阳性体征发现）
辅助检查结果：
初步诊断：（如无变化可不写）
处理与建议：

医师签名：

提示：初诊患者的病史及体格检查要求比较全面，但要问题突出、简明扼要，以便复诊时参考。医师应特别注意要及时书写相关内容，避免遗漏。

门诊病历示例

1. 初诊病历示例
内科：2024 年 3 月 20 日。
阵发性咳嗽半个月。
半个月前患者受凉后开始出现咳嗽，呈阵发性，无畏寒、发热，无咯血及胸痛，伴有少量白色黏液痰。
曾服止咳糖浆等 3 天，效果不佳。
既往有 10 年余慢性咳嗽史，曾诊断为"慢性支气管炎"，不吸烟。否认肺结核病史。
体格检查：T 38℃，P 90 次/分，R 22 次/分，BP 128/82 mmHg，无呼吸困难，口唇无发绀。双肺有散在干啰音，未闻及湿啰音，心率 90 次/分，心律齐，无杂音，腹平软，无压痛，肝、脾未触及，双下肢无水肿。
血常规 Hb 120 g/L，WBC 11.0×10^9/L，N 0.8，L 0.2。
初步诊断：慢性支气管炎急性发作。
处理：（1）胸部 X 线检查；
　　　（2）阿莫西林 0.5 g t.i.d×3
　　　（3）复方甘草糖浆 10 ml t.i.d×3

医师签名：×××

2. 复诊病历示例
内科：2024 年 3 月 23 日
经以上处理后咳嗽稍缓解，已不咳痰。
体格检查：一般情况尚可，双肺未闻及干、湿啰音。
胸部 X 线检查示双肺纹理增粗，无器质性病变，心影正常。
处理：（1）复方甘草糖浆 10 ml t.i.d×3
　　　（2）阿莫西林 0.5 g t.i.d×3

医师签名：×××

（二）急诊病历

1. 急诊病历书写基本要求
（1）凡来急诊科（室）就诊者，必须使用急诊专用病历。
（2）急诊病历封面由急诊分诊护士协助就诊者填写。
（3）急诊病历经分诊台护士统一分诊到相关诊室就诊。
（4）分诊与就诊时间记录要求具体到 ××××年×月×日×时×分。

（5）有条件的医疗单位急诊就诊者的病历封面内容、就诊时的主要临床表现（病史与体征）、分诊科别等内容由分诊台护士输入计算机或登记入册，长期保存。

（6）急诊病历封面内容应包括患者的姓名、性别、年龄或出生年月、籍贯、工作单位、详细住址、食物及药物过敏史以及护送者的情况和联系电话等项目。

（7）急诊病历本内容包括病历封面、三测单、病案单、处方单、护理记录单、实验室检查单及影像学检查结果粘贴单等。

（8）急诊病历记录分为初诊病历记录和复诊病历记录。

初诊病历记录书写内容应当包括封面、就诊时间、科别、主诉、现病史、既往史、阳性体征、有意义的阴性体征和辅助检查结果、诊断及治疗意见和医师签名等。

复诊病历记录书写内容应包括就诊时间、科别、主诉、病史、必要的体格检查和辅助检查结果、诊断、治疗及处理意见和医师签名等。

（9）急诊病历记录由接诊医师于患者就诊时完成。书写记录要重点突出，并随时做好补充记录。

（10）急诊室抢救危重患者时，应按《病历书写基本规范》规定书写抢救记录。

（11）急诊病历去向

1）患者就诊后自行妥善保管急诊病历，复诊时可重复使用，以便医师参考。

2）留院观察者，急诊病历可做留观记录。

3）如患者需要住院，随同转入相应住院科室。

4）凡患者死亡者，病历一律留急诊科妥善保存，不得外借及擅自带出。

2. 急诊病历书写格式

急诊科别、就诊时间（年、月、日、时、分）。

主诉：

病史：现病史重点突出本次患病时间、主要症状、诊疗情况及疗效。简要叙述与本次疾病相关的既往史、个人史及家族史。

体格检查：T、P、R、BP，主要记录阳性体征以及有意义的阴性体征。

辅助检查结果：

初步诊断：

处理与建议：

医师签名：×××

急诊病历示例

外科急诊：2024 年 5 月 18 日 19：30。

转移性右下腹疼痛 5 h。

患者 5 h 前突发上腹疼痛，为钝痛，后转移至右下腹，无腹泻、呕吐。排尿及排便正常。过去无类似病史。

体格检查：T 38.8 ℃，P 118 次/分，R 18 次/分，BP 110/70 mmHg。急性痛苦面容，无气促及发绀。双肺无啰音，心率 118 次/分。腹平，呼吸运动无明显受限，右下腹局限性肌紧张，麦克伯尼点压痛和反跳痛明显，未触及包块，肠鸣音正常。

血常规：WBC 10.9×10^9/L，N 0.80，L 0.20。尿常规：正常。粪常规：正常。胸部 X 线检查：正常。

初步诊断：急性阑尾炎。

处理与建议：建议收住普外科治疗。

医师签名：×××

（三）急诊留观病历

急诊留观病历是急诊患者因病情需要留院观察期间的病历。

急诊留观病历书写格式：

一般资料：

急诊科别、就诊时间（年、月、日、时、分）。

主诉：

现病史：

既往史：包括个人史、家庭史，女性还要包括月经史、生育史等，要求简明记录与本次就诊有关的内容。

体格检查：T、P、R、BP，主要记录阳性体征以及有鉴别诊断意义的阴性体征。

辅助检查结果：

初步诊断：

处理与建议：

医师签名：×××

留院观察期间的记录与日常病程记录相同。重点记录观察期间病情变化和诊疗措施，记录应简明扼要，并注明患者去向。抢救危重患者时，应当书写抢救记录。

提示：急诊病历记录一定要认真、及时。门（急）诊抢救记录也要按照住院病历抢救记录书写内容及要求书写。

二、住院病历

住院病历包括住院病案首页、入院记录、病程记录、手术同意书、麻醉同意书、输血及血制品治疗知情同意书、特殊检查（特殊治疗）同意书、病危（重）通知书、医嘱单、辅助检查报告单、体温单、医学影像检查资料及病理资料等。

（一）入院记录

入院记录是指患者入院后，由经治医师通过问诊、体格检查、辅助检查获得有关资料，并对这些资料进行归纳、分析，书写而成的记录。入院记录可分为入院记录、再次或多次入院记录、24 h 内入出院记录、24 h 内入院死亡记录。

入院记录、再次或多次入院记录应当于患者入院后 24 h 内完成；24 h 内入出院记录应当于患者出院后 24 h 内完成；24 h 内入院死亡记录应当于患者死亡后 24 h 内完成。

1. 入院记录

（1）一般项目（general data）：包括姓名、性别、年龄、民族、婚姻状况、出生地、职业、工作单位、住址、入院时间、记录时间及病史陈述者（应注明与患者的关系），需逐项填写，不可空缺。住址及电话根据各省（市）的具体要求书写，应尽量确切。城市写到门牌号码，农村写到村、组。年龄要写实际年龄，成人以周岁计，1 岁以内以月计，1 个月内以日计。急诊患者入院时间应写明具体时间，记录到时、分。

（2）主诉（chief complaint）：为患者就诊最主要的原因，包括症状（或体征）及持续时间。如果主诉多于一项，应按发生先后次序分别列出。主诉应简明、扼要、精练，一般 1~2 句，20 字左右。例如，发热伴咳嗽 2 天。在一些特殊情况下，疾病已明确诊断，住院目的是为进行某项特殊治疗（手术、化疗）者可用病名，如白血病患者入院定期化疗。一些无症状（体征）的实验室检查异常也可直接描述，如发现血糖升高 1 个月。

（3）现病史（history of present illness）：是围绕主诉从发病到就诊时的详细过程，反映本次疾病的发生、演变、诊疗过程等方面的详细情况。现病史主要应包括下列几个方面。

1）发病情况：记录发病的时间、地点、起病缓急、前驱症状、可能的原因或诱因。

2）主要症状特点及其发展变化情况：按发生的先后顺序描述主要症状的部位、性质、持续时间、程度、缓解或加重因素、演变和发展情况。

3）伴随症状：记录伴随症状，描述伴随症状与主要症状之间的相互关系。询问、了解伴随症状的情况有助于判断疾病发生的部位和性质，有助于鉴别诊断。

4）发病以来的诊治经过及结果：记录患者本次发病后到入院前在院内、外接受检查与治疗的详细经过及疗效。对患者提供的药名、诊断和手术名称需加引号，以示区别。关于外院的治疗情况，力求简明、扼要。

5）发病以来一般情况：简要记录患者发病后的精神状态、睡眠、食欲、排尿及排便、体力、体重等情况。

提示：与本次疾病虽无紧密关系但仍需治疗的其他疾病情况，可在现病史后另起一段予以记录。

（4）既往史（past history）：包括患者过去的健康和疾病情况，内容主要有下列几项。

1）既往健康状况：是健康还是较为虚弱。

2）疾病史：患过哪些主要疾病，包括急、慢性传染病史。

3）预防接种史。

4）手术、外伤史。

5）输血史。

6）食物及药物过敏史。

（5）系统回顾（review of systems）

1）呼吸系统：有无咳嗽、咳痰、呼吸困难、咯血、胸痛、发热、盗汗及与肺结核患者接触史等。

2）循环系统：有无心悸、气促、发绀、心前区疼痛、水肿、晕厥、高血压及动脉硬化史等。

3）消化系统：有无食欲减退、反酸、胃灼热、嗳气、吞咽困难、呕吐、腹痛、腹泻、黑便，有无黄疸、体重下降史。

4）泌尿系统：有无尿频、尿急、尿痛、血尿、排尿困难、腰痛、夜尿增多及颜面水肿史等。

5）血液系统：有无苍白、乏力、出血点、淋巴结肿大、肝大、脾大、发热、鼻出血及牙龈出血史等。

6）内分泌及代谢系统：有无发育畸形、性欲及性格的改变、体重改变、多汗、怕热、肌肉震颤、营养障碍、多饮及多食史等。

7）运动与骨骼系统：关节有无红、肿、热、痛和活动障碍，有无外伤、骨折、脱臼史等。

8）精神及神经系统：有无头痛、头晕、失眠、精神障碍、记忆力减退、视力障碍、抽搐、肢体痉挛及瘫痪史等。

（6）个人史（personal history）：包括以下内容。

1）出生地、居留地以及变迁和居留时间。

2）生活及饮食习惯、嗜好（有烟、酒嗜好者，应注明每日用量及期限；有药物嗜好者，应注明药物名称）。

3）职业、工种、工作条件情况，包括劳动方式。

4）环境与毒物、粉尘、放射性物质或其他有害物质接触情况及疫水接触史。

5）有无重大精神创伤史。

6）性病史、冶游史。

（7）婚姻史（marital history）：记录婚姻状况（未婚或已婚、离异等），结婚年龄、配偶健康状况，是否近亲结婚。若配偶死亡，应注明死因及时间。

（8）月经史及生育史（女性）：月经史（menstrual history）包括初潮年龄、月经期、月经周期、末次月经日期、绝经年龄、月经量及色泽、有无痛经等。月经史记录格式：初潮年龄 $\frac{月经期（天）}{月经周期（天）}$ 末次月经日期或闭经年龄。生育史记录已婚女性生育情况，如妊娠胎次、分娩次数，有无流产、早产、死产、手术产及产褥热史等。

（9）家族史（family history）：询问患者的父母、兄弟姐妹、配偶及子女的健康状况。死亡者的年龄及其原因。对有遗传倾向及传染性疾病者，应重点关注，询问恶性肿瘤、原发性高血压、糖尿病、出血性疾病、肝炎、结核病及精神障碍史等。必要时，还应追问其祖父母、叔伯、姑母、堂兄弟姐妹、外祖父母、舅父、姨母、表兄弟姐妹等的健康情况。

（10）体格检查：应按照系统循序进行书写。体格检查内容包括体温、脉搏、呼吸、血压，一般情况，皮肤，黏膜，全身浅表淋巴结，头部及其器官，颈部，胸部（胸廓、肺、心脏、血管），腹部（肝、脾等），直肠、肛门，外生殖器，脊柱，四肢，神经系统等。专科体格检查情况应当根据专科需要记录专科特殊情况。具体记录的内容及格式如下：

体温（T）、脉搏（P）、呼吸（R）、血压（BP）、身高和体重（儿科患者记录）。

一般情况：发育（正常、不正常）、体型（无力型、正力型或超力型）、营养（良好、中等、不良）、体位、面容与表情、步态、神志（清楚、模糊、谵妄、昏睡、昏迷）、语言状态、检查能否合作。

皮肤：色泽、湿润情况，有无脱水、多汗、皮疹、出血（斑、点）、瘢痕、溃疡、皮下结节或肿块、瘘管、肝掌、蜘蛛痣、色素沉着等，毛发分布、皮肤划痕。

淋巴结：全身及局部浅表淋巴结情况，如肿大，应描述部位、数目、大小、硬度、活动度、粘连、瘘管及压痛情况。

头部：大小，有无畸形、肿物、压痛，头发。

眼：眉毛（脱落）、睫毛（倒睫）、眼睑（水肿、运动、下垂）、眼球（凸出、凹陷、运动、震颤、斜视）、结膜（充血、水肿、苍白、出血、滤泡）、巩膜黄染、角膜（混浊、瘢痕、反射）、瞳孔（大小、形态、对称、对光及调节反射）。

耳：耳郭形状，外耳道是否通畅，有无分泌物、乳突区压痛，听力等。

鼻：外形，有无鼻中隔偏曲、鼻翼扇动，有无鼻甲肥大或阻塞、分泌物、鼻旁窦区压痛。

口腔：气味、唾液分泌、唇（颜色、疱疹、溃疡）。牙齿（数目、龋齿、缺齿、义齿、残根，注明其位置。牙齿位置按下图方式记录），牙龈（色泽、肿胀、色素沉着、溢脓、出血、铅线）、舌（形态、舌质、舌苔、溃疡、震颤、正中或偏斜）、扁桃腺（大小、充血、分泌物），咽（色泽、分泌物）。

```
                    上
         87654321  |  12345678
    右 ─────────────┼───────────── 左
         87654321  |  12345678
                    下
```

颈部：是否对称、软硬度，有无抵抗、强直、颈静脉充盈、颈动脉异常搏动，气管位置，甲状腺（大小、硬度、压痛、结节、震颤、血管杂音、杂音）。

胸部：胸廓的形态（对称、畸形、乳房、局部隆起、肋间隙、压痛），呼吸（频率、节律、深度），有无胸壁静脉曲张。

肺：

视诊　呼吸类型、呼吸运动（两侧对比）。

触诊　语音震颤、胸膜摩擦感、呼吸运动度、皮下捻发感。

叩诊　叩诊音分布，肺下界、肺下界移动范围。
听诊　呼吸音，有无干啰音、湿啰音，胸膜摩擦音，语音传导。

心脏：

视诊　心前区隆起，心尖冲动或心脏搏动（位置、范围、强度、节律、频率）。

触诊　心尖冲动，震颤（部位、时相），心包摩擦感。

叩诊　心脏左、右浊音界，可用左侧和右侧第2、3、4、5肋间隙至正中线的距离（cm）表示。须注明左锁骨中线距前正中线的距离（cm），心脏是否扩大。

听诊　心率、心律、心音、杂音（部位、强度、时相、性质、传导方向、与呼吸及体位改变的关系），心包摩擦音。

血管检查：桡动脉的脉率、节律（规则、不规则、脉搏短绌）、动脉壁的性质、紧张度、动脉的异常搏动。

周围血管征：毛细血管搏动征，枪击音、水冲脉、杜-罗（Duroziez）征。

腹部：

视诊　形态、呼吸运动、皮疹、色素、条纹、瘢痕、脐、疝、静脉曲张与血流方向、胃肠型及蠕动波、异常搏动。

触诊　腹壁紧张度，有无压痛、反跳痛、液波震颤、腹部包块（部位、大小、形状、硬度、压痛、搏动、移动度）。

肝：大小（以厘米分别记录肋下、剑突下大小），肝上界的位置以平静呼吸的吸气末为准，质地（柔软、中等、硬、坚硬），表面及边缘状况，有无结节、压痛、搏动。肝颈静脉回流征。

胆囊：大小、形态、压痛、墨菲（Murphy）征。

脾：大小、质地、压痛、边缘。巨脾则以甲乙（Ⅰ）线、甲丙（Ⅱ）线、丁戊（Ⅲ）线3条线表示，单位以厘米（cm）计算。

肾：可否触到、大小、硬度，有无肋脊点、肋腰点压痛。

叩诊　鼓音区，有无移动性浊音、肝区叩击痛、肾区叩击痛，膀胱充盈情况。

听诊　肠鸣音（活跃、减弱、消失、亢进），振水音，血管杂音。

肛门：痔、肛裂、脱肛、肛瘘等。如做肛门指诊，应注意狭窄、包块、压痛、前列腺肿大及压痛。

外生殖器：根据病情需要做相应的检查或标明未查。

男性　发育、畸形、包皮、睾丸、附睾、精索、鞘膜积液、炎症及溃疡。

女性　有特殊情况时，可请妇科医师会诊。男性医师检查时必须有女性护士在旁协助。

脊柱及四肢：脊柱有无畸形、椎体压痛，运动度，四肢有无畸形、杵状指（趾），静脉曲张，骨折，关节情况（红、肿、积液、活动度、畸形）。

神经系统：

生理反射：浅反射（角膜反射、腹壁反射、提睾反射）。深反射（肱二头肌腱反射、肱三头肌腱反射、膝腱反射、跟腱反射）。

病理反射：巴宾斯基征、奥本海姆征、戈登征、查多克征、霍夫曼征。

脑膜刺激征：颈强直、凯尔尼格征、布鲁津斯基征。

专科情况

外科、耳鼻咽喉头颈外科、眼科、妇产科、口腔科、介入放射科、神经精神等专科需写"外科情况""妇科检查"……主要记录与本专科有关的体征，前面体格检查中的相应项目不必重复书写，只写"见××科情况"。

实验室及其他特殊检查（辅助检查）

记录入院前所做的与本次疾病相关的主要检查及其结果。应分类按检查时间顺序记录检查结果，如系在其他医疗机构所做检查，应当写明该机构的名称及检查号。

病历摘要

需简明扼要、重点突出，将在病史、体格检查、实验室及器械检查中发现的重要的阳性表现和有鉴别诊断价值的阴性结果进行简明扼要的概述，字数以不超过300字为宜。

初步诊断

初步诊断是指经治医师根据患者入院时情况综合分析所做出的诊断。按病情的主次排列，与入院主诉有关的或对生命有威胁的疾病排列在前，尚未确诊的疾病列在最后。诊断应尽可能包括病因、病理、病理生理及功能诊断。对一时难以肯定诊断的疾病，可在病名后加"？"。对一时既查不清病因，也难以判定在形态和功能方面改变的疾病，可暂以某症状待诊或待查作为诊断，并应在其后注明一两个可能性较大或待排除疾病的病名，如"发热待查，肠结核？"。

医师签名

医师签名应签全名，清晰、可辨认。如病历系实习医师或无执业资格的医师书写，需经带教的执业医师审核，以经治医师/实习医师（或无执业资格的医师）格式签署。一般写在初步诊断的右下角。

完成日期

××××年×月×日记录病历完成日期。

提示：住院期间确定的诊断如与初步诊断不同，应补充诊断或修正诊断，并签名和记录日期。

2. 再次或多次入院记录

再次或多次入院记录是指患者因同一种疾病再次或多次入住同一医疗机构时书写的记录，要求及内容基本同入院记录。主诉是记录患者本次入院的主要症状（或体征）及持续时间。现病史中要求首先对本次住院前历次有关住院诊疗经过进行小结，然后再书写本次入院的现病史。

3. 24 h内入出院记录或24 h内入院死亡记录

如患者入院不足24 h出院，可书写24 h内入出院记录。内容包括患者姓名、性别、年龄、职业、入院时间、主诉、入院情况、入院诊断、诊疗经过、出院情况、出院诊断、出院医嘱、医师签全名。如患者入院不足24 h死亡的，可写24 h内入院死亡记录，内容和24 h内入出院记录基本相同，只是将出院诊断项改为死亡原因，死亡诊断。

（二）病程记录

病程记录是病历的主要组成部分，是指继入院记录之后，对患者病情和诊疗过程所进行的连续性记录。内容包括患者的病情变化情况、重要的辅助检查结果及临床意义、上级医师查房意见、会诊意见、医师分析讨论意见、所采取的诊疗措施及效果、医嘱更改及理由、向患者及其近亲属告知的重要事项等。

1. 首次病程记录　首次病程记录是指患者入院后由经治医师或值班医师书写的第一次病程记录，应当在患者入院8 h内完成。首次病程记录的内容包括病例特点、拟诊讨论（诊断依据及鉴别诊断）、诊疗计划等。

（1）病例特点：应当在对病史、体格检查和辅助检查进行全面分析、归纳和整理后写出本病例特征，包括阳性发现和具有鉴别诊断意义的阴性症状和体征等。

（2）拟诊讨论（诊断依据及鉴别诊断）：根据病例特点，提出初步诊断和诊断依据；对诊断不明的，写出鉴别诊断并进行分析，并对下一步诊治措施进行分析。

（3）诊疗计划：提出具体的检查及治疗措施安排。

提示：首次病程记录反映医师的综合分析能力。诊断及诊断依据是分析重点，要注意逻辑性，体现医师的业务水平。

首次病程记录示例

2024 年 4 月 15 日 10：00

1. 病例特点

（1）青年女性，24 岁，病程 2 个月。

（2）临床表现：咳嗽、活动后气促。

（3）既往：身体健康，否认任何病史，无特殊环境及毒物接触史。

（4）体格检查：口唇无发绀，双肺呼吸音低，右下肺可闻及少量爆裂音，P2＞A2。

（5）辅助检查：外院检查结果 2024 年 4 月 13 日 血常规 白细胞 7.0×10^9/L，N 0.74，嗜酸性粒细胞计数正常。

2024 年 4 月 5 日肝、肾功能正常，Ig、补体、抗 ENA 抗体、抗双链 DNA 抗体、ESR、CRP、蛋白电泳正常。

血气分析：pH 7.44，PO_2 80 mmHg，PCO_2 41.1 mmHg，SB 27.8 mmol/L。

支原体抗体 IgM 1：80，TB-Ab（−），CEA 正常。

2024 年 3 月 20 日及 2024 年 3 月 30 日胸部 X 线检查，2024 年 3 月 23 日及 2024 年 4 月 2 日 CT 提示：双下肺片状影，病变有加重趋势。

我院检查：2024 年 4 月 15 日血气分析 pH 7.481，PaO_2 80.4 mmHg，$PaCO_2$ 43.6 mmHg，SB 24.8 mmol/L。

肺功能：限制性通气功能障碍，弥散性功能障碍。

2. 拟诊讨论　患者有咳嗽、气短，Ⅰ型呼吸衰竭，影像学表现为双肺弥漫性间质浸润，抗感染治疗无效。间质病变有原因清楚的和不清楚的，分别进行讨论：

（1）感染性疾病：普通感染不支持，因为患者已经应用过多种抗生素，但病变仍加重。支原体、衣原体感染：也不支持，这种感染影像学上多为肺内游走性阴影，而且患者接受过敏原药物的治疗，但无效。结核感染：患者结核中毒症状不明显，目前没有证据。真菌：痰量不多，而且痰不黏稠。所以目前不能确定为感染性疾病。

（2）肿瘤：病情进展很快，要警惕肿瘤的可能。

（3）血管炎：目前无全身受累的证据，故不能诊断。

（4）外源性过敏性肺泡炎：患者有短期渐进性的咳嗽、气短，影像学上有弥漫的间质及肺泡浸润，但患者无特殊环境接触史，不支持。

（5）结缔组织病：很多结缔组织病都可导致肺间质病变，但目前无证据。

3. 诊疗计划

（1）完善常规检查：三大常规，肝功能、肾功能。

（2）胸部高分辨率 CT。

（3）排除肿瘤：腹部 B 超、盆腔 B 超、肺癌筛选、癌症标志物检查系列。

（4）痰病原学检查。

（5）查免疫指标。

（6）氧疗，缓解Ⅰ型呼吸衰竭。

（7）必要时行支气管镜或肺活检。

李 × ×

2. 日常病程记录　日常病程记录是指对患者住院期间诊疗过程的经常性、连续性记录。书写日常病程记录时，首先应标明记录时间，另起一行记录具体内容。其主要内容如下。

（1）患者自觉症状、情绪、饮食、睡眠、排便、排尿等一般情况。

（2）病情变化情况，是否出现新的症状、体征，有无并发症。

（3）各种辅助检查、诊疗操作结果的分析。

（4）各种治疗的效果及反应，诊疗措施更改及其理由。

（5）原诊断的修改或新诊断的确立，说明诊断依据和鉴别诊断。

（6）会诊意见、上级医师指导意见及执行情况。

（7）与患者亲属或单位及其他有关人员谈话内容以及对方的意见。

对病危患者，应当根据病情变化随时书写病程记录，每日至少记录1次，记录时间应具体到分钟。

对病重患者，至少每2天记录一次病程记录。对病情稳定的患者，至少每3天记录一次。对于新进、手术后患者，3天内一般要求每日记录。

3. 上级医师查房记录　上级医师查房记录是指上级医师在查房时对患者病情、诊断、鉴别诊断、当前治疗措施疗效的分析及下一步诊疗意见的记录，属于病程记录的重要内容，代表上级医师及本医院的医疗水平。三级查房（主任医师、主治医师、住院医师）记录是原卫生部规定的必做项目，下级医师应在查房后及时完成，在病程记录中要明确标记，并另起一行。书写过程中应注意：

（1）书写上级医师查房记录时，应在记录日期后注明上级医师的姓名及职称。

（2）下级医师应如实记录上级医师的查房情况，尽量避免写"上级医师同意诊断、治疗"等无实质内容的记录。记录内容应包括对病史和体征的补充、诊断依据、鉴别诊断的分析和诊疗计划。

（3）主治医师首次查房记录至少应于患者入院48 h内完成；主治医师常规查房记录间隔时间视病情和诊治情况确定；对疑难、危重抢救病例，记录必须及时，有科主任或具有副主任医师以上专业技术任职资格医师查房的记录。

4. 疑难病例讨论记录　疑难病例讨论记录是指由科主任或具有副主任医师以上专业技术任职资格的医师主持、召集有关医务人员对确诊困难或疗效不确切病例讨论的记录。内容包括讨论日期、主持人、参加人员姓名及专业技术职务、具体讨论意见及主持人小结意见等。

5. 抢救记录　抢救记录是指患者病情危重，采取抢救措施时做的记录。因抢救急危患者未能及时书写病历的，有关医务人员应当在抢救结束后6 h内据实补记，并加以注明。内容包括病情变化情况、抢救时间及措施、参加抢救的医务人员姓名及专业技术职称等。记录抢救时间应当具体到分钟。

6. 有创诊疗操作记录　有创诊疗操作记录是指在临床诊疗活动过程中进行的各种诊断、治疗性操作（胸腔穿刺、腹腔穿刺等）的记录，应当在操作完成后即刻书写。内容包括操作名称、操作时间、操作步骤、结果及患者一般情况，记录过程是否顺利、有无不良反应、术后注意事项及是否向患者说明。

7. 会诊记录　会诊记录（含会诊意见）是指患者在住院期间需要其他科室或者其他医疗机构协助诊疗时分别由申请医师和会诊医师书写的记录。会诊记录应另页书写，内容包括申请会诊记录和会诊意见记录。申请会诊记录应当简要载明患者的病情及诊疗情况、申请会诊的理由和目的、申请会诊医师签名等。常规会诊意见记录应当由会诊医师在会诊申请发出后48 h内完成，急会诊时会诊医师应当在会诊申请发出后10 min内到场，并在会诊结束后即刻完成会诊记录。会诊记录内容包括会诊意见、会诊医师所在的科别或者医疗机构名称、会诊时间及会诊医师签名等。申请会诊医师应在病程记录中记录会诊意见执行情况。

8. 转科记录　转科记录是指患者住院期间需要转科时，经转入科室医师会诊并同意接收后，由转出科室和转入科室医师分别书写的记录。转科记录包括转出记录和转入记录。转出记录由转出科室医师在患者转出科室前书写完成（紧急情况除外）；转入记录由转入科室医师于患者转入后24 h内完成。转科记录内容包括入院日期，转出或转入日期，转出及转入科室，患者姓名、性别、年龄、主诉、入院情况、入院诊断、诊疗经过、目前情况、目前诊断、转科目的及注意事项或转入诊疗计划、医师签名等。

9. **死亡记录** 死亡记录是指经治医师对死亡患者住院期间诊疗和抢救经过的记录，应当在患者死亡后 24 h 内完成。内容包括入院日期、死亡时间、入院情况、入院诊断、诊疗经过（重点记录病情演变、抢救经过）、死亡原因、死亡诊断等。记录死亡时间应当具体到分钟。死亡记录另立专页，并在横行适中位置标明"死亡记录"。死亡记录由经治医师书写，科主任或具有副主任医师以上专业技术任职资格的医师审核并签字。

10. **死亡病例讨论记录** 死亡病例讨论记录是指在患者死亡 1 周内，由科主任或具有副主任医师以上专业技术职务任职资格的医师主持，对死亡病例进行讨论、分析的记录。内容包括讨论日期、主持人及参加人员姓名、专业技术职务、具体讨论意见及主持人小结意见、记录者的签名等。

病程记录还有术前小结、术前讨论记录、手术记录、手术安全核查记录、手术清点记录、麻醉术前访视记录、麻醉记录、手术后记录、交（接）班记录、阶段小结、疑难病例讨论记录等其他各项记录，国家卫生健康委员会《病历书写基本规范》中均有相应具体规定，书写时必须按照规范要求书写。

（三）出院记录

出院记录是患者住院诊疗经过的小结，于患者出院后 24 h 内完成。按照《病历书写基本规范》，也属于病程记录。主要内容如下。

（1）入院日期、出院日期、住院天数。
（2）入院时病情摘要及入院诊断。
（3）住院期间的病情变化及诊疗经过。
（4）出院时情况，包括出院时主要的症状、体征，手术情况，疾病的恢复程度等。
（5）出院诊断。
（6）出院医嘱：包括主要药物的名称、用法及建议。
（7）医师签名。
（8）记录日期。

（四）同意书

凡在临床诊治过程中需行手术治疗、特殊检查、特殊治疗、实验性临床医疗和医疗美容的患者，应对其履行告知义务，并详尽填写同意书。

经治医师必须亲自使用通俗的语言向患者或其授权人、法定代理人告知患者的病情、医疗措施、目的、名称、可能出现的并发症及医疗风险等，并及时解答其咨询。同意书必须经患者或其授权人、法定代理人签字，医师签全名。同意书一式两份，医患双方各执一份。由患者授权人或其法定代理人签字的，应提供授权人的授权委托书。目前的同意书主要有以下几种。

1. **输血及血液制品治疗知情同意书** 是指输血或血液制品之前，经治医师向患者告知输血或血液制品的相关情况，并由患者签署是否同意输血或血液制品的医疗文书。输血及血液制品治疗知情同意书内容包括患者姓名、性别、年龄、科别、病案号、诊断、输血或血液制品指征、拟输血成分或血液制品名称、输血前有关检查结果、输血风险及可能的不良后果、患者签署意见并签名、医师签名并填写日期。

2. **手术同意书** 是指手术前经治医师向患者告知拟实施手术的相关情况，并由患者签署是否同意手术的医学文书。内容包括术前诊断、手术名称、拟施行手术的必要性和目的，术中及术后可能出现的并发症及手术风险、其他不可预料的意外等。

3. **麻醉同意书** 是指麻醉前麻醉医师向患者告知拟实施麻醉的相关情况，并由患者签署是否同意的医学文书。内容包括术前诊断、拟施行的手术、拟施行的麻醉方式、实施本次麻醉及手术存在的危险性、可能发生的并发症和意外等。

4. **特殊检查（特殊治疗）同意书** 是指在实施特殊检查、特殊治疗之前，经治医师向患者告知特殊检查、特殊治疗的相关情况,并由患者签署是否同意检查、治疗的医学文书。内容包括特殊检查和特殊治疗项目名称、目的、可能出现的并发症及风险、患者签名、医师签名等。

提示：限于篇幅,请同学们自学《病历书写基本规范》,特别要注意其他各种病程记录书写练习,只有多练、多写,才能写好。

(五)住院病历中其他记录和文件

1. 病危(重)通知书　病危(重)通知书是指在患者病情危重时,由经治医师或值班医师向患者家属告知病情,并由患者授权的家属签署医疗文书。内容包括患者的姓名、性别、年龄、科别,目前诊断及病情危重情况,患者家属签名、医师签名并填写日期。一式两份,一份交患者家属保存,另一份在病历中保存。

2. 医嘱单　医嘱是指医师在医疗活动中下达的医学指令。医嘱单分为长期医嘱单和临时医嘱单。长期医嘱单内容包括患者的姓名、科别、住院病历号(或病案号)、页码、起始日期和时间、长期医嘱内容、停止日期和时间、医师签名、执行时间、执行护士签名。临时医嘱单内容包括医嘱时间、临时医嘱内容、医师签名、执行时间、执行护士签名等。医嘱内容及起始、停止时间应当由医师书写。医嘱内容应当准确、清楚,每项医嘱应当只包含一个内容,并注明下达时间,应具体到分钟。医嘱不得涂改。需要取消时,应当使用红色墨水标注"取消"字样并签名。

一般情况下,医师不得下达口头医嘱。因抢救急危患者需要下达口头医嘱时,护士应当复诵一遍。抢救结束后,医师应当即刻据实补记医嘱。

3. 辅助检查报告单　辅助检查报告单是指患者住院期间所做各项检验、检查结果的记录。内容包括患者的姓名、性别、年龄、住院病历号(或病案号)、检查项目、检查结果、报告日期、报告人员签名或者印章等。

4. 体温单　体温单为表格式,以护士填写为主。内容包括患者的姓名、科室、床号、入院日期、住院病历号(或病案号)、日期、手术后天数、体温、脉搏、呼吸、血压、排便次数、出入液体量、体重及住院天数等。

(六)住院病案首页

住院病案首页是医务人员使用文字、符号、代码、数字等方式,将患者住院期间相关信息精练汇总在特定表格中形成的病历数据摘要。住院病案首页是病案中信息最集中、最重要、最核心的部分,内容包括患者基本信息、住院过程信息、诊疗信息、费用信息等。住院病案首页由经治医师于患者出院或死亡后24 h内完成,经病案编码员审核编码后上传至与医疗保险机构及医疗行政管理机构联网的信息平台。医疗保险机构通过住院病案首页信息,审核医疗行为的合理性与必需性,并作为统筹支付的重要依据。医疗行政管理机构通过住院病案首页信息反映出的疾病严重程度、治疗的复杂性和可用资源的丰富性,评价医疗机构和专科的医疗服务水平。住院病案首页填写要求客观、真实、及时、规范、完整。

住院病案首页应当使用规范的疾病诊断和手术操作名称。疾病诊断、手术、各种治疗操作的名称书写和编码应符合《国际疾病分类》(ICD-11)的规范要求,疾病诊断依据和手术相关记录应在病案中可追溯。推荐采用国际流行的"SOAP"模式,即从首次病程记录开始分别按主观资料(subjective information, S)、客观资料(objective data, O)、评估(assessment, A)、计划(plan, P)方式,记录患者本次住院诊疗过程中的主诉及所有相关问题,列出充分的诊断依据,做出完整的疗效评价和处理计划。这种记录方式条理清晰,避免遗漏,便于住院病案首页填写时资料的提取与审核。

三、表格式住院病历

表格式住院病历主要对主诉和现病史以外的内容进行表格化书写。项目内容完整且省时,有利于资料存储和病历的规范化管理。

表格式病历应根据表格式病历规范和病历表格印刷规范要求，结合本专科病种特点，由高年资临床专家负责研究设计，报省级卫生行政部门备案并审批后使用。医师应首先学会书写完整病历，待书写熟练之后，再根据临床工作需要使用表格式住院病历。

表格式住院病历示例，见数字资源相关内容。

（李学军）

第三节　电子病历

传统的手写病历、纸质版的表格式病历作为病历资料库，其信息采集、传递存储和管理利用都存在着诸多不便之处。自从有了信息处理和智能化服务功能的计算机信息系统技术，医院可以创建电子病历系统，从而提高医疗效率和管理效能。

一、电子病历的概念

电子病历也称计算机化的病案系统或基于计算机的患者记录（computer-based patient record，CPR），是指医务人员在医疗活动过程中，使用医疗机构信息系统生成的文字、符号、图表、图形、数据、影像等数字化信息，并能实现存储、管理、传输和重现的医疗记录，是病历的一种记录形式。电子病历在医疗活动中作为主要的信息源，提供超越纸张病历的服务，满足医疗、法律和管理需求。

原国家卫生部颁发的《电子病历基本构架与数据标准电子病历》中定义为：电子病历是医疗机构对门诊、住院患者（或保健对象）临床诊疗和指导干预的、数字化的医疗服务工作记录。

美国医学研究所将电子病历定义为：电子病历系统（EMR）是基于一个特定系统的电子化患者记录，该系统提供用户访问完整和准确的数据、警示、提示和临床决策支持系统的能力。

那些只使用文字处理软件编辑、打印的病历文档，不属于电子病历。

二、电子病历的特点

1. 传送速度快、时效性强　患者的病历信息可以通过计算机网络及时显示、远程存取，在几分钟甚至几秒内将数据传往需要的地方，这是其最大的优势。

2. 资料共享性好　通过计算机网络实现异地查阅、会诊和数据库资料共享等功能，迅速、直观、准确地了解患者既往所接受的治疗及检查资料。

3. 存储容量大　服务器存储容量巨大而占用空间极小，不会霉烂、变质、耐热、耐腐蚀。

4. 安全可靠　通过实行病历分级保密管理，设立查阅、输入、修改和使用的分级授权，能确保患者的个人信息和健康信息安全。同时，系统提供数据备份和恢复工具，使数据在受到破坏的情况下，能够得到最大限度的恢复。

5. 使用方便　电子病历可以迅速而准确地检索、复制和浏览，便于开展各种科学研究和统计分析工作。

6. 维护、使用成本低　电子病历系统能够通过优化流程来提高工作效率，特别是使用的便捷性和资料的共享性，使医护人员节省了大量的时间，人力成本显著降低。

7. 环保　用纸量大幅减少。

三、电子病历的功能

理想的电子病历应当具有两个功能：一是医师、患者或者其他获得授权人，在需要了解某个个体健康资料时，在任何情况下都可以最大限度地得到详细、准确、全面的相关信息。二是电子病历可以根据自身掌握的信息和知识，主动进行判断，在个体健康状态需要调整时，做出准确、及时的提示，给出最优秀方案和实施计划。目前的电子病历还未完全达到这些要求，但有以下功能。

1. 提高病历质量　通过系统提供的完整、权威、规范、严谨的病历模板，杜绝了纸质病历的书写潦草、字迹不清、涂改等问题；通过系统的主动提醒、警告或建议，避免了病历书写随意性强、记录不及时、意思模糊、内容不全、缺页、漏页、不规范用语等常见错误，病历审核合格率显著提高。

2. 节省时间　通过系统提供的各种规范化模板及辅助工具，使医务人员从烦琐、重复的病历文书书写工作中解脱出来，集中精力关注患者的诊疗和提高自身业务水平。

3. 提供第一手有价值的资料　电子病历系统可以快速检索所需的各种资料，使医学统计变得非常简单、快捷，还可为病历质量监控、医疗卫生服务信息以及数据统计分析和医疗保险费用审核提供技术支持。

4. 稳定和扩展病源　个体健康资料的存储与快速检索，为医务人员决策提供了更多的历史参考资料，尤其是对慢性病患者、老龄化人群的疾病防治和病情追踪有着积极作用。原始病历的建立、疾病信息的存储，使这部分患者成为稳定的或潜在的新病源。

5. 提高医疗纠纷的举证能力　由于系统提供完整和准确的数据、警示、提示作用，使病历书写得以规范、及时，医疗举证更加客观、实际。

四、电子病历书写的基本要求

电子病历书写必须按照《病历书写基本规范》制定的项目名称、格式和内容书写，不得擅自变更。必须遵循客观、真实、准确、及时、完整的病历书写原则。电子病历与常规病历有如下不同内容。

1. 身份识别　进入系统时必须进行身份识别。首先为患者建立个人信息数据库（包括姓名、性别、出生日期、民族、婚姻状况、职业、工作单位、住址、有效身份证件号码、社会保障号码，或为医务人员提供专有的身份标志和识别手段，并设置相应权限；医务人员要对本人身份标志的使用负责，在登录电子病历系统完成各项记录等操作并予以确认后，系统应当显示医务人员电子签名。

2. 病历签字　电子病历采用电子签字以确保病历的有效性。签字人应合理使用自己的电子签字，签字样本须经相关部门批准、备案。在签字设备损坏、被盗或遗失的情况下，应及时通知接受或可能接受其签字的医疗机构。电子签字进入电子病历系统的首次时间视为电子病历的生成时间。

3. 完成时限　医务人员应在规定的时间内完成病历的书写，因抢救急危患者未能及时书写的，应当在抢救结束后 6 h 内据实补记并加以注明。

4. 修改权限、修改留痕、修改签字　医务人员可以按照卫生行政部门赋予的权限审查、修改病历，但在进入系统时必须进行身份识别。修改病历时必须保留原记录格式和内容，显示标示元素和所修改的内容，如上一级医师对病历内容进行删除或增加时，系统自动将删除的内容变红且在文字中间加两条横线，对新加的内容变红且在文字下面加两条横线。病历修改必须经当事人认可、签字后生效。签字应采用法律认可的形式。

5. 病历复制　电子病历具有严格的复制管理功能，同一患者的相同信息可以复制，复制内容必须校对，不同患者的信息不得复制。

五、电子病历的管理

（1）电子病历是一套完整、全面的系统，必须有专门的管理机构和系统运行的信息技术和设施，负责系统的建设、维护与安全运行；必须配备专职人员，负责病历的收集、保存、调阅、复制；还要建立健全相关的制度和规程，包括人员操作、系统维护和变更的管理规程、保障病例数据的安全措施及出现系统故障时的应急预案等。

（2）为患者实施诊疗活动过程中产生的非文字资料（如心电图、CT、MRI、超声等医学影像信息等）要纳入电子病历系统管理，并确保内容完整、随时调阅。

（3）门诊病历中的门（急）诊病历记录以接诊医师录入确认即为归档，归档后不得修改；住院病历患者出院，经上级医师审核确认后归档。归档后病历采用电子数据方式保存，必要时可打印纸质版本（统一规格、字体、格式等）。病历数据应保存备份，定期对备份数据进行恢复试验，确保数据能够及时恢复。当系统需要更新、升级时，应确保原有数据的继承与使用。

（4）公安、司法机关因办理案（事）件需要收集、调取病历资料时，医疗机构应当在其出具法定证明及执行公务人员的有效身份证明后如实提供。发生医疗纠纷时，应在医患双方在场的情况下锁定病历并制作完全相同的纸质版本供封存。

（5）严禁篡改、伪造、隐匿、抢夺、窃取和毁坏病历，保证医务人员能够及时查阅病历。

（李学军）

自 测 题

一、名词解释

1. 入院病历
2. 首次病程记录
3. 入院记录
4. 初步诊断
5. 电子病历

二、填空题

1. 诊断疾病的基本步骤是_____、_____、_____、_____。
2. 入院记录、再次或多次入院记录应在_____完成。
3. 因抢救急危患者未能及时书写病历的，有关医务人员应当在抢救结束后_____内据实补记，并加以注明。
4. 病危患者应当_____随时书写病程记录，每日至少记录1次，记录时间应具体到分钟。
5. 首次病程记录应在患者入院后_____内完成。
6. 有创诊疗操作记录应当在_____书写。内容包括操作名称_____、_____、_____、结果及患者一般情况，记录过程是否顺利、术后注意事项及是否向患者说明。
7. 病历书写应当_____、_____、_____、_____、_____。
8. 为抢救患者，在法定代理人或被授权人无法及时签字的情况下，可由_____签字。

9. 尽可能以一种疾病解释多种临床表现。如果实在不能以一种疾病来解释，再考虑同时有其他疾病的可能，是临床诊断思维的_____原则。

三、选择题

1. 病历书写应当规范，书写中出现错字、句的处理方法为
   A. 刀刮	B. 胶粘	C. 涂黑
   D. 剪贴	E. 划双横线
2. 书写病历的基本要求是
   A. 内容真实	B. 描述精练	C. 填写全面
   D. 格式规范	E. 实验室检查齐全
3. 以下不正确的选项是
   A. 入院记录需在患者入院后 24 h 内完成
   B. 出院记录应在患者出院后 24 h 内完成
   C. 首次病程记录应在患者入院后 8 h 内完成
   D. 病情稳定的慢性病患者可 5 天记录一次病程记录
   E. 日期和时间使用阿拉伯数字书写，采用 24 h 制记录
4. 下列主诉书写不符合要求的是
   A. 反复咳嗽、咳痰、喘息 20 年，加重 2 年
   B. 反复发作右侧头痛
   C. 活动后心悸、气短 2 年，下肢水肿半个月
   D. 尿急、尿频、尿痛 2 天
   E. 上腹部疼痛反复发作 3 年，2 h 前呕血约 200 ml
5. 有关再次入院记录，不正确的是
   A. 患者再次入住同一医院时应书写再次入院记录
   B. 包括既往史、个人史、月经史、生育史
   C. 应注明于何时第几次入院
   D. 首先应对本次住院前住院经过进行小结，然后书写本次入院的现病史
   E. 要求在患者入院后 24 h 内完成
6. 关于病情稳定患者病程记录书写，不正确的是
   A. 患者的病情变化	B. 辅助检查结果	C. 上级医师查房意见
   D. 各种诊疗操作记录	E. 每日记录一次
7. 病历中生命体征记录包括
   A. 体温、脉搏、呼吸、血压
   B. 呼吸、脉搏、心率、血压
   C. 神志、血压、心率、呼吸
   D. 瞳孔、神志、血压、呼吸
   E. 体温、脉搏、血压、神志
8. 临床诊断疾病名称的书写应按照
   A. 临床医师书写习惯
   B. 疾病和有关健康问题的《国际疾病分类》（ICD-11）的基本原则
   C. 临床专科教科书要求
   D. 上级医师的要求
   E. 各专业期刊要求

9. 不属于入院记录内容的是
   A. 问诊内容
   B. 体格检查
   C. 鉴别诊断
   D. 病历摘要
   E. 医师签名
10. 属于病因诊断的是
    A. 二尖瓣狭窄
    B. 肝硬化
    C. 结核性胸膜炎
    D. 肾功能不全
    E. 心力衰竭

四、简答题

1. 简述临床诊断的内容。
2. 简述现病史的主要内容及要求。
3. 简述病程记录的主要内容。
4. 三级查房指哪三级？上级医师查房应书写哪些内容？
5. 简述门诊病例的主要内容。

五、问答题

【病例一】患者，男性，20岁。咯血伴发热1个月。

作为住院医师，按照标准住院病例要求，围绕以上主诉，请写出询问该患者现病史及相关的内容。

【病例二】患者，男性，32岁。右下腹部绞痛伴恶心4 h。

作为住院医师，按照标准住院病例要求，围绕以上主诉，请写出询问该患者现病史及相关的内容。

六、独立书写完整病历2份，内科、外科各1份

第七篇

临床常用诊疗技术

> **学习目标**
> 1. 知识：描述临床常用诊疗技术的适应证、禁忌证。
> 2. 能力：合理选用临床诊疗技术，掌握临床常用诊疗技术的操作要领。
> 3. 素养：能够严格执行操作前核查制度，坚持操作中无菌原则，落实操作后观察随访。充分进行人文关怀，保护患者隐私，构建和谐医患关系。

第三十八章　导尿术

第三十八章数字资源

导尿术（catheterization）是将导尿管插入膀胱将尿液引出体外，是临床诊断和治疗疾病的一种常用基本操作技术，也是临床医师必须掌握的一项基本操作技能。

【适应证】

（1）解除尿潴留，排尿减压。
（2）膀胱病变，如神经源性膀胱时测量膀胱容量、膀胱压力和残余尿量。
（3）急性肾衰竭等各种危重患者需记录尿量，便于指导治疗。
（4）某些术前、术后及产前、产后需要时。
（5）获取不受污染的尿液标本，留尿做细菌培养，包括普通培养和膀胱灭菌尿培养。
（6）不明原因的少尿、无尿并可疑尿路梗阻者，探查尿道有无狭窄或梗阻。
（7）协助治疗，如膀胱冲洗、膀胱内给药。

【禁忌证】

（1）急性下尿路感染。
（2）尿道狭窄或先天性畸形无法留置导尿。
（3）相对禁忌证为女性月经期，严重的全身出血性疾病。

【术前准备】

（1）导尿前向患者及其家属做好解释工作，说明导尿的目的、必要性、可能出现的不适及注意事项，取得配合。完成沟通记录并签署知情同意书。
（2）用物准备
1）消毒弯盘：用于盛装导尿器械。
2）皮肤及黏膜消毒剂：0.5%聚维酮碘、0.1%苯扎溴铵或1%氯己定。
3）导尿包：内含3种型号（大、中、小）导尿管各一根、无菌洞巾、液状石蜡、试管、血管钳、尿袋等。

4）保留导尿时必须备有输液管夹、胶布，外接无菌尿袋。

5）其他：如无菌手套、无菌持物钳、油布或塑料布。

（3）术者洗手，戴帽子、口罩，备齐用物，携带至患者床旁。

（4）注意遮挡，保护患者隐私，注意保暖。

【操作方法】

1. 女性导尿

（1）患者取仰卧位或半卧位，双腿屈膝、屈髋、外展，显露外阴，合理暴露操作区域。术者站于患者右侧，将油布或塑料布铺于患者臀下。

（2）术者打开导尿包，清点、整理物品，检查导尿管是否通畅。

（3）术者戴好无菌手套，用0.5%聚维酮碘或0.1%苯扎溴铵棉球消毒外阴两次，要求由外向内、自上而下，每个棉球只用一次。

（4）更换干净手套，在外阴部位铺无菌孔巾形成一无菌区。用0.5%聚维酮碘或0.1%苯扎溴铵棉球由内向外消毒尿道口和小阴唇。用液状石蜡充分润滑导尿管前端，导尿管外端用止血钳夹闭，将其开口置于消毒弯盘中，右手将导尿管慢慢插入尿道6~8 cm，松开导尿管外端的止血钳，见尿液流出后说明导尿管已进入膀胱，如需做化验，留取中段尿于无菌试管内。

（5）导尿结束后，将导尿管夹闭后慢慢拔出，以免导尿管内尿液流出污染衣物，擦净尿道外口。

（6）如需留置导尿，则以胶布固定导尿管，以防脱出，外端以止血钳夹闭，管口以无菌纱布包好，以免尿液逸出和污染，或连接尿袋，固定在床旁。

（7）帮助患者整理衣物，告知注意事项，整理物品。

2. 男性导尿

（1）患者取仰卧位，双腿屈膝、屈髋、外展，显露外阴，合理暴露操作区域。术者站于患者右侧，将油布或塑料布铺于患者臀下。

（2）打开导尿包，清点、整理物品，检查导尿管是否通畅。

（3）术者戴好手套，左手用无菌纱布裹住阴茎，翻开包皮，露出尿道口，右手夹取0.5%聚维酮碘或0.1%苯扎溴铵棉球，自尿道口环形向上消毒至冠状沟，连续消毒两次，再纵行擦洗阴茎及阴囊皮肤。清洗阴茎和会阴部。每个棉球只用一次。

（4）更换干净手套，在外阴部位铺无菌洞巾形成一个无菌区，用消毒液棉球自尿道口向外旋转擦拭消毒数次。术者以左手拇指和示指挟持阴茎，使其与腹壁成钝角，使尿道的生理弯曲度减少，用液状石蜡充分润滑导尿管前端，导尿管外端用止血钳夹闭，将其开口置于消毒弯盘中，右手持血管钳夹住导尿管轻轻插入尿道15~20 cm，松开导尿管外端的止血钳，见尿液流出后说明导尿管已进入膀胱，如需做化验，留取中段尿于无菌试管内。

提示：男性尿道较长，为16~22 cm，且有两个弯曲（耻骨前弯、耻骨下弯），三个狭窄（尿道内口、膜部、尿道外口），因此为保证导尿的顺利进行，导尿时必须掌握这些解剖特点。

（5）导尿后，如需拔出导尿管，应先将导尿管夹闭后再徐徐拔出，以免管内尿液流出，污染衣物。

（6）如需留置导尿管，为防止脱出，用胶布加以固定，用两条纵行蝶形胶布贴在尿管与阴茎上，外端以血管钳夹闭，管口以无菌纱布包好，以免尿液逸出和污染，或连接尿袋，固定在床旁。

（7）帮助患者整理衣物，告知注意事项，整理物品。

【注意事项】

（1）导尿包应严格灭菌，导尿全过程执行无菌操作，预防尿路感染。

（2）根据患者情况选择粗细适宜的导尿管，用液状石蜡充分润滑，插管动作宜轻柔，避免损伤尿道黏膜。

（3）若插入时有阻挡感，可稍将导尿管退出后更换方向再插，见有尿液流出时再深入 2 cm，勿过深或过浅，尤其忌大幅度抽拉导尿管。

（4）膀胱过度充盈者，排尿宜缓慢，应分次引出尿，单次导尿量不超过 1000 ml，以免骤然减压引起虚脱或血尿。

（5）病情需要留置导尿管时，应经常检查导尿管固定情况，有无脱出，每日用消毒液棉球清洁尿道口。留置时间 1 周以上者需用生理盐水或含低浓度抗菌药液每日冲洗膀胱一次，每隔 5~7 天更换导尿管一次，再次插入前应让尿道松弛数小时，再重新插入。

（6）长期留置导尿管的患者，拔管前 3 d 应定期夹闭导尿管，间歇性排尿，每 2 h 放尿一次，以促进膀胱功能的恢复。

（7）如用带气囊的导尿管，插管前应先用无菌注射器检查导尿管是否通畅、气囊是否漏气。确定导尿管插入膀胱后，向气囊内注入空气或生理盐水 5 ml，固定。

（王　苗）

第三十九章　中心静脉压测定

第三十九章数字资源

中心静脉压（central venous pressure，CVP）是指右心房及上、下腔静脉胸腔段的压力，CVP反映右心房压，主要受循环血容量、心功能与血管张力的综合影响，是临床观察血流动力学的主要指标之一。与周围静脉压不同，中心静脉压不受静脉腔内瓣膜与其他因素的影响，更能准确地反映血容量与心功能情况。

【适应证】

（1）严重创伤、各类休克及急性循环功能衰竭等危重患者。
（2）需要接受大量、快速输液的患者，尤其是心脏病输液患者。
（3）各类大、中型手术患者，尤其是心血管、颅脑、腹部手术和体外循环手术患者。
（4）需长期输液或接受完全肠外营养的患者。

【禁忌证】

（1）穿刺或切开局部有感染者。
（2）凝血功能障碍患者。

【临床意义】

中心静脉压正常值为 50～120 mmH$_2$O（10 mmH$_2$O=0.098 kPa），儿童为 30～100 mmH$_2$O，中心静脉压测定能反映机体的有效血容量、心功能及周围循环阻力的综合情况，CVP降低与增高对指导临床诊断和治疗有重大意义。

1. CVP减低　如休克患者CVP＜50 mmH$_2$O，提示血容量不足，应迅速补充血容量；补充血容量后，患者仍处于休克状态，而CVP＞100 mmH$_2$O，则表示容量血管过度收缩或有心力衰竭的可能，应控制输液的量、速度或采取其他相应措施。

2. CVP增高　若CVP＞150～200 mmH$_2$O，表示有明显的心力衰竭，且有发生肺水肿的危险，应暂停输液或严格控制输液速度，并给予洋地黄制剂和利尿药或血管扩张药。少数重症患者虽CVP＜100 mmH$_2$O，但也有发生肺水肿者，应予注意。

【术前准备】

1. 知情同意　插管前向患者及其家属解释CVP测定的目的、必要性和过程，以消除顾虑，取得合作，完成沟通记录并签署知情同意书。明确患者无利多卡因过敏。

2. 用物准备

（1）无菌CVP测定包（包括带刻度的玻璃测压管、穿刺针、三通管或Y形管、延长管、硅橡胶管或塑料管、套管针、5 ml、10 ml 和 20 ml 注射器、无菌洞巾）、静脉输液用品、无菌手套等。

(2) 皮肤及黏膜消毒剂：2% 利多卡因。

(3) 生理盐水。

【方法】

(1) 患者排尿后取仰卧位。选好静脉插管部位，插管部位常规消毒皮肤，铺无菌洞巾。

(2) 局部麻醉，通常用 2% 利多卡因进行局部浸润麻醉。

(3) 静脉插管方法分为两种。①经皮穿刺法：较常采用，经锁骨下静脉或右侧颈内、颈外静脉穿刺并插管至上腔静脉；或经股静脉插管至下腔静脉。②静脉剖开法：现仅用于经大隐静脉插管至下腔静脉。

一般认为，上腔静脉压较下腔静脉压更精确，当腹腔内压增高时，下腔静脉压容易受影响而不够可靠。具体测压方法如下：

1) 右侧颈内静脉穿刺插管法：先找出右侧胸锁乳突肌的锁骨头、胸骨头与锁骨所构成的三角区，该区顶部为穿刺点；对于肥胖者，上述标志可能分辨不清，可选择锁骨上缘 3 cm 与颈前正中线旁 3 cm 的连线交点作为穿刺点。穿刺针与冠状面呈 30° 向下、向后、向外进针，指向胸锁乳突肌锁骨头内缘锁骨上缘后方。边进针边回抽，当刺入静脉时，有阻力骤然减少的感觉，并有回血流到注射器内，再进针 2～3 mm，以保证针尖处于适当位置。取下注射器，迅速用手指抵住针头，以防止气栓。将选好的硅橡胶管或塑料管迅速地经穿刺针腔送入颈内静脉直达上腔静脉，导管的另一端连接一个盛有生理盐水的注射器，边注射边插管，插入深度约为 15 cm。

2) 右侧颈外静脉穿刺插管法：患者取头低足高位（身体倾斜约 20°），充分暴露颈外静脉。以吸气时颈外静脉不完全塌陷为准，用粗针头连接 10 ml 注射器进行静脉穿刺，向心方向插入导管至右侧第 2 肋胸骨旁，长度为 12～15 cm。应避免空气进入静脉造成气栓。

3) 锁骨下静脉穿刺插管法：患者取仰卧位，穿刺侧上臂外展 80°～90°。用 10 ml 注射器盛生理盐水 4～5 ml，连接 13 号或 14 号粗针头，在锁骨内 1/3 交界处下方 1 cm 处，与胸壁皮肤呈 20°～30°，针头朝向胸锁关节，缓慢进针，边进针边回抽，进针约 3 cm，可回抽大量暗红色血液，注入液体局部不肿。取下注射器、用手指堵住针头，迅速插入导管。插入导管深度左侧为 12～15 cm，右侧为 10 cm。

4) 大隐静脉插管法：患者取仰卧位，术侧下肢外旋，充分暴露大隐静脉，在腹股沟韧带下方 3 cm、股动脉内侧 1 cm 处，作长 3～4 cm 纵切口。暴露和切开大隐静脉后，插入导管，沿其走行向下腔静脉推进。插管深度为：自切口至剑突上 3～4 cm，成人为 40～50 cm。若遇阻力，可稍退管，调整方向后再行插入。

(4) 中心静脉压测定装置：用直径 0.8～1.0 cm 的玻璃测压管和刻有 cmH_2O 的标尺一起固定在输液架上，接上三通开关与连接管，一端与输液器相连，另一端连接中心静脉导管。有条件者可用心电监护仪，通过换能器、放大器和显示仪，显示压力波形与记录数据。插管前应将连接管及静脉导管内充满液体，排空气泡，测压管内充满液体，并使液面高于预计的静脉压。

(5) 固定测压管，使测压管零点与右心房中心在同一水平面上，并加以固定。如体位有变动，应随时调整。

提示：测定中心静脉压时，为保证测压管零点与右心房中心在同一水平面上，因此刻度管的零点应与患者仰卧时的腋中线平齐。

(6) 测压，操作时先把"1"处夹子扭紧，以关闭静脉导管，"2"处夹子放松，让输液瓶内的液体进入测压管内，并使液面高于预计值之上（约 30 cm）。再把"2"处夹子扭紧，放松"1"处夹子，使测压管与静脉导管相通，测压管内液体迅速下降。当液面不再下降时，气液平面在量尺上的读数即为 CVP（图 7-39-1）。不测压时，扭紧"3"处夹子，放松"1""2"处夹子，使输液瓶与静脉导管相通，继续补液。每次测压倒流入测压管内的血液需冲洗干净，以保持静脉导管通畅。

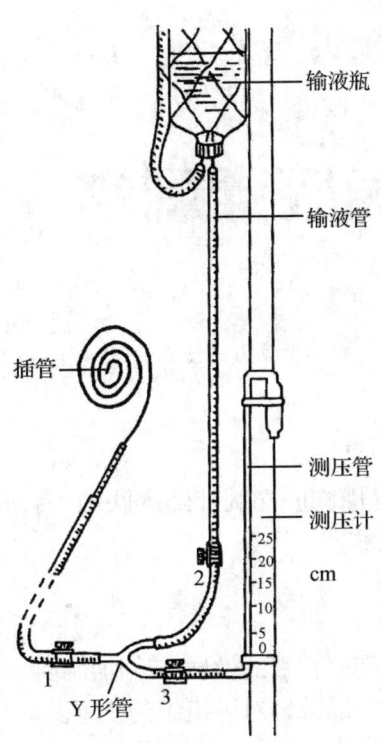

图 7-39-1　中心静脉压测定示意图

【注意事项】

（1）严格执行无菌操作，预防感染。

（2）静脉导管留置时间一般不超过5天。如时间过长，易发生静脉炎或血栓性静脉炎。故留置3天以上时，需用抗凝血药冲洗，以防血栓形成。

（3）为确保测压的准确性，管道内不得输入血管活性药物。

（4）测压过程中如发现静脉压突然出现显著波动性升高，提示导管尖端进入右心室，应立即退出一小段后再测。

（5）如管道阻塞无血流流出，应用输液瓶内液体冲洗导管或变动其位置；若仍不通畅，则用肝素液冲洗。

（6）在插管过程中，密切监测患者的生命体征和反应情况，及时发现并处理可能出现的问题。

（王　苗）

第四十章 胸腔穿刺术

第四十章数字资源

胸腔穿刺术（thoracentesis）是用胸腔穿刺针经皮肤刺入胸膜腔，抽取胸膜腔的积液、积气减压或进行胸腔内给药的一项诊疗技术。

【适应证】

（1）抽取胸腔积液送检，明确胸腔积液的性质，以协助诊断。
（2）抽出胸膜腔的积液、积气，以减轻对肺组织的压迫。
（3）抽吸胸膜腔的脓液，进行胸腔冲洗，治疗脓胸。
（4）胸腔内注射给药，以辅助治疗。

【禁忌证】

（1）对麻醉药过敏者。
（2）体质衰弱、病情危重难以耐受者，有精神疾病或不合作者。
（3）凝血功能障碍，严重出血倾向的患者，在未纠正之前不宜穿刺。
（4）疑有胸腔棘球蚴病患者。
（5）穿刺部位或周围有感染者。

【准备工作】

1. 知情同意　术前向患者做好解释工作，说明穿刺的目的、意义、步骤及可能出现的不适，以消除顾虑，取得合作，并签署知情同意书。
2. 术前告知　向患者告知术中注意事项，如术中不能移动位置，勿深吸气和咳嗽；对精神紧张或剧烈咳嗽者，可于术前半小时给予镇静药或镇咳药。明确患者无利多卡因过敏，无凝血功能障碍。
3. 用物准备
（1）常规消毒治疗盘：1套。
（2）无菌胸腔穿刺包：接有橡胶管或带三通活栓（图7-40-1）的胸腔穿刺针、5 ml和50 ml注射器、7号注射针头、无菌洞巾、纱布及血管钳。
（3）局部麻醉药（2%利多卡因5 ml）、1:1000肾上腺素。
（4）其他：如无菌手套、无菌试管、量杯、标记笔、胶布、靠背椅。
4. 术者准备　术者洗手，戴帽子、口罩，备齐用物，携带至患者床旁。

【方法】

（1）嘱患者取坐位，面向椅背，两前臂平放于椅背上，前额伏于前臂上。危重患者可取半卧位，患侧前臂上举抱于枕部，使肋间隙增宽（图7-40-2）。

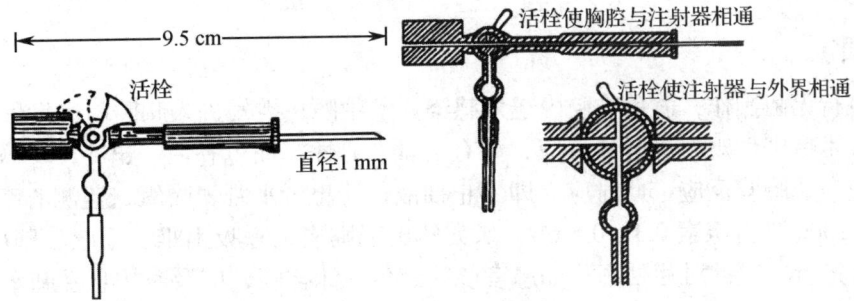

图 7-40-1　三通活栓模式图

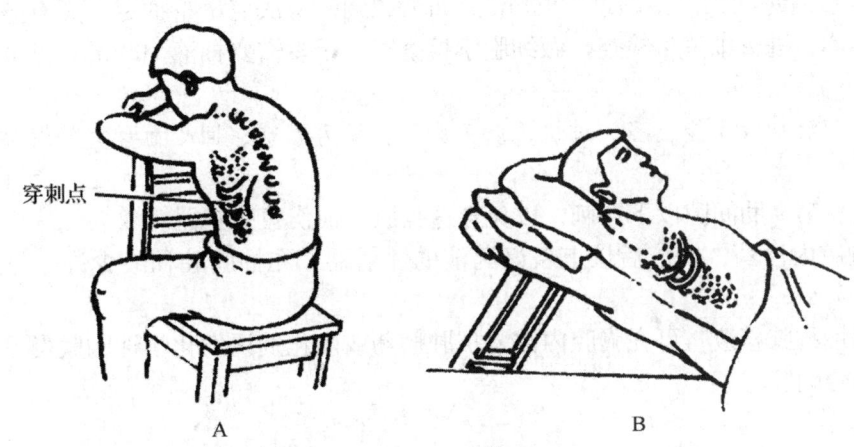

图 7-40-2　胸腔穿刺体位及穿刺点
A. 坐位；B. 半卧位

（2）穿刺点选在胸部叩诊实音最明显的部位，一般取肩胛线或腋后线第 7~8 肋间隙；有时也可选腋中线第 6~7 肋间隙或腋前线第 5 肋间隙。如为包裹性积液，应结合超声进行定位，用标记笔在皮肤上标记穿刺点。抽取胸腔积气时，一般选择锁骨中线第 2 肋间隙。

（3）常规消毒皮肤，戴无菌手套，覆盖无菌洞巾。

（4）使用 2% 利多卡因在下一肋骨上缘的穿刺点自皮肤至胸膜壁层逐层进行局部浸润麻醉。

（5）术者用左手示指与中指固定穿刺部位皮肤，右手持穿刺针在局部麻醉部位沿肋骨上缘缓慢刺入胸腔，当针锋抵抗感突然消失时，提示穿刺针已进入胸膜腔，可进行抽液。

提示： 在行胸腔穿刺术时，应避免在肋骨下缘进行穿刺，否则可能伤及肋间血管和神经。

如选择带三通活栓的胸腔穿刺针，穿刺前应先将三通活栓转到与胸腔关闭处；穿刺针进入胸膜腔后，再转动三通活栓，使其与胸腔相通，以便抽液。抽液时，助手用血管钳协助固定穿刺针，以防刺入过深损伤肺组织，术者持注射器抽液。注射器抽满后，转动三通活栓，使注射器与外界相通，排出液体。

如用针栓接有橡胶管的胸腔穿刺针，穿刺前应先用血管钳将橡胶管夹住；穿刺针进入胸膜腔后，术者将注射器与橡胶管连接，助手松开血管钳并协助固定穿刺针。注射器抽满后，助手夹紧橡胶管，术者取下注射器，将液体注入量杯，计量或送检。排液后将注射器与橡胶管连接，如此反复（图 7-40-3）。

（6）抽液结束后拔出穿刺针，针孔处再次消毒后用无菌纱布覆盖，稍用力压迫穿刺部位片刻，用胶布固定，嘱患者静卧。

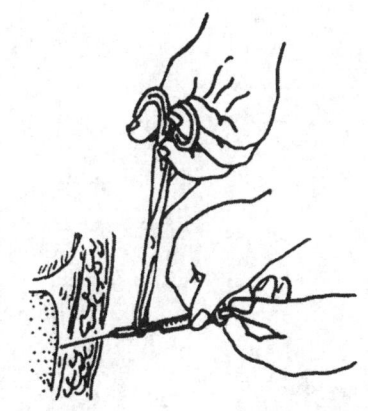

图 7-40-3　协助穿刺胸腔积液

【注意事项】

（1）严格执行无菌操作，避免胸腔内继发感染。术中防止空气进入胸腔而诱发气胸。

（2）术中及术后密切观察患者的反应，如有头晕、心悸、面色苍白、出冷汗、胸部压迫感或剧痛、晕厥时，应考虑胸膜反应，此时应立即停止抽液，让患者平卧、吸氧，监测心率和血压，必要时皮下注射 1 : 1000 肾上腺素 0.3~0.5 ml。如突然出现胸痛、呼吸困难、干咳，肺部叩诊呈鼓音，应考虑气胸，并进行相应的对症处理。如患者咳粉红色泡沫样痰，应及时按急性肺水肿处理。

（3）胸腔积液抽液时不能过多、过快，诊断性抽液 50~100 ml 即可。治疗性穿刺，首次抽液不超过 600 ml，以后每次抽液不超过 1000 ml。如为脓胸，每次应尽量抽尽。疑有感染时，助手用无菌试管留取标本，进行细菌学检查。做细胞学检查时，至少需要抽液 100 ml，并立即送检，以免细胞自溶。

提示：胸腔积液抽液不能过多、过快，以免胸腔内压力骤减、回心血量突然增加，从而导致急性肺水肿。

（4）应避免在第 9 肋间隙以下穿刺，以免穿透膈肌，损伤腹腔脏器。

（5）如需胸腔内注药，抽液后接上备好药液的注射器，先抽胸腔积液少许，与药液混合后再注入。

（6）如为恶性胸腔积液，可在胸腔内注入抗肿瘤药或硬化剂诱发化学性胸膜炎，促使脏层与壁层胸膜粘连，闭合胸腔。

（张　静）

第四十一章 腹腔穿刺术

第四十一章数字资源

腹腔穿刺术（abdominocentesis）是为了诊断和治疗疾病，对有腹水的患者抽取积液或注入药物的一项诊疗技术。

【适应证】

（1）抽取腹水送检，明确积液性质，以协助病因诊断。
（2）有大量腹水的患者，行腹腔穿刺放液，以减轻腹水所致的呼吸、循环压迫症状。
（3）腹腔内给药。
（4）腹水浓缩回输。

【禁忌证】

（1）有肝性脑病先兆。
（2）粘连性腹膜炎、巨大卵巢囊肿及棘球蚴病。
（3）腹腔内巨大肿瘤（尤其是动脉瘤）。
（4）精神异常或不能合作。

【准备工作】

1. 知情同意　术前向患者做好解释工作，说明穿刺的目的、必要性、步骤及可能出现的不适，以消除顾虑，取得合作，签署知情同意书。明确患者无利多卡因过敏，无凝血功能障碍。
2. 用物准备
（1）常规消毒治疗盘1套、血压计。
（2）无菌腹腔穿刺包，内含5 ml、20 ml和50 ml注射器、7号和8号腹腔穿刺针、无菌洞巾、无菌纱布、胶带、血管钳及长乳胶管、输液夹子。
（3）局部麻醉药（2%利多卡因5 ml）、无菌手套、无菌试管、量杯、靠背椅、多头腹带及皮尺。
3. 术者准备　术者洗手、戴帽子、口罩，备齐用物，携带至患者床旁。

【方法】

（1）术前嘱患者排尿，防止穿刺时损伤膀胱。
（2）安置患者坐在靠背椅上，衰弱患者可取半卧位、平卧位或侧卧位，暴露腹部，注意保暖（图7-41-1）。
（3）确定穿刺点：①脐与左侧髂前上棘连线的中外1/3交点处，此处不易损伤腹壁动脉。②脐与耻骨联合连线中点上1 cm，偏左或偏右1.5 cm处，此处无重要器官且易愈合。③侧卧位脐水平线与腋前线或腋中线交点处，此处常用于诊断性穿刺。④少量或包裹性积液最好在超声引导下穿刺（图7-41-2）。

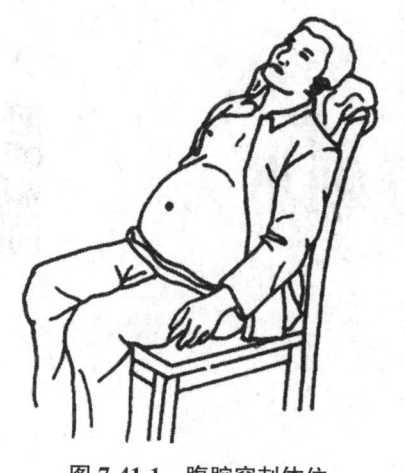
图 7-41-1 腹腔穿刺体位

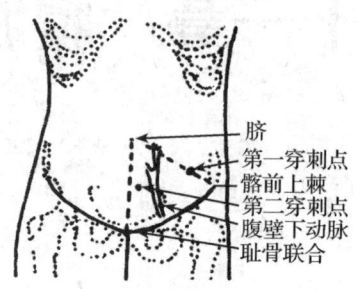
图 7-41-2 常用腹腔穿刺点

（4）在选择好的穿刺部位常规消毒，戴无菌手套，铺无菌洞巾，自皮肤至腹膜壁层逐层进行局部浸润麻醉。

（5）术者用左手固定穿刺部位的皮肤，右手持穿刺针在局部麻醉部位刺入腹壁，当针锋抵抗感突然消失时，提示穿刺针已穿过壁腹膜，进入腹膜腔，此时即可抽取腹水。如为诊断性穿刺，可直接用 20 ml 或 50 ml 注射器和 7 号针头进行穿刺。大量放液时，用针栓接有长乳胶管 8 号针头进行穿刺，穿刺成功后，助手用血管钳固定针头，并夹持胶管，用输液夹子调整放液速度，将腹水引入量杯中，计量并注入无菌试管中送检。

（6）抽液结束后拔出穿刺针，再次消毒针孔处，用无菌纱布覆盖，稍用力压迫穿刺部位片刻，再用胶布固定，可用多头腹带将腹部包扎。

提示：腹腔穿刺大量放液后，为防止腹内压骤降、内脏血管扩张引起血压下降或休克，需用多头腹带将腹部包扎。

【注意事项】

（1）有肝性脑病先兆、粘连性腹膜炎、胃肠高度胀气的患者禁忌穿刺。

（2）严格执行无菌操作，避免腹腔内继发感染。

（3）术中密切观察患者的反应，如有头晕、心悸、恶心、气短、脉搏增快及面色苍白等表现，应立即停止操作，并作适当处理。

（4）腹腔放液不宜过多、过快。治疗性放液，一般初次放液不宜超过 1000 ml，肝硬化患者一次放液一般不超过 3000 ml，过多放液可导致水、电解质代谢紊乱及大量蛋白丢失，严重者可引起休克。

提示：肝硬化患者过多放液可诱发肝性脑病和电解质代谢紊乱，但在大量输注白蛋白的基础上，也可以大量放液，一般放液 1000 ml 补充白蛋白 6~8 g。

（5）放腹水时，若腹水流出不畅，可将穿刺针稍做移动或变换体位。

（6）术后嘱患者平卧，使穿刺孔位于上方，以防止腹水渗漏。如腹水量过多，在穿刺时应注意勿使皮肤到壁腹膜的针孔在一条直线上，而应是针头垂直刺入皮肤后以 45° 斜刺入腹肌，再垂直刺入腹腔。如仍有腹水漏出，可用蝶形胶布封闭。

提示：大量腹水穿刺时，应注意不能使皮肤到壁腹膜的针孔在一条直线上，否则术后会造成腹水渗漏。

（7）放液前及放液后均应测量体重、腹围、脉搏、血压，检查腹部体征，以观察病情变化。

（张　静）

第四十二章 腰椎穿刺

第四十二章数字资源

腰椎穿刺（lumbar puncture）常用于检查脑脊液的性质，从而协助诊断中枢神经系统疾病。此外，腰椎穿刺也可测定颅内压力和了解蛛网膜下腔有无梗阻，必要时还用于鞘内注射药物，以治疗某些疾病。

【适应证】

（1）确定脑脊液性质，协助诊断中枢神经系统疾病。
（2）测定颅内压力和了解蛛网膜下腔有无梗阻。
（3）鞘内注射药物。

【禁忌证】

（1）颅内高压、颅后窝有占位性病变。
（2）休克、衰竭或濒危状态。
（3）穿刺部位皮肤及脊柱有感染。

【准备工作】

1. 知情同意　术前向患者做好解释工作，说明穿刺的目的、必要性、步骤及可能出现的不适，以消除顾虑，取得合作，签署知情同意书。明确患者无利多卡因过敏，无凝血功能障碍。

2. 用物准备
（1）常规消毒治疗盘 1 套。
（2）无菌腰椎穿刺包，内含腰椎穿刺针、5 ml 和 10 ml 注射器、测压管、无菌洞巾、无菌纱布及胶布。
（3）局部麻醉药（2% 利多卡因 5 ml）、无菌手套、无菌试管。

3. 患者准备　患者术前排空尿液、粪便，在床上静卧 15～30 min。
4. 术者准备　术者洗手，戴帽子、口罩，备齐用物，携带至患者床旁。

【方法】

（1）患者去枕侧卧于硬板床上（一般取左侧卧位），背部与床面垂直，头向前胸屈曲，双手抱膝紧贴腹部，使躯干呈弓形；也可由助手在患者前面，一手挽患者头部，另一手挽双下肢腘窝处并用力抱紧，使脊柱尽量后凸，以增宽椎间隙，便于进针（图 7-42-1）。

（2）确定穿刺点，成人一般选择在第 3～4 腰椎棘突间隙，相当于两侧髂后上棘连线与后正中线的交会处。小儿一般选择在第 5 腰椎棘突间隙。

（3）常规消毒皮肤，戴无菌手套，覆盖无菌洞巾，自皮肤至椎间韧带逐层进行局部浸润麻醉。麻醉要完善，以防疼痛引起神经源性休克。

（4）术者用左手固定穿刺部位皮肤，右手持腰椎穿刺针在局部麻醉部位以垂直背部，针尖稍斜向头部的方向缓缓刺入，当针尖穿过韧带和硬脑膜时（图7-42-2），可有落空感。成人进针深度为4~6cm，儿童进针深度为2~4cm。此时将穿刺针针芯慢慢抽出（以防脑脊液迅速流出，造成脑疝），可见有脑脊液流出。

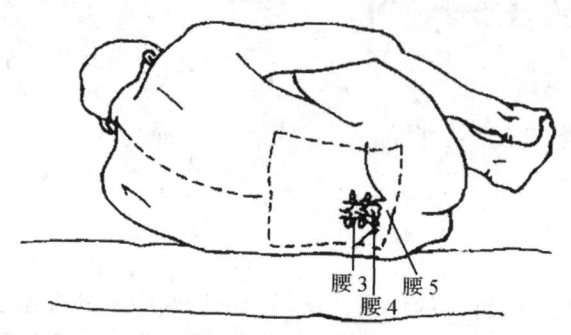

图7-42-1 腰椎穿刺体位

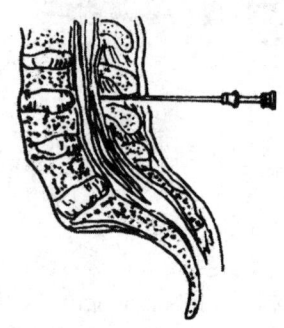

图7-42-2 腰椎穿刺进针

（5）将测压管与穿刺针连接，并嘱患者全身放松，测量脑脊液压力。正常侧卧位脑脊液压力70~180 mmH$_2$O或40~50滴/分。

若要了解蛛网膜下腔有无阻塞，可做奎肯施泰特试验（Queckenstedt test），又称压颈试验或梗阻试验。测完初压后，由助手先压迫一侧颈静脉约10 s，再压迫另一侧，最后同时按压双侧颈静脉。正常时按压颈静脉后，脑脊液压力迅速升高1倍左右，解除压迫后10~20 s，压力迅速降至按压前水平，称为梗阻试验阴性，表示蛛网膜下腔通畅；若按压颈静脉后不能使脑脊液压力升高，则为梗阻试验阳性，表示蛛网膜下腔完全阻塞；若按压颈静脉后脑脊液压力缓慢升高，放松后又缓慢下降，表示蛛网膜下腔不完全阻塞。当脑出血或颅内压增高时，禁做此试验。

（6）撤去测压管，收集脑脊液2~5 ml于无菌试管中送检。如需做病原学检查，应用无菌试管留取标本。

（7）将针芯插入后拔出穿刺针，针孔处再次消毒后用无菌纱布覆盖，稍用力压迫穿刺部位片刻，用胶布固定。

（8）术后嘱患者去枕平卧4~6 h，以免引起术后低颅压头痛。

【注意事项】

（1）凡疑有颅内压增高者必须先做眼底检查，如有明显视神经乳头水肿或有脑疝先兆，禁忌穿刺。

（2）严格执行无菌操作，避免发生继发感染。

（3）术中应密切观察患者的反应，如出现呼吸、脉搏、面色异常等症状，应立即停止操作，并作相应处理。

（4）术后患者需去枕平卧4~6 h，若起床过早，可引起低颅压头痛。患者坐起后头痛加剧，严重者伴有恶心、呕吐或眩晕，平卧或头低位时，头痛可减轻或缓解，症状可持续数日。此时应嘱患者继续去枕平卧，大量饮水，同时用生理盐水静脉滴注，通过补液促进颅内压的恢复，可缓解症状。

（5）鞘内给药时，应先放出与注入药物等量的脑脊液，然后再缓慢注入药物。

（张　静）

第四十三章　骨髓穿刺术

骨髓穿刺术（bone marrow aspiration）是用骨髓穿刺针经皮肤刺入骨髓腔以采集骨髓液的一种常用诊疗技术。骨髓穿刺液常用于血细胞形态学检查，也可用于造血干细胞培养、细胞遗传学分析和病原生物学检查等，以协助临床诊断、疗效观察及判断预后等。

【适应证】

（1）各类血液病的诊断、治疗及随访。
（2）某些传染病和寄生虫病的诊断。
（3）不明原因发热，肝大、脾大、淋巴结肿大。
（4）骨髓腔注射药物。
（5）骨髓干细胞培养或骨髓移植。

【禁忌证】

（1）血友病及严重凝血功能障碍。
（2）穿刺部位或周围感染。

【准备工作】

1. 知情同意　术前做好解释工作，说明穿刺的目的和重要性，以消除患者紧张、恐惧的心理，签署知情同意书。明确患者无利多卡因过敏。

2. 用物准备

（1）常规消毒治疗盘 1 套。
（2）无菌骨髓穿刺包，内含骨髓穿刺针（图 7-43-1）、5 ml 和 20 ml 注射器、7 号针头、无菌洞巾、纱布。

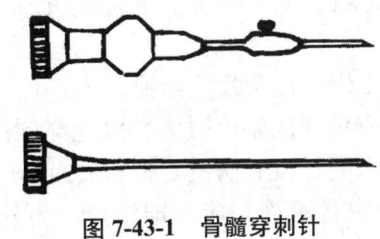

图 7-43-1　骨髓穿刺针

（3）局部麻醉药（2% 利多卡因 5 ml）、无菌手套、干燥的载玻片数张、胶布。

3. 患者准备　患者术前做好凝血功能检查，包括血小板计数、出血时间、血浆凝血酶原时间、活化部分凝血活酶时间、血浆纤维蛋白原等，明确无严重的凝血功能障碍。

4. 术者准备　术者洗手，戴帽子、口罩，备齐用物，携带至患者床旁。

【方法】

（1）选择穿刺部位。①髂前上棘穿刺点：是临床上最常用的穿刺点，位于髂前上棘后1~2 cm处，该处骨面平坦、易于固定、危险性小。②髂后上棘穿刺点：位于骶椎两侧，臀部上方突出的部位。③胸骨穿刺点：位于胸骨柄或胸骨体相当于第1、2肋间隙的部位。此处胸骨较薄（1.0 cm左右），其后为心房和大血管，初学者穿刺时易穿透胸骨而发生意外，故不列为首选。但由于胸骨的骨髓液丰富，当其他部位穿刺失败时，仍需要选择该穿刺点进行穿刺。④腰椎棘突穿刺点：腰椎棘突的突出部位，较少选用。

（2）髂前上棘和胸骨穿刺时，患者取仰卧位；髂后上棘穿刺时，患者取侧卧位；腰椎棘突穿刺时，患者取坐位或侧卧位。

（3）常规消毒穿刺部位皮肤，戴无菌手套，铺无菌洞巾。用2%利多卡因局部浸润麻醉至骨膜。

（4）将骨髓穿刺针的固定器固定在适当的长度，一般胸骨穿刺约1.0 cm，髂骨穿刺约1.5 cm。术者用左手拇指和示指固定穿刺部位皮肤，右手持穿刺针向骨面垂直刺入，如穿刺胸骨，针体应向腹部适当倾斜，与骨面呈30°~40°。当针头接触骨质后，将穿刺针左右旋转，并向前推进，缓缓刺入骨质。当穿刺阻力消失，且穿刺针已固定在骨内时，提示已进入骨髓腔。在穿刺过程中，患者需保持固定姿势，勿翻动。

（5）穿刺成功后，拔出穿刺针针芯，接上干燥的20 ml注射器，用适当的力度抽吸骨髓液。当穿刺针在骨髓腔内时，抽吸时患者会感到一种轻微锐痛。一般抽取骨髓液0.1~0.2 ml。若用力过猛或抽吸过多，会使骨髓液稀释，从而影响骨髓增生程度的判读、细胞计数和分类结果。

（6）将抽吸出的骨髓液滴在载玻片上，立即做有核细胞计数及制备骨髓液涂片数张。

（7）如需做骨髓液细菌培养，应在留取骨髓液计数和涂片标本后，再抽取1~2 ml用于细菌培养。

（8）如未能抽取到骨髓液，则可能是针腔被堵塞，应重新插上针芯，稍加旋转穿刺针或再刺入少许。拔出针芯后，若针芯上有血迹，再次抽吸即可获得骨髓液。如仍吸不出骨髓液成分，或仅吸出少许稀薄血液，称为干抽（dry tap）。干抽多见于骨髓纤维化、恶性组织细胞病、恶性肿瘤骨髓转移等，需更换穿刺部位再行穿刺。

（9）骨髓液抽取完毕，应重新插入针芯，左手取无菌纱布置于穿刺处，右手将穿刺针连同针芯一起拔出，再次消毒穿刺部位，用无菌纱布覆盖，按压1~2 min后用胶布加压固定。

【注意事项】

（1）严格执行无菌操作，防止发生感染。

（2）有出血倾向者行骨髓穿刺术时应特别注意，术前检查凝血功能，血友病患者禁止行骨髓穿刺术检查。

（3）骨髓穿刺针和注射器必须干燥，以免发生溶血。

（4）穿刺针针头进入骨质后要避免摆动幅度过大，以免穿刺针折断。进行胸骨穿刺时，力度不宜过大、穿刺不宜过深，以防穿透内侧骨板后伤及心脏和大血管。

（5）骨髓液极易发生凝固，抽取骨髓液后应立即涂片。另外，送检骨髓涂片时，应同时附送2~3张血涂片。

（张　静）

第四十四章　心包穿刺术

第四十四章数字资源

心包穿刺术（pericardiocentesis）是用穿刺针经皮肤刺入心包腔，抽取心包积液，以判定积液的性质和原因，或抽液缓解心脏压塞的症状，或通过穿刺向心包腔内给药，以辅助治疗。

【适应证】

（1）抽取心包积液送检，以明确心包积液的性质，协助诊断。
（2）大量心包积液出现心脏压塞时，穿刺抽液减轻患者的临床症状。
（3）心包腔内冲洗。
（4）心包腔内给药。

【禁忌证】

（1）对麻醉药过敏。
（2）凝血功能障碍，具有严重的出血倾向。
（3）以心脏扩大为主而积液量少。
（4）穿刺部位皮肤感染。
（5）体质衰弱、病情危重难以耐受。
（6）有精神疾病或患者不合作。

【准备工作】

1. 知情同意　术前向患者做好解释工作，说明穿刺的目的、必要性、步骤及可能出现的不适，以消除顾虑，取得合作，签署知情同意书。
2. 术前告知　向患者告知术中注意事项，如术中不能移动位置，勿深吸气和咳嗽。对于精神紧张或剧烈咳嗽者，可于术前半小时给镇静药或镇咳药。同时需要明确患者无利多卡因过敏和严重的凝血功能障碍。
3. 用物准备
（1）常规消毒治疗盘1套。
（2）无菌心包穿刺包，内含带橡胶管的穿刺针、5 ml和50 ml注射器、7号注射针头、无菌洞巾、无菌纱布、血管钳；如需进行心包积液引流，尚需准备无菌静脉导管包，内含中心静脉导管及其配套的扩张管、穿刺针、导丝、缝合针、缝合线、5 ml注射器等。
（3）局部麻醉药（2%利多卡因10 ml）、无菌手套、胶布、无菌试管、量杯，清洁布巾。
（4）除颤器和心肺复苏的各种器械、药品。
4. 术者准备　术者洗手，戴帽子、口罩，备齐用物，携带至患者床旁。

【方法】

（1）选取穿刺点。穿刺前应先叩出心脏浊音界，目前多采用超声定位，决定穿刺点、进针方向和进针距离。穿刺点：①心尖部，该穿刺点根据膈位置高低而定，一般在左侧第5肋间隙或第6肋间隙心脏浊音界内 2.0 cm 左右，进针时穿刺针向内、向后推进，指向脊柱。②一般选择剑突下穿刺点，该穿刺点位于剑突与左肋弓缘夹角处，进针时穿刺针与腹壁呈 30°~40°，向后、向上并稍向左刺入心包腔后下部。

（2）患者根据穿刺部位不同采取不同的体位，心尖部穿刺取坐位，剑突下穿刺取 30° 半卧位。以清洁布巾盖住面部。

（3）常规消毒皮肤，戴无菌手套，铺无菌洞巾，自皮肤至心包壁层逐层进行局部浸润麻醉。麻醉要完善，以防疼痛引起神经源性休克。

（4）穿刺前术者先用血管钳夹闭与穿刺针相连的橡胶管，然后右手持穿刺针在局部麻醉部位缓慢刺入胸腔。当针锋抵抗感突然消失时，提示穿刺针已进入心包腔，可进行抽液。抽液时，助手用血管钳协助固定穿刺针，术者持注射器抽液，应缓慢抽吸。注射器抽满后，助手夹闭橡胶管，术者取下注射器，将液体注入量杯，计量或送检。排液后再将注射器与橡胶管连接，如此反复。

提示：穿刺针已进入心包腔后，若同时感到心脏搏动，应退针少许，以免划伤心脏。

（5）抽液结束后，先夹闭橡胶管，再拔出穿刺针，再次消毒针孔处，用无菌纱布覆盖，稍用力压迫穿刺部位片刻，用胶布固定。

（6）如需做心包积液引流，在确定穿刺针进入心包腔后，助手沿穿刺针送入导丝，撤出穿刺针。沿导丝置入扩张管，捻转前进，扩张穿刺部位皮肤及皮下组织，撤出扩张管。沿导丝置入中心静脉导管，退出导丝，保留中心静脉导管在心包腔内，根据引流效果适当调整中心静脉导管的深度和角度，确保引流通畅。

（7）用透明敷贴或缝合固定中心静脉导管，连接引流袋，记录引流量，并根据病情决定中心静脉导管保持的时间。引流结束后拔出中心静脉导管，覆盖消毒纱布，压迫数分钟，用胶布固定。

【注意事项】

（1）心包穿刺有一定的危险性，为安全起见，应由有经验的医师操作或指导，并在心电监护下进行。

（2）严格执行无菌操作，避免发生继发感染。

（3）抽液速度宜慢，第一次抽液量不宜超过 100~200 ml，以后每次不超过 300~500 ml。

提示：心包穿刺放液不宜过多、过快，否则短期内大量血液回心可导致急性肺水肿。

（4）若抽出血性液体，应放置观察是否凝固，如 3~5 min 不凝固，可继续抽液；如凝固，应立即停止抽吸，并严密观察有无心脏压塞征象出现。

（5）拔出中心静脉导管前应先将其夹闭，以防空气进入心包腔。

（6）术中及术后均应严密观察患者生命体征的变化，如出现异常表现，应紧急处理。

（张　静）

第四十五章　肝活体组织检查

第四十五章数字资源

肝活体组织检查（liver biopsy）简称肝活检，是获取肝活体组织标本的一种简易方法。肝活检的穿刺方法有很多，其中以快速肝穿刺术较为安全，临床上最为常用。

【适应证】

（1）原因不明的肝功能异常。
（2）原因不明的肝大。
（3）原因不明的黄疸。
（4）肝实质性占位的鉴别诊断。
（5）血色病、淀粉样变、脂肪肝等代谢性肝病的诊断。
（6）原因不明的发热，怀疑恶性组织细胞病。

【禁忌证】

（1）出血倾向。
（2）大量腹水者。
（3）肝外梗阻性黄疸。
（4）肝棘球蚴病、肝血管瘤。
（5）昏迷、重度贫血或其他疾病不能配合。
（6）右侧胸膜腔或右膈下感染，局部皮肤感染、腹膜炎。

【准备工作】

1. 知情同意　术前向患者做好解释工作，说明穿刺的目的、必要性、步骤及可能出现的不适，以消除顾虑，取得合作，签署知情同意书。明确患者无利多卡因过敏。

2. 用物准备
（1）常规消毒治疗盘 1 套。
（2）无菌穿刺包，内含 5 ml 和 10 ml 注射器、快速肝穿刺活检套针、皮肤穿刺锥、无菌洞巾、无菌纱布及橡皮管。
（3）局部麻醉药（2% 利多卡因 5 ml）、无菌手套、胶布、弯盘、多头腹带、生理盐水及固定液（95% 乙醇或 10% 甲醛）。

3. 患者准备　患者术前应检查血小板计数、出血时间、凝血酶原时间、活化部分凝血活酶时间、血浆纤维蛋白原。如有异常，肌内注射维生素 K_1 10 mg，每日 1 次，3 天后复查。出凝血指标严重超标者，禁止行肝活检。对疑有肺气肿或胸膜肥厚的患者，术前行胸部 X 线检查。穿刺前常规检查血压、脉搏，并鉴定血型。

4. 术者准备　术者洗手，戴帽子、口罩。

【方法】

（1）嘱患者取仰卧位，身体右侧靠床沿，右手置于枕后。

（2）穿刺点一般选择在右侧腋前线第8、9肋间隙，腋中线第9、10肋间隙，肝实音处进行穿刺。疑诊肝癌者，在超声定位下选择较为突出的结节穿刺。

（3）在选择好的穿刺部位常规消毒，戴无菌手套，铺无菌洞巾，自皮肤至肝包膜逐层进行局部浸润麻醉。

（4）备好快速肝穿刺活检套针（针长7.0 cm，针直径1.2 mm或1.6 mm），套针内装有长2~3 cm的钢针芯活塞，空气和水可以通过，但可以阻止吸入针内的肝组织进入注射器（图7-45-1）。用橡皮管将穿刺针连接在10 ml注射器上，吸入生理盐水3~5 ml。

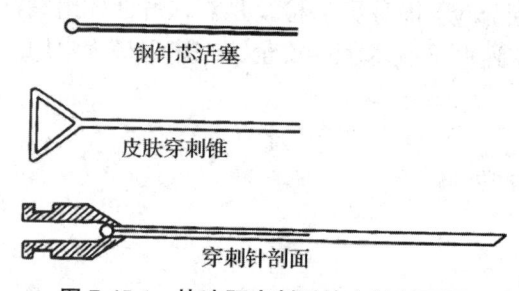

图7-45-1　快速肝穿刺活检套针剖面图

（5）术者先用皮肤穿刺锥在穿刺点部位皮肤刺孔，随后持穿刺针由此孔进入，并沿肋骨上缘与胸垂直方向刺入0.5~1.0 cm，然后将注射器内生理盐水推出0.5~1.0 ml，冲出可能存留于穿刺套针内的皮肤及皮下组织，以防针头阻塞。然后抽吸注射器形成负压并予以保持，同时嘱患者先吸气，随后于深呼气末屏气，此时术者将穿刺针迅速刺入肝内并立即拔出，总计穿刺深度不超过6.0 cm。

（6）将穿刺针拔出后盖上无菌纱布，立即用手按压创面5~10 min，待无出血后消毒，用无菌纱布覆盖，再用胶布固定，并以多头腹带扎紧。

（7）用生理盐水将肝组织条从套针内冲出并置于弯盘内，挑出肝组织，用95%乙醇或10%甲醛固定。

（8）如有条件，可在超声引导下用抽吸式活检针或无负压切割针进行穿刺活检，该方法效率高、质量好且组织损伤较小。

【注意事项】

（1）严格执行无菌操作，避免发生继发感染。

（2）患者术中切勿咳嗽或深呼吸，避免造成组织损伤。

（3）术后患者应卧床休息24 h，并严密观察病情变化，特别是术后最初4 h，需每隔15~30 min测血压、脉搏一次。如患者出现脉搏细数、血压下降、烦躁不安、面色苍白、出冷汗等内出血征象，应紧急处理。

（4）术后如局部疼痛，应注意查找病因，若是一般组织创伤性疼痛，可给予镇痛药；若发生气胸、胸膜性休克或胆汁性腹膜炎，应及时处理。

（5）如疑为肝肿瘤且肿块位于腹部不适合肝活检者，可用细针肝穿刺涂片进行细胞学检查。

（张　静）

第四十六章　肾活体组织检查

第四十六章数字资源

肾活体组织检查简称肾活检（renal biopsy），是一种通过获取肾活体组织标本，用以明确肾病性质和病理类型、确定治疗方案、评估预后的重要检查方法。

【适应证】

（1）原因不明的无症状性蛋白尿（>1 g/d）或血尿。
（2）急性肾炎综合征伴快速进展性肾衰竭。
（3）原发性肾病综合征。
（4）继发性肾病。
（5）遗传性家族性肾小球疾病。
（6）移植肾的肾功能损伤或移植肾排斥反应。

【禁忌证】

1. 绝对禁忌证　明显出血倾向、严重高血压、孤立肾或精神疾病不合作者。
2. 相对禁忌证　肾盂肾炎、肾结核、肾盂积脓、肾周围脓肿、肾肿瘤、肾动脉瘤、多囊肾、大量腹水、严重心衰、休克、妊娠及年迈者。

【准备工作】

1. 知情同意　术前向患者做好解释工作，说明穿刺的目的、必要性、步骤及可能出现的不适，以消除患者顾虑，取得合作，签署知情同意书。明确患者无利多卡因过敏。
2. 用物准备
（1）常规消毒治疗盘1套。
（2）无菌穿刺包，内含5 ml注射器、肾活检穿刺针、无菌洞巾、无菌纱布。
（3）局部麻醉药（2%利多卡因5 ml）、无菌手套、弯盘、多头腹带、布垫、固定液（2.5%戊二醛和10%甲醛）。
3. 患者准备
（1）指导患者练习呼吸屏气动作及卧床排尿。
（2）术前应检查患者血小板计数、出血时间、凝血酶原时间、活化部分凝血活酶时间、血浆纤维蛋白原等指标。如有异常，不宜穿刺。检查尿常规、尿细菌培养，排除尿路感染。
（3）穿刺前常规检查血型、血肌酐、血尿素氮，B超测肾大小及活动度。
（4）术前3天肌内注射维生素K_1、停用抗凝血药。
（5）严重肾衰竭患者术前透析数次，协助纠正出凝血异常，但术前24 h应停止透析，以免引起术中出血。

4. 术者准备　术者洗手，戴帽子、口罩。

【方法】

（1）铺好多头腹带后，患者取俯卧位，腹部肾区相应位置垫以长 10~16 cm 布垫，使肾紧贴腹壁，避免穿刺时滑动移位。

（2）穿刺点多选择右肾下极外侧缘，即右侧第 12 肋缘下 2 cm，距后正中线 6~8 cm 处。目前大多采用 B 超穿刺探头引导穿刺针直视下进行穿刺，该方法定位准确且并发症少。

（3）超声定位肾的穿刺部位后，常规消毒，戴无菌手套，铺无菌洞巾，用 2% 利多卡因局部麻醉。

（4）超声探头提前用 75% 乙醇消毒，超声测量皮肤表面至肾包膜表面的距离。在 B 超引导下缓慢进针，当看到针尖部分已经快要接触到肾包膜表面时，嘱患者屏气，穿刺取材。无论用哪种穿刺针，穿刺取材的瞬间要迅速果断，尽量减少穿刺针在肾实质内停留的时间。

提示：在患者屏气并保持肾不移动之前，一定不要将穿刺针刺入肾被膜或肾实质，以免划伤肾。

（5）穿刺完毕，局部压迫止血至少 5 min，消毒后用无菌纱布覆盖创面，并用多头腹带扎紧。

（6）穿刺所获标本用 2.5% 戊二醛和 10% 甲醛固定，分别做电镜和光镜检查。如需做免疫荧光检查，则将标本置于小瓶内生理盐水纱布上，−20 ℃ 保存待检（72 h 内）。

【注意事项】

（1）严格执行无菌操作，避免发生继发感染。

（2）患者术中切勿咳嗽或深呼吸，避免造成组织损伤。

（3）术后应卧床休息 24 h，并密切观察血压、脉搏及尿液变化。如出现肉眼血尿，需延长卧床时间，同时多饮水，一般在 24~72 h 内肉眼血尿可以消失。持续性严重肉眼血尿或尿中有大量血块时，嘱患者卧床，应用止血药，必要时给予输血等处理，防止出现失血性休克。如仍出血不止，可应用介入方法或外科手术治疗。

（4）术后 1 周内避免剧烈运动。

（5）常见并发症有血尿、肾周血肿、感染、肾绞痛、损伤其他脏器（肝、脾等）以及肾撕裂伤等，一旦出现，应及时处理。

（张　静）

第四十七章 眼底检查

第四十七章数字资源

眼底检查是主要用于检查玻璃体、视网膜、脉络膜和视神经疾病的重要方法。此外，许多全身性疾病也可引起眼底病变，如高血压、肾病、糖尿病、妊娠毒血症、结节病、风湿病、某些血液病及中枢神经系统疾病等，甚至成为患者就诊的主要原因。因此，即使是非眼科专科医师，也应熟悉眼底检查的方法，这对临床诊疗工作有很大帮助。

检查眼底必须使用检眼镜，目前多用直接检眼镜检查，该方法所见眼底为正像，放大约16倍。直接检眼镜下方手柄中装有电池，前端为装有凸透镜和三棱镜的光学装置，三棱镜上端有一个观察孔，其下有一个可转动镜盘。镜盘上装有一个1~25屈光度的凸透镜（以黑色"+"标示）和凹透镜（以红色"+"标示），用于矫正医师和患者的屈光不正，并清晰显示眼底改变。

镜盘上凸透镜的作用是使光源发射出来的光线聚焦，以增强亮度。三棱镜是将聚焦的光线折射入患者眼内，以观察眼底图像。

【方法】

（1）检查最好在暗室中进行，因为黑暗环境中瞳孔扩大，有助于眼底检查。

（2）持检眼镜方法：医师将示指放在检眼镜镜盘上，以方便随时调节屈光度，拇指和其余三指握住镜柄。

（3）检查时患者取坐位，医师取站立位或坐位均可。检查左眼时，医师位于患者的左侧，左手持检眼镜，用左眼观察；检查右眼时，医师位于患者的右侧，右手持检眼镜，用右眼观察（图 7-47-1）。

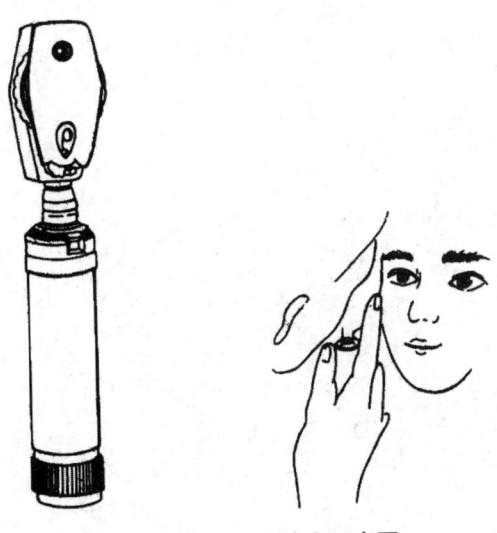

图 7-47-1　眼底检查示意图

（4）检查步骤：先用透照法检查眼的屈光间质有无混浊，用手指将镜盘拨到 +8～+10（黑色）屈光度处，距受检眼 20～30 cm，将检眼镜灯光与患者视线呈 15° 射入受检眼的瞳孔，正常时瞳孔区呈红色反光。如角膜、房水、晶状体或玻璃体有混浊，则在红色反光中出现黑影。此时嘱患者转动眼球，如黑影移动方向与眼球一致，说明混浊位于晶状体前方；如黑影移动方向与眼球相反，则说明混浊位于晶状体后方；如黑影不移动，则说明混浊在晶状体。再将镜盘拨到"0"处，检眼镜尽可能接近受检眼，以不接触睫毛为准，检查眼底。如医师与患者均为正视眼，则可看到眼底正像；如不能看清，可拨动镜盘，直至看清。嘱患者向正前方直视，检眼镜从颞侧约 15° 投入光线，以检查视神经乳头。嘱患者注视检眼镜灯光，以检查黄斑部。检查眼底周边部时，嘱患者向上、下、左、右各方向注视和转动眼球，或配合变动检眼镜角度。

（5）检查内容：观察视神经乳头的形状、大小、颜色，边缘是否清晰。观察视网膜动、静脉，注意血管的粗细、行径、管壁反光、分支角度及动静脉交叉处有无压迫或拱桥现象，正常动脉与静脉管径之比为 2∶3。观察视网膜有无水肿、出血、渗出、剥离及新生血管等。观察黄斑的大小、中心凹反射是否存在，有无水肿、出血、渗出及色素紊乱等。

提示：眼底检查应先了解屈光间质是否混浊，并判断混浊的部位；然后依次检查视神经乳头、黄斑部、视网膜血管以及视网膜本身有无病变。

（6）眼底检查记录：为了说明和记录眼底病变的部位、大小、范围，通常以视神经乳头、视网膜中央动脉和静脉行径、黄斑为标志，表明病变部位与这些标志的位置、距离和方向关系，距离和范围一般以视神经乳头直径（PD）（1PD=1.5 mm）为标准计算。记录病变隆起或凹陷的程度是以看清病变区周围视网膜面与看清病变隆起最高处或凹陷最低处的屈光度（D）差来计算，每差 3 个屈光度（3D）等于 1 mm。

【注意事项】

（1）对于小儿或瞳孔过小不易进行观察时，可散瞳，但散瞳前必须排除青光眼。

（2）颅内病变患者检查眼底时不宜扩瞳，以免影响病情观察。

（3）检查眼底时已拨动任何一个镜盘，仍不能看清时，应考虑眼的屈光间质有混浊，需进一步作裂隙灯检查。

（张　静）

第四十八章　三腔二囊管压迫术

第四十八章数字资源

三腔二囊管压迫术（tamponade of Sengstaken-Blakemore tube）是利用三腔二囊管的气囊压力，直接压迫食管下段和胃底静脉予以止血的技术，临床上主要用于门静脉高压所致的食管胃底静脉曲张破裂大出血的应急抢救。在药物治疗无效时，可暂时使用三腔二囊管压迫术止血，为后续的有效止血做准备。

【适应证】

临床上，三腔二囊管压迫术主要用于由门静脉高压所致的食管胃底静脉曲张破裂大出血的应急抢救，对于由消化性溃疡所致的上消化道大出血无效。

【禁忌证】

（1）病情垂危或深昏迷不合作。
（2）咽喉、食管肿瘤病变或曾经手术。
（3）胸、腹主动脉瘤。
（4）严重冠心病、高血压、心功能不全。

【准备工作】

1. 知情同意　术前核对患者，向患者及其家属做好解释工作，说明插管的目的、必要性和过程，以缓解患者紧张、恐惧的心理，并告知插管时的配合方法，测量生命体征。完成沟通记录，并签署知情同意书。

2. 患者准备　术前12 h禁食，取下活动性义齿，以免误吞，测量生命体征。

3. 用物准备

（1）三腔二囊管（图7-48-1）：术前应认真检查三腔二囊管的性能，包括管道是否通畅、气囊是否漏气、气囊膨胀是否均匀，同时还应分别标记3个腔的开口，并认出管腔上45 cm、60 cm处刻度。

（2）血压计、血管钳（3把）、短镊子、50 ml注射器（2副）、液状石蜡。

（3）牵引架、牵引绳、牵引物0.5 kg（沙袋或500 ml空输液瓶内盛少量清水）。

4. 术者准备　术者洗手，戴帽子、口罩，备齐用物，携带至患者床旁。

【方法】

（1）检查三腔二囊管是否通畅，并做注气试验，检查2个气囊是否漏气。分别标记3个腔通道，并认出管腔上45 cm、60 cm处刻度。

（2）患者取平卧位，头偏向一侧，清除鼻腔内分泌物。用注射器将三腔二囊管的气囊内气体抽尽，并将三腔二囊管远端及气囊表面涂抹液状石蜡润滑。使用短镊子将三腔二囊管由鼻腔缓缓插入，当三腔二囊管插入至咽喉部时，嘱患者做吞咽动作。三腔二囊管送至 60 cm 处时抽取胃液，如能从胃管中抽到胃液或胃内积血，提示胃管已到达胃腔。

（3）用注射器先向胃囊内注气 200 ml 左右，随即用去掉袖带的血压计直接测压，使囊内压力保持在 50～60 mmHg，然后将胃囊开口处用血管钳夹闭，以免漏气。再缓缓向外牵拉三腔二囊管，如感到有轻度弹性阻力，表示膨胀的胃气囊已紧贴胃底黏膜。用 0.5 kg 牵引物借助牵引架上的滑轮持续牵引三腔二囊管外端（图 7-48-2），以达到压迫止血的目的，并在三腔二囊管的鼻腔出口处做醒目的标记，以便观察。

（4）经上述处理后，如仍有出血，再向食管囊内注气 100 ml 左右，并用血管钳将食管囊的开口处夹闭，使囊内压力保持在 20～30 mmHg，使气囊压迫食管下端的曲张静脉。

（5）三腔二囊管放置 12～24 h 后，需要放松牵引，以防止黏膜糜烂。放气解除压迫时，应先将食管囊内气体抽尽，再放胃囊内气体，同时放松牵引，让患者口服液状石蜡 15～20 ml，以防止气囊壁与食管黏膜粘连，并将三腔二囊管向胃内送入少许，暂时解除胃底贲门受压。15～30 min 后再充气、牵引。

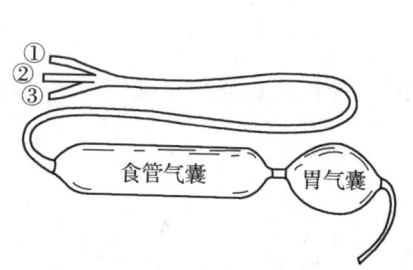

图 7-48-1　三腔二囊管
①胃气囊腔；②胃管腔；③食管气囊腔

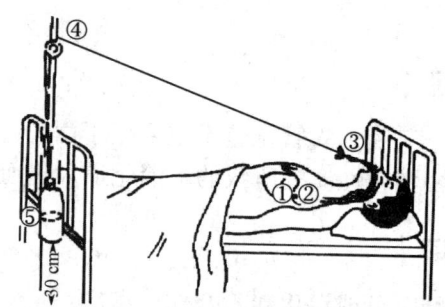

图 7-48-2　三腔二囊管牵引示意图
①胃气囊；②食管气囊；③牵引线；④滑轮；⑤牵引物

（6）如果观察出血已经停止 24 h 后，可放出食管囊内气体，放松牵引，留管观察。24 h 后仍无出血者，放出胃气囊气体，嘱患者口服液状石蜡 20～30 ml，缓缓将三腔二囊管取出。若再出血，立即再行压迫。

（7）气囊压迫时间一般以 3～4 天为限，若持续间断出血，可适当延长气囊压迫时间。

提示：使用三腔二囊管时，注气应先从胃气囊开始，再注食管气囊，放气时顺序相反。

【注意事项】

（1）术前向患者解释操作的目的，以取得密切的配合，对躁动不安或高度紧张者，可肌内注射地西泮 10 mg 或异丙嗪 25 mg。

（2）一般胃气囊注气量必须充足，以防牵引时胃气囊滑脱进入食管，而食管囊注气不可过多，以免压力过大造成食管黏膜坏死。

（3）如提拉不慎，将胃气囊拉出而阻塞咽喉引起窒息，应立即将气囊口打开，或剪除三腔二囊管结扎处，放出气体。

（4）三腔二囊管牵引方向应顺身体纵轴，与鼻唇部呈 45°，以防鼻腔黏膜和唇部皮肤过度受压而发生糜烂、坏死。

（5）止血期间经常抽吸胃内容物，一方面可以防止胃膨胀引起呕吐；另一方面可以了解压迫止血的效果，同时经胃管冲洗胃腔清除积血，还可减少氨在肠道内的吸收，避免因血氨升高而诱发肝性脑病。

（6）三腔二囊管压迫期间，应每 4~6 h 监测一次囊内压，如压力降低，应抽尽囊内气体后，再重新注气。若囊内压仍低，提示囊壁已破，应更换三腔二囊管。

（7）术后嘱患者勿将唾液和痰液咽下，不能饮水，以免吸入气管造成吸入性肺炎，甚至窒息。另外，每日 2 次向鼻腔内滴入少量液状石蜡，以免三腔二囊管黏附于鼻黏膜上。

（8）拔管后 24 h 内仍需严密观察，如发现出血征象，仍可用三腔二囊管止血。

（王　苗）

第四十九章　吸痰术

第四十九章数字资源

吸痰术（sputum suctioning）是指利用负压吸引的原理，用导管经口腔、鼻腔、人工气道（气管切开术）将呼吸道内的分泌物吸出的一种医疗操作技术，以保持呼吸道通畅，减少痰液阻塞引发的呼吸困难，预防吸入性肺炎、肺不张、窒息等并发症。

【适应证】

（1）痰液特别多，有窒息可能。
（2）需气管内给药、注入造影剂或稀释痰液。
（3）危重、老年体弱、新生儿、昏迷及麻醉未清醒患者等因咳嗽无力、咳嗽反射迟钝或会厌功能不全，不能有效咳嗽、自主排痰或痰液过多。
（4）在患者窒息的紧急情况下，如溺水、吸入羊水。

【准备工作】

1. 知情同意　术前向患者及其家属做好解释工作，说明吸痰的目的和过程，以消除患者紧张情绪，取得其配合。
2. 用物准备　一次性吸痰管、治疗碗、无菌棉签、治疗巾、纱布、镊子或止血钳、生理盐水、电动吸引器或中心吸引器及手电筒。
3. 患者准备　如有活动性义齿，应取下，避免误吞。
4. 术者准备　洗手，戴帽子、口罩和手套。

【方法】

（1）协助患者取半卧位或平卧位，检查患者的口腔和鼻腔，使用无菌棉签或纱布擦去分泌物。铺治疗巾，将患者头偏向一侧，面向术者。
（2）接通吸引器电源，打开开关，检查吸引器性能是否良好、吸引管道是否通畅，调节负压，成人40~53.3 kPa（300~400 mmHg），小儿<40.0 kPa（300 mmHg）。撕开一次性吸痰管包装，戴一次性手套。取出吸痰管，连接吸痰管与负压吸引器。试吸少量生理盐水，检查吸痰管是否通畅，并湿润导管。
（3）术者一手将吸痰管末端折叠，另一手持镊子或止血钳夹持吸痰管前端，将吸痰管插至患者口咽部，放松吸痰管末端，先吸净口腔及咽部分泌物，再吸气管内分泌物。吸痰时由深部左右旋转，向上提拉，吸净痰液。每次吸痰时间不超过15 s，以防缺氧。
（4）在吸痰过程中，观察患者的反应及吸出液的颜色、性质及量等。如发现患者出现呼吸困难、心率加快、血压下降等情况，应立即停止吸痰，进行相应处理。
（5）吸痰后抽吸生理盐水冲洗管道，关闭吸引器开关。丢弃吸痰管，脱下手套。检查患者鼻腔有无出血及鼻黏膜损伤。擦拭患者面部分泌物，取下治疗巾。询问患者感受，协助患者取舒适卧位。整理操作器械。记录吸痰的时间、次数，痰液的量、颜色、黏稠度、气味以及患者呼吸改善的情况。

【注意事项】

（1）严格执行无菌操作，做好口腔护理。

（2）密切观察患者病情，保持呼吸道通畅。如发现排痰不畅或喉头有痰鸣音，应及时吸痰。吸痰时密切观察患者的反应，如发现异常，应立即停止吸痰，及时处理。

（3）控制吸痰的力度，吸痰时动作轻柔，插管时不可带有负压，以免损伤呼吸道黏膜。为婴幼儿吸痰时，吸痰管要细，负压不可过大。

（4）吸痰时间不宜超过 15 s，以免造成缺氧。使用呼吸机或严重缺氧的患者，吸痰前、后应增加氧气的吸入，以防缺氧。

（5）如痰液黏稠，可协助患者变换体位，配合叩击、雾化吸入等方法，通过振动、稀释痰液，使痰易于吸出。

（6）对于昏迷患者，可用压舌板或开口器协助张口，再进行吸痰。自口腔吸痰困难者，可由鼻腔进行。鼻腔、口腔、气道切开处需同时吸痰时，先吸气管切开处，再吸口腔，最后吸鼻腔。如为气管插管或气管切开患者，需经气管插管或套管内吸痰，应严格执行无菌操作。

（7）贮液瓶内的液体应及时倾倒，一般不应超过 2/3，以免痰液吸入马达内，损坏机器。电动吸引器连续使用时间不应超过 2 h，并做好清洁及消毒处理。

（王　苗）

第五十章 吸氧

第五十章数字资源

吸氧（oxygen uptake）是指通过给氧，提高动脉血氧分压（PaO_2）和动脉血氧饱和度（SaO_2），增加动脉血氧含量（CaO_2），纠正各种原因造成的缺氧状态，促进组织的新陈代谢，维持机体生命活动的一种治疗方法。吸氧方法包括面罩吸氧、鼻导管吸氧、鼻塞吸氧、氧气枕法吸氧等。

【适应证】

血气分析检查可提供用氧的客观指标，当动脉血氧分压低于 60 mmHg 时，应给予吸氧。
1. 呼吸系统疾病　如肺炎、支气管哮喘、气胸。
2. 心血管系统疾病　因心肺功能不全而导致呼吸困难者，如心力衰竭、心包积液。
3. 各种中毒引起的呼吸困难　如一氧化碳中毒、苯巴比妥药物中毒。
4. 中枢神经系统疾病　如颅脑外伤、脑血管意外引起的昏迷。
5. 其他　如某些手术前后、大出血休克、分娩时间过长、胎心音异常等。

【准备工作】

1. 知情同意　术前向患者解释吸氧的目的、必要性和过程，取得患者的配合。
2. 用物准备　棉签、胶带、橡皮带、鼻导管、鼻塞、吸氧面罩、中心供氧装置、湿化瓶、蒸馏水、用氧记录单、手电筒、笔（不同的吸氧方法，所需物品略有差异）。
3. 环境准备　周围环境无烟火及易燃物品。
4. 术者准备　术者洗手，戴帽子和口罩。

【方法】

1. 核对患者　备齐用物，携带至患者床前，核对患者，做好解释工作。
2. 患者体位　协助患者取舒适体位。
3. 吸氧　可通过多种方法给予患者氧气，常用方法如下。
（1）鼻导管给氧：用手电筒检查患者鼻腔，用湿棉签清洁鼻腔。打开流量表，连接鼻导管，调节氧流量。将鼻导管湿润后轻轻插入双侧鼻孔约 1 cm，再将导管绕过耳后，于下颌处妥善固定。
（2）鼻塞给氧：适用于较长时间用氧者，没有导管刺激黏膜，患者感受舒适，使用方便。用手电筒检查患者鼻腔，用湿棉签清洁鼻腔。打开流量表，连接鼻塞，调节氧流量。将鼻塞塞入鼻孔，鼻塞大小以恰能塞严鼻孔为宜，勿深塞入鼻孔。用胶带妥善固定。
（3）面罩给氧：检查面罩是否完好，将面罩置于患者口鼻部，使得面罩与患者面部密合，以橡皮带妥善固定。确定氧气流出通畅后，调节氧流量，连接氧气与面罩的进气接口。
（4）头罩给氧：适用于婴幼儿给氧。将头罩罩在婴幼儿头部，调节氧流量表，连接氧气导管。
4. 观察吸氧情况　视病情调节氧流量，向患者及其家属交代注意事项，记录给氧时间及氧流量。

【注意事项】

（1）严格遵守操作规程，注意用氧安全，做好"四防"，即防火、防震、防油、防热。氧气瓶应放置在阴凉处，至少距明火 5 m，距暖气 1 m，周围严禁烟火及易燃品；搬运时，避免倾斜、撞击。氧气表开关及螺旋口上严禁涂油，也不用带油的手装卸，防止引起燃烧、爆炸。

（2）用氧时，应先调节氧流量，再插管应用。需要调节氧流量时，应先将患者吸氧管取下，调节好氧流量后再连接。停止吸氧时，应先取下吸氧管，再关流量表。以免一旦关错开关，大量氧气突然冲入呼吸道而损伤肺组织。

（3）在用氧过程中，应密切观察患者的缺氧症状有无改善，定时测量脉搏、血压，观察患者的精神状态、皮肤颜色和温度、呼吸方式等，以便选择适当的用氧浓度。

（4）对于持续吸氧的患者，应保持管道通畅。在吸氧过程中，保持呼吸道通畅，及时清理呼吸道分泌物。持续单侧鼻导管用氧者，每日更换鼻导管 2 次以上，双侧鼻孔交替插管；鼻塞给氧应每日更换鼻塞；面罩给氧应每 4~8 h 更换一次面罩。

（5）氧气筒内氧不可用尽，压力表指针降至 0.5 MPa（5 kg/cm^2）时即不可再用，以免灰尘进入筒内再次充气时引起爆炸。

（6）对未用或已用空的氧气筒，应分别悬挂"满"或"空"的标志，以便及时更换，避免急救时搬错，影响抢救速度。

（7）嘱患者不要自行调节氧流量。

（王　苗）

第五十一章 胃管置入术

第五十一章数字资源

胃管置入术（gastric tube insertion）是一项重要的临床操作，是将胃管经鼻腔路径插入胃内，以满足患者各种治疗的需要。

【适应证】

1. 胃肠减压　急性胃扩张、上消化道穿孔或梗阻、急腹症有明显胀气者及腹部手术前准备。
2. 洗胃　服毒或误食中毒。
3. 营养支持　昏迷患者或口腔疾患、口腔和咽喉术后等无法经口进食。
4. 其他　如食管、贲门梗阻。

【禁忌证】

1. 鼻咽部疾病　如鼻甲偏曲、鼻腔阻塞、鼻咽部肿瘤。
2. 食管疾病　食管胃底静脉曲张、食管狭窄或梗阻、吞食腐蚀性药物、食道被强酸及强碱腐蚀。
3. 心肺功能差　患者不能耐受。
4. 精神疾病　患者无法配合。

【准备工作】

1. 知情同意　术前向患者及其家属做好解释工作，说明插入胃管的目的、方法、必要性和注意事项，以缓解患者紧张情绪，取得配合，签署知情同意书。
2. 用物准备　一次性胃管包、治疗碗、生理盐水、无菌棉签、一次性手套、纱布、治疗巾、弯盘、手电筒、别针、胶布及听诊器。
3. 术者准备　术者应穿戴整洁，戴帽子、口罩，确保头发、鼻孔不外露，并彻底洗手，遵守无菌操作原则。

【方法】

（1）协助患者取半坐卧位或仰卧位。使用手电筒检查患者的口腔、鼻腔，确认无异常，如有活动性义齿，应取下。铺治疗巾，置弯盘于患者口角旁，用湿棉签清洁鼻孔。

（2）打开一次性胃管包，戴手套，取出胃管，抽吸少量生理盐水检查胃管是否通畅。测量胃管插入深度，成人插入长度通常为 45~55 cm（测量方法有两种，可任选一种：①用胃管测量从前额发际至胸骨剑突的距离。②用胃管测量由鼻尖至耳垂再到胸骨剑突的距离）。用石蜡纱布或液状石蜡棉球涂抹胃管前端，以润滑胃管，减少插入时的阻力。

（3）沿选定的鼻孔缓慢、轻柔地插入胃管，如患者神志清楚，在插入 14~16 cm（咽喉部）

时，嘱患者做吞咽动作，顺势将胃管向前推进，直至预定长度。检查胃管是否盘曲在口中。注意动作要轻柔、缓慢，避免强行插入，以免损伤黏膜或误入气管。在插管过程中，如患者出现呛咳、发绀、呼吸困难等表现，说明胃管误入气管，应立即拔出，嘱患者休息片刻，待上述症状消失后再插。

（4）插管完毕，应确定胃管是否在胃内，方法如下。①抽取胃液法：经胃管抽取胃液，若抽出胃液，则表明胃管已正确置入胃内。②气过水声法：将听诊器放在患者上腹部，快速向胃管内注入10 ml空气，若听到气过水声，则表明胃管在胃内。③气泡逸出法：将胃管末端置于盛水的治疗碗内，观察是否有气泡逸出，如无气泡逸出，可排除误入气管的可能性。

（5）固定胃管：确定胃管在胃内后，擦去口鼻处分泌物，脱手套。用胶布将胃管固定于鼻翼及面颊部，将胃管末端反折并用纱布包好，撤去治疗巾，用别针将胃管固定于枕旁或衣领处。

（6）整理物品，与患者沟通注意事项，记录操作过程。

【注意事项】

（1）在操作过程中，应严格遵守无菌操作原则，避免交叉感染。

（2）插管前要仔细检查胃管所经过的路径（鼻、咽喉、口腔、食管）是否通畅。

（3）插入胃管时动作要轻柔、缓慢，避免强行插入，以免损伤患者黏膜或误入气管。在插管过程中，应密切观察患者的反应，如患者出现恶心，应暂停片刻，嘱患者做深吸气，以分散患者的注意力，缓解紧张；如出现呛咳、呼吸困难，提示导管误入气管，应立即拔出胃管，稍后重新插入；如遇插入不畅，切忌硬性插入，应检查胃管是否盘在口咽部。

（4）为昏迷患者插管时，应将患者头后仰，当胃管插入会厌部时约15 cm，左手托起患者头部，使下颌靠近胸骨柄，加大咽部通道的弧度，使管端沿后壁滑行，插至所需长度。

（5）胃管插入后应定期检查其位置是否正确，避免胃管脱出或移位。

（6）胃管使用完毕后应及时进行清洗、消毒和更换，一般每4~5天更换一次，避免长期使用同一根胃管引起感染。

（7）做好口腔卫生护理。

（王　苗）

第五十二章　心肺复苏

第五十二章数字资源

心肺复苏（cardiopulmonary resuscitation，CPR）是一种紧急救治措施，通过一系列操作来恢复心搏骤停患者的自主心搏和自主呼吸，从而维持其生命体征，是抢救生命最基本的医疗技术和方法。心肺复苏包括基础生命支持（BLS）和高级生命支持（ALS）两个阶段，现主要介绍基础生命支持，包括胸外按压、开放气道、人工通气。

【适应证】

各种原因导致的心搏骤停和呼吸骤停。

【方法】

1. 评估环境　发现患者突然倒地，首先确认现场环境安全，避免在抢救过程中对施救者和患者造成二次伤害。

2. 评估患者意识　轻拍患者双肩，在患者两侧耳旁大声呼唤，观察患者有无反应，判断意识是否丧失，应在 5 s 内完成。

3. 检查呼吸和脉搏　耳朵贴近患者口、鼻，感受有无气体呼出，观察胸廓有无起伏，同时触摸颈动脉有无搏动，这些步骤应在 10 s 内完成。如无颈动脉搏动或无法判断，应立即启动胸外按压。

4. 呼叫帮助　立即呼叫周围人拨打急救电话"120"，并让他人协助取自动体外除颤仪（AED）。如周围无人，可将电话打开免提状态，一边急救，一边告知"120"或急救小组具体事件和地点。

5. 胸外按压

（1）患者体位：将患者安置于坚实平面上，取仰卧位，去枕，头、颈、躯干在同一轴线上，双手置于身体两侧，身体无扭曲，解开患者衣扣，松解腰带，暴露胸、腹部。

（2）按压部位：抢救者位于患者右侧，双膝打开与肩同宽，两手掌根部重叠，手指交叉相扣，置于患者胸骨中、下 1/3 交界处（标准体型者为胸部正中两乳头之间），手指翘起不接触胸壁，两臂伸直，借助上半身的重力垂直向下按压（图 7-52-1）。

（3）按压深度与频率：按压深度为胸骨下陷 5～6 cm，按压频率为 100～120 次/分，按压与放松时间大致相等，每次按压后胸廓充分回弹，

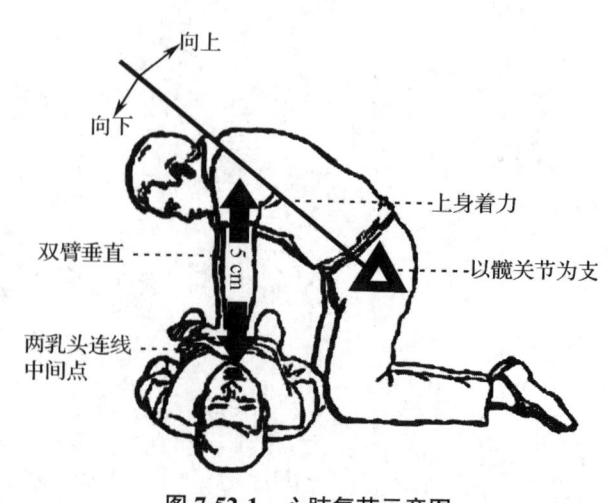

图 7-52-1　心肺复苏示意图

放松时手掌不能离开胸壁。

6. 开放气道　按压30次后,需进行人工呼吸。检查患者口腔,用纱布清除口、鼻分泌物及异物,如有活动义齿,需取出。判断颈部有无损伤,使用仰头提颏法开放气道(右手将患者下颌抬起,使其头部后仰,左手按压前额保持其头部后仰),使患者下颌和耳垂连线与床板或地面垂直。

7. 人工呼吸　左手以拇指和示指捏紧患者鼻孔,平静吸气后,将口唇紧贴患者口唇,将患者口部完全包住,均匀向患者口内吹气,吹气时间持续1 s,每次吹气量500~600 ml,吹气时注意观察胸廓情况,吹气间歇松开捏鼻的手指,连续吹气2次,胸外按压和人工呼吸的比例为30:2。

8. 判断复苏效果　操作5个循环后,再次判断患者的意识、呼吸和脉搏是否恢复。如恢复,则抢救成功;如未恢复,继续胸外按压和人工呼吸,直至AED除颤仪、专业医疗团队到达。

【注意事项】

(1)儿童胸外按压部位与成人相同,但按压深度为胸廓前后径的1/3,动作要平稳,不可用力过猛。婴儿的按压部位在胸骨上两乳头连线与胸骨中线下交点一横指,抢救者用中指和环指按压,按压深度为胸廓厚度的1/3或约4 cm,按压频率为100~120次/分。

(2)按压定位务必准确,手掌根部的长轴应与肋骨的长轴平行,不要偏向一旁,手指翘起,避免接触和按压肋骨或软骨。按压部位偏下至剑突可导致剑突受压、折断,肝受冲击破裂或胃部受压导致呕吐;向胸骨两侧偏移或按压时,手指未翘起则易导致肋骨骨折及连枷胸,导致气胸、血胸并丧失胸廓弹性。

(3)按压时,肘部不可弯曲,否则会导致用力不垂直,按压力量不足,深度无法达到5 cm。

(4)切忌冲击式按压、猛压、按压放松时抬手离开胸骨定位点,导致下次按压部位错误,上述情况均可引起骨折。

(王　苗)

第五十三章 简易呼吸器的使用

第五十三章数字资源

简易呼吸器又称复苏球、气囊、皮球等，作为一种紧急的通气辅助手段，用于患者呼吸停止或呼吸困难时快速建立人工通气，尤其适用于窒息、呼吸困难或需要提高供氧量的情况。简易呼吸器具有使用方便、患者痛苦轻、并发症少、便于携带、有无氧源均可立即通气的特点。它可提供正压通气，球囊充气量约为 1000 ml，足以使肺充分膨胀。

【准备工作】

用品准备：简易呼吸器、面罩、无菌纱布等。

【方法】

（1）医师站在患者头顶侧，观察患者有无胸廓起伏动作、口及鼻有无气息，呼叫患者有无应答。若判定患者呼吸停止或呼吸困难，应立即准备简易呼吸器。

（2）患者取平卧位，检查患者呼吸道是否通畅，使用无菌纱布清除口、鼻分泌物及异物。采用仰头提颏法开放气道。

（3）检查简易呼吸器，确保各部件完好，连接紧密，无漏气。将简易呼吸器连接面罩。一手以"EC"手法固定面罩（拇指、示指按压面罩，其余三指提起下颌），确定面罩与患者面部贴合良好，无漏气。另一手有规律地挤压呼吸囊（图 7-53-1），挤压频率为 16～20 次 / 分，挤压气囊时注意潮气量的控制，每次送气 500～600 ml，每次送气持续 1 s。观察胸廓是否随捏紧、松开呼吸囊的操作而相应起伏，保证有效通气。观察患者的反应。

（4）每按压 5 个循环周期（约 2 min）后，听诊两肺，以了解两肺呼吸音情况。

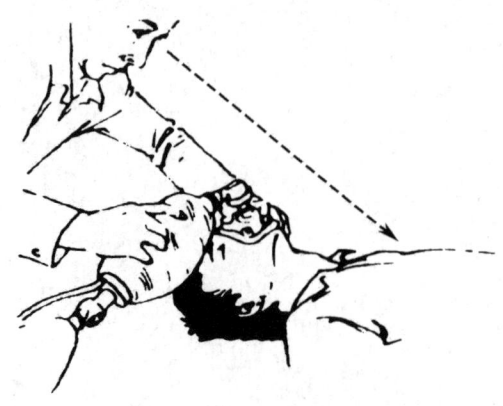

图 7-53-1 简易呼吸器的使用

【注意事项】

（1）使用前需将患者口腔内的异物等清除干净，充分开放气道，保持呼吸道通畅。

（2）注意保持面罩与患者面部贴合良好，避免漏气。

（3）使用时注意呼吸频率、潮气量、呼吸比，挤压气囊时压力不可过大，挤压气囊 1/2~2/3 为宜，挤压频率及力度宜均匀，避免损伤肺组织造成呼吸功能紊乱，影响呼吸功能恢复。

（4）及时观察和评估通气效果，通过观察胸廓的起伏、血氧饱和度的变化、口唇的颜色等判断通气是否有效。

（5）当患者出现自主呼吸时，应按照患者的呼吸运动加以辅助同步挤压，以免影响其自主呼吸。

（王　苗）

第五十四章 穿、脱隔离衣

穿、脱隔离衣是医护人员在处理具有潜在传染性疾病患者时的重要操作,旨在保护医护人员免受感染,并防止病原体传播。

【适应证】

(1)接触感染性疾病患者,如传染病患者、多重耐药菌感染患者。
(2)在进行诊疗、操作时,可能受到患者的血液、体液、分泌物、排泄物污染。
(3)对患者(如大面积烧伤患者、骨髓移植患者)实行保护性隔离。

【准备工作】

1. 物品准备 隔离衣、挂衣架、消毒及洗手设备、污物袋。
2. 术者准备 穿工作服,洗手,取下手表,戴帽子、口罩,卷袖过肘(冬季至前臂中部)。

【方法】

1. 穿隔离衣
(1)检查隔离衣是否完好,选择符合要求的型号和规格。手持衣领取下隔离衣,清洁面朝向自己,将衣领两端向外折齐,露出肩袖内口。
(2)右手持衣领,左手伸入袖筒内,举起手臂,将衣袖穿上;换左手持衣领,依上法穿好右袖,举双手将衣袖上抖,露出手腕。
(3)双手持衣领,由前向后理顺领边,扣上领扣或系上带子。
(4)解开腰带活结,从腰部自一侧衣缝向下约5 cm处将隔离衣后身向前拉,见到衣边捏住外侧,同法捏住另一侧边缘。双手分别捏住两侧衣边,同时向后拉,在背后将边缘对齐,向一侧折叠,按住折叠处,将腰带在背后交叉,回到前面打一个活结系好。

2. 脱隔离衣
(1)确保周围环境安全,避免污染。
(2)解开腰带,在前面打一个活结。
(3)解开袖口,在肘部将部分衣袖塞入工作服内,露出双手前臂。
(4)按消毒及洗手的方法刷洗双手,擦干或烘干。
(5)解开领扣或带子。
(6)右手伸入左侧衣袖内,拉下衣袖过手,再用衣袖遮住的左手在外面拉下右手衣袖过手,双手在袖内使袖子对齐,双臂逐渐退出。
(7)双手持衣领,将隔离衣两边对齐折好,挂在衣钩上;如隔离衣不再穿用或需更换,则将清洁面向外折叠放入污衣袋内。

（8）再次洗手。

【注意事项】

（1）保持手卫生，个人防护到位。

（2）避免污染：穿、脱隔离衣时应遵循"由下而上"穿，"由上而下、由内而外"脱下的原则。隔离衣的衣领及内面为清洁面（如为反向隔离，则内面为污染面），穿、脱时要避免污染。

（3）隔离衣长短要合适，须全部遮盖工作服。有破损时则不可使用。

（4）隔离衣挂在半污染区，清洁面向外，隔离衣挂在污染区，则污染面向外。

（5）穿隔离衣后不得进入清洁区，双手应保持在腰部以上视线范围以内，避免接触清洁物品。

（6）隔离衣应每日更换，如有潮湿或污染，应立即更换。

（王　苗）

自 测 题

一、名词解释

1. 中心静脉压
2. 导尿术
3. 三腔二囊管压迫术

二、填空题

1. 静脉导管留置时间一般不超过 ＿＿＿＿＿＿ 天，总计穿刺深度不超过 ＿＿＿＿＿＿ cm。
2. 留置导尿管时，每 ＿＿＿＿＿＿ 更换导尿管一次。

三、选择题

1. 导尿前清洁外阴的主要目的是
   A. 防止污染导尿管　　　　　　　　　　B. 使患者舒适
   C. 便于固定导尿管　　　　　　　　　　D. 清除并减少会阴部病原微生物
   E. 清楚暴露操作部位
2. 为尿潴留患者首次导尿时，放出的尿量不应超过
   A. 500 ml　　　　　　B. 800 ml　　　　　　C. 1000 ml
   D. 1500 ml　　　　　E. 2000 ml
3. 导尿术常用的体位是
   A. 仰卧，两腿屈膝外展　　B. 左侧卧位　　　　C. 右侧卧位
   D. 膝胸卧位　　　　　　　E. 蹲位

4. 为男性患者导尿，导尿管进入
   A. 6~8 cm
   B. 5~7 cm
   C. 20~22 cm
   D. 10~15 cm
   E. 8~12 cm

5. 下列说法中，错误的是
   A. 对膀胱过度充盈者，单次导尿不超过 1000 ml
   B. 留置导尿管期间，每 5~7 天应更换导尿管一次
   C. 长期留置导尿管时，拔管前 3 天应定期夹闭导尿管，每 2 h 放尿一次
   D. 为女性患者导尿前，自外而内、自下而上消毒外阴
   E. 导尿过程中应严格执行无菌操作，预防尿路感染

6. 使用带气囊的导尿管，一旦确定导尿管插入膀胱，应向气囊内注入空气或生理盐水多少毫升进行固定
   A. 5 ml
   B. 10 ml
   C. 15 ml
   D. 20 ml
   E. 25 ml

7. 中心静脉压的正常值是
   A. 50~120 mmHg
   B. 50~120 mmH$_2$O
   C. >150 mmHg
   D. <50 mmH$_2$O
   E. 150~200 mmH$_2$O

8. 某休克患者，经补液治疗后病情没有明显缓解，测中心静脉压为 110 mmH$_2$O，该患者目前存在的问题是
   A. 病情稳定，无须特殊处理
   B. 血容量不足，需继续补液
   C. 容量血管过度收缩或有心力衰竭的可能，应控制输液的量和速度
   D. 有明显的心力衰竭，应暂停输液
   E. 应用血管收缩药

9. 关于中心静脉压测定的注意事项，错误的是
   A. 严格遵守无菌操作原则，预防感染
   B. 静脉导管留置时间一般不少于 7 天
   C. 静脉导管留置 3 天以上时需用抗凝剂冲洗
   D. 测压过程中如发现 CVP 突然出现显著、波动性升高，提示导管进入右心室
   E. 为确保测压的准确性，管道内不得输入血管活性药物

10. 三腔二囊管压迫术的适应证是
    A. 消化性溃疡大出血
    B. 胃癌大出血
    C. 急性糜烂出血性胃炎大出血
    D. 贲门黏膜撕裂大出血
    E. 门静脉高压所致的食管胃底静脉曲张破裂大出血

11. 使用三腔二囊管的护理措施，错误的是
    A. 术前禁食 12 h
    B. 三腔二囊管放置 24 h 后应将食管气囊内气体抽尽，同时放松牵引
    C. 置管期间每 4~6 h 监测一次囊内压
    D. 拔管后 24 h 内仍有出血可能，需严密观察
    E. 出血停止后即可拔管

12. 三腔二囊管气囊压迫时间一般不超过
    A. 24 h   B. 36 h   C. 48 h
    D. 60 h   E. 72 h

13. 关于三腔二囊管使用的注意事项，错误的是
    A. 胃气囊注气量不可过多，而食管气囊注气量越多越好
    B. 止血期间经常抽吸胃内容物
    C. 三腔二囊管压迫止血期间嘱患者勿将唾液和痰液咽下，不能饮水
    D. 拔管后 24 h 内如发现出血征象，仍可用三腔二囊管止血
    E. 每日 2 次向鼻腔内滴入少量液状石蜡

14. 每次吸痰时间不超过
    A. 5 s   B. 10 s   C. 15 s
    D. 20 s   E. 25 s

15. 关于吸痰术，下列不正确的是
    A. 吸痰管应每日更换
    B. 如发现排痰不畅或喉头有痰鸣音，应及时吸痰
    C. 吸痰时密切观察患者的反应，如发现异常，应立即停止吸痰
    D. 吸痰动作轻柔
    E. 昏迷患者因不能配合，所以不能吸痰

16. 下列有关吸痰术的叙述，不正确的是
    A. 两次吸痰时间间隔 30 s 至 1 min
    B. 每次吸痰的时间不超过 15 s
    C. 吸痰时动作轻、稳、左右旋转，向上提拉
    D. 吸痰的负压在 40～53.3 kPa，小儿<40 kPa
    E. 吸痰过程中密切观察患者的反应

17. 下列哪项不是吸氧的适应证
    A. 气胸   B. 肺水肿   C. 急性胃炎
    D. 催眠药中毒   E. 哮喘

18. 患者用氧后，缺氧症状没有改善，呼吸困难加重，处理措施是
    A. 调节氧流量，加大吸氧量   B. 立即气管插管
    C. 检查吸氧装置和患者鼻腔   D. 更换吸氧方法
    E. 应用呼吸兴奋药

19. 成人插胃管时，测量胃管插入长度的方法是
    A. 从鼻尖至耳垂再至剑突   B. 从鼻尖到剑突
    C. 从耳垂至右手指尖   D. 从眉心到耳垂再至剑突
    E. 从耳垂至剑突

20. 以下判断胃管是否在胃内的方法，错误的是
    A. 注射器接于导管末端回抽，看是否可抽出胃液
    B. 注射器接于导管末端注入生理盐水，观察患者的反应
    C. 将胃管末端放入盛有生理盐水的碗中，观察有无气泡逸出
    D. 注射器注入 10 ml 空气于胃管内，听诊上腹部有无气过水声
    E. 置管约 60 cm 时胃管内流出胃液

21. 成人胃管插入长度为
    A. 40～50 cm
    B. 45～55 cm
    C. 55～60 cm
    D. 45～60 cm
    E. 50～55 cm
22. 下列情况不适合置入胃管的是
    A. 肠梗阻
    B. 昏迷
    C. 中毒洗胃
    D. 食管梗阻
    E. 幽门梗阻
23. 在胃管插管过程中，患者突然出现咳嗽、呼吸困难，最有可能的原因是
    A. 食管穿孔
    B. 气胸
    C. 误入气管
    D. 鼻黏膜损伤
    E. 胃穿孔
24. 以下哪一项是胃管置入的禁忌证
    A. 食管胃底静脉曲张
    B. 昏迷
    C. 气管插管
    D. 急腹症
    E. 上消化道穿孔
25. 胃管插管过程中，患者发生咳嗽、呼吸困难时应
    A. 继续插管
    B. 嘱患者深呼吸
    C. 吸氧
    D. 暂停片刻，缓解患者的紧张情绪
    E. 立即拔管
26. 实施心肺复苏时，胸外按压频率为
    A. 80～100次/分
    B. 100次/分
    C. 120次/分
    D. 60～80次/分
    E. 100～120次/分
27. 胸外按压与人工呼吸之比为
    A. 30∶2
    B. 15∶2
    C. 30∶1
    D. 15∶1
    E. 20∶2
28. 心肺复苏时，胸外按压部位为
    A. 双乳头连线与胸骨的交点
    B. 心尖部
    C. 胸骨中段
    D. 胸骨下段
    E. 胸骨左侧
29. 使用简易呼吸球囊时，成人的挤压频率为
    A. 12～20次/分
    B. 10～15次/分
    C. 16～22次/分
    D. 16～20次/分
    E. 10～12次/分
30. 下列哪项不是简易呼吸球囊使用的适应证
    A. 心肺复苏
    B. 转运危重患者
    C. 在意外事件中的应用
    D. 呼吸急促时
    E. 窒息患者
31. 穿、脱隔离衣时，要避免污染的部位是
    A. 腰带以上
    B. 袖口
    C. 胸前
    D. 衣领
    E. 肩膀
32. 穿隔离衣时，手持衣领取下隔离衣后应
    A. 内面朝自己
    B. 正面朝自己
    C. 清洁面朝自己
    D. 污染面朝自己
    E. 手先拿腰带
33. 穿、脱隔离衣时，正确的是
    A. 隔离衣可以不覆盖工作服
    B. 隔离衣应每2 h更换一次
    C. 穿隔离衣后，只能在清洁区活动
    D. 隔离衣潮湿应立即更换
    E. 脱隔离衣后将污染面向外折好，放入污物袋

34. 隔离衣的更换周期是
    A. 每个月更换一次
    B. 每 2 h 更换一次
    C. 每周更换一次
    D. 每日更换一次
    E. 使用一次性隔离衣

35. 心包穿刺的作用不包括
    A. 判定积液性质
    B. 放液缓解症状
    C. 注射药物
    D. 刺激心脏
    E. 协助诊断心包积液的病因

36. 下列不能做骨髓穿刺术的疾病是
    A. 各种类型白血病
    B. 再生障碍性贫血
    C. 血友病
    D. 血小板减少性紫癜
    E. 某些寄生虫病

37. 关于腰椎穿刺点的说法，正确的是
    A. 成人一般选择在第 1~2 腰椎间隙
    B. 成人一般选择在第 3~4 腰椎间隙
    C. 成人一般选择在第 5 腰椎间隙
    D. 儿童一般选择在第 1~2 腰椎间隙
    E. 儿童一般选择在第 2~3 腰椎间隙

38. 胸腔穿刺术抽液的原则，应除外
    A. 一次抽液不可过多、过快
    B. 诊断性穿刺 50~100 ml 即可
    C. 减压抽液首次不超过 600 ml
    D. 每次抽液不应超过 1000 ml
    E. 检查胸腔积液细胞学，至少需要抽液 30 ml

39. 肝活体组织检查中，穿刺针刺入肝内的深度不得超过
    A. 2.0 cm
    B. 3.0 cm
    C. 4.0 cm
    D. 5.0 cm
    E. 6.0 cm

40. 关于腰椎穿刺注意事项的描述，下列错误的是
    A. 术后去枕平卧 4~6 h
    B. 疑有颅内压增高者，必须先做眼底检查
    C. 有脑疝先兆者，为明确诊断，应立即穿刺
    D. 休克、衰竭或濒危状态的患者，均列为禁忌
    E. 严格执行无菌操作，避免发生继发感染

41. 下列不属于腹腔穿刺禁忌证的是
    A. 大量腹水
    B. 巨大卵巢囊肿
    C. 肝性脑病
    D. 粘连性腹膜炎
    E. 妊娠中后期

42. 腰椎穿刺的禁忌证不包括
    A. 有脑疝先兆者
    B. 颅后窝占位性病变者
    C. 穿刺部位有感染者
    D. 休克患者
    E. 头痛患者

43. 关于胸腔穿刺术，不正确的是
    A. 操作前向患者说明穿刺的目的，消除顾虑
    B. 操作中如患者出现头晕、面色苍白、出汗、心悸、胸部压迫感或剧痛、昏厥等胸膜反应，应立即停止抽液，并作相应的处理
    C. 脓胸抽液，尽量抽尽
    D. 减压抽液，尽量抽尽
    E. 避免在第 9 肋间隙以下穿刺

44. 关于腰椎穿刺，错误的是
    A. 以髂后上棘连线与后正中线的交会处为穿刺点
    B. 术后患者去枕平卧，以免引起低颅压头痛

C. 严格掌握禁忌证

D. 可放出脑脊液缓解患者头痛

E. 严格掌握适应证

45. 肾穿刺活检的绝对禁忌证是

   A. 急性肾炎综合征治疗 2~3 个月病情无好转

   B. 原发性肾病肾功能急剧恶化

   C. 无症状性血尿临床诊断不清时

   D. 孤立肾

   E. 移植肾出现严重排斥反应

46. 关于骨髓穿刺术，错误的是

   A. 术前应做出凝血时间检查

   B. 注射器与穿刺针必须干燥，以免发生溶血

   C. 穿刺针头进入骨质后避免摆动过大，以免折断

   D. 做细胞形态学检查时，抽吸骨髓液量宜多不宜少

   E. 骨髓液抽出后应立即涂片，避免凝固

47. 胸腔穿刺抽液引起急性肺水肿是由于

   A. 穿刺损伤肺组织　　　　　　B. 抽液过多、过快，胸膜腔内压突然下降

   C. 胸膜反应　　　　　　　　　D. 穿刺损伤肺血管

   E. 空气栓塞

48. 关于腹腔穿刺的描述，错误的是

   A. 患者可坐在靠背椅上

   B. 衰弱者可取半卧位

   C. 放液不宜过快、过多

   D. 在维持大量输入白蛋白的基础上，也不可大量放液

   E. 血性腹水，仅留取标本送检，不宜放液

49. 需去枕平卧的是

   A. 行胸腔穿刺术后的患者　　B. 行腰椎穿刺术后的患者　　C. 行腹腔穿刺术后的患者

   D. 行骨髓穿刺术后的患者　　E. 行心包穿刺术后的患者

50. 心包穿刺点定位的最佳方法是

   A. 胸部 X 线片　　　　　　B. 心电图　　　　　　　　C. B 超

   D. CT　　　　　　　　　　E. MRI

51. 心包穿刺过程中最危险的是

   A. 疼痛　　　　　　　　　　B. 刺激性咳嗽　　　　　　C. 出现室性期前收缩

   D. 损伤引起心脏压塞　　　　E. 心电图出现 ST 段抬高

52. 下列属于肝活体组织检查适应证的有

   A. 大量腹水　　　　　　　　B. 出血倾向和凝血功能障碍　　C. 右侧胸膜感染

   D. 肝血管瘤　　　　　　　　E. 原因不明的肝大

53. 关于肾活检，错误的是

   A. 术中切忌咳嗽或深呼吸

   B. 术后应卧床 8 h

   C. 一般 24~72 h 内肉眼血尿消失

   D. 如出现严重肉眼血尿，应及时给予止血药治疗

   E. 术后 1 周内避免剧烈运动

54. 胸腔穿刺术进针点应在
    A. 肋间隙的中间   B. 上一肋骨的下缘   C. 下一肋骨的上缘
    D. 在肋间隙均可   E. 第 9 肋间隙以下

55. 关于肝活体组织检查术前检查，错误的是
    A. 术前测定血小板计数、出血时间、凝血时间、凝血酶原时间
    B. 术前测血压、脉搏
    C. 鉴定血型
    D. 术前可服用地西泮
    E. 术前必须做心肺功能检查

56. 关于腹腔穿刺点，下列说法错误的是
    A. 脐与左侧髂前上棘连线的中、外 1/3 交点处
    B. 侧卧位脐水平线与腋前线或腋中线之延长线相交处
    C. 脐与耻骨联合连线中点上 1 cm，偏左或偏右 1.5 cm 处
    D. 左、右腹直肌外缘与脐水平线相交处
    E. 少量或包裹性积液最好在 B 超引导下穿刺

57. 肾穿刺活检的相对禁忌证是
    A. 原因不明的肾小球性蛋白尿   B. 原因不明的肾小球性血尿
    C. 原因不明的急性肾衰竭   D. 多囊肾
    E. 原发性肾病综合征

58. 应立即行心包穿刺术的是
    A. 慢性缩窄性心包炎   B. 病毒性心包炎伴明显胸痛
    C. 化脓性心包炎   D. 结核性心包炎伴心包摩擦音
    E. 心包积液伴呼吸困难和奇脉

59. 腹腔穿刺时，下列不需要的是
    A. 术前应排尿   B. 术前禁食   C. 术前选好穿刺点
    D. 术中观察患者的反应   E. 大量腹水患者放液后需用多头腹带包扎

60. 关于心包积液穿刺抽液量，正确的是
    A. 抽液量可达 500 ml 以上
    B. 首次抽液量不超过 50 ml
    C. 首次抽液量不宜超过 100～200 ml，以后逐渐增至 300～500 ml
    D. 抽液速度要快
    E. 应尽量全部抽尽

61. 关于腰椎穿刺操作，描述正确的是
    A. 患者取侧卧位，屈颈、屈膝，腰背部与床面垂直
    B. 一般选取 1～2 腰椎间隙为穿刺点
    C. 一般儿童进针 5～6 cm
    D. 一般成人进针 8～9 cm
    E. 术后嘱患者平卧 1～2 h 即可

62. B 超辅助经皮肾穿刺时，一般选择的穿刺点是
    A. 肾门处   B. 右肾下极的外侧缘
    C. 第 10 肋间隙   D. 左锁骨中线与左侧肋弓下缘交点处
    E. 右锁骨中线与右侧肋弓下缘交点处

63. 关于腹腔穿刺术的作用，下列错误的是
    A. 可以协助诊断，明确病因 B. 放液可减轻症状
    C. 局部用药的途径 D. 作为诊断性穿刺
    E. 对卵巢囊肿放液治疗
64. 观察眼底黄斑部时的注意事项，应除外
    A. 大小 B. 中心凹反射是否存在 C. 有无拱桥现象
    D. 有无水肿、出血、渗出 E. 有无色素
65. 有关胸腔穿刺的方法，下列不正确的是
    A. 穿刺抽液时，穿刺点取实音明显部位，一般取肩胛线第 7~8 肋间隙或腋中线第 6~7 肋间隙
    B. 穿刺抽气时，穿刺点取患侧锁骨中线第 2 肋间隙
    C. 穿刺时应沿肋骨下缘进针
    D. 抽液量每次不超过 1000 ml
    E. 抽气量每次可超过 1000 ml
66. 临床上最常用的骨髓穿刺术穿刺点是
    A. 髂前上棘穿刺点 B. 髂后上棘穿刺点 C. 胸骨穿刺点
    D. 腰椎棘突穿刺点 E. 胫骨粗隆部
67. 关于腹腔穿刺术的注意事项，以下错误的是
    A. 术前要详细询问患者的药物过敏史
    B. 放腹水的速度应快，尽量放尽
    C. 术中注意观察患者的反应，并注意保暖
    D. 术前测量患者的血压、脉搏、腹围
    E. 术后测量患者的血压、脉搏、腹围
68. 气胸时，做胸膜腔闭式引流，放置引流管的部位是
    A. 锁骨中线第 2 肋间隙 B. 锁骨中线第 3 肋间隙 C. 腋前线第 4 肋间隙
    D. 腋前线第 5 肋间隙 E. 胸骨旁线第 4 肋间隙
69. 关于眼底检查，正确的是
    A. 患者眼球可随意转动
    B. 检查时患者坐在光线充足的地方，眼球正视前方
    C. 检查宜在暗室进行，患者眼球正视前方
    D. 查左眼时，医师站于患者右侧，右眼观察眼底
    E. 查右眼时，医师站于患者左侧，左眼观察眼底

四、简答题

1. 简述胸腔穿刺术的适应证。
2. 简述腹腔穿刺术的穿刺部位。
3. 肝硬化患者放腹水时有哪些注意事项？

主要参考文献

[1] 张颖，陈方军.诊断学［M］.5版.北京：北京大学医学出版社，2019.
[2] 熊正南，马新华，应萍，等.诊断学［M］.3版.北京：北京大学医学出版社，2015.
[3] 万学红，卢雪峰.诊断学［M］.10版.北京：人民卫生出版社，2024.
[4] 徐克，龚启勇，韩萍蓉，等.医学影像学［M］.8版.北京：人民卫生出版社，2018.
[5] STEINBERG JS，VARMA N，CYGANKIEWICZ I，等.2017ISHNE/HRS动态心电图和体外心电监测/远程监测专家共识（1）：动态电监测方法［J］.实用心电学杂志，2019，28（3）：153-160.
[6] 刘晓勃，马长生.2019 HRS/ACP心房颤动筛查和教育倡议的解读［J］.中国循环杂志，2019，34（S1）：4-6.

中英文专业词汇索引

C 反应蛋白（C-reactive protein，CRP） 444
EB 病毒（Epstein-Barr virus，EBV） 445
M 蛋白（M protein） 440
P 波终末电势（P-wave terminal force，Ptf） 277
R 峰时间（R peak time，Rpt） 275
α_1- 微球蛋白（α_1-microglobulin，α_1-MG） 408
α 衰变（alpha decay） 625
β_2 微球蛋白（β_2-microglobulisn，β_2-MG） 408
β 衰变（beta decay） 625
γ 衰变（gamma decay） 625
γ 照相机（γ-camera） 627

A

阿佩尔综合征（Apert syndrome） 128
阿 - 斯综合征（Adams-Stokes syndrome） 83，85
癌胚抗原（carcinoembryonic antigen，CEA） 463
艾迪生病（Addison disease） 116
奥本海姆征（Oppenheim sign） 253，261
奥氏小体（Auer body） 345
奥斯勒结节（Osler node） 119

B

巴宾斯基征（Babinski sign） 253
巴氏染色（Papanicolaou stain） 389
靶形红细胞（target cell） 339
白斑（leukoplakia） 116
白癜风（vitiligo） 116
白化病（albinism） 117
白细胞分类计数（differential leukocyte count） 342
白细胞减少（leukopenia） 342
白细胞增多（leukocytosis） 342
斑丘疹（maculopapule） 117

斑疹（macule） 117
瘢痕（scar） 118
包皮（prepuce） 220
胞质型抗中性粒细胞胞质抗体（cytoplasmic anti-neutrophil cytoplasmic antibody，cANCA） 454
饱和水蒸气压（saturated water vapor pressure） 315
被动体位（passive position） 114
被迫体位（obliged position） 114
奔马律（gallop） 178
本周蛋白（Bence-Jones protein） 440
比奥呼吸（Biot respiration） 34，156
便秘（constipation） 55
便血（hematochezia） 47
标准碳酸氢盐（standard bicarbonate，SB） 322
表情（expression） 112
髌阵挛（patellar clonus） 252
丙型肝炎病毒（hepatitis C virus，HCV） 449
病史采集（history taking） 1
病态窦房结综合征（sick sinus syndrome，SSS） 288
波动感（fluctuation） 201
波状热（undulant fever） 18
补呼气量（expiratory reserve volume，ERV） 315
补体（complement，C） 440
补吸气量（inspiratory reserve volume，IRV） 315
不动（immotility，IM） 391
不规则热（irregular fever） 19
不完全性右束支传导阻滞（incomplete right bundle-branch block，IRBBB） 296
不完全性左束支传导阻滞（incomplete left bundle-branch block，ILBBB） 297
布鲁津斯基征（Brudzinski sign） 254
步态（gait） 114

C

残气量（residual capacity，RV）316
苍白（pallor）116
草酸盐（sodium oxalate）337
侧向分辨力（lateral resolution）583
查多克征（Chaddock sign）253
肠鸣音（bowel sound）210
潮气量（tidal volume，VT）315
陈-施呼吸（Cheyne-Stokes respiration）34，156
弛张热（remittent fever）18
冲击触诊法（ballottement）100
重叠奔马律（summation gallop）178
抽搐（tic）83
出血时间（bleeding time，BT）349
除极（depolarization）265
杵状指（趾）（acropachy）235
触诊（palpation）99
传导性（conductivity）287
磁共振成像（magnetic resonance imaging，MRI）2，480
磁共振胰胆管成像（magnetic resonance cholangiopancreatography，MRCP）483
雌二醇（estradiol，E_2）433
刺突细胞（spur cell）339
促甲状腺激素（thyroid-stimulating hormone，TSH）425
催乳素（prolactin，PRL）434

D

大红细胞（macrocyte）339
大阴唇（greater lip of pudendum）223
单纯疱疹病毒（herpes simplex virus）445
单光子发射计算机体层显像仪（single photon emission computed tomography，SPECT）627
单核细胞（monocyte，M）344
胆红素（bilirubin）373
胆碱酯酶（choline esterase，ChE）431
导联系统（lead system）267
导联轴（lead axis）269
导尿术（catheterization）674
低蛋白血症（hypoproteinemia）397
低密度脂蛋白（low density lipoprotein，LDL）423
低色素性红细胞（hypochromic red cell）339
第1秒用力呼气容积（forced expiratory volume in one second，FEV_1）317
第二心音（second heart sound，S2）175
第三心音（third heart sound，S3）175
第四心音（fourth heart sound，S4）175
第一心音（first heart sound，S1）175
癫痫持续状态（status epilepticus，SE）84
电偶（dipole）265
电子俘获（electron capture）625
淀粉酶（amylase，AMY）429
丁型肝炎病毒（hepatitis D virus，HDV）449
动态心电图（ambulatory electrocardiogram，AECG）276，306
动态血压监测（ambulatory blood pressure monitoring，ABPM）186
窦房传导阻滞（sinoatrial block，SAB）294
窦性停搏（sinus arrest，SA）288
窦性心动过缓（sinus bradycardia，SBC）288
窦性心动过速（sinus tachycardia，STC）288
窦性心律（sinus rhythm）287
窦性心律不齐（sinus arrhythmia，SAT）175，288
杜勒小体（Döhle body）345
短P-R综合征（short P-R syndrome，LownGanong-Levine syndrome）299
短暂性脑缺血发作（transient ischemic attack，TIA）81
多尿（polyuria）68
多普勒频移（Doppler shift）583
多普勒效应（Doppler effect）583
多色素性红细胞（polychromatic erythrocyte）339

E

恶心（nausea）40

F

发绀（cyanosis）30，116
发红（redness）116
发热（fever）15
发育（development）110
法洛四联症（tetralogy of Fallot）169
反甲（koilonychia）235
反三碘甲状腺原氨酸（triiodothyronine，rT_3）426
反射（reflection）582
反跳痛（rebound tenderness）200
房室传导阻滞（atrioventricular block，AVB）294

房室交界性期前收缩（premature junctional contraction, PJC）290
房性期前收缩（premature atrial contraction, PAC）290
放射免疫分析（radioimmunoassay, RIA）643
放射性核素（radionuclide）625
非感染性发热（noninfective fever）16
非结合胆红素（unconjugated bilirubin, UCB）57
非淋菌性尿道炎（non-gonococcal urethritis, NGU）451
非前向运动（non-progressive motility, NP）391
非阵发性交界性心动过速（nonparoxysmal junctional tachycardia, NPJT）291
非阵发性室性心动过速（nonparoxysmal ventricular tachycardia, NPVT）292
非阵发性心动过速（nonparoxysmal tachycardia, NPT）291
菲尔绍淋巴结（Virchow lymph node）122
肥达反应（Widal reaction, WR）443
肥胖（obesity）72
肺活量（vital capacity, VC）315
肺泡呼吸音（vesicular breath sound）160
肺泡通气量（alveolar ventilation, VA）318
肺容积（lung volume）314
肺总量（total lung capacity, TLC）316
粪便（feces）377
粪便隐血试验（fecal occult blood test）380
风疹病毒（rubella virus）445
冯·格雷费征（Von Graefe's sign）130
弗勒赫利希综合征（Frohlich syndrome）72
弗鲁安综合征（Froin-Nonne syndrome）384
复极（repolarization）265
腹膜刺激征（peritoneal irritation sign）200
腹腔穿刺术（abdominocentesis）683
腹痛（abdominal pain）49
腹泻（diarrhea）52

G

干啰音（rhonchi）161
干呕（retching）41
甘油三酯（triglyceride, TG）422
肝活体组织检查（liver biopsy）691
肝素（heparin）337
肝源性水肿（hepatic edema）23
感染性发热（infective fever）16

肛裂（anal fissure）225
肛瘘（anal fistula）225
肛门闭锁（anal atresia）225
肛门直肠瘘（anorectal fistula）225
高蛋白血症（hyperproteinemia）396
高峰充盈率（peak filling rate, PFR）633
高密度脂蛋白（high density lipoprotein, HDL）423
高球蛋白血症（hyperglobulinemia）397
高色素性红细胞（hyperchromatic erythrocyte）339
高铁血红蛋白还原试验（methemoglobin reduction test）347
睾酮（testosterone, T）434
睾丸（testis）222
戈登征（Gordon sign）253
格雷-特纳征（Grey Turner sign）198
个人史（personal history）10
跟腱反射（achilles tendon reflex）251
弓形虫（toxoplasma gondii）445
功能残气量（functional residual capacity, FRC）316
肱二头肌反射（biceps tendon reflex）251
肱三头肌反射（triceps tendon reflex）251
共济失调（ataxia）248
共济失调步态（ataxic gait）115
共济运动（coordination）247
骨髓穿刺术（bone marrow aspiration）687
鼓音（tympany）102
胱抑素C（cystatin C, cys C）407
国际标准化比值（international normalized ratio, INR）351
国际灵敏度指数（international sensitivity index, ISI）351
过碘酸希夫反应（periodic acid-Schiff reaction, PAS反应）363
过度日间嗜睡症（excessive daytime sleepiness, EDS）88
过清音（hyperresonance）103

H

哈里森沟（Harrison groove）153
豪-乔小体（Howell-Jolly body）340
核素（nuclide）625
核周抗中性粒细胞核周抗体（perinu-clear anti-neutrophil cytoplasmic antibody, pANCA）454
横向分辨力（transverse resolution）583
红细胞沉降率（erythrocyte sedimentation rate, ESR）354
红细胞大小不均症（anisocytosis）339

红细胞渗透脆性试验（erythrocyte osmotic fragility test） 346
红细胞生成素（erythropoietin,EPO） 338,357
红细胞形态不整（poikilocytosis） 339
红细胞游离原卟啉（free erythrocyte protoporphyrin,FEP） 418
呼气流量峰值（peak expiratory flow,PEF） 320
呼吸困难（dyspnea） 33
踝阵挛（ankle clonus） 252
缓冲碱（buffer base,BB） 322
慌张步态（festinating gait） 115
黄疸（jaundice） 56
黄染（stained yellow） 116
黄体生成素（luteinizing hormone,LH） 432
回归热（relapsing fever） 19
昏迷（coma） 86
昏睡（lethargy） 86
婚姻史（marital history） 11
活化部分凝血活酶时间（activated partial thromboplastin time,APTT） 350
获得性免疫缺陷综合征（acquired immunodeficiency syndrome,AIDS） 450
霍夫曼征（Hoffmann sign） 253
霍纳综合征（Horner syndrome） 131
霍奇金病（Hodgkin disease） 19

J

肌红蛋白（myoglobin,Mb） 420
肌力（muscle strength） 246
肌酸激酶（creatine kinase,CK） 419
肌张力（muscle tone） 247
奇脉（paradoxical pulse） 186
基础代谢率（basal metabolic rate,BMR） 38
基础肺容积（basal lung volume） 314
基础肺容量（basal lung capacity） 314
基态（ground state） 625
稽留热（continued fever） 17
激发态（excited state） 625
急腹症（acute abdomen） 49
棘形红细胞（acanthrocyte） 339
脊柱（vertebral column） 230
脊柱侧凸（scoliosis） 231
脊柱后凸（kyphosis） 230
脊柱前凸（lordosis） 231
计划（plan,P） 667

计算机X射线摄影（computed radio-graphy,CR） 475
计算机体层成像（computed tomography,CT） 2,477
既往史（past history） 9
家族史（family history） 11
甲胎蛋白（alpha fetoprotein,AFP） 463
假性胆碱酯酶（pseudocholinesterase,PChE） 431
尖端扭转型室性心动过速（torsade de pointes,TDP） 292
间接叩诊法（indirect percussion） 101
间接听诊法（indirect auscultation） 103
间歇热（intermittent fever） 18
间歇性跛行（intermittent claudication） 115
检体诊断（physical diagnosis） 98
剪刀步态（scissors gait） 115
碱剩余（base excess,BE） 322
浆膜腔积液（serous effusion） 386
交替脉（pulsus alternans） 186
角膜反射（corneal reflex） 243
结合胆红素（conjugated bilirubin,CB） 57
介入放射学（interventional radiology,IVR） 2,470
经皮腔内球囊二尖瓣成形术（percutaneous balloon mitral valvuloplasty,PBMV） 577
经皮腔内血管成形术（percutaneous transluminal angioplasty,PTA） 577
惊厥（convulsion） 83
精子活动力（sperm motility） 391
精子活动率（sperm motility rate） 391
静脉采血法（veni puncture for blood collection） 336
静脉葡萄糖耐量试验（intravenous glucose tolerance test,IVGTT） 427
静息每分钟通气量（minute ventilation at rest,VE） 317
酒醉步态（drunken gait） 115
枸橼酸钠（trisodium citrate） 337
巨红细胞（megalocyte） 339
巨细胞病毒（cytomegalovirus,CMV） 445,446
绝对不应期（absolute refractory period,ARP） 287

K

咳嗽（cough） 25
咳痰（expectoration） 25
喀喇音（click） 179
卡伯特环（Cabot ring） 340
卡伦征（Cullen sign） 198
咯血（hemoptysis） 28

开瓣音（opening snap） 178
凯-弗环（Kayser-Fleischer ring） 130
抗ENA抗体（anti-ENA antibody） 453
抗单链DNA抗体（antibody to single stranded-DNA, anti-ss-DNA） 453
抗核抗体（antinuclear antibody, ANA） 452
抗利尿激素（antidiuretic hormone, ADH） 69
抗链球菌溶血素O（antistreptolysin O, ASO） 442
抗球蛋白试验（antiglobulin test） 348
抗双链DNA抗体（antibody to double stranded-DNA, anti-ds-DNA） 452
抗脱氧核糖核酸抗体（antibody to DNA, anti-DNA） 452
抗心脂抗体（anti-cardiolipin antibody, ACA） 453
抗中性粒细胞胞质抗体（antineutrophil cytoplasmic antibody, ANCA） 454
科利斯骨折（Colles fracture） 236, 498
科氏斑（Koplik spot） 134
克勒尼希峡（Kronig isthmus） 159
克罗恩病（Crohn's disease） 49
克尼格征（Kernig sign） 254, 261
客观资料（objective data, O） 667
空腹血浆葡萄糖（fasting plasma glucose, FPG） 427
空腹血糖（fasting blood glucose, FBG） 427
空腹血糖受损（impaired fasting glucose, IFG） 427
空泡形成（vacuolation） 345
口服葡萄糖耐量试验（oral glucose tolerance test, OGTT） 427
口形红细胞（stomatocyte） 339
叩诊（percussion） 101
叩诊音（percussion sound） 102
库姆斯试验（Coombs test） 348
库斯莫尔呼吸（Kussmaul respiration） 34, 156
库欣综合征（Cushing syndrome） 109
跨阈步态（steppage gait） 115
溃疡（ulcer） 118

L

拉塞格试验（Lasègue test） 233
蓝氏贾第鞭毛虫（Giardia lamblia） 380
雷诺病（Raynaud disease） 31
泪滴状红细胞（teardrop poikilocyte） 339
类风湿因子（rheumatoid factor, RF） 452
里瓦尔塔试验（Rivalta test） 387

连续性杂音（continuous murmur） 180
镰状细胞（sickle cell） 339
淋巴细胞（lymphocyte, L） 343
漏出液（transudate） 386
路易斯角（Louis angle） 149
卵巢（ovary） 224
卵泡刺激素（follicle-stimulating hormone, FSH） 432

M

马方综合征（Marfan syndrome） 128
麦氏点（McBurney point） 50
脉搏短绌（pulse deficit） 175
毛细血管脆性试验（capillary fragility test, CFT） 348
毛细血管抵抗力试验（capillary resistance test, CRT） 348
玫瑰疹（roseola） 117
梅尼埃病（Ménière's disease） 78
梦游症（somnambulism） 88
弥散量（diffusion capacity, DL） 321
免疫球蛋白（immunoglobulin, Ig） 438
面容（facial features） 112
墨菲征（Murphy sign） 50
默比乌斯征（Mobius sign） 130

N

脑脊液（cerebrospinal fluid, CSF） 383
脑利尿钠肽（brain natriuretic peptide, BNP） 421
内镜（endoscope） 326
内生肌酐清除率（endogenous creatinine clearance rate, Ccr） 406
内源性致热原（endogenous pyrogen） 16
内转换（internal conversion） 625
年龄（age） 107
尿胆素（urobilin） 373
尿胆素原（urobilinogen） 373, 399
尿急（urgent micturition） 67
尿量（urine volume） 370
尿频（frequent micturition） 67
尿痛（dysuria） 67
尿液（urine） 369
凝血酶时间（thrombin time, TT） 351
凝血酶原时间（prothrombin time, PT） 350
凝血酶原时间比值（prothrombin time ratio, PTR） 350
凝血时间（clotting time, CT） 350

O

呕吐（vomiting） 40
呕血（hematemesis） 44

P

帕金森病（Parkinson disease） 128
蹒跚步态（staggering gait） 115
疱疹（herpes） 117
疱疹病毒（herpes virus） 390
佩吉特病（Paget disease） 128
皮肤采血法（skin puncture for blood collection） 336
皮肤黏膜出血（mucocutaneous hemorrhage） 20
皮肤弹性（skin elasticity） 117
皮肤颜色（skin color） 116
皮下出血（subcutaneous hemorrhage） 117
皮下结节（subcutaneous nodule） 118
皮疹（skin eruption） 117
贫血（anemia） 365
平均QRS电轴（mean QRS axis） 272
平均红细胞体积（mean corpuscular volume, MCV） 340
平均红细胞血红蛋白含量（mean corpuscular hemoglobin, MCH） 340
平均红细胞血红蛋白浓度（mean corpuscular hemoglobin concentration, MCHC） 341
评估（assessment, A） 667
破碎红细胞（schistocyte） 339
葡萄糖-6-磷酸脱氢酶（glucose 6-phosphate dehydrogenase, G6PD） 347
葡萄糖耐量试验（glucose tolerance test, GTT） 427

Q

期前收缩（premature contraction, PC） 175, 290
气管呼吸音（tracheal breath sound） 160
前列腺特异性抗原（prostate specific antigen, PSA） 464
前向运动（progressive motility, PR） 391
浅部触诊法（light palpation） 100
浅反射（superficial reflex） 250
枪击音（pistol shot sound） 187
清音（resonance） 102
丘疹（papule） 117
球形红细胞（spherocyte） 339
屈颈试验（Lindner test） 233
全能干细胞（totipotent stem cell, TSC） 357

R

桡骨膜反射（radial periosteal reflex） 251
热型（fever type） 17
人绒毛膜促性腺激素（human chorionic gonadotropin, hCG） 435
人芽胞子虫（Blastocystis hominis） 380
溶血性贫血（hemolytic anemia） 346
溶组织内阿米巴（Entamoeba histolytica） 380
蠕动波（peristaltic wave） 198
乳酸脱氢酶（lactate dehydrogenase, LDH） 419
若弗鲁瓦征（Joffroy sign） 130

S

腮腺（parotid gland） 136
三腔二囊管压迫术（tamponade of Sengstaken-Blakemore tube） 697
散射（scattering） 582
色素沉着（pigmentation） 116
少精子症（oligozoospermia） 391
少尿（oliguria） 68
射血分数（ejection fraction, EF） 633
深部触诊法（deep palpation） 100
深部滑行触诊法（deep slipping palpation） 100
深吸气量（inspiratory capacity, IC） 315
深压触诊法（deep press palpation） 100
肾活检（renal biopsy） 693
肾性水肿（renal edema） 23
渗出液（exudate） 386
生理无效腔（physiological dead space, VD） 318
生命体征（vital sign） 107
生育史（childbearing history） 11
失眠（insomnia） 87, 88
施特尔瓦格征（Stellwag sign） 130
湿度（humidity） 117
湿啰音（moist crackles） 162
时相提前综合征（advanced sleep-wake phase disorder） 88
实际碳酸氢盐（actual bicarbonate, AB） 322
实验诊断（laboratory diagnosis） 1
实音（flatness） 102
视诊（inspection） 99

室内传导阻滞（intraventricular block，IVB） 295
室性期前收缩（premature ventricular contraction，PVC） 290
室性融合波（ventricular fusion，VF） 291
嗜碱性点彩红细胞（basophilic stipp-ling cell） 340
嗜碱性粒细胞（basophil，B） 343
嗜睡（somnolence） 86
嗜酸性粒细胞（eosinophil，E） 343
收缩期前奔马律（late diastolic gallop） 178
收缩期杂音（systolic murmur，SM） 180
收缩早期喷射音（early systolic ejection sound） 179
收缩中/晚期喀喇音（mid/late systolic click） 179
手足徐动症（athetosis） 247
舒张期杂音（diastolic murmur，DM） 180
舒张晚期奔马律（presystolic gallop） 178
舒张早期奔马律（protodiastolic gallop） 178
输卵管（uterine tube） 224
输血传播病毒（transfusion transmitted virus，TTV） 450
束臂试验（tourniquet test） 348
数字减影血管造影（digital subtraction angiography，DSA） 476
衰减（attenuation） 582
双手触诊（bimanual palpation） 100
双心房肥大（biatrialen atrial hypertrophy） 278
双心室肥大（biventricular hypertrophy） 279
水冲脉（water-hammer pulse） 186
水肿（edema） 22，118
睡眠呼吸暂停综合征（sleep apnea syndrome，SAS） 88
睡眠时相延迟综合征（delayed sleep-wake phase syndrome） 88
睡眠相关呼吸障碍（sleep-related breathing disorder） 87，88
睡眠相关运动障碍（sleep-related movement disorder） 87
酸性磷酸酶（acid phosphatase，ACP） 431

T

踏板运动试验（treadmill exercise test） 308
踏车运动试验（bicycle exercise test） 308
胎儿颈后透明层厚度（nuchal translucency，NT） 617
唐氏综合征（Down syndrome） 134
糖化血红蛋白（glycosylated hemoglobin，GHb） 429
糖耐量减低（impaired glucose tolerance，IGT） 428
糖尿（glucosuria，glycosuria） 373
特劳伯鼓音区（Traube's area） 207
体格检查（physical examination） 1，98
体位（position） 114
体型（habitus） 110
体征（sign） 1，15
体重指数（body mass index，BMI） 111
听诊（auscultation） 103
听诊器（stethoscope） 103
通气血流比例（ventilation perfusion ratio） 321
同位素（isotope） 625
酮尿症（ketonuria） 373
酮血症（ketonemia） 373
头发（hair） 127
头颅（skull） 127
头皮（scalp） 127
头痛（headache） 76
透射（transmission） 582
图像后处理（image post-processing） 476
吞咽困难（dysphagia） 42
脱屑（desquamation） 117
驼背（gibbus） 230
椭圆形红细胞（elliptocyte） 339

W

外源性致热原（exogenous pyrogen） 16
完全性房室传导阻滞（complete atrioventricular block，CAVB） 295
完全性右束支传导阻滞（complete right bundle-branch block，CRBBB） 296
完全性左束支传导阻滞（complete left bundle-branch block，CLBBB） 296
网织红细胞（reticulocyte，Ret） 341
威尔逊病（Wilson disease） 130
韦格纳肉芽肿病（Wegener granulomatosis，WG） 454
胃管置入术（gastric tube insertion） 704
稳定核素（stable nuclide） 625
问诊（inquiry） 1，6
沃-帕-怀综合征（Wolff-Parkinson-White syndrome） 297
无精子症（azoospermia） 392
无脉（pulseless） 186
舞蹈样运动（choreic movement） 247
戊型肝炎病毒（hepatitis E virus，HEV） 449

X

吸痰术（sputum suctioning） 700
吸氧（oxygen uptake） 702
膝反射（patellar tendon reflex） 251
膝内翻（genu varum） 236
膝外翻（genu valgum） 236
细胞大小不均（anisocytosis） 345
现病史（history of present illness） 8
相对不应期（relative refractory period，RRP） 287
消瘦（emaciation） 74
小红细胞（microcyte） 339
小阴唇（lesser lip of pudendum） 223
心包穿刺术（pericardiocentesis） 689
心包叩击音（pericardial knock） 179
心包摩擦音（pericardial friction rub） 184
心电图（electrocardiogram，ECG） 264
心电图运动试验（electrocardiogram exercise test） 307
心电向量（vector） 265
心动过缓（bradycardia） 175
心动过速（tachycardia） 175
心房颤动（atrial fibrillation，Af） 175，292
心房扑动（atrial flutter，AF） 292
心肺复苏（cardiopulmonary resuscitation，CPR） 706
心肌梗死（myocardial infarction） 282
心肌肌钙蛋白（cardiac troponin，cTn） 420
心肌缺血（myocardial ischemia） 280
心悸（palpitation） 38
心尖冲动（apical impulse） 169
心律（heart rhythm） 175
心律失常（arrhythmia） 287
心率（heart rate，HR） 175，272
心室颤动（ventricular fibrillation，Vf） 294
心室夺获（ventricular capture，VC） 291
心室扑动（ventricular flutter，VF） 293
心源性水肿（cardiac edema） 23
心源性哮喘（cardiac asthma） 34
心脏传导阻滞（heart block，HB） 294
心脏杂音（cardiac murmur） 179
锌原卟啉（zinc protoporphyrin，ZPP） 418
兴奋性（excitability） 286
性别（sex） 106
性传播疾病（sexually transmitted disease，STD） 450

胸部（chest） 149
胸导联（chest lead） 267
胸膜摩擦音（pleural friction rub） 163
胸腔穿刺术（thoracentesis） 680
胸痛（chest pain） 36
胸语音（pectoriloquy） 163
嗅诊（olfactory examination） 104
眩晕（vertigo） 78
血管活性肠肽瘤（vasoactive intestinal peptide polypeptidoma） 52
血管迷走性晕厥（vasovagal syncope） 81
血浆二氧化碳总量（total plasma carbon dioxide content，$T\text{-}CO_2$） 322
血浆抗凝血酶Ⅲ（anti thrombin Ⅲ，AT-Ⅲ） 351
血块收缩试验（clot retraction test，CRT） 349
血尿（hematuria） 64
血清蛋白电泳（protein electrophoresis） 397
血清前列腺酸性磷酸酶（prostatic fraction of serum acid phosphatase，PAP） 464
血清铁（serum iron，SI） 416
血清铁蛋白（serum ferritin，SF） 418
血清总蛋白（serum total protein，STP） 396
血细胞比容（hematocrit，HCT） 340
血小板病（thrombocytopathy） 21
血小板计数（platelet count，PLT） 345
血小板黏附试验（platelet adhesion test，PAdT） 350
血小板生成素（thrombopoietin，TPO） 357
血小板无力症（thrombasthenia） 21
血压（blood pressure，BP） 108，186
血肿（hematoma） 117
荨麻疹（urticaria） 117

Y

腰椎穿刺（lumbar puncture） 685
夜惊（night terrors） 88
液波震颤（fluid thrill） 201
一般项目（general data） 8
医学影像学（medical imaging） 470
移动性浊音（shifting dullness） 208
乙二胺四乙酸（ethylenediamine tetraacetic acid，EDTA） 337
乙酰胆碱酯酶（acetylcholinesterase，AChE） 431
乙型肝炎e抗体（hepatitis B e antibody，HBeAb） 447，448

乙型肝炎 e 抗原（hepatitis B e antigen，HBeAg） 447
乙型肝炎表面抗体（hepatitis B surface antibody，HBsAb） 447
乙型肝炎表面抗原（hepatitis B surface antigen，HBsAg） 447
乙型肝炎核心抗体（hepatitis B core antibody，HBcAb） 447，448
乙型肝炎核心抗原（hepatitis B core antigen，HBcAg） 447
异态睡眠（parasomnias） 87，88
逸搏（escape beat） 300
逸搏心律（escape rhythm） 300
意识（consciousness） 112
意识混浊（clouding of consciousness） 86
意识障碍（disturbance of consciousness） 85
阴道（vagina） 223
阴道前庭（vaginal vestibule） 223
阴蒂（clitoris） 223
阴阜（mons pubis） 223
阴茎（penis） 220
阴茎颈（neck of penis） 220
阴茎头（glans penis） 220
阴茎头冠（corona of glans） 220
阴离子隙（anion gap，AG） 323
阴囊（scrotum） 220
阴囊疝（scrotal hernia） 221
阴囊湿疹（scroti eczema） 221
阴囊象皮肿（scrotal elephantiasis） 221
隐孢子虫（Cryptosporidium parvum） 380
隐睾（cryptorchidism） 222
隐血（occult blood） 47，380
营养不良性水肿（nutritional edema） 24
营养状态（state of nutrition） 111
影像诊断学（diagnostic imaging） 470
硬下疳（chancre） 220
用力肺活量（forced vital capacity，FVC） 317
优球蛋白溶解时间（euglobulin lysis time，ELT） 352
有核红细胞（nucleated erythrocyte） 340
有效不应期（effective refractory period，ERP） 287
右束支传导阻滞（right bundle-branch block，RBBB） 296
右心房肥大（right atrial hypertrophy） 277
右心室肥大（right ventricular hypertrophy，RVH） 278
瘀斑（ecchymosis） 117
瘀点（petechia） 117

语调（tone） 112
语态（voice） 112
语音共振（vocal resonance） 162
预激综合征（preexcitation syndrome，PES） 297
月经史（menstrual history） 11
孕酮（progesterone，P） 433

Z

载脂蛋白（apolipoprotein，Apo） 422，424
造血干细胞（hematopoietic stem cell） 357
造血祖细胞（hematopoietic progenitor cell） 357
谵妄（delirium） 86
折射（refraction） 582
真空采血法（vacuum tube for blood collection） 336
诊断学（diagnostics） 1
阵发性室上性心动过速（paroxysmal supraventricular tachycardia，PSVT） 291
阵发性室性心动过速（paroxysmal ventricular tachycardia，PVT） 291
阵发性睡眠性血红蛋白尿症（paro-xysmal nocturnal hemoglobinuria，PNH） 347
阵挛（clonus） 252
振水音（succussion splash） 210
震颤（tremor） 247
正电子发射体层仪（positron emission tomography，PET） 627
正色素性红细胞（orthochromatic erythrocyte） 339
症状（symptom） 1
症状学（symptomatology） 15
支气管肺泡呼吸音（bronchovesicular breath sound） 160
支气管呼吸音（bronchial breath sound） 160
支气管语音（bronchophony） 163
肢体导联（limb lead） 267
脂肪酶（lipase，LPS） 430
蜘蛛痣（spider angioma） 118
直肠脱垂（rectal prolapse） 226
直接叩诊法（direct percussion） 101
直接数字 X 射线摄影（direct digital radiography） 476
直接听诊法（direct auscultation） 103
直立性低血压（orthostatic hypotension） 81
致热原（pyrogen） 16
痔（hemorrhoid） 225
中毒颗粒（toxic granulation） 345

中枢性嗜睡障碍（central disorder of hypersomnolence） 87
中心静脉压（central venous pressure，CVP） 677
中性粒细胞（neutrophil，N） 342
肿瘤标志物（tumor marker） 462
昼夜节律相关睡眠-觉醒障碍（circadian rhythm sleep-wake disorder，CRSWD） 87，88
主观资料（subjective information，S） 667
主诉（chief complaint） 8
转铁蛋白（transferrin，Tf） 417
转铁蛋白饱和度（transferrin saturation，Tfs） 417
浊音（dullness） 102
姿势（posture） 114
子宫（uterus） 223
紫癜（purpura） 117
自律性（autorhythmicity） 286

自身免疫病（autoimmune disease） 451
自主体位（active position） 114
综合心电向量（resullatant vector） 265
总胆固醇（total cholesterol，TC） 422
总铁结合力（total iron binding capacity，TIBC） 417
纵向分辨力（longitudinal resolution） 583
最大呼气中期流量（maximal mid-expiratory flow，MMEF，MMF） 318
最大自主通气量（maximal voluntary ventilation，MVV） 317
左后分支传导阻滞（left posterior block，LPB） 297
左前分支传导阻滞（left anterior block，LAB） 297
左束支传导阻滞（left bundle-branch block，LBBB） 296
左心房肥大（left atrial hypertrophy） 277
左心室肥大（left ventricular hypertrophy，LVH） 278

彩 图

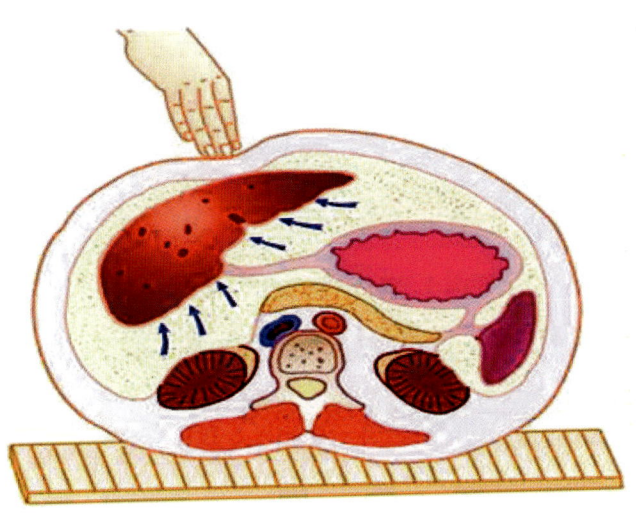

彩图1（图2-3-3） 冲击触诊法示意图

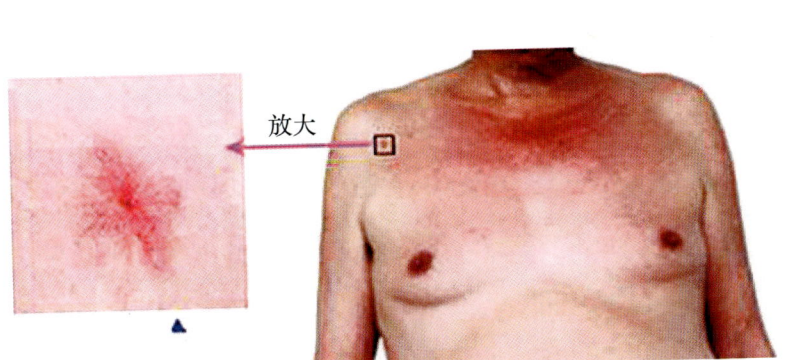

彩图2（图2-4-11） 蜘蛛痣

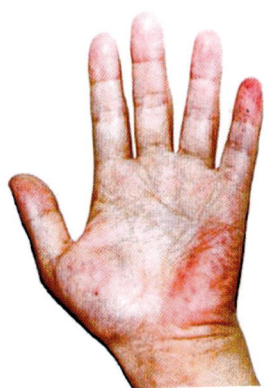

彩图3（图2-4-12） 肝掌

彩 图

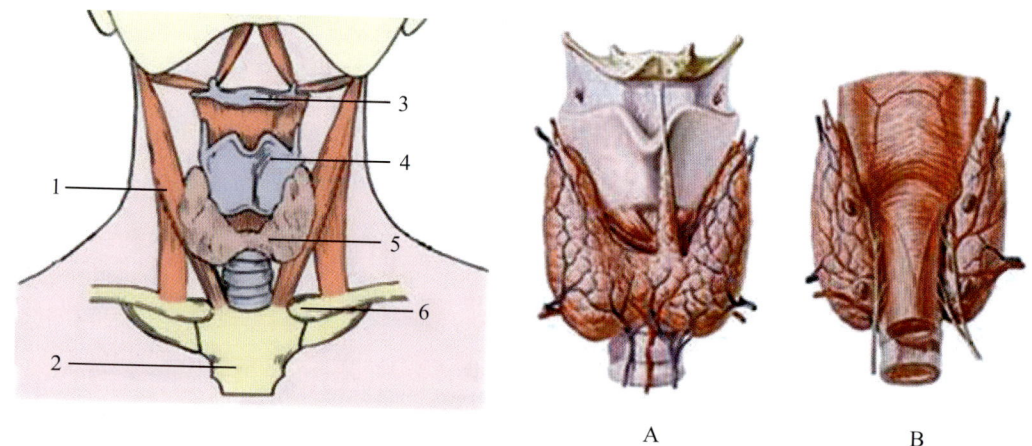

彩图 4（图 2-6-2） 甲状腺位置图
A. 前面观；B. 后面观
1. 胸锁乳突肌；2. 胸骨；3. 舌骨；4. 甲状软骨；5. 甲状腺；6. 锁骨

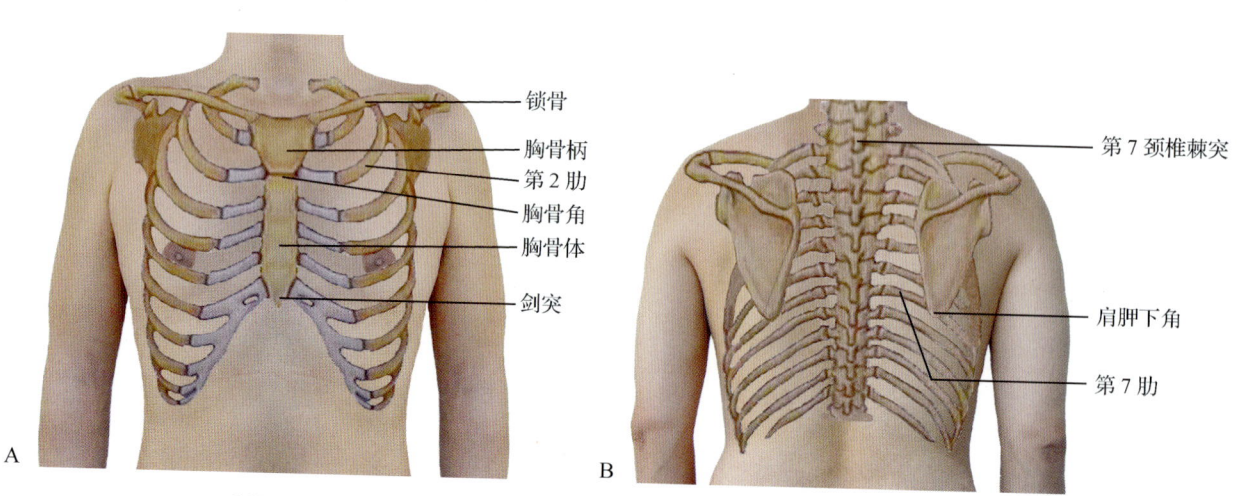

彩图 5（图 2-7-1） 前胸部自然体表标志（A）及后背部的体表标志（B）

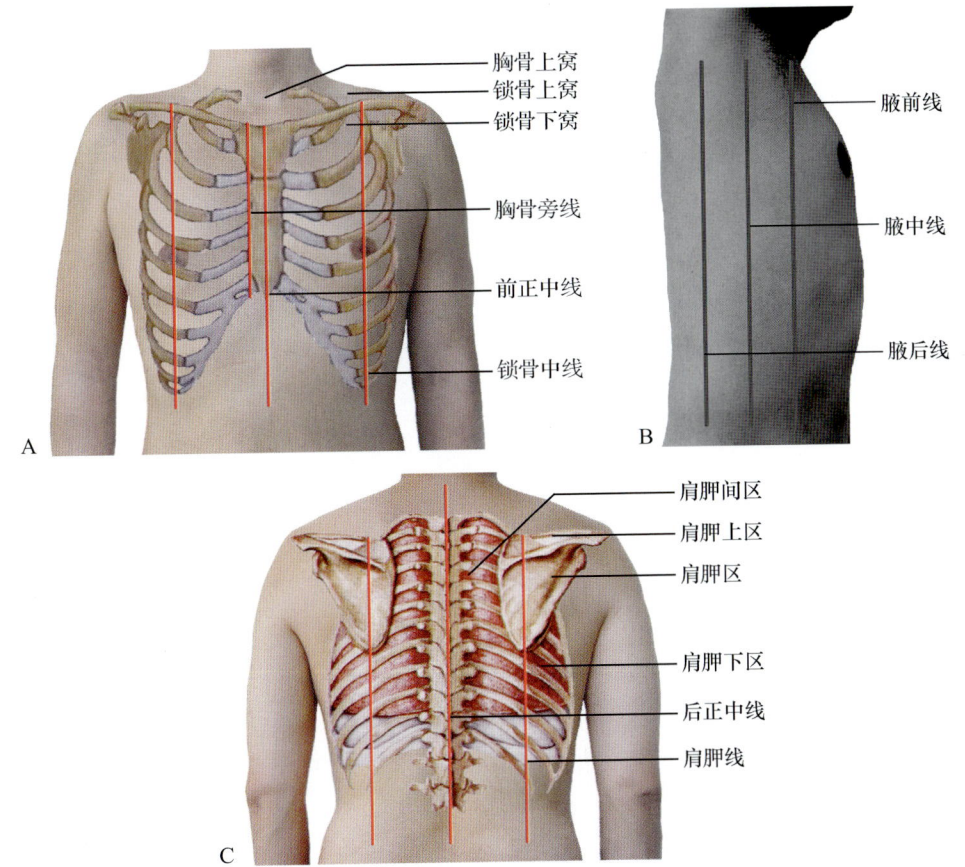

彩图 6（图 2-7-2） 胸部常用体表垂直标志线及自然陷窝、解剖区域
A. 正面；B. 侧面；C. 背面

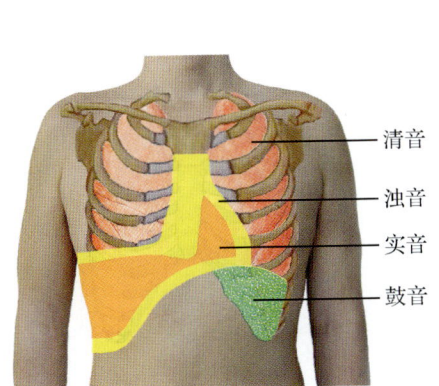

彩图 7（图 2-7-8） 正常前胸叩诊音

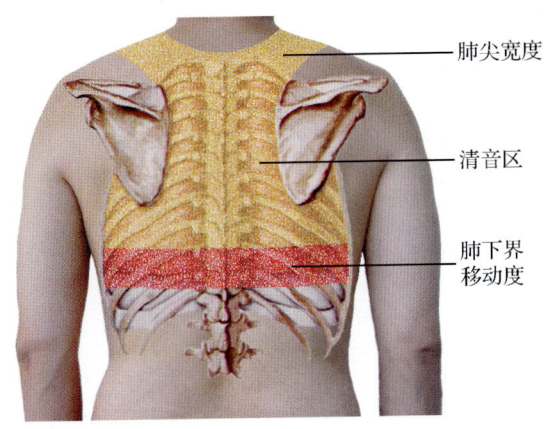

彩图 8（图 2-7-9） 正常肺尖宽度与肺下界移动度

733

彩 图

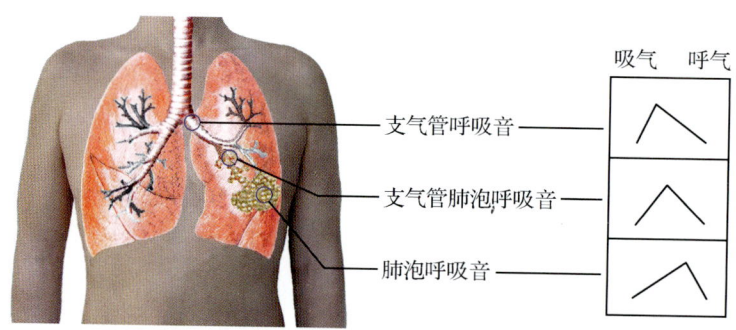

彩图 9（图 2-7-10） 3 种正常呼吸音示意图
升支为吸气时相，降支为呼气时相，长短表示时相；
斜线与垂线的夹角表示音调高低，角度小为音调高，角度大为音调低

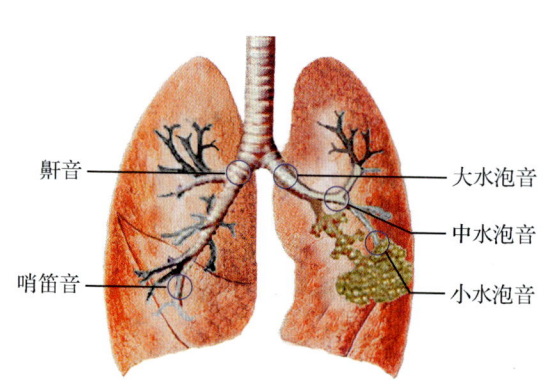

彩图 10（图 2-7-12） 各种干啰音、湿啰音发生部位

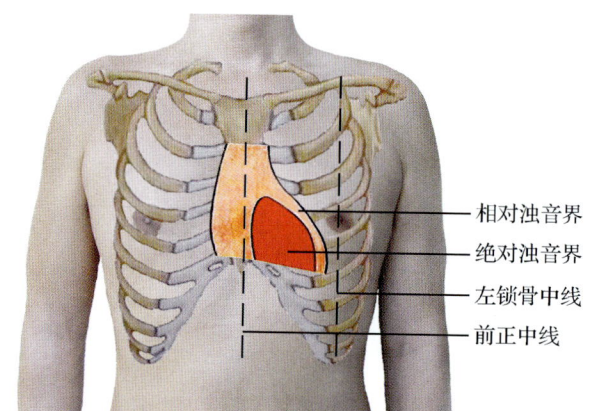

彩图 11（图 2-8-3） 心脏浊音界示意图

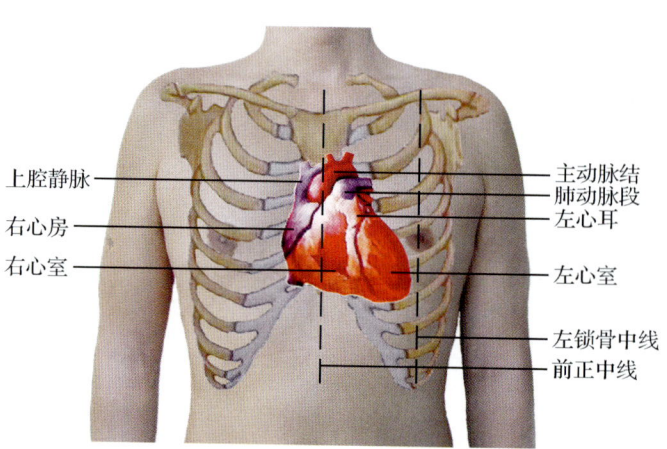

彩图 12（图 2-8-4） 心脏各部在胸壁的投影

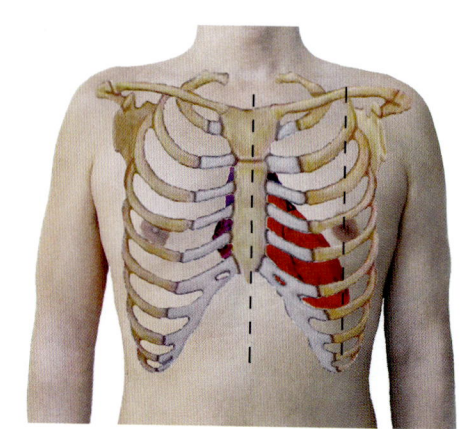

彩图 13（图 2-8-5） 靴形心（主动脉型心）

彩图

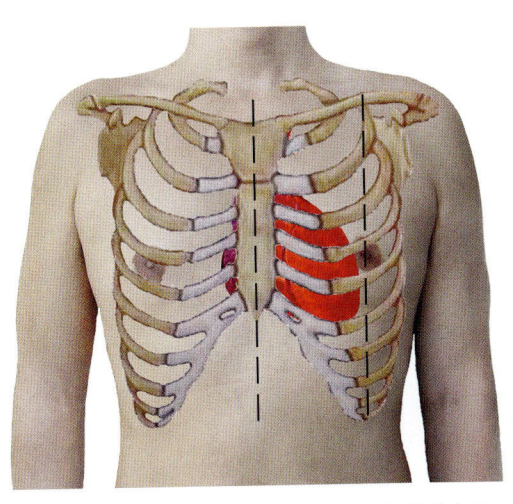

彩图14（图2-8-6） 梨形心（二尖瓣型心）

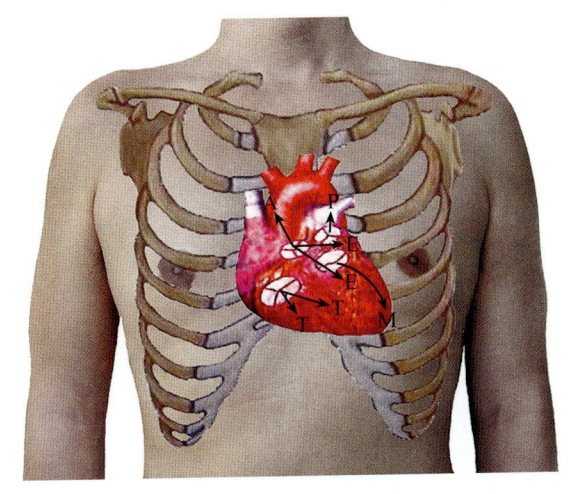

彩图15（图2-8-7） 心脏瓣膜解剖部位及瓣膜听诊区

M. 二尖瓣听诊区；P. 肺动脉瓣听诊区；A. 主动脉瓣听诊区；E. 主动脉瓣第二听诊区；T. 三尖瓣听诊区

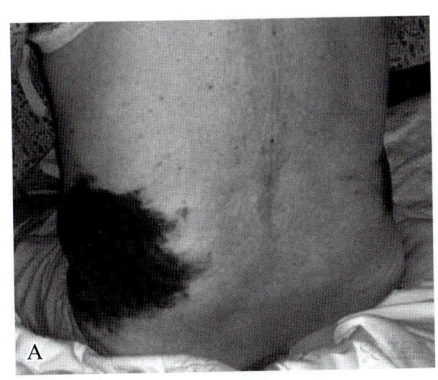
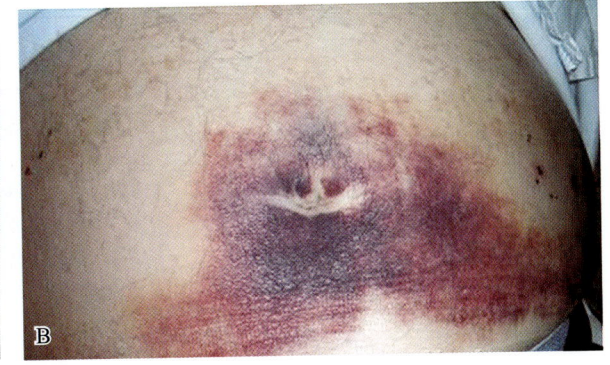

彩图16（图2-9-10） 格雷-特纳征（A）与卡伦征（B）

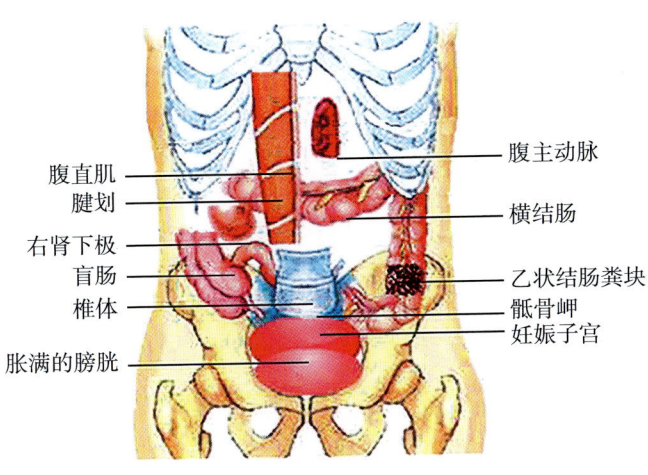

彩图17（图2-9-13） 腹部触诊时易误诊的正常脏器（女性）

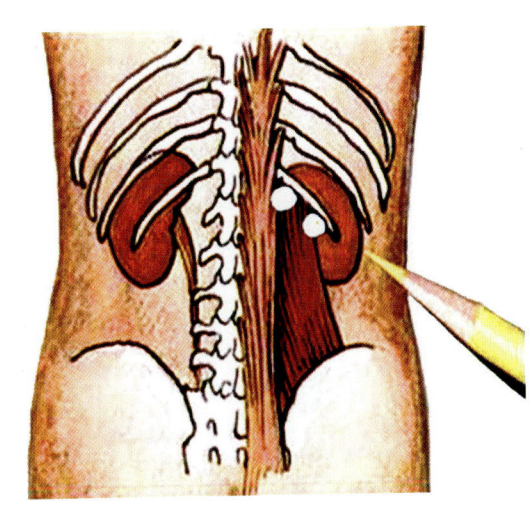

彩图18（图2-9-23） 肾区叩击痛部位示意图

彩 图

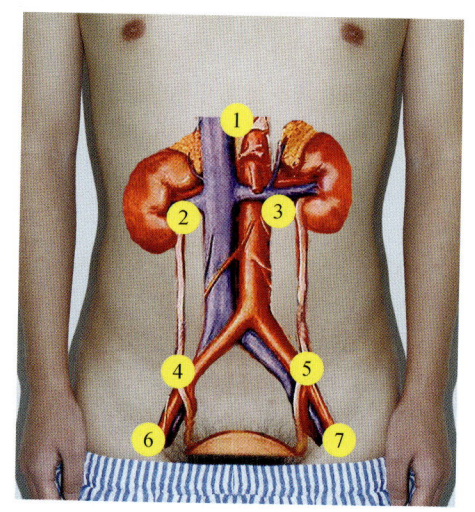

彩图 19（图 2-9-25） 腹部血管杂音听诊部位示意图
1. 腹主动脉听诊区；2. 右肾动脉听诊区；3. 左肾动脉听诊区；4. 右髂总动脉听诊区；5. 左髂总动脉听诊区；6. 右股动脉听诊区；7. 左股动脉听诊区

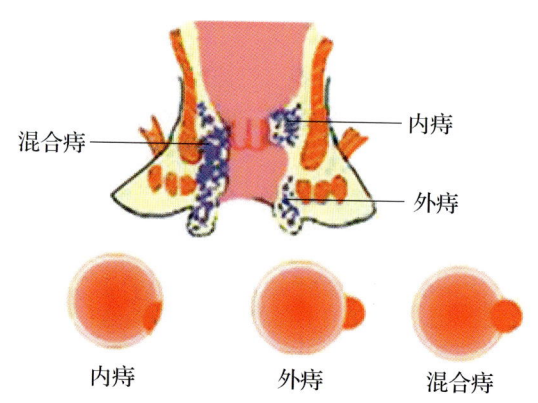

彩图 20（图 2-10-6） 三种痔示意图

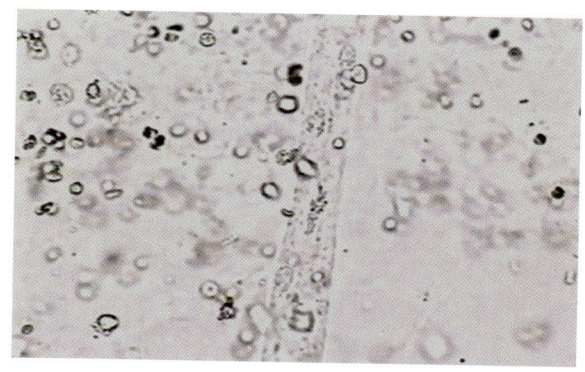

彩图 21（图 4-18-1） 透明管型

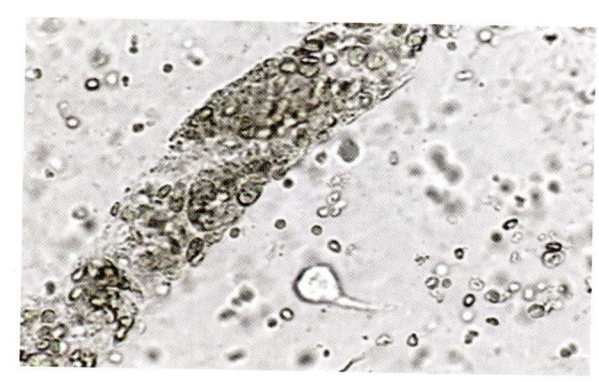

彩图 22（图 4-18-2） 红细胞管型

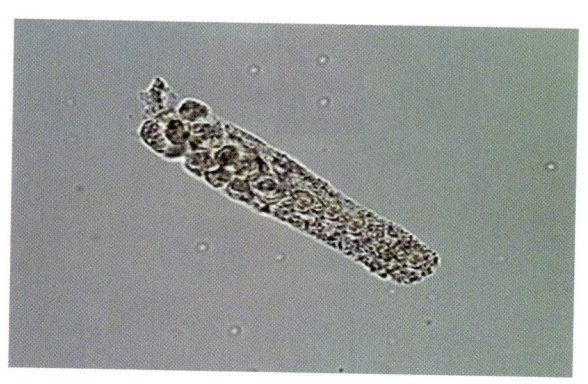

彩图 23（图 4-18-3） 白细胞管型

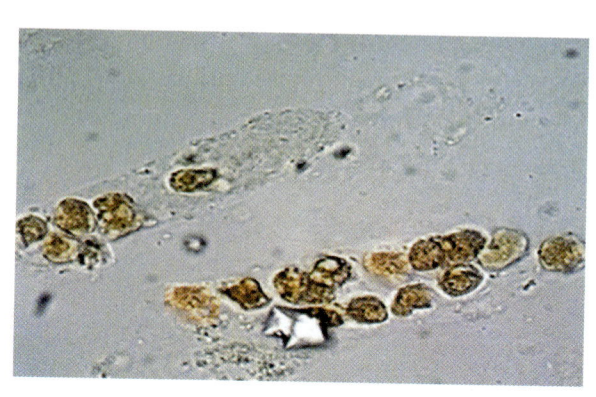

彩图 24（图 4-18-4） 肾上皮细胞管型

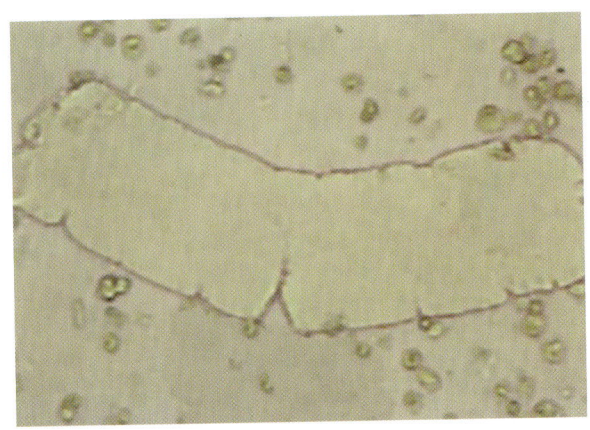

彩图 25（图 4-18-5） 颗粒管型

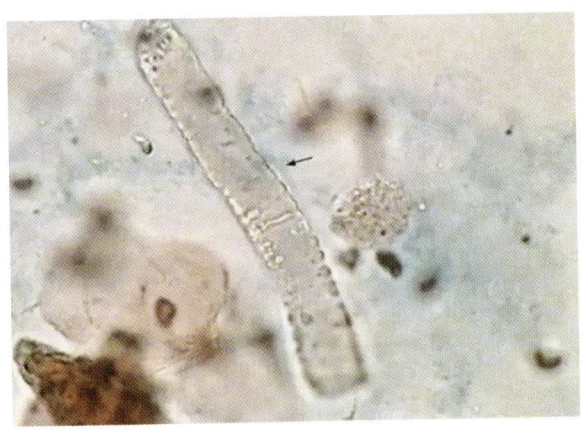

彩图 26（图 4-18-6） 蜡样管型

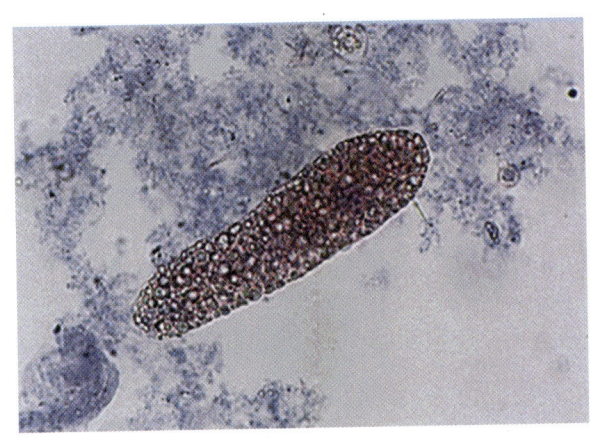

彩图 27（图 4-18-7） 脂肪管型（S 染色）

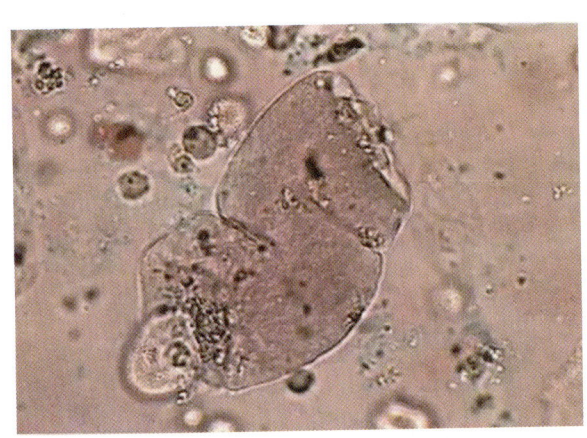

彩图 28（图 4-18-8） 宽大管型

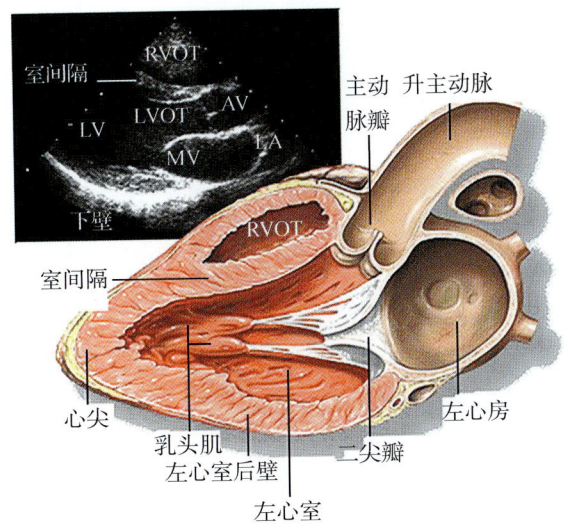

彩图 29（图 5-33-8） 左心室长轴切面
RVOT. 右心室流出道；LV. 左心室；LVOT. 左心室流出道；
AV. 主动脉瓣；MV. 二尖瓣；LA. 左心房

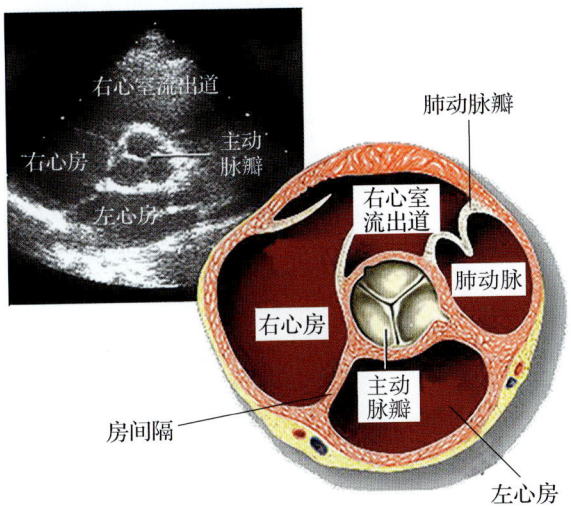

彩图 30（图 5-33-9） 心底短轴切面

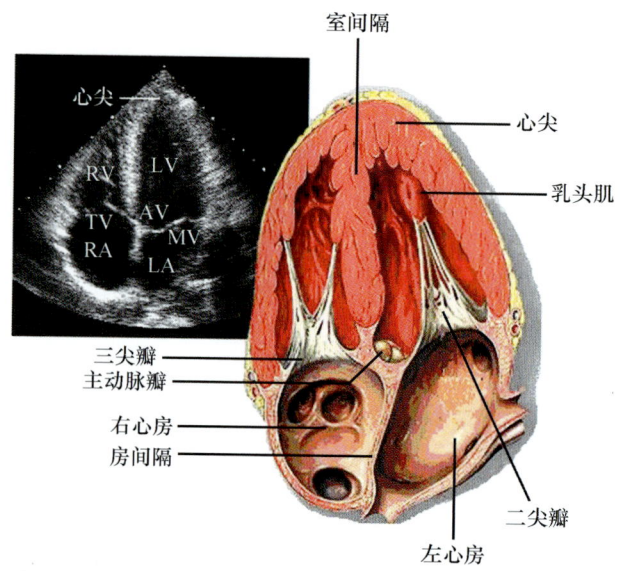

彩图 31（图 5-33-10） 心尖四腔切面
RV. 右心室；LV. 左心室；TV. 三尖瓣；AV. 主动脉瓣；RA. 右心房；LA. 左心房

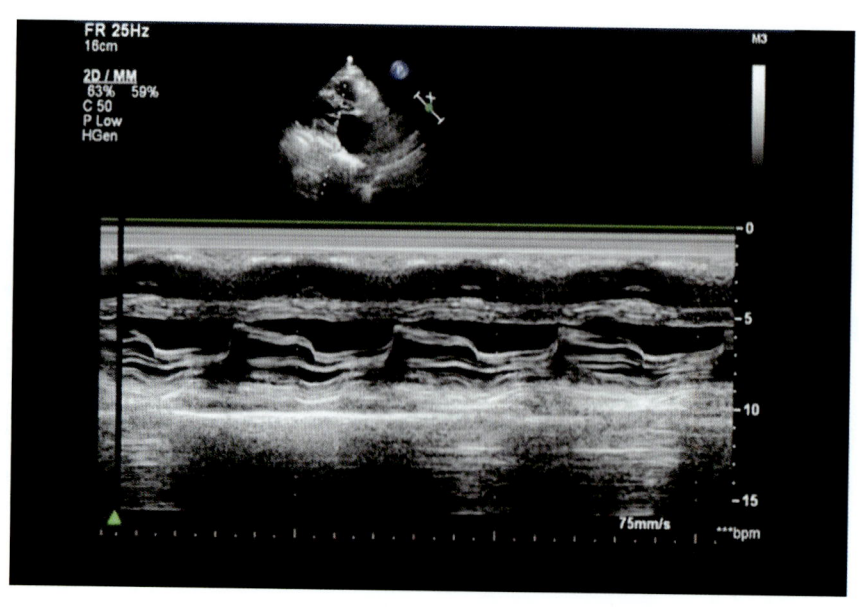

彩图 32（图 5-33-11） 二尖瓣狭窄 M 型超声

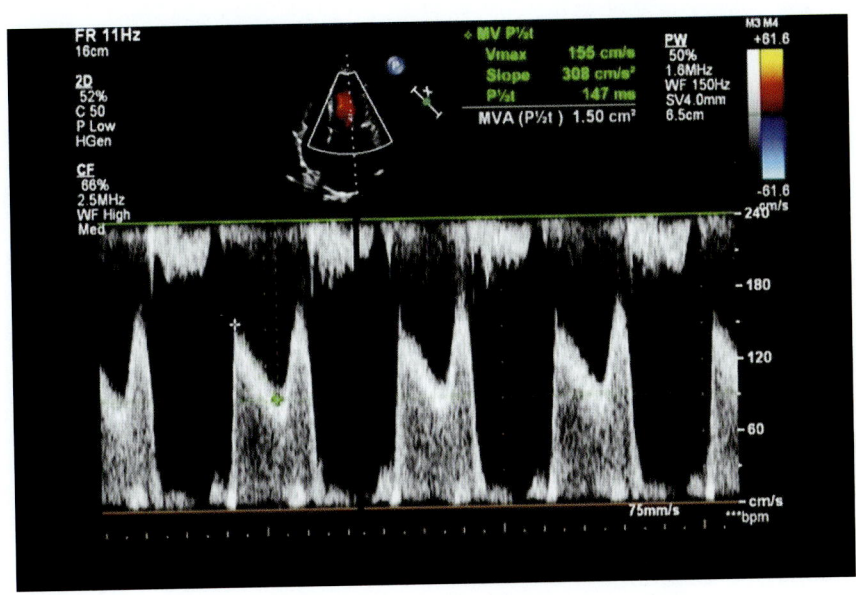

彩图 33（图 5-33-12） 二尖瓣狭窄彩色多普勒频谱

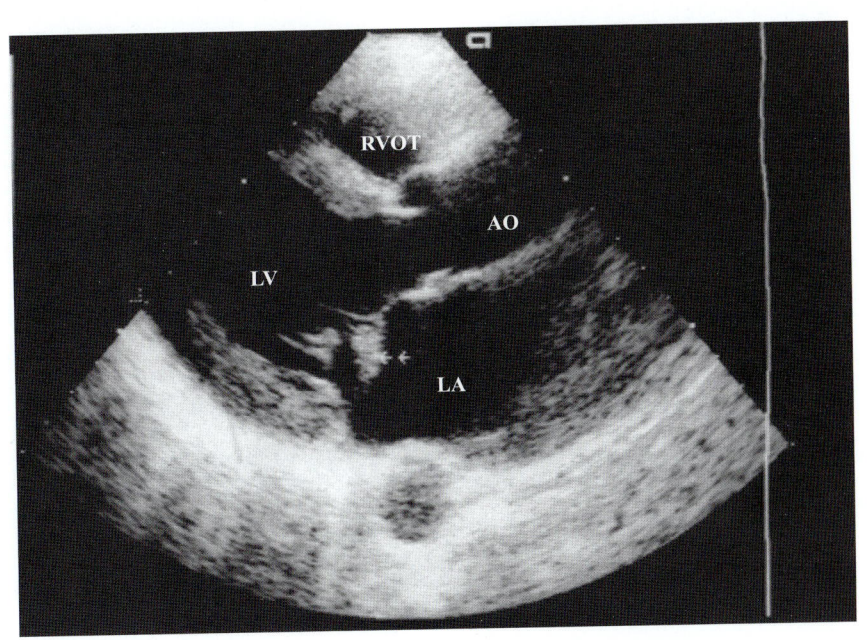

彩图 34（图 5-33-13） 二尖瓣关闭不全二维超声
LV. 左心室；LA. 左心房；AO. 主动脉；RVOT. 右心室流出道

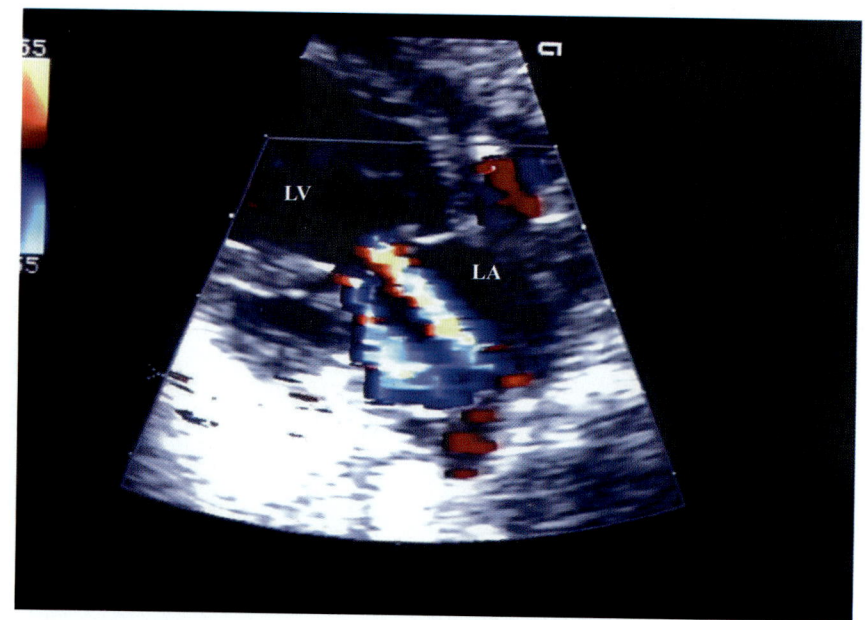

彩图 35（图 5-33-14） 二尖瓣关闭不全彩色多普勒超声
LV. 左心室；LA. 左心房

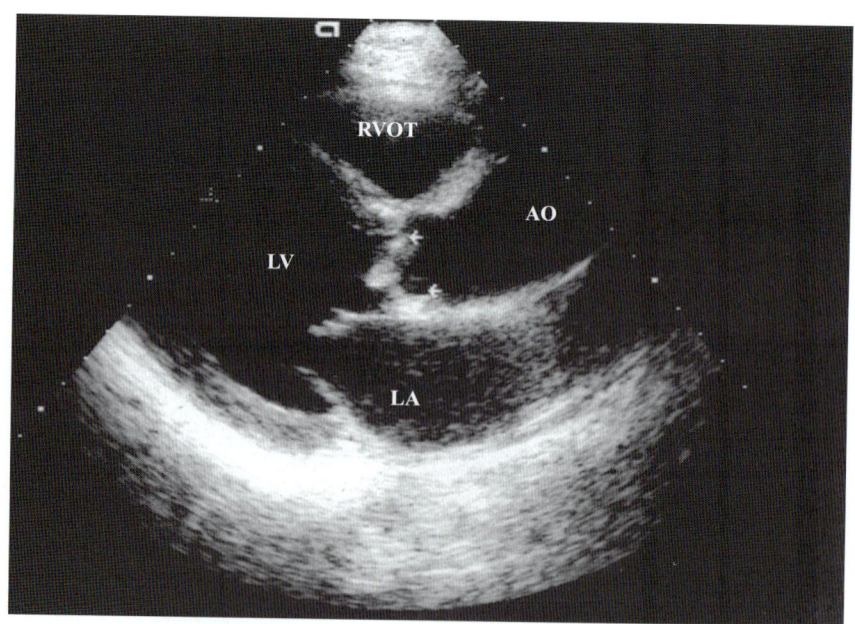

彩图 36（图 5-33-15） 主动脉瓣狭窄二维超声
LV. 左心室；AO. 主动脉；LA. 左心房；RVOT. 右心室流出道

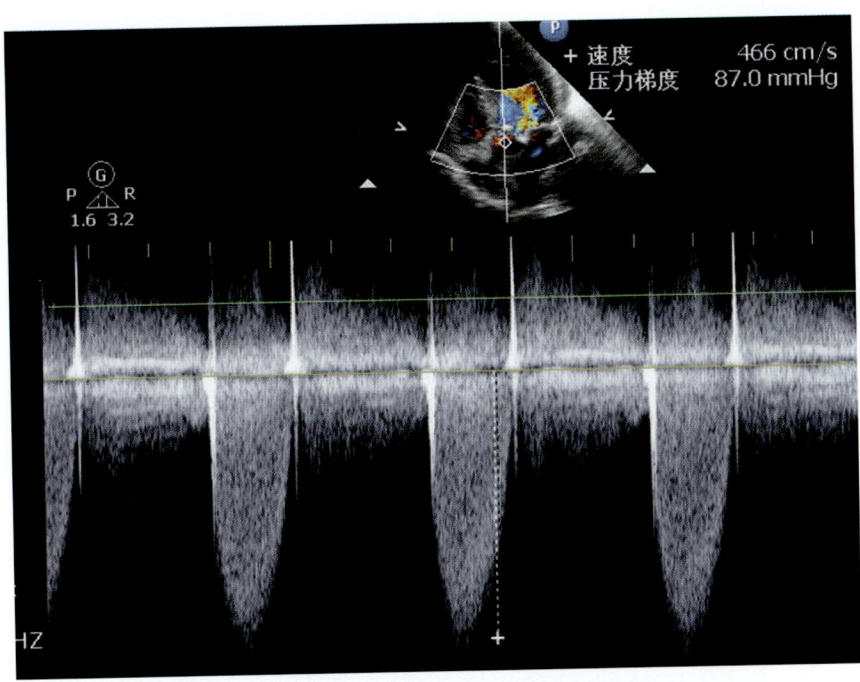

彩图 37（图 5-33-16） 主动脉瓣狭窄彩色多普勒超声

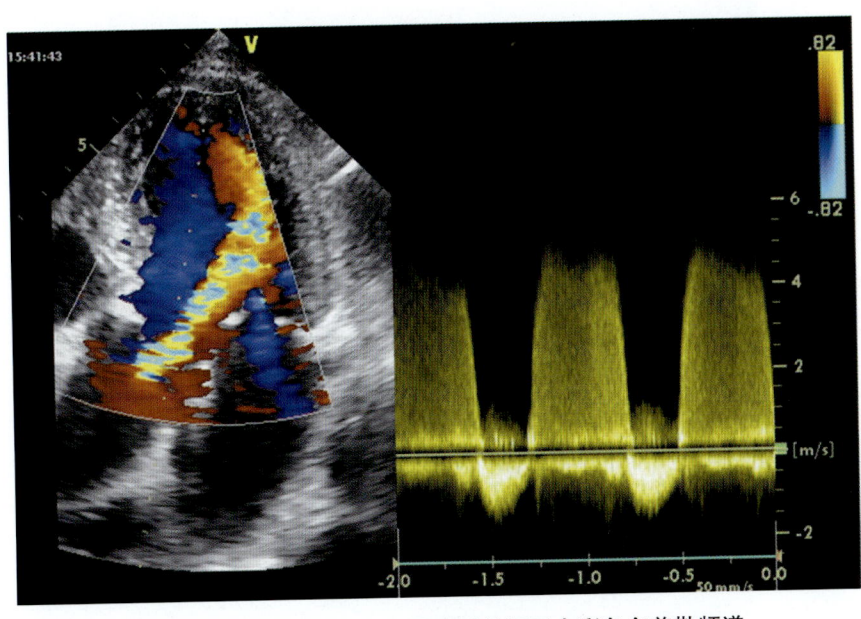

彩图 38（图 5-33-17） 主动脉瓣关闭不全彩色多普勒频谱

彩 图

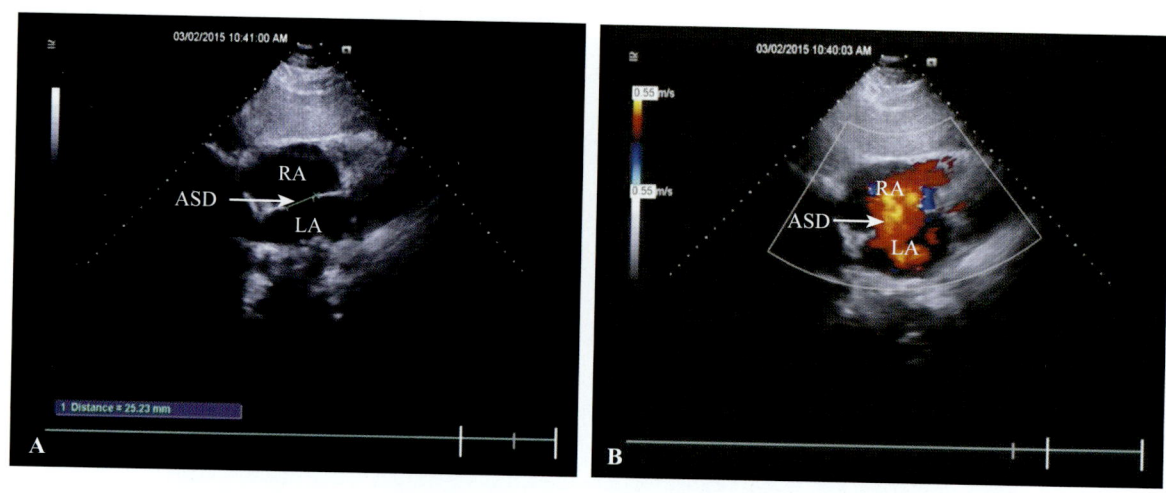

彩图 39（图 5-33-18） 房间隔缺损
A. B 型超声；B. CDFI
RA. 右心房；LA. 左心房；ASD. 房间隔缺损

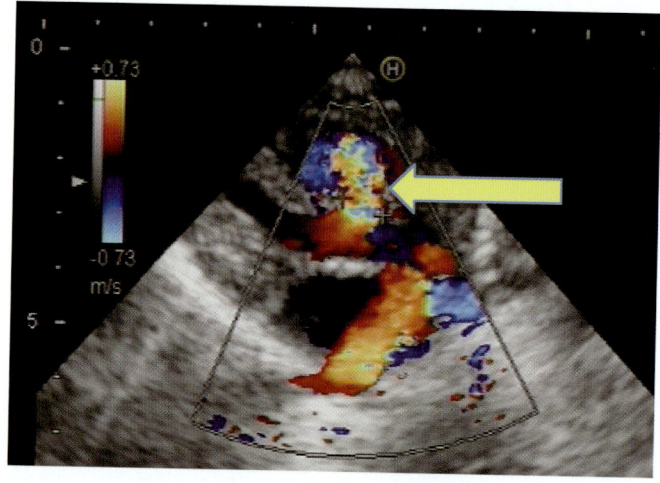

彩图 40（图 5-33-19） 室间隔缺损 B 型超声

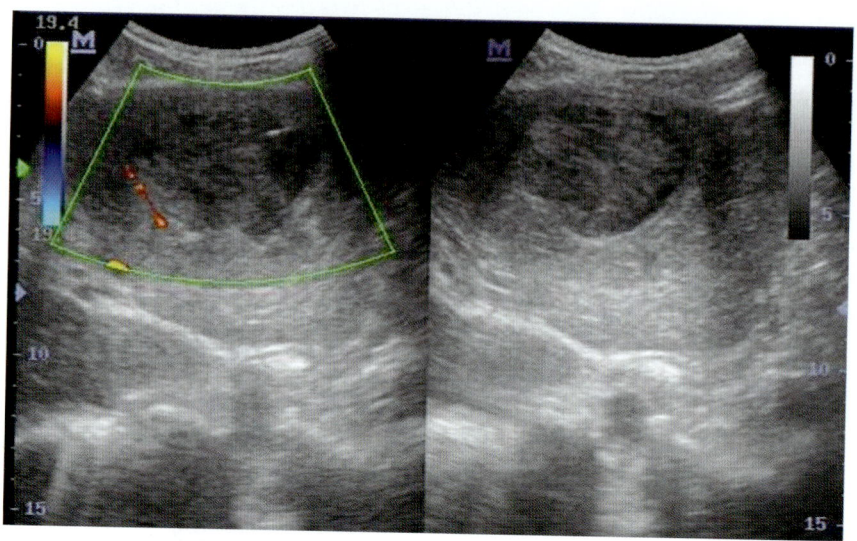

彩图 41（图 5-33-30） 肝脓肿超声表现

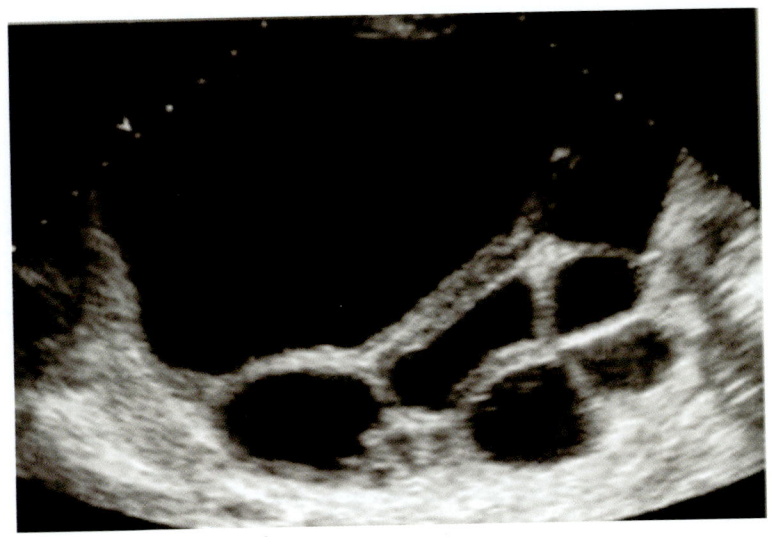

彩图 42（图 5-33-33） 肝包虫病超声表现

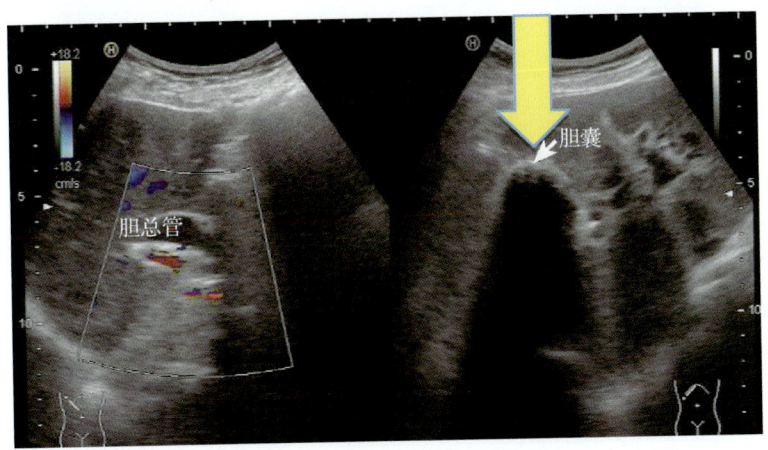

彩图 43（图 5-33-35） 胆囊充填型结石超声表现（WES 征）

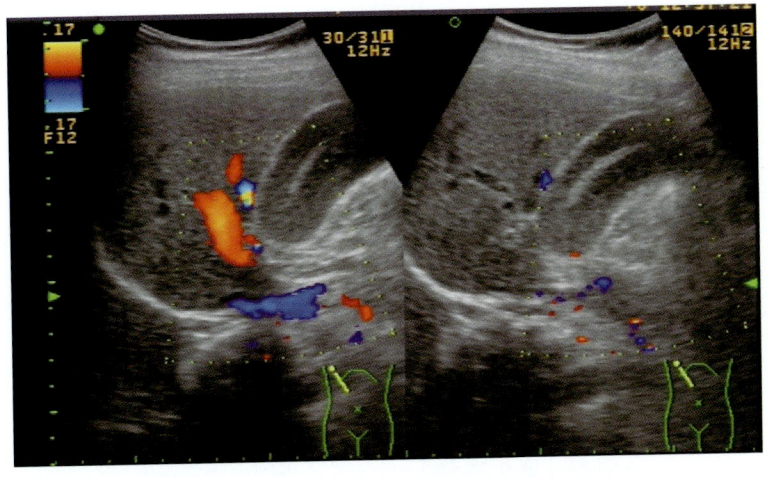

彩图 44（图 5-33-40） 胆道蛔虫症超声表现

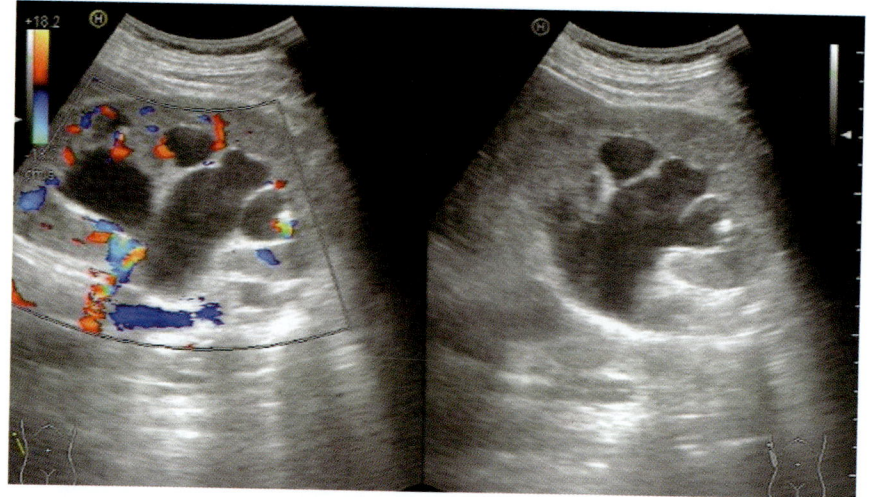

彩图 45（图 5-33-49） 肾积水超声表现

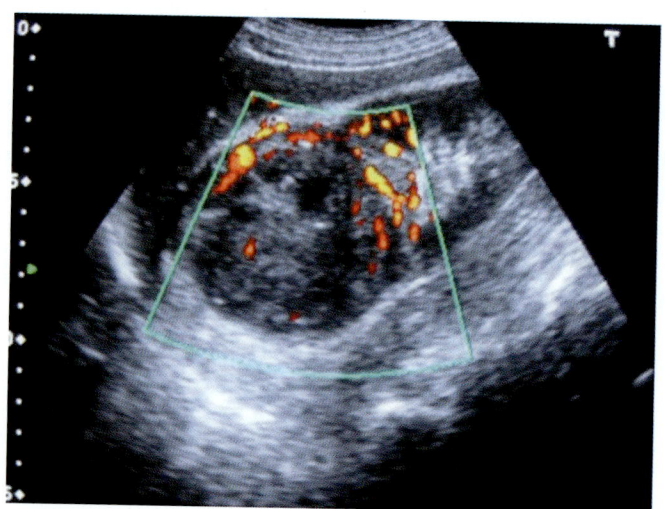

彩图 46（图 5-33-53） 肾癌超声表现

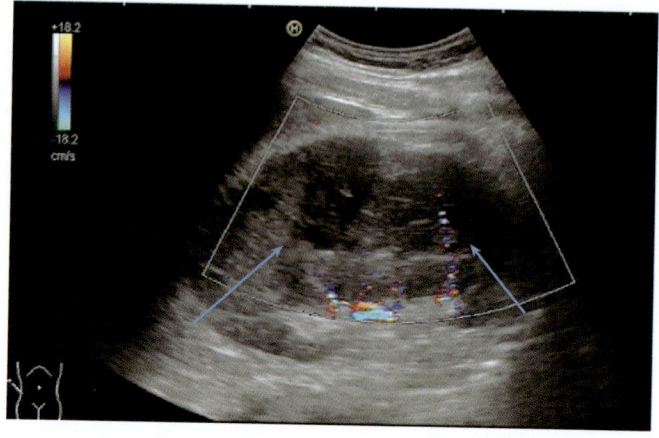

彩图 47（图 5-33-55） 外伤性肾周围血肿超声表现

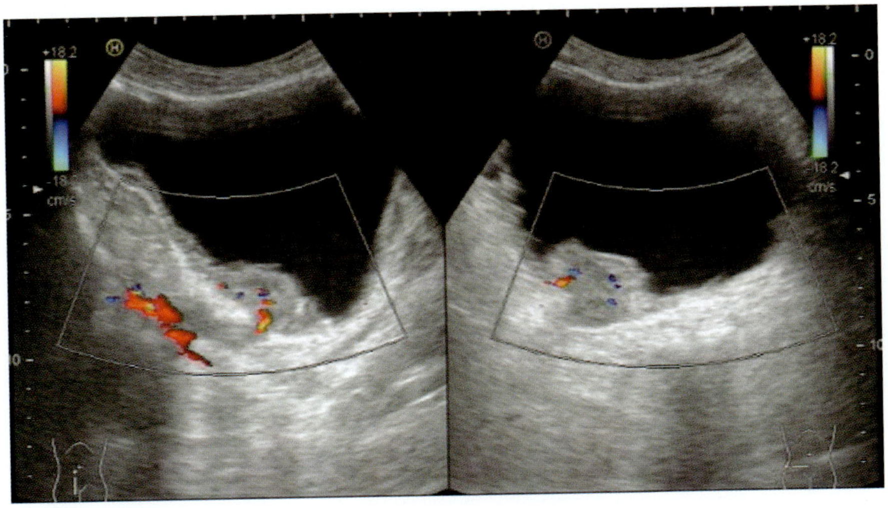

彩图 48（图 5-33-58） 膀胱癌超声表现

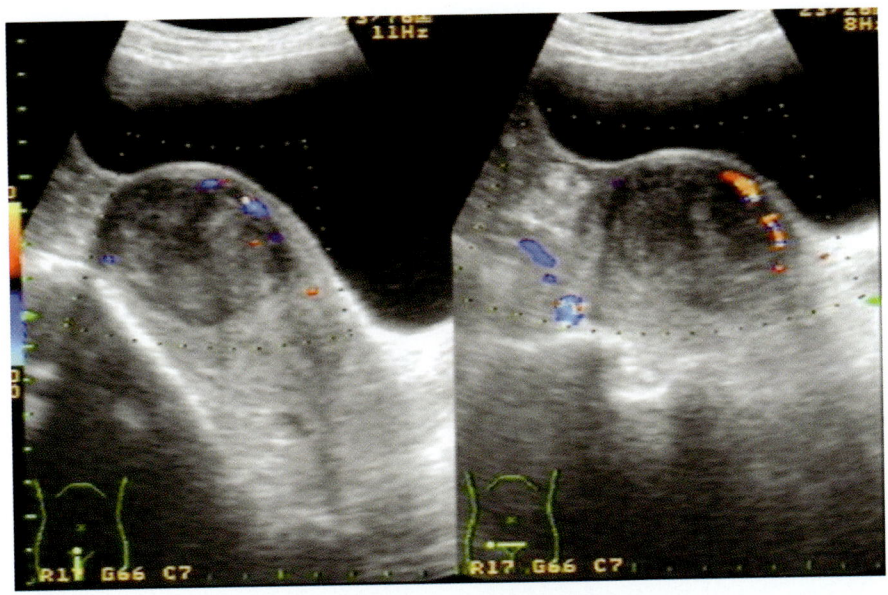

彩图 49（图 5-34-1） 子宫肌瘤 CDFI

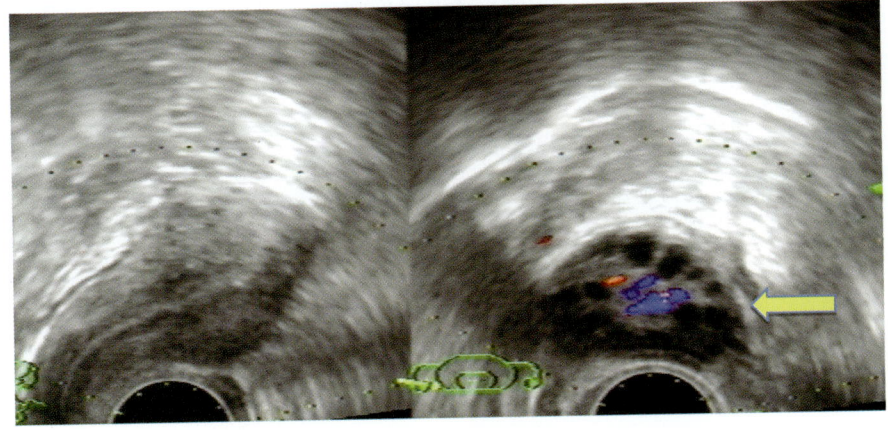

彩图 50（图 5-34-3） 多囊卵巢综合征超声表现

彩 图

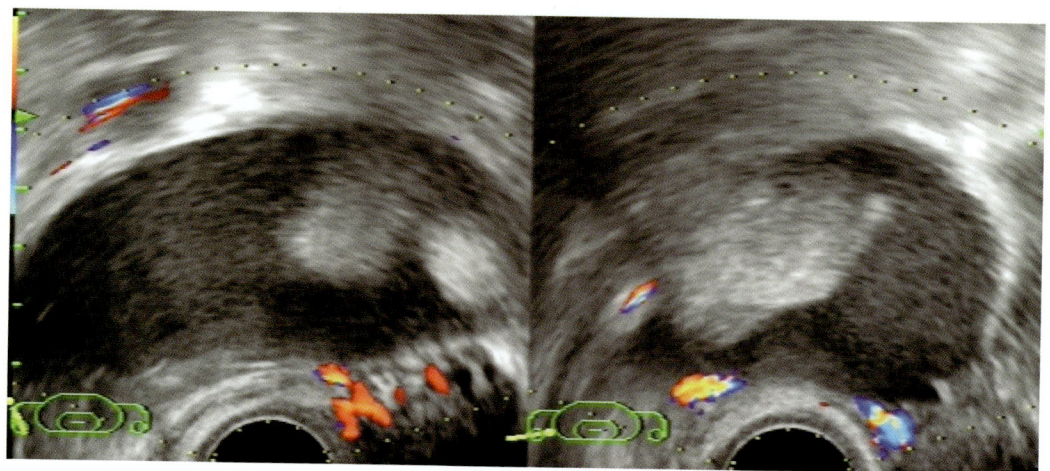

彩图 51（图 5-34-4） 良性畸胎瘤 CDFI

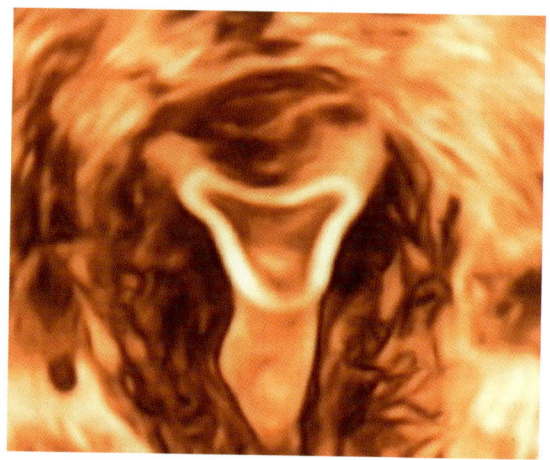

彩图 52（图 5-34-5） 节育器三维成像

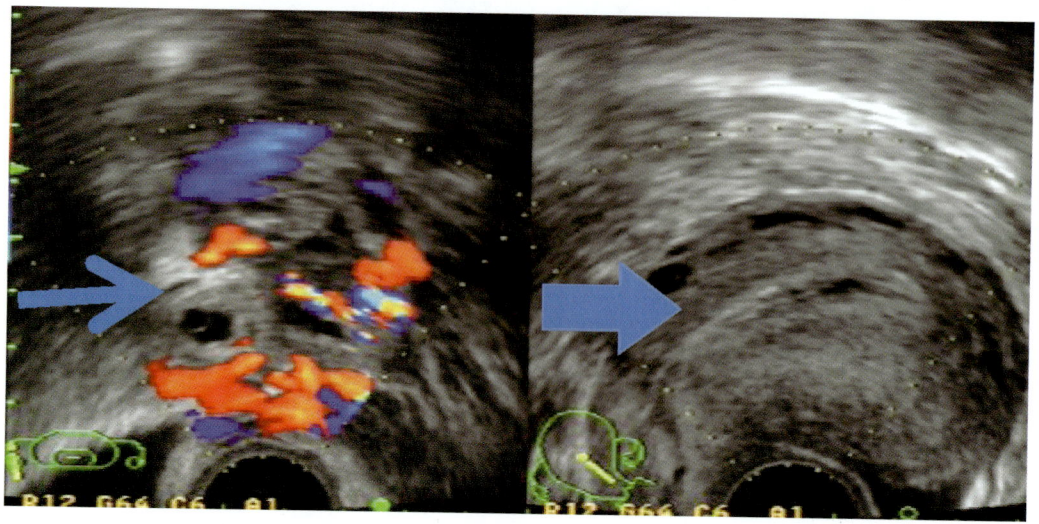

彩图 53（图 5-34-8） 右侧附件孕囊内见卵黄囊，右图为子宫

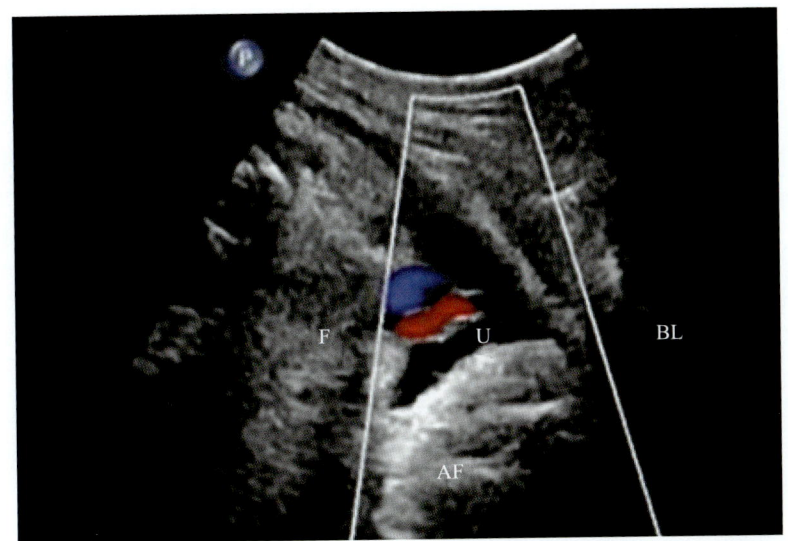

彩图 54（图 5-34-12） 脐带先露超声表现
F. 胎儿；U. 脐带；AF. 羊水；BL. 膀胱

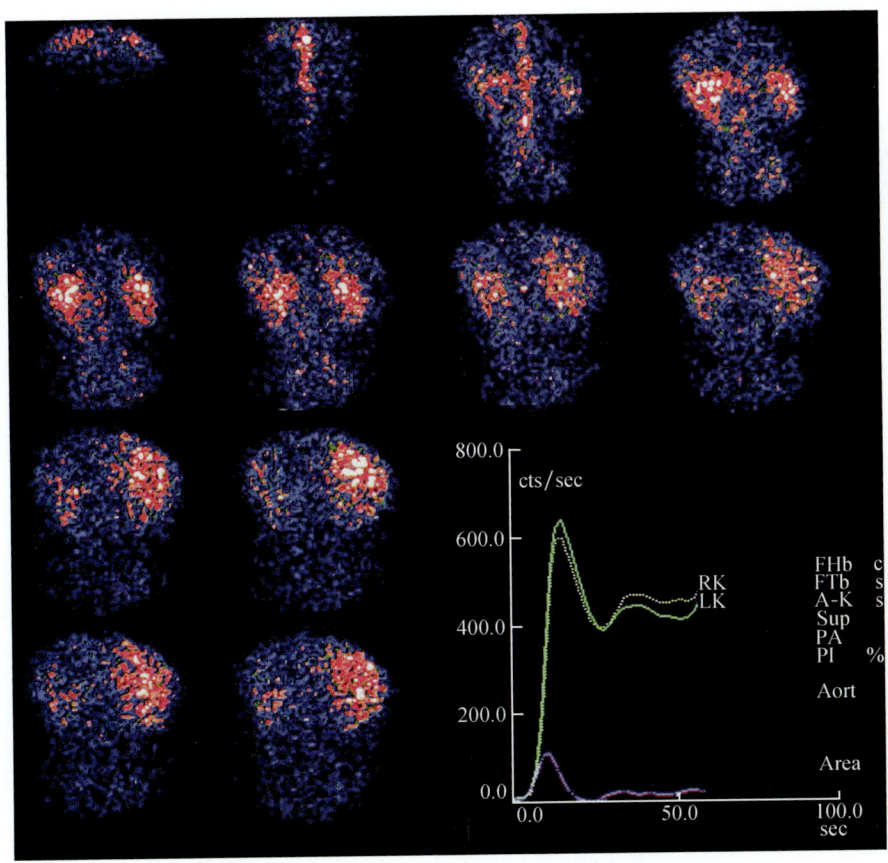

彩图 55（图 5-35-7） 正常肾动脉灌注影像和曲线

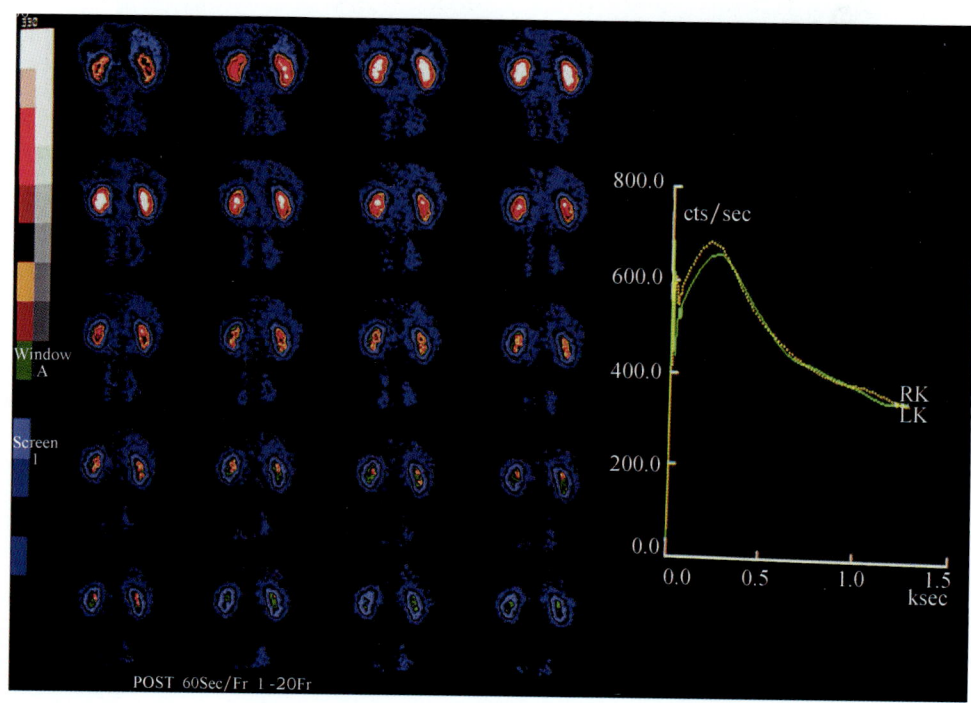

彩图 56（图 5-35-8） 正常肾动态影像和肾图曲线

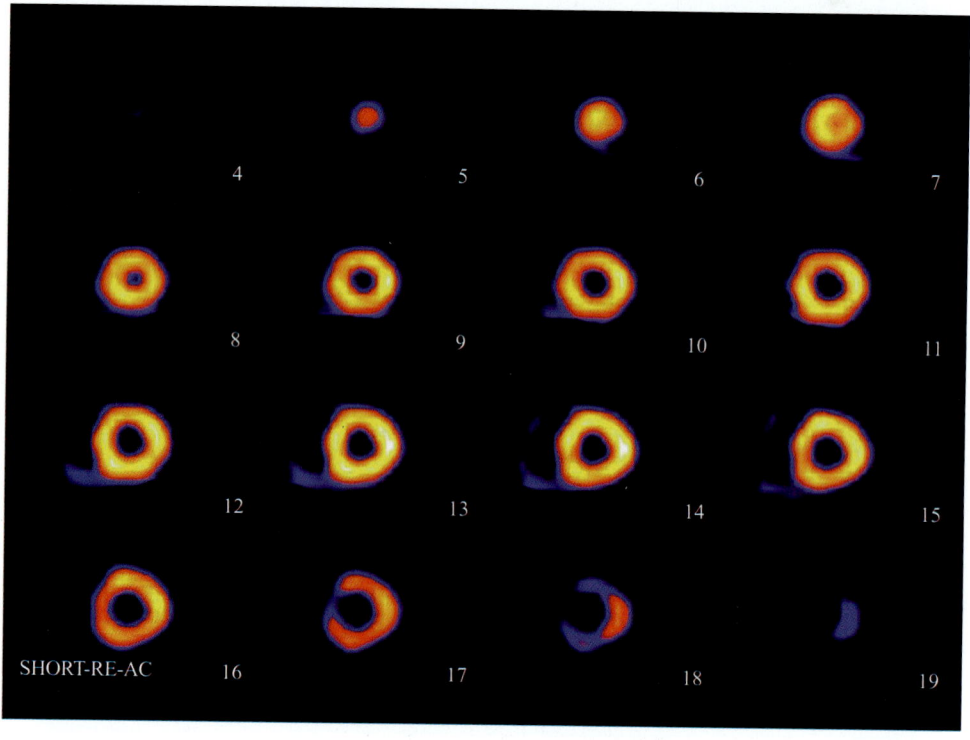

彩图 57（图 5-35-9） 正常短轴影像

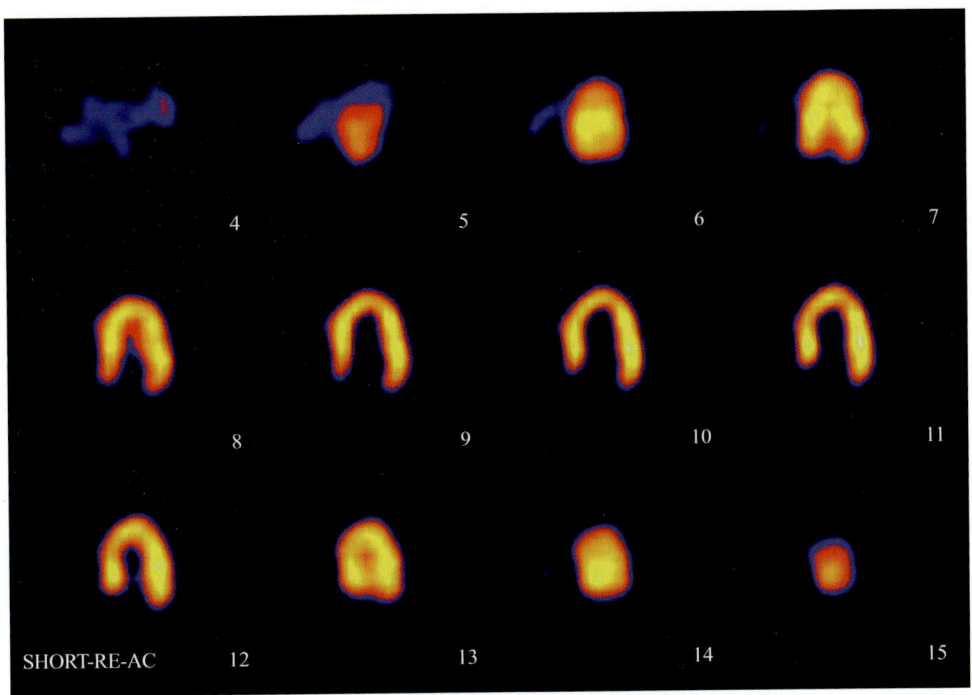

彩图 58（图 5-35-10） 正常水平长轴影像

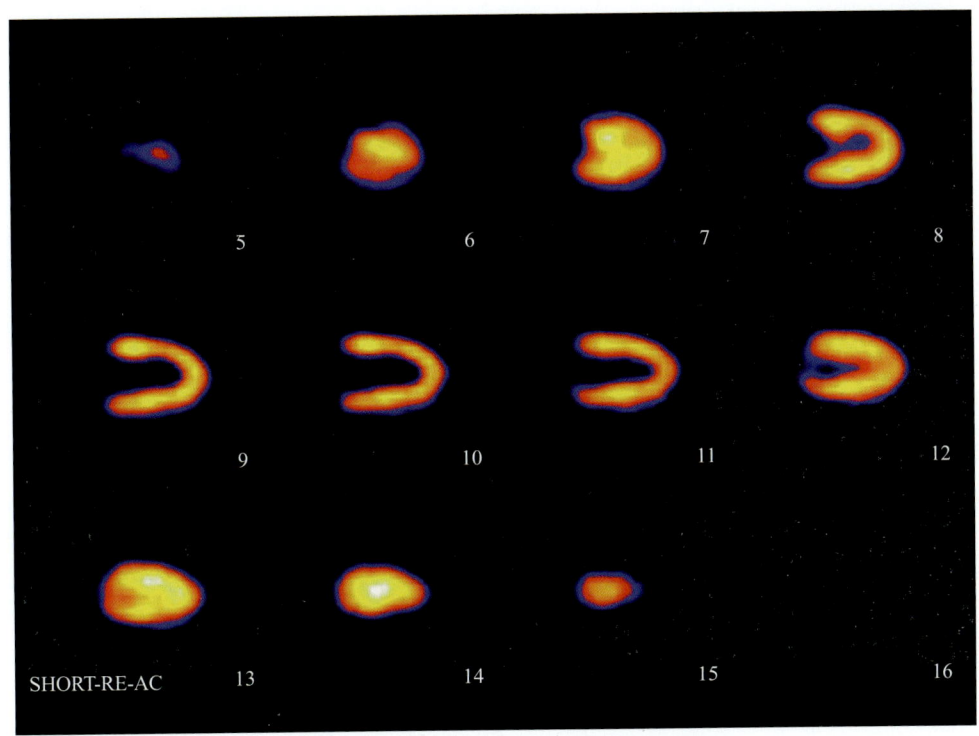

彩图 59（图 5-35-11） 正常垂直长轴影像

彩 图

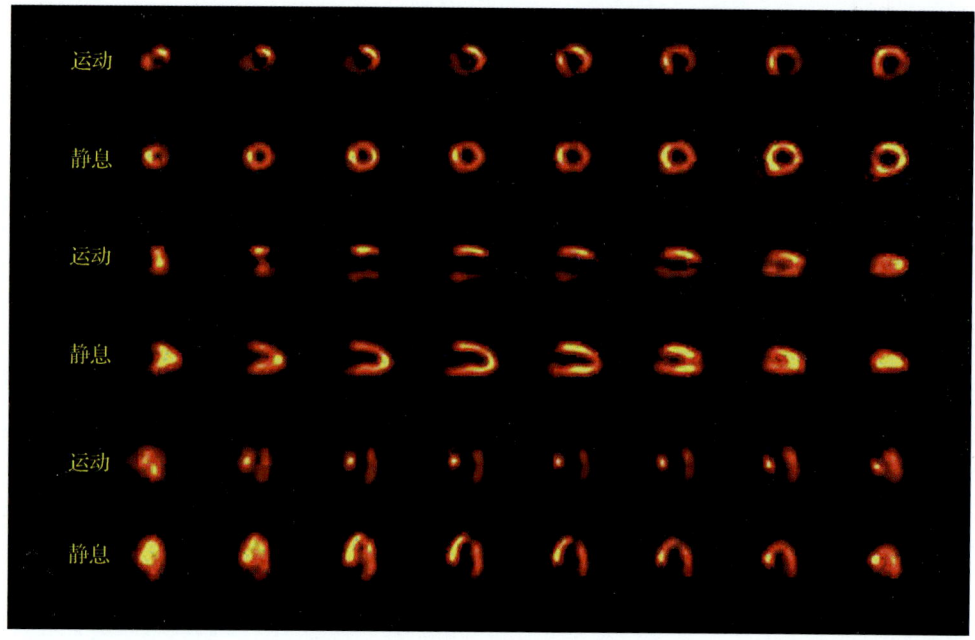

彩图 60（图 5-35-12） 可逆性缺损

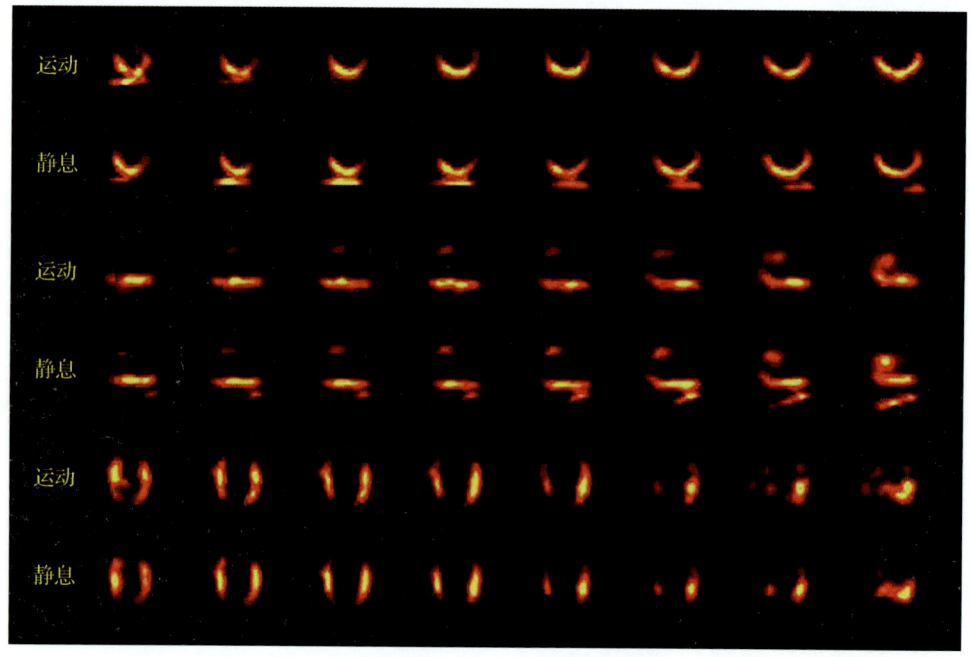

彩图 61（图 5-35-13） 不可逆缺损